संस्कृति के चार अध्याय

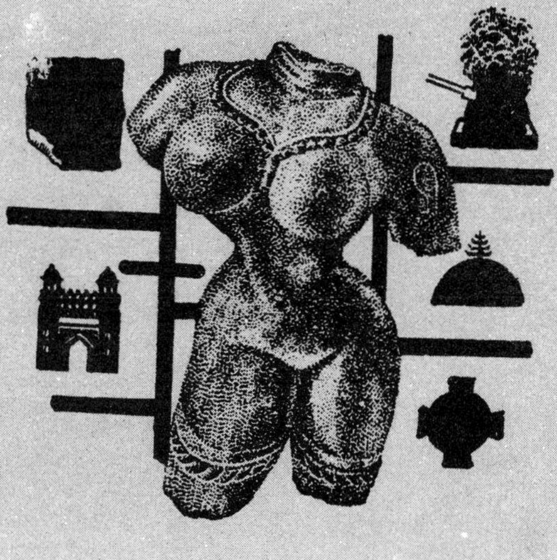

संस्कृति के चार अध्याय

रामधारी सिंह 'दिनकर'

उदयाचल प्रकाशन, पटना
की ओर से

लोकभारती प्रकाशन

लोकभारती प्रकाशन
पहली मंजिल, दरबारी बिल्डिंग, महात्मा गांधी मार्ग
प्रयागराज-211 001

वेबसाइट : www.lokbhartiprakashan.com
ईमेल : info@lokbhartiprakashan.com

शाखाएँ : 1-बी, नेताजी सुभाष मार्ग, दरियागंज
नई दिल्ली-110 002
अशोक राजपथ, साइंस कॉलेज के सामने
पटना-800 006
1, अनमोल सोराबजी संतुक लेन, धोबी तलाव,
मरीन लाइंस, मुम्बई-400 002

पहला संस्करण : मार्च, 1956
अठाइसवाँ संस्करण : 2024

मूल्य : ₹1950

मुद्रक : बी.के. ऑफसेट
नवीन शाहदरा, दिल्ली-110 032

SANSKRITI KE CHAAR ADHYAY
by Ramdhari Singh 'Dinkar'

ISBN : 978-81-8031-595-4

धर्मं यो बाधते धर्मः, न स धर्मः, कुधर्म तत्,
अविरोधी तु यो धर्मः, स धर्मः सत्यविक्रमः ।

समर्पण

सामासिक संस्कृति की साकार प्रतिमा
राष्ट्रपति डॉक्टर राजेन्द्रप्रसादजी
के पुनीत कर-कमलों में

पूज्यवर!
हेथाय आर्य, हेथा अनार्य, हेथाय द्राविड़-चीन,
शक-हूण-दल, पाठान-मोगल एक देहे होलो लीन।

विनीत
दिनकर

नई दिल्ली
26 जनवरी, 1956

तृतीय संस्करण की भूमिका

पहले संस्करण के वक्तव्य में मैंने यह संकेत किया था कि यह पुस्तक अपूर्ण है, अगले संस्करण में वह पूर्ण कर दी जाएगी। लेकिन, दूसरा संस्करण इतनी जल्दी में निकाला गया कि पुस्तक पर मैं कोई काम नहीं कर सका। तीसरा संस्करण भी, प्रायः अचानक ही सिर पर आ धमका। किन्तु, इस बार यह उचित जान पड़ा कि नए संस्करण में विलम्ब चाहे जो हो, लेकिन, इस बार, अपनी सूझ-बूझ और अधुनातन अनुसन्धानों के अनुसार, इस ग्रन्थ का संशोधन कर देना आवश्यक है। मेरा खयाल है, संशोधन के बाद अब यह पुस्तक पहले की अपेक्षा अधिक स्वच्छ, अधिक रोचक, अधिक सुसम्बद्ध और अधिक पूर्ण हो गई है, यद्यपि, अपूर्ण यह अब भी है।

पहले संस्करणों में आर्य-द्राविड़ समस्या का वृत्तान्त बहुत ही संक्षिप्त था। इस बार वह अधिक विस्तृत और अधिक पूर्ण मिलेगा। इसी प्रकार, 'आर्य और आर्येतर संस्कृतियों का मिलन' नामक प्रकरण भी फिर से लिखा गया है। स्थापना तो इस प्रकरण की अब भी वही है जो पहले थी, किन्तु, अनेक नए प्रमाणों और नई युक्तियों के आ जाने से यह स्थापना अब अधिक प्रभावशालिनी हो गई है। बौद्ध धर्म के प्रसंग में 'बौद्ध साधना पर शाक्त प्रभाव' भी बिलकुल नया अध्याय है। पहले संस्करणों में तन्त्र-साधना का वृत्तान्त था ही नहीं। इस बार भी वह संक्षेप में ही दिया गया है। लेकिन, उतने से भी पाठकों को यह समझने में आसानी होगी कि धर्म और काम को समन्वित करने में मध्यकालीन साधकों को कितनी कठिनाई हुई थी और बाद के साहित्य और संस्कृति पर इस प्रयोग का क्या प्रभाव पड़ा।

इस्लाम-खंड तो पूरा-का-पूरा दुबारा लिखा गया है। इस क्रम में बहुत-सी सामग्रियाँ एक जगह से उठाकर दूसरी जगह डाली गई हैं और अनेक नई युक्तियों, नई शंकाओं, नए अनुमानों और नए प्रसंगों का समावेश यथास्थान किया गया है। बीसवीं सदी में आकर भारत का जो बँटवारा हुआ, उसका बीज मुगल-काल में ही शेख अहमद सरहिन्दी के प्रचार में था, इस उद्भावना को मैंने विशेष रूप से रेखांकित किया है। आशा है, भारत की साम्प्रदायिक समस्या के समझने में पाठकों को उससे सहायता मिलेगी।

सबसे कम परिवर्तन ग्रन्थ के चौथे अध्याय में किया गया है। कम्पनी-सरकार की भाषा-नीति के बारे में जो दो-चार बातें कही गई हैं, इजाफा केवल वे ही हैं। बाकी सब-का-सब वही है, जो पहले के संस्करणों में था, यद्यपि, उपशीर्षक लगा देने से यह अंश भी अधिक आकर्षक और कम बोझिल हो गया है। हाँ, ग्रन्थ का उपसंहार पहले नहीं लिखा गया था। वह इसी संस्करण में सम्मिलित किया गया है।

ये कुछ खास प्रसंग हैं, जिन पर ध्यान आसानी से जा सकता है। किन्तु, इनके सिवा भी, ग्रन्थ में, जगह-जगह, अनेक नई बातें जोड़ी गई हैं, अनेक बातें काटकर हटा दी गई हैं और अनेक अंश फिर से लिखे गए हैं। अपने जानते मैंने इस महल को झार-बुहारकर स्वच्छ कर दिया है। आशा है, अब विद्वानों को नाक सिकोड़ने की जरूरत जरा कम पड़ेगी।

हिन्दी-भाषी भारतीय काफी जागरूक हैं, यह बात मैंने 'कुरुक्षेत्र' के प्रकाशन के समय भी देखी थी और आजकल 'उर्वशी' के प्रकाशन के बाद भी देख रहा हूँ। किन्तु, 'संस्कृति के चार अध्याय' का जितना प्रबल समर्थन और जैसा कठिन विरोध हुआ, उससे भी हिन्दी-भाषियों की जागरूकता का बहुत अच्छा प्रमाण मिलता है। लगभग छह वर्षों के भीतर इस ग्रन्थ के लेखक को कोई तीन सौ पत्र प्राप्त हुए, जिनमें से अधिकांश पत्रों में ग्रन्थ-परिमार्जन के सुझाव थे। कुछ पत्र ऐसे भी थे, जिनमें ग्रन्थ की भूरि-भूरि प्रशंसा की गई थी अथवा यह कहा गया था कि लेखक अज्ञानी और मूर्ख है।

इन ग्रन्थ से प्रेरित पुस्तकों, प्रचार-पुस्तिकाओं एवं पत्र-पत्रिकाओं में प्रकाशित निबन्धों में जो कुछ लिखा गया अथवा मंचों से इस ग्रन्थ के बारे में जो भाषण दिए गए, उनसे यह पता चला कि मेरी स्थापनाओं से सनातनी भी दुःखी हैं और आर्य-समाजी तथा ब्राह्मसमाजी भी। उग्र हिन्दुत्व के समर्थक तो इस ग्रन्थ से काफी नाराज हैं। नाराजगी का एक पत्र मुझे, अभी हाल में, एक मुस्लिम विद्वान् ने भी लिखा है। ये सब अप्रिय बातें हैं। नाराज मैं किसी को भी नहीं करना चाहता। मैंने जो कुछ लिखा है, वह मेरी शिक्षा-दीक्षा और चिन्तन का परिणाम है। मेरा यह विश्वास है कि यद्यपि, मेरी कुछ मान्यताएँ गलत साबित हो सकती हैं, लेकिन, इस ग्रन्थ को उपयोगी माननेवाले लोग दिनोंदिन अधिक होते जाएँगे। यह ग्रन्थ भारतीय एकता का सैनिक है। सारे विरोधों के बीच वह अपना काम करता जाएगा।

लेकिन, तमाम कोलाहल के बीच यह बात बिलकुल स्पष्ट हो गई कि जिन लोगों के लिए यह पुस्तक लिखी गई थी, उन्हें यह खूब पसन्द आई है; नापसन्द यह उन्हें हुई, जिनके लिए, शायद, यह है ही नहीं। खास दिलचस्पी की बात तो यह है कि सांस्कृतिक एकता की बातें जनसाधारण ही सुनना चाहता है; पंडित और विशेषज्ञ ऐसी बातों से बिदक जाते हैं।

मैंने पहले भी कहा था और आज फिर दुहराता हूँ कि यह महल साहित्य और दर्शन का है। इतिहास की हैसियत यहाँ किरायेदार की है। किरायेदार का आदर तो मैं करता हूँ, किन्तु, महल पर उसे कब्जा देने की बात मैं नहीं सोच सकता। मैं कोई पेशेवर इतिहासकार नहीं हूँ। इतिहास की ओर मैं शौक से गया हूँ और शौक से ही मैं उसकी सामग्रियों का उपयोग भी करता हूँ।

साहित्य की ताजगी और वेधकता जितनी शौकिया लेखक में होती है, उतनी पेशेवर में नहीं होती। कृति में प्राण उँड़ेलने का दृष्टान्त बराबर शौकिया लेखक ही देते हैं। थरथराहट, पुलक और प्रकम्प, ये गुण शौकिया की रचना में होते हैं। पेशेवर लेखक अपने पेशे के चक्कर में इस प्रकार महो रहते हैं कि क्रान्तिकारी विचारों को वे खुलकर खेलने नहीं देते। मतभेद होने पर भी वे हुक्म, आखिर तक, परम्परा का ही मानते हैं।

संस्कृति का इतिहास शौकिया शैली में ही लिखा जा सकता है। इतिहासकार, अकसर, एक या दो शाखाओं के प्रामाणिक विद्वान् होते हैं। ऐसे अनेक विद्वानों की कृतियों में पैठकर

घटनाओं और विचारों के बीच सम्बन्ध बिठाने का काम वही कर सकता है, जो विशेषज्ञ नहीं है, जो सिक्कों, ठीकरों और ईंटों की गवाही के बिना नहीं बोलने की आदत के कारण मौन नहीं रहता। सांस्कृतिक इतिहास लिखने के, मेरे जानते दो ही मार्ग हैं। या तो उन्हीं बातों तक महदूद रहो, जो बीसों बार कही जा चुकी हैं और, इस प्रकार, खुद भी बोर होओ और दूसरों को भी बोर करो; अथवा आगामी सत्यों का पूर्वाभास दो, उनकी खुलकर घोषणा करो और समाज में नीमहकीम कहलाओ, मूर्ख और अधपगले की उपाधि प्राप्त करो।

अनुसन्धानी विद्वान् सत्य को तर्क से पकड़ता है और समझता है सत्य, सचमुच, उसकी गिरफ्त में है। मगर, इतिहास का सत्य क्या है? घटनाएँ मरने के साथ फोसिल बनने लगती हैं, पत्थर बनने लगती हैं, दन्तकथा और पुराण बनने लगती हैं। बीती घटनाओं पर इतिहास अपनी झिलमिली डाल देता है, जिससे वे साफ-साफ दिखाई न पड़ें, जिससे बुद्धि की उँगली उन्हें छूने से दूर रहे। यह झिलमिली बुद्धि को कुंठित और कल्पना को तीव्र बनाती है, उत्सुकता में प्रेरणा भरती और स्वप्नों की गाँठ खोलती है। घटनाओं के स्थूल रूप को कोई भी देख सकता है, लेकिन, उनका अर्थ वही पकड़ता है, जिसकी कल्पना सजीव हो। इसीलिए, इतिहासकार का सत्य नए अनुसन्धानों से खंडित हो जाता है, लेकिन, कल्पना से प्रस्तुत चित्र कभी भी खंडित नहीं होते।

जिन सीधे-सादे पाठकों के मन पर पूर्वाग्रहों की छाया नहीं है, उन्हें कल्पक की कृति सचाई का उससे ज्यादा हाल बताएगी, जितना इतिहास के प्रामाणिक ग्रन्थों से जाना जा सकता है। प्रामाणिक ग्रन्थों के तथ्य, शायद ही, कभी गलत पाए जाएँ, लेकिन, उनका विवरण हमेशा गलत और निर्जीव होता है।

–रामधारी सिंह 'दिनकर'

आर्यकुमार रोड, पटना-4
3 अगस्त, 1962 ई.

लेखक का निवेदन
(प्रथम संस्करण से)

एक समय मैं इतिहास का विद्यार्थी अवश्य था, किन्तु, जब से कविता और निबन्ध में लगा, तब से इतिहास के साथ मेरा सम्पर्क, एक प्रकार से, छूट-सा गया। तब सन् 1950 ई. में मैं छात्रों को साहित्य पढ़ाने के लिए कॉलेज भेजा गया। वहाँ साहित्य की सामासिक पृष्ठभूमि समझने के क्रम में मुझे इतिहास की पुस्तकें फिर से उलटनी पड़ीं और, धीरे-धीरे, मैं फिर से इतिहास की गहराई में उतरने लगा। मेरी पहली जिज्ञासा यह थी कि हमारा आधुनिक साहित्य हमारे प्राचीन साहित्य से किन-किन बातों में भिन्न है और इस भिन्नता का कारण क्या है? कारण की खोज करता हुआ मैं ढूँढ़-ढूँढ़कर 19वीं शती के सांस्कृतिक जागरण का हाल पढ़ने लगा। फिर जिज्ञासा कुछ और विस्तृत हो गई और मन ने जानना चाहा कि भारतीय संस्कृति का सम्पूर्ण इतिहास कैसा रहा है।

लगभग दो वर्षों के अध्ययन के पश्चात् मेरे सामने यह सत्य उद्‌भासित हो उठा कि भारतीय संस्कृति में चार बड़ी क्रान्तियाँ हुई हैं और हमारी संस्कृति का इतिहास उन्हीं चार क्रान्तियों का इतिहास है। पहली क्रान्ति तब हुई, जब आर्य भारतवर्ष में आए अथवा जब भारतवर्ष में उनका आर्येतर जातियों से सम्पर्क हुआ। आर्यों ने आर्येतर जातियों से मिलकर जिस समाज की रचना की, वही आर्यों अथवा हिन्दुओं का बुनियादी समाज हुआ और आर्य तथा आर्येतर संस्कृतियों के मिलन से जो संस्कृति उत्पन्न हुई, वही भारत की बुनियादी संस्कृति बनी। इस बुनियादी भारतीय संस्कृति के लगभग आधे उपकरण आर्यों के दिए हुए हैं और उसका दूसरा आधा आर्येतर जातियों का अंशदान है।

दूसरी क्रान्ति तब हुई, जब महावीर और गौतम बुद्ध ने इस स्थापित धर्म या संस्कृति के विरुद्ध विद्रोह किया तथा उपनिषदों की चिन्ताधारा को खींचकर वे अपनी मनोवांछित दिशा की ओर ले गए। इस क्रान्ति ने भारतीय संस्कृति की अपूर्व सेवा की, किन्तु अन्त में, इसी क्रान्ति के सरोवर में शैवाल भी उत्पन्न हुए और भारतीय धर्म तथा संस्कृति में जो गँदलापन आया, वह, काफी दूर तक, इन्हीं शैवालों का परिणाम था।

तीसरी क्रान्ति उस समय हुई, जब इस्लाम, विजेताओं के धर्म के रूप में, भारत पहुँचा और इस देश में हिन्दुत्व के साथ उसका सम्पर्क हुआ। और चौथी क्रान्ति हमारे अपने समय में हुई, जब भारत में यूरोप का आगमन हुआ तथा उसके सम्पर्क में आकर हिन्दुत्व एवं इस्लाम, दोनों ने नव-जीवन का अनुभव किया।

इस पुस्तक में इन्हीं चार क्रान्तियों का संक्षिप्त इतिहास है। पुस्तक का उचित नाम

कदाचित् 'भारतीय संस्कृति के चार सोपान' होना चाहिए था, किन्तु, वह नाम मन में आकर फिर लौट गया और मुझे यही अच्छा लगा कि इस पुस्तक को मैं 'संस्कृति के चार अध्याय' कहूँ।

पुस्तक लिखते-लिखते इस विषय में मेरी आस्था और भी बढ़ गई कि भारत की संस्कृति, आरम्भ से ही, सामासिक रही है। उत्तर-दक्षिण, पूर्व-पश्चिम, देश में जहाँ भी जो हिन्दू बसते हैं, उनकी संस्कृति एक है एवं भारत की प्रत्येक क्षेत्रीय विशेषता हमारी इसी सामासिक संस्कृति की विशेषता है। तब हिन्दू एवं मुसलमान हैं, जो देखने में अब भी दो लगते हैं, किन्तु, उनके बीच भी सांस्कृतिक एकता विद्यमान है, जो उनकी भिन्नता को कम करती है। दुर्भाग्य की बात है कि हम इस एकता को पूर्ण रूप से समझने में असमर्थ रहे हैं। यह कार्य राजनीति नहीं, शिक्षा और साहित्य के द्वारा सम्पन्न किया जाना चाहिए। इस दिशा में साहित्य के भीतर कितने ही छोटे-बड़े प्रयत्न हो चुके हैं। वर्तमान पुस्तक भी उसी दिशा में एक विनम्र प्रयास है।

यह पुस्तक विद्वानों का उच्छिष्ट चुनकर तैयार की गई है, किन्तु, इसे मैंने विद्वानों और विशेषज्ञों के पढ़ने के लिए नहीं लिखा है। असल में, यह उनके काम की चीज है, जो खोजपूर्ण ग्रन्थों का सामना नहीं करना चाहते, जो भारतीय संस्कृति को समझना तो चाहते हैं, किन्तु, जिनके पास सैकड़ों ग्रन्थों के व्यूह में जाने का अवकाश नहीं है तथा जो अनुसन्धान और खोज की नीरस भाषा से भी घबराते हैं। संक्षेप में, इसके मुख्य पाठक जनसाधारण होंगे, ऐसी मेरी कामना है। इसके आकार को देखकर उन्हें घबराना नहीं चाहिए। जिस अथाह विषय का इस पुस्तक में आख्यान है, उसके लिए ऐसी-ऐसी सौ जिल्दें भी, शायद ही काफी हों। संस्कृति का विषय अपार है। एक व्यक्ति के लिए तो यह सम्भव ही नहीं है कि अपने सारे जीवन में भी वह उसके साथ पूरा न्याय कर सके। मैंने जो इस काम में हाथ डाला, वह इस कारण नहीं कि मैं इतिहास की सेवा करना चाहता था, बल्कि, इसलिए कि स्वतन्त्रता के बाद से देश में संस्कृति के नारे बड़े जोर से लगाए जा रहे हैं, किन्तु, जनसाधारण के सामने ऐसी सामग्री का, प्रायः, अभाव है, जिससे वह यह समझ सके कि भारत की संस्कृति क्या है, कैसे-कैसे वह बढ़ती आई है और आगे वह कौन रूप ले सकती है।

इस पुस्तक की अधिकांश सामग्री अंग्रेजी की पुस्तकों से ली गई है, किन्तु, दुर्भाग्यवश, अंग्रेजी में भी कोई पुस्तक ऐसी नहीं है, जिसमें भारतीय संस्कृति के सम्पूर्ण इतिहास की झाँकी एक ही जिल्द में उतार दी गई हो और अंग्रेजी में कोई ऐसी पुस्तक होती भी तो उससे उन पाठकों का तो काम नहीं ही चलता, जिनके लिए मैंने यह ग्रन्थ लिखा है।

इस पुस्तक को मैं इतिहास नहीं, साहित्य का ग्रन्थ कहता हूँ। फिर भी, पूरी सम्भावना है कि इसकी प्रामाणिकता पर प्रहार होंगे और विद्वानों के पास उठने-बैठनेवाले लोग कहेंगे कि अमुक स्थापना केवल अनुमान पर आधारित है और लेखक की अमुक उक्ति केवल अर्ध-सत्य है। किन्तु, उसके बाद भी कट-छँटकर जो बच रहेगा, वह काफी प्रामाणिक होगा और हमारे देश का उतने से भी कल्याण होगा। अर्ध-सत्य और अनुमान चाहे जितने हों, किन्तु, जो प्रतिमा इस पुस्तक में खड़ी की गई है, वह निर्जीव नहीं है। मेरी आशा है कि पाठक जब इस पुस्तक को हाथ में लेंगे, हमारी सामासिक संस्कृति की प्रतिमा उनसे अन्त

तक बात करती चली जाएगी।

मेरा अपना क्षेत्र तो काव्य है एवं मेरे साहित्यिक जीवन का यश और अपयश मेरे काव्य पर निर्भर करता है। किन्तु, जिस परिश्रम से मैंने यह पुस्तक लिखी है, उस परिश्रम से मैंने और कुछ नहीं लिखा। मैंने पाठकों से यह कभी भी अनुरोध नहीं किया कि वे मेरी किसी भी कृति को पढ़ें। किन्तु, इस ग्रन्थ को एक बार देख जाने का अनुरोध मैं सबसे करता हूँ।

मेरे जानते यह ग्रन्थ अभी भी अपूर्ण है। किन्तु, पाँच वर्ष तक परिश्रम करते-करते मैं कुछ थक गया हूँ और अब इसे पाठकों के पास आश्वासन के साथ भेज रहा हूँ कि कुछ थोड़ी अपूर्णता अगले संस्करण में दूर कर दूँगा। यों अपूर्णता तो ऐसी पुस्तकों का नित्य धर्म है।

—रामधारी सिंह 'दिनकर'

आर्यकुमार रोड, पटना-4
5 जनवरी, 1956 ई.

प्रस्तावना

मेरे मित्र और साथी दिनकर ने अपनी पुस्तक के लिए जो विषय चुना है, वह बहुत ही मोहक और दिलचस्प है। यह ऐसा विषय है, जिससे, अकसर, मेरा अपना मन भी ओत-प्रोत रहा है और मैंने जो कुछ लिखा है, उस पर इस विषय की छाप, आप-से-आप, पड़ गई है। अकसर मैं अपने आपसे सवाल करता हूँ, भारत है क्या? उसका तत्त्व या सार क्या है? वे शक्तियाँ कौन-सी हैं, जिनसे भारत का निर्माण हुआ है तथा अतीत और वर्तमान विश्व को प्रभावित करनेवाली प्रमुख प्रवृत्तियों के साथ उनका क्या सम्बन्ध है? यह विषय अत्यन्त विशाल है, और उसके दायरे में भारत से बाहर के तमाम मानवीय व्यापार आ जाते हैं। और मेरा खयाल है कि किसी भी व्यक्ति के लिए यह सम्भव नहीं है कि वह इस सम्पूर्ण विषय के साथ अकेला ही न्याय कर सके। फिर भी, इसके कुछ खास पहलुओं को लेकर उन्हें समझने की कोशिश की जा सकती है। कम-से-कम, यह तो सम्भव है ही कि हम अपने भारत को समझने का प्रयास करें, यद्यपि, सारे संसार को अपने सामने न रखने पर भारत-विषयक जो ज्ञान हम प्राप्त करेंगे, वह अधूरा होगा।

संस्कृति है क्या? शब्दकोश उलटने पर इसकी अनेक परिभाषाएँ मिलती हैं। एक बड़े लेखक का कहना है कि "संसार भर में जो भी सर्वोत्तम बातें जानी या कही गई हैं, उनसे अपने आपको परिचित करना संस्कृति है।" एक दूसरी परिभाषा में यह कहा गया है कि "संस्कृति शारीरिक या मानसिक शक्तियों का प्रशिक्षण, दृढ़ीकरण या विकास अथवा उससे उत्पन्न अवस्था है।" यह "मन, आचार अथवा रुचियों की परिष्कृति या शुद्धि" है। यह "सभ्यता का भीतर से प्रकाशित हो उठना है।" इस अर्थ में, संस्कृति कुछ ऐसी चीज का नाम हो जाता है, जो बुनियादी और अन्तर्राष्ट्रीय है। फिर, संस्कृति के कुछ राष्ट्रीय पहलू भी होते हैं। और इसमें कोई सन्देह नहीं कि अनेक राष्ट्रों ने अपना कुछ विशिष्ट व्यक्तित्व तथा अपने भीतर कुछ खास ढंग के मौलिक गुण विकसित कर लिये हैं।

इस नक्शे में भारत का स्थान कहाँ पर है? कुछ लोगों ने हिन्दू-संस्कृति, मुस्लिम-संस्कृति और ईसाई-संस्कृति की चर्चा की है। ये नाम मेरी समझ में नहीं आते, यद्यपि यह सच है कि जातियों और राष्ट्रों की संस्कृतियों पर बड़े-बड़े धार्मिक आन्दोलनों का असर पड़ा है। भारत की ओर देखने पर मुझे लगता है, जैसा कि दिनकर ने भी जोर देकर दिखलाया है, कि भारतीय जनता की संस्कृति का रूप सामासिक है और उसका विकास धीरे-धीरे हुआ है। एक ओर तो इस संस्कृति का मूल आर्यों से पूर्व, मोहनजोदरो आदि की सभ्यता तथा द्रविड़ों की महान् सभ्यता तक पहुँचता है। दूसरी ओर, इस संस्कृति पर आर्यों की बहुत ही

गहरी छाप है, जो भारत में मध्य एशिया से आए थे। पीछे चलकर, यह संस्कृति उत्तर-पश्चिम से आनेवाले तथा फिर समुद्र की राह से पश्चिम से आनेवाले लोगों से बार-बार प्रभावित हुई। इस प्रकार, हमारी राष्ट्रीय संस्कृति ने, धीरे-धीरे बढ़कर अपना आकार ग्रहण किया। इस संस्कृति में समन्वयन तथा नए उपकरणों को पचाकर आत्मसात् करने की अद्भुत योग्यता थी। जब तक इसका यह गुण शेष रहा, यह संस्कृति जीवित और गतिशील रही। लेकिन, बाद को आकर इसकी गतिशीलता जाती रही, जिससे यह संस्कृति जड़ हो गई और उसके सारे पहलू कमजोर पड़ गए। भारत के समग्र इतिहास में हम दो परस्पर-विरोधी और प्रतिद्वन्द्वी शक्तियों को काम करते देखते हैं। एक तो वह शक्ति है, जो बाहरी उपकरणों को पचाकर समन्वय और सामंजस्य पैदा करने की कोशिश करती है, और दूसरी वह, जो विभाजन को प्रोत्साहन देती है; जो एक बात को दूसरी से अलग करने की प्रवृत्ति को बढ़ाती है। इसी समस्या का, एक भिन्न प्रसंग में, हम आज भी मुकाबला कर रहे हैं। आज भी कितनी ही बलिष्ठ शक्तियाँ हैं, जो केवल राजनैतिक ही नहीं, सांस्कृतिक एकता के लिए भी प्रयास कर रही हैं। लेकिन, ऐसी ताकतें भी हैं, जो जीवन में विच्छेद डालती हैं, जो मनुष्य-मनुष्य के बीच भेद-भाव को बढ़ावा देती हैं।

अतएव, आज हमारे सामने जो प्रश्न है, वह केवल सैद्धान्तिक नहीं है, उसका सम्बन्ध हमारे जीवन की सारी प्रक्रिया से है और उसके समुचित निदान और समाधान पर ही हमारा भविष्य निर्भर करता है। साधारणतः, ऐसी समस्याओं को सुलझाने में नेतृत्व देने का काम मनीषी करते हैं। किन्तु, वे हमारे काम नहीं आए। उनमें से कुछ तो ऐसे हैं, जो इस समस्या के स्वरूप को ही नहीं समझते। बाकी लोग हार मान बैठे हैं। वे विफलता-बोध से पीड़ित तथा आत्मा के संकट से ग्रस्त हैं और वे जानते ही नहीं कि जिन्दगी को किस दिशा की ओर मोड़ना ठीक होगा।

बहुत से मनीषी मार्क्सवाद और उसकी शाखाओं की ओर आकृष्ट हुए और इसमें कोई सन्देह नहीं कि मार्क्सवाद ने ऐतिहासिक विकास का विश्लेषण उपस्थित करके समस्याओं पर सोचने और समझने के काम में हमारी सहायता की। लेकिन, आखिर को, वह भी संकीर्ण मतवाद बन गया और जीवन की आर्थिक पद्धति के रूप में उसका चाहे जो भी महत्त्व हो, हमारी बुनियादी शंकाओं का समाधान निकालने में वह भी नाकामयाब है। यह मानना तो ठीक है कि आर्थिक उन्नति जीवन और प्रगति का बुनियादी आधार है, लेकिन जिन्दगी वहीं तक खत्म नहीं होती। वह आर्थिक विकास से कहीं ऊँची चीज है। इतिहास के अन्दर हम दो सिद्धान्तों को काम करते देखते हैं। एक तो सातत्य का सिद्धान्त है और दूसरा परिवर्तन का। ये दोनों सिद्धान्त परस्पर-विरोधी-से लगते हैं, परन्तु, ये विरोधी हैं नहीं। सातत्य के भीतर भी परिवर्तन का अंश है। इसी प्रकार परिवर्तन भी अपने भीतर सातत्य का कुछ अंश लिये रहता है। असल में, हमारा ध्यान उन्हीं परिवर्तनों पर जाता है, जो हिंसक क्रान्तियों या भूकम्प के रूप में अचानक फट पड़ते हैं। फिर भी, प्रत्येक भूगर्भ-शास्त्री यह जानता है कि धरती की सतह में जो बड़े-बड़े परिवर्तन होते हैं, उनकी चाल बहुत धीमी होती है और भूकम्प से होनेवाले परिवर्तन उनकी तुलना में अत्यन्त तुच्छ समझे जाते हैं। इसी तरह, क्रान्तियाँ भी धीरे-धीरे होनेवाले परिवर्तन और सूक्ष्म रूपान्तरण की बहुत लम्बी प्रक्रिया का बाहरी प्रमाण

मात्र होती हैं। इस दृष्टि से देखने पर, स्वयं परिवर्तन एक ऐसी प्रक्रिया है, जो परम्परा के आवरण में लगातार चलती रहती है। बाहर से अचल दिखनेवाली परम्परा भी, यदि जड़ता और मृत्यु का पूरा शिकार नहीं बन गई है, तो धीरे-धीरे वह भी परिवर्तित हो जाती है।

इतिहास में कभी-कभी ऐसा भी समय आता है जब परिवर्तन की प्रक्रिया और उसकी तेजी कुछ अधिक प्रत्यक्ष हो जाती है। लेकिन, साधारणतः, बाहर से उसकी गति दिखाई नहीं देती। परिवर्तन का बाहर रूप, प्रायः, निस्पन्द ही दिखता है। जातियाँ जब अगति की अवस्था में रहती हैं, तब उनकी शक्ति दिनोंदिन छीजती जाती है, उनकी कमजोरियाँ बढ़ती जाती हैं। परिणाम यह होता है कि उनकी रचनात्मक कलाओं और प्रवृत्तियों का क्षय हो जाता है। तथा, अकसर, वे राजनैतिक दृष्टि से गुलाम भी हो जाती हैं।

सम्भावना यह है कि भारत में संस्कृति के सबसे प्रबल उपकरण आर्यों और आर्यों से पहले के भारतवासियों, खासकर, द्रविड़ों के मिलन से उत्पन्न हुए। इस मिलन, मिश्रण या समन्वय से एक बहुत बड़ी संस्कृति उत्पन्न हुई, जिसका प्रतिनिधित्व हमारी प्राचीन भाषा संस्कृत करती है। संस्कृत और प्राचीन पहलवी, ये दोनों भाषाएँ एक ही माँ से मध्य एशिया में जनमी थीं, किन्तु भारत में आकर संस्कृत ही यहाँ की राष्ट्रभाषा हो गई। यहाँ संस्कृत के विकास में उत्तर और दक्षिण, दोनों ने योगदान दिया। सच तो यह है कि आगे चलकर संस्कृत के उत्थान में दक्षिणवालों का अंशदान अत्यन्त प्रमुख रहा। संस्कृत हमारी जनता के विचार और धर्म का ही प्रतीक नहीं बनी, वरन् भारत की सांस्कृतिक एकता भी उसी भाषा में साकार हुई। बुद्ध के समय से लेकर अब तक संस्कृत यहाँ की जनता की बोली जानेवाली भाषा कभी नहीं रही है, फिर भी, सारे भारतवर्ष पर वह अपना प्रचुर प्रभाव डालती ही आई है। कुछ दूसरे प्रभाव भी भारत पहुँचे और उनसे भी विचारों और अभिव्यक्तियों की नई दिशाएँ प्राप्त हुईं।

काफी लम्बे इतिहास के अन्दर, भूगोल ने भारत को जो रूप दिया, उससे वह एक ऐसा देश बन गया, जिसके दरवाजे बाहर की ओर से बन्द थे। समुद्र और महाशैल हिमालय से घिरा होने के कारण, बाहर से किसी का इस देश में आना आसान नहीं था। कई सहस्राब्दियों के भीतर, बाहर से लोगों के बड़े-बड़े झुंड भारत में आए, किन्तु आर्यों के आगमन के बाद से कभी ऐसा नहीं हुआ, जब बाहरी लोग बहुत बड़ी संख्या में भारत आए हों। ठीक इसके विपरीत, एशिया और यूरोप के आर-पार मनुष्यों के अपार आगमन और निष्क्रमण होते रहे; एक जाति दूसरी जाति को खदेड़कर वहाँ खुद बसती रही और, इस प्रकार, जनसंख्या की बुनावट में बहुत बड़ा परिवर्तन होता रहा। भारत में, आर्यों के आगमन के बाद, बाहरी लोगों के जो आगमन हुए उनके दायरे बहुत ही सीमित थे। उनका कुछ-न-कुछ प्रभाव तो पड़ा, किन्तु उससे यहाँ की बुनियादी जनसंख्या के स्वरूप में कोई बड़ा परिवर्तन नहीं आया। लेकिन, फिर भी, याद रखना चाहिए कि ऐसे कुछ परिवर्तन भारत में भी हुए हैं। सीथियन और हूण लोग तथा उनके बाद भारत आनेवाली कुछ अन्य जातियों के लोग यहाँ आकर राजपूतों की शाखाओं में शामिल हो गए और यह दावा करने लगे कि हम भी प्राचीन भारतवासियों की सन्तान हैं। बहुत दिनों तक बाहरी दुनिया से अलग रहने के कारण, भारत का स्वभाव भी और देशों से भिन्न हो गया। हम ऐसी जाति बन गए, जो अपने आपमें घिरी रहती है। हमारे

भीतर कुछ ऐसे रिवाजों का चलन हो गया, जिन्हें बाहर के लोग न जानते हैं, न समझ ही पाते हैं। जाति-प्रथा के असंख्य रूप भारत के इसी विचित्र स्वभाव के उदाहरण हैं। किसी भी दूसरे देश के लोग यह नहीं जानते कि छुआछूत क्या चीज है तथा दूसरों के साथ खाने-पीने या विवाह करने में, जाति को लेकर, किसी को क्या उज्र होना चाहिए। इन सब बातों को लेकर हमारी दृष्टि संकुचित हो गई। आज भी भारतवासियों को दूसरे लोगों से खुलकर मिलने में कठिनाई महसूस होती है। यही नहीं, जब भारतवासी भारत से बाहर जाते हैं, तब वहाँ भी एक जाति के लोग दूसरी जाति के लोगों से अलग रहना चाहते हैं। हममें से बहुत लोग इन सारी बातों को स्वयंसिद्ध मानते हैं और हम यह समझ ही नहीं पाते कि इन बातों से दूसरे देशवालों को कितना आश्चर्य होता है, उनकी भावना को कैसी ठेस पहुँचती है।

भारत में दोनों बातें एक साथ बढ़ीं। एक ओर तो विचारों और सिद्धान्तों में हमने अधिक-से-अधिक उदार और सहिष्णु होने का दावा किया। दूसरी ओर, हमारे सामाजिक आचार अत्यन्त संकीर्ण होते गए। यह फटा हुआ व्यक्तित्व, सिद्धान्त और आचरण का यह विरोध आज तक हमारे साथ है और आज भी हम उसके विरुद्ध संघर्ष कर रहे हैं। कितनी विचित्र बात है कि अपनी दृष्टि की संकीर्णता, आदतों और रिवाजों की कमजोरियों को हम यह कहकर नजरअन्दाज कर देना चाहते हैं कि हमारे पूर्वज बड़े लोग थे और उनके बड़े-बड़े विचार हमें विरासत में मिले हैं। लेकिन, पूर्वजों से मिले हुए ज्ञान एवं हमारे आचरण में भारी विरोध है और जब तक हम इस विरोध की स्थिति को दूर नहीं करते, हमारा व्यक्तित्व फटा-का-फटा रह जाएगा।

जिन दिनों जीवन अपेक्षाकृत अधिक गतिहीन था, उन दिनों सिद्धान्त और आचरण का यह विरोध उतना उग्र नहीं दिखाई देता था। लेकिन, ज्यों-ज्यों राजनैतिक और आर्थिक परिवर्तनों की रफ्तार तेज होती गई, इस विरोध की उग्रता भी अधिक-से-अधिक प्रत्यक्ष होती आई है। आज तो हम आणविक युग के दरवाजे पर खड़े हैं। इस युग की परिस्थितियाँ इतनी प्रबल हैं कि हमें अपने इस आन्तरिक विरोध का शमन करना ही पड़ेगा। और इस काम में हम कहीं असफल हो गए तो यह असफलता सारे राष्ट्र की पराजय होगी और हम उन अच्छाइयों को भी खो बैठेंगे, जिन पर हम आज तक अभिमान करते आए हैं।

जैसे हम बड़ी-बड़ी राजनैतिक और आर्थिक समस्याओं का मुकाबला कर रहे हैं, वैसे ही, हमें भारत के इस आध्यात्मिक संकट का भी सामना करना चाहिए। भारत में औद्योगिक क्रान्ति बड़ी तेजी से आ रही है और हम नाना रूपों में बदलते जा रहे हैं। राजनैतिक और आर्थिक परिवर्तनों का यह अनिवार्य परिणाम है कि उनसे सामाजिक परिवर्तन उत्पन्न होते हैं; अन्यथा समन्वय न तो हमारे वैयक्तिक जीवन में रह सकता है, न राष्ट्रीय जीवन में। ऐसा नहीं हो सकता कि राजनैतिक परिवर्तन और औद्योगिक प्रगति तो हो, किन्तु हम यह मानकर बैठे रह जाएँ कि सामाजिक क्षेत्र में हमें कोई परिवर्तन लाने की आवश्यकता नहीं है। राजनैतिक और आर्थिक परिवर्तनों के अनुसार समाज को परिवर्तित नहीं करने से हम पर जो बोझ पड़ेगा, उसे हम बर्दाश्त नहीं कर पाएँगे, उसके नीचे हम टूट जाएँगे।

ईसा के जन्म के बाद पहली सहस्राब्दी और उससे पहले के भारत की जो तसवीर हमारे सामने आती है, वह उस तस्वीर से भिन्न है, जो बाद को मिलती है। उन दिनों के भारतवासी

बड़े मस्त, बड़े जीवन्त, बड़े साहसी और जीवन के प्रति अद्भुत उत्साह से युक्त थे तथा अपना सन्देश वे विदेशों में दूर-दूर तक ले जाते थे। विचारों के क्षेत्र में तो उन्होंने ऊँची-से-ऊँची चोटियों पर अपने कदम रखे और आकाश को चीर डाला। उन्होंने अत्यन्त गौरवमयी भाषा की रचना की और कला के क्षेत्र में उन्होंने अत्यन्त उच्चकोटि की कारयित्री प्रतिभा का परिचय दिया। उन दिनों का भारतीय जीवन घेरों में बन्द नहीं था, न तत्कालीन समाज में ही जड़ता या गतिहीनता की कोई बात थी। उस समय एक छोर से लेकर दूसरे छोर तक, समग्र भारतवर्ष में सांस्कृतिक उत्साह भी लहरें ले रहा था। इसी समय, दक्षिण भारतवर्ष के लोग दक्षिण-पूर्व एशिया की ओर गए और वहाँ उन्होंने अपना उपनिवेश स्थापित किया। दक्षिण से ही बौद्ध मत का सन्देश लेकर बोधि-धर्म चीन पहुँचा। इस साहसिक जीवन की अभिव्यक्ति में उत्तर और दक्षिण, दोनों एक थे और वे परस्पर एक-दूसरे का पोषण भी करते थे।

इसके बाद, पिछली शताब्दियों का समय आता है, जब पतन की प्रक्रिया शुरू हो जाती है। भाषा में कृत्रिमता और स्थापत्य में सजावट की भरमार इसी पतनशीलता के प्रमाण हैं। यहाँ आकर हमारे विचार पुराने विचारों की आवृत्ति बन जाते हैं और कारयित्री शक्ति दिनोंदिन क्षीण होने लगती है। शरीर और मन दोनों की साहसिकता से हम भय खाने लगते हैं तथा जाति-प्रथा का और भी विकास होता है एवं समाज के दरवाजे चारों ओर से बन्द हो जाते हैं। पहले की तरह बातें तो हम अब भी ऊँची-ऊँची करते हैं, लेकिन, हमारा आचरण हमारे विश्वास से भिन्न हो जाता है।

हमारे आचरण की तुलना में हमारे विचार और उद्गार इतने ऊँचे हैं कि उन्हें देखकर आश्चर्य होता है। बातें तो हम शान्ति और अहिंसा की करते हैं, मगर, काम हमारे कुछ और होते हैं। सिद्धान्त तो हम सहिष्णुता का बघारते हैं, लेकिन भाव हमारा यह होता है कि सब लोग वैसे ही सोचें, जैसे हम सोचते हैं और जब भी कोई हमसे भिन्न प्रकार से सोचता है, तब हम उसे बर्दाश्त नहीं कर सकते। घोषणा तो हमारी यह है कि स्थितप्रज्ञ बनना अर्थात् कर्मों के प्रति अनासक्त रहना हमारा आदर्श है, लेकिन काम हमारे बहुत नीचे के धरातल पर चलते हैं और बढ़ती हुई अनुशासनहीनता हमें, वैयक्तिक और सामाजिक, दोनों ही क्षेत्रों में नीचे ले जाती है।

जब पश्चिम के लोग समुद्र के पार से यहाँ आए, तब भारत के दरवाजे एक खास दिशा की ओर खुल गए। आधुनिक औद्योगिक सभ्यता बिना किसी शोर-गुल के, धीरे-धीरे, इस देश में प्रविष्ट हो गई। नए भावों और नए विचारों ने हम पर हमला किया और हमारे बुद्धिजीवी अंग्रेज-बुद्धिजीवियों की तरह सोचने का अभ्यास करने लगे। यह मानसिक आन्दोलन, बाहर की ओर वातायन खोलने का यह भाव, अपने ढंग पर अच्छा रहा, क्योंकि इससे हम आधुनिक जगत् को थोड़ा-बहुत समझने लगे। मगर, इससे एक दोष भी निकला कि हमारे ये बुद्धिजीवी जनता से विच्छिन्न हो गए, क्योंकि जनता विचारों की इस नई लहर से अप्रभावित थी। परम्परा से भारत में चिन्तन की जो पद्धति चली आ रही थी, वह टूट गई। फिर भी, कुछ लोग उससे इस ढंग से चिपके रहे, जिसमें न तो प्रगति थी, न रचना की नई उद्भावना और जो पूर्ण रूप से नई परिस्थितियों से असम्बद्ध थी।

पाश्चात्य विचारों से भारत का जो विश्वास जगा था, अब तो वह भी हिल रहा है। नतीजा

यह है कि हमारे पास न तो पुराने आदर्श हैं, न नवीन; और हम बिना यह जाने हुए बहते जा रहे हैं कि हम किधर को या कहाँ जा रहे हैं। नई पीढ़ी के पास न तो कोई मानदंड है, न कोई दूसरी ऐसी चीज, जिससे वह अपने चिन्तन या कर्म को नियन्त्रित कर सके।

यह खतरे की स्थिति है। अगर इसका अवरोध और सुधार नहीं हुआ तो इससे भयानक परिणाम निकल सकते हैं। हम आर्थिक, राजनैतिक और सामाजिक क्षेत्रों में संक्रान्ति की अवस्था से गुजर रहे हैं। सम्भव है, यह उसी स्थिति का अनिवार्य परिणाम हो। लेकिन, आणविक युग में किसी देश को अपना सुधार करने के लिए ज्यादा मौके नहीं दिए जाएँगे। और इस युग का मौका चूकने का अर्थ सर्वनाश भी हो सकता है।

यह सम्भव है कि संसार में जो बड़ी-बड़ी ताकतें काम कर रही हैं, उन्हें हम पूरी तरह न समझ सकें, लेकिन, इतना तो हमें समझना ही चाहिए कि भारत क्या है और कैसे इस राष्ट्र ने अपने सामासिक व्यक्तित्व का विकास किया है; उसके व्यक्तित्व के विभिन्न पहलू कौन-से हैं और उसकी सुदृढ़ एकता कहाँ छिपी हुई है। भारत में बसनेवाली कोई भी जाति यह दावा नहीं कर सकती कि भारत के समस्त मन और विचारों पर उसी का एकाधिकार है। भारत आज जो कुछ है, उसकी रचना में भारतीय जनता के प्रत्येक भाग का योगदान है। यदि हम इस बुनियादी बात को नहीं समझ पाते तो हम भारत को भी समझने में असमर्थ रहेंगे। और यदि भारत को हम नहीं समझ सके तो हमारे भाव, विचार और काम, सब-के-सब अधूरे रह जाएँगे और हम देश की ऐसी कोई सेवा नहीं कर सकेंगे, जो ठोस और प्रभावपूर्ण हो।

मेरा विचार है कि दिनकर की पुस्तक इन बातों के समझने में, एक हद तक, सहायक होगी। इसलिए, मैं इसकी सराहना करता हूँ और आशा करता हूँ कि इसे पढ़कर अनेक लोग लाभान्वित होंगे।

नई दिल्ली

—जवाहरलाल नेहरू

30 सितम्बर, 1955 ई.

अनुक्रम

प्रथम अध्याय

भारतीय जनता की रचना और हिन्दू संस्कृति का आविर्भाव

प्रकरण-1

भारतीय जनता की रचना

मनुष्य पहले-पहल कहाँ उत्पन्न हुआ, यह प्रश्न मनोरंजक तो है, लेकिन, इसका ठीक-ठीक उत्तर अब तक नहीं दिया जा सका है। 'बाइबिल' को अपना धर्मग्रन्थ माननेवाले लोगों का खयाल है कि आदमी पहले-पहल सीरिया में जनमा था। इसी तरह, पश्चिम एशिया, बर्मा, अफ्रीका और उत्तरी ध्रुव के पास के प्रान्त, इन सारे भू-भागों के बारे में, समय-समय पर, अटकल लगाई गई है कि, हो-न-हो, आदमी इन्हीं में से किसी एक देश में सर्वप्रथम उत्पन्न हुआ होगा। पीकिंग में जो नर-कंकाल मिला है, वह तीस हजार वर्ष पुराना है, अतएव, यह अनुमान भी चलता है कि आदमी पहले-पहल चीन में जनमा होगा। एक अन्दाजा यह भी है कि आदमी चूँकि, प्रधानतः लोमहीन प्राणी है, इसलिए उसकी उत्पत्ति किसी गर्म देश में हुई होगी। इस विचार के लोग अफ्रीका, भारतवर्ष अथवा उससे भी दक्षिण-पूर्व के भागों को आदि मनुष्य का जन्म-स्थान मानते हैं। एक अनुमान यह है कि आदमी दक्षिण भारत में जनमा होगा। एक दूसरा अनुमान यह है कि भारत-समुद्र में पहले जो बड़ा स्थल-भाग था, आदमी वहीं जनमा था। अफ्रीका के पक्ष में एक दलील यह दी जाती है कि वहाँ चिंपंजी और गोरिल्ला बन्दर, बहुतायत से पाए जाते हैं। इसके सिवा, अफ्रीका में बहुत-सी हड्डियाँ भी पाई गई हैं, जिनके बारे में यह अनुमान है कि वे आदि मानवों की हड्डियाँ होंगी।

भारतीय इतिहास-कांग्रेस के ग्वालियरवाले अधिवेशन में (1952 ई.) सभापति के पद से भाषण देते हुए डॉ. राधाकुमुद मुखर्जी ने यह कहा था कि आदि मनुष्य पंजाब और शिवालिक की ऊँची भूमि पर विकसित हुआ होगा, इस बात के प्रमाण मिलते हैं। मुखर्जी महोदय का मत यह दीखता है कि मनुष्य भारत में ही उत्पन्न हुआ था और इसी देश में उसकी सभ्यता भी विकसित हुई। पंजाब में हिमालय के पास मनुष्य का आदि जन्म, फिर सिन्धु की तराई में कृषि-सभ्यता का विकास और सिन्धु के पठार में भारत की प्राचीनतम सभ्यता का अवशेष पाया जाना, ये सारी बातें आपस में एक-दूसरे को पुष्ट करनेवाली हैं और अजब नहीं, कि अध्ययन और खोज करने पर मुखर्जी महोदय का अनुमान सत्य ही प्रमाणित हो।

किन्तु सबसे युक्तिसंगत अनुमान यह है कि आदमी यदि पहले-पहल भारत में उत्पन्न हुआ हो तो वह उत्तर नहीं, दक्षिण भारत में जनमा होगा। भारत की सबसे पुरानी धरती वह नहीं है जो विन्ध्याचल के उत्तर में पड़ती है, प्रत्युत, वह जो विन्ध्य से फैलती हुई दक्षिण को चली गई है। आज से लगभग तीन लाख वर्ष पूर्व दक्षिण भारत में मनुष्य रहा होगा, इस अनुमान को पंडित साधार मानते हैं। सन् 1935 ई. में बड़ोदा राज्य के वादनगर स्थान

में लघु मानव का एक तीस इंच लम्बा कंकाल मिला था, जिसे वैज्ञानिक आदि नीग्रो का कंकाल समझते हैं।

इंग्लैंड के एक वैज्ञानिक, मिस्टर डारविन ने जब से यह सिद्ध कर दिखाया कि आदमी बन्दर से बढ़कर आदमी हुआ है, तब से, विकासवाद के सिद्धान्त पर यह मानने की प्रथा चल पड़ी है कि मनुष्य के पूर्वज बन्दर की ही योनि से निकले थे। लेकिन, सभी पंडित अभी यह भी मानने को तैयार नहीं हैं कि आदमी, निश्चित रूप से, बन्दर से ही विकसित हुआ है। फिर भी, जो लोग विकासवाद के सिद्धान्त को पूर्ण रूप से मान चुके हैं, उनका खयाल है, कि एप, गिब्बन, ओरंगउत्तान और चिंपंजी—बन्दरों की इन्हीं चार जातियों का विकास मनुष्य के रूप में हुआ है। और जिन पंडितों का ऐसा विश्वास है, वे घूम-फिरकर अफ्रीका को ही मनुष्य के जन्म का आदि स्थान मानना चाहते हैं। लेकिन, कुछ दूसरे पंडितों का विचार है कि आदमी जिस जीव से बढ़कर आदमी हुआ है, वह बन्दर तो नहीं था, हाँ, वह बन्दरों के समान ही कोई अन्य स्थलचारी जीव था। एक दूसरा अनुमान यह भी है कि आदमी, शुरू से ही, आदमी था और उसकी पैदाइश, एक साथ, अनेक देशों में हुई।

इस अनिश्चय के बीच अधिकांश पंडित यह मानते हैं कि भारत में जो भी लोग मौजूद हैं, उनके पूर्वज इस देश में अन्य देशों से आए और अन्य देशों से आकर ही उन्होंने, आपस में मिश्रित होकर, इस देश में जन-समूह की रचना की, जिसे हम भारतीय जनता कहते हैं। और भारत की मिट्टी पर अनन्त काल से, कितनी विभिन्न जातियों, कितने प्रकार के लोगों का समागम होता रहा है, यह किस्सा भी काफी मजेदार है। अगर ईसाइयों और मुसलमानों को छोड़ दें, तब भी, इस देश में एक के बाद एक, कम-से-कम, ग्यारह जातियों के आगमन और समागम का प्रमाण मिलता है, जिन्होंने इस देश को ही अपना देश मान लिया और जिनका एक-एक सदस्य यहाँ की संस्कृति और समाज में भली-भाँति पच-खपकर आर्य अथवा हिन्दू हो गया। नीग्रो, औष्ट्रिक, द्रविड़, आर्य, यूनानी, यूची, शक, आभीर, हूण, मंगोल और मुस्लिम आक्रमण के पूर्व आनेवाले तुर्क इन सभी जातियों के लोग कई झुंडों में इस देश में आए और हिन्दू-समाज में दाखिल होकर सब-के-सब उसके अंग हो गए। असल में, हम जिसे हिन्दू-संस्कृति कहते हैं, वह किसी एक जाति की देन नहीं, बल्कि, इन सभी जातियों की संस्कृतियों के मिश्रण का परिणाम है।

आदमी की नस्ल पहचाननेवाले शास्त्र

हजारों वर्षों से एक ही भू-भाग में, एक ही तरह की जलवायु तथा एक ही सामाजिक ढाँचे और एक ही आर्थिक पद्धति के भीतर रहने के कारण भारतीय समाज के सभी लोगों के रूप-रंग, वेश-भूषा, रहन-सहन, भाव-विचार और जीवन-विषयक दृष्टिकोण में जो अद्‌भुत एकता आ गई है, उसे देखते हुए एक नस्ल के लोगों को दूसरी नस्ल के लोगों से अलग करने का काम अस्वाभाविक और जरा मुश्किल भी मालूम होता है। लेकिन, तब भी ऐसी कुछ कसौटियाँ मौजूद हैं, जिनके आधार पर बिलगाव किया जा सकता है। दुनिया में जितनी भी जातियाँ बसती हैं, उनकी मूल-नस्लों की पहचान भाषा और शरीर के गठन को देखकर की जाती है और इस विषय का अध्ययन अब अलग-अलग शास्त्रों के रूप में विकसित हो

गया है, जिनके प्रयोग से मानव-जाति के बहुत पुराने इतिहास की रचना में बहुत सहायता मिली है। भाषा का अध्ययन करनेवाले शास्त्र को भाषा-विज्ञान (Philology) कहते हैं। साहित्य से सम्बद्ध रहने के कारण इस विषय के जानकार अब काफी लोग हो गए हैं। किन्तु रूप-रंग और कद-ढाँचे की कसौटी पर भी मनुष्य-जाति का अध्ययन एक-दूसरे शास्त्र के द्वारा किया जाता है, जिसे मानुषमिति (Anthropometry) या जनविज्ञान (Anthropology) कहते हैं। भाषा-भेद को देखकर मनुष्य की नस्ल का पता लगाना अपेक्षाकृत कुछ सरल कार्य हो गया; मगर, रंग-रूप और शरीर के ढाँचे को देखकर आदमी के मूल-खानदान का पता लगाना उतना आसान नहीं है, क्योंकि जलवायु के प्रभाव और विवाहादि के द्वारा रक्त के मिश्रण के कारण इस क्षेत्र में बड़ी-बड़ी उलझनें पैदा हो जाती हैं। फिर भी, जनविज्ञान ने जो कसौटियाँ बनाई हैं, उन पर आदमी की नस्ल की पहचान, बहुत दूर तक, सही-सही कर ली जाती है।

जनविज्ञान की पहली कसौटी रंग की है। जनविज्ञानियों का एक साधारण विश्वास है कि गोरे रंग के लोग आर्य वंश के हैं और जिनका रंग पक्का काला है, वे आर्येतर हैं अथवा आर्यों और आर्येतर जातियों के बीच जो वैवाहिक मिश्रण हुआ है, उसका उन पर काफी प्रभाव है। खोपड़ी की लम्बाई-चौड़ाई देखकर भी नस्ल की पहचान की जाती है। इसी तरह, नाक की ऊँचाई, चौड़ाई, उसका खड़ा या चिपटा होना भी आदमी की नस्ल को इंगित करता है; फिर, आदमी का कद या डील, उसके मुँह या जबड़े का आगे बढ़ा या न बढ़ा होना भी उसकी नस्ल की पहचान है।

जनविज्ञान ने संसार की सभी जातियों को, मुख्यतः, तीन नस्लों में बाँट रखा है। पहली नस्ल गोरे लोगों की है, जिन्हें हम काकेशियन कहते हैं; दूसरी नस्ल के वे लोग हैं; जिनका रंग पीला होता है और जो मंगोल-जाति के हैं; तथा तीसरी नस्ल उन लोगों की है, जिनका रंग काला है और जो इथोपियन परिवार के हैं। काकेशस रूस से दक्षिण, प्रायः एशिया-यूरोप के बीच का भू-भाग है और इथोपिया अफ्रीका में है। यह विभाजन मुख्यतः, रंगों के आधार पर किया गया है, क्योंकि रंग की दृष्टि से संसार में तीन प्रकार के लोग हैं—गोरे, काले और पीले। बाकी रंग इन्हीं रंगों में से किसी-न-किसी की, कम या ज्यादा, छाँह लिये हुए हैं और वे, अकसर, दो रंगों के मिश्रण से अथवा जलवायु के परिणामस्वरूप उत्पन्न हुए हैं। भारतीय जनता में इन तीन रंगों के प्रतिनिधि मौजूद हैं और रंगों की दृष्टि से भी भारतीय मानवता विश्व-मानवता का अद्भुत प्रतीक मानी जा सकती है।

जनविज्ञान की कसौटी और भारतीय जनता

एक दूसरी दृष्टि से विचार करने पर भारतवर्ष में चार प्रकार के लोग मिलते हैं। एक तरह के लोग वे हैं, जिनका कद छोटा, रंग काला, नाक चौड़ी और बाल घुँघराले होते हैं। इस जाति के लोग, अकसर, जंगलों में बसते हैं। ये ही लोग उन आदिवासियों की सन्तान हैं, जो आर्यों और द्रविड़ों के आगमन के पूर्व इस देश में आकर बसे थे और जो, शायद, जंगली जीवन के आदी होने के कारण अब तक भी शहरों से दूर जंगलों में ही रहने में सुख मानते हैं।

एक दूसरी तरह के लोग हैं, जिनका कद छोटा, रंग काला, मस्तक लम्बा, सिर के बाल

घने और नाक खड़ी और चौड़ी होती है। रंग और कद में ये, प्रायः, आदिवासी लोगों से थोड़ी समानता रखते हैं, किन्तु ये उनसे बिलकुल भिन्न हैं। विन्ध्याचल के नीचे, सारे दक्षिण भारत में इन्हीं लोगों की प्रधानता है। ये द्रविड़ जाति के लोग हैं, जिनके पूर्वज, कदाचित्, आर्यों से भी पूर्व इस देश में आए थे और उन्होंने पहले-पहल भारत में नगर-सभ्यता की नींव डाली थी।

तीसरी जाति के लोगों का कद लम्बा, वर्ण गेहुँआ या गोरा, दाढ़ी-मूँछ घनी, मस्तक लम्बा तथा नाक पतली और नुकीली होती है। ये आर्य-जाति के लोग हैं। आरम्भिक आर्यों के जिस रंग-रूप का वर्णन पुराने साहित्य में मिलता है, वह अब बहुत-कुछ बदल गया है। कारण, शायद, यह है कि भारत की जलवायु उष्ण है और कहा जाता है कि उष्णता से रंग काला पड़ जाता है। फिर द्रविड़ों और आदिवासियों के साथ उनका जो वैवाहिक मिश्रण हुआ है, उसके चलते भी आर्यों का पहले का रंग अब फीका पड़ गया है।

एक चौथे प्रकार के लोग बर्मा, असम, भूटान और नेपाल में तथा उत्तर प्रदेश, पंजाब, उत्तरी बंगाल और कश्मीर के उत्तरी किनारे पर पाए जाते हैं। इनका मस्तक चौड़ा, रंग काला, पीला, आकृति चिपटी तथा नाक चौड़ी और पसरी हुई होती है। इनके चेहरे पर दाढ़ी-मूँछ भी कम उगती है। ये मंगोल-जाति के लोग हैं, जो भारत में तिब्बत और चीन से उस समय आए जब आर्य यहाँ पुराने हो चुके थे और जब नीग्रो, औष्ट्रिक, द्रविड़ और आर्य जातियों की संस्कृतियों के मेल से भारत में आर्य या हिन्दू-सभ्यता की नींव भली-भाँति डाली जा चुकी थी।[1]

इस प्रकार, अत्यन्त प्राचीन काल में आर्य, द्रविड़, आदिवासी और मंगोल इन चार जातियों को लेकर भारतीय जनता की रचना हुई थी। हम जिन्हें आदिवासी कहते हैं, उनके बीच नीग्रो और औष्ट्रिक नामक उन दोनों जातियों के लोग शामिल हैं, जो जातियाँ द्रविड़ों से पूर्व इस देश में आई थीं। नीग्रो और औष्ट्रिक जातियों के मिश्रण से बने हुए लोग मुंड या शबर भी कहे जाते हैं। इसी प्रकार, मंगोल-जातिवालों का भी प्राचीन नाम किरात है।

भाषा की कसौटी और भारतीय जनता

भाषा की दृष्टि से देखने पर इस देश में "76.4 फीसदी आर्य-भाषी, 20.6 फीसदी द्राविड़-भाषी तथा 3 फीसदी शबर-किरात-भाषी हैं।" (जयचन्द्र)। मंगोल जाति के लोगों की भाषा तिब्बती-चीनी परिवार की भाषा है, यद्यपि, उस पर आर्य भाषाओं का भी बहुत प्रभाव है। द्राविड़ परिवार की भाषाएँ तमिल, मलयालम, कन्नड़ी और तेलुगु हैं। इन भाषाओं के अनेक शब्द और प्रयोग आर्य-भाषाओं में आ गए हैं और संस्कृत के भी बहुत से शब्द द्राविड़ भाषाओं में मिल गए हैं, लेकिन, तब भी दक्षिण भारत की ये चार भाषाएँ दक्षिण में ही प्रचलित हैं। दक्षिण भारत से बाहर दो-एक जगहों पर इनके निशान मिलते हैं, जो इस बात की यादगार हैं कि, कदाचित्, द्रविड़ लोग कभी भारत भर में फैले हुए थे। उदाहरणार्थ, बलूचिस्तान की ब्रहुई भाषा द्राविड़ भाषा है और बिहार के आदिवासियों की ओराँव जाति जो भाषा बोलती है, वह भी द्रविड़ों से मिलती-जुलती है। लेकिन, अब पंडित इस विषय में सन्देह करने लगे हैं कि ब्रहुई तथा मुंड भाषाएँ, सचमुच ही, द्राविड़ परिवार की भाषाएँ हैं या नहीं। आदिवासियों के बीच और भी कई बोलियाँ हैं, जो वर्गीकरण की दृष्टि से औष्ट्रिक अथवा आग्नेय

भाषा-समूह में रखी जाती हैं।

हिन्दी, उर्दू, बँगला, मराठी, गुजराती, उड़िया, पंजाबी, असमी, गुरखाली और कश्मीरी आदि भाषाएँ आर्य-भाषाएँ हैं जो संस्कृत की परम्परा से उत्पन्न हुई हैं। भारत से बाहर आर्यभाषाओं का सम्बन्ध हिन्द-जर्मन, भाषा-समूह से है। कहते हैं, हिन्द-जर्मन भाषाएँ बोलनेवाले लोग किसी समय एक ही जगह रहते थे और उसी कबीले की भाषा से संसार की समस्त आर्य भाषाएँ निकली हैं। "प्राचीन पारसी, लातीनी, केल्ट, त्युतनी, जर्मन और स्लाव आदि भाषाओं के साथ हमारी संस्कृत का बहुत निकट का सम्बन्ध था और वह नाता उनके आजकल के वंशजों के साथ भी चला आता है। लातीनी प्राचीन इटली की भाषा थी और अब इटली, फ्रांस और स्पेन में उसकी वंशज भाषाएँ मौजूद हैं। प्राचीन केल्ट की मुख्य वंशज आजकल की गैलिक अर्थात् आयरलैंड की भाषा है। जर्मन, ओलन्देज (डच), अंग्रेजी, डेन, स्वीडिश आदि भाषाएँ जर्मन या त्युतनी परिवार की हैं। आधुनिक रूस तथा पूर्वी यूरोप की भाषाएँ स्लाव परिवार की हैं। इन सब भाषाओं का परिवार आर्य-वंश कहलाता है।" (जयचन्द्र)। हिन्द-जर्मन-परिवार की भाषाओं में जो समानता है, उसी से यह अनुमान किया गया है कि प्रायः, समस्त यूरोप के लोग उसी परिवार से निकले हैं, जिस परिवार के भारतीय आर्य थे और भारतीय आर्यों का ऋग्वेद केवल भारतीय आर्यों की ही नहीं, बल्कि विश्व भर के आर्यों की सबसे प्राचीन पुस्तक है। वेद सारी मनुष्य जाति का प्राचीनतम ग्रन्थ है। 19वीं सदी में जब इस सत्य का प्रचार हुआ, तब विश्व भर के अनेक विद्वान् संस्कृत का अध्ययन करने लगे और इसी अध्ययन के परिणामस्वरूप आर्य-वंश के विस्तृत इतिहास की रचना की जाने लगी। संस्कृत को सभी आर्यों की मूल भाषा सिद्ध करते हुए मैक्समूलर ने लिखा था कि संसार भर की आर्य भाषाओं में जितने भी शब्द हैं, वे संस्कृत की सिर्फ पाँच सौ धातुओं से निकले हैं।

विभिन्न भाषाओं के आधार पर भारत में जातियों की जो पहचान की गई है, उनका उल्लेख करते हुए डॉ. सुनीतिकुमार चटर्जी ने लिखा है कि भारतीय जनता की रचना जिन लोगों को लेकर हुई है, वे मुख्यतः, तीन भाषाओं में विभक्त किए जा सकते हैं, अर्थात् औष्ट्रिक अथवा आग्नेय, द्राविड़ और हिन्द-यूरोपीय (हिन्द-जर्मन)। नीग्रो से लेकर आर्य तक जो भी लोग इस देश में आए, उनकी भाषाएँ इन भाषाओं की भीतर समाई हुई हैं। असल में, भारतीय जनता की रचना आर्यों के आगमन के बाद ही पूरी हो गई और जिसे हम आर्य या हिन्दू सभ्यता कहते हैं, उसकी नींव भी तभी बाँध दी गई। आर्यों ने भारत में जातियों और संस्कृतियों का जो समन्वय किया, उसी से हमारे हिन्दू-समाज और हिन्दू-संस्कृति का निर्माण हुआ। बाद को, मंगोल, यूनानी, यूची, शक, आभीर, हूण और तुर्क, जो भी आए, उन्हें इस समन्वय में दस्तन्दाजी करने की हिम्मत नहीं हुई और वे, समर्पण के भाव से, इस समन्वय के सामने सिर झुकाते और उसमें विलीन होते चले गए। इस स्थिति को देखते हुए श्री जयचन्द्र विद्यालंकार ने एक सूक्ति कही है—"भारतवर्ष की जनता, मुख्यतः आर्य और द्राविड़ नस्लों की बनी हुई है और उसमें थोड़ी-सी छौंक शबर और किरात (मुंड और तिब्बत-बर्मी) की है।" सच तो यह है कि रक्त, भाषा और संस्कृति, सभी दृष्टियों से भारत की जनता अनेक मिश्रणों से युक्त है।

नीग्रो-जाति-विषयक अनुमान

अटकल और अनुमान से जो बातें अभी तक सामने लाई जा सकी हैं, उनके आधार पर, साधारणतः, यह समझा जाता है कि भारत में पहला आगमन नीग्रो जाति का था। यह जाति भारत में अरब-ईरान के किनारे-किनारे चलकर पश्चिम से अथवा, सम्भवतः, अफ्रीका से आई थी। इसकी एक शाखा भारत से निकलकर आस्ट्रेलिया भी गई, जहाँ उसके वंशज अब तक मौजूद हैं। भारत से आस्ट्रेलिया जाते हुए रास्ते में इंडोनेशिया, पोलीनेशिया और मलेनेशिया में भी इस जाति की टुकड़ियाँ रह गईं। मलाया, फिलीपाइन, न्यूगिनी और अंडमन में भी जो नीग्रो हैं, वे भारत से ही गए हुए हैं। लेकिन भारत में नीग्रो लगभग खत्म हो चुके हैं। अनुमान यह है कि या तो वे अपने पीछे आनेवाले आग्नेय लोगों के द्वारा मार डाले गए अथवा उनमें मिलकर एक हो गए और उनकी अपनी अलग सत्ता नहीं रह गई। अब इनके थोड़े से निशान दक्षिण भारत की आदिम जातियों में अथवा असम की नागा जाति में बचे हुए हैं। नीग्रो लोग सभ्यता के आदि सोपान पर थे। वे अपना भोजन खेतों से उत्पन्न न करके, जंगलों में घूमते हुए फल-फूल तोड़कर या जीवों को मारकर प्राप्त करते थे। जब आर्य इस देश में आए, उस समय नीग्रो जाति समाप्त हो चुकी थी। नीग्रो जाति का काल विद्वान् आज से सात हजार वर्ष पूर्व मानते हैं, किन्तु, सम्भव है, यह काल आज से दस हजार वर्ष पूर्व रहा हो।

भारत के दक्षिणतम भाग में बसनेवाले काडार और उरली लोग, कदाचित् नीग्रो संस्कृति से सम्बद्ध थे। इस अनुमान का क्षीण आधार यह भी है कि मलाया में सेमाङ् नामक जो जंगली जाति है, वह बाँस की कंघी का प्रयोग करती है। इन कंघियों के डिजाइन ठीक वे ही हैं, जो डिजाइन काडार जाति की औरतों की कंघियों के होते हैं।

इतिहासकार इस जाति के लोगों को प्राचीन प्रस्तर-कालीन मनुष्यों में गिनते हैं। उनकी भाषा का नमूना अब सिर्फ अंडमन में ही शेष है। बाकी जगहों पर ये अपने पड़ोसियों की ही भाषाएँ, कुछ बिगड़े रूपों में, बोलते हैं।

नीग्रो जाति के बाद आग्नेय, आग्नेय के बाद द्रविड़ और द्रविड़ के बाद आर्य जाति के आने के बाद, इस देश में सांस्कृतिक समन्वय का काम शुरू होता है। किन्तु, नीग्रो और आर्य, इन दो जातियों के बीच समय की काफी दूरी पड़ती है। इसलिए, आर्यों ने हमें जो सभ्यता दी, उस पर नीग्रो सभ्यता का कहाँ, क्या प्रभाव है, यह आसानी से जाना नहीं जा सकता। फिर भी, डॉ. सुनीतिकुमार चटर्जी का अनुमान है कि बादुड़ शब्द (जिसका प्रयोग बंगाल और बिहार में एक प्रकार के चमगादड़ के अर्थ में होता है) नीग्रो भंडार का होगा। एक अन्य विद्वान् का अनुमान है, धनुष चलाने की कला नीग्रो जाति की देन है। नीग्रो जाति असभ्य होती हुई भी बड़ी साहसी रही होगी, अन्यथा नावों के सहारे वह भारत-समुद्र की सैर करने की हिम्मत नहीं करती।

औष्ट्रिक या आग्नेय जाति का आगमन

सामान्यतः, यह समझा जाता है कि हिन्दुस्तान की जनसंख्या का एक प्रमुख भाग औष्ट्रिक जाति की देन है। इनका औष्ट्रिक या आग्नेय नाम इसलिए पड़ा कि ये लोग यूरोप के अग्निकोण

में पाए जाते हैं। इस वंश के लोग मदागास्कर और विन्ध्यमेखला से प्रशान्त महासागर के ईस्टर द्वीप तक फैले हुए हैं। इनका भारत में आगमन नीग्रो जाति के बाद हुआ और इस जाति के लोग भारत से होकर कई बार गुजरे थे। इस क्रम में नीग्रो और मंगोल जातियों के साथ उनका वैवाहिक मिश्रण हुआ हो तो कोई आश्चर्य नहीं। भारतवर्ष के कोल और मुंडा जाति के लोग, असम, बर्मा और हिन्दचीन की मौन-खमेर जाति, निकोबार द्वीप के निकोबरी तथा इंडोनेशिया, मलेनेशिया और पोलीनेशिया के बहुत से काले लोग इसी औष्ट्रिक वंश की मिश्रित सन्तान हैं। असल में कश्मीर से लेकर प्रशान्त महासागर के पूर्वी द्वीप-समूह तक जो भी पक्के काले और वनवासी लोग हैं, उन्हें औष्ट्रिक जाति का ही उत्तराधिकारी समझना चाहिए।

आग्नेय जाति कोई स्वतन्त्र जाति थी अथवा वह द्रविड़ों की ही किसी शाखा से निकली थी, इस विषय में भी कभी-कभी प्रश्न उठाए जाते हैं। उदाहरणार्थ—श्री रत्न स्वामी ने अपनी पुस्तक 'इंडिया फ्रॉम द डान' में यह विचार व्यक्त किया है कि आग्नेय लोग (वनवासी जातियाँ) भी द्रविड़ों की ही सन्तान हैं।[2] इनके पूर्वज कभी इस देश के शासक थे, जिसका प्रमाण यह है कि मारवाड़ के राजा राज्याभिषेक के समय किसी भील के अँगूठे से रक्त लेकर उसका तिलक लगाते थे। कुछ ऐसी ही प्रथा जयपुर में भी प्रचलित थी और क्योंझर (उड़ीसा) के राजा का तिलक भी पेरिया जाति के ही लोग सम्पन्न करते थे। दक्षिण में तंजोर जिले के तिरुवल्लुर मन्दिर के शैव-उत्सव के समय जिस हाथी पर शिवजी की मूर्ति निकलती है, उस पर चवढरिया (चँवर डुलानेवाला) के रूप में परिया जाति के लोग चढ़ाए जाते हैं।

अब तो केवल कोल और मुंडा जाति की ही भाषा ऐसी भारतीय भाषा है, जो औष्ट्रिक परिवार की समझी जाती है तथा असम और बर्मा की भी केवल मौन-खमेर भाषा ही औष्ट्रिक है। किन्तु जब आर्य आए थे, तब औष्ट्रिक भाषा इस देश में खूब प्रचलित थी और उस भाषा के अनेक शब्दों ने आर्य-भाषा-भांडार में प्रवेश पा लिया। विशेषतः, वन और वनजन्तु (Flora and Fauna) सम्बन्धी आर्य-भाषाओं में ऐसे कितने ही शब्द हैं, जिनकी व्युत्पत्ति औष्ट्रिक धातुओं से बतलाई जाती है।

केवल वनवासी ही नहीं, गाँवों के पास रहनेवाली अनेक निम्न जातियों के लोगों का जो अत्यन्त विशाल समुदाय है (जैसे, डोम, भुइयाँ, मुसहर आदि), वह आग्नेय भंडार से आया है। रक्त-मिश्रण के कारण इनके रंग-रूप और ढाँचे बिलकुल बदल गए हैं और उनमें से, प्रायः सबने अपने मालिकों की भाषा सीख ली है अथवा कंजरों के समान कुछ घुमक्कड़ जातियाँ हैं, जिनकी भाषा में अनेक भाषाओं का मिश्रित रूप है।

कहा जाता है कि जब आर्य आए, आग्नेय लोग सिन्धु की तराई में भी विद्यमान थे। आर्यों ने उन्हीं का नाम निषाद रखा तथा उनके काले रंग और चिपटी नाक की हँसी भी उड़ाई। निषाद-वंश के लोगों के अन्य नाम कोल और भील भी मिलते हैं। ईसा से लगभग 1500 वर्ष पूर्व ही उत्तर भारत के बहुत-से आग्नेय लोग आर्य हो गए, यद्यपि, बौद्ध काल में भी चांडालों की बस्ती और उनकी स्वतन्त्र भाषा के जीवित होने के प्रमाण मिलते हैं। इन चार हजार वर्षों के मिश्रण और समन्वय के बाद भी, हमारे देश में जो भी वनवासी जातियाँ हैं, सम्भावना यही है कि वे आग्नेय खानदान की हैं और उनकी भाषाओं का भी कुछ-न-कुछ

सम्बन्ध आग्नेय भाषा-समूह से है। कहते हैं, जब आर्य भारतवर्ष में आए थे, उस समय द्रविड़ और आग्नेय लोग पड़ोसी के समान रहते थे।

द्रविड़ जाति का आगमन

जैसे पंडितों में इस बात को लेकर मतभेद है कि आर्य, मूलतः, भारतवासी थे अथवा भारत में वे बाहर से आए थे, वैसे ही, यह बात भी निश्चयपूर्वक नहीं कही जा सकती कि द्रविड़ इस देश के मूल-निवासी हैं अथवा इस देश में वे किसी और देश से आए हैं। आर्य और द्रविड़, दोनों प्रकार के लोग, इस देश में अनन्त काल से रहते आए हैं और हमारे प्राचीनतम साहित्य में इस बात का कोई प्रमाण नहीं मिलता कि ये दोनों जातियाँ बाहर से आईं अथवा इन दोनों के बीच कभी लड़ाइयाँ भी हुई थीं। आर्यों का संघर्ष दास और असुर जाति के लोगों से हुआ था,[3] इसका थोड़ा-बहुत प्रमाण है, किन्तु ये दास और असुर कौन थे, इस विषय में हमारे पास सुनिश्चित प्रमाण नहीं हैं।[4] आर्यों ने अपने शत्रु को अनास भी कहा है, किन्तु अनास से कौन जाति संकेतित होती है, इसका निर्धारण सरल नहीं है।[5] प्रजाति या रेस (Race) के सिद्धान्त हमारे देश में अंग्रेजों के आगमन के बाद प्रचलित हुए, अन्यथा इस बात का कोई भी प्रमाण नहीं है कि आर्य और द्रविड़ जातियों के लोग एक-दूसरे को विजातीय समझते थे। मैथिल, गौड़, कान्यकुब्ज आदि की तरह, द्रविड़ शब्द भी यहाँ भौगोलिक अर्थ देनेवाला था। अतएव, जाति के अर्थ में आर्य और द्रविड़ शब्दों के चलन को बिलकुल अर्वाचीन मानना चाहिए।

पीछे की ओर दृष्टि डालकर इतिहास की अतल गहराइयों में जाने पर भी हम यही देखते हैं कि आर्य और द्रविड़ नाम से अभिहित किए जानेवाले भारतवासियों का धर्म एक है, संस्कार एक है, भाव और विचार एक हैं तथा जीवन के विषय में उनका दृष्टिकोण भी एक ही है। शैव, शाक्त, वैष्णव, जैन और बौद्ध, ये आर्य भी थे और द्रविड़ भी। इसी प्रकार, साहित्य रचना में भी, शैली और भाव में, इन दोनों प्रकार के लोगों में पूरी समानता मिलती है! इसके सिवा, उत्तर और दक्षिण में जो प्राचीन मन्दिर और मूर्तियाँ, संगीत और बाजे मिलते हैं, उनमें स्थानीय विशेषताएँ तो हैं, किन्तु, जाति या संस्कार-गत भेद बिलकुल नहीं है। भेद है तो सिर्फ यह कि द्रविड़ों की अपेक्षा आर्यों में गौर वर्णवाले लोग कुछ अधिक हैं तथा जो लोग द्राविड़ भाषाएँ बोलते हैं, वे दक्षिण में रहते हैं। बिहार में ओराँव जाति की भाषा और बलूचिस्तान में ब्रहुई जाति की बोली, उत्तर भारत में दो ही बोलियाँ हैं, जिनका द्राविड़ भाषा-समूह से कुछ साम्य बताया जाता है। यदि इस बात पर विचार करें कि आर्यों के साहित्य में धर्म का जो रूप वर्णित है, संस्कृति की जो व्याख्या विद्यमान है, उसका वास्तविक प्रमाण कहाँ है, तब तो उसके सर्वश्रेष्ठ उदाहरण अब द्रविड़ों में ही मिलेंगे और इस अनुमान के लिए बहुत बड़ा आधार निकल आएगा कि यदि द्रविड़ भारत के आर्यपूर्व निवासी हैं, तो हिन्दू-संस्कृति भी, अधिकांश में, आर्यों से पूर्व की वस्तु है। आर्य संस्कृति की दीक्षा द्रविड़ों को आर्यों से मिली, किन्तु, गुरु तो उसे पूरी पवित्रता से जुगा नहीं सका, हाँ, शिष्य उसे भली-भाँति जुगाए हुए हैं, यह अनुमान उतना प्रबल नहीं होगा, जितना यह अनुमान कि द्रविड़ों के बीच प्रचलित धर्म को आर्यों ने अपने भीतर पचा लिया।

आर्यों और द्रविड़ों का सांस्कृतिक मिश्रण इतनी सघनता से हुआ कि उसके बिलगाव

का प्रयत्न कठिन है। मुख्य कठिनाई यह दीखती है कि जब से हमें लिखित प्रमाण मिलने लगते हैं, इन दोनों जातियों के पारस्परिक मिश्रण की प्रक्रिया उसके पहले ही सम्पन्न हो चुकती है। अतएव, आर्य कहाँ से आए और द्रविड़ कौन थे, इस सम्बन्ध में जो कुछ भी कहा जाता है, उसे, मुख्यतः, अनुमान ही अनुमान मानना चाहिए। यदि दक्षिण भारत का आर्यों से पहले का इतिहास कुछ ज्ञात होता, तो कठिनाई इतनी नहीं रहती। किन्तु, जैसा डॉ. नीलकंठ शास्त्री ने लिखा है, जैसे उत्तर भारत का इतिहास आर्यों के आगमन के साथ आरम्भ होता है, वैसे ही, दक्षिण भारत का इतिहास भी आर्यों के दक्षिण-आगमन के बाद से ही मिलने लगता है।

मोहनजोदड़ो (सिन्ध), हरप्पा (पंजाब) तथा नाल (बलूचिस्तान) की खुदाइयों में जिस सभ्यता के अवशेष मिले हैं, उनके सम्बन्ध में अभी तक भी यह नहीं कहा जा सकता कि वह सभ्यता आर्यों की थी अथवा द्रविड़ों की या दास और असुरों की। केवल अनुमान है कि यह सभ्यता आर्य पूर्व भारतीय सभ्यता रही होगी। इस अनुमान पर से दूसरा अनुमान यह लगाया जाता है कि तब यह सभ्यता द्रविड़ों की ही रही होगी और उन्हीं के बीच दास और असुर जातियाँ रही होंगी, जिनसे आर्यों की मुठभेड़ हुई थी। किन्तु, सिन्धु-सभ्यता तथा सुमेर-सभ्यता में समानता पाई गई है।[6] इसलिए, विद्वानों का तीसरा अनुमान यह है कि, हो-न-हो, द्रविड़ों के पूर्वज इस देश में पश्चिमी एशिया से आए थे, जहाँ सुमेर-सभ्यता के प्रमाण मिलते हैं। इसी अनुमान की पुष्टि में यह कहा जाता है कि जब द्रविड़ बलूचिस्तान के दर्रों से भारत में प्रवेश करने लगे, तब उनकी एक टोली बलूचिस्तान में छूट गई। ब्रहुई बोली और ब्रहुई जाति द्रविड़ों की इसी टोली की यादगार है। किन्तु, कुछ दूसरे विद्वान् यह भी कहते हैं कि सम्भव है, सुमेर-सभ्यतावालों के पूर्वज भारत से ही पश्चिम की ओर गए हों और उन्हीं की टोली बलूचिस्तान में छूट गई हो। अब कुछ अन्य विद्वानों ने यह अनुमान चलाया है कि द्रविड़ों के पूर्वज, असल में भूमध्यसागर के किनारे रहते थे और वहीं से ये लोग भारतवर्ष में आए। यह मत, इधर हाल में इतनी बार दुहराया गया है कि अब एक प्रकार से उसे स्वीकृति-सी प्राप्त हो गई है। ईसा से लगभग 3500 वर्ष पूर्व ये लोग भूमध्यसागर से भारत की ओर चले। रास्ते में इनकी शाखाएँ इराक और ईरान में भी रह गईं, जिन्होंने, कदाचित्, सुमेर-सभ्यता की नींव डाली। जो लोग भारत पहुँचे, उन्होंने मोहनजोदड़ो आदि के पास सिन्धु-सभ्यता की स्थापना की। यही कारण है कि सुमेर एवं सिन्धु-सभ्यताओं में इतना साम्य दीखता है।

किन्तु, यह सोचकर आश्चर्य होता है कि यदि द्रविड़ पंजाब तक फैले हुए थे, तो आज द्राविड़ भाषाएँ सिमटकर विन्ध्य के दक्षिण में ही क्यों सीमित हैं? क्या आर्यों और द्रविड़ों के बीच इतनी भयंकर लड़ाइयाँ हुईं कि एक-एक करके सभी द्रविड़ विन्ध्य के दक्षिण में चले गए और उत्तर में अपनी भाषाओं का उन्होंने कहीं कोई निशान ही नहीं छोड़ा? इस विस्मय से एक अन्य अनुमान निकलता है कि भारत में आर्य पहले आए और द्रविड़ बाद को। जब आर्य-धर्म भली-भाँति स्थापित हो चुका, तब द्रविड़ लोग समुद्र की राह से आए तथा भारत के नैऋत भाग में बस गए। उन्होंने विन्ध्य के उत्तर जाने की कभी चेष्टा ही नहीं की। हाँ, भारत के कटि-प्रदेश पर जो मराठे लोग हैं, उनके यहाँ विवाहादि की रस्मों में थोड़ा द्रविड़ प्रभाव जरूर है। बाकी सारी द्रविड़-संस्कृति दक्षिण में ही सीमित है। इन लोगों के मतानुसार,

द्रविड़ों का भारत में आगमन ई.पू. 500 में हुआ है।[7]

यह अनुमान आसमान से टपका जैसा लगता है। इसके सत्य माने जाने की कोई आशा नहीं है, क्योंकि यदि द्रविड़ों का आगमन आर्यों से पूर्व नहीं माना जाए तो उत्तर और दक्षिण में प्रचलित ऐतिहासिक परम्पराओं में कोई मेल ही नहीं बैठेगा।

अब सभी इतिहासकार मानने लगे हैं कि द्रविड़ जाति प्राचीन विश्व की अत्यन्त सुसभ्य जाति थी और भारत में भी सभ्यता का वास्तविक आरम्भ इसी जाति ने किया था। जब द्रविड़ इस देश में आए, यहाँ आग्नेय जातिवालों की प्रधानता थी और कुछ नीग्रो जाति के लोग भी वर्तमान थे। अतः, अनुमान किया जाता है कि नीग्रो और आग्नेय लोगों की बहुत-सी बातें पहले द्राविड़ सभ्यता में आईं और पीछे, द्रविड़-आर्य-मिलन होने पर, आर्य-सभ्यता में भी। द्रविड़ों ने इस देश में कृषि का विकास किया, समुद्र-यात्रा की परम्परा आरम्भ की, सिंचाई के लिए नदियों को बाँधने की प्रथा चलाई, बड़े-बड़े मन्दिरों और भवनों का निर्माण किया तथा नगर-सभ्यता की नींव डाली। वे समाज की मातृमूलक व्यवस्था के भी प्रवर्तक हुए और शैव तथा शाक्त धर्म तथा भक्तिवाद का भी उन्हीं ने विकास किया।

सन्दर्भ

1. 'इंडो-एशियन कल्चर' (अप्रैल, 1954 ई.) में प्रकाशित अपने एक निबन्ध में डॉ. सुनीतिकुमार चटर्जी ने यह अनुमान लगाया है कि मंगोल-जाति के लोग आर्यों के आगमन के पूर्व भारत में बस चुके थे, क्योंकि किरात नाम आर्यों के प्रारम्भिक साहित्य में ही मिलने लगता है।
2. डॉ. नीलकंठ शास्त्री ने अपने ग्रन्थ 'ए हिस्ट्री ऑफ साउथ इंडिया' में लिखा है कि मोहनजोदड़ो में नर्तकी की जो मूर्ति मिली है, वह आग्नेय जाति की है। आग्नेय जाति के लोग द्रविड़ जाति की सन्तान हैं, ऐसा न कहकर उन्होंने इस सम्भावना पर विचार किया है कि द्रविड़ लोग आग्नेय भंडार से विकसित हुए हैं या नहीं। किन्तु उनका भी विचार है कि द्रविड़ बाहर से ही इस देश में आए हैं।
3. आरम्भ में दास शब्द का अर्थ निन्दित नहीं था। धर्मानन्द कोसम्बी ने 'भगवान् बुद्ध' नामक ग्रन्थ में लिखा है कि "वेदों में दास तथा दाशृ, दोनों धातुओं का प्रयोग 'देना' अर्थ में होता है।" असुर शब्द भी पहले शक्तिशाली के अर्थ में प्रयुक्त होता था। अवेस्ता में असुर देवता को कहते थे, जिससे पारसियों का अहुर (ईश्वर) शब्द निकला है।
4. डॉ. सुनीतिकुमार चटर्जी का अनुमान है कि आर्यों ने द्रविड़ों को ही दास, आग्नेय जातिवालों को कोल, भील और निषाद तथा मंगोल-जाति के लोगों को किरात कहा है।
5. सायणाचार्य ने अनास का अर्थ आस्य-रहित अर्थात् वाणीविहीन किया है। इससे यही आशय लिया जा सकता है कि अनास वे थे, जिनकी बोली आर्यों की समझ में नहीं आती थी।
6. ईसा से 3 हजार वर्ष पूर्व भूमध्यसागर से लेकर सिन्धु की घाटी तक, जो सभ्यता फैली हुई थी, वह बहुत-कुछ समान थी। द्रविड़ों में जो मातृमूलक परम्परा है, वह इमेलाइट लोगों में भी थी। इसी प्रकार, सर्प-पूजा और देवीमाता की पूजा भी उन लोगों में प्रचलित थी। सुमेरिया में देवदासी जैसी भी कोई प्रथा थी। सुमेरिया में एक ऐसे देवता की भी पूजा चलती थी, जिनका वाहन बैल था।
7. देखिए, 'इंडो-एशियन कल्चर' (जनवरी 1954 ई.) में प्रकाशित फुरर हैमेन्दोर्फ (Furer Hamendorf) का निबन्ध।

प्रकरण-2

आर्य-द्रविड़ समस्याएँ

द्रविड़ कौन हैं?

उन्नीसवीं सदी में प्रजाति का सिद्धान्त (रेस-थियरी) भारत पर लागू किया जाने लगा और यह कहा जाने लगा कि आर्य और द्रविड़, ये अलग-अलग प्रजातियों के लोग हैं, तब इतिहास लिखनेवालों के इस प्रयास से राष्ट्रीय भारत को चोट पहुँची थी। भारतवासियों के कान में यह बात पहले ही पहल पड़ी थी, अतएव, वे चौंके और खिन्न भी हुए। इस विस्मय की निश्छलतम अभिव्यक्ति हम स्वामी विवेकानन्द में पाते हैं। "अब एक सिद्धान्त निकला है कि मनुष्यों की एक खास प्रजाति थी, जिसका नाम द्रविड़ था और जो दक्षिण भारत में रहती थी और वह उत्तर भारत में रहनेवाली आर्य नामक प्रजाति से सर्वथा भिन्न थी। यह भी कहा जाता है कि दक्षिण भारत में जो ब्राह्मण हैं, केवल वे ही थोड़े-से आर्य हैं, जो उत्तर भारत से दक्षिण को गए थे। दक्षिण भारत में बाकी जितने लोग हैं, उनकी जाति और प्रजाति ब्राह्मणों की जाति और प्रजाति से भिन्न है। श्रीमान् भाषाशास्त्रीजी! आप क्षमा करेंगे, ये सारी बातें निराधार हैं।"[1]

ये भ्रान्तियाँ जहाँ से उत्पन्न हुईं, स्वामीजी ने ठीक उसी बिन्दु पर उँगली रखी है। आर्यों और द्रविड़ों को परस्पर भिन्न बताने का एकमात्र कारण यह है कि आर्य और द्राविड़ भाषाएँ दो अलग परिवारों की भाषाएँ मानी जाती हैं। किन्तु भाषा भिन्न होने मात्र से आदमी किसी अलग जाति का हो जाता है, यह अनुमान असत्य है। स्वयं भाषाशास्त्री भी उसे अब संदिग्ध मानने लगे हैं। अंग्रेजी और फ्रेंच अब अफ्रीका में भी बोली जाती हैं। लेकिन, अफ्रीकी लोग उस नृवंश के नहीं हैं, जिससे अंग्रेज और फ्रांसीसी लोग निकले हैं। उत्तर और दक्षिण भारत के बीच की एकता इतनी सघन है कि कहीं दोनों भागों की भाषाएँ एक ही परिवार की हुई होतीं, तो आर्यों और द्रविड़ों के दो होने की बात किसी को सूझती भी नहीं।

प्रस्तर-युग भारत से बाहर ही नहीं, भारत में भी बीता था। प्राचीन प्रस्तर-युग के निशान भारत में भी मद्रास, बम्बई, उड़ीसा, पंजाब, गुजरात आदि क्षेत्रों के, कम-से-कम, दस स्थानों में मिलते हैं, जो इस बात के प्रमाण हैं कि इस देश में मनुष्य अत्यन्त प्राचीन काल में भी रहते थे। यदि पौराणिक परम्परा को लें तो इस देश की यह मान्यता रही है कि आदमी पहले-पहल भारत में ही जनमा था और सभ्यता का आरम्भ भी इसी देश में हुआ। पठानों के समय तक यह विश्वास भारतीयों के भीतर इतना बद्धमूल था कि अमीर खुसरो ने, मुसलमान होते हुए भी, बड़े ही जोर के साथ यह बात लिखी है कि आदम और हौवा जब स्वर्ग से निकाले

गए, तब वे आकाश से इसी भारत-भूमि में उतरे थे। लेकिन, आधुनिक इतिहासकारों का चक्र इस तेजी से चला कि अब भारतीय विद्वान् भी यही मानते हैं कि नीग्रो, औष्ट्रिक, द्रविड़ और आर्य, ये सारे-के-सारे लोग इस देश में बाहर से ही आए और इस देश की धरती, लाखों वर्ष तक, आदमी की आबादी से खाली, यों ही, बंजर पड़ी हुई थी। यूरोपीय तर्क आधुनिक बुद्धि का सम्मोहनास्त्र है। इसका उपयोग वे तो करते ही हैं जिनका उद्देश्य काटना है, पसन्द यह उनको भी आता है जो काटे जाते हैं।

हम हुए, तुम हुए कि 'मीर' हुए,
एक ही जुल्फ के असीर हुए।

यदि यह बात सिद्ध कर दी जाए कि आदमी भारत में जनमा ही नहीं था, तब हम इस स्थापना को कबूल कर सकते हैं कि द्रविड़ इस देश में बाहर से आए होंगे। किन्तु, तब भी यह बात किसी भी प्रकार बुद्धि में नहीं आती कि द्रविड़ एक समय सारे उत्तर भारत में फैले हुए थे और आर्यों ने उन्हें इस प्रकार खदेड़कर दक्षिण पहुँचा दिया कि उत्तर में उनका कोई भी चिह्न बाकी नहीं रहा। उन दिनों लड़ाइयों में जोश-खरोश या प्रतिरोध की मात्रा बहुत अधिक नहीं रहती होगी। यह वह समय था जब लोग बसने की जगह भर चाहते थे और बैठने की जगह मिल जाने पर धक्कम-धुक्की तो चलती होगी, किन्तु शत्रुता भयानक रूप नहीं लेती होगी। और यदि यह मानें कि आर्यों ने प्रतिशोधपूर्वक द्रविड़ों को खदेड़कर विन्ध्य पार पहुँचा दिया तो आरम्भिक आर्य-साहित्य में दक्षिण देश का उल्लेख क्यों नहीं है? वेद और ब्राह्मण सप्त-सैन्धव का नाम लेकर रह जाते हैं। उसके बाद के साहित्य से ब्रह्मावर्त तक का भूगोल समझा जा सकता है। मध्य देश का भूगोल कुछ और बाद को उभरता है। स्वयं पाणिनि (7वीं सदी ई. पू.) को दक्षिण देश का पता था या नहीं, यह सन्देह का विषय है। ऐसी स्थिति में कल्पना यही ठीक लगती है कि यदि द्रविड़ बाहर से आए तो वे समुद्र की राह से आए होंगे और उत्तर भारत में बहुत कम रहे होंगे। अन्यथा वे दक्षिण भारत में आरम्भ से ही रहते आए होंगे और आर्यों के साथ उनका सम्बन्ध आक्रमण के क्रम में नहीं, आर्यों के भारत में बस जाने पर, धीरे-धीरे ही, बढ़ा होगा।

इस सम्बन्ध में दक्षिण भारत के दो विद्वानों के मत, प्रमुख रूप से, उल्लेखनीय हैं। श्री पी.टी. श्रीनिवास आयंगर ने अपनी प्रसिद्ध पुस्तक 'हिस्ट्री ऑफ तमिल्स' में यह विचार प्रकट किया है कि प्राचीन काल में उत्तर भारत को दक्षिण भारत का ज्ञान नहीं था, ऐसा मानना बिलकुल निराधार है। आयंगर मानते हैं कि वैदिक ऋचाओं में मोती का उल्लेख मिलता है और ये मोती, अवश्यमेव, दक्षिण भारत से ही जाते होंगे। संस्कृत में मोती का एक नाम मुक्ता भी है। आयंगर महोदय का मत है कि मुक्ता शब्द, कदाचित् तमिल शब्द 'मुत्तम' का संस्कृत रूप है, जिसका अर्थ मोती होता है।

डॉ. भंडारकर ने भी सुत्तनिपात का हवाला देकर ये प्रमाणित किया था कि उत्तर और दक्षिण भारत का सम्पर्क बुद्ध के जीवन-काल में भी था। बावरी नामक ब्राह्मण गोदावरी तट पर रहता था। उसने बुद्ध की अभ्यर्थना के लिए अपने सोलह शिष्यों को उत्तर की ओर भेजा था। भंडारकर के मतानुसार दक्षिणापथ से सम्पर्क के, उन दिनों, दो मार्ग थे। एक तो सिन्धु मुहाने के पास से समुद्र होकर; दूसरा अवन्ती की माहिष्मती नगरी होकर,

जो नर्मदा पर अवस्थित थी।

श्री रामचन्द्र दीक्षितर ने इस प्रश्न पर बिलकुल नए ढंग से विचार किया है। सबसे पहली शंका उन्होंने यह उठाई है कि जब यह सिद्ध बात है कि भूगर्भ-शास्त्रीय युगों में मानव-प्राणी दक्षिण भारत में मौजूद थे, तब यह क्यों नहीं माना जाए कि द्रविड़ उसी भांडार से विकसित हुए हैं? प्राचीन प्रस्तर-युग से जब मानव-प्राणी नवीन प्रस्तर-युग में पहुँचा, तब जीवन-निर्वाह के लिए उसने अलग-अलग रास्ते अपनाए। कुछ लोग पशुपालन और कृषि में लगे, कुछ लोग मछली मारकर जीवनयापन करने लगे और कुछ लोगों ने जंगलों में और पहाड़ों पर रहकर, पहले की भाँति, शिकारी जीवन बिताना ही पसन्द किया। तमिलनाडु में आदिम जातियों के लिए 'विल्लवर' और 'मीनवर', दो विशेषणों का प्रयोग चलता है। विल्लवर वे थे, जो तीर-धनुष लेकर शिकार करते थे और मीनवर वे थे, जो मछली मारकर खाते थे। विल्लवर से उत्तर भारत के भीलों का सम्बन्ध माना जा सकता है। वे सभी लोग जो वनों में और पर्वतों पर रहकर कुछ खेती और कुछ शिकार से जीवनयापन कर रहे हैं, उनकी संस्कृति इन्हीं विल्लवरों की संस्कृति है।

जिन्होंने मछली मारना और खेती करना पसन्द किया, वे समुद्र-तट पर रह गए अथवा समतल में। केवल शिकारी-सम्प्रदाय भारत के विभिन्न जंगलों में फैल गया। समुद्र के समीप होने से इन लोगों ने नौका खेने में दक्षता प्राप्त की और बाद को दूर-दूर तक की समुद्र-यात्रा भी वे करने लगे। आगे चलकर हिन्द-एशिया की ओर जानेवालों में दक्षिण भारत और कलिंग के ही लोग प्रधान थे। प्रागैतिहासिक काल में भारत का पश्चिमी देशों के साथ व्यापार का जो सम्बन्ध था, उसमें भारत के प्रतिनिधि दक्षिण भारत के ही लोग थे। अवश्य ही, नौविद्या अथवा जहाजरानी का अनुभव भारत में सबसे अधिक दक्षिणवालों को ही था, क्योंकि समुद्र-तटवासी होने के कारण यह विद्या उन्हीं ने विकसित की थी। पश्चिमी विद्वानों ने यह बताने की कोशिश की है कि मेसोपोटामिया और मिस्र में तथा भूमध्यसागर के किनारे जो सभ्यता प्रचलित थी, उसके साथ द्राविड़ सभ्यता की यत्किंचित् समानता देखी जाती है। इस समानता का कारण दीक्षितर यह बताते हैं कि द्रविड़ ही भारत से वहाँ जल और स्थल मार्गों से गए होंगे और, अजब नहीं कि, इसी क्रम में उन्होंने उन लोगों से सम्पर्क स्थापित किया हो, जिनकी सभ्यता के निशान मोहनजोदड़ो और हरप्पा में पाए गए हैं।

द्रविड़ कौन हैं, इस प्रश्न का विवेचन करने को जितने भी सिद्धान्त बनाए गए, वे सब-के-सब गोलमटोल और अनुमान पर आधारित हैं तथा उनमें से कई ऐसे हैं, जो परस्पर ही एक-दूसरे का खंडन करते हैं। इलियट स्मिथ और पेरी का कथन है कि सारी सभ्यता मिस्र से फैली है, अतएव, द्रविड़ मिस्र से ही भारत गए होंगे। कर्नल होल्डीच का खयाल है कि द्रविड़ मेसोपोटामिया के पास रहते थे और वहीं से वे भारत गए। होल्डीच का यह भी कहना है कि ब्रहुई लोग मंगोल जाति के थे। उन्होंने द्रविड़ों को पराजित किया था और बाद को उन्होंने द्रविड़ों की भाषा अपना ली। एक अन्य सिद्धान्त यह है कि द्रविड़ सामी जाति के थे। एक सिद्धान्त के अनुसार वे तूरानी भंडार से निकले हैं। यह भी कहा जाता है कि ब्रहुई जाति द्रविड़ों की ही एक शाखा थी, जो बाहर से भारत आई थी। कुछ विद्वान् यहाँ तक गए हैं कि द्रविड़ लोग मंगोल भंडार के हैं।

इन सब अनुमानों के विरुद्ध जो नया सिद्धान्त आया है कि द्रविड़ दक्षिण भारत के ही मूल निवासी हैं, उसका आधार भी बहुत ठोस नहीं है। किन्तु, यह सिद्धान्त भारतीय परम्परा को उलट-पुलट होने से बचाता है। यह इसकी बहुत बड़ी विशेषता है। इस सिद्धान्त को स्वीकार करने में मुख्य बाधाएँ चार हैं–

(1) यदि द्रविड़ दक्षिण भारत में ही उत्पन्न हुए और वहीं उन्होंने अपनी सभ्यता का विकास किया तो भूमध्यसागर के किनारे द्रविड़ सभ्यता का प्रभाव क्यों है?

(2) ब्रहुई जाति की भाषा द्राविड़ भाषा से क्यों मेल खाती है?

(3) छोटा नागपुर और मध्य भारत के मुंडा लोगों की भाषा का द्राविड़ भाषा से मेल क्यों है?

(4) सिन्धु घाटी की सभ्यता किस जाति की सभ्यता थी?

पाश्चात्य पंडित, सोच-विचार कर इस निष्कर्ष पर पहुँचे हैं कि प्राचीन यूरोप में जो लोग बसे, उनकी तीन शाखाएँ थीं; आलपाइन, नार्डिक और भूमध्यसागरीय। भारतीय जनता के साथ इन शाखाओं की समता उन्हें पहले भाषा को लेकर दिखाई पड़ी। बाद में उनका मत बन गया कि भारतवासियों के पूर्वज इन्हीं तीनों शाखाओं के प्राचीन लोग थे। एफ. जे. रिचार्ड्स ने लिखा है कि "द्राविड़-भारत और भूमध्यसागरीय क्षेत्र के बीच समानता की इतनी अधिक बातें हैं कि उनकी उपेक्षा नहीं की जा सकती।" यही मत इलियट स्मिथ और डॉ. स्लेटर[2] का भी है। श्री रामचन्द्र दीक्षितर निश्चयपूर्वक मानते हैं कि इस समानता का कारण यह नहीं है कि अत्यन्त प्राचीन काल में भूमध्यसागरीय लोग ही भारत आए (और उत्तर भारत के सभी अंगों को छोड़कर) सीधे दक्षिण चले गए। बल्कि, अधिक सम्भावना इस बात की है कि दक्षिण के लोग ही समुद्र-मार्ग से अथवा स्थल-मार्ग से क्रेटान और एजियन तक पहुँचे होंगे। उन्हीं में से कुछ लोग बलूचिस्तान की ओर भी गए होंगे, जिनका प्रभाव मोहनजोदड़ो में दिखाई पड़ता है। यह अनुमान केवल दीक्षितर का ही नहीं है, प्रत्युत, वर्षों पूर्व हर्बर्ट रिजले ने भी यही बात कही थी। द्राविड़ सभ्यता का, भाषा-शास्त्र और नृवंश-शास्त्र के अनुसार, अध्ययन करने के बाद सबसे पूर्व रिजले ने ही यह स्थापना रखी थी कि द्रविड़ भारत में बाहर से नहीं आए, प्रत्युत, वे दक्षिण भारत के मूल निवासियों की सन्तान हैं।[3]

ब्रहुई भाषा का गठन और रूप तो अपना है, किन्तु, शब्द उसमें आर्य, ईरानी और द्राविड़ भाषाओं के पाए जाते हैं। द्राविड़ भाषा के शब्द, वैसे तो कम हैं, किन्तु, जो हैं, वे अत्यन्त प्रमुख हैं। मुँह, कान, आँख, दिमाग आदि के अर्थ देनेवाले शब्द ब्रहुई में द्राविड़ भंडार के हैं। किन्तु, इससे इतना ही सिद्ध होता है कि द्रविड़ और ब्रहुई जातियाँ कभी आपस में साथ-साथ रही होंगी। वे एक वंश की सन्तानें नहीं हैं। वांशिक दृष्टि से ब्रहुई लोग ईरानी मालूम होते हैं, अतएव, यह अनुमान गलत है कि वे द्राविड़ खानदान के हैं।

द्राविड़ और मुंडारी भाषाओं के बीच साम्य दिखाकर यह कहा जाता है कि मुंडा और द्रविड़, ये दोनों एक खानदान के हैं। किन्तु डॉ. ग्रियर्सन का निश्चित मत है कि द्राविड़ और मुंडारी भाषाओं के बीच कोई भी साम्य नहीं है। और यही मत डॉ. काल्डवेल का भी है। सम्भव है, बहुत प्राचीन काल में द्राविड़ भाषा की कुछ थोड़ी छौंक मुंडारी भाषा में भी पड़ी हो, जैसी छौंक स्लाव भाषाओं में अब संस्कृत की दिखाई देती है, किन्तु, इतने से ही दो

भाषाएँ एक परिवार की नहीं मानी जा सकतीं। मुंडारी भाषा का साम्य यदि किसी अन्य भाषा से दिखाया जा सकता है, तो वह भाषा तिब्बत-बर्मी अथवा मौन-खमेर भाषा ही हो सकती है। यह भी ध्यान देने की बात है कि कोल लोगों के बारे में एक अनुमान यह भी रहा है कि वे भारत में ईशान कोण से आए थे, जबकि द्रविड़ों के बारे में लोग मानते आए हैं कि उन्होंने भारत के भीतर प्रवेश वायव्य कोण से किया था। यही कुछ देखकर स्टेन कोनो ने यह मत रखा है कि द्राविड़ भाषाएँ अलग परिवार की भाषाएँ हैं, उनका मुंडारी अथवा मौन-खमेर भाषाओं से कोई मेल नहीं है।[4] नीग्रो और मुंड लोग विन्ध्य से दक्षिण कभी बसे थे या नहीं, यह बात निश्चयपूर्वक नहीं कही जा सकती। अतएव, द्राविड़ और मुंड भाषाओं का साम्य और भी सन्दिग्ध हो जाता है।

सिन्धु-सभ्यता के रचयिता कौन थे, इस विषय में तीन मत प्रचलित हैं। सर जॉन मार्शल का अनुमान था कि इस सभ्यता के निशान द्राविड़ सभ्यता के निशान मालूम होते हैं। कुछ दूसरे लोगों ने यह अनुमान लगाया है कि, हो-न-हो, सिन्धु-सभ्यता के निर्माता आर्य थे। एक तीसरा मत यह भी है कि यह सभ्यता न तो आर्यों की थी, न द्रविड़ों की। उसके कर्ता कोई और लोग थे, जिनका पता लगाना तब तक कठिन है, जब तक मोहनजोदड़ो और हरप्पा में पाए गए अभिलेख पढ़े नहीं जाते हैं। इस दृष्टि से अभी निश्चयपूर्वक यह भी नहीं कहा जा सकता है कि यह सभ्यता वेदों से पूर्व की है अथवा उनके बाद की।

इस विषय में एक साधारण अनुमान यह है कि बहुत प्राचीन काल में पंजाब से लेकर ईरान की खाड़ी तक कोई एक ही सभ्यता प्रचलित थी, जिसका प्रसार पश्चिम में सुमेर, बैबिलोन और मिस्र तक हुआ था। यदि दीक्षितर महोदय[5] की यह स्थापना स्वीकार कर ली जाए कि द्रविड़ दक्षिण में थे और साहसिक होने के कारण उन्होंने ही सिन्धु घाटी और बैबिलोन जाकर वहाँ रहनेवालों को अपनी सभ्यता से प्रभावित किया था, तो सारी समस्याओं का समाधान मिल जाता है। टूटी कड़ियों को जोड़ने और खाली जगहों को अनुमानों द्वारा पूर्ण करने से जो चित्र सामने आता है, वह यह है कि सिन्धु सभ्यता वेद-पूर्व सभ्यता थी और उसके भीतर भारत की वेद-पूर्व संस्कृति के असंख्य उपकरण समाहित थे। आर्यों का संघर्ष इसी सभ्यतावालों से हुआ था और आर्य जब कश्मीर से नीचे उतरकर भारत में फैले, तब उन्होंने इसी वेद-पूर्व सभ्यता को भारतीय सभ्यता का आधार बनाया।

आर्य और द्रविड़ संज्ञाएँ

पाश्चात्य विद्वानों का मत है कि अलपाइन, नार्डिक और भूमध्यसागरीय लोग एक खानदान के थे। अतएव, आर्यों और द्रविड़ों को भी, दूर पर, वे एक ही खानदान के मानते हैं। किन्तु भारत में वे उन्हें एक नहीं मानते। श्री बी.एस. गुहा की छोटी-सी पुस्तिका 'रेस अफीनिटीज़ ऑफ द पीपुल्स ऑफ इंडिया' की समीक्षा करते हुए सर आर्थर कीथ ने सन् 1936 ई. में लिखा था कि सीमा-प्रान्त के पठानों और त्रावणकोर की वन्य जातियों को मिलानेवाला सेतु अभी भी मौजूद है। लेकिन, सभी विद्वान् यही कहते जा रहे हैं कि भारत में प्रजातिगत जो भिन्नताएँ हैं, वे इस कारण कि भारत के सभी लोग भारत के बाहर से आए हैं, यह देखने की किसी ने कोशिश ही नहीं की कि भारत की वे जातियाँ कौन-कौन हैं, जिनका उद्भव

और विकास भारत में ही हुआ है।[6]

जब यूरोप को प्रजातिवाद से उत्पन्न कालकूट से पाला पड़ा, तब सन् 1939 ई. में जूलियन हक्सले[7] ने कहा था कि "प्रजातिवाद का सिद्धान्त झूठा भी है और खतरनाक भी।" आर्य शब्द का प्रयोग अंग्रेजी में पहले-पहल सन् 1853 ई. में मैक्समूलर ने किया था और 1939 ई. में आकर हिटलर ने प्रमाणित कर दिया कि आर्यों को प्रजाति मानने का सिद्धान्त, सचमुच, खतरनाक है। भारत को भी यह नहीं मानना चाहिए कि आर्य और द्रविड़ नाम दो प्रजातियों के नाम हैं। मैक्समूलर को जब अपनी गलती मालूम हुई, उन्होंने स्वयं घोषणा करके कहा था, "जब मैं एरियन शब्द कहता हूँ, तब मेरा अभिप्राय न रक्त से होता है, न अस्थि, बाल और खप्पर से। मेरा तात्पर्य केवल उन लोगों से है, जो आर्य भाषा बोलते हैं।" बस, आर्य शब्द का इतना ही अर्थ भारत के लिए भी ठीक है।

इसी प्रकार, द्रविड़ शब्द भी भारत में प्रजाति-वाचक नहीं, स्थान-वाचक ही रहा है। यदि प्रजाति की यूरोपीय परिभाषा की दृष्टि से देखा जाए तो गुजरात और महाराष्ट्र में प्रधानता आर्य-वंश की होनी चाहिए। किन्तु प्राचीन भारतवासी यह नहीं मानते थे। द्रविड़ स्थान का विशेषण था और 'पंचद्रविड़ाः' में पुराणकार द्रविड़, आन्ध्र, कर्णाटक, महाराष्ट्र और गुजरात—इन पाँचों को गिना करते थे। और भाषाओं को लेकर भी आर्यों और द्रविड़ों के बीच कोई मतभेद नहीं था। द्राविड़ ऋषि यज्ञ के पुरोहित होते थे। उन्होंने शास्त्रों की भी रचनाएँ की हैं। इसी प्रकार, तमिल के संगम-साहित्य की रचना में बहुत-से ब्राह्मण ग्रन्थकारों का भी योगदान था।

द्रविड़ शब्द संस्कृत का शब्द है, जिसका निर्माण तमिड़ के वजन पर किया गया था। मनु ने द्रविड़ शब्द का प्रयोग उन लोगों के लिए किया है, जो द्रविड़ देश में बसते थे। कुमारिल भट्ट ने उसका प्रयोग भाषा की सूचना देने को किया है, यथा—आन्ध्र-द्रविड़-भाषा। हमारे पूर्वजों ने द्रविड़ शब्द का अर्थ प्रजाति नहीं रखा था और हमारे लिए भी यही उचित है कि हम यूरोप से आए हुए प्रजातिवाद का जहरीला अर्थ अपने शब्दों में न ठूँसें।

भाषा-भिन्नता से घबराकर अलग प्रजातियों की कल्पना को सत्य मान लेना अयोग्य है। संस्कृत की जितनी समानता यूरोपीय भाषाओं से है, उससे अधिक समानता भारत की आज की उत्तरी और दक्षिणी भाषाओं में देखी जा सकती है। शब्द के स्थान पर शब्द बैठाकर भी हम भारत की एक भाषा के साहित्य को भारत की दूसरी भाषा में ले जा सकते हैं। किन्तु, यूरोप की जो भाषाएँ संस्कृत की बहिनें कही जाती हैं, उनका साहित्य, इसी आसानी से, भारतीय भाषाओं में नहीं लाया जा सकता।[8]

आर्यों का मूल-स्थान

आर्य भारत में बाहर से नहीं आए, यह मानने का मुख्य आधार यह है कि आर्यों का प्राचीनतम साहित्य वेद, जो मानवमात्र का प्राचीनतम ग्रन्थ है, भारत में ही मिलता है। दूसरा कारण यह बताया जाता है कि आर्य भारत के अन्य देशों से आए तो वेद में उन स्थानों के नाम क्यों नहीं मिलते अथवा आर्य उन देशों की याद क्यों नहीं करते हैं जहाँ से चलकर वे भारत आए थे? एक तीसरा कारण और है, जो पहले से सम्बद्ध है। पश्चिमी विद्वान् यह कहते

हैं कि आर्य पहले मध्य एशिया अथवा रूस के दक्षिण भाग में रहते थे और वहीं से फैलकर वे यूरोप और भारत गए। यदि यही बात ठीक है तो आर्यों ने वेद के समान कोई प्रामाणिक साहित्य अपने मूल-स्थान में क्यों नहीं छोड़ा? यह भी कि यदि आर्यों का मूल-निवास भारत से बाहर था तो ऐसा क्यों है कि संस्कृत के शब्द भारत की सभी भाषाओं में तो बहुतायत से मिलते हैं, किन्तु, यूरोप की भाषाओं में उनकी संख्या अत्यन्त न्यून है? एक चौथे प्रमाण के रूप में यह बात भी काफी जोर से कही जाती है कि "भारतीय आर्यों की अपनी अनुश्रुति अर्थात् परम्परागत आख्यानों में उनके उत्तर-पश्चिम से आने की बात कहीं नहीं है। उलटे, उसमें ऐसी चर्चा है कि वे सरस्वती के काँठे से, भारत के अन्य भागों की तरह, उत्तर-पश्चिम की ओर भी फैले।"[9] यह भी कहा जाता है कि वेदों के अनुसार सोमलता मुंजवन्त पर्वत पर पाई जाती थी जो पंजाब के उत्तर में अवस्थित है। अतएव, आर्यों का मूल-अभिजन पंजाब ही रहा होगा। संहिताओं में जिस सप्त-सैन्धव देश का उल्लेख मिलता है, वह इसी पंजाब में था।

यह ठीक है कि वैदिक संहिताओं से यही विदित होता है कि आर्य जहाँ रहते थे, उस देश को वे सप्त-सैन्धव[10] कहते थे। बाद को वे अपने देश को ब्रह्मावर्त कहने लगे और उसके भी बाद चलकर मध्य देश। ये तीनों नाम यह संकेत देते हैं कि आर्य पहले सिन्धु नदी और उसकी शाखाओं के पास थे, उसके बाद वे दक्षिण-पूर्व की ओर बढ़े और अपनी भूमि को ब्रह्मावर्त कहने लगे और उसके बाद कुछ और आगे बढ़ने पर उनका क्षेत्र मध्य देश कहलाने लगा। आर्यों के प्रसार की दिशा प्रयाग से पंजाब की तरफ नहीं थी, वे पंजाब से ही फैलकर प्रयाग पहुँचे थे। यह भी ध्यान देने की बात है कि आर्य यदि, आरम्भ से ही, सप्त-सैन्धव में रहते आए थे तो उनके साहित्य से यह क्यों जाहिर होता है कि सप्तसिन्धु के किनारे उन्हें शत्रुओं का सामना करना पड़ा था, दस्युओं और निषादों से लड़ाइयाँ लड़नी पड़ी थीं और भारत में आगे बढ़ने में उन्हें काफी मशक्कत हुई थी?

द्रविड़ों और आर्यों के मूल-स्थानों के बारे में जितने भी सिद्धान्त प्रचलित हैं, वे सब अनुमान और अटकल पर आधारित हैं। किन्तु तब भी, आर्यों के मूल-अभिजन की समस्या उतनी उलझी हुई नहीं है, जितनी उलझन द्राविड़ समस्या में दिखाई पड़ती है। उदाहरणार्थ, आर्य उन देशों की याद क्यों नहीं करते जहाँ से वे भारत आए थे, इस प्रश्न का समाधान इस अनुमान से मजे में हो जाता है कि उन दिनों भारत और ईरान के बीच सीमा नाम की कोई चीज नहीं थी। अब, प्रायः यह मत बहुग्राह्य हो गया है कि आर्यों का मूल-अभिजन रूस के दक्षिण में था और वहीं से आर्यों की कुछ शाखाएँ पश्चिम की ओर चलकर यूरोप पहुँच गईं और कुछ शाखाएँ ईरान चली आईं। उस समय न तो देश बने थे, न मानवों की टोलियाँ एक भाग से दूसरे भाग तक दौड़कर जाती थीं। लोग, धीरे-धीरे, फैलते हुए आगे बढ़ते थे और जहाँ जीवन-यापन की सुविधाएँ उपलब्ध होतीं, वहाँ वे सदियों तक रुके रहते थे। इस क्रम में दक्षिणी रूस से ईरान तक जाने में उन्हें कई सौ वर्ष लगे होंगे और ईरान से भारत आने में भी शताब्दियाँ लग गई होंगी। अतएव, यदि भारत को आर्यों ने अपने लिए सर्वथा नया देश समझा तो इसमें कोई आश्चर्य नहीं है।

इस बीच आर्यों की मूल-भाषा कहाँ उत्पन्न हुई अथवा उसका मूल-रूप क्या था, यह

सब जानने का हमारे पास कोई आधार नहीं है। ऐसी स्थिति में इतना अनुमान यथेष्ट समझा जाना चाहिए कि जो आर्य मध्य एशिया से यूरोप गए, उनके साथ मूल आर्य भाषा का वही रूप गया, जिसे लेकर ईरान जानेवाले आर्य ईरान पहुँचे थे। बाद को इन दो शाखाओं के आर्य परस्पर कभी मिले नहीं, अतएव, उनकी भाषा स्थानीय प्रभावों से भीगते-भीगते, अन्त में, बहुत भिन्न हो गई।

जब आर्य ईरान में थे, उस समय संस्कृत और ईरानी भाषाएँ दो नहीं, एक ही भाषा थी। जेन्दावेस्ता के श्लोक संस्कृत श्लोकों में आसानी से परिवर्तित किए जा सकते हैं। किन्तु यही समानता आज की फारसी और हिन्दी में नहीं पाई जाती, यद्यपि, हिन्दी और फारसी, दोनों ही भाषाएँ एक ही खानदान की हैं। यह भेद इस कारण हुआ कि विशेष प्रकार की ऐतिहासिक और भौगोलिक परिस्थितियों के कारण ईरान में प्रचलित संस्कृत बदलते-बदलते फारसी हो गई और भारत में संस्कृत से उत्पन्न नई भाषाएँ फारसी से बहुत भिन्न हो गईं। तब भी ध्यान खींचनेवाली सबसे बड़ी बात यह है कि आर्यों की मूल-भाषा, संस्कृत की रक्षा केवल भारतवर्ष में हुई। और देशों में संस्कृत के कुछ थोड़े-से शब्द बचे हैं, जो कठिनाई से पहचाने जाते हैं। भारत में वे अपने मूल-रूप में विद्यमान हैं।[11] और देशों में आर्यों की मूल भाषा रूपान्तरित होकर नई-नई भाषाओं में बदल गई। केवल भारत में संस्कृत ने नई भाषाओं को जन्म देकर भी अपने अस्तित्व को कायम रखा है। उसमें आज भी पत्र निकलते हैं, नया साहित्य लिखा जाता है और बौद्धिक विषयों पर शास्त्रार्थ चलता है।

आर्यों की शाखाएँ जब यूरोप और ईरान की ओर चलीं, तब आर्यों को लेखन का ज्ञान था या नहीं, यह अज्ञात है। किन्तु, यह माने बिना नहीं चल सकता कि आर्य ईरान से पंजाब ईसा से तीन हजार वर्ष पहले पहुँच चुके थे अथवा उस समय ईरान से पंजाब तक वे सर्वत्र भरे थे। वेदों की रचना का आरम्भ उन्होंने, कदाचित् बाद को पंजाब आने पर किया, किन्तु, अपनी सभ्यता का विकास वे उससे पहले से करते आ रहे थे। वेद की ऋचाएँ किसी असभ्य या अर्ध-सभ्य जाति की रचना नहीं हैं। उनसे संकेतित सभ्यता अत्यन्त पुष्ट और परिमार्जित दिखाई देती है तथा वेदों की शैली साहित्य की सुविकसित शैली मानी जाती है। सोचने की एक बात यह भी है कि वेदों के सूक्त समाचार-पत्रों के स्तम्भ नहीं हैं, जिनमें शाम की घटनाएँ सुबह को छप जाती हैं, न वे दैनन्दिनी के पृष्ठ हैं, जिनमें ऋषि हर रोज की घटनाएँ लिखा करते थे। वेद साहित्य हैं और साहित्य में, मुख्यतः; ऐसी घटनाएँ ही प्रवेश पाती हैं, जो परम्परा में समा चुकी हों। इस दृष्टि से वेदों को यदि 1500 ई. पू. की रचना मानें, तब भी यही समझना चाहिए कि उनमें उल्लिखित घटनाएँ हजार-पाँच सौ वर्ष पूर्व की घटनाएँ रही होंगी।

जो लोग यह मानते हैं कि आर्य ब्रह्मावर्त देश के वासी थे और वहीं से ईरान और यूरोप की ओर गए, उनके विरुद्ध दो युक्तियाँ अत्यन्त प्रबल हैं। पहली तो यह कि भारत की भूमि इतनी सुखदायिनी रही है कि जो जाति यहाँ एक बार बस गई, वह फिर कभी बाहर जाने का नाम नहीं लेती। यूची, शक, हूण, तुर्क और मंगोल, ये भारत आकर फिर भारत से बाहर नहीं गए। वे मध्य एशिया से आए थे, जहाँ की जमीन पथरीली और अनुर्वर थी। फिर वे इस स्वर्ग को छोड़कर बाहर जाते क्यों? ऐसी स्थिति में आर्य अपने देश को छोड़कर बाहर चले गए हों, यह मानने की बात नहीं है। यदि यह कहें कि वे अपनी संस्कृति का प्रचार

करने को भारत से बाहर गए, तो यह युक्ति भी ठोस नहीं दिखती। क्योंकि उस समय सारे भारतवर्ष ने आर्य संस्कृति को स्वीकार नहीं किया था और संस्कृति-प्रचारक आर्यों के लिए इस देश में ही बहुत बड़ा कर्म-क्षेत्र खुला हुआ था।

ऋग्वेद के अनुसार आर्यों का देश सप्त-सैन्धव था। यही वह भू-भाग है, जहाँ मोहनजोदड़ो-सभ्यता के प्रमाण पाए गए हैं। आर्य संस्कृति से सम्बद्ध जातियों के अब तक जितने भी पुराने निशान मिले हैं, उनमें से कोई भी उतना पुराना नहीं है, जितना मोहनजोदड़ो और हड़प्पा का प्रमाण। यदि किसी प्रकार यह साबित किया जा सके कि मोहनजोदड़ो की सभ्यता आर्यों की सभ्यता थी, तभी यह कहने का एक ठोस आधार मिल सकता है कि आर्यों का मूल-अभिजन मध्य एशिया नहीं, भारतवर्ष था। किन्तु जब तक यह नहीं होता, हम इस निष्कर्ष से भाग नहीं सकते कि मोहनजोदड़ो की सभ्यता आर्य-भिन्न सभ्यता थी। इसका सबसे बड़ा प्रमाण यह है कि मोहनजोदड़ो-सभ्यता में शिव की पूजा प्रचलित थी और यह पूजा आर्यों के यहाँ विलम्ब से गृहीत हुई और वह भी ऋषियों की इच्छा के विरुद्ध।

अठारहवीं सदी तक भारत में किसी को भी इसका अनुमान नहीं था कि आर्य इस देश के मूल-निवासी नहीं हैं अथवा यह कि आर्य और द्रविड़ दो हैं और दोनों के पूर्वज इस देश में बाहर से आए थे। तब सन् 1786 ई. में सर विलियम जोंस ने यह स्थापना रखी कि यूनानी, लातानी, गोथिक, केल्टिक, फारसी और संस्कृत, ये सभी भाषाएँ किसी एक ही भाषा से विकसित हुई हैं। इस पर से तुलनात्मक भाषा-विज्ञान का आरम्भ हुआ और विश्व की विद्वन्मंडली इस अनुसन्धान से सानन्द चकित रह गई कि उत्तर भारत की सभी भाषाएँ, पश्चिमी एशिया की ज़ेन्द, फ़ारसी, पश्तो, बलूची, कुर्द और आरमीनियन भाषाएँ तथा यूरोप की इटालियन, फ्रेंच, स्पेनिश, यूनानी, केल्टिक, जर्मन, अंग्रेजी, ट्यूटानिक, स्लावोनिक, लिथुएनियन, लातीनी, अलबेनियन आदि भाषाएँ किसी एक ही स्रोत से निकली हैं। इन सभी भाषाओं के बोलनेवाले लोगों को पंडितों ने हिन्द-जर्मन, हिन्द-यूरोपीय, हिन्द-ईरानी अथवा केवल आर्य कहना आरम्भ किया और वे इस सन्धान में लग गए कि आर्यों का मूल स्थान कौन-सा है। चूँकि अन्य भाषाओं की अपेक्षा फ़ारसी और सस्कृत का सामीप्य बहुत अधिक था, इसलिए, अनुमान यह हुआ कि आर्य जब अपना मूल-स्थान छोड़कर अलग जाने लगे, तब, उस शाखा के लोग (जो शाखा ईरान और भारत की ओर चली थी) परस्पर अधिक दिनों तक साथ रहे। आर्यों का हिन्द-ईरानी नाम इसी शाखा की प्रमुखता के कारण पड़ा। और यही कारण है कि संस्कृत और फ़ारसी में अधिक निकट का सम्बन्ध है।

जब यह विचारधारा चल निकली, सारे संसार के पुरातत्त्वविदों, नृवंश-शास्त्रियों और भाषा-तत्त्वज्ञों के बीच एक कोलाहल-सा मच गया और तरह-तरह के अनुमानों से यह सिद्ध किया जाने लगा कि आर्यों का मूल-अभिजन कहाँ था। ऋग्वेद के ऊषासूक्त में ऊषा के लिए ऋषियों ने जो भक्ति दिखलाई है, उस पर से यह अनुमान निकला कि अवश्य ही, यह भक्ति उस ऊषा के लिए है, जो उत्तरी ध्रुव के पास उदित होकर महीनों तक ठहरी रहती है। भारत में ऊषा का सौन्दर्य क्षणस्थायी होता है, अतएव, उसे देखकर ऐसे भक्तिपूर्ण उद्गार नहीं प्रकट किए जा सकते थे। इसलिए निश्चित है कि आर्यों का मूल-स्थान उत्तरी ध्रुव के पास था। ऋग्वेद में एक मन्त्र आया है, 'तरेम तरसा शतं हिमा' अर्थात् हम सौ हिम

(सौ वर्ष) जियें। इस पर से यह मत चल निकला है कि आर्य शीतप्रधान देश में रहते थे। महाभारत में वर्णन है कि सुमेरु पर्वत पर एक दिन और एक रात एक वर्ष का होता है। इससे इस कल्पना को पुष्टि मिली कि आर्य उत्तरी ध्रुव पर ही रहते थे। अपनी 'ओरायन' नामक अंग्रेजी पुस्तक में लोकमान्य बालगंगाधर तिलक ने भी ज्योतिष के आधार पर यही सिद्ध करने का प्रयास किया कि उत्तरी ध्रुव ही आर्यों का मूल-अभिजन था।

मिस्र के अल-अमर्ना (El-Amarna) नामक स्थान की खुदाई से यह पता चला कि ईसा से 1500 वर्ष पूर्व वहाँ जो राजे थे, उनके नाम संस्कृत नामों से मिलते-जुलते हैं, यथा आर्त्तमन्य, यशदत्त, सुत्तर्ण इत्यादि। इससे भी अधिक रोचक बात यह हुई कि एक सन्धि-पत्र की प्रति मिली, जो हित्ती और मितन्नी राज्यों के बीच की गई सन्धि का सूचक है। इस सन्धि का समय ईसा से 1400 वर्ष पूर्व माना जाता है। इस सन्धि-पत्र में इन्द्र, वरुण और नासत्यौ (अश्विनीकुमार), इन तीन वैदिक देवताओं का उल्लेख है। इससे यह तो प्रमाणित नहीं हुआ कि ई. पू. 1400 तक आर्य भारत नहीं आए थे, किन्तु, यह सिद्ध हो गया कि उस समय मिस्र, मेसोपोटामिया, सीरिया आदि में आर्य-भाषा और आर्य-सभ्यता वर्तमान थी, भले ही, वहाँ के लोग आर्य-वंश के नहीं रहे हों। यह इलाका उन लोगों का है, जिन्हें, अब हम सामी कहते हैं।

इस प्रकार, ई. पू. 1500 के आस-पास आर्य-भाषा रूस से दक्षिण-पूर्व की ओर सामी इलाकों, ईरान और भारतवर्ष तक पहुँच चुकी थी और उत्तर में, कदाचित् वह लिथुएनिया तक फैल चुकी थी। लिथुएनियन भाषा की प्रकृति विचित्र है। उसका प्राचीनतम रूप 1500 ई.पू. से पहले का नहीं मिलता। किन्तु, जो रूप मिलता है, वह संस्कृत के अत्यन्त समीप है, बल्कि, वह आर्य-भाषा का वह रूप है; जो वैदिक संस्कृत से पहले रहा होगा। कोई कारण हुआ जिससे लिथुएनिया पहुँच जाने पर आर्यों की प्रारम्भिक भाषा अपने प्राचीनतम रूप में, ज्यों-की-त्यों, बनी रह गई।

आर्य-भाषा के इस भौगोलिक विस्तार का कारण क्या था? कैसे यह भाषा एक ओर तो लिथुएनिया में दिखाई देती है और दूसरी ओर सामी इलाकों में? अवश्य ही आर्यों का मूल-स्थान रूस के दक्षिण अथवा दक्षिणी रूस में था, जहाँ से उनकी भाषा ने एक ओर तो लिथुएनिया में प्रवेश पाया, दूसरी ओर वह मिस्र, ईरान और मेसोपोटामिया तक फैल गई।

अनुमान होता है कि आर्य-भाषा का जब इतना प्रसार हो चुका, तब आर्य लोग भारत पधारे। संस्कृत भाषा इन देश में आर्यों के साथ ही आई और जिस उत्कृष्ट संस्कृति, साहित्य और सभ्यता के कारण आर्य सारे विश्व के इतिहास में प्रख्यात हैं, उसकी रचना उन्होंने इसी भारतवर्ष में की। अतएव, मूल-अभिजन उनका चाहे जहाँ रहा हो, किन्तु, उनका अपना देश भारतवर्ष हुआ। आर्य शब्द की व्युत्पत्ति **ऋ** धातु से बताई जाती है जिसका अर्थ गति होता है। आर्य, कदाचित् गत्वर (घुमक्कड़) लोग थे। एशिया के रेगिस्तानी इलाकों से निकलकर जब वे भारत पहुँचे, यहाँ की उर्वरा धरती ने उनके घुमक्कड़ स्वभाव को बदल दिया और वे यहाँ जमकर उन विचारों को वास्तविकता का जामा पहनाने लगे, जो उनके भीतर हजारों वर्ष से उमड़ते आ रहे थे। भारत में कश्मीर, पश्चिमोत्तर भारत और पंजाब, ये उनकी आरम्भिक वास-भूमि और उनके पौरुष के प्रथम क्रीड़ा-क्षेत्र थे। इस इलाके में रहकर उन्होंने जिस संस्कृति का निर्माण किया वह, कालक्रम में, सारे भारत की संस्कृति बन गई।

देवासुर-संग्राम का भूगोल

वेदों में भारत-बाह्य स्थानों का उल्लेख नहीं होने के कारण यह निष्कर्ष सही मालूम होता है कि साहित्य-रचना का काम आर्यों ने भारत में बस जाने के बाद आरम्भ किया। किन्तु, आर्य जनता के बीच उन दिनों जो कहानियाँ प्रचलित रही होंगी, जो भाव चलते होंगे, वे भी क्या, सब-के-सब वे ही रहे होंगे जो भारत आने पर उत्पन्न हुए थे? दक्षिण रूस से ईरान और अफगानिस्तान तक आर्यों ने हजारों वर्ष तक जो संघर्ष झेला था, उस संघर्ष की कहानी वे भूल गए होंगे, किन्तु, उसका कुछ-न-कुछ अमिट संस्कार उनके भीतर अवश्य शेष रहा होगा और इस संस्कार की बहुत-सी बातें आर्यों के साहित्य में लिखी भी गई होंगी, जिन्हें भारत-बाह्य घटनाओं की छाया बताने का अब कोई मार्ग नहीं है। उदाहरणार्थ, महाप्लावन की जो कथा हमारे पुराणों में मिलती है, वही कथा भारत से बाहर सामी लोगों में भी प्रचलित है। भारत में इस प्लावन के नायक मनु हैं और सामी देशों में हजरत नूह। कहीं ऐसा तो नहीं है कि जिन दिनों यह प्लावन आया था, उन दिनों सामी लोगों के पूर्वज और प्राचीन आर्य एक ही स्थान पर रह रहे थे?

इसी प्रकार, देवासुर-संग्राम की जो कथा हम अपने पुराणों में पढ़ते हैं, उसके पीछे वास्तविकता क्या है? वे असुर कौन थे, जिनसे देवों का युद्ध हुआ था? लगता है, यह घटना भी तभी घटी थी, जब आर्य भारत नहीं आए थे, जब वे भारत से बाहर अभी ईरान अथवा उसकी पूर्वी सीमा के पास थे।

प्राचीन आर्य-साहित्य में उल्लिखित घटनाएँ ऐसी नहीं हैं कि वे, सब-की-सब, भारत में ही घटित हुई हों। उस समय भारत और ईरान दो देश नहीं थे। असल में, पश्चिमोत्तर भारत से लेकर ईरान तक का भू-भाग उस समय एक ही देश के समान लगता होगा। हमारा अनुमान है कि हमारे पुराणों में वर्णित कुछ घटनाएँ वे हैं, जिनका लीला-क्षेत्र ईरान से लेकर भारत के पश्चिम तक का यही भू-भाग था।

आर्यों की हिन्द-ईरानी शाखा दक्षिण रूस से निकलकर जब ईरान की ओर बढ़ी, तब ईरान पहुँचते-पहुँचते, कदाचित् उसकी भी दो शाखाएँ हो गईं। इनमें से एक शाखा ने भारत आकर वेदों की रचना की और दूसरी शाखा ने ईरान में रहकर जेन्दावेस्ता ग्रन्थ का निर्माण किया। जेन्दावेस्ता की भाषा ऋग्वेद की भाषा से मिलती-जुलती है। यह समानता केवल तत्सम शब्दों को ही लेकर नहीं है, प्रत्युत, दोनों भाषाओं के व्याकरण भी बहुत-कुछ समान हैं। एक विचित्र बात यह है कि प्राचीन जेन्द भाषा में असुर का अर्थ देवता और देवता का अर्थ राक्षस होता है। जेन्द की वारिस-भाषा फारसी में भी देव प्रेत अथवा राक्षस को ही कहते हैं। किन्तु, भारत में असुर का अर्थ राक्षस और सुर का अर्थ देव या देवता रहा है। अजब नहीं कि जिस देवासुर-संग्राम की गाथा ने पुराणों में विकास पाया, वह आर्यों की इन्हीं दो शाखाओं के बीच लड़ा गया हो। जेन्दभाषा-भाषियों का प्रधान देवता 'अहुर मज्द' था जो 'असुर महत्' का रूपान्तरण मालूम होता है। जेन्द-भाषी आर्यों का मतभेद संस्कृत-भाषियों से इस कारण हुआ कि देवताओं के बारे में उनकी कल्पनाएँ भिन्न हो गई थीं। ''जेन्दावेस्ता में मित्र, वरुण, अग्नि आदि वैदिक देवताओं की तो सत्ता है, पर, इन्द्र को कहीं उपास्य नहीं माना गया है।... जेन्दावेस्ता में इन्द्र का समावेश उन देवों में किया गया है, जो असुर नहीं हैं, जो असुर के

विरोधी हैं और इस कारण घृणायोग्य हैं।"[12] इस संग्राम में आर्यों के विरुद्ध केवल आर्य ही थे अथवा और लोग भी, यह कहना कठिन है। यदि मोहनजोदड़ोवाली सभ्यता के लोग वहाँ थे, तो अजब नहीं कि आर्यों से संघर्ष उनका भी हुआ हो। जिन लोगों को आर्यों ने दास, दस्यु, निषाद, अनास और शिश्नेदेवा कहा है, उनसे आर्यों की मुठभेड़ केवल भारत आकर हुई, यह बात बहुत समीचीन नहीं दीखती। वेद और पुराण कुछ दैनन्दिनी नहीं हैं कि हम यह समझें कि उनमें वर्णित घटनाएँ ठीक उसी काल की घटनाएँ हैं, जब वैदिक साहित्य लिखा जा रहा था। साहित्य के नियम से घटनाओं को तो प्राचीन ही होना चाहिए। और पौराणिक रूप धारण करने में तो घटनाओं को सहस्राब्दियाँ लग जाती हैं।

देवासुर-संग्राम की जो कल्पना बाद को विकसित हुई, उसमें विष्णु बराबर देवताओं की ओर और शिव सदैव असुरों की ओर थे। इसका कारण क्या था? शिव की पूजा के चिह्न मोहनजोदड़ो में मिलते हैं। उस सभ्यता के निर्माता (यदि द्रविड़ थे तब भी, यदि द्रविड़ नहीं थे तब भी) पंजाब से लेकर मेसोपोटामिया तक फैले हुए थे। इन इलाकों में कई प्रकार के अन्य लोग भी रहे होंगे, जिनका अब इतिहास नहीं मिलता। आर्यों का संघर्ष इन सभी लोगों से हुआ था, जिसकी प्रतिध्वनि वैदिक साहित्य में अत्यन्त परिवर्तित रूप में सुनाई देती है।

ऋग्वेद का रचना-काल

ऋग्वेद आर्यों का ही नहीं, समस्त विश्व का प्राचीनतम ग्रन्थ है। इसके काल-निर्णय का प्रश्न भी इतना विलक्षण है कि कोई तो इसे पचहत्तर हजार वर्ष पुराना मानता है और कोई ईसा से सिर्फ दो सौ वर्ष पूर्व की चीज। सुप्रसिद्ध जर्मन विद्वान् जैकोबी ने ऋग्वेद के बाद रचित कल्पसूत्रों का रचना-काल ईसा से 4700 वर्ष पूर्व और ऋग्वेद का रचना-काल लगभग 6500 साल पूर्व माना था। लोकमान्य बालगंगाधर तिलक ने ब्राह्मण ग्रन्थों का रचना-काल ईसा से 4500 वर्ष पूर्व माना था। उनके मत से "सारे मन्त्र एक साथ नहीं बने। ऋषियों और उनके वंशधरों ने समय-समय पर, हजारों वर्षों में मन्त्र बनाए। इस तरह, कुछ ऋचाएँ दस हजार वर्षों की हैं, कुछ साढ़े आठ हजार वर्षों की और कुछ सात-साढ़े सात हजार वर्षों की। सभी प्राचीनतम ऋचाएँ ऋग्वेद की ही हैं।" (हिन्दी ऋग्वेद)। इस सम्बन्ध में, सबसे उत्साहयुक्त दृष्टिकोण डॉ. अविनाशचन्द्र दत्त का है, जो ऋग्वेद को पचास से पचहत्तर हजार वर्ष पुराना मानते हैं। पं. रामगोविन्द त्रिवेदी का मत है, "ऋग्वेद में ऐसे अनेकानेक मन्त्र हैं, जिनसे सिद्ध होता है कि ऋग्वेद का निर्माणकाल 18 हजार वर्ष से लेकर 50 हजार वर्ष के बीच का है।" मैक्समूलर के मतानुसार, ऋग्वेद ईसा से 1200-1000 वर्ष पूर्व बना था। इसके विपरीत, विंटरनिज का मत है कि ऋग्वेद की रचना ईसा से 2500 वर्ष पूर्व हुई थी।

श्री जयचन्द्र विद्यालंकार ने, प्रायः विंटरनिज के मत को स्वीकार किया है। वेदों का एक नाम श्रुति भी है, जिससे यह अनुमान होता है कि वेदों की रचना मौखिक ही हुआ करती थी और मौखिक ही लोग उन्हें याद भी रखते थे। जब मन्त्रों की संख्या बहुत हो गई, तब उन्हें संहिताओं में विभाजित करना आवश्यक हो गया। भारत में लेखन का प्रचार ई.पू. 3000 वर्ष में भी था, यह प्रमाणित बात है। मन्त्र लिखे जाते थे या केवल कंठस्थ किए जाते थे, इसका अनुमान हम, जो चाहें लगा सकते हैं। किन्तु, कृष्ण द्वैपायन बोलकर लिखाते थे, यह

संदिग्ध बात नहीं है।[13] वेद जिन संहिताओं में हमें मिलते हैं, उनका सम्पादन कृष्ण द्वैपायन व्यास ने किया जो महाभारत काल में जीवित थे। महाभारत का युद्ध ईसा से 1400 साल पूर्व हुआ था, इस मत का भी भारतीय परम्परा से मेल नहीं बैठता। भारतीय परम्परा के अनुसार कलियुग का आगमन राजा परीक्षित के राज्यकाल में हुआ। परीक्षित के पिता अभिमन्यु महाभारत युद्ध में मारे गए थे। अतएव, महाभारत की लड़ाई ईसा से कोई 3000 वर्ष पूर्व हुई होगी। और उससे चार सौ साल पूर्व संहिताएँ लिखी गईं। उससे भी सात सौ वर्ष पूर्व से वेदों की रचना होती आ रही थी। इस प्रकार, हम कह सकते हैं कि ऋचाएँ ई.पू. 2500 से बनने लगीं और ई.पू. 1800 अर्थात् सात सौ वर्ष तक बनती रहीं। ई.पू. 1800 के आस-पास वेद संहिता में लिखे जाने लगे तथा वेदव्यासकृत संहिताओं का निर्माण ई.पू. 1400 में सम्पूर्ण हो गया।

लेखन-कला और लिपि

सिन्धु-सभ्यता में लिखावट के जो नमूने मिले हैं, उनसे यह प्रत्यक्ष है कि ईसा से 3000 वर्ष पूर्व भारत में लेखन-कला का प्रचार था। यह मानने का कोई आधार नहीं हो सकता कि जब आर्य आए, उन्होंने लेखन की इस प्रणाली को छोड़ दिया और भारत से सदियों के लिए लेखन-कला का प्रचार बिलकुल उठ गया। मान्य बात यही हो सकती है कि लेखन का प्रचार सिन्धु-सभ्यता में भी था और वह बाद की सभ्यताओं में भी जारी रहा होगा। तब भी, सिन्धु-सभ्यता की लिखावट (जो अब तक पढ़ी नहीं गई है) के बाद हम लिखावट का दूसरा प्रमाण भारत में ई.पू. तीसरी सदी में सम्राट् अशोक के अभिलेखों में पाते हैं। इन अभिलेखों की लिपि ब्राह्मी लिपि है। इसी ब्राह्मी लिपि से भारत की सभी भाषाओं की लिपियाँ उद्भूत हुई हैं। अपवाद केवल उर्दू भाषा है, जो आज भी फारसी लिपि में लिखी जाती है। मौर्य-युग और उसके बाद की दो-एक सदियों में ब्राह्मी के साथ-साथ एक खरोष्ठी नामक लिपि भी प्रचलित थी, जिसका उपयोग पश्चिमोत्तर भारत के लोग करते थे। यह लिपि फारसी-अरबी लिपियों के ही समान दाईं से बाईं ओर को लिखी जाती थी। किन्तु, यह लिपि भारत में फैलने में असमर्थ रही और उसका प्रयोग ईसा के जन्म के पूर्व ही भारत में अवरुद्ध हो गया।

किरात जाति

संस्कृत-भाषी आर्यों ने एक और जाति के लोगों का उल्लेख किया है, जिनका रंग पीला और आकृति चीनी लोगों के समान थी। इस वर्ग के लोगों को आर्य किरात कहते थे। महाभारत के विख्यात योद्धा राजा भगदत्त पूर्वी भारत के थे और उनकी सेना म्लेच्छों और किरातों से बनी हुई थी। अर्जुन से शिव का जब युद्ध हुआ, तब शिवजी किरात-वेश में थे। चित्रांगदा, कदाचित्, किरात-वंश की ही राजकुमारी थी।

किरातों का मूल-अभिजन पूर्वी चीन में था। वहीं से ये लोग तिब्बत, नेपाल, बर्मा, असम, उत्तरी बंगाल और उत्तरी बिहार में आए। भारत में किरातों का आगमन कब हुआ, यह निश्चित रूप से नहीं कहा जा सकता। यजुर्वेद और अथर्ववेद में किरातों का उल्लेख है। उस समय के अन्य प्रमाणों से भी यह अनुमान निकलता है कि किरात ईसा से एक हजार वर्ष पूर्व भारत पहुँच गए थे और वे हिमालय की दक्षिणी तराई तथा पूर्वी भारत में आबाद थे। नेपाल

के नेवार और किरन्ती लोग, कश्मीर के लद्दाखी, दारजिलिंग के लेपचा, त्रिपुरा और मणिपुर के क्षत्रिय, उत्तर असम के अक्का, मीरी, अबोर और मिश्मी लोग किरात-वंश के हैं। कहा तो यह भी जाता है कि लिच्छवी और शाक्य वंश भी किरात-भण्डार से निकले थे। उत्तर बिहार में, विशेषतः, तिरहुत में जो गौर वर्ण के लोग हैं, कहीं-कहीं, उनका भी सम्बन्ध किरात-रक्त से रहा होगा। इसी प्रकार नेपाल के गुरखा लोगों में भी किरात-रक्त का, कुछ-न-कुछ, अंश है।

ईसा के एक हजार वर्ष पूर्व से लेकर ईसा के एक हजार वर्ष बाद तक किरात लोग हिन्दू-वृत्त में दाखिल होते रहे। बंगाल और असम के बोदो लोगों ने तो अपनी भाषा भी छोड़ दी। नेवारों ने भारतीय लिपि में ही अपनी भाषा का विकास किया।

पन्द्रहवीं सदी में आकर किरात जाति हिन्दू-राष्ट्रीयता से ओत-प्रोत हो गई और उसने, अन्त तक, मुस्लिम विजेताओं के खिलाफ युद्ध को जारी रखा। त्रिपुरा और मणिपुर के क्षत्रियों ने बंगाल के मुस्लिम शासकों से कई लड़ाइयाँ लड़ीं।

किरात जाति ने हिन्दू-संस्कृति को स्वीकार कर उसकी बड़ी सेवा की। पालयुगीन भारतीय कला का तिब्बत में और तिब्बत से बाहर प्रचार नेपाल के नेवारों ने किया। इसी प्रकार, वैदिक और बौद्ध संस्कृति की बहुत-सी बातों का बर्मा और हिन्द-चीन की ओर प्रचार बंगाल, असम, कुमिल्ला, चटगाँव और आराकान के किरात-वंशी हिन्दुओं के कारण हुआ।

किन्तु, किरातों की सबसे बड़ी देन शाक्त-मत के विकास में है। योगिनी-तन्त्र का दावा है कि असम का धर्म किरात लोगों की साधना से निकला था। वाममार्गी शाक्त-धर्म का मुख्य पीठ कामाख्या का मन्दिर माना जाता है। इस मन्दिर की स्थापना सन् 1564 ई. में हुई थी। किरात-समाज में नारियाँ उतनी पराधीन कभी नहीं थीं जितनी आर्यों के समाज में। समझा यह जाता है कि, कदाचित् यह भी एक कारण था, कि वामाचार का व्यापक प्रचार पहले असम में ही हुआ और वहीं से यह साधना बंगाल में प्रचलित हुई। किन्तु, 16वीं सदी में मणिपुर का राज्य-वंश वैष्णव हो गया और, तब से, वैष्णव-धर्म की कृष्णचैतन्याश्रयी शाखा का प्रचार किरात-क्षेत्र में भी खूब हुआ है। नागा और कुकी लोगों के बीच हिन्दू-संस्कृति का जो प्रचार है, उसके भी माध्यम किरात-वंशी हिन्दू ही रहे हैं।

किरात-वंशी हिन्दू अब भी नृत्य, गान और कलाओं में, विशेष रूप से, रस लेते हैं। उनकी संस्कृति आज भी कृत्रिम और तर्क-पीड़ित कम, स्वाभाविक और भावप्रवण अधिक है।

पारसी जाति

भारत में एक और जाति के लोग हैं, जो बम्बई और गुजरात में बसे हुए हैं। इनका नाम पारसी है। इनकी संख्या आज तक भी, शायद, लाख-दो-लाख से अधिक नहीं है, किन्तु, शिक्षा, संस्कृति, वैभव और सामाजिक उत्कर्ष में ये और लोगों से बहुत आगे हैं। ये भारत में दसवीं सदी के आरम्भ में आए थे, किन्तु इनका आख्यान यहीं लिखा जाना चाहिए, क्योंकि पारसी-धर्म और आर्य-धर्म किसी समय एक ही मूल-धर्म से निकले थे। आर्यों का एक प्रसिद्ध नाम हिन्दू-ईरानी भी चलता है। आर्य अपनी एक शाखा को ईरान में छोड़कर आए थे। लगभग तीन हजार वर्ष बाद उसी शाखा के लोग शरण खोजते हुए भारत आ गए। यह बिछुड़ों के पुनर्मिलन का दृष्टान्त था।

आर्यों की जो शाखा ईरान में रह गई थी, उसके सदस्य भी भारतीय आर्यों के समान प्रकृति के दिव्य तत्त्वों (सूर्य, अग्नि, चन्द्रमा, वायु, जल आदि) की पूजा करते थे। किन्तु, उन्हें यह ज्ञात था कि इन सभी दृश्य तत्त्वों के परे कोई एक सूक्ष्म और सर्वोच्च अदृश्य तत्त्व (ईश्वर) है, जिसे वे अहुर (असुर) कहते थे। अवेस्ता इस जाति का प्राचीनतम ग्रन्थ है, जिसकी भाषा ऋग्वेद की भाषा से मिलती-जुलती है। ऋग्वेद में जिन उच्च गुणों का नाम 'ऋत' कहा गया है, उन गुणों के लिए अवेस्ता में 'अशा' शब्द का प्रयोग है। ऋतसम्पन्न व्यक्ति ही भारत में ऋषि कहलाता था। अवेस्ता में अशा गुण से समवेत व्यक्ति को रतु कहते थे, जो बहुत कुछ ऋषि शब्द का ही पर्याय था।

इस जाति में भी भारतीय आर्यों के समान चार जातियों या वर्गों का विधान था, जिनके नाम अवेस्ता में 1. आथ्रवन (=ब्राह्मण), 2. रथैस्तार (=क्षत्रिय), 3. वास्त्योष (=वैश्य) और 4. हुतोक्ष (=शूद्र, दास) हैं। जैसे भारतीय आर्यों में द्विजों का उपनयन-संस्कार प्रचलित है, वैसे ही, पारसियों में नवजोत (=नवजात) संस्कार पुराने समय से चला आता है। फर्क यह है कि जहाँ द्विज यज्ञोपवीत धारण करते हैं, वहाँ पारसी लोग कुस्टी (मेखला), पवित्र कुरता और टोपी पहनते हैं।

कालक्रम में, दोनों जातियों (अथवा शाखाओं) की भाषा में भेद पड़ने लगा। अहुर (असुर) पारसियों के यहाँ तो ईश्वरवाचक बना रहा, किन्तु, भारतीय आर्य उसका अर्थ दानव करने लगे। बदले में, पारसियों ने भी देव शब्द का अर्थ अपनी भाषा में दानव कर दिया। पुराने संस्कार धुँधले पड़ गए एवं नई परिस्थितियों में देवताओं के भी रूप परिवर्तित हो गए। अवेस्ता से मालूम होता है कि पारसी लोग भी इन्द्र, नासत्य, विधातृ आदि देवताओं को जानते थे, किन्तु, उनके यहाँ ये नाम देवों के नहीं, दानवों के हो गए। तब भी, दोनों शाखाओं में माओंधा (मास, चान्द्र मास), मिथ्र (मित्र), यिम (यम) आदि एक ही अर्थ में पूजित होते हैं।

फिर ऐसा हुआ कि ईरानी शाखा के आर्यों में धीरे-धीरे कुरीतियाँ प्रविष्ट हो गईं एवं धर्म का रूप कलुषित हो गया। तब पृथ्वी ने गौ का रूप धारण कर (आर्यों की पौराणिक कथाओं के ही समान) अत्याचार से परित्राण के निमित्त अहुर मज्द से प्रार्थना की और अहुर मज्द ने, मानवों के उद्धार के लिए, पृथ्वी पर जरथुस्त्र (अर्थ, कनकाभ) को भेजा।

जरथुस्त्र की वाणी ही गाथा कहलाती है, जो शुद्ध संस्कृत नाम है। गाथाएँ पाँच हैं और इन्हीं गाथाओं पर जरथुस्त्री धर्म आधारित है। भाषा और भाव, दोनों ही दृष्टियों से गाथा, और ऋग्वेद के आरम्भिक मन्त्र समान हैं एवं दोनों में एक ही छन्द का प्रयोग हुआ है। यही नहीं, गाथा के मन्त्र ऋग्वेद के मन्त्रों की भाषा में आसानी से बदले जा सकते हैं, जैसे प्राकृत के श्लोक लौकिक संस्कृत के श्लोक में बदल दिए जाते हैं। गाथा और ऋग्वेद के पारिभाषिक शब्दों में भी समानता है। ऋग्वेद में जो सोम है, वह गाथा में होम हो गया है। वेद में जो सर्वतत् (सम्पूर्णता) है, वह गाथा में हौर्वतत् हो गया है तथा शक्ति के अर्थ में क्षात्र शब्द का प्रयोग गाथा और वैदिक संस्कृत दोनों में मिलता है।

जरथुस्त्र ने सारे जीवन और जगत् को पुण्य और पाप के बीच चलनेवाले भीषण द्वन्द्व के रूप में देखा और इसी केन्द्रीय विचार पर उन्होंने अपना सिद्धान्त बनाया। भारत से बाहर उस समय जो भी आर्य थे, वे सब जरथुस्त्र के धर्म के नीचे आए हुए थे। कहते हैं, ईसाइयत

और इस्लाम में भगवान् और शैतान की जो कल्पना उदित हुई, वह जरथुस्त्र-धर्म की देन थी। जरथुस्त्र के अहुर मज्द ही भगवान् और अहिर्मन ही शैतान हैं।

जरथुस्त्र-धर्म में दीक्षित ईरानियों ने ही ईरान में वह उन्नतिशील साम्राज्य स्थापित किया था, जो रोमन साम्राज्य का जवाब था। ई.पू. 331 में सिकन्दर ने ईरानी राज्य पर चढ़ाई की थी और सन् 651 ई. में अरब के नए मुसलमानों ने। पिछली चढ़ाई के दिनों में ईरानी साम्राज्य विलास में डूबा हुआ था। अतएव, वह अरब के मुसलमानों के प्रहारों के आगे नहीं टिक सका। ईरानी हारे और, प्रायः, दो-तीन सौ वर्ष में सब-के-सब मुसलमान हो गए। फिर, ईरानी संस्कृति ने अरबों पर ऐसा धावा किया कि पारसी, ईरानी या फारसी भाषा ही इस्लाम की भाषा हो गई और इस्लाम को लोग ईरानी संस्कृति का पर्याय मानने लगे।

इसी मुसलमानी आक्रमण से घबराकर अपने धर्म की रक्षा करनेवाले कुछ पवित्र पारसी लोग सन् 936 ई. में ईरान से भागकर भारतवर्ष चले आए और यहाँ आनन्दपूर्वक रहने लगे। पारसी अग्निपूजक होते हैं, जैसा कि आरम्भ में सभी आर्य थे। भगवान् जरथुस्त्र को परमात्मा ने ही अग्नि दी थी, जो तब से लेकर ईरान छोड़ने के समय तक ईरान में जल रही थी। यह अग्नि भी पारसी लोग अपने साथ भारत ले आए और उसे उन्होंने बम्बई के उत्तर उदवाद नामक स्थान में मन्दिर बनाकर स्थापित कर दिया। यह अग्नि आज भी जल रही है।

इतिहास में भी कितना उलट-फेर होता है। इस्लाम के आगमन के बाद, बहुत-सी ऐसी बातें और बहुत से ऐसे नाम भारत पहुँचे, जिन्हें लोग, भ्रम के कारण ही, इस्लाम से सम्बद्ध मानते हैं। वस्तुतः वे उन ईरानियों के नाम हैं, जो मुसलमान नहीं जरथुस्त्रवादी थे। शापूर और न्यायी नौशेरवाँ ईरान के बादशाह थे, किन्तु, वे मुसलमान नहीं थे। शीरीं और फरहाद, ये भी जरथुस्त्र-धर्मावलम्बी प्रेमी हुए हैं। शीरीं ईरान के बादशाह खुसरू परवेज की पत्नी थी और फरहाद उसी देश का मूर्तिकार।

जब पारसी लोग भारत पहुँचे, गुजरात के राजा यादव राणा ने उनका प्रेम से स्वागत किया, और तब से, ये धर्मप्राण लोग सचाई से भारतवासियों के साथ रह रहे हैं।

आने को तो मुसलमान भी भारत में 8वीं सदी में आए और पारसी उससे भी बाद, किन्तु भारत और ईरान का सम्बन्ध इससे कहीं पुराना था। जब आर्य इस देश में नए-नए आए थे, उस समय भारत और ईरान की सीमाएँ मिली हुई थीं एवं धर्म और रीति-रिवाज में भी दोनों देशों के लोग एक थे। धर्म में भिन्नता तब हुई, जब जरथुस्त्र ने अपना नया धर्म चलाया। मौर्यों से पूर्व गान्धार और भारत के कुछ अन्य पश्चिमोत्तर भाग ईरानी साम्राज्य के अंग थे। मौर्यों में समय में ईरानी राज्य के ही कुछ भाग भारत में मिला लिये गए। तक्षशिला में ईरान के विद्यार्थी नहीं आते रहे होंगे, यह मानने की बात नहीं है। मौर्यों के बाद शकों के शासन-काल में भी ईरान और भारत के कुछ भू-भाग एक ही राज्य के अन्तर्गत थे। भविष्य-पुराण में कहा गया है कि श्रीकृष्ण के पुत्र, साम्ब को जब कुष्ठ हो गया, तब उन्होंने चन्द्रभागा नदी के तीर पर एक सूर्य-मन्दिर बनवाया, जिसके लिए उन्हें वहाँ कोई पुरोहित नहीं मिला। निदान, पौरोहित्य के निमित्त उन्होंने शकद्वीप से मग-जाति के ब्राह्मण बुलाए, जो जरशब्द या जरशस्त के अनुयायी थे। सर चार्ल्स इलियट[14] का अनुमान है कि ये ब्राह्मण ईरान के मागी (Magis) रहे होंगे और जरशब्द या जरशस्त नाम जरथुस्त्र का है।

सन्दर्भ

1. 'द फ्यूचर ऑफ इंडिया'–स्वामी विवेकानन्द।
2. Dravidian Elements In Indian Culture—by Gilbert Slater.
3. 'Peoples of India' by Herbert Risley.
4. 'एनसाइक्लोपीडिया ब्रिटेनिका' 14वाँ संस्करण, जिल्द 15।
5. *देखिए,* रामचन्द्र दीक्षितर की दो पुस्तकें (1) Origin And Spread Of The Tamils और (2) Pre-historic South India.
6. 'Man' (लन्दन, 1936, भाग-29)।
7. 'Race in Europe'–ऑक्सफोर्ड पैम्फलेट नम्बर-5।
8. It is surmised, not incorrectly, that all the languages of India could be traced to one original family of languages and this family cannot be Indo-Germanic as is assumed, but native to the soil, having its birth in neolithic times, if not earlier. This is certainly true if we make a comparative study of the North Indian and South Indian vernacular dialects, for, in both we see the same fundamental grammatical structure. By substituting one word for another it is easy to translate these languages from one to another.

   (V. R. Ramchandra Dikshitar in Pre-historic South India)
9. इतिहास-प्रवेश।
10. सरस्वती, शतद्रु, विपाशा, परुष्णी, असिक्नी, वितस्ता और सिन्धु, इन सात नदियों से सेवित भू-भाग।
11. शब्द-साम्य की खोज बड़ी ही अद्भुत और मनोरंजक प्रक्रिया है। पेटर, फादर, पितृ; और ब्रदर, बिरादर, भ्रातृ में जो साम्य है, वह अत्यन्त स्पष्ट है। किन्तु, साम्य कुछ ऐसे शब्दों में भी खोजा जा सकता है, जहाँ उसकी कोई आशा नहीं दीखती। उदाहरणार्थ, भाषाशास्त्रियों के अनुसार अंग्रेजी का tooth शब्द संस्कृत के दन्त से निकला है और hand शब्द हन् धातु से। nose का उत्पत्ति-स्थान नस् है और cup का उद्गम कुप्य। इसी प्रकार, Station शब्द स्था से, कहीं-न-कहीं, जुड़ा हुआ है और sound स्वन का वंशज है। मन से mind, भण् से phone और ध्वनि से tone का जन्म हुआ हो, तो इसमें कोई आश्चर्य नहीं। संस्कृत का सूनुः शब्द पुत्र, सूर्य और अनुज का अर्थ देता था। यूरोप में अनुज अर्थ तो लुप्त हो गया, लेकिन, son और sun विद्यमान हैं जो, क्रमशः, पुत्र और सूर्य का अर्थ देते हैं। donation शब्द की अंग्रेजी में कोई धातु नहीं है। लातीनी में डोयरे धातु मिलती हैं। इस पर से मेरे एक मित्र, पं. भवानीशंकर त्रिवेदी ने यह अनुमान लगाया है कि डोयरे शब्द संस्कृत की दा धातु से निकला होगा। त्रिवेदीजी यहाँ तक जाते हैं कि अंग्रेजी का garage शब्द संस्कृत के गृहास से निकला है, जिसका अर्थ कभी तो गृह-समूह और कभी बड़ा घर होता था।
12. सत्यकेतु विद्यालंकार-कृत 'भारत का प्राचीन इतिहास'।
13. व्यास के लिपिक गणेश थे।
14. हिन्दुइज्म एंड बुद्धिज्म, जिल्द, 3।

प्रकरण-3

आर्य और आर्येतर संस्कृतियों का मिलन

वैदिक संस्कृति के कुछ युग्म

हिन्दू-संस्कृति का आविर्भाव आर्य और आर्येतर संस्कृतियों के मिश्रण से हुआ तथा जिसे हम वैदिक संस्कृति कहते हैं, वह वैदिक और प्राग्वैदिक संस्कृतियों के मिलन से उत्पन्न हुई थी, यह अनुमान कई प्रकार की युक्तियों पर आधारित है। भारतीय संस्कृति के विवेचन में हमारे सामने कुछ ऐसी शंकाएँ खड़ी होती हैं, जिनका समाधान न तो इस स्थापना से हो सकता है कि हिन्दू-संस्कृति सोलह आने आर्यों का निर्माण है, न इस स्थापना से कि वैदिक संस्कृति केवल प्राग्वैदिक संस्कृति का विकास मात्र है। डॉ. मंगलदेव शास्त्री ने ऐसी कई शंकाओं का उल्लेख अपनी पुस्तक[1] में किया है।

पाणिनि का समय हम लोग ई.पू. 7वीं सदी मानते हैं। पाश्चात्यों के मतानुसार उनका काल ई.पू. 5वीं सदी से इधर नहीं माना जा सकता। पाणिनि ने श्रमण-ब्राह्मण- संघर्ष का उल्लेख 'शाश्वतिक विरोध' के उदाहरण के रूप में किया है। अवश्य ही शाश्वत शब्द सौ-दो सौ वर्षों का अर्थ नहीं देता, वह इससे बहुत अधिक काल का संकेत करता है। अतएव, यह मानना युक्ति-युक्त है कि श्रमण-संस्था भारत में आर्यों के आगमन के पूर्व विद्यमान थी और ब्राह्मण इस संस्था को हेय समझते थे। श्रमणों और ब्राह्मणों के बीच सर्प-नकुल-सम्बन्ध का उल्लेख बुद्धोत्तर साहित्य में बहुत अधिक हुआ है, किन्तु पाणिनि के उल्लेख से यह स्पष्ट भासित होता है कि श्रमण-ब्राह्मण-संघर्ष बौद्ध मत से कहीं प्राचीन है।

पौराणिक हिन्दू-धर्म निगम और आगम, दोनों पर आधारित माना जाता है। निगम वैदिक विधान है। आगम प्राग्वैदिक काल से आती हुई वैदिकेतर धार्मिक परम्परा का वाचक है। पुराण और पौराणिक धर्म उतने नवीन नहीं हैं, जितना नवीन उन्हें पश्चिम के विद्वानों ने सिद्ध किया है। "यह कहना सम्भव है कि इतिहास-पुराणों का आरम्भ अथर्ववेद के काल में हुआ। अथर्ववेद में कहा गया है कि ऋग्वेद, सामवेद, पुराणों के साथ यजुर्वेद तथा छन्द ब्रह्मदेव से उत्पन्न हुए (11/7/24)। शतपथ-ब्राह्मण के (11/5/7/9) ब्रह्म-यज्ञ में इतिहास तथा पुराणों के पठन का फल बतलाया गया है और कहा गया है कि अश्वमेध में (13/4/3/13) पुराण तथा वेद का पठन किया जाए।"[2]

पुराणों का उल्लेख धर्मसूत्रों में भी है तथा मनुस्मृति, विष्णुस्मृति, याज्ञवल्क्यस्मृति एवं ऋग्विधान में भी। रामायण और महाभारत तो पुराणों के नाम कई बार लेते हैं। इन सारे प्रमाणों से यह अनुमान अत्यधिक सुदृढ़ हो जाता है कि पुराणों की परम्परा वेदों की परम्परा

से कम प्राचीन नहीं है।[3] निगम वेदों के सुनिश्चित विधान हैं और आगम परम्परा से आते हुए ज्ञान के समवाय, इस प्रकार का कोई अस्पष्ट भाव प्राचीनों का भी रहा होगा। यह भी ध्यान देने की बात है कि जब वेदों का पठन-श्रवण केवल पुरुषों और द्विज-वर्ग तक सीमित किया जाने लगा, तब भी पुराणों पर ऐसी कोई रोक नहीं लगाई गई। ब्राह्मणों ने पूरी कट्टरता से पहरा केवल वेदों पर दिया। पुराण आर्येतर जनता के भावों और विचारों से ओत-प्रोत थे, अतएव, ब्राह्मणों ने पुराणों को केवल अपना आविष्कार नहीं माना, न उन्हें जनता की पहुँच में जाने से रोक रखने की कोशिश की।

पुराणों में यक्ष, राक्षस, विद्याधर, नाग, किरात आदि लोगों का जो उल्लेख है, वह, स्पष्ट ही, आर्येतर जातियों के अस्तित्व की सूचना देता है। पुराणों के अनुसार देवों की अपेक्षा असुरों का प्राचीन होना अधिक सम्भव दीखता है। इससे भी सूचित होता है कि भारत में आर्यों से भिन्न और भी बहुत से लोग थे, जिनके मौखिक साहित्य का समावेश पुराणों में हुआ है।

जनता में एक अनुश्रुति चलती है कि आगम भी निगम से ही निकले हैं; निगम में जो बातें प्राचीन मुहावरों में कही गई हैं, आगम उन्हीं का आख्यान आधुनिक भाषा में करते हैं। किन्तु, दोनों की भिन्नता भी स्पष्ट है। निगम अपौरुषेय हैं; उन्हें किसी ईश्वर ने नहीं बनाया है, क्योंकि ईश्वर भी, आखिर को, पुरुष ही है। किन्तु, आगम शिव, शक्ति अथवा विष्णु के मुख से उद्‌गीर्ण माने जाते हैं। आगमों की पूर्ण परिणति भक्ति में हुई। भक्ति और वेदान्त में भेद है। वेदान्त केवल ब्रह्म को मानते हैं। भक्ति तत्त्वत्रय (ईश्वर, जीव और प्रकृति) में विश्वास करती है। वैदिक धर्म चार वर्णों में विश्वास करता है और शूद्र को वह वेद-वेदान्त पढ़ने का अधिकार नहीं देता। वैदिक धर्म के अनुसार संन्यास का भी अधिकार केवल ब्राह्मण को है। किन्तु, भक्ति ऐसे बन्धनों में विश्वास नहीं करती। भक्ति-मार्ग में चांडाल को भी यह अधिकार है कि वह चाहे तो शिव, शक्ति या विष्णु की प्रतिमा की पूजा कर सकता है। वैसे, वेदान्त-दर्शन के अनुसार वर्ण-भेद की सत्ता नहीं ठहरती। फिर भी, पारिभाषिक दृष्टि से, वेदान्त भी वेद ही हैं। इसलिए शूद्रों के लिए वे वर्जित कर दिए गए।

देवता भी पुराणों में, कम-से-कम, तीन प्रकार के हैं। कुछ देवता वे हैं जिनकी कल्पना वेदों ने की और कुछ वे हैं, जो प्राग्वैदिक भारत में पूजे जाते थे और, बाद को, वैदिक धर्म में प्रवेश पा गए। तीसरे प्रकार के देवता वे हैं जो आर्य-द्रविड़-मिश्रण के बहुत बाद, बाहर से आनेवाली नई जातियों के साथ आए होंगे और जिनकी प्रधानता इधर हाल के पुराणों में दिखाई देती है। वैदिक देवताओं में प्रधान इन्द्र, अग्नि, ऊषा, वरुण अश्विनीकुमार, पूषन्, ब्रह्मा इत्यादि थे, जिनकी पूजा का प्रचलन अब, प्रायेण, अवरुद्ध हो गया है। प्राग्वैदिक और वैदिक धाराओं को सम्पृक्त करनेवाले देवताओं में से मुख्य देवता शिव और उमा हैं। और जो देवता आर्यों के आगमन के बहुत पश्चात् आनेवाली जातियों के साथ आए, उनमें गणना, कदाचित् राधा की, की जा सकती है।

डॉ. मंगलदेव शास्त्री ने यह भी अनुमान लगाया है कि भारतीय संस्कृति में जो कई परस्पर-विरोधी 'युग्म' हैं, उनका भी कारण यही है कि यह संस्कृति, आरम्भ से ही, सामासिक रही है। उदारणार्थ, भारतीय समाज में एक द्वन्द्व तो कर्म और संन्यास को लेकर है, दूसरा

प्रवृत्ति और निवृत्ति के बीच तथा तीसरा स्वर्ग और नरक की कल्पनाओं को लेकर। यह विषय, सचमुच, विचारणीय है। अत्यन्त प्राचीन काल से भारत की मानसिकता दो धाराओं में विभक्त रही है। एक धारा कहती है कि जीवन सत्य है और हमारा कर्तव्य यह है कि हम बाधाओं पर विजय प्राप्त करके जीवन में जय लाभ करें एवं मानव-बन्धुओं का उपकार करते हुए यज्ञादि से देवताओं को भी प्रसन्न करें, जिससे हम इस और उस, दोनों लोकों में सुख और आनन्द प्राप्त कर सकें। किन्तु, दूसरी धारा की शिक्षा यह है कि जीवन नाशवान् है। हम जो भी करें, किन्तु हमें रोग और शोक से छुटकारा नहीं मिल सकता, न मृत्यु से हम भाग सकते हैं। हमारे आनन्द की स्थिति वह थी, जब हमने जन्म नहीं लिया था। जन्म के कारण ही हम वासनाओं की जंजीर में पड़े हैं। अतएव, हमारा श्रेष्ठ धर्म यह है कि उन सुखों को पीठ दे दें, जो हमें ललचा कर संसार में बाँधते हैं। इस धारा के अनुसार मनुष्य को घर-बार छोड़कर संन्यास ले लेना चाहिए और देह-दंडनपूर्वक वह मार्ग पकड़ना चाहिए, जिससे आवागमन छूट जाए।

अनुमान यह है कि कर्म और संन्यास में से कर्म तथा प्रवृत्ति और निवृत्ति में से प्रवृत्ति के सिद्धान्त, प्रमुख रूप से, वैदिक हैं तथा संन्यास और निवृत्ति के सिद्धान्त, अधिकांश में, प्राग्वैदिक मान्यताओं से पुष्ट हुए होंगे। किन्तु, आश्चर्य की बात है कि भारतीय अध्यात्मशास्त्र और दर्शन पर जितना प्रभाव संन्यास और निवृत्ति का है, उतना प्रभाव कर्म और प्रवृत्ति के सिद्धान्तों का नहीं है। अथवा आश्चर्य की इसमें कोई बात नहीं है। ऋग्वेद के आधार पर यह मानना युक्तिसंगत है कि आर्य पराक्रमी मनुष्य थे। पराक्रमी मनुष्य संन्यास की अपेक्षा कर्म को अधिक महत्त्व देता है, दुःखों से भाग खड़ा होने के बदले वह डटकर उनका सामना करता है। आर्यों का यह स्वभाव कई देशों में बिलकुल अक्षुण्ण रह गया। विशेषतः यूरोप में उनकी पराक्रमशीलता पर अधिक आँच नहीं आई। किन्तु कई देशों की स्थानीय संस्कृति और परिस्थितियों ने आर्यों के भीतर भी पस्ती डाल दी एवं उनके मन को निवृत्ति-प्रेमी बना दिया। भारत की प्राग्वैदिक संस्कृति ने आर्यों की वैदिक संस्कृति के चारों ओर अपना जो विशाल जाल फैला दिया, उसे देखते हुए यह सूक्ति काफी समीचीन लगती है कि ''भारतीय संस्कृति के बीच वैदिक संस्कृति समुद्र में टापू के समान है।''

वैदिक और आगमिक तत्त्वों के बीच संघर्ष, कदाचित् वेदों के समय भी चलते होंगे, क्योंकि आगम हिंसा के विरुद्ध थे और यज्ञ में हिंसा होती थी। इस दृष्टि से जैन और बौद्ध धर्मों का मूल आगमों में अधिक, वेदान्त में कम मानना चाहिए। हाँ, जब गीता रची गई, तब उसका रूप भागवत आगम का रूप हो गया। सांस्कृतिक समन्वय के इतिहास में भगवान् कृष्ण का चरम महत्त्व यह है कि गीता के द्वारा उन्होंने भागवतों की भक्ति, वेदान्त के ज्ञान और सांख्य के दुरूह–सूक्ष्म दर्शन को एकाकार कर दिया।

आर्यों का उत्साह और प्रवृत्तिमार्गी दृष्टिकोण, कदाचित् महाभारत के पूर्व तक अक्षुण्ण रहा था। महाभारत की हिंसा ने भारत के मन को चूर कर दिया। वहीं से, शायद, यह शंका उत्पन्न हुई कि यज्ञ सद्धर्म नहीं हैं, और जीवन का ध्येय सांसारिक विजय नहीं, प्रत्युत, मोक्ष होना चाहिए। महाभारत की लड़ाई पहले हुई, उपनिषद् कदाचित् बाद को बने हैं।

संसार को सत्य मानकर जीवन के सुखों में वृद्धि करने की प्रेरणा कर्मठता से आती

है, प्रवृत्तिमार्गी विचारों से आती है। इसके विपरीत, मनुष्य जब मोक्ष को अधिक महत्त्व देने लगता है, तब कर्म के प्रति उसकी श्रद्धा शिथिल होने लगती है। मोक्ष-साधना के साथ, भीतर-भीतर, यह भाव भी चलता है कि इन्द्रिय-तर्पण का दंड परलोक में नरकवास होगा। यह विलक्षण बात है कि वेदों में नरक और मोक्ष की कल्पना, प्रायः, नहीं के बराबर है। विश्रुत वैदिक विद्वान् डॉ. मंगलदेव शास्त्री ने लिखा है–''बहुत-से विद्वानों को भी यह जानकर आश्चर्य होगा कि वैदिक संहिताओं में 'मुक्ति', 'मोक्ष' अथवा 'दुःख' शब्द का प्रयोग एक बार भी हमको नहीं मिला।'' अन्यत्र उन्होंने यह भी लिखा है कि ''नरक शब्द ऋग्वेदसंहिता, शुक्ल-यजुर्वेद-वाजसनेयि-माध्यन्दिन-संहिता तथा साम-संहिता में एक बार भी नहीं आया है। अथर्ववेद-संहिता में 'नारक' शब्द केवल एक बार प्रयुक्त हुआ है।''

अब यह विश्वास दिलाना कठिन है कि जिस निवृत्ति का भारत के अध्यात्म-शास्त्र पर इतना अधिक प्रभाव है, वह आर्येतर तत्त्व थी। किन्तु, आर्यों के प्राचीन साहित्य में निवृत्तिविरोधी विचार इतने प्रबल हैं कि निवृत्तिवादी दृष्टिकोण को आर्येतर माने बिना काम चल नहीं सकता।

इसी प्रकार, ऋषि और मुनि शब्दों का युग्म भी विचारणीय है। ऋषि शब्द का मौलिक अर्थ मन्त्रद्रष्टा है, किन्तु मन्त्रों के द्रष्टा होने पर भी वैदिक ऋषि गृहस्थ होते थे और सामिष आहार से उन्हें परहेज नहीं था। पुराणों में ऋषि और मुनि शब्द, प्रायः, पर्यायवाची समझे गए हैं, फिर भी, विश्लेषण करने पर यह पता चल जाता है कि मुनि गृहस्थ नहीं होते थे। उनके साथ ज्ञान, तप, योग और वैराग्य की परम्पराओं का गहरा सम्बन्ध था। ऋषि और मुनि, दो भिन्न सम्प्रदायों के व्यक्ति समझे जाते थे। ''मुनि शब्द का प्रयोग वैदिक संहिताओं में बहुत ही कम हुआ है। होने पर भी उसका ऋषि से कोई सम्बन्ध नहीं है।''[4] पुराणों में ऋषि और मुनि के, प्रायः पर्यायवाची होने का एक कारण तो यही मानना होगा कि पुराणों का आधार वैदिक और प्राग्वैदिक संस्कृतियों का समन्वित रूप है। अतएव, पुराणकार प्रत्येक धर्मप्राण साधु और पंडित को, प्रसंगानुसार, ऋषि या मुनि कहने में कोई अनौचित्य नहीं मानते थे। जब बौद्ध और जैन आन्दोलन खड़े हुए, बौद्धों और जैनों ने प्रधानता ऋषि शब्द को नहीं, मुनि शब्द को दी। इससे भी यही अनुमान दृढ़ होता है कि मुनि-परम्परा प्राग्वैदिक रही होगी। ''ऋषि-सम्प्रदाय और मुनि-सम्प्रदाय के सम्बन्ध में, संक्षेप में, हम इतना ही कहना चाहते हैं कि दोनों की दृष्टियों में हमें महान् भेद प्रतीत होता है। जहाँ एक का झुकाव (आगे चलकर) हिंसामूलक मांसाहार और तन्मूलक असहिष्णुता की ओर रहा है, वहीं दूसरी का अहिंसा तथा तन्मूलक निरामिषता तथा विचार-सहिष्णुता (अथवा अनेकान्तवाद) की ओर रहा है। इनमें से एक, मूल में, वैदिक और दूसरी, मूल में, प्राग्वैदिक प्रतीत होती है।''[5] इस अनुमान की पुष्टि इस बात से भी होती है कि मोहनजोदड़ो की खुदाई में योग के प्रमाण मिले हैं और जैन मार्ग के आदि तीर्थंकर श्री ऋषभदेव थे, जिनके साथ योग और वैराग्य की परम्परा उसी प्रकार लिपटी हुई है, जैसे कालान्तर में, वह शिव के साथ समन्वित हो गई। इस दृष्टि से कई जैन विद्वानों का यह मानना अयुक्ति-युक्त नहीं दीखता कि ऋषभदेव, वेदोल्लिखित होने पर भी, वेद-पूर्व हैं।

पंडितों ने एक और युग्म पर विचार करके यह बताने की चेष्टा की है हिन्दू-संस्कृति के कुछ उपकरण वैदिक और कुछ अवैदिक हैं। वह युग्म ग्राम और नगर का युग्म है। वैदिक

संहिताओं में 'ग्राम' शब्द अनेक बार आया है, किन्तु 'नगर' शब्द का प्रयोग उनमें कहीं भी नहीं मिलता।[6] सम्भव है, वेदों के समय ग्राम और नगर का भेद बहुत प्रत्यक्ष नहीं रहा हो और दोनों के लिए आर्य एक ही शब्द का प्रयोग करते रहे हों। किन्तु, यह सम्भावना अधिक टिकाऊ नहीं है। वैदिक संहिताओं और धर्मसूत्रों में वैदिक सभ्यता ग्राम-प्रधान दीखती है और पुराणों में नगर के निर्माता मय-वंशीय लोग माने गए हैं, जो दानव जाति के होते थे। अतएव, अनुमान यही ठीक ठहरता है कि आर्य नगरों के निर्माता नहीं थे, यह कला उन्होंने भारत आकर सीखी। इन्द्र का पुरन्दर (नगर-भंजक) नाम इस अनुमान को और भी सबल बनाता है। आर्यों का सामना इस देश में उन लोगों से हुआ था, जो लौह-निर्मित पुरी (आयसीः पुरः) में निवास करते थे। ऐसे नगरों का ध्वंस करने के कारण ही इन्द्र ने पुरन्दर उपाधि प्राप्त की थी। आश्चर्य है कि मोहनजोदड़ो की खुदाई में लोहे के निशान नहीं मिले हैं।

कहते हैं, आर्यों के समाज में ग्राम-संस्कृति की प्रधानता होने के कारण ही जाति-प्रथा रूढ़ हो गई। अपने पूर्वजों के धन्धों को छोड़कर कोई नया धन्धा सीखना या ग्रहण कर लेना नगरों में जितना आसान होता है, ग्रामों में वह उतना आसान नहीं होता। नगरों पर परिवर्तन का प्रभाव अधिक पड़ता है। ग्राम ऐसे प्रभावों का अवरोध करते हैं। आर्यों की अर्थ-व्यवस्था ग्रामों पर आधारित थी। इसीलिए, उनकी जाति-व्यवस्था उतनी टिकाऊ हो सकी। सिन्धु-संस्कृति के विध्वंस के उपरान्त भारतवर्ष में नगर-संस्कृति को प्रधानता किसी भी समय नहीं मिली। ग्राम या देहात से सम्बद्ध अर्थ-शास्त्र का निरन्तर बने रहना जाति-भेद की उत्पत्ति में सहायक हुआ है।"[7]

इस प्रसंग में ध्यान इस बात पर भी जाता है कि ब्राह्मण, क्षत्रिय और वैश्य, इनमें से किसी का भी सम्बन्ध शिल्प या कला-कौशल से नहीं है। शिल्पी और कारीगर आर्यों के यहाँ शूद्र माने जाते थे। शिल्प और कला-कौशल तथा उद्योग नागरिक सभ्यता के लक्षण हैं। आर्य ग्रामों के भक्त थे। इसीलिए, कला-कौशल को उन्होंने ईषत् हेय माना। इसीलिए, त्रिवर्ण में से किसी के लिए भी उन्होंने शिल्प या कारीगरी को विहित नहीं बताया। आरम्भ में शिल्पी और कारीगर, कदाचित् आर्य-रक्त के नहीं थे। इसलिए, परम्परा चल पड़ी कि शिल्प करनेवाले लोग त्रिवर्ण में नहीं गिने जाएँगे।

पौराणिक हिन्दुत्व के मुख्य निर्माता और भारत के सबसे बड़े पुराणकार महर्षि व्यास का जन्म एक धीवर-कन्या की कुक्षि से हुआ था। वर्तमान प्रसंग में कुछ प्रकाश इस कथा से भी छिटकता है। कहीं ऐसा तो नहीं है कि आर्य और आर्येतर, दोनों ही प्रकार के रक्त से सम्बद्ध होने के कारण एवं वैदिक-प्राग्वैदिक, दोनों ही संस्कृतियों के उत्तराधिकारी होने के कारण, व्यास दोनों संस्कृतियों के समन्वय में विश्वास करते थे? "पुराण शब्द का अर्थ ही प्राग्वैदिक संस्कृतियों की ओर निर्देश करता है। उनका सहयोग उस समय के अनेकानेक ऋषि-मुनियों ने किया होगा, जिनमें से अनेकों की धमनियों में, व्यास के सदृश ही, दोनों संस्कृतियों का रक्त बह रहा था और, प्रायः इसीलिए उनका विश्वास दोनों संस्कृतियों के समन्वय में था।"[8]

आर्य-द्रविड़-सम्बन्ध

ऋग्वेद में कहीं कण भर भी ऐसा प्रमाण नहीं है, जिससे यह कहा जा सके कि आर्यों ने भारत

पर आक्रमण किया अथवा इसे जीता था किन्तु, संस्कृत और तमिल के प्राचीन साहित्य से यह बात अवश्य लक्षित होती है कि संस्कृत-भाषी आर्य, आरम्भ में, विन्ध्य के उत्तर तक ही सीमित थे, विन्ध्य के दक्षिण वे लोग बसते थे, जिनकी भाषा संस्कृत नहीं थी। प्राचीन तमिल साहित्य में भी संस्कृत-भाषियों को 'वडवंर' (उत्तरवाला) कहा गया है और प्राचीन तो नहीं, अपेक्षया नवीन संस्कृत-साहित्य में दाक्षिणात्य शब्द द्रविड़ों के लिए प्रयुक्त हुआ है।

आर्य दक्षिण भारत तक बहुत धीरे-धीरे पहुँचे थे। वैदिक साहित्य में दक्षिण भारत का उल्लेख नहीं है। भास की कल्पना का देश हिम और विन्ध्य पर्वतों के बीच पड़ता था। बौद्ध धर्म तमिलनाडु में कब पहुँचा, इसका भी कोई निश्चित प्रमाण नहीं है। केवल सुत्तनिपात की बावरीवाली कथा से यह अनुमान होता है कि बुद्ध का सुयश उनके जीवन-काल में ही दक्षिण पहुँच चुका था। कृष्णस्वामी आयंगर का तो खयाल है कि तमिलनाडु में बौद्ध धर्म को कभी प्रश्रय मिला ही नहीं था।[9] अशोक की राज्य-सीमा मैसूर पहुँचकर समाप्त हो गई थी। किन्तु, दक्षिण भारत का ज्ञान उत्तरवालों को बहुत प्राचीन काल में भी रहा होगा, यह अनुमान हम रामायण से लगा सकते हैं। मेगस्थनीज ने पांडय्-राज्य का उल्लेख किया है और अर्थशास्त्र में भी ताम्रपर्णिक मोतियों का उल्लेख है, जो मन्नार की खाड़ी से निकाला जाता था। बौधायन ने अपने धर्मसूत्र में दक्षिण के पाँच रिवाजों का उल्लेख किया है, जिनमें से एक मामा की बेटी से ब्याह का भी रिवाज है और श्रौत, गुह्य तथा धर्मसूत्र के रचयिता आपस्तम्ब ई.पू. 300 के आस-पास गोदावरी-तट पर रहते थे।[10]

स्पष्ट रूप से उल्लिखित प्रमाण तो ऐसे ही मिलते हैं, किन्तु हमारा खयाल है कि उत्तर-दक्षिण का सम्बन्ध इससे कहीं प्राचीन है और उसके सबसे बड़े प्रमाण दक्षिण में प्रचलित जनश्रुतियाँ और परम्पराएँ हैं। परम्पराओं का तिथि-निर्धारण निश्चयपूर्वक नहीं किया जा सकता, किन्तु, उनके भीतर जो सत्य गूँजता है, वही जातियों का वास्तविक इतिहास होता है।

तमिल-परम्परा बताती है कि अगस्त्य के दक्षिण-गमन के पूर्व तमिल-देश जंगलों से भरा था और आबादी वहाँ बहुत कम थी। रामायण के अनुसार भी रामचन्द्र का अगस्त्य से साक्षात्कार दंडकारण्य में हुआ था और राम-अगस्त्य संवाद से इस अनुमान को यत्किंचित् बल प्राप्त होता है कि दक्षिण भारत को बसाने का काम अगस्त्य ने किया था। चेर देश में आर्य-संस्कृति परशुराम के समय पहुँच चुकी थी। केरल में यह जनश्रुति भी चलती है कि केरल और कोंकण की भूमि को समुद्र से निकालने का काम परशुराम ने किया था।

तमिल-परम्परा की कथा यह है कि शिव और उमा के विवाह के समय दक्षिण के सभी ऋषि-मुनि उत्तरस्थ हिमपर्वत पर पहुँच गए, जिससे पृथ्वी का सन्तुलन बिगड़ गया। इससे घबराकर देवताओं ने शिव से प्रार्थना की कि आप किसी ऐसे तेजस्वी ऋषि को दक्षिण भेज दें, जिसके आकर्षण से मनुष्य वहाँ लौट सके। इस काम के लिए शिवजी ने जिस व्यक्ति को चुना, वे ऋषि अगस्त्य थे। इससे आगे की कथा ऐसी है, जिससे प्राचीनों की दूरदर्शिता का पता चलता है और यह विदित होता है कि उत्तर-दक्षिण के बीच गहनतम भावात्मक एकता बनाए रखने का उन्हें कितना ध्यान था।

कथा यह है कि जब अगस्त्यजी को दक्षिण जाने की आज्ञा हुई, उन्होंने शिवजी से कहा कि दक्षिण की भाषा तो मैं जानता नहीं हूँ, फिर वहाँ जाकर मैं करूँगा क्या? इस पर शिवजी

ने अपनी बाईं ओर अगस्त्य को खड़ा किया और दक्षिण की ओर व्याकरणाचार्य पाणिनि को और वे दोनों हाथों से अपने डमरू पर थाप मारने लगे। इससे बाईं थाप से जो शब्द निकले, उनसे तमिल भाषा बनी और दाईं थाप से जो शब्द छिटके, उनसे संस्कृत का निर्माण हुआ। इसी शिक्षा का उपयोग करके अगस्त्य ने 'अगस्त्यम्' नामक व्याकरण लिखा, जो तमिल का आदि व्याकरण माना जाता है। इस प्रकार, तमिल-परम्परा के अनुसार, तमिल और संस्कृत भाषाएँ कभी एक ही उद्गम से निकली थीं, जिसका अब भाषा-तत्त्वज्ञों को पता नहीं है।

अगस्त्य उत्तर और दक्षिण भारत के बीच प्रथम सेतु थे, इसका आख्यान उत्तर भारतीय परम्परा में भी है। उत्तर और दक्षिण को विभक्त रखनेवाला पर्वत विन्ध्य पर्वत था। अगस्त्य जब दक्षिण को जाने लगे, विन्ध्य ने भूमिष्ठ होकर उन्हें प्रणाम किया। अगस्त्य ने आशीर्वाद देते हुए उसे यह उपदेश दिया कि मैं जब तक दक्षिण से न लौटूँ, तुम इसी तरह सिर झुकाए पड़े रहो। लेकिन, अगस्त्यजी दक्षिण जाकर फिर वापस नहीं हुए। सो, विन्ध्य अब तक सिर झुकाए, ज्यों-का-त्यों पड़ा है।

तमिल-परम्परा में उत्तर और दक्षिण की एकता का इससे कहीं अधिक प्रमाण है। उसमें कहा गया कि जब अगस्त्य दक्षिण जाने लगे, पहले वे गंगा के पास गए और गंगा की धारा में से निकालकर उन्होंने कावेरी को साथ कर लिया। फिर जमदग्नि ऋषि के पुत्र तृणधूमाग्नि को, पुलस्त्य की कुमारी बहिन लोपामुद्रा को और द्वारका जाकर वृष्णिवंश के अठारह राजाओं को भी उन्होंने अपने साथ लगा लिया। अगस्त्य विन्ध्य के पार जंगलों को काटते और लोगों को बसाते हुए पश्चिमी घाट की ओर चले। पश्चिमी घाट पर पहुँचकर 'पोदिइल' नामक स्थान पर उन्होंने अपना आश्रम बनाया। कथा में यह भी कहा गया है कि रावण आदि राक्षसों को वे अपने आश्रम के पास नहीं आने देते थे।

रावण शैव तो था, किन्तु, उसे द्रविड़ मानने का कोई आधार हमें नहीं मिलता। वह लंका में रहता था और लंका के साथ तमिलनाडु का तत्कालीन सम्बन्ध अच्छा नहीं था। जब लंका ने बौद्ध धर्म स्वीकार कर लिया, तमिलनाडु से उसका सम्बन्ध और भी खराब हो गया। तमिलनाडु उस समय भी वैदिक मत का गढ़ था और जब वैदिक धर्म उत्तर में त्रस्त होने लगा, तब उसे सर्वाधिक संरक्षण तमिलनाडु में ही प्राप्त हुआ।

अगस्त्य और लोपामुद्रा का उल्लेख ऋग्वेद में है, अतएव, वे अत्यन्त प्राचीन पुरुष हैं। वेदों में तमिलनाडु का उल्लेख नहीं है, इसके अनेक कारण हो सकते हैं। किन्तु, यह बात अत्यन्त अर्थपूर्ण है कि दक्षिण और उत्तर के बीच समागम का कार्य अगस्त्य के समय में ही आरम्भ हो गया था। उत्तर और दक्षिण को एक बनाने के उद्देश्य से अगस्त्य ने इतने प्रभावशाली कार्य किए थे कि आज भी परम्परा उनके नाम को दक्षिण से सम्बद्ध मानती है। अगस्त्य दक्षिण दिशा के स्वामी माने जाते हैं। अगस्त्य नामक तारा भी आकाश के दक्षिणी भाग में अवस्थित है। अगस्त्य ने समुद्र को पी लिया था, वह कथा भी पुराणों में अनेक बार आई है। सबका निष्कर्ष यही है कि आर्यों और द्रविड़ों के बीच समन्वय की प्रक्रिया वैदिक काल में ही आरम्भ हो गई थी।

द्रविड़ों का वैदिक संस्कृति में उतना ही बड़ा स्थान था जितना आर्यों का, इस विचार का समर्थन उस कथा से भी होता है, जो श्रीमद्भागवत में कही गई है। जिस महाप्लावन

का नायक ईसाई और मुसलमान हजरत नूह (Noah) को मानते हैं, भागवत के अनुसार, उस महाप्लावन के नायक द्राविड़ राजा सत्यव्रत थे। भगवान् ने जब मीनावतार ग्रहण किया, तब वे इसी सत्यव्रत के कमंडलु में रहे थे और सत्यव्रत ने ही उन्हें, बारी-बारी से, पहले कमंडलु में, फिर सरोवर में, फिर नदी और समुद्र में छोड़ा था। "वही सत्यव्रत वर्तमान महाकल्प में विवस्वान् (सूर्य) के पुत्र श्राद्धदेव के नाम से विख्यात हुए और भगवान् ने उन्हें वैवस्वत मनु बना दिया।"[11]

वर्तमान कल्प के मनु द्रविड़-देशोत्पन्न राजा सत्यव्रत हुए, इससे यह बात आसानी से समझी जा सकती है कि प्राचीन आर्यों की दृष्टि में द्रविड़-देश कितना पूजनीय समझा जाता था। इससे इस बात पर भी अच्छा प्रकाश पड़ता है कि द्रविड़ों को आर्यों से भिन्न मानना कितना भ्रामक और मूर्खतापूर्ण है।

आर्य और द्राविड़ भाषाएँ

तमिल-परम्परा के अनुसार संस्कृत और द्राविड़ भाषाएँ एक ही उद्‌गम से निकली हैं, यह बात हम ऊपर कह आए हैं। इधर भाषा-तत्त्वज्ञों ने यह भी प्रमाणित किया है कि आर्यों की मूल भाषा यूरोप और एशिया के प्रत्येक भूखंड की स्थानीय विशिष्टताओं के प्रभाव में आकर परिवर्तित हो गई, उसकी ध्वनियाँ बदल गईं, उच्चारण बदल गए और उसके भांडार में आर्येतर शब्दों का समावेश हो गया।

भारत में संस्कृत का उच्चारण तमिल प्रभाव से बदला है, यह बात अब कितने ही विद्वान् मानने लगे हैं। तमिल में र को ल और ल को र कर देने का रिवाज है। यह रीति संस्कृत में भी 'रलयोरभेदः' के नियम से चलती है। काडवेल (Caldwell) कहना है कि संस्कृत ने यह पद्धति तमिल से ग्रहण की है।

बहुत प्राचीन काल में भी तमिल और संस्कृत के बीच शब्दों का आदान-प्रदान काफी अधिक मात्रा में हुआ था, इसके प्रमाण यथेष्ट संख्या में उपलब्ध हैं। किटेल ने अपनी कन्नड़-इंगलिश-डिक्शनरी में ऐसे कितने शब्द गिनाए हैं, जो तमिल-भांडार से निकलकर संस्कृत में पहुँचे थे।[12] बदले में संस्कृत ने भी तमिल को प्रभावित किया। संस्कृत के कितने ही शब्द तो तमिल में तत्सम रूप में ही मौजूद हैं, किन्तु, कितने ही शब्द ऐसे भी हैं, जिनके तत्सम रूप तक पहुँच सकना बीहड़ भाषा-तत्त्वज्ञों का ही काम है। डॉ. सुनीतिकुमार चटर्जी ने बताया है कि तमिल का 'आइरम' शब्द संस्कृत के 'सहस्रम्' का रूपान्तरण है। इसी प्रकार, संस्कृत के स्नेह शब्द को तमिल भाषा ने केवल 'ने' (घी) बनाकर तथा संस्कृत के कृष्ण को 'किरुत्तिनन' बनाकर अपना लिया है। तमिल भाषा में उच्चारण के अपने नियम हैं। इन नियमों के कारण बाहर से आए हुए शब्दों को शुद्ध तमिल प्रकृति धारण कर लेनी पड़ती है।

द्राविड़ भाषाओं की सभी लिपियाँ ब्राह्मी से निकली हैं। ब्राह्मी का ज्ञान अशोक के समय दक्षिण भारत में भी प्रचलित रहा होगा, अन्यथा, अशोक ने अपने अभिलेख, दक्षिण में भी, ब्राह्मी में ही नहीं खुदवाए होते। दक्षिण में प्रचलित जैन परम्परा के अनुसार ब्राह्मी ऋषभदेव की बड़ी पुत्री थी। ऋषभदेव ने ही अठारह प्रकार की लिपियों का आविष्कार किया, जिनमें से एक लिपि कन्नड़ हुई।

वेदों की रचना आर्यों ने की, यह सत्य है, किन्तु, वैदिक धर्म केवल आर्यों का निर्माण नहीं है। उत्तर की तरह दक्षिण भारत का भी इतिहास आर्यों के आगमन के बाद आरम्भ होता है। अगस्त्य के समय से दक्षिण और उत्तर, दोनों ही भागों के लोग एक ही धर्म को मानते आए हैं और उनकी संस्कृति भी एक ही रही है। वैदिक धर्म के ग्रन्थ भी केवल उत्तर में नहीं लिखे गए, उनमें से अनेक की रचना दक्षिण में हुई थी। चिन्तकों, विचारकों और विशिष्ट समाज की भाषा दक्षिण में भी संस्कृत ही थी तथा दक्षिण की भाषाएँ भी संस्कृत के स्पर्श से ही जाग्रत् और विकसित होकर साहित्य-भाषा के धरातल पर पहुँच सकी हैं।

यजुर्वेद-संहिता की दो शाखाएँ हैं जो, क्रमशः, शुक्ल-यजुर्वेद और कृष्ण-यजुर्वेद के नाम से विख्यात हैं। उत्तर भारत में अधिक प्रचार शुक्ल का और दक्षिण भारत में विशेष प्रचलन कृष्ण-यजुर्वेद का है। कृष्ण-यजुर्वेद में कार्त्तिकेय, स्कन्द और गौरी, इन पौराणिक देवताओं का उल्लेख होने के कारण डॉ. मंगलदेव शास्त्री उसे वैदिकेतर धारा से प्रभावित मानते हैं। शास्त्रीजी का यह भी अनुमान है कि कृष्ण-यजुर्वेद शुक्ल की अपेक्षा अधिक प्राचीन है, प्रत्युत, वे यह भी समझते हैं कि कृष्ण-यजुर्वेद की पौराणिक प्रवृत्ति के विरोध में ही 'शुद्ध' वैदिक धारा के पक्षपातियों ने शुक्ल-यजुर्वेद का आरम्भ किया होगा और, कदाचित् 'शुद्ध' धारा के कारण ही 'शुक्ल' और 'कृष्ण' नामों का प्रचलन हुआ। इस पर से यह अनुमान सहज ही लगाया जा सकता है कि कृष्ण-यजुर्वेद की रचना या तो दक्षिण भारत में हुई होगी अथवा उन ऋषियों के द्वारा, जो द्रविड़ देश के रहे होंगे।

श्रौत, गृह्य और धर्म-सूत्रों के रचयिता आपस्तम्ब दक्षिण में रहते थे। आपस्तम्ब के अनुकरण पर एक नवीन धर्मसूत्र के रचयिता सत्याषाढ़ हिरण्यकेशी भी, कदाचित्, मालाबार के थे। वैखानस-सम्प्रदाय का गृह्य-सूत्र (जिनमें द्राविड़ भाषा के मुहावरों के भी निशान हैं) दक्षिण में ही रचा गया था। वेदों को पुनरुज्जीवित करनेवाले महान् पंडित सायणाचार्य दक्षिण में हुए थे। सद्गुरुशिष्य भी दक्षिण के ही थे, जिन्होंने आश्वलायन-श्रौत-सूत्र एवं आपस्तम्ब-श्रौत-सूत्र पर टीकाएँ लिखीं। पुराणों में से सर्वाधिक लोकप्रिय भागवत पुराण की रचना दक्षिण में हुई थी। विष्णु-पुराण की विशिष्टाद्वैतवादी व्याख्या लिखनेवाले विष्णुचित्त स्वामी भी दक्षिण के ही विद्वान् थे। रामायण पर विवेक-तिलक लिखनेवाले विद्वान् उदालि भी दाक्षिणात्य थे। उनका असली नाम आत्रेय वरदराज बताया जाता है। कहाँ तक गिनाया जाए, वेदों के बाद से हिन्दू-धर्म और संस्कृति पर जो असंख्य ग्रन्थ लिखे गए, उनके लेखकों में से दाक्षिणात्य पंडितों के नाम भी असंख्य ही माने जा सकते हैं। उत्तर का चिन्तन, आज के ही समान, पहले भी तुरन्त दक्षिण पहुँच जाता था और, इसी प्रकार, दक्षिण में उत्पन्न विचारों और चिन्तनाओं से उत्तर के विद्वान् प्रेरित हो उठते थे। केरल (यानी कन्याकुमारी) के शंकराचार्य ने जब शारीरक-भाष्य लिखा, तब उस पर भामती टीका मिथिला में लिखी गई, जो हिमालय की तराई में है। विचित्र बात यह है कि वाचस्पति मिश्र की भामती टीका ने ही शंकर के शारीरक-भाष्य का सर्वाधिक प्रचार किया।

दक्षिण में हिन्दू-धर्म के केवल दर्शन और शास्त्र ही नहीं लिखे गए, संस्कृत और प्राकृत काव्य-साहित्य की रचना में भी दाक्षिणात्य कवियों और कलाकारों का अत्यन्त महत्त्वपूर्ण योगदान है। गाथा-सप्तशती के विभ्राट रचयिता हाल शातवाहन महीप थे। जानकी-हरण

काव्य के कर्ता महाकवि कुमार दास (600 ई.) लंका में रहते थे। एक प्रसिद्ध गर्वोक्ति[13] की रचयित्री विज्जिका दक्षिणदेश-वासिनी थीं। भारवि (7वीं सदी) दक्षिण के थे, जिन्होंने किरातार्जुनीयम् लिखा। भवभूति बरार में जनमे थे और कहते हैं कि विद्याभ्यास उन्होंने कुमारिल भट्ट के चरणों में किया था। मुकुन्दमाला नामक काव्य के कर्ता कुलशेखर कवि (7वीं सदी) केरल देश के राजा थे। नलोदय, त्रिपुर दहन, युधिष्ठिर-विजय आदि चार यमक-काव्यों के रचयिता कवि वासुदेव दक्षिण के थे और राजा कुलशेखर के संरक्षण में केरल में रहते थे। इसी प्रकार, सुप्रसिद्ध नलचम्पू काव्य के रचयिता त्रिविक्रम भट्ट (10वीं सदी) राष्ट्रकूट-नरेश राजा इन्द्र द्वितीय के समकालीन थे और उन्हीं के दरबार में रहते थे। बृहत्कथा अब विलुप्त ग्रन्थ है, किन्तु, उसके रचयिता गुणाढ्य दक्षिण के थे। इसके सिवा, अप्पय दीक्षित, भट्टोजि दीक्षित, मल्लिनाथ, मल्लिनाथसुत और पंडितराज जगन्नाथ, ये सब-के-सब महातेजस्वी चिन्तक दक्षिण में ही जनमे थे। इस सूची को भी ज्यादा लम्बा बनाना व्यर्थ है। संस्कृत-साहित्य पर जितना ऋण उत्तरवालों का है, उतना ही ऋण दाक्षिणात्यों का भी है। उत्तर-दक्षिण का प्रश्न अभी हाल में उठा है। प्राचीन काल में सारा भारत संस्कृत को ही अपनी साहित्य-भाषा मानता था।

प्रत्येक प्राचीन जाति का संस्कार, उसकी आत्मा और उसके प्राण उसकी अपनी भाषा में बसते हैं। भारत की आत्मा और भारत के सूक्ष्म संस्कारों का निवास संस्कृत में है। संस्कृत इस देश में बसनेवाले लोगों की सेवा, और नहीं तो, तीन-चार हजार वर्ष से करती आई है। भारत की सभी भाषाएँ संस्कृत के घाट पर पानी पीकर जीती आई हैं और आज भी उनका उपजीव्य यही भाषा है। भारत की आधुनिक भाषाओं में नए शब्द बनाने की शक्ति समाप्त है। अब भारत की जो भी भाषा नया शब्द खोजती है, उसके सामने संस्कृत की ओर जाने के सिवा और कोई राह नहीं है। इसी संस्कृत पर आधारित होने के कारण भारत की सभी भाषाएँ एक हैं, क्योंकि उनके शब्द एक हैं, उनकी तर्ज, भंगिमा और अदाएँ एक हैं तथा वे एक ही सपने का आख्यान अलग-अलग लिपियों में करती हैं।

उत्तर भारत की सभी भाषाएँ संस्कृत से निकलकर विकसित हुई हैं। ये भी परस्पर भिन्न हैं, किन्तु संस्कृत ने हिन्दी को, एक खास ढंग से, विकसित करके उत्तर भारत को एक ऐसी भाषा दे दी, जो थोड़ी-बहुत सभी भाषा-क्षेत्रों में समझ ली जाती है। तेलुगु, कन्नड़ और मलयालम भी प्राचीन तमिल से ही निकली हैं। लेकिन, द्रविड़-क्षेत्र में उस परिवार की कोई ऐसी भाषा उत्पन्न नहीं हुई, जो चारों भाषा-क्षेत्रों में समझी जा सके। उत्तर की एक विलक्षणता यह भी है कि वहाँ सभी भाषाएँ (संसार की अन्य भाषाओं के समान) किसी-न-किसी क्षेत्र के लोगों की मातृभाषाएँ हैं, केवल हिन्दी ही एक ऐसी भाषा है जो, सही माने में, किसी भी क्षेत्र की मातृभाषा नहीं है। कदाचित्, यही कारण है कि सारा देश उसे अपनी भाषा के रूप में अपना रहा है। इसी प्रकार, संस्कृत भी भारत के किसी एक क्षेत्र की मातृभाषा नहीं थी।

आर्य और द्राविड़ स्वभाव

आर्य और द्राविड़ साहित्य की प्रकृति एक है। उम्र की दृष्टि से संस्कृत बड़ी, भारत की अन्य सभी भाषाएँ उससे छोटी, बहुत छोटी हैं। यहाँ तक कि तमिल जो भारत की अर्वाचीन

भाषाओं में सबसे प्राचीन है, संस्कृत उससे भी, कम-से-कम दो हजार वर्ष अधिक पुरानी भाषा है। अतएव, भारत को जो कुछ भी कहना था, उसने पहले संस्कृत में कहा। बहुत बाद को जब अर्वाचीन भाषाओं का उदय हुआ, उनमें भी भावानुभूति और चिन्तन की वही प्रक्रिया उद्धृत हो गई, जो संस्कृत में विकसित हुई थी। अतएव, हिन्दू-संस्कृति की मूल-भाषा संस्कृत रही। बाकी भाषाओं का एक लम्बा-सा इतिहास केवल संस्कृत की उद्धरणी का इतिहास है।

इस दृष्टि से देखने पर आर्य और द्राविड़ स्वभाव को पररपर भिन्न बताना निराधार लगता है। परन्तु, एकाध विद्वान् ने यह कल्पना करने का साहस किया है कि आर्यों और द्रविड़ों के स्वभाव में, किसी-न-किसी समय, थोड़ी भिन्नता अवश्य रही होगी अन्यथा यह कैसे सम्भव हुआ कि कर्मकांड और आशावाद के प्रेमी आर्य निवृत्ति के चक्कर में आ गए और जो लोग प्रकृति के सौन्दर्य पर न्योछावर होना ही अपना परम धर्म मानते थे, उनकी सन्ततियों ने देह-दंडन और कृच्छ्र साधना को अपना कर्तव्य मान लिया? मिलते-मिलते आर्य और द्रविड़ परस्पर इस प्रकार मिल गए कि उनमें से एक का विश्वास दूसरे का भी विश्वास बन गया और एक ही आदतें दूसरे की आदतों में समा गईं। नदियों के समान ही प्राचीन संस्कृतियों का उद्‌गम निश्चयपूर्वक नहीं जाना जा सकता। विशेषतः हिन्दू-संस्कृति तो महानद के समान है। उसके भीतर अनेक नदियों का जल समाहित हुआ है। तभी वह इतना विस्तृत और अथाह दीखता है। फिर भी, इस महानद को विशेष रूप से पुष्ट बनानेवाली दो महाधाराएँ अवश्य हैं, जिन्हें हम आर्य और द्राविड़ विशेषताओं के साथ जानते हैं।

औसत मुसलमान कवि और औसत हिन्दू विचारक होता है। इसी न्याय से हम कह सकते हैं कि आरम्भिक आर्य आरम्भिक द्रविड़ की अपेक्षा भावुक अधिक थे। सभ्यता ज्यों-ज्यों प्रगति करती है, आदमी की चिन्तनशीलता उसके कवित्व को दबाती जाती है। द्रविड़, सभ्यता में, आर्यों से आगे थे यानी आर्यों की अपेक्षा वे अधिक प्राचीन थे। अतएव, उनकी कल्पना में चिन्तन की रीढ़ पैदा हो चुकी थी। आर्य भारत पहुँचने से पूर्व अधिकतर घुमक्कड़ और मौजी जीव रहे थे, अतएव, उनके भीतर यह उत्साह वर्तमान था कि प्रकृति के सौन्दर्य पर वे चकित हो सकें। किन्तु द्रविड़ों का चिन्तन कवित्व से आगे निकल चुका था। सूर्योदय के साथ-साथ, कदाचित्, वे सूर्यास्त भी कई बार देख चुके थे, जिसके कारण जीवन की निस्सारता का बोध उन्हें होने लगा था।

सभ्यता यदि संस्कृति का आधिभौतिक पक्ष है तो भारत में इस पक्ष का अधिक विकास आर्यों ने किया है। इसी प्रकार, भारतीय साहित्य के भीतर भावुकता की तरंग, अधिकतर आर्य-स्वभाव के भावुक होने के कारण बढ़ी। किन्तु, भारतीय संस्कृति की कई कोमल विशिष्टताएँ, जैसे—अहिंसा, सहिष्णुता और वैराग्य-भावना, द्राविड़ स्वभाव के प्रभाव से विकसित हुई हैं। यह देश आर्यों के आगमन के पूर्व से ही अहिंसक, अल्पसन्तोषी और सहिष्णु रहता आया था। आर्यों ने आकर यहाँ भी जीवन की धूम मचा दी, प्रवृत्ति और आशावाद के स्वर से सारे समाज को पूर्ण कर दिया। किन्तु, जब उनका यज्ञवाद भोगवाद का पर्याय बनने लगा और आमिषप्रियता से प्रेरित ब्राह्मण जीव-हिंसा को धर्म मानने लगे, इस देश की संस्कृति यज्ञ और जीव-घात, दोनों से विद्रोह कर उठी। महावीर और बुद्ध भारत की इसी सनातन

संस्कृति के उद्घोष थे। अति का उत्तर बराबर अति तक पहुँचकर रुकता है। यदि आर्यों का यज्ञवाद खुल्लमखुल्ला, जीव-हिंसा को औचित्य प्रदान नहीं करता अथवा ब्राह्मण यदि धर्म को अपनी भोग-लोलुपता का साधन नहीं बनाते अथवा यदि उन्होंने यह भाव कायम रखा होता कि जन्मना श्रेष्ठ होने के लिए भी ब्राह्मण को ब्राह्मणत्व पर आरूढ़ रहना चाहिए, तो वैदिक धर्म के प्रति उठनेवाले विद्रोह कटुता तक नहीं पहुँचते, न निवृत्तिवादी विचारधारा को उतनी शक्ति प्राप्त होती, जितनी शक्ति उसे जैन और बौद्ध मतों से प्राप्त हुई।

वैदिक युग के आर्य मोक्ष के लिए चिन्तित नहीं थे, न वे संसार को असार मानकर उससे भागना चाहते थे। उनकी प्रार्थना की ऋचाएँ ऐसी हैं, जिनसे पस्त-से-पस्त आदमियों के भीतर भी उमंग की लहर जाग सकती है। उन्हें ऋत का ज्ञान प्राप्त हो चुका था और वे मानते थे कि सारी सृष्टि किसी एक ही प्रच्छन्न शक्ति से चालित और ठहरी हुई है तथा उस शक्ति की आराधना करके मनुष्य जो भी चाहे, प्राप्त कर सकता है। किन्तु, बराबर उनकी प्रार्थना लम्बी आयु, स्वस्थ शरीर, विजय, आनन्द और समृद्धि के लिए ही की जाती थी। वैदिक प्रार्थनाएँ, प्रार्थनाएँ भी हैं, और सबल, स्वस्थ, प्रफुल्ल जीवन को प्रोत्साहन देनेवाले मन्त्र भी।

हम सौ वर्षों तक जिएँ।
हम सौ वर्षों तक अपने ज्ञान को बढ़ाते रहें।
हम सौ वर्षों तक पुष्टि और दृढ़ता को प्राप्त करें।
हम सौ वर्षों तक आनन्दमय जीवन व्यतीत करें।

* *

हम सौ वर्षों तक अदीन होकर रहें।

* *

जो स्वयं उद्योग करता है, इन्द्र उसी की सहायता करते हैं।
जो श्रम नहीं करता, देवता उसके साथ मित्रता नहीं करते।

* *

भगवन्! जीवन-यात्रा में हमें समुन्नत कीजिए।
हम सदा प्रसन्नचित्त रहते हुए उदीयमान सूर्य को देखें।

* *

मैं इन्द्र हूँ, मेरी पराजय नहीं हो सकती।

* *

मेरे आराध्य देव!
आप तेजःस्वरूप हैं, मुझमें तेज को धारण कीजिए।
आप वीर्य-रूप हैं, मुझे वीर्यवान् कीजिए।
आप बल-रूप हैं, मुझे बलवान् बनाइए।
आप ओजः-रूप हैं, मुझे ओजस्वी बनाइए।

* *

मेरे पुत्र शत्रु का हनन करनेवाले हों।

हमारे पुत्र सुवीर हों और उनके साथ हम शत्रुओं पर विजय प्राप्त करें।

* *

तू न तो भयभीत हो, न उद्विग्नता को प्राप्त हो।

* *

मेरे लिए सभी दिखाएँ झुक जाएँ।[14]

जो आर्य ऐसी जीवन्त प्रार्थनाओं के अभ्यासी थे, वे ही जैन और बौद्ध मतों के उत्थान के समय, भरी जवानी में संन्यास लेने लगे, रक्तपात से घबराकर युद्ध-विमुख होने लगे और खेती करने से कहीं कीट-पतंग न मर जाएँ, इस चिन्ता से कातर होकर कोई और रोजगार ढूँढ़ने लगे। किन्तु बौद्ध और जैन मतों के मत्थे हम यह दायित्व क्यों मढ़ें? संन्यास, मोक्ष और निवृत्ति की भावना तो उपनिषदों में ही प्रकट होने लगी थी। आर्यों की मौलिक भावनाएँ ऋग्वेद तक ही अक्षुण्ण रहीं। उपनिषद् मूल-आर्यों के ग्रन्थ नहीं हैं, वे उन भारतीय आर्यों की रचनाएँ हैं, जो स्थानीय प्राग्वैदिक संस्कृति से भली-भाँति प्रभावित होने लगे थे।

कर्म, ज्ञान और भक्ति में से कर्म (कर्मकांड) तो सोलह आने आर्यों की देन है, किन्तु, ज्ञान और भक्ति का विकास प्राग्वैदिक संस्कृति के प्रभाव से हुआ। अचरज की बात है कि कर्म तो समाप्तप्राय है, सारे देश के धर्म-साधकों में अब ज्ञान और भक्ति विशेषतः, भक्ति का ही अधिक प्रचार है।

निवृत्ति और अवसाद भारत की सनातन परम्परा में विद्यमान थे। आर्यों के आने के बाद यहाँ उत्साह की एक प्रबल तरंग अवश्य उठी, किन्तु, वैदिक आशावाद और उत्साह की प्रबलता चिरस्थायी नहीं हो सकी। जो लोग उत्साह की ऋचाएँ रचते थे, स्वयं वे ही अवसाद का गीत गाने लगे। भारतीय संस्कृति में कोई अजेय शक्ति है, जिसने पराजय नहीं जानी है। इसी शक्ति के कारण भारत, सबको स्वीकार करने के बाद भी, भारत ही बना रहता है और जब हम भारत कहते हैं, तब हमारा लक्ष्य वह भारत होता है, जिसका मूल प्राग्वैदिक काल की अतल गहराइयों में छिपा हुआ है। इस भारत ने केवल उन्हें ही नहीं पचाया, जो आर्यों के बाद आए थे, उसने आर्यों को भी पचाकर उन्हें प्राग्वैदिक भारत का अंग बना दिया। भारतीय संस्कृति के प्राग्वैदिक तत्त्व आज भी उसके वैदिक तत्त्वों से अधिक प्रबल तथा प्रसार-पूर्ण हैं। आर्यों का अपना धार्मिक कृत्य होम था, किन्तु होम और यज्ञ अब कितने लोग करते हैं? आज घर-घर में हवन नहीं, पूजा का प्रचार है, जिसमें धूप, दीप, अक्षत और नैवेद्य के साथ लोग अपने देवता की आराधना करते हैं। एक समय यह समझा जाता था कि पूजा संस्कृत शब्द है, जो 'पूज्' धातु से निकला होगा। किन्तु, यह मान्यता अब नहीं चलती। अब लोग समझते हैं कि यह शब्द प्राचीन तमिल की दो धातुओं, पू और जै (शइ) के योग से बना है। तमिल में पू का अर्थ पुष्प होता है और जै का अर्थ कर्म। अतएव, पू और जै के योग का अर्थ पुष्प-कर्म होगा। यहाँ फिर अहिंसा की परम्परा, मूल में, द्राविड़ दिखाई देती है, क्योंकि हवन पशुकर्म था। पीछे, आर्यों के यहाँ भी पशु-कर्म के बदले पुष्प-कर्म का रिवाज चल पड़ा। पूजा के प्रेमी, कभी-कभी, हवन भी करते हैं, किन्तु, अहिंसक ढंग से। इसी प्रकार, भारतीय संस्कृति, नूतन अवदानों को ग्रहण करने के बाद भी, अपना मौलिक रूप हमेशा कायम रखती आई है।

वर्ण-व्यवस्था और जाति-भेद

आर्य जब भारत में आए, तब जाति-प्रथा भारत में थी या नहीं, इसका निश्चय नहीं हो पाया है। स्वयं आर्यों के भीतर यह प्रथा उस समय किस सीमा तक विकसित हो चुकी थी, यह विषय भी काफी सन्दिग्ध है। किन्तु, प्राचीन काल में समाज को, धन्धों के आधार पर, चार भागों में विभक्त करने का रिवाज कई देशों में था। ईरानी समाज में चार जातियाँ थीं, इसका उल्लेख पारसी-प्रसंग में किया जा चुका है। इसी प्रकार, यूनान के दार्शनिक प्लेटो ने भी मनुष्यों की चार जातियों का उल्लेख किया है।

भारतीय साहित्य में 'वर्ण' शब्द का उल्लेख पहले और 'जाति' शब्द का बहुत बाद में मिलता है।[15] इस पर से यह अनुमान लगाया गया है कि वर्णों की उत्पत्ति रंग-भेद के कारण हुई होगी। किन्तु, यह बात सत्य नहीं है। ब्राह्मणों का वर्ण श्वेत, क्षत्रियों का लाल, वैश्यों का पीत और शूद्र का वर्ण श्याम होता है, यह बात केवल महाभारत में कही गई है। अन्यत्र "चातुर्वर्ण्य-विचार में वर्ण का रंगवाला अर्थ, क्वचित् ही मिलता है। अतएव, रंग-भेद पर आधारित चातुर्वर्ण्य की कल्पना, यथार्थ में, अत्यन्त दुर्बल और निराधार है।"[16] धर्मशास्त्रों में जाति और वर्ण का प्रयोग समानार्थक है और उसका आधार बीज-क्षेत्र-विचार ही ठहरता है। डॉ. अम्बेदकर ने शोधपूर्वक यह मत निरूपित किया है कि वेदों से यह प्रमाणित नहीं होता कि आर्यों का रंग दासों के रंग से भिन्न था। वर्ण का निर्धारण पहले व्यवसाय, स्वभाव, संस्कृति आदि के आधार पर ही था। पीछे जातिवाद के प्रकट होने पर वर्ण का आधार भी बीज-क्षेत्र-विचार हो गया।

ऋग्वेद में भारतीय प्रजा के लिए सर्वत्र 'विश' शब्द का प्रयोग किया गया है, जिसका अर्थ बसनेवाला होता है। वैश्य शब्द ऋग्वेद में नहीं है। अनुमान है कि जाति प्रथा के विकास-काल में इस 'विश' शब्द से वैश्य निकल पड़ा। "मूल वैदिक काल में आर्य जनता (विशः) में ब्राह्मण, क्षत्रिय और वैश्यों का वर्गीकरण नहीं हुआ था। यह भी ध्यान देने की बात है कि समस्त ऋग्वेद-संहिता में 'शूद्र' और 'राजन्य' शब्द केवल एक-एक बार आए हैं।"[17] शूद्र शब्द का यह उल्लेख केवल पुरुष-सूक्त में हुआ है। किन्तु, पुरुष-सूक्त ऋग्वेद में बाद को जोड़ा गया प्रतीत होता है। कोलब्रुक और मैक्समूलर, दोनों ही विद्वान् यह मानते हैं कि पुरुष-सूक्त, शैली और भाषा, दोनों ही दृष्टियों से ऋग्वेद की अपेक्षा बहुत नवीन है। डॉ. मंगलदेव शास्त्री का भी विचार है कि "पुरुष-सूक्त, स्पष्टतया, अन्तिम वैदिक काल की रचना है।" डॉ. मंगलदेव का यह भी कथन है कि " 'ब्राह्मण' और 'क्षत्रिय' शब्दों का प्रयोग भी 'ब्रह्मन' और 'क्षत्र' शब्दों की अपेक्षा बहुत ही कम हुआ है और, स्पष्टतया, वह अपेक्षाकृत पिछले काल का है।"

इस प्रकार, ब्राह्मण, क्षत्रिय और वैश्य जातियों के उद्गमों के संकेत (ब्रह्मन, क्षत्र और विश) तो ऋग्वेद में मिलते हैं, किन्तु, पुरुष-सूक्त को पीछे का जोड़ मानने पर, यह बताना असम्भव हो जाता है कि शूद्रों का उद्गम क्या था। शायद, डॉ. अम्बेदकर की यह स्थापना गलत नहीं है कि शूद्र उसी भांडार के हैं, जिसकी मुख्य शाखा क्षत्रिय जाति के रूप में विकसित हुई।[18] परम्परा से हम कुछ धन्धों को शूद्रों से सम्बद्ध मानते आए हैं। यदि इस आधार पर विचार किया जाए तो कई प्राचीन उदाहरण ऐसे हैं, जिनसे यह माना जा सकता है कि ऋग्वेद-काल में शूद्र तिरस्कृत नहीं थे। छान्दोग्य-उपनिषद् में कथा आई है कि रैक्व ने जानश्रुति को वेद

पढ़ाया था, किन्तु रैक्व गाड़ीवान, अतः, शूद्र थे। डॉ. अम्बेदकर ने कवष ऐलष को शूद्र बताया है, यद्यपि, ऐलुष ऋग्वेद के दशम मंडल के कई मन्त्रों के रचयिता थे। महाऐतरेय उपनिषद के अनुसार भी कावषेय लोग दासी-पुत्रों के वंशज थे, किन्तु, वे यज्ञों के आध्यात्मिक रहस्य का उद्‌घाटन करते थे। भरद्वाज और कत्यायन-श्रौत-सूत्रों में संकेत है कि कई धर्मशास्त्र यज्ञ का अधिकार शूद्रों को भी देते थे। अश्विनीकुमारों को इन्द्र सोमपान का अधिकारी नहीं समझते थे, क्योंकि वे शूद्र थे। किन्तु, महर्षि च्यवन ने इन्द्र से वैर ठानकर अश्विनीकुमारों को सोम अर्पित किया था।[19]

वेदकालीन राजा सुदास शूद्र थे। वैदिक परम्परा के अनुसार वे राजर्षि विश्वामित्र के संरक्षक थे। सुदास का राज्याभिषेक वशिष्ठ ने किया था और राजा सुदास ने अश्वमेध यज्ञ किया था, इसका भी उल्लेख है।

ऋग्वेद में तीन ही वर्ण हैं, शूद्र को चौथे वर्ण के रूप में वहाँ गिना नहीं गया है। शतपथ-ब्राह्मण और तैत्तिरीय-ब्राह्मण भी तीन ही वर्णों की स्थिति बतलाते हैं। ऐसी अवस्था में यह मानने का क्या आधार हो सकता है कि इन तीन वर्णों के सिवा, आर्यों के समाज में बहुत-से ऐसे भी लोग थे, जिन्हें आर्यों ने कोई नाम नहीं दिया था? इससे अधिक युक्ति-युक्त सम्भावना यही हो सकती है कि शूद्र भी, किसी-न-किसी प्रकार के, द्विज थे और उनका स्थान, घट-बढ़कर, क्षत्रियों के ही समान था। इस सम्भावना को कुछ अतिरिक्त बल इस बात से भी मिलता है कि "कर्म-सादृश्य या स्वभाव-साम्य के आधार पर चातुर्वर्ण्य-परिधि के बाहर के (भारत में अथवा भारत के बाहर विद्यमान) राष्ट्र, गण या समूह मनुस्मृति, महाभारत तथा पुराणों में क्षत्रिय जाति के रूप में निर्दिष्ट हैं।"[20]

आर्य-वृत्त से बाहर रहनेवाले सुसभ्य लोग क्षत्रिय समझे जाते थे, तब फिर आर्य-समाज के भीतर बसनेवाले लोग, जिनकी गणना त्रिवर्ण में नहीं है, तिरस्कृत शूद्र की स्थिति में क्यों रहे होंगे? शूद्रत्व का विधान ऋग्वेद-काल के बाद जाकर हुआ होगा। मनुस्मृति और महाभारत में 'वृषल' उन्हें कहा गया है, जो कि आर्य-वृत्त से बाहर थे, जैसे—शक, यवन, पारद, चीन, किरात, दारद, पौंड्र, चौंड्र आदि जातियों के लोग। वृषलों के द्वारा यज्ञ करवाकर उन्हें आर्य-वृत्त में सम्मिलित कर लेने की प्रथा महाभारत-काल में विद्यमान थी।[21] द्विज-वृत्त से बाहर के लोग, कर्मशुद्धि के द्वारा, द्विज-वृत्त में प्रवेश पा सकते थे और अधिकतर वे क्षत्रिय-जाति की दीर्घा में स्थान ग्रहण करते थे। इधर भारत में जब से यह आन्दोलन उठा है कि द्विजेतर जातियों के लोग भी द्विजत्व प्राप्त करें, तब से, प्रायः, जो भी लोग शूद्र जाति से उठकर द्विजत्व का दावा करते हैं, वे और किसी जाति में न जाकर, अपने को क्षत्रिय कहना ही अधिक पसन्द करते हैं।

प्रत्येक जाति को, सदा के लिए, किन्हीं खास धन्धों से बाँध देने का रिवाज वैदिक युग के बाद प्रचलित हुआ, जिसका स्पष्टतम उल्लेख मनुस्मृति में मिलता है।

वरं स्वधर्मो विगुणो, न पारक्यः स्वनुष्ठितः,
परधर्मेण जीवन् हि सद्यः पतति जातितः।

अपना विगुण धर्म भी (यानी पैतृक परम्परा से प्राप्त कठिन धन्धा भी) दूसरों के धर्म से श्रेष्ठ है। दूसरों का सुविधाजनक धन्धा अपनाकर जीनेवाला मनुष्य जाति से च्युत हो जाता

है। "किन्तु, अपनी प्रारम्भिक अवस्था में वर्ण-व्यवस्था में काफी लचीलापन था। एक वर्ण से दूसरे वर्ण में आना-जाना असम्भव नहीं था। इतिहास-पुराण में सैकड़ों उदाहरण वर्ण-परिवर्तन के दिए हुए मिलते हैं।"[22]

पुरूरवा क्षत्रिय राजा थे। गाधि उन्हीं के वंश में जनमे थे। किन्तु, गाधि की कन्या सत्यवती से परशुराम के पितामह ऋचीक ने विवाह किया। इस प्रकार, एक ही गाधि के पुत्र विश्वामित्र क्षत्रिय और जामाता ऋचीक ब्राह्मण कहे गये हैं।

कृष्ण-द्वैपायन व्यास की माता सत्यवती धीवर-जाति की थी, किन्तु, व्यास क्षत्रिय और ब्राह्मण, सबके पूजनीय थे। इसी प्रकार, जाबाला का पुत्र सत्यकाम ब्रह्मविद्या का अधिकारी ब्राह्मण समझा गया, यद्यपि, जाबाला इतना भी नहीं जानती थी कि सत्यकाम किस पुरुष के संसर्ग से जनमा था। लक्ष्मण शास्त्री जोशी और डॉ. अविनाशचन्द्र दत्त ने अपने ग्रन्थों में इस बात के अनेक प्रमाण उपस्थित किए हैं कि वेदों के आरम्भिक युग में सभी प्रकार की श्रेणियों से उठकर लोग ब्राह्मणत्व प्राप्त कर लेते थे। जाति-परिवर्तन का रिवाज पंजाब में, कदाचित्, महाभारत-काल में खूब चल रहा था, जिसकी निन्दा करते हुए कर्ण शल्य से कहता है कि "वाह्लीक देश में ब्राह्मण ही क्षत्रिय, वैश्य, शूद्र तथा नापित बनते हैं और फिर ये ही लोग ब्राह्मण बन जाते हैं।"

मनु ने प्रत्येक जाति के लिए निर्दिष्ट धन्धों को अटल बनाने का जो विधान किया, वैसी कोई भी बात ऋग्वैदिक समाज में नहीं थी। ऋग्वेद के एक सूक्त (नवम मंडल, 112) का ऋषि कहता है, "मैं कवि हूँ, मेरा पिता वैद्य है और मेरी माता पिसान करती है।" ऋग्वेद में ही (मंडल 10, सूक्त 102) ऋषि मौद्गल्य का उल्लेख है, जिन्होंने गाय चुरानेवाले दस्युओं का पीछा शस्त्र उठाकर किया था। परशुराम ब्राह्मण होकर भी भयानक योद्धा के रूप में प्रसिद्ध हैं। भृगुओं का उल्लेख ऋग्वेद में रथ बनानेवाले बढ़ई के रूप में हुआ है। देवताओं में से ऋभुगण धातु-शिल्प और लकड़ी के काम में उस्ताद थे।

पता नहीं, बाद को शिल्प जाननेवाले लोगों की गणना, प्रायेण, शूद्रों में क्यों कर दी गई। कदाचित्, द्विजों ने अपने आभिजात्य को अक्षुण्ण रखने की चिन्ता में शिल्पकारों को अपनी पंक्ति में आने नहीं दिया। क्षत्रिय राजा और योद्धा होते थे तथा ब्राह्मण पुरोहित और मन्त्री तथा राजगुरु। इन दोनों के बीच परस्पर-आश्रयी सम्बन्ध था। वैश्य, दीर्घा में, दोनों से हीन अवश्य थे, किन्तु, कृषि और वाणिज्य पर एकाधिपत्य होने के कारण राजा और ब्राह्मण, दोनों ही वैश्यों का सत्कार करते थे। किन्तु, इन तीनों जातियों के लोग, शिल्प और कला-कौशल को हीन व्यवसाय एवं शूद्रों के योग्य समझते थे। "जो वर्ग सुसंस्कृत थे, जिनकी बुद्धि का भरसक विकास हुआ था, वे साधारणतया औद्योगिक कलाओं से दूर ही रहे। इस बात का भारतीयों के बौद्धिक और आर्थिक विकास की दृष्टि से विपरीत एवं अनिष्टकारी परिणाम हुआ।"[23]

डॉ. अविनाशचन्द्र दत्त और महामहोपाध्याय काणे, दोनों का मत है कि जिन दस्युओं और दासों को जीतकर आर्यों ने अपने समाज में सम्मिलित कर लिया, वे ही शूद्र हुए। किन्तु, विजित समुदाय के लोग आर्यों के यहाँ क्षत्रिय वर्ण में भी सम्मिलित होते थे। अतएव, समझना चाहिए कि शूद्र, अधिकांश में, वे लोग हुए होंगे, जिनका सांस्कृतिक धरातल निम्न कोटि

का रहा होगा। इसी प्रकार, आर्यों के अपने वृत्त के भीतर के जो द्विज वृषलत्व को प्राप्त होते थे, वे भी ऊपर से लुढ़ककर शूद्र-जाति में आ मिलते होंगे। विशेषतः शूद्रों की संख्या उन लोगों के कारण बढ़ी है, जिनका जन्म अनुलोम और प्रतिलोम, दोनों ही श्रेणियों के गर्हित विवाहों से होता रहा है।

उच्च वर्ण के पुरुषों का हीन वर्ण की स्त्रियों से विवाह अनुलोम विवाह कहलाता है। और हीन वर्ण के पुरुषों का उच्च वर्ण की स्त्रियों से विवाह प्रतिलोम विवाह। प्रतिलोम विवाह तो, आरम्भ से ही, गर्हित समझा जाता था, अनुलोम विवाह की पहले निन्दा नहीं थी। किन्तु, आगे चलकर अनुलोम और प्रतिलोम, दोनों ही प्रकार के विवाहों से उत्पन्न सन्ततियाँ वर्ण-संकर मानी जाने लगीं और वे, सब-की-सब, शूद्र-जाति में प्रविष्ट हो गईं। ''अनुलोम विवाह का प्रतिरोध बड़ा ही अर्वाचीन है। सम्राट् हर्षवर्धन (7वीं सदी) के काल तक असवर्ण विवाह के अनेक ऐतिहासिक उदाहरण पाए जाते हैं। जाति-भेद का आज के जैसा दृढ़ प्रभाव एक हजार वर्ष पहले नहीं था।''[24]

डॉ. अम्बेदकर की मान्यता है कि शूद्र पहले उपनयन और यज्ञ, दोनों के अधिकारी थे। किन्तु, ''वेद तथा यज्ञ के बारे में शूद्र का अधिकार तैत्तिरीय-संहिता के समय में ही अस्वीकृत कर दिया गया था।'' ''शूद्र का धर्म द्विजों की सेवा करना है, यह मान्यता उसी समय प्रचलित हुई।'' ''ऐतरेय-ब्राह्मण में शूद्र को 'यथाकामप्रेष्य' और 'यथाकामवध्य' माना गया है।''[25] यथाकामप्रेष्य का अर्थ यह है कि द्विज शूद्र को जहाँ भी चाहते, भेज सकते थे, और यथाकामवध्य का अभिप्राय यह कि द्विज शूद्रों का जो भी ताड़न करना चाहते, कर सकते थे।

खैरियत सिर्फ इतनी हुई कि शूद्र कभी भी उस निस्सहायता में नहीं पड़े, जो पश्चिमी जगत् की दास-संस्था का लक्षण थी। धार्मिक दृष्टि में शूद्र द्विजों के अधीन थे, प्रायः, उनके दास भी थे, किन्तु, वे सामी अथवा यूरोपीय इतिहास के गुलाम नहीं थे। ''शूद्र अपनी देहों, अपने श्रमों, अर्थोत्पादक आयुधों तथा भूम्यादि सम्पत्ति के स्वामी थे। शूद्रों की आजीविका के कई ऐसे स्वतन्त्र व्यवसाय थे, जो त्रैवर्णिकों के तनिक भी अधीन नहीं थे। शूद्र ही, प्रधान रूप से, पशुपालन, धातु-कर्म, बुनाई, बढ़ईगिरी, लुहार, कुम्हार और चर्मकार के काम तथा रसोई आदि हीन तथा उच्च व्यवसायों को अपनाते थे।''[27] शोषण तो भारत में शूद्रों का भी हुआ और खूब हुआ, किन्तु, द्विजों के वे क्रीत दास कभी भी नहीं रहे। ''आपस्तम्ब-धर्मसूत्र का कथन है कि यदि अपने लिए, अपनी भार्या अथवा अपने पुत्र के लिए आर्थिक कठिनाई महसूस हो तो कोई हर्ज नहीं, परन्तु, दासों और मजदूरों का वेतन पहले देना चाहिए।''[27]

स्पष्ट ही, यह दास अरस्तू की कल्पना के दास से भिन्न हैं। भारत में दासों को भी अधिकार प्राप्त था कि वे अर्थ का संचय करें और चाहें तो द्रव्य देकर दासत्व से छूटकर आर्य बन जाएँ। महाभारत तो इस बात की कल्पना में भी विश्वास करता है कि यह कोई आवश्यक नहीं है कि शूद्र दूसरों की सेवा पर ही अवलम्बित रहे। ''वाणिज्य, पशुपालन, शिल्पोपजीवित्व की परम्परागत वृत्ति के अभाव में शूद्र को शुश्रूषा पर निर्भर रहना चाहिए,'' ऐसा उल्लेख महाभारत में मिलता है। यदि चतुराश्रम की दृष्टि से विचार करें तो महाभारत के शान्तिपर्व में यह भी कहा गया है कि संन्यास को छोड़कर शूद्र बाकी तीन आश्रमों में, विधिवत्, जीवनयापन कर सकता है।

जाति-प्रथा जनमी कैसे?

ऋग्वेद में केवल त्रिवर्णों का उल्लेख है। जब शूद्रों का आविर्भाव हुआ, तब से वैदिक समाज चार वर्णों का समाज माना जाने लगा। चातुर्वर्ण्य निन्दित संस्था नहीं थी, न आज हम उसकी निन्दा करते यदि वर्णाश्रम के भीतर से अगणित जातियों का जन्म नहीं हो गया होता। गीता में भगवान् ने बड़े ही सन्तोष से कहा है, 'चातुर्वर्ण्यं मया सृष्टं गुण-कर्म-विभागशः।' वर्णाश्रम का समर्थन स्वामी दयानन्द और महात्मा गांधी ने भी किया है। किन्तु, विलाप की बात इतनी ही है कि वर्णाश्रम के भीतर से अनेक जातियाँ निकल पड़ीं, ऊँच-नीच का भेद बेतहाशा बढ़ गया और मनुष्य केवल शूद्र ही नहीं, अन्त्यज और अस्पृश्य माना जाने लगा। आज हिन्दू-समाज का सबसे बड़ा अभिशाप यह जाति की प्रथा है और बड़े-से-बड़े लोग जाति-प्रथा की, वाणी से, निन्दा करने पर भी, कर्म में उसकी अवहेलना नहीं कर सकते। हिन्दू-धर्म अपने अनुयायियों को चिन्तन की पूरी छूट देता है, इनकी वाणी पर भी वह कोई अंकुश नहीं लगाता, किन्तु, आचरण की छूट देना उसके स्वभाव में नहीं है। हिन्दुओं के यहाँ अपनी जाति से बाहर विवाह-सम्बन्ध करने के लिए आदमी में, प्रायः उसी साहस की आवश्यकता होती है, जिस साहस से लोग विधर्मियों के यहाँ विवाह करते हैं। नगरों में ईसाई और मुसलमान के साथ सहभोज करनेवाला हिन्दू-क्रान्तिकारी भी अपने गाँव जाकर वहाँ हिन्दू-हरिजनों के साथ बैठकर खाने का साहस नहीं कर सकता। और भारत के कम्युनिस्ट सिक्ख भी दाढ़ी और बाल इसलिए नहीं मुँड़ाते कि ऐसा करने से ग्रामों का वातावरण इनके विरुद्ध हो जाएगा।

जाति की शाखाओं-प्रशाखाओं की वृद्धि अनुलोम और प्रतिलोम विवाहों के कारण हुई, यह सत्य है; किन्तु, आरम्भ में जाति-प्रथा की बात आर्यों को सूझी कैसे, यही समझ में नहीं आता है।

एक अनुमान यह है कि जाति-प्रथा का आश्रय आर्यों ने इसलिए लिया कि जब वे इस देश में आकर बस गए, तब यहाँ अनेक जातियों के लोग बस रहे थे और आर्यों को ऐसा मालूम हुआ कि विभिन्न जातियों की रचना के द्वारा वे इन तमाम लोगों को एक समाज में समेटकर बाँध सकते हैं। यहाँ द्रविड़ जाति के लोग थे, जो धर्म-कर्म और सभ्यता-संस्कृति में बहुत ऊँचे थे। तब औष्ट्रिक और, शायद, नीग्रो जाति के भी लोग थे, जिनका अधिकांश जंगलों में अथवा गाँवों के बाहर या उनके किनारों पर बसता था और इन लोगों की सभ्यता भी अविकसित थी। और इन सबके ऊपर आर्य थे, जो अपने को श्रेष्ठ समझते थे और जिन्हें अपनी संस्कृति और मेधा पर नाज था। फिर, बहुत-से ऐसे लोग भी रहे होंगे, जो इन जातियों के बीच वैवाहिक मिश्रण से उत्पन्न हुए थे। इस प्रकार, उन दिनों भारत में ऐसे लोगों की भरमार थी, जिनमें से कुछ तो पूर्णरूप से सभ्य और कुछ केवल अर्ध-सभ्य, कुछ धनी और कुछ गरीब थे; कुछ ऐसे थे, जो ऊँची बातें समझ सकते थे और कुछ ऐसे, जिन्हें ऊँची बातों से कोई सरोकार नहीं था। साथ ही, इनमें से प्रत्येक जाति के पास अपनी कथा-कहानियाँ, अपने देवी-देवता, अपने रस्म-रिवाज और अपने धर्म थे। इन्हीं नाना प्रकार के लोगों को एक समाज में बाँधने का भारी काम आर्यों के आगे था, जिसे पूरा करने के लिए उन्होंने जाति-प्रथा का आश्रय लिया।

जातियों का जो रूप हम आज देखते हैं, वह आरम्भ में नहीं था। फिर भी, आज हम

जो कुछ देखते हैं, उससे भी यह अन्दाजा लगाना कठिन नहीं है कि जातियाँ सिर्फ पेशों या व्यवसायों पर ही नहीं बनी हैं, उनके भीतर सभ्यता और संस्कृति के अनेक स्तर भी छिपे हुए हैं। ऊँची जाति की संस्कृति ऊँची और नीची जाति की संस्कृति नीची होती है, क्योंकि ऊँची जातिवालों के पुरखे कुछ अधिक धनी थे; उन्हें पढ़ने-लिखने और महीन काम करने का मौका कुछ अधिक मिला था; इसलिए, उनके खानदान में ऊँची संस्कृति की परम्परा चल पड़ी। इस प्रकार, एक ही जाति में कुछ गोत्रों के लोग अपने को औरों से अधिक ऊँचा समझते हैं। अछूत जातियों में भी कुछ लोग कम अछूत और कुछ लोग ज्यादा अछूत समझे जाते हैं। असल में, समाज के भीतर संस्कृतियों के जो ऊँचे-नीचे अनेक धरातल हैं, उन धरातलों पर भी जातियों का विभाजन देखा जा सकता है।

आर्यों ने जाति-प्रथा का आश्रय इसलिए लिया कि उन्हें इस देश के अनेक वर्गों और लोगों को एक ही समाज के अन्दर, अपनी-अपनी सभ्यता और संस्कृति के अनुसार, उचित स्थानों पर बिठाना था। असल में, जातिवाद के रूप में आर्यों ने समाज के भीतर एक दीर्घा खड़ी कर दी, जिसमें नीचे से ऊपर तक सभी श्रेणियों के लोग अपनी-अपनी हैसियत के अनुसार, आसानी से बैठ सकते थे।

अगर भारत का आर्यीकरण आर्यों का ध्येय रहा हो, तो जाति की प्रथा ने इसमें उनकी भरपूर सहायता की होगी, क्योंकि जातिवाद का नेतृत्व ब्राह्मणों के हाथ में था, और पुरोहित की मंजूरी के बिना जाति बदलना कठिन होता होगा। जो लोग आर्यों के रस्म-रिवाज, रहन-सहन और उनके सामाजिक आचार आदि सीख लेते थे, जाति की दीर्घा में उनकी तरक्की आसानी से हो जाती थी। यह बात इससे भी सिद्ध है कि सुयोग्य द्रविड़, आरम्भ से ही, ब्राह्मण मान लिये गए थे और आरम्भ से ही, उनमें से अनेक लोग केवल द्रविड़ों के ही नहीं, आर्यों के भी पुरोहित का काम करने लगे थे। जाति-प्रथा के चालू करने में आर्यों का यह उद्देश्य नहीं था कि वे द्रविड़ औष्ट्रिक अथवा नीग्रो समाज की छूत से बचें, बल्कि, यह कि इन तमाम जातियों के लोगों को वे आर्य-सभ्यता में रँगना चाहते थे और जो भी उनकी सभ्यता सीख लेता था, समाज में उनकी उन्नति आसानी से हो जाती थी। यह प्राचीन संस्कार आज भी हिन्दू समाज में अपना काम कर रहा है और हम आए दिन देखते हैं कि जो हीन जातियाँ ऊपर उठना चाहती हैं, वे अखाद्य खाने और अपेय पीने की आदत तथा अन्य कुरीतियों को छोड़कर जनेऊ धारण कर लेती हैं तथा कोशिश करने लगती हैं कि समाज उनकी गिनती द्विजों में कर ले।

आरम्भ में जाति-परिवर्तन पर कड़ी रोक नहीं थी, इसके अनेक प्रमाण मिलते हैं। श्री जयचन्द्र विद्यालंकार ने लिखा है कि "जात-पाँत की ठीक जात-पाँत के रूप में स्थापना 10वीं शताब्दी ई. में आकर हुई है और, उसके बाद भी, मिश्रण पूरी तरह बन्द नहीं हो गया। शहाबुद्दीन गोरी के समय तक हम हिन्दू जातों में बाहर के लोगों को सम्मिलित होते देखते हैं। सन् 1178 ई. में गुजरात के नाबालिग राजा मूलराज द्वितीय की माता से हारकर गोरी की मुस्लिम-सेना का बहुत बड़ा अंश कैद हो गया था। उन कैदियों की दाढ़ी-मूँछ मुँड़वाकर विजेताओं ने सरदारों को तो राजपूतों में शामिल कर लिया था और साधारण सिपाहियों को कोलियों, खाँटों, बाब्रियों और मेड़ों में।"[28]

आचार्य क्षितिमोहन सेन लिखते हैं कि ''पुराने जमाने में इतना बँधेज नहीं था। कलि के पहले असवर्ण विवाह भी चलता था और शूद्र के हाथ से पक्वान्न भी ब्राह्मण लोग ग्रहण करते थे। कलियुग में यह निषिद्ध कैसे हुआ? शाम शास्त्री कहते हैं कि बौद्ध और जैन धर्म का वैराग्य-प्रधान मत और कृच्छ्राचार ही इसके कारण हैं। ऊँचे वर्ण के लोगों ने जीव-हिंसा छोड़ी, शूद्रों ने नहीं छोड़ी, इसलिए इनके हाथ का अन्न निषिद्ध हुआ। राजा राजेन्द्रलाल मित्र कहते हैं कि बौद्ध-पड़ोसियों के अनुरोध से हिन्दुओं ने गोमांस खाना छोड़ा।''[29] जिन्होंने गोमांस खाना नहीं छोड़ा, समाज की दीर्घा में वे नीचे लुढ़क गए।

जाति की प्रथा ने हिन्दू-समाज की सेवा इसी रूप में की है। इस प्रथा का उद्देश्य ही यहाँ आनेवाली हर एक जाति को भारतीय संस्कृति के ढाँचे में कस लेना था। मंगोल, यूनानी, शक, आभीर, यूची और हूण तथा मुस्लिम आक्रमण से पहले आनेवाले तुर्क, जाति-प्रथा के जन्म के बाद, जो भी लोग इस देश में आए, उन्हें भारतीय समाज के अन्दर पचाने में सबसे अधिक योगदान इसी प्रथा ने दिया, क्योंकि इस देश में यह समस्या ही नहीं थी कि नवागन्तुक-जाति के लोग समाज में कहाँ पर रखे जाएँ। जातियों की श्रेणियाँ अनेक थीं और वे दिनोंदिन बढ़ती ही जा रही थीं। अतएव नवागन्तुक लोगों में से हर एक को अपनी वैयक्तिक अथवा पारिवारिक संस्कृति के अनुसार जाति के ढाँचे में उपयुक्त स्थान आसानी से मिल जाता था।

अब तो जाति-प्रथा बिलकुल निन्दित हो गई है और वह टूटने भी लगी है, किन्तु प्राचीन काल में उससे भारतीय संस्कृति को एक लाभ अवश्य हुआ। जब कोई जाति अपने से भिन्न किसी अन्य जाति पर विजयी होती है, तब उसके सामने सवाल यह आता है कि हारी हुई जाति से क्या सलूक किया जाए। अमेरिका और आस्ट्रेलिया में जब यह समस्या खड़ी हुई, तब गोरों ने कालों को चुन-चुनकर मार डाला और स्वयं निष्कंटक होकर उन देशों में बस गए। आज भी अफ्रीका में गोरे और काले का जो सवाल पेश है, उसे सुलझाने का रास्ता गोरों का वही है, जिसे उन्होंने किसी समय अमेरिका और आस्ट्रेलिया में अपनाया था। लेकिन, आर्यों का मार्ग अहिंसा और प्रेम का मार्ग था। उन्होंने अपने से भिन्न लोगों को मारा नहीं, बल्कि, जाति-प्रथा की विशाल दीर्घा के किसी-न-किसी सोपान पर बिठाकर उन्हें अपने समाज में मिला लिया।

अन्तर्जातीय विवाह

अन्तर्जातीय विवाह की बात सुनकर आज का औसत हिन्दू नाक-भौं सिकोड़ने लगता है, किन्तु, प्राचीन काल में ऐसी बात नहीं थी। जो द्विज थे, उनके भीतर तो अन्तर्जातीय विवाह चलता ही था, द्विज और शूद्र के बीच भी विवाह पर रोक नहीं थी। हाँ, ऐसे विवाहों से उत्पन्न सन्ततियों को समाज में कुछ निम्न पद दिया जाता था। किन्तु, धर्मशास्त्र इन सन्तानों को समाज से बाहर नहीं समझते थे।

अनुलोम और प्रतिलोम विवाहों से उत्पन्न होनेवाली सन्तानों की जातियाँ क्या हों, इस विषय में धर्मशास्त्र बराबर चिन्तन करते रहे एवं, समय-समय पर, जो निर्णय शास्त्रकारों ने दिए, उनसे भी जाति की संख्या में बहुत वृद्धि हुई। उदाहरणार्थ, धर्मशास्त्रों के अनुसार, ब्राह्मण या क्षत्रिय पिता तथा शूद्र माता से उत्पन्न सन्तान नापित कहलाती है; द्विज पिता

और शूद्र माता की सन्तान उग्र कहलाती है; वैश्य-क्षत्रिय से उत्पन्न पिता और शूद्र-वैश्य से उत्पन्न माता की सन्तान करन होती है; शूद्र पिता और ब्राह्मण माता से उत्पन्न सन्तान शूनिक, निषाद या व्रात्य कहलाती है। महामहोपाध्याय श्री वी.पी. काणे ने अपने 'धर्मशास्त्रों का इतिहास' नामक ग्रन्थ में तथा श्री शैलेन्द्रनाथ सेनगुप्त से पश्चिमी बंगाल की 1951 ई. वाली जनगणना-रिपोर्ट में अनुलोम और प्रतिलोम विवाहों से उत्पन्न होनेवाली जातियों का सुस्पष्ट वर्गीकरण किया है। श्री सेनगुप्त ने 209 जातियों की गणना की है, जो आर्येतर जातियाँ थीं और जिनका आर्य-समाज में प्रवेश प्रतिलोम या अनुलोम विवाहों के द्वारा हुआ है।

यह अवस्था ई.पू. 500 या उससे इधर की है। यदि इस काल से और पीछे चलें तो महाभारत के समय विवाहों में और भी उदारता बरती जाती थी एवं आर्येतर नारियाँ आर्यों के गृह में पूर्ण आदर का स्थान, आसानी से प्राप्त कर लेती थीं। स्वयं कृष्णद्वैपायन व्यास का जन्म सत्यवती या मत्स्यगन्धा की कुक्षि से हुआ था, जो धीवर जाति की कन्या थी। भगवान् कृष्ण की माता देवकी असुर वंश की (कंस की बहन) कन्या थीं यद्यपि, कृष्ण के पिता वसुदेव आर्य-क्षत्रिय थे। भीम ने हिडिम्बा नाम की राक्षसी (आर्येतर) से विवाह किया था। अर्जुन का एक ब्याह उलूपी से हुआ था, जो नाग-जाति की कन्या थी। श्रुतश्रवा ऋषि के पुत्र सोमश्रवा नागकन्या के गर्भ से उत्पन्न महातपस्वी, स्वाध्यायसम्पन्न और तपोवीर्यसम्भूत थे। जरत्कारु ऋषि का जब कहीं ब्याह नहीं हो सका, तब नागराज वासुकि (आर्येतर) ने अपनी बहिन का ब्याह उनके साथ कर दिया। इसी दम्पती के पुत्र आस्तीक हुए, जिन्होंने जनमेजय से अनुरोध किया था कि वे नागों का नाश न करें। नाग जाति की कन्याएँ अतीव रूपवती हुआ करती थीं और बहुधा, आर्य उनसे प्रसन्नतापूर्वक ब्याह करते थे। आर्य-समाज में नागों से विवाह की प्रथा इतनी अधिक प्रचलित हो गई थी कि ऐसे विवाहों से उत्पन्न सन्तान, अनायास, पिता की जाति में मान ली जाती थी। जरत्कारु के समान मन्दपाल ऋषि ने भी अन्यत्र विवाह की सम्भावना न देखकर एक तिर्यक्कन्या (आर्येतर) से ब्याह किया था, जिसकी कुक्षि से चार पुत्र जनमे और चारों ब्रह्मवेत्ता हुए। और तो और, जिस वीर के नाम पर हमारा देश भारत कहलाता है, दुष्यन्त का वह यशस्वी पुत्र भरत भी किसी आर्य-कन्या की नहीं, अपितु, अप्सरा मेनका की बेटी शकुन्तला की कोख से जनमा था। और भगवान् बुद्ध के विषय में यह अनुमान है कि उनके वंश में भी आर्य और मंगोल रक्त का मिश्रण था। इसी प्रकार, प्रसिद्ध क्षत्रिय राजा उदयन की एक रानी कुरु ब्राह्मण की बेटी थी। स्वयं भगवान् रामचन्द्र की दो माताएँ कौशल्या और कैकेयी तो राजवंश की कन्याएँ थीं; किन्तु, सुमित्रा का जन्म ब्राह्मण पिता और कर्णी माता के संयोग से हुआ था। कर्णी जाति आर्य-वृत्त से बाहर थी। मनुस्मृति में उसकी गणना झल्ल-मल्ल आदि जातियों के साथ व्रात्य क्षत्रियों में की गई है। रामायण में स्पष्ट उल्लेख है, "सुमित्रा वामदेवस्य बभूव कर्णीसुता।"

अनुलोम-क्रम से असवर्ण विवाह महाभारत-युग में खूब प्रचलित था। आरम्भ के पौराणिक युग तक भी वह निन्दित नहीं हुआ था। निन्दा इसकी पिछले पौराणिक काल में आकर होने लगी। पहले उच्च वर्णवालों को अपनी जाति से नीचे की जातियों में से कन्या लेने में कोई आपत्ति नहीं थी। जब आपत्ति की बात सामने आई, तब पहले उन्होंने शूद्र-कुल को छोड़ा और पीछे वैश्य एवं क्षत्रिय कुलों को भी।

नारी रत्न मानी जाती थी और रत्नों का संचय कुठौर से भी करना आर्यों के यहाँ सत्कर्म समझा जाता था। वेदों की कई ऋचाएँ नारियों की रचनाएँ हैं; फिर भी, यह कैसे हुआ कि नारी और शूद्र को वेद पढ़ने का अधिकार नहीं रहा? इस सम्बन्ध में विचार करते हुए आचार्य क्षितिमोहन सेन ने लिखा है कि "जब आर्य लोग इस देश में आए होंगे तब स्वभावतः ही, उनके साथ स्त्रियों की संख्या कम रही होगी, इसीलिए; आर्येतर जाति की कन्या ग्रहण करने में उन्हें आपत्ति नहीं रही होगी। अन्त में इन आर्येतर जाति की स्त्रियों की संख्या ही अधिक हो उठी होगी और उनकी प्रवृत्ति भी पतिकुल के यज्ञ-यागादि की अपेक्षा पितृकुल की पूजा-पद्धति की ओर ही अधिक रही होगी। इसलिए, वे स्वयं भी, शायद, यज्ञादि कृत्यों में विशेष उत्साहशील नहीं रही होंगी। इसलिए, अन्त में, स्त्री और शूद्र को एक श्रेणी में डाल दिया गया होगा।"[30]

आर्यों को अपने रक्त की पवित्रता को बनाए रखने का ध्यान अवश्य था, किन्तु, रक्त की पवित्रता बची नहीं। अन्तर्जातीय विवाहों के द्वारा आर्य और आर्येतर रक्त का काफी सम्मिश्रण हुआ और इसी सम्मिश्रण के परिणामस्वरूप, आर्यों और द्रविड़ों का वांशिक भेद निःशेष हो गया। नारियाँ सर्वत्र संस्कृति की पालिका समझी जाती हैं। भारत में उन्होंने सांस्कृतिक समन्वय को भी सम्भव बना दिया।

ब्राह्मण, शूद्र और नारी का स्थान

वैदिक युग में नारियों का बड़ा ही पूजनीय स्थान था। पत्नी के बिना आज भी हिन्दुओं का कोई धार्मिक संस्कार पूर्ण नहीं होता। किन्तु, वैदिक युग में तो स्त्रियाँ कुलदेवी मानी जाती थीं। विवाह के अवसर पर वधू को आशीर्वाद देने के लिए ऋग्वेद में जो मन्त्र है, उसमें वधू से कहा गया है कि सास, ससुर, देवर और ननद की तुम 'साम्राज्ञी' बनो। स्त्रियाँ गृहस्वामिनी तो होती ही थीं, किन्तु, उनका कर्मक्षेत्र केवल घरों तक ही सीमित नहीं था। "खासकर क्षत्रिय-कुल में उत्पन्न नारियों को युद्ध में सारथ्य करने का भी अधिकार प्राप्त था।" वे असाधारण विचारिका और पंडिता भी होती थीं। वेद की कितनी ही ऋचाएँ नारियों की रची हुई हैं।

विवाह उन दिनों उभय पक्षों के माता-पिताओं की मर्जी से नहीं, वर-कन्या की अपनी पसन्द से किए जाते थे। स्वयंवर की पद्धति प्रचलित थी और स्वयंवर-समारोह का आयोजन केवल कन्या-पक्षवाले ही नहीं, वर-पक्षवाले भी करते थे। यही नहीं, प्रत्युत, वर और कन्या विवाह से पूर्व भी परस्पर हेलमेल बढ़ा लेते थे। "विवाहपूर्व प्रेमी के लिए 'जार' शब्द प्रयुक्त होता था। 'जार' का अनैतिक अर्थ ऋग्वेद में नहीं पाया जाता; वहाँ उसका अर्थ केवल 'प्रणयी' है।"[31] दहेज का रिवाज वैदिक युग में भी था, किन्तु, दहेज, अकसर, वरपक्ष ही को देना पड़ता था। "कतिपय-अविवाहित नारियों के जीवन भर पिता के गृह में रहने के भी कुछ उदाहरण ऋग्वेद (2/17/7) में पाए जाते हैं।"[32]

पुत्र के अभाव में पिता की सम्पत्ति का उत्तराधिकार पुत्री को प्राप्त होता था। पत्नी की हैसियत से भी वह पति की सम्पत्ति की अधिकारिणी होती थी। "आपस्तम्ब-धर्मसूत्र (2/29/3) में कहा गया है कि पति तथा पत्नी, दोनों समान रूप से धन के स्वामी हैं।"[33] नारियों के प्रति अन्याय न हो, वे शोक न करें, न वे उदास होने पाएँ, यह उपदेश मनुस्मृति ने बार-बार दिया है।

शोचन्ति जामयो यत्र विनश्यत्याशु तत्कुलम्
न शोचन्ति तु यत्रैता वर्धते तद्धि सर्वदा।

जिस कुल में नारियाँ शोक-मग्न रहती हैं, उस कुल का शीघ्र ही विनाश हो जाता है। जिस कुल में नारियाँ शोक-मग्न नहीं रहतीं, उस कुल की सर्वदा उन्नति होती है।

यत्र नार्यस्तु पूज्यन्ते रमन्ते तत्र देवताः
यत्रैतास्तु न पूज्यन्ते सर्वास्तत्राफलाः क्रियाः।

जहाँ नारियों की पूजा होती है, वहाँ देवता निवास करते हैं। जहाँ नारियों की पूजा नहीं होती, वहाँ के सारे कर्म व्यर्थ हैं।

वैदिक युग की इस शुभ परम्परा की अनुगूँज हम पुराणों में भी सुनते हैं।

नरं नारी प्रोद्धरति मज्जन्तं भववारिधौ।

संसार-समुद्र में डूबते हुए नर का उद्धार नारी करती है।

यः सदारः स विश्वास्यः तस्माद् दारा परा गतिः।

जो सपत्नीक है, वही विश्वसनीय है। अतएव, पत्नी नर की परा गति होती है।

लगता है, आर्येतर पत्नियों की संख्या आर्यों के यहाँ बहुत अधिक हो गई; तभी उन्होंने उनके लिए वेदों का पढ़ना रोक दिया; तभी, कदाचित् जनेऊ पहनने का अधिकार भी उनका जाता रहा। इसी प्रकार, शूद्रों से भी यज्ञोपवीत धारण करने और वेद पढ़ने का अधिकार तभी छिना होगा, जब शूद्र-समाज में अधिकता आर्येतर लोगों की ही हो गई होगी। सम्भव है, आर्य-समाज के आर्येतर सदस्यों में वेदों के प्रति ईषत् विरक्ति भी रही हो अथवा वे अपने प्राग्वैदिक धर्म तथा रीति-रिवाज और अभ्यास को अधिक महत्त्व देते रहे हों।

धर्मशास्त्रों में ब्राह्मणों का स्थान इतना अप्रतिम और अमोघ माना गया है कि उसे देखकर आश्चर्य होता है। शास्त्रकार सब-के-सब ब्राह्मण ही होते थे, अतएव, अपने स्थान को अमोघ बनाने की इचछा उनमें प्रबल रही हो तो इसमें कोई आश्चर्य नहीं। धर्मशास्त्रों में, बार-बार, समाज को सावधान किया गया है कि वह ब्राह्मण को रुष्ट होने का अवसर नहीं दे।

क्रुद्धो ब्राह्मणो हन्ति राष्ट्रम्।

कुपित ब्राह्मण सम्पूर्ण राष्ट्र का विनाश कर देता है।

मन्युप्रहरणा विप्राः न विप्राः शस्त्रयोधिनः।
निहन्युर्मन्युना विप्राः वज्रपाणिरिवासुरान्॥

ब्राह्मण शस्त्र उठाकर युद्ध नहीं करता; उसका हथियार उसका क्रोध है। क्रोध के द्वारा ब्राह्मण वैसा ही विनाश करता है, जैसा विनाश असुरों का इन्द्र करते हैं।

किन्तु, ब्राह्मणों के शील, स्वभाव और चरित्र की कल्पना जिस ऊँचे धरातल पर की गई है, उसे देखते हुए उनका सर्वोपरि अमोघ स्थान उचित ही था। ब्राह्मण समाज के नैतिक प्रहरी थे। वे समाज के विवेक के प्रतिनिधि होते थे, अतएव, उनका धर्म था कि, और तो और, स्वयं राजा भी कुमार्ग पर चले तो उसे टोक दें। स्पष्ट ही, यह कर्तव्य वही पाल सकता है, जिसे किसी भी वस्तु का लोभ नहीं हो। निर्धनता को ब्राह्मण का सर्वस्व बताकर शास्त्रों ने उसके धन-लोभ को समाप्त कर दिया। किन्तु जैसे धन के लोभ से मनुष्य भ्रष्ट होता है, वैसे ही, वह कीर्ति के लोभ में पड़कर भी अपने कर्तव्य से च्युत हो सकता है। अतएव,

मनुस्मृति ने बार-बार ब्राह्मणों को सावधान किया है कि वे कीर्ति के लोभ से दूर रहें, प्रत्युत उसे विष-तुल्य त्याज्य मानें।

असम्मानात्तपोवृद्धिः सम्मानात्तु तपःक्षयः।

अससम्मान पाने से तपस्या में वृद्धि होती है; सम्मान पाने से तप का विनाश होता है।

सम्मानाद् ब्राह्मणो नित्यं उद्विजेत विषादिव
अमृतस्यैव चाकांक्षेत् अवमानस्य सर्वदा।

सम्मान से ब्राह्मण उसी प्रकार भागे, जैसे मनुष्य जहर से भागता है और अपमान की कामना वह उसी प्रकार करे, जैसे लोग अमृत की कामना करते हैं।

अर्चितः पूजितो विप्रः दुग्ध गौरिव सीदति।

अर्थात् अर्चित-पूजित विप्र दुही हुई गौ के समान सूख जाता है।

ब्राह्मणों का जितना अधिक सत्कार था, उनके लिए उतने ही कठोर जीवन की भी व्यवस्था थी।

वैसे तो वर्ण-भेद का प्रसार बीज-क्षेत्र-विचार से ही हुआ, फिर भी, यह शंका शास्त्रों और पुराणों में मँडराती रही कि वर्ण का निर्धारण जन्म से होना चाहिए अथवा कर्म से।

जन्मना जायते शूद्रः संस्काराद् द्विज उच्यते।

इस श्लोकार्द्ध से यह ध्वनि ली जा सकती है कि वर्ण-निर्धारण कर्म से होना चाहिए। किन्तु अत्रिसंहिता में यही बात ठीक विपरीत ढंग से कही गई है।

जन्मना ब्राह्मणो ज्ञेयः संस्काराद् द्विज उच्यते।

अर्थात् ब्राह्मण जन्म से ही ब्राह्मण होता है; संस्कारों से उसे द्विजत्व की प्राप्ति होती है।

यह शंका महाभारतकार महामुनि व्यास के भी मन में थी, जिसे उन्होंने वनपर्व में वर्णित युधिष्ठिर-सर्प-संवाद में प्रत्यक्ष किया है। वहाँ सर्प ने युधिष्ठिर से पूछा है कि ब्राह्मण कौन है? इस पर युधिष्ठिर कहते हैं कि ब्राह्मण वह है, जिसमें सत्य, दान, क्षमा, सुशीलता, क्रूरता का अभाव तथा तपस्या और दया, इन सद्गुणों का निवास हो। इस पर सर्प शंका करता है कि ये गुण तो शूद्र में भी हो सकते हैं, तब ब्राह्मण और शूद्र में अन्तर क्या है?

शूद्रेष्वपि च सत्यं च दानमक्रोध एव च
आनृशंस्यमहिंसा च घृणा चैव युधिष्ठिर।

अर्थात् हे युधिष्ठिर, सत्य, दान, अक्रोध, क्रूरता का अभाव, दया तथा अहिंसा आदि गुण तो शूद्रों में भी हो सकते हैं।

इस पर युधिष्ठिर ने जो उत्तर दिया है, वह किसी भी अभिनव मनुष्य का उत्तर हो सकता है। युधिष्ठिर ने कहा,

शूद्रे तु यद् भवेल्लक्ष्म द्विजे तच्च न विद्यते,
न वै शूद्रो भवेच्छूद्रो ब्राह्मणो न च ब्राह्मणः।
यत्रैतल्लक्ष्यते सर्प वृत्तं स ब्राह्मणः स्मृतः
यत्रैतन्न भवेत् सर्प तं शूद्रमिति निर्दिशेत।

अर्थात् यदि शूद्र में सत्य आदि उपयुक्त लक्षण हैं और ब्राह्मण में नहीं हैं, तो वह शूद्र

शूद्र नहीं है, न वह ब्राह्मण ब्राह्मण है। हे सर्प, जिसमें ये सत्य आदि लक्षण मौजूद हों, वह ब्राह्मण माना गया है और जिसमें इन लक्षणों का अभाव हो, उसे शूद्र कहना चाहिए।

इस प्रसंग का अन्तिम निष्कर्ष सर्प घोषित करता है। वह खुले शब्दों में कहता है कि यदि आचार से ही ब्राह्मण की परीक्षा की जाए, तब तो जब तक उसके अनुसार कर्म न हों, जाति व्यर्थ ही है।

यह व्यास की आत्मा का स्वर है। यह जाति-प्रथा पर एक ऐसे मनीषी का मत है, जो अपने समय में देवता के समान पूज्य थे। क्या व्यास ने यह सम्मति इसलिए दी कि शूद्रा माता से उत्पन्न होने के कारण शूद्रों के प्रति उनकी सहानुभूति थी? अथवा इसलिए कि उस युग की भी मनीषा जाति-प्रथा को शंका से देखती थी? स्थिति चाहे जो हो, किन्तु, बाद को बुद्ध ने जाति-प्रथा को जो चुनौती दी, उसके बीज वैदिक चिन्तकों में भी मौजूद थे।

समन्वय की प्रक्रिया

भारत की अन्य जातियों ने आर्यों के द्वारा चलाई गई जाति-प्रथा को स्वीकार कर लिया, यह हमारे देश में संस्कृति-समन्वय की ओर पहला कदम था। इससे इतना हुआ कि आर्य, द्रविड़, औष्ट्रिक और नीग्रो तथा सभी मंगोल खानदानों के लोग एक समाज के सदस्य हो गए, जिसका नाम आगे चलकर हिन्दू-समाज पड़ा। लेकिन, समन्वय की बातें यहीं नहीं रुकीं और न यही हुआ कि आर्यों ने अपनी संस्कृति बाकी लोगों पर लाद दी। आर्य अपनी संस्कृति का प्रचार करने को उत्सुक थे, यह ठीक है, लेकिन, सभी जातियों का जब एक समाज हो गया, तब सबकी आदतें, सबके रस्म-रिवाज और सबके धर्म एक-दूसरे को प्रभावित करने लगे तथा इस प्रभाव से आर्य भी नहीं बच सके। बल्कि, अचरज तो यह है कि आर्य जिन बातों पर खास तौर से जोर देते थे, वे बातें पोथियों और पंडितों तक ही सीमित रह गईं और विशाल जनता ने, अधिकांश में, उन बातों को अपना लिया जो बातें द्रविड़-समाज में प्रचलित थीं अथवा जो रिवाज अन्य आर्येतर जातियों के लोगों में चले आ रहे थे। हिन्दू-धर्म और हिन्दू-संस्कृति का आज जो रूप है, उसके भीतर प्रधानता उन बातों की नहीं है, जो ऋग्वेद में लिखी मिलती हैं, बल्कि हमारे समाज की बहुत-सी रीतियाँ और हमारे धर्म के बहुत-से अनुष्ठान ऐसे हैं; जिनका उल्लेख वेदों में नहीं मिलता। और जिन बातों का उल्लेख वेदों में नहीं मिलता, उनके बारे में विद्वानों का मत है कि या तो वे आर्येतर सभ्यता की देन हैं अथवा उनका विकास आर्यों के आने के बाद आर्य और आर्येतर, दोनों संस्कृतियों के मेल से हुआ है। डॉ. सुनीतिकुमार चटर्जी का तो यहाँ तक कहना है कि हिन्दू-संस्कृति के आधे से अधिक उपादान आर्येतर संस्कृतियों से आए हैं।[34]

विद्वानों ने हिन्दू-संस्कृति का अब तक जो अध्ययन किया है, उसमें उनका तरीका यह रहा है कि वे हिन्दू-धर्म के किसी एक रूप को लेकर पीछे की ओर चलने लगते हैं और जाते-जाते वेदों में उसका मूल खोजते हैं। किन्तु वेदों में हमारी संस्कृति के कई रूपों के केवल बीज ही मिलते हैं।[35] इन बीजों का विकास कैसे हुआ, यह कथा अधूरी रह जाए, अगर हम यह विश्वास करके नहीं चलें कि आर्य-संस्कृति के बहुत-से बीजों का विकास द्राविड़ संस्कृति के सम्पर्क में आकर हुआ।

केवल वेदों से हिन्दू-धर्म के विकास की सारी समस्याएँ हल नहीं होतीं। उदाहरण के लिए, शिव की पूजा हिन्दू-समाज में जिस रूप में प्रचलित है, शिव का वह रूप वेद में नहीं मिलता। वेद के रुद्र-शिव प्रकृति के उग्र रूपों (आँधी, तूफान, बाढ़, बिजली, वज्रपात, महामारी, भूकम्प आदि) की कल्पना पर आधारित हैं। किन्तु वे भाँग और धतूरा क्यों खाने लगे, गजाजिन और मुंडमाल क्यों पहनने लगे, श्मशान की धूल अंगों में क्यों लगाने लगे, बैल की सवारी क्यों करने लगे, साँपों को शरीर में क्यों लिपटाने लगे और उनके नाम पर लिंग की पूजा क्यों चल पड़ी, इन शंकाओं का समाधान हमें वेदों में नहीं मिलता। अतएव, शिव-भावना के विकास की कथा को समझने के लिए हमें आर्यों के समाज से बाहर द्राविड़ और औष्ट्रिक समाजों की ओर देखना ही पड़ता है। इसी प्रकार, उमा की, परमेश्वरी के रूप में कल्पना उपनिषद् में मिलती है। सिर्फ यही समझ में नहीं आता कि उनके चामुंडा, काली आदि कराल रूपों की कल्पना कैसे चल पड़ी। साँपों की पूजा, भूत और पिशाच का भय, नाना प्रकार के टोटके और ऐसी ही अन्य अनेक बातें हिन्दू-धर्म में कई हजार साल से चिपकी हुई हैं, जिनका मूल हम वेद में नहीं पाते तथा जिनके बारे में यह अनुमान है कि वे आर्येतर समाज से, प्रधानतः औष्ट्रिक और नीग्रो संस्कृतियों से, आकर हिन्दू-धर्म में मिल गई हैं।

आर्यों की जाति भावुक और प्रकृति-पूजक थी। उसके प्रधान देवता अग्नि, इन्द्र, वरुण, पूषण, सोम, ऊषा और पर्जन्य थे। यह कैसे हुआ कि वेदों के इन देवताओं की पूजा रुक गई और हिन्दू-समाज के प्रधान देवता विष्णु और शिव बन बैठे तथा उनके नेतृत्व में तैंतीस करोड़ देवता आ जुटे? और जैसे ऋग्वेद के थोड़े-से देवताओं की जगह पर हिन्दू-धर्म में तैंतीस करोड़ देवताओं को स्थान मिल गया, वैसे ही, हिन्दू-समाज में ऐसे सैकड़ों व्रत, आचार, अनुष्ठान और रिवाज भी चल पड़े, जिनका उल्लेख वेदों में नहीं मिलता है। इसी प्रकार, वेदों के बाद, जब पुराणों का जमाना आया, तब पुराणों में अद्भुत कथाओं और कहानियों का अम्बार खड़ा हो गया। ये कथाएँ और कहानियाँ केवल आर्यों के मस्तिष्क की उपज नहीं थीं, बल्कि, द्राविड़, औष्ट्रिक एवं नीग्रो समाज में तथा बाद को आनेवाली मंगोल, यूनानी, शक, आभीर आदि जातियों के यहाँ दन्तकथाओं के रूप में जो कहानियाँ प्रचलित थीं, वे आर्यों के साहित्य में भी घुस पड़ीं और ऋषियों ने, आवश्यकतानुसार, उन्हें जब-तब कुछ नया रूप भी दे दिया। इसका एक प्रमाण यह भी है कि पुराणों की बहुत ज्यादा कहानियाँ ऐसी हैं, जो, किसी-न-किसी रूप में, दक्षिण के प्राचीन साहित्य में भी मिलती हैं तथा जिनका समावेश बौद्ध जातकों में भी पाया जाता है। अगर वनवासी लोगों की दन्तकथाओं का संग्रह किया जाए तो उनसे भी इस अनुमान का समर्थन मिल सकता है।

यह समन्वय कैसे सम्भव हुआ, इसका एक कारण तो यह है कि एक समाज के सदस्य हो जाने पर लोगों के रीति-रिवाज, आपस में, एक-दूसरे पर प्रभाव डाले बिना नहीं रह सकते। दूसरे, आर्यों का उद्देश्य अन्य जातियों के सम्पर्क से बचना नहीं, बल्कि, उनके समाज में आर्य-संस्कृति का प्रचार करना था और वे लोगों की अपनी सांस्कृतिक विरासत तो बिलकुल तोड़ना नहीं चाहते थे। अगर आर्य इस मिश्रण को रोकना भी चाहते तो, शायद नहीं रोक सकते थे। क्योंकि शादी-विवाह के द्वारा जब आर्येतर स्त्रियाँ आर्यों के घर आने लगीं, तब उनके साथ कुछ पैतृक देवता और धार्मिक रिवाज भी आर्यों के घरों में प्रवेश पा गए। इस

प्रकार, आर्यों के यहाँ बहुत-से ऐसे रिवाज आ गए, जिन्हें आर्य हृदय से पसन्द नहीं करते थे। साथ ही, जब आर्य और द्रविड़ का संघर्ष मिट गया, तब द्राविड़ राजे और पंडित भी आर्यों से एकाकार हो गए और उनके बीच कोई बड़ा भेद नहीं रह गया। फिर जो आर्य स्त्रियाँ द्रविड़ों के घर गईं, उनके साथ आर्य-संस्कार भी द्रविड़ों के परिवारों में पहुँचे और, धीरे-धीरे आर्यों और द्रविड़ों के बीच वे बातें प्रमुखता पाने लगीं, जो उनकी भिन्नता को घटाने और उनकी एकता को बढ़ानेवाली थीं। कालक्रम में, यह सम्बन्ध इतना प्रगाढ़ हो गया कि सारे देश में आर्य और द्रविड़ एक-से दिखाई देने लगे और उनका रस्म-रिवाज, इतिहास-पुराण, साहित्य और संस्कृति, सबकुछ एक हो गया। आर्य बहुत मात्रा में द्रविड़ और द्रविड़ बहुत मात्रा में आर्य हो गए। और इन्हीं दोनों जातियों ने मिलकर उस संस्कृति, जाति या समाज का निर्माण किया, जिसे हम हिन्दू-समाज कहते हैं। विदेशियों ने हमें जो हिन्दू नाम दिया, हमारी एकता उस नाम से भी बढ़ी है, क्योंकि अब हम संसार में आर्य या द्रविड़ नहीं, बल्कि हिन्दू नामक एक ही नाम से विख्यात हैं। ऋग्वेद, केवल आर्यों का ही ग्रन्थ था, लेकिन उसके बाद उपनिषदों, पुराणों, स्मृतियों और दर्शन का जो निर्माण हुआ, उनके पीछे केवल आर्य ही नहीं, द्राविड़ संस्कृति का भी जबर्दस्त प्रभाव काम करता था और इस विशाल हिन्दू-साहित्य पर द्रविड़ों का भी उतना ही अधिकार है, जितना आर्यों का।

विन्ध्य के उत्तर को हम, सामान्यतः, आर्य एवं उसके दक्षिण को द्रविड़ देश कहते हैं। आर्य और द्राविड़ संस्कृतियों के मिलने के बाद भी, आरम्भ में, हिन्दुत्व का नेतृत्व उत्तर भारत के हाथ रहा। लेकिन, बौद्ध युग के बाद से, विशेषतः, शंकराचार्य के समय से यह नेतृत्व, निश्चित रूप से, दक्षिण चला गया और तब से, हिन्दू-धर्म के प्रधान नेता, दार्शनिक और महात्मा, अधिकतर, दक्षिण में ही उत्पन्न होते रहे हैं।

भौगोलिक एकता का भाव

आरम्भ से ही हमारे तीर्थ देश के किसी एक भाग में नहीं, प्रत्युत, सर्वत्र स्थापित होने लगे। राम--कथा में प्रसिद्ध स्थान (अयोध्या, जनकपुर, पंचवटी, रामेश्वरम् आदि) उत्तर और दक्षिण, दोनों भागों की धार्मिक जनता के द्वारा पवित्र गिने जाने लगे। देश की एकता की अभिवृद्धि कृष्ण-कथा से अधिक राम-कथा को लेकर हुई। रामेश्वरम्, बालाजी, विष्णुकांची आदि तीर्थ रामाश्रयी वैष्णवों के कारण विख्यात हुए और उत्तर की जनता उनकी ओर बहुत कुछ उसी भाव से देखने लगी, जैसे मुसलमान मक्का अथवा ईसाई जेरुसलेम की ओर देखते हैं। इसी प्रकार, दक्षिण की धार्मिक जनता भी राम और कृष्ण के उत्तरवाले लीलास्थलों पर जाकर अपने जीवन को धन्य बनाने के लिए, आरम्भ से ही, उत्सुक रहती आई है।

उत्तर को आर्यों का देश और दक्षिण को द्रविड़ों का देश समझने का भाव यहाँ कभी भी नहीं पनपा, क्योंकि आर्य और द्रविड़ नाम से दो जातियों का विभेद यहाँ हुआ ही नहीं था। समुद्र से उत्तर और हिमालय से दक्षिणवाला भू-भाग यहाँ हमेशा से एक देश माना जाता रहा है। पुराणों में भारत की यह भौगोलिक एकता स्पष्ट रूप से वर्णित है–

उत्तरं यत्समुद्रस्य हिमाद्रेश्चैव दक्षिणम्
वर्षं तद्भारतं नाम भारती यत्र सन्ततिः। *(वायु पुराण)*

धर्म और संस्कृति के अधीन एकता प्राप्त करनेवाले इस देश के धार्मिक व्यक्ति आज भी स्नान के समय भारत की विभिन्न नदियों के नाम एक साथ लेते हैं–

गंगा च यमुना चैव गोदावरी सरस्वती।
नर्मदा सिन्धु कावेरी जलेऽस्मिन् सन्निधं कुरु।

यही नहीं, प्रत्युत, देश की मोक्षदायिका नगरियों की सूची में भी उत्तर और दक्षिण, दोनों भू-भागों की नगरियाँ सम्मलित हैं, जिनका धार्मिक भाव से नामोच्चार उत्तर और दक्षिण, दोनों भागों की जनता करती है–

अयोध्या-मथुरा-माया-काशी-कांची-अवन्तिका।
पुरी द्वारावती ज्ञेया सप्तैताः मोक्षदायिका।

इस धार्मिक एवं सांस्कृतिक एकता का प्रभाव भारत की राजनीति पर भी पड़ा। यह ठीक है कि, आवेश में आकर, प्रान्तों के क्षत्रिय राजे बहुधा अपनी स्वतन्त्र सत्ता स्थापित करने को केन्द्रीय सत्ता से विद्रोह कर उठते थे, किन्तु उससे अधिक सत्य बात है कि भारत के राजाओं के सामने चक्रवर्ती-पद पाने का उद्देश्य सबसे बड़ा था। चक्रवर्ती सम्राट् कहलाने के लिए यहाँ अश्वमेध के घोड़े छोड़े जाते थे अथवा अकारण पड़ोस के राजाओं से युद्ध ठान दिया जाता था। किन्तु, इन लड़ाइयों का उद्देश्य केवल धन या प्रभुता की ही वृद्धि नहीं थी। कुछ यह कारण भी था कि सारे भारत को एक राज्य के अधीन लाने की प्रेरणा देश के भूगोल की सबसे बड़ी शिक्षा थी। भारत की प्राकृतिक सीमा के बाहर जाकर अन्य देशों पर आक्रमण करने की बात यहाँ के राजाओं को कभी सूझी ही नहीं। कदाचित् ऐसे आक्रमणों को यहाँ के राजे व्यर्थ की हिंसा समझते थे और ऐसी हिंसा में वे पड़ना नहीं चाहते थे। किन्तु, देश के भीतर, अधिक-से-अधिक भागों को, अपनी अधीनता में लाकर बड़ी-से-बड़ी राजनीतिक एकता की सृष्टि करने का भाव हमारे सभी बड़े राजाओं में मौजूद रहा है।

तीर्थों को लेकर भारतवासी सारे देश में घूमते थे। शास्त्रार्थ अथवा नए विचारों का प्रचार करने को सभी भागों के संस्कृत-विद्वान् सारे भारत में भ्रमण करते थे। सारे देश के श्रेष्ठ साहित्य की भाषा संस्कृत थी। पीछे, जब आधुनिक देश-भाषाओं का समय आया तब भी विभिन्न भाषाओं में भारत की वही मानस-धारा प्रवाहित होने लगी, जो संस्कृत में बहती थी।

भारत का मन, हमेशा से, राष्ट्रीय कम, अन्तर्राष्ट्रीय अधिक रहा है। प्राचीन काल में यहाँ राष्ट्रीयता के जो भाव विकसित भी हुए, उनका आधार राजनीति और अर्थशास्त्र नहीं, प्रत्युत, संस्कृति और धर्म थे। भारतवासी अपने राष्ट्र पर अभिमान तो करते थे, किन्तु, इस कारण नहीं कि वह बली और समृद्ध देश था, प्रत्युत, इसलिए कि उसकी संस्कृति महान् थी, वह अध्यात्म की कर्मभूमि थी और देवता वहाँ देह धरकर प्रकट होने के लिए लालायित रहते थे। भारत-देश की इस विशिष्टता पर जितना गर्व उत्तरवासी भारतीयों को था, उतना ही गौरव और अभिमान दक्षिणवाले भी रखते थे। उत्तर भारत में विरचित विष्णु पुराण में निम्नलिखित श्लोक आता है–

गायन्ति देवाः किल गीतकानि धन्यास्तु ते भारतभूमिभागे।
स्वर्गापवर्गास्पदमार्गभूते भवन्ति भूयः पुरुषाः सुरत्वात्॥

(विष्णु पुराण 2/3/24)

देवगण भी गान करते हैं कि भारतभूमि में जन्म लेनेवाले लोग धन्य हैं। स्वर्ग और अपवर्ग-कल्प इस देश में देवता भी देवत्व को छोड़कर मनुष्य-योनि में जन्म लेना चाहते हैं।

श्रीमद्भागवत् की रचना दक्षिण भारत में हुई थी, किन्तु उस पुराण में भी यही भाव और भी अधिक विलक्षण रूप से दुहराया गया है।

अहो अमीषां किमकारिशोभनं प्रसन्न एषां स्विदुत स्वयं हरिः।
यैर्जन्म लब्धं नृषु भारताजिरे मुकुन्द सेवौपयिकं स्पृहा हि नः॥

(श्रीमद्भागवत् 5/19/21)

देवता भारतीय मनुष्यों के सौभाग्य पर ईर्ष्या करते हुए कहते हैं, अहा! इन लोगों ने, न जाने, कौन-से ऐसे शुभ कर्म किए थे, जिनके फलस्वरूप इन्हें भारतभूमि के प्रांगण में मानव-जन्म सुलभ हुआ है। लगता है, भगवान् स्वयं इन पर प्रसन्न हो गए थे। भगवान् की सेवा के योग्य ऐसा जन्म पाने की इच्छा तो हमारी भी होती है।

और अत्यन्त प्राचीन काल में भगवान् रामचन्द्रजी ने भी भारत को स्वर्ग से श्रेष्ठतर माना था।

नेयं स्वर्णपुरी लंका रोचते मम लक्ष्मणः,
जननी-जन्मभूमिश्च स्वर्गादपि गरीयसी।

(वाल्मीकि-रामायण)

समन्वय के कुछ दृष्टान्त

जैसा कि ऊपर संकेत किया जा चुका है, यह सिद्ध करना अत्यन्त कठिन है कि हिन्दू-संस्कृति की कौन-सी बात द्राविड़ सभ्यता से आई है और कौन-सी बात आर्य-सभ्यता से। किन्तु, बहुत-से लक्षण ऐसे मिलते हैं, जिनसे हम कुछ अनुमान लगा सकते हैं। हमारे देवी-देवताओं में से अनेक ऐसे हैं, जिनके विकास में केवल आर्य ही नहीं, द्राविड़ एवं अन्य आर्येतर कल्पनाओं का भी हाथ है और हमारे व्रतों और अनुष्ठानों में से भी कइयों का विकास दोनों ही सभ्यताओं के योग से हुआ है। नीचे जो थोड़े-से उदाहरण दिए जा रहे हैं, उनसे यह बात स्पष्ट हो जाती है।

शैव धर्म

विद्वानों में यह मत प्रचलित हो गया है कि शैव धर्म प्राग्वैदिक अथवा द्राविड़ संस्कृति की देन है। ऐसा मानने का मुख्य कारण यह है कि ऋग्वेद में 'बाण की तरह चमकते आनेवाले' जिस रुद्र का उल्लेख है, वे रुद्र मरुतों के स्वामी हैं और उनका ठीक-ठीक मेल हिन्दुओं की आज की शैव भावना से नहीं बैठता। आर्य बड़े ही भावुक और प्रकृति-पूजक लोग थे। उन्होंने प्रकृति के प्रिय और रमणीय रूपों पर से जैसे ऊषा देवी की कल्पना की थी, उसी प्रकार, प्रकृति के भयानक रूपों पर से उन्होंने रुद्र की कल्पना उतारी। यजुर्वेद के शतरुद्रीय अध्याय में रुद्र के साथ शिव और गिरीश का भी उल्लेख मिलता है और उसके बाद, श्वेताश्वतरोपनिषद् में रुद्र की कल्पना बहुत-कुछ ब्रह्म का स्थान ले लेती है। लेकिन, ये शैव भावना की सीढ़ियाँ हैं, जो आर्य और आर्येतर संस्कृतियों के मिलन के बाद बढ़ती गई हैं। विचारने की मुख्य

बात यह है कि मोहनजोदड़ो और हरप्पा की खुदाई में योगस्थ शिव की मूर्तियाँ भी मिली हैं, जिनसे यह अनुमान होता है कि आर्यों के आगमन से पूर्व इस देश में शिव की पूजा प्रचलित थी। फिर यह बात भी है कि शिवपुराण में यह स्पष्ट कथा आती है कि ऋषियों ने शिव पर क्रोध किया और शाप दे डाला, जिससे उनके लिंग के नौ टुकड़े हो गए। शिवपुराण के आधार पर ही हिन्दू शिव का प्रसाद खाना निषिद्ध मानते हैं। एक कथा यह भी है कि दक्ष-प्रजापति के यज्ञ में शिव को स्थान नहीं दिया गया था। इन सारी बातों से विद्वान् यह अनुमान लगाते हैं कि आर्यों के यहाँ शिव-भावना की स्वीकृति, जरा विलम्ब से हुई है और, आरम्भ में, समाज के धार्मिक नेता इस बात के लिए तैयार नहीं थे कि लोग शिव को आर्य-देवता के रूप में ग्रहण करें। सम्भवतः, जब आर्यों का द्रविड़ों के साथ विवाह-सम्बन्ध होने लगा, तब द्राविड़ स्त्रियों के साथ शिव की भावना आर्यों के घरों में पहुँची और, यद्यपि, आर्य पंडित और पुरोहित इस भावना के प्रसार को अनेक उपायों से रोकना चाहते थे, तथापि गृहों में नारियों की प्रधानता होने के कारण, आर्य-परिवारों में भी यह भावना बढ़ती ही गई।

आचार्य क्षितिमोहन सेन ने अपनी पुस्तक 'संस्कृति-संगम' में इस विषय का बहुत ही विशद् विवेचन किया है। स्कन्द-पुराण, लिंग-पुराण, वामन-पुराण, कूर्म-पुराण, शिव-पुराण और पद्म-पुराण से उद्धरण और हवाले देकर उन्होंने यह बतलाया है कि कैसे शिवजी अश्लील व्यभिचारियों की तरह आचरण करते थे, कैसे उनके आचारों को देखकर मुनि-पत्नियाँ काम-मोहित हो जाती थीं और कैसे मुनिगण शिवजी पर कुपित होकर मुष्टि-प्रहार करते थे, उन्हें अपशब्द कहते और शाप देते थे।[36] इन उद्धरणों से यह बात स्पष्ट हो जाती है कि मुनि-पत्नियों में शिव की पूजा के लिए अदम्य उत्साह था और मुनिगण, यद्यपि, अपनी पत्नियों को शिव से अलग रखना चाहते थे, किन्तु इस कार्य में उन्हें सफलता नहीं मिलती थी। आचार्यजी लिखते हैं, ''मुनि-पत्नियों का शिव-पूजा के प्रति जो यह उत्साह दिखाई पड़ता है, उसका कारण पुराणों में उनकी कामुकता बताई गई है। पर यही क्या वास्तविक व्याख्या है? सम्भवतः, उन दिनों मुनि-पत्नियाँ अधिकतर आर्येतर शूद्र-कुलोत्पन्ना थीं; इसीलिए, वे अपने पितृ-कुल-देवता की पूजा करने के लिए इतनी व्याकुल थीं। यही व्याख्या अधिक युक्तियुक्त जान पड़ती है।''

शिव-सम्बन्धी कल्पना के विकास में औष्ट्रिक और नीग्रो संस्कृतियों की भी कुछ देन है, यह मत डॉ. भंडारकर का है। उनका कहना है कि रुद्र-शिव का सम्बन्ध, आरम्भ में, जंगली जातियों से भी रहा होगा या यह भी सम्भव है कि जंगली जातियों के बीच प्रचलित देवताओं के भी गुण, बाद को चलकर, रुद्र-शिव की कल्पना में आ मिले। शिव का भाँग-धतूरा खाना और श्मशान में वास करना तथा उनके साथ शव, सर्प, खप्पर एवं हाथी के चमड़े का सम्बन्ध, ये सारी बातें जंगली लोगों के ही संस्कारों से आई होंगी, जो सर्पपूजक रहे होंगे तथा जिनके देवता भी जंगली गुणों से युक्त रहे होंगे। हाथी के चमड़े (गजानि) वाली बात खुद में एक प्रमाण है; क्योंकि हाथी मध्य एशिया में नहीं होते। फिर यह कैसे सम्भव है कि मध्य एशिया से आनेवाले आर्यों ने भारत में आने से पहले ही अपने देवता के लिए गजाजिन के लिबास की कल्पना कर ली? डॉ. सुनीतिकुमार चटर्जी एक और नया प्रमाण देते हैं कि द्रविड़ लोग भारत में रोमसागर (मेडिटेरेनियन) के पास से आए थे तथा, सम्भवतः, शिव एवं शक्ति-विषयक दार्शनिक भाव भी वे वहीं से साथ लाए थे। द्रविड़ों का मूल निवास कहीं

एजियन समुद्र के पास पड़ता था, जहाँ सिंह पर चढ़नेवाली देवी-माता और साँड़ पर चढ़नेवाले देव-पिता की कल्पना पहले से ही प्रचलित थी। यहाँ भी यह बात ध्यान में आती है कि मोहनजोदड़ो में जो शिव की मूर्ति और बैल की प्रतिमा मिली है, उसका सम्बन्ध द्रविड़ों की शिव-पूजा से अवश्य रहा होगा।

धर्मानन्द कोसम्बी ने शैव धर्म के विकास पर एक विचित्र दृष्टिकोण से विचार किया है। उनका खयाल है कि वेद के रुद्र और बाद के शिव एक ही हैं। हाँ, जब इन्द्र की पूजा प्रचलित थी, तब शिव नहीं पूजे जाते थे। यजुर्वेद का समय आते-आते स्थिति बहुत बदल गई और एक ही रुद्र ब्राह्मणों को कई रूपों में दिखाई देने लगे। यजुर्वेद की तैत्तिरीय-संहिता से उद्धरण देकर उन्होंने बताया है कि कैसे ऋषि रुद्र को 'चोरों का, डाकुओं का, व्रात्यों का अधिपति' समझते थे। फिर आश्वलायन-गृह्य-सूत्र के उद्धरण देकर उन्होंने यह सिद्ध करना चाहा है कि रुद्र की प्रसन्नता के लिए उन दिनों शूलगाव-यज्ञ करने की भी प्रथा थी, जिसमें ऊँचे स्कन्धवाले बैलों की बलि दी जाती थी। उनका कहना है कि वेद-काल से लेकर शकों के समय तक महादेव अत्यन्त क्रूर देवता थे। महादेव से महेश्वर वे पाणिनि के समय बने और तभी से अहिंसक भी। श्वेताश्वतरोपनिषद् के बारे में उनका खयाल है कि इसकी रचना श्वेताश्वतर नाम के किसी पंडित ने, शक राजाओं की प्रसन्नता के लिए की थी, क्योंकि ये राजे कट्टर शैव थे।

सबसे विचित्र बात यह है कि लिंग-पूजा का आविर्भाव कोसम्बीजी जैन और बौद्ध श्रमणों की दुर्दान्त काम-भावना से मानते हैं। जब अविवाहित बच्चे श्रमण बनाए जाने लगे और स्त्रियों का स्पर्श तक उनके लिए वर्जित कर दिया गया, तब इन तरुण संन्यासियों की प्रवृत्ति वाम-मार्ग की ओर हुई। "हस्तस्पर्शादि न कर केवल नग्न स्त्री को देखने से कोई नियम-भंग नहीं होता था और काम-वासना, अंशतः, तृप्त भी हो जाती थी। इसी तरह से यह लिंग-पूजा भी निकली होगी।"[37]

किन्तु, यह निरी कपोल-कल्पना है। लिंग-पूजक तो आर्यों के आगमन के पूर्व ही, इस देश में वर्तमान थे, जिन्हें आर्यों ने 'शिश्नेदेवा' कहा है। अवश्य ही, ये शिश्नेदेवा आर्येतर जाति के लोग रहे होंगे। हाँ, विविध आचार-बन्धनों से त्रस्त श्रमणों को वाम-मार्ग की ओर जाने की प्रेरणा लिंग-पूजा से मिली हो, यह हो सकता है।

शैव धर्म, अपने मूल में, प्राग्वैदिक धर्म है, यह अनुमान इससे भी बल प्राप्त करता है कि पुराणों में सर्वत्र शंकर असुरों के पक्षपाती बताए गए हैं। शंकर ही असुरों को वरदान देकर उन्हें शक्तिशाली बनाते थे और तब असुर देवताओं को सताने लगते थे। शिव के प्रति ऋषियों की अनिच्छा का यह स्मृति-शेष है। भगवान् कृष्ण ने जब वाणासुर से युद्ध किया था, तब शंकर अपने पुत्र को साथ लेकर कृष्ण के विरुद्ध और वाणासुर की ओर से लड़े थे। इस युद्ध में जब शंकर पराजित हो गए, तब उन्होंने कृष्ण से प्रार्थनापूर्वक यह अनुरोध किया कि वे वाणासुर को प्राण-दान दे दें।

काशी का राजा पौंड्रक नकली वासुदेव बना था। उसका छद्म फाड़ने को भगवान् कृष्ण काशी गए और उसे मारकर द्वारका लौट गए। तब पौंड्रक के पुत्र ने शंकर की आराधना की और उनसे यह वरदान प्राप्त किया कि कृष्ण के वध के लिए कृत्या की उत्पत्ति हो।

कृत्या शंकर की जटा से उत्पन्न हुई और वह कृष्ण का ध्वंस करने को द्वारका पहुँची, किन्तु, कृष्ण ने उसे मार डाला।

वाणासुर के समान रावण को भी शंकर का वर प्राप्त था। प्रायः सारे-के-सारे दैत्य पुराणों में शैव दिखाए गए हैं। इस परम्परा का कुछ-न-कुछ अर्थ होना चाहिए और सबसे युक्तियुक्त अर्थ यही हो सकता है कि शंकर आर्येतर देवता थे और आर्य ऋषियों ने उन्हें अनिच्छापूर्वक स्वीकार किया।

कार्त्तिकेय और गणेश

शिव की पूजा के साथ द्रविड़ों का अधिक पुराना और निकट का सम्बन्ध है, इस अनुमान का एक आधार यह भी माना जा सकता है कि जबकि उत्तर भारत में मुख्य रूप से, शिव और उमा की ही पूजा प्रचलित है, तब दक्षिण में शिव के पूरे परिवार की पूजा का बड़ा ही व्यापक प्रचार है और शिव तथा उमा के साथ वहाँ कार्त्तिकेय और गणेश की पूजा भी बड़े ही उत्साह से की जाती है। उत्तर भारत में कार्त्तिकेय की मूर्ति विजया-दशमी के अवसर पर दुर्गा के साथ बनाई जाती है और गणेश, अकसर, शुभ और लाभ के बीच दुकानों पर विराजा करते हैं, लेकिन, दक्षिण के मन्दिरों में दोनों भाइयों की बड़ी-बड़ी मूर्तियाँ देखने में आती हैं, जिनकी बनावट से वीरता टपकी पड़ती है। दक्षिण में कार्त्तिकेय-विषयक अनेक धार्मिक गाथाएँ भी प्रचलित हैं। और उनके नाम भी अनेक हैं। कुमार, कार्त्तिकेय, षडानन और स्कन्द के अलावा, कार्त्तिकेय का एक नाम सुब्रह्मण्यम् भी दक्षिण में खूब प्रचलित है।

पंडितों का विचार है कि द्रविड़ों के यहाँ यौवन, युद्ध और वीरता के एक अलग देवता थे, जिनका नाम मुरुकन था। कालक्रम में यही शिवजी के पुत्र कुमार स्कन्द हो गए, जिनका चरित उत्तर के हिन्दू सिर्फ पुराणों में पढ़ते हैं, किन्तु, दक्षिण में जो उत्साह के साथ सत्कृत और पूजित होते आ रहे हैं।

गणेश की कल्पना भी आरम्भ में विघ्नेश के रूप में चली थी और जैसा कि मनुष्य की देह पर हाथी का मस्तक लगाए हुए उनका भयावह रूप है, वैसे ही, लोग उन्हें डरकर ही पूजते थे। कहते हैं, जब बौद्ध धर्म की महायान-शाखा का जन्म हुआ, ये विघ्नेश ज्यों-के-त्यों उसमें आ विराजे और प्रत्येक अनुष्ठान के आरम्भ में उनकी प्रसन्नता के लिए पूजा की जाने लगी। किन्तु धीरे-धीरे ब्राह्मणों ने उन्हें विघ्नहर बना डाला और विघ्नहर-रूप में ही वे हमारे पौराणिक धर्म के साथ रहे हैं। गणेश के गज-मस्तक होने की बात पर विचार करें तब तो, स्पष्ट ही, गणेश की कल्पना शुद्ध भारतीय मालूम होगी, क्योंकि आर्य जिस देश से यहाँ आए थे, उस देश में हाथी होते ही नहीं हैं। यह भी ध्यान देने की बात है कि गणेश की ॐमयी व्याख्या सातवीं सदी में ज्ञानेश्वरजी ने की और महाराष्ट्र में शारदा गणेशजी की पत्नी मानी जाती हैं, यद्यपि, दक्षिण भारत में गणेशजी को लोग अविवाहित और ब्रह्मचारी ही समझते हैं।

कार्त्तिकेय पर अब तक अनुसन्धान का कोई काम नहीं हुआ है। किन्तु, गणेश के सम्बन्ध में डॉ. सम्पूर्णानन्दजी वर्मा ने जो विद्वत्तापूर्ण पुस्तक लिखी है, उससे यह निर्विवाद रूप से सिद्ध हो गया है कि गणेश आर्येतर देवता हैं। यजुर्वेद में जो यह मन्त्र आता है कि–"**गणानान्त्वा**

गणपतिं हवामहे, प्रियाणान्त्वा प्रियपतिंहवामहे, निधीनान्त्वा निधिपतिं हवामहे बसोमम। आहमजानि गर्भधमात्वमं जासि गर्भधम्'' उसे देखकर पंडितों को भ्रम होता था कि, हो-न-हो, गणेश की कल्पना भी, बीज-रूप में, वेद में विद्यमान थी। किन्तु, अब यह बात निश्चित हो गई है कि ''इस मन्त्र में अश्वमेध के अश्व को गणपति कहा गया है।'' सम्पूर्णानन्दजी लिखते हैं, ''वेदों में तो गणेशजी हमको नहीं मिले, परन्तु, पुराणों में उनकी सर्वत्र चर्चा है। तन्त्रों में तो ऐसे-ऐसे विग्रह देखने को मिलते हैं, जिनके सामने चकित रह जाना पड़ता है। पुराणों की रचना गुप्त-काल के लगभग मानी जाती है। कुछ तन्त्र-ग्रन्थ अथवा तन्त्र-ग्रन्थों का कुछ अंश भी लगभग उतना ही पुराना है। जब पुराणों में गणेशजी की पूजा का विधान है तो ऐसा मानना ही चाहिए कि उनकी रचना के पहले यह पूजा स्थापित हो चुकी थी। अतः, ऐसा मानना अयुक्त नहीं जँचता कि विक्रम की 5वीं या 6ठी शती में भारत गणपति-पूजन से परिचित था। बुद्धदेव के समय गणपति देव-सूची में थे या नहीं, यह कहना कठिन है। इतना ही कहा जा सकता है कि बुद्धदेव ने ब्रह्मा, इन्द्र तथा कुछ और देवों के नाम लिये हैं, परन्तु गणेश का नाम नहीं लिया है। तीर्थंकर वर्धमान महावीर का भी, प्रायः, वही समय था। उन्होंने भी गणेश का नाम नहीं लिया है। प्रश्न यह है कि श्रुतिकाल के पीछे और पुराण-निर्माण काल के पहले, गणेशजी कहाँ से आकर देव-श्रेणी में सम्मिलित हुए?''

इसका उत्तर यह है कि ''आर्य लोग गणेश का अस्तित्व नहीं जानते थे। जब वे पूर्व की ओर बढ़े (स्मरण रहे कि सम्पूर्णानन्दजी आर्यों का मूल-निवास सप्त-सिन्धु देश मानते हैं) तो उनका अनार्यों से सम्पर्क बढ़ा और बहुत-से अनार्य आर्य-बस्तियों में बस गए। विजित पर तो विजेता की संस्कृति का रंग चढ़ा ही, परन्तु, विजेता भी अछूता नहीं बच सका। उसकी संस्कृति और आचार-विचार पर अनार्य प्रभाव पड़कर रहा। विद्वानों के विरोध करते रहने पर भी निम्न कोटि के लोगों ने कुछ नए देव-देवियों को अपनाया। ऐसे देव-देवी असभ्य जंगली लोगों में सर्वत्र पूज्य हैं। इनकी आकृति पशु-पक्षियों की-सी होती है या प्रेत-पिशाच जैसे मुँह और दाँत होते हैं। आज भी, बहुत-से गाँवों में ऐसे ग्रामदेवों की मिट्टी या लकड़ी की मूर्तियाँ दीख पड़ती हैं। प्रायः, सभी क्रूरकर्मी होते हैं। भाँति-भाँति की पूजा करके इनको शान्त किया जाता है। अपने अनार्य पड़ोसियों से आर्यों ने नाग, गधे पर सवार होनेवाली शीतला और कुत्ते पर चढ़नेवाले भैरव के साथ मूषकवाहन, हस्तिमुख विनायक को भी लिया। विनायक विघ्नकर्ता थे, अच्छे कर्मों में भी बाधा डालते थे इसलिए, प्रत्येक शुभ कर्म के आरम्भ में उनको मानना पड़ता था।'' जब आर्यों ने उन्हें ग्रहण किया, उनका रूप बदलने लगा और वे विघ्नेश से विघ्नहर बन गए। ''जब देव हो गए तब उनकी पूजा की पद्धति भी बनी, ढूँढ़-ढाँढ़कर दो-एक वेद-मन्त्र भी उनको दिए गए और उनके नाम पर उपनिषद् की भी रचना की गई।'' धीरे-धीरे, वे बौद्ध धर्म में भी प्रवेश पा गए और उसी के साथ भारत से बाहर भी पहुँचे, जहाँ उनके अत्यन्त विचित्र ध्यान प्रचलित हो गए। भारत में तो वह घर-घर पूजित हैं ही।

गणपति कोई विरूप देवता थे, उन्हें इस देश की जनता पूजती थी। आर्यों ने या तो इन देवता का प्रताप देखकर अथवा इनके भक्तों को प्रसन्न करने के लिए इन्हें स्वीकार कर लिया। आचार्य क्षितिमोहन सेन पिछले भाव को ही प्रधान मानते हैं। उनका कहना है कि ''अनेक अनार्य देवताओं को आर्य लोग स्वीकार नहीं कर सके। आस-पास के चतुर्दिक् प्रचलित

प्रभाव को रोक रखना असम्भव है। प्राचीन आर्यगण भी समझ सके थे कि गणचित्त को प्रसन्न किए बिना (इस देश में) वास करना कठिन है। इसलिए, सब यज्ञों में पहले गणदेवता गणपति की पूजा की व्यवस्था की गई।''[38]

शिव के आर्य और द्राविड़ नाम

शिव-सम्बन्धी आर्य और द्राविड़ नामों की तुलना से भी यह अनुमान पुष्ट होता है कि शिव की कल्पना अधिकांशतः आर्येतर कल्पना है और, मुख्यतः, यह द्राविड़ संस्कार से आई है। शिव का तमिल नाम सिवन् है, जिसका अर्थ लाल या रक्त वर्ण होता है। प्राचीन काल में, शिव का एक आर्य नाम भी 'नील-लोहित' मिलता है, जिसके भीतर शिव की गरल पानवाली कथा का संकेत है। रामचन्द्र दीक्षितर के अनुसार ऋग्वेद में भी रुद्र का अर्थ लाल ही होता है। इसी प्रकार, संस्कृत के शम्भु शब्द की तुलना तमिल के 'सेम्बू' शब्द से की जाती है, जिसका तमिल में अर्थ ताँबा या लाल धातु होता है। इसलिए, अनुमान है कि द्रविड़ों के यहाँ जो ताम्रवर्ण के प्रतापी देवता थे, वही आर्यों के मरुतस्वामी रुद्र से मिल गए तथा औष्ट्रिक जातिवालों के पास जो जंगली देवता थे, उनके भी गुण, धीरे-धीरे, आकर रुद्र-शिव की भावना के साथ, जुड़ने लगे। इस तरह, बहुत काल के बीत जाने पर, शिव का रूप अत्यन्त विकसित हो गया और उसके एक छोर पर तो आर्यों की रुद्र-सम्बन्धी दार्शनिक भावना प्रतिष्ठित हुई, जिसे आर्य और द्रविड़, दोनों जातियों के शिष्ट वर्ग ने अपनाया और दूसरे छोर पर शिव के पारिवारिक रूप, उनके अवढर और दयालु होने की बात तथा उनके योगेश्वर, भूतेश और फक्कड़ एवं अघोर होने की कथाएँ आ जुड़ीं, जिनसे जन-साधारण को सन्तोष मिलने लगा।

वैष्णव धर्म

शैव धर्म के भीतर द्राविड़ प्रभाव के लिए जितने प्रमाण मिलते हैं, वैष्णव धर्म के भीतर उस प्रभाव के उतने अधिक प्रमाण नहीं मिलते। मगर, यहाँ भी कई शंकाएँ हैं, जिनका समाधान केवल यह मान लेने से नहीं हो सकता कि वैष्णव मत में, सब-का-सब, सिर्फ, आर्यों का दिया हुआ है। उदाहरण के लिए, पंडितों को यह शंका होती है कि गौर वर्ण के आर्यों ने काले रंग के विष्णु की कल्पना क्यों की? यह ठीक है कि ऋग्वेद में विष्णु शब्द का उल्लेख मिलता है, मगर, वह 'सूर्य' के अर्थ में है।[39] तो, जो देवता सूर्य के समान उज्ज्वल और चमकीला था, वह काला कैसे बन गया? इससे भी बड़ी शंका की बात यह है कि गोपाल-कृष्ण का उल्लेख आर्यों के प्राचीन साहित्य में नहीं मिलता और राधा का उल्लेख जो वैष्णव धर्म में इतनी पूजित हैं, वैष्णव मत के अत्यन्त प्रमुख पुराण, श्रीमद्भागवत में नहीं है। अगर वैष्णव धर्म आर्यों का बिलकुल अपना आविष्कार होता तो इस धर्म के सभी पहलुओं के बीज आरम्भ के आर्य-साहित्य (वेद, उपनिषद्, ब्राह्मण आदि) में अवश्य मिलते। मगर, बात वैसी नहीं है। इसलिए, यह मानना अधिक युक्तिसंगत है कि यह धर्म भी भारत की प्राग्वैदिक धार्मिक परम्पराओं के योग से विकसित हुआ है।

वैष्णव धर्म को अवैदिक मानते हुए आचार्य क्षितिमोहन सेन ने लिखा है कि जिस भृगु ने लिंगधारी शिव को शाप दिया था, उसी ने विष्णु के वक्षःस्थल पर भी पदाघात किया।

"जान पड़ता है, भृगुगण खूब निष्ठावान् वैदिक थे। वैष्णव धर्म प्राचीनतर वैदिक भृगु के उस पदाघात से लांछित होकर हमारे देश में प्रतिष्ठित हुआ। इन्द्र के बाद होने के कारण ही विष्णु का नाम 'उपेन्द्र इन्द्रावरजः' (अमरकोष) पड़ा। इन दोनों ही नामों का अर्थ है इन्द्र का परवर्ती।" इस प्रसंग में, इस बात पर भी ध्यान गए बिना नहीं रह सकता कि भगवान् कृष्ण के सम्बन्ध में यह कथा प्रचलित है कि उन्होंने इन्द्र-पूजा का विरोध किया था और इन्द्र के नाम पर अर्पित पकवानों को वे स्वयं ही खा गए थे।

डॉ. सुनीतिकुमार चटर्जी का विचार है कि आर्यों के सूर्यवाचक देवता विष्णु भारत में आकर द्रविड़ों के एक आकाश-देव से मिल गए, जिनका रंग, द्रविड़ों के अनुसार, आकाश के ही सदृश नीला अथवा श्याम था। तमिल भाषा में आकाश को 'विन्' भी कहते हैं, जिसका विष्णु शब्द से निकट का सम्बन्ध हो सकता है।

डॉ. भंडारकर के अनुसार प्राचीन काल में वैष्णव धर्म, मुख्यतः, तीन तत्त्वों के योग से उत्पन्न हुआ था। पहला तत्त्व तो यह विष्णु नाम ही है, जिसका वेद में उल्लेख, सूर्य के अर्थ में मिलता है। दूसरा तत्त्व नारायण-धर्म का है, जिसका विवरण महाभारत के शान्तिपर्व के नारायणीय उपाख्यान में है। और तीसरा तत्त्व वासुदेव-मत का है। यह वासुदेव-मत वसुदेव नामक एक ऐतिहासिक पुरुष (समय 600 ई.) के इर्द-गिर्द विकसित हुआ था।[40] इन्हीं तीन तत्त्वों ने एक होकर वैष्णव धर्म को उत्पन्न किया। लेकिन, उसमें कृष्ण के ग्वाल रूप की कल्पना और राधा के साथ उनके प्रेम की कथा बाद में आई और ये कथाएँ, शायद, आर्येतर जातियों में प्रचलित थीं।

बहुत प्राचीन काल में नर नामक अपने मित्र के साथ नारायण ऋषि बदरीनाथ में रहते थे और नारद उन दोनों की सेवा करते थे। इसी कारण बदरीनाथ को नारदीय क्षेत्र भी कहते हैं। नारद ने यहीं पांचरात्र-मार्ग का प्रवर्तन किया, जिसके आराध्य नारायण ऋषि थे। यही मार्ग विकसित होकर वैष्णव धर्म हुआ, जिसमें वासुदेव और संकर्षण, लक्ष्मी और नारायण, राम और सीता तथा कृष्ण और राधा की पूजा की जाती है। पुराणों में यह भी कथा आई है कि जब सहस्रकवच नामक दैत्य देवताओं को बहुत त्रास देने लगा, तब उसका वध करने के लिए स्वयं विष्णु ही नारायण और नर के रूप में अवतीर्ण हुए थे। द्वापर में नारायण तो कृष्ण हुए और नर अर्जुन।

श्री परशुराम चतुर्वेदी का अनुमान (उत्तर भारत की सन्त-परम्परा में) है कि उपनिषदों के युग में जो यज्ञ-विरोधी आन्दोलन उठे, उनमें सबसे अधिक प्रचार भक्ति-साधना का था। "उपनिषदों में कहा गया मिलता है कि आत्मा की उपलब्धि किसी बलहीन को नहीं होती और न वह उपदेशों से, अध्ययन से अथवा मेधा से ही साध्य है। वह जिस किसी को स्वयं वरण कर लेता है, वही उसे पाने में समर्थ हो जाता है और उसी के समक्ष वह अपने स्वरूप को प्रकट वा प्रदर्शित भी करता है। अतएव, आत्मा द्वारा वरण किए जाने के पूर्व उसे प्रार्थना या सेवा से प्रसन्न कर लेना परमावश्यक समझा गया। और इस प्रकार, एकमात्र हरि में एकाग्र भाव के साथ भक्ति करनेवाली साधना का भी 'ऐकान्तिक धर्म' के रूप में उदय हुआ। इसकी पूजन-पद्धति 'सात्वत-विधि' कहलाने लगी, जिसके प्रधान अंग भक्ति, आत्म-समर्पण एवं अहिंसा के भाव थे और जिसे अपनाकर प्रचार करनेवालों में वासुदेव कृष्ण-जैसे महान् व्यक्ति

की भी गणना की जाती थी। इस कारण, आगे चलकर इसका नाम भी 'वासुदेव-धर्म' पड़ गया और हरि का स्थान, क्रमशः, वासुदेव कृष्ण ने ग्रहण कर लिया। अन्त में, विक्रम सम्वत् के पूर्व, तीसरी शताब्दी तक इसकी विधि 'पांचरात्र-पद्धति' में परिणत हो गई और इसका नाम 'भागवत्-धर्म' के रूप में परिवर्तित हो गया।''

'कृष्ण' नाम की प्राचीनता

कृष्ण नाम के साथ गाय, चरवाहे, खेती और किसानी की कथाएँ देखकर तथा यह देखकर कि उनके भाई बलराम हल लेकर चलते हैं, पश्चिम के विद्वानों ने यह अनुमान लगाया था कि पहले कृष्ण फसल और वनस्पति के देवता रहे होंगे। मगर, भारतीय पंडित इस अनुमान को नहीं मानते। कृष्ण नाम बहुत प्राचीन है। पाणिनि (7वीं सदी ई.पू.) ने एक जगह कृष्ण और अर्जुन का उल्लेख धार्मिक नेता के रूप में किया है।[41] मेगस्थनीज (ई.पू. तीसरी सदी) कहता है कि मथुरा और कृष्णपुर में कृष्ण की पूजा होती है। महानारायण उपनिषद् (ई.पू. 200) का प्रमाण है कि कृष्ण उस समय विष्णु के अवतार माने जाने लगे थे। पतंजलि (ई.पू. 150 के लगभग) के भाष्य में भी वासुदेव का उल्लेख आर्य-जाति के देवता के रूप में मिलता है। बेसनगर-शिलालेख (ई.पू. तृतीय या द्वितीय सदी) से मालूम होता है कि भागचन्द्र महाराज के समय हेलियोदोर ने वासुदेव की पूजा के लिए, गरुड़ध्वज के रूप में, उस स्तम्भ की स्थापना की थी। इस लेख में वासुदेव को देवों का देव कहा गया है।

कृष्ण ऐतिहासिक पुरुष हैं, इसमें सन्देह करने की कोई गुंजाइश नहीं दीखती और वे अवतार के रूप में पूजित भी बहुत दिनों से चले आ रहे हैं। उनका सम्बन्ध फसल और गाय से था, यह भी विदित बात है। प्राचीन ग्रन्थों में उनके साथ जो प्रेम की कथाएँ नहीं मिलतीं, उससे भी यही प्रमाणित होता है कि वे कोरे प्रेमी और हलके जीव नहीं, बल्कि देश और धर्म के बहुत बड़े नेता थे। अवश्य ही, गोपाल-लीला, रास और चीर-हरण की कथाएँ तथा उनका रसिक-रूप बाद के भ्रान्त कवियों और आचारच्युत् भक्तों की कल्पनाएँ हैं जिन्हें इन लोगों ने कृष्ण-चरित में जबर्दस्ती ठूँस दिया। ''शकों के ह्रास-काल में जिस प्रकार, महादेव का रूपान्तर लिंग में हुआ, उसी प्रकार, गुप्तों के अवनति-काल में वासुदेव का रूपान्तर व्यभिचारी गोपाल में हुआ।'' (कोसम्बी)

प्राचीनतम भारतीय साहित्य और शिल्प में श्रीकृष्ण की श्रृंगार-लीलाओं का प्रमाण नहीं मिलता, इस विषय की विशद् विवेचना करते हुए पं. हजारीप्रसादजी द्विवेदी ने अपनी पुस्तक 'मध्यकालीन धर्म-साधना' में लिखा है कि ''श्री कृष्णावतार के दो मुख्य रूप हैं। एक में वे यदुकुल के श्रेष्ठ रत्न हैं, वीर हैं, राजा हैं, कंसारि हैं। दूसरे में वे गोपाल हैं, गोपी-जन-वल्लभ हैं, 'राधाधर-सुधापान-शालि-वनमालि' हैं। प्रथम रूप का पता बहुत पुराने ग्रन्थों से चल जाता है। पर, दूसरा रूप अपेक्षाकृत नवीन है। धीरे-धीरे वह दूसरा रूप ही प्रधान हो गया और पहला रूप गौण। विद्वानों ने अश्वघोष की निम्नलिखित पंक्ति में गोपाल-कृष्ण का सबसे पुराना प्रामाणिक उल्लेख बताया है–'ख्यातानि कर्माणि च यानि सौरेः शूरादयस्तेष्वबला बभूवुः।' कालिदास ने 'गोपवेषस्य विष्णोः' की चर्चा की है। महाभारत के सभापर्व (68वें अध्याय) में द्रौपदी ने वस्त्राकर्षण के समय भगवान् को जिन अनेक नामों से पुकारा, उनमें 'गोविन्द

द्वारकावासिन् कृष्ण गोपीजनप्रिय' भी है। किन्तु, कुछ लोग इस अंश को प्रक्षिप्त मानते हैं। परन्तु, हरिवंश में तो कृष्ण गोपाल की चर्चा में लगभग बीस अध्याय लिखे गए हैं। तब भी, श्रीकृष्ण के दुष्ट-दमन-रूप का प्राधान्य उसमें बना हुआ है। विष्णुपुराण में भी लगभग ये ही बातें हैं। भागवत में अनेक अन्य प्रसंगों को जोड़ा गया है।'' आगे द्विवेदीजी कहते हैं, ''मूर्ति-शिल्प में भी आरम्भ में शृंगार-लीलाओं का उतना प्राधान्य नहीं दीखता। कहा जाता है कि ईसवी सन् की दूसरी शताब्दी से पहले की कोई भी मूर्ति या उत्कीर्ण भित्तिचित्र श्रीकृष्ण-चरित से सम्बद्ध नहीं मिला है। मथुरा में श्रीकृष्ण के जन्म का उत्कीर्ण चित्र प्राप्त हुआ है, जो सम्पूर्ण नहीं है। चौथी शताब्दी से श्रीकृष्णलीला की प्रमुख कथाएँ बहुत लोकप्रिय हो गईं थीं, ऐसा जान पड़ता है। मन्सोर मन्दिर के टूटे हुए दो द्वार-स्तम्भ प्राप्त हुए हैं, जिनमें गोवर्धन-धारण, नवनीत-चौर्य, शकट-भंग, धेनुक-वध और कालिय-दमन की लीलाएँ उत्कीर्ण हैं। विद्वानों का मत है कि इसका निर्माण-काल ईसवी-सन् की चौथी या पाँचवीं शताब्दी होगा। सम्भवतः, चौथी शताब्दी की एक और गोवर्धनधारी मूर्ति मथुरा में प्राप्त हुई है। महाबलीपुरम् में भी गोवर्धनधारी की उत्कीर्ण मूर्ति मिली है। ऐसा जान पड़ता है कि गोवर्धन-धारण श्रीकृष्ण-चरित की सर्वप्रिय लीला उन दिनों रही होगी। इस प्रकार, शिल्प और साहित्य दोनों की गवाही से यही पता चलता है कि, आरम्भ में, श्रीकृष्ण की वीर-चर्चा ही प्रधान थी।''

कृष्ण का प्राचीनतम उल्लेख पहले छान्दोग्य उपनिषद् में और तब महाभारत में मिलता है। इन दोनों ग्रन्थों में कृष्ण के रसिक रूप की चर्चा है ही नहीं।

'राधा' नाम पर विचार

वैष्णवों के तीन प्रसिद्ध पुराण हरिवंश, विष्णुपुराण और भागवत हैं। लेकिन, इनमें से किसी में भी राधा नाम का उल्लेख नहीं है। भागवत में कथा आई है कि कृष्ण ने सभी गोपियों को छोड़कर एक गोपी से अलग मुलाकात की। बस, भक्तगण इसे ले उड़े और उसी गोपी को राधा मानने लगे। पंडितों का यह भी विचार है कि कृष्ण-चरित के साथ बाल-लीला की कथा पहले से शुरू हुई, राधा तथा अन्य गोपियों के साथ उनकी प्रेम-लीला की कहानियाँ बहुत बाद में आई हैं।''[42]

राधा का नाम कैसे चला, यह गहरे विवाद का विषय है। नारद-पाँच-रात्र-संहिता में लिखा है कि एक ही भगवान् पुरुष और स्त्री रूप में प्रकट होते हैं। सम्भव है, इस दार्शनिक कल्पना से ही बाद के कवियों ने, जैसे शिव के साथ पार्वती और विष्णु के साथ लक्ष्मी हैं, वैसे ही, कृष्ण के साथ एक जोड़ी मिलाने के लिए राधा की कल्पना कर ली हो। लेकिन, यह राधा का नाम आया कहाँ से? और फिर यह क्यों हुआ कि बालक कृष्ण के साथ युवती राधा की अनमेल जोड़ी मिला दी गई? भागवत सम्प्रदाय और माध्व सम्प्रदाय राधा को नहीं मानते हैं। असम में भी वैष्णवों के बीच राधा की पूजा का चलन नहीं है। पंडित हजारीप्रसाद द्विवेदी ने 'मध्यकालीन धर्म-साधना' में यह भी लिखा है कि प्रेम-विलास और भक्ति-रत्नाकर के अनुसार, ''नित्यानन्द प्रभु की छोटी पत्नी जाह्नवी देवी जब वृन्दावन गईं, तो उन्हें यह देखकर बड़ा दुःख हुआ कि श्रीकृष्ण के साथ राधा नाम की मूर्ति की कहीं पूजा नहीं होती थी। घर लौटकर उन्होंने नयनभास्कर नामक कलाकार से राधा की मूर्तियाँ बनवाईं और उन्हें वृन्दावन

भिजवाया। जीव गोस्वामी की आज्ञा से ये मूर्तियाँ श्रीकृष्ण के पार्श्व में रखी गईं और तब से श्रीकृष्ण के साथ राधिका की भी पूजा होने लगी।''

दूसरी ओर, जो भी सम्प्रदाय भागवत के बादवाले पुराणों को मानते हैं, वे राधा को भी स्वीकार करते हैं। इसलिए, यह बहुत सम्भव दीखता है कि आर्यों के वैष्णव धर्म में कृष्ण की बाल-लीला और राधा से उनके प्रेम की कल्पना किसी आर्येतर जाति से आई हो। इस सम्बन्ध में एक मत यह है कि बाल-लीला की कल्पना आभीर-जाति के किसी बाल-देवता से मिली है और राधा भी, सम्भवतः, दक्षिण के किसी आर्येतर समाज की कोई प्रेम की देवी रही होंगी। कालक्रम में ये दोनों कथाएँ वासुदेव धर्म से आ मिलीं और धीरे-धीरे, बदलकर कृष्ण का वह रूप हो गया, जिसे हम आज देखते हैं। इस अनुमान को एक समर्थन तो इस बात से भी मिलना चाहिए कि राधावाद के प्रचारक निम्बार्क महाराज दक्षिण के ही थे और उत्तर भारत में फैलने के पहले कृष्ण भक्ति के सिलसिले में राधा-भक्ति का भी प्रचार दक्षिण में ही हुआ, जिसके प्रचारक आलवार भक्त थे। दक्षिण की भगतिन ओन्दाल, जो मीरा से बहुत पहले हुईं, अपने आपको राधा मानती थीं। इसके विपरीत, डॉ. फरकोहार यह कहते हैं कि ''कोई आधार नहीं मिलने से अनुमान यही होता है कि राधा की कल्पना भागवत की खास गोपी को लेकर वृन्दावन में उठी और वहीं से सर्वत्र फैली है।''

राम-कथा की प्राचीनता

राम-कथा का मूल स्रोत क्या है तथा यह कथा कितनी पुरानी है, इस प्रश्न का सम्यक् समाधान अभी नहीं हो पाया है। इतना सत्य है कि बुद्ध और महावीर के समय जनता में राम के प्रति अत्यन्त आदर का भाव था, जिसका प्रमाण यह है कि जातकों के अनुसार, बुद्ध अपने पूर्व जन्म में एक बार राम होकर भी जनमे थे और जैन-ग्रन्थों में तिरसठ महापुरुषों में राम और लक्ष्मण की भी गिनती की जाती थी। इससे यह अनुमान भी निकलता है कि राम, बुद्ध और महावीर, दोनों के बहुत पहले से ही समाज में आदृत रहे होंगे। विचित्रता की बात यह है कि वेद में राम-कथा के अनेक पात्रों का उल्लेख है। इक्ष्वाकु, दशरथ, राम, अश्वपति, कैकेयी, जनक और सीता, इनके नाम वेद और वैदिक साहित्य में अनेक बार आए हैं, किन्तु, विद्वानों ने अब तक यह स्वीकार नहीं किया कि ये नाम, सचमुच, राम-कथा के पात्रों के ही नाम हैं। विशेषतः वैदिक सीता के सम्बन्ध में यह समझा जाता है कि यह शब्द लांगल-पद्धति (खेत में हल से बनाई हुई रेखा) का पर्याप्त है, इसलिए, उसे इन्द्र-पत्नी और पर्जन्य-पत्नी भी कहते हैं।[43] सीता खेत की सिरोर (हल-रेखा)[44] का नाम था, इसका समर्थन महाभारत से भी होता है, जहाँ द्रोणपर्व जयद्रथ-वध के अन्तर्गत ध्वजवर्णन नामक अध्याय में (7.105) कृषि की अधिष्ठात्री देवी, सब चीजों को उत्पन्न करनेवाली सीता का उल्लेख हुआ है। हरिवंश के भी द्वितीय भाग में दुर्गा की एक लम्बी स्तुति में कहा गया है कि ''तू कृषकों के लिए सीता है तथा प्राणियों के लिए धरणी,'' (कर्षुकानां च सीतेति भूतानां धरणीति च)। इससे पंडितों ने यह अनुमान लगाया है कि राम-कथा की उत्पत्ति के पूर्व ही, सीता कृषि की अधिष्ठात्री देवी के रूप में वैदिक साहित्य में पूजित हो चुकी थीं। पीछे, जब अयोनिजा, सीता की कल्पना की जाने लगी, तब उस पर वैदिक सीता का प्रभाव, स्वाभाविक रूप से, पड़ गया।

राम-कथा का उद्गम खोजते-खोजते पंडितों ने एक अनुमान लगाया है कि वेद में जो सीता कृषि की अधिष्ठात्री देवी थीं, वे ही, बाद में, अयोनिजा कन्या बन गईं, जिन्हें जनक ने हल चलाते हुए खेत में पाया। राम के सम्बन्ध में इन पंडितों का यह मत है कि वेद में जो इन्द्र नाम से पूजित था, वही व्यक्तित्व, कालक्रम में, विकसित होकर राम बन गया। इन्द्र की सबसे बड़ी वीरता यह थी कि उसने वृत्रासुर को पराजित किया था। राम-कथा में यही वृत्रासुर रावण बन गया है। ऋग्वेद (मंडल 1, सूक्त 6) में जो कथा आई है कि पंडितों ने गायों को छिपाकर गुफा में बन्द कर दिया था और इन्द्र ने उन गायों को छुड़ाया, उससे पंडितों ने यह अनुमान लगाया है कि यही कथा विकसित होकर राम-कथा में सीता-हरण का प्रकरण बन गई।

किन्तु, ये सारे अनुमान, अन्ततः, अनुमान ही हैं और उनसे न तो किसी आधार की पुष्टि होती है, न किसी समस्या का समाधान ही। राम-कथा के जिन पात्रों के नाम वेद में मिलते हैं, वे निश्चित रूप से, राम-कथा के पात्र हैं या नहीं, इस विषय में सन्देह रखते हुए भी यह मानने में कोई बड़ी बाधा नहीं दीखती कि राम-कथा ऐतिहासिक घटना पर आधारित है। अयोध्या, चित्रकूट, पंचवटी, रामेश्वरम्, अनन्त काल से राम-कथा से सम्पृक्त माने जाते रहे हैं। क्या यह इस बात का प्रमाण नहीं है कि दाशरथि राम, सचमुच, जनमे थे और उनके चरित्र पर ही वाल्मीकि ने अपनी रामायण बनाई? इस सम्भावना का खंडन यह कहने से भी नहीं होता कि वाल्मीकि ने आदि रामायण में केवल अयोध्या-कांड से युद्ध-कांड तक की ही कथा लिखी थी; बाल-कांड और उत्तर-कांड बाद में अन्य कवियों ने मिलाए।

अनेक बार पंडितों ने यह सिद्ध करना चाहा कि रामायण बुद्ध के बाद रची गई और वह महाभारत से भी बाद की है। किन्तु, इससे समस्याओं का समाधान नहीं होता। भारतीय परम्परा, एक स्वर से, वाल्मीकि को आदि कवि मानती आई है और यहाँ के लोगों का विश्वास है कि रामावतार त्रेता युग में हुआ था। इस मान्यता की पुष्टि इस बात से होती है कि महाभारत में रामायण की कथा आती है, किन्तु, रामायण में महाभारत के किसी भी पात्र का उल्लेख नहीं है। इसी प्रकार, बौद्ध ग्रन्थ तो राम-कथा का उल्लेख करते हैं, किन्तु रामायण में बुद्ध का उल्लेख नहीं है। रामायण के एक संस्करण में जावालि-वृत्तान्त के अन्तर्गत बुद्ध का जो उल्लेख मिलता है (यथा हि चौरः स तथा हि बुद्धः) उसे अनेक पंडितों ने क्षेपक माना है। यह भी कहा जाता है कि सीता का हिंसा के विरुद्ध भाषण तथा राम के शान्त और कोमल स्वभाव की कल्पना के पीछे 'किंचित् बौद्ध प्रभाव' है। किन्तु, यह केवल अनुमान की बात है। अहिंसा की कल्पना बुद्ध से बहुत पहले की चीज है। उसका मूल भारत की प्राग्वैदिक संस्कृति में रहा होगा। बुद्ध ने सिर्फ उस पर जोर दिया है। बुद्ध के पहले के हिन्दुत्व में ऐसी कोई बात नहीं थी, जो रामायण के वातावरण के विरुद्ध हो। रामायण प्राग्-बौद्ध काव्य है, इस निष्कर्ष से भागा नहीं जा सकता।

राम-कथा की व्यापकता

रामायण और महाभारत भारतीय जाति के दो महाकाव्य हैं। महाकाव्यों की रचना तब सम्भव होती है, जब संस्कृतियों की विशाल धाराएँ किसी संगम पर मिल रही हों। भारत में

संस्कृति-समन्वय की जो प्रक्रिया चल रही थी, ये दोनों काव्य उसकी अभिव्यक्ति करते हैं। रामायण में इस प्रक्रिया के पहले सोपान हैं और महाभारत में उसके बादवाले। रामायण की रचना तीन कथाओं को लेकर पूर्ण हुई। पहली कथा तो अयोध्या के राजमहल की है, जो पूर्वी भारत में प्रचलित रही होगी; दूसरी रावण की जो दक्षिण में प्रचलित रही होगी; और तीसरी किष्किन्धा के वानरों की, जो वन्य जातियों में प्रचलित रही होगी। आदि कवि ने तीनों को जोड़कर रामायण की रचना की। किन्तु, उससे भी अधिक सम्भव यह है कि राम, सचमुच ही, ऐतिहासिक पुरुष थे और, सचमुच ही, उन्होंने किसी वानर-जाति की सहायता से लंका पर विजय पाई थी। हाल से यह अनुमान भी चलने लगा है कि हनुमान नाम एक द्रविड़ शब्द 'आणमन्दि' से निकला है, जिसका अर्थ 'नर-कपि' होता है। यहाँ फिर यह बात उल्लेखनीय हो जाती है कि ऋग्वेद में भी 'वृषाकपि' का नाम आया है। वानरों और राक्षसों के विषय में भी अब यह अनुमान प्रायः ग्राह्य हो चला है कि ये लोग प्राचीन विन्ध्य-प्रदेश और दक्षिण भारत की आदिवासी आर्येतर जातियों के सदस्य थे; या तो उनके मुख वानरों के समान थे, जिससे उनका नाम वानर पड़ गया अथवा उनकी ध्वजाओं पर वानरों और भालुओं के निशान रहे होंगे।

रामायण में जो तीन कथाएँ हैं, उनके नायक क्रमशः राम, रावण और हनुमान हैं, और ये तीन चरित्र तीन संस्कृतियों के प्रतीक हैं, जिनका समन्वय और तीरोधान वाल्मीकि ने एक ही काव्य में दिखाया है। सम्भव है, यह बात सच हो कि "राम, रावण और हनुमान के विषय में पहले स्वतन्त्र आख्यान-काव्य प्रचलित थे और इसके संयोग से रामायण काव्य की उत्पत्ति हुई है।"[45] जिस प्रकार, आर्य और आर्येतर जातियों के धार्मिक संस्कारों से शैव धर्म की उत्पत्ति हुई, उसी प्रकार, वैष्णव धर्म की रामाश्रयी शाखा में भी आर्येतर जातियों के योगदान हैं।

रामावतार

कृष्णाश्रयी वैष्णव धर्म की विशेषता यह थी कि उसमें कृष्ण विष्णु पहले माने गए एवं उनके सम्बन्ध की कथाओं का विस्तृत विकास बाद में हुआ। राम-मत के विषय में यह बात है कि राम-कथा का विकास और प्रसार पहले हुआ, राम विष्णु का अवतार बाद में माने गए। भंडारकर साहब ने तो यहाँ तक घोषणा कर दी थी कि विष्णु के अवतार के रूप में राम का ग्रहण ग्यारहवीं सदी में आकर हुआ। किन्तु, अब यह मत खंडित हो गया है। अब अधिक विद्वान् यह मानते हैं कि ईसा से तीन सौ वर्ष पूर्व वासुदेव कृष्ण विष्णु के अवतार माने जाने लगे थे और उनके अवतार होने की बात चलने के बाद, बाकी अवतार भी विष्णु के ही अवतार माने जाने लगे; तथा उन्हीं दिनों राम का अवतार होना भी प्रचलित हो गया। वैसे अवतारवाद की भावना ब्राह्मण-ग्रन्थों में ही उदित हुई थी। शतपथ-ब्राह्मण में लिखा है कि प्रजापति ने (विष्णु ने नहीं) मत्स्य, कूर्म और वराह का अवतार लिया था। तैत्तिरीय-ब्राह्मण में भी प्रजापति के वराह रूप धरने की कथा है। बाद में, जब विष्णु की श्रेष्ठता सिद्ध हो गई, तब मत्स्य, कूर्म और वराह, ये सभी अवतार उन्हीं के माने जाने लगे। केवल वामनावतार के सम्बन्ध में यह कहा जाता है कि वामन, आरम्भ से ही, विष्णु के अवतार माने जाते रहे हैं। वामन

के त्रिविक्रम रूप का उल्लेख ऋग्वेद के प्रथम मंडल द्वितीय अध्याय के बारहवें सूक्त में है।

राम-कथा के विकास पर रेवरेंड फादर कामिल बुल्के ने जो विद्वत्तापूर्ण ग्रन्थ प्रकाशित किया है, उसके अनुसार वेद में रामकथा-विषयक पात्रों के सारे उल्लेख स्फुट और स्वतन्त्र हैं। रामकथा-सम्बन्धी आख्यान-काव्यों की वास्तविक रचना वैदिक काल के बाद, इक्ष्वाकुवंश के राजाओं के सूतों ने आरम्भ की। इन्हीं आख्यान-काव्यों के आधार पर वाल्मीकि ने आदि-रामायण की रचना की। इस रामायण में अयोध्या-कांड से लेकर युद्ध-कांड तक की ही कथावस्तु का वर्णन था और उसमें सिर्फ बाहर हजार श्लोक थे। किन्तु, इस रामायण का समाज में बहुत प्रचार था। कुशी-लव उसका गान करके और उसके अभिनेता उसका अभिनय दिखाकर अपनी जीविका कमाते थे। काव्योपजीवी कुशी-लव अपने श्रोताओं की रुचि का ध्यान रखकर रामायण के लोकप्रिय अंश को बढ़ाते भी थे। इस प्रकार, आदि-रामायण का कलेवर बढ़ने लगा। ज्यों-ज्यों राम-कथा का यह मूल-रूप लोकप्रिय होता गया, त्यों-त्यों, जनता को यह जिज्ञासा होने लगी कि राम कैसे जनमे? सीता कैसे जनमीं? रावण कौन था? आदि-आदि। इसी जिज्ञासा की शान्ति के लिए बाल-कांड और उत्तर-कांड रचे गए। इस प्रकार, राम की कथा रामायण (राम-अयन अर्थात् राम का पर्यटन) न रहकर, पूर्ण रामचरित के रूप में विकसित हुई। इस समय तक रामायण नरकाव्य ही था और राम आदर्श क्षत्रिय के रूप में ही भारतीय जनता के सामने प्रस्तुत किए गए थे। इसका आभास भगवद्गीता के उस स्थल से मिलता है, जहाँ कृष्ण अर्जुन से कहते हैं कि शस्त्र धारण करनेवालों में मैं राम हूँ—'रामः शस्त्रभृतामहम्।'

रामचरित, ज्यों-ज्यों लोकप्रिय होता गया, त्यों-त्यों, उसमें अलौकिकता भी आती गई। अन्ततः, ईसा के सौ वर्ष पूर्व तक आकर राम, निश्चित रूप से, विष्णु के अवतार हो गए। किन्तु, यह कोई निश्चयात्मक बात नहीं है। क्योंकि राम की, बोधिसत्व के रूप में, कल्पना ई.पू. प्रथम शती के पूर्व ही की जा चुकी थी। इसलिए, सम्भव है, अवतार भी वे पहले से ही माने जाते रहे हों।

किन्तु, बाद के साहित्य में तो राम की महिमा अत्यन्त प्रखर हो उठी तथा पूरे भारतवर्ष की संस्कृति, दिनोंदिन, राममयी होती चली गई। बौद्ध और जैन साहित्य को छोड़कर और सभी भारतीय साहित्य में राम विष्णु के अवतार के रूप में सामने आते हैं। हाँ, बौद्ध धर्म के साथ राम-कथा का जो रूप भारत से बाहर पहुँचा, उसमें वे विष्णु के अवतार नहीं रहे, न उनके प्रति भक्ति का ही कोई भाव रह गया।

राम को लेकर समन्वय

भारत में संस्कृतियों का जो विराट् समन्वय हुआ है, राम-कथा उसका अत्यन्त उज्ज्वल प्रतीक है। सबसे पहले तो यह बात है कि इस कथा से भारत की भौगोलिक एकता ध्वनित होती है। एक ही कथासूत्र में अयोध्या, किष्किन्धा और लंका, तीनों के बँध जाने के कारण, सारा देश एक दीखता है। दूसरे, इस कथा पर भारत की सभी प्रमुख भाषाओं में रामायणों की रचना हुई, जिनमें से प्रत्येक, अपने-अपने क्षेत्र में, अत्यन्त लोकप्रिय रही है तथा जिनके प्रचार के कारण भारतीय संस्कृति की एकरूपता में बहुत वृद्धि हुई है। संस्कृत के धार्मिक साहित्य में राम-कथा का रूप, अपेक्षाकृत, कम व्यापक रहा; फिर भी, रघुवंश, भट्टिकाव्य, महावीरचरित,

उत्तर-रामचरित, प्रतिमा-नाटक, जानकी-हरण, कुन्दमाला, अनर्घराघव, बालरामायण, हनुमन्नाटक, अध्यात्म-रामायण, अद्भुत-रामायण, आनन्द-रामायण आदि के अनेक काव्य इस बात के प्रमाण हैं कि भारतवर्ष के विभिन्न क्षेत्रों के कवियों पर वाल्मीकि-रामायण का कितना गम्भीर प्रभाव पड़ा था। जब आधुनिक देश-भाषाओं का काल आया, तब देश-भाषाओं में भी रामचरित पर एक-से-एक उत्तम काव्य लिखे गए और आदि कवि के काव्य-सरोवर का जल पीकर भारत की सभी भाषाओं ने अपने को पुष्ट किया। कम्बन-कृत तमिल रामायण (12वीं सदी), तेलुगु द्विपाद रामायण (12वीं सदी), मलयालम् रामचरितम् (14वीं सदी), कन्नड़ी तोरावे रामायण (16वीं सदी), बँगला कृत्तिवासी रामायण (15वीं सदी), हिन्दी रामचरित मानस (16वीं सदी), उड़िया बलरामदास रामायण (15वीं सदी) और मराठी भावार्थ रामायण (16वीं सदी),[46] यह तालिका अगणित रामकाव्यों को छोड़कर बनाई गई है, किन्तु, फिर भी इससे यह बात सरलता से सिद्ध हो जाती है कि रामकथा ने इस देश की संस्कृति की कितनी गम्भीर सेवा की है और कैसे इस कथा को लेकर सारा देश, लगभग, एक आदर्श की ओर उन्मुख रहा है। इसके साथ अगर तिब्बत, सिंहल, खोतान, हिन्द-चीन, स्याम, ब्रह्मदेश, कश्मीर और हिन्देशिया में प्रचलित रामकाव्यों की सारणी मिला दें तो, सचमुच ही, यह मानना पड़ेगा कि राम-कथा न केवल भारतीय, वरन् एशियाई संस्कृति का भी एक महत्त्वपूर्ण तत्त्व बन गई थी।

राम-कथा की एक दूसरी विशेषता यह है कि इसके माध्यम से शैव और वैष्णव मतों का विभेद दूर किया गया। आदि-रामायण पर शैव मत का कोई प्रभाव नहीं रहा हो, यह सम्भव है, किन्तु, आगे चलकर राम-कथा शिव की भक्ति से एकाकार होती गई, राम का, युद्धारम्भ के पूर्व, रामेश्वरम् में शिव की प्रतिष्ठा करना तथा हनुमान का एकादश रुद्र का अवतार माना जाना यह बतलाता है कि वैष्णव एवं शैव मतों की दूरी यहाँ के कवि कम करना चाहते थे और यह उचित भी था, क्योंकि शैव मत आर्येतर मत था तथा राम-कथा के भी अनेक अंश आर्येतर संस्कृतियों से आए थे। काल-क्रम में राम-कथा का ऐसा विकास और विस्तार हुआ कि शैव और वैष्णव मतों की भिन्नता, बिलकुल, जाती रही। राम एक ऐसे चरित्र हैं, जो ब्राह्मण-धर्म में विष्णु के अवतार, बौद्ध-धर्म में बोधिसत्व तथा जैन-धर्म में आठवें बलदेव के रूप में प्रतिष्ठित हुए तथा आगे चलकर जिनकी भक्ति में शिव-भक्ति भी समाहित हो गई।

हिन्दू संस्कृति के रचयिता

हजरत ईसा ने जैसे ईसाइयत को और हजरत मुहम्मद ने जैसे इस्लाम को जन्म दिया, हिन्दू-धर्म ठीक उसी प्रकार, किसी एक पुरुष की रचना नहीं है। यही कारण है कि अगर आप किसी हिन्दू से यह पूछें कि तुम्हारा धर्म-ग्रन्थ कौन-सा है, तो वह सहसा कोई एक नाम नहीं बता सकेगा। इसी प्रकार अगर आप उससे यह प्रश्न कर दें कि तुम्हारा अवतार, मुख्य धार्मिक नेता, नबी या पैगम्बर कौन है, तब भी किसी एक अवतार या महात्मा का नाम उससे लेते नहीं बनेगा। और यही ठीक भी है, क्योंकि हमारा धर्म न तो एक महात्मा से आया है, न किसी एक सम्प्रदाय से।

सच तो यह है कि हिन्दू-धर्म किसी एक विश्वास पर आधारित नहीं है, प्रत्युत, वह अनेक

विश्वासों का समुदाय है। जिस प्रकार, भारतीय जनता की रचना उन अनेक जातियों को लेकर हुई, जो समय-समय पर इस देश में आती रहीं, उसी प्रकार हिन्दुत्व भी इन विभिन्न जातियों के धार्मिक विश्वासों के योग से बना है। यह भी है कि शिक्षित व्यक्ति हिन्दू-धर्म के दार्शनिक पक्ष में विश्वास करता है, किन्तु जो अशिक्षित हैं, उनमें अन्धविश्वासों और रूढ़ियों के लिए भी मोह है; फिर भी, अपढ़-से-अपढ़ हिन्दुओं में भी एक प्रकार की दार्शनिकता पाई जाती है, जो इस देश की छह हजार साल पुरानी संस्कृति का परिणाम है।

जब आर्य यहाँ आए, उसके पहले ही सभ्यता का विकास यहाँ हो चुका था और धर्म तथा संस्कृति के अनेक अंग रूप ग्रहण कर चुके थे। आर्यों ने इन सबको लेकर आर्य-धर्म का संगठन किया। इसके बाद जो जातियाँ भारतवर्ष में आईं, वे यद्यपि, भारतीय संस्कृति के समुद्र में विलीन हो गईं, फिर भी, हमारी संस्कृति को उनकी भी कुछ-न-कुछ देन है। यह देन कभी तो हमारे धर्म में चिपक गई, कभी हमारी पोशाक में और कभी हमारे खान-पान अथवा रहन-सहन के दूसरे ढंगों में। हिन्दुओं ने उनको भी अपना पूज्य अवतार मान लिया, जो किसी समय हिन्दू-धर्म के खिलाफ बगावत करने को उठे। हमारे दर्शनों में नास्तिक दर्शनों की भी संख्या काफी है, और समाज में उनका भी आदर है। हमारे आदि-कवि ने रावण का भी उल्लेख, अकसर 'महात्मा' विशेषण के साथ आदरपूर्वक किया है। ये सारी बातें बतलाती हैं कि इस देश में आरम्भ से ही, धर्म के विषय में बड़ी ही सहिष्णुता और उदारता बरती गई है। हिन्दू-संस्कृति ने अपने को कूप-मंडूक नहीं बनाया और इसे जहाँ से भी कोई अच्छी चीज मिलनेवाली थी, उसे इसने आगे बढ़कर स्वीकार कर लिया। यही कारण है कि हिन्दू-धर्म में हम विश्व के तमाम धर्मों के असली तत्त्वों का निचोड़ पाते हैं। यही नहीं, बल्कि, भारतवर्ष के लम्बे इतिहास में जब भी कोई अद्भुत धार्मिक चिन्तन किया गया, हिन्दुत्व ने उसे प्रसन्नता से स्वीकार कर लिया। इसलिए, अब हमारी संस्कृति वही नहीं है, जो वेद-कालीन आर्यों की थी, और शुद्ध-शुद्ध वह भी नहीं, जिसकी रचना आर्यों और द्रविड़ों ने मिलकर की थी। आर्यों और द्रविड़ों के मिलन के बाद भी अनेक जातियाँ इस देश में आईं और उन सबने हमारी संस्कृति को कुछ-न-कुछ अंशदान दिया है। हमारे अपने देश में बुद्ध और महावीर के नेतृत्व में प्रबल धार्मिक क्रान्ति हुई और उस क्रान्ति की भी पूरी छाप हमारे धर्म और संस्कृति पर मौजूद है।

अनेक जातियों के देवी-देवताओं के आ मिलने के कारण बहुदेववाद हिन्दुत्व का अनिवार्य अंग बन गया। अतएव, सब हिन्दू किसी एक देवता को नहीं पूजते हैं। अनेक देवी-देवताओं के आने से उनके माहात्म्य की भी अनेक कथाएँ पुराणों में आ मिलीं, जिससे पुराण भी किसी एक दिशा में इंगित नहीं करते। जिन विभिन्न नृवंशों की सन्ततियों को लेकर हिन्दू-जाति की रचना हुई, उनके विभिन्न उपासना-मार्ग भी हिन्दुत्व के अपने अंग बन गए, अतएव, हम नहीं कह सकते कि हिन्दुत्व की अपनी उपासना-पद्धति कौन-सी है। इस स्थिति को देखकर ही लोकमान्य तिलक ने धर्म की यह नवीन परिभाषा बनाई थी, जो व्यंग्यवत् दीखने पर भी, व्यंग्य नहीं, सत्य है;

प्रामाण्यबुद्धिर्वेदेषु साधनानामनेकता।
उपास्यानामनियमं एतद्धर्मस्य लक्षणम्।

वेदों को प्रमाण मानना, साधनों की अनेकता में विश्वास रखना तथा उपासना में किसी एक देवता का नियम नहीं रखना, यह धर्म का लक्षण है।

आग्नेय जाति की देन

जिस हिन्दू अथवा भारतीय संस्कृति के हम लोग भक्त हैं, उसकी नींव पड़े हजारों वर्ष हो गए। अब यह पता लगाना बहुत कठिन है कि इस संस्कृति के उत्थान में किस जाति ने क्या योगदान दिया था; फिर भी, अनुमान के बल पर, इस योगदान की खास-खास बातों का थोड़ा-बहुत ज्ञान प्राप्त किया जा सकता है। उदाहरण के लिए, चन्द्रमा को देखकर तिथि गिनने का रिवाज आग्नेय सभ्यता की देन है, एवं पूर्णिमा के लिए 'राका' और अमावस्या के लिए 'कुहू' शब्द भी आग्नेय भंडार से आए हैं। कहते हैं, चावल की खेती भी यहाँ उसी जाति के लोगों ने की थी और पुनर्जन्म की कल्पना भी फसल को देखकर उन्होंने ही आरम्भ की थी, जो आगे चलकर आर्य चिन्तकों के द्वारा विकसित की गई। पत्थर के रूप को देवता मानने की प्रथा भी यहाँ उसी जाति ने चलाई थी। और तो और, सुनीति बाबू का अनुमान है कि 'गंगा' शब्द भी आग्नेय शब्द-भांडार से आया है। आग्नेय परिवार की जो अनेक भाषाएँ भारत से लेकर दक्खिनी चीन तक फैली हुई हैं, उनमें से कोई तो नदी को गंग कहती है, कोई खोंग और दक्खिनी चीन की आग्नेय भाषाओं में नदी के लिए 'कियांग, कग या घंघ' शब्द चलता है। यहाँ यह स्मरण रखने की बात है कि अनेक ग्रामों की जनता में आज भी गंगा शब्द नदी शब्द का पर्याय माना जाता है। मध्य भारत और मालवा से बिहार तक ऐसे बहुत-से गाँव हैं, जहाँ के लोग किसी भी नदी में नहाने को गंगा नहाना कहते हैं। असल में, इस अनुमान के लिए बहुत बड़ा आधार है कि हमारी निम्न कोटि की जनता का विशाल समुदाय आग्नेय-भांडार से आया है और उसके भीतर जो अन्धविश्वास, रूढ़िप्रियता, भीरुता और अन्य विचित्र-विचित्र आदतें हैं, वे सब-की-सब आग्नेय सभ्यता की यादगार हैं। पक्षी-पालन और हस्ति-पालन का समारम्भ भी भारत में इसी जाति के लोगों ने किया था।

कथा-किंवदन्तियों का जो विशाल भांडार हिन्दू-पुराणों में जमा है, उसका भी बहुत बड़ा अंश आग्नेय सभ्यता से आया हुआ है। किसी-किसी पंडित का यह भी अनुमान है कि राम-कथा की रचना करने में आग्नेय जाति के बीच प्रचलित कथाओं से सहायता ली गई है तथा पम्पापुर के वानरों और लंका के राक्षसों के सम्बन्ध में जो विचित्र कल्पनाएँ रामायण में मिलती हैं, उनका आधार आग्नेय लोगों की ही लोक-कथाएँ रही होंगी। किंवदन्तियाँ और लोक-कथाएँ पहले देहाती लोगों के बीच फैलती हैं और बाद में चलकर साहित्य में भी उनका प्रवेश हो जाता है। आर्य, द्राविड़ और कोल तथा किरात-वंश के लोग जब आपस में मिले होंगे, तब परस्पर उनकी लोक-कथाएँ भी एक-दूसरे के घर में प्रवेश पाने लगी होंगी। पंडितों का कहना है कि बौद्ध-जातकों में जो कथाएँ हैं, वे भी लोक-कथा के स्तर से उठकर साहित्य में पहुँची हैं और फिर वहाँ से उन्होंने पुराणों में प्रवेश किया है। यही कारण है कि पुराणों और जातकों की कितनी ही कथाएँ एक समान लगती हैं अथवा उनमें थोड़ा ही फेर-फार है। यह भी हुआ कि वीरों और देवी-देवताओं की बहुत-सी ऐसी कथाएँ, जो द्राविड़ और आग्नेय समाजों में प्रचलित थीं, आर्यों के आगमन के बाद भी जीवित रहीं। बाद में चलकर जब समन्वय की

प्रक्रिया गहरी हो गई, तब ये कथाएँ आर्य-भाषा में पहुँच गईं और उनका उपयोग आर्य-वीरों और आर्य-देवी-देवताओं का गौरव बढ़ाने के लिए किया जाने लगा।

देवर और देवरानी तथा जेठ और जेठानी की प्रथा भी, आग्नेय लोगों से आई है। सिन्दूर का प्रयोग और अनुष्ठानों में नारियल और पान रखने के रिवाज भी, सम्भवतः, आग्नेय रिवाजों की यादगार हैं। आग्नेय जाति के लोग देवता के सामने बलिदान किए गए पशु का रक्त मस्तक में लगाना शुभ मानते थे। वही रिवाज सिन्दूर लगाने में बदल गया।

सिन्दूर के विषय में आचार्य क्षितिमोहन सेन का भी यह मत है कि यह उपकरण आर्यों ने आर्येतर जातियों से लिया। ''विवाहादि के अवसर पर सिन्दूर एक अपरिहार्य पदार्थ है। इसके बिना विवाह पूर्ण नहीं होता। किन्तु, सुरेन्द्रमोहन भट्टाचार्य के 'पुरोहित-दर्पण' के कई स्थान उलटकर देखने से ही पता चल जाएगा कि यह सिन्दूर का आचार भी आर्यों ने किसी आर्येतर जाति से ग्रहण किया था। सिन्दूर का न तो कोई वैदिक नाम है और न सिन्दूर-दान का कोई मन्त्र। सिन्दूर, मूलतः, नाग लोगों की वस्तु है। उसका नाम भी नाग-गर्भ और नागसम्भव है। शंख और कम्बु आदि का नाम भी वेद-बाह्य हैं।''

हितोपदेश, पंचतन्त्र और जातकों में जो पशु-पक्षी-विषयक कहानियाँ हैं, उनमें से अनेक आग्नेय जाति के भांडार से आई हुई हैं। अवतारों में से मत्स्य, कच्छ और वराह अवतारों की कल्पनाएँ भी यदि आग्नेय कल्पना से आई हों तो इसमें कोई आश्चर्य नहीं। आग्नेय जाति के लोग अंडे से सृष्टि के आरम्भ की बात सोचते थे। हिन्दुओं के ब्रह्मांड शब्द में अंडा विद्यमान है।

कुछ स्फुट उदाहरण

आर्येतर जातियों से आर्यों ने इतनी अधिक बातें ली हैं कि उनकी ठीक से गिनती नहीं की जा सकती और यह स्वाभाविक भी था; क्योंकि आर्य यदि भारत में बाहर से आए तो वे थोड़ी ही संख्या में आए होंगे। बाद को यह देश जिन आर्यों से भर गया, वे तो विदेशी नहीं, स्वदेशी लोग ही रहे होंगे, जिनका आर्यीकरण हुआ होगा। किन्तु, आर्यीकरण की प्रक्रिया मनुष्य की आदतों और रस्म-रिवाजों अथवा विश्वासों को कहाँ तक मिटा पाती? निदान, जो लोग आर्य-वृत्त में आए, वे अपने सभी विश्वासों को साथ लेते आए। यही कारण है कि हिन्दू-संस्कृति में हम आर्य और आर्येतर, दोनों ही प्रकार के उपकरणों का ऐसा सम्मिश्रण देखते हैं, जो बिलकुल स्वाभाविक लगता है और जिसमें बिलगाव करने का कोई रास्ता नहीं मिलता। चीजें कैसे-कैसे बढ़ीं, यह जानना आसान नहीं है। किन्तु, विद्वानों को इसका थोड़ा-बहुत आभास अवश्य मिल जाता है कि कौन-सी वस्तु आर्य-भांडार की और कौन आर्येतर-भांडार की है।

क्षिति बाबू के मतानुसार, ''देवी-पूजा और तन्त्र-मन्त्र भी वैदिक मत के पास बाहर से आकर खड़े हुए हैं। असल में, वैदिक मतवादी आचार्यगण उसे शास्त्र और सदाचार के विरुद्ध ही समझते हैं। मूल आर्य-भूमि में, क्रमशः, दूर जाकर इन वस्तुओं के साथ आर्य लोगों का परिचय हुआ था। इच्छा से हो या अनिच्छा से, इन मतों को ग्रहण करने के सिवा, उनके पास कोई चारा नहीं था।''

शास्त्रानुसार, ग्राम-देवता की पूजा निषिद्ध है। ग्राम-देवता और देवियों के पूजकों को मनु ने नाना स्थानों पर पतित कहा है। किन्तु, गाँवों में अब ब्राह्मण भी भूत-प्रेत और ग्राम-देवता की पूजा करते हैं। अवश्य ही यह प्रेत-पूजा आग्नेय सभ्यता की देन होगी। आरम्भ में, इन देवताओं के पुरोहित भी शूद्र ही रहे होंगे, किन्तु, आमदनी का रास्ता देखकर ब्राह्मणों ने उन्हें अपदस्थ कर दिया होगा।

यही नहीं, अब तो बहुत-से हिन्दू वृक्षों को भी पूजते हैं और नदियों को भी। तुलसी, वट, अश्वत्थ (पीपल) और बेल, ये वृक्ष पवित्र माने जाते हैं। नदियों में अस्थियाँ नहीं बहाई जाएँ तो आत्मा को शान्ति नहीं मिलती। कहीं-कहीं पीपल के पेड़ से घंट बाँधने का भी रिवाज है। ये बातें वेद में तो नहीं थीं। फिर हिन्दुओं ने इन्हें लिया कहाँ से? उत्तर स्पष्ट है कि ये रिवाज आर्येतर लोगों में रहे होंगे। "जिन देवताओं से सम्बद्ध माने जाकर तुलसी, वट, अश्वस्थ, बिल्वादि वृक्ष पवित्र माने गए हैं, उन देवताओं का आदिम परिचय वेद-विरुद्ध 'देवता' के रूप में ही मिलता है। धीरे-धीरे वृक्षों की पूजा भी, निश्चय ही, आर्यों ने आर्य-पूर्व भारतीयों से ग्रहण की होगी। बहुत सम्भव है, नदी की पूजा भी उन्होंने वहीं से ग्रहण की हो।"[47]

होली या वसन्तोत्सव-जैसे बहुत-से उत्सव भी आर्येतर जातियों की देन हैं। इन उत्सवों का मदिरा, नशा, अपशब्द और अश्लीलता से सम्बद्ध होना बतलाता है कि उनका आरम्भ अर्द्ध-सभ्य समाज में हुआ होगा। "इनका प्रचलन भी नीची श्रेणियों में ही अधिक है, इसीलिए बहुत से लोग इन्हें शूद्रोत्सव भी कहते हैं। होलिका-दाह के लिए जो आग जलाई जाती है, वह अनेक स्थानों पर अन्त्यज के घर से मँगाई जाती है।"[48]

हिन्दू-समाज में आज जिन देवताओं, तीर्थों और उत्सवों का प्रचार है, उनमें से अधिकांश आर्येतर मूल के हैं। ध्यान देने की बात यह है कि आर्यों का चिन्तन हमेशा थोड़े लोगों में रहा है। बाकी अपार जनता आर्येतर उपकरणों का आनन्द उत्साह से लेती रही है। होली या वसन्तोत्सव इसका सबसे उज्ज्वल प्रमाण है।

हिन्दू नाम का इतिहास

नीग्रो, आग्नेय, द्रविड़, आर्य और किरात, ये नाम जिस नए अर्थ में अब समझे जाते हैं, उस अर्थ में वे पहले नहीं समझे जाते थे। नीग्रो और आग्नेय तो बिलकुल नए शब्द हैं, जिनका प्रचलन पिछली शताब्दी में यूरोप में आरम्भ हुआ। प्रजाति अथवा 'रेस' के अर्थ में द्रविड़ और आर्य शब्दों का प्रचलन भी सर्वथा नवीन है। किरात शब्द का भी प्रयोग संस्कृत-भाषी भारतवासी प्रजाति के अर्थ में नहीं करते थे। किन्तु, आधुनिक प्रसंग में यह विचिकित्सा बिलकुल निस्सार है, क्योंकि भारत के लोग अब नीग्रो, आग्नेय आदि नामों से नहीं जाने जाते। यहाँ के जो लोग ईसाई या मुसलमान हो गए, वे ईसाई और मुसलमान कहलाते हैं, बाकी सभी लोग, जो हिन्दू-धर्म में विश्वास करते हैं, अब सर्वत्र हिन्दू ही कहे जाते हैं। असल में, भारतवर्ष हिन्दुओं का ही देश है और इस देश की संस्कृति अपनी व्यापक विशिष्टताओं के साथ हिन्दू-संस्कृति ही समझी जाती है। भारतीय संस्कृति की जो विशिष्टताएँ उसे विश्व की अन्य संस्कृतियों से विभक्त करती हैं, वे केवल हिन्दुओं में ही नहीं हैं, बल्कि, उनका पूरा प्रभाव भारतवासी मुसलमानों और ईसाइयों पर भी है।

इस हिन्दू-संस्कृति का आरम्भ कब हुआ, यह निश्चयपूर्वक नहीं कहा जा सकता। बहुधा लोग हिन्दू-संस्कृति को वैदिक संस्कृति का पर्याय मान लेते हैं जो बहुत अंशों में ठीक है। फिर भी, यह नहीं कहा जा सकता कि स्वयं वैदिक संस्कृति भी सोलह आने आर्यों की देन है। उसकी बहुत-सी बातें आर्य-भांडार से निकली हैं और बहुत-सी ऐसी हैं जो आर्यों के आगमन के पूर्व ही इस देश में मौजूद थीं। आर्य, द्रविड़ और अन्य जातियों के लोग जब एक समाज के अंग बन गए, तब उनकी आदतें और विश्वास भी परस्पर एकाकार हो गए। विभिन्न प्रकार के लोगों के समघट्ट हो जाने से जो जनता तैयार हुई, वही हिन्दू-जाति की बुनियादी जनता हुई और विभिन्न जातियों की आदतों, विश्वासों, दन्तकथाओं, विचारों, भावनाओं और रीति-रिवाजों के मिल जाने से जो संस्कृति उत्पन्न हुई, वही वैदिक या हिन्दू-संस्कृति का मूलाधार हुई। तब से जो लोग भी इस देश में आए (जैसे, यूनानी, पार्थियन, मंगोल युची, शक, आभीर, हूण और मुस्लिम आक्रमण से पूर्व आनेवाले तुर्क) वे, सब-के-सब इसी हिन्दू-संस्कृति के महासमुद्र में विलीन होते गए और कालक्रम में वे हिन्दू हो गए।

उन्नीसवीं सदी में जब भारत में नवजागरण की लहर फैली, तब बहुत-से लोग हिन्दू नाम छोड़कर अपने को आर्य कहने लगे थे। हिन्दू नाम उन्हें इसलिए नापसन्द था, क्योंकि उनके मतानुसार यह नाम मुसलमानों का दिया हुआ है और फारसी में इसका अर्थ अच्छा नहीं है। वह प्रवृत्ति थोड़ी-बहुत आज भी कायम है। किन्तु, बात, सचमुच में, ऐसी नहीं है। देश के अर्थ में हिन्दू शब्द का चलन इस्लाम के जन्म से कोई हजार-डेढ़ हजार वर्ष पहले ही शुरू हो गया था। ईरानी लोग 'स' का उच्चारण 'ह' करते थे, अतएव, 'सिन्धु' को उन्होंने 'हिन्दु' कहा। इसी विकृति से आगे चलकर हिन्दू और हिन्दुस्तान, दोनों शब्द निकले। यूनानियों के मुख से 'ह' के बदले 'अ' निकलता था, अतएव, हिन्दू को उन्होंने इन्दो (Indo) कहना शुरू किया। इसी दूसरी विकृति से 'इंडिया' नाम निकला है। इटली के कवि वर्जिल ने इंडिया के बदले केवल 'इन्द' लिखा है और मिलटन ने भी भारत का नाम 'इंड' ही लिखा है।

प्राचीन संस्कृत और पालि-ग्रन्थों में हिन्दू नाम कहीं भी नहीं मिलता। किन्तु, भारत से बाहर के लोग भारत अथवा भारतवासियों को हिन्दू या 'इंडो' कहा करते थे, इसके प्रमाण हैं। भारत से बाहर हिन्दू शब्द का प्राचीनतम उल्लेख अवेस्ता में मिलता है। डेरियस (522-486 ई.पू.) के शिलालेख में भी हिन्दू शब्द का उल्लेख है।

किन्तु भारतवर्ष को हिन्दुस्तान और भारतवासियों को हिन्दू कहना इतिहास और भूगोल, दोनों ही दृष्टियों से युक्ति-संगत है। कारण यह है कि सभी भारतवासी आर्य-भांडार के नहीं हैं। भारतवासियों में अनेक प्रजातियों के लोग हैं। जब तक आर्य इन अनेक जातियों से अपने को अलग रखे हुए थे, तब तक उनका अपने को आर्य मानना ठीक था। किन्तु विवाह-सम्बन्धों द्वारा जब सभी जातियों के लोग परस्पर मिश्रित हो गए, तब आर्य से वे हिन्दू हो गए। इसी प्रकार, आर्यावर्त्त का भौगोलिक अर्थ सारा भारतवर्ष नहीं था। वह दक्षिण में, अधिक-से-अधिक, विन्ध्य पर्वत तक पहुँचता था। किन्तु, भारत विन्ध्याचल पर समाप्त नहीं होता। वह कन्याकुमारी तक फैला हुआ है। इसीलिए, आर्यस्थान, आर्यावर्त्त आदि नाम गलत हैं। इस देश का सही नाम भारतवर्ष, हिन्दुस्तान या इंडिया ही हो सकता है। इसी प्रकार, हिन्दू नाम बहुत व्यापक और आर्य नाम संकीर्ण है। और अब यह दावा कौन कर सकता है कि वह शुद्ध आर्य, शुद्ध

द्रविड़, शुद्ध कोल अथवा शुद्ध किरात है? ये नाम अब इतिहास के प्रांगण में पड़ी क्षीण-धूमिल रेखाओं की छाया मात्र हैं। असल में, भारत के निवासी हिन्दू हैं और उनका देश आर्यस्थान नहीं, हिन्दुस्तान है।

ईरानियों के द्वारा दिया हुआ हिन्दू नाम संस्कृत-भाषियों के द्वारा सम्पूर्ण भारतवासी जनता के समुच्चय-नाम के रूप में स्वीकृत हो गया था, इसके भी प्रमाण मिलते हैं। उत्तर में जब बौद्ध मत की प्रबलता हुई, तभी से हिन्दू-धर्म अपनी पवित्रता की रक्षा के लिए दक्षिण को अपना गढ़ मानने लगा। पीछे जब विदेशियों के आक्रमण आरम्भ हुए, तब बहुत-से धर्म-प्राण हिन्दू दक्षिण की ओर खिसकने लगे थे। इस स्थिति का उल्लेख कालिका-पुराण (8वीं से 10वीं सदी तक) मिलता है।

बलिना कलिनाच्छन्ने, धर्मे कवलिते कलौ,
यवनैरवनी क्रान्ता, हिन्दवो विन्ध्यमाविशन्।

जब बलवान् कलि-काल ने सबको प्रच्छन्न कर दिया और धर्म उसका ग्रास बन गया तथा पृथ्वी यवनों से आक्रान्त हो गई, तब हिन्दू खिसककर विन्ध्य की ओर चले गए।

इसी भाव की आवृत्ति शाङ्गर्धर-पद्धति के भी एक श्लोक में मिलती है–

यवनैरवनी क्रान्ता, हिन्दवो विन्ध्यमाविशन्,
बलिना वेदमार्गोऽयं कलिना कवलीकृतः।

मुसलमानों के आने के बाद जब लोगों को यह पता चला कि मुस्लिम-कोष में हिन्दू शब्द का अर्थ दूषित है, तब भी, पंडितों ने हिन्दू शब्द का बहिष्कार नहीं किया, बल्कि, उसके भीतर उन्होंने अपनी पसन्द का नया अर्थ बिठा दिया। रामकोष में लिखा है–

हिन्दुः दुष्टो न भवति नानार्यो न विदूषकः
सद्धर्मपालको विद्वान् श्रौतधर्मपरायणः।

हिन्दू न तो दुष्ट होता है, न विदूषक, न अनार्य। वह सद्धर्मपालक, वैदिक धर्म को माननेवाला विद्वान् होता है।

अद्‌भुत-कोष में हिन्दू नाम की जो परिभाषा दी गई है, वह वीरता-व्यंजक है। सम्भवतः, हिन्दू जाति के भीतर शौर्य जाग्रत् करने को यह परिभाषा गढ़ी गई होगी।

हिन्दुर्हिन्दूश्च प्रसिद्धौ दुष्टानां च विधर्षणे।

हिन्दु और हिन्दू, ये दोनों शब्द दुष्टों को विधर्षित करनेवाले अर्थ में प्रसिद्ध हैं।

इधर वृद्धस्मृति नामक किसी प्राचीन ग्रन्थ से एक श्लोक उद्‌धृत किया गया है, जिससे यह विदित होता है कि हिन्दू नाम उसका है, जो हिंसा से दुःख मानता है।

हिंसया दूयते यश्च सदाचारणतत्परः
वेदगो प्रतिमासेवी स हिन्दुमुखशब्दभाक्।

जो सदाचारी, वैदिक मार्ग पर चलनेवाला, प्रतिमापूजक और हिंसा से दुःख माननेवाला है, वह हिन्दू है।

शब्दकल्पद्रुम-कोष के अनुसार, "हीनं दूषयति इति हिन्दूः" जो हीनता को स्वीकार न करे, वह हिन्दू है।

परिजातहरण नामक किसी प्राचीन नाटक से एक और श्लोक उद्‌धृत किया गया है,

जिससे ज्ञात होता है कि हिन्दू वह है, जो शस्त्र और शास्त्र, दोनों में निष्णात है।

हिनस्ति तपसा पापान् दैहिकान् दुष्टमानसान्
हेतिभिः शत्रुवर्गंच स हिन्दुः अभिधीयते।

जो अपनी तपस्या से दैहिक पापों तथा चित्त को दूषित करनेवाले दोषों का नाश करता है तथा जो शस्त्रों से अपने शत्रु-समुदाय का भी संहार करता है, वह हिन्दू है। स्पष्ट ही, यह परशुरामवाद की अवतारणा है। परशुराम की प्रतिज्ञा थी–

मुखे तु सकलं शास्त्रं पृष्ठे च सशरं धनुः
इदं ब्राह्मम् इदं क्षात्रं, शापादपि शरादपि।

लगता है, यह परिभाषा तब बनी होगी जब विदेशी आक्रमणों से अपने धर्म और धन, दोनों की रक्षा के लिए हिन्दू समाज कटिबद्ध हो उठा था। जनक और परशुराम दोनों हिन्दू इतिहास के प्रबलतम पुरुष थे और हिन्दुओं की श्रद्धा दोनों पर रही है। मुस्लिम-आगमन के बाद कबीर और नानक ने, व्याजान्तर से, जनक-मार्ग को श्रेष्ठ माना और परशुराम के नए अवतार गुरु गोविन्द सिंह हुए। भोग और वैराग्य के बीच द्वन्द्व छिड़ने पर भारत जनक-धर्म का आश्रय खोजता है। इसी प्रकार, जब हिंसा और धर्म-साधना के बीच संघर्ष उत्पन्न होता है, तब भारतवासी परशुराम की याद करते हैं।

भारतवर्ष का नाम आर्यावर्त्त नहीं, हिन्दुस्तान होना चाहिए, यह अनुभूति भी नवीन नहीं है। बृहस्पति-आगम में एक श्लोक आया है–

हिमालयं समारम्भ्य यावद् इन्दुसरोवरम्
तं देवनिर्मितं देशं हिन्दुस्थानं प्रचक्षते।

इन्दु सरोवर से अभिप्राय यहाँ कुमारी अन्तरीप से है। यह भी ध्यान देने की बात है कि संस्कृतभाषी भारतवासी विद्वान् हिन्दुस्तान के बदले 'हिन्दुस्थान' लिखना पसन्द करते थे।

हिन्दू शब्द के भीतर जो अर्थ पहले कुछ धीमा था, वह आधुनिक युग में आकर भली-भाँति सुस्पष्ट हो गया।

हिन्दू-महासभा का आदर्श-वाक्य (श्लोक) वीर सावरकर द्वारा रचा गया है। सावरकरजी के अनुसार वे सभी लोग हिन्दू हैं, जो सिन्धु नदी से लेकर आसमुद्र विस्तृत भू-भाग में बसते हैं एवं जो भारत को अपनी पितृभूमि तथा तीर्थ मानते हैं।

आसिन्धोः सिन्धुपर्यन्ता यस्य भारतभूमिका
पितृभूः पुण्यभूश्चैवं स वै हिन्दुरिति स्मृतः।

विनोबाजी के अनुसार हिन्दू का मुख्य लक्षण उसकी अहिंसाप्रियता है।

हिंसया दूयते चित्तं तेन हिन्दुरितीरितः।

हिंसा से घृणा करनेवाला व्यक्ति हिन्दू है, ऐसा मत केवल विनोबाजी का ही नहीं है, पहले भी लोग हिन्दू का प्रधान लक्षण उसकी अहिंसाप्रियता को ही मानते थे। माधव दिग्विजय में उल्लेख है,

ॐकारमूलमंत्राढ्यः पुनर्जन्मदृढाशयः
गोभक्तो भारतगुरुः हिन्दुर्हिंसनदूषकः।

ॐकार जिसका मूल-मन्त्र है, पुनर्जन्म में जिसकी सुदृढ़ आस्था है, भारत ने जिसका प्रवर्तन किया है तथा हिंसा की जो निन्दा करता है, वह हिन्दू है।

बहुत प्राचीन संस्कृत ग्रन्थों में हिन्दू शब्द का उल्लेख नहीं मिलने के कारण इस अनुमान से भागना कठिन है कि भारतवासियों का यह नाम ईरानियों के उच्चारण-दोष से उत्पन्न हुआ। किन्तु, भारतीय संस्कृति के जो मुख्य लक्षण हैं, वे, संस्कृत-नियम से भी, हिन्दू शब्द में भर दिए गए। अतएव, यह नाम आर्य शब्द से अधिक व्यंजक हो उठा और उसके वृत्त में वे सभी लोग आ गए, जो भारत में बसते और उसके धर्म को स्वीकार करते हैं; भले ही, वे आर्य अथवा द्राविड़-भांडार से नहीं आए हों।

भारतवासी अपना हिन्दू नाम उस समय भी जानते थे, जब मुसलमान इस देश में नहीं आए थे। हुएनसाङ् के समय में यह शब्द भारत में प्रचलित था, किन्तु हुएनसाङ् ने यह लिखा है कि हिन्दू शब्द, असल में, चीनी शब्द 'इन्तु' का रूपान्तरण है, जिसका अर्थ चन्द्रमा होता है। सितारों के बीच चाँद की जैसी प्रतिष्ठा होती है, संसार में उसी प्रकार प्रतिष्ठित होने के कारण भारत को चीन के लोग 'इन्तु' या 'हिन्दु' कहने लगे। भारत पर प्रबल रूप से मुस्लिम-आक्रमण महमूद गजनवी ने किया। अलबैरूनी उसी विजेता की सेना के साथ भारत आया था। उस समय यहाँ के लोग हिन्दू कहलाते थे। अलबैरूनी ने हिन्दुओं की प्रशंसा लिखी है। इससे यह बात स्पष्ट हो जानी चाहिए कि भारतवासियों का हिन्दू नाम मुसलमानों ने नहीं रखा, न यह नाम कुत्सित अर्थ की व्यंजना करनेवाला था।

भारत में आनेवाली अन्य जातियाँ

भारत में बाहर से आनेवालों में सबसे आखिरी गिरोह आर्यों का ही रहा हो, यह बात नहीं है। ईसा से पूर्व चतुर्थ शताब्दी में भारत पर सिकन्दर की चढ़ाई हुई। मौर्य-साम्राज्य के पतन के बाद, पश्चिम से यूनानियों का बड़ा दल इस देश में आया। ईसा से, प्रायः, एक सौ वर्ष पूर्व युची और शक जातियों के लोग हिन्दुस्तान आए। चौथी शताब्दी में यहाँ हूणों का बहुत बड़ा दल आया। शायद, ईसा से एक-दो सौ वर्ष पूर्व आभीर जाति भी इस देश में आकर बसी थी। मगर, जब मुसलमान इस देश में आए, तब यहाँ केवल हिन्दू जाति का ही निवास था। नीग्रो, औष्ट्रिक, द्रविड़ और आर्य, मंगोल, यूनानी, युची, शक और आभीर तथा हूण और तुर्क, इनका कहीं कोई अलग अस्तित्व नहीं बचा था और ये, सब-के-सब, हिन्दू समाज के चारों वर्णों में बँटकर भली-भाँति पच-खप चुके थे। कई प्रकार की औषधियों को कड़ाह में डालकर जब काढ़ा बनाते हैं, तब उस काढ़े का स्वाद हर एक औषधि के अलग-अलग स्वाद से सर्वथा भिन्न हो जाता है। असल में, उस काढ़े का स्वाद सभी औषधियों के स्वादों के मिश्रण का परिणाम होता है। भारतीय संस्कृति भी इस देश में आकर बसनेवाली अनेक जातियों की संस्कृतियों के मेल से तैयार हुई है और अब यह पता लगाना बहुत मुश्किल है कि उसके भीतर किस जाति की संस्कृति का कितना अंश है। चूँकि काढ़ा औंटने का काम आर्यों ने किया, इसलिए, भारतीय संस्कृति पर आर्यों के नाम का बौद्धिक लेबुल साफ पढ़ा जा सकता है। लेकिन, इस बात से इनकार नहीं किया जा सकता कि औषधियाँ आर्यों ने अनेक जातियों से लीं और सबका उन्होंने उचित मात्रा में परिपाक किया।

हिन्दू संस्कृति की पाचनशक्ति

हिन्दू-संस्कृति की पाचनशक्ति बड़ी ही प्रचंड मानी गई है। इसका कारण, शायद यह है कि जब आर्य इस संस्कृति का निर्माण करने लगे, तब उनके सामने अनेक जातियों को एक संस्कृति में पचाकर समन्वित करने का सवाल था, जो उनके आगमन के पहले से ही इस देश में बस रही थीं। अतएव, उन्होंने, आरम्भ से ही, हिन्दू-संस्कृति का ऐसा लचीला रूप पसन्द किया, जो प्रत्येक नई संस्कृति से लिपटकर उसे अपनी बना सके। नीग्रो से लेकर हूणों तक, इस देश में आनेवाली सभी जातियाँ इसी लचीलेपन के कारण हिन्दू-समाज में खप गईं। कालक्रम में, हिन्दू-धर्म के भीतर से ही उसके विरुद्ध एक प्रचंड सांस्कृतिक विद्रोह उठा, जिसे हम बौद्ध धर्म के नाम से जानते हैं। किन्तु, धीरे-धीरे वह विद्रोह भी लौटकर उसी धर्म में समा गया, जिससे उसका जन्म हुआ था। हिन्दू-संस्कृति ने अनेक संस्कृतियों को पीकर अपनी ताकत बढ़ाई है—यहाँ तक कि इस्लाम, जो अपने व्यक्तित्व को स्वतन्त्र रखने का मनसूबा लेकर चला था, वह भी भारत में आकर कुछ परिवर्तित हो गया। यद्यपि, भारतीय मुसलमान धर्म के मामले में अपनी सत्ता को स्वतन्त्र रखने में बहुत दूर तक कामयाब हुए, लेकिन, संस्कृति की दृष्टि से वे भी अब भारतीय हैं।

हिन्दू या भारतीय संस्कृति की इस विशेषता को लोग बड़े विस्मय से देखते हैं। सुप्रसिद्ध इतिहासकार मिस्टर डाडवेल ने लिखा है कि ''भारतीय संस्कृति महासमुद्र के समान है, जिसमें अनेक नदियाँ आ-आकर विलीन होती रही हैं।'' मुसलमानी आक्रमण से पूर्व जो तुर्क लोग इस देश में आए थे, उनका क्या हाल हुआ, इसका रहस्य बतलाते हुए एक अन्य इतिहासकार स्मिथ ने लिखा है कि ''इन विदेशी लोगों ने भी, अपने पहले आनेवाले शकों और युचियों के समान ही हिन्दू-धर्म की पाचन-शक्ति के सामने घुटने टेक दिए और बड़ी ही शीघ्रता से वे हिन्दुत्व में विलीन हो गए।'' आर्यों और द्रविड़ों के मिलन से भारतीय संस्कृति ने जो रूप धारण किया, यह उसी की ताकत थी कि इस समन्वय के बाद जो भी जातियाँ इस देश में आईं, वे भारतीय संस्कृति के समुद्र में एक के बाद एक, विलीन होती चली गईं। जैसा कि श्री जवाहरलाल नेहरू ने लिखा है—''ईरानी और यूनानी लोग, पार्थियन और बैक्ट्रियन लोग, सीथियन और हूण लोग, मुसलमानों से पहले आनेवाले तुर्क और ईसा की आरम्भिक सदियों में आनेवाले ईसाई, यहूदी और पारसी, ये सब-के-सब, एक-के-बाद एक, भारत में आए और उनके आने से समाज ने एक हलके कम्पन का भी अनुभव किया, मगर, अन्त में आकर, वे सब-के-सब भारतीय संस्कृति के महासमुद्र में विलीन हो गए। उनका कहीं कोई अलग अस्तित्व नहीं बचा।'' एक अन्य विचारक मिस्टर सी.ई.एम. जोड ने लिखा है कि ''मानव-जाति को भारतवासियों ने जो सबसे बड़ी चीज, वरदान के रूप में, दी है, वह यह है कि भारतवासी हमेशा ही अनेक जातियों के लोगों और अनेक प्रकार के विचारों के बीच समन्वय करने को तैयार रहे हैं। और सभी प्रकार की विविधताओं के बीच एकता कायम करने की उनकी लियाकत और ताकत लाजवाब रही है।'' मिस्टर जोड ने भारत की इस अपूर्व क्षमता की जो प्रशंसा की है, वह इसलिए कि संसार के सामने आज जो सबसे बड़ा सवाल पेश है, वह यह है कि दुनिया की अनेक जातियों, अनेक वादों और विचारों तथा अनेक संस्कृतियों के बीच समन्वय स्थापित करके हम विश्व-संस्कृति का

निर्माण कैसे कर सकते हैं। स्पष्ट ही, संसार को उसी मार्ग को अपनाना पड़ेगा, जिस मार्ग पर चलकर भारतवर्ष अपने यहाँ की विभिन्न संस्कृतियों के बीच एकता या मेल बिठाता रहा है। इसीलिए, मिस्टर जोड ने भारत की इस योग्यता को विश्व-मानवता के लिए सबसे बड़ा वरदान कहा है।

अनेक संस्कृतियों और जातियों के मिलन से भारतीय संस्कृति में जो एक प्रकार की विश्वजनीनता उत्पन्न हुई, वह संसार के लिए, सचमुच, वरदान है और पिछले दो सौ वर्षों से सारा संसार उसका प्रशंसक रहा है। 19वीं सदी में अपनी अपूर्व भारत-भक्ति से सारे यूरोप को चौंका देनेवाले मैक्समूलर ने एक जगह लिखा है कि "अगर मैं अपने आपसे यह पूछूँ कि केवल यूनानी, रोमन और यहूदी भावनाओं एवं विचारों पर पलनेवाले हम यूरोपीय लोगों के आन्तरिक जीवन को अधिक समृद्ध, अधिक पूर्ण और अधिक विश्वजनीन, संक्षेप में, अधिक मानवीय बनाने का नुस्खा हमें किस जाति के साहित्य में मिलेगा, तो बिना किसी हिचकिचाहट के मेरी उँगली हिन्दुस्तान की ओर उठ जाएगी।" इसी प्रकार, बीसवीं सदी के अद्भुत चिन्तक और विश्व-मानवता के अपूर्व उपासक स्वर्गीय रोम्याँ रोलाँ ने लिखा है कि "अगर इस धरती पर कोई एक ऐसी जगह है, जहाँ सभ्यता के आरम्भिक दिनों से ही मनुष्यों के सारे सपने आश्रय और पनाह पाते रहे हैं, तो वह जगह हिन्दुस्तान है।"

यह विश्वजनीनता, विभिन्न जातियों को एक महाजाति के साँचे में ढालने का यह अद्भुत प्रयास और अनेक वादों, विचारों और धर्मों के बीच एकता लाने का यह निराला ढंग सभी युगों में भारतीय समाज की विशेषता रहा है।

सन्दर्भ

1. भारतीय संस्कृति का विकास; वैदिक धारा।
2. वैदिक संस्कृति का विकास : लक्ष्मण शास्त्री जोशी।
3. वायुपुराण के अनुसार, "ब्रह्मा से पहले पुराण (विषय की दृष्टि से) की सृष्टि हुई और तत्पश्चात् वेदों की।"
4. डॉ. मंगलदेव शास्त्री।
5. वही।
6. डॉ. मंगलदेव शास्त्री।
7. वैदिक संस्कृति का विकास : लक्ष्मण शास्त्री जोशी।
8. डॉ. मंगलदेव शास्त्री।
9. Contribution of South India to Indian Culture.
10. A history of South India–नीलकंठ शास्त्री।
11. श्रीमद्भागवत् पुराण।
12. रेवरेंड किटेल (Kittel) की कन्नड़-इंगलिश-डिक्शनरी पहले-पहल सन् 1894 ई. में निकली थी। उसमें किटेल ने संस्कृत भाषा में प्रयुक्त ऐसे चार सौ शब्द गिनाए हैं, जो तमिल-भांडार के हैं। उनमें से कुछ शब्द ये हैंः–कक्ष (काँख), कुन्तल (सिर के बाल), गंड (गला), पक्ष (बगल), भाल (ललाट), एन (हरिण), चिंचा (इमली), मुकुल (कली), वृहि (चावल), तीर (तट), खल (दुष्ट), मल्ल (पहलवान), मन्दिर (घर), ओदन (भात), अलं (यथेष्ट), तथा कीर, कुक्कुट, कोकिल, गरुड़, गर्दभ, मरकट, मीन, एरंड, पुष्प, वेणु, कनक, कंचन, नील, पिशाची, भील, नीबी, कुठार तथा

पंडित भी। डॉ. आर. काडवेल (कॉम्पेरेटिव ग्रामर ऑफ ड्रेविडियन लैंग्वेजेज़ में) तथा डॉ. एच. गुंडर्ट ने भी (जर्मन ओरियंटल सोसायटी के जर्नल में) यह प्रमाणित किया था कि द्राविड़ धातुओं से बने अनेक शब्द संस्कृत में, तत्सम-रूप में, गृहीत हुए हैं।

13. *नीलोत्पलदलश्यामां विज्जिकां मामजानता,*
वृथैव दण्डिना प्रोक्तं सर्वशुक्ला सरस्वती।
दुर्भाग्यवश, विज्जिका की कविताएँ विलुप्त हो गईं। किन्तु, जो थोड़ी-बहुत मिलती हैं, उनके आधार पर राजशेखर की यह सम्मति अतिरंजित नहीं लगती कि यह कवयित्री कालिदास के ठीक बादवाले सोपान की अधिकारिणी रही होगी।
14. भारतीय संस्कृति का विकास; वैदिक धारा।
15. ''हमें अभी तक वैदिक संहिताओं में 'जाति' नहीं मिला है। ब्राह्मण-ग्रन्थों में भी शतपथ-ब्राह्मण (1/8/3/6) के एक सन्दिग्ध स्थल को छोड़कर वर्ण के अर्थ में प्रयुक्त जाति शब्द हमको नहीं मिला है।''

—मंगलदेव शास्त्री।

16. लक्ष्मण शास्त्री जोशी।
17. मंगलदेव शास्त्री।
18. Who were the Shudras?
19. अश्विनीकुमार देवताओं के वैद्य थे। यह विचारणीय अवश्य है कि वे सोम के अधिकारी क्यों नहीं समझे जाते थे? वैद्यक के क्रम में उन्हें कुछ घृणित कार्य करने पड़ते होंगे। अतएव, वे शूद्र मान लिये गए हों तो कोई आश्चर्य नहीं।
20. लक्ष्मण शास्त्री जोशी।
21. महाभारत के शान्तिपर्व में इन्द्र ने मान्धाता को उपदेश दिया है कि ''अपने राज्य के इन दस्युओं को वैदिक धर्म की दीक्षा दो और उनसे यज्ञ करवा लो।''
22. मंगलदेव शास्त्री।
23. वैदिक संस्कृति का विकास।
24. लक्ष्मण शास्त्री जोशी।
25. वही।
26. वही।
27. वही।
28. इतिहास-प्रवेश।
29. भारतवर्ष में जाति-भेद।
30. संस्कृति-संगम।
31. वैदिक संस्कृति का विकास।
32. वही।
33. वही।
34. ''हिन्दुत्व के कुछ गिने हुए सिद्धान्तों में कट्टरता से विश्वास करने के बदले, अत्यन्त व्यापक उदारता का विकास किया। आदिवासी जनता के पास जो अनेक देवी-देवता थे तथा बाद को जो देवता दूसरी जातियों के साथ आर्य-वृत्त में बाहर से आए, उन सबको हिन्दुत्व ने स्वीकार कर लिया एवं कालक्रम में, उसने यह भी सिद्ध कर दिखाया कि ये देवी-देवता हिन्दुत्व के ही हैं।''

—डॉ. राधाकृष्णन् (हिन्दू व्यू ऑफ लाइफ)

35. ''प्राचीन काल में भी दर्शन, धर्म और संस्कृति के मूल उपकरणों की खोज लोग वेदों के मन्त्रद्रष्टा ऋषियों की वाणी में करते थे और यह बात गलत भी नहीं थी, क्योंकि बाद को विकसित होनेवाली सारी भारतीय आध्यात्मिकता के बीज वेदों में उपलब्ध हैं।''

–महर्षि अरविन्द

36. ''महादेव नग्न वेश में नवीन तापस का रूप धरकर मुनियों के तपोवन में आए। (वामन-पुराण, 43 अध्याय, 51-62 श्लोक)। मुनि-पत्नीगण ने देखकर उन्हें घेर लिया (वही 63-69 श्लोक)। मुनिगण अपने ही आश्रम में मुनि-पत्नियों की ऐसी अभव्य कामातुरता देखकर 'मारो, मारो' कहकर काष्ठ-पाषाण आदि लेकर दौड़ पड़े–

क्षोभं विलोक्य मुनयः आश्रमे तु स्वयोषिताम्।
हन्यतामिति सम्भाष्य काष्ठपाषाणपाणयः॥

(वामन-पुराण 43/70)

यह कहकर उन्होंने शिव के भीषण ऊर्ध्व लिंग को निपातित किया–

पातयन्तिस्म देवस्य लिंगमूर्ध्वं विभीषणम्। *(वही 71)*

कूर्म-पुराण, उपरिभाग, अध्याय 37 में कथा है कि पुरुष-वेशधारी शिव नारी-वेशधारी विष्णु को लेकर सहस्र-मुनिगण-सेवित देवदारु-वन में विचरण करने लगे। उन्हें देखकर मुनि-पत्नियाँ कामार्त्त होकर निर्लज्ज आचरण करने लगीं (13-17 श्लोक)। मुनिगण मारे क्रोध के शिव की अतिशय निष्ठुर वाक्य से भर्त्सना करने और अभिशाप देने लगे।

अतीव परुषं वाक्यं प्रोचुर्देवं कपर्दिनम्।
शेपुश्च शापैर्विविधैः मायया तस्य मोहिताः।'' *(कूर्म-पुराण 37/22)*

37. भारतीय संस्कृति और अहिंसा।

38. संस्कृति-संगम।

39. द्वारकापुरी का कृष्ण-मन्दिर, प्राचीन काल में, सूर्य-मन्दिर था, यह बात लेखक ने द्वारका में बसनेवाले पंडितों से सुनी है।

40. वसुदेव को ई. 600 के आस-पास मानना ठीक नहीं है। जो काल महाभारत-युद्ध का माना जाता है, वही काल वसुदेव का भी मानना होगा।

41. 'वासुदेवार्जुनाभ्याम् वुन्' (4-3-98)। इस सूत्र का अर्थ यह है कि वासुदेव में जिनकी भक्ति है, उन्हें 'वासुदेवक' और अर्जुन में जिनकी भक्ति है, उन्हें 'अर्जुनक' कहते हैं।

42. ''विष्णु-पुराण में गोपियों के प्रेम की चर्चा है, पर भागवत-पुराण में वह बहुत विस्तृत रूप में है। रास-पंचाध्यायी भागवत का सार कहा जाता है। इस पुराण में राधा का नाम नहीं आता। गाथा-सप्तशती में, पंचतन्त्र में और ध्वन्यालोक में 'राधा' का नाम आया है, पर, कृष्ण की सर्वाधिक प्रिया गोपी के रूप में उनका नाम भागवतोत्तर साहित्य में ही अधिक है। ब्रह्मवैवर्त-पुराण में राधा प्रमुख गोपी हैं। रा.ब. योगेशचन्द्र राय का अनुमान है कि ब्रह्मवैवर्त-पुराण 16वीं शताब्दी में पश्चिम बंगाल में लिखा गया और उसके लेखक का गीतगोविन्द से परिचय था। पद्म-पुराण में वृन्दावन की नित्य-लीला की चर्चा है, राधा का नाम आता है, पर यह पुराण बहुत पुराना नहीं कहा जा सकता और जिस अंश में राधा-कृष्ण के नित्यविहार की चर्चा है, वह तो निस्संदेह परवर्ती है।''

–पं. हजारीप्रसाद द्विवेदी (मध्यकालीन धर्म-साधना)।

43. 'राम-कथा' नामक पुस्तक में फादर कामिल बुल्के ने पारस्कर गृह्यादिसूत्र से एक मन्त्र (2-11-4) उद्धृत किया है, जिसका अर्थ इस प्रकार है–''इन्द्र-पत्नी सीता का मैं आह्वान करता हूँ, जिसके

तत्त्व में वैदिक और लौकिक (दोनों प्रकार के) कार्यों की विभूति निहित है। वह (सीता) सब कार्यों में निरन्तर मेरी सहायता किया करे। स्वाहा।''

44. ''इन्द्र सीता को ग्रहण करे, पूषा (सूर्य) उसका संचालन करे। वह पानी से भरी (सीता) प्रत्येक वर्ष हमें धान्य प्रदान करती रहे।'' *(ऋग्वेद मंडल 4, सूक्त 57 मन्त्र 6)।*

—'राम-कथा' में उद्धृत।

45. 'राम-कथा'—कामिल बुल्के।

46. राम-कथा।

47. संस्कृति-संगम।

48. वही।

द्वितीय अध्याय

प्राचीन हिन्दुत्व से विद्रोह

प्रकरण-1

बुद्ध से पहले का हिन्दुत्व

हिन्दुत्व का स्वभाव है कि वह जितना ही परिवर्तित होता है, उतना ही अपने मूल स्वरूप के अधिक समीप पहुँच जाता है। पार्श्वनाथ और वर्धमान महावीर ने हिन्दुत्व में जो सुधार किए वे प्रायः, धीरे-धीरे, एवं एक प्रकार की निःशब्दता के साथ आए। किन्तु, बहुत कुछ वैसा ही सुधार महात्मा बुद्ध और उनके शिष्यों ने यथेष्ट कोलाहल के साथ किया और उनके सुधारों के परिणामस्वरूप हिन्दू-धर्म का रूप परिवर्तित भी हुआ। किन्तु, वह इतना परिवर्तित नहीं हुआ कि उसका आज का रूप बुद्ध से पहलेवाले रूप से बिलकुल भिन्न हो जाए। वैदिक आर्य यज्ञ के प्रेमी थे, किन्तु, आज भी यज्ञ जहाँ-तहाँ होते रहते हैं। वैदिक आर्य ऊषा, इन्द्र, सूर्य और अग्नि आदि को देवता मानते थे, किन्तु आज भी ऐसे नैष्ठिक हिन्दू विद्यमान हैं, जिनके हृदय में इन देवताओं के लिए श्रद्धा और भक्ति है। वैदिक आर्यों का विश्वास था कि स्वर्ग में भी आत्मा इसी जीवन के समान सुख और आनन्द भोगती है, और आज भी ऐसे हिन्दुओं की कमी नहीं, जो स्वर्ग में सुख पाने के लिए धरती पर दान देते हैं।

आज से तीन हजार वर्ष पूर्व भारतीय संस्कृति का जो रूप था, आज भी, मूलतः, वह वैसा ही है। मिस्र, बेबिलोन और यूनान में भी प्राचीन सभ्यताएँ उठी थीं; किन्तु, काल ने उन्हें ध्वस्त कर दिया। केवल भारत ही एक ऐसा देश है, जिसका अतीत कभी मरा नहीं। वह बराबर वर्तमान के रथ पर चढ़कर भविष्य की ओर चलता रहा है। भारत का अतीत कल भी जीवित था, आज भी जीवित है और कदाचित् आगे भी जीवित रहेगा।

किन्तु, एक बात है जिसमें काफी अन्तर पड़ा है और वह बात यह है कि नास्तिकों एवं भौतिकवादियों को छोड़कर आज ऐसे हिन्दू कम हैं, जो परलोक का भय नहीं मानते हों। यह वैदिक काल की भावना से भिन्न भावना है। वैदिक ऋषि नास्तिक या भौतिकवादी तो नहीं थे, किन्तु, मृत्यु से डरने की बात उन्हें नहीं सूझी थी, न उनमें यही भाव जगा था कि स्वर्ग के साथ-साथ कहीं कोई नरक भी हो सकता है, जहाँ आत्मा को यातनाएँ झेलनी पड़ सकती हैं। वस्तुतः, आत्मा, पुनर्जन्म और कर्मफलवाद के विषय में वैदिक ऋषियों ने अधिक नहीं सोचा था। इन सिद्धान्तों के बीज कोई खोजे तो वेदों में खोज सकता है। किन्तु, इनका विकास आगे चलकर उपनिषदों में हुआ-सा लगता है। आत्मा शरीर से भिन्न वस्तु है, जो मरणोपरान्त परलोक को जाती है, इस सिद्धान्त का आभास वैदिक ऋचाओं में मिलता है, किन्तु आत्मा का आवागमन क्यों होता है, इसकी खोज वेदों में नहीं मिलती। वेदों का वातावरण आनन्द और उल्लास का वातावरण है। उसमें भय अथवा शोक की छाया नहीं

है। इससे यह नहीं समझना चाहिए कि वैदिक जनता इसी संसार पर भूली हुई थी और उसे जीवनोपरान्त आनेवाले जीवन का ध्यान ही नहीं था। ध्यान था और ऋषियों ने कभी-कभी इस रहस्य पर विचार भी किया है। किन्तु, इसे हम विचार ही कहेंगे, भय या चिन्ता नहीं। अपनी समस्त सीमाओं के साथ सांसारिक जीवन वैदिक ऋषियों का प्रेय था। प्रेय को छोड़कर श्रेय की ओर बढ़ने की आतुरता उपनिषदों के समय जगी, जब मोक्ष के सामने गृहस्थ-जीवन निस्सार हो गया एवं जब लोग जीवन से आनन्द लेने के बदले उससे पीठ फेरकर संन्यास लेने लगे। हाँ, यह भी हुआ कि वैदिक ऋषि जहाँ यह पूछकर शान्त हो जाते थे कि "यह सृष्टि किसने बनाई?" और "कौन देवता है, जिसकी हम उपासना करें?" वहाँ उपनिषदों के ऋषियों ने सृष्टि बनानेवाले के सम्बन्ध में कुछ सिद्धान्तों का निश्चयन कर दिया और उस 'सत्' का भी पता पा लिया जो पूजा और उपासना का, वस्तुतः, अधिकारी है। वैदिक धर्म का पुराना आख्यान वेद और नवीन आख्यान उपनिषद् हैं।

वैदिक वाङ्मय

काव्य-मीमांसा के लेखक राजशेखर ने माना है कि वेद तीन ही हैं, ऋक्, यजुष्, और साम। अथर्व चौथा वेद है, किन्तु, उसमें अधिक अंश इन्हीं तीन वेदों के हैं। इसके सिवा, उसमें मारण, मोहन, वशीकरण और उच्चाटन आदि विद्याओं का ही वर्णन है। सामवेद में ऋग्वेद के ही गेय मन्त्रों का प्राधान्य है। यजुष् गद्य में है। यज्ञों में मन्त्र और गीत गाए जाते थे तथा यजुषों का पाठ होता था।

वेदों का पूरा सम्बन्ध यज्ञों से था। यज्ञ की विधियाँ लिखी जाने लगीं। इस प्रकार एक नया वाङ्मय उत्पन्न हुआ, जिसका नाम ब्राह्मण पड़ा। ब्राह्मण प्रत्येक वेद के मिलते हैं। ब्राह्मण-ग्रन्थ, यह नाम ही निर्देश करता है कि इन ग्रन्थों की रचना ब्राह्मण, पुरोहित, यज्ञ आदि के कारण हुई होगी। आर्यों का प्रधान धार्मिक कृत्य यज्ञ था। यज्ञों की विधियाँ समझाने तथा उनके अनुष्ठानों का निर्धारण करने को ब्राह्मण-ग्रन्थ बने। यज्ञ में प्रत्येक वेद के मन्त्र पढ़े जाते थे, इसलिए, वेदी के पास प्रत्येक वेद के विशेषज्ञ बैठा करते थे।[1] अतएव, यज्ञ के विषय में प्रत्येक वेद की कहाँ क्या उपयोगिता है, इसे समझाने के लिए प्रत्येक वेद के अलग-अलग ब्राह्मण बन गए। ब्राह्मण, मुख्यतः कर्मकांड के ग्रन्थ हैं और स्मरण रखना चाहिए कि वैदिक काल में कर्म का अर्थ यज्ञ समझा जाता था।

ब्राह्मण अत्यन्त नीरस ग्रन्थ हैं। उनके भीतर विधि और अर्थवाद, ये दो प्रकार के विषय हैं। विधियाँ यज्ञों के नियम हैं और अर्थवाद उनकी व्याख्या का प्रयास। अर्थवाद के अन्दर ही इतिहास, पुराण और आख्यायिकाओं के प्रसंग आते हैं, जिनमें पुराण-साहित्य का मूल है। इस प्रकार, ब्राह्मण-ग्रन्थों का एक महत्त्व यह भी है कि वे वेद और वेदोत्तर साहित्य के बीच की कड़ियाँ सूचित करते हैं। ब्राह्मणों में निरूपित यज्ञनियम जब असीम जाल बन गए, तब उन्हें संक्षिप्त और व्यावहारिक बनाने के प्रयास से श्रौत-सूत्रों का विकास हुआ। ब्राह्मण-युग में ही यास्क ने निरुक्त लिखा, जिसका उद्देश्य वेद के अर्थ को सुनियोजित करना था। और जब ब्राह्मण-ग्रन्थों ने यज्ञ को बहुत अधिक प्रधानता दे डाली, तब ब्राह्मणों के विरुद्ध एक नए चिन्तन का आरम्भ हुआ, जिसका आरम्भिक रूप आरण्यकों में दिखाई देता है। जो चिन्तक

पुरोहितवाद और यज्ञ को यथेष्ट श्रद्धा से नहीं देखते थे, उनमें जीवन के प्रति एक प्रकार का वैराग्य उदित होने लगा, वे घर-बार छोड़कर अरण्यों में रहने लगे और उनका चिन्तन इस प्रश्न को लेकर चलने लगा कि यज्ञों का वास्तविक अर्थ क्या है, उनके भीतर कौन-सा रहस्य है तथा वे धर्म के किस रूप के प्रतीक हैं? आश्रमों के विकसित हो जाने पर आरण्यक उनके प्रिय ग्रन्थ बन गए, जो वानप्रस्थी थे। सभी प्राचीन उपनिषद् (बृहदारण्यक, छान्दोग्य, केन, ऐतरेय कौषीतकि और तैत्तिरीय) या तो आरण्यकों के अंग अथवा उनके परिशिष्ट ग्रन्थ थे।

वेदांग

यज्ञों में वेदों का जो गायन होता था, उसमें कभी तो अशुद्धि होती थी, कभी पाठ-भेद से विकृति आ जाती थी, कभी पाठ और गायन, दोनों में, विविधताएँ भर जाती थीं। इन अशुद्धियों को दूर करने तथा पठन और गायन में होनेवाली विविधताओं में व्यवस्था लाने के लिए निम्नलिखित शास्त्र उत्पन्न हुए जो वेदांग कहे जाते हैं। ये वेदों के अंग इसलिए माने गए कि इनका सम्बन्ध वेदों के उच्चारण, उनके गान तथा अर्थबोध से है।

1. शिक्षा–यह आजकल का फोनेटिक्स या उच्चारण-शास्त्र था। सामवेद की शिक्षा का नाम नारद-शिक्षा है और यजुर्वेद की शिक्षा का नाम याज्ञवल्क्य-शिक्षा। इसी प्रकार, पाणिनीय-शिक्षा भी है।

2. छन्द–छन्द शास्त्र वेद के गायन को नियमित करने के लिए बना था। अब इसका एक ही ग्रन्थ 'पिंगल' मिलता है, जिसमें वैदिक और लौकिक, दोनों प्रकार के छन्दों का वर्णन है।

3. निरुक्त–वैदिक शब्दों की व्युत्पत्ति करने के लिए यह शास्त्र निकला था। निघंटु नामक एक ग्रन्थ में कठिन शब्दों की तालिका था। उसी पर यास्क मुनि ने (समय ई.पू. 700) भाष्य बनाया, जो निरुक्त के नाम से प्रसिद्ध है। यास्क ने ही, पहले-पहल, यह घोषणा की कि शब्द धातुओं से निकले हैं।

4. व्याकरण–पाणिनि की अष्टाध्यायी ईसा से 700 वर्ष पूर्व बनी। पाणिनि से पूर्व गार्ग्य, स्फोटायन, शाकटायन, भरद्वाज आदि वैयाकरण हो चुके थे, किन्तु, उनके ग्रन्थ अब नहीं मिलते। पाणिनि से पूर्व के वैदिक व्याकरण को प्रातिशाख्य कहते थे। शौनक-प्रातिशाख्य और कात्यायन-प्रातिशाख्य अब भी मिलते हैं।

शिक्षा, छन्द, निरुक्त और व्याकरण, असल में, ये ही चार वेदांग हैं, जिनका सम्बन्ध वेद के भाषा-विषयक विज्ञान से है। किन्तु, दो और विद्याओं को मिलाकर वेदांग छह कहे जाते हैं।

5. ज्योतिष–यह आर्यों का एकमात्र भौतिकशास्त्र था। जयचन्द्रजी का कहना है कि अब वैदिक ज्योतिष का कोई ग्रन्थ उपलब्ध नहीं है।

6. कल्पसूत्र–जिस प्रकार, वेदों के कर्मकांड-पक्ष के नियमन के लिए ब्राह्मण ग्रन्थों का निर्माण हुआ, उसी प्रकार, ब्राह्मण-ग्रन्थों की व्याख्या के लिए कल्पसूत्र बने। कल्पसूत्रों में, व्याजान्तर से, आर्यों का सामाजिक जीवन चित्रित है। कल्पसूत्र दो प्रकार के हैं। एक तो श्रौतसूत्र, जिनमें आर्यों के यज्ञों का वर्णन है तथा जिनसे भारतीय यज्ञ-पद्धति का मूल-स्वरूप

जाना जा सकता है। दूसरा स्मार्त्तसूत्र, जिसके दो भेद हैं। (1) गृह्य-सूत्र में षोडश संस्कारों का वर्णन है। (2) धर्मसूत्र में राजा तथा प्रजा के धर्म, धार्मिक नियमों और वर्णाश्रम-विधान का वर्णन है।[2]

उपनिषद्

वैदिक साहित्य में, वेदांगों के बाद, उपनिषदों का स्थान आता है। मुक्तिक उपनिषद् के अनुसार, सभी उपनिषदों की संख्या 108 है, किन्तु पंडित इनमें से सबको समान महत्त्व नहीं देते। ऐतिहासिक दृष्टि से वे ही उपनिषद् महत्त्वपूर्ण समझे जाते हैं, जिनकी रचना बुद्धदेव के आविर्भाव के पहले हो चुकी थी। उपनिषदों की रचना बहुत बाद तक होती रही, यह असंदिग्ध बात है और इसका सबसे बड़ा प्रमाण यह है कि अल्लोपनिषद् (अल्ला का उपनिषद्) की रचना अकबर के समय में हुई। इन 108 उपनिषदों में प्रमुख कौन-कौन माने जाएँ, इस विषय में सामान्य मत यह है कि शंकराचार्य ने जिन उपनिषदों की टीका लिखी है, वे सबसे प्रमुख हैं। शंकराचार्य ने जिन उपनिषदों की टीका लिखी, उनके नाम हैं–(1) ईश, (2) केन, (3) कठ, (4) प्रश्न, (5) मुंडक, (6) मांडूक्य, (7) तैत्तिरीय, (8) ऐतरेय, (9) छान्दोग्य, (10) बृहदारण्यक और (11) नृसिंहपूर्वतापनी। इनके सिवा, शंकराचार्य ने पाँच-छह अन्य उपनिषदों से भी उद्धरण दिए हैं। श्री रामानुजाचार्य ने सभी उपनिषदों की टीका तो नहीं लिखी, किन्तु, उन्होंने भी, प्रायः इन्हीं उपनिषदों का हवाला दिया है।

उपनिषद् वेदों के बाद बने या उनके साथ ही, इस बात पर भी विवाद है। अनुमान यह है कि उपनिषदों की भी रचना पहले मौखिक ही की गई थी और लिखे वे पीछे गए हैं।[3] इसलिए कहीं-कहीं वे वैदिक संहिताओं में भी सम्मिलित मिलते हैं। ईशावास्योपनिषद् शुक्ल यजुर्वेद का अन्तिम अध्याय है; छांदोग्य उपनिषद् सामवेद के एक ब्राह्मण के अन्तर्गत मिलता है और बृहदारण्यक शतपथब्राह्मण का एक भाग है। उपनिषद् शब्द का अर्थ कोई-कोई पंडित 'पास बैठना' लगाते हैं (उप=निकट; निषद्=बैठना) जिससे यह अनुमान लगाया गया है कि शिष्य गुरु के पास बैठकर वेद का तत्त्व समझा करते थे, इस शिक्षण के सिलसिले में जो ज्ञान निकला, वही उपनिषदों में संचित है।

वेदों और उपनिषदों की विचारधारा

अपने देश में एक परम्परा है कि जब भी हम किसी वस्तु के इतिहास की खोज करते हैं, तब उसके मूल, उत्स, जड़ या बीज की खोज वेदों में जरूर करते हैं। भारत में नाटक का विकास कैसे हुआ, इसकी खोज करते-करते हम वेदों के संवाद-सूक्तों में नाटकों के बीज देखते हैं। वैष्णव धर्म का उत्स हम वेद में प्रयुक्त विष्णु (सूर्य के अर्थ में) शब्द में देखते हैं तथा शैव धर्म की जड़ हमें वेदों की रुद्र-भावना में मिलती है। और यह ठीक भी है, क्योंकि वेदों में बीज-रूप में जो चिन्तन है, उसका सम्यक् विकास आगे के साहित्य में हुआ है।

इस प्रकार देखने पर, हम उपनिषदों को वेदों के विकास की कड़ी कहेंगे। यूरोपीय विद्वानों ने वेदों पर तो थोड़ी भी श्रद्धा नहीं दिखलाई, किन्तु उपनिषदों पर वे एक समय (उन्नीसवीं शती में) आनन्द से टूट पड़े थे। किन्तु उपनिषद् कोई आकस्मिक वस्तु नहीं है। असल में,

वेदों में जो बातें थीं, उन्हीं पर विचार करते-करते ऋषियों ने उपनिषदों की रचना की।

वेदों में हम जिस धर्म का बखान पाते हैं, वह प्रकृति के तत्त्वों को सजीव माननेवाले भावुक मनुष्य का धर्म है। इन्द्र, वरुण, अग्नि और सविता, ये सभी वैदिक देवता ऐसे हैं, जिनका रूप और चमत्कार हम, थोड़ा-बहुत, चर्मचक्षु से भी देख सकते हैं। वेद-कालीन मनुष्य का विश्वास था कि प्रकृति की प्रत्येक शक्ति एक देवता के अधीन काम करती है और उस देवता की पूजा करने से मनुष्य का कल्याण होता है। अतएव, अधिकांश में, वैदिक आर्य देवताओं की स्तुति करते हैं कि उनके (आर्यों के) बैल मोटे हों, घोड़े बलवान हों, फसल की उन्नति हो और शत्रुओं पर उन्हें विजय मिले। यही नहीं, बल्कि, स्वर्ग की कामना भी वे इसी भाव से करते हैं कि स्वर्ग में भी उन्हें उसी प्रकार का उत्तम सुख मिले, जिस प्रकार के सुखों का भोग इस पृथ्वी पर उपलब्ध है।

बहुदेववाद

प्रकृति के प्रत्येक रूप में एक देवता की कल्पना करते रहने के कारण वैद्रिक आर्य बहुदेववादी हो गए थे, यह बात वैदिक साहित्य से प्रमाणित होती है। ऋग्वेद 33 देवताओं का अस्तित्व मानता है। शतपथ-ब्राह्मण में भी 8 वसु, 11रुद्र, 12 आदित्य तथा आकाश और पृथ्वी, इन 33 देवताओं का उल्लेख मिलता है। ऐतरेय ब्राह्मण में भी 11 प्रयाजदेव, 11 उपयाजदेव और 11 अनुयाजदेव, ये 33 देवता हैं। ऋग्वेद के दो मन्त्रों में 3339 देवताओं के होने का उल्लेख मिलता है। किन्तु, सायणाचार्य ने लिखा है कि देवता तो 33 ही हैं, केवल उनकी महिमा दिखाने के लिए 3339 देवताओं का उल्लेख कर दिया गया है।

किन्तु, इन विभिन्न देवों को पूजते रहने पर भी, आर्य यह मानते थे कि ये सभी देवता, मूलतः एक ही हैं। निरुक्तकार का कहना है कि "तत्तत्कर्मानुसार विभिन्न नामों से पुकारे जाने पर भी देव एक ही हैं।" यास्क ने उदाहरण दिया है 'नरराष्ट्रमिव' अर्थात् व्यक्ति-रूप से भिन्न होते हुए भी, जैसे, असंख्य मनुष्य राष्ट्र-रूप में एक हैं, वैसे ही, विविध रूपों में प्रकट होने पर भी देवों में एक ही परमात्मा व्याप्त हैं। इन्हीं परमात्मा को याज्ञिकों और ब्राह्मण-ग्रन्थों ने प्रजापति कहा है। सभी देवता इन्हीं प्रजापति के विशिष्ट अंग माने गए हैं।

वैदिक संहिताओं में सबसे अधिक (कोई साढ़े तीन हजार) मन्त्र इन्द्र के सम्बन्ध में हैं। इन्द्र का सबसे बड़ा पराक्रम यह था कि उन्होंने वृत्रासुर का वध किया, जो आर्यों का प्रचंड शत्रु था। इन्द्र ने वज्र द्वारा शम्बरासुर के 99 नगरों को नष्ट किया, शरत् नामक असुर की सात पुरियों को विध्वस्त किया, इसीलिए, उनका नाम पुरन्दर पड़ा।

अग्निदेव के सम्बन्ध में वैदिक संहिताओं में कोई ढाई हजार मन्त्र हैं।

इन्द्र और अग्नि के बाद, वेद में सर्वाधिक मन्त्र सोम के सम्बन्ध में मिलते हैं। सोम पेय द्रव्य था, जिसमें आर्यों को देवत्व के दर्शन हुए थे। मन्त्रों में आया है, "सोम! तुम्हें पीकर हम अमर होंगे, अनन्तर प्रकाशमान स्वर्ग में जाएँगे और देवों को जानेंगे," "सोम! मदकर, स्वादुत्तम, रसात्मक, अरुण वर्ण और सुखकारी हैं;" "सोम लोहे से पीसे जाकर और 32 सेरवाले कलश से युक्त होकर अभिस्रवण स्थान में बैठते हैं;" "सोम पर्वत से उत्पन्न और मद के लिए अभिषुत हैं;" "सोम के शोधक मेषचर्म और गोचर्म हैं।"

अश्विनीकुमारों के सम्बन्ध में भी वेद में बहुत-से मन्त्र हैं। अश्विनीकुमार दो थे और दोनों वैद्य थे, इस कारण, उनकी पूजा होती थी। मन्त्रों में आया है, ''वृद्धिकलि नामक स्तोता को तुमने यौवन से युक्त किया था। तुम लोगों ने लँगड़ी विश्वपला को लोहे के चरण देकर उसे गति-समर्थ बना दिया था।'' विश्वपला खेल-ऋषि की पत्नी थी, जो युद्ध में भी जाती थी।

यास्क का मत है कि वायु आर्यों के अत्यन्त प्राचीन देवता हैं। ''मरुतों के प्रभाव से द्यावा-पृथ्वी चक्र की तरह घूमने लगी थी।''

अश्विनीकुमारों की तरह, ऋभुगण भी शिल्पी और वैद्य थे और इनकी पूजा भी आर्य श्रद्धा से करते थे। इसी प्रकार, मित्र, वरुण, ऊषा और पूषा, इनकी स्तुति में भी अनेक मन्त्र हैं। यास्क ने निरुक्त में पूषा का अर्थ सूर्य किया है। मन्त्र में आया है–''प्रकाशमान् पूषन्, कृष्ण को दान देने के लिए प्रेरित करो और उसके हृदय को कोमल करो।''

यमराज और पितरों के सम्बन्ध में भी वेद में अनेक मन्त्र हैं। कहा गया है, ''यम के ही पास सारा मानव-समुदाय जाता है।'' ''जिस पथ से हमारे पूर्वज गए हैं, उसी पथ से सारे जीव जाएँगे।'' ''जहाँ हमारे पितामहादि गए हैं, उसी प्राचीन मार्ग से हे मृत पितः, जाओ।'' ''श्मशान-घाट के पिशाचादिको, यहाँ से हटो, दूर जाओ।'' ''साधु-स्वभाव पितर देवों के साथ हवि भक्षण करते थे और इन्द्र के साथ रथ पर चढ़ते थे।'' ''जो पितर जलाए गए हैं और जो नहीं जलाए गए हैं, वे सब स्वर्ग में स्वधा के साथ आनन्द करते हैं।''

वेदों में परमात्मा की कल्पना बहुत सुस्पष्ट तो नहीं मिलती, किन्तु उसकी सत्ता सुस्पष्ट है और इस कल्पना की नींव 'नासदीय सूक्त'–जैसे सूक्तों में पड़ी थी। ''सर्वप्रथम केवल परमात्मा थे। वे सबके अद्वितीय अधीश्वर थे। उन्होंने पृथ्वी और आकाश को यथास्थान स्थापित किया।'' ''परमात्मा से सभी देव उत्पन्न हुए।''

उपनिषदों में जो सूक्ष्म चिन्तन मिलता है, उसका मूल नासदीय सूक्त में था। इस सूक्त को लोकमान्य तिलक ने मनुष्य-जाति की सबसे बड़ी स्वाधीन चिन्ता कहा है, जो ठीक है। ऐसा लगता है कि जिन प्रश्नों को लेकर उपनिषद् जूझे और जिन्हें लेकर चिन्तक आज भी जूझ रहे हैं, उन सभी प्रश्नों के बीज इस सूक्त में निहित थे। इस सूक्त में आया है, ''सृष्टि के प्रथम, अन्धकार से अन्धकार ढँका हुआ था। सभी कुछ अज्ञात और सब जलमय (वा अविभक्त) था। अविद्यमान वस्तु के द्वारा वह सर्वव्यापी आच्छन्न था। तपस्या के प्रभाव से वही एक तत्त्व उत्पन्न हुआ।'' ''प्रकृत तत्त्व को कौन जानता है? कौन उसका वर्णन करे? यह सृष्टि किस उत्पादन-कारण से हुई? किस निमित्त-कारण से ये विविध सृष्टियाँ हुईं? क्या देवता लोग इन सृष्टियों के अनन्तर उत्पन्न हुए हैं? कहाँ से सृष्टि हुई, यह कौन जानता है? ये नाना सृष्टियाँ कहाँ से हुईं? किसने सृष्टियाँ कीं और किसने नहीं कीं, यह सब वे ही जानें जो इनके स्वामी परम धाम में रहते हैं। हो सकता है कि वे भी यह सब नहीं जानते हों।''

उतने प्राचीन काल में ऐसा प्रचंड चिन्तन! सोचकर हृदय निस्तब्ध रह जाता है। उपनिषदों के समय भारत में जो बौद्धिक व्यग्रता आरम्भ हुई, उसके कारण नासदीय सूक्त में मौजूद थे, इसमें कोई सन्देह नहीं।

अवतारों की कल्पना तो वेद में नहीं मिलती, हाँ, विष्णु के वामनावतार की कथा का अंकुर ऋग्वेद के अनेक मन्त्रों में पाया जाता है।...परलोक वा देवयान और पितृयान का विवरण

जिन सूक्तों में है, उन्हीं में आत्मा और पुनर्जन्म का भी कथन है। अन्यत्र भी है। 1232/3 में कहा गया है, "व्यक्ति का एक अंश जन्म-रहित और शाश्वत है।" एक अन्य मन्त्र में जीवात्मा को कर्मफल-भोक्ता बताया गया है।

ये सारे विचार वैदिक युग में अंकुरित हो चुके थे, किन्तु, धर्म के नाम पर अत्यन्त विशाल वृक्ष यज्ञों का ही था और यज्ञ ही आर्यों का प्रधान कर्म था। "विश्व की उत्पत्ति का स्थान यज्ञ है।" "सभी कर्मों में श्रेष्ठ कर्म यज्ञ है।" "यज्ञ के कर्मफल से स्वर्ग की प्राप्ति होती है।" "वृष्टिकामो यजेत।" (वर्षा चाहनेवाला यज्ञ करे), ऐसे वाक्य वेद में बहुत होंगे। यज्ञ आर्यों का मुख्य धर्म था और यज्ञ में पशु-हिंसा काफी की जाती थी। इसलिए, आर्य-धर्म के विरुद्ध उठनेवाली क्रान्ति का मुख्य लक्ष्य यज्ञ हुआ।[4]

ऋग्वेद में जिस समाज का चित्र है, वह समाज अत्यन्त सुखी और सम्पन्न था और कहीं भी यह संकेत नहीं मिलता कि उस समाज से लोग तनिक भी असन्तुष्ट थे। यह संसार दुःख का आगार है अथवा जीवन नश्वर और क्लेशपूर्ण है, इस भावना पर ऋग्वेद ने कहीं भी जोर नहीं दिया है। यह सच है कि मृत्यु के बाद प्राप्त होनेवाले जीवन की बड़ाई वैदिक ऋषि भी उत्साह से करते हैं, किन्तु, उनका यह भाव नहीं है कि मनुष्य का वर्तमान जीवन दुःखी है, इसलिए, भागकर उसे स्वर्ग में समा जाना चाहिए। उलटे, वे इस जीवन को सुन्दर तथा सुखपूर्ण मानते थे और विश्वास करते थे कि देवता अगर अनुकूल रहें तो मनुष्य पुण्य के रास्ते पर चलकर अपनी जिन्दगी बहुत ही आनन्द के साथ बिता सकता है। मनुष्य में जो पाप हैं और जिनके कारण वह दुःख में पड़ता है उनका वर्णन भी ऋग्वेद में नहीं के समान है। असल में, वैदिक साहित्य (संहिता-भाग) उद्दाम आशावाद से ओत-प्रोत है और निराशा की उसमें कहीं गन्ध भी नहीं मिलती। उनका सबसे प्रधान स्वर यह है कि जिन्दगी आनन्द से जीने के योग्य है और देवताओं को प्रसन्न रखकर हम मरकर भी ऐसा लोक प्राप्त कर सकते हैं, जहाँ आनन्द-ही-आनन्द होगा। वेद में इस लोक का वर्णन है, इस जीवन के बाद मिलनेवाले स्वर्ग का वर्णन है, किन्तु, वैदिक ऋषि नरक के बारे में अधिक नहीं जानते हैं। वे कोई ऐसी बात नहीं कहते, जिससे मनुष्य को भय हो, उसका उत्साह दबे अथवा जीवन में उसका आनन्द कम हो जाए।

लेकिन, यह नहीं समझना चाहिए कि वैदिक काल के भारतीय भोगवाद में बिलकुल अन्धे हो रहे थे और इन्द्र, वरुण तथा अग्नि के जो दृश्य रूप हैं, उनसे ऊपर उठकर सूक्ष्म परम सत्ता को वे नहीं देख पाए थे। वे जानते थे कि सृष्टि का स्वामी कोई एक ही (शक्ति) है और उसी का प्रकाश सूर्य, अग्नि, वरुण और इन्द्र में झलकता है। किन्तु, वे जब जिस देवता की स्तुति करते थे, तब उसी को सृष्टि का स्वामी मान लेते थे और उसकी प्रशंसा इस प्रकार करने लगते थे, मानो, वही देवता सर्वशक्तिमान हो। और यह भी नहीं कहा जा सकता कि मरने के बाद वे केवल उसी की कामना करते थे, जिस लोक में उन्हें सांसारिक सुखों के समान सुख और दैहिक भोग के समान भोग मिल सकें। शतपथ-ब्राह्मण में यजुर्वेद का एक मन्त्र आता है, जिसमें ऋषि प्रार्थना करते हैं कि "हे अग्नि! तुम व्रतपति हो; मैं व्रत करूँगा; ऐसी शक्ति दो कि यह व्रत सिद्ध हो; क्योंकि मैं अनृत (असत्य) को छोड़कर सत्य को प्राप्त करना चाहता हूँ।" स्पष्ट ही, यह इशारा स्वर्ग नहीं, स्वर्ग से किसी ऊँची

स्थिति की ओर है।

ऐसा लगता है कि ऐसी ही सूक्ष्म स्थिति की कल्पना से मोक्ष की कल्पना उद्भूत हुई होगी और जब मोक्ष की धुँधली कल्पना ऋषियों के सामने आई, तभी उन्होंने ज्ञान-मार्ग पर सोचना आरम्भ किया। ज्ञान और कर्म, वेदों में ये दोनों ही मार्ग हैं। कर्मकांड की प्रधानता संहिता और ब्राह्मण में है, जो यज्ञ को मनुष्य का प्रधान कर्म मानते थे, और जिनका विश्वास था कि यज्ञ करने से ही देवता प्रसन्न होते हैं, जिनकी कृपा से मनुष्य को इस जीवन में विजय और मरने के बाद स्वर्ग मिलता है। किन्तु, वेदों में ज्ञान-मार्ग की जो स्फुट बातें जहाँ-तहाँ विकीर्ण थीं, उन्हीं को लेकर उपनिषदों का विकास हुआ। फिर भी, वेदों के प्रभुत्व के समय ज्ञान और कर्म के बीच झगड़ा नहीं बढ़ा, क्योंकि उपनिषद् भी वेद के प्रमाण पर चलते हैं। और यह भी कहते हैं कि यज्ञ से सुख और स्वर्ग जरूर मिलते हैं, किन्तु दोनों नाशवान् हैं। अतएव, मनुष्य को सच्चे सुख के लिए कुछ और करना चाहिए। उपनिषदों ने सच्चे सुख की जो कल्पना की, वह मोक्ष का सुख था, वह जीवन और मृत्यु से छुटकारा पाने का सुख था। इस सुख के सामने स्वर्ग-सुख को उपनिषदों ने हीन बताया और इसी प्रकार, लोग स्वर्ग के सामने लौकिक जीवन को भी हीन मानने लगे। अतएव, भारतीय दर्शन में निराशावाद की एक हलकी परम्परा का आरम्भ उपनिषदों में ही होता है और यही परम्परा उपनिषदों के पूर्ण विकास के युग में आकर पुष्ट और जैन तथा बौद्ध दर्शनों में जाकर प्रचंड हो उठी। संहिताओं और ब्राह्मणों में हम वैराग्य और संन्यास की बात नहीं पाते, यद्यपि, वानप्रस्थ-धर्म का आख्यान ब्राह्मण-ग्रन्थ में उपलब्ध है। लेकिन, उपनिषदों में वैराग्य और संन्यास, दोनों, हमारे सामने बार-बार आते हैं।

वैदिक भारतीय यज्ञों के बड़े प्रेमी थे। उनका सारा जीवन ही यज्ञमय था। वे वर्षा के लिए यज्ञ करते थे, महामारी से बचने के लिए यज्ञ करते थे, शत्रुओं पर विजय पाने के लिए यज्ञ करते थे, पशुओं की तन्दुरुस्ती के लिए यज्ञ करते थे और परलोक में सुख पाने के लिए यज्ञ करते थे। जीवन में यज्ञ की इसी व्यापकता के कारण, उस समय के भारतीय समाज में पुरोहितों और ब्राह्मणों का महत्त्व अत्यधिक बढ़ गया और यज्ञों की विधियों को निर्धारित करने के लिए जो ग्रन्थ बने, उनका नाम ही ब्राह्मण पड़ गया। जैसा कि इस वर्णन से समझा जा सकता है, वैदिक भारतीयों के यज्ञ का उद्देश्य सांसारिक सुखों की वृद्धि था और ऐसे ही सुख वे स्वर्ग में भी पाना चाहते थे। इसके साथ ही, यज्ञों में पशु-हिंसा भी बहुत होती थी। इन सारी बातों के कारण यज्ञ बहुत ही स्थूल समझे जाने लगे, कर्मकांड ऋषियों को काफी नहीं जँचने लगा और वे सोचने लगे कि धर्म का यह स्थूल रूप घटना चाहिए और मनुष्य को इससे ऊपर उठकर किसी सूक्ष्म धर्म की खोज करनी चाहिए।

समाज में जो बातें व्यापक रूप से प्रचलित रहती हैं, उनमें अगर दोष हों तो वे दोष पहले दो-चार या दस-बीस आदमियों को ही दिखाई देते हैं और पहले ये ही लोग उनके खिलाफ सोचने और बोलने भी लगते हैं। यह आलोचना धीरे-धीरे बढ़ती है और जब वह खूब बढ़ जाती है, तब सारा समाज उस पर ध्यान देने लगता है। यही धर्म या समाज में क्रान्ति है। मगर, स्मरण रहे कि इस आलोचना के बीज समाज के हृदय में पहले से ही वर्तमान रहते हैं।

वेदों ने यज्ञ का प्रतिपादन किया था और लोगों को यह शिक्षा दी थी कि अगर हर तरह

से सुखी, सम्पन्न और विजयी रहना चाहते हो तो देवताओं की प्रसन्नता के लिए यज्ञ करो। यही नहीं, बल्कि अगर मरने के बाद भी सुख भोगने की इच्छा हो तो स्वर्ग प्राप्त करने के लिए यज्ञ करो। यह एक प्रकार का भोगवादी उपदेश था, जिसे समाज ने बड़े ही उत्साह से ग्रहण किया था। लेकिन, वेदों के ऋषि यहीं तक नहीं रुके थे; ऊँची-ऊँची बातें सोचते हुए उन्होंने जब-तब यह संकेत भी किया था कि स्वर्ग से ऊपर भी कोई स्थिति हो सकती है। इसके सिवा, निरी सांसारिकता से ऊपर उठकर उन्होंने यह भी विचार किया था कि यह सृष्टि कहाँ से निकली है तथा इसका मालिक कौन है। जब ऋषियों में से कुछ लोगों को यज्ञ अयथेष्ट मालूम होने लगे, तब उनका ध्यान वेद के उन अंशों पर गया, जिनमें स्वर्ग से ऊपर की स्थिति की ओर इशारा किया गया था, जिनमें यह प्रश्न उठाया गया था कि सृष्टि की रचना कैसे हुई और इसका अध्यक्ष कौन है। इसी चिन्ता से उपनिषदों का जन्म हुआ। असल में, उपनिषद् वेद के उन स्थलों की व्याख्या है जिनमें यज्ञों से अलग हटकर ऋषियों ने जीवन के गहन तत्त्वों पर विचार किया है।

उपनिषदों की विशेषताएँ

उपनिषद् वेद का अनादर नहीं करते, मगर वे मानते हैं कि वेदों ने यज्ञ के जो रास्ते बताए, उनसे मनुष्य को केवल नश्वर सुख ही प्राप्त हो सकते हैं। स्वर्ग के विषय में भी उपनिषद् यह मानते हैं कि स्वर्ग-सुख का भोग जीव तभी कर सकता है जब तक उसका पुण्य शेष हो। पुण्य समाप्त होते ही, उसे फिर जन्म लेना पड़ता है और फिर उसकी मृत्यु होती है, जो दुःख है।

उपनिषदों के अनुसार, मनुष्य का सच्चा ध्येय मोक्ष या मुक्ति प्राप्त करना है और मुक्ति है जन्म और मृत्यु के बन्धनों से छुटकारा। मनुष्य को ऐसा प्रयत्न करना चाहिए कि उसे फिर से जन्म लेना न पड़े, क्योंकि जन्म लेने से ही जीव को अनेक क्लेश भोगने पड़ते हैं।

सृष्टि के विषय में उपनिषदों का यह मत है कि वह क्षिति, जल, पावक, गगन और वायु, इन पाँच तत्त्वों से बनी हुई है। इन पाँच तत्त्वों का स्वामी महत्तत्त्व है, जिसमें ये पाँचों तत्त्व विद्यमान रहते हैं। काल पाकर यह महत्तत्त्व (जिसे हम प्रकृति का मूल तत्त्व भी कह सकते हैं) फैलने लगता है। महत्तत्त्व के इसी फैलाव को हम सृष्टि का जन्म, रचना और विकास कहते हैं। फिर एक समय आता है जब यह फैलाव सिमटने लगता है और सिमटकर वह महत्तत्त्व में केन्द्रित हो जाता है। सिमटने की प्रक्रिया को सृष्टि का विनष्ट होना या प्रलय कहते हैं। इस बात को समझाने के लिए उपनिषदों में मकड़े की जाली की उपमा दी गई है। मकड़े के भीतर से जाली निकलकर चारों ओर छा जाती है। यही सृष्टि का बनना है। फिर वह जाली सिमटकर मकड़े के भीतर चली जाती है, यही सृष्टि का विनष्ट होना है। अब यह प्रश्न उठता है कि यह मकड़ा प्रकृति है या ब्रह्म? यानी सृष्टि की रचना ब्रह्म करता है या वह आप-से-आप होती है? इस प्रश्न का उत्तर उपनिषदों ने दो प्रकार से दिया है। एक तो यह कि यह मकड़ा ब्रह्म ही है और उसी के भीतर से सृष्टि प्रकट होती है। दूसरा यह कि मकड़ा, असल में, प्रकृति के मूल तत्त्व अथवा महत्तत्त्व की उपमा है। ब्रह्म सृष्टि की रचना नहीं करता। सृष्टि इस महत्तत्त्व से निकलती है और उसी में वापस भी चली जाती है।

इन्हीं दो प्रकार के उत्तरों से आगे चलकर भारत में द्वैतवाद और अद्वैतवाद के सिद्धान्त निकले। जिन्होंन् यह माना कि महत्तत्त्व तो जड़ है, उससे चेतन सृष्टि कैसे निकल सकती है, इसलिए, सृष्टि की रचना ब्रह्म ने की, वे द्वैतवादी हुए। इसके विपरीत, जिनके सामने यह प्रश्न आया कि सृष्टि में अच्छे लोग भी हैं और बुरे लोग भी, पाप भी है और पुण्य भी, सुख भी है और दुःख भी, फिर यह कैसे माना जाए कि पाप, दुःख और दुराचार भी ब्रह्म से ही निकले हैं और ब्रह्म में भी दुःख और पाप का निवास है,[5] उन्होंने अद्वैतवादी मार्ग पकड़ा और यह कहा कि ब्रह्म निराकार, निर्विकार और चेतन है। उसमें किसी प्रकार की भी इच्छा नहीं होती (क्योंकि इच्छा का होना भी विकार है), इसलिए, न तो सृष्टि रचने की उसे इच्छा हुई, न उसने सृष्टि की रचना की। सृष्टि प्रकृति के मूल तत्त्वों से (महत्तत्त्व से) से निकली है और वह उसी में समा जाती है। जब यह प्रश्न अद्वैतवादियों के सामने आया कि सृष्टि में हम चेतना क्यों देखते हैं, तब उन्होंने यह कहा कि चेतन-स्वरूप केवल ब्रह्म है, किन्तु उस चेतना से व्याप्त रहने के कारण हमें जड़ प्रकृति भी चेतन दिखाई देती है।

यह ध्यान देने की बात है कि वैदिक युग में इसी अद्वैतवाद का जोर था। द्वैतवाद का उत्थान तब हुआ जब भक्ति की लहर उठी और लोग यह मानने लगे कि भगवान् हमारी प्रार्थना सुनकर हमारे पापों को क्षमा कर देते हैं तथा हमें मुक्ति भी देते हैं।

उपनिषद् या वेदान्त, यद्यपि, द्वैतवाद के पक्ष की भी दलीलें उपस्थित करते हैं, लेकिन, परम्परा से हम उन्हें अद्वैतवादी मानते आए हैं, क्योंकि, इन्द्र, वरुण, सूर्य, अग्नि आदि दृश्य देवताओं से हटाकर मनुष्यों का ध्यान निराकार ब्रह्म की ओर उपनिषद् ही ले गए और उपनिषदों ने ही इस बात को, जोर से, घोषित किया कि मनुष्य का सर्वोच्च लक्ष्य स्वर्ग पाना नहीं, बल्कि, जीवन और मृत्यु के बन्धन से छूटकर मोक्ष पाना अथवा ब्रह्म में लीन हो जाना है। वेदों में प्रतिपादित मुख्य धर्म यज्ञ था; उपनिषदों में आकर वह गौण हो गया और मुख्यता आत्मविद्या तथा तप को दी जाने लगी।[6]

उपनिषदों का विचार है कि जैसे आकाश सर्वत्र फैला हुआ है (आदमी, जानवर, पर्वत, नदी, वृक्ष, पत्थर—यहाँ तक कि एक-एक अणु के बाहर ही नहीं, बल्कि, उसके भीतर भी आकाश है।), उसी प्रकार, ब्रह्म भी सृष्टि के कण-कण में व्याप्त है। आत्मा और परमात्मा को उपनिषद् एक मानते हैं। जब कुम्हार कोई घड़ा बनाता है, तब आकाश का एक खंड उस घड़े में भी व्याप्त हो जाता है। घड़ा शरीर है और घड़े के भीतर व्याप्त आकाश ही आत्मा है। जब घड़ा फूट जाता है। (यानी जब आदमी का शरीर छूट जाता है) तब उसमें बँधा हुआ आकाश फिर बड़े आकाश में मिल जाता है। जिस घड़े का आकाश कर्म की गन्ध से दूषित है, उस आकाश-खंड (आत्मा) को फिर किसी दूसरे घड़े में समाना पड़ेगा (यानी पुनर्जन्म लेना पड़ेगा) मगर, जिसका आकाश निर्मल है (अर्थात् जिस मनुष्य की आत्मा निर्मल है), उस घड़े के फूट जाने पर उसका आकाश फिर घड़े में वापस नहीं आता (अर्थात् निर्मल मनुष्य की आत्मा पुनर्जन्म के बन्धन में नहीं पड़ती)।

उपनिषद् कहते हैं कि कर्मफलवाद का सिद्धान्त सही है। मनुष्य जैसा कर्म करता है, उसे वैसा फल अवश्य भोगना पड़ता है। इसलिए, मनुष्य को चाहिए कि वह अपने कर्म को सुधारे। कर्म के सुधरने से मनुष्य का अगला जन्म अच्छा होगा और उस जन्म में भी जब

वह अच्छे कर्म करेगा, तब उसका तीसरा अगला जन्म और भी अच्छा होगा। इस प्रकार, जन्म-जन्मान्तर तक साधना करते-करते उसकी मुक्ति हो जाएगी अर्थात् वह जन्म-मरण के बन्धन से छूट जाएगा।

ये सारी बातें उपनिषदों के निचोड़ के रूप में उपस्थित की जा रही हैं। असल में, उपनिषदों में सारी बातें सुलझाकर एक स्थान पर नहीं रखी गई हैं। उपनिषदों की बहुत-सी बातें परस्पर-विरोधी हैं। उपनिषद् कभी तो ब्रह्म को निर्विकार कहते हैं और कभी यह कहते हैं कि उसी ने सृष्टि की रचना की; वे कभी तो आत्मा और परमात्मा में अभेद मानते हैं और कभी यह कहते हैं कि परमात्मा सर्वशक्तिमान् और आत्मा सीमित है, परमात्मा आनन्दस्वरूप और आत्मा दुःख से पीड़ित है। आत्मा और परमात्मा एक हैं, आत्मा और परमात्मा अलग-अलग हैं तथा आत्मा और परमात्मा अलग भी हैं और एकाकार भी, ये तीन तरह के मत हैं और तीनों का समर्थन उपनिषदों में खोजा जा सकता है। आगे चलकर इन्हीं तीन प्रकार की बातों से तीन मतवाद चले, जिनमें से अद्वैतवाद के प्रबल समर्थक शंकराचार्य, द्वैतवाद के मध्वाचार्य और विशिष्टाद्वैतवाद के रामानुजाचार्य हुए।[7]

मगर, यह ध्यान रखना चाहिए कि दर्शन के इन विभिन्न वादों में से कोई भी ऐसा नहीं है, जो किसी एक ऋषि या दार्शनिक का आविष्कार हो। उपनिषदों में ऋषियों ने अपनी जो अनेक अनुभूतियाँ लिखी थीं, उन्हीं अनुभूतियों का विकास हिन्दू-दर्शन के अनेक वादों में हुआ है। हिन्दुओं के यहाँ फिलासॉफी का नाम और कुछ नहीं होकर 'दर्शन' है, यह स्वयं अर्थपूर्ण बात है। हम दर्शन उस विद्या को कहते हैं, जो सोचकर नहीं, देखकर लिखी गई थी। और हमारे सभी दर्शनों का मूल, सारा उपनिषत्साहित्य ही ऋषियों के देखकर ही लिखने का परिणाम है। ज्ञान के अनेक साधनों में से एक जबर्दस्त साधन सहज-ज्ञान अथवा सम्बुद्धि (या इनटुइशन) भी है। सम्बुद्धि में प्रमाणों की जरूरत नहीं होती, तर्क और दलील देने की आवश्यकता नहीं होती। सम्बुद्धि से प्राप्त होनेवाला ज्ञान मनुष्य के मन की आँखों के आगे बिजली-सा कौंध उठता है। सम्बुद्धि से हम जो भी अनुभूति प्राप्त करते हैं, उसकी सच्चाई को हमारी सभी इन्द्रियाँ ग्रहण कर लेती हैं, मानो, वह सचमुच ही, आँखों-देखी बात हो। ऊँची कविता सम्बुद्धि से लिखी जाती है, ऊँची कला का निर्माण सम्बुद्धि से किया जाता है और दर्शन में भी उच्चतम सत्य बराबर सम्बुद्धि से ही उपलब्ध होते हैं। बुद्धि और प्रयोग से जो सत्य बहुत दिनों के बाद प्राप्त होता है, सहज ज्ञान से वही सत्य तुरन्त पकड़ में आ जाता है। प्राचीन भारत और नवीन यूरोप में यह भेद है कि पद्धति वैज्ञानिक रही और उसने प्रयोग तथा बौद्धिक छानबीन के बिना किसी भी बात को स्वीकार नहीं किया। किन्तु, भारत के मनीषियों का मार्ग, प्रधानतः, सहज-ज्ञान का मार्ग था। इसीलिए, सभ्यता के बाहरी उपकरण बढ़ाने के बदले, भारत में बराबर इस बात पर जोर दिया जाता रहा है कि अपनी आत्मा को शुद्ध करो, अपनी दृष्टि को बाहर से फेरकर अन्तर्मुख बनाओ तथा एकान्त और समाधि का सेवन करो, क्योंकि सहज-ज्ञान के ये ही मार्ग हैं।

उपनिषदों में जो विरोधी बातें मिलती हैं, उनका भी कारण यही है कि ऋषि सहज-ज्ञान के बल पर जब जो कुछ देखते, तब उसी को लिख देते थे। उपनिषदों को हम हिन्दू-धर्म का पद्धति-बद्ध दर्शन नहीं मान सकते। वे हिन्दू-धर्म की अनुभूतियों के कोष हैं, जिनमें ऋषियों

की अनुभूतियाँ ठीक उसी रूप में दर्ज मिलती हैं, जिस रूप में वे उन्हें प्राप्त हुई थीं। वस्तुतः, उपनिषदों को आधा दर्शन और आधा काव्य कहना चाहिए।

एक दूसरी दृष्टि से देखने पर हम यह भी कह सकते हैं कि उपनिषत्कारों का उद्देश्य दर्शन की रचना नहीं, बल्कि, अनेक उपायों से उस समाज का ध्यान धर्म के सूक्ष्म तत्त्वों की ओर ले जाना था, जिस समाज के लोग धर्म के बाहरी आचारों में उलझे हुए थे, पशु-हिंसा और यज्ञवाद को अपना परम धर्म मान रहे थे और, पृथ्वी से लेकर स्वर्ग तक सर्वत्र, भोगों के लिए बेचैन थे। इस समाज के सामने, उपनिषदों के द्वारा जो आदर्श उपस्थित किया जा रहा था, वह यह था कि जीवन का सच्चा सुख भोग में नहीं, त्याग में है। सारी सृष्टि के ब्रह्ममय होने से किसी भी मनुष्य को यह अधिकार नहीं है कि वह किसी अन्य मनुष्य को दुःख दे या किसी भी जीव की हिंसा करे। मनुष्य की असली समस्या जन्म-मरण की समस्या है और इस समस्या का समाधान मोक्ष है।

मन्त्र, ब्राह्मण और उपनिषद्-युग

आर्य-दर्शन का आरम्भ ऋग्वेद की आरम्भिक ऋचाओं में हुआ, जिनमें ऋषि प्रकृति के रूपों में देवत्व की झाँकी देखते हैं। यह अनुसन्धान, प्रायः धार्मिक कवि का अनुसन्धान है, जो प्रकृति के रमणीय और भयानक, दोनों रूपों से प्रभावित होता है और सोचता है कि, अवश्य ही, ये किसी प्रच्छन्न शक्ति के खेल हैं। इसी प्रच्छन्न शक्ति को वह इन्द्र, वरुण, मरुत, अग्नि या और कोई नाम दे देता है। अनुसन्धान जितना ही बढ़ता गया, प्रकृति के नए-नए रूपों को देखकर वैदिक कवि जितने ही चकित होते गए, उसी परिमाण में, नए-नए देवताओं की कल्पना भी उभरती गई। किन्तु, ये कवि कहीं रुके नहीं। वे बराबर विभिन्न रूपों के बीच एकता खोजते गए, अन्विति का पता लगाते गए। अन्त में, वे इस बात पर आए कि एक ही शक्ति है जो प्रकृति के नाना रूपों में दिखलाई देती है और जो प्रकृति के पीछे भी अवस्थित है। मन्त्र-काल में, कदाचित् ऋषि यहीं तक पहुँचे थे। इस प्रच्छन्न शक्ति का परमात्मा नाम, निश्चित रूप से, उपनिषत्काल में आकर प्रचलित हुआ।

मन्त्र-काल की दूसरी उपलब्धि ऋत का सिद्धान्त थी। जिस प्रकार ऋषियों को यह अनुभव हुआ कि प्रकृति के भिन्न-भिन्न रूप किसी एक ही शक्ति की लीलाएँ हैं, उसी प्रकार, वे इस अनुभूति पर भी पहुँचे कि प्रकृति नियमविहीन नहीं है, उसके सभी रूपों के भीतर कोई शृंखला अनुस्यूत है, कोई नियम चल रहा है, जिससे ऋतुएँ बदलती हैं और दिन-रात होते रहते हैं।

आगे चलकर भारत में जो दार्शनिक चिन्तन विकसित हुआ, उसका मूलधार यही ऋत का सिद्धान्त था। जब तक मनुष्य को यह विश्वास न हो जाए कि सृष्टि विशृंखल नहीं, नियमों से आबद्ध है, तब तक न तो विज्ञान उत्पन्न होता है, न दर्शन और रहस्यवाद। "विश्व को व्यापनेवाले ऋत-तत्त्व को वैज्ञानिक ऋषियों ने नीति की कल्पना पर उत्पन्न किया। ऋत तथा अनृत के द्वन्द्व से नीति और अनीति के द्वन्द्व का बोध होता था।"[8] इसी से आगे चलकर कर्तव्याकर्तव्य का विवेचन निकला तथा पुनर्जन्म और कर्मफलवाद के सिद्धान्त पुष्ट हुए।

मन्त्र-काल में कुछ और सिद्धान्तों ने प्रचार पाया। विद्वानों का मत है कि पितृ-ऋण,

ऋषि-ऋण और देव-ऋण की कल्पना इसी युग की उपज है। चार वर्ण और चार आश्रम की प्रथा भी मन्त्र-युग में ही जनमी। अतएव, वर्णाश्रम-धर्म की कल्पना उतनी ही प्राचीन मानी जाती है, जितना प्राचीन ऋग्वेद है।

मन्त्र-युग के बाद ब्राह्मणों का युग आता है। पुनर्जन्म और कर्मफलवाद का प्रत्यक्ष विवरण ब्राह्मण-ग्रन्थों में भी नहीं मिलता, यद्यपि, ब्राह्मणों से यह ज्ञात होता है कि तत्कालीन समाज यह मानता था कि मरने के बाद जीव परलोक में वास करता है और लोक में उसने जैसे कर्म किए हैं, परलोक में उसे वैसे ही फल मिलते हैं। ब्राह्मण-युग में वैदिक देवताओं में से, प्रायः, प्रत्येक की पूजा प्रचलित थी, यद्यपि, प्रजापति सबसे श्रेष्ठ जगत् के रचयिता माने जाने लगे थे। विष्णु मन्त्र-युग में सूर्य के पर्याय थे। किन्तु, ब्राह्मणों में आकर वे यज्ञदेव हो गए। इस प्रकार, उनकी प्रतिष्ठा बढ़ती जा रही थी। ब्राह्मणकाल में ही शिव आविर्भूत होते हैं एवं वेद के रुद्र के साथ वे तुरन्त एकाकार हो उठते हैं। बहुत-से आर्येतर प्रभाव ब्राह्मण-युग तक आर्यधर्म में प्रविष्ट हो जाते हैं एवं यहाँ से आगे जो विकास होता है, उसमें आर्य और आर्येतर चिह्न अलग-अलग नहीं दिखाई देते।

ब्राह्मण-काल में पुरोहितों की शक्ति खूब बढ़ी। यदि लेखकों को दृष्टिगत रखकर विचार किया जाए तो यह कहना अयुक्तियुक्त नहीं होगा कि वेदों के कर्ता कवि थे, ब्राह्मणों के पुरोहित और उपनिषदों के रहस्यवादी सन्त। पुरोहितवादी प्रभावों के विस्तार के कारण ब्राह्मण-काल वैदिक धर्म की अवनति का काल था। इस अवनति के बाद हिन्दुत्व का जो अपरिमेय उत्थान हुआ, उसका आख्यान हमें उपनिषदों में मिलता है। तभी से उपनिषद् हिन्दुत्व के आधारभूत ग्रन्थ रहे हैं और उन्हें समझे बिना हिन्दुत्व को समझना असम्भव माना जाता रहा है।

उपनिषदों के काल में आकर यज्ञ का स्थान ज्ञान ले लेता है और प्रजापति का स्थान ब्रह्म। इसी युग में आकर कर्म का अर्थ विस्तृत हो जाता है। अब कर्म का अभिप्राय केवल यज्ञ से नहीं रहकर उन सारे कृत्यों से हो जाता है, जिनके कारण मनुष्य को पुनर्जन्म लेना पड़ता है। जन्मान्तरवाद और कर्मफलवाद इसी युग में पूर्णरूप से स्थापित हो गए और तब से वे केवल हिन्दुत्व के ही नहीं, बौद्धमत और जैनमत के भी आधार रहे हैं। उपनिषदों ने मोक्ष को संसार का समाधान बतलाया और यह कहा कि मोक्ष का मार्ग ज्ञान है। यह सिद्धान्त भी बौद्धों और जैनों ने ज्यों-का-त्यों ग्रहण कर लिया। ज्ञान की, इस युग में, इतनी महिमा बढ़ी कि वर्णाश्रम और यज्ञवाद, दोनों बहुत पीछे छूट गए। जाबाला-पुत्र सत्यकाम को ब्रह्मविद्या का अधिकारी मानकर उपनिषद् के ऋषि ने, मानो, यह खुली घोषणा की है कि ब्राह्मण-अब्राह्मण का भेद व्यर्थ है। मनुष्य जन्म से नहीं, शील से महान् होता है—यहाँ तक कि जारज-सन्तान भी यदि सत्यवादी है तो उसे ब्राह्मण के सभी अधिकार मिलने चाहिए। ब्रह्मज्ञान की शिक्षा पानेवाला सत्यकाम जारज था, राजा जानश्रुति शूद्र थे और उन्हें आत्मविद्या सिखानेवाले ऋषि रैक्व गाड़ीवान थे।

उपनिषदों में मूर्ति-पूजा का प्रमाण नहीं मिलता, किन्तु, महामहोपाध्याय काणे ने धर्मशास्त्रों का जो इतिहास लिखा है, उससे ज्ञात होता है कि ईसा से पाँच सौ वर्ष पूर्व समाज में ऐसे पुरोहित थे, जो मन्दिरों में प्रतिमा-पूजन करवाते थे, उनका विचार है कि प्रतिमा-पूजन के प्रचलन के साथ ही श्रौत-सूत्रों का महत्त्व घटने लगा, क्योंकि उनका विषय यज्ञ था और

इसी काल में गृह्य-सूत्र प्रधानता पाने लगा। श्री डी.एस. शर्मा का विचार है[9] कि जब यज्ञ-धर्म निर्जीव हो गया और उपासना की ओर लोगों का ध्यान जाने लगा, तभी मूर्ति-पूजा का प्रचलन हुआ होगा। अनुमान है कि भक्ति और प्रतिमा-पूजन की कोई प्रथा आर्यों के पूर्व से ही इस देश में विद्यमान थी। आरम्भ में आर्य इस प्रथा की ओर उन्मुख नहीं हुए। किन्तु, जब उनका अपना भाव उपासना की ओर जाने लगा, तभी प्रतिमा-पूजन की प्रथा चल पड़ी होगी। यदि यह बात ठीक हो, तो मानना होगा कि भक्ति का आरम्भ ई.पू. 500 के लगभग हो चुका था, क्योंकि प्रतिमा-पूजन के साथ भक्ति का थोड़ा-बहुत पुट, स्वभावतया, आ जाता है।

उपनिषदों का प्रभाव

आत्मा-परमात्मा, पुनर्जन्म और कर्मफलवाद के विषय में वेदों में जो हलकी-महीन कल्पनाएँ थीं, उपनिषदों में आकर उनका विपुल विकास हो गया और भारतवासी यह मानने लगे कि धर्म का जो असली सूक्ष्म तत्त्व है, वह यज्ञवाद और पशु हिंसा से उपलब्ध नहीं हो सकता। सारी सृष्टि ब्रह्म से व्याप्त है और, जड़ तथा चेतन, सबके भीतर एक ही सत्ता निवास करती है, इस मत के प्रचार से हिंसा की भावना ढीली होने लगी और लोग यह मानने लगे कि मनुष्य के समान ही, पशु-पक्षी और पेड़-पौधे भी हिंसा नहीं, प्रेम और आदर के अधिकारी हैं। मोक्ष का सिद्धान्त निरूपित करने में बार-बार जीवन की दुःखपूर्णता की चर्चा की गई, इसलिए, समाज में एक प्रकार का निराशावाद फैलने लगा और लोग जीवन में उस उत्साह को खोने लगे, जो वेद-कालीन भारतवासियों की विशेषता थी। उपनिषदों ने संन्यास और वैराग्य की भावना को भी प्रेरित किया। अतएव, पहले जहाँ लोग सांसारिक सुखों के भोग के लिए डटकर परिश्रम करने में आनन्द मानते थे, वहाँ अब वे गृहस्थाश्रम को छोड़कर, असमय ही, वैराग्य और संन्यास लेने लगे।[10] वैदिक सभ्यता कर्मठ मनुष्य की सभ्यता थी जो सोचता कम, काम अधिक करता था; जिसे नरक की चिन्ता नहीं, हमेशा स्वर्ग का ही लोभ था; जो जीवन को दुःखों का आगार नहीं, सुख और आनन्द का साधन मानता था। मगर, उपनिषदों ने दिमाग के अनेक दरवाजे खोल दिए और आदमी अनेक सवालों के चक्कर में पड़ गया। यह सृष्टि क्या है? जीव सान्त है या अनन्त? जन्म के पहले क्या था? मरने के बाद क्या होगा? क्या जिन्दगी मरने के साथ ही खत्म हो जाएगी? या मरने के बाद भी हमें स्वर्ग मिलेगा? अगर हाँ, तो इसका प्रमाण क्या है? इन सवालों की हलकी-पतली झाँकी वेदों में भी प्रच्छन्न थी, लेकिन, वेद-कालीन मनुष्य इन प्रश्नों के चंगुल में नहीं फँसा था। उपनिषदों ने आदमी को, कुरेद-कुरेदकर, उसे ऐसे सवालों के हवाले कर दिया, जिनका आखिरी जवाब उसे आज तक नहीं मिला।

बौद्धिक कोलाहल के अन्य प्रमाण

बौद्ध साहित्य से भी यह विदित होता है कि बुद्ध के समय और उनके ठीक पूर्व, इस देश में वैरागियों और संन्यासियों की संख्या बहुत बढ़ गई थी। उन दिनों समाज में, प्रायः दो प्रकार के लोग थे। एक तो वे जो यज्ञ मात्र को ही इष्ट मानकर वैदिक धर्म का पालन करते थे, ब्राह्मणों को दान-दक्षिणा और सम्मान देते थे तथा विभिन्न देवताओं को पूजकर सन्तुष्ट

रहते थे। किन्तु, जो लोग इस धर्म से सन्तुष्ट नहीं होते, वे संन्यासी हो जाते थे और हठयोग की क्रिया से देह-दंडन करने में सुख मानते थे। साधुओं में उन दिनों भी योग का व्यापक प्रचार था तथा यह माना जाता था कि हठयोग के द्वारा मनुष्य आत्मा की उपलब्धि कर सकता है। स्वयं गौतम जब घर से निकले, तब पहली बात उन्हें यही सूझी कि योग करके आत्मज्ञान प्राप्त करें। योग-विषयक विश्वास उन दिनों इतना प्रबल था कि गौतम निरन्तर छह वर्ष तक योग करते ही रहे। किन्तु, जब छह वर्षों में भी उन्हें इष्टोपलब्धि नहीं हुई, तभी उन्होंने योग का त्याग किया। बुद्ध के समय, भारतवर्ष में श्रमणों की कोई 63 संस्थाएँ वर्तमान थीं, जिनमें से छह तो बहुत ही प्रमुख संस्थाएँ थीं। अवश्य ही, ये संस्थाएँ बहुत पहले से आ रही होंगी। 'दीर्घ निकाय' के सामँफल-सुत्त के अनुसार इन छह संघों में एक का आचार्य पूरण कश्यप था जो यह मानता था कि मनुष्य जो कुछ भी करे, वह पाप का भागी नहीं होता है। तीक्ष्ण धार के चक्र से भी अगर कोई इस संसार के सब प्राणियों को मारकर ढेर लगा दे, तो भी उसे पाप न लगेगा। गंगा नदी के उत्तर किनारे पर जाकर कोई भी दान दे या दिलवाए, यज्ञ करे या करवाए, तो भी कुछ पुण्य नहीं होने का। दान, धर्म, संयम, सत्य-भाषण, इन सबसे पुण्य की प्राप्ति नहीं होती।'' पूरण कश्यप के इस वाद को **अक्रियावाद** कहते थे।

दूसरे संघ का आचार्य मंक्खलि गोसाल था। उसका कहना था कि प्राणी के पवित्र या अपवित्र होने में न कुछ हेतु है, न कारण। बिना हेतु और कारण के ही प्राणी पवित्र और अपवित्र होते हैं। बल, वीर्य-पराक्रम और पुरुषार्थ, ये कुछ भी नहीं हैं। सब प्राणी बलहीन और निर्वीर्य हैं। नियति, संगति और स्वभाव से वे चालित होते हैं। अस्सी लाख महाकल्पों के फेरे में पड़े बिना किसी भी दुःख का नाश नहीं होता। मंक्खलि गोसाल के इस मत को **देववाद** कहते थे।

तीसरे संघ का प्रमुख अजित केस-कम्बल था। वह कहता था कि चार भूतों से मिलकर मनुष्य बना है। मरने पर ये चारों (क्षिति, जल, पावक, वायु) तत्त्व अपने-अपने स्थान में समा जाते हैं। मृत्यु के बाद कुछ भी अवशेष नहीं रहता। पंडित और मूर्ख दोनों का, मरने के बाद उच्छेद हो जाता है। केस-कम्बल के इस मत को **उच्छेदवाद** या **जड़वाद** कहते थे।

चौथे संघ का आचार्य पकुध कात्यायन था, जिसका मत बहुत कुछ गीता में प्रतिपादित मत से मिलता है। वह कहता था, ''जो तेज शस्त्रों से दूसरे का सिर काटता है, वह खून नहीं करता, सिर्फ उसका शस्त्र उन तत्त्वों के अवकाश (रिक्त स्थान) में घुसता है, जिन तत्त्वों से जीव निर्मित है।'' इस मत को **अकृततावाद** कहते थे।

पाँचवें संघ का आचार्य जैन साधु निगंठ नाथपुत्त था, जो ऊपर लिखे चारों मतों का प्रतिपादन करता था।

छठे संघ का आचार्य संजय बेलठ्ठि पुत्त था। वह कहता था, ''परलोक है या नहीं, यह मैं नहीं समझता, परलोक है, यह भी नहीं, परलोक नहीं है, यह भी नहीं। अच्छे या बुरे कर्मों का फल मिलता है, यह मैं नहीं मानता, नहीं मिलता है, यह भी नहीं मानता। तथागत मृत्यु के बाद रहता है या नहीं रहता, यह मैं नहीं समझता, वह रहता है, यह भी नहीं, नहीं रहता है, यह भी नहीं।'' इस वाद को **अनिश्चिततावाद** कहते थे।

इन छह मतों में एकता नहीं थी, किन्तु, एक बात में ये सब-के-सब एक थे। इन सभी

संघों के साधु घर छोड़कर वैरागी हुए थे, समाज में प्रचलित हिंसापूर्ण यज्ञों से विरत होकर संसार छोड़ आए थे। अतएव, वे सब-के-सब चाहते थे कि हिंसापूर्ण यज्ञ बन्द हों और मनुष्य किसी अधिक गम्भीर धर्म का आचरण करना सीखे।

सन्दर्भ

1. मन्त्र का नाम पहले ब्रह्म था। पीछे, ब्रह्म उसे कहने लगे जो वेदी के समीप बिठाया जाता था। और भी पीछे चलकर ब्रह्म सृष्टि के अध्यक्ष का वाचक हो गया।
2. इन्हीं सूत्रों से, बाद में, स्मृतियाँ निकलीं। काल-क्रम में, वेद विस्मृति और विकृति की धूलों के नीचे दब गए थे। 14वीं सदी में वेदों का उद्धार सायण ने किया। सायण विजयनगर राज्य में रहते थे। इन्हीं के भाष्य के प्रकाश में हम वेदों को आज देख और समझ सकते हैं। मैक्समूलर और राममोहन राय ने भी वेदों की सेवा इसी भाष्य के आधार पर की। सूत्र-शैली का जन्म वेदांगों के जन्म के, प्रायः, साथ ही हुआ। अनुमान है कि धर्मसूत्रों की रचना ई.पू. 500 से 300 तक होती रही। किन्तु, ये ग्रन्थ बहुत दिनों में बने, अतएव, इनमें इस अवधि से पहले की भी बातें मिलती हैं।
3. केनेथ सांडर्स का विचार ('ए पैजेंट ऑफ एशिया' नामक ग्रन्थ में) है कि उपनिषदों की रचना ई.पू. 900 से ई.पू. 700 तक हुई है। लेखन-कला का प्रचलन उससे बहुत पूर्व ही हो चुका था।
4. इस प्रसंग के सारे उद्धरण पंडित रामगोविन्द त्रिवेदी के 'हिन्दी ऋग्वेद' और उसकी भूमिका से लिये गए हैं। *—लेखक*
5. इस शंका का समाधान परमहंस रामकृष्ण यह कहकर करते थे कि विष सर्प के मुख में रहने पर भी सर्प को असर नहीं करता। इसी प्रकार दुःख, और पाप भी ब्रह्म में ही हैं, किन्तु ब्रह्म पर उनका प्रभाव नहीं है।
6. *प्लवा ह्येते अदृढा यज्ञरूपा अष्टादशोक्तमवरं येषु कर्म।*
   एतच्छ्रेयो येऽभिनन्दन्ति मूढा जरामृत्युं ते पुनरेवापि यन्ति॥

   (मुंडकोपनिषद्)

   भावार्थ—अठारह प्रकार के जो यज्ञ कहे गए हैं, वे वस्तुतः छोटी-छोटी कमजोर नावों के समान हैं (जिनसे समुद्र के पार जाना असम्भव है) इन यज्ञों को जो व्यक्ति श्रेय मानकर उनका अभिनन्दन करता है, वह मूढ़ है और वह फिर-फिर वृद्धत्व और मरण को प्राप्त होता है।
7. "वेदान्त-सूत्रों में मायावाद का विकास नहीं देख पड़ता। पहले-पहल शंकराचार्य के गुरु (गोविन्दाचार्य) के गुरु गौड़पाद की कारिकाओं में माया का कुछ वर्णन मिलता है जिसे शंकराचार्य ने बहुत विकसित कर दार्शनिक जगत में बहुत ऊँचा स्थान दे दिया। एक तरह से, वही अद्वैतवाद के प्रवर्तक आचार्य थे। उन्होंने प्रस्थानत्रयी (वेदान्त-सूत्र, उपनिषदों और गीता) का अद्वैत-प्रतिपादक भाष्य लिखकर दार्शनिक मंडली में इस सिद्धान्त का बहुत प्रचार किया। शंकराचार्य प्रतिपादित वेदान्त ही आजकल का वेदान्त है।"

   —गौरीशंकर हीराचन्द्र ओझा (मध्यकालीन भारतीय संस्कृति।)
8. 'वैदिक संस्कृति का विकास'—लक्ष्मण शास्त्री जोशी।
9. 'द रिनासाँ ऑफ हिंदुइज्म।'
10. स्वामी विवेकानन्द वेदान्त के प्रबल समर्थक थे। किन्तु, एक बार अमेरिका में एक सभा में उन्होंने भी विनोद करते हुए कहा कि "संन्यास के विरुद्ध एक बात मुझे भी सूझती है कि यह सभी सुयोग्य व्यक्तियों को समाज से अलग कर लेता है।"

प्रकरण-2

जैन धर्म

विद्रोह, बगावत या क्रान्ति कोई ऐसी चीज नहीं होती, जिसका विस्फोट अचानक होता हो। घाव फूटने से पहले बहुत काल तक पकता रहता है। विचार भी, चुनौती लेकर खड़े होने के पहले, वर्षों तक अर्ध-जाग्रत् अवस्था में फैलते रहते हैं। वैदिक धर्म पूर्ण नहीं है, इसका प्रमाण उपनिषदों में ही मिलने लगा था और, यद्यपि, वेदों की प्रामाणिकता में उपनिषदों ने सन्देह नहीं किया, किन्तु, वैदिक धर्म के काम्य, स्वर्ग को अयथेष्ट बताकर वेदों की एक प्रकार की आलोचना उपनिषदों ने ही शुरू कर दी थी। वेद सबसे अधिक महत्त्व यज्ञ को देते थे। यज्ञों की प्रधानता के कारण समाज में ब्राह्मणों का स्थान बहुत प्रमुख हो गया था। इन सारी बातों की समाज में आलोचना चलने लगी और लोगों को यह सन्देह होने लगा कि मनुष्य और उसकी मुक्ति के बीच में ब्राह्मण का आना, सचमुच ही, ठीक नहीं है। आलोचना की इसी प्रवृत्ति ने बढ़ते-बढ़ते आखिर ईसा से छह सौ वर्ष पूर्व तक आकर वैदिक धर्म के खिलाफ खुले विद्रोह को जन्म दिया, जिसका सुसंगठित रूप जैन और बौद्ध धर्मों में प्रकट हुआ।

विद्रोह के कारण

जैन और बौद्ध धर्मों के रूप में वैदिक धर्म के खिलाफ विद्रोह उठा, इसका थोड़ा-बहुत आभास पिछले प्रकरण में मिलेगा, जहाँ यह बतलाया गया है कि वैदिक धर्म के स्थूल रूप की आलोचना क्यों शुरू हुई और उपनिषदों ने यज्ञ और स्वर्ग को गौण ठहराया। ऐसा लगता है कि जिन दिनों उपनिषदों की रचना हो रही थी, उन दिनों भारत में चिन्तकों का दिमाग बहुत जोर से खौल रहा था। सृष्टि का अन्तिम सत्य क्या है, इस बात का पता लगाने में वे अत्यन्त ही संलग्न थे। केवल भारतवासी ही नहीं, संसार के कुछ अन्य देशों में भी कई बड़े-बड़े चिन्तक इसी काल में पैदा हुए। उदाहरण के लिए, यही वह समय था जब चीन में लाव-जे और कन्फ्यूशियस का जन्म हुआ तथा यूनान में पिथेगोरस और ईरान में पारसी-धर्म के पैगम्बर जरथुस्त्र[1] भी इसी काल में जनमे। फिलिस्तीन के भी दो पैगंबरों, यिरेमिया और इजकिल का यही समय माना जाता है।

उपनिषदों एवं बौद्ध तथा जैन ग्रन्थों के अध्ययन से यह अनुमान आसानी से होने लगता है कि ई.पू. छठी शताब्दी के आस-पास का काल भारत में बौद्धिक बेचैनी, शंका और मानसिक कोलाहल का काल था। जीवन यहीं तक है या इससे आगे भी? मरने के बाद क्या होता

है? सृष्टि कैसे बनी? यह आप-से-आप चलती है अथवा इसका कोई नियामक भी है? ये और ऐसे सैकड़ों अन्य प्रश्न भारतवर्ष के मनीषियों के मस्तिष्क को मथ रहे थे, और अपनी-अपनी पसन्द के अनुसार, लोग इन प्रश्नों का समाधान भी उपस्थित कर रहे थे। इनमें से कोई तो वेद को प्रमाण मानकर चलता था और कोई उन्हें छोड़कर। किसी को ईश्वर की जरूरत महसूस होती थी और कोई उसे अनावश्यक समझता था। भारत में आगे चलकर दर्शन की जो छह शाखाएँ निकलीं, उनकी भी जड़ें इसी काल के बौद्धिक आन्दोलनों में थीं।

वैदिक संस्कृति का परिचय देते हुए जो यह कहा गया है कि इस संस्कृति के अन्दर जागतिक भोगों की प्रधानता थी, उससे यह नहीं समझना चाहिए कि जैनों और बौद्धों से पूर्व इस देश में वैरागी नहीं होते थे। धर्म का नेतृत्व करनेवाले ब्राह्मण गृहस्थ थे, किन्तु, उनके साथ-साथ वैदिक युग में भी श्रमणों की संख्या काफी थी और अनुमान यह है कि श्रमण-संस्कृति आर्यों के आगमन के पूर्व से ही इस देश में विद्यमान थी। ये श्रमण अवैदिक होते थे। ब्राह्मण यज्ञ मात्र को मानते थे, श्रमण उन्हें अनुपयोगी समझते थे; सभी ब्राह्मण आस्तिक थे, किन्तु, श्रमणों के भीतर आस्तिक और नास्तिक, दोनों ही प्रकार के लोग थे। एक प्रकार के श्रमण ब्राह्मण-संस्कृति के भी अन्दर होते थे, जिनका नाम वैखानस था। अनुमान यह है कि योग और कृच्छ्राचार की भी परम्परा इस देश में आर्यों के आगमन के पूर्व से ही विद्यमान थी और इस परम्परा का वर्धन श्रमण-वर्ग करता आ रहा था। पीछे यह परम्परा वैखानसों ने भी अपना ली। किन्तु, जब तक यज्ञ-याग की प्रधानता रही, श्रमणों का प्रभाव सीमित रहा। उनका प्रभाव तब बढ़ने लगा, जब समाज में मोक्ष का सिद्धान्त प्रचलित हुआ और लोग गृहस्थ की अपेक्षा संन्यासी को श्रेष्ठ समझने लगे।

उपनिषदों ने समाज में आत्मविद्या और तपश्चर्या की जो परिपाटी चलाई, उससे प्रेरित होकर लोग अधिक संख्या में वैरागी होने लगे। इसका कारण यह था कि जो लोग यह समझते थे कि उन्हें आत्मज्ञान प्राप्त हो गया है तथा वे जीवन-मुक्त हो गए हैं या जीवन-मुक्ति की राह पर हैं, वे संसार को छोड़कर इसलिए संन्यासी या वैरागी हो जाते थे कि कहीं गृहस्थाश्रम में रहने से वे इस अवस्था से पतित न हो जाएँ। उनकी देखादेखी और लोगों ने भी कपड़े रँगवा लिये अथवा वैरागी होकर वे निर्द्वन्द्व विचरने लगे। ये संन्यासी और परिव्राजक सर्वत्र घूमते रहते थे। पेड़ों के नीचे अथवा कुटियों में उनका सोना होता था और वनों में तप। ये दरबारों, यज्ञों तथा अन्य स्थानों पर जाकर जनता को उपदेश भी देते थे। इन ऋषियों की विशेषता यह थी कि यज्ञों में उनका विश्वास नहीं था, कर्मकांड को वे नहीं मानते थे और ऐहिक सुखों को वे मनुष्य का हीन उद्‌देश्य बतलाते थे। उनका लक्ष्य मनुष्य के भीतर वैराग्य जगाकर उसे ईश्वर की ओर ले जाना था। यूनान में जैसे दार्शनिकों की पहचान उनकी पोशाक (Philosopher's robe) थी, वैसे ही, इस काल के भारतीय धर्म-प्रचारकों और विचारकों का लक्षण वैराग्य था। यह परम्परा हमारे समय के बहुत समीप तक आई है, क्योंकि अभी हाल तक गाँवों में यह धारणा प्रचलित थी कि जो भी गीता और उपनिषद् पढ़ेगा, वह वैरागी हो जाएगा।

वैखानस और श्रमण अधिकतर आस्तिक होते थे, फिर भी, उनके भीतर मुक्त चिन्तन का काफी जोर था। उनके अलावा लोकायतों की परम्परा में कुछ ऐसे भी व्यक्ति और सम्प्रदाय

थे, जो कहते थे कि सबकुछ मृत्यु के साथ ही समाप्त हो जाता है, आगे कोई स्वर्ग या नरक नहीं है, जिसकी मनुष्य को चिन्ता होनी चाहिए।

नास्तिकता की परम्परा

''नास्तिको वेद-निन्दकः''। भारतीय परम्परा में नास्तिक उस व्यक्ति को कहा गया है, जो वेद की निन्दा करता है। ईश्वर की सत्ता न माननेवालों को नास्तिक कहने की प्रथा बहुत बाद को चली। पाणिनि के काल तक भी नास्तिक उसे कहते थे, जो परलोक के अस्तित्व में विश्वास नहीं करता था। पाणिनि का एक सूत्र है, ''अस्ति-नास्ति दिष्टं मतिः। अर्थात् परलोक की सत्ता को माननेवाला व्यक्ति आस्तिक और न माननेवाला व्यक्ति नास्तिक कहलाता है।''[2] इस दृष्टि से देखें तो बौद्ध और जैन में कोई भी धर्म नास्तिक नहीं है, क्योंकि दोनों मत परलोक की सत्ता को मानते हैं तथा दोनों का विश्वास है कि विश्व वहीं तक समाप्त नहीं है, जहाँ तक वह दिखलाई पड़ता है। ''बुद्ध ने अपने संवादों में नास्तिकवाद को मिथ्या दृष्टि कहकर गर्हित किया है।''[3] जहाँ तक ईश्वरसिद्धि का प्रश्न है, बुद्ध ने उसे अव्याकृत-कोटि में डाल रखा था और जैनाचार्यों का विश्वास था कि जड़ और चेतन, दोनों अनादि और दोनों स्वयंसिद्ध हैं। अतएव, सृष्टिकर्ता के रूप में किसी परम शक्ति की कल्पना करने की उन्हें आवश्यकता ही नहीं हुई।

अगर सृष्टिकर्ता की बात को लें तो सांख्य और पूर्वमीमांसा-दर्शन भी सृष्टि की रचना के लिए ईश्वर की आवश्यकता नहीं समझते। अद्वैतवाद के अन्दर जिस ब्रह्म की कल्पना की गई है, वह तटस्थ शक्ति है। ब्रह्म न तो जन्म लेता है, न मरता है; वह न तो किसी को जन्म देता है, न किसी को मारता है। यह सृष्टि प्रकृति के मूल तत्त्वों से विकसित होती है और फिर काल पाकर स्वयं उसमें वापस हो जाती है। असल में, इस्लाम और ईसाइयत तथा यहूदी धर्मवालों ने ईश्वर की कल्पना जिस रूप में की, उससे भारतीय कल्पना भिन्न है। भारतीय कल्पना का ईश्वर ब्रह्म है, जो निर्विकार है, जिसमें इच्छाएँ नहीं होतीं, जो सृष्टि नहीं बनाता, जो संसार के सभी कामों से तटस्थ रहता है। किन्तु, इस्लाम और ईसाइयत की कल्पना का ईश्वर इच्छावान् और कर्मठ है। वह सृष्टि की रचना करता है तथा मनुष्यों को उनके पाप और पुण्य के लिए दंड और पुरस्कार भी देता है। असल में, इस्लाम और ईसाइयत ने ईश्वर के साथ जिन प्रबल गुणों का सम्बन्ध जोड़ा, वे कुछ-कुछ हमारे यहाँ के उस ईश्वर में हैं, जो द्वैतवादियों का ईश्वर है। अतएव, द्वैतवादी दृष्टिकोण से विचार करने पर बुद्ध और महावीर के धर्म हिन्दुत्व से भले ही कुछ दूर पड़ें, किन्तु, अद्वैतवादी हिंदुत्व से उनका अधिक भेद नहीं है, बल्कि, वे उसी की दो शाखाओं के समान हैं। केवल ईश्वर को नहीं मानने से हम किसी व्यक्ति या धर्म को दूषित नहीं कहते। हम बराबर यह देखते आए हैं कि आदमी में धर्म के आचरण हैं या नहीं। यही कारण है कि जहाँ एक ओर हिन्दुओं ने गौतम बुद्ध को विष्णु का अवतार मान लिया, वहाँ दूसरी ओर, उन्होंने जैन धर्म के मूल प्रवर्तक, श्री ऋषभदेव की भी गिनती चौबीस अवतारों में की।

अगर वेद की निन्दा की बात को लें तो वह भी महावीर और बुद्ध के आविर्भाव के पहले ही शुरू हो गई थी। जो ऋषि कर्मकांड को नाकाफी या गलत मानकर उपनिषदों में

एक नए धर्म की खोज कर रहे थे, वेद की आलोचना, असल में, उन्हीं के उद्‌गारों में आरम्भ हुई। वेदों का कर्मकांड, धीरे-धीरे, भोगवादी सभ्यता का दर्शन हो गया था और उपनिषदों के ऋषि जब समाज को भोगवाद से ऊपर उठाने की कोशिश करने लगे, तब वेदों की थोड़ी-बहुत आलोचना करना उनके लिए अनिवार्य हो गया। मुंडकोपनिषद् के आरम्भ में ही परा और अपरा विद्याओं के बीच विभाजन किया गया है और साफ-साफ यह घोषणा की गई है कि अपरा विद्या वह है, जिससे मनुष्य लोक और परलोक में भोग प्राप्त करने की योग्यता अर्जित करता है; जैसे—ऋक्, यजुष्, साम और अथर्ववेद। इनके विपरीत, परा विद्या उस आत्मविद्या को कहते हैं, जिससे मनुष्य जन्म और मरण के बन्धन से छूटकर मोक्ष लाभ करता है। यही परा-विद्या, ब्रह्म-विद्या या आत्म-विद्या उपनिषदों का प्रतिपाद्य है, जिसे उपनिषदों ने वेद से श्रेष्ठ बताया है। कठोपनिषद् में भी विद्या और अविद्या के बीच विभाजन करते हुए ऋषि ने वेद की गिनती अविद्याओं में की है; क्योंकि वेद जो यज्ञ सिखाते हैं, उससे आत्म-विद्या के प्राप्त करने में सहायता नहीं मिलती। स्वयं गीता में भगवान् ने अर्जुन से कहा है कि "वेद तो तीनों गुणों में रत हैं; हे अर्जुन! तू तीनों गुणों से ऊपर उठ।"

बृहस्पति और चार्वाक; वेद के भयंकर निन्दकों में इन दो पंडितों के नाम आते हैं, जो शायद लोकायत-सम्प्रदाय के नेता थे। इन लोगों ने वेदों की भयानक निन्दा की है और कहा है कि "वेद तो ठगों, प्रपंचियों और मांस-भक्षियों की रचना है; वेदों के रचयिता ऐसे लोग थे, जो यज्ञों में मारकर घोड़ों का मांस (पक्वं वाजिनम्) खा जाते थे।" मगर, इन उच्छृंखलों का कोई प्रभाव नहीं हुआ; क्योंकि समाज इनका आदर नहीं करता था। अज्ञात रूप से वेदों के ईषत् विरुद्ध सोचना उपनिषत्कारों ने आरम्भ किया था और जनता के मन पर से वेदों के प्रभुत्व को उखाड़ फेंकने की सच्ची कोशिश महावीर और बुद्ध ने की। इसलिए, वेदों के असली द्रोही भी ये ही दो महात्मा समझे जाते हैं।

महावीर और बुद्ध में दो और विशेषताएँ थीं। एक तो यह कि वे ब्राह्मण को ऊँचा पद देने को तैयार नहीं थे। दूसरी यह कि वे मनुष्यमात्र को समान समझते थे। जहाँ तक पिछली बात का सम्बन्ध है, वह ब्रह्मवाद के ही सिद्धान्त का नतीजा है; क्योंकि जब एक ही आत्मा सर्वत्र व्याप्त है, तब फिर मनुष्य-मनुष्य में भेद करने की बात नहीं चल सकती। जहाँ तक ब्राह्मणों के उन्नत पद पर शंका करने का सवाल है, वह बात भी उपनिषदों में शुरू हो गई थी। छान्दोग्य उपनिषद् में एक स्थल पर पुरोहितों की पंक्ति की कल्पना श्वानों की पंक्ति के रूप में की गई है, जिसमें प्रत्येक पीछेवाला श्वान आगेवाले की दुम को अपने मुँह में दबाए चलता है और सब इस मन्त्र का पाठ करते हैं कि "ओम्, खाने दो; ओम् पीने दो"।[4] धर्म को साधन बनाकर पुरोहितों का वर्ग अपने सुखों की वृद्धि कर रहा था और जनता पर रोब भी जमाता था। इस कुरीति पर भी उपनिषत्कारों की दृष्टि पड़ी थी। अपने 'बौद्ध दर्शन' नामक ग्रन्थ में आचार्य नरेन्द्रदेव ने लिखा है कि ब्राह्मण आस्तिक थे। उनमें सत्य, अहिंसा, अस्तेय आदि के लिए पक्षपात था। वे निस्पृह और सरल हृदय के होते थे तथा उन्हें विद्या का व्यसन था। इसीलिए, वे समाज में आदरणीय समझे जाते थे। ब्राह्मण-काल में पुरोहित मानुषी देवता हो गए थे। किन्तु, जब वे संकीर्ण हृदय और स्वार्थी होने लगे एवं अपने को सबसे ऊँचा समझने लगे, तब समाज में उनके विरुद्ध प्रतिक्रिया उत्पन्न हो गई।

अहिंसा की परम्परा

जैन और बौद्ध मतों की उत्पत्ति के प्रकरण में यह कहना आवश्यक हो जाता है कि इन दोनों मतों का जन्म इसलिए हुआ कि इनके पूर्व के वैदिक धर्म में हिंसापूर्ण यज्ञों का प्राबल्य था। किन्तु, इतिहासकारों ने यह बात जोर से कही है कि सर्व-साधारण में एक प्रवाद-सा फैल गया है कि बुद्ध से पहले अहिंसा इस देश में थी ही नहीं। यह नितान्त गलत धारणा है। वेदों में निश्छल भोगवाद की प्रवृत्ति अवश्य है, किन्तु वेद केवल हिंसा ही नहीं सिखाते हैं। भारत में अहिंसा की परम्परा प्राग्वैदिक परम्परा थी और उसके बीज वेदों में भी थे। यह ठीक है कि पुरोहित-वर्ग यज्ञों का प्रबल समर्थक था और पशुओं की हत्या को वह रोकना नहीं चाहता था, किन्तु समाज में तब भी ऐसे लोग मौजूद थे, जो इस क्रूर कर्म से घृणा करते थे और चाहते थे कि कोई ऐसा धर्म समाज में प्रवर्तित किया जाए जो अहिंसा के अनुकूल हो। ऐसे ही लोगों में हम उनकी गणना करेंगे, जिन्होंने उपनिषदों में यज्ञवाद की निंदा की अथवा जिन्होंने संसार छोड़कर वैराग्य ले लिया या जो वनों में रहने लगे। जैन तीर्थंकरों और बुद्धदेव का जन्म भी नहीं होता अगर भारतीय परम्परा से अहिंसा, बिलकुल, अनुपस्थित रही होती। ब्राह्मण-ग्रन्थों में केवल "सर्वमेधे सर्वम् हन्यात्" (सर्वमेध-यज्ञ में सबकुछ मारा जा सकता है) ही नहीं, "मा हिंस्यात् सर्वभूतानि" (किसी भी जीव को मत मारो) का भी आदेश था।

हिंसापरक वैदिक यज्ञ और बुद्धदेव की अहिंसा ये दो छोर हैं, किन्तु, इनके बीच में एक और कड़ी है, जिसे समझे बिना भारतीय चिन्तकों की हिंसा से अहिंसा तक की यात्रा ठीक से समझी नहीं जा सकती। यह कड़ी है भगवान् कृष्ण के सिद्धान्त की। बुद्ध की तरह भगवान् कृष्ण ने यज्ञ का आमूल विरोध नहीं किया, किन्तु, यज्ञ के अर्थ में उन्होंने बहुत बड़ी क्रान्ति कर दी। उस क्रान्ति का रूप यह है कि वैदिक ब्राह्मण हिंसा-पूरित यज्ञ को धर्म का कृत्य समझते थे, किन्तु, श्रीकृष्ण ने कहा, सबसे उत्तम यज्ञ वह है जिसमें किसी भी जीव की हत्या नहीं होती, प्रत्युत जिस यज्ञ के द्वारा मनुष्य अपना जीवन परोपकार में लगा देता है। यह पुरुष-यजन-विद्या (दूसरों के निमित्त जीने की विद्या) श्रीकृष्ण ने अपने गुरु घोर-आंगिरस से सीखी थी और उसकी दीक्षा उन्होंने अर्जुन को भी दी थी। उस यज्ञ की दक्षिणा धन नहीं वरन् तपश्चर्या, दान, ऋजु भाव, अहिंसा और सत्य थी। यह ध्यान देने की बात है कि जैनग्रन्थों में, प्रायः श्रीकृष्ण जैन माने गए हैं और उनके गुरु का नाम नेमिनाथ बताया गया है।[5] घोर-आंगिरस और नेमिनाथ एक ही व्यक्ति थे या नहीं, इस प्रश्न का सम्यक् समाधान नहीं किया जा सकता, किन्तु, यह मानना ही पड़ेगा कि छान्दोग्य-उपनिषद् (जिसमें आंगिरस के उक्त उपदेश हैं) की रचना के समय भारतवासी अहिंसा-धर्म की उच्चता को भली-भाँति समझते थे। यज्ञ का जो अर्थ श्रीकृष्ण ने किया, वैसा ही अर्थ भगवान् बुद्ध भी करते थे। कोसल-संयुत्त (वग्ग 1, सुत्त 9) के अनुसार बुद्धदेव का मत था कि "जिस यज्ञ में प्राणियों की हिंसा नहीं होती, भेड़, बकरे, गाय, बैल आदि प्राणी मारे नहीं जाते और जो सर्वदा लोगों को अच्छा लगता है, उसमें सन्त-महर्षि जाया करते हैं। इसलिए, सुज्ञ पुरुष को ऐसा यज्ञ करना चाहिए।" अपने इसी अर्थ के कारण यज्ञ आज भी अमित पुण्य के प्रतीक समझे जाते हैं। यहाँ तक कि भूदान का प्रचार भी आज यज्ञ के रूप में हो रहा है।

प्राग्वैदिक परम्परा के प्रभाव से अहिंसा-धर्म और अहिंसक-यज्ञ की कल्पना भारत में बुद्ध से पहले ही फैल चुकी थी और उसके मूल प्रवर्तक घोर-आंगिरस और ऋषभदेव थे। बाद को, जैन तीर्थंकरों ने उसका और भी विकास किया। मज्झिमनिकाय के महासिंहनाद सुत्त में चार प्रकार के तपों का वर्णन मिलता है। तप के ये चार प्रकार थे—तपस्विता, रुक्षता, जुगुप्सा और प्रविविक्तता। तपस्विता का अर्थ था नंगा रहना, अँजुली में ही भिक्षा माँगकर खाना, बाल उखाड़ के निकालना, काँटों की शय्या पर नींद लेना तथा उसी तरह की अनेक अन्य क्रियाओं से देह-दंडन करना। रुक्षता का अर्थ था कई वर्षों तक धूल को शरीर पर जमाए रखना। पुराणों में ऋषियों की देह पर वल्मीक बन जाने की कथा आती है। वह रुक्षता ही थी। पानी की बूँद तक पर भी दया करने को जुगुप्सा कहते थे। अर्थात् जुगुप्सा का अर्थ था हिंसा का पूर्णरूपेण तिरस्कार। और वनों में अकेले रहने को प्रविविक्तता कहते थे।

इससे मालूम होता है कि अहिंसा को परम धर्म लोग उस समय भी मानते थे। किन्तु, उसका प्रचलन गृहस्थों में कम, तपस्वियों में अधिक था। ऐसे तपस्वी बुद्ध के पूर्व अधिक संख्या में विद्यमान थे तथा जनकादि गृहस्थ भी घर में रहते हुए अहिंसा का पालन करते थे। उत्तर-रामचरित में भी वशिष्ठ को मांसाहारी और जनक को निरामिषभोजी चित्रित किया गया है। श्रीकृष्ण के समय से आगे बढ़ें, तब भी, बुद्धदेव से कोई सौ वर्ष पूर्व हम जैन तीर्थंकर श्री पार्श्वनाथ को अहिंसा का विमल सन्देश सुनाते पाते हैं। पार्श्वनाथ के उपदेश को **चातुर्यामसम्वर-संवाद** कहते थे। ये चातुर्याम-संवाद थे (1) **हिंसा का त्याग,** (2) **असत्य का त्याग,** (3) **स्तेय का त्याग,** (4) **परिग्रह का त्याग।** ध्यान देने की बात यह है कि पार्श्वनाथ के पूर्व, अहिंसा केवल तपस्वियों के आचरण में सम्मिलित थी, किन्तु पार्श्व मुनि ने उसे सत्य, अस्तेय और अपरिग्रह के साथ बाँधकर सर्वसाधारण की व्यवहार-कोटि में डाल दिया। घोर-आंगिरस, श्रीकृष्ण और जनक के पास कोई संघ नहीं था, जो पुरुष-यजन-विद्या का प्रचार करता, किन्तु; पार्श्वनाथ ने संघ की स्थापना की और संघों के द्वारा जनता में अहिंसा का प्रचार करना उन्होंने आरम्भ किया।

पूर्वी भारत में क्रान्ति के बीज

महावीर और बुद्ध, और कहीं उत्पन्न न होकर, पूर्वी भारत में (महावीर वैशाली में और गौतम कपिलवस्तु में) जनमे, यह भी कोई आकस्मिक बात नहीं थी। कहते हैं, आर्यों का जो सर्वप्रथम दल भारत आया था, वह बढ़ते-बढ़ते बिहार की ओर चला गया और उसके रीति-रिवाज बाद को आनेवाले आर्यों से भिन्न हो गए। आर्यों की पिछली शाखाओं के लोग अपने इन पहले आए हुए बन्धुओं को अच्छी आँखों से नहीं देख सके और बराबर व्रात्य कहकर उनकी निन्दा करते रहे। मगध देश की निन्दा भी आर्य-साहित्य के लिए साधारण बात थी और इसमें भी यही कारण था कि मगध में उदाराशय आर्यों का प्रभुत्व था, जो कट्टर आर्यों के यज्ञवाद एवं उनके पुरोहितवाद के विषय में अधिक उत्साह नहीं रखते थे। कुरु-पांचाल के आर्य काशी, कोशल, मगध और विदेह के आर्यों से घृणा करते थे, यह बात ब्राह्मण-ग्रन्थों से स्पष्ट हो जाती है। शतपथ-ब्राह्मण में कहा गया है कि कुरु-पांचाल के ब्राह्मणों को काशी, कोशल,

विदेह और मगध नहीं जाना चाहिए, क्योंकि वहाँ के ब्राह्मणों ने वैदिक धर्म (यज्ञ) को छोड़ दिया है तथा वे एक नए धर्म का प्रचार कर रहे हैं, जिसमें यज्ञ और पशु-हिंसा, दोनों की मनाही है। यह भी कि पूर्वी देशों में समाज पतित हो गया है, क्योंकि उसमें ब्राह्मणों का स्थान क्षत्रियों ने ले लिया है और तीनों वर्णों के लोग क्षत्रियों की ही अधीनता में रहते हैं। शतपथ-ब्राह्मण में इस बात की भी शिकायत की गई है कि पूर्वी देशों के लोग संस्कृत शब्दों का सही-सही उच्चारण नहीं कर सकते और **र** को **ल** कहते हैं।

यह भी ध्यान देने की बात है कि उपनिषदों के परम उत्कर्ष के समय विचारों का नेतृत्व पश्चिमी नहीं, पूर्वी भारत के हाथ था और उपनिषदों के एक महान् ऋषि याज्ञवल्क्य कहीं बिहार में ही रहते थे, जिनके पास शंका-समाधान के लिए कुरु-पांचाल देश के भी विद्वान् आने लगे थे जो पहले पूर्वी लोगों की निन्दा करते थे। याज्ञवल्क्य के संरक्षक विदेहराज जनक थे। हिंसापूर्ण यज्ञ और वैराग्ययुक्त आत्मविद्या के बीच जो संघर्ष पश्चिमी भारत में शुरू हुआ था, उसका फैसला जनक और याज्ञवल्क्य ने पूर्वी भारत में कर दिया और ये लोग आत्मविद्या में इतने दक्ष समझे जाने लगे कि सारे भारत में इनका नाम हो गया।

विद्वानों का यह भी मत है कि बौद्ध, जैन, शैव एवं वैष्णव-धर्म प्रायः साथ-ही-साथ उत्पन्न हुए थे और चारों के भीतर वैदिक कर्मकांड के विरुद्ध प्रतिक्रिया का कुछ-न-कुछ भाव था। कट्टर आर्यों का गढ़ उन दिनों मध्य-देश था। यह अर्थपूर्ण बात है कि इन चारों धर्मों में से किसी भी धर्म का आरम्भ मध्य-देश में नहीं हुआ। वैष्णव-धर्म पश्चिमी भारत में उठा और बौद्ध मत तथा जैन मत पूर्वी भारत में उत्पन्न हुए। शैव धर्म का भी विकास पहले दक्षिण भारत में हुआ था; बाद को वह पश्चिमी भारत में फैला और वहाँ से सारे देश में। लगता है, मगध उस समय कट्टरता से विशेष रूप से मुक्त था। वहाँ विभिन्न संस्कृतियों के बीच वैर नहीं, मित्रता के भाव थे। यदि ऐसी स्थिति न रही होती तो वहाँ शक्तिशाली साम्राज्य का वर्धन और विकास नहीं होता।[6] कूपमंडूकता केवल चिन्तन में ही बाधा नहीं डालती, वह राज्यशक्ति को भी क्षीण करती है।

अहिंसा और क्षत्रिय जाति

अवतारों में वामन और परशुराम, ये दो ही हैं, जिनका जन्म ब्राह्मण-कुल में हुआ था। बाकी सभी अवतार क्षत्रियों के वंश में हुए हैं। यह आकस्मिक घटना हो सकती है, किन्तु इससे यह अनुमान आसानी से निकल आता है कि यज्ञों पर पलने के कारण ब्राह्मण इतने हिंसाप्रिय हो गए थे कि समाज उनसे घृणा करने लगा था और ब्राह्मणों का पद उसने क्षत्रियों को दे दिया था। प्रतिक्रिया केवल ब्राह्मण-धर्म (यज्ञ) ही नहीं, ब्राह्मणों के गढ़ कुरु-पांचाल के खिलाफ भी जगी और वैदिक सभ्यता के बाद वह समय आ गया जब इज्जत कुरु-पांचाल की नहीं, बल्कि मगध और विदेह की होने लगी। कपिलवस्तु में जन्म लेने के ठीक-पूर्व, जब तथागत स्वर्ग में देव-योनियों में विराज रहे थे, तब की कथा है कि देवताओं ने उनसे कहा कि अब आपका अवतार होना चाहिए अतएव, आप सोच लीजिए कि किस देश और किस कुल में जन्म ग्रहण कीजिएगा। तथागत ने सोच-समझकर बताया कि महाबुद्ध के अवतार के योग्य तो मगध देश और क्षत्रिय-वंश ही हो सकता है। इसी

प्रकार, महावीर वर्धमान भी पहले एक ब्राह्मणी के गर्भ में आए थे। लेकिन, इन्द्र ने सोचा कि इतने बड़े महापुरुष का जन्म ब्राह्मण-वंश में कैसे हो सकता है? अतएव, उसने ब्राह्मणी का गर्भ चुराकर उसे एक क्षत्राणी के पेट में डाल दिया। इन कहानियों से यह निष्कर्ष निकलता है कि उन दिनों यह अनुभव किया जाने लगा था कि अहिंसा-धर्म का महाप्रचारक ब्राह्मण नहीं हो सकता, इसीलिए, बुद्ध और महावीर के क्षत्रिय-वंश में उत्पन्न होने की कल्पना लोगों को बहुत अच्छी लगने लगी।[7]

वैदिक काल में हिंसा और अहिंसा का संघर्ष चल रहा था। ब्राह्मणों ने हिंसा का पक्ष लिया; क्योंकि यज्ञ से उनकी रोजी चलती थी और हिंसा के बिना यज्ञ सम्पन्न नहीं किया जा सकता था। किन्तु, निरीह पशुओं की प्राण-रक्षा का भार क्षत्रियों पर आ पड़ा और हिंसा-अहिंसा के संघर्ष में अहिंसावाद के नेता भी वे ही हुए।

कोई-कोई विद्वान् इसमें क्षत्रिय-ब्राह्मण-विद्वेष भी देखते हैं। डॉ. भागवतशरण उपाध्याय का मत है कि ऋग्वैदिक काल के बाद जब उपनिषदों का समय आया, तब तक क्षत्रिय-ब्राह्मण-संघर्ष उत्पन्न हो गया था और क्षत्रिय ब्राह्मणों से वह पद छीन लेने को उद्यत हो गए थे, जिसका उपभोग ब्राह्मण वैदिक काल से किए आ रहे थे। ''ब्राह्मणों के यज्ञानुष्ठानादि के विरुद्ध क्रान्ति कर क्षत्रियों ने उपनिषद्-विद्या की प्रतिष्ठा की और बाह्मणों ने अपने दर्शनों की नींव डाली। इस संघर्ष का काल-प्रसार काफी लम्बा रहा, जो अन्ततः द्वितीय शती ई.पू. में ब्राह्मणों के राजनीतिक उत्कर्ष का कारण हुआ। इसमें एक ओर तो वशिष्ठ, परशुराम, तुरकावषेय, कात्यायन, राक्षस, पतंजलि और पुष्यमित्र-शुंग की परम्परा रही और दूसरी ओर विश्वामित्र, देवापि, जनमेजय, अश्वपति, कैकेय, प्रवाहण जैवलि, अजातशत्रु, कौशेय, जनक विदेह, महावीर, बुद्ध और बृहद्रथ की।''

आचार्य क्षितिमोहन सेन ने भी लिखा है कि ''बौद्ध जातकों से प्रकट होता है कि क्षत्रिय ही चारों वर्णों में श्रेष्ठ हैं। ब्राह्मणों का स्थान उनके नीचे है।'' तथा ''बृहदारण्यक-उपनिषद् में पहले क्षत्रिय-सृष्टि की ही बात पाई जाती है।''[8]

स्वयं भगवान् बुद्ध क्षत्रियों को ब्राह्मणों से श्रेष्ठ समझते थे, यह बात दीर्घनिकाय (1/3 अम्बट्ठसुत्त) से प्रमाणित होती है, जहाँ बुद्ध अम्बष्ठ माणवक से कहते हैं, ''इस प्रकार, अम्बष्ठ! स्त्री की ओर से भी, पुरुष की ओर से भी, क्षत्रिय ही श्रेष्ठ हैं, ब्राह्मण हीन हैं। तथा जब वह (क्षत्रिय) क्षत्रियों में परम नीचता को प्राप्त है, तब भी क्षत्रिय ही श्रेष्ठ है, ब्राह्मण हीन है।''[9]

उपनिषदों में अश्वपति कैकेय, प्रवाहण जैवलि, अजातशत्रु, जनक आदि की प्रधानता देखकर डॉक्टर डायसेन ने यह अनुमान लगाया था कि आत्मविद्या क्षत्रियों की ही वस्तु रही होगी। ऐल पुरूरवा वैदिक युग के राजा थे। महाभारत में वे वायु से यह प्रश्न करते हैं कि क्षत्रिय और ब्राह्मण में श्रेष्ठ कौन है और जनता किसका अनुगमन करे? महाभारत में एक स्थान पर यह भी कहा गया है कि राजा पुरूरवा ब्राह्मणों से बहुत विद्वेष करने लगे थे। उसी अपराध के कारण अश्विनीकुमारों ने उन्हें नष्ट कर दिया। सम्भव है, क्षत्रिय-ब्राह्मण-संघर्ष का सूत्रपात वैदिक काल में ही हुआ हो और उपनिषदों के युग तक आकर क्षत्रिय अपनी श्रेष्ठता प्रमाणित करने में समर्थ हो गए हों।

जैन धर्म की विशेषताएँ

बौद्ध धर्म की अपेक्षा जैन धर्म अधिक, बहुत अधिक प्राचीन है, बल्कि, यह उतना ही पुराना है, जितना वैदिक धर्म। जैन अनुश्रुति के अनुसार मनु चौदह हुए हैं। अन्तिम मनु नाभिराम थे। उन्हीं के पुत्र ऋषभदेव हुए, जिन्होंने अहिंसा और अनेकान्तवाद आदि का प्रवर्तन किया। जैन पंडितों का विश्वास है कि ऋषभदेव ने लिपि का आविष्कार किया तथा क्षत्रिय, वैश्य और शूद्र, इन तीनों जातियों की रचना की। भरत ऋषभदेव के ही पुत्र थे, जिनके नाम पर हमारे देश का नाम भारत पड़ा। जब ऋषभदेव वैराग्य लेकर संसार से अलग हो गए, तब उनके पुत्र भरत ने ही, ''तीन वर्णों में से व्रत और चरित्र धारण करनेवाले सुशील व्यक्तियों को ब्राह्मण वर्ण बनाया।'' जैन अनुश्रुति में नेमिनाथ श्रीकृष्ण के चचेरे भाई माने जाते हैं; किन्तु वे मात्र बाईसवें तीर्थंकर थे, जिसका अर्थ यह होता है कि श्रीकृष्ण से पूर्व जैनों के इक्कीस तीर्थंकर और हो चुके थे। यदि वह बात सत्य हो तो जैन धर्म की परम्परा भगवान् श्रीकृष्ण से हजार नहीं तो सैकड़ों वर्ष पूर्व पहुँच जाती है। अब तो कोई-कोई विद्वान् यह भी कहने लगे हैं कि मोहनजोदड़ो में पाए गए निशानों में से कुछ निशान जैन धर्म के भी हैं।[10]

जैन धर्म की दो बड़ी विशेषताएँ अहिंसा और तप हैं। इसलिए, यह अनुमान तर्क-सम्मत लगता है कि अहिंसा और तप की परम्परा प्राग्वैदिक थी और उसी का विकास जैन धर्म में हुआ। यह बात जैन धर्म के इतिहास से भी प्रमाणित होती है। महावीर वर्धमान ई.पू. छठी शताब्दी में हुए और उन्होंने जैन-मार्ग का जोरदार संगठन किया। इससे उस मार्ग के प्रधान नेता वे ही समझे जाने लगे। किन्तु, जैन धर्म में चौबीस तीर्थंकर हुए और महावीर वर्धमान महज चौबीसवें तीर्थंकर थे। उनसे पूर्व तेईस तीर्थंकर और हुए थे। तेईसवें तीर्थंकर पार्श्वनाथ थे, जो ऐतिहासिक पुरुष हैं और जिनका समय महावीर और बुद्ध, दोनों से कोई 250 वर्ष पहले पड़ता है। वैराग्य और तपश्चर्या के जिस मार्ग पर उपनिषद् जोर देते थे, वह जैनों का भी मार्ग था (यद्यपि जैन नाम उन दिनों नहीं निकला था) और इस पन्थ के श्रमण, उपनिषदों के युग में भी, बहुत अधिक संख्या में फैल रहे थे। बुद्ध ने घर छोड़ने के बाद जो कठिन तपस्याएँ की थीं और शरीर को सुखाने के लिए उन्होंने जिस कृच्छ्र मार्ग का अवलम्ब लिया था, अजब नहीं कि वह जैन-मार्ग रहा हो।

जैन धर्म का अहिंसावाद वेदों से निकला है, ऐसा सोचने का कारण यह है कि ऋषभदेव और अरिष्टनेमि, जैन-मार्ग के इन दो प्रवर्तकों का उल्लेख ऋग्वेद में मिलता है। जैन धर्म के पहले तीर्थंकर श्री ऋषभदेव हैं। उनकी कथा विष्णु-पुराण और भागवत-पुराण में भी आती है, जहाँ उन्हें महायोगी, योगेश्वर और योग तथा तप-मार्ग का प्रवर्तक कहा गया है। इन दोनों पुराणों का यह भी कहना है कि दशावतार के पूर्व होनेवाले अवतारों में से एक अवतार ऋषभदेव भी हैं। इससे पता चलता है कि वेदों के गार्हस्थ्य-प्रधान युग में वैराग्य, अहिंसा, और तपस्या के द्वारा धर्म पालन करनेवाले जो अनेक ऋषि थे, उनमें श्री ऋषभदेव का अन्यतम स्थान था और उनकी परम्परा में जो लोग अहिंसा तथा तपश्चर्या के मार्ग पर बढ़ते रहे, उन्होंने जैन धर्म का पथ प्रशस्त किया।

किन्तु, वेद और पुराण चाहे जो भी कहें, ऋषभदेव की कृच्छ्र साधना का मेल ऋग्वेद

की प्रवृत्तिमार्गी धारा से नहीं बैठता। वेदोल्लिखित होने पर भी ऋषभदेव वेद-पूर्व परम्परा के प्रतिनिधि हैं। जब आर्य इस देश में फैले, उससे पहले ही यहाँ वैराग्य, कृच्छ्र साधना, योगाचार और तपश्चर्या की प्रथा प्रचलित हो चुकी थी। इस प्रथा का एक विकास जैन धर्म में हुआ और दूसरा शैव धर्म में। ऋषभदेव भी योगिराज के रूप में अभिहित हुए हैं। उनके योगयुक्त व्यक्तित्व से शंकर के योगीरूप का काफी सामीप्य है। मोहनजोदड़ो में योग-प्रथा सूचक जो निशान मिले हैं, उनका सम्बन्ध जैन और शैव, दोनों ही परम्पराओं से जोड़ा जा सकता है।

जिस प्रकार, जैन और बौद्ध धर्मों के प्रवर्तकों को भी हिन्दू विष्णु का अवतार मानते हैं, उसी प्रकार, इनके दर्शनों को भी वे अपना दर्शन समझते हैं। फर्क यह है कि हिन्दुओं के यहाँ दर्शन आस्तिक और नास्तिक विभागों में बँटे हुए हैं। सांख्य और योग, न्याय और वैशेषिक तथा मीमांसा (पूर्व-मीमांसा और उत्तर-मीमांसा) ये छह दर्शन आस्तिक हैं, क्योंकि वेदों का वे विरोध नहीं करते। इसके विपरीत, जैन, बौद्ध और चार्वाक, ये तीन दर्शन नास्तिक हैं क्योंकि वे वेदों का विरोध करते हैं। यहाँ यह स्मरण रखना चाहिए कि जड़ता और निरे भोगवाद का प्रचारक यहाँ केवल चार्वाक-दर्शन ही हुआ, जिसके विचार इस देश में कभी भी स्वीकृत नहीं हो सके, क्योंकि यह देश जीवन में त्याग को प्रतिष्ठा देनेवाला रहा है और शुद्ध भोगवाद की प्रवृत्ति को इसने कभी भी प्रोत्साहित नहीं किया। ऋषभदेव, अरिष्टनेमि और पार्श्वनाथ तथा महावीर वर्धमान, इन सबके प्रति हिन्दुओं का आदरमय भाव रहा है, क्योंकि इन ऋषियों ने वेद और वैदिक धर्म की चाहे जो भी निन्दा की हो, लेकिन स्वयं इन्होंने जिस धर्म का प्रवर्तन किया, वह भोग नहीं, त्याग का धर्म था और भारत की त्यागमयी आध्यात्मिक परम्परा को उससे शक्ति प्राप्त हुई।

गहावीर ने वेदों की अवहेलना क्यों की, यह ऊपर के सन्दर्भों से स्पष्ट हो जाता है। सच्ची बात यह थी कि अहिंसा-धर्म और ब्राह्मणों के यज्ञवाद में कुछ तात्त्विक विरोध था और ब्राह्मण-सत्ता तथा यज्ञवाद की प्रभुता के मुकाबले, अहिंसा का खुलकर प्रचार करने के लिए यह जरूरी था कि वेदों का विरोध किया जाए। बाकी बातों में भी जैन धर्म और वैदिक धर्म में कोई बहुत बड़ा भेद नहीं है। जैन सृष्टि को अनादि मानते हैं। उनका विश्वास है कि सृष्टि की रचना किसी परमात्मा ने नहीं की, वह स्वयं प्रकृति के नियमों से संचालित होकर चल रही है। मगर, यही सिद्धान्त सांख्य-दर्शन का भी है, क्योंकि सृष्टि की रचना किसी ईश्वर ने की है, इस सिद्धान्त की हँसी सांख्य भी उड़ाता है। योग-दर्शन (जिसका दूसरा नाम सेश्वर-सांख्य भी है, यानी वह सांख्य जो कपिल मुनि के निरीश्वर-सांख्य से भिन्न है और ईश्वर में विश्वास करता है) भी यह नहीं मानता कि सृष्टि का निर्माण ईश्वर ने किया है। योग में जो ईश्वर है, वह सृष्टि का रचयिता नहीं, बल्कि योगियों का मानसिक आदर्श है। अर्थात् ईश्वर की कल्पना योग-दर्शन ने इसलिए की है कि मनुष्य योग के द्वारा अपने को इतना उन्नत करे कि वह ईश्वर-कोटि में पहुँच जाए। योगियों का ईश्वर मनुष्य के उच्चतम विकास का प्रतीक है, जिसे पाने की कोशिश करने से मनुष्यता ऊपर उठती है। न्याय और वैशेषिक दर्शनों के सम्बन्ध में कहा जाता है कि उनमें एक ऐसा ईश्वर अवश्य है, जो सृष्टि की रचना और संहार करता है। परन्तु, इन दर्शनों के अनुसार भी, सृष्टि जड़ (प्रकृति) और चेतन (जीव) के योग से बनी है तथा जिन अणुओं से इसका

निर्माण हुआ है, वे अनादि हैं, उन्हें किसी ने भी नहीं बनाया। इन दर्शनों के अनुसार, सृष्टि के संहार का यह अर्थ है कि सृष्टि विनष्ट होकर फिर उन अणुओं का रूप धारण कर लेती है, जिनसे उनका निर्माण होता है। पूर्व-मीमांसा में भी सृष्टिकर्त्ता का सिद्धान्त प्रतिपादित नहीं हुआ है। अतः, सृष्टि की रचना किसी ईश्वर या ब्रह्म ने की, इस सम्बन्ध में पूर्व-मीमांसा का भी वही मत है, जो निरीश्वर सांख्य का। सृष्टि का विकास कर्म के अधीन है, इससे अधिक बात पूर्व-मीमांसा नहीं कहती और उत्तर-मीमांसा या वेदान्त तो, स्पष्ट ही, सृष्टि की रचना में नहीं, उसके विकास में विश्वास करते हैं। सारी सृष्टि में ब्रह्म के अस्तित्व का प्रसार है, सारा विश्व ब्रह्ममय है, ऐसा कहने से हम यह तो मान लेंगे कि ब्रह्म ही सृष्टि बन गया है, किन्तु, यह नहीं मान सकते कि ब्रह्म ने स्वयं अलग बैठकर यह विश्व बनाया है, जैसे कुम्हार घड़े का निर्माण करता है।

सृष्टि विकसित नहीं हुई, उसकी रचना की गई है, इस मत का जैन दर्शन भी उतना ही विरोधी है, जितना कपिल का सांख्य।[11] और ईश्वर के सम्बन्ध में जैन दर्शन का जो मत है, वह बहुत-कुछ योग दर्शन के ही समान है। ईश्वर ने दुनिया नहीं बनाई, वह एक आदर्श है, जिसे हम साधना से प्राप्त कर सकते हैं, यह बात योग-दर्शन और वेदान्त से प्रभावित दीखती है। वेदान्त के अनुसार, प्रत्येक जीव ब्रह्म-कोटि में पहुँच सकता है। जैन-दर्शन के अनुसार भी, प्रत्येक आत्मा साधना और तपश्चर्या के द्वारा मुक्त बन जाती है और उसे फिर जन्म लेना नहीं पड़ता। जिसे वेदान्त मुमुक्षु या जीवन-मुक्त कहता है, उसे जैन दर्शन सिद्ध-जीव या अर्हत् बतलाता है। नाम में चाहे जो फर्क हो, किन्तु मार्ग और लक्ष्य दोनों के एक हैं।

हरिभद्रसूरि के षड्दर्शन-समुच्चय की टीका में गुणरत्न ने एक बात कही है कि आत्मा, संसार (जन्म और मरण तथा फिर से जन्म लेकर मरने की सरणी), मोक्ष और मोक्ष के मार्ग में जो विश्वास करता है, वही आस्तिक है। अगर इस दृष्टि से देखा जाए तो नास्तिक सिर्फ चार्वाक-दर्शन ठहरता है तथा बौद्ध-दर्शन का केवल वह सम्प्रदाय, जो आत्मा का अस्तित्व नहीं मानता। हिन्दुओं के अन्य सभी दर्शन (जिनमें जैन दर्शन और बौद्ध-दर्शन भी सम्मिलित हैं) आत्मा को मानते हैं, आत्मा के आवागमन को मानते हैं, मोक्ष यानी आवागमन से छुटकारे के सिद्धान्त में विश्वास करते हैं और, पूरे बल के साथ, यह भी मानते हैं कि इस मोक्ष को प्राप्त करने के उपाय भी हैं। फिर यह बात समझ में नहीं आती कि जैन दर्शन को हम नास्तिक क्यों कहें? जैन दर्शन उतना ही आस्तिक या नास्तिक है, जितना हिन्दुओं का कोई भी अन्य दर्शन, जिसका आधार अद्वैतवाद पर है।

जैन दर्शन के सिद्धान्त

जैन दर्शन के प्रमुख प्रमेय **उत्पाद, व्यय** और **ध्रौव्य** हैं। उत्पाद का अभिप्राय यह है कि सृष्टि में जो कुछ पहले से ही उत्पन्न है तथा जो नहीं है, उससे किसी भी तत्त्व की उत्पत्ति नहीं हो सकती। व्यय का तात्पर्य इस बात से है कि प्रत्येक पदार्थ अपने पूर्व पर्याय (रूप) को छोड़कर क्षण-क्षण, नवीन पर्यायों को धारण कर रहा है। और ध्रौव्य यह विश्वास है कि पदार्थों के रूपान्तर की यह प्रक्रिया सनातन है, उसका कभी भी अवरोध या नाश नहीं होता। "जगत् का प्रत्येक सत्, प्रतिक्षण परिवर्तित होकर भी, कभी नष्ट नहीं होता। वह उत्पाद, व्यय और

ध्रौव्य, इस प्रकार त्रिलक्षण है। कोई भी पदार्थ चेतन या अचेतन, इस नियम का अपवाद नहीं है।'' (जैन दर्शन)

जैन धर्म यह मानता है कि सृष्टि अनादि है और वह जिन छह तत्त्वों से बनी है, वे तत्त्व भी अनादि हैं। ये छह तत्त्व हैं–**(1) जीव, (2) पुद्गल, (3) धर्म, (4) अधर्म, (5) आकाश और (6) काल।** इन छह तत्त्वों में से केवल पुद्गल ही ऐसा है, जिसका हम रूप देख सकते हैं अथवा जिसका अनुभव हमें स्पर्श, घ्राण अथवा श्रवण से होता है। पुद्गल को मूर्त द्रव्य भी कहते हैं। बाकी सभी द्रव्य ऐसे हैं जो अमूर्त हैं, जिनका आकार नहीं है। दूसरी बात यह है कि इन छहों द्रव्यों में केवल जीव ही ऐसा है, जिसमें चेतना है, बाकी पाँचों द्रव्य निर्जीव अथवा अचेतन हैं। तीसरी बात यह है कि संसार में जीव निर्जीव (पुद्गल) के बिना नहीं ठहर सकता। निर्जीव (पुद्गल) के सहवास से छुटकारा उसे तब मिलता है, जब वह संसार के बन्धनों से छूट जाता है। असल में जैन दर्शन के जीव के, प्रायः, वे ही गुण हैं जो आत्मा के लिए वेदान्त में कहे गए हैं।

जो मूर्त द्रव्य अर्थात् पुद्गल है, वह परमाणुओं के योग से बना है और यह सारी सृष्टि ही परमाणुओं का समन्वित रूप है। जीव और पुद्गल ही मुख्य द्रव्य हैं, क्योंकि उन्हीं के मिलन से सृष्टि में जीवन देखने में आता है। आकाश वह स्थान है, जिसमें सृष्टि ठहरी हुई है। जीव और पुद्गल में गति कहाँ से आती है, इसका रहस्य समझाने के लिए धर्म की कल्पना की गई है। धर्म वह अवस्था है, जिससे जीव और पुद्गल को गति मिलती है। चलने की शक्ति तो सक्रिय द्रव्य में स्वयं है, लेकिन, जैसे मछली चलने की शक्ति रखते हुए भी पानी के बिना नहीं चल सकती, वैसे ही सक्रिय द्रव्य भी धर्म के बिना नहीं चल सकते। धर्म उनकी गति को सम्भव बनाता है। इसी प्रकार, चलनेवाली चीज जब ठहरना चाहती है, तब भी उसे कोई-न-कोई आधार चाहिए। पक्षी उड़ता अपनी शक्ति से है और वह ठहरता भी अपनी ही शक्ति से है, किन्तु जमीन या वृक्षादि का आधार लिये बिना वह ठहर नहीं सकता। सक्रिय द्रव्य के ठहरने को सम्भव बनानेवाला गुण ही अधर्म है। धर्म और अधर्म वे गुण हैं, जो विश्व को, क्रमशः, गतिशील रखते हैं और उसे अव्यवस्था में गिरफ्तार होने से बचाते हैं। काल की कल्पना इसलिए की गई कि जैन धर्म संसार को माया नहीं मानता, जैसे शांकर मत में वह माना जाता है। संसार सत्य है और इसमें परिवर्तन होते रहते हैं। इसी परिवर्तन का आधार काल है, क्योंकि काल के अस्तित्व को माने बिना संसार में किसी तरह के परिवर्तन की कल्पना नहीं की जा सकती। काल मनुष्य की जवानी, बुढ़ापे और मृत्यु, सबका कारण है।

जैन दर्शन के छह द्रव्यों में से सिर्फ धर्म और अधर्म ही ऐसे हैं, जिनका वैदिक धर्म ग्रन्थों में कहीं भी उल्लेख नहीं मिलता। बाकी जीव, पुद्गल, काल और आकाश ऐसे हैं जो, किसी-न-किसी रूप में, अन्यत्र भी आए हैं। ये बहुत-कुछ पंच-तत्त्वों के समान हैं, जिनसे वैदिकों के अनुसार, सृष्टि की रचना हुई है।

वैदिक जैसे स्थूल शरीर के भीतर एक सूक्ष्म शरीर की सत्ता में विश्वास करते हैं, उसी प्रकार, जैन दर्शन के अनुसार भी, हमारे स्थूल शरीर के भीतर एक सूक्ष्म कर्म-शरीर है। स्थूल-शरीर के छूट जाने पर भी कर्म-शरीर जीव के साथ रहता है और वही उसे फिर अन्य शरीर धारण करवाता है। आत्मा की मनोवैज्ञानिक चेष्टाओं–वासना, इच्छा, तृष्णा आदि–से इस कर्म-शरीर

की सुपुष्टि होती है। इसलिए, कर्म-शरीर तभी छूटता है, जब जीव वासनाओं से ऊपर उठ जाता है, जब उसमें किसी प्रकार की इच्छा नहीं रह जाती। जैन दर्शन के अनुसार भी मोक्ष की व्यवस्था यही है।

जैन दर्शन '**आस्रव**' के सिद्धान्त में विश्वास करता है, जिसका अर्थ यह है कि कर्म के संस्कार, क्षण-क्षण, स्रवित या प्रवाहित हो रहे हैं, जिनका प्रभाव जीव पर, क्षण-क्षण पड़ता जा रहा है। इस प्रभाव से बचने का उपाय यह है कि मनुष्य चित्त-वृत्तियों का निरोध करे, मन को काबू में लाए, योग की समाधि का अवलम्बन ले और तपश्चर्या में लीन रहे।

कैवल्य या मोक्ष

कैवल्य-साधना के, जैनों के यहाँ, सात सोपान माने गए हैं। ये सात सोपान ही जीव, अजीव, आस्रव, बन्ध, संवर, निर्जरा और मोक्ष नामक सात तत्त्व हैं। जीव आत्मा है। अजीव वह ठोस द्रव्य (अर्थात् शरीर) है, जिसमें आत्मा निवास करती है। जीव और अजीव का मिलन ही संसार है। अतएव, मोक्ष-साधना का मार्ग यह है कि जीव को अजीव से भिन्न कर दिया जाए अर्थात् मनुष्य यह ज्ञान प्राप्त करे कि वह आत्मा है और शरीर से बिलकुल भिन्न है। किन्तु, जीव अजीव से बँधा कैसे है? इसका उत्तर आस्रव है। कर्मों से जो संस्कार क्षरित होते हैं, उन्हीं के कारण जीव अजीव से बँध जाता है। अतएव, इस बन्धन को नष्ट करने का उपाय यह है कि साधक कर्म से क्षरित होनेवाले संस्कारों से अलिप्त रहने का उद्योग करे। यह प्रक्रिया संवर कहलाती है। किन्तु, इतना ही यथेष्ट नहीं है। आत्मा को तो पूर्वार्जित संस्कार भी घेरे हुए हैं। इन पूर्वार्जित संस्कारों से छूटने की साधना का नाम निर्जरा है। जीवन-नौका में छेद हैं, जिनसे पानी उसमें भरता जा रहा है। छेदों को बन्द करना ही संवर की साधना है और नाव में पहले से जो पानी भरा हुआ है, उसे उलीचने को निर्जरा कहते हैं। संवर और निर्जरा के द्वारा जिसने अपने को संस्कारों अथवा आस्रवों से मुक्त कर लिया, वही मोक्ष प्राप्त करता है।

जैन दर्शनों में मोक्ष की साधना केवल संन्यासी कर सकते हैं। इनकी पाँच कोटियाँ हैं, जिनका समन्वित नाम **पंच-परमेष्ठी** है। ये पंच-परमेष्ठी हैं **अर्हत्, सिद्ध आचार्य, उपाध्याय** और **साधु।** साधुओं के उपदेष्टा उपाध्याय और आचार्य कहलाते हैं। सिद्ध वह है जिसने शरीर छोड़कर मोक्ष प्राप्त कर लिया है और अर्हत् तीर्थंकरों को कहते हैं। अर्हत् तो चौबीस ही हुए हैं, किन्तु, सिद्ध कोई भी जीव हो सकता है, जिसकी वासना छूट गई, जो सुख-दुःख से ऊपर उठ गया, जिसकी इन्द्रियाँ वशीभूत हैं, वह सिद्ध है। सिद्ध की कोटि परमात्मा की कोटि है। भेद यह है कि सामान्य वैदिक दर्शन में परमात्मा एक माना गया है, किन्तु, जैन धर्म के अनुसार, जो भी व्यक्ति सिद्ध हो गया, वह स्वयं परमात्मा है।

वैदिक दर्शन में मोक्ष वह अवस्था है, जब आत्मा परमात्मा में विलीन हो जाती है। बौद्ध दर्शन में इस अवस्था की संज्ञा निर्वाण है, जब आत्मा की सत्ता का लोप हो जाता है। किन्तु, लुप्त होकर आत्मा कहाँ चली जाती है, यह रहस्य बौद्ध दर्शन हमें नहीं बताता। जैन दर्शन में इस स्थिति को कैवल्य कहते हैं। जैनों का विश्वास है कि अदृश्य जगत् में कहीं कैवल्य-लोक है; जहाँ सिद्धों की आत्माएँ, शुद्ध-बुद्ध रूप में, विराजा करती हैं। जो आत्मा सिद्ध अथवा

मुक्त हो गई, वह चार गुणों में मुक्त होती है। ये गुण हैं—अनन्त दर्शन, अनन्त ज्ञान, अनन्त सुख और अनन्त वीर्य। रूप, रस, गन्ध और वर्ण, ये पुद्गल के गुण हैं। पुद्गल के बन्धन से छूटते ही जीव अनन्त-चतुष्टय से युक्त हो जाता है।

अनेकान्तवाद

भारत में जितने भी धार्मिक सम्प्रदाय विकसित हुए, उनमें से अहिंसावाद को उतना महत्त्व किसी ने भी नहीं दिया, जितना जैन धर्म ने दिया है। बौद्ध धर्म में, फिर भी, अहिंसा की एक सीमा है कि स्वयं किसी जीव का वध न करो, किन्तु जैनों की अहिंसा बिलकुल निस्सीम है। स्वयं हिंसा करना, दूसरों से हिंसा करवाना या अन्य किसी भी तरह से हिंसा में योग देना, जैन धर्म में सबकी मनाही है। और विशेषता यह है कि जैन दर्शन केवल शारीरिक अहिंसा तक ही सीमित नहीं है, प्रत्युत, वह बौद्धिक अहिंसा को भी अनिवार्य बताता है। यह बौद्धिक अहिंसा ही जैन दर्शन का अनेकान्तवाद है।

अहिंसा का आदर्श, आरम्भ से ही, भारत के समक्ष रहा था, किन्तु, उसकी चरम-सिद्धि, इसी अनेकान्तवाद में हुई। इस सिद्धान्त को देखते हुए ऐसा लगता है कि संसार को, बहुत आगे चलकर, जहाँ पहुँचना है, भारत वहाँ पहले ही पहुँच चुका था। संसार में आज जो अशान्ति है, रह-रहकर विश्व में युद्ध के जो खतरे दिखाई देने लगते हैं, उनका कारण क्या है? मुख्य कारण यह है कि एक वाद के माननेवाले लोग दूसरे वादों को माननेवालों को आँख मूँदकर गलत समझते हैं। साम्यवादी समझते हैं कि प्रजातन्त्री देश बिलकुल गलत राह पर हैं और प्रजातन्त्र के समर्थकों की दृष्टि में सारी गलती साम्यवादियों की है। इसी प्रकार, जीवन के प्रत्येक क्षेत्र में जो कोलाहल है, उसका मूल कारण यह है कि लोग विरोधी मतों के प्रति अत्यन्त असहनशील हो गए हैं, और, तब भी, सत्य यह है कि कोई भी मत सोलह आने सत्य या सोलह आने असत्य नहीं है। चीजें एक बिन्दु से जैसी दिखाई देती हैं, दूसरे बिन्दु से ठीक वैसी ही दिखाई नहीं देतीं। अतएव, आँख मूँदकर किसी मत को सर्वथा खंडित करने का कार्य हिंसा का कार्य है। अनेक मतों में किसी एक को पकड़कर बैठ जाना और यह मान लेना कि और सारे मत झूठे हैं, इसे विद्या का अहंकार कहना चाहिए। सत्य क्या है, इसे जानने का कोई एक मार्ग नहीं है। और सत्य के मार्ग पर आए हुए व्यक्ति की सबसे बड़ी पहचान भी यही है कि उसका दुराग्रह छूट जाता है। जो सच्चे अर्थों में सन्त हैं, वे अपने ऊपर भी शंका करते हैं और एक सिद्धान्त को मानते हुए भी, वे यह भाव बनाए रहते हैं कि, सम्भव है, अन्य सिद्धान्तों में भी सत्य का कोई अंश हो, जो हमें दिखाई नहीं पड़ा है। समन्वय, सह-अस्तित्व और असहिष्णुता, ये एक ही तत्त्व के अनेक नाम हैं। इस तत्त्व को जैन दर्शन शारीरिक धरातल पर **अहिंसा** और मानसिक धरातल पर **अनेकान्त** कहता है। जीवों को कष्ट नहीं देना, यह शारीरिक अहिंसा की पहचान है। किन्तु, जो चिन्तक और मनीषी हैं, वे जब आँख मूँदकर विरोधी मतों पर प्रहार करते हैं, तब उनका भी यह कार्य हिंसा का कार्य होता है। जन-साधारण को जीव-हिंसा से बचाने के लिए जैन दर्शन ने अहिंसा का उपदेश दिया, किन्तु, चिन्तकों और विचारकों को हिंसा-कर्म से विरत करने के लिए उसने अनेकान्त का सिद्धान्त निकाला। और यह उचित भी है, क्योंकि निचले स्तर पर तो मतों,

वादों और विचारों को लेकर, जोर से, बहस की जा सकती है, किन्तु, विचारक जब अत्युच्च धरातल पर पहुँचते हैं, तब वे किसी भी बात को पूरे जोर से नहीं कह सकते, न बहस करते समय उनकी आँखों में मशाल ही जलती है। मनुष्य का ज्ञान अपूर्ण है और ऐसी कोई राह नहीं है, जिस पर चलकर एक ही व्यक्ति सत्य के सभी पक्षों की जानकारी प्राप्त कर सके। इसीलिए, हम जो जानते हैं, वह ठीक है। किन्तु, उतना ही ठीक वह व्यक्ति भी हो सकता है, जो हमारे विरुद्ध खड़ा है। अतएव, सच्चा अहिंसक विचारक किसी भी बात को बहुत जोर से नहीं कहता। अपने मतों को इस जोर से रखना, मानो, केवल वे ही ठीक हों, यह अहंकार का प्रदर्शन है, यह हिंसा और अधर्म है।

अनेकान्तवाद का दार्शनिक आधार यह है कि ''प्रत्येक वस्तु अनन्त गुण, पर्याय और धर्मों का अखंड पिंड है। वस्तु को तुम जिस दृष्टिकोण से देख रहे हो, वस्तु उतनी ही नहीं है। उसमें अनन्त दृष्टिकोणों से देखे जाने की क्षमता है। उसका विराट् स्वरूप अनन्त धर्मात्मक है। तुम्हें जो दृष्टिकोण विरोधी मालूम होता है, उस पर ईमानदारी से विचार करो तो उसका विषयभूत धर्म भी वस्तु में विद्यमान है। चित्त से पक्षपात की दुरभिसन्धि निकालो और दूसरे के दृष्टिकोण के विषय को भी सहिष्णुतापूर्वक खोजो, वह भी वहीं लहरा रहा है।'' इसमें कोई सन्देह नहीं कि अनेकान्त का अनुसन्धान भारत की अहिंसा-साधना का चरम उत्कर्ष है और सारा संसार इसे जितना ही शीघ्र अपनाएगा, विश्व में शान्ति भी उतनी ही शीघ्र स्थापित होगी।

स्याद्वाद

अहिंसा की चरम मानसिक सिद्धि अनेकान्तवाद है, जो हमें यह चेतावनी देता है कि बहस के समय अपनी आँखों को लाल मत बनाओ, न कभी इस भाव को मन में स्थान बनाने दो कि तुम जो कुछ कहते हो, एक मात्र वही सत्य है। किन्तु मन के इस अहिंसायुक्त भाव को हम भाषा में किस प्रकार प्रकट कर सकते हैं? इस जिज्ञासा का समाधान जैन दर्शन ने स्याद्वाद से किया। अनेकान्त चिन्तन की अहिंसामयी प्रक्रिया का नाम है और स्याद्वाद उसी चिन्तन की अभिव्यक्ति की शैली को कहते हैं। अर्थात् अनेकान्तवाद का सम्बन्ध मनुष्य के विचार से है, किन्तु स्याद्वाद उस विचार के योग्य अहिंसायुक्त भाषा की खोज करता है। स्याद्वाद के अनुसार, सच्चा अहिंसक यह नहीं कहेगा कि ''यह बात सत्य है'', उसके मुख से बराबर यही निकलेगा कि ''स्यात् यह ठीक हो।''

किन्तु, स्यात् का हिन्दी-पर्याय शब्द शायद होता है, जिससे ध्वनि निकलती है कि स्याद्वाद निश्चित ज्ञान का माध्यम नहीं हो सकता, उसमें बराबर शंका लिपटी रहती है। मुख्यतः, इसी दोष को लेकर शंकराचार्य, शान्तरक्षित, रामानुज, राधाकृष्णन, राहुल सांकृत्यायन, सम्पूर्णानन्द आदि विद्वानों ने इस सिद्धान्त की प्रतिकूल आलोचना की है। श्री महेन्द्रकुमार न्यायाचार्य ने अपने 'जैन दर्शन' नामक ग्रन्थ में स्याद्वाद की इन आलोचनाओं का उत्तर दिया है, जिसे हम समीचीन समझते हैं। महेन्द्रकुमारजी स्यात् का अर्थ शायद नहीं मानते। उनका कहना है कि ''प्राकृत और पालि में 'स्यात' का 'सिया' रूप होता है। यह वस्तु के सुनिश्चित भेदों के साथ प्रयुक्त होता रहा है। कोई ऐसा शब्द नहीं है, जो वस्तु के पूर्ण रूप का स्पर्श कर

सके। हर शब्द एक निश्चित दृष्टिकोण से प्रयुक्त होता है और अपने विवक्षित धर्म का कथन करता है। इस तरह जब शब्द में, स्वभावतः, विवक्षानुसार अमुक धर्म के प्रतिपादन करने की शक्ति है, तब यह आवश्यक हो जाता है कि अविवक्षित शेष धर्मों की सूचना के लिए एक 'प्रतीक' अवश्य हो, जो वक्ता और श्रोता को भूलने न दे। 'स्यात्' शब्द यही कार्य करता है। वह श्रोता को विवक्षित धर्म का, प्रधानता से, ज्ञान करा के भी अविवक्षित धर्मों के अस्तित्व का द्योतन कराता है। 'स्यात्' शब्द जिस धर्म के साथ लगता है, उसकी स्थिति कमजोर नहीं करके, वस्तु में रहनेवाले तत्प्रतिपक्षी धर्म की सूचना देता है।''

धर्माचरण के सिद्धान्त

ऊपर के विवरण से यह स्पष्ट हो जाना चाहिए कि अहिंसा जैनों का परम धर्म है। और इस पर वे जितना अधिक जोर डालते हैं, उतना और किसी बात पर नहीं। कहते हैं जब जैन धर्म के उत्कर्ष का समय था, तब जैन मुनि खेती का विरोध करते थे, क्योंकि खेत जोतने से मिट्टी में पड़े जीव मारे जाते हैं। वे पानी को केवल छानकर ही नहीं, औटकर पीते थे, जिससे जीव उनके मुख में न चले जाएँ, वे मधु नहीं खाते थे, क्योंकि मधु लाने के क्रम में मक्खियों का नाश होता है; वे दीपक को बराबर कपड़े से आवृत रखते थे, जिससे पतंग उस पर आकर न जल जाएँ। और आगे की राह को वे बुहारते चलते थे, जिससे चींटियों और कीट-पतंगों पर उनके पाँव न पड़ें।

जैन धर्म की दूसरी विशेषता अपरिमित कष्ट सहने की प्रवृत्ति है। बौद्ध और जैन धर्म में एक भेद यह भी है कि जहाँ बौद्ध अतिभोग और अतित्याग को छोड़कर मध्यमार्ग पर चलने के समर्थक हैं, वहाँ जैन महात्मा इन्द्रिय-सुखों के घोर शत्रु हैं। कर्म के आस्रव के प्रभाव से बचने के लिए, वे संसार के प्रत्येक सुख से अलग भागने को धर्म समझते हैं। भोग के बारे में दो प्रकार के सम्प्रदाय हैं। एक वह जो यह कहता है कि ईश्वर, स्वर्ग, नरक, पाप और पुण्य ये सब-के-सब झूठे हैं; आदमी जब मर जाता है, तब फिर उसकी कोई बात शेष नहीं रह जाती, इसलिए, अच्छा यही है कि हम जब तक संसार में जिएँ, सुख से जिएँ और सभी प्रकार के भोगों से अपने को तृप्त कर लें; क्योंकि पाप और पुण्य के मानसिक भय से डरना व्यर्थ है। असली भय पुलिस का है और अगर पुलिस से बचकर तुम इच्छित भोग पा सकते हो तो उसे जरूर भोगो। यह सम्प्रदाय जड़तावादियों का है। अपने यहाँ ऐसा ही सम्प्रदाय चार्वाक-पन्थियों का भी था। इसके विपरीत दूसरे छोर पर वह सम्प्रदाय है, जो यह कहता है कि ईश्वर है और दुनिया उसी की बनाई हुई है। हम जो जन्म लेकर आए हैं, सो हमारा जन्म पूर्वजन्म के पापों के कारण हुआ है। हम अगर पाप नहीं करते तो हमारा जन्म नहीं होता। पाप करने से ही पुनर्जन्म होता है। और अधिक पाप करने से जीव को, अधिक-से-अधिक योनियों में भटकना पड़ता है। मनुष्य का लक्ष्य मोक्ष है। मोक्ष से दूर रहने के कारण मनुष्य जन्म लेता है एवं उससे और अधिक दूर होने के कारण वह विवाह करके सांसारिकता में गिरफ्तार होता है। पुनर्जन्म से छूटने का उपाय यह है कि हम भोग को छोड़ें, क्योंकि भोगासक्ति ही पाप है। यह सम्प्रदाय, जिसे हम यती-सम्प्रदाय (Ascetic) कह सकते हैं, हर खूबसूरत चीज को गुनाह की जगह और प्रत्येक सुख को दुःख का कारण मानता है।

भारत में इस यती-वृत्ति का चरम विकास जैन साधुओं के बीच हुआ। ये जैन साधु शरीर को आत्मा का दुश्मन मानते थे और वे, चुन-चुनकर, उस मार्ग पर चलते थे, जिससे शरीर को अपरिमित कष्ट हो। आज भी वे सवारी पर नहीं चढ़ते, दूर-दूर तक पैदल ही चले जाते हैं। वे दाढ़ी-मूँछ भी नाई से नहीं बनवाते, बल्कि राख लगाकर खुद ही उन्हें नोच डालते हैं। जब जैन धर्म अपने पूरे उत्कर्ष पर था, तब कहते हैं, जो साधक बारह साल तक धर्म की साधना कर लेता था, उसे यह अधिकार मिल जाता था कि वह चाहे तो उपवास करके अपने प्राण छोड़ दे। अनशन और उपवास से आत्महत्या करने की जैन धर्म में बड़ी महिमा है। जैन लोगों का विश्वास है कि मौर्यवंशी सम्राट् चन्द्रगुप्त, अपने अन्तिम दिनों में, जैन हो गए थे और जब मगध में अकाल पड़ा, तब वे बहुत-से धर्मबन्धुओं को साथ लेकर दक्षिण भारत की ओर चले गए, जहाँ उन्होंने उपवास करके अपना शरीर छोड़ दिया। जैन धर्म के अनेक महात्मा इसी विधि से मरे हैं।

साधन की यह कठोरता इतनी आदरणीय कैसे मान ली गई, इसका मनोवैज्ञानिक कारण यह था कि दीर्घकालीन प्रचार के कारण लोगों को यह विश्वास हो गया था कि यह जीवन दुःखों से पूर्ण है और इन दुःखों से छुटकारे का उपाय मोक्ष प्राप्त करना है। आदमी का असली उद्देश्य मोक्ष हो गया और मोक्ष तथा आत्मा के बीच प्रत्यक्ष दीखनेवाली दीवार मनुष्य की देह हो गई। अतएव, मनोवैज्ञानिक रूप से, आदमी ने अपना सारा गुस्सा शरीर पर उतारना शुरू किया। कृच्छ्र साधना के शिकार केवल जैन ही नहीं हुए, बल्कि, अन्य लोगों में भी उसका काफी प्रचार था। गौतम जब घर से निकलकर संन्यासी हो गए, तब उन्हें भी पहले मोक्ष-लाभ का मार्ग तपस्या में ही दिखाई पड़ा। हिन्दू-पुराणों में दुर्धर्ष तपस्याओं की हजारों कथाएँ भरी पड़ी हैं। धर्म-लाभ के लिए उन दिनों लोग वर्षों तक एक पाँव पर खड़े रहते थे, पेड़ों से लटककर उलटे टँग जाते थे, चन्द्रायण-व्रत करते थे या महज नीम की पत्तियाँ खाकर समय गुजार देते थे। उदासी सम्प्रदाय के साधुओं में से अब भी कितने ही साधु जाड़े और बरसात में घरों से बाहर पड़े रहते हैं तथा जेठ की धूप में पंचधुनी तापते हैं। स्वामी दयानन्द बहुत दिनों तक, जाड़े और बरसात, दोनों ऋतुओं में, घर से बाहर रहते थे और शरीर पर कपड़े नहीं डालते थे। बहुत दिनों से इस देश में एक विश्वास रहा है कि आत्मा को जगाने का सच्चा मार्ग शरीर को कष्ट में डालना है और जो लोग शरीर को कष्ट में अधिक डालते थे, उनका समाज में आदर भी अधिक होता था। भारत में यह परम्परा बिलकुल समाप्त नहीं हुई है, बल्कि, अभी भी शेष है। सच तो यह है कि प्रत्येक साधु-महात्मा के साथ कष्ट-सहिष्णुता का थोड़ा-बहुत सम्बन्ध हम आज भी मानते हैं।

जैन धर्म का **त्रिरत्न** (सम्यक् दर्शन, सम्यक् ज्ञान और सम्यक् चरित्र), असल में, वैदिकों के भक्तिभोग, ज्ञानयोग और कर्मयोग का ही परिवर्तित रूप है। भेद यह है कि वैदिक धर्म में ज्ञान, कर्म और भक्ति में से कोई भी मार्ग मुक्ति के लिए यथेष्ट समझा जाता है, किन्तु जैन धर्म मोक्ष-लाभ के लिए सम्यक् दर्शन, सम्यक् ज्ञान और सम्यक् चरित्र, तीनों को आवश्यक मानता है।

त्रिरत्न में पहला स्थान सम्यक् दर्शन का आता है, जिसके पालन के लिए यह आवश्यक है कि मनुष्य तीन प्रकार की मूढ़ताओं और आठ प्रकार के अहंकारों को बिलकुल छोड़ दे।

तीन प्रकार की मूढ़ताएँ हैं–लोक-मूढ़ता, देव-मूढ़ता और पाषंड-मूढ़ता। नदियों में स्नान करने से शुचिता ही नहीं, पुण्य भी बढ़ता है, यह और ऐसी अनेक भ्रान्तियाँ लोक-मूढ़ता के उदाहरण हैं, जो त्याज्य हैं। देवी-देवताओं की शक्तियों में विश्वास करना देव-मूढ़ता है तथा साधु-फकीरों के चमत्कार में विश्वास करना पाषंड-मूढ़ता है। जैन धर्म में ये सभी अन्धविश्वास त्याज्य हैं। जब तक ये अन्धविश्वास नहीं छूटते, मनुष्य धर्म के सच्चे मार्ग पर नहीं आ सकता।

भला यह कैसे सम्भव था कि जिस धर्म ने अहिंसा पर इतना जोर डाला, वह विनम्रता के गुण को अनिवार्य नहीं समझे? इसलिए, जैन धर्म में आठ प्रकार के अहंकार भी त्याज्य बताए गए हैं। ये हैं–(1) अपनी बुद्धि का अहंकार, (2) अपनी धार्मिकता का अहंकार, (3) अपने वंश का अहंकार, (4) अपनी जाति का अहंकार, (5) अपने शरीर या मनोबल का अहंकार, (6) अपनी चमत्कार दिखानेवाली शक्तियों का अहंकार, (7) अपने योग और तपस्या का अहंकार तथा (8) अपने रूप और सौन्दर्य का अहंकार। इतनी तैयारी हो लेने पर ही, सम्यक् ज्ञान और सम्यक् चरित्र का फल साधक को मिल सकता है।

बौद्ध धर्म की तरह, जैन धर्म भी कर्मवादी है और उसका उद्देश्य मनुष्यों के कर्मों को परिष्कृत एवं उन्नत बनाना है। प्रत्येक जैन गृहस्थ को पंचव्रत का प्रण लेना पड़ता है, जिनके नाम अहिंसा, सत्य, अस्तेय, ब्रह्मचर्य और अपरिग्रह हैं। खेती-बारी में जो जीव-हिंसा अनिच्छित ढंग से हो जाती है, वह गृहस्थों को क्षम्य है। इसी प्रकार, ब्रह्मचर्य के मामले में भी परस्त्री-गमन ही वर्जित है और अपरिग्रह के द्वारा गृहस्थ को यह प्रतिज्ञा करनी पड़ती है कि वह अपनी आवश्यकता से अधिक सम्पत्ति अपने पास नहीं रखेगा, उसे दान में दे देगा। शायद, इसी व्रत का पालन करने के लिए आज भी जैन गृहस्थ अपनी आय का एक भाग दान के लिए उत्सर्ग कर देते हैं।

गृहस्थों के लिए जो व्रत परिमित रखे गए हैं, श्रमणों और संन्यासियों पर वे ही व्रत अत्यन्त कठोरता से लागू किए जाते हैं, क्योंकि उन्हें छूट की आवश्यकता नहीं है तथा उन्हें प्राणपण से इन व्रतों के पूर्ण पालन का प्रयास करना ही चाहिए।

जैन मत और बौद्ध मत

जैन मत और बौद्ध मत में समानता यह है कि दोनों मत पशु-हिंसा के विरोधी हैं। यद्यपि, आगे चलकर बौद्ध मरे हुए पशु का मांस खाना बुरा नहीं मानने लगे, किन्तु, जैन हिंसक या अहिंसक, सभी प्रकार के आमिष को अग्राह्य मानते हैं। दोनों मत वेद की प्रामाणिकता को अस्वीकार करते हैं। दोनों का विश्वास है कि सृष्टि की रचना करनेवाला कोई देवता नहीं है। दोनों मतों के पंडितों ने प्रचलित देश-भाषाओं में उपदेश देना आवश्यक माना–बौद्धों का मूल-साहित्य प्राकृत में है और जैनों का अधिक साहित्य अपभ्रंश में। आगे चलकर, दोनों धर्मों के ग्रन्थ संस्कृत में भी लिखे गए। किन्तु, इन धर्मों के बीच भेद यह है कि बौद्ध सृष्टि मात्र को परिवर्तनशील एवं नश्वर मानते हैं तथा वे यह स्वीकार नहीं करते कि सृष्टि के मूल में कोई तत्त्व है, जो अक्षय और अनादि है। किन्तु, जैन जीव और अजीव को अक्षय तथा अनादि मानते हैं। श्री महेन्द्रकुमार ने लिखा है कि, यद्यपि, अनेक विषयों में जैन दर्शन और बौद्ध दर्शन समानतन्त्रीय थे, पर क्षणिकवाद, नैरात्म्यवाद, शून्यवाद, जिज्ञानवाद आदि बौद्धवादों

का दृष्टिकोण ऐकान्तिक होने से दोनों में विरोध था और, इसीलिए, इनका प्रबल खंडन जैन न्याय-ग्रन्थों में पाया जाता है। धर्म और दर्शन की मौलिक जिज्ञासाओं के विषय में महावीर और बुद्ध के क्या मत हो सकते थे, यह इस प्रकार अनुमित किया जा सकता है। यदि कोई बुद्ध से पूछता कि "क्या लोक शाश्वत है?" तो बुद्ध यह उत्तर देते कि इसका जानना अनुपयोगी है और ऐसे अव्याकृत प्रश्न पूछे ही नहीं जाने चाहिए। किन्तु, यही प्रश्न यदि महावीर से पूछा जाता तो वे कहते कि "हाँ, लोक द्रव्य-दृष्टि से शाश्वत है। इसके किसी भी सत् का सर्वथा नाश नहीं होता, न किसी असत् से नए सत् का उत्पादन ही सम्भव है।" और यदि यह पूछा जाता कि "क्या लोक अशाश्वत है?" तब भी बुद्ध उसे अव्याकृत कहकर टाल देते। किन्तु, महावीर कहते कि "हाँ, लोक अपने प्रतिक्षण भावी परिवर्तनों की दृष्टि से अशाश्वत है। कोई भी पदार्थ एक रूप में दो क्षण ठहरनेवाला नहीं है।" और यदि यह प्रश्न किया जाता कि "क्या लोक शाश्वत भी है और अशाश्वत भी?" तो बुद्ध फिर मौन रह जाते और महावीर फिर कहते कि "हाँ, लोक दोनों दृष्टियों से विचार करने पर शाश्वत भी है और अशाश्वत भी।"

जैन साधना अत्यन्त कृच्छ्र और कठिन साधना है। बुद्ध ने तप और भोग के बीच मध्यमार्ग को विहित बताया। बौद्धों का निर्वाण विनाश का संशय उत्पन्न करता है। जैन पंडित निर्वाण को जीव के विकास की स्थिति मानते हैं तथा यह कहते हैं कि जीवन-मुक्त पुरुष ईश्वर-कोटि को प्राप्त करता है। जैनों में भिक्षु और गृहस्थ के बीच की दूरी कम रही। बौद्धों का सारा जोर भिक्षु-संघ पर पड़ा और उनके गृहस्थ सेवक उपेक्षित हो गए। धर्माचरण और अनुष्ठानादि में जैन धर्म वैदिक धर्म के समीप रहा। किन्तु, बौद्ध धर्म मत उससे काफी दूर चला गया। राज्य-सहायता तो जैन धर्म को भी मिली थी; किन्तु जैन मत भारत से बाहर नहीं गया। किन्तु, बौद्ध मत ने भारत के सांस्कृतिक अभियान में अपने को विश्व-विजय का माध्यम बना लिया। बौद्ध धर्म; मुख्यतः, संन्यासियों का धर्म था। किन्तु, जैन मत गृहस्थों को साथ लिये हुए था तथा ये गृहस्थ श्राद्ध, विवाह, पूजा और अनुष्ठान में ब्राह्मण पुराहितों से काम लेते रहे। इसका एक प्रभाव यह हुआ कि जैन मत हिन्दुत्व का अंश बना रहा; किन्तु, बौद्ध मत हिन्दू वृत्त से बाहर चला गया।

जैन धर्म का इतिहास

सामान्य अनुमान यह है कि जैन पन्थ का मूल उन प्राचीन परम्पराओं में रहा होगा, जो आर्यों के आगमन से पूर्व इस देश में प्रचलित थीं। किन्तु, यदि आर्यों के आगमन के बाद से भी देखें तो ऋषभदेव और अरिष्टनेमि को लेकर जैन धर्म की परम्परा वेदों तक पहुँचती है। महाभारत युद्ध के समय, इस सम्प्रदाय के एक नेता नेमिनाथ थे, जिन्हें जैन अपना एक तीर्थंकर मानते हैं। ई.पू. आठवीं सदी में तेईसवें तीर्थंकर पार्श्वनाथ हुए, जिनका जन्म काशी में हुआ था। काशी के पास ही ग्यारहवें तीर्थंकर श्रेयांसनाथ का जन्म हुआ था, जिनके नाम पर सारनाथ का नाम चला आता है। जैन धर्म के अन्दर श्रमण-सम्प्रदाय का पहला संगठन पार्श्वनाथ ने किया था। ये श्रमण वैदिक प्रथा के विरुद्ध थे और, महावीर तथा बुद्ध के काल में, ये श्रमण कुछ बौद्ध और कुछ जैन हो गए तथा दोनों ने अलग-अलग अपनी संख्याएँ बढ़ा लीं।

जैन-पन्थ के अन्तिम तीर्थंकर महावीर वर्धमान हुए, जिनका जन्म ई.पू. 599 में हुआ था। वे 72 वर्ष की अवस्था में स्वर्गीय हुए। महावीर स्वामी ने मरने के पूर्व इस सम्प्रदाय की नींव भली-भाँति पुष्ट कर दी, अहिंसा को उन्होंने पक्के तौर पर स्थापित कर दिया और जब वे मरे, तब उनका सम्प्रदाय, पूर्णरूप से, संगठित और सक्रिय था। सांसारिकता पर विजयी होने के कारण वे जिन (जयी) कहलाए और उन्हीं के समय से इस सम्प्रदाय का नाम जैन हो गया।

जब सिकन्दर भारत आया था, तब जैन साधु सिन्ध के तट पर भी बसे हुए थे। चन्द्रगुप्त मौर्य जैन हुए थे या नहीं, इस विषय में अभी सन्देह है, किन्तु, अशोक के अभिलेखों से यह पता चलता है कि उसके समय में मगध में जैन धर्म का प्रचार था। लगभग इसी समय, मठों में बसनेवाले जैन मुनियों में यह मतभेद शुरू हुआ कि तीर्थंकरों की मूर्तियाँ कपड़े पहनाकर रखी जाएँ या नग्न ही तथा मुनियों को वस्त्र पहनना चाहिए या नहीं। यह मतभेद इतना बढ़ा कि ईसा की पहली सदी में आकर जैन-मतावलम्बी मुनि दो दलों में बँट गए। एक दल हुआ श्वेताम्बर, जिसके साधु श्वेत वस्त्र पहनते थे; और दूसरा हुआ दिगम्बर, जिसके साधु नंगे ही घूमते थे।

मौर्य-काल में; भद्रबाहु के नेतृत्व में, जैन श्रमणों का एक दल दक्षिण गया और मैसूर में रहकर अपने धर्म का प्रचार करने लगा। ईसा की पहली शताब्दी में कलिंग के राजा खारावेल ने जैन धर्म स्वीकार किया। ईसा की आरम्भिक सदियों में उत्तर में मथुरा और दक्षिण में मैसूर (श्रमण बेलगोला) जैन धर्म के बहुत बड़े केन्द्र थे। पाँचवीं से बारहवीं शताब्दी तक दक्षिण के गंग, कदम्बु, चालुक्य और राष्ट्रकूट राजवंशों ने जैन धर्म की बहुत सेवा की और उसका काफी प्रचार किया। इन राजाओं के यहाँ अनेक जैन कवियों को भी प्रश्रय मिला था, जिनकी रचनाएँ आज तक उपलब्ध हैं। ग्यारहवीं सदी के आस-पास, चालुक्य-वंश के राजा सिद्धराज और उनके पुत्र कुमारपाल ने जैन धर्म को राज-धर्म बना दिया तथा गुजरात में उसका व्यापक प्रचार किया। अपभ्रंश के लेखक और जैन विद्वान् हेमचन्द्र कुमारपाल के ही दरबार में रहते थे। एक समय इस धर्म का राजपूताने में भी अच्छा प्रचार था। चूँकि जैन धर्मावलम्बी बहुत ही शान्तप्रिय होते थे, इसलिए मुसलमानों के शासन-काल में उन पर अधिक जुल्म नहीं हुए, बल्कि, अकबर ने उनकी थोड़ी-बहुत सहायता की थी। मगर, धीरे-धीरे, जैन मठ टूट गए और पिछले मुगलों के समय में ही, उनका प्रभाव जाता रहा। अब इस देश में केवल बारह-चौदह लाख जैन रह गए हैं जो, मुख्यतः, वणिज-व्यापार करते हैं। तब भी, इस देश में दान-धर्म के अनेक निशान (धर्मशाला, विद्यालय, मठ, मन्दिर आदि) इस सम्प्रदायवालों के बनवाए हुए हैं।

वैदिक धर्म पर प्रभाव

जैन धर्म अत्यन्त उन्नत और मनुष्य के लिए कल्याणकारी धर्म था। अचरज की बात है कि उसके अनुगामियों की संख्या अब इतनी थोड़ी रह गई है। लेकिन, एक दूसरी दृष्टि से देखने पर आश्चर्य नहीं होता। यह धर्म कोई बाहर से आया हुआ नया धर्म नहीं था। वह वैदिक धर्म से ही निकला था और, रूप उसका जो भी रहा हो, मगर, लक्ष्य उसका वैदिक धर्म का

सुधार था। आरम्भ से ही जैन धर्म की शब्दावली वैदिक धर्म की शब्दावली रही थी और, यद्यपि, सदियों तक जैन लोग अलग सम्प्रदाय बनाकर रहे थे, मगर, अलग रहकर भी वे वैदिक धर्म की ही सेवा कर रहे थे। ब्राह्मणों के विशेषाधिकार की अवहेलना, यज्ञ का विरोध और अहिंसा की स्थापना इन्हीं बातों को लेकर जैन वैदिक धर्म से अलग हुए थे। मगर, जब वैदिक धर्म ने ये बातें मान लीं, तब जैन-सम्प्रदाय के अलग रहने का कोई कारण नहीं रह गया और धीरे-धीरे सम्प्रदाय के लोग हिन्दू-धर्म में वापस आ गए। यों भी, वैदिक और जैनों के बीच शादी-सम्बन्ध तो होते ही आए थे। फिर वे अलग रहते कैसे?

आज जो भी दस-बारह लाख जैन भारत में हैं, वे आचार-विचार, रहन-सहन और रीति-रिवाज में वैष्णव हिन्दुओं के बीच पूरी तरह से खपे हुए हैं। उनका धर्म पूर्णरूपेण हिन्दू-धर्म में समाहित हो गया है। हिन्दू-धर्म की जो वैष्णव शाखा है, उसने भगवान् महावीर के अनेक उपदेशों को अपने भीतर भली-भाँति पचा लिया है तथा वैष्णव और जैन में भेद करना आसान काम नहीं है। आधुनिक काल में महात्मा गांधी हिन्दुत्व के वैष्णव-भाव के सबसे बड़े प्रतिनिधि हुए, लेकिन, उनमें प्रतिनिधि-जैन के भी सभी लक्षण मौजूद थे। अनशन और उपवास पर प्रेम, अहिंसा पर प्रगाढ़ भक्ति, कदम-कदम पर भोग की सामग्रियों से बचने का भाव और उनका समझौतावादी दृष्टिकोण (स्याद्वाद), ये सब-के-सब जैन धर्म की ही शिक्षाएँ हैं। हिन्दुत्व और जैन धर्म आपस में घुल-मिलकर अब इतने एकाकार हो गए हैं कि आज का साधारण हिन्दू यह जानता भी नहीं कि ''अहिंसा, सत्य, अस्तेय, ब्रह्मचर्य और अपरिग्रह,'' ये जैन धर्म के उपदेश थे, वैदिक धर्म के नहीं। मगर, वह इस भेद को जाने और माने भी क्यों? जैन धर्म तो वैदिक धर्म का ही एक रूप था, जो परम्परा से कुछ अलग-अलग होकर धर्म का एक नया प्रयोग कर रहा था। प्रयोग पूरा हो गया, हिन्दुत्व ने उसके नतीजों को कबूल कर लिया और अब वह हिन्दुत्व भी है और जैन मत भी।

जैन धर्म का (और बौद्ध धर्म का भी) हिन्दू धर्म पर क्या प्रभाव पड़ा, इसका उत्तर अगर हम एक शब्द में देना चाहें तो वह शब्द 'अहिंसा' है और यह अहिंसा शारीरिक ही नहीं बौद्धिक भी रही है। शैव और वैष्णव धर्मों का उत्थान जैन और बौद्ध धर्मों के बाद हुआ। शायद, यही कारण है कि दोनों मतों (विशेषतः, वैष्णव मत) में अहिंसा का ऊँचा स्थान है। दुर्गा के सामने कूष्मांड की बलि चढ़ाने की प्रथा जैन और बौद्ध मतों के अहिंसावाद से ही निकली होगी। यद्यपि, वेद में भी एक स्थान पर कहा गया है कि यज्ञ का सार पहले मनुष्य में था, फिर वह अश्व में चला गया, फिर गौ में, फिर भेड़ में तब अजा में। जब अजा की बलि दी जाने लगी, तब यह सार पृथ्वी में समा गया, जिससे यव और तंडुल उत्पन्न होते हैं। यव और तंडुल का पुरोडाश (रोटी या पीठी) भी यज्ञ की पवित्र बलि है। इस पर से पंडितों ने यह अनुमान लगाया है कि हिंसा की भयंकरता का अनुभव वैदिक ऋषियों को भी होने लगा था। इसीलिए, उन्होंने कल्पना के इस घुमाव के द्वारा जनता के सामने यह बात रखी कि पशुओं के बदले यव और तंडुल की भी बलि दी जा सकती है। वनों और, कहीं-कहीं, ग्रामों मे बसनेवाली जनता आज भी धर्म-कर्म में, पूर्णरूप से, अहिंसक नहीं हो पाई। कई जातियों के लोग अब भी पशु-बलि से देवताओं को प्रसन्न करने में विश्वास करते हैं। किन्तु जैसे-जैसे उनमें शिक्षा का प्रसार बढ़ता है, वे पशु-बलि की क्रूर प्रथा को छोड़ते जाते हैं।

आज जैन-मतावलम्बियों में अधिक संख्या उन्हीं की है, जो व्यापारी हैं। यह भी जैन धर्म के अहिंसावाद का ही परिणाम है। जैन साधु इस चिन्ता से बहुत अधिक पीड़ित रहते थे कि कहीं उनके हाथों किसी जीव का नाश नहीं हो जाए। मगर, कृषि में तो खेत जोतने से जीव-हिंसा होती ही है। इसी हिंसा से घबराकर जैनियों में कृषि को छोड़कर व्यापार पर जीने की प्रथा चल पड़ी।

बौद्धिक अहिंसा पर जोर जैन मत ने स्याद्वाद के द्वारा दिया। मगर, यह नहीं कहा जा सकता कि स्याद्वाद के बीज वैदिक धर्म में नहीं थे। उपनिषदों में ही ब्रह्म कहीं साकार, कहीं निराकार और कहीं दोनों माना गया है। ऋषियों की वाणी में हम सर्वत्र एक तरह की चौकसी और सतर्कता देखते हैं और जब वे किसी मत का खंडन करते हैं, तब भी, उनके तर्क अहिंसा से भीगे होते हैं, उनमें वह निर्ममता नहीं होती, जो आज के हठी विचारों का लक्षण है।

दक्षिण में जैन धर्म का जो प्रचार हुआ, उससे भारत की एकता में और भी वृद्धि हुई। जैन मुनियों और साहित्य के साथ संस्कृत के बहुत-से शब्द दक्षिण पहुँचे और वे मलयालम, तेलुगु और कन्नड़ भाषाओं में मिल गए। जैनों ने दक्षिण में बहुत-सी पाठशालाएँ भी खोली थीं। आज भी कन्नड़-इलाके में बच्चों को अक्षरारम्भ कराते समय ''ॐ नमः सिद्धम्'' यह पहला वाक्य पढ़ाया जाता है, जो जैनों के नमस्कार का वाक्य है। वैष्णव धर्म की तैयारी दक्षिण में हुई थी और दक्षिण से ही वह उत्तरवालों को मिला, जिसके प्रमाण रामानुज, मध्व, निम्बार्क और वल्लभाचार्य हैं जो सब-के-सब, दक्षिण में ही जनमे थे। रामानन्द, यद्यपि, प्रयाग के कान्यकुब्ज-परिवार में जनमे थे, किन्तु रामानुज की परम्परा के समर्थ वाहक होने के कारण हम उन्हें भी दक्षिण की आध्यात्मिक सन्तान मान सकते हैं। खोज करने पर, शायद, यह बात भी मालूम हो सकती है कि वैष्णव धर्म के विकास में जैन मत का भी योगदान था। गुजरात की जनता पर जैन-शिक्षा (अहिंसा और सादगी) का आज भी अच्छा प्रभाव है तथा यह भी कोई आकस्मिक बात नहीं है कि अहिंसा, उपवास और सरलता के उतने प्रबल समर्थक गांधीजी गुजरात में ही जनमे।

कहते हैं, विन्ध्य से उत्तर उन जैन मुनियों की प्रधानता थी, जो श्वेताम्बर थे तथा विन्ध्य से दक्षिण, तमिल और कन्नड़ देशों में उनकी प्रधानता हुई जो दिगम्बर थे। स्पष्ट है कि दिगम्बर मुनियों का आदर वे ही करते होंगे, जिनमें धर्म के प्रति विशेष अनुराग रहा होगा। इस तरह से विचार करने पर यह अनुमान आसानी से निकल आता है कि प्राचीन काल में जैन मत का प्रधान गढ़ दक्षिण भारत का रहा होगा। ईसवी सन् के आरम्भ में, तमिल-साहित्य का जो व्यापक विकास हुआ, उसके पीछे जैन मुनियों का भी हाथ था, ऐसा इतिहासकारों का विचार है। तमिल ग्रन्थ, 'कुरल' के पाँच-छह भाग जैनों के रचे हुए हैं, यह बात कई विद्वान् स्वीकार करते हैं। इसी प्रकार, कन्नड़ का भी आरम्भिक साहित्य जैनों का रचा हुआ है।

इस देश की भाषागत उन्नति में जैन मुनि सहायक रहे हैं। ब्राह्मण अपने धर्मग्रन्थ संस्कृत में और बौद्ध पालि में लिखते थे, किन्तु, जैन मुनियों ने प्राकृत के अनेक रूपों का उपयोग किया और प्रत्येक काल एवं क्षेत्र में जब जो भाषा चालू थी, जैनों ने उसी के माध्यम से अपना विचार किया। इस प्रकार, प्राकृत के अनेक रूपों की उन्होंने सेवा की। महावीर ने

अर्ध-मागधी को इसलिए चुना कि मागधी और शौरसेनी, दोनों भाषाओं के लोग उनका उपदेश समझ सकें। बाद को, ये उपदेश लिख भी लिये गए और उन्हीं के लेखन में हम अर्ध-मागधी भाषा का नमूना आज भी पाते हैं। हिन्दी, गुजराती, मराठी आदि भाषाओं के जन्म लेने के पूर्व; इन प्रान्तों में जो भाषा प्रचलित थी, उसमें जैनों का विशाल साहित्य है, जिसे अपभ्रंश-साहित्य कहते हैं। भारत की भाषाओं में एक ओर तो प्राचीन भाषाएँ, संस्कृत और प्राकृत हैं तथा दूसरी ओर, आज की देश-भाषाएँ। अपभ्रंश भाषा इन दोनों भाषा-समूहों के बीच की कड़ी है। इसलिए, भारत के भाषा-विषयक अध्ययन की दृष्टि से अपभ्रंश का बड़ा महत्त्व है। जैन विद्वानों ने संस्कृत की भी काफी सेवा की। संस्कृत में भी जैनों के लिखे अनेक ग्रन्थ हैं, जिनमें से कुछ तो काव्य और वर्णन हैं तथा कुछ दर्शन के सम्बन्ध में। व्याकरण, छन्दशास्त्र, कोष और गणित पर भी संस्कृत में जैनाचार्यों के लिखे ग्रन्थ मिलते हैं।

मन्दिरों और मूर्तियों का निर्माण भी जैन सम्प्रदाय ने खूब किया। जैसे बौद्ध अपने महात्माओं के स्तूप बनवाते थे, वैसे ही, बहुत-से स्तूप जैनों के भी हैं। मथुरा में पाए जानेवाले जैन स्तूप सबसे पुराने हैं। बुन्देलखंड में ग्यारहवीं और बारहवीं सदियों की जैन मूर्तियाँ ढेर-की-ढेर मिलती हैं। मैसूर के श्रमण बेलगोला और करकल नामक स्थानों में गोमतेश्वर या बाहुबली की विशाल प्रतिमाएँ हैं। ग्वालियर के पास चट्टानों में जैन मूर्तिकारी के जो नमूने हैं, वे पन्द्रहवीं सदी के हैं। जैनों ने पर्वत काटकर कन्दरा-मन्दिर भी बनवाए थे, जिनके ई.पू. द्वितीय शती के नमूने उड़ीसा की हाथी-गुम्फ-कन्दरा में मिलते हैं। बिहार में पार्श्वनाथ, पावापुरी और राजगिर में तथा काठियावाड़ में गिरनार और पालितान में भी जैनों के मन्दिर और तीर्थस्थान हैं।

सन्दर्भ

1. जरथुस्त्र के सम्बन्ध में एक मत यह भी है कि वे ई.पू. 1000 के आसपास हुए हैं।
2. देखिए महेन्द्र कुमार न्यायाचार्य लिखित 'जैन दर्शन' नामक ग्रन्थ की भूमिका में डॉ. मंगलदेव शास्त्री का मत।
3. आचार्य नरेन्द्रदेव लिखित 'बौद्ध दर्शन।'
4. ते ह यथैवेह बहिष्पवमानेन स्तोष्यमाणः संरब्धाः सर्पन्तीत्येवमाससृपुस्ते ह समुपविश्य हिं चक्रुः ॥ 4 ॥
   उन कुत्तों ने, जिस प्रकार कर्म में बहिष्पवमान स्तोत्र से स्तवन करनेवाले उद्गाता लोग एक-दूसरे से मिलकर चलते हैं, उसी प्रकार मुँह से एक-दूसरे की पूँछ पकड़ कर सर्पण-परिभ्रमण किया। उन्होंने उस प्रकार परिभ्रमण कर फिर वहाँ बैठ कर हिंकार किया।
   कुत्तों द्वारा किए हुए हिंकार (का अनुवाद)—ॐ हम खाते हैं, ॐ हम पाते हैं, ॐदेवता, वरुण, प्रजापति, सूर्यदेव यहाँ अन्न लावें। हे अन्नपते! यहाँ अन्न लाओ! अन्न लाओ ॐ ॥ 5 ॥
   —(छान्दोग्योपनिषद अध्याय-1, खंड-12)
5. न्यायाचार्य महेन्द्र कुमार ने लिखा है कि "बाईसवें तीर्थंकर नेमिनाथ नारायण-कृष्ण के चचेरे भाई थे।"
6. मगध में और उससे पूरब की ओर नाना संस्कृतियों के मिल जाने से कट्टरता बिलकुल नहीं रह गई थी। इसी उदारता के कारण शक्तिशाली साम्राज्य का उदय मगध में ही हुआ।
   —(द हिस्टरी एंड कल्चर ऑफ इंडियन पीपुल, जिल्द 2)

7. केवल वर्धमान और गौतम ही नहीं, जैन गुरु नाथपुत्त और बोधिसत्त्व के गुरु आलार कालाम और उद्रक रामपुत्त भी क्षत्रिय थे।
8. 'भारतवर्ष में जाति-भेद'।
9. दीर्घनिकाय—श्री राहुल सांकृत्यायन।
10. देखिए 'खँडहरों का वैभव' *(श्री मुनिकान्त सागर-कृत)*।
11. बौद्ध धर्म को सांख्य-तत्त्वज्ञान से निकला माना जाता है। बुद्ध-चरित काव्य में आलार कालाम तथा उद्रक रामपुत्त को सांख्यों का प्रवर्त्तक कहा गया है।

प्रकरण-3

बौद्ध धर्म

पिछले प्रकरण के विवरण से यह आभास मिल जाना चाहिए कि बुद्धदेव का जन्म और उनके द्वारा चलाए गए धर्म का उत्थान कोई आकस्मिक घटना नहीं थी। असल में, बौद्ध धर्म उस विचारधारा का स्वाभाविक परिणाम था, जो कर्मकांड, हिंसायुक्त यज्ञ के आडम्बर और पुरोहितवाद के विरुद्ध पहले से ही बहती आ रही थी और जिसकी आवाज हम उपनिषदों और गीता में सुनते हैं। वेद और उपनिषद् पढ़ने का अधिकार शूद्रों को नहीं दिया गया था।[1] न उन्हें यही अधिकार था कि द्विजों की तरह वे भी यज्ञ करके लोक और परलोक में सुख भोगने की योग्यता प्राप्त करें। उस समय का समाज, सचमुच ही, बौद्धिक संकट का सामना कर रहा था। जन-साधारण की कठिनाई यह थी कि यज्ञ को छोड़कर उसके आगे धर्म का कोई और मार्ग नहीं था। किन्तु, समाज के, प्रायः, सभी चिन्तक यज्ञ के खिलाफ होते जा रहे थे और साधारण गृहस्थ को भी यह भान हो चला था कि यज्ञों के आलोचक झूठ नहीं कहते हैं। दूसरी ओर, उपनिषदों की चोटी से जो ज्ञान आ रहा था, उस तक साधारण मनुष्य की पहुँच नहीं थी। देश में विभिन्न मत-मतान्तरों के जो झकोरे चल रहे थे, वे भी उसे बेचैन किए हुए थे। ऐसी हालत में जनता कोई ऐसा धर्म चाह रही थी, जो सुगम और सुबोध हो, जिसमें पशु-बलि की क्रूरता भी नहीं हो और व्यर्थ का आडम्बर भी नहीं, जो मनुष्य को अतिभोग से भी दूर रखे और तपस्या तथा यती-वृत्ति की कठोरता से भी; जो मनुष्य के ध्यान को धर्म की ओर तो अवश्य ले जाए, किन्तु बीसों प्रकार के ऊहापोह में उसे उलझा नहीं डाले। असल में, जनता कोई व्यावहारिक धर्म चाह रही थी और बुद्धदेव ने वही धर्म उसे दिया भी। वे वैदिक धर्म से दूर नहीं गए, उन्होंने वैदिक धर्म के मूल पर प्रहार नहीं किया, बल्कि, उनकी चोटों के निशाने वैदिक धर्म की कुरीतियाँ और कमजोरियाँ थीं। इसीलिए, यह मानना अधिक युक्तियुक्त है कि बौद्ध धर्म कोई नया धर्म नहीं, बल्कि, हिन्दुत्व का ही संशोधित रूप है। असल में, अपनी कुरीतियों से लड़ने के लिए हिन्दुत्व ने ही बौद्ध धर्म का रूप लिया था जैसा कि वह प्रत्येक संकट-काल में लेता रहा है, और जिन आचार्यों ने बुद्धदेव की गिनती हिन्दू धर्म के दशावतार में की, उनका भी यही भाव रहा होगा कि बुद्ध पराए नहीं, अपने हैं और 'धर्म-संस्थापनार्थ' विष्णु जैसे राम और कृष्ण बनकर आए थे, वैसे ही, पशु-हिंसा को रोकने के लिए, इस बार, वे बुद्ध बनकर आए हैं।[2] जहाँ तक हमारा अनुमान है, तथागत का भी अपने बारे में यही खयाल था। वे प्रचलित धर्म के भंजक नहीं, सुधारक थे। वे स्वयं बौद्ध नहीं, हिन्दू जनमे थे।

बौद्ध धर्म और आचार

बुद्धदेव ने अपने नए धर्म की घोषणा संस्कृत को छोड़कर जनता की बोली में की और दार्शनिक जंजाल से दूर रहते हुए उन्होंने, संक्षेप में, लोगों को यह बतलाया कि मनुष्य दुःखी है, दुःख अकारण नहीं है, इस दुःख का निरोध सम्भव है और इस निरोध का मार्ग भी है। ये ही बौद्ध धर्म के चार आर्य सत्य हैं, जिनकी व्याख्या निम्नलिखित रूप से की जाती है–

1. दुःख आर्य सत्य है–जन्म भी दुःख है, जरा भी दुःख है, व्याधि भी दुःख है, मरण भी दुःख है, अप्रिय लोगों से मिलना भी दुःख है, प्रिय लोगों से बिछुड़ना भी दुःख है और इच्छा करने पर किसी चीज का नहीं मिलना भी दुःख है।

2. दुःख-समुदाय आर्य सत्य है–अर्थात् मनुष्य को जो भी दुःख होते हैं, वे किसी-न-किसी कारण को लेकर। यह कारण सदैव तृष्णा का कोई-न-कोई रूप होता है, जैसे–जन्म लेने की तृष्णा, खुश होने की तृष्णा, सुख भोगने की तृष्णा। जब-जब तृष्णा की पूर्ति में बाधा पड़ती है, तब-तब मनुष्य दुःखी होता है। असल में, तृष्णा (किसी प्रकार की इच्छा) और दुःख में कारण-कार्य का सम्बन्ध है।

3. दुःख निरोध आर्य सत्य है–अर्थात् दुःख के दूर करने का उपाय उनके कारण को दूर करना है। तृष्णा का सर्वथा त्याग, वासना में लीन नहीं होने की योग्यता और जिन-जिन कारणों से मनुष्यों को दुःख होते हैं, उन-उन कारणों से मुक्त हो जाने का भाव, यह दुःख निरोध है।

4. दुःख-निरोध-गामिनी-प्रतिपद आर्य सत्य है–इसका अर्थ यह है कि दुःखों से छूटने का मार्ग भी है। इस उपदेश के अन्दर उन आठ प्रकार के आचरणों की गिनती है, जिनका पालन करके मनुष्य दुःखों के कारणों का नाश कर सकता है। ये आष्टांगिक मार्ग इस प्रकार हैं–

1. सम्यक् दृष्टि–यह दृष्टि रखना कि जीवन में दुःख है, दुःख अकारण नहीं हैं, दुःख दूर किए जा सकते हैं तथा दुःखों के दूर करने के उपाय भी हैं। अर्थात् बुद्धदेव ने जो चार आर्य सत्य कहे हैं, उनमें अटल विश्वास रखना। (बुद्ध की सम्यक् दृष्टि, महावीर का सम्यक् दर्शन और वेदान्त का श्रद्धा-भाव यानी गुरु या धर्मग्रन्थ जो उपदेश करें, उनकी सत्यता में विश्वास, ये आपस में मिलती-जुलती बातें हैं।)

2. सम्यक् संकल्प–निष्कर्मता-सम्बन्धी संकल्प यानी जो कर्म करने योग्य नहीं हैं, उन्हें नहीं करने का संकल्प; अद्रोह-सम्बन्धी-संकल्प, अहिंसा-सम्बन्धी संकल्प इत्यादि।

3. सम्यक् वचन–झूठ बोलने से बचना, चुगली करने से बचना, कड़ी बात कहने से बचना और बकवास में भाग लेने से बचना।

4. सम्यक् कर्मान्त–प्राणि-हिंसा नहीं करना, जो दिया नहीं गया है उसे नहीं लेना, दुराचार से बचना और भोग के अतिचार से दूर रहना।

5. सम्यक् आजीव–गलत रोजगार से अगर रोजी चलती हो तो उसे छोड़कर ऐसे रोजगार में लगना, जिससे धर्म नहीं बिगड़ता हो।

6. सम्यक् व्यायाम–दुर्व्यसन और कुटेव को छोड़ने की कोशिश करना, मन में पाप के भाव जगते हों तो उन्हें दबाने का प्रयत्न करना, मन में जो अच्छे भाव पैदा हों, उन्हें बढ़ाने

की चेष्टा करना; संक्षेप में, मानसिक दोषों को पराजित करके अपने व्यक्तित्व को निर्मल और पूर्ण बनाने के लिए प्रयास करते रहना।

7. सम्यक् स्मृति–शरीर में बुढ़ापे, रोग और पाप के बीज हैं, इसका ध्यान रखना और क्षण-क्षण, भीतर से जागरूक रहकर वासना का दलन और ज्ञान का विकास करना।

8. सम्यक् समाधि–चार प्रकार के ध्यान जिनमें वितर्क और विचार से मन के भावों को सुलझाया जाता है, शान्ति और एकाग्रता से अपने-आपको जानने की कोशिश की जाती है और सुख तथा दुःख, दोनों से अलिप्त रहने की भावना का विकास किया जाता है।

संक्षेप में, बुद्ध ने अपने अनुयायियों से यह कहा कि मेरे उपदेशों पर विश्वास रखो, बुद्धि से उन्हें समझने की कोशिश करो और हर एक उपदेश को अपने जीवन में उतारने का प्रयत्न करो; पवित्र-से-पवित्र जीवन बिताओ और नियमित रूप से ध्यान और समाधि करो।

यह धर्म का बड़ा ही व्यावहारिक रूप था, अतएव, वह उन सभी लोगों को सुगम, सुन्दर और सुबोध जान पड़ा, जो कर्मकांड से ऊबे हुए थे, जो यज्ञों में होनेवाली पशु-हिंसा से घृणा करते थे, उपनिषदों का ज्ञान जिनके पल्ले नहीं पड़ता था तथा जो इस बात को पसन्द नहीं करते थे कि धर्म-कर्म करने तथा वेद-उपनिषद् पढ़ने और सुनने का अधिकार केवल द्विजों को ही है। **समाज में जो वर्ण ब्राह्मण से जितना ही दूर था, वह बौद्ध धर्म की ओर उतने ही वेग से खिंचा।** चूँकि बुद्धदेव जन्म से क्षत्रिय थे, इसलिए, ब्राह्मण पहले उनकी ओर जाने में झिझके। आरम्भ में, वैश्यों और शूद्रों में तथागत को अधिक अनुयायी मिले। शूद्रों को तो यह धर्म बहुत ही भला लगा, क्योंकि बुद्धदेव जाति-प्रथा के खिलाफ थे। यह धर्म पहले मगध में अधिक फैला, जिसका एक कारण तो यह था कि बुद्ध ने राजगिर में तपस्या और गया में ज्ञान प्राप्त किया था। लेकिन, उससे भी बड़ा कारण यह हुआ कि मगध में आर्य-धर्म में कभी भी वह कट्टरता नहीं आई थी, जो पश्चिमी भारत में थी तथा जिस स्थिति का थोड़ा-सा विवरण पिछले अध्याय में दिया जा चुका है। पूर्वी भारत के लोग, आरम्भ से ही, धर्म-कर्म के विषय में कुछ ज्यादा उदार थे और नए विचारों का स्वागत वे अधिक स्वतन्त्रता से कर सकते थे। इसलिए, वेद और ब्राह्मण धर्म के खिलाफ उठे हुए इस नए आन्दोलन का उन्होंने बढ़कर साथ दिया और मगध में बौद्ध धर्म की प्रतिष्ठा हो गई। यह भी ध्यान देने की बात है कि बौद्ध धर्म को पहले-पहल राज्य का आश्रय भी मगध में ही मिला। बुद्ध के समय में राजगिर के राजा बिम्बिसार और बुद्ध के मरने के दो-सवा दो सौ वर्ष बाद, मगध-सम्राट् अशोक उनके धर्म में दीक्षित हुए। सच पूछिए तो बौद्ध धर्म का भारत से बाहर प्रचार करने का बहुत बड़ा श्रेय अशोक को ही है।

अव्याकृत विषय

बौद्ध धर्म, मुख्यतः, आचार-धर्म है। बुद्ध जानते थे कि मनुष्य का अच्छा या बुरा होना, सुख या दुःख पाना, उसके कर्म और चरित्र पर निर्भर करता है। आदमी का ध्यान इस बात पर रहना चाहिए कि वह करता क्या है, इस बात पर नहीं कि वह जानता क्या है। करने और जानने में अर्थात् कर्म और ज्ञान में, बुद्धदेव ने कर्म को ही मुख्य माना। इसलिए,

उन्होंने मनुष्य का ध्यान कभी भी उन विषयों की ओर जाने नहीं दिया, जो बुद्धि से समझे नहीं जा सकते और जिनके बारे में केवल अनुमान और अटकलबाजी से ही काम लेना पड़ता है।

संसार के बड़े-बड़े दार्शनिकों और पंडितों में इस बात को लेकर भारी मतभेद है कि बौद्ध धर्म का दर्शन क्या है। "यह सृष्टि कहाँ से निकल पड़ी है? मनुष्य कहाँ से आया है और मरकर कहाँ जाएगा? आदमी मरने के बाद जीवित रहता है या नहीं? बुद्ध ने जिसे निर्वाण कहा है, वह क्या चीज है? निर्वाण के मानी मृत्यु और विनाश ही हैं या और कुछ?" ऐसे अनेक प्रश्न हैं, जिन पर विद्वानों में घोर विवाद चलता है और अधिकांश विद्वान् इस विचार पर आकर अड़ जाते हैं कि, हो-न-हो बुद्धदेव नास्तिक थे और वे आत्मा-परमात्मा, किसी को भी नहीं मानते थे। कुछ दूसरे लोग हैं, जिनका कहना है कि इस जीवन के बाद क्या है, इसे बुद्ध नहीं जानते थे। एक तीसरे प्रकार के लोग वे हैं, जिनका विश्वास है कि बुद्धदेव सब कुछ जानते थे, मगर, गोतीत विषयों पर उन्होंने इसलिए चुप्पी साध ली कि इनके कथन या जानकारी को वे जरूरी नहीं समझते थे।

मज्झिमनिकाय के चूल-मालुंक्य-सुत्तन्त में लिखा है कि मालुंक्यपुत्त नामक एक भक्त ने तथागत से पूछा कि "जगत् नित्य है या अनित्य? जीव और शरीर एक हैं या दो? मरने के बाद बुद्ध रहते हैं या नहीं?" प्रश्न के साथ उस भक्त ने यह कहा कि "भगवान् अगर इन प्रश्नों के उत्तर नहीं देंगे तो मैं ब्रह्मचर्य-वास नहीं करूँगा (अर्थात् संघ में रहकर धर्म की साधना नहीं करूँगा)।"

बुद्धदेव ने कहा–"मालुंक्यपुत्त! मैंने कब तुमसे कहा था कि मैं तुम्हारे ऐसे प्रश्नों के उत्तर दूँगा? तुम्हारा यह प्रश्न तो उस व्यक्ति के प्रश्नों के समान बेकार है, जिसके कलेजे में जहर बुझा बाण घुस गया हो, जिसके हित-मित्र बाण निकालने के लिए सुयोग्य वैद्य को ले आए हों मगर, जो यह कह रहा हो कि मैं बाण तब तक नहीं निकलवाऊँगा जब तक मुझे यह मालूम न हो जाए कि बाण चलानेवाला व्यक्ति गोरा है या काला, लम्बा है या नाटा, उसके नाम और गोत्र क्या हैं, उसके धनुष की डोरी मूँज की है या ताँत की तथा उसके बाणों के पर बाज के हैं या गिद्ध के। मालुंक्यपुत्त! चाहे लोक नित्य है, यह दृष्टि रहे, चाहे लोक अनित्य है, यह दृष्टि रहे, दोनों ही हालतों में जन्म है ही, जरा है ही, मरण है ही, शोक, रोना-काँदना, दुःख-दौर्मनस्य और परेशानियाँ हैं ही, जिनके इसी जन्म में विघात (शमन के उपाय) को मैं बतलाता हूँ।"

जिन प्रश्नों का समाधान बुद्धि से नहीं हो सकता और जिनके उत्तर पाने और नहीं पाने से आदमी का कुछ बनता-बिगड़ता नहीं, वैसे सभी प्रश्नों को तथागत ने अव्याकृत-कोटि में डाल दिया था और उसके पूछने की मनाही कर दी थी। दीर्घनिकाय के पोठ्ठपादसुत्त में वे कहते हैं–पोठ्ठपाद! लोक नित्य है, यही सच है और दूसरा मत निरर्थक है, इसे मैंने अव्याकृत (कथन का अविषय) कहा है।" इसी प्रकार, "लोक अनित्य है, लोक अन्तवान् है, जीव और शरीर एक हैं, जीव और शरीर अलग-अलग हैं, तथागत मरने के बाद होते हैं, तथागत मरने के बाद होते भी हैं और नहीं भी होते हैं," इन सारे प्रश्नों को बुद्धदेव ने अव्याकृत कहकर उनका पूछा जाना बन्द कर दिया था।[3]

पोट्ठपाद के यह पूछने पर कि "किसलिए भन्ते! भगवान् ने इसे अव्याकृत कहा है?" तथागत ने बतलाया कि "इसलिए कि ये प्रश्न न तो अर्थयुक्त हैं, न धर्मयुक्त, न आदि ब्रह्मचर्य के उपयुक्त, न निर्वेद (वैराग्य) के लिए, न विराग के लिए, न निरोध के लिए, न उपशम के लिए।" अर्थात् इन प्रश्नों के विवेचन में पड़ने से मनुष्य को कुछ भी प्राप्त होनेवाला नहीं है।

हमारा अनुमान यह है कि अगर किसी ने बुद्धदेव से यह पूछा होता कि "ईश्वर है या नहीं," तो वे कहते कि अगर ईश्वर है, तब भी मनुष्य के अच्छे कर्मों का फल अच्छा और बुरे कर्मों का फल बुरा होगा; अगर ईश्वर नहीं है, तब भी मनुष्य के अच्छे कर्मों का फल अच्छा और बुरे कर्मों का फल बुरा होगा। तब ईश्वर की बात कहाँ से आती है? बात तो सोचने लायक यह है कि अच्छे और बुरे कर्म क्या हैं?

जिन प्रश्नों को संसार के सभी धर्म मौलिक और महान् समझते आए हैं, तथागत ने उन्हें इस योग्य भी नहीं समझा कि उनके उत्तर दिए जाएँ अथवा उनको लेकर थोड़ी देर भी माथापच्ची की जाए। उन्होंने ईश्वर का नाम नहीं लिया, न किसी देवता की भक्ति करने का उपदेश दिया, क्योंकि अदृश्य देवता को अपना भाग्य-विधाता मान लेने से भी आदमी में शिथिलता आ सकती है। वह इस उम्मीद में अकर्म कर सकता है कि इससे जो पाप होगा, वह देवता से माफ करवा लूँगा। उन्होंने प्रार्थना की भी प्रथा नहीं चलाई, क्योंकि जब कोई देवता ही मानने योग्य नहीं रहा, तब फिर प्रार्थना किसकी की जाए? और प्रार्थना में भी कमजोरी की एक खिड़की तो है ही। जो मनुष्य प्रार्थना करता है, वह अगर अकर्मण्य और असावधान हुआ, तो देवता से वह ऐसी चीज भी माँग सकता है; जो देवता के वरदान से नहीं मनुष्य के उद्यम से पैदा होती है।

वैदिक धर्म से समानता

बुद्धदेव ने वैदिक धर्म के जन्मान्तरवाद और कर्मफलवाद को, ज्यों-का-त्यों, स्वीकार कर लिया। उनका भी निश्चित मत है कि जीवन दुःख है और मनुष्य को यह दुःख भोगने के लिए बार-बार जन्म लेना पड़ता है। मनुष्य का जन्म इसलिए होता है कि उसके भीतर वासनाएँ शेष हैं। इन वासनाओं के कारण मनुष्य नाना कर्मों में प्रवृत्त होता है और अपने कर्मों के अनुसार ही मरकर उत्तम या अधम योनि में जन्म लेता है और फिर उन जन्मों में वह जैसा काम करता है, जैसा संस्कार अर्जित करता है, वे संस्कार उसे नया जन्म ग्रहण करने को विवश करते हैं। इस प्रकार, जन्म-मरण का प्रवाह लगातार चलता रहता है। इस जंजाल से निकलने का मार्ग भी बुद्ध ने वही रखा, जो वैदिक धर्म में प्रचलित था, अर्थात् मुक्ति या मोक्ष, जिसे बुद्धदेव निर्वाण कहते हैं। फर्क यह है कि वैदिक जहाँ आत्मा को निर्मल, मुक्त, ब्रह्मस्वरूप एवं सभी अवस्थाओं में एकरस रहनेवाला और कूटस्थ मानते हैं, वहाँ बुद्धदेव का विचार यह है कि आत्मा कूटस्थ नहीं होती, वह भी शरीर के साथ बदलती रहती है, वह भी बूढ़ी, जवान, मलिन और निर्मल होती रहती है। कारण, शायद, यह है कि आत्मा को अगर पहले से ही निर्मल और कूटस्थ माना जाए, तो फिर मनुष्य को जरूरत ही क्या रह जाती है कि वह ज्ञान-ध्यान और तपश्चर्या से निर्मलता प्राप्त करे? निर्मल तो वह पहले से ही है। इसीलिए

बुद्धदेव ने माना कि आत्मा में वे सभी विकार हो सकते हैं, जो शरीर में होते हैं। मनुष्य निर्मल है नहीं, निर्मल उसे बनना है।

वैदिकों के समान ही बुद्ध भी परलोक और देवयोनि को मानते हैं, लेकिन, यहाँ भी एक बात को लेकर फर्क है। वे और उनके शिष्य, जब-तब, यह तो कहते हैं कि देवयोनि मानवयोनि से पवित्र है, किन्तु, देवताओं को वे पूर्ण नहीं मानते, बल्कि, उनका यह विचार है कि अपने उद्धार के लिए देवताओं को भी मनुष्यों के ही समान सतत तपस्या और उद्योग करना चाहिए। बुद्ध के शिष्य बुद्ध को देवताओं का भी त्राता मानते हैं। देवता मनुष्यों के समान सीमित और अपूर्ण हैं, यह भाव बुद्ध के हृदय में, आरम्भ से ही, समाया हुआ था। जब वे संन्यास के लिए घर छोड़ रहे थे, तब अपने कन्थक नामक घोड़े से उन्होंने कहा था, "तात! तू एक रात आज मुझे तार दे, क्योंकि मैं देवताओं-समेत मनुष्यों को तारनेवाला हूँ।"

बुद्ध के देवता-विषयक इस भाव का, बाद के, हिन्दुत्व पर काफी प्रभाव पड़ा। तुलसीकृत रामायण में देवता या तो बाजे बजाते हैं या फूलों की वृष्टि करते हैं। ऐसे भाव, अप्रत्यक्ष रूप से, बुद्ध के साहस की देन हैं।

बुद्धदेव ने ज्ञान और भक्ति, इन दोनों को छोड़कर केवल कर्म को पकड़ा और जीवन भर वे उसी का उपदेश देते रहे। कर्म है भी बहुत बड़ी चीज। ज्ञान-मार्ग एक तो कठिन मार्ग है, मन के ऊहापोह से भरा मार्ग; उस पर भी, अगर ज्ञानी के कर्म वैसे ही नहीं रहे जैसे उसके विश्वास हैं, तो हम कहने लगते हैं कि यह ज्ञानी पतित हो गया, क्योंकि वह जो कहता है, सो करता नहीं। यहाँ भी हमें कर्म का ही अभाव अखरने लगता है। इसी प्रकार, जब भक्ति-मार्ग पर चलनेवाला मनुष्य किसी प्रकार के लोभ में आकर डगमगाने लगता है, तब भी हम कह उठते हैं कि देखो, यह ईश्वर का भक्त बनता है, लेकिन कर्म इसके अधम कोटि के हैं। इसलिए, मानना पड़ेगा कि बुद्ध ने कर्म को बहुत सोच-समझकर अपना धर्म-मार्ग बनाया था। गांधीजी और बुद्धदेव में जो समानता है, वह सिर्फ इस कारण नहीं कि दोनों ही सुधारक अहिंसा और मैत्री के पुजारी थे, बल्कि, मुख्यतः इसलिए कि दोनों का विश्वास ज्ञान की अपेक्षा कर्म में अधिक था।

जब से संसार में वैज्ञानिकता का प्रवेश हुआ और आजवाली नई सभ्यता फैलने लगी, तब से बौद्ध मत पढ़े-लिखे लोगों के बीच काफी लोकप्रिय हो उठा है। इसका कुछ कारण तो यह है कि पिछले युगों में धर्म के साथ मन्दिरों, मस्जिदों, गिरजाघरों और मठों में जो लोभ और दुराचार देखे गए, उनसे लोग धर्म के प्रति उदासीन हो गए और अब वे धर्म में केवल आचार देखना चाहते हैं। लेकिन, उससे भी प्रबल कारण यह है कि आज का मनुष्य, कभी तो सोच-समझकर और कभी बिना सोचे-समझे ही दिन-रात धर्म की आलोचना करने में सुख पाता है और बुद्धि से वह जो कुछ नहीं समझ पाता, उसे मानने को वह तैयार नहीं है। विज्ञान ने मनुष्य में जो जिज्ञासा जगा दी है, उससे प्रेरित होकर वह हर चीज पर शंका की उँगली उठा रहा है। इस प्रकार, आज एक बार फिर वे प्रश्न जोरों से उठाए जा रहे हैं, जिन्हें बुद्धदेव ने अव्याकृत कहकर बन्द कर दिया था। बुद्धिवाद जिस युग को धर्म के विषय में इस तरह शंकालु बनाए हुए हो, उस युग में बुद्ध का विवेकपूर्ण धर्म लोकप्रियता प्राप्त करे, इसमें आश्चर्य की बात नहीं है।

क्या बुद्ध नास्तिक थे?

जैसा कि पिछले अध्याय में बताया गया है, बुद्ध नास्तिक इसलिए माने गए कि उन्होंने वेद की निन्दा की और वेद-निन्दक होते हुए भी हिन्दुओं ने उन्हें दशावतार में इसलिए गिन लिया कि उनका चरित्र आस्तिक का चरित्र था तथा वे इस बात में निष्कपटता से विश्वास करते थे कि जीव का आवागमन होता है और इस आवागमन से छुटकारा पाकर जीव मोक्ष प्राप्त कर सकता है। किन्तु, दो बातें हैं, जिन्हें लेकर पश्चिम के विद्वानों ने यह दिखलाना चाहा है कि बुद्धदेव नास्तिक थे। पहली बात तो यह है कि वे आत्मा के अस्तित्व में विश्वास नहीं करते थे और दूसरी यह कि उनके निर्वाण का अर्थ व्यक्ति का अन्तिम विनाश है। एशिया और भारत में भी कुछ ऐसे बौद्ध सन्त और विद्वान् हैं, जिनका विश्वास है कि बुद्धदेव ने जिस धर्म का प्रवर्तन किया, वह धर्म नास्तिक है, क्योंकि उसमें आत्मा नहीं, अनात्मा का सिद्धान्त माना जाता है।

असल में, आत्मा और निर्वाण भी 'अव्याकृत' के ही विषय माने जाने चाहिए, क्योंकि, इनके सम्बन्ध में शंका-रहित-ज्ञान बुद्धिवाद से प्राप्त नहीं किया जा सकता। अगर यह सम्भव होता तो पुनर्जन्म के विषय में हिन्दू धर्म तथा बौद्ध धर्म से दुनिया के अन्य धर्मों का मतभेद नहीं होता। उपनिषदों ने आत्मा को शुद्ध, बुद्ध, चेतन और नित्य माना है तथा उनका कहना है कि चूँकि कर्म के प्रभावों की धूल उसे चारों ओर से ढँके हुए है, इसलिए हमें आत्मा का सम्यक् परिचय नहीं प्राप्त होता। आत्मा के ऊपर से इस धूल को हटाने का मार्ग साधना है और साधक जब कर्म के प्रभावों से ऊपर उठ जाता है तथा संसार के किसी भी कार्य या रूप में उसकी आसक्ति नहीं रह जाती, तभी वह आत्मज्ञान प्राप्त करता है। उपनिषदों के अनुसार मोक्ष का एकमात्र उपाय आत्मज्ञान है।

जहाँ तक मोक्ष के सिद्धान्त का सवाल है, बुद्धदेव का उपनिषदों से कोई मतभेद नहीं दीखता। और मोक्ष के लिए जैसी साधना उपनिषदों ने निर्धारित की है, बहुत-कुछ वैसी ही साधना बुद्ध-मार्ग में भी है। किन्तु, आत्मा को लेकर बुद्ध और उपनिषत्कारों में जो भेद है, उसे हम इस प्रकार से रख सकते हैं कि जहाँ उपनिषद् यह मानते हैं कि मोक्ष आत्मज्ञान से होता है, वहाँ बुद्धदेव का विचार यह है कि आत्मा का ज्ञान जीव के मोक्ष नहीं, बन्धन का कारण है, और वह इस प्रकार कि जब तक हम यह मानते चलेंगे कि आत्मा का अस्तित्व है, तब तक हम 'मैं और मेरा' के बन्धन से छूट नहीं सकते। अगर आत्मा है तो वह शरीर से भिन्न करके देखी नहीं जा सकती और उसे शरीर से एकाकार मानने पर हम शरीर के मोह में पड़े ही रहेंगे। कदाचित् इसी तर्क से प्रेरित होकर उन्होंने अनात्मवाद या नैरात्म्यवाद का सिद्धान्त निकाला, जिसके अनुसार आत्मा शरीर के ही समान नश्वर है। असल में, हमारे मन में स्मृतियों और संस्कारों का जो भी प्रभाव है, उसे ही बुद्धदेव आत्मा का पर्याय मानते हैं। अनेक जन्मों में हमने जो संस्कार अर्जित किए हैं, उन्हीं की गन्ध हमारी आत्मा है। अतएव, पुण्यात्मा की आत्मा पवित्र और पापी की आत्मा मलिन होती है। बौद्ध दर्शन के अनुसार, मनुष्य के शरीर में या उसके भीतर कोई भी शाश्वत तत्त्व नहीं है। यह शरीर कुछ आधिभौतिक अणुओं और कुछ आध्यात्मिक या मानसिक अणुओं (स्मृति, चेतना, मानसिक कार्य, सनसनाहट आदि) के योग से बना हुआ है जो, सब-के-सब नाशवान् हैं। इस पर शंका की जाती है कि

तब इस प्रकार के नश्वर मिश्रण में वह कौन पदार्थ है, जिसे पुनर्जन्म लेना पड़ता है, जिसे एक जीवन में किए गए कार्यों के फल को दूसरे जीवन में भोगना पड़ता है? आत्मा नश्वर है, इस उपदेश पर तथागत के समय में भी एक शिष्य को शंका हुई थी और उसने पूछा था कि अगर आत्मा नश्वर है तो फिर पुनर्जन्म किसका होता है? इस प्रश्न का उत्तर तथागत ने यह कहकर दिया कि जब ताली बजाते हैं, तब दूर की कन्दरा में प्रतिध्वनि होती है। तो क्या हम यह कहें कि हमारे करतल कन्दरा में भी विद्यमान हैं? इसी प्रकार, आत्मा तो नष्ट हो जाती है, किन्तु उसके संस्कार, प्रतिध्वनि के समान, पुनर्जन्म ग्रहण करते हैं।

आत्मा और निर्वाण

जो हिन्दू पुनर्जन्म के संस्कार में पला है, उसे तथागत की इस व्याख्या से तनिक भी आश्चर्य नहीं होता और वह यह समझ लेता है कि तथागत ने, अपनी सुविधा के अनुसार, एक खास तरह की भाषा का प्रयोग किया है। अन्यथा, आत्मा हिन्दुओं के यहाँ भी निराकार ही मानी जाती है और उसका एक शरीर से दूसरे शरीर तक गमन करना, असल में, हमारे संस्कारों की ही यात्रा के समान है। किन्तु, पश्चिम के अनेक विद्वान् (पूसिन, हक्सले, फरकोहर, विल डुरांट आदि) बुद्धदेव की इस व्याख्या को ग्रहण नहीं कर पाते और सीधे कह देते हैं कि बुद्ध ने आत्मा की सत्ता में विश्वास नहीं किया है, अथवा यह कि अनात्मा का सिद्धान्त बौद्ध धर्म की सबसे बड़ी कमजोरी है, क्योंकि अगर आत्मा का अस्तित्व ही नहीं है तो फिर पुनर्जन्म के सिद्धान्त में विश्वास करने की कोई खास जरूरत नहीं रह जाती। डॉक्टर फरकोहर ने लिखा है कि बुद्धदेव पुनर्जन्म को तो मानते थे, किन्तु, आत्मा के अस्तित्व में उनका विश्वास नहीं था।

इसी प्रकार, बुद्ध की निर्वाण-विषयक कल्पना को लेकर भी पश्चिम के पंडितों में बड़ा विवाद है। उन्नीसवीं सदी के बहुत-से पाश्चात्य विद्वान् यह मान बैठे थे कि बुद्धदेव विनाशवादी हैं तथा जिसे उन्होंने निर्वाण कहा है, वह मानव-सत्ता की समाप्ति के सिवा और कुछ नहीं है। निर्वाण को लेकर पश्चिम के विद्वान् इतना क्यों घबराए, इसका कारण यह है कि सभी धर्मों में यह कहा गया है कि आदमी के मरने के बाद उसकी रूह कब्र में पड़ी रहती है और जब न्याय का दिन आता है, तब सभी रूहों को कब्रों से उठकर भगवान् के दरबार में हाजिर होना पड़ता है और भगवान् सबको उनके पाप-पुण्य के लेखा के अनुसार, स्वर्ग या नरक भेजते हैं। यह भी कि भगवान् गुनाहों को माफ भी करते हैं, बशर्ते कि रूहों ने मानव-जीवन-काल में भगवान् की काफी भक्ति की हो। गुनाहों की माफी की बात में लोग आशावाद की दलील देखते हैं, क्योंकि बुरे-से-बुरे मनुष्य पर भी परमात्मा की कृपा हो सकती है। लेकिन, अगर यह मान लिया जाए कि निर्वाण का अर्थ मनुष्य के जीवन का, सब प्रकार से, विनाश है तो इससे, सचमुच ही, मनुष्य के अन्तिम भाग्य के विषय में निराशा बढ़ती है, यानी उसे मानना पड़ता है कि एक दिन उसका अस्तित्व समाप्त हो जाएगा।

भारत में, सामान्यतः, यही माना जाता है कि बौद्ध दर्शन का निर्वाण उपनिषदों में वर्णित मोक्ष से भिन्न चीज नहीं है। उपनिषदों में वर्णित मोक्ष वह अवस्था है, जिसमें आत्मा परमात्मा से एकाकार हो जाती है, ठीक वैसे ही, जैसे घट का व्योम घट के टूट जाने पर महाव्योम

में समा जाता है। बुद्धदेव निर्वाण का अभिप्राय समझाने के लिए अग्नि और दीपक की उपमा दिया करते थे। उनसे बार-बार यह पूछा जाता था कि निर्वाण के बाद तथागत किस रूप में रहते हैं? प्रथम तो इस प्रश्न को बुद्धदेव अव्याकृत कहकर टाल देते थे, मगर, एक-दो बार उन्होंने कहा था कि "ईंधन के बिलकुल निःशेष हो जाने पर जैसे यह नहीं जाना जा सकता कि जो आग सामने प्रज्वलित थी, वह कहाँ चली गई, उसी प्रकार कर्म-संस्कारों के समाप्त हो जाने पर यह नहीं जाना जा सकता कि जीव किस अवस्था में कहाँ चला जाता है।"[4] जहाँ तक नश्वरता का प्रश्न है, बुद्धदेव ने बार-बार कहा है कि सन्त और महात्मा तथा स्वयं तथागत भी नश्वर परमाणुओं से बने हैं और जब वे मरते हैं, तब उनका कोई अंश शेष नहीं रह जाता।

निर्वाण के विषय में वैदिकों, बौद्धों और जैनों के यहाँ जो कल्पनाएँ की गई हैं, उनकी तुलना से ऐसा लगता है कि जैनों की कल्पना बौद्ध कल्पना से कुछ अधिक सुखप्रद है। जैनों का मोक्ष जीव का, पूर्ण रूप से, निर्मल होकर परमात्मा की स्थिति को पहुँच जाना है। वहाँ से फिर उसे लौटना नहीं पड़ता, यद्यपि, परमात्मा की स्थिति में पहुँचने से यह अनुमान निकलता है कि जीव किसी ऊँचे और सुखपूर्ण धरातल पर कायम रहता है। किन्तु, निःशेष ईंधन की उपमा देकर बौद्ध दर्शन इस बात पर जोर डालता है कि निर्वाण का अर्थ जीव के अस्तित्व की सर्वविध समाप्ति है। उपनिषदों के जीव-ब्रह्म मिलन में विरह के बाद संयोग का रूपक तो दीखता है, किन्तु, वह जैन की अपेक्षा बौद्ध निर्वाण के अधिक समीप है। यह भी सत्य है कि जैन कैवल्य की, उपनिषद् मोक्ष की और बौद्ध निर्वाण की, एक समान, प्रशंसा करते हैं। बौद्ध दर्शन भी मानता है कि निर्वाण की अवस्था अनिर्वचनीय सुख की अवस्था है, यद्यपि, सुख का अनुभव कौन करता है, अथवा कोई अनुभव करता भी है या नहीं, यह नहीं कहा जा सकता। मिलिन्द-प्रश्न में एक प्रसंग में कहा गया है कि परिनिर्वाण के बाद बुद्ध इस अवस्था में नहीं रहते कि वे शिष्यों और भक्तों की पुकार सुन सकें अथवा उनके द्वारा अर्पित पत्र-पुष्प को स्वीकार कर सकें। इसलिए, मरे हुए महात्माओं की पूजा की परिपाटी मौलिक बौद्ध मत के विरुद्ध है।

असल में, हिन्दू-धर्म को समझे बिना बौद्ध मत के निर्वाण की कल्पना भी समझ में नहीं आ सकती। जब बुद्ध का आविर्भाव हुआ, उसके पूर्व ही, इस देश में यह धारणा बद्धमूल हो चुकी थी कि मोक्ष-प्राप्ति मनुष्य का उच्चतम ध्येय है और यह मोक्ष एक ऐसे शाश्वत व्यक्ति की उपलब्धि है, जिसमें फिर और जन्म लेने तथा मरने की सम्भावनाएँ शेष नहीं रह जातीं। महावीर और बुद्ध, दोनों ही, उपनिषदों के इस अनुसन्धान के प्रभाव में थे और दोनों ने, अपनी-अपनी भाषा में, वही बात कही है, जो उपनिषदों में कही जा रही थी।

कदाचित्, सच्ची बात यह है कि बुद्धदेव का निर्वाण विनाश की स्थिति नहीं होकर आत्मा के उसी विमल उल्लास की अवस्था है, जिस पर वेदान्त की इतनी भक्ति है। हक्सले, फरकोहर और पूसिन यह जरूर मानते हैं कि निर्वाण विनाश (Annihilation) की स्थिति है, किन्तु, भारतीय विद्वानों का उनसे मतभेद है। डॉक्टर आनन्दकुमार स्वामी का मत है कि "निर्वाण मृत्यु भी है और जीवन की पूर्णता भी। किन्तु, यह कोई ऐसी वस्तु नहीं है, जिसे हम स्थान-विशेष या काल-विशेष में देख सकें। बुद्धदेव ने निर्वाण के लिए जो साधन बताए हैं, वे निर्वाण

तक जाने के सोपान नहीं हैं, बल्कि, उनसे सिर्फ वे बाधाएँ दूर होती हैं, जिनके कारण हमें निर्वाण का अनुभव नहीं हो पाता। यह बात वैसी ही है, जैसे अँधेरे में चिराग के आ जाने से देखने की बाधा दूर हो जाती है।" डॉक्टर राधाकृष्णन् का कहना है कि "निर्वाण विनाश का पर्याय है," इसका समर्थन हमें बौद्ध साहित्य में नहीं मिलता। बौद्ध ग्रन्थ हमें जिस निर्वाण की अवस्था का वर्णन सुनाते हैं, वह मृत्यु या विनाश की अवस्था नहीं है, बल्कि, यह वह अवस्था है, जो नैतिक आचरणों की पूर्णता से प्राप्त होती है, जो पवित्र धार्मिक जीवन की साधना का परिणाम है। निर्वाण वासनाओं से छुटकारे का नाम है। निर्वाण वह उज्ज्वल शान्ति है, जिसका कभी भंग नहीं होता।"

डॉक्टर आनन्दकुमार स्वामी का यह भी कहना है कि "सारे बौद्ध साहित्य में कहीं भी यह उल्लेख नहीं मिलता कि आत्मा नहीं है अथवा जो शरीर रोगी, वृद्ध या मृत बन जाता है, उससे अलग मनुष्य में कोई शक्ति नहीं होती। बौद्ध धर्म के अनात्म शब्द से यह निष्कर्ष निकालना कि आत्मा नहीं है, ठीक वैसा ही है, जैसा यह कहना कि चूँकि ईश्वर के विषय में कोई भी सच्ची बात नहीं कही जा सकती, इसलिए, ईश्वर है ही नहीं।"

राहुलजी ने इस विषय की व्याख्या करते हुए लिखा है कि बुद्ध के समय में आत्मा के स्वरूप के विषय में दो मत प्रचलित थे। एक तो यह कि आत्मा शरीर में बसनेवाली, पर, उससे भिन्न एक शक्ति है, जिसके रहने से शरीर जीवित रहता है और जिसके चले जाने से वह शव हो जाता है। दूसरा मत यह था कि आत्मा शरीर से भिन्न कोई कूटस्थ वस्तु नहीं है। शरीर में ही रसों के योग से आत्मा नामक शक्ति पैदा होती है जो शरीर को जीवित रखती है। रसों में कमी-बेशी होने से इस शक्ति का लोप हो जाता है जिससे शरीर जीवित नहीं रह पाता। बुद्धदेव ने, अन्यत्र की भाँति, यहाँ भी बीच की राह पकड़ी और यह कहा कि आत्मा न तो सनातन और कूटस्थ है, न वह शरीर के रसों पर ही बिलकुल अवलम्बित रहती है और न वह शरीर से बिलकुल भिन्न ही है। वह, असल में, स्कन्धों [भूत (Matter) और मन (Mind)] के योग से उत्पन्न एक शक्ति है, जो अन्य बाह्य भूतों की भाँति क्षण-क्षण उत्पन्न और विलीन होती रहती है। हमारे सामने, जो नदी बहती है, उसका जल हमें बराबर एक-सा दिखलाई पड़ता है, किन्तु सत्य यह है कि जल बराबर आगे निकलता जा रहा है और उसकी जगह पर नया जल आता जाता है। नदी के प्रवाह के समान ही, हमारे भीतर आत्मा या चित्त का भी प्रवाह है, जिसके जारी रहने से शरीर सजीव कहा जाता है। लेकिन, शरीर के विनाश के साथ ही, चित्त-प्रवाह का विनाश नहीं होता। वह संस्कारों का बोझ लिये हुए एक नए शरीर में प्रवेश करता है। एक शरीर से निकलकर दूसरे शरीर में प्रवेश करने के बीचवाले अवकाश में यह चित्त-प्रवाह कहाँ रहता है अथवा उसका नया जन्म कैसे होता है, इस विषय में बुद्धदेव मौन थे। बुद्ध के इसी मौन से लाभ उठाकर उनके दो सौ वर्ष बाद के पंडितों ने आत्मा और निर्वाण की व्याख्या में ऐसी-ऐसी बातें कह दीं, जिनका वेदान्त से विरोध हो गया।

बुद्ध मध्यम मार्ग के व्याख्याता थे। आत्मा के सम्बन्ध में भी हम उनके इस दृष्टिकोण की झलक पाते हैं। उनके समय में अजित केस कम्बल का सम्प्रदाय उच्छेदवादी सम्प्रदाय था, जो भौतिकवादियों की तरह यह विश्वास करता था कि आत्मा का अस्तित्व है ही नहीं।

यह एक छोर था। दूसरे छोर पर वे वैदिक ब्राह्मण थे, जो आत्मा को शाश्वत मानते थे। बुद्धदेव ने इन दोनों को अतिवादी समझा। अतएव, उन्होंने न तो भौतिकवादियों के उच्छेदवाद को स्वीकार किया, न उपनिषद्वादियों के शाश्वतवाद को। असल में, आत्मा के विषय में उनका मत शाश्वतोच्छेदवाद का पर्याय था।

हिन्दुत्व का बौद्धीकरण

बौद्ध मत पर लिखते हुए पूसिन (Dela Valle Poussin) ने एक विलक्षण बात कही है, जिससे हिन्दुत्व और बौद्ध मत का सम्बन्ध बहुत खुलकर सामने आता है। उन्होंने कहा है कि भारत के लिए बौद्ध मत कोई नवीन धर्म नहीं, प्रत्युत, हिन्दुत्व का ही बौद्धीकरण मात्र था। और यह है भी ठीक, क्योंकि बौद्ध भावनाएँ, बौद्ध संस्थाएँ और बौद्ध विचार, सचमुच ही, हिन्दू-भावनाओं, हिन्दू-संस्थाओं और हिन्दू-विचारों के बौद्धीकृत रूप मालूम होते हैं। आवागमन और पुनर्जन्म तथा कर्मफलवाद के वे ही सिद्धान्त जो हिन्दुत्व में थे, नई शब्दावली में बौद्ध धर्म में भी मिलते हैं। बल्कि, हिन्दुओं के यहाँ ईश्वर की जो कल्पना त्राता या रक्षक के रूप चल रही थी, उसने भी बौद्ध मत की महायान-शाखा में अपने लिए स्थान बना लिया। महायान-शाखा में भक्ति का जो पुट है, उससे भी यह अनुमान निकलता है कि हिन्दुत्व का विकास जिन-जिन दिशाओं में हो रहा था, उन-उन दिशाओं में बौद्ध धर्म के भी कदम पड़ रहे थे और वह समकालीन हिन्दुत्व के प्रत्येक रूप का एक बौद्ध रूप प्रस्तुत करता जा रहा था। बौद्ध मत का बुद्धिवाद (यज्ञ, अनुष्ठान, अन्धविश्वास आदि का विरोध), उसकी नास्तिकता, उसकी ऊँची नैतिकता, उसका निराशावाद, उसकी जात-पाँत-विरोधी भावना, उसकी विनम्रता और मानवीयता, इन अनेक गुणों में से कोई भी गुण ऐसा नहीं है, जो सर्वथा बौद्ध मत का आविष्कार कहा जा सके। इस सबका कुछ-न-कुछ रूप हिन्दुत्व में पहले भी विकसित हो चुका था। बुद्धदेव ने आकर इन गुणों पर खासतौर से, जोर डाला तथा हिन्दुत्व के उस काल में प्रमुखता से प्रचलित रूप के विरुद्ध इन मूल्यों का मान बढ़ा दिया। अतएव, वे हिन्दुत्व की परम्परा के शोधक थे, उसके संहारक नहीं।

यह भी स्मरण रखने की बात है कि जो लोग मुंडी बन जाते थे, बौद्ध धर्म का उजागर रूप उन्हीं में दिखाई पड़ता था। पहले तो गृहस्थ बौद्ध बने ही नहीं, क्योंकि जनता का यह विश्वास था कि बौद्ध धर्म, प्रधानतः, उनके लिए है जो घर-बार छोड़कर संन्यास ले सकते हैं। किन्तु, पीछे जब गृहस्थ भी दीक्षा लेने लगे तब भी बाकी बातों में वे हिन्दू ही रहे; क्योंकि विवाह और श्राद्ध, उपनयन और चूड़ाकरण-संस्कार, इन सबके बारे में बौद्ध मत ने गृहस्थों के लिए कोई नई व्यवस्था नहीं दी थी।

आगे चलकर बौद्ध धर्म से ब्राह्मणों का जो द्वेष आरम्भ हुआ, वह इस कारण नहीं कि बौद्ध मत कोई नवीन दर्शन लेकर आया था जो हिन्दुओं के दर्शन के विरुद्ध पड़ता था, बल्कि, इस कारण कि वह जाति-प्रथा को तोड़कर मनुष्यमात्र को समान बनाना चाहता था और समाज में जातिगत समता के फैलने से ब्राह्मणों का श्रेष्ठ पद खतरे में पड़ता था। ब्राह्मणों ने बौद्धों को वेद-निन्दक कहकर भी चिढ़ाया है, मगर, यह बात आसानी से समझी जा सकती है कि वेद-निन्दक होना बौद्धों का कोई बड़ा कसूर नहीं था। उनका वास्तविक अपराध यह

था कि उन्होंने यज्ञों का विरोध किया, जिससे ब्राह्मणों की रोजी चलती थी तथा उन्होंने लोगों को यह भी बतलाया कि जन्म से सभी मनुष्य समान हैं और श्रेष्ठता सबको कर्म से मिलती है। अतएव, ब्राह्मण-वंश में भी जनमा हुआ अपकर्मी मनुष्य निन्दा का पात्र है तथा चांडाल-वंश में जनमा हुआ, मनुष्य अगर सत्कर्म करता है, तो उसकी भी पूजा होनी चाहिए।

इस भेद के सिवा, ब्राह्मण और बौद्ध धर्मों में कोई और बड़ा भेद नहीं मिलता। जैसे वेदान्त अथवा अन्य हिन्दू-दर्शनों ने संसार (जन्म-मरण की सरणी) का कारण अविद्या को माना है, वैसे ही, बुद्धदेव भी अविद्या को संसार का कारण मानते हैं। जैसे वेदान्त का कहना है कि काम (किसी भी प्रकार की इच्छा या वासना) सभी दुःखों का मूल है, वैसे ही, बुद्धदेव भी सभी दुःखों का मूल काम या तृष्णा को मानते हैं। काम की प्रचंडता का उल्लेख वेद और उपनिषद्, दोनों में मिलता है तथा दोनों में उसकी तुलना अग्नि से की गई है, क्योंकि अग्नि का यह स्वभाव है कि उसमें जितना ही ईंधन डाला जाए, वह उतनी ही अधिक प्रज्वलित होती है। कठोपनिषद् का कहना है कि जिस मनुष्य के हृदय का काम शमित हो जाता है, वह इसी जीवन में ब्रह्म बन जाता है। बुद्धदेव ने जब यह कहा कि सभी वेदनाओं का मूल काम है, तब वे, वस्तुतः, वेद, उपनिषद् और गीता के इसी मत को दुहरा रहे थे। निर्वाण को समझाने के लिए बुद्धदेव ने 'ईंधन का शेष होना', 'आग का बुझ जाना' आदि रूपकों का जो प्रयोग किया है, उसके पीछे भी उपनिषदों की काम-व्याख्या में दिए गए अग्निवाले उदाहरण का प्रत्यक्ष प्रभाव है। यह भी स्मरण रखना चाहिए कि बुद्धदेव के जीवन में सबसे बड़ी घटना उन पर मार की चढ़ाई थी और मार को जीतकर उन्होंने बुद्धत्व प्राप्त किया था। मार को जीतने के भीतर, वास्तव में, काम पर ही विजय पाने की बात समझाई गई है। और जैसे काम को जीतनेवाला व्यक्ति हिन्दुत्व में जीवन-मुक्त कहलाता था, वैसे ही, मार को जीतकर गौतम ने बुद्धत्व का दावा किया।

वेदों के कर्म-मार्ग पर उपनिषदों के ज्ञान-मार्ग की प्रतिष्ठा बुद्ध के आविर्भाव के पहले ही हो चुकी थी। वेदों का कर्म-मार्ग सांसारिक भोगों को बढ़ावा देता था और चूँकि औसत आदमी भोग चाहता है, इसलिए, वैदिक धर्म का समाज में काफी प्रचलन रहा। किन्तु, ज्ञान-मार्ग के उपदेशों को सुनकर, धीरे-धीरे लोग भोग को तुच्छ समझने लगे और सच्चे आनन्द की खोज में अपने भीतर डुबकी लगाने लगे। यही ध्यान या समाधि की प्रवृत्ति का आरम्भ था। इन्द्रियों का निग्रह करने के लिए योग-क्रियाओं का अवलम्बन लोग बुद्ध से पूर्व ही लेने लगे थे और यह धारणा भी भली-भाँति बँध चुकी थी कि आध्यात्मिक विकास के लिए, किसी हद तक, ब्रह्मचर्य का पालन आवश्यक है। असल में, ब्रह्मचर्य अतितप और अतिभोग के बीचवाली साधना का पर्याय था, अतएव, धर्म के इस अंग का बौद्ध मत में भी बहुत ऊँचा स्थान हुआ। यह भी ध्यान देने की बात है कि बुद्ध ने, यद्यपि, यह नहीं कहा कि ईश्वर है या नहीं, फिर भी, उन्होंने ध्यान और समाधि को साधकों के लिए आवश्यक बताया। बल्कि, समाधि में गए बिना किसी भी साधक की प्रगति नहीं हो सकती थी। यहाँ यह प्रश्न उठता है कि जब ईश्वर है ही नहीं, तब हम ध्यान किसका करें? इसका उत्तर, कदाचित्, यह कहकर दिया जा सकता है कि बुद्धदेव मन में किसी की मूर्ति को लेकर ध्यान करना नहीं सिखाते थे, बल्कि, उनका भाव यह था कि ध्यान इसलिए आवश्यक है कि उससे मनुष्य अपनी इन्द्रियों

का निग्रह सीखता है, अपने मन पर नियन्त्रण रखने की शक्ति पाता है और अपने भीतर डूबकर अपने पूर्वजन्मों की स्मृति तक पहुँच सकता है। ध्यान और समाधि को बौद्ध धर्म ने बहुत अधिक महत्त्व दिया तथा योग-मार्ग के विकास में भी कितने ही प्रयोग जैन तथा बौद्ध साधुओं ने ही किए।

बुद्ध का व्यक्तित्व

इस देश में वेद और ब्राह्मण की अवज्ञा करके तथा ईश्वर है या नहीं, इस विचिकित्सा से अपने को अलग रखकर भी, बुद्धदेव हिन्दुओं के दशावतार में गिने गए, केवल इतनी-सी बात भी यह दिखाने को यथेष्ट है कि उनका व्यक्तित्व अनुपम रहा होगा तथा वे साधुता के जीते-जागते प्रतीक रहे होंगे। और सच पूछिए तो वेद और ब्राह्मण की निन्दा करना उनका कोई प्रमुख लक्ष्य नहीं था। यह चीज तो बाद को प्रमुख हुई, जब ब्राह्मण और बौद्ध आपस में द्वेषी हो गए। स्वयं बुद्धदेव निन्दा के लिए किसी की निन्दा करते रहे हों, यह मानने की बात नहीं है। वे दया और मैत्री के आगार थे। उनके उपदेशों के जो ग्रन्थ उपलब्ध हैं, उनसे मालूम होता है कि तथागत संकल्प के पक्के, विचारों में अडिग तथा वाणी और आचरण में अत्यन्त कोमल और विनम्र थे। उन्होंने यह दावा किया कि उन्हें बुद्धत्व की प्राप्ति हुई है, मगर यह नहीं कहा कि उन्हें किसी अदृश्य शक्ति ने प्रेरित किया है। वाद-विवाद में भी वे अत्यन्त धीर, सहनशील और उदार थे।

वे बुराई के बदले भलाई और घृणा के बदले प्रेम करने का उपदेश देते थे। कलंक, कुत्सा, निन्दा और विरोध का सामना उन्हें भी करना पड़ा था, किन्तु, इन विरोधों के मुकाबले भी, वे सदैव अहिंसक और धीर बने रहे। ''अगर कोई व्यक्ति अज्ञानता के कारण मेरी निन्दा करता है तो भी मैं उसे अपने प्रेम की छाया अवश्य दूँगा और वह जितनी ही बुराई करेगा, मैं उतनी ही उसकी भलाई करता जाऊँगा।'' एक बार किसी मूर्ख ने तथागत को गाली दी। तथागत ने पूछा, ''तात! अगर कोई कुछ दान दे और लेनेवाला उसे लेने से इनकार कर दे तो वह दान किसका होगा?'' गाली देनेवाले ने कहा, ''क्यों? उसका, जो दान दे रहा है।'' भगवान् बोले, ''तो तात! अभी जो तुमने मुझे गाली दी है, उसे मैं ग्रहण करना अस्वीकार करता हूँ। इसलिए उसे तुम अपने ही पास रख लो।'' संसार के अन्य अनेक महात्माओं के विपरीत, तथागत के स्वभाव में विनोदप्रियता भी थी।

गौतम में दुराग्रह का बिलकुल अभाव था और वे अपने व्यक्तित्व के जोर से अपना धर्म चलाना नहीं चाहते थे। अपने शिष्यों से उन्होंने बार-बार यह कहा था कि मेरी बातों को सिर्फ इसलिए मत मानो कि वे मेरे मुख से निकली हैं, बल्कि इसलिए कि उन्हें तुम्हारी अपनी बुद्धि उचित समझती है। उपनिषत्काल में भारतवासियों का स्वाधीन चिन्तन जहाँ तक पहुँचा था, उसे उन्होंने वहीं से उठाया और बढ़ाकर वे उसे काफी दूर ले गए। स्वाधीन चिन्तन और बुद्धिवाद के वे अद्भुत प्रेमी थे। उन्होंने एक ऐसे युग में बुद्धिवाद की मशाल जलाई, जब भारत से बाहर तो क्या, भारत में भी यह कार्य जनरुचि के विरुद्ध था। नेता और ग्रन्थ, इन दोनों से भिन्न, उन्होंने एक स्वतन्त्र राह पकड़ी और सत्य की खोज उन्होंने उस रास्ते से शुरू की, जो विवेक और बुद्धि की राह है। अपने महापरिनिर्वाण के पूर्व तथागत

ने आनन्द से कहा था, "हे आनन्द! तुममें से किसी का यह विचार हो सकता है कि शास्ता का प्रवचन अतीत हो गया, अब हमारा कोई शास्ता नहीं है। पर, ऐसा विचार उचित नहीं है। हे आनंद! तुम अपने लिए स्वयं दीपक होओ; धर्म की शरण में जाओ, किसी दूसरे का आश्रय न खोजो।"

वे व्यावहारिक गुरु थे तथा ऐसे अनुमानों के फेरे में वे कभी नहीं पड़े जो बुद्धिगम्य न हों अथवा जीवन के लिए जिनका कोई उपयोग नहीं हो। जो शब्द में नहीं आ सकता, उसकी चर्चा छोड़ दो; जो बुद्धि से पकड़ा नहीं जा सकता, उसका पीछा करना व्यर्थ है, यह उनके दृष्टिकोण का निचोड़ है। धर्म का ऐसा व्यावहारिक नेता मनुष्य को सौभाग्य से ही मिलता है।

विख्यात बात है कि बुद्धदेव मध्य-मार्गी थे। मृगदाव में उन्होंने जो प्रथम उपदेश दिया, उसमें अपने शिष्यों से उन्होंने कहा कि दोनों छोरों को छोड़कर बीच से चलो। विषय-वासना में लिप्त होना निन्द्य है, किन्तु, उससे भी अधिक निन्द्य है कृच्छ्र साधना के द्वारा शरीर को सुखा डालना। भोग में योग निभाने की जो परम्परा जनक ने चलाई थी तथा निष्काम कर्म के रूप में गीता ने जिस धर्म का उपदेश दिया था, मध्य-मार्ग बहुत-कुछ उसी धर्म का आख्यान था।

जब से संसार में बुद्धिवाद का जोर बढ़ा, बौद्ध धर्म भारत से बाहर और भारत में भी, काफी लोकप्रिय हो उठा है। किन्तु, इस लोकप्रियता का कारण यह नहीं है कि आज का मनुष्य धर्म की राह पर आने को बेचैन है और तथागत के धर्म में उसे आत्मा की शान्ति का मार्ग दिखाई पड़ता है, बल्कि, यह कि वह धर्म के प्राचीन संस्कारों से ऊपर उठना चाहता है और अन्धविश्वास के खिलाफ उसका संघर्ष है। आज के मनुष्य की श्रद्धा सन्त और महात्मा बुद्धदेव पर नहीं, बल्कि, विद्रोही और बुद्धिवादी बुद्धदेव पर है। नवीन मनुष्य को शंकाएँ झकझोर रही हैं, वे शंकाएँ भगवान् बुद्ध के सामने भी आई थीं, इसीलिए, आज का मनुष्य धर्म के अन्य नेताओं की अपेक्षा भगवान् बुद्ध की ओर कुछ अधिक उत्साह से देखता है। डॉक्टर राधाकृष्णन् ने एक जगह लिखा है कि "शंका, सन्देह और नास्तिकता से भरे हुए कितने ही साहित्य में बुद्धदेव का नाम आदर से लिया गया है। जो मानवतावादी हैं, वे बुद्धदेव का आदर यह समझकर करते हैं कि वे मानवतावाद के प्राचीनम प्रवर्तकों में से हैं। जो लोग यह मानते हैं कि जीवन के अन्तिम सत्य को (इस बात को कि सृष्टि कहाँ से निकली है तथा मरने के बाद मनुष्य का क्या होता है) मनुष्य नहीं जान सकता, वे भी बुद्धदेव की दुहाई देते हैं और जिनका यह विश्वास है कि अन्तिम सत्य नाम की कोई चीज ही नहीं है, वे भी उन्हीं का नाम लेते हैं। बौद्धिक शंकाओं से भरा हुआ पंडित, समाजवादी आदर्शों का प्रेमी नौजवान, नैतिक ऊहापोह में उलझा हुआ प्राणी और बुद्धिवाद की रोशनी में चलने का दावा करनेवाला पैगम्बर, वे सब-के-सब, समय-समय पर, बुद्धदेव का नाम लेते हैं और जगह-जगह, अपनी बात को ऊपर करने के लिए उनके वचनों का उदाहरण देते हैं।" असल में, नास्तिकता की ओर जिसका भी थोड़ा झुकाव है या जो भी मनुष्य समाज में समता लाने की दिशा में प्रयास कर रहा है, उसे बुद्धदेव अपने से कुछ करीब जान पड़ते हैं।

सन् 1938 ई. में मिस हार्नर नाम की एक लेखिका ने अपनी पुस्तक 'बुक ऑफ डिसिप्लिन'

में यह प्रमाणित किया था कि बौद्ध धर्म के मौलिक रूप का अध्ययन अभी अपने बचपन में है। तब से लेकर आज तक भी प्रगति में कोई खास तेजी नहीं आई है। मगर, तब भी जितनी बातें संसार के सामने आ चुकी हैं, उन्हें देखते हुए यह अवश्य कहा जा सकता है कि संसार के सभी धार्मिक नेताओं में से केवल बुद्धदेव ही ऐसे हैं, जिन्होंने अत्यन्त प्राचीन काल में भी बुद्धिवाद पर मनुष्य की आस्था जमाने का प्रयास किया; मन को भरमानेवाली दार्शनिक कल्पनाओं को व्यर्थ ठहराया और ईश्वर-हीन धर्म की स्थापना करके मनुष्य को यह सन्देश दिया कि जो बातें बुद्धि में नहीं आतीं, उन्हें मानने से इनकार करके भी हम धार्मिक बने रह सकते हैं।

कर्म की महत्ता

बौद्ध धर्म एक ओर जहाँ निवृत्तिमार्गी है और यह शिक्षा देता है कि जन्म और जीवन सुख नहीं, दुःख के कारण हैं, वहाँ दूसरी ओर, वह कर्म-मार्ग में भी पूरे जोर से विश्वास करता है और उसके उपदेशों का निचोड़ यह है कि मनुष्य की मुक्ति ज्ञान के कथन से नहीं, बल्कि, आचार और कर्तव्य के पालन से होती है। बुद्धदेव मनुष्य से यह कहना चाहते थे कि अपने जीवन को बनाने और बिगाड़ने का सारा अधिकार तुम्हारे ही पास है और तुम्हें यह समझकर काम करना चाहिए कि तुम्हारा सहायक कोई और नहीं हो सकता। आरम्भिक बौद्ध धर्म में ऐसे किसी भी ईश्वर या देवता का स्थान नहीं था जो मनुष्यों की सहायता कर सकता हो। बुद्ध अपने अनुयायियों को देवताओं की अधीनता से बचाना चाहते थे, क्योंकि उन्हें आशंका थी कि देवताओं का भरोसा करने से मनुष्य के आचार-पक्ष में ढिलाई आ सकती है। देवताओं के अस्तित्व में विश्वास तो उनका भी था, किन्तु वे मानते थे कि देवता भी मनुष्य के ही समान दुःखी और विषण्ण हैं तथा उन्हें भी धर्म-पालन की आवश्यकता है।

वैदिक युग का कर्मकांड उपनिषदों के काल में आकर निन्दित हो गया, किन्तु, उपनिषदों ने ज्ञान का जो बड़ा अम्बार खड़ा किया, सामान्य मनुष्य की बुद्धि उससे भी घबराने लगी। अतएव, बुद्धदेव ने औपनिषदिक ज्ञान के भीतर कर्म की रीढ़ डाल दी। ऐसा लगता है कि उपनिषदों के ज्ञान का उन्होंने उतना ही अंश लिया, जितने अंश के ग्रहण करने से कर्मनिष्ठा पर आँच नहीं आती थी। आत्मा को नित्य, चेतन और ब्रह्मस्वरूप मानने से मनुष्य में मिथ्या अहंकार भी प्रवेश कर सकता है और वह कर्म-विमुख भी हो सकता है। अतएव, बुद्ध ने आत्मा को एकरस और सनातन मानने से इनकार कर दिया। उनका जोर धर्म के दर्शन-पक्ष पर नहीं, व्यवहार-पक्ष पर पड़ा। मनुष्य निष्पाप नहीं है, उसे निष्पाप बनना है। मनुष्य ब्रह्म की कोटि में नहीं है, उस कोटि में उसे पहुँचना है। मनुष्य जिस विमल रूप में प्रकट होना चाहता है, वह रूप उसे तभी मिल सकता है, जब उसके विचार विमल हों, वाणी विमल हो और कर्तव्य विमल हों। आत्मा सनातन और अपरिवर्तनशील नहीं है, यह बात बुद्धदेव ने किसी झोंक में आकर नहीं कही थी, बल्कि, ऐसा कहे बिना उनका काम ही नहीं चल सकता था। उन्होंने यह देख लिया था कि धर्म के दर्शन-पक्ष के ऊहापोहों में पड़ने से मनुष्य की बहुत-सी शक्ति, यों ही, विनष्ट हो जाती है। असल में, धर्म से हमें जो वरदान मिलते हैं, वे उसके आचार-पक्ष की ही देन हैं।

बौद्ध धर्म की सीमाएँ

लेकिन, जो चीज बौद्ध धर्म की असली ताकत थी, उसी से उसकी बीमारी भी पैदा हुई। अपने जानते बुद्धदेव ने बुद्धिमानी की कि उन विषयों को अव्याकृत कहकर अनकहा ही छोड़ दिया, जिनका निदान और समाधान बुद्धि की शक्ति के बाहर की बात है। मगर, आदमी है कि दर्शनों के बिना जी नहीं सकता। जो विषय हमारी बुद्धि की थाह में नहीं आते, उनको भी थाहते रहने में हमें एक तरह का सुख मिलता है। अतएव, बुद्धदेव के देहान्त के बाद, उनके सम्प्रदाय में जो बड़े-बड़े पंडित और चिन्तक आए, उन्होंने उस धरातल पर कदम रखना शुरू कर दिया, जिस पर चलने से तथागत ने सबको रोक रखा था। नतीजा यह हुआ कि बुद्ध के मरने पर अनेक प्रकार के दर्शन और चिन्तन उनके अथवा उनके धर्म के नाम पर बाँध दिए गए। अगर बुद्धदेव ने अव्याकृत विषयों पर अपनी कोई निश्चित राय दे दी होती तो आगे चलकर बौद्ध धर्म में इतने अधिक परस्पर-विरोधी दर्शन नहीं उत्पन्न होते।

दूसरी बात यह कि भक्ति और प्रार्थना के अवलम्बन के बिना मनुष्य निस्सहाय हो जाता है। बुद्धदेव ने मनुष्य की आत्मनिर्भरता और स्वावलम्बन को बचाए रखने के लिए उसे किसी की भी भक्ति नहीं सिखलाई थी, यहाँ तक कि मरते दम तक भी अपने शिष्यों से वे यही कहते रहे कि ''तुम्हें अपने विवेक के प्रकाश में चलना है। मेरे वचनों का भी प्रमाण तुम्हें तभी तक मानना चाहिए, जब तक तुम्हें उनसे सन्तोष मिलता हो।'' एक बार उन्होंने यह भी कहा कि ''जो आदमी मुझे सर्वज्ञ कहता है, वह मेरे बारे में यथार्थ बोलनेवाला नहीं है।'' किन्तु इतना होते हुए भी, उनके मरने के बाद, जब बौद्ध धर्म की महायान-शाखा का जन्म हुआ, बौद्ध जनता ईश्वर के स्थान पर अपने गुरु की ही पूजा करने लगी, उन्हीं की भक्ति और उन्हीं की प्रार्थना उसका मुख्य धर्म बन गया। एक शब्द में, बुद्धदेव ने ईश्वर को जनता से दूर रखना चाहा था, लेकिन, कालक्रम में, वे स्वयं ईश्वर हो गए।

बौद्ध धर्म से समाज की एक कु-सेवा यह भी हुई कि लोग घर-बार छोड़कर संन्यासी होने लगे और सारा देश मठों एवं विहारों से भर गया। संन्यास की प्रवृत्ति उपनिषत्काल में ही चल पड़ी थी, किन्तु, प्राचीन धर्म में यह विशेषता थी कि संन्यास के पहले लोग छात्र-जीवन और गार्हस्थ्य-जीवन का स्वाद पूरा चख लेते थे और तब वानप्रस्थ-अवस्था में प्रवेश करके संन्यास की तैयारी करते थे। सीधे संन्यास की परिपाटी वैदिक धर्म में नहीं थी। उसमें ''आश्रमात् आश्रमम् गच्छेत्'' का ही रिवाज चलता था।[5] इस तरह, संन्यासी अधिकतर वे ही लोग होते थे, जो समाज का दायित्व पूरा कर चुके थे और जिन्हें अब हाथ-पाँव हिलाए बिना भोजन और वस्त्र पाने का अधिकार था। ये बूढ़े लोग अगर घर में रहते, तब भी खेती-बारी या वाणिज्य का काम तेजी से नहीं कर सकते थे। अतएव, अगर वे संन्यासी हो जाते तो इससे समाज का कोई खास नुकसान नहीं होता था। लेकिन, बुद्धदेव ने यह प्रथा चला दी कि बालक, बूढ़ा, नौजवान, जो जब चाहे, तभी संन्यास ले सकता है। नतीजा यह हुआ कि हड्डी-काठीवाले अच्छे-अच्छे लोग जो खेतों में काम करते थे अथवा किसी दूसरी जगह पर डटकर समाज की ठोस सेवा कर सकते थे, गेरुआ पहनकर, भिक्षु बनकर डोलने लगे। देश में मठों की परिपाटी, कदाचित् पार्श्वनाथ ने चलाई थी, बौद्ध मत ने उसमें अपार वृद्धि कर दी।

एक बात और है जो बौद्ध धर्म से निकली हुई मालूम होती है। बौद्ध धर्म से पहले हमारे

देश में स्त्रियों का भिक्षुणी होना, उनका मर्द साधुओं के साथ मठों में वास करना अथवा एक जगह से दूसरी जगह मारी-मारी फिरना प्रचलित नहीं था। बुद्धदेव भी, आरम्भ में, इसके लिए तैयार नहीं थे कि स्त्रियाँ संघ में दाखिल की जाएँ। किन्तु, उनके परम प्रिय शिष्य आनन्द स्त्रियों का बहुत सम्मान करनेवाले थे। उन्होंने आग्रहपूर्वक बुद्धदेव से इस बात की मंजूरी ले ली कि स्त्रियाँ भी भिक्षुणी हो सकती हैं। फिर क्या था? विहारों और संघों में झुंड-की-झुंड स्त्रियाँ माथा मुँड़ाकर दाखिल होने लगीं। आनन्द को हम दोष नहीं दे सकते। वैदिक धर्म तो यह कभी नहीं कहता कि मोक्ष सिर्फ उसके लिए है, जो संन्यासी हो जाएगा। हिन्दुओं के यहाँ जनक जैसे महात्मा हुए हैं, जो गृहस्थ होकर भी ज्ञानी थे और ऐसे ज्ञानी थे कि मुनि और ऋषिगण भी वन से चलकर उनके पास नगर में आकर अपनी शंकाएँ मिटाते थे। हमारे यहाँ गृहस्थ-धर्म निन्दित नहीं, प्रशंसित रहा है। लेकिन, बुद्धदेव ने कहा कि निर्वाण का अधिकारी वही होगा, जो गार्हस्थ्य-धर्म का त्याग करके भिक्षु हो जाएगा।

केवल बौद्ध ही नहीं, जैन धर्म का भी यही विश्वास था कि मोक्ष संन्यास के बाद ही मिल सकता है। यही कारण है कि श्वेताम्बर-पन्थ में तो नारियाँ भिक्षुणी हो सकती थीं, किन्तु, दिगम्बर-पन्थवालों ने साफ घोषणा कर दी कि मुक्ति नारियों के लिए नहीं है। नारियों को चाहिए कि वे सीमित धर्म का पालन करें, जिससे अगले जन्मों में वे पुरुष का जन्म ग्रहण कर सकें, क्योंकि, मोक्ष-लाभ के समीप आने पर, उन्हें पुरुष होकर जन्म लेना ही पड़ेगा। असली बात यह थी कि दिगम्बर-पन्थ में भिक्षुणी को नंगी रहना पड़ता, इस बात को दिगम्बर साधु भी अनुचित समझते थे। किन्तु, मुक्ति संन्यास से ही मिलती है, यह उपदेश बड़ा ही प्रबल था। भला, इस उपदेश के बाद, कौन ऐसी स्त्री थी, जो भिक्षुणी बन जाने को आकुल नहीं हो उठती? स्त्रियाँ, स्वभाव से ही, अधिक भावुक और धार्मिक होती हैं, उनका उलाहना सुनते-सुनते आनन्द का दयालु हृदय घबरा उठा और उन्होंने शास्ता से उचित अनुज्ञा ले ली। किन्तु, बुद्ध के जीवन में ही इस नीति के दुष्परिणाम दिखाई पड़े और भगवान् ने एक दिन आनन्द से कहा, "आनन्द! मैंने जो धर्म चलाया था, वह पाँच हजार वर्ष तक टिकनेवाला था, लेकिन अब वह सिर्फ पाँच सौ वर्ष चलेगा, क्योंकि हमने स्त्रियों को संघ में सम्मिलित होने की अनुज्ञा दे दी है।" बाद को चलकर, इस देश में जो भ्रष्ट साधुओं की संख्या बढ़ी और सिद्धों ने जो स्त्रियों के सहवास की महिमा गानी शुरू की, वे सारे-के-सारे दुष्कांड इसी भिक्षुणी-प्रथा से उत्पन्न हुए। केवल बौद्ध मठों में ही नहीं, हिन्दू-मन्दिरों में भी जो देवदासी की प्रथा चल पड़ी, वह बौद्धों की इस भिक्षुणी-प्रथा की ही देन थी।[6]

पौराणिक समन्वय

पुराणों की कथाएँ कहाँ से आई, इस सम्बन्ध में सबसे प्रबल अनुमान यह है कि देश की अनेक प्रकार की 'जनताओं' में शूर-वीर पितरों अथवा भूत-प्रेतों के सम्बन्ध में जो लोक-कथाएँ फैली हुई थीं, वे ही बढ़कर ऊपर आ गईं और साहित्यिक रूप लेकर पुराणों में प्रविष्ट हो गईं। विचित्रता यह हुई कि पुराणों की जिन कथाओं को लेकर पहले हिन्दू देवी-देवताओं अथवा शूर-वीरों का चरित समझाया जाता था, उन्हीं के द्वारा अब जैन एवं बौद्ध सिद्धान्त अथवा चरित समझाए जाने लगे। इस क्रम में, बहुत-से हिन्दू देवी-देवताओं का जैनों के द्वारा

जैनीकरण और बौद्धों के द्वारा बौद्धीकरण हो गया।

महाभारत में युधिष्ठिर का जलवासी यक्ष से जो प्रश्नोत्तर है, उसके अनुकरण पर, आलवक यक्ष से बुद्धदेव के संवाद की कहानी चल पड़ी।[7] इन्द्र के माहात्म्य से सारा वैदिक साहित्य ओत-प्रोत था और जनता इस देवता को आदर से देखती थी। अतएव, बौद्धों को इन्द्र को अपनाने का लोभ हुआ और अहिंसक बनाकर इन्द्र को उन्होंने अपना भी लिया। इन्द्र के पुनर्जन्म की कथा कुलावक में आती है, जिसमें कहा गया है कि शक्र एक बार असुरों से पराजित होकर भागा, तब उसके रथ के वेग से सेमल के वृक्ष टूटकर गिरने लगे और उनके साथ पक्षियों के शावक भी। पक्षि-शावकों की करुण चीख सुनकर शक्र ने सारथी से पूछा– "यह अत्यन्त करुण शब्द किसका है?" सारथी ने उत्तर दिया–"देव! अपने रथ के वेग से सेमल के पेड़ टूटकर समुद्र में गिर रहे हैं। उनमें के गरुड़-पक्षियों के बच्चों की यह चीख है।" शक्र ने कहा, "हे सारथी! इस सेमल के जंगल से रथ मत ले चलो। असुर प्राण ले लें तो भी कोई चिन्ता नहीं, पर, इन पक्षियों के घोंसले नष्ट न होने दो।" स्पष्ट ही, इन्द्र का यह चरित्र उस चरित्र से भिन्न है, जिसमें वह पितृ-घाती, पुरन्दर और आमिषभोजी बताया गया है।

वैदिक धर्म के ब्रह्मा को भी बौद्धों ने अपना लिया, किन्तु, यहाँ भी ब्रह्मा बुद्ध के भक्त बनाकर दिखलाए गए। दीर्घनिकाय के केवट्टसुत्त में कथा है कि एक भिक्षु को यह जानने की इच्छा हुई कि पृथ्वी, जल, अग्नि और वायु, ये चार महाभूत मनुष्य के मरने पर कहाँ विलीन होते हैं? यह प्रश्न वह अनेक व्यक्तियों से करता है, परन्तु उत्तर उसे कोई भी नहीं दे पाता। अन्त में, वह महाब्रह्मा के पास जाता है और महाब्रह्मा उससे कहते हैं कि "सारे देवताओं को यह मिथ्या भ्रम है कि ब्रह्मा सब कुछ जानता है, किन्तु, मैं सब कुछ नहीं जानता हूँ। भगवान् बुद्ध को छोड़कर तुम मेरे पास आए हो, यह तुम्हारा अपराध है। अब तुम भगवान् के पास जाओ और उनसे यह प्रश्न पूछो तथा वे जो उत्तर दें उसे ठीक समझो।"

बुद्धचर्य्या[8] में लिखा है कि गौतम को जब बुद्धत्व की प्राप्ति हुई, तब उनके मन में यह दुविधा उठी कि जिस सत्य की उपलब्धि मुझे हुई है, उसका प्रकाशन ठीक होगा या नहीं। बुद्ध के मन की इस द्विधा को जानकर ब्रह्मा (यहाँ वह सहापति ब्रह्मा है) उद्विग्न हो उठा और सोचने लगा, "लोक-नाश हो जाएगा रे! लोक-विनाश हो जाएगा रे! जब तथागत, अर्हत्, सम्यक् सम्बुद्ध का चित्त धर्म-प्रचार की ओर न झुककर अल्प उत्सुकता (उदासीनता) की ओर झुक जाए।" इतना ही नहीं, ब्रह्मा ने बुद्ध के सामने प्रकट होकर उनसे प्रार्थना की, "हे सुमेध! हे सर्वत्र नेत्रवाले! धर्म-रूपी महल पर चढ़ सब जनता को देखो। हे शोकरहित! हे शोकनिमग्न, जन्म-जरा से पीड़ित जनता की ओर देखो।" और भगवान् ने ब्रह्मा की प्रार्थना जब स्वीकार कर ली, तब ब्रह्मा उनकी प्रदक्षिणा करके चला गया।

मज्झिमनिकाय के ब्रह्मनिमन्तनिक सुत्तन्त (1/5/9) में जो कथा है, उसमें भी बुद्धदेव ब्रह्मा से अपने को श्रेष्ठ बताते हैं और कहते हैं, "पापी! तू मार है। पापी! जो ब्रह्मा है, जो ब्रह्म-परिषद् है और जो ब्रह्म-पार्षद हैं, सभी तेरे हाथ में हैं, सभी तेरे वश में हैं। पापी! तुझे ऐसा होता है, यह (मैं) भी मेरे हाथ में आवे, यह भी मेरे वश में हो। किन्तु, पापी! मैं तेरे हाथ में नहीं आया, मैं तेरे वश में नहीं हुआ हूँ।"[9]

धर्मानन्द कोसम्बी ने जातक-कथाओं के आधार पर यह बतलाया है कि वासुदेव-कृष्ण जाति-प्रथा को नहीं मानते थे। सिवि राजा की माता जाम्बवती चांडाली थी, किन्तु तो भी कृष्ण ने उसे "रत्नराशि पर बिठलाकर अपनी पटरानी बना लिया।"[10] यह कृष्ण-चरित के बौद्धीकरण का प्रयास है।

वैदिक हिन्दुओं के पुराणों को बौद्धों और जैनों ने अपनाया और उनके माध्यम से वे अपने अहिंसावाद का प्रतिपादन करने लगे। इस क्रम में हम देखते हैं कि विमलसूरिकृत पउमचरिय (पद्म-चरित, तीसरी-चौथी शती ई.) में बालि वैरागी बनकर सुग्रीव को अपना राज्य दे देता है और स्वयं जैन-दीक्षा लेकर तपस्या करने चला जाता है। अनामकं जातकं (इसका भारतीय पाठ अप्राप्य है। तीसरी शताब्दी में काङ्ग-सङ्ग-हुई के द्वारा जो चीनी अनुवाद हुआ था वह उपलब्ध है।) में राम पिता की आज्ञा से वन नहीं आते, प्रत्युत, अपने मामा के द्वारा आक्रमण की तैयारियों की वार्ता सुनकर स्वयं राज्य छोड़कर वन में चले जाते हैं, जिससे रक्तपात न हो। इस जातक के अनुसार, राम ने बालि का भी वध नहीं किया। प्रत्युत, राम के शर-सन्धान करते ही बालि, बिना बाण खाए हुए ही, भाग खड़ा हुआ।

राम-चरित का हिन्दू-हृदयों पर जो प्रभाव था, उसका भी शोषण बौद्ध और जैन पंडितों ने अपने धर्म की महत्ता स्थापित करने को किया। दशरथ-जातक (पाँचवीं शताब्दी ई. की एक सिंहली पुस्तक का पालि अनुवाद है), अनामकं जातकं तथा चीनी त्रिपिटक के अन्तर्गत त्सा-पौ-त्सग-किङ्ग। (भारतीय मूल अप्राप्य; चीनी अनुवाद का समय 472 ई.) में आए हुए दशरथ-कथानम् एवं खोतानी-रामायण और स्याम के राम-जातक के अनुसार, बुद्ध अपने पूर्व जन्म में राम थे, ऐसा कहा गया है।"[11] सम्भव है, जब बौद्ध पंडित बुद्ध को राम (या विष्णु के) अवतार के रूप में दिखाने लगे, तब हिन्दुओं ने बढ़कर उन्हें दशावतार में गिन लिया हो।

एक विचित्रता यह भी कि रावण पर जैन और बौद्ध पुराणों की श्रद्धा दीखती है। गुणभद्र के उत्तर-पुराण में राम-कथा का जो वर्णन मिलता है, उसमें कहा गया है कि लंका-विजय करने के बाद लक्ष्मण एक असाध्य रोग से मरे और मरने के बाद उन्हें नरक प्राप्त हुआ, क्योंकि उन्होंने रावण का वध किया था। इस कथा में रावण के जेता राम नहीं, लक्ष्मण दिखलाए गए हैं। इस कथा की एक विचित्रता यह भी है कि इसके अनुसार, सीता मन्दोदरी के पेट से जनमी थीं। किन्तु, ज्योतिषियों के यह कहने पर कि यह बालिका आपका नाश करेगी, रावण ने उसे सोने की मंजूषा में बन्द करके दूर देश मिथिला में कहीं गड़वा दिया था।

जैन-पुराणों में महापुरुषों की संख्या तिरसठ बताई गई है। इनमें से 24 तो तीर्थंकर हैं, 9 बलदेव, 9 वासुदेव और 9 प्रतिवासुदेव। राम आठवें बलदेव, लक्ष्मण आठवें वासुदेव और रावण आठवें प्रतिवासुदेव हैं। नव वासुदेवों में एक वासुदेव कृष्ण भी गिने जाते हैं। बौद्ध ग्रन्थ लंकावतार-सूत्र में रावण तथा बुद्ध का, धर्म के विषय में संवाद उद्धृत है। इससे भी रावण के प्रति बौद्ध मुनियों का आदर अभिव्यक्त होता है। रावण जैनों के अनुसार जैन और बौद्धों के अनुसार बौद्ध माना गया है।

रामकथा के विषय में जैन और बौद्ध पुराणों में कितनी ही अद्भुत बातों का समावेश मिलता है। उदाहरण के लिए, दशरथ-जातक में सीता राम की बहन बताई गई है और यह

भी उल्लेख आया है कि लंका से लौटने पर राम ने सीता से विवाह किया। पउमचरिय में दशरथ के तीन नहीं, चार रानियाँ थीं, ऐसा उल्लेख मिलता है, जिनके नाम 1. कौशल्या अथवा अपराजिता, 2. सुमित्रा, 3. कैकेयी और 4. सुप्रभा थे। इसमें राम का एक नाम पद्म भी मिलता है। पउमचरिय में यह भी कथा है कि हनुमान जब सीता की खोज करते हुए लंका गए, तब उन्होंने वहाँ वज्रमुख की कन्या लंकासुन्दरी से विवाह किया। गुणभद्र की राम-कथा (उत्तर-पुराण) में राम की माता का नाम सुबाला मिलता है। दशरथ-जातक और उत्तर-पुराण में यह लिखा है कि दशरथ वाराणसी के राजा थे, किन्तु उत्तर-पुराण में इतना और उल्लेख है कि उन्होंने साकेतपुरी में अपनी राजधानी बसाई थी। इन विचित्रताओं को देखकर यह नहीं समझना चाहिए कि ये कथाएँ वाल्मीकि-रामायण से पूर्व की हैं और वाल्मीकि ने इनका परिष्कार करके अपनी राम-कथा निकाली। वाल्मीकि-रामायण इन सबसे प्राचीन है। फिर भी, रामायण से इनकी जो भिन्नता दीखती है, उसका कारण यह है कि बौद्ध और जैन मुनि अपने सम्प्रदाय का पुराण रचने के समय, केवल रामायण पर ही अवलम्बित नहीं रहते थे, प्रत्युत, वे उस विशाल कथा-साहित्य से भी सामग्री ग्रहण करते थे जो जनता में, मौखिक रूप से, फैला हुआ था। विशेषतः, जब जनश्रुतियों से अथवा उन्हें मोड़-माड़कर अहिंसा का प्रतिपादन करने में सुविधा दीखती, तब उस सुविधा का लोभ ये लोग संवरण नहीं कर सकते थे। केवल अहिंसा ही नहीं, बौद्ध एवं जैन शैलियों और परम्पराओं की दृष्टि से भी जो बातें अनुकूल दीखती होंगी, उन्हें ये मुनि अवश्य अपनाते होंगे। दशरथ-जातक की अप्रामाणिकता तो इससे भी प्रमाणित होती है कि "दशरथ-जातक का जो रूप जातकट्ठवराणना में प्रस्तुत है, वह शताब्दियों तक अस्थिर रहने के बाद पाँचवीं शताब्दी ईसवी में लिपिबद्ध किया गया। अतः, इसमें परिवर्तन की सम्भावना रही है, विशेष करके दूर सिंहलद्वीप में, जहाँ रामायण की कथा उस समय कम प्रचलित थी।"[12] इसके अज्ञात लेखक का भी कहना है कि "मैंने अनुराधापुर की परम्परा के आधार पर यह रचना की है।"

यह समझना भूल है कि बौद्ध धर्म और जैन पंडितों ने वैदिक धर्म का तिरस्कार करने के लिए राम-कथा अथवा दूसरी कथाओं में फेर-फार कर दिया, क्योंकि ऐसे फेर-फार वैदिक धर्मावलम्बी कवियों ने भी किए हैं। उदाहरण के लिए रघुवंश में कालिदास ने यह कहीं भी नहीं लिखा है कि सीता विष्णु की शक्ति की अवतार हैं। दशावतार-चरितम् में क्षेमेन्द्र ने रावण को तपस्वी के रूप में रखा है तथा यह बताया है कि रावण सीता को पुत्री-रूप में प्राप्त करना चाहता था।

दशरथ-जातक में सीता राम की बहन बताई गई हैं और फिर राम और सीता के विवाह का भी उल्लेख किया गया है। ऐसा सम्बन्ध कुछ बौद्ध पंडितों की दृष्टि में दूषित नहीं था। बुद्धघोष-कृत सुत्त-निपात-टीका में शाक्यों की उत्पत्ति बताते हुए कहा गया है कि वाराणसी की महारानी के चार पुत्र और पाँच पुत्रियाँ थीं। इन नव सन्तानों को रानी ने वनवास दिया। उन्हीं की सन्तानों ने 'कपिलवत्थु' नामक नगर बसाया और चूँकि "राजसन्तान के योग्य वन में कोई नहीं था, इसलिए चारों राजकुमार अपनी बहनों से ब्याह करने को बाध्य हुए। ज्येष्ठा कन्या 'पिया' अविवाहित रहकर सबों की माता मानी जाने लगी। यही शाक्यों की उत्पत्ति की कथा है।"[13] खोतान में प्रचलित एक राम-कथा में कहा गया है कि वन में राम और

लक्ष्मण, दोनों ने सीता से विवाह किया।

वैदिक, बौद्ध एवं जैन पुराणों में जो कथाएँ मिलती हैं, उनमें से कितनी ही तो एक ही कथा के विभिन्न विकास हैं। सभी जातियों की संस्कृतियों का समन्वय ज्यों-ज्यों बढ़ता गया, त्यों-त्यों विभिन्न कथाएँ भी, एक दूसरी से मिलकर, नया रूप लेने लगीं, और जो कथाएँ पहले एक रूप में थीं, उनमें भी वैविध्य आ गया। विशेषतः, रामकथा पर तो केवल भारत ही नहीं, सिंहल, स्याम, तिब्बत, हिन्देशिया, बाली, जावा, सुमात्रा आदि द्वीपों में बसनेवाली जनता की रुचि का भी प्रभाव दृष्टिगोचर होता है। आदिवासी कथा के अनुसार गिलहरी की पीठ पर जो रेखाएँ हैं, वे रामचन्द्र के द्वारा खींची गई थीं, क्योंकि गिलहरी ने उन्हें मार्ग बताया था। तेलुगु रामायण (द्विपाद रामायण) के अनुसार, लक्ष्मण जब राम के साथ वन जाने लगे, तब उन्होंने निद्रा-देवी से दो वरदान प्राप्त किए—एक तो पत्नी उर्मिला के लिए चौदह वर्ष की नींद तथा दूसरा अपने लिए वनवास के अन्त तक जागरण। सिंहली रामकथा में ''बालि हनुमान का स्थान लेता है, वह लंका का दहन करके सीता को राम के पास ले जाता है।'' कश्मीरी रामायण के अनुसार, सीता का जन्म मन्दोदरी के गर्भ से हुआ था। बंगाल के कृत्तिवासी रामायण के बहुत-से स्थलों पर शाक्त-सम्प्रदाय की छाप पाई जाती है। खोतानी रामायण (पूर्वी तुर्किस्तान में प्रचलित) में राम जब युद्ध में मूर्च्छित होते हैं, तब उनकी चिकित्सा के लिए सुषेण नहीं, प्रत्युत, बौद्ध वैद्य जीवक बुलाए जाते हैं तथा ''आहत रावण का वध नहीं किया जाता है।''[14] स्यामदेश में प्रचलित 'राम कियेन' रामायण में हनुमान की बहुत-सी प्रेम-लीलाओं का वर्णन किया गया है। प्रभा, बेड्गकाया, नागकन्या, सुवर्णमच्छा और तपस्या वानरी के अतिरिक्त, वे मन्दोदरी के साथ भी क्रीड़ा करते हैं।'' स्याम में ही प्रचलित राम-जातक में ''राम तथा रावण चचेरे भाई माने गए हैं।''[15]

पुराणों की महाकथाओं में ये जो विविधताएँ मिलती हैं, उनकी ऐतिहासिकता चाहे जो हो किन्तु यह सत्य है कि वे अनेक जातियों और जनपदों की रुचियों के कारण बढ़ी हैं, और यह भी हुआ है कि जिस लेखक को अपने सम्प्रदाय के समर्थन में जो कथा अनुकूल दीखी, उसने उसी कथा को प्रमुखता दे डाली अथवा कुछ फेर-फार करके उसे अपने मत के अनुकूल बना लिया।

हिन्दुत्व का खरल

भारत की यह विशेषता रही है कि वह अनेक जातियों को घोंटकर एक जाति बना देता है, अनेक धर्मों को मिलाकर एक धर्म तैयार कर देता है और अनेक संस्कृतियों के मिश्रण से एक नई संस्कृति पैदा कर देता है। नीग्रो, औष्ट्रिक, द्रविड़ और आर्य, कम-से-कम ये चार जातियाँ थीं, जिनके परस्पर मिलन और मिश्रण से एक महाजाति पैदा हुई जिसे हम हिन्दू जाति कहते हैं। हिन्दू कहलानेवाली संस्कृति किस प्रकार इन चारों जातियों की संस्कृतियों के मिलन से पैदा हुई, यह कथा आरम्भ में ही कही जा चुकी है। यह समन्वित संस्कृति जब उपनिषदों के धरातल पर पहुँची, तब वहाँ से धर्म और विचार की अनेक धाराएँ फूट पड़ीं, जिनमें कुछ आस्तिक थीं, कुछ नास्तिक, कुछ वेद को माननेवाली, कुछ नहीं माननेवाली। यह एक तरह की बौद्धिक अराजकता थी, एक तरह का चिन्तन का कोलाहल था, जिसे

बाँधकर एक ओर ले चलना आसान नहीं था। इसलिए, एक ही काल में, आस्तिक और नास्तिक दर्शनों की रचना होने लगी और सारा देश चिन्तकों के तरह-तरह के विचारों से जगमगा उठा। लेकिन, हिन्दू धर्म अथवा भारतीय संस्कृति फिर, अपना काम कर रही थी और इन अनेक मतवादों के बीच सामंजस्य कैसे पैदा किया जाए, एकता कैसे लाई जाए, इसके लिए उसका स्वाभाविक प्रयास जारी था।

असल में, जिन दिनों पुराणों की रचना हुई, उन दिनों समन्वय की प्रक्रिया खूब गाढ़ी हो गई थी और देश में फैली हुई हजारों दन्तकथाएँ साहित्य के स्तर पर पहुँचकर हिन्दू संस्कृति को सजाने लगी थीं। बौद्ध और जैन भागकर जाते कहाँ? जिस जनता के बीच वैदिक धर्म का जन्म हुआ था, ये दोनों धर्म भी उसी जनता के बीच पैदा हुए थे। अतएव, उसकी रुचियों का प्रभाव बौद्ध और जैन धर्मों पर भी पड़ने लगा और ये धर्म धीरे-धीरे, बदलकर हिन्दुत्व के करीब आने लगे। करीब तो वे थे ही, जिन दो-एक बातों को लेकर वे हिन्दू-धर्म से जरा अलग दीखते थे, वे बातें भी अब गौण होने लगीं और दोनों धर्म सिमटकर हिन्दुत्व के आलिंगन में बँधने लगे।

इतिहास में, अकसर, यह लिखा होता है कि अमुक काल ब्राह्मण-धर्म का और अमुक काल बौद्ध-धर्म का था। इससे यह नहीं समझना चाहिए कि किसी भी काल में ब्राह्मण-धर्म बिलकुल गायब या एकदम दबा हुआ था। भारत का अपना धर्म सनातन धर्म रहा है, और बाकी धार्मिक आन्दोलन, समय-समय पर, इस बड़े धर्म में सुधार लाने की कोशिश करते रहे हैं। यहाँ समुद्र एक रहा है, चाहे लहरें तरह-तरह की उठती रही हों। बौद्धों के समय में, हिंसात्मक यज्ञ भले ही बन्द हो गए हों, किन्तु अहिंसात्मक अग्निहोत्र के रूप में वे बराबर प्रचलित थे। अशोक ने अपने शिलालेखों में अनेक स्थानों पर यह कहा है कि श्रमणों के साथ-साथ, ब्राह्मणों का भी सम्मान करना चाहिए और उन्हें दान देना चाहिए। ब्रह्मदेश और स्याम में जहाँ ब्राह्मण बिलकुल नहीं थे, वहाँ भी बौद्ध राजाओं ने ब्राह्मण बुलवाए और उन्हें वार्षिक वृत्ति देकर अपने पास रख लिया। इसके विपरीत, गुप्त राजे स्वयं वैष्णव थे, तो भी उन्होंने अपने राज्यकाल में बौद्धों के बहुत-से विहार बनवाए और संघारामों को जागीरें दीं। पाली साहित्य में 'श्रमण-ब्राह्मण' ऐसा समास मिलता है। पर, अशोक के शिलालेखों में ब्राह्मण को प्रथम स्थान दिया गया है। "ब्राह्मणसमणानां साधु दानं।" (कोसम्बी)

वेद और उपनिषद् एक आवाज में नहीं बोलते थे। किन्तु, उनके भीतर से सारी जाति की चिन्ता-धाराएँ प्रकट हुई थीं और ये धाराएँ, कभी-कभी, परस्पर विरोधी भी थीं। इन धाराओं में से जिसको जो रुची, उसने उसी का विकास कर डाला। इस प्रकार, बौद्ध, जैन तथा अन्य दर्शनों का जन्म हुआ। मगर, एक ही उद्गम से उत्पन्न होने के कारण, इन सभी धर्मों की वैदिक धर्म के साथ बराबर समानता रही और इन सभी धर्मों पर इस देश की जनता की उस रुचि का प्रभाव भी पड़ता रहा, जो वैदिक संस्कार से ओत-प्रोत थी।

बुद्ध और महावीर, दोनों ने कोशिश की थी कि किसी तरह जनता अन्धविश्वास से बचे, अदृश्य की भक्ति और प्रार्थना नहीं करे, मूर्तियों को नहीं पूजे और किसी परोक्ष सत्ता को अपना शासक मानकर कर्म में शिथिलता नहीं दिखलाए। लेकिन, यह बात अधिक काल तक नहीं चल सकी। तत्त्व से तो हिन्दू-धर्म निराकारवादी है, किन्तु, हिन्दू जनता बराबर

साकारोपासना की ओर झुकती रही है। अनेक निराकार दर्शनों को जन्म देकर भी हम सदैव यह मानते रहे हैं कि हमारी आँखों के परे जो शक्ति है, उसे हम नहीं देख पाते हैं, मगर, उसका शासन सारी सृष्टि पर चल रहा है। यह हिन्दू-धर्म की ही विशेषता नहीं, प्रत्युत, मनुष्यमात्र का एक साधारण स्वभाव है। आदमी हर निराकार कल्पना को साकार बना देता है, क्योंकि निराकार को लेकर सन्तुष्ट रहनेवाले लोग बहुत कम और साकार की खोज एवं पूजा करनेवाले लोग बहुत ज्यादा होते हैं। हिन्दू-धर्म की इस प्रवृत्ति से बचने के लिए जैन और बौद्ध धर्म काफी सतर्क थे। किन्तु, आखिरकार, वे इससे बच नहीं सके और साकार-उपासना का उनके भीतर भी प्रवेश हो गया। जैन धर्म में साकारोपसाना के लिए पहले से ही एक खिड़की खुली हुई थी, क्योंकि जैन दर्शन यह मानता था कि जीवन-मुक्त पुरुष ईश्वर-कोटि के होते हैं। सभी तीर्थंकर इसी कोटि के थे। अतएव, तीर्थंकरों की पूजा उसी प्रकार शुरू हो गई, जैसे ब्राह्मण अपने देवी-देवताओं को पूजते थे। पौराणिक युग में ही, इन तीर्थंकरों के लिए मन्दिर बनवाए जाने लगे और उनमें उनकी मूर्तियाँ भी पधराई जाने लगीं। ईसा की पहली सदी में श्वेताम्बर और दिगम्बर जैनों में जो फूट हुई, उनका भी एक प्रबल कारण मूर्तियों की पोशाक के विषय में ही मतभेद था। और बौद्ध धर्म के भी आष्टांगिक मार्ग पर चलने का जनता में अब उत्साह नहीं रहा तथा उसे इस बात से निराशा होने लगी कि बुद्ध मार्ग में भी निर्वाण या मुक्ति की आशा केवल संन्यासी ही कर सकते हैं, साधारण गृहस्थ नहीं। अतः, ठीक पहली सदी (कनिष्क-राज्यकाल) में ही बौद्ध धर्म की महायान-शाखा बढ़कर बड़ी हो गई और उसने, धीरे-धीरे, बुद्ध के बताए हुए मूल उपदेशों पर चलनेवाली हीनयान-शाखा को, सचमुच, हीन बना डाला।

सन्दर्भ

1. ''शूद्र चलता-फिरता श्मशान है। उसके इतने समीप अध्ययन न करे कि उसे सुनाई दे। यदि वह जान-बूझकर श्रुति सुने तो लाह या सीसा गलाकर उसके कान में डालना चाहिए।''
(कात्या. श्रौ. तथा आप. श्रौ.)
2. *निन्दसि वेदविधेरहह श्रुतिजातम्, सदय-हृदय-दर्शित-पशुघातम्,*
केशव धृत बुद्ध-शरीर, जय जगदीश हरे! (गीतगोविन्द।)
3. चीन के धार्मिक नेता कन्फ्यूशियस ने भी अपने शिष्यों को अदृश्य वास्तविकता के सम्बन्ध में प्रश्न या विचार करने से रोक दिया था।
4. इस विषय को स्पष्ट करने के लिए अश्वघोष ने बुद्धचरित में दीपक का जो दृष्टांत दिया है, वह इस प्रकार है–
दीपो यथा निर्वृत्तिमभ्युपेति नैवावनिं गच्छति नान्तरिक्षं।
दिशं न काञ्चिद् विदिशं च काञ्चित् स्नेहक्षयात् केवलमेति शांतिम्।
एवं कृती निर्वृत्तिमभ्युपेति नैवावनिं गच्छति नान्तरिक्षम्।
दिशं न काञ्चिद् विदिशं न काञ्चित् क्लेशक्षयात् केवलमेति शांतिम्।
(अश्वघोष; बुद्धचरित)
5. कौटिल्य के अर्थशास्त्र में उन व्यक्तियों को दंडनीय बताया गया है, जो आश्रितों के भविष्य का प्रबन्ध किए बिना संन्यास ले लेते हैं अथवा जो स्त्रियों को संन्यासिनी बनाते हैं। नारद ने

भी कुछ खास परिस्थितियों में संन्यासी होनेवालों को दंडनीय बताया है।

6. ''बौद्ध श्रमणों ने, संघ की रक्षा करने के लिए, तन्त्रों के रूप में वाममार्गी कार्यों को एक प्रकार का धार्मिक स्वरूप दे दिया। छठी या सातवीं शताब्दी में बौद्ध श्रमणों ने जो तन्त्र-ग्रन्थ लिखे हैं, वे लिंग-पूजा के समान ही वीभत्स हैं। उनमें नग्न स्त्री की पूजा, मद्यमांसादि का यथेच्छ सेवन आदि वीभत्सताएँ भरपूर हैं। इन्हीं वाममार्गी श्रमणों से लिंग-पूजा की उत्पत्ति हुई।

–धर्मानन्द कोसम्बी

7. सुत्तनिपात, आलवक-सुत्त।
8. श्री राहुल सांकृत्यायन।
9. मज्झिमनिकाय–श्री राहुल सांकृत्यायन।
10. भारतीय संस्कृति और अहिंसा।
11. रामकथा–रेवरेंड फादर कामिल बुल्के।
12. रामकथा।
13. वही।
14. वही।
15. वही।

प्रकरण-4

वैदिक बनाम बौद्ध मत

महायान की उत्पत्ति

भगवान् बुद्ध ने आनन्द से कहा था कि मेरा चलाया हुआ धर्म केवल पाँच सौ वर्ष चलेगा। वह भविष्यवाणी, अक्षरशः तो पूरी नहीं हुई, किन्तु तत्त्वतः, पूरी हो गई; क्योंकि भगवान् के पाँच सौ वर्ष बाद जब बौद्ध धर्म के भीतर से महायान-सम्प्रदाय का विकास हुआ, तब यह सम्प्रदाय बौद्ध कम, हिन्दू अधिक हो गया। बुद्ध ईश्वर के विषय में मौन रहे थे, महायान-सम्प्रदाय ने खुद बुद्ध को ही ईश्वर बना दिया। बुद्ध ने देवी-देवताओं की पूजा की मनाही की थी, महायान-सम्प्रदाय ने बौद्ध धर्म के भीतर देवी-देवताओं की पूरी सेना खड़ी कर दी। बुद्ध के उपदेश तत्कालीन लोक-भाषा में दिए गए थे, महायान के चिन्तकों ने अपना सारा साहित्य संस्कृत में लिखना आरम्भ किया। बुद्ध का कहना था कि मोक्ष के अधिकारी केवल संन्यासी हो सकते हैं, महायान ने मोक्ष की आशा उनके सामने भी रख दी, जो संन्यासी नहीं, गृहस्थ थे।

संन्यास का मार्ग कभी भी समग्र मानवता का मार्ग नहीं हो सकता। बौद्ध संन्यासियों का भी लोग आदर तो करते थे, मगर, सारी जनता संन्यास नहीं ले सकती थी, बल्कि, जनता के भीतर एक आलोचना चलती थी कि यह भी कैसा धर्म है, जिसमें गृहस्थों के लिए मुक्ति की व्यवस्था ही नहीं है। इसलिए, मुक्ति की आशा जब गृहस्थों के लिए भी विहित बताई जाने लगी, तब बौद्ध मत का महायान नाम सार्थक हो गया—महायान यानी बड़ी नौका, जिस पर सभी लोग बैठकर भव-सागर के पार जा सकते हैं; और हीनयान यानी छोटी नौका, जिस पर वे ही चढ़ सकते हैं, जिन्होंने संन्यास ग्रहण कर लिया है।

प्रत्येक निराकारी मत साकारवाद की ओर बढ़ता है। प्रत्येक प्रकार के वैराग्य की अधिकता उसे भोगवाद की ओर ले जाती है। इसी प्रक्रिया से बौद्ध मत ने महायान को जन्म दिया। जब तक बुद्ध जीवित रहे, बौद्ध मत का रूप वही रहा, जो उनके मौलिक उपदेशों से बना था। बुद्ध के देहान्त के बाद बौद्ध धर्म के भीतर से नई-नई शाखाएँ फूटने लगीं। कहते हैं, भगवान् बुद्ध के महापरिनिर्वाण के बाद ही बौद्ध धर्म दो निकायों में विभक्त हो गया था। स्थविरवाद के पक्षपाती वे भिक्षु हुए जो बुद्ध के मौलिक उपदेशों में विश्वास करते थे। जिनका स्थविरवादियों से मतभेद हुआ, उन्होंने अपना संघ अलग बना लिया और उसे वे महासंघ कहने लगे। ज्यों-ज्यों समय बीतता गया, निकायों की संख्या में भी वृद्धि होती गई और बौद्धों के विश्वास और मान्यता में विविधताएँ उत्पन्न होने लगीं। सम्राट् अशोक के समय बौद्ध धर्म की जब तीसरी संगति हुई, उस समय बौद्ध मत के भीतर कुल अठारह निकाय थे।

उन दिनों स्थविरवादी तो बुद्ध को मनुष्य ही मानते थे, लेकिन, कई अन्य निकाय उन्हें लोकोत्तर समझने लगे थे। वे यह विश्वास करने लगे थे कि बुद्ध अलौकिक, दिव्य शक्तियों से युक्त अदृश्य देवता हैं, जिनका न तो कभी जन्म होता है, न मरण। कुछ निकाय ऐसे भी थे जो भिक्षुओं पर लादी गई कृच्छ्र साधनाओं से ऊबे हुए थे। जब तत्त्व के धरातल पर उन्होंने बुद्ध को लोकोत्तर देवता मान लिया, तब आचार के धरातल पर वे भिक्षुओं की साधनाओं को भी सुगम बनाने की बात सोचने लगे, जिसका उद्देश्य यह बताना था कि नर-नारी-समागम भी, किसी-किसी अवस्था में, भिक्षुओं के लिए क्षम्य माना जा सकता है। बुद्ध मनुष्य रहते तो उनके आचार सभी भिक्षुओं के लिए अनुकरणीय होते। जब बुद्ध लोकोत्तर बना दिए गए, तब भिक्षुओं ने उनके आचरण को अनुकरणीय समझना छोड़ दिया, क्योंकि लौकिक मनुष्य लोकोत्तर चरित्र का अनुकरण अशक्य मानता है।

बौद्ध धर्म के भीतर, आरम्भ से ही तीन मार्ग थे। अर्हत्-यान अथवा श्रावक-यान पर वे साधक चलते थे, जिनका लक्ष्य अपना मोक्ष होता था। जो साधक कुछ और लोगों की मुक्ति के लिए अधिक कष्ट सहने को तैयार थे, उनका मार्ग प्रत्येक-बुद्ध-यान कहलाता था। सबसे कठिन मार्ग बुद्ध-यान था, जिस पर वे ही साधक कदम धरते थे जो असंख्य जीवों का मार्ग-दर्शक बनने के लिए, अपनी मुक्ति की फिक्र न कर, बहुत परिश्रम और बहुत समय बाद, उस मार्ग से स्वयं प्राप्य निर्वाण को अपना लक्ष्य मानते थे। आरम्भ की सदियों में सभी बौद्ध सम्प्रदाय तीनों यानों को मानते थे और यह समझते थे कि "किसी यान को चुनना मुमुक्षु की अपनी रुचि पर निर्भर है। किन्तु, कालक्रम में, अर्हत्-यान और प्रत्येक-बुद्ध-यान, स्वार्थी होने के कारण हीनयान कहे जाने लगे और बुद्ध-यान निःस्वार्थ साधकों का यान होने के कारण महायान नाम से पुकारा जाने लगा। चौथी शताब्दी तक बौद्धों के वैभाषिक, सौत्रान्तिक, योगाचार और माध्यमिक, चार दार्शनिक सम्प्रदाय बन चुके थे। इनमें से पहले दोनों को माननेवाले तीनों यानों को मानते थे, इसलिए उन्हें, महायानियों ने हीनयान का अनुयायी कहा; और बाकी दो केवल बुद्ध-यान को ही मानते थे, इसलिए, उन्होंने अपने को महायान का अनुयायी कहा।[1]

मनुष्य के स्वभाव में अन्धविश्वास, कहीं-न-कहीं बद्धमूल है। वह देवताओं की पूजा में जितना रस लेता है, उतना रस मनुष्य की पूजा में नहीं लेता। बुद्ध मनुष्य के रूप में पूजे जाते तो बौद्ध धर्म सत्य के अधिक समीप रहता, लेकिन तब अनुयायी उसे कम मिलते। अतएव, उसने बुद्ध को अलौकिकता प्रदान कर जनता को अपनी ओर खींचने की कोशिश की। और, जब महायानियों ने यह कहा कि गृहस्थ भी मुक्ति का अधिकारी हो सकता है, तब भिक्षुओं के मन की वे दीवारें टूटने लगीं जो गार्हस्थ्य और वैराग्य के बीच खड़ी की गई थीं। वैपुल्यवादी निकाय ने अपने सूत्रों में, छिपे-छिपे, भिक्षुओं के लिए नारी-समागम को क्षम्य बताया था। इस प्रवृत्ति को महायान ने थोड़ा प्रोत्साहन ही दिया। परिणामस्वरूप, आगे चलकर महायानियों के, पहले तो गुह्य-समाज बनने लगे तथा कुछ और आगे चलकर उनके भीतर से वज्रयान फूट पड़ा, जो महायान का सबसे बड़ा कलंक बन गया।

तब भी, महायान का हम ऐतिहासिक महत्त्व मानते हैं और वह इस कारण कि जैसे अहिंसा का चरम विकास हम जैन मत के अनेकान्त में देखते हैं, वैसे ही, करुणा और मैत्री

का चरम उत्कर्ष महायानी चिन्तन में प्रकट हुआ। महायान, एक साथ, बौद्ध मत का गौरव-शिखर भी है और उसका गर्त भी। शिखर इसलिए कि विचारों की दिशा में महायान ने आकाश का स्पर्श किया। किन्तु, आचार के क्षेत्र में वज्रयान ने जो दृष्टान्त उपस्थित किया, वह गर्त का ही पर्याय था। वेदों के बाद से भारत का व्यक्तित्व बराबर विभक्त रहा था। वही विभक्तता महायान में भी प्रकट हुई।

बुद्ध ने मनुष्यमात्र के लिए करुणा और मैत्री का सन्देश दिया था। साथ ही, उन्होंने यह भी कहा था कि मनुष्य-जीवन का चरम ध्येय वैयक्तिक मोक्ष की प्राप्ति है। जब महायानी चिन्तक करुणा की निस्सीमता पर विचार करने लगे, उन्हें इस बात पर विस्मय हुआ कि भगवान् ने वैयक्तिक मोक्ष को परम ध्येय कैसे मान लिया? जिस मनुष्य में सच्ची करुणा का निवास है, वह अपने असंख्य मानव-बन्धुओं को जन्म, जरा और मरण की ज्वालाओं में जलता छोड़कर अपनी वैयक्तिक मुक्ति से सन्तोष कैसे कर सकता है? इसलिए, महायानियों का सिद्धान्त यह बना कि जो साधक अपनी वैयक्तिक मुक्ति प्राप्त कर निर्वाण का अधिकारी हो गया है, उसे भी निर्वाण को स्वीकार नहीं करना चाहिए। उसे बार-बार जन्म ग्रहण करके पृथ्वी पर आना चाहिए, जिससे वह असंख्य जन-समुदाय को संसार के अग्निकुंड से निकालकर उसे निर्वाण का अधिकारी बना सके। जो सन्त और महात्मा ऐसे विश्व-कल्याण के लिए बार-बार जन्म ग्रहण करते हैं, उन्हें महायान ने बोधिसत्त्व कहा। सारिपुत्र और मौद्गलायन अर्हत् समझे जाते थे, महायान ने उन्हें भी बोधिसत्त्व की कोटि में डाल दिया और यह कहा कि वे अभी भी अवतार लेकर मानवों का कल्याण कर रहे हैं।

बुद्ध वह होता है, जिसने मोक्ष और निर्वाण प्राप्त कर लिया है। बोधिसत्त्व वे सभी लोग हैं, जो बुद्ध बनने के प्रयास में हैं। पुराने बौद्ध मत का सारा जोर बुद्धत्व पर था। महायान ने अपना पूरा बल बोधिसत्त्व की महत्ता पर डाला। जन्म और मरण, ये दुःख अवश्य हैं, किन्तु इन दुःखों से भागनेवाला व्यक्ति संसार की सेवा के अयोग्य हो जाता है। व्यक्ति की मुक्ति से समष्टि की मुक्ति नहीं होती। अतएव, समष्टि को दुःखी छोड़कर वैयक्तिक मोक्ष प्राप्त करना एक प्रकार का स्वार्थ है। जब तक एक भी व्यक्ति मोक्ष से दूर है, तब तक साधक के लिए यही उत्तम है कि वह बुद्धत्व को छोड़कर बोधिसत्त्व की कोटि में बना रहे।[2]

इस विचार के आने पर महायानी बौद्ध साधकों का ध्येय बदल गया। पहले साधक जहाँ यह प्रतिज्ञा करते थे कि मैं आवागमन के बन्ध से छूटकर निर्वाण प्राप्त करूँगा, वहाँ अब वे यह प्रण लेने लगे कि सारे जगत् के सब प्राणियों के सभी दुःखों को दूर करने के लिए मैं बुद्ध बनूँगा। बुद्ध ने मनुष्यों और देवताओं के उद्धार की बात कही थी। महायानी साधक जीवमात्र के उद्धार को अपना ध्येय मानने लगे।

महायान के इन उदात्त ध्येयों का निरूपण आचार्य शान्तिदेव के ग्रन्थों में अत्यन्त प्रखर रूप में मिलता है। शान्तिदेव का समय 650 ई. के आस-पास माना जाता है। वे गुजरात के एक राज-परिवार में जनमे थे और, कहते हैं, अपने अभिषेक के केवल एक दिन पूर्व उन्होंने संन्यास ले लिया था। अपने अन्तिम दिनों में वे नालन्दा में आचार्य थे। कहते हैं, उन्हीं का एक दूसरा नाम भूसुक भी था। बोधिचर्यावतार, शिक्षा-समुच्चय और रत्न-समुच्चय, उनके तीन ग्रन्थ प्रसिद्ध हैं। इनमें से बोधिचर्यावतार अत्यन्त अद्भुत ग्रन्थ है। मानवतावाद का

नारा नए युग की विशेषता है, किन्तु, यह नारा शान्तिदेव ने जिस ऊँचाई से लगाया था, उस ऊँचाई पर आज तक भी कोई पहुँचा है या नहीं, इसे सन्दिग्ध ही समझना चाहिए। केवल मानवतावाद ही नहीं, सम्पूर्ण सृष्टि की अखंडनीयता एवं उसकी मूलभूत एकता की जैसी प्रखर अनुभूति शान्तिदेव को हुई थी, वह आज के लिए भी नवीन है।

हस्तादिभेदेन बहुप्रकारः कायो यथैकः परिपालनीयः
तथा जगद् भिन्नमभिन्न दुःख-सुखात्मकं सर्वमिदं तथैव।

नाना प्रकार के अवयवों से युक्त होने पर भी जैसे हमारा शरीर एक और अभिन्न है, यह जगत् भी उसी प्रकार अभिन्न है। हाथ-पैर के दुःख जैसे हमारे लिए अलग-अलग नहीं हैं, समस्त जगत् के सुख-दुःख भी उसी प्रकार अलग-अलग नहीं, बल्कि एक हैं।

सम्पूर्ण मानवता का भाग्य एक है, सारी सृष्टि की नियति एक है, अतएव, सच्चा धर्म यह है कि प्रत्येक व्यक्ति सारे जगत् के क्लेश को अपना क्लेश समझे, यह अनुभूति शान्तिदेव के उद्गारों में अत्यन्त सुस्पष्ट रूप में प्रकट हुई। बोधिचर्यावतार में लेखक ने कहा है कि संसार में अशुभ या अन्याय का प्रभाव बहुत बढ़ गया है। नाना प्रकार की शुभ चेष्टाएँ भी अवश्य हो रही हैं, किन्तु, इस भयंकर अन्याय को जीतने की शक्ति किसी में भी नहीं है। इस पर विजय केवल 'मैत्री' पा सकती है। स्वर्ग, मोक्ष और निर्वाण तो दूर की बात है, 'मैत्री' के नहीं रहने पर संसार ही अचल अथवा जड़ हो जाता है।

बोधिचर्यावतार मानवता की साधना का अपूर्व ग्रन्थ है। वह आज भी आधुनिक लगता है। यह भी कि सातवीं सदी में शान्तिदेव ने जो स्वप्न देखा था, उसकी पूर्ति तत्कालीन समाज के लिए अशक्य थी। हाँ, आज का मनुष्य चाहे तो उस सपने को पूर्ण कर सकता है, क्योंकि अब पृथ्वी सिमटकर बहुत छोटी हो गई है और हम उसकी एकता की अनुभूति आसानी से कर सकते हैं। शान्तिदेव का मत है कि इस दुःखमय जगत् में यदि सुख की सृष्टि करनी हो तो इसको खंड-खंड करके अनेक देशों, अनेक जातियों या अनेक जनों के रूप में न देखकर एक अखंड पृथ्वी या प्राणिलोक के रूप में ही देखना चाहिए। दुःख को मेरा दुःख, तेरा दुःख, जाति का दुःख, देश का दुःख, इस प्रकार, विच्छिन्न रूप में नहीं देखकर, एक अखंड रूप में देखकर ही उसका प्रतिकार करना होगा। मोहग्रस्त होकर हम लोग अपने-अपने खंड-सुखों के संचय की चेष्टा में, परस्पर एक-दूसरे को कष्ट पहुँचाकर, अपने में से, प्रत्येक के लिए घोर दुःख का संचय कर रहे हैं। बुद्ध ने मैत्री शब्द के भीतर सामाजिक अर्थ भी रखे थे। वे अर्थ पहले-पहल महायान में ही आकर प्रकट हुए।

धर्म की सामाजिक व्याप्तियों का जैसा विशद् आख्यान शान्तिदेव ने किया है, उससे यह अनुमान, अनायास ही, होता है कि मनुष्य को आगे जो कुछ करना है, उसका चिन्तनपक्ष, कदाचित्, पहले ही तैयार किया जा चुका है।

स्वप्राणानां जगत्प्राणैर्नदीनामिव सागरैः
अनन्तैर्यो व्यतिकरः तदेवानन्तजीवनम्।

अब अनन्त प्राणों के साथ अपने प्राण का वैसा मिलन हो, जैसा मिलन नदियों का समुद्र के साथ होता है, तभी अनन्त जीवन की प्राप्ति होती है, अमरता अथवा निर्वाण प्राप्त करने से नहीं।

मोह से कहीं श्रेयस्कर ध्येय अपने सह-बन्धुओं के कष्ट का निवारण है, इसका आख्यान करते हुए शान्तिदेव कहते हैं,

मुच्चमानेषु सत्त्वेषु ये ते प्रामोधसागराः
तैरेव ननु पर्याप्तं मोक्षेणारसिकेन किम्?

जीव जब दुःख से मुक्त होते हैं, तब उससे बोधिसत्त्व के हृदय में जो आनन्द का समुद्र उमड़ पड़ता है, उतना ही पर्याप्त है। रसहीन मोक्ष से क्या प्रयोजन?

एवमाकाशनिष्ठस्य सत्त्वधातोरनेकधा
भवेयं उपजीव्योऽहं यावत् सर्वे न निर्वृताः।

अनन्ताकाश में स्थित जितने सत्त्वधातु (यानी जीव) हैं, जब तक वे मुक्ति नहीं पा लेते तब तक मैं उनकी इसी प्रकार सेवा करता जाऊँगा।

बोधिसत्त्व के मार्ग पर चलने के लिए साधक को बोधिचित्त का विकास करना होता था। बोधिचित्त की प्रार्थनाओं पर विचार करने से यह स्पष्ट हो जाता है कि बोधिसत्त्व का चरित्र निःस्वार्थ समाज-सेवी का ही चरित्र था और ये प्रार्थनाएँ, प्रार्थना न होकर, एक प्रकार की प्रतिज्ञा अथवा संकल्प होती थीं।

अनाथानाम् अहं नाथः, सार्थवाहश्च यात्रिणाम्,
पारेप्सुनां च नौभूतः, सेतुः संक्रम एव च।
दीपार्थिनामहं दीपः, शय्या शय्यार्थिनामहम्,
दासार्थिनामहं दासो भवेयम् सर्वदेहिनाम्।

गांधीजी पर जैन शिक्षा का प्रभाव था, ऐसा बहुत लोग मानते हैं। **ऐसा लगता है कि शान्तिदेव महात्मा गांधी के, विशेष रूप से, पूर्व-पुरुष थे**। गांधीजी और मार्क्स में एक मुख्य भेद यह है कि मार्क्स सारे भूगोल को चमड़े से मढ़ देना चाहते हैं, किन्तु, गांधीजी समझते हैं कि हर आदमी के पाँव में जूते पहना देने से भी वही कार्य सम्पन्न होता है। इस विचार की अनुभूति शान्तिदेव को भी हुई थी।

भूमिं छादयितुं सर्वान् कुतश्चर्म भविष्यति?
उपानच्चर्ममात्रेण छन्ना भवति मेदिनी।

सारी पृथ्वी को मढ़ने के लिए चमड़ा कहाँ मिलेगा? पृथ्वी तो जूते के चमड़े से भी ढँकी जा सकती है।

बाह्या भावा मया तद्वत् शक्या वारयितुं नहि,
स्वचित्तं वारयिष्यामि किं, ममान्यैर्निवारितैः?

बाह्य वस्तुओं का निवारण शक्य नहीं है। हम अपने चित्त का निवारण करेंगे। अन्यों के निवारण करने की क्या आवश्यकता है?

मैत्री अथवा प्रेम का स्वरूप क्या है? याज्ञवल्क्य ने मैत्रेयी से कहा था, "अरी मैत्रेयी! पति के प्रयोजन के लिए पति प्रिय नहीं होता, अपने ही प्रयोजन के लिए पति प्रिय होता है।...लोकों के प्रयोजन के लिए लोक प्रिय नहीं होते, अपने ही प्रयोजन के लिए लोक प्रिय होते हैं।" अभिप्राय, कदाचित्, यह है कि प्रत्येक के ब्रह्मस्वरूप होने के कारण हम जब दूसरों को प्यार करते हैं, तब असल में, हमारा प्रेम अपने आपके ही प्रति होता है। इस स्थिति को

महायान ने उलट दिया। अपने आपका प्रेम स्वार्थ से दूषित होता है। प्रीति की सार्थकता तब है, जब वह दूसरों के लिए की जाए।

महायान का उत्थान ईसा की पहली शताब्दी में हुआ। अतएव, चीन, कोरिया, जापान और तिब्बत में यही धर्म पहुँचा—चीन में ईसा के जन्म के कोई साठ वर्ष बाद, तिब्बत में सातवीं सदी में, जापान में छठी शताब्दी में और कोरिया में समुद्रगुप्त के समय लगभग 352 ई. के पास। श्रीलंका, बर्मा, स्याम और हिन्देशिया में हीनयान धर्म का प्रचार हुआ, किन्तु, नेपाल में महायान ही फैला।

महायान धर्म का सम्यक् वर्णन सद्धर्म-पुंडरीक में है। वेदान्त और गीता एवं सामान्य जनरुचि के प्रभाव से बौद्ध मत में जो परिवर्तन हुए, वे सब इस ग्रन्थ से जाने जा सकते हैं। सद्धर्म-पुंडरीक के अनुसार बुद्ध सर्वशक्तिमान् परमेश्वर के प्रतीक हैं। माया उनके अधीन है। माया का प्रयोग वे लीला के लिए करते हैं। पाप बढ़ने पर धर्म की रक्षा के लिए वे समय-समय पर अवतार लेते हैं। इस ग्रन्थ का भारत में खूब प्रचार हुआ था। विशेषतः, इसका प्रभाव चीन, तिब्बत, नेपाल, जापान और कोरिया पर पड़ा जहाँ महायान का प्रचार हो रहा था।

सुखावटी-व्यूह महायान धर्म का दूसरा प्रमुख ग्रन्थ है। सुखावटी उस स्वर्ग का नाम है, जिसमें अमिताभ बुद्ध निवास करते हैं। पौराणिक धर्म में जैसे यह कहा गया था कि विष्णु अथवा शिव की उपासना करने से भक्त को स्वर्ग प्राप्त होता है, वैसे ही, अब यह कहा जाने लगा कि अमिताभ की भक्ति करने से मनुष्य सुखावटी-स्वर्ग को प्राप्त करता है।

सद्धर्म-पुंडरीक और सुखावटी-व्यूह की मूल प्रतियाँ अब नहीं मिलतीं। किन्तु, उनके तिब्बती, चीनी और जापानी अनुवाद उपलब्ध हैं। सद्धर्म-पुंडरीक का चीनी में पहला अनुवाद 223 ई. में किया गया था और दूसरा अनुवाद 286 ई. में। इसी प्रकार, सुखावटी-व्यूह का चीनी में अनुवाद सन् 186 ई. के पूर्व हो चुका था।

बुद्धत्व की प्राप्ति जन्म-जन्मातर की निरन्तर साधना का परिणाम है, यह बात पुराने बौद्ध मत में भी थी। अब यह कल्पना आरम्भ हुई कि बुद्धदेव पूर्वजन्म में कब, किस योनि में जनमे थे और प्रत्येक जन्म में सत्कर्म करते हुए उन्होंने बुद्धत्व की ओर कैसे प्रगति की थी। इस कल्पना से जातक-कथाओं का विकास हुआ, जो अत्यन्त रोचक हैं।

महायान ज्यों-ज्यों हिन्दुत्व के निकट आता गया, त्यों-त्यों उसमें देवी-देवताओं की वृद्धि होने लगी। तारा, प्रज्ञापारमिता, अवलोकितेश्वर, ये बौद्ध सम्प्रदाय के ही देवता हैं। ये नए देवी-देवता उत्साह के साथ अपनाए जाने लगे, इनकी सुन्दर-सुन्दर प्रतिमाएँ निर्मित होने लगीं और धूमधाम से इनकी पूजा भी आरम्भ हो गई।

नागार्जुन का शून्यवाद

एक ओर तो महायान का लौकिक धर्म-पक्ष अति साकार और स्थूल होता जा रहा था; दूसरी ओर, इस काल का बौद्ध-दार्शनिक-चिन्तन पहले से भी अधिक ऊँचा उठ रहा था। महायान के दार्शनिक आचार्य नागार्जुन हुए, जो कनिष्क और अश्वघोष के समकालीन थे और विदर्भदेश (बरार) में रहते थे। वे ब्राह्मण से बौद्ध हुए थे। ईसा की पहली शताब्दी में उन्होंने शून्यवाद पर गम्भीरता से विचार किया और **माध्यमिककारिका** नामक अद्भुत दर्शन की रचना की,

जिसे समझने में पंडितों का दिमाग आज भी चक्कर खाता है। रूस के प्रसिद्ध दार्शनिक और भारतीय विद्या के उद्भट विद्वान् स्वर्गीय प्रोफेसर शेरबात्स्की ने सन् 1927 ई. में अपनी किताब में लिखा था कि नागार्जुन की गिनती विश्व के बड़े-से-बड़े दार्शनिकों में की जानी चाहिए। यह भी कहा जाता है कि नागार्जुन नहीं हुए होते, तो भारत में शंकराचार्य के अद्वैतवादी दर्शन का आविर्भाव नहीं होता।

उपनिषद्, बौद्ध धर्म या नागार्जुन के चिन्तन में शून्यता शब्द जिस अर्थ में प्रयुक्त हुआ है, वह वही नहीं है, जिसे अपने दैनिक जीवन में हम समझते हैं। हम लोग तो शून्य का अर्थ रिक्त या खाली मानते हैं, जिसमें कोई चीज नहीं रहती। लेकिन, दर्शन में यह शब्द उस अवस्था का संकेत करता है, जिसमें से सारी चीजें निकली हैं। नागार्जुन का मत है कि हर चीज शून्य है। सत्य के दो रूप हैं, एक संवृति-सत्य और दूसरा परमार्थ-सत्य। संवृति-सत्य वह है, जो दिखाई पड़ता है, किन्तु, जो सत्य का असली रूप नहीं है। परमार्थ-सत्य वह है, जो दिखाई नहीं पड़ता है, किन्तु, जो सत्य का असली रूप है। संवृति-सत्य दिखाई तो पड़ता है, मगर, उसका यह दिखाई पड़ना ही असत्य है। हम जो कुछ देखते हैं, वह शून्य है, स्वप्न है, कुछ नहीं में कुछ का मिथ्याभास है। तब भी, व्यवहार में हमें सत्य मान लेना पड़ता है। हर चीज शून्य है, यह सुनने में विचित्र चाहे जितना भी लगे, लेकिन, यही एकमात्र अन्तिम सत्य है। इस सत्य पर विश्वास तभी होता है, जब मनुष्य बुद्धत्व प्राप्त करता है। बुद्धि से यह सत्य पकड़ा नहीं जा सकता। केवल अनुभव से ही हम उस निःशब्दता को सुन सकते हैं, जो अस्ति और नास्ति से परे है।

अगर बुद्धत्व के स्थान पर हम आत्मज्ञान या ब्रह्मज्ञान रख दें तो यह बिलकुल शंकर का मत हो जाता है। जो लोग शंकराचार्य पर यह आरोप लगाते हैं कि उन्होंने बौद्ध धर्म को नेस्तनाबूद किया, वे सत्य के एक ही पक्ष पर जोर देते हैं। सच्ची बात यह है कि उपनिषद् और बौद्ध मत के बीच समन्वय स्थापित करने का कार्य नागार्जुन ने किया और शंकर ने, अपने समय में आकर, इस समन्वय को शुद्ध वैदिक रूप दे दिया। शांकर मत का बौद्ध मत से इतना मेल है कि शंकराचार्य को लोग प्रच्छन्न बौद्ध कहने लगे थे।

शंकराचार्य के गुरु गोविन्दाचार्य और गोविन्दाचार्य के गुरु गौड़पादाचार्य थे। गौड़पादाचार्य ने मांडूक्योपनिषद् पर जो कारिका लिखी है, वह उपलब्ध है। इस कारिका को देखकर कई पंडितों ने यह मत बनाया है कि गौड़पादाचार्य बुद्ध के भक्त थे।[3] यह भी कहा जाता है कि तत्कालीन बौद्ध पंडितों से एक ही विषय में उनका मतभेद था। बौद्ध पंडित ज्ञान को अनित्य समझते थे और गौड़पाद नित्य। तत्त्व संग्रहकार शान्तरक्षित (सन् 705 से 762 ई., सम्भवतः गौड़पाद के समकालीन) का मत भी यही जान पड़ता है कि "अद्वैतवादियों के दर्शन में केवल यही दोष है कि उनके विचार से ज्ञान नित्य है। अन्य विषयों में उनके और बौद्धों के दर्शन में कोई भेद नहीं है।" (धर्मानन्द कोसम्बी) गौड़पादाचार्य को अद्वैताचार्य भी कहते हैं। उनका कहना था कि "विवाद तो द्वैतवादी करते हैं। अद्वैत में सबका समन्वय है। हमसे किसी का विवाद हो ही कैसे सकता है?" सच पूछिए तो हिन्दुत्व और बौद्ध मत, तत्त्वतः, एक ही धर्म हैं और दोनों के बीच वही सम्बन्ध है, जो ईसाइयत के प्राचीन और नवीन टेस्टामेंटों में है। बौद्ध मत उसी धर्म का नवीन संस्करण है, जिसका प्राचीन आख्यान वैदिक धर्म है। सर हरिसिंह

गौड़ ने एक बार गांधीजी को यह सलाह दी थी कि अब हिन्दुत्व के उसी रूप का प्रचार किया जाना चाहिए, जिसका आख्यान महात्मा बुद्ध ने किया है।

वैदिक मत पर बौद्ध धर्म का प्रभाव

हिन्दू-धर्म पर बौद्ध मत का क्या प्रभाव पड़ा, इसे समझने का सही दृष्टिकोण यह है कि बौद्ध या जैन धर्म कोई विदेशी धर्म नहीं था, जो बाहर से इस देश में आया हो तथा जिसके साथ बहुत-सी ऐसी बातें इस देश में आई हों, जो पहले यहाँ नहीं थीं। ये दोनों ही धर्म इसी देश में जनमे थे और दोनों का मूल उपनिषदों के चिन्तन में था। उपनिषदों के भीतर ही उन अनेक अन्य दर्शनों के भी बीज थे, जो समय पाकर प्राचीन भारत में विकसित होते गए। इसलिए, बौद्ध मत के प्रभाव की व्याख्या इस बात की व्याख्या है कि उस मत ने यहाँ की जनता का ध्यान वैदिक धर्म की किन-किन बातों की ओर खासतौर से आकृष्ट किया और किन-किन बातों की उसने उपेक्षा या अवहेलना की। आज बौद्ध धर्म इस देश में नहीं के बराबर रह गया है। मगर, तब भी उसके निशान वैदिक धर्म की बातों में मौजूद हैं, जो बुद्ध के पहले भी हिन्दू धर्म में थीं, मगर, उस समय उन पर कोई खास जोर नहीं दिया जाता था। बौद्ध धर्म ने उन्हें, खासतौर से जोर देकर ऊपर उठाया और पीछे हिन्दू-धर्म ने भी उन्हें प्रमुख मान लिया।

निवृत्ति का प्रचार

बौद्ध और जैन मत का हिन्दू-धर्म पर सबसे बड़ा प्रभाव निवृत्ति को प्रोत्साहन था। निवृत्ति जीवन को निस्सार और दुःखपूर्ण मानने के भाव को कहते हैं। ''जन्म लेना ही बुरा है, क्योंकि जन्म लेने से ही जीवन के कष्टों का सामना करना पड़ता है। इसलिए, उचित यह है कि हम ऐसी कोशिश करें कि आगे हमारा जन्म ही नहीं हो।'' यह बात भी उपनिषदों में ही जन्म ले चुकी थी और दार्शनिक दृष्टि से सोचने पर यह भयानक भी नहीं मालूम होती है। लेकिन, जब हम जिन्दगी में ऐसे उपदेशों पर अमल करने लगते हैं, तब संसार हमारे लिए घृणा की वस्तु बन जाता है। यह भी निश्चित बात है कि जो जाति जीवन से घृणा करती है, वह जीवन पर विजय नहीं पा सकती। उसे तो जीवन से भागने में ही कल्याण सूझता है। बौद्ध और जैन मतों का भीषण प्रभाव यह हुआ कि उन्होंने संसार से घृणा और वैराग्य सिखा-सिखाकर यहाँ के लोगों को जीवन से विरक्त कर दिया, उनकी दृष्टि को अनामुष्मिक बना डाला यानी इन धर्मों के प्रभाव के कारण, लोग इस जीवन से अधिक, मरने के बाद प्राप्त होनेवाले जीवन की बातों पर विचार करने लगे। प्रसिद्ध जर्मन दार्शनिक नीत्शे ने ईसाइयत के साथ बौद्ध मत पर भी निवृत्ति का प्रचारक होने का दोष मढ़ा है। पं. जवाहरलाल नेहरू ने एक जगह इस सम्बन्ध में यह शंका उठाई है कि ऐसा क्यों हुआ कि भारत में तो बौद्ध मत से लोगों को निवृत्ति की प्रेरणा मिली, किन्तु, चीन या जापान में ऐसी कोई बात नहीं हुई। फिर उन्होंने स्वयं ही इसका यह उत्तर दिया है कि हर देश में यह ताकत होती है कि वह बाहर से लिये हुए धर्म को अपने स्वभाव के अनुरूप बदल दे। शायद, निवृत्तिवाद दृष्टिकोण भारत की अपनी ही विशेषता है। डॉक्टर राधाकृष्णन् ने भी एक जगह लिखा है कि पश्चिम

जगत् के लोग तो जिन्दगी के भीतर घुसकर आनन्द का रस पी रहे हैं, मगर, पूरब के लोग अन्धकार में जीवन का अर्थ ढूँढ़ने में व्यस्त हैं। निवृत्ति भारत की विचारधारा में बहुत दिनों से वर्तमान रही है। अतः, बुद्धदेव और महावीर ने जब उस पर जोर डाला, तब भारत में तो निराशा और भी गहरी हो गई, मगर, चीन और जापान, जो मूलतः प्रवृत्तिवादी (अथवा भारत में कम निवृत्तिवादी) थे, इसके जहर से बच गए। एक कारण यह भी समझा जाना चाहिए कि चीन और जापान में बौद्ध धर्म का महायान रूप ही प्रचलित हुआ था, जो संन्यासप्रधान हीनयान मत की अपेक्षा कहीं अधिक आशापूर्ण और उल्लासमय था।

आचार पर प्रभाव

भारत के विश्वास या दर्शन पर बौद्ध मत का कोई व्यापक प्रभाव नहीं है। अगर कहीं कोई बात मिलती भी है तो वह हिन्दू-धर्म के विकास की सीढ़ी-जैसी दीख पड़ती है। उपनिषद्, नागार्जुन का शून्यवाद और शंकर का अद्वैत, ये तो हिन्दू-अद्वैतवाद के ही विकास के सोपान हैं, और नागार्जुन यहाँ, मजे में, हिन्दू-चिन्तक के रूप में खप जाते हैं। लेकिन, आचारों और रीति-रिवाजों में बौद्ध धर्म का काफी प्रभाव है। उदाहरणार्थ, अहिंसा की जो भावना हमारे देश में उतनी गाढ़ी होती गई, उसका कारण बौद्ध और जैन मत ही हैं। वैदिक आर्य खान-पान में मांस के प्रेमी थे, लेकिन बौद्ध और जैन प्रभावों के कारण मांस खाना इस देश में निषिद्ध माना जाने लगा। खान-पान में जैन और वैष्णव एक तरह के लोग होते हैं। दोनों के भोजनों में तामसिक पदार्थों का अभाव पाया जाता है और दोनों, बात-बात में, ऐसी पवित्रता और चौकसी बरतते हैं, जिससे उनकी जीव-दया आप-से-आप प्रकट हो जाती है।

जाति-प्रथा को चुनौती

जाति-प्रथा को चुनौती देकर बुद्ध ने इस देश में एक महान् आन्दोलन का आरम्भ किया जो, प्रायः, गांधी तक चलता आया है और आज भी चल रहा है। उन्होंने मनुष्य की मर्यादा को यह कहकर ऊपर उठाया कि कोई मनुष्य केवल ब्राह्मण-कुल में जन्म लेने से पूज्य नहीं हो जाता, न कोई शूद्र होने से पतित हो जाता है। उच्चता और नीचता जन्म पर नहीं, कर्म पर अवलम्बित हैं। इसलिए, ब्राह्मण भी पतित हो सकता है और शूद्र भी अपने को पूजा योग्य बना सकता है। इसी प्रकार, वेदों ने यज्ञ का अधिकार केवल द्विजों को दिया था और जब उपनिषद् बढ़े, तब ब्राह्मणों ने उन्हें भी ब्रह्म-विद्या का नाम देकर, शूद्रों और स्त्रियों की पहुँच से बाहर कर दिया। इसके विपरीत, बुद्धदेव ने चारों वर्णों और स्त्रियों को धर्म का अधिकार, समान रूप से, दे दिया। यह ब्राह्मण धर्म के खिलाफ सबसे बड़ी बगावत थी और बौद्धों का ब्राह्मणों ने जो भी विरोध किया, वह मुख्यतः उनके इसी विद्रोह के कारण।

बौद्ध धर्म की एक बड़ी विशेषता यह रही कि उसने जाति-प्रथा के खिलाफ अपने हथियार कभी नहीं डाले। महायान के आरम्भ के समय से हम बौद्ध धर्म को, दिन-दिन बदलकर, हिन्दू-धर्म के समीप आते देखते हैं, लेकिन, सिद्धान्ततः, जाति-प्रथा का उसने कभी भी अनुकरण नहीं किया। यही कारण है कि महायान बिगड़कर जब मन्त्रयान और वज्रयान बनने लगा, तब भी जातिवाद के खिलाफ उसकी कार्रवाई जारी ही रही। बौद्ध धर्म ने जातिवाद का जो

डटकर विरोध किया, उसी से मध्यकाल में जाकर निर्गुण मत का प्रचार करनेवाले सन्तों को यह साहस हुआ कि वे भी जाति-प्रथा को नहीं मानें। निर्गुनियाँ सन्त, बहुत-सी बातों में, बुद्ध के खानदान में पड़ते हैं और उनका वैराग्य, उनकी निवृत्तिवादिता, उनका फक्कड़पन, उनका सभी जातियों को बराबर मानने का आग्रह और उनका यह विश्वास कि देवता मन्दिर में नहीं, मनुष्य के हृदय में है, ये सारी-की-सारी बातें बौद्ध धर्म की अच्छी, और फिर बाद को बिगड़ी हुई, परम्परा से निकली हैं। अगर बुद्ध नहीं होते तो इस देश में दादू और कबीर, नानक और हरिदास निरंजनी में से कोई नहीं हुआ होता। जाति-प्रथा को शिथिल करके एवं वर्णाश्रम-धर्म को चुनौती देकर बुद्ध और उनकी परम्परा के अन्य साधुओं ने ही भारत में वह अवस्था उत्पन्न की, जिसमें निर्गुनियाँ सन्तों का मत फूल-फल सका। इस देश में विशाल मानवता का आन्दोलन बुद्ध का ही चलाया हुआ है और उनके समय से यह आन्दोलन बराबर चलता ही आ रहा है।

ध्यान देकर देखने से यह साफ मालूम होता है कि बुद्ध के समय से ही यहाँ दो तरह की विचारधाराएँ चलती आ रही हैं। एक वह, जो जातियों का भेद नहीं मानती और जो भारत के सभी मनुष्यों को एक समाज में बाँधना चाहती है; और दूसरी वह, जो वर्णाश्रम-धर्म का समर्थन करके विभिन्न जातियों को अपनी-अपनी जगह पर कायम रखना चाहती है। पहली धारा के नेता बुद्ध और उनके अनुयायी तथा बाद के निर्गुनियाँ सन्त हैं तथा सिद्ध साधु, कबीर और दादू दयाल उसके कवि हैं। इसी तरह, दूसरी धारा के नेता ब्राह्मण आचार्य हुए, जिन्होंने बार-बार बौद्ध-धर्म को दबाकर वर्णाश्रम-धर्म को ऊपर उठाने की कोशिश की और जो स्मृतियाँ रचकर जाति-प्रथा को और भी पुष्ट करते रहे। इसी धारा के मुख्य कवि विद्यापति (नैबन्धिक विद्यापति) और तुलसीदास हैं। वैष्णव मत में जहाँ कहीं यह विचार आता है कि, कम-से-कम भगवान् के भक्तों में जातियों के भेद नहीं होते, वह बुद्ध की ही परम्परा का प्रभाव समझा जाएगा।

सांस्कृतिक उपनिवेशों की स्थापना

हिन्दू-जाति कुछ आलसी और अपने ही घेरे में सन्तुष्ट रहनेवाली जाति रही है और इस आलस्य तथा सन्तोष का कारण यह नहीं है कि यहाँ की जलवायु में ही आलस्य भरनेवाला गुण है, बल्कि, यह कि जीवन के सम्बन्ध में हमारी दृष्टि यथेष्ट रूप से प्रवृत्तिमूलक नहीं रही। "जीवन कुछ नहीं है, संसार माया है, सुख वह नहीं है, जो इस जीवन में मिलता है, बल्कि, वह जिसका स्वाद हम मरने के बाद चखेंगे," घूम-फिरकर ये या ऐसी बातें यहाँ के सभी धर्मों में कही गई हैं। नतीजा यह है कि हम जिन्दगी में हलचल और बेचैनी को पसन्द नहीं करते। कुछ तो भाग्य का भरोसा करके और कुछ इसी वैराग्य के कारण, हम थोड़े में ही सन्तोष कर लेते हैं। भारतीय जीवन एक समुद्र है, जो अपने आपमें ही पूर्णता का अनुभव करता है। चौहद्दी से बाहर जाकर कुछ करने-धरने का जोश यहाँ के लोगों में कम रहा है। लेकिन, बौद्ध-धर्म जब देश के बाहर फैलने लगा, तब यहाँ के लोगों का विदेश के लोगों से सम्पर्क स्थापित हो गया और वे देश के बाहर जाकर भी बसने लगे। बाहरी दुनिया से भारत का वाणिज्य सम्बन्ध तो पहले भी था, किन्तु, उसकी प्रेरणा वाणिज्य तक ही सीमित रह गई

थी। सौदागरों के सिवा, ऐसे दूसरे लोग तब तक विदेश कम जाते थे, जो वाणिज्य छोड़कर किसी और बात में दिलचस्पी लेते। लेकिन, धर्मप्रचार के द्वारा सांस्कृतिक सम्बन्धों का रास्ता खुला और भारत की संस्कृति भारत से निकलकर बाहर फैलने लगी। हमारे उपनिवेश भी आर्थिक दृष्टि से नहीं बसाए गए थे, जहाँ से धन ला-लाकर लोग अपनी मातृभूमि को सम्पन्न बनाते। बल्कि, वे भारत से बाहर भारतीय संस्कृति के अड्डे थे, जहाँ पर लेन-देन का काम धर्म और संस्कृति तक ही सीमित था।

सिंहल, जावा, सुमात्रा, बोर्नियो, मलाया, तिब्बत, स्याम और बर्मा में भारतीय संस्कृति का व्यापक प्रचार बौद्ध-मत के ही प्रचार से हुआ और वहाँ पाई जानेवाली मूर्तियों, धार्मिक विश्वासों और सामाजिक रीति-रिवाजों में भारतीय संस्कृति के जो प्रमाण मिलते हैं, वे भी उसी युग के स्मारक हैं। और तो और, इन देशों ने अपनी-अपनी लिपियों में देवनागरी की वर्णमाला (अ, आ, इ, ई, क, ख, ग आदि) तक को अपना लिया, जो आज तक भी वहाँ चल रही है। असल में, भारतीय संस्कृति का वह इतिहास पूरा नहीं समझा जाना चाहिए जो सिर्फ भारत में मिलनेवाली सामग्रियों के आधार पर लिखा जाता है। भारत के पास के देशों और टापुओं में भी यहाँ की संस्कृति और सभ्यता के बहुत-से निशान हैं और सम्भव है, उनमें हमारा मौलिक रूप कुछ अधिक सचाई से झलकता हो।

श्री चमनलाल की 'हिन्दू-अमेरिका' नामक पुस्तक से यह प्रायः सिद्ध हो जाता है कि मैक्सिको में एक समय हिन्दू-सभ्यता का पूरा प्रसार था। यह भी खोज का विषय है कि हमारी सभ्यता मैक्सिको कब पहुँची थी। मैक्सिको-सभ्यता का 'माया' नाम उसके भारतीय होने की की गवाही देता है।

श्रीमद्भगवद्गीता

हिन्दू-धर्म पर बौद्ध मत के प्रभावों की व्याख्या के सिलसिले में गीता की भी बरबस याद आ जाती है। विद्वानों का अनुमान है कि गीता उपनिषद् ही रही होगी; बाद को चलकर, बौद्ध-धर्म के प्रभावों को हिन्दू-धर्म में पचाकर गीता को किसी ने वर्तमान रूप दे दिया है।[4] बौद्ध-धर्म के प्रसंग में गीता के समझने का मार्ग यह है कि उपनिषदों ने चिन्तनशील हिन्दुओं को यह बतलाया था कि यज्ञ सिर्फ नश्वर सुख देनेवाले हैं, चाहे वे सुख इस लोक में मिलें या परलोक में। इसलिए, मनुष्य को चाहिए कि धर्म वह इन इनामों के लोभ में आकर नहीं करे, बल्कि इसलिए कि उसे जन्म-बन्ध से छुटकारा पाना है। बौद्ध-धर्म और जैन-धर्म ने भी, अपने-अपने ढंग पर, जनता को यही समझाया था। गीता में हम वैष्णव-धर्म का जो रूप देखते हैं, वह बौद्ध और जैन-धर्मों के प्रभावों को अपने भीतर पचाए हुए है।

गीता की विशेषता यह है कि उपनिषदों के आध्यात्मिक सिद्धान्त इस ग्रन्थ में सामाजिक जीवन पर लागू किए गए हैं। उपनिषदों ने वैराग्य को तो मुक्ति का साधन माना, किन्तु, शूद्रों को मुक्ति पाने का अधिकार नहीं दिया, क्योंकि वे वेद और उपनिषद् पढ़ नहीं सकते थे। बौद्ध और जैन-धर्मों ने निर्वाण या मुक्ति का वादा तो सबके लिए किया, किन्तु उन्होंने भी एक शर्त लगा दी कि श्रमण संन्यासी हुए बिना मुक्ति किसी को नहीं मिलेगी। गीता मुक्ति का दरवाजा सबके लिए खोलती है और यह भी कहती है कि गृहस्थी का काम करते

हुए भी आदमी मोक्ष पा सकता है। गीता गृहस्थों का उपनिषद् है।

एक दूसरी दृष्टि से देखने पर ऐसा मालूम होता है कि हिन्दू-धर्म बौद्ध एवं जैन धर्मों के द्वारा किए जानेवाले प्रयोगों को ठीक उसी तरह सहानुभूति से देख रहा था, जैसे घर का बूढ़ा घर के नौजवान लड़कों के कामों को चाव से देखता हो, चाहे वे लड़के बूढ़े के कुछ खिलाफ ही क्यों न हों। और लड़कों को जब कोई कामयाबी मिल जाती है, तब घर का मालिक भी उसकी कीमत लगाने लगता है। यही नहीं, लड़के जब गलती करते हैं तब घर का मालिक उस गलती को सुधार भी देता है। इसी तरह, बौद्ध और जैन धर्मों के प्रयोग से जो बातें सच पाई गईं या जिस बात की सचाई और भी साबित हो गई, उस बात को हिन्दू-धर्म ने अपने ऊँचे-से-ऊँचे विचारों के बीच स्थान दे दिया। साथ ही, एकाध ऐसी बात भी थी, जिसका प्रयोग तो ये नये धर्म कर रहे थे, मगर, जिसे ठीक भाषा में वे कह नहीं पाते थे। गीता में हिन्दू-धर्म ने ऐसे सत्यों को भी उचित भाषा में व्यक्त कर दिया।

वैदिक, औपनिषदिक, बौद्ध और जैन, इस चारों मतवादों के बीच विचारों के जो संघर्ष हुए, उनसे, अन्त में जाकर, सत्य का एक अत्यन्त सुलझा हुआ रूप प्रकट हुआ। यही सत्य गीता का ज्ञान है और गीता में ही इन चारों मतवादों का समन्वय भी झलकता है।

गीता का ज्ञान-मार्ग सांख्य मत के अनुसार है और बौद्ध तथा जैन मतों से उसकी पूरी समानता है, क्योंकि ये मत भी (जैन कुछ अधिक, बौद्ध कुछ कम) निर्वाण या कैवल्य के लिए ज्ञान को आवश्यक बतलाते हैं। इस ज्ञान-मार्ग का पहला संकेत उपनिषदों ने किया था। बौद्ध और जैन धर्मों ने उसका वर्षों तक प्रयोग और प्रचार किया; और तब इस निखरे हुए सिद्धान्त को गीता ने अपने हृदय में स्थान दे दिया।

गीता का दूसरा प्रतिपाद्य मार्ग कर्म का मार्ग है। गीता से पहले वेदों के कर्मकांड में कर्म का अर्थ यज्ञ समझा जाता था। उधर बौद्धों और जैनों ने कर्म का अर्थ व्रत, अनुष्ठान, सदाचार, तपस्या और ध्यान बना लिया। फिर, जब गृहस्थों से यह कहा गया कि उनकी मुक्ति संन्यास लिये बिना नहीं हो सकती, तब गृहस्थी के सारे कर्म धार्मिक कर्म के घेरे के बाहर छूट गए। असल में, बौद्ध और जैन महात्मा जितना ही इस बात का प्रचार करते गए कि मोक्ष के लिए संन्यास लेना जरूरी है, उतना ही, समाज में इस भाव का प्रचार होता गया कि धर्म का असली मार्ग कर्म-न्यास यानी गृहस्थी के सभी कर्मों का त्याग है। उसी घबराहट से आजिज आकर बौद्धों ने महायान-मार्ग के खुलने पर, यह मान लिया कि मुक्ति गृहस्थ रहने पर भी मिल सकती है। लेकिन, असल में, जो बात वे कहना चाहते थे, उसके उपयुक्त भाषा उन्हें तब भी नहीं मिली थी। इसीलिए, हमारा विचार है कि कर्म की वास्तविक शिक्षा देने में बौद्ध आचार्य असफल रहे थे। कर्म के क्षेत्र में उन्होंने जो भी प्रयोग किया, उसका लाभ घर के बूढ़े यानी हिन्दू-धर्म ने उठाया। क्योंकि यह खुलासा, अन्त में, गीता में ही आकर हुआ कि कर्म-न्यास का अर्थ कर्म का त्याग (अथवा संन्यास) नहीं, बल्कि, कर्म के फलों में होनेवाली आसक्ति का त्याग है। यह भी ध्यान देने की बात है कि गीता के कर्मकांड में केवल संन्यासी ही नहीं, गृहस्थों के भी कर्म शामिल हैं। यहाँ तक कि उससे युद्ध भी बाहर नहीं है, अगर वह न्याय के लिए लड़ा जाए और लड़नेवाला उसे कर्तव्य माने, वासना की वृद्धि का साधन नहीं।

गीता का भक्ति-मार्ग ही एक ऐसी वस्तु है, जिसका बौद्ध धर्म से कोई सरोकार नहीं मालूम होता। भक्ति के बीज आर्यों के आगमन से पूर्व, इस देश में मौजूद थे, यह बात ऊपर कही जा चुकी है। उपनिषदों में ये बीज, जहाँ-तहाँ, अंकुरित होने लगे थे। गीता में हम इस भक्ति का पुष्पित और पल्लवित रूप देखते हैं। भक्ति ने ठीक इसी समय पर आकर आकार क्यों लिया, इसका कारण यह है कि जिस वस्तु का बहुत अभाव होता है, उसकी कामना लोगों को और जोर से होने लगती है। चूँकि बौद्ध मत ने भक्ति के सभी दरवाजे बन्द कर दिए थे, इसलिए, वह वैदिक धर्म के हृदय में जोरों से बढ़ने लगी। मालूम होता है, जब गीता में प्रतिपादित भक्ति समाज को बहुत आकृष्ट करने लगी, तभी बौद्ध धर्म ने महायान के भीतर से बढ़कर उसे कबूल कर लिया।

उपनिषद् वेद से निकले थे और गीता उपनिषदों से। लेकिन, इस बीच में, पशु-हिंसा के खिलाफ देश में जो आन्दोलन चलते रहे, उनका प्रभाव गीता पर खूब पड़ा। गीता में देवता की प्रसन्नता के लिए जीव-हिंसा करने का उपदेश नहीं है, बल्कि, वह तो भगवान् का पूजन पुष्प और पत्र से करने को कहती है। वैष्णव धर्म में जीव-हिंसा की जो मनाही है वह भी, अधिकांश में बौद्ध और जैन धर्मों की देन है।

गीता हिन्दू-धर्म का सर्वमान्य ग्रन्थ है। गीता की रचना के बाद हिन्दू धर्म के जो भी व्याख्याता और सुधारक भारत में जनमे, उन्होंने अपनी पक्षसिद्धि के लिए गीता की व्याख्या अवश्य लिखी अथवा गीता को अवश्य उद्धृत किया। यहाँ तक कि अनासक्ति-योग के नाम से गीता की एक व्याख्या गांधीजी ने भी लिखी है। वेदों और उपनिषदों की विचारधारा स्फटिक के समान उज्ज्वल होकर गीता में प्रकट हुई। कोई आश्चर्य नहीं कि हिन्दू-मात्र गीता को धर्म का अन्तिम आख्यान मानते हैं।

मौर्योत्तर हिन्दू-जागरण

बौद्ध काल और ब्राह्मण-काल का भेद इतिहासकार करते तो हैं, किन्तु, यह विभाजन ठीक है या नहीं, यह संदिग्ध विषय है। अशोक के समय बौद्ध धर्म का प्रताप खूब बढ़ा किन्तु उस समय हिन्दुत्व लुप्तप्राय था, यह नहीं समझना चाहिए। वस्तुतः, अशोक सभी धर्मों के त्राता थे और उनके समय में भी, ब्राह्मण-धर्म पूर्णरूप से जीवित था तथा नई आवश्यकताओं के अनुसार, वह अपना सुधार भी कर रहा था। बुद्धदेव और उनके अनुयायियों ने वैदिक धर्म को झकझोरकर उसकी जड़ता तोड़ डाली थी और बौद्ध-क्रान्ति की जो शिक्षाएँ अत्यावश्यक दीख पड़ीं, उन्हें ग्रहण करके वैदिक धर्म एक बार फिर नवीन हो रहा था।

वैदिक धर्म के इस संशोधित और नवीन रूप का समय गुप्त-काल माना जाता है, किन्तु, वस्तुतः इसका आरम्भ ईसा के दो सौ वर्ष पूर्व से ही माना जाना चाहिए। असल में, इस प्रक्रिया के प्रमाण मौर्य-वंश के पतन (ई. पू. 180) के बाद ही दिखाई पड़ने लगे थे। अतएव, यह मानना अधिक युक्ति-युक्त है कि वैदिक धर्म का जो रूप हम गुप्त-काल में देखते हैं, उसकी तैयारी ईसा के दो सौ वर्ष पूर्व से लेकर ईसा के तीन सौ वर्ष बाद तक की पाँच सदियों में हुई थी। किन्तु, इस काल को इतिहास में प्रमुखता नहीं दी जाती, जिसका मुख्य कारण यह है कि उस समय देश में कोई सबल केन्द्रीय सत्ता नहीं थी। उत्तरी और पश्चिमी भारत

में, उन दिनों शुंग, कण्व, यूनानी, शक और कुषाण राजे राज कर रहे थे तथा आन्ध्र में सातवाहनों का राज्य था। हिन्दुत्व की एक विशेषता यह भी है कि जब-जब भारत में विदेशी नस्लों और संस्कृतियों के लोग आ बसते हैं तब-तब उसके भीतर से प्रगति का ज्वार उठने लगता है। यूनानी, शक और कुषाण लोग विदेशी थे, किन्तु, भारत आकर या तो वे हिन्दू हो गए थे अथवा बौद्ध। उनके साथ आनेवाली नई भावनाओं ने बुद्ध से आन्दोलित ब्राह्मणत्व को और भी आन्दोलित कर दिया एवं वैदिक धर्म किसी महाजागरण के आवेश में आकर अपने भीतर नवीनता और ताजगी भरने लगा। कनिष्क के समय और बौद्ध धर्म के भीतर से महायान-सम्प्रदाय का प्रकट होना ही यह बतलाता है कि मौर्यों के पतन के बाद भारतीय समाज पर ब्राह्मणत्व का रोब छा गया था, जिसका परिणाम यह हुआ कि वैदिक धर्म का विरोधी बौद्ध मत भी हिन्दू-लिबास पहनने को बाध्य हो गया।

मौर्यों के पतन से लेकर गुप्तों के उत्थान तक का समय हिन्दुत्व के इतिहास का अत्यन्त महत्त्वपूर्ण काल गिना जाना चाहिए। सच पूछिए तो यही वह काल है जब आर्य बदलकर हिन्दू तथा वैदिक धर्म परिवर्तित अथवा परिपक्व होकर हिन्दुत्व हो जाता है। यही वह काल है जब रामायण और महाभारत का अन्तिम संस्करण बनता है, जब स्मृतियाँ लिखी जाती हैं, पिछले उपनिषदों का निर्माण होता है, आरम्भ के पुराण रचे जाते हैं, और दर्शन की अनेक शाखाओं का विकास होता है। हिन्दुत्व के रससिद्ध कवि कालिदास को लोग, व्यर्थ ही, चौथी सदी में रखते हैं। बहुत सम्भव है कि वे ईसा से कुछ पूर्व, विक्रमाब्द के आरम्भ में ही, हुए हों। इससे भी महत्त्वपूर्ण बात यह है कि आर्यों ने आर्येतर संस्कृतियों को अपनी संस्कृति में पचाने का जो अभियान आरम्भ किया था, वह इसी काल में आकर पूरा हुआ एवं जिस गुह्य ज्ञान को ब्राह्मण उतने दिनों से जनता से छिपाए हुए थे, वह महाकाव्यों और पुराणों के द्वारा इसी काल में जन-साधारण के लिए सुलभ हो गया।

बौद्ध क्रान्ति से हिन्दुत्व ने दो प्रकार की शिक्षाएँ लीं। एक तो यह कि धर्म वही अच्छा है, जो जनता की समझ में आए, जिसमें जनता से कोई बात छिपाकर नहीं रखी जाए और जो जनता में उत्साह जगा सके। और दूसरी यह कि संसार-त्याग की शिक्षा पर अवलम्बित रहनेवाले धर्म को, अन्त में, अपने आपको बचाना भी कठिन हो जाता है। बौद्ध धर्म की सफलता और असफलता से हिन्दुत्व ने जो प्रेरणा ली, वह सब-की-सब रामायण और महाभारत में संचित है। इन दो महाकाव्यों की कथाएँ जनता में बहुत दिनों से प्रचलित रही थीं और ये कथाएँ केवल आर्यों में ही नहीं, आर्येतर समाज में भी चालू थीं। ये दोनों काव्य भी बहुत दिनों से बनते आ रहे थे। किन्तु, अब उनकी पूर्णता और परिपाक का समय आ गया था। पूर्णता पर पहुँचते-पहुँचते, इन काव्यों ने लोक-कथाओं का ऐसा विलक्षण उपयोग किया कि उनसे देश में धार्मिक जागृति की लहर आ गई और धर्म के जो रहस्य अब तक मन्त्रों और अनुष्ठानों के सुरक्षित गढ़ों में प्रच्छन्न थे, वे चरित्रों, घटना-वर्णनों और संवादों में मूर्तिमान हो उठे। हिन्दुत्व ने अब तक जो कुछ भी सोचा-समझा था, जितनी भी साधना और तपस्या की थी, जिस किसी ऊँचाई या गहराई में पहुँचा था, उसका सारा भाग इन काव्यों में, अनेक रूपों में, प्रत्यक्ष होकर खिल उठा। तब से हिन्दुत्व के रक्षक वेद और उपनिषद् कम, रामायण और महाभारत अधिक रहे हैं, एवं जिस किसी ने भी उपनिषद् नहीं पढ़े, किन्तु, रामायण

और महाभारत को पढ़ा, या सुना है, वह हिन्दुत्व के सम्बन्ध में तनिक भी अज्ञान नहीं गिना जाता है। वेदों और उपनिषदों के तो हिन्दू जनता केवल नाम ही सुनती है; धर्म उसका वह है, जो रामायण और महाभारत में लिखा हुआ है। वेदों और उपनिषदों के भी ज्ञान के सच्चे उद्धारक वाल्मीकि और व्यास हुए एवं भारत में जो भी गौरव है, उसे इन्हीं दो आर्ष महाकवियों ने मूर्त रूप दिया।

भारत की एकता की सेवा भी, सबसे अधिक, इन्हीं दो महाकाव्यों ने की। लंका, पम्पापुर और अयोध्या, देश के इन तीन भू-भागों की कथाओं को एक ही राष्ट्रीय महाकाव्य में गूँथकर वाल्मीकि ने भारत की सांस्कृतिक ही नहीं, भौगोलिक एकता को भी अक्षय तत्त्व बना दिया। इसी प्रकार, महाभारतकार ने भी देश के विभिन्न भागों में फैली हुई विचारधाराओं एवं संस्कृतियों को एक स्थान पर लाकर इस प्रकार गुम्फित कर दिया कि महाभारत सारे देश की जनता का कंठहार हो गया। कोई आश्चर्य नहीं कि कालिदास से लेकर आज तक के सभी भारतीय भाषाओं के कवि रामायण और महाभारत की कथाओं पर काव्य-रचना करते रहे हैं। सारे देश का साहित्य आज भी राभायण और महाभारत का क्षीर-पान कर बलिष्ठ हो रहा है, जिससे आप-से-आप यह सत्य ध्वनित हो उठता है कि भारत की विचारधारा एक है, भारत की मानसिकता एक है एवं भारत की एक ही संस्कृति है, जिसकी सेवा विभिन्न भाषाओं में की जा रही है।

जिस सिद्धान्त पर आर्येतर देवता शिव आर्य-वृत्त में लाए गए थे, उस सिद्धान्त की सीमाएँ इस काल में और भी विस्तृत कर दी गईं और भारत की विभिन्न जातियों (जिनमें विदेशी जातियाँ भी सम्मिलित हैं) में जो भी देवी-देवता थे, वे, सब-के-सब हिन्दू-वृत्त में गृहीत हो गए। यह भारतीय संस्कृति के हित में बहुत बड़ा काम हुआ, क्योंकि जो विदेशी जातियाँ हिन्दू बनी थीं, उन्हें यह सोचने का अवसर ही नहीं रहा कि वे किसी अपर धर्म में आई हैं। कृष्ण का गोपाल और रसिक रूप, कदाचित्, इसी समय प्रचलित हुआ और, सम्भव है, राधा की कल्पना भी कृष्ण-कथा के आस-पास इसी समय से मँडलाने लगी हो, यद्यपि, कृष्णचरित्र के साथ उसका लिखित गुम्फन बहुत बाद को हुआ। कार्त्तिकेय और गणेश इसी काल में हिन्दू देवता के पद पर आए। राम और कृष्ण इसी काल से अवतार के रूप में प्रसिद्ध हुए और इसी काल से दुर्गा शिव की शक्ति मानी जाने लगीं। राम, कृष्ण, शिव और पार्वती, हिन्दू-धर्म के ये चार देवता तभी से पूजित चले आ रहे हैं। जिस प्रकार, शिव आर्येतर देवता हैं और उनके व्यक्तित्व में उनके समान अनेक आर्येतर देवताओं का व्यक्तित्व पचा हुआ है, उसी प्रकार, आज की शक्ति-पूजा भी उस प्रकार की अनेक आर्येतर पूजाओं का आर्यीकृत रूप है।

बौद्ध मत गार्हस्थ्य से संन्यास को बहुत अधिक महत्त्व देता था, अतएव, धर्म के विषय में जिन्हें भी उत्साह होता, वे युवक होने पर भी, संन्यासी हो जाते थे। इससे समाज की प्रत्यक्ष हानि हो रही थी। अतएव, हिन्दुत्व ने इस काल में पुरुषार्थ के चार सोपान बनाए एवं उन्हें धर्म, अर्थ, काम और मोक्ष के नाम से विख्यात किया। धर्म तो सबके लिए आवश्यक बताया गया, किन्तु, मोक्ष-साधना के लिए वह उम्र बताई गई, जब मनुष्य गृहस्थ-धर्म का पालन कर चुकता है, जब वह पितृ, ऋषि और देव-ऋणों से मुक्त हो जाता है।[5] निवृत्ति या

संन्यास का हिन्दुत्व ने खंडन नहीं किया, प्रत्युत, उसने यह बताया कि, अनुपाततः, निवृत्ति का स्थान जीवन में एक-चौथाई होना चाहिए, अर्थात् मनुय की पूरी शक्ति का तीन अंश धर्म, अर्थ और काम के सेवन में जाना चाहिए, बाकी एक अंश वह संन्यास को दे सकता है। हिन्दुत्व निवृत्ति की बुराइयों से चौंका हुआ था और वह इसे किसी भी प्रकार सीमा से आगे बढ़ने देना नहीं चाहता था। इसलिए, शास्त्रों में हम अर्थ, धर्म और काम पर ही अधिक जोर देखते हैं, जिनका सम्मिलित बोध 'त्रिवर्ग' शब्द से होता है। समझा यह जाता था कि पुरुषार्थ की सिद्धि के लिए संन्यास आवश्यक नहीं है, क्योंकि अर्थ और काम को धर्म के साथ भोगना ही सच्चा संन्यास है और इस त्रिवर्ग की साधना का स्वाभाविक परिणाम मोक्ष होता है। जाग्रत् हिन्दुत्व ने जिस सत्य को ग्रहण किया था, उसका ध्येय निवृत्ति नहीं, प्रवृत्ति थी और प्रवृत्ति को धर्माचार्य चारों ओर से पुष्ट कर रहे थे। यह प्रयास गीता में सबसे अधिक सफल हुआ है।

उपनिषदों ने जो परम्परा चलाई थी, वह निर्वैयक्तिक, निराकार, ब्रह्म की परम्परा थी। जैन और बौद्ध आचार्यों ने जनता से वह कल्पना भी छीन ली और शून्य का ध्यान करने को वे मनुष्य का परम धर्म बताने लगे। अतएव, जाग्रत् हिन्दुत्व ने एक नए साहस का परिचय दिया एवं उपनिषदों में वर्णित ब्रह्म की निर्वैयक्तिकतावाले अंश को पीछे छोड़कर वह उन अंशों को आगे लाने लगा, जिनमें ब्रह्म की साकारता का आख्यान था। जिनमें यह कहा गया था कि सृष्टि ब्रह्म की रचना है और ब्रह्म से प्रेम भी किया जा सकता है, उसकी प्रार्थना भी की जा सकती है। यह परम्परा गीता में भली-भाँति प्रतिपादित हो चुकी थी, अब वह काव्य और लोकप्रिय दर्शन के द्वारा जनता में बिखेरी जाने लगी। यहीं से ब्रह्मा, विष्णु और महेश नामक त्रिमूर्ति की कल्पना चली। एक ही ईश्वर के तीन रूप, एक रचयिता का, एक पालक का और एक संहारक का। वैदिक आर्यों ने प्रकृति के रमणीय रूपों पर से विष्णु और भयानक रूपों पर से रुद्र की कल्पना निकाली थी। साथ ही, वे प्रजापति को भी पूजते थे। ये तीनों कल्पनाएँ देश भर की जनता के संस्कारों को साथ लेती हुई, अन्त में, त्रिमूर्ति की कल्पना में समाविष्ट हो गईं। यह हिन्दुत्व की सामासिकता का प्रोज्ज्वल प्रमाण था।

वैदिक धर्म से इस काल के हिन्दुत्व का जो भेद है, उसे एक लेखक ने यह कहकर प्रकट किया कि वैदिक आर्य यज्ञवेदी को पूजते थे, किन्तु, इस काल के हिन्दू (अब वे शुद्ध आर्य नहीं थे) यज्ञवेदी के स्थान पर मन्दिर को ले आए। जो उत्साह पहले यज्ञों के लिए था, वह अब प्रतिमा-पूजन के लिए दिखाई देने लगा और जो उत्साह पहले प्रतिमा-पूजन में रहा होगा, वह अब यज्ञों के लिए शेष रह गया। आर्यों और द्रविड़ों की पूजाओं में भिन्नता थी। आर्य हवन करते थे, निराकार की समाधि करते थे, किन्तु द्रविड़ों की पद्धति जनधर्म की पद्धति थी, उसमें पत्र-पुष्प-चन्दन के साथ स्तुति-पाठ और जनरुचि के अनुकूल अनुष्ठान होते थे। इस काल में आकर ये दोनों पूजा-पद्धतियाँ एक हो गईं। वरन्, यह कहना चाहिए कि द्राविड़ पद्धति ने आर्य पद्धति को दबा दिया और हवन से कहीं अधिक प्रचार पूजा का हो गया। यज्ञ और हवन, एक प्रकार से उन्हीं के बीच चलते रहे, जो स्मार्त हिन्दू थे।

हिन्दुत्व की स्थापना तो बुद्ध से पूर्व अवश्य हो चुकी थी, किन्तु, उसकी सभी शाखाओं का तब तक पूरा विकास नहीं हुआ था। इसके लिए विभिन्न जातियों के संस्कारों को आत्मसात्

करना आवश्यक था, जिसकी प्रक्रिया सदियों से चली आ रही थी। गुप्तकाल तक (चौथी सदी) आते-आते, हिन्दुत्व का पूरा विकास हो गया और उसके वे सारे अंग पुष्ट हो गए, जिन्हें हम आज देखते हैं। निराकार के पार्श्व में साकार की उपासना, निर्वैयक्तिक के साथ-साथ वैयक्तिक ब्रह्म का ध्यान, त्रिमूर्ति ईश्वर, दुर्गा, गणेश और दशावतार, वेद की प्रामाणिकता में विश्वास, निष्काम कर्म की महत्ता, जन्मान्तरवाद और कर्मफलवाद, वर्णाश्रम और त्रिवर्ग, वैष्णव, शैव और शाक्त उपासना की विधियाँ, मन्दिर और मूर्ति, तीर्थ और श्राद्ध, ज्ञान, भक्ति और कर्म के त्रिमार्ग, हिन्दुत्व के जो भी मुख्य अंग हैं, उसके जो भी प्रधान लक्षण और विशेषताएँ हैं, वे गुप्त-काल तक बढ़कर तैयार हो गईं। इसके बाद, हिन्दुत्व के निर्माण में कोई ईंट नहीं लगी। जो भी आन्दोलन उठे, धूल झाड़ने को उठे; जो भी धर्माचार्य आए, पपड़ियाँ तोड़ने को आए। तब से हिन्दुत्व, धूप और छाया में चलता हुआ, अपने मूल रूप में कभी भी नहीं बदला, यानी कहीं से भी उसने कोई बड़ा उपकरण नहीं लिया है।

जातियाँ जब जगती हैं, तब उनका भौगोलिक विस्तार भी होता हे। मौर्योत्तर काल के जाग्रत् भारतीय समाज में ऐसे विस्तार की भी कामना जगी, और इसी काल में मलाया, जावा, सुमात्रा, बोर्नियो और हिन्द-चीन में भारतीय संस्कृति का प्रचार हुआ एवं भारतवासियों ने वहाँ अपने राज्य कायम किए। ये राज्य तब तक चलते रहे, जब तक मुस्लिम-काल के भारतीय मुसलमानों ने इन देशों में अपने धर्म का प्रचार नहीं किया। बाली-द्वीप में हिन्दू-राज्य की परम्परा अभी हाल तक कायम थी। हॉलैंडवालों ने जब इस द्वीप पर अपना अधिकार जमाया, तब वहाँ के हिन्दू राजाओं ने डचों की अधीनता मानने से इनकार कर दिया और सन् 1908 ई. में वे, सच्चे राजपूत के समान, लड़ते-लड़ते सागर में बलिदान हो गए।

सन्दर्भ

1. बुद्धचर्य्या–राहुल सांकृत्यायन।
2. तुलसीदास और सूरदास के समय में वैष्णव यह मानते थे कि मोक्ष-प्राप्ति की अपेक्षा यह कहीं श्रेयस्कर है कि हम अपने आराध्य की सेवा करते रहें। वह अनुभूति, कदाचित् महायान से ही वैष्णव धर्म में पहुँची थी।
3. *ज्ञानेनाऽकाशकल्पेन धर्मान्यो गगनोपमान्।*
   ज्ञेयाभिन्नेन सम्बुद्धः तं वन्दे द्विपदां वरम्। *(मांडूक्यकारिका, चतुर्थ प्रकरण।)*
   अर्थात् ज्ञेय धर्मों से अभिन्न, आकाश-कल्प ज्ञान से जिसने आकाश सदृश पदार्थों को जान लिया, उस द्विपदश्रेष्ठ सम्बुद्ध को मैं नमस्कार करता हूँ।
4. विद्वद्वर सुरेन्द्रनाथ दास गुप्त ने लिखा है कि यह बात प्रमाणित की जा सकती है कि, अपने मूल रूप में, गीता बुद्ध से पहले की रचना है।
5. पिता जन्म देता है, इसलिए, पितृ-ऋण से मुक्ति तब होती है, जब मनुष्य सन्तान उत्पन्न करता है। ऋषि ज्ञान देते हैं, जिससे उऋण होने का मार्ग है समाज में विद्या और संस्कृति को प्रोत्साहन देना एवं देवता विश्व की रक्षा करते हैं, अतएव, उनका ऋण चुकाने का उपाय है सार्वजनिक सेवा-कार्य, जिसका ध्येय समाज में शान्ति और सुव्यवस्था कायम रखना है।

प्रकरण-5

प्राचीन भारत और बाह्य विश्व

पंडित जयचन्द्र विद्यालंकार ने लिखा है कि भारत में चिन्तन, खोज, अनुसन्धान और बौद्धिक उन्नति की प्रक्रिया, प्रायः, ईसा की छठी शताब्दी तक चलती रही।[1] इसके बाद उसका अवरोध हो गया और तब से लेकर उन्नीसवीं सदी के आरम्भ तक, इस देश ने बुद्धि के क्षेत्र में कोई भी बड़ा काम नहीं किया। छठी शताब्दी से लेकर उन्नीसवीं शताब्दी तक का, प्रायः, बारह सौ वर्ष का समय इस देश ने व्यर्थ गँवाया। इस काल में हम गणित और विज्ञान की दिशा में कोई भी नई बात नहीं सोच सके, अगर शंकराचार्य को बाद दे दें तो, दर्शन और अध्यात्म के क्षेत्र में भी, इस काल में हमने कोई नया अनुसन्धान नहीं किया। कुछ काम आयुर्वेद के क्षेत्र में अवश्य हुए, मगर, वे भी युगप्रवर्तक नहीं थे। हाँ, इन बारह सौ वर्षों में यहाँ के पंडितों ने काव्य-शास्त्र पर खूब चिन्तन किया और शब्दों की शक्ति का पता लगाने में वे दुनिया के और देशों से कहीं आगे निकल गए। ईलियट ने लिखा है कि जब आलोचना बढ़ती है, तब रचना का ह्रास होता है। यह बात भारत पर भी लागू होती है, क्योंकि भामह (छठी शताब्दी) से लेकर हिन्दी के रीतिकाल तक, इस देश में संस्कृत में जो भी काव्य-रचना की गई, वह वाल्मीकि और कालिदास की कोटि तक नहीं पहुँच सकी। उस साहित्य में, हम अपने जातीय जीवन का स्पन्दन नहीं पाते। वह पच्चीकारी के सौन्दर्य से खचाखच भरा हुआ जरूर है, लेकिन, उसमें जीवन को आलोड़ित करने की शक्ति का पूरा अभाव है। मध्यकालीन हिन्दी तथा अन्य देश-भाषाओं के भक्ति-साहित्य में नवीनता और ताजगी जरूर है, क्योंकि, वह सर्वथा नूतन प्रयोग था; मगर, बाकी तो, देश-भाषाओं में भी (विशेषतः हिन्दी में) नीति के नाम पर संस्कृत का अनुकरण ही मिलता है। जब जाति का हृदय सरोवर सूख जाता है, वह रचना को छोड़कर आलोचना में जा फँसती है। जब नई सूझें नहीं मिलतीं, तब कवि और कलाकार पुरानी चीजों पर ही पच्चीकारी और नक्काशी में चमत्कार दिखाने लगते हैं। अगर साहित्य जाति के भीतरी जीवन का प्रतिबिम्ब है, तो यह निस्सन्देह कहा जा सकता है कि सातवीं सदी से अठारहवीं सदी तक का भारत निर्जीव देश था, उसमें परम्परा से आगे बढ़कर सोचने की शक्ति नहीं रह गई थी और, धर्म के मामले में भी, वह बाहरी आडम्बरों तक ही देख सकता था। प्रायः हजार वर्षों के इस निश्चित काल में अगर भारत की सनातन आत्मा कहीं कुछ तेज दिखा सकी तो वह सन्तों के साहित्य में। जब हिन्दू-राज्य-सत्ता बिखर गई, पंडितों की आँखें फूट गईं और पुरोहित धर्म के दलाल मात्र रह गए, तब हमारे धर्म और साहित्य, दोनों ने सन्तों की शरण पकड़ी और वहीं वे, अपने

ढंग पर पलते और पुष्ट होते रहे। वेद, उपनिषद्, गीता, रामायण, महाभारत और कालिदास के बाद उतने उजागर नाम शंकर, रामानुज, वल्लभाचार्य, रामानन्द, कबीर, सूरदास और तुलसीदास के ही मिलते हैं।

मगर, यह केवल भारत का ही हाल नहीं था। इस काल में भारत से बाहर भी कहीं कोई बड़ा चिन्तन नहीं हुआ। असल में, छठी शताब्दी तक जो कुछ भारत में सोचा जा चुका था, वही ज्ञान विश्व भर की पूँजी हुआ और इस काल में, भारत का चिन्तन, जिन-जिन देशों में पहुँचा, उन-उन देशों में जिन्दगी की एक नई लहर दौड़ गई। खुद यूरोप में भी वैज्ञानिकता का आरम्भ सोलहवीं सदी में हुआ और यह कहें कि यूरोप में रिनासाँ (बौद्धिक जागरण) का आरम्भ चौदहवीं सदी में होता है, तो अभी इस अनुमान के लिए आधार रह जाता है कि अरबों ने भारत से जो कुछ लिया था, यूरोप के रिनासाँ के पीछे उस ज्ञान का भी हाथ था।

बाहरी दुनिया से सम्पर्क

अभी हाल तक हिन्दू-समाज में यह अन्धविश्वास जारी था कि विदेश जाना पाप है, बल्कि, अब भी गाँव में ऐसे लोग मौजूद हैं, जो समुद्र पार जानेवाले हिन्दू को पतित समझते हैं। किन्तु, अत्यन्त प्राचीन काल में समुद्र-यात्रा पाप नहीं समझी जाती थी।

सिन्धु-सभ्यतावालों का सुमेर और बेबिलोन से निकट का सम्पर्क था, यह बात अब सभी विद्वान् मानते हैं। जब आर्य इस देश में आए, तब ईरान से उनका सम्पर्क बना रहा। सच पूछिए तो ईरानियों और वैदिक आर्यों के बीच सीमा-विभाजन जैसी कोई बात नहीं थी। आर्यों के उपनिवेश मेसोपोटामिया तक फैले हुए थे। उधर, ईरान की तरफ के मित्तनी और हित्ताइत राजे वैदिक देवताओं की प्रार्थना करते थे। जब बुद्धदेव का आविर्भाव हुआ, तब उनका धर्म पश्चिमी एशिया में भी प्रचलित हुआ। कहते हैं, ईसा मसीह ने जिस भू-भाग में अपना धर्मोपदेश किया, वहाँ ईसा के सैकड़ों वर्ष पूर्व ही, बौद्ध धर्म का अमृत बरस चुका था। बौद्ध एवं ईसाई धर्मों के बीच हम जो समानता देखते हैं उसका यही कारण है। बौद्ध मत के प्रभाव के कारण ईसाइयत का उदय हुआ, इस बात को रोमन चर्च के अनुयायी मानते हैं, बल्कि, सेंट बोसाफेत के नाम से वे बुद्ध को भी ईसाई सन्तों में ही गिन लेते हैं।

सिन्धु के मुहाने और ईरान की खाड़ी होकर भारत से यूरोप के बीच वाणिज्य-व्यापार को लेकर बड़ा ही गहरा सम्पर्क था। उन दिनों, हाथीदाँत, वस्त्र, बन्दर और मयूर इस देश के प्रधान निर्यात थे। ई. पू. 975 में राजा सॉलामन ने अपने राजमहल को सजाने के लिए भारत से बहुत-सी चीजें मँगवाई थीं, इसका प्रमाण मिलता है। यूनान से भारत का सम्पर्क सिकन्दर के जमाने से ही नहीं, उसके बहुत पूर्व से था। और दोनों देशों में दोनों देशों की भाषाओं के जानकार भी मौजूद थे। ग्रीस का यूनान नाम, असल में, उसके एक नगर आयोनिया के नाम पर चला था और आयोनिया से ही अरबों ने यूनान और भारतीयों ने यवन शब्द बना लिए।[2]

पाणिनि (ई. पू. सातवीं या छठी सदी) में यवनानी लिपि का उल्लेख है, जिससे यह अनुमान होता है कि उससे बहुत पूर्व, भारत और यूनान का सम्पर्क हो चुका था। इस काल में भारत

और यूनान के सम्बन्ध की कड़ी फारस (संस्कृत नाम पारस) या ईरान था। कहते हैं, ई. पू. 480 में यूनान पर होनेवाले ईरानी आक्रमण में भारत के भी योद्धा शामिल थे और उस समय बहुत-से यूनानी लोग भी ईरानी साम्राज्य में अफसर थे तथा उनमें से कितने ही भारत में भी नियुक्त थे।

ईरान के जरिए भारत के साथ होनेवाले इस गहरे सम्बन्ध का प्रभाव यूनान के दर्शन पर पड़ा। यूनानी दर्शन का जनक थेल्स समझा जाता है। मगर, इस दर्शन की असली नींव जेनोफेन, परमेनिडिज और जीनो ने डाली थी और इन दार्शनिकों के चिन्तन में हम प्रकृति में छिपे हुए किसी एक परम तत्त्व की खोज को बहुत स्पष्ट पाते हैं, जो बहुत-कुछ आर्यों के ही सर्वात्मवाद के समान है।

यूनान के प्रसिद्ध दार्शनिक पिथेगोरस का जन्म ई.पू 580 में हुआ था। उसके चरितलेखक ने लिखा है कि पिथेगोरस ने मिस्र और असीरिया जाने के अलावा, ब्राह्मणों की भी संगति की थी। पिथेगोरस पुनर्जन्म के सिद्धान्त में विश्वास करता था और अनुमान यह है कि जन्मान्तरवाद की शिक्षा उसने हिन्दुओं से ली थी। पिथेगोरस ने यूनान को धर्म, दर्शन और गणित के सम्बन्ध में जो भी ज्ञान दिया, वह सब-का-सब भारत में छठी शताब्दी के पहले ही विकसित हो चुका था। यह भी ध्यान देने की बात है कि पिथेगोरस, महावीर और बुद्ध (जिनका वह समकालीन भी था) के समान ही जीव-हिंसा का विरोध करता था। पिथेगोरस और इम्पेडोकल्स, दोनों ने दावा किया है कि अपने पुनर्जन्म की बातें उन्हें याद हैं, जो भारत में बौद्ध साधकों का लक्षण माना जाता था। आगे चलकर, अफलातून ने इस पुनर्जन्म के सिद्धान्त के साथ कर्मवाद के सिद्धान्त को मिलाकर यूनान के लिए एक नवीन दर्शन की रचना की, जो बिलकुल भारतीय था। यही नहीं, अफलातून की 'रिपब्लिक' नामक पुस्तक से यह भी प्रकट होता है कि वह मानता था कि कर्मानुसार मनुष्य की आत्मा पशु-योनि में और पशु की आत्मा मनुष्य-योनि में जा सकती हे। अफलातून के वार्तालाप में जो यह कल्पना की गई है कि पृथ्वी परमात्मा का शरीर, स्वर्ग मस्तक, सूर्य और चन्द्रमा आँखें और आकाश मन है, वह भी उपनिषदों की विराट् की कल्पना से प्रभावित दीखती है।

ब्राह्मण, क्षत्रिय, वैश्य और शूद्र नाम से भारतवर्ष में मनुष्यों का जो विभाजन हुआ, उसकी प्रतिध्वनि भी अफलातून की 'रिपब्लिक' में सुनाई देती है, जहाँ उसने समाज को तीन भागों (1. Guardians, 2. Auxiliaries और 3. Craftsmen) में बाँटने की बात कही है। यह भी आश्चर्य की बात है कि जैसे भारत में ये चार वर्ण ब्रह्मा के चार अंगों से उत्पन्न बताए गए हैं, वैसे ही सुकरात भी उन्हें परम-पुरुष से उत्पन्न बताता है। प्लाटिनस ने ईश्वर का वर्णन 'नेति-नेति' कहकर किया है जो फिर, उपनिषदों के नेतिवाद से प्रभावित दीखता है।

सिकन्दर के भारत आगमन के बाद भारत और यूनान के बीच का सम्बन्ध और भी गहरा हो गया। सीरिया में यूनानी दरबार था जहाँ से राजदूत भारत को आते ही रहते थे। मेगस्थनीज पाटलिपुत्र कई बार आया था। उसके बाद, पाटलिपुत्र में सीरिया का राजदूत डैमेक्स नियुक्त हुआ। बिन्दुसार ने राजा एंटियोकस प्रथम से शराब मँगवाई थी, यह कथा भी मिलती है। अशोक ने अपने पड़ोसी राजाओं को बौद्ध बनाने का मनसूबा बाँधा था और उसके प्रचारक एशियाई देशों में जाने के सिवा मैसिडोनिया भी पहुँचे थे।

मौर्य-साम्राज्य के टूटने के बाद, बैक्ट्रियन यूनानियों का राज्य पंजाब तक आ पहुँचा और स्यालकोट (सागल) के राजा मिनेंडर ने बौद्ध धर्म कबूल कर लिया, यह बात मिलिन्द-प्रश्न से प्रत्यक्ष है।

ईसा की पहली सदी में यूनानियों का राज्य युची या कुशान जाति के हाथों में आ पड़ा। कनिष्क इसी जाति का राजा था जो बौद्ध हो गया था। कनिष्क के राज्यकाल में ही बुद्ध की पहली मूर्ति बनी। कहते हैं, कनिष्क के मूर्तिकार, भारत, यूनान, ईरान और चीन, सभी देशों से आए थे और उसके समय में गान्धार-कला का जो विकास हुआ, उसमें इन सभी देशों के कलाकारों का हाथ था।

कुशान राजाओं के समय रोम का साम्राज्य फुरात नदी के किनारे तक फैला हुआ था, अतएव, भारत के राजाओं से रोम का निकट का सम्बन्ध था। भारत के राजाओं के दूत रोम के दरबार में जाते ही रहते थे, इसके अनेक प्रमाण मिलते हैं।

दक्षिण भारत में उपजनेवाली कुछ चीजों की, रोम के बाजारों में, अच्छी खपत थी। इसलिए, मालाबार से लेकर रोम तक का समुद्री रास्ता दोनों देशों के लिए आम हो गया था। ईसा की पहली सदी में, यूरोप और भारत के बीच, स्थल की राह जितनी छोटी थी, सन् 1838 ई. के पूर्व तक (जबकि नवीन स्थल-मार्ग निर्धारित किया गया) वह उतनी छोटी कभी नहीं हो पाई थी। कहते हैं, पहली सदी में भारत के लोग इटली तक सिर्फ सोलह सप्ताहों में पहुँच जाते थे। तमिल की एक पुरानी कविता में यवन-देश से आनेवाले जहाजों का उल्लेख है। ये यवन म्लेच्छ तो जरूर समझे जाते थे, लेकिन, राज-दरबारों में उन्हें अच्छी-अच्छी नौकरियाँ भी दी जाती थीं। पेरिप्लस के एक लेख से पता चलता है कि किसी तमिल राजा के रनिवास के लिए कुछ यवनानियाँ यूनान से मँगाई गई थीं। ''कनिष्क के समय के करीब, एक रोमन लेखक ने शिकायत की है कि भारतवर्ष रोम से हर साल साढ़े-पाँच करोड़ का सोना खींच लेता है और यह कीमत हमें अपनी ऐयाशी और अपनी स्त्रियों की खातिर देनी पड़ती है। एक दूसरे रोमन लेखक ने रोमन स्त्रियों की शिकायत करते हुए लिखा है कि वे भारतवर्ष से आनेवाली 'बुनी हुई हवा की जाली' (मलमल) पहनकर अपना सौन्दर्य दिखाती थीं।'' (जयचन्द्र)

ईसवी सन् के आरम्भ होते-होते, भारत का दर्शन एशिया माइनर और मिस्र के इलाकों में बहुत प्रख्यात हो गया था और तक्षशिला के विद्यालय में केवल भारतीय ही नहीं, बहुत से बाहरी देशों के छात्र भी विद्या पढ़ने आते थे। अफलातून के दर्शन की नई व्याख्या (Neo-Platonism) करनेवाले प्लाटिनस को तो भारत के ब्राह्मण से मिलने की इतनी उत्सुकता थी कि वह ईरानी साम्राज्य पर होनेवाली चढ़ाई में इसीलिए साथ हो गया था, उसे कहीं कोई ब्राह्मण मिल जाए। प्लाटिनस की मुलाकात किसी ब्राह्मण से हुई या नहीं, इसका कोई प्रमाण नहीं मिलता है, लेकिन, अफलातून के दर्शन की उसने जो व्याख्या की है, उस पर ब्राह्मण-धर्म की स्पष्ट छाप है। ''जो आत्माएँ शुद्ध हो चुकी हैं और शरीर पर जिनका तनिक भी मोह नहीं है, वे फिर से शरीर धारण नहीं करेंगी। पूर्ण रूप से अनासक्त होने पर वे चेतन वास्तविकता में विलीन हो जाएँगी।'' यह और कुछ नहीं, उपनिषदों के मोक्ष और बौद्ध मत के निर्वाण की प्रतिध्वनि है, जिसकी साधना भारत में की गई थी और जिसके नाद से उस समय का

सारा संसार गूँज रहा था।

क्लिमेंट (अलेक्जेंड्रिया 150-218 ई.) ने लिखा है कि "अलेक्जेंड्रिया में बौद्धों की संख्या बहुत है और यूनानवालों ने इन्हीं बर्बरों से दर्शन चुराया है।" अलेक्जेंड्रिया में बसनेवाले बौद्धों और हिन्दुओं की संख्या बहुत काफी थी, इसके और भी अनेक प्रमाण मिलते हैं।

बौद्ध जातकों और ईसाई धर्म-ग्रन्थों की बहुत-सी कथाएँ एक-सी लगती हैं। इस पर से मैक्समूलर ने यह अनुमान लगाया था कि ईसाई धम-ग्रन्थों पर बौद्ध जातकों का स्पष्ट प्रभाव है। अलेक्जेंड्रिया के ईसाइयों में माला फेरने और कृच्छ्र साधना का जो रिवाज था, वह भी उस नगर में बौद्धों के प्रभाव से ही प्रचलित हुआ था, तक्षशिला के ही समान अलेक्जेंड्रिया भी विद्या का प्रख्यात केन्द्र थी। इस नगर का पतन 642 ई. में (मुहम्मद साहब के मरने के दस साल बाद) हुआ, जब हजरत उमर मुसलमानों के खलीफा थे। कहते हैं, "अलेक्जेंड्रिया के पुस्तकालय में इतनी पांडुलिपियाँ थीं कि मुसलमान उन्हें छह महीनों तक जलाकर नहाने का पानी गरम करते रहे।" (एच. जी. राबिल्सन)

अरबी सभ्यता के प्रधान केन्द्र बगदाद, कैरो (मिस्र) और कारडोवा (स्पेन) में बने। बगदाद की स्थापना सन् 762 ई. में हुई और तभी से वह भारत और यूरोप के बीच व्यापार का प्रमुख अड्डा बन गया। इस नगर का विध्वंस सन् 1258 ई. में मंगोल लुटेरों (चंगेज खाँ के उत्तराधिकारी हलाकू आदि) ने किया। मगर, जब तक यह शहर कायम था, इसके जरिए भारत का ज्ञान यूरोप में पहुँचता रहा।

अरबों के पास अपनी खुद की सांस्कृतिक पूँजी कम थी। उन्होंने जो कुछ भी लिया, भारत या यूनान से लिया। अलबैरूनी, जो महमूद गजनवी के साथ भारत आया था, अरब देश का ही वासी था। उसे हिन्दू-सभ्यता से अनुरक्ति थी और यहाँ की सभ्यता की बहुत-सी बातें उसके मार्फत भी अरब और वहाँ से फिर यूरोप पहुँचीं।

यह भी ध्यान देने की बात है कि प्राचीन काल में भारत ने स्वयं अथवा एकाध बार यूनान का यत्किंचित् प्रभाव लेकर जिन विद्याओं का विकास किया था, वे विद्याएँ अरबों के द्वारा फिर यूरोप पहुँचीं और, इस प्रकार, प्राचीन विश्व में ज्ञान का जो आदान-प्रदान हुआ, उसी की नींव पर आधुनिक जगत् की विद्याएँ बढ़ी हैं। एक यह भी विलक्षणता है कि भारतीय पंडितों ने तो यूनान का ऋण स्वीकार किया है, किन्तु अरबी पंडित ऐसी किसी स्वीकृति की सूचना नहीं देते। उदाहरण के लिए, हमारे ज्योतिष-ग्रन्थों में एक ग्रन्थ रोमक-सिद्धान्त भी है, जिससे रोमन नाम का संकेत मिलता है। एक दूसरे ग्रन्थ पौलिष-सिद्धान्त के बारे में भी यह कहा जाता है कि वह अलेक्जेंड्रिया के विद्वान् पौल के सिद्धान्तों के अनुसार लिखा गया था। इन ग्रन्थों के साथ भारत के अन्य ज्योतिष एवं गणित-सम्बन्धी संस्कृत ग्रन्थों का अनुवाद पहले अरबी में हुआ और तब लैटिन में। इस प्रकार, भारत का ज्ञान सारे संसार की पूँजी बन गया।

आयुर्वेद के प्रधान आचार्य चरक कनिष्क के दरबार में रहते थे। अतएव, अनुमान यह किया जाता है कि उन्होंने अपनी संहिता की रचना में यूनानी आयुर्वेद से भी सहायता ली होगी। बाद को, चरक-संहिता भी अरबी में अनूदित हुई और अरबी से यह ज्ञान भी लैटिन भाषा में पहुँचा।

अरब में भारतीय संस्कृति और ज्ञान का काफी आदर था, इस विषय में सन्देह नहीं है। अरब जाति के लोग जिज्ञासु थे तथा इसी जिज्ञासा से प्रेरित होकर उन्होंने भारत के अनेक ग्रन्थों का अनुवाद अपनी भाषा में किया था। हिजरी सन् की दूसरी सदी में, उन्होंने बौद्ध साहित्य का अरबी में अनुवाद किया, जो 'किताबुल-बुद' और 'बिलावर या बुदासिफ' के नाम से मशहूर है। इसी प्रकार, ज्योतिष और गणित की पुस्तकों का अनुवाद उन्होंने 'सिन्द हिन्द' (सिद्धान्त) के नाम से, सुश्रुत का अनुवाद 'सुश्रुद' के नाम से, चरक का अनुवाद 'सिरक' के नाम से, पंचतन्त्र का अनुवाद 'कली-ला-व-दमना' (करटक-दमनक) के नाम से तथा चाणक्य-नीति का अनुवाद 'शानक' के नाम से और हितोपदेश का अनुवाद 'बिदपा' के नाम से किया। कहते हैं, 'किताब सिन्दबाद' की रचना भी भारतीय कथाओं के आधार पर की गई थी। इसके सिवा, भारतीय संस्कृति और धर्म के विषय पर अनेक अरबी यात्रियों ने (अलबैरूनी, अल-असारी, अल-नदाम आदि) भी अपनी किताबों में अध्याय के अध्याय लिखे। अलकिन्दी ने भारतीय धर्म पर एक स्वतन्त्र ग्रन्थ ही लिख डाला। इसी प्रकार, सुलेमान और मसूदी ने भी, यात्राओं के प्रसंग में, भारत-विषयक जो ज्ञान संचित किया था; उसका उपयोग उन्होंने अपनी किताबों में खूब किया। शतरंज (चतुरंग) का भारतीय खेल भी अरब होकर ही यूरोप पहुँचा। भारत में इस खेल का प्रथम उल्लेख बाण (625 ई.) की रचना में मिलता है।

और तो और, जिन अंकों को हम अन्तर्राष्ट्रीय कहते हैं, वे भी भारत से ही अरब गए थे और अरबों से वे यूरोप को मिले, जिसका प्रमाण यह है कि अरबी में अभी तक अंकों का नाम 'हिन्दसा' है। अरब में पाए जाने के कोई एक हजार वर्ष पूर्व इन अंकों का प्रयोग अशोक के शिलालेखों में (ई. पू. 256) हुआ था। इसी तरह, अरबी का नौबहार भारत के नवविहार का रूपान्तर-मात्र है। अचरज यह है कि अरबों ने अपने चिकित्सा-शास्त्र को यूनानी क्यों कहा, जबकि भारत के आयुर्वेद से उसका इतना मेल है। यह भी सम्भव है कि उन्होंने चिकित्सा-सम्बन्धी कुछ बातें यूनान से भी पाई हों और, इस प्रकार, इस विद्या का यूनानी नाम ही उन्हें पसन्द आ गया हो।

इसका प्रमाण भी मिला है कि भारत में प्रचलित कथाएँ (जातक, पंचतन्त्र, हितोपदेश, शुक-सप्तति आदि) बहुत प्राचीन काल से देश के बाहर पहुँचती रही हैं। सिंह की खाल ओढ़नेवाले गधे की कहानी अफलातून की किताब में मिली है। शुक-सप्तति भी ईरान में तूतीनामा के नाम से प्रचलित थी और वहीं से वह यूरोप पहुँची। अरेबियन नाइट्स की कहानियों की मूल रचना सन् 950 के आस-पास हारूनरशीद के राज्यकाल में बसरा में हुई थी। इसके लेखक ने स्वीकार किया है कि इन कहानियों का आधार ईरानी, यूनानी और भारतीय कहानियाँ हैं।

ईसप्स फेब्ल्स में जो जीव-जन्तु विषयक कहानियाँ हैं, वे भी पूरब से ही पश्चिम को गई हैं। इसका सबसे बड़ा प्रमाण यह है कि उनमें आनेवाले जीव सिंह, शृगाल, हाथी और मयूर, ये सब-के-सब भारतीय हैं। भारत का शृगाल ही यूरोपीय साहित्य में बदलकर लोमड़ी हो गया है। राबिल्सन का यह भी खयाल है कि शेक्सपियर के नाटक में एक पौंड मांस की जो कथा है, वह भी जन्म से भारतीय है, यद्यपि, यह पता नहीं चलता कि यह कहानी शेक्सपियर को मिली कैसे।

गणित, ज्योतिष और विज्ञान

विज्ञान की उत्पत्ति के सम्बन्ध में विल डुरांट का मत है कि सारी सभ्यता के समान, यह भी कृषि से ही विकसित हुआ होगा। ज्योमेट्री (रेखागणित) का अर्थ ही जमीन नापना होता है। फसल और ऋतु के सम्बन्ध में सोचते-सोचते आदमी का ध्यान नक्षत्रों की ओर गया होगा और उसे जन्त्री, पंचांग या कैलेंडर-जैसी कोई चीज तैयार करने की बात सूझी होगी, जिससे अन्त में ज्योतिष का आविष्कार हुआ। गणितों में ज्योतिष, शायद, प्राचीनतम विद्या है और ज्योतिष में भी फलित ज्योतिष ही पहले आया होगा। गणित ज्योतिष का विकास उन लोगों की आवश्यकता से हुआ होगा, जिन्हें नाव लेकर समुद्र पार करना पड़ता था। वाणिज्य-व्यापार में लगे रहनेवालों ने अंकगणित की आवश्यकता महसूस की होगी और आदिम उद्योग स्थापित करने के सिलसिले में ही पदार्थ-विज्ञान और रसायन-शास्त्र का आरम्भ हुआ होगा।

आरम्भ से ही, धर्मप्राण होने के कारण, भारत के विषय में यह अनुमान है कि यहाँ विज्ञान का भी जन्म धर्म की गोद में हुआ है। आर्य ग्रहों और नक्षत्रों की ओर पूजा के भाव से देखते थे। ग्रहों की चाल समझकर वे पर्व-त्योहार का दिन निश्चित करते थे। इसी प्रक्रिया से यहाँ ज्योतिष का विकास हुआ। इसी प्रकार, मन्त्रों का पाठ शुद्ध-शुद्ध हो, इस आवश्यकता से यहाँ व्याकरण और निरुक्त विकसित हुए। रेखागणित भी, यज्ञ की वेदी बनाने के सिलसिले में रेखाओं की माप-जोख से जनमा हो तो कोई आश्चर्य की बात नहीं।

अन्यत्र की भाँति यहाँ भी, फलित ज्योतिष पहले और गणित ज्योतिष बाद को विकसित हुआ और इसका कारण, कदाचित्, यूनान का प्रभाव था, क्योंकि वराहमिहिर (छठी शती) ने अपने ऊपर यूनान का ऋण स्वीकार किया है।[3] ज्योतिष और गणित के प्राचीन आचार्यों में आर्यभट्ट (जन्म 476 ई.) का स्थान भारत में ही नहीं, सारे विश्व में बहुत ऊँचा माना जाता है। उन्होंने ग्रहण की भविष्यवाणी करने की विधि निकाली थी और पहले-पहल संसार को यह ज्ञान उन्होंने ही दिया था कि सूर्य स्थिर है, उसके चारों ओर पृथ्वी ही घूमती है, जिससे दिन और रात होते हैं। आर्यभट्ट के बाद, दूसरे आचार्य ब्रह्मगुप्त हुए, जिन्होंने भारत की ज्योतिष-विद्या को संगठित रूप दिया। किन्तु, वे आर्यभट्ट की पृथ्वी के घूमनेवाली घोषणा से सहमत नहीं हो सके। ब्रह्मगुप्त के बाद होनेवाले आचार्यों ने ज्योतिष का और विकास किया तथा पंडितों का अनुमान है कि इस काल में आकर हमारे ज्योतिष-शास्त्र पर बैबिलोन के भी ज्योतिष का प्रभाव पड़ा। इस काल में भारतीय पंडितों को यह पता चल गया था कि पृथ्वी में गुरुत्वाकर्षण-शक्ति है, जिससे वह चीजों को अपनी ओर खींच लेती है।''[4]

एक से नौ तक के अंक, शून्य का गणित-सम्बन्धी महत्त्व[5] और दशमलव की पद्धति इन सारी बातों का आविष्कार भारत में ही हुआ था और यहीं से ये चीजें अरब होकर पहले यूरोप और पीछे सारे संसार में फैलीं। दशमलव-पद्धति का ज्ञान आर्यभट्ट और ब्रह्मगुप्त के समय इस देश में काफी प्रचलित था। बौद्ध धर्म प्रचारकों के जरिए यह ज्ञान चीन पहुँचा और बगदाद में इसका प्रचार सन् 850 ई. के लगभग हुआ।

बीजगणित का विकास भारत और यूनान, दोनों ही देशों में, शायद, स्वतन्त्र रूप से हुआ था, यद्यपि कुछ पाश्चात्य पंडितों का ही यह भी अनुमान है कि यह विद्या पहले भारत

में जनमी और यहीं से वह यूनानवालों को मिली थी। अंग्रेजी में इस विद्या को अलजबरा कहते हैं, जो अरबी शब्द (अल-जब्र) है। किन्तु इससे इतना ही सिद्ध होता है कि अन्य अनेक विद्याओं की तरह, यह विद्या भी यूरोपवालों को अरब के मार्फत मिली है।

कहते हैं, रेखागणित (ज्योमेट्री) का स्वतन्त्र विकास भारत में नहीं हो पाया था और इस विद्या के विकास की प्रक्रिया यहाँ यूनान के प्रभाव के कारण सम्भव हुई। किन्तु, आर्यभट्ट और भास्कराचार्य रेखागणित के भी आचार्य थे, यह बात भुलाई नहीं जा सकती। सूर्य-सिद्धान्त के बारे में यह भी माना जाता है कि उसमें ट्रिग्नोमेट्री का ऐसा उन्नत रूप मिलता है, जो तत्कालीन यूनान के अनुमान के भी बाहर था।

पदार्थ-विज्ञान की दिशा में पहला नाम कणाद का माना जाना चाहिए, जिनका मत था कि सृष्टि अणुओं से बनी हुई है। अणुवाद का समर्थन जैन दर्शन भी करता है। उदयनाचार्य का मत था कि प्रकाश एवं उष्णता का एकमात्र कारण सूर्य है और वाचस्पति मिश्र प्रकाश को भी परमाणुओं से निर्मित मानते थे। कहा जाता है कि ईसा की दूसरी शताब्दी में हिन्दुओं के यहाँ एक प्रकार के दिग्दर्शक यन्त्र का भी प्रचार था, जो लोहे का होता था, तेल में रखा जाता था और जो बराबर उत्तर दिशा की ओर इंगित करता था।

रसायन-शास्त्र का विकास यहाँ आयुर्वेद और उद्योग की वृद्धि के कारण हुआ। गुप्त-काल में भारत का उद्योग बहुत बढ़ा-चढ़ा था और रोमवाले यह मानते थे कि कपड़ा रँगने, चमड़ा चढ़ाने, साबुन बनाने और शीशा तथा सीमेंट बनाने में भारत के कारीगर सभी देशों के कारीगरों से आगे हैं। सोने, लोहे, मोती, ताँबे और पारे की रासायनिक क्रिया का ज्ञान यहाँ खूब विकसित हो चुका था तथा छठी-सातवीं सदी में औद्योगिक रसायन के क्षेत्र में भारत सारे संसार का अग्रणी था। लोहा गलाने के काम में तो भारत, अभी हाल तक, यूरोप से आगे था।

चिकित्सा के क्षेत्र में तो प्राचीन विश्व में, शायद, भारत सबका गुरु था। सुश्रुत (ई.पू. पाँचवीं सदी), चरक (दूसरी सदी), वाग्भट्ट (छठी सदी) और भावमिश्र (1550 ई.)– ये आयुर्वेद के चार प्रधान आचार्यों के नाम हैं, जिन्होंने शरीर-विज्ञान और औषधि-विज्ञान की, इस देश में बहुत उन्नति की। आयुर्वेद का विकास यहाँ बहुत दिनों तक होता रहा और जब भी कोई नई बीमारी उत्पन्न हुई, आचार्यों ने उसकी चिकित्सा का उपाय जरूर सोचा। उपदंश का उल्लेख भावमिश्र की पुस्तक में मिलता है, यद्यपि, यूरोप से यह रोग भारत में, पुर्तगालवालों के जरिए, अभी-अभी पहुँचा था। उन दिनों, यहाँ के वैद्य केवल औषधियों का ही प्रयोग नहीं करते थे, बल्कि, चीर-फाड़ से भी उन्हें कोई घृणा नहीं थी। शल्य-चिकित्सा के यहाँ कोई सवा नौ सौ औजार प्रचलित थे और गैरिसन का कहना है कि ''ऐसा कोई भी बड़ा ऑपरेशन नहीं था, जिसे प्राचीन हिन्दू सफलतापूर्वक नहीं कर सकते थे।'' जब भारत के पतन का दिन आया, हमारा धर्म जड़ हो गया और मिथ्या पवित्रता की रक्षा के लिए जैसे लोग समुद्र-यात्रा को पाप समझने लगे, वैसे ही, उन्होंने शल्य-चिकित्सा को भी छोड़ दिया। आज तो आयुर्वेद में शल्य-चिकित्सा की बात ही कपोल-कल्पित-सी लगती है मगर, प्राचीन भारत में इसका व्यापक प्रचार था। बौद्ध ग्रन्थ में एक कथा आई है कि जीवक नामक वैद्य ने एक सेठ के मस्तक का ऑपरेशन किया था। हैवेल ने लिखा है कि खलीफा हारूनर्रशीद भारत की चिकित्सा-पद्धति का पूरा कायल था और अपने राज्य में, अस्पतालों का संगठन

करने के लिए उसने भारत से अनेक वैद्य बुलवाए थे। लाला लाजपत राय ने अपनी 'अनहैप्पी इंडिया' में लार्ड एम्पथिल का यह मत उद्धृत किया है कि ''मध्यकालीन तथा अर्वाचीन यूरोप को चिकित्सा-सम्बन्धी सारा ज्ञान अरबों से मिला था और अरबों को भारत से।''

बृहत्तर भारत से सम्बन्ध

बर्मा और स्याम से दक्षिण और पूर्व की ओर जो भू-भाग और अनेक द्वीप हैं, उन्हीं का नाम बृहत्तर भारत है। स्याम से पूरब की ओर जो इंडो-चायना नामक देश है वह, असल में, भारतीय संस्कृति का ही वह क्षेत्र है जो चीन के पास पड़ता है, इसलिए, उसका इंडो-चायना, हिन्द-चीन या भारत-चीन नाम बहुत ही सार्थक है। इसी प्रकार, इंडोनेशिया नाम दो यूनानी शब्दों के योग से बना है। इंडो (Indos)= इंडिया या भारत + नेसस (Nesos) द्वीप। अतएव, इंडोनेशिया का अर्थ भारतद्वीप है। यह नाम ही सूचित करता है कि किसी समय सांस्कृतिक दृष्टि से भारत और इंडोनेशिया एक ही देश थे।

बृहत्तर भारत के नाम से जिन भू-भागों और द्वीपों का बोध होता है, वे एक समय भारत के उपनिवेश नहीं, उसके अंग समझे जाते थे। प्राचीन भारत के हिन्दू बड़े साहसी व्यापारी थे। इसके सिवा, उनमें अपनी संस्कृति और धर्म के प्रचार का भी पूरा उत्साह था। इतिहास यह तो नहीं बतलाता है कि भारतवासियों ने अन्य जातियों को अपना दास बनाने के लिए कभी दूसरे देशों पर आक्रमण किया, किन्तु, यह बात तो सिद्ध है कि धर्म एवं संस्कृति के प्रचारार्थ तथा व्यापार के लिए भारतवासी दूर देशों की यात्राएँ करते थे, बड़ी-बड़ी नौकाओं का बेड़ा लेकर हजारों मील समुद्र के पार चले जाते थे और वन-पर्वतों को लाँघकर दूसरे देशों से सम्बन्ध स्थापित करते थे। भारत का व्यापार पूर्वी और पश्चिमी, दोनों ही दिशाओं के देशों के साथ चलता था और दोनों ही दिशाओं से उसका सांस्कृतिक सम्बन्ध भी था। किन्तु, उन दिनों की याद अब केवल भारत-चीन और भारत-द्वीपों में ही बची हुई है। और ऐसा लगता है, मानो, भारतीय जनता यदि देश के बाहर की जनता से अपना सांस्कृतिक सम्बन्ध बढ़ाना चाहे तो इस कार्य में उसे जितनी सफलता बर्मा, स्याम, भारत-चीन, मलाया, सुमात्रा, जावा और बाली में मिलेगी, उतनी और कहीं नहीं मिल सकती। इन देशों में अब इस्लाम और ईसाइयत का प्रचार है और हिन्दू वहाँ बहुत कम रह गए हैं। किन्तु, सांस्कृतिक दृष्टि से वहाँ की जनता पर भारतीयता की अब भी स्पष्ट छाप है—यहाँ तक कि जावा के मुसलमान भी मूर्तियों पर पुष्प चढ़ाने, मन्दिरों में आरती जलाने तथा पवित्रतापूर्वक उनकी रक्षा करने में कोई दोष नहीं मानते। उनके नाटक और गीत अब भी रामायण और महाभारत की कथाओं का आधार लेकर चलते हैं तथा उनके नाम और उपाधियाँ अब भी संस्कृतपूर्ण होती हैं। भारत-द्वीप (इंडोनेशिया) के राष्ट्रपति का सुकर्णो नाम उनके पिताजी ने महाभारत के पात्र, महारथी, कर्ण के नाम पर रखा था एवं वहाँ के एक प्रधानमन्त्री का नाम संस्कृत नाम 'शास्त्र-अमितजय' से निकला हुआ है। जोगजकर्ता के सुलतान की उपाधि, 'भुवनोसेनापति' शुद्ध संस्कृत उपाधि है एवं द्वीपों के जावा, सुमात्रा आदि नाम भी संस्कृत नामों के तत्सम या तद्भव रूप हैं। भारत-द्वीप के राष्ट्रपति डॉक्टर सुकर्णो ने पंडित जवाहरलाल नेहरू को पत्र लिखते हुए एक बार लिखा था कि ''आपका देश और आपकी जनता, इतिहास के आरम्भ

काल से ही, हमारे साथ रक्त और संस्कृति, दोनों ही, सूत्रों से बँधी हुई है। इंडिया नाम को एक क्षण के लिए भी विस्मृत करना हमारे लिए असम्भव है, क्योंकि यह हमारे देश के नाम का प्रथमार्द्ध (इंडो) है। जिस स्थान से मैं आपको यह पत्र लिख रहा हूँ उसका जोगजकर्ता नाम भी (योग्यकर्ता) जावा और सुमात्रा के समान शुद्ध संस्कृत नाम है। आपके प्राचीन देश की संस्कृति का उत्तराधिकार हमें कहाँ तक प्राप्त हुआ है, इसका एक उज्ज्वल प्रमाण मेरा अपना नाम भी है। जब मैं आपको यह पत्र लिख रहा हूँ, तभी प्रोबोलिंगों के बन्दरगाह में एक जहाज पर चावल लादा जा रहा है, जो भारत भेजा जाएगा। प्रोबोलिंगों नाम दो संस्कृत शब्दों–पूर्व और कलिंग–के योग से बना है। यही वह स्थान है, जहाँ पर पहले-पहल भारतीयों की टुकड़ी इंडोनेशिया में उतरी थी। वे लोग कलिंग के वासी थे और यव की खोज करते हुए यहाँ आए थे, जिससे इस देश का नाम जावा पड़ गया।''

डॉक्टर सुकर्णो ने जो भाव व्यक्त किया है, वही भाव भारत-चीन, सुमात्रा, मलाया और बोर्नियो तथा बाली के निवासियों का भी हो सकता है क्योंकि हमारा जो सम्बन्ध यव द्वीप के साथ था, वही सम्बन्ध दक्षिण-पूर्वी द्वीपों के साथ रहा होगा। इस सम्बन्ध की व्याख्या के लिए यह आवश्यक है कि हम कुछ द्वीपों में उपलब्ध भारतीय लक्षणों को अलग-अलग समझने की चेष्टा करें।

बाली-द्वीप

आज भारत से बाहर भारतीयता का सबसे प्रोज्ज्वल प्रमाण यदि कहीं अवशिष्ट है, तो वह बाली-द्वीप में है। यह द्वीप भारत से कोई तीन हजार मील दूर, सुमात्रा से भी पूर्व की ओर बसा हुआ है। इसका क्षेत्रफल 2243 वर्गमील और जनसंख्या कोई पन्द्रह लाख है, जिसमें से अधिकांश लोग आज भी हिन्दू हैं। ये लोग शैव हैं। किन्तु, सच्चे हिन्दू के समान ये पंचदेवताओं में से प्रत्येक की पूजा करते हैं। उनके मन्त्र और स्तोत्र, सब संस्कृत में होते हैं एवं उनके पादंड (पुरोहित) आज भी संस्कृत का अभ्यास करते हैं। स्वामी सदानन्द ने अपनी पुस्तक (हिन्दू कल्चर इन ग्रेटर इंडिया) में लिखा है कि बाली-द्वीप में हिन्दू धर्म जिस पवित्रता के साथ जी रहा है, उस पवितत्रा के साथ वह अब भारत में भी उपलब्ध नहीं है।

कहते हैं, बाली नाम बलि से निकला है। पुराणों में वामन-बलि की जो कथा है, उसमें कहा गया है कि राजा बलि पाताल में राज्य करता था। वही पाताल यह बाली देश है और बलि यहीं के राजा थे। विद्वानों का अनुमान है कि बलि के समय यह द्वीप भारत के साथ स्थल मार्ग से जुड़ा था, किन्तु, वह भू-भाग, कालान्तर में, समुद्र के भीतर चला गया। यदि यह अनुमान ठीक हो तो बाली-द्वीप तो वामन भगवान् का अवतार-स्थल होने के कारण, सभी हिन्दुओं का पवित्र तीर्थ-द्वीप ठहरता है।

हिन्दू बाली में कब पहुँचे थे, इसका ठीक पता नहीं चलता। किन्तु, लियाङ्ग-वंश के चीनी इतिहासकार (502 से 556 ई.) ने लिखा है कि बाली के राजा कौंडिन्य-वंश के थे। उस राज्य का चीन के साथ भी सम्बन्ध था और सन् 518 ई. में बाली के राजा ने चीन के राजा के पास दूत भेजा था। इत्सिङ्ग नामक चीनी यात्री ने लिखा है कि बाली द्वीप की जनता ने मूल-सर्वास्तिवाद-निकाय को सर्वतोभावेन ग्रहण कर लिया है।

जावा और बाली की जनता पर रामायण और महाभारत का व्यापक प्रभाव है, बल्कि, महाभारत का प्रचार जावा में बाली से भी अधिक है। बाली की भाषा मलायी भाषा का एक रूप है, किन्तु, उसमें संस्कृत के बहुत शब्द मिले हुए हैं। बाली के ब्राह्मणों में संस्कृत के लिए अब भी उत्साह है, क्योंकि संस्कृत उनके धर्म की भाषा है। बाली के हिन्दू चतुर्वर्ण मानते हैं, शवों को जलाते और उनका श्राद्ध भी करते हैं, तथा बालिकाओं का विवाह, वहाँ प्रायः स्वयंवर-विधि से होता है। कहते हैं, बाली की जनता भारतवासियों को संस्कृत का ज्ञाता समझती है, किन्तु, जब भारतीयों को वह अन्य भाषा बोलते देखती है, तब उसे आश्चर्य होने लगता है।

यव-द्वीप

यव-द्वीप का उल्लेख वाल्मीकि रामायण के किष्किन्धा कांड में आया है, जहाँ सुग्रीव वानरों को सीता की खोज करने के लिए अनेक दिशाओं में भेज रहे हैं। ब्रह्मांड पुराण में यव-द्वीप के साथ मलय-द्वीप, अंग-द्वीप, शंख-द्वीप, कुश-द्वीप और वराह-द्वीप का भी उल्लेख है। अवश्य ही, ये नाम जावा और उसके आस-पास के द्वीपों के होंगे। कथासरित्सागर में भी यव-द्वीप का नाम आया है।

यव-द्वीप या जावा का क्षेत्रफल 51,480 वर्गमील है और उसकी जनसंख्या सन् 1940 ई. में 4,84,16,000 थी। जावा में पर्वत की सबसे ऊँची चोटी का नाम सुमेरु है। जावा की अत्यधिक जनता अब इस्लाम-धर्म को मानती है तथा हिन्दुओं की संख्या वहाँ अत्यन्त न्यून है। किन्तु, जावा की प्राचीन हिन्दू-संस्कृति का त्याग वहाँ की मुस्लिम जनता ने भी नहीं किया है। रामायण और महाभारत की कथाएँ जावाई जनता के जीवन में घुली हुई हैं और इन कथाओं के नायकों को जनता अपना आदर्श मानती है। जावा और बाली में छाया-नाटकों का बहुत प्रचलन है। वहाँ की भाषा में छाया-नाटक को 'वयङ्ग-ओरङ्ग' कहते हैं, जिसका मूल संस्कृत का व्यंग्य शब्द है। वयङ्ग-ओरङ्ग में राम-रावण युद्ध, द्रौपदी-स्वयंवर, अर्जुन-विवाह आदि दृश्य दिखाए जाते हैं और इन नाटकों को जनता रात-रात भर देखती रहती है। जावा के अनेक खँडहरों, मन्दिरों एवं प्रतिमालयों में हिन्दुत्व का प्राचीन रूप सोया हुआ है, किन्तु, उसका जीता-जागता रूप वहाँ के नाटकों में अब भी गतिमान है।

कुछ इतिहासकारों का मत है कि आज से कोई दो हजार वर्ष पूर्व, दक्षिण भारत के हिन्दुओं ने कम्बोज (कम्बोडिया) और जावा-द्वीप में जाकर अपने उपनिवेश बसाए थे। कुछ दूसरे लोगों का कहना है कि जावा में उपनिवेश बसानेवाले लोग कलिंग के थे। जावा में एक संवत् अजीशक के नाम से चला था, जो अब तक चालू है। यह संवत् 78 ई. में आरम्भ हुआ, जिस वर्ष भारतवर्ष में शकाब्द का आरम्भ हुआ था। श्री आर.सी. मजूमदार का मत है (हिन्दू कॉलोनीज इन द फार ईस्ट) कि ईसा की दूसरी सदी में जावा में हिन्दू राज्य था, जिसका प्रमाण यह है कि जावा के राजा श्रीदेव वर्मन ने उसी वर्ष चीनी राजा के पास दूत भेजा था।

जावा की भूमि हिन्दू-स्थापत्य और मूर्तिकला से खचाखच भरी हुई है। हिन्दू-कला और स्थापत्य के जो अवशेष जावा में हैं, उनमें से कुछ तो खँडहर हैं और कुछ अच्छी अवस्था

में भी हैं। इनमें से बोरोबुदुर, प्रम्बनम्, चंडी कलासन और दियङ्ग प्लेटो के मन्दिर बहुत प्रसिद्ध हैं। बोरोबुदुर का मन्दिर तो संसार भर से अपना सानी नहीं रखता। संसार के प्राचीन-से-प्राचीन मन्दिरों की सूची में बोरोबुदुर के मन्दिर का स्थान बहुत ऊँचा है और हिन्दू-स्थापत्य और कला के इस विलक्षण नमूने को देखने के लिए संसार के सभी देशों के लोग वहाँ जाते हैं। कहते हैं, यह मन्दिर श्री विजय (सुमात्रा द्वीप के पलेम बङ्ग नगर का प्राचीन हिन्दू नाम श्रीविजय था तथा उस द्वीप का सुवर्णभूमि) के शैलेन्द्र वंश के राजाओं ने 750 ई. के आस-पास बनवाया था।

सामान्यतः, यह माना जाता है कि भारत-द्वीप (इंडोनेशिया) में पहले वैदिक धर्म ही पहुँचा था तथा पाँचवीं सदी तक उसका कोई प्रतिद्वन्द्वी धर्म वहाँ नहीं था। सन् 413 ई. में फाहियान सुमात्रा गया था और उसने वहाँ वैदिक धर्म को बहुत समृद्ध पाया था। पाँचवीं सदी में ही कश्मीर के राजा गुणवर्मा ने बौद्ध संन्यास लिया और उसी ने जावा जाकर वहाँ के राजा और रानी को बौद्ध धर्म की दीक्षा दी। तब से जावाई जनता में वैदिक और बौद्ध धर्म, दोनों का प्रचार हुआ। जावा, सुमात्रा और बाली में वैदिक और बौद्ध मत में अन्तर बहुत ही न्यून हो गया। यही कारण है कि उन द्वीपों में विष्णु, गरुड़, गणेश, शिव, बुद्ध आदि की जो मूर्तियाँ मिलती हैं, उनमें बिलगाव करना असम्भव हो जाता है। वहाँ की कथाओं में भी, कहीं-कहीं, बुद्ध शिव के छोटे भाई समझे जाते हैं। ब्रह्मा, विष्णु, महेश और बुद्ध, ये चारों एक ही कोटि के देवता और परस्पर अभिन्न माने जाते हैं।

जब बंगाल-बिहार में पालवंशी (बौद्ध) राजाओं का राज्य था, तब जावा-सुमात्रा में भी बौद्ध राजे राज्य करते थे। सुमात्रा के बालपुत्र नामक बौद्ध राजा ने नालन्दा में एक विहार उन लोगों के आवास के लिए बनवाया था, जो जावा-सुमात्रा से तीर्थ करने को भारत आते थे। नालन्दा में राजा देवपाल (पालवंशी) का एक ताम्रपात्र मिला है, जिसमें उसने नालन्दा में बनवाए गए इस विहार के लिए किन्हीं पाँच ग्रामों की आय अर्पित की थी।

स्वामी सदानन्द ने अपनी पुस्तक में यह भी बताया है कि बृहत्तर भारत में कृष्ण की जो मूर्तियाँ मिलती हैं, उनमें कोई भी ऐसी नहीं है जिसके हाथ में मुरली हो अथवा जो गोपिकाओं के साथ केलि में हो। इससे फिर यह आशंका प्रबल हो जाती है कि कृष्ण का रसिक-रूप भारत में बाद को विकसित हुआ। आरम्भ में कृष्ण मुरलीधर और गोपिकावल्लभ नहीं थे। सच तो यह है कि बृहत्तर भारत में भारतीय संस्कृति के जो अवशेष हैं, उनके अध्ययन के बिना यह बात ठीक से जानी नहीं जा सकती कि प्राचीन हिन्दुत्व का वास्तविक रूप क्या था।

सुमात्रा

भारत-द्वीप (इंडोनेशिया) के अन्तर्गत कितने ही टापू और द्वीप हैं, जिनमें से जावा, सुमात्रा, सिलिवी, बोर्नियो और न्यूगिनी प्रधान हैं। सुमात्रा का आकार जावा से चौगुना है, किन्तु, इसकी जनसंख्या केवल 62,19,004 है। पंडितों का अनुमान है कि जब हिन्दू भारत से निकलकर प्रशान्त महासागर की ओर बढ़ने लगे होंगे, तब उनका सबसे पहला पड़ाव इसी सुमात्रा द्वीप में पड़ा होगा, जिसे वे सुवर्ण-द्वीप कहते थे।

सुमात्रा में हिन्दुओं ने जो राज्य स्थापित किया था, उसकी राजधानी श्रीविजय (आज का पलेमबङ्ग) थी। इस राज्य की स्थापना या तो चौथी सदी से पूर्व या चौथी सदी में हुई थी। सातवीं सदी में तो श्रीविजय का प्रताप चारों ओर जगमगा रहा था। मलायू (आधुनिक जाम्बी) का राज्य श्रीविजय के अधीन हो गया था एवं पास के एक दूसरे द्वीप (बङ्का) पर भी श्रीविजय का राज्य था।

इत्सिङ्ग ने लिखा है कि दक्षिण समुद्र में श्रीविजय बौद्ध धर्म और संस्कृति का प्रधान केन्द्र थी एवं उसका राजा एक ओर तो भारत के साथ एवं दूसरी ओर चीन के साथ व्यापार के काम को खूब प्रोत्साहित करता था। श्रीविजय में रहनेवाले ये विजेता शैलेन्द्र-वंश के राजे थे, जिनका संघर्ष दक्षिण भारत के चोल-वंशी राजाओं से भी चला था। कहते हैं, चोल-वंशी राजाओं के धक्के से ही श्रीविजय की नींव हिल गई।

इत्सिङ्ग जब भारत आ रहा था, तब उसने सुमात्रा में छह मास तक ठहरकर संस्कृत और पाली सीखी थी। इससे यह अनुमान होता है कि सातवीं सदी में सुमात्रा विद्याओं के लिए भी उतनी ही प्रसिद्ध थी जितनी प्रसिद्धि नालन्दा और विक्रमशिला की थी। इत्सिङ्ग ने नालन्दा में रहकर दस वर्ष तक अध्ययन किया था और प्रधान पंडितों के समीप पहुँचने के पूर्व 108 द्वार-पंडितों ने उसकी योग्यता की जाँच की। अवश्य ही, यह योग्यता उसने सुमात्रा में रहकर अर्जित की होगी। यह भी कहा जाता है कि प्रसिद्ध बौद्ध दार्शनिक धर्मकीर्ति सुमात्रा के थे एवं बौद्ध विद्या का वहाँ ऐसा प्रचार था कि विक्रमशिला के श्री दीपंकर श्री ज्ञान भी सुमात्रा पधारे थे। यह भी किंवदन्ती है कि तिब्बत जाने के पूर्व शान्तरक्षित भी श्रीविजय के आचार्य धर्मकीर्ति से मिलने को सुमात्रा गए थे।

बोर्नियो

मलय-द्वीप-समूह में सबसे बड़ा द्वीप बोर्नियो है। इसका क्षेत्रफल जावा से सात-आठ गुना अधिक है, किन्तु जनसंख्या इसकी कुल तीस लाख है। यह सारा द्वीप आदिवासियों से भरा हुआ है, जो द्याक् कहलाते हैं। हिन्दू तो बोर्नियो में इक्के-दुक्के ही हैं, किन्तु, कुछ शिलालेखों के मिलने के कारण यह बात निश्चित मानी जाती है कि ईसवी सन् के आरम्भ में बोर्नियो में हिन्दुओं का उपनिवेश था। इसके सिवा, बोर्नियो के दो-एक स्थानों पर कुछ प्राचीन गुफाएँ भी मिलती हैं, जिनमें हिन्दू-संस्कृति के निशान हैं। गुफाओं में जो मूर्तियाँ मिलती हैं, उनमें से कुछ तो बुद्ध की हैं और कुछ शिव, गणेश, अगस्त्य, नन्दीश्वर, ब्रह्मा, स्कन्द और महाकाल की।

हिन्द-चीन

हिन्द-चीन अथवा भारत-चीन का क्षेत्रफल 2,86,000 वर्गमील तथा जनसंख्या 27,00,000 है। इस देश में पाँच प्रान्त हैं, जिनके नाम कोचीन-चीन, अन्नम, कम्बोडिया, तोकिङ्ग और लाओ हैं। प्राचीन काल में अन्नम के दक्षिणी भाग में हिन्दू राज्य था जिसके राजा का नाम श्रीमार था। कम्बोडिया कम्बोज का रूपान्तर मात्र है। महाभारत में उल्लिखित है कि कम्बोज देश का राजा सुदक्षिण अपनी सेना के साथ कुरुक्षेत्र में कौरवों के पक्ष से लड़ा था। कम्बोज

का नाम और भी कई संस्कृत ग्रन्थों में मिलता है।[6]

हिन्दुओं ने हिन्द-चीन में कम्बोज नामक राज्य ईसा की पहली सदी में स्थापित किया था। उस समय, कोचीन-चीन और कम्बोडिया एक ही राज्य के अधीन थे, जिसका चीनी नाम फुनान था। इतिहासकारों का मत है कि हिन्दुओं का प्रमुख उपनिवेश इसी फुनान प्रान्त में बना। कहते हैं, कौंडिन्य नामक एक ब्राह्मण भारत से फुनान गया और वहाँ उसने नाग-जाति की कन्या नागिनी सोमा से ब्याह किया जो उस देश की राजकुमारी थी। इसी दम्पती के पुत्र फुनान में कम्बोज राज्य के प्रतिष्ठाता हुए। दूसरी सदी में आकर इस वंश के राजाओं ने वर्मन की उपाधि धारण की और तीसरी सदी में उन्होंने भारतवर्ष में अपना दूत भेजा।

कम्बोज नाम कैसे चला, इस विषय में सिलवन लेवी तथा अन्य फ्रांसीसी विद्वानों का मत है कि भारत से महर्षि कम्बु नाम का एक ब्राह्मण फुनान गया। उसने वहाँ मीरा नामक कुमारी से, जो किसी अप्सरा की कन्या थी, ब्याह किया। अतएव, कम्बोज नाम उसी ऋषि के नाम से निकला है। कुछ दूसरे लोगों का विश्वास है कि भारतवासी अपने उपनिवेशों के नाम प्रायः भारत में प्रख्यात नामों में से चुनते थे। अतएव गन्धार (अफगानिस्तान) में जो कम्बोज नगर था, उसी के अनुकरण पर, कम्बोज राज्य का नाम चला।

हिन्द-चीन में समुद्र के किनारे-किनारे चम्पा-राज्य की स्थापना द्वितीय शती में हुई। यहाँ भी राज्य का चम्पा नाम इसलिए प्रचलित हुआ कि राज्य स्थापित करनेवाले हिन्दू चम्पा (भागलपुर) से आए थे। इन सभी द्वीपों का सम्मिलित नाम अंगद्वीप, कदाचित् इसलिए भी पड़ा हो कि इन द्वीपों में उपनिवेश बसानेवाले लोग अंग, बंग और कलिंग से जाते रहे हों।

स्थापत्य, मूर्ति और चित्रों के रूप में हिन्द-चीन में भारतीय संस्कृति के अनेक अवशेष विद्यमान हैं। इनके सिवा कुछ ऐसे प्रचलित रस्म-रिवाज भी हैं, जिनसे इस भू-भाग में भारतीय संस्कृति का प्राधान्य रहने का प्रमाण मिलता है। उदाहरण के लिए, कम्बोडिया में यज्ञोपवीत की प्रथा अब तक जीवित है तथा यज्ञोपवीत-संस्कार के बाद बालकों को गुरु के घर भी जाना पड़ता है।

कम्बोडिया की मिट्टी उत्तर भारत की मिट्टी के समान दीखती है और दोनों देशों की उपज में भी समानता है। कम्बोडिया के अनेक नगरों के नाम संस्कृत नामों से निकले हैं, यद्यपि, उनके उच्चारण में किंचित् विकृति आ गई है। इसी प्रान्त में अंगकोर नामक स्थान है जहाँ भारतीय स्थापत्य और मूर्तिकला का विशाल खँडहर है। आज से कोई सात सौ वर्ष पूर्व, अंगकोर पूर्वी विश्व में हिन्दू राज्य की सुसमृद्ध राजधानी था। पं. जवाहरलालजी ने लिखा है कि ''अंगकोर की राजधानी सारे संसार में प्रख्यात थी और उसे लोग 'महारमणीय अंगकोर' के नाम से जानते थे। इस नगर में दस लाख से अधिक लोग रहते थे और यह नगरी सीजर के रोम से भी बड़ी थी।'' चौदहवीं सदी में, किसी कारणवश, यह नगरी उजड़ गई और तब से वह उपेक्षित ही चली आ रही थी। किन्तु, पिछली सदी में किसी फ्रांसीसी पर्यटक ने उसका पता लगाया और सारे संसार को उसकी गरिमा की सूचना दी। जावा में बोरोबुदुर और कम्बोडिया में अंगकोर, ये दो भग्नावशेष ऐसे हैं, जो हमें यह याद दिलाते हैं कि सारा पूर्वी एशिया एक समय भारत की सुगन्ध से सुगन्धित था। कला के सेवकों और विद्यार्थियों के लिए ये दोनों

स्थान तीर्थ समझे जाने चाहिए।

कम्बोडिया के लोग संस्कृत भाषा के बड़े विद्वान् थे। आश्रमों (वन्य पाठशालाओं) का जैसा प्रचार भारत में था, वैसा ही कम्बोडिया में भी। राजघराने के लोग ब्राह्मणों से वेद की ऋचाएँ एवं ज्योतिष, न्याय और व्याकरण के पाठ बड़ी ही श्रद्धा से सीखते थे। खमेर-शिलालेखों में से अनेक शिलालेख ऐसे हैं जिनमें वेद, पुराण, रामायण, महाभारत, योग और न्याय के स्पष्ट उल्लेख हैं। कम्बोडिया में भारतीय संगीत का भी चलन था। दुःख की बात है कि हम भारतवासी भारतीय संस्कृति की इस गरिमा को भूल बैठे हैं। किन्तु, बाहरवालों को वह याद है। सन् 1946 ई. में दिल्ली में एशियायी देशों का जो महासम्मेलन हुआ, उसमें हिन्द-चीन के प्रतिनिधि श्री दांग नगोक चान ने कहा था कि "संस्कृति का एक मार्ग है, भारत जिसकी ऊँचाई पर खड़ा है। आज वह फिर हमारी ओर मैत्री का हाथ इसलिए बढ़ा रहा है कि हम इस मार्ग पर फिर से चलने लगें। हम इस संकेत से प्रसन्न हैं और भारत ने जो हाथ बढ़ाया है, उसे हम बढ़कर थामना चाहते हैं।"

चीन के साथ सम्बन्ध

भारत से चीन जानेवाले भारतीय विद्वानों में सबसे पहला नाम कश्यप मातंग का आता है, जिनका समय ईसा की पहली शताब्दी है। उनके बाद भी यह सरणी अवरुद्ध नहीं हुई और भारत के अनेक सन्त, महात्मा, पंडित और विद्वान् चीन जाते ही रहे।[7] इन पंडितों के साथ संस्कृत और पाली के अनेक ग्रन्थ भी चीन पहुँचे और चीनी में वहाँ उनका अनुवाद भी हुआ। महापंडित राहुल सांकृत्यायन का अनुमान है कि चीन में अभी भी कोई पन्द्रह सौ ग्रन्थ ऐसे होंगे, जो संस्कृत अथवा पाली ग्रन्थों के अनुवाद हैं, यद्यपि, मूल संस्कृत एवं पाली ग्रन्थ भारत में लुप्त हो चुके हैं।

कहते हैं, पाँचवीं सदी के आरम्भ में कश्मीर-राज्य के किसी अमात्य का एक पुत्र भारत से चीन चला गया। वहाँ उसने किसी राजकुमारी से विवाह किया जिससे उसे एक पुत्र हुआ, जिसका नाम **कुमारजीव** था। बच्चे को लेकर दम्पती कश्मीर चले आए और वहीं उसकी (कुमारजीव की) शिक्षा हुई। कुमारजीव संस्कृत और चीनी दोनों भाषाओं के प्रकांड विद्वान् निकले। उन्होंने अश्वघोष, नागार्जुन आदि भारतीय विद्वानों और कवियों के अनेक ग्रन्थों का चीनी अनुवाद प्रस्तुत करके चीन में महायान-धर्म का प्रचार किया। उनके ग्रन्थ आज तक चीन में वैसे ही पढ़े जाते हैं जैसे भारत में कालिदास के।

इसी प्रकार, चीन के विद्वान् भी भारत आकर ज्ञान की साधना करते थे। इन चीनी यात्रियों में फाहियान का नाम बहुत प्रसिद्ध है। फाहियान पाँचवीं सदी में (399 से 414 ई.) भारत आए थे और पाटलिपुत्र में रहकर उन्होंने वर्षों ज्ञान की साधना की थी। उनका जो यात्रा-विवरण उपलब्ध है, उससे तत्कालीन भारतीय जीवन की अनेक बातें मालूम होती हैं।

दूसरे चीनी यात्री ह्यू एन-साङ्ग थे, जो सातवीं सदी में भारत आए थे, जब भारत में राजा हर्षवर्धन का राज्य था। भारतवर्ष में वे 629 से 645 ई. तक रहे। ह्यू-एन-साङ्ग गोबी की मरुभूमि और मध्य एशिया होकर हिमालय को पार करके भारत आए थे। उनके यात्रा-विवरण से पता चलता है कि उन दिनों मध्य एशिया में बौद्ध राजाओं का राज्य था तथा मध्य एशिया

के तुर्क भी तब तक बौद्ध ही थे। ह्यू-एन-साङ्ग नालन्दा में रहकर पढ़ते और पढ़ाते रहे। वर्षों बाद वे नालन्दा विश्वविद्यालय के उप-कुलपति भी नियुक्त हुए थे। वे लौटे भी मध्य एशिया के ही मार्ग से। उनके साथ संस्कृत के अनेक ग्रन्थ भारत से चीन पहुँचे। उन्होंने देखा कि उस समय खुरासान, इराक, मोसुल और सीरिया के उपान्त तक सर्वत्र बौद्ध धर्म का प्रचार था।

तीसरे चीनी यात्री इत्सिङ्ग भी सातवीं सदी में (671-695 ई.) भारत आए थे। वे चीन-समुद्र, भारत-सागर और बंगोपसागर होकर, समुद्र की राह से आए थे और रास्ते में कई मास तक सुमात्रा में रुककर उन्होंने संस्कृत और पाली भाषा का ज्ञान प्राप्त किया था। वे भी नालन्दा में अनेक वर्षों तक रहे और जब अपने देश को वापस जाने लगे तब यहाँ के अनेक बहुमूल्य ग्रन्थ अपने साथ ले गए।

ईसा के पहले हजार वर्षों में भारत के सन्त, पंडित और उपदेशक काफी संख्या में चीन गए थे। चीन जाकर बौद्ध धर्म का व्यापक प्रचार करनेवालों में तीन भारतीयों के नाम अत्यन्त प्रसिद्ध हैं। कुमारजीव (401 ई.), बुद्धभद्र (421 ई.) और बोधिधर्म (520 ई.), इन तीन महापुरुषों ने चीन जाकर जो काम किया, वह आज तक याद किया जाता है। बोधिधर्म के उपदेशों से ही आगे चलकर 'जेन' बौद्ध मत (अर्थात् ध्यानी बौद्ध मत) का विकास हुआ।

चीन से भी यात्री, काफी संख्या में, भारत आते थे। उनकी सुविधा के लिए एक गुप्त सम्राट् ने बोधगया में एक चीना-संघाराम ही बनवा रखा था।

भारतीय यात्रियों ने चीन जाकर वहाँ अपने ज्ञान, साधना और स्वभाव का जो परिचय दिया, उससे चीनी जनता भारत की प्रशंसक और भक्त बन गई। एक समय चीन में यह जनश्रुति प्रचलित थी कि जो भी अच्छी चीजें आती हैं, भारत से ही आती हैं। हाङ्चाउ नगर में एक छोटा-सा पर्वत है, जिसे उड़न-पहाड़ (फ्लाइंग माउंटेन) कहते हैं। चीन में कहावत है कि यह पहाड़ भारत से ही उड़कर चीन पहुँचा था। पहाड़ के पार्श्व में एक विशाल बौद्ध मंदिर भी है, जिसकी स्थापना एक भारतीय सन्त ने की थी। चीन में वैदिक धर्म के भी दो-एक अवशेष मिले हैं, जो वहाँ के संग्रहालयों में सुरक्षित हैं।

भारत में बौद्ध धर्म की अवनति के साथ चीन और भारत का सम्बन्ध शिथिल होने लगा और, अन्त में, वह बिलकुल समाप्त हो गया। किन्तु, हजार वर्षों की संगति का प्रभाव चीन पर आज भी मौजूद है।

बुद्ध और कनफ्यूशियस

जब बौद्ध मत चीन पहुँचा, उससे पूर्व कनफ्यूशियस और लाओजे (Laotse), इन दो विचारकों के विचार चीन में काफी प्रसार पा चुके थे। कहा जाता है कि जिन दिनों भारत में गौतम जनमे थे, उन्हीं दिनों चीन में कनफ्यूशियस और लाओजे का आविर्भाव हुआ था। कनफ्यूशियस और लाओजे समकालीन थे और दोनों की मुलाकात भी हुई थी, ऐसी जनश्रुति सुनी जाती है। परम्परा के अनुसार लाओजे का जन्म ई.पू. 570 में, बुद्ध का ई.पू. 563 में और कनफ्यूशियस का ई.पू. 551 में हुआ था।

कनफ्यूशियस का विश्वास ईश्वर में था या नहीं, उसका ठीक-ठीक पता नहीं चलता।

किन्तु, आचारों के वे प्रबल समर्थक थे। पूर्वजों की पूजा करना वे विहित बताते थे और आदर्श मनुष्य की उनकी कल्पना यह थी कि उसे अपने माता-पिता और बुजुर्गों के प्रति विनम्र होना चाहिए एवं राज्य-सत्ता के प्रति उसे आज्ञाकारी और भक्त रहना चाहिए। कनफ्यूशियस का सारा जोर समाज के संगठन एवं उसके भीतर शृंखला, अनुशासन और कर्मठता के विकास पर था। उसके एक शिष्य सेकुङ् चाहते थे कि मन्दिरों में भेड़ों की बलि रोक दी जाए। कनफ्यूशियस ने कहा, तुम्हें भेड़ों पर दया आती है, लेकिन, मैं संस्था में विश्वास करता हूँ। एक बार यह पूछे जाने पर कि बुराई के बदले भलाई करने के बारे में आपका क्या विचार है; कनफ्यूशियस ने कहा था, तो भलाई के बदले में हमें क्या करना चाहिए? भलाई के बदले भलाई करने से लोग भले बनते हैं और बुराई के बदले बुराई पाने से वे बुराई से डरते हैं। कनफ्यूशियस का विश्वास ज्ञान में कम, आचार में अधिक था। वे कहते थे, सत्य आदमी को पाकर बड़ा होता है, आदमी सत्य को पाकर नहीं।

लाओजे रहस्यवादी थे। उन्होंने, **'ताओ'** का सिद्धान्त चलाया, जो बहुत-कुछ ब्रह्म के सिद्धान्त के समान था। ताओ का अर्थ पन्थ होता है। **ताओ-ते-किङ्** में ताओ के बारे में अनेक रहस्यवादी उद्‌गार हैं। ''जो ताओ भाषा में कहा जा सकता है, वह असली ताओ नहीं है।'' ''ताओ वह है जो पहले निराकार था और जिससे सभी आकार प्रकट हुए हैं।'' ''संसार की सारी वस्तुएँ अस्तित्व में से निकली हैं, किन्तु, अस्तित्व का विकास शून्य के भीतर से हुआ।'' स्वर्ग, ऋत, शान्ति और निवृत्ति, ये ताओ के सिद्धान्त के चार प्रमुख सूत्र हैं।

आर्थर बैले का कहना है कि लाओजे पर उपनिषद् का प्रभाव था। किन्तु, यह प्रभाव कब और कैसे पड़ा, यह बात हम नहीं जानते। चीन के पंडित भी लाओजे पर उपनिषदों का प्रभाव मानते हैं।

किन्तु, चीन में लाओजे का प्रभाव कभी भी गहरा नहीं हुआ। कनफ्यूशियस समाज की ठोस सेवा का उपदेश देते थे। साथ ही, उन्होंने राज्यसत्ता के प्रति भक्ति भी सिखाई थी। अतएव, चीन के राजे, चुन-चुनकर, कनफ्यूशियस-मतावलम्बियों को अपना मन्त्री और सलाहकार बनाते थे। जो विद्वान् मन से लाओजे के सिद्धान्तों में विश्वास करता था, वह भी राज्याश्रय पाने के लोभ से ऊपर से अपने को कनफ्यूशियसवादी ही बताता था। अतएव, कनफ्यूशियस ने लाओजे को हमेशा दबाकर रखा।

चीन बौद्ध मत की ओर क्यों आकृष्ट हुआ, इसका कारण लाओजे के विचार थे। लाओजे ने एक प्रकार से बौद्ध मत के लिए जमीन तैयार कर रखी थी। चीनवालों ने बौद्ध मत को एक प्रकार के **ताओधर्म** के रूप में लिया और बौद्ध मत ने भी चीन में अपनी अभिव्यक्ति ताओ मत की शब्दावली में ही की। ईसा की दूसरी शताब्दी में चीन में यह जनश्रुति भी सुनी जाती थी कि ताओ-ते-किङ्ग लिखने के बाद लाओजे अदृश्य हो गए और वही भारत में बुद्ध बनकर प्रकट हुए।

कनफ्यूशियस के विचार प्रवृत्तिमार्गी थे, बौद्ध मत निवृत्तिमार्गी था। तब भी, आरम्भ में चीन में बौद्ध मत के प्रचार में कोई बड़ी बाधा नहीं आई, क्योंकि लाओजे की चालना से जगी हुई धर्म की तृषा चीनी जनता में भी थी और यह तृषा कनफ्यूशियस के शुष्क तर्कों

से नहीं, बौद्ध मत की रहस्यवादी भावना से तृप्त हो सकती थी। किन्तु, लगभग नवीं सदी के बाद बौद्ध मत को अपदस्थ करने की तैयारी चीन में शुरू हो गई। सन् 844 ई. में सम्राट् वुत्सुङ्ग ने सभी विदेशी धर्मों के विरुद्ध उत्पीड़न की कार्रवाई शुरू कर दी, जिसकी मार में जरथुस्त्र-धर्म के साथ बौद्ध धर्म भी आ गया। राज्य-प्रश्रय बौद्ध मत को उसके बाद भी मिला, किन्तु, उसकी स्थिति डाँवाडोल होने लगी। दसवीं सदी तक बौद्ध मत के भीतर भारत में नए-नए, उत्तेजक विचार प्रकट हो रहे थे। इससे भी चीन में बौद्ध धर्म आकर्षण का केन्द्र बना रहा। उसके बाद, जब भारत में शैथिल्य आने लगा, तब उसका प्रभाव भारत से बाहर भी पड़ा और कनफ्यूशियस के धक्के से चीन का बौद्ध मत कमजोर होने लगा। पेकिङ्ग का विजेता **चंगेज खाँ** (1162-1227 ई.) और उसका पोता एवं चीन का प्रथम मुगल सम्राट् **कुबला खाँ** (1294 ई. में मरा), दोनों बौद्ध थे। लेकिन उनके बाद मिङ्-वंश (1368 से 1644 ई.) तथा मांचू-वंश (1644 से 1912 ई.) के अधीन कनफ्यूशियस का मत ऊपर आ गया और बौद्ध मत काफी दब गया।

बर्मा और स्याम

बर्मा और स्याम के दर्शन, विचार और कला बहुत कुछ भारत के ही दर्शन, कला और विचार हैं। भारतीय संस्कृति का विस्तार बर्मा और स्याम से बहुत आगे तक था। बर्मा और स्याम तो सांस्कृतिक दृष्टि से भारत के अपने अंग थे। स्याम देश ने अपनी स्वाधीनता की रक्षा का बड़ा ही ध्यान रखा। किन्तु, बर्मा भारत के ही समान ब्रिटिश जाति का गुलाम हो गया था। सन् 1937 ई. तक बर्मा भारतवर्ष के साथ एक ही गवर्नर-जनरल के अधीन था। स्वतन्त्रता के तुरन्त बाद दिल्ली में जो एशियायी महासम्मेलन हुआ था, उसमें बर्मा प्रतिनिधि-मंडल के नेता श्री जस्टिस क्याव मिंट ने कहा था, "मैं तो विदेश नहीं, अपने ही घर आया हूँ। हम संस्कृति के केन्द्र से सम्बद्ध हैं। हम भारत से विचार में समीप हैं, भूगोल में समीप हैं, समाज और संस्कृति में भी समीप हैं।"

इसी प्रकार, एक स्यामी छात्र ने पंडित जवाहरलाल नेहरू को शान्ति-निकेतन से पत्र लिखते हुए कहा था, "इस महान् और पुरातन देश आर्यावर्त में आने को मैं अपना परम सौभाग्य मानता हूँ। यहाँ आकर मैं उस भारत-मातामही के चरणों में अपना अभिनन्दन भेंट करता हूँ, जिसकी गोद में पलकर हमारी देशमाता ने यह शिक्षा पाई थी कि धर्म और संस्कृति में जो उत्तम गुण निहित हैं, उन्हें किस प्रकार अपनाना चाहिए।"

समुद्रगुप्त के समय (352 ई.) कोरिया में बौद्ध धर्म का प्रचार हुआ एवं वहाँ की भाषा ब्राह्मी लिपि में लिखी जाने लगी। तिब्बत में बौद्ध धर्म कुछ पहले ही पहुँच चुका था। धर्म की अभिवृद्धि के लिए वहाँ के राजा ने नालन्दा के मुख्य आचार्य श्री शान्तरक्षित को अपने देश बुला लिया।

जापान में बौद्ध मत

जापान में बौद्ध मत कोरिया से गया था। उस समय शिन्तो-धर्म ही जापान का धर्म था। शिन्तो-धर्म चीन के कनफ्यूशियस-मत से मिलता-जुलता था। इसकी भी प्रधान शिक्षा यह

थी कि आदमी को पूर्वज, सम्राट् और राष्ट्र के प्रति भक्त रहना चाहिए। बौद्ध मत जापान छठी शताब्दी में पहुँचा था। नवीं सदी में आकर बौद्ध धर्म और शिन्तो-धर्म के बहुत-से देवता एकाकार हो गए। शिन्तो-धर्म के भीतर बौद्ध धर्म के कई दार्शनिक एवं आचार-सम्बन्धी सिद्धान्त प्रविष्ट हो गए और इस मिश्रण से शिन्तो-बौद्ध-मत, एक नया नाम निकल पड़ा।

ध्यानी बुद्ध को लेकर बोधिधर्म ने छठी शताब्दी में चीन में जिस ध्यानवाद का प्रवर्तन किया था, उसका जापान में प्रचार मियोयान एइसाइ (Myoan Eisai 1141-1215 A.D.) ने किया, जो जेन-बौद्ध मत के प्रवर्तक माने जाते हैं। समाधि के क्रम में रात्रि-जागरण आवश्यक कृत्य था। इस रात्रि-जागरण को सुकर बनाने के लिए ही जापानी लोग चीन से चाय के बीज ले आए और चाय की खेती का रिवाज जापान में भी चल पड़ा।

चीन के बौद्ध मतावलम्बी मानते थे कि मुक्ति अमिताभ की कृपा से मिलती है। यह विश्वास जापान में **जोडो** सम्प्रदाय (12वीं सदी) के भीतर पल्लवित हुआ। जापानी अमिताभ को अमिदा बुत्सू कहते हैं। बुत्सू जापान में बुद्ध का नाम है।

जोडो सम्प्रदाय के प्रवर्तक गेंकू थे। उनके शिष्य शिनरन (Shinran) ने आचारों पर बल डाला और बौद्ध मत से प्रवृत्ति-मार्ग की शिक्षा निकाली जिस ओर जापान का अपना रुजहान था। शिनरन की इस व्याख्या का घोर विरोध निचिरेन ने किया और उन्होंने यह कोशिश की कि बौद्ध मत की निवृत्ति बनी रहे एवं अमिताभ की कृपा में भी जनता का विश्वास अटल बना रहे।

सन् 1868 ई. में शिन्तो-धर्म जापान का राज-धर्म बना दिया गया। इस प्रकार, शिन्तो-धर्म और बौद्ध मत में जो सम्बन्ध रहता आया था, वह भग्न हो गया। किन्तु, आगे चलकर धार्मिक स्वतन्त्रता फिर से प्रचलित कर दी गई और बौद्ध धर्म फिर फूलने-फलने लगा।

इन दिनों टोकियो में अन्तर्राष्ट्रीय बौद्ध समाज काम कर रहा है, जिसका उद्देश्य भारत के प्राचीन बौद्ध धर्म को जाग्रत् और प्रचलित करना है।

सन्दर्भ

1. ''लगभग 800 ई. का काश्मीरी दार्शनिक जयन्त भट्ट सीधे शब्दों में कहता है कि हममें नई वस्तु की कल्पना करने की शक्ति कहाँ है।''

   –*(इतिहास प्रवेश)*
2. यवन नाम पहले यूनानियों के लिए चलता था और उसका कोई बुरा अर्थ नहीं था। पीछे चलकर, इसका प्रयोग सभी विदेशियों के लिए किया जाने लगा और उसका अर्थ भी बुरा हो गया।
3. ज्योतिषी वराहमिहिर ने लिखा है, 'यवन (यूनानी) लोग म्लेच्छ हैं, पर उनमें इस शास्त्र का ज्ञान है। इस कारण, वे ऋषियों की तरह पूजे जाते हैं।'

   (जयचन्द्र)।
4. आवर ओरियंटल हेरिटेज-विल डुरांट।
5. ''इकाई के आगे शून्य लगाकर दहाई बना ली जाए, यह आविष्कार पहले-पहल चौथी शती में यहीं हुआ। यूरोपवालों ने यह तरीका तेरहवीं-चौदहवीं शती में जाकर सीखा।''

   (जयचन्द्र)

6. ब्रह्मांड-पुराण अध्याय 49, श्लोक 52 में उन जातियों का उल्लेख मिलता है जो अंग-द्वीप में बसती थीं–

काम्बोजाः दरदाश्चैव बब्बराः अंगलौकिकाः।
चीनाश्चैव तुषाराश्च पाह्लवाश्च क्षतोदराः॥

7. श्री आर.सी. मजूमदार ने आकाशवाणी, दिल्ली से प्रसारित अपनी एक वार्ता में ऐसे अनेक बौद्ध पंडितों के नाम गिनाए हैं, जो भारत से चीन गए थे और जिन्होंने संस्कृत और पाली की कोई तीन हजार पुस्तकों का चीनी में अनुवाद किया था। अनुवाद के सारे काम दसवीं सदी तक पूरे हो गए। साहित्य के सिवा भारत का प्रभाव चीन की चित्रकारी, मूर्तिकला, स्थापत्य और संगीत पर भी पड़ा था।

प्रकरण-6

बौद्ध साधना पर शाक्त प्रभाव

क्रान्ति की गंगा में शैवाल

महात्मा बुद्ध ने क्रान्ति की जो गंगा बहायी थी, उसमें शैवाल उसी के भीतर से उत्पन्न हुए। शैवाल जल से उत्पन्न होते ही हैं।

कामिनी-कांचन अनन्त काल से बदनाम रहे हैं। अनन्त काल से यह समझा जाता रहा कि जहाँ कामिनी-कांचन एकत्र हुए कि मनुष्य की ऊर्ध्वग यात्रा अवरुद्ध हो जाती है और वह, शनैः-शनैः, नीचे आने लगता है। बौद्ध श्रमणों के भी पतन का कारण कामिनी-कांचन-संयोग ही हुआ। स्वर्गीय धर्मानन्द कोसम्बी ने लिखा है कि ''श्रमणों की अवनति का बीज उनके द्वारा स्वीकृत राज्याश्रय में था।'' यह केवल इसी कारण नहीं कि राज्याश्रय पाकर श्रमण आरामतलब और आलसी हो गए, बल्कि, इस कारण भी कि राज्याश्रय की लत पड़ जाने के कारण उनकी स्वाधीनता जाती रही। उनके लिए यह आवश्यक हो गया कि राजाओं को वे मिलाकर रखें, स्वयं उनसे मिलकर रहें और जो बातें राजाओं को पसन्द हों, उन्हें धर्म की कथाओं में स्थान दें। पुष्य-मित्र ने जब वैदिक धर्म की ध्वजा फहरा दी, तब बौद्ध श्रमण वायव्य दिशा से आनेवाले यवन और शक राजाओं का आश्रय खोजने लगे और उनकी प्रशंसा धर्मग्रन्थों तक में करने लगे। ऐसी बात बुद्ध के समय का भिक्षु नहीं कर सकता था। किन्तु, महायान-पन्थ में कनिष्क की महिमा बहुत अधिक गाई गई है। शक राजा बड़े शूर थे और उन्हें शूरता से बड़ा प्रेम था। उन्हें प्रसन्न करने के लिए बौद्ध भिक्षुओं ने बुद्ध के पूर्वजन्म की कथाओं (जातकों) में अनेक रसों की कहानियाँ भर दीं जिससे जनता का मन पौराणिक हो गया और जिन बातों को बुद्ध ने अव्याकृत कहकर छोड़ दिया था, उन बातों की चर्चा में बौद्ध श्रमण जोर से पड़ गए। ''राजाओं और बड़े आदमियों का मन जीतने के लिए मूल बौद्ध साहित्य में उन्होंने इतना परिवर्तन किया कि उसे बुद्ध का उपदेश कहना कहाँ तक उचित है, यह नहीं कहा जा सकता।'' (कोसम्बी)।

दान और जागीर के कारण संघ राजमहल-से दीखने लगे और श्रमणों में विलासिता की मात्रा बहुत बढ़ गई। इससे होनेवाली आध्यात्मिक क्षति के सिवा, श्रमणों की एक क्षति यह भी हुई कि ब्राह्मण उनसे जलने लगे और, कभी-कभी, राजा श्रमणों के मठों पर इसलिए भी प्रहार करने लगे कि श्रमणों के भाग जाने पर वे मठ की सम्पत्ति पर अधिकार कर सकें। श्री हर्ष से पहले, राजा शशाङ्क ने बौद्ध मठों पर बड़ा अत्याचार किया। उसी शती में नेडुरमान् पांड्य राजा ने दक्षिण में आठ हजार जैन साधुओं को जान से मार डाला।

कहते हैं, ये उत्पीड़न शैवों के इशारे पर किए जाते थे। किन्तु, केवल इन उत्पीड़नों से धर्म का पतन असम्भव था। सम्भव वह इसलिए हुआ कि बौद्ध साधुओं के चरित्र खराब होने लगे थे।

ये साधु धर्म को भूलकर सुख की कामना करने लगे। ''गुप्त-साम्राज्य के आरम्भिक काल से हर्षवर्धन के समय तक, उन्होंने **मंजुश्री-मूलकल्प, गुह्यसमाज** और **चक्र-संवर** आदि कितने ही मन्त्रों की सृष्टि कर ली। मंजुश्री-मूलकल्प ने तन्त्रों के लिए रास्ता खोल दिया। गुह्य-समाज ने अपने भैरवी-चक्र, शराब, स्त्री-सम्भोग तथा मन्त्रोच्चारण से उसे और भी आसान कर दिया। आठवीं शताब्दी में एक प्रकार से भारत के सभी बौद्ध सम्प्रदाय वज्रयान-गर्भित महायान के अनुयायी हो गए थे। बुद्ध की सीधी-सादी शिक्षाओं से उनका विश्वास उठ चुका था और वे मनगढ़न्त हजारों लोकोत्तर कथाओं पर विश्वास करते थे। बाहर से भिक्षु के कपड़े पहनने पर भी, भीतर से वे गुह्य-समाजी थे। बड़े-बड़े विद्वान् और प्रतिभाशाली कवि, आधे पागल हो चौरासी-सिद्धों में दाखिल हो, सन्ध्या-भाषा में निर्गुण गान करते थे। आठवीं शताब्दी से बारहवीं शताब्दी तक का बौद्ध धर्म, वस्तुतः, वज्रयान या भैरवी-चक्र का धर्म था। इन पाँच शताब्दियों में, धीरे-धीरे, एक तरह से सारी भारतीय जनता इनके चक्कर में पड़कर कामव्यसनी, मद्यप और मूढ़विश्वासी बन गई थी। राजा लोग जहाँ राज-रक्षा के लिए पलटन रखते थे, वहाँ उसके लिए किसी सिद्धाचार्य तथा उसके सैकड़ों तान्त्रिक अनुयायियों की भी एक बहु-व्यय-साध्य पलटन रखा करते थे। देव-मन्दिरों में बराबर बलि-पूजा चढ़ती रहती थी। लाभ-सत्कार का द्वार उन्मुक्त होने से ब्राह्मणों और दूसरे धर्मानुयायियों ने भी, बहुत अंश में इनका अनुकरण किया।'' (बुद्धचर्या)।

बौद्ध धर्म के इस पतन से एक शिक्षा निकलती है कि सुख के आतिशय्य से सड़ाँध पैदा होती है। सचमुच ही, राज्याश्रय बौद्ध धर्म की पहली बाधा थी, क्योंकि हिंसक, कुचाली और अ-लोकप्रिय राजाओं की भी प्रशंसा करना श्रमणों के लिए अनिवार्य हो गया और जनता से वे दूर पड़ने लगे। स्त्री-सेवन और विलासिता के प्रचलन का एक कारण मनोवैज्ञानिक भी माना जाना चाहिए। साकारोपासना की अति से पीड़ित समाज निराकार की ओर चलता है और निराकारोपासना से क्लान्त समाज साकार की खोज करता है। इसी प्रकार, भोग की अतिशयता से ऊबा हुआ समाज त्याग को समझना चाहता है और त्याग के अति-सेवन से पीड़ित मनुष्य भोग की ओर जाना चाहता है। वैदिक सभ्यता, अन्त में, भोगवादी हो गई थी; अतएव, उपनिषदों ने त्याग का सन्देश सुनाया। जैन और बौद्ध मत इस त्याग को खींचकर बहुत दूर तक ले गए। मध्यम मार्ग पर आरूढ़ रहने में क्षण-क्षण जिस सतर्कता की आवश्यकता होती है, वह लोगों में नहीं रही। समाज, त्याग के शुष्क भावों से, विरत होने लगा और समाज की इसी विरति से हारकर बौद्ध एवं जैन धर्मों ने हिन्दुत्व के साकारवादी अंशों को अपने भीतर पचाना आरम्भ किया। महायान बौद्ध धर्म की इस चिन्ता का परिणाम था कि राजाओं तथा दान देनेवाली समृद्ध जनता से उसका सम्बन्ध कैसे प्रगाढ़ हो और जनता तथा धार्मिक नेताओं की जिस प्रवृत्ति ने हीनयान अथवा श्रावकयान पर महायान को तरजीह दी, उसी ने उस मार्ग को भी प्रशस्त किया, जिस मार्ग पर चलते हुए बौद्ध धर्म के पेट से पहले मन्त्रयान, फिर वज्रयान और अन्त में, सहजयान प्रकट हुए।

श्रावकयान से सहजयान तक की दूरी बहुत बड़ी है और इन दोनों के रूप भी परस्पर मेल नहीं खाते। श्रावकयान या हीनयान भगवान् बुद्ध का मौलिक उपदेश था और इस धर्म में भोग के त्याग एवं आचारों की पवित्रता ही प्रधान थी। किन्तु, सहजयान तक आते-आते वही धर्म मद्य, मांस और मैथुन को धार्मिक कृत्य मानने लगा। भगवान् बुद्ध ने जिन सांसारिक सुखों को निर्वाण का बाधक बतलाया था, वे ही सुख अब मुक्ति के सोपान बन गए।

शाक्त धर्म का परिचय

महायान के भीतर से मन्त्रयान, वज्रयान, सहजयान और कालचक्रयान कैसे प्रकट हुए, इसे समझने के लिए हमें तन्त्र-साधना की परम्परा से किंचित् परिचित होना चाहिए। जिस प्रकार बुद्ध के मौलिक उपदेश उपनिषदों की चिन्तन-पद्धति से निकले थे और, बाद को, महायान का आरम्भ वैदिक धर्म के अनेक अंगों—मूर्ति-पूजा, अवतारवाद, आदि—के प्रभावों से हुआ उसी प्रकार, महायान के बाद आरम्भ होनेवाले यानों पर हम शाक्त धर्म का प्रभाव देखते हैं।

शाक्त-मतावलम्बी शाक्त धर्म को उतना ही प्राचीन मानते हैं जितना प्राचीन वैदिक धर्म है, प्रत्युत, कितने ही विद्वान् यह भी विश्वास करते हैं कि इस मत का विकास, यद्यपि वैदिक धर्म के प्रभाव से हुआ है, किन्तु, उसके बीज प्राक्-आर्य भारत में विद्यमान थे।

तन्त्रवाद के अनुसार सृष्टि का उद्भव और विकास शिव और शक्ति के संयोग से होता है। किन्तु, शिव, शव और शक्ति प्रेरणा है। शक्ति के प्रेरित होने पर ही शिव में गति उत्पन्न होती है। भाव यह कि केवल ज्ञान निस्पन्द होता है। स्पन्दन अथवा चालना उसमें ऊर्जा अथवा शक्ति से आती है। संसार के रोमांटिक चिन्तकों ने जो यह कल्पना की कि नारी प्रेरणा का उद्गम है और पुरुष उसी से प्रेरित होकर बड़े-बड़े कार्य करता है, मूल में, वह कल्पना शाक्त दर्शन से पूरा मेल खाती है। शाक्त दर्शन का सम्बन्ध सांख्य दर्शन से भी जोड़ा जाता है, क्योंकि सांख्य दर्शन के अनुसार पुरुष और प्रकृति, दोनों अनादि हैं और उन्हीं के योग से सृष्टि उत्पन्न होती है। सांख्य दर्शन का प्रभाव अन्य सम्प्रदायों पर भी पड़ा। विष्णु की शक्ति के रूप में लक्ष्मी की उपासना और ब्रह्मा की शक्ति के रूप में सरस्वती की उपासना, और कुछ नहीं, पुरुष और प्रकृति के समन्वय का ही प्रयास है। इसी क्रम में शिव और उनकी शक्ति पार्वती की कल्पना विकसित हुई। आरम्भ में शैव और शाक्त धर्म परस्पर भिन्न नहीं थे और आज भी शाक्त पन्थ अन्य पन्थों से दूर, किन्तु, शैव पन्थ के समीप समझा जाता है। किन्तु, कालक्रम में दोनों पन्थों के बीच दूरता का विधान हो गया। शैव धर्म की साधना पहले भी ज्ञानमयी भक्ति की साधना थी और आज भी शैव मार्ग ज्ञान-सम्मत भक्ति का ही मार्ग है। शैव धर्म का ध्येय पहले भी मुक्ति थी और आज भी मुक्ति ही है। किन्तु, शाक्त धर्म ने, मोक्षकामी होते हुए भी, व्यवहारतः, अपना ध्येय मुक्ति नहीं, सिद्धि को माना और उसके साधनों में भी प्रधानता मन्त्र, यन्त्र और योग की ही हो गई। योग की साधना शैव धर्म के साथ ही विकसित हुई थी और उसके साथ वह आज भी वर्तमान है तथा शैवों में उसका लक्ष्य आज भी मुक्ति ही मानी जाती है। किन्तु, शाक्त धर्म ने योग को सिद्धियों के प्रमुख साधन के रूप में अपना लिया।

योग-शास्त्र

योग शब्द युजू धातु से बना है, जिसका अर्थ जोड़ना होता है। इस विद्या का योग नाम इसलिए पड़ा कि इसके द्वारा साधक शरीर को आत्मा से जोड़ते हैं एवं वैयक्तिक आत्मा को विश्वात्मा में एकाकार करते हैं। योगी योग-क्रिया के द्वारा भावों और उद्वेगों को शान्त एवं मांसपेशियों, स्नायुओं और धमनियों की क्रियाओं को मन के अनुशासन में नियोजित करता है। अन्त में, मन के विलय के द्वारा योग आत्मा की मुक्ति का भी कारण होता है।

भारत के बाहर भारत की सबसे बड़ी विशेषता, शायद, योग ही समझी जाती है। जब से मनोवैज्ञानिकों को यह पता चला है कि योग की प्रक्रिया मनोविज्ञान की प्रक्रिया से मिलती-जुलती है, तब से आधुनिक विश्व में भी योग की प्रतिष्ठा बहुत अधिक हो गई है।

योग की प्रक्रिया, बहुत दूर तक, मनोविज्ञान की प्रक्रिया है, यह सत्य है। भारतीय परम्परा में योग चित्तवृत्ति के निरोध को कहते हैं; "योगः चित्तवृत्ति-निरोधः"। योग शरीर की क्रिया से मन को नियन्त्रित करने का उपदेश देता है। वह आत्मा की गहराई का सन्धान करनेवाली विद्या का नाम है। वह हलचल और प्रलोभनों के बीच मन को स्थिर रखने की कला है। मनोविज्ञान ने अवचेतन का अनुमान भर लगाया है, योग अवचेतन मन तक जाने का मार्ग निर्धारित करता है। किन्तु, मन के विलय द्वारा जब योग मुक्ति का कारण हो उठता है, तब वह मनोविज्ञान नहीं रह जाता, शुद्ध धर्म बन जाता है। योग से निसर्गोत्तर शक्तियाँ भी जाग्रत् होती हैं।

योग की, मनोविज्ञान से समता, एक अन्य प्रकार से भी देखी जा सकती है। हम जो कुछ भी करते या सोचते हैं, उन कर्मों और विचारों का प्रभाव हमारी आत्मा पर पड़ता जाता है। यही प्रभाव संस्कार है जिसकी परतें हमारी आत्मा पर जमी हुई हैं। ये संस्कार विचारों की प्रक्रिया से बनते हैं, कर्मों के क्षरण से बनते हैं, इन्द्रियों की आसक्ति और वासनाओं की तरंग से उत्पन्न होते हैं। आत्मा पर इन्हीं संस्कारों की परतें जम जाने के कारण मनुष्य आत्मज्ञान नहीं प्राप्त कर पाता। योगी योग के द्वारा इन परतों को तोड़कर अपने आत्मरूप का साक्षात्कार करता है। मनोविज्ञान का मत है कि, यद्यपि, हम पशु-जीवन से निकलकर मनुष्य हो गए हैं, किन्तु, हमारी पाशविक प्रेरणाएँ अभी समाप्त नहीं हुई हैं। वे हमारे अवचेतन-मन में अब भी पुंजीभूत हैं और हमारी असावधानता में वे अचानक भड़क उठती है। मनोविज्ञान इसे आदिम जीवन की प्रेरणा (Primordial life-urges) कहता है। किन्तु, विचारकर देखिए तो आदिम जीवन की यह प्रच्छन्न प्रेरणा अथवा जन्मजात प्रवृत्तियों (Instinctive Impulses) की यह शक्ति हमारे अतीत का ही संस्कार है। योग इसी संस्कार के बन्धन से मुक्ति का उपाय है।

मनोविज्ञान जब मन की अतल गहराई में उतरता है, तब भाषा असमर्थ हो जाती है। इसलिए, मनोवैज्ञानिकों ने कई नए शब्द गढ़े हैं, जिनके अर्थ सामान्य भाषा में समझे नहीं जा सकते, जैसे–लिबिडो, ईरोज, ओडिपस कम्प्लेक्स इत्यादि। योग के भी कितने ही पारिभाषिक शब्द ऐसे हैं, जिनकी व्याख्या सामान्य भाषा में नहीं की जा सकती। उनके सही अर्थों का ज्ञान केवल उनके पास है, जो योग के अभ्यासी हैं। कुंडलिनी, षट्-चक्र, इडा, पिंगला, सुषुम्ना, युगनद्ध आदि ऐसे ही शब्द हैं।

योग की परम्परा प्राग्वैदिक परम्परा है। आर्यों ने इस विद्या का ज्ञान भारत में आकर प्राप्त किया। पीछे इन्होंने इस विद्या का वर्धन और विकास भी किया। योग-विधि, ध्यान-योग और अध्यात्म-योग, ये शब्द उपनिषदों में कई बार आए हैं। योग का निरूपण, दर्शन की पद्धति के रूप में, पतंजलि ने किया। उनके ग्रन्थ का नाम योग-दर्शन है जो योग का अत्यन्त प्रामाणिक आख्यान है। पतंजलि के मतानुसार चित्त को ईश्वर पर पूर्णयता केन्द्रित किए बिना न तो ईश्वर का साक्षात्कार हो सकता है, न उनकी कृपा ही मिल सकती है। पतंजलि मानते हैं कि सांसारिक वासनाओं पर विजय नहीं मिलने से चित्तवृत्तियों का निरोध नहीं होता, न योग की स्थिति ही उत्पन्न होती है। अतएव, योग वैराग्य-साधना का पन्थ है, अत्यन्त कठोर कृच्छ्राचार का मार्ग है। भारतीय साधना में वैराग्य का जो अपरिमित महत्त्व देखा जाता है, उसका एक प्रधान कारण इस देश में प्रचलित योगाचार था।

योग और सांख्य, भारतीय दर्शन की दोनों पद्धतियाँ, प्रायः एक ही हैं। दोनों में भेद है तो यह है कि योग-दर्शन सेश्वर भी है और निरीश्वर भी। पतंजलि के योगसूत्रों में कहा गया है कि ईश्वर वह सर्वज्ञ गुरु है, जिसमें मानवीय आत्मा के दोष और उसकी अपूर्णता नहीं होती और जो क्लेश, कर्म-विपाक तथा मलिन संस्कारों के स्पर्श से सर्वथा मुक्त है। किन्तु, योगी ऐसे लोग भी हुए हैं, जिनमें ईश्वर-भक्ति नहीं थी। योग-साधना ईश्वर की कल्पना के बिना भी की जाती है। इसी कारण, कई स्थानों पर योग को **निरीश्वर-सांख्य** भी कहा गया है। और इसी निरीश्वर योगसाधन का प्रतिपादन महावीर और बुद्ध के अनुयायियों ने किया।

पतंजलि का योग तो राजयोग कहलाता है, जिसका सारा जोर मानसिक क्रियाओं के नियन्त्रण पर, चित्तवृत्तियों के निरोध पर है। किन्तु, योग की शारीरिक क्रियाओं का अति विकास हठयोग में हुआ। हठयोग का अर्थ 'बलात् योग' होता है। राजयोगी वे होते हैं, जिनकी साधना की प्रक्रिया मनोविज्ञान की प्रक्रिया है अर्थात् जो मन को ही समेटकर उसे स्थिर करते अथवा किसी एक दिशा की ओर ले जाते हैं। किन्तु, हठयोगी शारीरिक क्रियाओं (रेचक, पूरक, कुम्भक, नेती, धौति आदि) के द्वारा मन पर बलपूर्वक अधिकार प्राप्त करता है। योग के जो असंख्य चमत्कार सुने जाते हैं, वे राजयोग के नहीं, इसी हठयोग के अंग हैं। यह भी ध्यान देने की बात है कि हिन्दू साधकों का कोई भी सम्प्रदाय ऐसा नहीं है जिसका राजयोग में थोड़ा या बहुत विश्वास नहीं हो। किन्तु, शैव और शाक्त, ये दो सम्प्रदाय ऐसे हुए जिनमें हठयोग का बहुत अधिक सम्मान था। और शाक्त यानी तन्त्रमार्गी चूँकि यह मानकर चले थे कि साधना में भक्ति से भी अधिक महत्त्व साधना की विधि अथवा उसके आचार का है, इसलिए हठयोग का सर्वाधिक प्रचलन भी तन्त्र-मार्ग में ही हुआ।

तन्त्र-मार्ग

तन्त्र-मार्ग की असली विशेषता ही उसके साधनों की विशेषता है। भक्ति, उपासना और प्रार्थना तन्त्र-मार्ग में भी हैं, किन्तु तन्त्र-मार्ग भक्ति, उपासना और प्रार्थना का मार्ग नहीं है। तन्त्र-मार्गी साधक रुदन, गायन अथवा विलाप और प्रार्थनाओं के द्वारा देवी को प्रसन्न करने की आशा नहीं रखता, बल्कि, उसका विश्वास मन्त्रों के शुद्ध उच्चारण में, मंडलों, वृत्तों और नानाविधि

यन्त्रों के निगूढ़ रहस्य-चिन्तन में और योग-पद्धति के द्वारा शरीर में निहित सूक्ष्म शक्तियों के जागरण और विकास में होता है। जब तक शरीर के भीतर निद्रित और प्रच्छन्न शक्तियाँ नहीं जगतीं, साधक को यह विश्वास नहीं होता कि वह सिद्धि के समीप है। जब उसकी कुंडलिनी-शक्ति जाग्रत हो जाती है, तभी वह समझता है कि उसके आध्यात्मिक उत्थान का मार्ग प्रशस्त हो गया। भारत में बहुत दिनों से यह विश्वास रहा है कि जिसकी कुंडलिनी जग गई, वह चमत्कारपूर्ण शक्तियों से युक्त हो जाता है। वह एक नगर में बैठे-बैठे दूसरे नगर की घटनाओं को देख सकता है तथा वर्तमान में रहकर वह भूत और भविष्य की भी झाँकी ले सकता है। इसलिए योगी, सिद्ध होते ही, देश और काल के बन्धन से मुक्त हो जाते हैं।

तन्त्र-मार्ग में मन्त्रों के शुद्ध पाठ पर जो जोर है, उसकी परम्परा तो वेद में ही थी, क्योंकि, वेदों के समय भी समझा यही जाता था कि शुद्ध-शुद्ध उच्चरित हुए बिना मन्त्र अपना फल नहीं देते। योग की परम्परा तो इस देश में वेदों के पूर्व से ही आ रही थी। रह गई मन्त्र, यन्त्र और योग के साथ सम्बद्ध चमत्कारों की बात, सो उन चमत्कारों का भी भरपूर उल्लेख अथर्ववेद में है।

तन्त्र की व्युत्पत्ति लोग तन् धातु से बतलाते हैं, जिसका अर्थ तनाव या फैलाव होता है। किन्तु, तन्त्र का अर्थ ज्ञान का विस्तार किया जाता है। "तन्यते विस्तारयते ज्ञानं अनेन इति तन्त्रम्।" यहाँ फिर सांख्य का स्मरण होता है क्योंकि सांख्य में भी संख्या का अर्थ गणना नहीं, प्रत्युत, चिन्तन है। अतएव, सांख्य का अर्थ है ज्ञान की पद्धति से सत्य की उपलब्धि का मार्ग, जैसे समाधि के द्वारा सत्य की उपलब्धि के मार्ग को योग कहते हैं। किन्तु, सभी ज्ञान तन्त्र नहीं हैं। तन्त्र एक विशिष्ट प्रकार का आध्यात्मिक ज्ञान है। **कामिकागम** के अनुसार, तन्त्र-साहित्य वह साहित्य है, जिनमें तत्त्व और मन्त्र के विषय निरूपित किए गए हैं।

तनोति विपुलान् अर्थान् तत्त्व-मन्त्र-समन्वितान्
त्राणम् च कुरुते यस्मात् तन्त्रम् इति अभिधीयते।

तत्त्व से तात्पर्य यह कि सृष्टि के मूलभूत नियम और सत्य क्या हैं। मन्त्र से यह अभिप्राय है कि अक्षरों और शब्दों से उठनेवाली ध्वनियों का वैज्ञानिक स्वरूप और प्रभाव क्या है?

अर्थवाचक शब्द के रूप में 'तन्त्र' का दूसरा नाम 'आगम' भी है और शुद्ध अद्वैत साधना को छोड़कर आगम, प्रायः, सभी सम्प्रदायों के मिलते हैं। निगम वेद तथा वेदोद्भूत शास्त्रों को कहते हैं, जिनमें मूल वैदिक धर्म का आख्यान है। आगम विभिन्न सम्प्रदायों की साधनाओं के अलग-अलग मार्ग बताते हैं कि अमुक सम्प्रदाय का साधक पूजा कैसे करे अथवा ध्यान, धारणा और समाधि के सही तरीके क्या हैं। इस प्रकार, तन्त्र और आगम, दोनों के आधार वेद ही माने जाते हैं। **कुलार्णव-तन्त्र** में भगवान् शंकर पार्वती से कहते हैं कि जो शास्त्र वेदोद्भूत हैं, उन्हें भी कौलात्मक ही मानना चाहिए।

तस्मात् वेदात्मकम् शास्त्रं विद्धि कौलात्मकं प्रिये!

हिन्दू-धर्म में तन्त्र अथवा आगम पाँच माने जाते हैं; गाणपत्य, सौर, वैष्णव, शैव और शाक्त। गणेश और सूर्य की पूजा के गौण हो जाने के कारण अब गाणपत्य और आगमों का अपेक्षाकृत कम प्रचार है। बड़े सम्प्रदाय अब वैष्णव और शैव ही रह गए हैं। किन्तु, शाक्त सम्प्रदाय का भी अभी, विशेषतः, बंगाल में अच्छा जोर है और तान्त्रिक पूजा-पद्धति

का अतिविकास भी शाक्त-सम्प्रदाय में ही दिखाई देता है। बल्कि, तन्त्र को शाक्त धर्म ने इस जोर से अपना लिया कि अब तन्त्र-मार्ग कहने से ध्यान सीधे शाक्त-धर्म पर चला जाता है।

शाक्त-दर्शन

वामाचार-साधना के कारण शाक्त धर्म बहुत बदनाम हुआ है, किन्तु, दार्शनिक दृष्टि से शाक्त-दर्शन भी अद्वैत-दर्शन है। इस दर्शन के अनुसार सृष्टि के मूल में जो वास्तविक तत्त्व है, वह अद्वैत है। उसका नाम शिव-शक्ति एवं उसका स्वभाव सत्-चित्-आनन्द है। शांकर अद्वैत से शाक्त-अद्वैत का भेद यह है कि शांकर अद्वैत में माया का अस्तित्व नहीं माना जाता है, किन्तु, शाक्त-दर्शन में माया भी शिव-शक्ति का ही गुण मानी जाती है। यही गुण विकसित होकर सृष्टि का रूप ग्रहण करता है। शिव-शक्ति में से शिव अचल और शक्ति गतिपूर्ण है। शक्ति की शक्तियाँ दो हैं; एक विद्या, जो चेतना उत्पन्न करती है—दूसरी अविद्या, जो माया-शक्ति का प्रतीक है। इसी माया-शक्ति के द्वारा एक अनेक बनता है, अनन्त सान्त का आकार ग्रहण करता है और जो अनादि तथा निराकार है, वह भूत, जीवन और मन के रूप में प्रकट होता है।

शाक्त-दर्शन में आदि-तत्त्व को मातृ-रूप मानने की सामाजिक व्याप्तियाँ ये हुईं कि इस दर्शन के अनुसार नारी-मात्र पूजनीय समझी जाने लगी। विशेषतः, माताओं और अविवाहित बालिकाओं का शाक्त-धर्म में अत्यन्त ऊँचा और पवित्र स्थान है। शाक्त-तन्त्र में औरतों पर हाथ उठाने की मनाही है और सती-प्रथा को यह तन्त्र निन्दित समझता है। बलि-कर्म में भी मादा पशुओं के बलिदान को यह मार्ग कुत्सित बताता है। महानिर्वाण-तन्त्र का कहना है कि जो पति अपनी पत्नी को कुवाक्य कहता है, उसे प्रायश्चितस्वरूप एक दिन का उपवास करना चाहिए। यह भी कि विवाह के पूर्व बालिकाओं को भी भली-भाँति पढ़ा-लिखाकर उन्हें सुयोग्य बना देना चाहिए। **दबिस्ताँ** नामक फारसी ग्रन्थ के एक मुस्लिम लेखक ने भी लिखा है कि आगमों में नारियों को बहुत बड़ा स्थान दिया गया है। आगम नारी-मात्र को शक्ति मानते हैं और उनके मत में किसी भी नारी के साथ अच्छा बर्ताव नहीं करना अपराध में शामिल समझा जाता है। तन्त्र-मार्ग की एक क्रान्तिकारी घोषणा यह भी थी कि तन्त्र-साधना करने से साधक, गृहस्थ होता हुआ भी, सिद्ध हो सकता है।

सिद्धि का प्राधान्य शाक्त-साधना में बाद को हुआ। वैसे, यह साधना भी मोक्ष की ही साधना है। जीवमात्र को शाक्त तन्त्र तीन कोटियों में विभक्त करते हैं। सबसे नीचे 'पशु' है, जो माया के पाश में आबद्ध है। उसके ऊपर 'वीर' और उससे भी ऊपर 'दिव्य' जीव की कोटियाँ हैं। साधना के क्रम में पशु को ऊपर उठकर वीर की कोटि में जाना पड़ता है और जो वीर की कोटि से ऊपर उठ गया, वह दिव्य बन जाता है। बौद्धों के यहाँ अर्हत् और जैनों के यहाँ सिद्ध का जो स्थान है, शाक्त-धर्म में दिव्य का भी वही स्थान समझना चाहिए।

कुलार्णव-तन्त्र के अनुसार आचार सात प्रकार के होते हैं—वैदिक, वैष्णव, शैव, दक्षिण, वाम, सिद्धान्त और कौल। वैदिक आचार कर्म पर आधारित है, वैष्णव भक्ति पर और शैव

ज्ञान पर। कर्म, भक्ति और ज्ञान में से किसी की अथवा तीनों की साधना करनेवाला साधक दक्षिणमार्गी समझा जाता है। किन्तु वामाचार इन तीनों आचारों से भिन्न है। कर्म, ज्ञान और भक्ति के गहरे पुट वामाचार में भी हैं, किन्तु यह सब होते हुए भी वामाचार बिलकुल भिन्न मार्ग है।

उलटी धारा की साधना

वामाचार उलटी धारा की साधना है। उसका दार्शनिक आधार यह कल्पना है कि शिव शक्ति से छूटकर जीव माया के प्रवाह में बहता-बहता जन्म ग्रहण करता है। अतएव, वह यदि मोक्ष पाना चाहे तो उसे उलटकर उस उद्गम की ओर गमन करना चाहिए, जहाँ से माया की धारा निःसृत हुई है।

जब जीव शिव-शक्ति में निहित था, तब वह सच्चिदानन्द-स्वरूप और अद्वैत की स्थिति में था। शिव-शक्ति से निःसृत होने पर ही वह द्वैत में पड़ा है। इसीलिए, संसार की कुछ वस्तुओं को वह काम्य तथा कुछ को अकाम्य समझता है; कुछ को प्रिय और कुछ को अप्रिय मानता है। इसी प्रिय और अप्रिय लगने के भाव से विधि और निषेध के नियम बने हैं, जो बिलकुल कृत्रिम हैं। असल में, संसार का कोई भी कृत्य करणीय या अकरणीय नहीं है। जीवन की कोई भी क्रिया ऐसी नहीं है, जो स्वयं पाप अथवा पुण्य का कारण हो। मुख्य दृष्टि यह नहीं है कि जीवन में क्या कर्तव्य और अकर्तव्य है, बल्कि, यह कि कर्म और अकर्म का भेद कैसे मिटाया जा सकता है। शिव-शक्ति से व्याप्त होने के कारण संसार की प्रत्येक वस्तु अघृण्य है। साधना की सच्ची सफलता इस बात में है कि हम घृण्य को भी अघृण्य बना सकें; स्थूल को भी सूक्ष्म के स्तर पर ले जा सकें। घृण्य को अघृण्य बनानेवाली साधना का उत्कट विकास **औघड़-पन्थ** में हुआ। कहावत मशहूर है कि सिद्ध औघड़ वह है, जिसकी आँत मक्खी तक पचा सकती है।

इस उलटी साधना ने इस विचार पर जोर दिया कि संसार से मुक्ति का उपाय उससे भागना नहीं, प्रत्युत, सर्वतोभावेन उसे स्वीकार करना है। सम से सम का इलाज, यह होमियोपैथी का सिद्धान्त है। वामाचारियों का भी विश्वास है कि जो चीज मनुष्य को नीचे गिराती है, वही उसे ऊपर भी ले जाती है। इसी विश्वास के कारण वाममार्ग में मद्य, मांस, मीन, मुद्रा और मैथुन से युक्त पंच-मकार पूजा का प्रचलन हुआ, जिससे कितनी ही बुराइयाँ उत्पन्न हुईं और शाक्त-धर्म दूषित एवं कलुषित समझा जाने लगा। किन्तु तन्त्रों में इस पूजा का जो रूप समझाया गया है, वह गर्हित नहीं है। पहली अवस्था में तो मद्य, मांस, मीन आदि के सेवन का विधान अवश्य है, किन्तु दूसरी अवस्था में उनके बदले किसी और वस्तु के सेवन का विधान है। तीसरी अवस्था में योग की प्रधानता दिखाई गई है और पंच-मकार में से प्रत्येक का स्थान योग अथवा मनोविज्ञान की कोई-न-कोई क्रिया ले लेती है। तन्त्र-साधना की इस स्थिति का दुरुपयोग करके बौद्ध सिद्धों ने जनता को चक्कर में डाल दिया था। भोग तो वे पंच-मकार का ही करते थे और बोलकर नाम भी वे मदिरा, मांस और नारी के ही लेते थे, किन्तु, जनता समझती थी कि उनका आशय कुछ और है।

वाममार्गियों के साथ कितनी ही ऐसी बातें देखी गई हैं जिनका सभ्य, स्वच्छ एवं शिष्ट

जीवन में कोई मेल नहीं है। उदाहरणार्थ, उनके बीच अखाद्य खाने का, अपेय पीने का और अगमनीय के साथ गमन करने का रिवाज रहा है। इन सारे भयानक आचारों का उद्गम शाक्त-दर्शन के इस विश्वास में था कि रमणीय और अरमणीय का भेद व्यर्थ है। द्वैत केवल वहीं नहीं है जहाँ हमारा चित्त आकृष्ट हो जाता है, प्रत्युत, वहाँ भी जहाँ जुगुप्सा और घृणा का प्राबल्य है, जिसे देखते ही हमारे भीतर आसक्ति नहीं, वितृष्णा, उत्पन्न होती है। जिसका चित्त अद्वैत में स्थिर हो गया, वह मल और मिष्टान्न में कोई भेद नहीं देखता, वह श्रेष्ठ और अधम को एक समान समझता है। भेद ही द्वैत का कारण है। अतएव, वाममार्गी साधक प्रत्येक प्रकार के भेद को घटाते-घटाते, अन्त में, उसे शून्य पर पहुँचा देता है।

दक्षिणमार्गी (वैष्णव, शैव और कर्मकांडी) साधक भी मानते हैं कि आत्मा पाशों में आबद्ध है। किन्तु उनकी पाशों से छूटने की साधना और है। "मैं त्वचा नहीं हूँ, मैं मांस नहीं हूँ, मैं अस्थि नहीं है, मैं रक्त और मज्जा भी नहीं हूँ," इस प्रकार सोचते-सोचते, सबका निवारण कर, वे आत्म-ज्ञान प्राप्त करते हैं। यह नेति (Elimination) की प्रक्रिया है। किन्तु वाममार्गी साधक उदात्तीकरण (Sublimation) की प्रक्रिया में विश्वास करते हैं। जीव जब शिव-शक्ति के केन्द्र से वियुक्त होकर उड़ा, तब से वह 'हंस' की स्थिति में है। 'हंस' को उलटकर जब तक वह 'सहं' अर्थात् 'सोऽहम्' वृत्ति में नहीं पहुँचता है, तब तक वह पाशों से मुक्त नहीं होगा। नर और नारी जब तक हंस की स्थिति में है, तभी एक वे एक-दूसरे के निमित्त पाश हैं। जब दोनों के भीतर यह अनुभूति जाग्रत होती है कि हम हंस नहीं, शिव-शक्ति के सोऽहम्-प्रतिरूप हैं, तब उनके पाश छूट जाते हैं। शाक्त धर्म में साधक का साधिका के साथ समागम आनुष्ठानिक समागम का प्रतीक है। शाक्त योगाचार में हम 'नाद' और 'विन्दु' का जो उल्लेख पाते हैं, वे इसी आनुष्ठानिक समागम के 'नाद' और 'विन्दु' हैं तथा समाधि के आनन्द का मूर्तरूप इसी समागम का आनन्द माना जाता है।

तान्त्रिक साधकों का विश्वास इस बात में रहा है कि पिंड और ब्रह्मांड, दोनों एक हैं। जो शक्ति महाब्रह्मांड में फैलकर सृष्टि की लीला का विस्तार करती है, वही पिंड (शरीर) के भीतर भी अपना कार्य कर रही है। मानव-शरीर के भीतर जो जैव नियम-क्रियाशील हैं, वे ही भौतिक नियम बनकर ब्रह्मांड में काम कर रहे हैं। अतएव, सत्य के लिए आकाश-पाताल छानने का प्रयत्न व्यर्थ है। सत्य मनुष्य के शरीर के भीतर छिपा हुआ है और उसे उपलब्ध करने का साधन भी मानव-शरीर ही है।

इसी विश्वास के कारण तन्त्र-साधना में हठयोग की प्रधानता हुई। शरीर के भीतर छिपे सत्य को शारीरिक क्रिया से ही खोजने के लिए साधक योग के सिवा और दूसरे किस साधन का अवलम्ब ले सकते थे? हठयोग के साथ बहुत-से चमत्कारों का संयोग बहुत समय से चला आता था। किन्तु, तन्त्र-साधकों ने हठयोग का वरण चमत्कार-प्रदर्शन के लिए नहीं किया। हठयोग को उन्होंने वह अभ्यास माना जिसके जरिए शरीर सत्यानुभूति का यन्त्र बनाया जा सकता था। इस प्रकार, उपस्थ से लेकर ब्रह्मरन्ध्र तक साधकों ने शरीर के भीतर छह चक्रों की कल्पना की। सबसे नीचे का चक्र **मूलाधार** है और सबसे ऊपर का **सहस्रार**। शक्ति का निवास मूलाधार में है और शिव का निवास सहस्रार पर। साधक का कर्तव्य है कि वह योग-क्रियाओं के द्वारा चक्रों का भेदन करे अर्थात् मूलाधार पर स्थित शक्ति को जगाकर

उसे सभी चक्रों के भीतर प्रवेश कराते हुए सहस्रार पर पहुँचा दे। सहस्रार पर पहुँचते ही शक्ति शिव से एकाकार हो जाती है और दोनों के एकत्र होते ही महासुख का अमृत फूट पड़ता है, जिसकी उपलब्धि साधक की परम सिद्धि कहलाती है। तन्त्र-ग्रन्थों में साधक को बराबर आगाह किया गया है कि चक्र-भेदन की क्रिया वह गुरु की अनुपस्थिति में न करे।

शिव-शक्ति-मिलन के कुछ दूसरे प्रतीक भी हैं, जिनका उल्लेख शैवागम और पुराणों में पाया जाता है। शरीर के वाम भाग में शक्ति बसती है और दक्षिण भाग में शिव। एक ही शरीर में शिव और शक्ति का एकत्र निवास, यही अर्धनारीश्वर की कल्पना है। योग-दर्शन के अनुसार दक्षिण श्वास का नाम पिंगला है जिसमें शिव का निवास है और वाम श्वास का नाम इड़ा (अथवा इंगला) जिसमें शक्ति निवास करती है। साधक का कर्तव्य है कि वह पिंगला और इंगला को एक स्थान पर लाकर उन्हें एकाकार कर दे। श्वासों के इस एकीकरण का पारिभाषिक नाम सुषुम्ना है। जब वे एक-दूसरे से बढ़कर या घटकर नहीं चलते, जब वे तटस्थ स्थिति में पहुँचकर समरसता को प्राप्त होते हैं। इसी प्रकार, शरीर और मन के द्वन्द्वों को भी तटस्थ बनाना, उन्हें समरसता की अवस्था में ले जाना तन्त्र-साधना का ध्येय है। योग के साथ काम का मिश्रण तन्त्र-मार्गियों ने इस विचार से किया कि साधक और साधिका, दोनों इस अनुभूति तक पहुँच सकें कि, वास्तव में, वे नर-नारी नहीं, प्रत्युत, उससे भिन्न कोई और तत्त्व है, जिसमें लैंगिक भेदों का आरोप नहीं किया जा सकता, जो शुद्ध, बुद्ध और सभी लिंग-वाचक गुणों से स्वतन्त्र है।

वामाचार की साधना वे साधक नहीं कर सकते, जो अभी पशु-कोटि में हैं। यह उन साधकों के लिए विहित है जो वीर-कोटि में पहुँच चुके हैं। किन्तु, वामाचार शाक्त-धर्म की अन्तिम साधना नहीं है। इसके आगे 'सिद्धान्त' और 'कौल', ये दो सोपान और हैं। सिद्धान्त की कोटि में साधक तब पहुँचता है, जब उसे अनुभव से यह ज्ञात हो जाता है कि भोग और त्याग, दोनों निःसार हैं; प्रवृत्ति और निवृत्ति, विधि और निषेध, इनमें कोई तत्त्व नहीं है; सारी सृष्टि अन्तःशून्य है और शिव-शक्ति के सिवा और किसी भी तत्त्व का कहीं अस्तित्व नहीं है। यह दिव्यावस्था है। उससे ऊपर कौल स्थिति है, जो वैदिकों की ब्रह्मानुभूति के समान निर्विकल्प और शब्दातीत है। कौल शब्द 'कुल' से बना है, जो बहुत-कुछ ब्रह्म का ही अर्थ देता है।

यह विचार तर्कसम्मत है कि जीव मुक्त तभी हो सकता है जब उसके सारे पाश छूट जाएँ। पाशों में से कामिनी और कांचन, ये दो पाश महाभयानक हैं। वैदिक धर्म के अन्दर जो भी सम्प्रदाय बने, उन्होंने यही सिखाया कि मोक्ष-प्राप्ति के लिए माया के पाशों से छूटना अत्यन्त आवश्यक है। कर्मवादियों ने कर्म के द्वारा, ज्ञानमार्गियों ने ज्ञान के द्वारा और भक्तों ने भक्ति के द्वारा इन्हीं पाशों से छूटने का प्रयास किया। एक शाक्त-धर्म ही ऐसा निकला, जिसने यह कहा कि माया के असत्य होने के कारण, उसके गढ़े हुए पाश भी असत्य हैं। वे कुछ नहीं में कुछ होने के भ्रम-मात्र हैं। अतएव, उनसे भागना व्यर्थ है। उन्हें अंगीकार करके उनका उदात्तीकरण ही योग्य है। कामिनी माया का सबसे प्रबल पाश मानी जाती थी। सभी मुक्तिकामी उसी को छोड़कर संन्यास लेते थे और उनमें से असंख्य लोग वन में भी नारी-सुख के लिए मन-ही-मन तड़पते थे। शाक्त-धर्म ने अपने वीर-कोटि के साधकों से कहा,

तुम उस स्थिति में आ गए हो, जब नारी-समागम भी तुम्हारे लिए पाश नहीं, उदात्तीकृत आनन्द का ही प्रतीक होगा। तुम इस भाव से समागम करो कि प्रत्येक पुरुष में शिव और प्रत्येक नारी में शिवा प्रच्छन्न हैं और जहाँ भी नर-नारी का समागम होता है, वहाँ असल में, शिव और शक्ति ही समागम कर रहे हैं। अन्य धर्मों ने काम को पाप माना था। शाक्त साधकों ने उसे भी पवित्र कर्म मान लिया।

शाक्त तन्त्र मानते हैं कि मन्त्रों में शक्ति होती है, मन्त्रों की शक्ति का परिणाम होता है; देवताओं का अस्तित्व है और सिद्धियाँ, यदि सही ढंग से खोजी जाएँ तो, वे प्राप्त होती हैं तथा साधनाओं के द्वारा मनुष्य, सचमुच ही, उन्नति करते-करते एक दिन सच्चिदानन्दस्वरूप हो जाता है। वैदिक धर्मों के ज्ञान, भक्ति और कर्म शाक्त-मत में भी चलते हैं, किन्तु, अपने ढंग पर। सांख्य से शाक्त-दर्शन का एक बड़ा भेद इस बात को लेकर है कि सांख्य दर्शन में प्रकृति जड़ एवं पुरुष चेतन है अर्थात् नारी जड़ तथा नर जीवन्त है। किन्तु शाक्त-मत में जड़ता का आरोप नर (शिव) पर किया गया है, चेतना उसमें शक्ति (नारी) की चालना से उत्पन्न होती है। इस विश्वास का परिणाम यह हुआ कि शक्ति (दुर्गा, काली आदि) की जो प्रतिमाएँ बनीं उनमें शक्ति शिव की पीठ या छाती पर खड़ी दिखाई गई हैं।

तन्त्र-साधना की परम्परा

सदैव से तन्त्र-साधना के साथ गुह्यता का एक सघन वातावरण रहता आया है। इस गुह्यता का आधार यह माना जाता है कि तन्त्र की क्रियाएँ प्रच्छन्न रहने पर ही फलवती होती हैं। किन्तु, एक कारण यह भी हो सकता है कि वामाचार को जन-साधारण हमेशा शंका की दृष्टि से देखता था, अतएव, साधकों ने अपनी साधना को गुप्त रखने में ही अपना कल्याण समझा।

योग और सिद्धि के चमत्कार बुद्ध भी जानते थे। उन्होंने स्वयं भी आस्फाणकयोग (अपने-आपको विस्तृत करने की क्रिया) का अभ्यास किया था। उनके अपने शिष्य भारद्वाज जब श्रेष्ठी का पात्र ग्रहण करने को बढ़कर आकाश में ऊपर उठे थे[1] तब बुद्ध ने उनके इस चमत्कार-प्रदर्शन की निन्दा की थी। अतएव, मन्त्र, योग और सिद्धि की साधना भारत में, छिपे-छिपे, बहुत पहले से आ रही थी, इसमें सन्देह नहीं है। किन्तु, यह सत्य प्रतीत होता है कि तन्त्र-मार्ग का अति-विकास महायान के बादवाले सिद्ध साधुओं ने किया।

डॉक्टर विनयतोष भट्टाचार्य का अनुमान है कि बौद्ध भिक्षु अधिकतर युवक हुआ करते थे और, प्रायः युवती नारियाँ भी भिक्षुणी बनकर संघ में प्रवेश करती थीं। इन साधकों के लिए यह असम्भव था कि वे ब्रह्मचर्य का निर्वाह कड़ाई से कर सकें। अतएव, अपने स्खलन को सार्थक सिद्ध करने के प्रयास में वे बौद्ध मत के बाहर प्रचलित तन्त्र-मार्ग को अपनाने लगे। चूँकि उनकी क्रियाओं का समर्थन बौद्ध धर्म-शास्त्र नहीं करते थे, अतएव, उन साधकों ने अपने समाज को गुह्य नाम दिया और जब गुह्य-समाजियों की संख्या बढ़ गई, तब वे अपना धर्म-शास्त्र लेकर प्रकट होने लगे। बौद्ध तन्त्रवादियों का पहला धर्मशास्त्र 'गुह्य-समाज-तन्त्र' था। इस ग्रन्थ में स्वयं बुद्ध से कहलाया गया है कि तन्त्र-मार्ग का बौद्ध मत से विरोध नहीं है। किन्तु, यह शास्त्र छिपाकर इतने दिनों तक इसलिए रखा गया था कि पहले के लोग

इसे समझने को तैयार नहीं थे।

गुह्य-समाज-तन्त्र की दार्शनिक सामग्री असंग-कृत प्रज्ञापारमिता से ली गई बताई जाती है और उसमें वर्णित आचार 'मंजुश्रीमूलकल्प' के आधार पर हैं। असंग आचार्य वसुबन्धु के भाई थे जो पेशावर में रहते थे। वसुबन्धु ने 'अभिधर्म कोष' लिखा और असंग योगाचार-सम्प्रदाय के प्रवर्तक माने जाते हैं। असंग का समय चौथी शताब्दी है और मंजुश्रीमूलकल्प का मूल-रूप दूसरी या पहली शताब्दी में ही बन चुका था। अतएव, अनुमान यह होता है कि महायान की आरम्भिक सदियों में ही बौद्ध धर्म तन्त्र-मार्ग की ओर झुकने लगा था एवं चौथी शताब्दी के बाद वह, मुख्य रूप से, तन्त्रमार्गी हो गया।

गुह्य-समाज-तन्त्र की विशेषताएँ

गुह्य-समाज-तन्त्र ने बौद्ध मत में कई सर्वथा नवीन बातों का समावेश किया। बुद्ध ने केवल इतना कहा था कि कृच्छ्र साधनाओं से मोक्ष नहीं मिलता, न वह भोग में आसक्त होने से प्राप्त होता है। गुह्य-समाज-तन्त्र ने खुली घोषणा कर दी कि सांसारिक सुखों से मुँह मोड़कर शरीर को दंडित करना निर्वाण की राह नहीं है। निर्वाण की सही साधना वह है जो इन्द्रियों को तृप्त रखकर की जाती है। पहले के धर्माचार्यों ने यह कहा था कि बुद्धत्व की प्राप्ति अनेक जन्मों में किए गए तपश्चरणों का परिणाम है। गुह्य-समाजियों ने कहा, बुद्धत्व एक जन्म में भी प्राप्त हो सकता है।

गुह्य-समाजियों का दूसरा नवीन अवदान यह था कि उन्होंने योग और समाधि में शीघ्र सफलता पाने के लिए शक्ति-सेवन (नारी की पूजा अथवा उसके सहयोग) को अनिवार्य बताया। कहते हैं, पूजा में त्रिया-सहयोग की आवश्यकता पहले-पहल गुह्य-समाज-तन्त्र में ही (यानी तीसरी शताब्दी में) बताई गई। उससे पूर्व के तन्त्र-साहित्य में इसका उल्लेख नहीं है।

वज्रयान और मन्त्रयान

गुह्य-समाज-तन्त्र के प्रभाव से भारत में महायान गौण एवं वज्रयान प्रमुख होने लगा। महायान से वज्रयान को भिन्न करनेवाली कई मान्यताएँ और कितने ही सिद्धान्त काम के प्रभाव से ग्रसित दिखाई देते हैं। वज्रयान, यह नाम ही इसलिए चला कि महायान का जो 'शून्य' था, वह वज्रयानियों द्वारा 'वज्र' कहा जाने लगा, क्योंकि 'शून्य' 'वज्र' के समान ही अक्षय और अविनश्वर होता है। फिर वज्रयानियों ने महायान की 'शून्यता' एवं 'करुणा' को, क्रमशः 'प्रज्ञा' एवं 'उपाय' के नाम दे दिए और इन दोनों के मिलन को 'युगनद्ध' की दशा बताकर उसे ही प्रत्येक साधक का अन्तिम लक्ष्य ठहराया।[2] 'शून्य' (आदि तत्त्व जिससे सृष्टि उत्पन्न होती है) और 'विज्ञान' (यानी चेतना), ये दो शब्द महायान के माध्यमिक एवं विज्ञानवादी, दोनों ही सम्प्रदायों में प्रयुक्त होते थे। वज्रयानियों ने उनके साथ 'महासुख' नामक एक तीसरा तत्त्व भी जोड़ दिया। वज्रयानी साधक प्रज्ञा (यानी शून्य) को निष्क्रिय ज्ञानमात्र मानते हैं और उसे स्त्री समझते हैं। उपाय पुरुष तत्त्व है और वह क्रियाशील भी है। इन दोनों तत्त्वों के मिलन को वज्रयान सिद्धि के लिए परमावश्यक मानता है। इस मिलन की समरस अवस्था ही वह 'महासुख' है, जो वज्रयानियों का परम ध्येय माना जाता है। वज्रयानियों की कल्पना

यह रही कि बोधिचित्त साधक को ऊर्ध्वमुख होकर अपनी यात्रा पृथ्वी के ऊपर की ओर आरम्भ करनी पड़ती है। इस यात्रा-क्रम में साधक के सामने, एक के बाद एक के क्रम से, पच्चीस लोक आते हैं, जो सभी त्याज्य हैं। सबके ऊपर जो छब्बीसवाँ लोक है, वही शून्य है। उस शून्य के साथ रमण करने में जो महासुख है, उसे छोड़कर कोई भी साधक वापस आना नहीं चाहता। यही निर्वाण है।

गुह्य-समाज-तन्त्र के आरम्भिक अध्यायों में मन्त्रयान पर विशेष जोर दिया गया है। सैकड़ों पृष्ठों के सूत्रों का पाठ शीघ्रता से करना कठिन था। यह कठिनाई वैदिक धर्म को भी अनुभूत हुई थी। इसीलिए, ब्राह्मणों ने भागवत का चतुःश्लोकी भागवत और गीता की सप्तश्लोकी गीता बनाकर प्रार्थना करनेवाले श्रद्धालु लोगों का काम आसान कर दिया था। लगता है, उन्हीं की देखा-देखी बौद्ध भिक्षुओं ने भी लम्बे-लम्बे सूत्रों को छाँटकर पंक्ति-दो-पंक्ति की धारणियाँ बना लीं। "इन्हीं धारणियों को और संक्षिप्त करके मन्त्रों की सृष्टि हुई।" यह इसलिए भी आवश्यक हो गया, क्योंकि गुह्य-समाज-तन्त्र ने यह स्थापना रखी कि ध्यानी बुद्ध पाँच हैं, जिनमें से प्रत्येक रूप, वेदना, संज्ञा, संस्कार और विज्ञान, इन पाँच स्कन्धों में से किसी एक पर शासन करते हैं। यही नहीं, गुह्य-समाज ने यह भी बताया कि प्रत्येक ध्यानी बुद्ध के साथ एक शक्ति विराजती है और उनके परिवार में अनेक बोधिसत्त्वों का स्थान है। इन सभी देवी-देवताओं की उपासना के लिए मन्त्रों की अलग-अलग रचना की गई और साधक यह विश्वास करने लगे कि मन्त्रों के जप और मन्त्रों के लेखन तथा ध्यानमात्र से उन्हें सिद्धि प्राप्त हो सकती है।

कालचक्र-यान का विकास भारत से बाहर हुआ था और बाहर से ही यह यान बंगाल और असम में पहले-पहल पाल-युग में पहुँचा। यह यान मन्त्र की सम्यक् सिद्धि के लिए तिथि, मुहूर्त, नक्षत्र और राशि पर जोर देता था। अतएव, कालचक्र-यान ने मन्त्रों का सम्बन्ध ज्योतिष की गणना से भी जोड़ दिया।

महायान, यद्यपि, मूल बौद्ध धर्म से भिन्न मार्ग पर था, किन्तु उसके भीतर कदाचार नहीं था। पर, जब वज्रयान का प्राधान्य हो गया, बौद्ध संघ अत्यन्त वीभत्स कर्म करनेवालों का अड्डा बन गया। गुह्य-समाज-तन्त्र ने खुली घोषणा की थी कि वज्रयानी साधु को नियमों से सर्वथा स्वाधीन होकर विचरने से भी पाप नहीं लगता है। जब उस तन्त्र का बोलबाला हुआ, बौद्ध साधक, सचमुच ही औघड़ हो गए। "वज्रयान के विद्वान् प्रतिभाशाली कवि चौरासी सिद्ध विलक्षण प्रकार से रहा करते थे। कोई पनही बनाया करता था, इसलिए, उसे पनहीपा कहते थे। कोई कम्बल ओढ़े रहता था, इसलिए, उसे कमरीपा कहते थे। कोई डमरू रखने से डमरूपा, कोई ओखल रखने से ओखरापा कहा जाता था। ये लोग शराब में मस्त, खोपड़ी का प्याला लिये, श्मशान या विकट जंगलों में रहा करते थे। ये लोग खुल्लमखुल्ला स्त्रियों और शराब का उपभोग करते थे। राजा अपनी कन्याएँ तक इन्हें प्रदान करते थे।"[3]

सहजयान

निवृत्तिमूलक साधनाओं का इतिहास, एक प्रकार से, मनुष्यों की वेदनाओं का इतिहास है, उसकी पीड़ाओं और बेचैनियों का इतिहास है। धर्माचार्यों ने यह उपदेश दिया कि कामिनी

से भागो, कंचन से भागो एवं सुयश और समादर को सन्देह से देखो, क्योंकि ये लुभावनी ऋद्धियाँ तुम्हें घेरकर संसार में पचाने के लिए हैं। किन्तु व्यवहार में देखा यह गया कि जो कंचन से भागने में समर्थ हुआ, वह कामिनी में अटक गया और जो कामिनी के पाश से भी छूटा, वह कीर्ति को नहीं छोड़ सका। कुछ थोड़े लोग ऐसे जरूर हुए जो किसी भी बन्धन में नहीं थे। किन्तु, वे हमेशा अपवाद रहे हैं। अपार मानवता तो आसक्ति और वैराग्य तथा भोग और उपवास के बीच झटके ही खाती रही है। यह भी अचरज की बात है कि मानवता की इस विपुल वेदना का समादर किसी भी धर्म ने नहीं किया। धर्म, दार्शनिक दृष्टि से प्रवृत्तिमूलक हों अथवा निवृत्तिमूलक, द्वैतवादी हों अथवा अद्वैतवादी, घूम-फिरकर वे यही सिखावन देते हैं कि भूत और आत्मा दो हैं, मैटर और स्पिरिट, ये परस्पर मित्र नहीं, शत्रु हैं तथा जो भूत को अपनाता है, वह शैतान का शिष्य है। जिसे ईश्वर को पाना है, जिसे अपना परलोक सुधारना है, उसे द्रव्य से दूर आत्मा के निकट रहना चाहिए।

इस प्रसंग में जो शंकाएँ हमारे मनों में उठती हैं, वे प्राचीन मनुष्यों के मनों में भी अवश्य उठती होंगी। किन्तु, उनका सही उद्घोष प्राचीन काल में सुनाई नहीं पड़ा। वहाँ या तो वे लोग हैं जो चार्वाक-पन्थी हैं अथवा वे लोग हैं जो कीर्ति, कंचन और कामिनी की ओर खिसकने को नैतिक स्खलन मानते हैं। वाममार्गियों और वज्रयानियों ने इस स्खलन पर यौगिक और आनुष्ठानिक चमक डालने की कोशिश जरूर की, किन्तु वे भी यह नहीं कह सके कि नर के भीतर नारी के निमित्त और नारी के भीतर नर के निमित्त जो आकर्षण है, वह अपने-आपमें सहज, स्निग्ध तथा पवित्र है और धर्म से उसका विरोध नहीं है। वाममार्गी अपने को अद्वैतवादी कहते थे, किन्तु, ईश्वर और प्रकृति को दो मानने का भाव उनमें भी था, क्योंकि नर-नारी-समागम की सार्थकता वे भी आनुष्ठानिक रूप में ही मानते थे। और वज्रयानी साधु डोम्बी, नटी, रजकी, चांडाली और ब्राह्मणी का उपभोग तो करते थे, किन्तु, यह कहकर कि वे नारी नहीं, बौद्ध तन्त्र की मनोवैज्ञानिक (साइकिक) शक्तियाँ हैं। यही कारण है कि वज्रयानियों का नारी-सेवन कुरूप, कुत्सित और वीभत्स हो गया। नर-नारी-समागम की सारी सार्थकता प्रेम को लेकर है। जहाँ प्रेम नहीं है, वहाँ ऐसे सारे समागम पाप हैं, छल हैं, अन्याय और दुराचार हैं। वाममार्गियों और वज्रयानियों ने नारी-समागम किया, यह कोई बहुत बड़ा अन्याय नहीं था। अन्याय और व्यभिचार वह इसलिए हो गया कि उन्होंने नारियों को अपना प्रेम नहीं दिया और संसार को उन्होंने इस धोखे में रखा कि नारी उनकी प्रेम-पात्री नहीं आध्यात्मिक उत्थान की सीढ़ी-मात्र है।

बुद्धदेव ने बौद्ध-मत का आधार चारित्रिक संयम पर रखा था। दार्शनिक पक्ष में उनका भाव यह था कि साधक अव्याकृत विषयों पर चिन्तन नहीं करें, क्योंकि वैसे चिन्तन से कोई सुस्पष्ट परिणाम नहीं निकलता। ये दोनों ही बातें बाद के बौद्ध साधकों को भारी लगने लगीं। चारित्रिक संयम में त्रुटियाँ तो बुद्ध के समय ही आरम्भ हो गई थीं, किन्तु, वे खुलकर कही नहीं जाती थीं। अव्याकृत की अवहेलना महायान में आरम्भ हुई और चारित्रिक त्रुटियों को सार्थक सिद्ध करने की चेष्टा वज्रयान ने शुरू की। जब सभी बन्धन टूट गए और रास्ता काफी आसान हो गया, तब लगभग दसवीं सदी में आकर, वज्रयान का एक सम्प्रदाय अपने को **सहजयान** कहने लगा। असल में, सहजयान और वज्रयान के बीच आरम्भ में विशेष भेद

नहीं था। भिन्न वे तब हुए, जब सहजयान बौद्ध-मत को छोड़कर वैष्णव-मत की ओर चला गया।

वज्रयान की तरह सहजयान में भी आचार पहले बदले थे और बदले हुए आचारों का समर्थन करने को उपयुक्त दार्शनिक विचार पीछे से तैयार किए गए। इसलिए, वज्रयान और सहजयान को दार्शनिक चिन्तन का फल नहीं, बल्कि, उनके दर्शन को ही साधकों के आचारों का परिणाम समझना चाहिए।

वज्रयानी-सहजयान का दार्शनिक सिद्धान्त यह बना कि सृष्टि का आरम्भ बोधिचित्त से हुआ है जो सहज ही उद्भूत है, जो किसी अन्य शक्ति का निर्माण नहीं है। बोधिचित्त शून्यता और करुणा का समन्वित प्रतीक है। शून्यता महाज्ञान अथवा प्रज्ञा को कहते हैं, जो निश्चल है, जैसे शाक्त-धर्म में शिव निश्चल और जड़ माना जाता है। करुणा, दया और मैत्री की प्रेरणा है, जो सक्रिय और गतिशील है। सक्रिय और गतिशील होने के कारण करुणा का नाम उपाय हुआ। प्रज्ञा निवृत्ति और उपाय प्रवृत्ति है। जिसके भीतर प्रज्ञा और उपाय परस्पर एक हो गए, अर्थात् प्रवृत्ति और निवृत्ति का भेद मिट गया, वह साधक सिद्ध हो जाता है।

शाक्त दर्शन के समान सहजयान भी यह विश्वास करता था कि सत्य का निवास शरीर में है और शारीरिक क्रियाओं के द्वारा ही वह प्राप्त किया जा सकता है। और शारीरिक क्रियाओं के विकास के लिए बौद्ध सहजयानी भी योग का ही आश्रय लेते थे। हाँ, योग-विषयक पारिभाषिक शब्द उन्होंने अपने बना लिये थे। उदाहरणार्थ, शाक्त योगियों का विश्वास छह या आठ चक्रों में था, किन्तु बौद्ध सहजयानी केवल चार चक्रों में विश्वास करते थे, जिनके नाम मणिपूर-चक्र या निर्माण-चक्र (नाभि के समीप), अनाहत-चक्र या धर्म-चक्र (हृदय के समीप), सम्भोग-चक्र (ग्रीवा के समीप) और उष्णीय कमल (सहस्रार) थे। इसी प्रकार, शाक्त योगियों की पिंगला, इंगला और सुषुम्ना को भी सहजयानी साधक प्राण, अपान और अवधूती कहा करते थे। सहजयानियों का यह भी विश्वास था कि प्रत्येक नारी प्रज्ञा और प्रत्येक नर उपाय का प्रतीक है तथा उनकी साधना का साफल्य इस बात में है कि वे अपने भौतिक रूप का अतिक्रमण करके इस अनुभूति पर स्थित हों कि वे नर-नारी नहीं, सचमुच ही प्रज्ञा और उपाय के स्वरूप हैं। बोधिचित्त की स्थिति को सहजयान महासुख की स्थिति मानता है और उसका विश्वास है कि यह स्थिति प्रज्ञोपाय (नर-नारी-समागम) से ही सम्भव है।

काम-योग

तन्त्राचार, वज्रयान और सहजयान साधना के उस स्वरूप की खोज करते रहे, जिसमें काम और अध्यात्म, योग और नर-नारी-समागम के बीच कहीं कोई समान भूमि पाई जा सके। धर्माचार्यों ने नर-नारी-समागम की मनाही की थी, सभी स्थूल सौंदर्य को उन्होंने शंका की दृष्टि से देखने का उपदेश दिया था और बार-बार यह बताया था कि शरीर को कष्ट पहुँचाए बिना आत्मा की शक्ति का विकास नहीं होगा। किन्तु, व्यवहारतः देखा यह गया है कि शरीर को कष्ट पहुँचाने की प्रक्रिया, अन्ततः, आत्महनन की प्रक्रिया के समान है और कृच्छ्र साधनाओं का मार्ग जीवन नहीं, मृत्यु का मार्ग होता है। जीवित मनुष्य कोमल, मृदुल और उष्ण होता है, किन्तु, मरने पर वह कठोर और ठंडा हो जाता है। साधक कृच्छ्र साधनाओं का जितना

ही अधिक अभ्यास करते, जीवन और प्रकृति से वे उतने ही अधिक दूर निकल जाते थे। और उस पर भी सूखे-से-सूखे काठ के भीतर भी, स्पर्श मात्र से, हरियाली की लहर दौड़ पड़ती थी। बड़े-से-बड़े साधक नारियों की संगति पाते ही पिघल पड़ते थे। ये सारी बातें इस बात की सूचना थीं कि प्रकृति के वेग को रोकना कठिन है; सारे योग झूठे और सारी साधनाएँ बेकार हैं। तब भी, साधक योग का सहारा लिये रहे, क्योंकि पातंजल-योग-दर्शन ने समाधि-सुख को निस्सीम आनन्द कहा था और यह भी संकेत दिया था कि महासुख तक जाने की एक राह तो योग है जो शरीर और मन की सम्मिलित क्रिया की राह है; किन्तु, वहाँ पहुँचने की एक दूसरी राह प्रणय-समाधि की राह भी हो सकती है, यदि वह योगसम्मत एवं अनुशासनों से युक्त हो। सहजयान ने '**काम**' और '**योग**' को एकाकार करने के अनेक मार्ग अपनाए। उनमें से एक मार्ग यह भी था कि चूँकि काम-सुख का मुख्य कारण विन्दु-पात है; इसलिए, साधक विन्दु को क्षरित होने से बचाए और उसे उलटकर उष्णीषकमल में पहुँचा दे। इस दुष्कर कार्य में जो सिद्धि प्राप्त करते थे, वे 'ऊर्ध्वरेता' समझे जाते थे। कहते हैं, अवधूत की सिद्धि इसी दुष्कर साधना की सिद्धि थी और जो साधिका अवधूत से सहयोग करती थी, वह अवधूतिनी कहलाती थी। इस साधना से साधक को यह मानसिक तोष भी मिल जाता था कि नारी का उपभोग उसने वासना के लिए नहीं किया है।

वैष्णव-सहजिया-सम्प्रदाय

काम से उत्पन्न जो बेचैनियाँ साधकों को हीनयान के समय से तंग करती आ रही थीं, वे वैष्णव-सहज-सम्प्रदाय में आकर बहुत ही न्यून हो गईं। प्रकृति से युद्ध करने में साधक बराबर पराजित होते आए थे, किन्तु इस पराजय को स्वीकार करने अथवा प्रकृति से खुलकर समझौता करने में उन्हें बराबर एक प्रकार की झिझक रही थी जो और कुछ नहीं, मन के विरुद्ध एक नकली मन को कायम रखने की चेष्टा का परिणाम थी। वैष्णव-सहजयान में आकर यह झिझक कमजोर हो गई। यदि आज की भाषा में कहें तो वैष्णव-सहजयानियों की मानसिकता यह थी कि विधि और निषेध, दोनों अप्राकृतिक कार्य हैं। किसी वस्तु से परहेज करने के निमित्त चेतना को बराबर सिकोड़ते चलना कोई अच्छा काम नहीं है। इसी प्रकार, किसी अन्य वस्तु को काम्य समझकर दिन-रात उसी के पीछे दौड़ते चलना भी अपकर्म है। चेतना को बलपूर्वक प्रसरित करना भी निसर्ग के उतना ही विरुद्ध है जितना उसे जबर्दस्ती सिकोड़ने का प्रयास। मन जब भी भय, लोभ या तृष्णा से ग्रस्त होकर काम करता है, तब उसका कार्य अप्राकृतिक होता है। इसी प्रकार, मन के कार्य तब भी अप्राकृतिक होते हैं, जब वह किसी वस्तु से यह सोचकर भागता है कि यह प्रिय होने पर भी परित्याज्य है। इन्द्रियों पर तलवार उठाकर पहरा देने का मार्ग सुख का मार्ग नहीं है। और सुख का मार्ग वह भी नहीं है जहाँ हम आकुलतापूर्वक सुख की खोज अथवा उसका आह्वान करते हैं। सच्चे महासुख का कमल उस सरोवर में खिलता है जिसमें कोई भी लहर नहीं है, विधि की भी नहीं और निषेध की भी नहीं; जो सहज, शीतल और सुशान्त है।

वैष्णव-सहजयान ने हठयोग को हटाकर उसके स्थान पर राजयोग को अधिष्ठित किया, यह सोचकर कि रेचक-कुम्भक की क्रिया शरीर और मन को लाठी से हाँककर समाधि में

ले जाने की क्रिया है। सात्विक समाधि वह है जिसमें चित्तवृत्तियाँ आप-से-आप निरुद्ध हो जाती हैं। बौद्ध-सहजयानी सृष्टि का उद्गम सहज बोधिचित्त को मानते थे, वैष्णव-सहजयान ने बोधिचित्त को हटाकर उसकी जगह पर 'प्रेम' को अधिष्ठित कर दिया और यह कहा कि प्रेम स्वाभाविक है, वही सहज है, वही सर्वशक्तिमान है। सृष्टि का जो आदि तत्त्व है, वह प्रेम है और वही सहज भी है। सहज ने ही, मात्र लीला के लिए, अपने आपको दो रूपों में विभक्त कर दिया है, जिनमें से एक रूप 'रस' और दूसरा 'रति' है। सहज-मार्ग में 'रूप' 'प्रेम' है और 'रति' उसे उद्भासित तथा उसका पालन करनेवाली शक्ति। रस के प्रतीक कृष्ण और रति की प्रतिमा राधा हैं। संसार में जितने भी पुरुष हैं, वे कृष्ण के रूप हैं और जितनी भी नारियाँ हैं, वे राधा के प्रतिरूप। 'रूप' हमारा बाह्य आकार है, हमारा असली 'स्वरूप' हमारे भीतर छिपा है। सहज साधना के अनुसार नर-नारी का ध्येय 'रूप' के भीतर छिपे 'स्वरूप' को पहचानना है। जब उन्हें स्वरूप-ज्ञान हो जाए, तब वे प्रेम के आवेश में परस्पर आलिंगन कर सकते हैं। स्वरूप के ज्ञान के बिना, मात्र रूपों के मिलन में, आनन्द नहीं है। 'समरस' अथवा 'सहजानन्द' वह है, जो स्वरूप-ज्ञान से सम्भूत समाधि से उत्पन्न होता है। पातंजल योग-दर्शन में कहा गया है कि मन की प्रक्रियाएँ जब समाधि में जाकर शान्त हो जाती हैं, तब योगी अपने 'स्वरूप' में स्थित होता है। सहजिया-सम्प्रदाय के अनुसार जब मन की बाहरी और भीतरी क्रियाएँ आनन्द की उच्चतम अनुभूति में विलीन हो जाती हैं तब हम अपने सच्चे स्वरूप में होते हैं, जो हमारा सहज स्वरूप है।

आधुनिक मनोविज्ञान की भाषा में कहा जाए तो यही बात इस प्रकार से कही जाएगी कि काम का आध्यात्मिक आनन्द वहाँ उपलब्ध होता है, जहाँ प्रेमी-युगल केवल शरीर के धरातल पर ही नहीं मिलते, प्रत्युत, जब उनके मन और उनकी आत्माएँ भी एकाकार हो जाती हैं। समरस आनन्द की वह भूमि है जहाँ पहुँचकर 'मैं' और 'तू' का भेद नहीं रहता, जब नर और नारी अपने बाह्य-स्वरूप का अतिक्रमण करके किसी निर्विकल्प, निर्विशेष स्थिति में पहुँचकर संज्ञातीत एवं आनन्द-विभोर हो जाते हैं।

सचेष्ट प्रयास सुख नहीं, दुःख का कारण होता है, चाहे वह अप्रिय से बचने अथवा प्रिय को प्राप्त करने के लिए ही क्यों न किया गया हो। इसीलिए, सहजिया- सम्प्रदाय 'विधिमार्ग' के विरुद्ध चला गया। उसका अपना मार्ग 'राग-मार्ग' हुआ अर्थात् वह मार्ग जिस पर चित्त और वृत्तियाँ अप्रयास चलती हों, स्वाभाविक रूप से गमन करती हों। इस सम्प्रदाय में परकीया का प्रेम भी निन्द्य नहीं है। प्रत्येक परकीया राधा है और प्रत्येक साधक कृष्ण तथा उनका प्रेम दूषित नहीं, विशुद्ध समझा जाता है। विधि-मार्ग की बाध्यता नहीं मानने के कारण सहजिया लोग सामिष-निरामिष आहार को भी कोई महत्त्व नहीं देते। पन्द्रहवीं-सोलहवीं सदी में यह मार्ग बंगाल में इतना लोकप्रिय हो उठा कि चैतन्य के उपदेश पीछे छूट गए और चैतन्य-सम्प्रदाय में ही 'वैरागी-वैरागिनी-मार्ग' कायम हो गया, जिसका आधार मुक्त प्रेम था। कवि चंडीदास को सहजिया-सम्प्रदाय अपना महाकवि मानता है। यह भी कहा जाता है कि सहजयान के भीतर प्रचलित पाँच मनोवैज्ञानिक शक्तियों (डोम्बी, नटी, रजकी, चांडाली और ब्राह्मणी) में से चंडीदास रजकी के उपासक थे एवं उनकी प्रेरणादात्री प्रेमपात्री रमा, सचमुच, रजक जाति की थी।

मार का प्रतिशोध

साधक सिद्धार्थ जब सिद्धि के समीप पहुँच रहे थे, तब कहते हैं, मार ने उनकी समाधि तोड़ने के उद्‌देश्य से उन पर चढ़ाई की थी। मार की उस सेना में देवलोक की सुन्दर-से-सुन्दर युवतियाँ मौजूद थीं। किन्तु, सिद्धार्थ डिगे नहीं। वे मार को जीतकर बुद्ध हो गए।

किन्तु, मार ने उन्हें क्षमा नहीं किया। वह अपना पुष्प-बाण सँभाले, छिपे-छिपे, संघों में घूमता रहा और जब उसने देखा कि गैरिक चीवरों के नीचे रेशमी स्पर्श का लोभ सर्वत्र जाग चुका है, उसने संघों पर खुलकर चढ़ाई कर दी। भारत में बौद्ध धर्म के विनाश के कारण कई बताए जाते हैं, किन्तु, इस विनाश का सबसे बड़ा कारण मार था।

भारत का वज्रयान-युग बौद्धिकता और इन्द्रियवाद के संघर्ष का काल था। उस समय बौद्धिकता का विकास वे कर रहे थे जो विचारक और दर्शनाचार्य थे, जिनका लक्ष्य जनता के बीच सम्मान पाना नहीं, प्रत्युत, दर्शन और तर्क की किसी गहन समस्या का समाधान खोजना था। पाँचवीं शताब्दी से लेकर, प्रायः दसवीं-ग्यारहवीं शती तक का समय, इस दृष्टि से, अत्यन्त मेधावी लोगों का समय कहा जा सकता है, क्योंकि गौड़पाद, कुमारिल, शंकर, चन्द्रकीर्ति और वाचस्पति मिश्र इसी काल में जनमे थे। किन्तु, विचारकों के वृत्त से बाहर जो साधकों का अपार समूह था, उसका ध्यान दार्शनिक विवेचन पर नहीं जाता था। उसकी जिज्ञासा केवल इस प्रश्न को लेकर थी कि काम को धर्म से कैसे मिलाया जाए और इस मिलन की सार्थकता दर्शन से कैसे सिद्ध की जा सकती है।

रवीन्द्रनाथ ने आदर्श मनुष्य की कल्पना इस रूप में की है कि उसे मन से सुसंस्कृत और तन से बर्बर होना चाहिए; अर्थात् मन से वह कोमल, दयालु और त्यागी हो, किन्तु शरीर उसका पाशविक होना चाहिए। बुद्ध ने अति-तपःक्लान्त देह को आध्यात्मिक साधनों के अनुपयुक्त तो कहा था, किन्तु, व्यवहारतः उन्होंने जिस साधना का प्रचार किया, उससे तपःक्लान्ति से छुटकारा नहीं था। अतएव, कहा जा सकता है कि संघों की स्थापना तथागत ने बर्बर मनुष्य को दबाकर की थी। किन्तु बर्बर मनुष्य मरा नहीं। वह कभी मरता भी नहीं है। काल पाकर वह बर्बर मनुष्य सिर तानकर खड़ा हो गया, खुल्लमखुल्ला, यह कहने लगा कि हमें भी वह सुख चाहिए, जो गृहस्थ भोगते हैं। प्रत्युत, यह भी कि जिस कर्म में गृहस्थ पतित होता है, हमारा पतन उससे भी नहीं हो सकता।

कर्मणा येन वै सत्त्वाः कल्प-कोटि-शतान्यपि
पच्यन्ते नरके घोरे तेन योगी विमुच्यते।

(इन्द्रभूति-कृत ज्ञानसिद्धि से)

अर्थात् जिन कर्मों के करने से सामान्य जीव करोड़ों कल्प तक नरक में पड़ा रहता है, उन्हीं कर्मों को करता हुआ योगी मोक्ष प्राप्त कर लेता है।

इस पर यदि कोई यह पूछता कि आप तो गृहस्थ नहीं, वैरागी हैं, तो इसका भी उत्तर वज्रयानियों ने तैयार कर रखा था।

तथा-तथा प्रवर्त्तेत यथा न क्षुभ्यते मनः
संक्षुब्धे चित्तरत्ने तु नैव सिद्धिः कदाचन।

अर्थात् आचरण वैसा करना चाहिए जिससे मन में क्षोभ नहीं जगे; क्योंकि चित्तरत्न के

क्षुब्ध होने पर सिद्धि कभी भी प्राप्त नहीं होती। यह निदान, बहुत-कुछ, आज का फ्रायडीय निदान है जो गृहस्थों के लिए उचित माना जाता है। किन्तु, संन्यासी के मुख से ऐसी बातें आज भी घृणित ही मानी जाएँगी।

रिफार्मेशन से पहले की इटली में धर्म-संघों की नैतिक स्थिति का वर्णन करते हुए एक लेखक ने लिखा है कि "लोगों को उस समय धर्माचार्यों से घोर घृणा थी। ये धर्माचार्य खुलकर क्रीड़ा करते थे, खूब शराब पीते और शिकार खेलते थे तथा हमेशा वे बढ़िया भोजन और घाँघरों की तलाश में रहते थे। सारा समाज यह मानता था कि स्वर्ग और चाहे जिसे भी मिल जाए, धर्माचार्यों को वह नहीं मिल सकता। लोगों का यह मत भी बन गया था कि ब्रह्मचर्य और गार्हस्थ्य का एकमात्र भेद यह है कि गृहस्थ के केवल एक पत्नी होती है, किन्तु ब्रह्मचारी दश पत्नियों से सम्बन्ध रख सकता है। यह भी कि जब तक गृहस्थों के पास पत्नियाँ हैं, ब्रह्मचारी को विवाह करने की आवश्यकता नहीं है। धर्माचार्य रखैल रखते थे और धर्म की भाषा में उसे 'आत्मा की गाय' कहकर अभिहित करते थे।"[4]

इटली के धर्माचार्य जिसे 'आत्मा की गाय' कहते थे, भारत के वज्रयानी साधु उसे 'मुद्रा' कहा करते थे। शाक्त-तन्त्र में मुद्रा का अर्थ हाथों को उलट-पुलटकर बनाया जानेवाला रहस्यात्मक संकेत था अथवा कहीं-कहीं उसका अर्थ अन्न भी होता था, किन्तु, वज्रयान में आकर उसका अर्थ वह नारी हो गई जो साधक की साधना में सहयोग देती थी। प्रज्ञोपाय-साधना में उपाय का प्रतीक साधक स्वयं होता था और प्रज्ञा का प्रतिनिधित्व कोई नारी करती थी, जो साधक की 'महामुद्रा' कहलाती थी। साधक अपनी मुद्रा-साधना में इतने तल्लीन रहते थे कि प्रज्ञा को व्यक्तित्व प्रदान करके उसे सम्बोधित करते समय उनके मुख से सदा उसके लिए डोम्बी, चांडाली, शबरी, योगिनी-जैसे शब्द ही निकलते थे। फलतः उनकी यौगिक अन्तःसाधना बाह्य-मुद्रा-साधना तक ही सीमित रहने लगी।[5]

वज्रयानी सिद्धों के चर्यापदों में हम नीच जाति की स्त्रियों के सम्बोधन बार-बार पाते हैं। यह प्रथा, कदाचित्, इसलिए चली कि उच्च वर्णों की नारियाँ इन्हें नहीं मिल पाती थीं। अतएव, ये साधु निर्धन, अशिक्षित एवं भीरु निम्नवर्गीय समाज की लड़कियों का हरण करके अपना काम चलाते थे। वाममार्गी साधु, कापालिक और वज्रयानी सिद्धों से जनता भय मानती थी, क्योंकि उनमें से कितने ही ऐसे थे जो यौगिक चमत्कार दिखा सकते थे, त्राटक अथवा हिपनाटिज्म की क्रिया से लोगों को प्रभावित कर सकते थे। भय का एक कारण यह भी था कि लोग जानते थे कि ये साधु गृहस्थों की बहूबेटियों को मन्त्र से मोहकर अथवा बलात् चुराकर हर ले जाते हैं और उन्हें मुद्रा बनाकर सिद्धि प्राप्त करते हैं। कापालिकों और योगियों के व्यभिचार की कहानियाँ लोककथाओं में अब भी मौजूद हैं। मालतीमाधव नाटक में कापालिक का जो चरित्र दर्शाया गया है, वह भयानक, घृणापूर्ण और वीभत्स है।

तात्त्विक दृष्टि से वाममार्गियों और वज्रयानियों ने सोचा यह था कि योग के द्वारा हम काम-शक्ति का उदात्तीकरण करेंगे। काम का उदात्तीकरण करने में कुछ योगी सफल भी हुए होंगे, किन्तु अपार साधुओं के लिए योग उनके व्यभिचार का पर्दा बन गया। एक बार वाममार्गियों का एक दल इस चिन्ता में पड़ा कि समाज में हमारा आदर कैसे बढ़ सकता है। सलाह माँगने पर गुरु गोरखनाथ ने उनसे कहा, यदि आप प्रतिष्ठा चाहते हैं, तो सब

झंझट छोड़कर योग-क्रियाओं से अपना सम्बन्ध जोड़ लें।[6] योग की साधना भारत में हमेशा ही आदरणीय और उच्च साधना मानी जाती थी, अतएव, जो भी योगी होता था, उसके स्खलन पर जनता अधिक ध्यान नहीं देती थी।

जिन दिनों महायान का आरम्भ हुआ, उन दिनों वैदिक धर्म में नरक की कल्पना बद्धमूल हो चुकी थी और लोग यह मानने लगे थे कि पाप की सजा नरक की यातना होती है। आश्चर्य है कि नरक का त्रास तन्त्र-मार्ग और वज़्रयान में नहीं बढ़ा। इन सम्प्रदायों के लोग स्वर्ग-सुख पाने के तो उपाय ढूँढ़ते रहे, किन्तु नरक के त्रासों पर उन्होंने जोर नहीं दिया। स्पष्ट ही, स्वर्ग की राह उन्हें व्यभिचार के भीतर से जाती दिखाई पड़ी थी। यदि व्यभिचार दंडनीय हो जाता तो स्वर्ग का रास्ता ही बन्द था। इसलिए, नरक की कल्पना से उन्होंने छुट्टी ले ली।

अनादि सत्य का रूप हमेशा एक समान रहता है, अर्थात् दिखाई वह कभी नहीं देता। किन्तु, उसकी ओर मुख करके मनुष्य हमेशा यह सोचता है कि हमारा धर्म क्या है। वेदों के समय यह धर्म प्रवृत्तिमूलक रूप में प्रकट हुआ था जिसकी शिक्षा यह थी कि कार्य करना धर्म है, अच्छा भोजन और अच्छा वस्त्र जुटाना धर्म है, पशु पालना धर्म है, खेती और वाणिज्य करना धर्म है, अन्धों को आँख और लँगड़ों को पाँव देना धर्म है तथा देवताओं की स्तुति करना एवं शत्रुओं का मान-मर्दन करना भी धर्म है। वेदों के बाद जब उपनिषदों का समय आया, तब भी, निवृत्ति बहुत प्रखर नहीं हुई। प्रवृत्ति और निवृत्ति का समन्वित आदर्श उस समय जनक के आदर्श में प्रकट हुआ, जिसका सारांश यह था कि घर से भागकर जंगल में रहना बहुत बड़ा धर्म नहीं है। धर्म की परीक्षा संसार के भीतर की जाती है। बायाँ हाथ नारी के स्कन्ध पर और दायाँ हवन-कुंड में, सच्ची परीक्षा इसी रूप में दी जाती है। जो इस मुद्रा में सफल जीवन बिता सके, असली धर्म उसी के चरित्र में है।

मिथिलायां दह्यमानायां न मे दहति किंचन।

किन्तु, बुद्ध और महावीर ने एकपक्षीय धर्म चला दिया; संसार से भागो, क्योंकि, वहाँ कदम-कदम पर पाप बिछा हुआ है। यह पहली गलती थी। दूसरी गलती वज्रयानियों ने की कि धर्म को उन्होंने पाप का आवरण बना दिया। गृहस्थ सुख भोगता है तो वह उसकी कीमत भी अदा करता है। सिद्धों ने सुख तो भोगा, किन्तु उसकी कीमत नहीं चुकाई। यह पाप था।

कैसा रहा होगा वह समय और वह समाज, जिसके विश्वास की पताका, कोणार्क, पुरी, भुवनेश्वर और खजुराहो के मंडपों पर फहरा रही है? मंडप के भीतर शिव या शक्ति की प्रतिमाएँ और मंडप के ऊपर नर-नारी समागम की नग्न मूर्तियाँ और काम के कर्म-चित्र, जिनकी ओर भाई-बहन एक साथ आँखें नहीं उठा सकते। इन मूर्तियों को देखकर आज का जनमत शरमाता है। क्या उन दिनों कोई जनमत नहीं था? आज का जनमत जनता बनाती है, अखबार और लेखक बनाते हैं। उस समय का जनमत साधु, संन्यासी, राजा और राजदरबारी तैयार करते थे और जनमत के ये सभी निर्माता परस्पर एक थे। यह कुहासा तब फटा, जब वैष्णव और शैव सन्तों के प्रभुत्व का समय आया, उससे भी बढ़कर जब मुसलमान आए। देखा गया है कि यह देश बाहरी आक्रमणों के समय ही आँखें खोलता है। बौद्ध साधुओं और संघों का संहार मुसलमानों ने किया, यह और बात है। बड़ी बात यह हुई कि बाह्य आक्रमणों

की धमकी से देश के भीतर एक जागृति पैदा हुई और अन्धविश्वास का कुहासा काफी दूर तक फट गया।

बाद के सन्तों पर सहजयान का प्रभाव

लगभग पाँच सौ वर्ष की साधना के बाद सिद्धों ने अपने उत्तराधिकारियों के लिए जो परम्परा छोड़ी, वह योग की परम्परा थी। वह इस विचारधारा की परम्परा थी कि मठ, मन्दिर, प्रतिमा और धार्मिक अनुष्ठान बेकार हैं, असली सत्य तो शरीर के भीतर छिपा हुआ है। इस सत्य की उपलब्धि भी शरीर के द्वारा ही की जा सकती है। एक स्थल पर गुह्य-समाज-तन्त्र में ही कहा गया था कि चैत्य बनाना व्यर्थ है। बौद्ध-धर्म-ग्रन्थों के पाठ से कोई फल नहीं मिलता। त्रिरत्न की पूजा और यन्त्रों का निदिध्यासन भी बेकार है। योगी के लिए ये सारे अनुष्ठान फालतू हैं। वह सांघिक एवं सामाजिक नियमों की पाबन्दी नहीं मानता। संक्षेप में, उन्होंने जो परम्परा छोड़ी वह सहजयान की परम्परा थी और सहजयान भी अपने मूल रूप को छोड़कर निर्बन्ध जीवन का पर्याय हो गया था। सहजयान, यानी मन और इन्द्रियों को उनकी सहज-स्वाभाविक गति पर छोड़ देना। सहजयान, यानी मन और इन्द्रियों की माँगों की अवहेलना नहीं करना।

खाअन्त पिअन्ते सुहहिं रमन्ते, णित पुराण-चक्काविं भरन्ते
अइस धम्म सिज्झइ परलोअह, णाह पाय दलिऊ भयलोअह।

अर्थात् स्वेच्छापूर्वक खाने-पीने और सुख में रमण करने से परलोक बनता है और सांसारिक भय मिट जाते हैं।

जब कबीरदास का आविर्भाव हुआ, उस समय वैष्णव सहजयान अपने उत्कर्ष पर था। जहाँ तक योग की महत्ता और अनुष्ठानों की व्यर्थता का प्रश्न है, कबीर वज्रयानी परम्परा के उत्तराधिकारी हुए और उन्होंने ठीक उन्हीं दिशाओं में काम किया, जिन दिशाओं का संकेत वज्रयानी सन्तों ने किया था। फर्क यह रहा कि जो बातें बौद्ध साधुओं ने कुरूप ढंग से कही थीं, उन्हें कबीर ने कला और साहित्य के स्तर पर पहुँचा दिया। किन्तु, वामाचार और तन्त्र को कबीर ने प्रश्रय नहीं दिया। जहाँ तक सहजयान वेदों का विरोधी, जाति-प्रथा का आलोचक, शास्त्रों का निन्दक और अनुष्ठानों के विरुद्ध था, वहाँ तक कबीर सहजयान के उत्तराधिकारी दिखाई देते हैं। किन्तु, सहजिया लोगों की रसिकता से उन्हें चिढ़ थी। इसलिए, सहज शब्द पर तो कबीर ने आस्था प्रकट की, किन्तु, उसके साथ सम्बद्ध रसिकता को उन्होंने त्याज्य ठहराया।

सहज सहज सब कोई कहै, सहज न चीन्है कोइ,
जिन सहजे विषया तजी, सहज कहीजै सोइ।
सहज सहज सब कोई कहै, सहज न चीन्है कोइ,
जिन सहजे हरि जी मिलें, सहज कहीजै सोइ।

इसी प्रकार, कबीरदास को यह बात भी पसन्द आई कि वैष्णव-सहजिया साधु हठयोग की अपेक्षा राजयोग को अधिक पसन्द करते थे। कबीर हठयोग की साधना कर चुके थे और उनके लिए समाधि में जाना नाक-कान के दबाने पर निर्भर नहीं था। किन्तु, सबके

लिए उन्होंने इसी सहज समाधि को विहित बताया, जो राज-योग से उत्पन्न होती है।

साधो, सहज समाधि भली।
गुरु प्रताप जा दिनते लागी दिन-दिन अधिक चली,
जहँ-जहँ डोलूँ सो परिचर्या जो-जो करूँ सो पूजा।

भारतीय धर्म के इतिहास में कबीर का महत्त्व बहुत बड़ा है। धर्म को उन्होंने सप्ताह में एक या दो दिन का कृत्य नहीं माना, न उन्होंने उसे मन्दिर अथवा योगासन पर की जानेवाली क्रियाओं तक ही सीमित किया। कबीर धर्म को जीवन की प्रत्येक साँस में अवस्थित करना चाहते हैं। उनकी कल्पना का धार्मिक मनुष्य वह है जो धर्म के सिवा और कुछ करता ही नहीं। उसकी प्रत्येक क्रिया पूजा की क्रिया होती है। उसका हर एक कदम तीर्थ में पड़ता है। दूर से देखने पर कबीर भी निवृत्तिवादी ही दिखाई देते हैं, किन्तु, प्रवृत्ति की दिशा में उन्होंने एक बहुत बड़ी क्रान्ति की। हमारे सम्पूर्ण, दैनिक सामान्य जीवन को धर्म-साधना का माध्यम बताकर उन्होंने धर्म के भीतर संसार को प्रतिष्ठित किया जिसका सभी धर्माचार्य बहिष्कार करते आए थे।

कबीर और नानक ने ब्याह का बहिष्कार नहीं किया, इसे भी हम सिद्धों के जीवन से ली हुई शिक्षा समझते हैं। पाँच-छह सौ वर्षों की साधना ने बतला दिया था कि मात्र संन्यास लेने से आदमी काम की मारों से नहीं बच सकता। और सहजिया-साधकों ने यह भी सिद्ध किया था कि पत्नी को साथ लेकर भी आध्यात्मिक साधना की जा सकती है। यही वह पृष्ठभूमि हुई, जिससे प्रेरणा लेकर कबीर और नानक ने गार्हस्थ्यवृत्ति स्वीकार की।

वैदिक मार्ग भारत-धर्म का सनातन, विहित मार्ग है। नई साधनाएँ जन्म लेती हैं, और इस मार्ग से अलग चलना चाहती हैं, किन्तु, घूम-फिरकर वे फिर इसी मार्ग पर आ जाती हैं। साधक भटकते हैं, किन्तु अन्त में वे वैदिक मार्ग पर आ जाते हैं। वैदिक मार्ग ऋषियों का मार्ग था जो गृहस्थ होते थे। बौद्ध और जैन मार्गों ने मुनि-वृत्ति को प्रमुख माना, जिसका पालन घर छोड़कर ही किया जा सकता था। किन्तु, मुनियों की जो दुर्दशा हुई, उससे आजिज आकर लोगों ने सहज मार्ग का सन्धान किया और सहजयान के बाद जो सन्त आए, उन्होंने वैवाहिक जीवन की महत्ता को खुलकर स्वीकार किया। बुद्ध वेद से बहुत दूर चले गए थे, किन्तु, कबीर और नानक का मार्ग गार्हस्थ्य की स्वीकृति के कारण वेद के निकट का मार्ग हुआ। वह, बहुत-कुछ, जनक के मार्ग का ही परिवर्तित रूप था। वेद और गीता की प्रवृत्तिमूलक शिक्षाओं की उपेक्षा करके अनेक बार साधकों ने गृह-त्याग की महिमा निरूपित की, किन्तु, बार-बार उन्हें गीता और वेद के पास वापस आना पड़ा। जिन नानाविध उद्यमों से संसार गतिमान है, उनमें हिस्सा लेना पाप नहीं, पुण्य है। रज्जब का एक दोहा मिलता है–

उद्यम अवगुन को नहीं जो करि जानै कोय,
उद्यम में आनन्द है साईं सेती होय।

सांसारिकता और आध्यात्मिकता में सम्बन्ध हो सकता है, इस सत्य का उद्घोष भी हम रज्जब के एक अन्य दोहे में सुनते हैं।

एक जोग में भोग है, एक भोग में जोग,
एक बुड़हिं वैराग्य में, एक तरहिं सो गिरही लोग।

योग में बूड़नेवाले लोगों के दृष्टान्त वज्रयानी साधु हुए थे। भोग के वृत्त में रहकर योग सिद्ध करनेवालों में बड़े नाम कबीरदासजी और नानकदेव के हैं। यह भी कहा जा सकता है कि काम और अध्यात्म के संघर्ष से निकलकर वज्रयानी साधु जिस राह पर आना चाहते थे, वह राह वज्रयानियों को नहीं, कबीर और नानक को दिखाई पड़ी। और दर्शन की जो अनुभूति वज्रयानियों के पास भाषा के अभाव में छटपटा रही थी, उसे भी उपयुक्त भाषा कबीर में आकर प्राप्त हो गई।

सन्दर्भ

1. देखिए, राहुल-कृत बुद्धचर्या, सत्रहवाँ परिच्छेद।
2. उत्तर भारत की सन्त परम्परा–परशुराम चतुर्वेदी।
3. बुद्धचर्या–राहुल सांकृत्यायन।
4. A Cultural History of Modern Age—By Egon Friedell.
5. उत्तर भारत की सन्त-परम्परा।
6. मध्यकालीन धर्म-साधना।

प्रकरण-7

बौद्ध आन्दोलन के सामाजिक प्रसंग

चिनगारी जो बुझी नहीं

किन्तु वज्रयान ने समाज में जहाँ इतने दुराचार फैलाए, वहाँ उसने क्रान्ति की उस शिखा को भी ऊँचा रखा, जिसे बुद्ध जला गए थे। बुद्धदेव ने (1) जाति-प्रथा को चुनौती दी थी, (2) शास्त्रों का तिरस्कार किया था और (3) मनुष्य की स्वतन्त्र बुद्धि को स्फुरणा प्रदान की थी। बुद्ध के इन तीनों नहीं, तो पहले दो उपदेशों पर वज्रयानी भी आरूढ़ रहे। हिन्दू-धर्म अपनी बाँहें पसारकर बौद्ध-मत को आत्मसात् करने के प्रयत्न में था। किन्तु हिन्दुत्व का आलिंगन चाहे जितना प्रगाढ़ रहा हो, वह कभी भी इतना प्रगाढ़ नहीं हो सका कि बौद्ध-मतावलम्बी लोग जाति-प्रथा को स्वीकार करें अथवा वेदों को प्रमाण मान लें। जनता तो बौद्ध देवताओं की पूजा करते हुए भी जाति-प्रथा को मानती थी, किन्तु, साधु उसे नहीं मानते थे। इस प्रसंग का एक दूसरा पक्ष यह है कि उच्च वर्ण के लोगों में बौद्ध-धर्म की शिक्षा बहुत अधिक नहीं फैली थी। बौद्धों के अधिक अनुयायी नीचे की जातियों में थे और उन जातियों को यह बात बहुत अच्छी लगती थी कि बौद्ध उपदेशक जातिवाद को नहीं मानते थे।

बौद्ध धर्म के उपदेश के बाद से इस देश में ऐसी विचारधारा काम करती रही है, जो शास्त्रों के सामने मस्तक झुकाने को तैयार नहीं है और जो सभी जातियों को तोड़कर विशाल मानवता की रचना करना चाहती है। यह भी ध्यान देने की बात है कि वैदिक धर्म, आरम्भ से ही, वेदों की दुहाई देता आ रहा है और शास्त्रों के बल पर वह जाति-प्रथा को कायम रखना चाहता है। महावीर और बुद्ध के उपदेशों से जब समाज की शृंखला टूटने लगी और वर्णाश्रम-धर्म विपन्न होने लगा, तब ब्राह्मणों को सबसे बड़ी चिन्ता इसी विपत्ति को लेकर हुई। यह भी ध्यान देने की बात है कि जब वैदिक-धर्म फिर से ऊपर आया, तब सबसे अधिक उसने स्मृतियों के निर्माण पर जोर देना शुरू किया एवं मनुष्य के स्वतन्त्र चिन्तन का मार्ग वह अवरुद्ध करने लगा। यहाँ तक कि गीता में भी ऐसे अवरोध समाविष्ट कर दिए गए। जब हम उसके सोलहवें अध्याय में भगवान् को यह कहते देखते हैं कि–

यः शास्त्रविधिमुत्सृज्य वर्तते कामकारतः,
न स सिद्धिमवाप्नोति न सुखं न परां गतिम्।

(अर्थात् जो शास्त्र-विधि को छोड़कर स्वतन्त्र रूप से काम करता है, उसे न तो सिद्धि मिलती है, न सुख, न उत्तम गति ही।)

तब, स्पष्ट ही, हमें यह भान होने लगता है कि इस तीर के लक्ष्य, मुख्यतः बौद्ध और

जैन ही हैं।

किन्तु, बौद्धों का प्रचार बढ़ता ही गया और वज्रयानियों ने तो शास्त्र-विरोध को सबसे श्रेष्ठ धर्म ही मान लिया। आगे चलकर, हिन्दी के निर्गुनियाँ सन्तों ने धर्म के बाह्याचार एवं जाति-प्रथा और पुरोहितवाद की जो खिल्ली उड़ाई, उस परम्परा की नींव इन्हीं वज्रयानियों ने डाली थी; सन्त कवियों को वज्रयानियों की यह विरासत किस रूप में मिली थीं, इसके प्रमाण सिद्धों के ये शब्द–पद हैं।

बह्मणो हि न जानंत हि भेउ, एवइ पढ़िअउ ए च्चउवेउ।

—सरहपा

(ब्राह्मण झूठ-मूठ वेदों को पढ़ते हैं, पर, परमार्थ का रहस्य नहीं जानते।)

बम्हा-बिहणु-महेसुर देवा, बोधिसत्व या करिहू सेवा।
देव न पूजेहु तित्थ ण जावा, देवपुजाही मोक्ख न पावा।

—तिलोपा

(बोधिसत्त्वों को ब्रह्मा-विष्णु-महेश की सेवा नहीं करनी चाहिए, पत्थर आदि के देवताओं की पूजा नहीं करनी चाहिए, न तीर्थ जाना चाहिए। बाह्य देवपूजा से मोक्ष नहीं मिलता।

मट्टि पाणि कुस लई पढ़न्त, घरहीं बइसी अग्णि हुणन्त,
कज्जे विरहइ हुअवह होमें, अक्खि डहाविअ कडुएँ धूमें।

—तिलोपा

(मिट्टी, पानी, कुश लिये मन्त्र पढ़ता है। घर में बैठकर अग्नि में होम करता है। बिना मतलब होम के कड़वे धुएँ से आँखें फुड़वाता है।)[1]

वेद-विरोधी आन्दोलन

तन्त्र, मन्त्र और योगाचार, ये केवल वज्रयानियों में ही नहीं अपितु, जैन, पाशुपत और वाममार्ग जैसे वैदिकेतर सम्प्रदायों में भी प्रचलित थे और उनका प्रचार वैदिक-धर्म में भी था। किन्तु, छठी सदी से दसवीं सदी तक के काल में जिस बात को लेकर हिन्दुत्व दो भागों में विभाजित होने लगा, वह यह भी कि हिन्दुओं का एक विशाल समुदाय स्मृति के मार्ग का अनुयायी था अर्थात् वह तीर्थ-स्नान में पुण्य मानता था, वर्णाश्रम-व्यवस्था में आस्था रखता था, व्रत, उपवास, स्वर्ग, नरक, पितृश्राद्ध आदि में विश्वास रखता था तथा सभी देवताओं और उप-देवताओं की पूजा करता था।[2] किन्तु, इसके विपरीत, एक और समुदाय था, जो जाति-प्रथा को नहीं मानता था, जो मन्दिरों, तीर्थों और पुरोहितों में विश्वास नहीं करता था तथा जिसे देवताओं की शक्तियों में विश्वास नहीं था। यह समुदाय, विशेषतः, उन योगियों और तान्त्रिकों से प्रभावित था जो यह कहते थे कि मनुष्य की सारी शक्तियाँ उसके अपने शरीर में छिपी हुई हैं तथा शरीर और चित्त की शुद्धि के बिना मोक्ष नहीं मिल सकता। ये योगी व्रत, उपवास, यज्ञ, होम और शास्त्र-वचन को मिथ्या मानते थे और जनता को यह उपदेश देते थे कि धर्म के बाहरी ढकोसलों में कहीं कुछ नहीं है, अतएव, अपने मन के भीतर डूबकर असली धर्म की साधना करो। शास्त्रों की अवज्ञा सिखाने और उनकी खिल्ली उड़ाने में इन साधुओं को

विशेष रस आता था। "कितने ही तान्त्रिक मतों ने अपने को खुल्लमखुल्ला वेद-विरोधी सम्प्रदाय घोषित किया और दृढ़ कंठ से समस्त वैदिक मतों का प्रत्याख्यान किया। प्रतिक्रिया इतनी उग्र थी कि अत्यन्त सहज बात को भी वे लोग भड़कानेवाली भाषा में कहते थे और हर प्रकार से, वैदिक मार्ग का उलटा सुनाई देनेवाला वक्तव्य देते थे।"

ये बातें उस समय हो रही थीं, जब गुप्तवंशी राजाओं की छत्रच्छाया में वैदिक धर्म पूरे बल के साथ उठकर खड़ा हो चुका था और उसकी, समाज पर, फिर से ऐसी धाक जम गई थी कि जो मार्ग अपने को वेद-विहित सिद्ध कर सकता, उसकी प्रतिष्ठा बढ़ जाती थी। किन्तु, इस जाग्रत वैदिक-धर्म के होते हुए भी, सहजिया सिद्ध एवं नाथ-सम्प्रदाय के साधु वेदों का कसकर विरोध कर रहे थे। पंडित हजारीप्रसाद द्विवेदी लिखते हैं कि "छठी-सातवीं शताब्दी के बाद यह वेद-विरोधी स्वर अधिक स्पष्ट होकर प्रकट होता है। बौद्धों और जैनों में भी वेद-विरोधी स्वर पाया जाता है और वह काफी पुराना है। परन्तु, यह नया स्वर कुछ भिन्न श्रेणी का है। इसमें सर्वव्यापक सर्वशक्तिमान् प्रभुसत्ता को अस्वीकार नहीं किया गया है। कभी-कभी तो इसमें अद्वैतवाद का स्वर बहुत स्पष्ट होकर प्रकट हुआ है। ज्यों-ज्यों शताब्दियाँ बीतती गईं, त्यों-त्यों यह विरोधी स्वर दृढ़ ही नहीं, कठोर भी होता गया। वाममार्गी तान्त्रिक और योगी तो उलटी और धक्कामार भाषा में कहने के अभ्यस्त हो गए थे। विरोधाभास यह है कि ऐसा कहने से उनकी प्रतिष्ठा घटी नहीं। ये लोग अधिकाधिक उत्साह के साथ सीधी बात को भी उलटा के, जटिल और गुथीली बनाकर और आक्रामक तथा धक्कामार बनाकर कहते गए। कहने का ढंग कुछ विचित्र-सा था। गोमांस-भक्षण पाप है, यह सर्वविदित बात है। वारुणी पीना बुरी बात है, यह सभी मानते हैं। लेकिन, हठयोगी यही कहेगा कि गोमांस का भक्षण करना चाहिए और अमर वारुणी का पान करना चाहिए, क्योंकि वही विष्णु का परम पद है और यही कुलीन का परम कर्तव्य है। यह भाषा, स्पष्ट ही, आक्रामक और धक्कामार है। कहते हैं, योगी जब गोमांस- भक्षण अथवा सुरापान का उपदेश देते थे, तब उनका अभिप्राय, सचमुच ही, मदिरा या गोमांस से नहीं, बल्कि, योग की किसी क्रिया विशेष से होता था। किन्तु, फिर भी, जिस भाषा में वे अपनी बात कहते थे, वह लोगों को तिलमिला देनेवाली थी। कृष्णाचार्य ने जब कहा था, **एक्कु न किज्जइ मन्तु न तन्तु, णिय घरणी लेई केलि करन्त,** अर्थात् मन्त्र-तन्त्र सब बेकार हैं, केवल गृहिणी के साथ केलि करने से सिद्धि प्राप्त होती है, तब, वास्तव में, वे यह कहना चाहते थे कि महामुद्रा की साधना से ही सिद्धि प्राप्त होती है। यद्यपि, उन्होंने, जप-तप सबकी व्यर्थता बतलाई है, परन्तु इसके लिए इस भाषा की आवश्यकता नहीं थी।"

नय और आचार के बीच दरार

जिस काल पर हम विचार कर रहे हैं, वह बौद्धिक दृष्टि से कोई साधारण काल नहीं था। इसके आदि में गुप्त-काल पड़ता है, जो हमारे साहित्य का स्वर्णकाल था। "जो पुराण और स्मृतियाँ आजकल निस्सन्दिग्ध रूप में प्रामाणिक मानी जाती हैं, उनका सम्पादन, अन्तिम रूप में, इसी काल में हुआ था। जो काव्य, नाटक, कथा, आख्यायिकाएँ गुप्त-काल में रची गईं, वे आज भी भारतवर्ष का चित्त मुग्ध कर रही हैं। जो शास्त्र उन दिनों प्रतिष्ठित हुए,

वे आज भी भारतीय मनीषी को प्रेरणा दे रहे हैं।"[3] गुप्तकाल के बाद भी, एक-से-एक चिन्तक पैदा हुए। कुमारिल और प्रभाकर जैसे मीमांसक, शंकराचार्य और वाचस्पति मिश्र जैसे दार्शनिक, न्यायवार्त्तिक के लेखक उद्योतकर और प्रसिद्ध बौद्ध माध्यमक आचार्य चन्दकीर्त्ति (माध्यमकावतार और प्रसन्नपदा के लेखक) इसी काल में हुए। शान्तिदेव जिनका 'बोधिचर्यावतार' त्याग और आत्म-बलिदान का अपूर्व ग्रन्थ है, इसी काल में हुए थे। इसके सिवा, विज्ञानवादियों के आचार्य चन्द्रगोमिन् और सन्तभद्र तथा अकलंक-जैसे मनीषी भी इसी काल में प्रादुर्भूत हुए।

चिन्तन में कोई कमी नहीं थी, किन्तु, इस काल का चिन्तन निरा बौद्धिक या अकेडेमिक किस्म का था। उसमें जिन्दगी को प्रभावित करने की वह बेचैनी नहीं थी, जो उपनिषदों के युग में देखी गई थी। यह चिन्तन रहस्य का उद्घाटन करने के लिए नहीं, केवल शास्त्रार्थ के नाम पर किया जा रहा था। मनुष्य की मौलिक समस्याओं को छोड़कर चिन्तकों का ध्यान इस बात पर अधिक चला गया था कि प्रतिपक्षी को परास्त करके अपने सम्प्रदाय की प्रतिष्ठा कैसे बढ़ाई जाए। मनुष्य के सामने जब मौलिक समस्याएँ वर्तमान थीं, तब उसने उपनिषदों की रचना की थी। अब उन उपनिषदों की टीका करने का समय आ गया था। और एक टीकाकार जिन ग्रन्थों (प्रस्थानत्रयी) की टीका करके अद्वैत की सिद्धि कर रहा था, दूसरा टीकाकार उन्हीं ग्रन्थों से द्वैत की और तीसरा विशिष्टाद्वैत की सिद्धि कर रहा था। यही नहीं, बल्कि, वर्णाश्रम-धर्म के खिलाफ जो विद्रोह फैलता आ रहा था, अब वह हिन्दुत्व की सँभाल के बाहर जा पड़ा था। वाममार्गी योगी, कापालिक, पाशुपत, वज्रयानी और जैन, प्रायः सभी सम्प्रदायों के साधु दिन-रात यह प्रचार कर रहे थे कि धर्म बाह्याचार मिथ्या हैं, वेदों और शास्त्रों का अध्ययन केवल मस्तिष्क का बोझ है, ब्राह्मणों और पुरोहितों से किसी का उपकार नहीं हो सकता, तीर्थ और मन्दिर में जाने से मनुष्य को कुछ भी प्राप्त नहीं होता, जाति-प्रथा झूठी है और स्मृतियों के द्वारा बताए हुए मार्ग भी गलत हैं। यह भावना, विशेषतः उनको प्रिय लगती थी, जिन्हें जातियों की दीर्घा में ऊँचा स्थान प्राप्त नहीं था, मगर, जो संख्या में बहुत अधिक थे। यह ध्यान देने की बात है कि सिद्धों में से अधिकांश नीची जातियों के लोग थे और उनकी मुद्राएँ भी, अकसर, छोटी जातियों की स्त्रियाँ ही होती थीं। अपने विरुद्ध उठी हुई इस बगावत से लड़ने के लिए हिन्दुत्व भी सजग था और वह नई स्मृतियाँ रचकर अथवा पुरानी स्मृतियों में नई शर्तों की वृद्धि करके उन सभी लोगों को सामाजिक दंड दे रहा था, जो वर्णाश्रम-धर्म का बन्धन तोड़नेवाले थे। इस काल में जातियों की श्रेणियाँ और भी बढ़ गईं, अस्पृश्यता और छुआछूत के विचार और भी कड़े हो गए एवं शूद्रों और स्त्रियों का अनादर पहले से भी अधिक हो गया। बौद्ध मत का प्रचार देश के बाहर बड़े जोर से हो रहा था। यह बात ब्राह्मणों को अच्छी नहीं लगती थी। अजब नहीं कि इसीलिए स्मृतियों में समुद्र-यात्रा का निषेध प्रतिपादित किया गया हो। ब्राह्मणों और बौद्धों में साँप और नेवले का सम्बन्ध हो गया था। शंकराचार्य ने शून्यवाद को 'सर्वप्रमाणविप्रतिषिद्ध' कहकर उपेक्षा-योग्य समझा था। कुमारिल भट्ट जैसे मेधावी आचार्य ने भी बुद्ध की अहिंसा आदि भली बातों को उसी प्रकार अग्राह्य बतलाया था, जिस प्रकार, कुत्ते की खाल में रखा हुआ दूध अमेध्य होकर अनुपयोगी हो जाता है। "श्वदति निक्षिप्त क्षीरवदनुपयोगी", इस प्रकार के अनेक उदाहरण दिए जा सकते हैं।" (पं. ह.प्र.द्विवेद्वी)। उन दिनों, एक साधारण कहावत चालू हो गई थी

कि मरते हुए बौद्ध के मुख में पानी देना भी पाप है। स्वामी शंकराचार्य हिन्दुत्व के त्राता माने जाते हैं, किन्तु चूँकि उन्होंने बौद्धों का विनाश करने में बौद्ध-दर्शन का ही (नागार्जुन और वसुबन्धु के मत का) सहारा लिया था, इसलिए, जनता ने उन्हें भी प्रच्छन्न बौद्ध कहकर उनकी निन्दा की, यद्यपि बौद्ध-मत के लिए यह प्रशंसा की ही बात थी। वैदिक धर्म के ग्रन्थों की रचना उपनिषत्काल में अवरुद्ध नहीं हुई। सच तो यह है कि हिन्दुओं का सुविशाल धर्मसाहित्य उपनिषदों के बाद ही तैयार हुआ। किन्तु, इन ग्रन्थों को देखने से यह कहीं भी भासित नहीं होता कि जिन दिनों ये धर्म-ग्रन्थ लिखे गए, उन दिनों इस देश में बौद्ध आन्दोलन जोरों से चल रहा था। प्रतिपक्षी मत की यह उपेक्षा अत्यन्त घोर कही जाएगी और उसे देखकर आश्चर्य भी होता है।

बौद्ध मत पर पुराणों के आक्रमण

हिन्दुत्व अपने आलिंगन में कसकर बौद्ध-धर्म को मार डालना चाहता था। उसने बौद्धों को अपनाने के लिए उनके अनेक सिद्धान्तों को मान लिया था, किन्तु, बौद्ध मत की जिन बातों को वह बिलकुल अग्राह्य समझता था, उनकी धार भोथी करने के लिए पुराणों में उसने अनेक धार्मिक कथाओं की सृष्टि शुरू कर दी। कुमारिल ने बौद्ध मत का विरोध कर्मकांड के आधार पर किया था और शंकराचार्य ने ज्ञान का पक्ष लेकर। दक्षिण भारत में शैव जनता जैन-सम्प्रदाय से अधिक रुष्ट थी, किन्तु, वैष्णवों के प्रधान शत्रु बौद्ध थे। इसलिए, बौद्ध मत को नीचा दिखाने का प्रयास वैष्णव पुराणों में ही अधिक मिलता है।

सबसे बड़ी बाधा यह थी कि बुद्ध विष्णु का अवतार माने जा चुके थे, इसलिए उनके मत पर आक्रमण करना जरा असुविधाजनक हो गया था। इस असुविधा को दूर करने के निमित्त विचित्र-विचित्र कथाएँ गढ़ी जाने लगीं। एक कथा यह है कि एक बार असुरों ने वैदिक विधि से यज्ञ करके इतना बल प्राप्त कर लिया कि वे देवताओं से भी बली हो गए। इस पर देवताओं ने भयभीत होकर विष्णु से प्रार्थना की और विष्णु ने कृपा करके बुद्ध का अवतार लिया और असुरों से कहा कि वेद की सत्ता को मत मानो तथा वैदिक विधि से यज्ञ मत करो, क्योंकि यज्ञ में पशु-हिंसा होती है। निदान, असुरों ने यज्ञ करना छोड़ दिया और वे, फिर से, देवताओं की तुलना में दुर्बल हो गए। इस कथा के भीतर से कई बाण निकलते हैं। एक तो यह कि बुद्ध अवतार असुरों के कल्याण के निमित्त हुआ था। दूसरा यह है कि यज्ञ नहीं करने से मनुष्य की शक्ति छीजती है। और तीसरा यह कि जो असुर नहीं हैं, उन्हें बुद्ध के उपदेशों को नहीं मानना चाहिए।

विष्णु-पुराण में एक और कथा आती है, जिसमें एक राजा मरकर श्वान-योनि में उत्पन्न होता है। उसकी सती रानी उसे पहचान लेती है और कहती है, "महाराज! आप किस कारण श्वान-योनि में उत्पन्न हुए? क्या आपको इसका स्मरण नहीं है कि तीर्थस्नान के बाद पाषंडी से भाषण करने के कारण आपको यह कुत्सित योनि प्राप्त हुई है?" इस कथा में पाषंडी से अभिप्राय जैन या बौद्ध श्रमण से है और उसका लक्ष्य यह है कि जैन और बौद्ध श्रमण हैं, वे नीच हैं, अतः, पुण्यात्मा लोगों को इन जैनों और बौद्धों से बात भी नहीं करनी चाहिए।

ब्राह्मण-धर्मावलम्बी बौद्ध श्रमणों से बात भी नहीं करें, यह विधान करते हुए विष्णु पुराण

में निम्नलिखित श्लोक मिलता है, जो मनुस्मृति के चतुर्थ अध्याय में भी उपलब्ध है,

पाषंडिनो विकर्मस्थान्बैडालव्रतिकांच्छठान।
हैतुकान्बकवृत्तिंश्च वाङ्मात्रेणापि नार्चयेत्।

(वेदबाह्य कर्म करनेवाले, मार्जारव्रत धारण करनेवाले, हेतुवादी और वकवृत्ति पाषंडियों की, शब्दों से भी, पूजा न करे।)

स्पष्ट है कि जब श्रमणों में सच्चरित्रता थी, तब ब्राह्मण उन पर ऐसे आक्रमण नहीं करते थे और करते भी हों, तो वे निरर्थक होते होंगे। यदि श्रमण अपनी अवस्था को सुधारकर जनसाधारण के कल्याण का मार्ग पकड़ते, तो पुराणों के इन वारों से उनका कुछ भी नहीं बिगड़ता। ''पर, वैसा न करके पुराणों के आक्रमण से अपनी रक्षा करने के लिए वे एक प्रकार से महापंक में ही कूद पड़े। एक के बाद एक तन्त्र की रचना करके वे अपने सम्प्रदाय की रक्षा करने का प्रयत्न करने लगे। पर, दिन में बुद्ध की पूजा और रात में वाम-मार्ग को स्वीकार करके नग्न स्त्री की पूजा करने का मेल कैसे बैठता?''[4]

समाज में बौद्ध-धर्म की इतनी अधिक निन्दा हुई कि शंकर का मायावाद भी, अन्त में, जनसाधारण को ग्राह्य नहीं हुआ, क्योंकि उससे बौद्धों के शून्यवाद की गन्ध आती थी। यही कारण है कि शंकर के बाद ही रामानुज, निम्बार्क, मध्व, वल्लभाचार्य आदि सन्तों ने द्वैत या विशिष्टाद्वैत का प्रचार आरम्भ कर दिया और जब कि शंकर का अद्वैत सिद्धान्त पंडितों तक ही सीमित रहा, द्वैत और विशिष्टाद्वैत पर अवलम्बित धर्म, बड़ी ही आसानी से, सारी जनता में फैल गए।

बौद्ध-धर्म के खिलाफ ब्राह्मणत्व के षड्यन्त्र, अनेक प्रकार से, चल रहे थे। 'मध्यकालीन धर्मसाधना' में पं. हजारीप्रसाद द्विवेदी ने लिखा है कि ''कूर्मपुराण के 16वें अध्याय में कहा गया है कि शिवजी की प्रेरणा से विष्णु ने ही कपाल, लकुल, वाम, भैरव आदि हजारों मोहशास्त्रों की रचना की थी। सांख्य-प्रवचन-भाष्य में पद्मपुराण के कुछ श्लोक उद्धृत किए गए हैं, जिनमें शिवजी ने पार्वती को सम्बोधन करके कहा है कि हे देवि! मायावाद बड़ा असत् शास्त्र है। मैंने ही कलियुग में ब्राह्मण का रूप धारण करके इस शास्त्र की रचना की है। इसमें मैंने श्रुति-वाक्य का गलत अर्थ किया है और कर्म-स्वरूप की त्याज्यता का प्रतिपादन किया है। सर्व कर्मों के परिभ्रंश को बता करके नैष्कर्म्य-भावना का मैंने समर्थन किया है। यह प्रच्छन्न बौद्ध मत है।'' अर्थात् पंडितों ने शंकर को भी दंडित करने का प्रयास किया, क्योंकि उन्होंने बौद्धों के शून्यवाद का प्रभाव ग्रहण किया था।

जैनों और बौद्धों पर शैवों का प्रहार

सातवीं शताब्दी के अन्तिम चरण में, सुन्दर पांड्य ने जैनों पर भयानक अत्याचार किया। ''ईसा की सोलहवीं शताब्दी में सिंहल द्वीप का राजा राजसिंह अपने पिता को मारकर गद्दी पर बैठा। उसने बौद्ध-संघ को आमन्त्रित करके उससे पितृ-वध का प्रायश्चित पूछा। भिक्षु-संघ ने व्यवस्था दी कि प्रायश्चित देना हमारे बस की बात नहीं है। तब उसने शैव धर्म स्वीकार कर लिया और भिक्षु-संघ पर भयंकर अत्याचार शुरू कर दिया। चार-पाँच वर्ष के अन्दर ही सारे सिंहल-द्वीप में एक भी भिक्षु नहीं रह गया।''[5]

प्रबोध-चन्द्रोदय नाटक में जैन और बौद्ध श्रमणों का जो रूप अंकित किया गया है, वह अत्यन्त पतित और घृणा उपजानेवाला है। यह नाटक कृष्णमिश्र नाम के दंडी परिव्राजक ने चन्देल राजा कीर्त्तिवर्मा के राज्य-काल में लिखा था। कहते हैं, सन् 1065 ई. में यह नाटक उक्त राजा के सामने खेला भी गया था। इस नाटक के एक प्रकरण में 'शान्ति' और 'करुणा' अपनी सखी 'श्रद्धा' की प्रतीक्षा में खड़ी हैं। इतने में वहाँ दिगम्बर (जैन) सिद्धान्त प्रवेश करता है और कहता है,

दिगम्बर–ओं णमो अरिहन्ताणं। (आकाश की ओर देखकर) अरे रे श्रावको! सुनो। हमारे इस मलमय पुद्‌गलपिंड की सब प्रकार के जलों से भी कैसे शुद्धि होगी? पर, आत्मा विमल-स्वभाव है उसका ज्ञान ऋषि-परिचर्या से होता है। क्या कहते हो? यह ऋषि-परिचर्या कौन-सी? तो फिर सुनो। दूर से दंडवत् करो और सत्कारपूर्वक उन्हें मिष्ठान्न भोजन दो। यदि वे तुम्हारी स्त्रियों से अति-प्रसंग करें तो अपने मन में ईर्ष्या-मल उत्पन्न न होने दो।

[अनन्तर भिक्षु रूपधारी बुद्धागम (बौद्ध मत का प्रतीक) हाथ में पुस्तक लेकर प्रवेश करता है]

भिक्षु–(विचार करते) भो, भो उपासको! सब पदार्थ क्षणस्थायी और अनात्मक हैं। वे बाह्य से जान पड़ते हैं। पर जब चित्त-सन्तति में से सब वासनाएँ निकल जाती हैं, तब वह विषयों से विरक्त हो जाती है। (जरा इधर-उधर घूमकर बड़ी आढ्‌यता से) अरे, यह सौगत धर्म, सचमुच, अच्छा है; जिसमें सौख्य है और मोक्ष भी। सोने को उत्तम आवास, अपनी पसन्द की बनियों की स्त्रियाँ, नियमित समय पर मिष्ट भोजन, उत्तम बिछौने, श्रद्धा से स्त्रियाँ पूजा करती हैं और, इस प्रकार, बड़े आराम से चाँदनी रातें कट जाती हैं।

करुणा–सखि, तरुण ताड़ वृक्ष के समान ऊँचा, काषाय वस्त्र धारण किए, मुंडित सिर यह कौन आ रहा है?

शान्ति–सखि, यह बुद्धागम है।

भिक्षु–(आकाश की ओर देखकर) रे रे उपासको और भिक्षुओ! भगवान् सुगत का यह वचनामृत सुनो (पुस्तक पढ़ता है) मैं दिव्य चक्षु से लोगों की सुगति और दुर्गति देखता हूँ। सब संस्कार क्षणिक हैं। आत्मा स्थायी नहीं। इसलिए, भिक्षु स्त्रियों से अति-प्रसंग करें, तो भी ईर्ष्या न करें, कारण, ईर्ष्या चित्त का मालिन्य है।

(इतने में कापालिक रूपधारी सोमसिद्धान्त प्रवेश करता है। तब क्षपणक जैन, जो पहले से मौजूद है, उसके पास जाकर उससे कहता है।)

क्षपणक–अरे कापालिक! मनुष्यों की हड्डियों की माला धारण करनेवाले, तेरा धर्म कौन-सा है और मोक्ष कौन-सा है?

कापालिक–अरे क्षपणक! हमारा धर्म कौन-सा है, यह सुन! हम मनुष्य के भेजा, आँतें, वसा और मांस से भरी आहुतियाँ देते हैं और मनुष्य की खोपड़ी से सुरापान करके पारण करते हैं। ताजा कटे मनुष्य के गले से निकली हुई रक्त की धारा के बलिदान से महाभैरव की पूजा करते हैं।

(इतने में, कापालिक से क्षपणक और बौद्ध भिक्षु दोनों का विवाद हो जाता है और कापालिक उन पर तलवार उठाकर टूटता है। फिर कापालिक एक युवती कापालिनी से

कहता है तू, बारी-बारी से, दोनों का आलिंगन कर। आलिंगित होते ही भिक्षु गद्गद होकर कहने लगता है)

भिक्षु–अहा हा, इस कापालिनी का स्पर्श कितना सुखकर है! मैंने, न जाने, कितनी राँडों का आलिंगन किया होगा। पर, मैं सौ बार बुद्ध की सौगन्ध खाकर कहता हूँ कि ऐसा आनन्द मुझे कभी नहीं मिला। सचमुच, कापालिकों का कार्य बड़ा पुण्यप्रद है और यह सोमसिद्धान्त अवर्णनीय है। यह धर्म आश्चर्यजनक है। हे महाभाग! मैंने बुद्ध-धर्म बिलकुल छोड़ दिया। अब मैं परमेश्वर-सिद्धान्त में प्रवेश करता हूँ। इसलिए, तुम मेरे आचार्य और मैं तुम्हारा शिष्य। मुझे परमेश्वरी दीक्षा दो।

(और क्षपणक भी गद्गद होकर कहता है)

क्षपणक–(रोमांचित होकर) अरिहन्त! अरिहन्त! कापालिनी के स्पर्श में कैसा सुख है। सुन्दरी, दे, दे, पुनः मुझे आलिंगन दे।...अरे कापालिकों का दर्शन सुख का और मोक्ष का साधन है। कापालिक! अब मैं तुम्हारा दास हो गया हूँ। मुझे भी महाभैरव के अनुशासन की दीक्षा दो।[6]

नाटककार ने यहाँ किसी को भी नहीं छोड़ा है। जैन और बौद्ध भिक्षुओं तथा पाशुपत कापालिकों के द्वारा धर्म और नैतिकता की जो दुर्दशा उन दिनों हो रही थी, उसका नाटक में पूरा चित्र आ गया है। अतिशयोक्ति को बाद दे दें, तब भी, यह वर्णन तत्कालीन समाज पर यथेष्ट प्रकाश डालता है। यह भारत के घोर नैतिक पतन का चित्र है। श्रमण भी धर्म से गिरकर पापाचार में जा फँसे थे। किन्तु, पापियों की उग्रता और कठोरता उनमें नहीं थी, इसलिए, कापालिकों ने उन्हें दबा दिया। ''शैव कापालिकों ने तलवार, स्त्री और मदिरा, इन तीन साधनों का उपयोग करके बौद्ध एवं जैन श्रमणों को अपने पन्थ में आने को बाध्य किया होगा और जहाँ यह सम्भव नहीं था, वहाँ उनका उच्छेद किया होगा।''

ब्राह्मणों और बौद्धों के बीच जो संघर्ष मचा, उसके फलस्वरूप, स्मृतियों में कड़े अनुशासनों की व्यवस्था की गई, जात-पाँत और छुआछूत के बन्धन और भी कठोर बना दिए गए और धर्म रूढ़ियाँ प्रधान बन बैठीं। ज्यों-ज्यों ब्राह्मणत्व अपनी पवित्रता की रक्षा के लिए नए-नए चंगुल निकालता जाता था, त्यों-त्यों उन लोगों पर अत्याचार बढ़ता जाता था, जो समाज के निचले स्तर पर बसते थे और जो, जन्मना कलंकित होने के अभिशाप से बचने के लिए, उस दल की ओर बढ़े जा रहे थे, जो दल बौद्ध सन्तों के प्रभाव में था और जिसे सिद्धों के ये उपदेश बहुत अच्छे लगते थे कि मनुष्य को श्रेष्ठता जन्म से नहीं, कर्म से मिलती है, और वे सारे शास्त्र अनादरणीय हैं, जो मनुष्य को मनुष्य से हीन बताते हैं।

इस्लाम से पूर्व ही इस्लामवत् सम्प्रदाय

जब इस्लाम आया, उसे इस देश में फैलने में देर नहीं लगी। तलवार के भय अथवा पद के लोभ से तो बहुत थोड़े ही लोग मुसलमान हुए, ज्यादा तो ऐसे ही थे, जिन्होंने इस्लाम का वरण स्वेच्छा से किया। बंगाल, कश्मीर और पंजाब में गाँव-के-गाँव एक साथ मुसलमान हो गए। शहरों के किनारों पर जो अछूत लोग बसते थे, उन्हें मुसलमान बनाने के किसी खास आयोजन की आवश्यकता नहीं हुई। ये अछूत शहरों के भीतर नहीं बस सकते थे, जहाँ ऊँची

जातियों का प्राधान्य था और ये ऊँची जातियाँ अछूतों को पशु से हीन समझती थीं। सच पूछिए तो मुसलमानों के आगमन से पूर्व ही, इस देश में बहुत-से हिन्दू वर्णाश्रम-धर्म को छोड़ एक ऐसी जगह पर जा खड़े थे, जहाँ वर्णाश्रम का कोई प्रभाव नहीं था। वे जात-पाँत को नहीं मानते थे। तीर्थ-व्रत और प्रतिमा-पूजन में उनका विश्वास नहीं था। वे शून्य, अलख निरंजन या निराकार की उपासना करते थे। ऐसे विश्वासवालों का जब इस्लाम से सामना हुआ होगा, तब अजब नहीं कि उन्हें हिन्दुत्व की अपेक्षा इस्लाम ही अधिक अनुकूल दिखाई पड़ा हो।

बौद्धों के दीर्घकालीन प्रचार ने, आखिरकार, समाज में एक ऐसा समुदाय तैयार कर दिया जो निराकार को पूजता था और जाति-प्रथा का द्रोही और स्मृतियों का विरोधी था। सिद्ध-नाथपंथी और बाद के निर्गुनियाँ सन्त इन्हीं बौद्ध प्रचारकों के उत्तराधिकारी थे। कट्टर ब्राह्मण-धर्म से बौद्ध-मत अपनी रक्षा तो नहीं कर सका, किन्तु, उसने ऐसी अनेक सन्तानें उत्पन्न कर दीं, जो ब्राह्मणत्व से आज तक युद्ध कर रही हैं। हजारीप्रसादजी के अनुसार, ''गोरखनाथ के पूर्व ऐसे बहुत-से शैव, बौद्ध और शाक्त सम्प्रदाय थे, जो वेदबाह्य होने के कारण न हिन्दू थे, न मुसलमान। जब मुसलमानी धर्म प्रथम बार इस देश में परिचित हुआ तो नाना कारणों से दो प्रतिद्वन्द्वी धर्मसाधनामूलक दलों में यह देश विभक्त हो गया।'' असल में, बौद्ध मतावलम्बियों की स्वाभाविक परिणति या तो अद्वैतवादी हिन्दू-सम्प्रदायों में होती थी अथवा इस्लाम में। हजारीप्रसादजी ने लिखा है कि ''बिहार में चौदहवीं और पन्द्रहवीं शती में बौद्ध धर्म जीवित था और बाद में चलकर वह कबीर-पन्थ में मिल गया।'' इसी कारण, अवैदिक या बेदबाह्य कह-कहकर जिन लोगों का हिन्दुत्व ने तिरस्कार किया, वे सब-के-सब मानसिक धरातल पर हिन्दुत्व से अलग हो जाने को तैयार थे।'' दसवीं शताब्दी में ब्राह्मण धर्म सम्पूर्ण रूप से अपना प्राधान्य स्थापित कर चुका था, फिर भी, बौद्धों, शाक्तों और शैवों का एक बड़ा भारी समुदाय ऐसा था, जो ब्राह्मण और वेद की प्रधानता को नहीं मानता था।'' जब मुसलमान इस देश में आए, तब इन लोगों का मन डोलने लगा। वैदिक धर्म में इन्हें इज्जत नहीं थी। उधर, जिस निराकार भावना का इन लोगों के बीच प्रचार था, इस्लाम भी उसी निराकारोपासना को लेकर आया था। ''पूर्वी बंगाल के वेदबाह्य सम्प्रदायों के ध्वंसावशेष कई धार्मिक सम्प्रदाय ऐसे थे, जिन्होंने मुसलमानों को अपना त्राणकर्ता समझा। वे समूह-रूप में मुसलमान हो गए। पंजाब में भी नाथों, निरंजनों और पाशुपतों की अनेक शाखाएँ मुसलमान हो गईं। गोरखनाथ के सम्प्रदाय में अनेक बौद्ध, शैव, शाक्त, सम्प्रदाय अन्तर्भुक्त हुए, परन्तु, इस सम्प्रदाय के भी बहुतेरे गृहस्थ मुसलमान हो गए।'' (मध्यकालीन धर्म-साधना)।

द्विवेदीजी ने अपनी कबीर नामक पुस्तक में भी इस विषय की समीचीन व्याख्या की है और वे इस निष्कर्ष पर पहुँचे हैं कि आज की वयनजीवी जातियों में से अधिकांश किसी समय ब्राह्मण-श्रेष्ठता को स्वीकार नहीं करती थीं। जोगी नामक आश्रमभ्रष्ट घर-बारियों की एक जाति सारे उत्तरी और पूर्वी भारत में फैली थी। ये नाथपन्थी थे, कपड़ा बुनकर या सूत कातकर या गोरखनाथ और भरथरी के नाम पर भीख माँगकर जीविका चलाया करते थे। इनमें निराकार भाव की उपासना प्रचलित थी, जाति-भेद और ब्राह्मण-श्रेष्ठता के प्रति इनकी कोई सहानुभूति नहीं थी और न अवतारवाद में ही इनकी कोई आस्था थी। आस-पास के

बृहत्तर हिन्दू-समाज की दृष्टि में ये नीच और अस्पृश्य थे। मुसलमानों के आने के बाद, धीरे-धीरे ये मुसलमान होते रहे। पंजाब, युक्तप्रदेश, बिहार और बंगाल में इनकी कई बस्तियों ने सामूहिक रूप से मुसलमानी धर्म ग्रहण कर लिया।

ऐसा जान पड़ता है कि मुसलमानों के आने के पहले इस देश में एक ऐसी श्रेणी वर्तमान थी, जो ब्राह्मणों से असन्तुष्ट थी और वर्णाश्रम के नियमों की कायल नहीं थी। नाथपन्थी योगी ऐसे ही थे। रमाई पंडित के 'शून्यपुराण' से जान पड़ता है कि एक प्रकार के तान्त्रिक-बौद्ध मुसलमानों को 'धर्म-ठाकुर' का अवतार समझने लगे थे। उन्हें यह आशा हो चली की कि अब पुनः एक बार बौद्धों का उद्धार होगा। शायद, उन्होंने ब्राह्मण-विरोधी सभी मतों को बौद्ध ही मान लिया था।

रमाई पंडित का समय 11वीं सदी माना जाता है। किन्तु, शून्यपुराण में इस्लाम के लिए जो उत्साह दिखाई देता है, उससे यह अनुमान होना चाहिए कि इस ग्रन्थ की रचना मुसलमानों के बंगाल-प्रवेश के बाद हुई है। ब्राह्मण-धर्म के प्रति निचले स्तर के हिन्दुओं (विशेषतः, अस्पृश्य जातियों) का क्या भाव था, इसे समझने के लिए 'शून्य पुराण' बड़े ही महत्त्व का ग्रन्थ है। 'शून्यपुराण' का कवि इस्लाम को धर्म-रक्षक के रूप में देखता है और यह कवि मुसलमान नहीं है। अतएव, निष्कर्ष यही निकलता है कि बौद्धों के प्रभाव में चलनेवाली हिन्दू जनता का एक अच्छा-खासा अंश ऐसा भी था, जो हिन्दुत्व से इस्लाम को श्रेष्ठ समझता था और जिसे, सचमुच ही, यह आशा हो चली थी कि इतने दिनों तक ब्राह्मणों और शास्त्रों ने मिलकर जनता पर जो अत्याचार किया है, मुसलमानों के हाथों उस अत्याचार का अन्त होनेवाला है। मुसलमान जब पंजाब में ऊधम मचाने लगे, तब उनके उपद्रवों से और लोग चाहे रुष्ट हुए हों, किन्तु, शून्यपुराण का कवि बहुत प्रसन्न था। उसे तो यही भासित हो रहा था कि स्वयं धर्म-ठाकुर की सेना बंगाल में पहुँच गई है। देवता ब्राह्मणों से नाराज हो गए हैं, और वे ही अब उन्हें दंडित कर रहे हैं। रमाई पंडित कहते हैं कि "सभी देवताओं ने एकमत होकर 'इजार' पहने। ब्रह्मा मुहम्मद हो गए, विष्णु पैगम्बर हो गए और महादेव ने आदम का रूप लिया। गणेश गाजी बने और कार्त्तिकेय काजी। ऋषिगण फकीर बन गए। बाबा नारद वेश बदलकर शेख हो गए और इन्द्र मौलाना बन गए। चन्द्र, सूर्य आदि देवगण बजनियाँ बन गए। स्वयं चंडिकादेवी हाया बीबी हो गईं। पद्मावती बीबी नूर हो गईं। इसी प्रकार, सभी देवगण मुसलमान वेश धारण कर जाजापुर आए और वे देवालय, तोरणद्वार आदि तोड़ने लगे। साथ ही बलपूर्वक वस्तुओं का अपहरण करके आनन्द मनाने लगे और 'पकड़ो-पकड़ो' कहने लगे। धर्म का पाँव पकड़कर रमाई पंडित गाते हैं कि बड़ी ही गड़बड़ी मच गई।"[7]

बौद्ध धर्म का लोप

बौद्ध धर्म भारत से कैसे लुप्त हुआ, इसके दो उत्तर दिए जाते हैं। एक तो यह कि जनाग्रह के कारण उसे हिन्दू रूप धारण करने को लाचार होना पड़ा। इस प्रकार, वह जहाँ से आया था, वहीं लौट गया। दूसरा यह कि उसकी समाप्ति मुस्लिम-आक्रमण के कारण हुई, क्योंकि मुसलमानों ने संघों और विहारों को नष्ट कर दिया और इनके विनष्ट हो जाने पर बौद्ध-धर्म जी नहीं सकता था। गृहस्थों की दृष्टि में भी बौद्ध-धर्म के प्रतीक संघ और विहार ही थे।

जब संघ उजड़ गए, धर्म का प्रतीक सदा को जाता रहा। इसके विपरीत, मन्दिरों के विनष्ट होने पर भी, हिन्दुत्व जीवित रहा, क्योंकि वह मन्दिरों में कम, गृहस्थों के आचार-विचार और दैनिक अनुष्ठानों में अधिक बसता था। ईसाइयत और बौद्ध-मत के समान हिन्दुत्व ने कभी धर्म का संघ नहीं बनाया। यह भी एक कारण है कि वह मन्दिरों के टूटने पर भी अक्षुण्ण रह गया। हिन्दुत्व, मूलतः, अपने अनुयायियों की आदतों में निवास करता है। जो जनता बौद्ध थी, आदत, अनुष्ठान और दैनिक आचारों में वह भी हिन्दू थी। अतएव, जब भिक्षुओं का संघ नहीं रहा, यह जनता पूर्णरूप से हिन्दू हो गई।

'शंकर-दिग्विजय' नामक काव्य के आधार पर बहुत दिनों से यह बात चली आती है कि शंकराचार्य के ही प्रताप से बौद्ध भारत से निकाले गए। किन्तु, राहुलजी इस मत को नहीं मानते। 'बुद्धचर्या' की भूमिका में उन्होंने लिखा है कि शंकराचार्य का 'शारीरक भाष्य' अनमोल ग्रन्थ अवश्य था, किन्तु, दिङ्नाग, उद्योतकर, कुमारिल और धर्मकीर्त्ति के युग के लिए वह कोई बहुत ऊँचा ग्रन्थ नहीं था और न शंकर के समय भारत में उस ग्रन्थ का प्रचार ही हुआ था। उत्तर भारत में, 'शारीरक भाष्य' का महत्त्व तब बढ़ा, जब मिथिला के सर्वशास्त्र-निष्णात दार्शनिक वाचस्पति मिश्र ने उसे पर 'भामती' टीका लिखी। यथार्थ में, वाचस्पति मिश्र के कन्धे पर चढ़कर ही शंकर को वह कीर्ति और बड़प्पन मिला, जो आज देखा जाता है। वाचस्पति मिश्र के एक शती पूर्व नालन्दा में आचार्य शांतिरक्षित हुए थे, जिन्होंने महादार्शनिक ग्रन्थ 'तत्त्व-संग्रह' की रचना की। इस ग्रन्थ में शान्तिरक्षित के पूर्वज पचासों दार्शनिकों के मतों का उल्लेख मिलता है, किन्तु शांकर मत का उसमें उल्लेख नहीं है। इससे सिद्ध होता है कि शंकर के 'शारीरक भाष्य' की प्रसिद्धि 'भामती' टीका के कारण हुई। आगे राहुलजी ने कहा है कि ''एक ओर कहा जाता है कि शंकर ने बौद्धों को मार भगाया, दूसरी ओर, हम उनके बाद, गौड़-देश (बंगाल-बिहार) में पालवंशीय बौद्ध नरेशों का प्रचंड प्रताप फैला देखते हैं तथा उसी समय उदन्तपुरी (बिहारशरीफ़) और विक्रमशिला-जैसे बौद्ध विद्यालयों को स्थापित होते देखते हैं। इसी समय, भारतीय बौद्धों को हम तिब्बत पर धर्म विजय करते भी देखते हैं। 11वीं शताब्दी में, जबकि उक्त दन्तकथा के अनुसार, भारत में कोई भी बौद्ध नहीं रहना चाहता, तिब्बत से कितने ही बौद्ध भारत में आते हैं और वे सभी जगह बौद्ध गृहस्थों और भिक्षुओं को पाते हैं। इस पाल-काल के बुद्ध, बोधिसत्त्व और तान्त्रिक देवी-देवताओं की खंडित मूर्तियाँ उत्तरी भारत के गाँवों तक में पाई जाती हैं। यह बतला रही हैं कि उस समय बौद्धों को कोई शंकर नेस्तनाबूद नहीं कर पाया था। शंकर द्वारा बौद्ध धर्म का देश-निर्वासन कल्पना-मात्र है।''

इसी से मिलता-जुलता मत धर्मानन्द कोसम्बी का भी है। उनका कहना है कि शंकराचार्य के दादा-गुरु गौड़पादाचार्य थे, जो अद्वैताचार्य भी कहे जाते हैं। अद्वैताचार्य बुद्ध के भक्त थे, क्योंकि मांडूक्योपनिषद् की कारिका के चतुर्थ प्रकरण के आरम्भ में उन्होंने बुद्ध की वन्दना की है। अद्वैतवादियों से बौद्धों का बहुत विरोध नहीं था। शान्तिरक्षित ने तत्त्वसंग्रह में अद्वैतवादियों से बौद्धों का सिर्फ एक बात में मतभेद माना है कि अद्वैतवादी ज्ञान को नित्य मानते हैं और बौद्ध वैसा नहीं मानते। फिर भी, शान्तिरक्षित ने इसे 'अल्पापराध' ही कहा है। गौड़पादाचार्य प्रत्यक्ष रूप से बुद्ध-भक्त थे। शंकराचार्य को लोग 'प्रच्छन्न बौद्ध' कहते थे। किन्तु, शंकर

ने बौद्ध मार्ग के विरुद्ध प्रतिक्रिया को अवश्य उत्तेजन दिया। कोसम्बीजी का मत है कि "शंकराचार्य के समय, बौद्ध-धर्म मृतप्राय हो गया था और उसका श्रेय श्रमणों के आलस्य के अतिरिक्त और किसी को देना है तो वह पाशुपतादिक शैव संन्यासियों को, उनको उभारनेवाले ब्राह्मणों को और उनकी सहायता करनेवाले शैव राजाओं को देना होगा। हाँ, इसमें सन्देह नहीं कि शंकराचार्य ने इस कार्य में यथाशक्ति सहायता दी। पर, बौद्ध-धर्म उनके बाद भी, मुहम्मद गोरी के आक्रमणों तक, पूर्व हिन्दुस्तान में किसी-न-किसी तरह जी रहा था।"

कोई-कोई विद्वान् यह भी कहते हैं कि बौद्ध-धर्म का भारतवर्ष से लोप इसलिए हुआ कि दार्शनिक स्तर पर हिन्दू-धर्म से उसका सामंजस्य नहीं बैठ सका। बौद्धों का विरोध ब्राह्मणों ने इसलिए किया कि बौद्ध जाति-प्रथा के विरोधी थे, यज्ञ को नहीं मानते थे तथा ब्राह्मणों की जन्मजात प्रतिष्ठा उन्हें स्वीकार नहीं थी। किन्तु, बौद्ध दर्शन का विरोध इसलिए हुआ कि उसका रूप नकारात्मक था। वह जीवन से भाग खड़े होने की प्रवृत्ति को प्रोत्साहित करता था।

बुद्धदेव का आविर्भाव बहुत-कुछ उन्हीं कारणों से हुआ था, जिन कारणों को लेकर उपनिषद् लिखे गए थे। बौद्ध मत और उपनिषदों में समानताएँ कम नहीं हैं। डॉक्टर राधाकृष्णन् ने दिखलाया है कि उपनषिद् और बौद्ध मत, दोनों ही वेदों को प्रमाण नहीं मानते। दोनों ही वैयक्तिक अनुभूति की प्रामाणिकता पर जोर देते हैं। यज्ञ और धर्म के बाह्याचारों को दोनों ही निन्ध समझते हैं। जिस सत्य को उपनिषद् ब्रह्म कहते हैं, उसी सत्य को बुद्ध ने धर्म कहा है और दोनों मानते हैं कि यह अन्तिम सत्य बुद्धि से समझा नहीं जा सकता। दोनों का विश्वास है कि अपरिवर्तनशीलता की स्थिति पर पहुँचे बिना मनुष्य को शान्ति नहीं मिल सकती। इसी स्थिति को उपनिषद् मोक्ष एवं बुद्धदेव निर्वाण कहते हैं। दोनों की यह मान्यता है कि इस स्थिति तक पहुँचने का मार्ग वैराग्य है, ध्यान और समाधि है तथा इसे वही प्राप्त करता है, जिसे यह विश्वास हो गया हो कि संसार के समस्त जीव एक हैं, उनमें भेद-भाव नहीं है। जीव और जगत् को दोनों नाशवान् मानते हैं। सच तो यह है कि बुद्धदेव ने अपने उपदेशों में बहुत-से ऐसे वाक्यांशों का प्रयोग किया है, जो उपनिषदों के वाक्यों की प्रतिच्छाया-से लगते हैं।

यहाँ तक तो बातें ठीक रहीं और यह भी अच्छा रहा कि बुद्धदेव ने अपने शिष्यों को उन विषयों पर सोचने से रोक दिया, जिनके सम्बन्ध में कोई भी बात निश्चितता से जानी नहीं जा सकती। उनका उद्‌देश्य अध्यात्म के ऊहापोह में जाना नहीं, मानव-जीवन की वेदनाओं का शमन था एवं उसके लिए वे मनुष्य के कर्मों का सुधार करना चाहते थे। मनुष्य के जीवन की पूर्णता उसके कर्मों की शुद्धता में है; मनुष्य की शान्ति हिंसा और मलिन कर्म से अलग रहने में है; ये उपदेश बुद्धदेव ने बार-बार दिये हैं।

यदि बौद्ध मत इतने से ही संतुष्ट रहता तो, सम्भव है, वह उस धर्म का क्रियापक्ष बनकर भारत में आज भी कायम रहता, जिसके सिद्धान्त-पक्ष का आख्यान उपनिषदों में हुआ है। किन्तु, दुर्भाग्यवश, यह नहीं हुआ। बुद्धदेव के प्रायः, दो सौ वर्ष बाद, बौद्ध पंडित उन विषयों पर सोचने का साहस करने लगे, जिन्हें बुद्ध ने अव्याकृत कहा था और जिनके बारे में उन्होंने कोई राय नहीं दी थी। उनके मौन का लाभ बाद के पंडितों ने उठाया और उन्होंने जो दर्शन

प्रस्तुत किया, उसका निष्कर्ष यह था कि जीव और जगत् दोनों परिवर्तनशील, दोनों नाशवान् हैं। परिवर्तनशील और नाशवान् तो इन्हें उपनिषदों ने भी माना था, किन्तु उपनिषदों का यह भी कथन था कि दोनों के नीचे, आधार-रूप से, आत्मा और परमात्मा अवस्थित हैं, जिनका नाश नहीं होता है। इसलिए, पुनर्जन्म की कल्पना (उपनिषदों की व्याख्यानुसार) समझ में आने की बात थी। किन्तु बौद्ध पंडितों ने पुनर्जन्म को तो माना, लेकिन, आत्मा को अनित्य कह डाला। इससे लोगों में यह जिज्ञासा उठी कि यदि आत्मा भी नष्ट होनेवाली वस्तु है, तो फिर पुनर्जन्म किसका होता है? इस जिज्ञासा का सम्यक् समाधान बौद्ध दर्शन नहीं दे सका, जिससे उसका अनात्मा-विषयक प्रतिपादन जनता को ग्राह्य नहीं हुआ।

दूसरी क्लिष्ट कल्पना निर्वाण को लेकर उठी। उपनिषदों का मोक्ष आत्मा नहीं, आत्मा के बन्धनों का नाश था, उसकी सीमाओं का विलय था। हिन्दू मानते थे कि मोक्ष हमारा विनाश नहीं, प्रत्युत, हमारे अमर जीवन का आरम्भ है। किन्तु, बौद्धों ने जब यह कहा कि आत्मा अमर नहीं होती, उसका भी शरीर के साथ नाश हो जाता है, तब फिर यह शंका जनता को सताने लगी कि यदि आत्मा मरती है, तो उसके पुनर्जन्म की कल्पना ही व्यर्थ है और जब पुनर्जन्म ही शंकाग्रस्त हुआ, तो फिर निर्वाण का अर्थ क्या है?

बौद्ध दर्शन में चिन्तन बहुत उच्च कोटि का हुआ था, किन्तु, वह ऐसा नहीं था जिससे जन-सामान्य की जिज्ञासाओं का समाधान होता है, उलटे, जनता की बुद्धि और भी चकित हो गई और भीतर से इस धर्म पर से उसकी श्रद्धा उखड़ती गई। बुद्धदेव के जीवन-काल में एक जिज्ञासु ने उनसे पूछा था कि ''महाराज! यदि यहाँ की आत्मा यहीं रह जाती है तो फिर पुनर्जन्म किसका होता है?'' इस पर बुद्धदेव ने ताली बजाई और दूर पर सुनाई देनेवाली उसकी प्रतिध्वनि को लक्ष्य करके कहा कि ताली तो वहाँ नहीं गई, किन्तु उसकी प्रतिध्वनि वहाँ तक पहुँच गई है। ऐसे ही पुनर्जन्म होता है।'' यह दृष्टान्त, कदाचित, उपयोगी होगा, किन्तु, सामान्य बुद्धि के लिए यह भी अयथेष्ट है।

बौद्ध दर्शन ने सब कुछ को नाशवान् मानकर, एक प्रकार से, पुनर्जन्म और निर्वाण की कल्पना को आधारविहीन कर छोड़ा। स्पष्ट ही, यह उपनिषदों के उपदेशों का कतरा हुआ रूप था एवं इस स्थापना ने हिन्दुत्व और बौद्ध-मत के बीच की खाई चौड़ी बना दी। बुद्धदेव, कदाचित् उपनिषत्कालीन हिन्दुओं में सर्वश्रेष्ठ थे, इसलिए, उनकी ओर जनता वेग से दौड़ी, यहाँ तक कि हिन्दुओं में उन्हें विष्णु का अवतार मान लिया। किन्तु, बाद को जब बौद्ध साधु शराबियों, व्यभिचारियों एवं औघड़ों के समान आचरण करने लगे, तब जनता उनके विरुद्ध हो गई।

सन्दर्भ

1. देखिए, हिन्दी काव्य-धारा (राहुलजी) और साहित्य-समीक्षा (देवेन्द्रनाथ शर्मा)
2. मध्यकालीन धर्म-साधना,–पं. हजारीप्रसाद द्विवेदी।
3. मध्यकालीन धर्म-साधना।
4. भारतीय संस्कृति और अहिंसा; धर्मानन्द कौसम्बी।
5. वही, धर्मानन्द कौसम्बी।

6. वही, धर्मानन्द कौसम्बी।

7. *यतेक देवतागण, सभे हय्ये एकमत, आनन्देते परिलो इजार।*
ब्रह्मा हैलो महामद, विष्णु हैलो पैगम्बर, आदम हईलो शूलपाणि।
गणेश हईलो गाजी, कार्त्तिक हईलो काजी, फकीर हईलो यत मुनि।
तेजिया आपन भेक, नारद हईलो शेख, पुरन्दर हईलो मल्लना।
चन्द्र, सूर्य आदि देवे, पदातिक हइया सेबे, सेबे मिलि बाजाय बाजना।
आपुन चंडिका देवी, तेहु हैला हाया बीबी, पद्मावती हली बीबी नूर।
यतेक देवतागण, हय्ये सबे एकमत, प्रवेश कोरल जाजापुर।

(कविता-कौमुदी, सातवाँ भाग।)

तृतीय अध्याय

हिन्दू-संस्कृति और इस्लाम

प्रकरण-1

हिन्दू-मुस्लिम प्रश्न की भूमिका

इस्लाम से हिन्दुओं की अनभिज्ञता

स्वर्गीय मानवेन्द्रनाथ राय ने लिखा है कि संसार की कोई भी सभ्य जाति इस्लाम के इतिहास से उतनी अपरिचित नहीं है जितने हिन्दू हैं और संसार की कोई भी जाति इस्लाम को उतनी घृणा से भी नहीं देखती, जितनी घृणा से हिन्दू देखते हैं।[1] हमारे राष्ट्रीय संस्कार में एक प्रकार की आध्यात्मिक साम्राज्यवादिता है, जो सबसे अधिक मुसलमानों के प्रसंग में प्रकट होती है। इस्लाम के सम्बन्ध में जो भावनाएँ इस देश में प्रचलित हैं, उनका खंडन केवल राष्ट्रीय एकता को बढ़ाने के लिए ही नहीं, अपितु, वैज्ञानिकता और ऐतिहासिक सत्य के हित में भी आवश्यक है।

राय महोदय ने जो बात लिखी है, वह एक अंश में भारत के मुसलमानों पर भी लागू है, क्योंकि इस देश के मुसलमानों में भी इस्लाम के मौलिक स्वभाव, गुण और उसके ऐतिहासिक महत्त्व का ज्ञान बहुत ही छिछला रहा है। भारत में मुसलमानों का अत्याचार इतना भयानक रहा कि सारे संसार के इतिहास में उसका जोड़ नहीं मिलता। इन अत्याचारों के कारण हिन्दुओं के हृदय में इस्लाम के प्रति जो घृणा उत्पन्न हुई, उसके निशान अभी तक बाकी हैं और पड़ोसी के हृदय में इतिहास ने जो जहर की लकीरें छोड़ी हैं, उन्हें शिष्ट मुसलमान भी मन-ही-मन अनुभव करते हैं। यह बड़ी ही अर्थपूर्ण बात है कि भारत के किसी भी मुसलमान विद्वान् ने मुसलमानी अत्याचारों को उचित बताने अथवा भीषणता पर पर्दा डालने की कोशिश नहीं की।[2] फिर भी, यद्यपि हिन्दू और मुसलमान इस देश में एक साथ जीते चले आए हैं, लेकिन, दिल उनके साफ नहीं हुए।

मुसलमानों का भारत-विषयक अज्ञान

हिन्दू इस्लाम के उसी रूप को जानते हैं, जिससे उन्हें पाला पड़ा है। वे इस्लाम के उन गुणों से बहुत ही कम परिचित हैं, जिनके कारण यह धर्म क्रान्तिकारी समझा जाता था। लेकिन, भारतीय मुसलमानों का अज्ञान भी कम नहीं है। सारा संसार जानता है कि प्राचीन जगत् में सभ्यता का गुरु भारतवर्ष था। किन्तु, हिन्दुस्तान में आज ऐसे बहुत-से मुसलमान हैं, जो खुलकर बोलते तो नहीं, मगर मन-ही-मन यह महसूस करते हैं कि मुसलमानों के आगमन से पूर्व भारत की संस्कृति बहुत ऊँची नहीं थी। उनका खयाल है कि हिन्दुओं को खाने-पीने और पोशाक पहनने की शिक्षा मुसलमानों से मिली है।

यह भावना मुसलमानों में अभी-अभी नई-नई आई हो, सो बात नहीं है। जब हिन्दू मुसलमानों के गुलाम हो गए, तब, धीरे-धीरे, उनकी सांस्कृतिक गरिमा का ह्रास होने लगा। उन्होंने फारसी पढ़ी और मुसलमानों के तौर-तरीके सीखे। फिर शासक-वर्ग को प्रसन्न रखने के लिए वे दरबारों में और दरबार से बाहर भी मुसलमानों से मिलने-जुलने के समय मुसलमानी तहजीब बरतने लगे। इससे मुसलमानों पर यह असर पड़ा कि हिन्दुओं के पास अपने तौर-तरीके, शायद, नहीं रहे होंगे।

हिन्दू-संस्कृति को समझने की जो थोड़ी-बहुत कोशिश आरम्भ के मुगलों ने की थी, उसकी परम्परा आगे चली नहीं। मुस्लिम पंडित और विद्वान् फारसी भाषा में सीमित हो गए और, गूलर के कीड़ों के समान, उन्होंने इस्लाम को ही अपना ब्रह्मांड मान लिया। चूँकि उर्दू कविता का उद्‌भव और विकास उन्हीं संकीर्णता के दिनों में हुआ, इसलिए उस काव्य की भाषा तो हिन्दुस्तानी रही, लेकिन, सारे भाव अरब और ईरान के आ गए। भारतीय मुसलमानों की यह खयाली दुनिया, उनकी अपनी दृष्टि में, कितनी सच्ची और ठोस थी, इसका प्रमाण वह उद्धरण है, जिसे पं. अम्बिकाप्रसाद वाजपेयी ने सैयद इनशाउल्लाह खाँ की किताब 'दरिया-ए-लताफत' से दिया है। इनशाउल्लाह खाँ का विचार था कि "**बुद्धिमानों से यह बात छिपी नहीं है कि हिन्दुओं ने बोल-चाल, चाल-ढाल, खाना और पहनना, इन सब बातों का सलीका मुसलमानों से सीखा है, किसी बात में भी इनका कोई फेल एतबार के काबिल नहीं।**[3] यह बहुत कुछ वैसी ही गाली है, जैसी गाली लॉर्ड मेकाले ने बंगाली जाति को दी थी।

लेकिन, यह बात क्या ठीक है? इनशाउल्लाह के समय के मुसलमान भारत की महिमा को भले ही भूल गए हों, लेकिन, इस्लाम के अभ्युदय के समय तथा उसके जन्म के पूर्व, अरब और ईरान के लोग भारत की सभ्यता और संस्कृति से खूब परिचित थे। "जेरूसलम के हमीदिया-पुस्तकालय में हारूनर्रशीद के महामन्त्री फजल-बिन-यहिया का मुहर लगा हुआ एक ताम-पात्र मिला है, जिस पर 128 शेर लिखे हुए हैं, जिनमें भारतवर्ष, वेदों और आर्य ज्ञान-विज्ञान की बड़ी प्रशंसा की गई है।...हजरत मुहम्मद से 500 वर्ष पहले के कवि जरहम-बिन-ताई की कविता में गीता के "परित्राणाय साधूनां विनाशाय च दुष्कृताम्" इत्यादि श्लोकों के आधार पर श्री कृष्णावतार की चर्चा और प्रशंसा है। इसमें महादेव की आराधना इष्टफलदायिनी बताई गई है।"[4]

मुहम्मद साहब से पहले अरबों को हिन्दू और बौद्ध धर्मों का पूरा ज्ञान था। अरब के लोग किसी समय बौद्ध-मतावलम्बी थे, यह अनुमान भी निराधार नहीं है। मक्के के काबा-मन्दिर में 360 मूर्तियाँ थीं, जिनमें प्रतिदिन एक मूर्ति की, विशेष रूप से, पूजा की जाती थी। मुहम्मद साहब ने इन मूर्तियों को तो हटा दिया, लेकिन, किसी कारण से, एक काला पत्थर वहाँ अब भी रह गया है, जिसे **संगे-असवद** कहते हैं और जिसे हाजी श्रद्धा के साथ चूमता है।

बलख में एक **नौबिहार** नाम का मन्दिर था जिसका पुजारी बरामका कहलाता था; इस मन्दिर में जो मूर्ति थी, उसे रेशम का कपड़ा पहनाया जाता था। वाजपेयीजी का अनुमान है कि "काबे के मन्दिर और बलख के नौबिहार मन्दिर में बुद्धदेव की पूजा होती थी। अरबी-फारसी में मूर्ति के लिए जो बुत शब्द प्रचलित है, वह बुद्ध का ही अरबी रूप है। नौबिहार नव-विहार या बौद्ध मठ ही था।"[5]

इस्लाम के उदय के बाद भी भारतीय विद्या खलीफा मनसूर के समय (हिजरी 154, ईसवी सन् 701) में अरब में प्रचलित थी, इसका प्रमाण मिलता है। खलीफा हारूनर्रशीद ने अपनी चिकित्सा के लिए भारत से वैद्य बुलवाया था जिसने अरब में वैद्यक-शास्त्र की धाक जमा दी थी। भारत की विद्या के लिए अरबों में कितना अधिक आदर-भाव उत्पन्न हुआ था, इस विषय में मौलाना नदवी के तीन अरब लेखकों के प्रमाण दिए हैं। इनमें पहला बसरे का निवासी **जाहिज़** है, जिसकी मृत्यु सन् 255 हिजरी में हुई थी। इसने लिखा है कि ''भारतवासी ज्योतिष और गणित में बहुत बढ़े हुए हैं और उनकी एक विशेष लिपि है। चिकित्सा-शास्त्र में भी वे आगे हैं और वे इसके कई विलक्षण भेद जानते हैं। उनके पास बड़े-बड़े रोगों की विशेष औषधियाँ होती हैं। मूर्तियाँ बनाने, रंगों से चित्र बनाने और भवन-निर्माण-कला में वे बहुत चतुर हैं। शतरंज का खेल उन्हीं का निकाला हुआ है। वे तलवारें बहुत अच्छी बनाते हैं और उनके चलाने के करतब जानते हैं। उनका संगीत भी बहुत मनोहर है।...उनके यहाँ सब प्रकार का नाच भी है। उनके यहाँ अनेक प्रकार की लिपियाँ हैं और कविता का भी भंडार है। दर्शन, साहित्य और नीतिशास्त्र भी उनके पास हैं। उनमें विचार और वीरता भी है और कई ऐसे गुण हैं, जो चीनियों में भी नहीं हैं। उनमें स्वच्छता और पवितत्रा के भी गुण हैं। उनके पास सुन्दरताई, सुघराई, लावण्य और सुगन्धि भी है।...विचार और चिन्तन की विद्या भी उन्हीं के पास से आई है। वे ऐसे मन्त्र जानते हैं, जिनके पढ़ देने से विष उतर जाता है।[6] इत्यादि।

नदवी साहब ने जाहिज़ के बाद दूसरा हवाला **याकुब्दी** का दिया है। **याकुब्दी** हिन्दुस्तान भी आया था। उसका देहान्त सन् 298 हिजरी में हुआ। याकुब्दी ने लिखा है कि हिन्दुस्तान के लोग बुद्धिमान् और विचारशील हैं और, इस दृष्टि से, वे सब जातियों से बढ़कर हैं। गणित और फलित ज्योतिष में उनकी बातें सबसे अधिक ठीक निकलती हैं। सिद्धान्त उन्हीं की विचारशीलता का परिणाम है, जिससे यूनानियों और ईसाइयों ने लाभ उठाया है।

बहुत प्राचीन काल में भारत और ईरान एक ही देश के समान थे, अतएव आर्य-धर्म और जरथुस्त्र-मत परस्पर समान रहे। उसके बाद भी अरब और ईरान, भारत के अन्यतम पड़ोसी होने के कारण भारत के ज्ञान और संस्कृति से बराबर प्रभावित होते रहे। यही नहीं, बल्कि, मध्यकालीन युगों में ज्ञान की जो धारा सारे पश्चिमी जगत में फैली, उसका उत्स भारतवर्ष ही था। मौलाना मुहम्मद हुसेन आजाद ने अपने 'सुखनदाने-फारस' नामक ग्रन्थ में लिखा है कि ''हिन्द ने या फारस ने अपने इल्म का सरमाया मिस्र को दिया। मिस्र ने दोनों से लेकर यूनान को दिया। यूनान ने रूमिया को दिया। रूमिया, यूनान व फारस ने अरबों को दिया और फिर अरब से वह तमाम एशिया और यूरोप में फैला।''[7] आजाद साहब ने स्थिति का चित्रण बहुत ही ईमानदारी से किया है। केवल इतना जोड़ना और बाकी रह जाता है कि ईरान ने जो विद्या मिस्र को दी थी, वह भी, अधिकांश में, भारत से ही गई थी।

भारतीय ज्ञान और संस्कृत की महिमा मुहम्मद-बिन-अलबैरूनी की 'किताबुल-हिन्द' में भली-भाँति वर्णित है और उसका विशद् आख्यान अमीर खुसरो ने भी किया था। किन्तु, भारत की महिमा से परिचित होने का यथेष्ट उत्साह मुसलमानों में कभी नहीं जगा। जब भारत पर उनका राज्य था, तब अपने-आपको वे विजेता समझते थे और शासितों की संस्कृति

को सहानुभूति से समझने के योग्य मनोदशा का उनमें अभाव था। जब उनकी सल्तनत टूट गई, तब वे मुस्लिम-राष्ट्रीयता के पक्षपाती हो गए और उनका ध्यान भारत से निकलकर अरब और ईरान की ओर चला गया। इस्लाम को सहानुभूति से समझने की कोशिश हिन्दुओं ने भी नहीं की। फिर भी, सत्य है कि उर्दू-साहित्य की गतिविधि का जितना अच्छा ज्ञान आज के हिन्दुओं को है, उसकी तुलना में मुसलमानों का हिन्दी-साहित्य-विषयक ज्ञान अत्यन्त अल्प, बल्कि, शून्य के समान है।

रास्ता क्या?

ऐसी स्थिति में कौन वह राह है जिस पर चलकर हिन्दू मुसलमान के और मुसलमान हिन्दू के अधिक समीप पहुँच सकता है? हिन्दुओं की मानसिक कठिनाई यह है कि इस्लाम का अत्याचार उन्हें भुलाए नहीं भूलता और मुसलमान यह सोचकर पस्त हैं कि जिस देश पर उनकी कभी हुकूमत चलती थी, उसी देश में उन्हें अल्पसंख्यक बनकर जीना पड़ रहा है।

प्रजातन्त्र में ऐसा कोई भी तरीका नहीं है, जिससे अल्पसंख्यक लोग बहुसंख्यक बना दिए जाएँ। लेकिन, ऐसे तरीके तो प्रत्येक शासन-पद्धति में पाए जा सकते हैं, जिससे अल्पसंख्यकों की हर जायज शिकायत दूर की जा सके। किन्तु, यह तभी सम्भव है जब अल्पसंख्यक और बहुसंख्यक समुदाय परस्पर एक-दूसरे का विश्वास करें।

जहाँ तक इतिहास का प्रश्न है, हमारा खयाल है, हिन्दू-मुस्लिम एकता को बढ़ावा देने के लिए इतिहास की घटनाओं पर पर्दा नहीं डाला जा सकता, न यही योग्य है कि हम इस्लाम पर पड़नेवाले हिन्दू-प्रभाव अथवा हिन्दुत्व पर पड़नेवाले मुस्लिम-प्रभाव को बढ़ा-चढ़ाकर पेश करें। जो बातें जैसी हैं, इतिहास में उनका वर्णन भी वैसा ही रहेगा। मुसलमानों को यह समझना है कि आदमी की धर्म-भक्ति और उनके स्वदेश प्रेम में विरोध नहीं है। अमीर खुसरो, जायसी, अकबर, रहीम और दाराशिकोह मुसलमान भी थे, और भारत-भक्त भी। हिन्दुओं को इस बात का ज्ञान प्राप्त करना है कि इस्लाम का भी अर्थ शान्ति-धर्म ही है। इस धर्म का मौलिक रूप अत्यन्त तेजस्वी था तथा जिन लोगों ने इस्लाम की ओर से भारत पर अत्याचार किए, वे शुद्ध इस्लाम के प्रतिनिधि नहीं थे। इन अत्याचारों को हमें इसलिए भूलना है कि उनका कारण ऐतिहासिक परिस्थितियाँ थीं, जो अब समाप्त हैं और इसलिए भी कि इन्हें भूले बिना हम देश में एकता स्थापित नहीं कर सकेंगे।

इस्लाम का क्षिप्र प्रसार

प्रत्येक धर्म ऐतिहासिक आवश्यकताओं के कारण उत्पन्न होता है और उसका प्रसार भी उसी समाज में सम्भव होता है जिसके सदस्य उस धर्म की आवश्यकता का अनुभव करते हैं। इतिहास ने इस्लाम पर बार-बार यह दोष लगाया है कि उसका प्रसार तलवार के द्वारा किया गया और इस लांछन को दूर करने के लिए मुस्लिम इतिहासकारों में से अनेक ने जी-तोड़ कोशिश भी की है। लेकिन, बात रह जाती है कि मुसलमान जहाँ-जहाँ गए, वहाँ-वहाँ उन्होंने जनता के सामने तीन विकल्प रखे; या तो कुरान लो और इस्लाम कबूल करो; या कर दो और अधीनता स्वीकार करो; अथवा दोनों में यदि कोई बात पसन्द नहीं हो तो तुम्हारे गले

पर गिरने के लिए हमारी तलवार प्रस्तुत है। ये बड़े ही कारगर उपाय रहे होंगे। किन्तु, यह समझ में नहीं आता कि सिर्फ इन्हीं उपायों से इस्लाम उतनी जल्दी कैसे फैल गया। अवश्य ही, प्रत्येक देश की परिस्थिति और समानता के सिद्धान्त में इस्लाम का विश्वास इस कार्य में सहायक हुए होंगे।[8]

इस्लाम को जन्म लिये सिर्फ अस्सी वर्ष हुए थे कि इतने ही समय में, उसका झंडा एक ओर तो भारत की सीमा पर पहुँच गया और दूसरी ओर, वह अतलान्त- महासागर के किनारे पर जा पड़ा। मुहम्मद साहब का जन्म 570 ई. में और मृत्यु 632 में हुई। सन् 622 ई. में उन्होंने मक्का छोड़कर मदीने की हिजरत की, जिस वर्ष से इस्लाम का वास्तविक आरम्भ माना जाता है। लेकिन, सात सौ ई. लगते-लगते, इस्लाम इराक, ईरान और मध्य-एशिया में फैल गया तथा सन् 712 ई. में सिन्ध मुसलमानों की अधीनता में चला गया और उसी साल, मुसलमानी राज्य स्पेन में भी स्थापित हो गया। जो अरबी सेनापति समुद्र पार करके स्पेन पहुँचा, वह जिब्राल्टर में उतरा था। उसका नाम तारिक था जिससे जबलुत्तारिक (तारिक की चट्टान) या जिब्राल्टर नाम चला है। हिजरी सन् के सौ साल (यानी 722 ई.) होते-होते, मुसलमानों के राज्य के समान शक्तिशाली राज्य दुनिया में और कहीं नहीं रह गया था। इतिहास में रोमन साम्राज्य की गरिमा बहुत विशाल समझी जाती है। किन्तु, उसके निर्माण में लगभग छह सौ साल लगे थे। लेकिन, अरबों का व्यापक साम्राज्य इस्लाम के जन्म से केवल सौ साल में फैल गया। खलीफों ने जितना बड़ा साम्राज्य स्थापित किया, सिकन्दर का साम्राज्य उसका एक अंश मात्र था। ईरान के राज्य ने, प्रायः, एक हजार वर्ष तक रोमन साम्राज्य के पड़ोस में अपनी सत्ता कायम रखी थी, किन्तु, अरब के धर्मयोद्धाओं के सामने वह खड़ा नहीं रह सका। मुहम्मद साहब की मृत्यु के दस साल बीतते-बीतते ईरान पर अरब के मुसलमानों का कब्जा हो गया और वहाँ के लोग मुसलमान होने लगे। भारतवर्ष में जो पारसी-धर्म के लोग हैं, उनके पूर्वज इन्हीं आक्रमणों के समय ईरान छोड़कर भारत चले आए थे कि वे मुसलमान होने से बच सकें।

इस्लाम का उदय अरब में हुआ था। वह ईरानवालों का धर्म नहीं था। किन्तु, सभ्यता और संस्कृति में ईरानवालों के सामने अरबी योद्धा बर्बर और अर्ध-सभ्य थे। अतएव शरीर से तो अरबों ने ईरानवालों को जीत लिया और उन्हें मुसलमान भी बना डाला, किन्तु, ईरान की ऊँची संस्कृति के सामने ये विजेता पराजित हो गए और बहुत शीघ्र यह अवस्था आ गई कि फारसी भाषा इस्लाम की भाषा और ईरानी संस्कृति मुसलमानों की अपनी संस्कृति हो गई। यह भी ध्यान देने की बात है कि अरब जाति सामी (Semitic) थी और ईरानवाले आर्य थे। अतएव, इस्लाम का जन्म सामी-संस्कृति के बीच हुआ था, किन्तु ईरान आकर वह आर्यनस्लवालों का धर्म हो गया। दमिश्क के खलीफे जिस साम्राज्य पर राज्य करते थे, उसके एक छोर से दूसरे छोर तक जाने में तेज-से-तेज ऊँटनियों को भी **पाँच महीने** का समय लग जाता था। इस्लाम के इस क्षिप्र-प्रसार पर इतिहास आश्चर्य करता आया है और लोग कहते आए हैं कि यह प्रसार इतनी जल्दी इसलिए हुआ कि इस्लाम की सहायिका तलवार थी। खड्गवाद के साथ इस्लाम का सम्बन्ध इतना गहरा समझा जाता है कि स्वयं मुसलमान कवि अकबर इलाहाबादी इसका खंडन नहीं कर सके और सिर्फ इतना ही कहकर रह गए कि–

लोग यह कहते हैं, तलवार से फैला इस्लाम,
यह नहीं कहते हैं कि तोप से क्या फैला है।

किन्तु एक तलवार के कारण ही इस्लाम का सारा प्रसार सम्भव नहीं हुआ। असल में, कवियों, नेताओं और सन्त-सुधारकों के समान, नया धर्म भी तो तभी प्रकट होता है जब उसकी आवश्यकता होती है और वह उसी समाज में प्रकट होता है जिस समाज के लोग उसके इन्तजार में होते हैं; इस्लाम भी अरबी देशों की ऐतिहासिक आवश्यकता के कारण जनमा था और, इसीलिए, वह शीघ्र ही लोकप्रिय हो गया।

इस्लाम के उदय के पूर्व, अरब में निर्धन भोगवादियों का जमाव था। अरब गरीब किस्म के लोग थे और गरीब होने के कारण उनका लोभ भी बहुत बढ़ा हुआ था। सूदखोरी साधारण-सी बात थी और धन बटोरने का हर उपाय लोगों में अच्छा समझा जाता था। जुआ, शराबखोरी और वेश्यागमन भयंकर रूप से प्रचलित थे। विधवा, अनाथ और कमजोर आदमी फालतू समझे जाते थे और उन्हें आश्रय देनेवाला कोई नहीं था। समाज में शादी का कोई खास महत्त्व नहीं था, न यौन-सम्बन्धों के बारे में ही कोई अच्छी नीति बरती जाती थी। स्त्रियों का समाज में कोई आदर या अधिकार नहीं था तथा गिरे हुए समाज के जो भी लक्षण होते हैं, वे उन दिनों के अरबी समाज में पूर्णरूप से विद्यमान थे। अरब के लोग बद्दू कहलाते थे और सारा-का-सारा बद्दू-समाज, घोर रूप से, मूर्तिपूजक था। मक्के के हर एक मन्दिर में ढेर-की-ढेर मूर्तियाँ थीं और उनमें से प्रत्येक मूर्ति पूजा की अधिकारिणी समझी जाती थी। सबसे बड़ी प्रतिष्ठा एक काले पत्थर की थी, जिसे काबा कहते थे। सारा अरब अन्धविश्वास, कुरीति एवं दुराचार का अड्डा बना हुआ था। हाँ, इस रेगिस्तान में नखलिस्तान की तरह कहीं-कहीं, यहूदी और क्रिस्तान लोग जरूर रहते थे तथा कभी-कभी वहाँ इकले-दुकले अन्य धर्मों के उपदेशक भी आ निकलते थे। किन्तु, बद्दुओं पर उनका कोई प्रभाव नहीं था।

उन दिनों केवल अरब का ही बुरा हाल रहा हो, सो बात नहीं थी। अरब के पश्चिम की ओर जो बहुत बड़ा रोमन साम्राज्य था, वह भी खोखला हो चुका था और उसके भीतर भी विलासिता और भोगाचार पाप की सीमा तक पहुँचे हुए थे। अरब के दूसरी ओर जो ईरानी साम्राज्य था, वह भी विलासिता के पंक में डूबा हुआ था और इन दो साम्राज्यों के बीच चलनेवाली लड़ाइयों के कारण, दोनों ही राज्यों की जनता का बुरा हाल था। इस भाग में उन दिनों ईसायत में भी पवित्रता का बल नहीं रह गया था। यह धर्म राजाओं के अत्याचारों का सहायक बन गया था और जनता में धर्म के नाम पर जादू-मन्त्र और तावीज का प्रचार कर रहा था।

इस्लाम का आरम्भिक रूप

ऐसे समय में मक्के में हजरत मुहम्मद का जन्म हुआ। पेशा उनका सौदागरी का था और, आरम्भ में, इज्जत भी उनकी सौदागरों के ही बीच हुई। इससे यह बात और भी विचित्र लगती है कि उनके द्वारा बताए गए धर्म का खड्गवाद से इतना मेल क्यों हो गया। उन्होंने दर्शन के ऊहापोह में नहीं जाकर एक सीधे-सादे कर्ममय धर्म का आख्यान किया, जिसकी खास बातें ये थीं कि ईश्वर एक है और मुहम्मद उसके दूत या पैगम्बर हैं। इन दो सिद्धान्तों में

विश्वास करनेवालों से उन्होंने पाँच स्पष्ट कर्म करने को कहा। (1) **कलमा** पढ़ना यानी इस बात को दिल में बिठाने के लिए जाप करना कि ईश्वर एक है और मुहम्मद उसके रसूल (दूत) हैं (**ला इलाह इल्लल्लाह मुहम्मदुर्रसूलल्लाह**)। (2) नमाज पढ़ना यानी प्रार्थना करना। (3) **रोजा** रखना यानी रमजान के महीने में उपवास रखना। (4) **जकात** यानी अपनी आय का ढाई प्रतिशत दान में दे देना और (5) **हज** यानी तीर्थ-यात्रा करना।

मुहम्मद साहब मूर्ति-पूजा के कट्टर विरोधी थे, मूर्ति-पूजा का विरोध अरबों की समझ में नहीं आया और वे मुहम्मद साहब पर टूट पड़े। निदान, उन्हें मक्का शहर छोड़कर अन्यत्र भागना पड़ा। यही घटना मुसलमानों के यहाँ हिजरत कही जाती है, जिसका अर्थ एक स्थान छोड़कर अन्यत्र जाना है। अरब में उन दिनों मक्का और यस-रिब, ये दो नगर प्रधान थे। मुहम्मद साहब जब मक्का छोड़कर भागे, तब यस-रिब नगर के लोगों ने उन्हें शरण दी और आदर से उनका स्वागत किया। इसी उपलक्ष्य में उस नगर का नाम मदीनतुन्नबी अर्थात् 'नबी का नगर' पड़ गया। मदीने में जिन लोगों ने मुहम्मद साहब का बढ़कर साथ दिया, वे ही अनसार हुए।

मुहम्मद साहब ने जिस धर्म का उपदेश दिया, वह अत्यन्त सरल और सबके लिए सुलभ धर्म था। अतएव, जनता उसकी ओर उत्साह से बढ़ी। खास करके, आरम्भ से ही, उन्होंने इस बात पर काफी जोर दिया कि इस्लाम में दीक्षित हो जाने के बाद, आदमी-आदमी के बीच कोई भेद नहीं रह जाता है। इस बराबरीवाले सिद्धान्त के कारण इस्लाम की लोकप्रियता बहुत बढ़ गई और जिस समाज में भी निम्न स्तर के लोग उच्च स्तरवालों के धार्मिक या सामाजिक अत्याचार से पीड़ित थे, उस समाज के निम्न स्तर के लोगों के बीच यह धर्म आसानी से फैल गया।

धर्म की विजय उसके नेताओं के चरित्र के कारण होती है। इस्लाम की विजय जिस त्वरा से हुई, वही इसका प्रमाण है कि मुहम्मद साहब और उनके उत्तराधिकारी खलीफे अत्यन्त उच्च कोटि के व्यक्ति रहे होंगे। इस्लाम में यती-वृत्ति की प्रधानता, वैराग्य की प्रमुखता अथवा लौकिक सुखों के त्याग की महिमा नहीं है। गिब ने, जो इस्लाम का पक्षपाती इतिहासकार है, लिखा है कि पूर्वी एशिया के सभी धर्मों में इस्लाम ही ऐसा है, जो सांसारिकता के बहुत समीप और वैराग्य-भावना से, अधिक-से-अधिक, दूर है।[9] यती-वृत्ति को इस्लाम किसी भी अवस्था में प्रोत्साहन नहीं देता। वह साधुओं की संख्या बढ़ाने का विरोधी है। भारत में भी कबीर आदि निर्गुनियाँ सन्त, जिन्होंने मुसलमान सन्तों से प्रभाव ग्रहण किया, गृहस्थाश्रम में रहकर ही भगवान् का भजन करते रहे। ईसाइयों के भीतर जो साधु-संघ बनाने की पद्धति चली, कुरान उसकी आलोचना करता है। ''ईसाइयों के लिए यह मार्ग हमने निर्धारित नहीं किया, उन्होंने इसे खुद ही खोज निकाला है।'' फिर भी, आध्यात्मिक विकास पर इस्लाम में भी बहुत जोर है और नमाज़, ज़कात, रोज़ा, हज के द्वारा एक प्रकार की वैराग्य-साधना को भी मान्यता दी गई है। कम-से-कम यह तो कहा ही जा सकता है कि रोज़ा एक तरह का तप और ज़कात भोग को सीमित रखने का प्रयास है। वास्तव में, इस्लाम के भीतर सांसारिकता से वैराग्य का मेल बिठाने की जो चेष्टा की गई है, इसी से यह धर्म हमें गृहस्थाश्रम के समीप दीखता है।

इस्लाम त्याग और वैराग्य का अभिमान नहीं करता है। किन्तु, उसके आरम्भिक साधक, खासकर पहले के चार खलीफा (1) अबूबक्र (632-34 ई.), (2) उमर (634-43 ई.), (3) उस्मान (643-55 ई.) और (4) अली (655-61 ई.)–इतने धर्मनिष्ठ निकले कि लोग उनके जीवन में मूर्तिमान नवीन धर्म का तेज देखकर कृतकृत्य हो गए।

इस्लाम का आरम्भ धर्म के रूप में हुआ था, किन्तु परिस्थितियों ने घेरकर उसे राजनैतिक रूप भी दे दिया। मुहम्मद साहब को मक्का से मदीना भागना पड़ा और मदीने में ही यह निश्चित हो गया कि नए धर्म को फैलाने के लिए केवल संगठन बनाने की ही नहीं, तलवार उठाने की भी जरूरत है। अरब लोगों की बिखरी हुई शक्तियाँ इस्लाम के अन्दर एक होने लगीं और जिस नबी को लोगों ने खदेड़कर भगा दिया था, उसके उपदेशों को मनवाने के लिए मुसलमानों का संगठन मार-काट पर आमादा होने लगा। अरबों की एकता और इस्लाम का प्रसार, यह पर्यायवाची शब्द हो गए। अतएव, जो संगठन बना, उसमें राजनीति और धर्म, दोनों एक स्थल पर आकर मिल गए। यही संगठन अरबी-साम्राज्य का केन्द्र बना, जिसके नेता खलीफा कहलाने लगे।

खलीफा मुसलमानों के राजा भी थे और धर्मगुरु भी, जैसे आगे चलकर भारत में भी सिक्ख-धर्म के भीतर गुरु और राजा एक ही व्यक्ति होने लगा। आरम्भिक काल के चार खलीफों ने सादगी, सच्चरित्रता और वीरता तथा वैराग्य का ऐसा अच्छा उदाहरण उपस्थित किया कि इस्लाम का आचार-पक्ष बहुत ऊँचा उठ गया और इसके अन्दर उन लोगों की संख्या बढ़ने लगी जो गृहस्थ रहकर भी वैराग्य निभा सकते थे, जो गद्दी पाकर भी तबीयत से फकीर रह सकते थे और जो तलवार उठाकर भी दया का तिरस्कार नहीं करते थे। हजरत उमर ने, जिनके सिपाहियों ने ईरानी साम्राज्य पर विजय प्राप्त की थी, जब स्वयं जेरूसलम में विजेता की हैसियत से प्रवेश किया, तब वे जिस ऊँट पर सवार थे, उसी पर उनके सारे सामान भी लदे थे और ये सामान थे–कम्बल का एक खेमा, एक बोरा अनाज, एक बोरा खजूर और लकड़ी के कुछ बर्तन। यह थी सादगी उस विजेता की जिसके इशारे पर राजमहल के सारे सुख, एक क्षण में, मुहैया किए जा सकते थे। ईरान, मेसोपोटामिया, सीरिया, फिलस्तीन और मिस्र पर विजय पानेवाले बहादुर मुस्लिम नेताओं की सादगी का वर्णन करते हुए गिब्ब ने लिखा है कि "जहाँ भी वे अपना पड़ाव डालते थे, सेना के सभी लोग एक ही पाँत में बैठकर प्रार्थना करते, एक ही दस्तरख्वान पर भोजन करते और, फिर साथ ही, खलीफा के मुख से उत्साहप्रद उपदेश सुनते थे। चढ़ाई हो या तीर्थ-यात्रा, ये खलीफा सर्वत्र न्याय फैलाते चलते थे। उन्होंने अरबों में प्रचलित बहुविवाह की व्यभिचारपूर्ण प्रथा में सुधार किया; खिलाफत की ओर से जो लोग कर उगाहने को नियुक्त थे, उन्हें निर्दय और जुल्मी होने से रोका और कर्मचारियों को विलासी बनने से मना किया। खालिद को पैगम्बर ने ईश्वर की तलवार की उपाधि दी थी और उन्हीं की वीरता के चलते, मेसोपोटामिया और सीरिया इस्लाम के झंडे के नीचे आए थे। किन्तु जब वे मरने लगे, तब उनके पास केवल एक घोड़ा और एक ही गुलाम था। हजरत अबूबक्र ने अपनी सेना को आदेश दे रखा था कि न्यायी बनो, क्योंकि अन्याय से उन्नति नहीं हो सकती; बहादुर बनो, क्योंकि शत्रु के सामने सिर झुकाने की अपेक्षा मर जाना कहीं श्रेष्ठ है; दयालु बनो,

क्योंकि बूढ़ों, बच्चों और औरतों पर तलवार उठाना पाप है; फल देनेवाले वृक्षों को, फसलों और जानवरों को तबाह मत करो। अगर दुश्मन को भी तुमने कोई वचन दिया है, तो उसे निभाना तुम्हारा धर्म है, और जो लोग दुनिया की झंझटों से दूर रहते हैं, उन पर जुल्म मत करो।''

अबूबक्र और उमर उन अफसरों को सजा देते थे जो रेशम पहनते थे या विलास में रहते थे। उनका खयाल था कि अगर मुसलमान ईरान या कुस्तुनतुनिया के दरबारों का अनुकरण करने लगे तो उनका पतन हो जाएगा। वे धर्म की नई सेना को सुख, आराम और भोग-विलास से दूर रखना चाहते थे, क्योंकि उन्नतिशील जाति कभी भी आराम नहीं करती। वह हमेशा संघर्ष में लीन रहती है और संघर्ष की शक्ति तब छीजती है, जब जातियाँ विलास में पड़ जाती हैं।

अपने आरम्भिक दिनों में इस्लाम क्रान्तिकारी धर्म था। वह मनुष्यों को अन्धविश्वास से बचाता था, दार्शनिक उलझनों से दूर रखता था और ईश्वर को छोड़कर अन्य किसी भी शक्ति के सामने मस्तक झुकाने से इनकार कर देने की शिक्षा देता था। सबसे बड़ी बात यह थी कि जो भी मुसलमान हो जाते थे, उन्हें अमीर से अमीर मुसलमान भी अपना सच्चा धर्मबन्धु समझते थे और अपनी बराबरी का दर्जा देते थे। इससे उन दिनों जहाँ-जहाँ इस्लाम पहुँचा, वहाँ के समाज में भारी क्रान्ति मच गई और मनुष्य अपने मस्तक को ऊँचा उठाकर चलने लगा। मानवेन्द्रनाथ राय ने लिखा है कि ''अरबी आक्रमणकारी वीर जहाँ भी गए, जनता ने उन्हें अपना रक्षक और त्राता मानकर उनका स्वागत किया, क्योंकि यह जनता कहीं तो रोमन शासकों के भ्रष्टाचार के नीचे पिस रही थी, कहीं ईरानी तानाशाही के जुल्मों से त्रस्त थी और कहीं ईसाइयत का अन्धविश्वास उसे जकड़े हुए था। ये आक्रमणकारी अरब अपने नबी के क्रान्तिकारी उपदेशों में कट्टरता से विश्वास करते थे, खलीफों के विवेकपूर्ण एवं व्यावहारिक आदेशों का पालन उनका निश्चित धर्म था और इन कारणों से पराजित जनता की सहानुभूति और विश्वास उन्हें आसानी से प्राप्त हो जाता था।''

किन्तु, पुण्य की यह लहर स्थायी नहीं रह सकी। मुहम्मद साहब की मृत्यु के सौ साल बीतते-बीतते, अरब-साम्राज्य उत्तरी अफ्रीका, स्पेन, दक्षिण फ्रांस, ईरान, मध्य एशिया, यहाँ तक कि मंगोलिया तक फैल गया और वे बातें मुसलमानों में भी घुस पड़ीं, जिन्हें रोकने के लिए आरम्भिक खलीफा सादगी का जीवन बिताने का उपदेश दे गए थे। साम्राज्य के साथ सुखों का पुंज आता है, सुखों का लोभ दुष्ट राजनीति को जन्म देता है और दुष्ट राजनीति के साथ सारे पाप और दुराचार समाज में घुस पड़ते हैं। साम्राज्य बन जाने के बाद, मुसलमानों के भीतर भी ये दोष घुसे और धर्म की सेना सुखों के लोभ में फँसने लगी। बात यहाँ तक बढ़ गई कि खलीफा के पद के लिए झगड़े शुरू हो गए और नमाज़ में झुके हुए नेताओं की गर्दनें काटकर हत्यारे लोग नेता बनने लगे। शिया और सुन्नी का जो भेद हम मुसलमानों में देखते हैं, वह खलीफा के पद के लिए उठे हुए झगड़ों से ही पैदा हुआ था।

इस्लाम से भारत का आरम्भिक सम्पर्क

तब भी, अरब राज्य में विद्या और ज्ञान की काफी प्रतिष्ठा थी। बद्दुओं की बर्बर आदतें

ईरान और भारत के संसर्ग से, शीघ्र ही, खत्म हो गईं और उनकी गिनती संसार के सभ्य लोगों में की जाने लगी। "आठवीं शती के शुरू में, सिन्ध और बलख के अरब-साम्राज्य में सम्मिलित होने पर भारतवर्ष का प्रभाव खिलाफत के देशों पर पड़ने लगा। खलीफा हारूनर्रशीद के समय (786-809) से तो हिन्दू-संस्कृति के प्रवाह से बगदाद का दरबार, मानो, आप्लावित हो उठा। बरमकी नाम के एक वजीर खानदान की वहाँ बड़ी ताकत थी; वे लोग बलख के थे। उनके पुरखे बलख के नवबिहार में पदाधिकारी रह चुके थे। वे नाम के मुसलमान हुए थे। पुराने रिश्ते-नाते के कारण वे भारत के हिन्दू विद्वानों को बगदाद बुलाते और उन्हें वहाँ वैद्य आदि के पदों पर रखते थे। अरब विद्यार्थियों को वे पढ़ने को भारत भेजते। संस्कृत के दर्शन, वैद्यक, ज्योतिष, इतिहास, काव्य आदि के अनेक ग्रन्थों के उन्होंने अरबी अनुवाद करवाए। भारतवर्ष से गणित आदि का ज्ञान अरब लोग ही यूरोप ले गए। पंचतन्त्र आदि की कहानियाँ उन्हीं के द्वारा विदेशों में पहुँचीं।"[10]

इस्लाम जब अपने निर्मल उत्कर्ष पर था, तब भी वह भारत में आ चुका था। किन्तु, तब उसका आगमन मित्रता के नाते हुआ था। अरब, फिलस्तीन और मिस्र से भारत का प्राचीनतम व्यापारिक सम्बन्ध था। यूनानी लोग यहाँ का चावल खाते थे। रोम और यूनान के लेखक भारत के भूगोल से परिचित थे। वे वहाँ के निर्यात का ब्योरा भी जानते थे। भारत और पश्चिम के बीच व्यापारिक सम्बन्ध में अरब सौदागरों का काफी हाथ था। अरब सौदागरों का पहला बेड़ा भारतीय तट पर 636 ई. में आया था, इसका प्रमाण मिलता है। सिन्ध पर मुहम्मद बिन कासिम की चढ़ाई 712 ई. में हुई। किन्तु, भारत के पश्चिमी तट पर अरब सौदागर बहुत पहले से आ रहे थे और मोपला लोगों ने तभी इस्लाम कबूल किया था। किन्तु, ये धर्म-परिवर्तन, प्रायः, स्वेच्छा से किए गए थे, जबर्दस्ती के कारण नहीं। नवीं सदी के खत्म होने के पहले ही, मालाबार का राजा चेरामन पेरूमल मुसलमान हो गया, क्योंकि उसने सपने में चन्द्रमा को फटते देखा था और दूसरे दिन उसे विश्वास दिलाया गया कि यह इस्लाम का चमत्कार है। भारत में सबसे पहले उसी ने अरबों को अपना धर्म फैलाने की सुविधा दी थी। कहते हैं, चेरामन पेरूमल मुसलमान होकर मक्का चला गया था। जमोरिन का राज्याभिषेक अभी हाल तक, मुस्लिम वेश में किया जाता रहा है और त्रावणकोर के राजा सिंहासन पर बैठने के समय अभी तक तलवार उठाकर इस शपथ को दुहराते रहे हैं कि मैं इस तलवार को तब तक रखूँगा जब तक मक्के से मेरा चचा लौट नहीं आता है। यहाँ अभिप्राय पेरूमल के मक्का जाने से है। जमोरिन की आज्ञा थी कि प्रत्येक धीवर-परिवार में से एक व्यक्ति को मुसलमान होना ही पड़ेगा। पश्चिमी तट पर मुसलमानों का आगमन आठवीं सदी से शुरू हुआ। दसवीं शती तक वे पूर्वी तट पर भी पहुँचने लगे और उनकी धाक राज-दरबारों से लेकर व्यापारियों तक खूब बैठ गई। इन प्रान्तों में तभी उनकी सैकड़ों मस्जिदें भी बन गईं और समाज में उनके पीर-औलिया भी घूमने लगे।

उत्तर के राजे भी इस्लाम को उदारता से देखते थे। काम्बे के हिन्दुओं ने एक बार मुस्लिम सौदागरों पर आक्रमण किया और उनकी बस्तियाँ उजाड़ दीं। इस पर, राजा सिद्धराज ने (1094-1143 ई.) उस मामले की जाँच करवाई, दुष्टों को दंड दिया और मुसलमानों को नई मस्जिदें बना लेने को रुपए भी दिए।

कुछ ऐतिहासिक विश्लेषण

यहाँ तक हिन्दू-मुस्लिम सम्बन्ध मैत्रीपूर्ण रहा। इस्लाम से हिन्दुओं की भयंकर घृणा तब आरम्भ हुई, जब महमूद गजनवी ने इस देश में आकर क्रूरता बरती और यहाँ के मन्दिरों को विनष्ट करके अपने लिए दुर्नाम अर्जित किया। किन्तु, महमूद गजनवी या मुहम्मद गोरी, ये लोग अरबी या ईरानी नस्ल के नहीं थे, न इतिहास में उन्होंने सच्चे इस्लाम का प्रतिनिधित्व ही किया है। इस्लाम के माथे वह कलंक क्यों लगा, इसे समझने के लिए नीचे का विवरण उपयोगी होगा।

जब पश्चिम में रोम-राज्य और भारत में गुप्त-साम्राज्य चल रहा था, तब मध्य एशिया में हूण नामक एक बर्बर जाति उपद्रव मचा रही थी। पाँचवीं सदी में उनके दल के दल रोम-राज्य और भारतवर्ष में घुसे और वे जहाँ भी गए, वहीं उन्होंने ध्वंस मचा दिया। इन्हीं हूणों को एक बार स्कन्दगुप्त ने खदेड़कर देश से बाहर कर दिया था। किन्तु, स्कन्दगुप्त के बाद हूण भारत में फिर घुस पड़े और मालवा में उन्होंने अपना सुदृढ़ राज्य स्थापित कर लिया। तोरमान और मिहिरकुल, ये हूण राजे थे, जिनके अत्याचारपूर्ण शासन का उल्लेख ह्यू-एन-साङ् और कल्हण ने किया है। इस शासन को तोड़ने का सुयश मन्दसर के राजा यशोवर्मन ने लिया। किन्तु, उसके बाद भी हूण देश से बिलकुल निकले नहीं, अपितु छोटे-छोटे राज्य बनाकर पड़ोस के राजाओं से लड़ते रहे। यह संकट तब तक चलता रहा, जब तक कि ब्राह्मणों ने उन्हें शुद्ध करके राजपूत न बना लिया।

पाँचवीं शती में काबुल में तुखारों का और ईरान में सासानी शाहों का राज्य था। इन दोनों राज्यों में भी हूणों की लड़ाइयाँ हुईं। ''485 ई. में ईरान का शाह फीरोज हूणों से लड़ता हुआ मारा गया। तब हूणों ने अफगानिस्तान को भी अपने पैरों-तले रौंद डाला। गान्धार पहुँचकर उन्होंने किदार के वंशज को वहाँ से भगा दिया।''[11] तोरमान के बेटे मिहिरकुल ने शाकल (स्यालकोट) में अपनी राजधानी बनाई थी और वह अपने को पशुपति (शिव) का उपासक कहता था।

मध्य एशिया में हूणों का प्रभाव नौशीरवाँ ने समाप्त किया। ''किन्तु, नौशीरवाँ ने यह काम अकेले नहीं किया, उसमें पच्छिमी तुर्क उसके सहायक थे। तुर्क, असल में, हूणों की एक शाखा थे, जिसका असल नाम था **असेना**। असेना लोग पाँचवीं शती में कान्सू प्रान्त में एक पहाड़ के पास रहते थे। **उस पहाड़ की शक्ल एक खोद या मिगफार (फौजी टोपी) की-सी थी, जिसे हूण-भाषा में 'तुर्क' कहते हैं। इसी से वे लोग तुर्क कहलाने लगे।**[12]

ह्यू-एन-साङ् को 630 ई में भारत आते समय, तुरफान से कपिश की सीमा तक के लिए, पच्छिमी तुर्कों के 'काजान' अर्थात् राजा ने राहदान दी थी। इस समय, अरब में इस्लाम का उदय हो चुका था। किन्तु, ये तुर्क उन दिनों धीरे-धीरे बौद्ध हो रहे थे और तुर्की भाषा में संस्कृत ग्रन्थों का अनुवाद भी चल रहा था।

जब विलासिता के कारण अरब-साम्राज्य का पतन होने लगा, तब सन् 850 ई. के लगभग उसके कई टुकड़े हो गए। खिलाफत एक छोटी-सी रियासत के रूप में रह गई और जो राज्य उसके स्थान में खड़े हुए, उनमें अधिकांश, मुसलमान बने हुए ईरानियों के राज्य थे।

इस बीच तुर्क भी मुसलमान होने लगे। वीरता और शारीरिक शक्ति के आगार होने

के कारण, इन तुर्कों में से बहुत से लोग ईरान में पहले से ही नौकरी करते थे।[13] वहाँ धीरे-धीरे ये लोग रियासतदार और सरदार भी हो गए। इसलिए, जब अरब-साम्राज्य टूटा, उसके कई हिस्सों में ये तुर्क सरदार राजे और सुलतान बन बैठे। खिलाफत के कमजोर होते ही, इन तुर्कों ने ईरान का पूर्वी दरवाजा अपने पूर्वी प्रान्तों के भाई-बन्दों के लिए खोल दिया और पूरी तुर्क-जाति मुस्लिम-राज्य में घुस पड़ी।

इन्हीं सरदारों में से एक अलप्तगीन भी था, जिसने मौका पाकर गजनी में रियासत खड़ी कर ली। अलप्तगीन के बाद, उसका दामाद, सुबुक्तगीन गजनी का राजा हुआ। सुबुक्तगीन का पिता तुर्क था और माता ईरानी थी। इसी सुबुक्तगीन का पुत्र महमूद गजनवी हुआ, जिसने भारत पर सत्रह बार चढ़ाई की और सोमनाथ की मूर्ति का ध्वंस किया। अतएव, समझना चाहिए कि जिस मुसलमान के कारण इस्लाम भारत में उतना बदनाम हुआ, वह ईरानी कम, तुर्क या हूण अधिक था और अरबी तथा ईरानी संस्कृतियों की उदारता उसमें नहीं थी। भारत में मुसलमानी राज्य की नींव डालनेवाला मुहम्मद गोरी भी पठान था और, अजब नहीं कि, उसके पूर्वज भी तुर्क या हूण रहे हों।

भारत में मुगल-वंश की नींव डालनेवाला बाबर अपना सम्बन्ध मंगोल जाति से बतलाता है। ये मंगोल बड़े ही भयंकर वीर थे। इनका सबसे बड़ा नेता चिङ्-हिर हान (1155 ई. तक) हुआ, जो इतिहास में चंगेज खाँ के नाम से प्रसिद्ध है। हान या खान भाषा में एक सम्मान-सूचक शब्द था। दूसरी जातियों ने यह शब्द उन्हीं लोगों से लिया है। चंगेज खाँ बौद्ध था। किन्तु, इस बौद्ध सेनापति ने इतनी निर्दयताएँ कीं कि इतिहास आज तक उसकी याद रोमांच के साथ करता है। विश्वविजय के उद्‌देश्य से इसने सेना लेकर निरुद्‌देश्य यात्रा आरम्भ की और बुखारा, समरकन्द, हेरात और बलख, इन बड़े-बड़े नगरों को इसने भूनकर राख कर दिया। कहते हैं, अपने प्रतिद्वन्द्वी जलालुद्‌दीन की खोज करता हुआ चंगेज भारत भी आया था, किन्तु, भारत से शीघ्र ही वह लौट गया। उसके उत्तराधिकारी हलाकू ने बगदाद को उजाड़ते हुए वहाँ के विख्यात पुस्तकालय को भी जला डाला।[14]

उसके अत्याचार से घबराकर बहुत-से विद्वान् अपनी किताबें लिये हुए कैरो और स्पेन की ओर भागे। विद्वानों की इसी भाग-दौड़ से यूरोप में विद्या की वह लहर उठी, जिसे हम सांस्कृतिक जागरण अथवा रिनासाँ कहते हैं। कहते हैं, युद्ध में बारूद का प्रयोग पहले-पहल चंगेज ने ही किया था, अतएव, उसी के समय से दुनिया में युद्ध की कला बदली। तैमूरलंग (1369 ई.) भी माँ की ओर से अपने को चंगेज का वंशज कहता था और बाबर भी इसी वंश की सन्तान था। कहते हैं, तैमूर के बाद उसके उत्तराधिकारी मार-काट को छोड़कर कला और विद्या की भी साधना करने लगे थे और मध्य एशिया में एक समय तैमूरी-रिनासाँ (सांस्कृतिक जागरण) भी चला था। बाबर इसी सांस्कृतिक जागरण में पला था, इसीलिए मुगल-खानदान के लोग, भारत में भी सांस्कृतिक कार्य करनेवाले हुए। बाबर माँ की ओर से चंगेज खाँ और बाप की ओर से तैमूर का वंशज था।

जिस इस्लाम का प्रवर्तन हजरत मुहम्मद ने किया था और जिसका रूप अबूबक्र, उमर, उस्मान और अली जैसे खलीफों ने सँवारा था, वह धर्म, सचमुच स्वच्छ धर्म था और उसके अनुयायी सच्चरित्र, दयालु, उदार और ईमानदार थे। उन्होंने मानवता को एक नया सन्देश

दिया, गिरते हुए लोगों को ऊँचा उठाया और, पहले-पहल, दुनिया में यह दृष्टान्त उपस्थित किया कि धर्म के अन्दर रहनेवाले सभी लोग आपस में समान हैं। उन दिनों इस्लाम ने जो लड़ाइयाँ लड़ीं, उनका विवरण भी मनुष्य के चरित्र को ऊँचा उठानेवाला है। वीरता और बलिदान में ये मुसलमान अद्भुत अवश्य थे, चंगेज और हलाकू की बर्बरता उनमें नहीं थी, न महमूद और शहाबुद्दीन के समान वे लोभी और कठोर थे। सेनापति तारिक के अधीन मुसलमानी सेना का बेड़ा जब जबलुत्तारिक पर उतरा, तब बहादुरों ने अपनी नावें तोड़कर समुद्र में बहा दीं, कुछ नावों को जलाकर ताप भी डाला, जिससे घर लौटने की उन्हें कोई उम्मीद नहीं रह जाए और समर-भूमि में वे प्राणपण से लड़ सकें। लूट-मार, अन्याय और अत्याचार की परम्परा इस्लाम में तब आई, जब अरबी लोग साम्राज्य के सुखों में पड़ जाने के कारण शिथिल और कमजोर हो गए और इस्लाम का नेतृत्व उनके हाथ से निकलकर तुर्कों और मंगोलों के हाथ में चला गया, जो अभी हाल में मुसलमान हुए थे। नेतृत्व के इस हस्तान्तरण का कारण यह था कि यूरोप से इस्लाम को खदेड़कर बाहर करने के लिए यूरोपीय जातियों ने संघबद्ध होकर मुसलमानों के खिलाफ धर्म-युद्ध (Crusade) की घोषणा कर दी थी और इस मुसीबत में इस्लाम अपने पुराने अनुयायियों की ओर से ईषत् निराश होकर नए अनुयायियों की ओर देख रहा था।

लेकिन, ये नए अनुयायी अर्ध-सभ्य और कठोर थे। उनमें वही निर्भयता और शारीरिक शक्ति की अपारता थी जो बर्बर जातियों का प्रधान लक्षण है। इन बर्बर अनुयायियों के आने से इस्लाम की गिरती हुई आधिभौतिक शक्ति जरूर ठहर गई, किन्तु, उसके कर्म इतने गर्हित हो गए कि यूरोप और एशिया में लूट-खसोट, मार-काट, खूँरेजी और पाशविक अत्याचार मुसलमानों के खास लक्षण माने जाने लगे। एम.एन. राय ने लिखा है कि ''दरबार की विलासिता के कारण अरबी विद्या और संस्कृति की साधना दूषित हो गई और इस्लाम की गौरवपूर्ण पताका अपनी आरम्भिक क्रान्तिकारी चमक को खोकर तुर्कों और तातारों के व्यभिचारी हाथों में पड़कर अपना सतीत्व खो बैठी।''

कुछ मनोरंजक बातें

इस्लाम अपने प्रगतिशील युग में भारत नहीं आया अथवा आया भी तो दक्षिण के समुद्री तटों पर व्यापारियों के साथ या दाहिर की पराजय के उपरान्त, सिन्ध और उसके आस-पास के भागों में। महमूद गजनवी, मुहम्मद गोरी और बाबर, ये सच्चे इस्लाम के प्रतिनिधि नहीं थे। उन्होंने इस्लाम की बाहरी चीजें ही देखी थीं, अबूबक्र, उमर, उस्मान और अली की धार्मिक तेजस्विता उनमें नहीं थी। प्रोफेसर हुमायूँ कबीर ने अपनी पुस्तक 'आवर हेरिटेज' में इन आक्रामकों के बारे में लिखा है, ''ये जो नए लोग भारत में आए, उन्होंने इस्लाम के तत्त्व को भले ही नहीं समझा हो, किन्तु, उसकी बाहरी बातें उन्होंने ग्रहण कर ली थीं।'' लेकिन, बाहरी बातें क्या भीतरी तत्त्व का प्रतिनिधित्व कर सकती हैं? इस्लाम के गौरव का कारण उसकी आरम्भिक उदारता थी, मोतजलियों की विचार-स्वाधीनता थी। इस्लाम बड़ा ही ऊँचा धर्म था। बर्बरता उसमें तब आई, जब तातार लोगों ने इस्लाम में प्रवेश किया। गंगा और सिन्धु के किनारे इस्लाम का झंडा गाड़नेवाले लोग अबूबक्र और उमर की पवित्रतावाले लोग

नहीं थे, बल्कि, ये वे ईरानी थे, जो विजय और साम्राज्य के सुखों से अन्धे होकर घूम रहे थे। ये मध्य एशिया के वे बर्बर लोग थे, जिन्होंने इस्लाम की टोपी अभी हाल ही में पहनी थी, किन्तु जो उसके मौलिक संस्कारों से अपरिचित थे।

इतिहास की इन घटनाओं के प्रकाश में देखने पर भारत में इस्लामी अत्याचार के कुछ मनोरंजक पहलू सामने आते हैं। पहली बात तो यह है कि गजनवी और गोरी के साथ जो इस्लाम भारत पहुँचा, वह वही इस्लाम नहीं था, जिसका आख्यान हजरत मुहम्मद और उनके शुरू के चार खलीफों ने किया था अथवा जो इस्लाम, गजनवी के आक्रमण के पूर्व, सौदागरों और फकीरों के साथ भारत के पश्चिमी तटों पर उतरा था। वास्तव में, यह वह इस्लाम था, जो एम.एन. राय के मतानुसार, तुर्क और तातार अनुयायियों के हाथों व्यभिचरित हो चुका था। दूसरी बात यह है कि जब भारत के राजपूत गजनवी और गोरी के खिलाफ युद्ध कर रहे थे, तब युद्ध एक तरह से हूणों के ही दो दलों के बीच था। गजनवी और गोरी, कदाचित्, दोनों तुर्क यानी हूण थे, और इधर, भारत की जो सेना उनका मुकाबला कर रही थी, उसमें भी अधिकांश में, वे ही लोग थे, जो हूण-देश से भारत में आए थे और शुद्धि के बाद राजपूत-जाति में सम्मिलित कर लिये गए थे।

इतिहास-लेखकों का मत है कि बौद्ध-ब्राह्मण-संघर्ष में दोनों पक्ष अपने लिए राज्य की सहायता चाहते थे। किन्तु, क्षत्रिय राजे जब बौद्ध होते, तब ब्राह्मण इस स्थिति से क्षुब्ध हो उठते थे। क्षत्रियों को पूर्ण रूप से बस में नहीं आते देखकर ब्राह्मणों ने एक नया तरीका निकाला। जो विदेशी सीथियन, हूण और शक वंश के लोग इस देश में राज्य-सत्ता पाने को संघर्ष कर रहे थे, उन्हें ब्राह्मणों ने आबू के कुंड पर यज्ञ करवाकर राजपूत बना लिया। इससे विदेशियों की बर्बरता जाती रही और क्षत्रिय मान लिये जाने के कारण वे ब्राह्मणों के कृतज्ञ भी हो गए। इधर ब्राह्मण-क्षत्रिय संघर्ष में ब्राह्मणों का पलड़ा भी भारी हो उठा, क्योंकि उन्हें नए शिष्य मिल गए थे। डॉ. भागवतशरण उपाध्याय ने लिखा है कि "वर्तमान राजपूतों के अनेक कुल हूणों और गुर्जरों से प्रादुर्भूत हुए हैं। गुर्जरों ने भारत में एक विशिष्ट सम्राट्-कुल (गुर्जर-प्रतिहार) की नींव डाली और भारत के एक विस्तृत भाग गुजरात का नाम अपनी संज्ञा से सार्थक किया। गुर्जर, सम्भवतः, जाट और अन्य जातियाँ, गुप्त-साम्राज्य के ध्वंस के पश्चात् आनेवाली जातियों के वंशधर हैं।"

तीसरी बात यह है कि गजनवी और गोरी जैसे मुसलमान इस्लाम के सेवक नहीं थे, उनमें दूसरों का धन लूटकर आनन्द मनाने की भावना ही प्रधान थी। इस्लाम की दुहाई, तौहीद का प्रचार और मूर्ति-पूजा का खंडन, ये सिर्फ लोभ को छिपाने के आवरण मात्र थे। गजनवी ने भारत पर 17 बार चढ़ाई की, लेकिन, इन चढ़ाइयों में इस्लाम का प्रचार उसने कुछ भी नहीं किया। इतिहास इतना ही जानता है कि वह इस देश का धन लूटने को आता था और यहाँ की लूट से उसने अपनी राजधानी को मालामाल किया भी। तैमूरलंग ने जब हिन्दुस्तान की ओर नजर डाली तब, कहते हैं, लोगों ने उससे कहा कि हिन्दुस्तान जाने की ऐसी क्या जरूरत हो सकती है, वहाँ तो मुसलमानों का राज्य पहले से ही मौजूद है। किन्तु, राज्य मुसलमानों का हो या हिन्दुओं का, तैमूरलंग भारत की समृद्धि को लूटने के लिए बेकरार था। अतएव, वह सन् 1398 ई. में सिन्धु के पार चला आया। मुहम्मद तुगलक को हराकर

उसने दिल्ली में डेरा डाल दिया और लूट-मार मचाकर फिर समरकन्द को लौट गया।

इतिहास-लेखकों का यह भी मत है कि महमूद गजनवी की सेना में हिन्दू सिपाही भी काफी संख्या में काम करते थे। इन सिपाहियों ने मध्य एशिया के युद्धों में महमूद का साथ दिया था। तिलक नाम का एक हिन्दू महमूद की सेना में कुछ ऊँचे पद का अधिकारी था और नियाल्तगीन नामक सरदार ने जब महमूद के खिलाफ विद्रोह किया, तब उसे दबाने को तिलक ही भेजा गया था।

एक स्थिति यह भी हुई कि जब इस देश पर मुगलों का आक्रमण हुआ, तब पठान और राजपूत आपस में दोस्त हो गए और यह दोस्ती काफी दिनों तक चलती रही। हल्दीघाटी में महाराणा प्रताप की सेना की एक पंखी बिलकुल पठानों की थी और ये पठान महाराणा के प्रति अत्यन्त वफादार थे।

सन्दर्भ

1. 'द हिस्टोरिकल रोल ऑफ इस्लाम'–एम.एन. राय।
2. ''आधुनिक मुसलमान लेखक डॉ. हबीब ने महमूद के बारे में लिखा है कि गजनवी की सेना से भारतीय मन्दिरों का जो घोर विध्वंस हुआ, उसको ईमानदार इतिहासकार को छिपाना नहीं चाहिए और अपने धर्म से परिचित कोई भी मुसलमान उसका समर्थन नहीं करेगा।''
   (भारतीय इतिहास का परिचय, राजबली पांडेय)
3. हिन्दी पर फारसी का प्रभाव।
4. वही।
5. वही।
6. वही।
7. वही।
8. "The Mohammedan Conquest of India came as salvation to the downtrodden, to the poor. That is why one-fifth of our people have become Mohammedans. It was not the sword that did it all!". *(स्वामी विवेकानन्द–द फ्यूचर ऑफ इंडिया।)*
9. "Of all the religions of East Asia. Islam has generally been regarded as the most worldly and the least ascetic." —*H.A.R. GIBB (Mohammedenism)*
10. जयचन्द्र विद्यालंकार।
11. वही।
12. वही।
13. A dull-witted folk with few ideals, the Turks could do two things superlatively well, obey orders and fight like devils."
    —*Lothrop Stroddard. (New World of Islam).*
14. सन् 1946 और 47 ई. में जब मुस्लिम लीग के कार्यकर्ताओं ने पाकिस्तान प्राप्त करने के लिए सीधी कार्रवाई शुरू की तब उनके नेता यह कहकर शान्तिप्रिय जनता को डराते थे कि हम चंगेज खाँ और हलाकू की सन्तान हैं और हम वही कर दिखाएँगे, जो चंगेज और हलाकू ने किया था। किन्तु, चंगेज और हलाकू मुसलमान नहीं, शायद भ्रष्ट किस्म के बौद्ध थे। मुसलमान अपने को उनका वंशज मानें, यह इतिहास-विरुद्ध बात है।

प्रकरण-2

इस्लाम धर्म

इस्लाम अरबी भाषा का शब्द है, जिसका अर्थ 'शान्ति में प्रवेश करना'[1] होता है–अतः, मुस्लिम वह व्यक्ति है, जो "परमात्मा और मनुष्य के साथ पूर्ण शान्ति का सम्बन्ध"[2] रखता हो। अतएव, इस्लाम शब्द का लाक्षणिक अर्थ होगा–वह धर्म जिसके द्वारा मनुष्य भगवान् की शरण लेता है तथा मनुष्यों के प्रति अहिंसा एवं प्रेम का बर्ताव करता है।

इस धर्म के प्रवर्त्तक हजरत मुहम्मद साहब थे, जिनका जन्म अरब देश के मक्का शहर में सन् 570 ई. में हुआ था। जब हजरत मुहम्मद अरब में इस्लाम का प्रचार कर रहे थे, उन दिनों भारतवर्ष में हर्षवर्धन और पुलकेशी का राज्य था। इस्लाम धर्म के मूल कुरान, सुन्नत और हदीस हैं। कुरान वह ग्रन्थ है जिसमें मुहम्मद साहब के पास ईश्वर के द्वारा भेजे गए सन्देश संकलित हैं। सुन्नत वह है जिसमें मुहम्मद साहब के कृत्यों का उल्लेख है और हदीस वह किताब है जिसमें उनके उपदेश संकलित हैं। हदीस की किताबों में मुहम्मद साहब की जीवन-चर्या का भी उल्लेख है और इन किताबों में सुन्नत भी मिलती है।

इस्लाम धर्म मुहम्मद साहब ने सोचकर नहीं निकाला, बल्कि, इस धर्म का उन्हें इलहाम (समाधि अथवा प्रेरणा की अवस्था में दर्शन) हुआ था। कुरान का अर्थ उच्चरित अथवा पठित वस्तु है। कुरान उन पदों का संकलन है जो मुहम्मद साहब के मुख से उन क्षणों में निकले, जब वे सीधी भगवत्प्रेरणा की अवस्था में थे। यह भी कहा जाता है कि भगवान् कुरान की आयतें (पद) मुहम्मद साहब के पास देवदूतों के जरिए भेजते थे। इन्हीं आयतों के संकलन से कुरान तैयार हुआ। ये आयतें मुहम्मद साहब को, समय-समय पर, 23 वर्षों में हासिल हुई जिन्हें वे तालपत्रों, चमड़े के टुकड़ों अथवा लकड़ियों पर लिखकर रखते गए। उनके स्वर्गवास के बाद, जब अबूबक्र पहले खलीफा हुए, तब उन्होंने इन सारी लिखावटों का सम्पादन करके कुरान की पोथी तैयार की, जो बहुत प्रामाणिक मानी जाती है। इन 23 वर्षों में मुहम्मद साहब 13 साल तो मक्के में थे और 10 साल तक मदीने में।

मुहम्मद साहब को जब धर्म का इलहाम हुआ, तब से लोग उन्हें पैगम्बर, नबी और रसूल कहने लगे। पैगम्बर कहते हैं पैगाम (सन्देश) ले जानेवाले को। हजरत मुहम्मद के जरिए भगवान् का सन्देश पृथ्वी पर पहुँचा, इसलिए वे पैगम्बर कहे जाते हैं। नबी कहते हैं किसी उपयोगी परम ज्ञान की घोषणा को। मुहम्मद साहब ने चूँकि ऐसी घोषणा की, इसलिए वे नबी हुए। तब से, नबी का अर्थ वह दूत भी हो गया जो परमेश्वर और समझदार प्राणी के बीच आता जाता है। रसूल का अर्थ भी प्रेषित या दूत होता है। मुहम्मद साहब रसूल हैं,

क्योंकि परमात्मा और मनुष्यों के बीच उन्होंने धर्मदूत का काम किया।

'ला इलाह इल्लल्लाह मुहम्मदुर्रसूलल्लाह', यह इस्लाम का मूल-मन्त्र है। जिसका अर्थ होता है, "अल्लाह के सिवा और कोई पूजनीय नहीं है तथा मुहम्मद उसके रसूल हैं।" केवल अल्लाह को मानने से कोई आदमी पक्का मुसलमान नहीं हो सकता, उसे यह भी मानना पड़ता है कि मुहम्मद अल्लाह के नबी, रसूल और पैगम्बर हैं। इसके बाद कुरान हर मुसलमान के लिए पाँच धार्मिक कृत्य निर्धारित करता है। वे कृत्य हैं :

1. कलमा पढ़ना–अर्थात् इस मन्त्र का पारायण करना कि ईश्वर एक है और मुहम्मद उसके रसूल हैं (ला इलाह इल्लल्लाह मुहम्मदुर्रसूलल्लाह) इस्लाम का एकेश्वरवाद (तौहीद) इसी मन्त्र पर आधारित है, अतएव, इसके पारायण की इस्लाम में बहुत महिमा है।

2. नमाज़ पढ़ना–अर्थात् प्रतिदिन पाँच बार भगवान् से प्रार्थना करना। इसको सलात भी कहते हैं।

3. रोज़ा रखना–अर्थात् रमज़ान के महीने भर केवल एक शाम खाना खाना और वह भी सूर्यास्त के बाद। रमज़ान महीना इसलिए चुना गया कि इसी महीने में पहले-पहल कुरान उतरा था।

4. ज़कात–अर्थात् अपनी वार्षिक आय का चालीसवाँ हिस्सा (ढाई प्रतिशत) दान में दे देना।

5. हज–अर्थात् तीर्थों में जाना। पहले ये तीर्थ केवल मक्का और मदीने में थे। अब सन्तों की समाधियों को भी मुसलमान तीर्थ मानते हैं।

कुरान की शिक्षा

कुरान सबसे अधिक जोर इस बात पर देता है कि ईश्वर एक है तथा उसके सिवा किसी और की पूजा नहीं की जानी चाहिए। आर्यों अर्थात् जरथुस्त्रवादियों में जो प्रकृति-पूजा प्रचलित थी, उसका कुरान बड़े जोर से बहिष्कार करता है और ईसाइयों से भी उसका इस बात को लेकर मतभेद है कि ईसाई ईसा को ईश्वर का पुत्र कहते हैं और ईसा, मरियम (ईसा की माँ मेरी) तथा पिता (ईश्वर), इन ईश्वरत्रय में उनका विश्वास है। कुरान का कहना है कि भगवान् ने सभी जातियों में पैगम्बर और धर्मोपदेशक भेजे हैं, इसीलिए, ईसा भी एक पैगम्बर हैं, किन्तु, वे ईश्वर के पुत्र नहीं माने जा सकते, क्योंकि ईश्वर में पुत्र उत्पन्न करनेवाले गुणों को जोड़ना उसे मनुष्य-कोटि में ले आना है। "अय मरियम के पुत्र ईसा! क्या तूने यह कहा कि ईश्वर के साथ हम दोनों को भी जोड़ दो?" ऐसे प्रश्न उठाकर कुरान ने ईसाइयों के ईश्वरत्रय-विषयक विश्वास का खंडन किया है। मूर्तिपूजक अरब भी मानते थे कि ईश्वर के बेटे-बेटियाँ हैं और ईसाई तो ईसा को ईश्वर का पुत्र कहते हैं। इस विश्वास को हटाने के लिए कुरान ने बार-बार कहा है, "यदि ईश्वर को सन्तानोत्पादक कहोगे तो आकाश फट जाएगा और धरती उलट जाएगी।" इस्लाम विश्व के उस भाग में जनमा, जहाँ वर्षा कम होती थी। निर्जन उजाड़ में आँख खोलने के कारण, उसने विचारों को स्वच्छता से देखा, सजावट में नहीं। चित्र, मूर्ति और संगीत के प्रति इस्लाम के द्वेष का भी यही कारण था।

कुरान जिस ईश्वर को मानता है वह देखने-सुनने, बोलने-चालने, खुश और नाराज होनेवाला

ईश्वर है। वह प्रेम भी करता है, घृणा भी करता है, भक्तों की आवाज भी सुनता है और दुष्टों का दलन भी करता है। किन्तु ईश्वर के ये सभी कार्य मनुष्यों के कार्यों के समान नहीं होते, क्योंकि उसे मनुष्यों के समान हाथ-पाँव और नाक-कान आदि नहीं हैं। वह है तो निराकार, किन्तु, उसकी शक्ति का वर्णन करने के लिए मनुष्य की भाषा का प्रयोग किया जाता है। फिर भी, कुरान यह मानता है कि ईश्वर अर्श (आकाश) पर रहता है और वहाँ उसका सिंहासन भी है। यह ईश्वर प्रेम और दया का आगार है।

ईश्वर के सिवा, कुरान देव-योनि को भी मानता है।[3] कुरान में देवों और देव-दूतों का नाम 'मलक' या फरिश्ता है। मलकों और फरिश्तों को हम देख नहीं सकते, न वे प्रकट होकर मनुष्यों से सम्पर्क ही रख सकते हैं। अगर मलकों में मनुष्यों के बीच रहकर काम करने की शक्ति होती तो नबी या पैगम्बर मनुष्य नहीं, मलक ही होते। भगवान् मुहम्मद साहब को जो पैगाम भेजते थे, वे पैगाम कभी-कभी देवदूत जिबरील ले आते थे। किन्तु, मुहम्मद जिबरील को चर्म-चक्षु से नहीं आध्यात्मिक दृष्टि से देखते थे। मलकों के बारे में कुरान का यह विश्वास है कि वे मनुष्य की आध्यात्मिक प्रगति में सहायक होते हैं। इसलिए, कुरान मलकों के अस्तित्व में विश्वास करना सिखाता है। कुरान का कहना है, "धर्म यह है कि मनुष्य अल्लाह, मलायक, कयामत, किताब और नबी में विश्वास करे।"

शैतान भी देवताओं की ही तरह, मलक-योनि का है। किन्तु शैतान में विश्वास रखने की कुरान मनाही करता है।

कुरान का कहना है कि मनुष्य में उच्च और नीच, दोनों ही प्रकार की वासनाएँ काम करती हैं। नीच वासनाएँ प्राण-धारण के लिए हैं, उच्च वासनाएँ आध्यात्मिक उत्कर्ष के लिए। नीच वासनाएँ अगर नियन्त्रण में नहीं रहें तो मनुष्य का पतन हो जाता है। कुरान की कल्पना है कि नीच वासनाओं को उभारने का काम 'जिन' करते हैं, जिनसे बचने के लिए मनुष्य को सदैव सावधान रहना चाहिए। इबलीस देवता नहीं, इसी जिन-योनि का है और वह मनुष्य को गुमराह करने की कोशिश में लगा रहता है। 'जिन' की कल्पना इस्लाम में आध्यात्मिक संघर्ष को तेज करने के लिए की गई थी।

कुरान का अवतरण हजरत मुहम्मद की दिव्य-दृष्टि के कारण हुआ था। किन्तु, कुरान यह नहीं कहता कि दिव्य-दृष्टि केवल हजरत मुहम्मद को ही मिली थी। प्रत्येक जाति में दिव्य-दृष्टिवाले लोग उत्पन्न हुए हैं, ऐसा कुरान का मत है। इसलिए मुसलमान सभी धर्मग्रन्थों को प्यार करता है, क्योंकि ये सभी धर्म भगवान् के ही बताए हुए हैं। मुहम्मद की तरह, फकीर भी दिव्य-दृष्टि-सम्पन्न होते हैं। फर्क यह है कि मुहम्मद 'अम्बिया' में से थे और फकीर 'औलिया' होते हैं। संसार में जितने भी पैगम्बर हुए हैं, कुरान सबको दिव्य-दृष्टि-सम्पन्न मानता है। मुहम्मद साहब के साथ इतना ही पक्षपात है कि उन्हें कुरान धरती का आखिरी पैगम्बर मानता है और यह समझता है कि दिव्य-दृष्टि में भी मुहम्मद पहले के सभी पैगम्बरों से अधिक पूर्ण थे।

मृत्यु के परे

कुरान का विश्वास है कि पृथ्वी पर मनुष्य का जन्म पहला और आखिरी जन्म है। हम न

तो पहले जनमे थे, न आगे जन्म लेंगे। किन्तु, मृत्यु के साथ जीवन समाप्त नहीं हो जाता। इस जीवन के समाप्त हो जाने पर, मनुष्य की देह जब कब्र में डाली जाती है, तब वहाँ से उसका एक दूसरा जीवन आरम्भ होता है, जिसे 'बरजख' कहते हैं। बरजख का शाब्दिक अर्थ दो वस्तुओं के बीच खड़ी होनेवाली कोई बाधा या वस्तु है। समझा यह जाता है कि मनुष्य के पार्थिव जीवन के बाद एक और जीवन आएगा, जिसका आरम्भ कयामत (प्रलय) से होगा। किन्तु, कयामत तब आएगी, जब सृष्टि का अन्त हो जाएगा। तब तक जीवन को कब्र में पड़ा रहना होगा। बरजख के मानी कब्र के भी होते हैं। अतएव, इस प्रसंग में बरजख से अभिप्राय उस लम्बी अवधि से है, जिसमें मनुष्य को अपना पार्थिव जीवन समाप्त करके कयामत के इन्तजार में कब्र में पड़ा रहना है।

बरजख क्या है, इस पर बड़ा विवाद है। कुरान की कल्पना यह मालूम होती है कि मुनष्य का लक्ष्य आध्यात्मिकता की प्राप्ति है। आध्यात्मिक जीवन का आरम्भ इसी स्थूल (पार्थिव) शरीर में हो जाता है, किन्तु, इस जीवन में मनुष्य को इसका भान नहीं हो पाता। बरजख वह अवस्था है, जब सूक्ष्म जीवन् का भान उसे होने लगता है, यद्यपि पूरी आध्यात्मिकता की अनुभूति मनुष्य को कयामत के बाद ही होती है। बरजख एक तरह का परलोक है। अतएव, बरजख के दिक्काल का वर्णन हम उस भाषा में नहीं कर सकते, जिस भाषा में इस लोक के दिक्काल का वर्णन करते हैं। बरजख की स्थिति, कदाचित्, अर्ध-चेतना की स्थिति है; कदाचित्, वह स्वप्न अथवा सुषुप्ति है जब मनुष्य चल-फिर तो नहीं सकता, किन्तु मन उसका तब भी कुछ-न-कुछ काम करता रहता है। मनुष्य की पार्थिव मृत्यु केवल शरीर की मृत्यु है; उसकी आत्मा एक भिन्न प्रकार से कब्र में भी जीवित पड़ी रहती है और इसी आत्मा को कयामत के दिन उठकर ईश्वर के समक्ष जाना पड़ता है।

कयामत का वर्णन कुरान में बड़ी ही भीषणता के साथ किया गया है। यह बहुत कुछ हिन्दू-कल्पना के कल्पान्त अथवा महाप्रलय के समान है। "जब कयामत आएगी चाँद में रोशनी नहीं रहेगी, सूरज और चाँद सटकर एक हो जाएँगे और मनुष्य यह नहीं समझ सकेगा कि वह किधर जाए और ईश्वर को छोड़कर अन्यत्र उसकी कोई शरण भी नहीं।" "जब तारे गुम हो जाएँगे, आकाश टुकड़े-टुकड़े हो जाएगा, पहाड़ों की धूल उड़ जाएगी और नबी अपने निर्धारित क्षण पर पहुँचेंगे।" "न्याय का दिन जरूर आएगा, जब सूर (तुरही) की आवाज उठेगी, जब तुम सब उठकर झुंड-के-झुंड आगे बढ़ोगे और स्वर्ग के दरवाजे खुल जाएँगे।"

कब्र में आदमी की देह गलकर बिलकुल मिट्टी हो जाएगी। उसकी केवल एक हड्डी शेष रहेगी, जिसका नाम अल-अज्ब है। कयामत के समय, चालीस दिनों तक निरन्तर घोर वृष्टि होगी और धरती सर्वत्र बारह हाथ पानी के नीचे चली जाएगी। इसी समय, अल-अज्ब नामक अस्थि से एक नए शरीर का अंकुर फूटेगा और वही शरीर लेकर आत्माएँ भगवान् के सामने होंगी। जब कयामत आएगी, सूर्य पश्चिम में उगने लगेगा, दज्जाल नामक दानव अरबी भाषा में सर्वत्र इस्लाम का सन्देश सुनाएगा, मेहदी प्रकट होंगे और सूर नामक शंख से तीन बार आवाज उठेगी।

सूर की आवाज सुनकर सभी आत्माएँ भगवान् के सामने खड़ी होंगी और मुहम्मद उनके प्रवक्ता होंगे। तब, हर एक रूह के पुण्य और पाप का लेखा-जोखा लिया जाएगा। पुण्य और

पाप को तोलने का काम जिबरील करेंगे। जिसका पुण्य परिमाण में अधिक होगा, वह स्वर्ग जाएगा। जिनके पाप अधिक होंगे, वे नरक में पड़ेंगे।

स्वर्ग सातवें आकाश (अर्श) पर अवस्थित है। वहाँ एक सुन्दर पुष्पोद्यान है, जिसके पास झरने और फव्वारे उमड़ते हैं। स्वर्ग में दूध और मधु की नदियाँ बहती हैं। वहाँ ऐसे वृक्ष हैं, जिनकी धड़ें सोने की हैं और जिनमें बड़े ही सुस्वादु फल लगते हैं। स्वर्ग में ''हूर-युल-आयून'' जाति की सत्तर युवतियाँ हैं, जिनकी आँखें काली-काली और दीर्घ हैं। इसके सिवा, पुण्यात्मा की परिचर्या के लिए वहाँ सुन्दर-सुन्दर लड़के भी रहते हैं, जो 'गिलमाँ' जाति के हैं।

कुरान में विभिन्न नरकों की भी कल्पना की गई है जो अत्यन्त भयानक और विकराल हैं।

कुरान का फातिहा नामक अध्याय गीता के दूसरे अध्याय के समान है। मुस्लिम मानसिकता के निर्माण में सबसे अधिक प्रभाव इसी अध्याय का रहा है। यह कर्मफल के विवेचन का अध्याय है जिसकी ओर प्रत्येक मुसलमान का ध्यान हर रोज पाँच बार दिलाया जाता है। कारण यह है कि कर्मफलवाद में विश्वास के दृढ़ होने से आदमी अपकर्म को छोड़ने की प्रेरणा पाता है। छिपकर भी किया हुआ कर्म अपना फल अवश्य लाता है। कुरान कहता है, ''अच्छे और बुरे कर्मों के परिणाम अवश्य मिलेंगे। जिसने भी, कण-मात्र भी, सुकर्म किया है, वह उसे अपनी आँखों से देखेगा; जिसने भी, कण-मात्र भी, दुष्कर्म किया है, वह भी उसे अपनी आँखों से देखेगा।''

कयामत के बाद आदमी को स्वर्ग मिलेगा या नरक, इसका निर्धारण इसी जन्म में किए गए कर्मों से होता है, क्योंकि ''जो इस जीवन में अन्धा है, वह आगे के जीवन में भी अन्धा ही रहेगा।'' कुरान कहता है, ''अगर तुम ज्ञान से देखते तो यहीं नरक को भी देख सकते थे।''

मनुष्य-जीवन का लक्ष्य कुरान ''लका-उल्लाह'' अथवा ईश्वर-मिलन को मानता है। किन्तु, यह ईश्वर-मिलन कैसे होता है, इस विषय की कल्पना सुस्पष्ट नहीं है। कयामत निर्वाण और मोक्ष का पर्याय है या नहीं, यह भी नहीं कहा जा सकता, क्योंकि कहीं तो उसका अर्थ संहार मालूम होता है और कहीं दिव्य जीवन। इसी तरह कयामत उल्लेख कहीं व्यक्ति के लिए, कहीं पीढ़ी के लिए और कहीं सृष्टि-मात्र के लिए किया गया है।

कुरान का विश्वास है कि आत्मा पर सुख-दुःख की छाप देह के जरिए पड़ती है। किन्तु, आत्मा को कुरान देह से भिन्न नहीं मानता है। शरीर जब कब्र में चला जाता है, तब उसमें आत्मा रहती है या नहीं, इस विषय में भी कुरान में सुस्पष्टता का अभाव है। न यही पता चलता है कि कयामत के बाद जो देह मिलेगी, वह वही देह होगी या नहीं, जो कब्र में रखी जाती है। अस्थि से अंकुर फूटनेवाली बात का मुख्य तात्पर्य क्या है, इसमें भी संशय रह जाता है। कुरान खुलकर यह नहीं कहता कि यही शरीर कयामत में फिर प्राप्त होगा। उलटे, वह कयामत के समय नई सृष्टि की कल्पना करता है।[4] सिर्फ इतना संकेत मिलता है कि मनुष्य फिर उठेगा, किन्तु उसके गुण बदल जाएँगे। जैसे स्वर्ग और नरक की प्रकृति को हम नहीं देख सकते, वैसे ही, आगामी जीवन को भी जानने में हम असमर्थ हैं। इतना सत्य है कि वह जीवन मिट्टी के पार्थिव जीवन से भिन्न होगा।

ईमान और कुफ्र

इस्लाम के समग्र सिद्धान्त दो भागों में बाँटे जा सकते हैं। एक का नाम 'उसूल' और दूसरे का नाम 'फरू' है। उसूल शब्द 'असल' से निकला है, जिसका अर्थ जड़ या मूल है। फरू शब्द 'फरअ' से निकला है, जिसका अर्थ शाखा या डाल है। कुरान में ये नाम नहीं थे। कुरान सिर्फ ईमान और अमल, इन दो शब्दों का उल्लेख करता है। अब ईमान का पर्याय उसूल और अमल का पर्याय फरू है। उसूल वे धार्मिक सिद्धान्त हैं जिन्हें नबी ने बताया है। फरू उन सिद्धान्तों के अनुसार आचरण करने को कहते हैं। अतएव, मुहम्मद साहब के उपदेश उसूल अथवा मूल हैं और उन पर अमल करने का नाम फरू अथवा शाखा है।

ईमान की शाखाएँ अनेक कही गई हैं। कुरान कहता है, "ईमान की 60 शाखें हैं और हया उसी की शाख है।" हदीस का वचन है, "ईमान की 70 शाखें हैं। सबसे ऊँची यह कि अल्लाह को छोड़कर और किसी की पूजा मत करो; और सबसे नीची यह कि जिन बातों से किसी का नुकसान होता हो, उन्हें छोड़ दो।"

ईमान उस सत्य की स्वीकृति है जिसे नबी ने उद्‌घोषित किया। कुफ्र उसी सत्य की अस्वीकृति को कहते हैं।

ईमान का सर्वोच्च शिखर **तौहीद** है जो यह सिखाता है कि ईश्वर को छोड़कर और किसी को मत पूजो। कुफ्र का सबसे बुरा रूप शिर्क है जिससे मनुष्य ईश्वर के अलावा और देवताओं को भी ईश्वर मान लेता है अथवा उनमें ईश्वरीय गुणों का आरोप करता है। **शिर्क** का सबसे बुरा रूप **मूर्तिपूजा** है।

मुहम्मद साहब का सबसे अधिक जोर ईश्वर को एक, केवल एक, मानने पर था। इस विषय में वे अपने बारे में भी शंका फैलने देना नहीं चाहते थे। उन्होंने कहा है, "मैं मर्त्य हूँ। मैं सिर्फ यह कहने आया हूँ कि ईश्वर एक है और केवल उसी की पूजा की जानी चाहिए।" कहावत है कि जब मुहम्मद साहब मरने लगे, उन्होंने अपने शिष्यों से कहा कि जिस खजूर के पेड़ के पास बैठकर मैं धर्मोपदेश किया करता था, पहले तुम उसे काट डालो, नहीं तो लोग उसी की पूजा करने लगेंगे। यह भी ध्यान देने की बात है कि मुसलमान मुहम्मदी या मुहम्मदन (ईसा से ईसाई और बुद्ध से बौद्ध के समान) कहलाना पसन्द नहीं करते, क्योंकि इससे मुहम्मद की पूजा का भाव टपकता है।

संसार के धर्मों में इस्लाम ही ऐसा धर्म है जिसका विषय केवल व्यक्ति नहीं, सारा समाज है अथवा जो व्यक्ति के सभी आचारों का निर्धारण करता है। कुरान में केवल वैयक्तिक धर्म की ही बातें नहीं हैं, प्रत्युत, उसमें मनुष्य-मनुष्य के विविध सम्बन्ध, राजनैतिक बर्ताव, न्याय, शासन, सेना-संगठन, विवाह, तलाक, शान्ति, युद्ध, कर्ज, सूदखोरी, दान आदि के सम्बन्ध में भी धार्मिक उपदेश हैं, जिनका पालन धार्मिक नियमों के समान ही आवश्यक माना जाता है। उदाहरण के लिए, इस्लाम सूदखोरी को घृणित पाप समझता है और एक साथ चार पत्नियों से अधिक रखने की इजाजत नहीं देता।[5] इस प्रकार इस्लाम में शराब पीने की कड़ी मनाही की गई है।

जिहाद और जिजिया

नमाज़, रोज़ा, ज़कात, हज और जिहाद, ये इस्लामी धर्म के मूल माने जाते हैं, बल्कि, जिहाद तो एक तरह से राष्ट्रीय कर्तव्य समझा जाता है। जिहाद का सामान्य अर्थ युद्ध या धर्मयुद्ध है, किन्तु, आरम्भ में, यह शब्द इतना भयानक अर्थ नहीं देता था। जिहाद शब्द जहद धातु से निकला है, जिसका अर्थ ताकत, शक्ति या योग्यता होता है। क्लेन (Klein) नामक एक विद्वान् ने जिहाद का अर्थ संघर्ष किया है और इस संघर्ष के उसने तीन क्षेत्र माने हैं। (1) दृश्य शत्रु के विरुद्ध संघर्ष, (2) अदृश्य शत्रु (जिन) के विरुद्ध संघर्ष और (3) इन्द्रियों के विरुद्ध संघर्ष।

साधारणतः, विद्वानों का यह मत है कि इस्लाम के प्रचार के लिए जो लड़ाइयाँ लड़ी गईं, उन्हें पवित्र विशेषण देने के लिए ही इस शब्द का प्रचलन किया गया। किन्तु, मुहम्मद अली (रिलीजन ऑफ इस्लाम के लेखक) का मत है कि इस शब्द का अर्थ इस्लाम के प्रचार के लिए युद्ध करना नहीं है। मक्का में उतरनेवाले कुरान के अंशों में जहाँ-जहाँ यह शब्द आया है, वहाँ-वहाँ इसका अर्थ परिश्रम, उद्योग या सामान्य संघर्ष ही है। लड़ने की इजाजत नबी ने तब दी, जब वे भागकर मदीने पहुँचे या जब वे मक्का छोड़कर भागने की तैयारी में थे। मदीने में आत्मरक्षा के लिए तलवार उठाना आवश्यक हो गया। तभी लड़ाइयाँ जिहाद के नाम से चलने लगीं किन्तु, यहाँ भी जिहाद का व्यापक अर्थ है और उसके भीतर वाणी और तलवार दोनों के लिए स्थान है। ''ओ नबी! जो काफिर और पाषंडी हैं उनके खिलाफ अपना संघर्ष जारी रख और उनके सामने विचलित मत हो जा।'' अन्यत्र भी कहा गया है, ''क्या तू यह समझता है कि जब तक अल्लाह जाहिदों को चुन नहीं ले और धीरों को परख नहीं ले, तब तक तू स्वर्ग के उद्यान में प्रवेश कर सकता है?''

हदीस हज की भी गिनती जिहाद में करता है और कहता है कि ''नबी ने कहा है कि सबसे अच्छा जिहाद हज में जाना है।'' किन्तु, पीछे चलकर काजियों (न्यायपतियों) ने जिहाद का अर्थ युद्ध कर दिया।

मुहम्मद अली के मतानुसार, विधर्मियों को तलवार के जोर से इस्लाम में लाने की शिक्षा कुरान ने नहीं दी थी, न यह बात नबी के ही दिमाग में थी। लड़ने की इजाजत नबी वहीं देते थे, जहाँ आत्मरक्षा का प्रश्न होता था। किन्तु, जब मुल्ला और काजी सर्वेसर्वा बन बैठे, तब उन्होंने सारी दुनिया को दो हिस्सों में बाँट दिया। जिस हिस्से में मुसलमान सुखी और स्वतन्त्र थे, यानी जिस हिस्से पर उनकी हुकूमत थी उसे तो उन्होंने दारुल-इस्लाम (शान्ति का देश) कहा। इसके विपरीत, धरती के जिस हिस्से पर उनका आधिपत्य नहीं था, उसे दारुल-हरब (युद्ध-स्थल) कहकर उन्होंने मुसलमानों को उत्तेजित किया कि ऐसे देशों को जीतकर वहाँ इस्लाम का झंडा गाड़ना जाहिदों का परम कर्तव्य है। किन्तु किसी-किसी लेखक ने यह भी लिखा है कि विश्व भर में इस्लामी साम्राज्य स्थापित करने की कल्पना मुहम्मद साहब में भी जगी थी। ''प्रायः, प्रत्येक बार उनके अन्तिम शब्द ये होते थे कि 'अय लोगो! जो मैं कहता हूँ, उसे ठीक से सुनो और उसका अर्थ समझो। तुम्हें मानना चाहिए कि हर एक मुस्लिम हर दूसरे मुस्लिम का अपना भाई है। तुम सबके सब आपस में समान हो।' अपने जीवन के अन्त तक आते-आते, उनकी धारणा यह हो गई थी कि सारी पृथ्वी को एक धर्म

के अधीन होना चाहिए। सारे संसार के लिए एक नबी और एक ही धर्म, यह भाव उनमें जग चुका था।"[6]

इसी प्रकार, **जिजिया** वह कर रहा था जिसे नबी ने ईसाई, यहूदी, पारसी तथा अन्य गैर-अरबी दुश्मनों से लड़ाई के बाद, सन्धि की शर्तों के अनुसार, वसूल किया था। जब कोई देश मुसलमानों की अधीनता स्वीकार करता, तब उसे नजराने के रूप में जिजिया कर देना पड़ता था। किन्तु, हजरत उमर के समय में आकर यह वैयक्तिक कर हो गया।

इस्लाम का आरम्भ धर्म में हुआ था, किन्तु, बढ़कर वह राज्य और सेना का संगठन भी बन गया। इस प्रकार, इस्लामी राज्य, इस्लामी संस्कृति और इस्लामी राष्ट्र सबके साथ धर्म का जोश लिपट गया। पहले तो धर्म के आवेश से ही राज्य की स्थापना हुई थी। पीछे, राज्य की शक्ति-वृद्धि से धर्म का भी प्रताप बढ़ने लगा। ईसाई देशों में पादरी अलग और राजा अलग थे। भारतवर्ष में भी पुरोहित अलग और राजा अलग थे। किन्तु इस्लामी देशों का धर्म-गुरु और राजा, दोनों एक ही व्यक्ति होने लगा। इस प्रकार, धर्म से तलवार की तेजी बढ़ी और तलवार से धर्म का बल बढ़ने लगा। इस्लाम की देखादेखी भारत में सिक्ख-सम्प्रदाय का संगठन भी इसी सिद्धान्त पर किया गया था।

सुन्नी-शिया सम्प्रदाय

इस्लामी धर्म-राज्य के पहले नेता या खलीफा स्वयं मुहम्मद साहब हुए। मुहम्मद साहब के कोई पुत्र नहीं था, केवल एक बेटी थी, जिसका नाम फातिमा था। फातिमा बीबी का ब्याह हजरत अली से हुआ था जिनकी वीरता पर रीझकर मुहम्मद साहब उन्हें 'शेरेखुदा' कहा करते थे। ऐसा हुआ कि नबी के मरने पर खिलाफत (धर्म-राज्य) के सरदार हजरत अली नहीं बनाए गए। खिलाफत के दूसरे सरदार हजरत अबूबक्र, तीसरे हजरत उमर, चौथे हजरत उस्मान और पाँचवें खलीफा या सरदार अली हुए। इस स्थिति से उत्तराधिकारी का विवाद उठ खड़ा हुआ और कुछ लोग कहने लगे कि हजरत मुहम्मद के बाद गद्दी उनके दामाद, हजरत अली को मिलनी चाहिए। इनका यह भी कहना था कि खिलाफत की गद्दी पर खलीफों के उत्तराधिकारी ही बैठ सकते हैं। छठे खलीफा के समय वह विवाद विकराल हो उठा और एक दल ने हजरत अली के पुत्र (और मुहम्मद साहब के नाती) हजरत इमाम हुसैन को खलीफा घोषित कर दिया। कहा जाता है कि हजरत इमाम हुसैन जब मदीने से कूफा जा रहे थे, तब रास्ते में कर्बला नामक स्थान में तत्कालीन खलीफा ने उनकी हत्या करवा दी। इस कांड के बाद मुसलमानों में दो दल हो गए, जिनमें से हजरत अली के पक्षपाती शिया और बाकी लोग सुन्नी कहलाने लगे। मुहर्रम का शोकोत्सव हजरत इमाम हुसैन[7] की याद में ही मनाया जाता है और शियों का यह खास पर्व है। मुहम्मद साहब के तुरन्त बाद होनेवाले तीन खलीफों (अबूबक्र, उमर और उस्मान) को शिया नहीं मानते, किन्तु, सुन्नी, समझते हैं कि उनकी खलीफागिरी ठीक थी।

कुछ अन्य विशेषताएँ

इस्लाम मनुष्य और भगवान् के बीच किसी बीचवान की आवश्यकता में विश्वास नहीं करता। सामूहिक नमाज में एक इमाम की जरूरत तो समझी जाती है, किन्तु, कोई भी सच्चरित्र

मुसलमान इमाम का काम कर सकता है, यद्यपि, इमामत एक बार जिसने की, वह प्रायः बराबर इमाम होता है। पाँच बार नमाज पढ़ने की प्रथा, कदाचित्, इस भाव से चलाई गई कि आदमी बहुत देर तक भगवान् से अलग नहीं रहे। कम-से-कम पाँच बार वह उनकी शरण में पहुँच जाया करे। इस्लाम संसार में सबसे अधिक अपरिवर्तनीय धर्म है। जब पहले-पहल यह धर्म अरब से बाहर फैलने लगा, इस पर अनेक प्रकार के प्रभाव पड़ने लगे और यह सम्भव दीखने लगा कि इसमें परिवर्तन होंगे। इस अवस्था पर नियन्त्रण रखने के लिए तीन बातों की व्यवस्था की गई।

(1) **इज्मा**–यानी यह शर्त कि सभी युगों और सभी स्थानों में इस्लाम के उपदेशकों में पूरा-पूरा मतैक्य रहना चाहिए।

(2) **सुन्नत**–यानी नबी ने जो काम किए थे, उनका अनुसरण हदीस के अनुसार किया जाना चाहिए। और

(3) **कयास**–यानी मूल उपदेशों से क्या अर्थ लिये जा सकते हैं, इस पर सावधानी से विचार।

शिया-सुन्नी झगड़े के खड़े होने के पूर्व तक, ये नियन्त्रण कड़ाई से चलाए जा सके, किन्तु, मुसलमानों में दो दल हो जाने के बाद, यह बात उतने जोर से चली नहीं, यद्यपि अपरिवर्तनीयता इस्लाम को अब भी पसन्द है। इस्लाम में जो एकरूपता रही, उसका बहुत बड़ा कारण यह रहा कि इस्लाम और मुसलमान, दोनों, खलीफों के नियन्त्रण और नेतृत्व में थे और धार्मिक रीतियों में कोई भी परिवर्तन खलीफों की मंजूरी के बिना नहीं किया जा सकता था। किन्तु सन् 1918 ई. में, जब टर्की के अधिनायक कमाल पाशा ने खिलाफत को उठा दिया, तब से मुसलमान इस नेतृत्व से विहीन हो गए हैं। अब इस्लामी देशों पर धार्मिक अनुशासन रखनेवाला कोई एक व्यक्ति नहीं रह गया है। विश्व भर की ईसाइयत का संचालन रोम के पोप किया करते हैं। उसी प्रकार, संसार भर के मुसलमान खलीफा को अपना धर्मगुरु मानते थे। किन्तु, जब खिलाफत टूट गई, तब से यह अनुशासन भी उठ गया है। यद्यपि, इससे इस्लाम में अभी तक कोई शिथिलता नहीं आई है।

तसव्वुफ या इस्लामी रहस्यवाद

संसार में ईश्वर की कल्पना कई रूपों में की गई है। एक रूप वह है जिसमें ईश्वर सृष्टि का कर्ता नहीं माना जाता है, न यही समझा जाता है कि उसे दुनिया की हालतों को जानने की कोई फिक्र है। चूँकि ईश्वर निर्विकार समझा जाता है, इसलिए, यदि यह कहा जाए कि उसने सृष्टि रची है अथवा वह भक्तों की प्रार्थना सुनने को कान खोले रहता है तो इससे ईश्वर में विकार का आरोप हो जाता है। **यह ईश्वर वेदान्त की कल्पना का ईश्वर है।**

इसके विपरीत, ईसाइयों की कल्पना का ईश्वर प्रेमी और दयालु है तथा वह संसार की रक्षा और पालन उसी प्रकार करता है जैसे कोई पिता अपने परिवार का पालन करता है।

किन्तु, इस्लाम ने, मूल-रूप में, जिस ईश्वर की कल्पना की थी, वह प्रतापी और स्वेच्छाचारी प्रभु की कल्पना थी। इस ईश्वर के सामने दलील कोई चीज नहीं थी, न मानवीय न्याय-बुद्धि का उसके आगे कोई जोर चल सकता था। अल्लाह शब्द का अर्थ ही शक्ति-सम्पन्न पुरुष

होता है। इस्लाम ने ईश्वर के उन गुणों को प्रधानता दी, जिनसे प्रेम कम, भय अधिक हो सकता था। इस्लाम की धार्मिक चेतना का रूप यह था कि ईश्वर बहुत समीप से सब कुछ देख रहा है और उसकी छोटी-सी भी अवज्ञा हुई तो इसका परिणाम भयानक हो सकता है। इसलिए, मनुष्य के लिए उचित यह है कि वह ईश्वर की कृपा और इच्छा पर आँखें मूँदकर निर्भर रहे। परमात्मा की दया के सामने सम्पूर्ण रूप से झुके रहने का भाव इस्लाम की सबसे बड़ी विशेषता थी।

किन्तु, यह सम्बन्ध, मुख्यतः; भय और आतंक का सम्बन्ध था, जिसमें बन्दा खुदा की ओर आँख उठाकर देख भी नहीं सकता था। मनुष्य का हृदय, स्वभावतः ही, प्रेम चाहता है। आदमी की इच्छा होती है कि उसका भगवान् भी उससे प्रेम करे, उसे अपने साथ हँसने-बोलने और खेलने-कूदने की आजादी दे। अतएव, खुदा और बन्दे के सम्बन्ध के बारे में मुहम्मद साहब ने जो कठोरता रखी थी वह, काल-क्रम में, ढीली होने लगी और बन्दा धीरे-धीरे खुदा को वह रूप देने लगा जो प्रेम और माधुर्य के अधिक अनुकूल था। इस विकास का पहला सोपान तब प्रकट हुआ, जब नबी की मृत्यु के बाद, शियों के एक उग्र सम्प्रदाय ने **'हुलूल'** और **'तकसीर'** के सिद्धान्तों की घोषणा की। हुलूल, यानी यह विश्वास कि मनुष्य ईश्वर-कोटि तक पहुँच सकता है, अर्थात् स्वयं ईश्वर बन सकता है। और 'तकसीर', यानी यह विश्वास कि ईश्वर भी चाहे तो मनुष्य-रूप में प्रकट हो सकता है। इसी सिद्धान्त के अनुसार शियों ने हजरत अली में देवत्व का आरोप किया।

इसके साथ ही, एक घटना और घटी। इस्लाम के द्वारा धार्मिकता के स्तर पर जाग्रत किए जाने पर मुस्लिम जनता के भीतर ऐसे चिन्तक उत्पन्न होने लगे जिन्हें अनेक प्रकार के प्रश्न झकझोर रहे थे। ईश्वर की प्रकृति क्या है? सृष्टि और मानवात्मा के साथ उसका क्या सम्बन्ध है? आत्मा का रूप क्या है और ईश्वरीय ज्ञान किसे कहते हैं? स्पष्ट ही, ये ऐसे प्रश्न हैं, जिनसे दर्शनों का उद्भव और विकास होता है। कुरान में व्यावहारिक धर्म का उपदेश तो किया गया था, किन्तु, उसमें गम्भीर दर्शन का अभाव था। अब जो सृष्टि-सम्बन्धी जिज्ञासा उत्पन्न हुई तो, धीरे-धीरे, इस्लामी दर्शन का भी विकास होने लगा।

इन प्रश्नों का समाधान खोजनेवालों में मोतजली-सम्प्रदाय सबसे आगे था। ये मोतजली पंडित बुद्धिवादी थे और बुद्धि के द्वारा ही वे ईश्वर का पता लगाना चाहते थे। ये बहुत-कुछ उसी रास्ते से चल रहे थे जिसे उपनिषदों का ज्ञान-मार्ग कहते हैं अथवा जिस मार्ग से शंकराचार्य ने ईश्वर-सिद्धि की है। इस्लाम ने यती-वृत्ति को प्रोत्साहित नहीं किया था। किन्तु, मोतजली-सम्प्रदाय में यती-वृत्ति की भी प्रधानता होने लगी। बुद्धि के कर्कश मार्ग से चलते-चलते यह सम्प्रदाय इस निष्कर्ष पर जा पहुँचा कि कुरान अपौरुषेय नहीं है, न उसे अन्तिम सत्य का आख्यान ही मानना चाहिए। कुरान में जो ज्ञान झलका है, वह ठीक है, किन्तु, त्रिकाल के लिए वह यथेष्ट समझा नहीं जा सकता। मनुष्य को और भी नई प्रेरणाएँ और नया प्रकाश मिल सकता है।

मोतजली चिन्तक निर्मुक्त विचारक थे और उनकी दृष्टि बहुत ही उदार थी। इन चिन्तकों में **अलगजाली** (1051-1112 ई.) सर्वश्रेष्ठ दार्शनिक निकले। किन्तु, धर्म पर सोचते-सोचते वे नास्तिकता पर जा पहुँचे और धर्म-मात्र से उनका विश्वास उठ गया। कुछ दिनों तक उनकी

अवस्था नास्तिकों की-सी बनी रही। किन्तु, शीघ्र ही, तमाम शंकाओं के भीतर से रहस्यवाद ने उनका उद्धार किया। बुद्धि के क्लान्त होकर बैठ जाने पर, उनके भीतर सम्बुद्धि (इंटुइशन) की ज्वाला धधक उठी और इस आलोकित मनोदशा में उन्होंने अभीप्सित सत्य का साक्षात्कार किया। तब से, परम्परावादियों की दलीलों को उन्होंने बचपन का खेल समझकर छोड़ दिया तथा विज्ञान, दर्शन, बुद्धि और तर्क की राह उन्हें अधूरी दीखने लगी। उन्होंने कहा है कि तर्क से हम उसे प्राप्त कर सकते हैं जो सापेक्ष (अर्थात् बुद्धिगम्य) है, उसे नहीं, जो निरपेक्ष (अथवा ज्ञानातीत) है। निरपेक्ष सत्य को जानने के लिए मनुष्य को सम्बुद्धि को छोड़कर और कोई चारा नहीं है। इस अनुभूति के प्राप्त होते ही गजाली सिमटकर एकान्त में चले गए और समाधि एवं सम्बुद्धि के द्वारा अपनी साधना में संलग्न हो गए। इस समाधि से सुनिश्चित सिद्धान्त प्राप्त करके वे बाहर आए और तभी उन्होंने दर्शन के खंडन में अपनी प्रसिद्ध पुस्तक 'तुहफतुल-फिलासफा' की रचना की। गजाली को पं. चन्द्रबली पांडेय ने इस्लाम का व्यास कहा है, जो उपाधि अनुचित नहीं दीखती, क्योंकि इस्लाम के भीतर ज्ञान और भक्ति के समन्वय का आरम्भ उन्हीं से होता है। शियों की तरह, गजाली ने भी एलान किया कि ईश्वर और जीव के स्वभाव में मौलिक एकता है, इसलिए, जीव ईश्वर को जान सकता है तथा मृत्यु के बाद वह ईश्वर-कोटि तक पहुँच सकता है। स्पष्ट ही, यह भारतीय वेदान्त का प्रभाव था।

बुद्धि और सम्बुद्धि, दोनों दो चीजें हैं या नहीं, इस विषय में पहले भी मतभेद था और आज भी है। किन्तु, सामान्यतः, मनुष्य सृष्टि को दो दृष्टियों से देखने का आदी रहा है। एक दृष्टि बुद्धि की दृष्टि है, जिससे विज्ञान का विकास हुआ है। दूसरी दृष्टि हृदय की दृष्टि है, जिसका सहारा सन्त और महात्मा, कवि और कलाकार लेते हैं। प्राचीन काल में द्रष्टा की उपाधि उन्हें दी जाती थी जो हृदयवादी होते थे, जो सत्य को समझते नहीं, देख लेते थे। किन्तु अठारहवीं सदी में, विज्ञान के आरम्भ के बाद, बुद्धि प्रधान हो उठी और बुद्धिवादी व्याख्या से ही मनुष्य को अधिक सन्तोष होने लगा। किन्तु, रूसो[8] के समय में, प्रधानता फिर से सम्बुद्धि को दी जाने लगी। फिर, जब रोमांटिक आन्दोलन उठा, तब सम्बुद्धि की प्रधानता और भी बढ़ गई। कारण यह था कि सरकारों और विचारों के नियन्त्रण के विरुद्ध विद्रोह करने के लिए सहज ज्ञान की दुहाई देना जरूरी था। दूसरे, विज्ञान की किरणों के सामने जब धर्म फीका पड़ने लगा, अन्धविश्वास की परम्परा बिखरने लगी, तब धर्म और धार्मिक परम्परा का समर्थन करने के लिए भी सम्बुद्धि का सहारा लेना आवश्यक हो गया। फ्रांसीसी दार्शनिक बर्ग्सां ने अलौकिक सत्यों के सन्धान में सम्बुद्धि के प्रकाश को एकमात्र आधार माना है।[9] बीसवीं सदी के मुसलमान कवि इकबाल ने भी हृदय और मस्तिष्क में से, हृदय की स्वाधीनता के प्रति आस्था दिखलाई है। **जो अक्ल का गुलाम हो, वह दिल न कर कबूल**। किन्तु, सत्य, कदाचित्, यह है कि नई बात, नए विश्वास और नए सत्य की झाँकी (केवल धर्म और काव्य में ही नहीं, तर्क और विज्ञान में भी) पहले सम्बुद्धि, सहज ज्ञान अथवा सहज दर्शन को ही दिखलाई देती है। किन्तु, सहज ज्ञान से उसे लेने के बाद तर्क और विज्ञान की कसौटी पर उसे प्रमाणित करना भी आवश्यक होता है, क्योंकि मनुष्य की अन्य शक्तियों के समान, उसकी सहज वृत्ति भी भूल कर सकती है। किन्तु, गजाली, बर्सों, इकबाल औरा हीगेल, ये सभी सहज-ज्ञानवादी यह कहते हैं कि भूल सिर्फ अक्ल से

होती है, हृदय, सम्बुद्धि और सहज दर्शन कभी भी भूल नहीं करते। बुद्धि से भूल इसलिए होती है कि उसके साधन तर्क हैं और तर्क भ्रामक हो सकते हैं। किन्तु, सहज ज्ञान आलोकित मनोदशा में सत्य का रहस्योद्घाटन करता है और चीजों को उनके खंडित रूपों में नहीं देखकर, सम्पूर्णता में देखता है। इसलिए, भूल करने की गुंजाइश यहाँ नहीं है। बुद्धि गणक है, जो गणित के न्याय से सत्य को समझना चाहती है। सहज वृत्ति स्वयं आँख है। वह गणना नहीं करके, क्षण मात्र में, सत्य का पूरा स्वरूप देख लेती है। "रहस्यवादी अन्तर्दर्शन का आरम्भ ही कुछ इस प्रकार के भावों से होता है कि जो रहस्य था, उस पर से पर्दा हट गया है, जो प्रच्छन्न था, वह अकस्मात् सारे सन्देहों से मुक्त और सुनिश्चित हो गया है। रहस्यवादियों का विश्वास पीछे उत्पन्न होता है, पहले तो उसके सामने अन्तर्दर्शन और सुनिश्चितता ही प्रत्यक्ष होती है।"[10]

मोतजलियों ने जो राह पकड़ी थी, वह बुद्धि की राह थी। अतएव, कोई आश्चर्य नहीं कि उस पर चलते-चलते, गजाली नास्तिक हो गए और आस्तिकता पर वापस वे तब आए जब बुद्धिवाद को उन्होंने छोड़ दिया। उन दिनों, अरब के जो भी मुसलमान कवि, वैज्ञानिक और सन्त भारतीय अथवा ईरानी विचारधारा से प्रभावित थे, वे हजरत मुहम्मद के उपदेशों की कसौटी पर कसे जाने पर शंकावादी अथवा मुक्त चिन्तक ही सिद्ध हो सकते थे। ऐसे मुक्त चिन्तकों में उमर **खैयाम** और अबुल अरा (1057) का बड़ा नाम है। अबुल अरा पर प्रत्यक्ष बौद्ध प्रभाव था, यह बात उसके दीवान के अनुवादक, हेनरी बेरलिन की पुस्तक[11] से स्पष्ट होती है। **अबुल** अरा पर बौद्ध प्रभाव था। वे आवागमन के सिद्धान्त के विश्वासी थे। शाकाहारी भी थे तथा दूध, मधु और चमड़े का व्यवहार नहीं करते थे। पशु-पक्षियों के लिए भी उनके हृदय में दया थी तथा वे ब्रह्मचर्य और यती वृत्ति का भी पालन करते थे।" अबुल अरा के विचारों की स्वाधीनता नीचे के पदों में प्रत्यक्ष है–

(1)

ईश्वर को छोड़ और ईश्वर नहीं है, यह सत्य है;
और सत्य यह भी है, मन के सिवाय कोई दूसरा नबी नहीं।
घूम रहा आदमी का मन अन्धकार में
खोजते हुए अपूर्व स्वर्ग को,
स्वर्ग जो छिपा हुआ है हममें औ' तुममें।

(2)

जाल हैं अगणित, पन्थ अनेक; प्रदर्शक पथ के अमित सुजान;
मुक्त इन द्वारों में है कौन द्वार तेरे घर का भगवान्?
मुहम्मद के कर में है खड्ग, सत्य भी है क्या उनके पास?
नहीं क्यों कहूँ? कदाचित्, उन्हें मिल गया हो इसका आभास।

इन्हीं मुक्त चिन्तकों ने अभिनव-अफलातूनी (Neo-Platonic) विचारों के बीज इस्लाम में बोए, जिनकी फसल सूफियों ने काटी। अभिनव-अफलातूनी विचार यह था कि जीव ब्रह्म

से अलग होने के बाद उसके विरह में बैचेन है और शान्ति उसे तभी मिलेगी जब वापस होकर वह ब्रह्म में लीन हो जाएगा। यही विचार सूफी-मत की नींव बना जिस पर से विरहकल्पना की हजारों अट्टालिकाएँ उठी हैं। विरह की कल्पना बुद्धि से समझी नहीं जा सकती थी, अतएव, सम्बुद्धि का सहारा सभी लेने लगे।

गजाली परम्परा को तोड़कर चले थे, किन्तु, वे रहस्यवाद पर जा पहुँचे। एक दूसरे चिन्तक इब्न-सीना यूनानी दर्शन के प्रेमी थे, किन्तु, उस दर्शन से असन्तुष्ट होकर वे भी रहस्यवादी हो गए। उनका भी मत था कि बुद्धि का मूल्य केवल विज्ञान के लिए है। किन्तु, अन्तिम सत्य का जैसा पूर्ण, सरल और समुचित ज्ञान सम्बुद्धि से होता है, वैसा बुद्धि से नहीं हो पाता। सूफी-मत को प्रेम की दिशा इन्हीं दार्शनिकों ने दी। उन्होंने कल्पना की कि अन्तिम सत्य का रूप पूर्ण सौन्दर्य का रूप है। यह सत्य स्वयं तो प्रच्छन्न है किन्तु, सृष्टि-रूपी दर्पण में उसका जो बिम्ब पड़ता है, वही उसकी अभिव्यक्ति है। यह अभिव्यक्ति प्रेम का संकेत देती है। प्रेम है सौन्दर्य को पहचानने की शक्ति, प्रेम है सौन्दर्य पर न्योछावर होने की योग्यता। प्रेम ही वह शक्ति है जो जीव को उसके विरह की अनुभूति कराती है और प्रेम से ही प्रेरणा पाकर जीव उस सत्ता में फिर से मिल जाने का प्रयास करता है, जिस सत्ता से वह सृष्टि की प्रक्रिया में वियुक्त हो गया है।[12]

मुहम्मद साहब ने जो उपदेश दिया था, उसमें खुदा मालिक और इनसान बन्दा था। इन नए विचारकों ने खुदा को पूर्ण सौन्दर्य और बन्दे को उस सौन्दर्य का पुजारी बना दिया। मुहम्मद साहब ने जो धर्म चलाया था, उसमें **दास्य-भाव** ही प्रधान था। सूफियों ने दास्य-भाव को काटकर उसकी जगह पर **प्रेम** और **रति** को अंकित कर दिया। इस प्रकार, इस्लाम में तसव्वुफ या रहस्यवाद का प्रचार बढ़ने लगा। प्रत्यक्ष में तो यह मुक्त चिन्तकों की तार्किक जिज्ञासा का समाधान करने को उठा था, किन्तु, परोक्ष में इसका मुख्य कारण यह था कि नवीं शती तक या उसके बाद ही, मुसलमानों में क्लान्ति आ गई थी तथा उनकी वह शक्ति समाप्त होने लगी थी जिसने साम्राज्य बसाया था। **रहस्यवादी मुद्रा थकी, पराजित और संघर्षहीन जाति को बहुत पसन्द आती है।** मुसलमान पराजित तो नहीं थे। किन्तु, इस समय उन्हें साम्राज्य का सुख बहुत अधिक था और संघर्ष तो कुछ था ही नहीं। सूफी-मत के जन्म के समय, इस्लाम की उद्दामता मद्धिम पड़ रही थी, उसका तेज विश्राम कर रहा था। किन्तु, इतना ही नहीं, इस्लाम में रहस्यवाद के उद्भव के कुछ और भी कारण थे और उनमें से एक प्रमुख कारण था विदेशी प्रभाव, जो अब इस्लाम को परिवर्तित करने लगा था।

यूनानी और भारतीय प्रभाव

अरबवालों ने दर्शन के लिए फलसफा शब्द चलाया और वे यह मानते रहे कि दर्शन की शिक्षा उन्होंने यूनानियों से ली है। किन्तु, वस्तुतः, यूनान ने अरब को वही ज्ञान दिया जिसे उसने भारत से प्राप्त किया था। जिन दिनों भारत का यूनान से गहरा राजनैतिक और व्यापारिक सम्बन्ध था, उन्हीं दिनों, यूनानी दर्शन का विकास हो रहा था और इस विकास पर हिन्दू-धर्म की काफी छाप पड़ी थी। पिथेगोरस (ई.पू. 580) जीव-हिंसा का विरोधी और पुनर्जन्म का विश्वासी था। उसके बाद, अफलातून ने इस पुनर्जन्मवाद में कर्मफलवाद भी मिला दिया।

प्लाटिनस (चौथी शती) ने ईश्वर का वर्णन 'नेति-नेति' कहकर किया है। इस दार्शनिक ने अफलातून (प्लेटो) के दर्शन की नई व्याख्या की और यही अभिनव-अफलातूनी मत का प्रवर्तक भी हुआ। "जो आत्माएँ शुद्ध हो चुकी हैं और शरीर पर जिनका तनिक भी मोह नहीं है, वे फिर से शरीर धारण नहीं करेंगी। पूर्णरूप से अनासक्त हो जाने पर वे नित्य, चेतन वास्तविकता में विलीन हो जाएँगी।" यह और कुछ नहीं, उपनिषदों के मोक्ष और बौद्ध मत के निर्वाण की ही प्रतिध्वनि है। अभिनव-अफलातूनी मत के अनुसार, ईश्वर सर्व-शुभ का रूप है और उसी से संसार की प्रत्येक वस्तु निकली है। सृष्टि के भीतर जो चेतन शक्ति है, उसी का प्रतिबिम्ब सारी सृष्टि है। अतएव, प्रकृति-मात्र परमेश्वर से व्याप्त है। जड़ और कुछ नहीं, केवल चेतन का आवरण है, उसकी पोशाक है। इस मत के माननेवालों का विश्वास था कि "सर्व-शुभ-रूप परमेश्वर का ध्यान और चिन्तन करते-करते मनुष्य उस उद्गम पर फिर पहुँच सकता है जहाँ से वह विच्छिन्न हो गया है।" इन बातों का सूफी-मत से निकट का सम्बन्ध है, प्रत्युत, इन्हें इस मत का मुख्य आधार कहना चाहिए। सूफियों ने अपनी पसन्द के अनुसार, इन बातों को वांछित दिशा में विस्तार दिया और काव्य के माध्यम से इस दर्शन को एक स्वतन्त्र रूप दे डाला। भेद यह रहा कि यूनानी दार्शनिक परमात्मा को व्यक्तित्वहीन मानते थे, किन्तु, सूफी-मत ने ईश्वर को व्यक्तित्व देकर उसे अपनी आवश्यकता के अनुकूल बना लिया। सूफी-मत में जो आवेशयुक्त आनन्द का प्राधान्य है, उसके बीज भी अभिनव-अफलातूनी मत में विद्यमान थे, जैसा कि नीचे के इस सन्दर्भ से प्रकट होता है–

"पंडित जन शुभ का अस्तित्व अपने भीतर मानते हैं और इस आस्था का विकास करने के लिए वे सिमटकर अपने हृदय के पवित्र मन्दिर में चले जाते हैं। जिसे यह ज्ञान नहीं कि आत्मा में शुभ और सुन्दर का निवास है, वही उसकी खोज बाहर करता है। असल में, उसे अपने आपमें केन्द्रित होना चाहिए; अपने अस्तित्व का प्रसार करना चाहिए; एक को छोड़कर अनेक में नहीं भटकना चाहिए, प्रत्युत, झरने के उस उत्स की खोज करनी चाहिए जिसकी धारा उसके हृदय में बह रही है।"[13]

यह गद्य में तसव्वुफ नहीं तो, और क्या है?

बार-बार यह विवाद उठाया जाता है कि सूफी-मत का मूल कहाँ था। यह मत इस्लाम के स्वाभाविक विकास का परिणाम नहीं है, इस पर कई विद्वान् बहुत जोर देते हैं।[14] किन्तु, सच बात यह है कि रहस्यवाद सभी धर्मों से ऊपर का धर्म है, अतएव, वह सभी धर्मों के मूल में रहता है। पूजा और प्रार्थना कैसे करें, यह बाद की बात है। उसके पहले ही ईश्वर से किसी प्रकार का मिलन स्थापित करने की बात आती है, जो सभी आस्तिक धर्मों का समान लक्षण है। रहस्यवाद का कोई-न-कोई रूप हमें प्रत्येक धर्म में मिलता है। यही कारण है कि रहस्यवाद के भेद भी अनेक रहे हैं। जैसे प्रत्येक धर्म का सार उसके रहस्यवादी अंश में रहता है, वैसे ही, तसव्वुफ इस्लाम का निचोड़ था। जो लोग लोगों को जबर्दस्ती मुसलमान बनाने के पक्ष में नहीं थे, जिन्हें दारुल-हरब और दारुल-इस्लाम से कोई सरोकार नहीं था, जो लोग कुरान के उस पक्ष से प्रभावित थे जो ईश्वर-समाधि, ईश्वर-चिन्तन और ईश्वर के पास पहुँचने पर जोर देता था, वे ही लोग धर्म की औपचारिकता के घेरे से निकलकर सूफी हो गए। सभी धर्मों के समान इस्लाम का जन्म भी आध्यात्मिक बेचैनी से हुआ था। यही

बेचैनी सिमटकर सूफियों में चली गई।

यह भी समझना भूल है कि इस्लाम से पूर्व रहस्यवाद की परम्परा नहीं थी। सच तो यह है कि तसव्वुफ को मुसलमान फकीरों ने सुचिन्तित रूप दे दिया, उसे सम्प्रदाय के रूप में खड़ा कर दिया, इसलिए, इसका सम्बन्ध उनसे अधिक दीखता है। अन्यथा, तसव्वुफ के जन्म और संगठन के पूर्व भी उसकी परम्परा सभी देशों में मिलती है। खुद अरब में ही तसव्वुफ के जन्म के पूर्व मुहम्मद साहब के 'इलहाम' और 'हाल' (आवेश) में सूफी-मत के दो लक्षण मौजूद हो चुके थे। और कुरान की ईश्वर-कल्पना में चाहे जितनी भी कठोरता रही हो, किन्तु, उसमें भी, जगह-जगह, ऐसे संकेत मिलते हैं कि ईश्वर और जीव के बीच प्रेम का सम्बन्ध हो सकता है। "वह (ईश्वर) उन्हें (बन्दों को) प्यार करता है और वे उसे प्यार करते हैं; इसीलिए, उसका एक नाम वदूद (प्रेमी) भी है।" यह कुरान का ही वचन है।[15]

सारी प्रकृति किसी अदृश्य सत्ता से व्याप्त है, यह अनुभूति तो भारत में वैदिक काल में ही उत्पन्न हो चुकी थी और, आगे चलकर, उसका प्रभाव यूनान और ईरान पर भी पड़ा था। जीव ब्रह्म से बिछुड़ा हुआ है तथा उसे फिर ब्रह्म में ही लौट जाना है, यह ज्ञान भी पहले भारत में ही जगा था और वहीं से उसने पाश्चात्य देशों में प्रसार पाया। सूफी-मत में प्रेम की जो इतनी प्रधानता है अथवा सूफी जो यह कहा करते हैं कि इश्क-मजाजी इश्क-हकीकी का सोपान है, उसकी परम्परा भी पीछे की ओर काफी दूर तक पहुँचती है। ईसाई सन्त ईसामसीह को दूल्हा और अपने को उनकी दुलहिन कहा करते थे। सॉलोमन के गीतों में यह कल्पना इतनी रंगीन है कि उससे अश्लीलता की बू आती है। भारतवर्ष में ब्रह्मानन्द का ज्ञान कराने के लिए रत्यानन्द की उपमा देने की प्रथा उपनिषत्काल में चल चुकी थी। बृहदारण्यक-उपनिषद् में आनन्द का केन्द्र उपस्थ बताया गया है (सर्वेषामानन्दानामुपस्थं एकायनम्)। अफलातून ने शरीर-सम्पर्क-रहित प्रेम की कल्पना करके नर-नारी के सम्बन्ध को पवित्रता के धरातल पर प्रतिष्ठित करने का प्रयास किया था।

पं. चन्द्रबली पांडेय ने सभी जातियों के मन्दिरों में व्यभिचार के प्रचलित होने की बात कही है और इसका सम्बन्ध सूफी-मत के मादन-भाव के साथ जोड़ा है। धर्म के नाम पर गुह्य टोलियाँ बनाकर सुरा और सुन्दरी का उपभोग करने की प्रथा अनेक देशों में प्रचलित थी। खुद भारत में यह प्रथा कितनी मज़बूत थी, यह हम वज्रयान के प्रसंग में दिखा आए हैं। सूफी-मत में इन विभिन्न लक्षणों का समागम धीरे-धीरे हो गया, जिसके ताने-बाने को खोलना अब सम्भव नहीं है। "सूफी-मत के उद्भव के सम्बन्ध में यह ध्यान रखना चाहिए कि उसके मादन-भाव का उदय सामी जातियों के बीच में हुआ और फिर अपनी पुरानी भावना और धारणा की रक्षा के लिए सारग्राही सूफियों ने अन्य जातियों के दर्शन तथा इतिहास से सहायता ले, धीरे-धीरे, एक नवीन मत का सृजन किया।"[16] यह निष्कर्ष, हम समझते हैं, काफी सारपूर्ण है। यद्यपि यह नहीं कहा जा सकता कि मादन-भाव की परम्परा भारत में नहीं थी।

डॉ. ताराचन्द ने सूफी-मत के पाँच उद्गम माने हैं : (1) कुरान, (2) मुहम्मद का जीवन, (3) ईसाई-मत और अभिनव-अफलातूनी मत, (4) हिन्दुत्व और बौद्ध मत तथा (5) ईरान में प्रचलित जरथुस्त्र-धर्म। किन्तु, अभिनव-अफलातूनी मत के भीतर से पड़नेवाला प्रभाव भी,

वास्तव में, हिन्दू प्रभाव था, यह ध्यान में रखने की बात है।[17] इस मत ने सूफियों में वैराग्य की भावना जगाई और उन्हें साधु-जीवन की ओर प्रेरित किया। ईश्वर से वियुक्त जीव की कल्पना तथा सर्वात्मवाद के विचार भी इस्लाम को इसी मत से मिले। यह प्रभाव नवीं सदी में पड़ा, जब यूनानी पुस्तकों का अनुवाद अरबी में किया जाने लगा था। तसव्वुफ पर सबसे अधिक प्रभाव हिन्दुत्व का ही माना जाना चाहिए, क्योंकि यह दुहरा था, अर्थात् एक तो यूनान के माध्यम से दूसरे सीधे हिन्दुस्तान से जानेवाले हिन्दू और बौद्ध सन्तों एवं पंडितों के द्वारा।[18]

वेदान्त के मोक्ष और बौद्ध मत के निर्वाण के वजन पर ही सूफियों ने फना की कल्पना निकाली और बुद्ध का आष्टांगिक मार्ग ही उनका 'तरीका या सलूक' हुआ। इसी प्रकार, सूफियों ने भारतीय योग के 'ध्यान' को 'मराकबा' कहकर अपनाया एवं भारतीय योगियों के चमत्कार ही सूफियों के यहाँ करामात या मोजज़ा कहलाने लगे। सूफियों के बीच स्वच्छता, पवित्रता, सत्य और अपरिग्रह पर जो इतना जोर है तथा उनमें माला जपने की जो प्रथा है, उन सबके पीछे शुद्ध भारतीय संस्कार का ही प्रभाव माना जा सकता है। इस सम्बन्ध में सबसे पक्षपात-रहित मत प्रोफेसर हुमायूँ कबीर का है, जिन्होंने अपनी पुस्तक, 'ऑवर हेरिटेज' में लिखा है कि "सूफी-मत का आधार कुरान में था, किन्तु, भारतीय विचारधारा का इस पर अत्यन्त गम्भीर प्रभाव पड़ा है। इसके विकास में योगदान ईसाइयत, अभिनव-अफलातूनी मत, जरथुस्त्री मत और मैनिज्म से भी मिला। किन्तु, **बाह्य प्रभावों में से सबसे बड़ा प्रभाव हिन्दू-धर्म एवं बौद्ध दर्शन से ही आया है।**" अन्यथा और कौन उपाय है जिससे इस शंका का समाधान किया जा सके कि हजरत मूसा के समय से सभी सामी धर्मों में ईश्वर और जीव के अलग-अलग होने की जो सुनिश्चित परम्परा चली आ रही थी, उसके विरुद्ध सूफी-मत व्यक्ति को ब्रह्म में विलीन करने पर उतना अधिक जोर क्यों देने लगा?

इस प्रसंग को और भी अधिक सुस्पष्टता से सर चार्ल्स इलियट ने उपस्थित किया है।[19] उनका विचार है कि अभिनव-अफलातूनी मत के प्रभाव से तसव्वुफ का उद्‌भव मानना न्यायसंगत नहीं है।[20] मुहम्मद साहब के बहुत पहले से अरब, बगदाद और बलख का भारतवर्ष से गहरा सम्पर्क था। इसलिए, भारत का चिन्तन इस भूभाग में काफी प्रचलित रहा होगा। इलियट की सबसे बड़ी आपत्ति यह है कि जीव और ब्रह्म के बीच एकता तथा जीव का यह दावा करने का भाव कि मैं, ब्रह्म हूँ, किसी भी प्रकार अभिनव-अफलातूनी मत में नहीं खोजा जा सकता। किन्तु, यह भारतीय वेदान्त के लिए साधारण-सी बात थी। सूफी-मत, आरम्भ में, मद्धिम था, किन्तु, बाद में वह बहुत निर्भीक हो उठा। यह निर्भीकता सीधे हिन्दू-धर्म से आई होगी। मनसूर सन् 922 ई. में 'अनलहक' पुकारने के अपराध में फाँसी चढ़ा था और यह प्रमाणित बात है कि वह योग सीखने को भारत आया था। उसके बाद भी अनेक सूफी-सन्त ज्ञान-लाभ के उद्‌देश्य से भारत आए थे अथवा भारत के इतने समीप पहुँचे थे जहाँ उन्हें भारतीय ज्ञान और योग के गुरु मिल सकते थे। फरीदुद्‌दीन अत्तार हिन्दुस्तान भी आए थे और तुर्किस्तान भी गए थे। जलालुद्‌दीन रूमी का जन्म बलख में हुआ था, जहाँ एक समय बौद्ध मत का प्रधान केन्द्र था। सूफी कवि शेख सादी बलख, गजनी, पंजाब और गुजरात में घूमे हुए थे। दक्षिण के सुलतान मुहम्मद बहमनी ने हाफिज को भारत आने का निमन्त्रण दिया था। जहाज के बर्बाद हो जाने से हाफिज भारत की यात्रा पूरी नहीं कर सके, किन्तु

भारतीय विचारों से उनका भी अच्छा सम्पर्क था। इन सारी बातों से यह अनुमान अनायास निकल आता है कि अरब और ईरान में उन दिनों यह साधारण विश्वास था कि ज्ञान और योग की शिक्षा लेने के लिए भारत जाना आवश्यक है। और जो लोग भारत नहीं आ सकते थे, उनके भी कान भारतीय ज्ञान के लिए अवश्य खुले रहते होंगे और वे पुस्तकों के द्वारा भारत का ज्ञान अवश्य प्राप्त करते होंगे।

सूफियों के विश्वास

डॉक्टर बुकेट[21] ने, 'डिक्शनरी ऑफ इस्लाम' के आधार पर सूफी-मत के विश्वासों की जो सूची दी है, वह इस प्रकार है–

1. अस्तित्व केवल परमात्मा का है; वह प्रत्येक वस्तु में है और प्रत्येक वस्तु परमात्मा में है।
2. दुनिया की हर चीज परमात्मा से निकलती है और परमात्मा के बिना किसी भी वस्तु का कोई अस्तित्व नहीं है।
3. सभी धर्म व्यर्थ हैं। हाँ, उनका एक उपयोग है कि वे एक ही सत्य की ओर इंगित करते हैं। इनमें से सबसे उपयोगी धर्म इस्लाम है, जिसका सच्चा दर्शन सूफी-मत का दर्शन है।
4. पुण्य और पाप में कोई भेद नहीं है, क्योंकि दोनों की सृष्टि परमात्मा ने ही की है।
5. मनुष्य के संकल्पों की प्रेरणा और निश्चयन परमात्मा करता है, अतएव, मनुष्य अपने कर्मों में स्वाधीन नहीं है।
6. आत्मा शरीर के पिंजड़े में कैद है, किन्तु, पिंजड़ा पीछे बना और पक्षी (आत्मा) पहले से ही मौजूद रहा है। पिंजड़े के टूटे बिना पक्षी स्वाधीन नहीं हो सकता। अतएव, मृत्यु काम्य है, क्योंकि मृत्यु के बाद ही आत्मा परमात्मा को प्राप्त करती है।
7. सूफी का मुख्य कर्तव्य ध्यान और समाधि है, **प्रार्थना** और नाम-स्मरण है। इन्हीं तरीकों से वह परमात्मा-मिलन की राह पर अग्रसर होता है।

डॉक्टर खलीफा अब्दुल हकीम[22] ने **सूफी**-मत के जो लक्षण बताए हैं, वे इस प्रकार हैं–

1. सारी वास्तविकता एक है अर्थात् संसार में हम जो कुछ भी देखते हैं, वह एक ही सत्ता का विस्तार है। प्रकृति के सभी रूप एक ही सत्य के विभिन्न पहलू हैं।
2. जैसे सभी चीजें एक ही तत्त्व से निकली हैं, वैसे ही, ये सब-की-सब उसी तत्त्व में लौट जाने को बेकरार हैं।
3. सत्य का ज्ञान बुद्धि से भी हो सकता है, यदि बुद्धि खंडित या पक्षपातयुक्त न हो। किन्तु, तर्क उसमें सहायक नहीं हो सकता। तर्क से वास्तविकता का सारा ज्ञान नहीं होता है। वास्तविकता के सम्पूर्ण ज्ञान के लिए बुद्धि की अपेक्षा भावना और अनुभूति अधिक विश्वसनीय हैं।
4. मनुष्य-जीवन का असली लक्ष्य यह है कि धार्मिक अनुभूतियों के द्वारा मनुष्य अन्तिम सत्य का साक्षात्कार करे और उस सत्य के साथ एकाकार हो जाए।

5. यह धार्मिक अनुभूति ही प्रेम है। प्रेम के भीतर, स्वाभाविक रूप से, सत्य का ज्ञान निहित रहता है।
6. सभी धार्मिकता और ऊँची नैतिकता का आधार प्रेम है। प्रेम के बिना धर्म और नीति, दोनों निर्जीव हो जाते हैं। प्रेम के प्रकाश के बिना बुद्धि भी अन्धकार में भटकती रहती है।

सूफी साधक ईश्वर को निराकार भी मानते हैं और साकार भी। वे ईश्वर को मनुष्य की आत्मा और मानव-जीवन को उस आत्मा का आवरण मानते हैं। प्रायः, प्रत्येक साधक ईश्वर की कल्पना परम सुन्दरी नारी के रूप में करता है जिस पर वह आसक्त होना चाहता है। सूफी-मत में परमेश्वर साकार सौन्दर्य है और साधक साकार प्रेम। इस सम्बन्ध की व्याख्या इकबाल के एक शेर में बड़ी ही सफाई के साथ हुई है, जिसमें साधक परमेश्वर से कहता है कि ''यह भी कैसी स्थिति है कि सौन्दर्य भी पर्दे में छिपा हुआ है और प्रेम भी आवरण के नीचे है। या तो खुद तू ही पर्दे से बाहर आ जा, या फिर मेरे ही ऊपर का आवरण हटा दे।''[23] यह पुरुष-साधकों की बात है। किन्तु, सूफी-सम्प्रदाय में साधिकाएँ भी हुई हैं, जो परमात्मा को अपना पति समझती थीं। इनमें से, बसरे की **राबिया** नाम की साधिका बहुत प्रसिद्ध हुईं। इनका देहान्त जेरूसलेम में सन् 753 ई. में हुआ, ऐसा कहा जाता है। सूफी-मत में विचारों की जो स्वाधीनता थी, उसका प्रमाण राबिया के वचनों में भी मिलता है। कहते हैं, एक बार उन्होंने कहा था कि ''मेरा हृदय परमात्मा के प्रेम से ऐसा लबालब भर गया है कि उसमें नबी के भी प्रेम के लिए जगह नहीं रही, फिर शैतान के प्रति घृणा की तो बात ही क्या है।'' बरजख की लम्बी अवधि की कल्पना से घबराकर वे कहती हैं, ''अय मेरी आत्मा! तू कभी नहीं जगने की आशा में कब तक सोती रहेगी और कब सूर की आवाज सुनकर तू कयामत का सामना करने को खड़ी होगी।''[24]

सौन्दर्य से प्रेम और प्रेम से मुक्ति, यह सूफी-मत के सिद्धान्तों का निचोड़ है। इसी प्रेम की सिद्धि के लिए सूफियों ने इश्के-मजाजी की भी छूट दी, क्योंकि इश्के-मजाजी से भी इश्के-हकीकी हासिल हो सकता है। वैसे, सूफी-मत यती-वृत्ति, वैराग्य-साधना, योग और संयम, सब पर जोर देता है।

सौन्दर्य और प्रेम के बाद सूफियों में संगीत की प्रधानता है, क्योंकि संगीत में मन को केन्द्रित करके उसे ऊपर ले जाने की शक्ति होती है। उसका उपयोग सूफी सन्त समाधि की सुगमता के लिए किया करते हैं।

मनुष्य के सीमित गुणों को सूफी **'नासूत'** कहते हैं और भगवान् की निस्सीमता को 'लाहूत'। इसी प्रकार, जब तक मनुष्य मोक्ष अथवा ईश्वर-मिलन से दूर है, तब तक उसकी स्थिति 'बका' की स्थिति समझी जाती है तथा जब वह मोक्ष अथवा ब्रह्म मिलन को प्राप्त करता है, तब वह 'फना' (विनाश, निःशेषता या निर्वाण) की स्थिति में पहुँच जाता है। सूफियों के दो सम्प्रदाय हैं जिनमें से एक तो यह मानता है कि सृष्टि का उपादान-कारण प्रकाश है और दूसरा यह है कि सृष्टि विचार से निकली हैं। सूफियों में एक सम्प्रदाय और है, जो हुलूल (अवतारवाद), इम्तिज़ाज (अंशावतारवाद) और नस्खे-अरबा यानी आत्मा के आवागमन में विश्वास करता है।

सूफियों का उद्देश्य वस्ल यानी मिलन अथवा फना यानी ब्रह्म-मिलन और निर्वाण है। किन्तु, इस मार्ग पर चलने के लिए सूफी-मत में गुरु का होना आवश्यक माना गया है। गुरु (पीर या शेख) की पूजा का तसव्वुफ में इतना महत्त्व है कि जिसने किसी सन्त को अपना पीर नहीं बनाया, उसके बारे में यह समझा जाता है कि उसका गुरु शैतान है। पीर और मुर्शिद (शिष्य) के सम्बन्ध के बिना सूफियों में साधना का कोई अस्तित्व ही नहीं है।

मौलिक इस्लाम से भेद

सूफी-मत के उद्गम-बिन्दु चाहे अन्य धर्मों में भी रहे हों, किन्तु, सम्प्रदाय के रूप में उसका संगठन इस्लामी देशों में ही हुआ। **अरब के नगरों में यहूदी-मत, ईसाइयत, हिन्दुत्व, बौद्ध मत और इस्लाम, इन सब धर्मों का मिलन हुआ था।** ईरान में इस्लाम का सम्पर्क जरथ्रुस्त्रवाद से भी हुआ। सूफी-मत इन सबका समन्वय या योग तो नहीं कहा जा सकता, किन्तु, उस पर इन सबका कुछ-न-कुछ प्रभाव था। वह ऐसा मत था जो सम्प्रदायगत होकर भी असाम्प्रदायिक हो गया। उसने नबी की अवज्ञा की, कुरान की अवज्ञा की और उस घाट से उमड़कर बाहर फैलने लगा जिसमें इस्लाम को समेट रखने की आशा की गई थी। संगीत को नबी ने प्रश्रय नहीं दिया था, किन्तु, सूफी-मत संगीत को अपना साधन मानने लगा। यों भी, औसत सूफी कवि ही हुआ करते थे और कवियों को कुरान ने कोई अच्छा स्थान नहीं दिया है, जिसके पीछे अफलातून का असर रहा हो तो कोई आश्चर्य की बात नहीं। अतएव, सूफी सन्त और महात्मा काजियों और मुल्लाओं की नजर में काफिर समझे जाने लगे और उन्हें प्राण-दंड देने की प्रथा-सी चल पड़ी। ईश्वर-प्रेम के कारण शहीद होनेवाले सूफी सन्तों में मनसूर-अल-हल्लाज का नाम बड़ा प्रसिद्ध है। उमंग में आकर उन्होंने अनलहक (अहं ब्रह्मास्मि) का नारा दिया और, बदले में, सुन्नी हुकूमत ने उनकी गर्दन उड़ा दी।[25] इसी प्रकार, भारतवर्ष में सरमद नामक एक सूफी सन्त को औरंगजेब ने मरवा डाला क्योंकि वे भी ईश्वर से एकाकार होने को अपना ध्येय मानते थे। अजब नहीं कि इन उत्पीड़नों से बचने की कोशिश में अरब और ईरान के सूफी, बहुत पहले से ही, भारत आते रहे हों। महमूद गजनवी के आक्रमण के बाद से तो इस देश में उनका आना बिलकुल साधारण बात हो गई।

भारतवर्ष में सूफियों के चार सम्प्रदाय प्रसिद्ध हैं, जिनके कारण इस देश पर सूफी-मत का व्यापक प्रभाव पड़ा है। पहला सम्प्रदाय सुहरवर्दिया कहलाता है जिसके प्रवर्तक सन्त जियाउद्दीन (12 वीं सदी) थे। दूसरा सम्प्रदाय चिश्तिया कहलाता है जिसका प्रवर्तन हजरत अदब अब्दुल्ला चिश्ती ने किया था। ये गोरी की सेना के साथ भारत आए थे और अजमेर में रहते थे। निजामुद्दीन औलिया, अमीर खुसरू और मलिक मुहम्मद जायसी इन्हीं की परम्परा में थे। कादिरिया-सम्प्रदाय के प्रवर्तक शेख अब्दुल कादिर जीलानी (13वीं सदी) माने जाते हैं, जो बगदाद में रहते थे और नक्शबन्दिया सम्प्रदाय के अग्रणी ख्वाजा बहाउद्दीन नक्शबन्द थे, जो तुर्किस्तान में रहते थे। शाहजहाँ का साधु पुत्र दाराशिकोह कादिरिया-सम्प्रदाय में दीक्षित था तथा बिहार में सूफी-मत का प्रचार करनेवाले फकीर मखदूमशाह भी इसी सम्प्रदाय के अनुयायी थे।

सन्दर्भ

1. मुहम्मद अली–रिलीजन ऑफ इस्लाम।
2. वही।
3. इकबाल का मत है कि कुरान इस सम्भावना में भी विश्वास करता है कि सृष्टि का रचयिता केवल खुदा ही नहीं, कुछ और शक्तियाँ भी हैं। (Secret of the self की भूमिका)। इस पुस्तक में निकोलसन ने कुरान के 23वें अध्याय की 14वीं आयत से एक उद्धरण दिया है, जो इस प्रकार है–''सृष्टि की रचना करनेवालों में परमेश्वर सर्वश्रेष्ठ है।''
4. ''जब हम अस्थिमात्र रह जाएँगे, जब हम गलित हो जाएँगे, तब हमें नया जीवन कौन देगा? कहो कि वह जिसने यह दुनिया बनाई है, जो ऐसी दुनिया फिर बना सकता है।''
   (रिलीजन ऑफ इस्लाम में उद्धृत)
5. ए.सी. बुकेट ने 33वीं सूरत का हवाला देकर बताया है कि इस्लाम नौ पत्नियों तक की इजाजत देता है।
6. A. C. Bouquet (Comparative Religion).
7. जिस व्यक्ति ने हजरत इमाम हुसैन की हत्या करवाई थी, उसका नाम यजीद था। जिस स्थान पर इमाम हुसैन की हत्या हुई उसका नाम कर्बला है। कर्बला तभी से बलिदान और शहादत का प्रतीक माना जाता है। मौलाना मोहम्मद अली का इस घटना पर एक चुभता हुआ शेर है–
   कत्ले-हुसैन अस्ल में मर्गे-यजीद है।
   इस्लाम जिन्दा होता है हर कर्बला के बाद।
8. शिक्षा के विषय में रूसो का विचार था कि इससे मनुष्य अच्छा नहीं, चालाक बनता है। वह कहता है, ''चिन्ता की मुद्रा ही प्रकृति के विरुद्ध है। सोचनेवाला मनुष्य पतित प्राणी होता है। जब से समाज में पंडितों की संख्या बढ़ी, तभी से ईमानदार लोगों की संख्या घटने लगी है। बुद्धि का जो क्षिप्र विकास हो रहा है, उसे रोक देने में ही मानवता का कल्याण है। इसके बदले, हमें मनुष्य के हृदय और उसकी भावना का विकास करना चाहिए।'' संयोग की बात है कि अभिनव मुस्लिम सूफी इकबाल भी अशिक्षा को दोष नहीं मानते, प्रत्युत, अपनी एक कविता में उन्होंने उसे गुण बना दिया है :–
   तेरी बेइल्मी ने रख ली बेइल्मों की शान,
   आलिम-फाजिल बेच रहे हैं अपना दीन-ईमान। *(बाले-जिबरील)*
9. कांट और शोपेनहार ने भी बुद्धि का क्षेत्र केवल ब्राह्य अथवा स्थूल विश्व तक ही माना है।
10. बरट्रेंड रसल-कृत 'मिस्टिसिज्म एंड लॉजिक'।
11. अबुल अरा, द सीरियन।
12. हेनरी बेरलिन-कृत 'The Diwan of Abul-Ara' नामक अंग्रेजी अनुवाद से।
13. एफ. हैडलांड डेविस-कृत 'द पर्शियन मिस्टिक्स' से।
14. "It must be strictly maintained that mysticism is not a natural growth in Islam, but, it is a foreign element which has worked its way into it and is really inconsistent with the original dogmas. It is, perhaps, a revolt of some Muslim souls against the extremity of Islamic transcendance."
   —A.C. Bouguet (comparative Religion)
15. ''नबी ने कहा है, 'तखल्लिकू-बि-इखलाक़िल्लाह' अर्थात् अपने भीतर परमेश्वर के गुणों का विकास कर।'' *–इकबाल ('सीक्रेट ऑफ द सेल्फ' की भूमिका से।)*
16. श्री चन्द्रबली पांडेय–तसव्वुफ।

17. ‘इकबाल ऐज़ ए थिंकर’ में डॉक्टर खलीफा अब्दुल हकीम ने तसव्वुफ पर भारतीय प्रभाव मानने में आगा-पीछा किया है। यह विचित्र बात है कि मुस्लिम विद्वानों को यूनानी प्रभाव मानने में कोई हिचक नहीं होती, किन्तु, भारतीय प्रभाव को स्वीकृत करने में वे हिचकने लगते हैं। इन पंक्तियों के लेखक की मुलाकात सन् 1955 ई. में अरब के बृहस्पति डॉक्टर ताहा हुसेन से कैरो में हुई थी। लेखक ने जब यह कहा कि भारत में ईरान के रहस्यवाद का अच्छा बोलबाला रहा, तब ताहा हुसेन बोल उठे, “लेकिन यह चीज तो पहले भारत से ही अरब और ईरान पहुँची थी। इसलिए, तसव्वुफ जब ईरान से भारत गया, तब यह अपने ही घर लौटा था।”

18. राबलिसन ने लिखा है कि जब अलेक्जेंड्रिया व्यापार का केन्द्र थी, तब वहाँ भारतीय और यूरोपीय व्यापारियों का पूरा मिलन होता था। इसी नगर में, अभिनव-अफलातूनी मतवाले यूनानी और भारतीय बौद्ध आपस में विचार-विनिमय करते थे। इस प्रकार, हिन्दू और बौद्ध विचारों का प्रभाव ईसाइयत पर पड़ा। इस नगर का पतन 642 ई. में हुआ और तब व्यापार के केन्द्र ईरान में आ गए। ईरान में ही ज्योतिष, गणित और वैद्यक की भारतीय पुस्तकें अरबी और फारसी में अनूदित हुईं और, अनूदित रूप में ही, वे कारडोवा (स्पेन) पहुँची, जहाँ से यूरोप के मध्यकालीन विद्यापीठों में उनका प्रचार हुआ।

19. हिन्दूइज्म एंड बुद्धिज्म--तीसरी जिल्द।

20. इस्लामी सूफीवाद पर अभिनव-अफलातूनी मत का प्रभाव है, यह मतवाद, विशेषतः, ई. जी. ब्राउन (‘लिटररी हिस्ट्री ऑफ पर्शिया’ में) और आर.ए. निकोलसन ने (सेलेक्टेड पोयम्स फ्रॉम द दीवान ऑफ शम्स-तबरेज में) फैलाया है। सर चार्ल्स इलियट इसे गलत मानते हैं।

21. Comparative Religion.

22. Iqbal, As a Thinker.

23. *हुस्न भी हो हिजाब में, इश्क भी हो हिजाब में,*
या खुद आशकार हो, या मुझे आशकार कर। (बाले-जिबरील)

24. Influence of Islam on Indian Culture.

25. इकबाल मानते हैं कि पूर्ण मनुष्य वह है, जो परमात्मा के अधिक-से-अधिक निकट पहुँचा हुआ है। निकट आने पर (यानी अपने भीतर ईश्वरत्व का अधिकाधिक विकास करने पर) मनुष्य परमात्मा के अस्तित्व में विलीन नहीं होता, प्रत्युत, परमात्मा ही उसके भीतर विलीन हो जाता है। इकबाल ने दिखलाया है कि मौलाना रूमी भी इसी विचार के पोषक थे। इकबाल का निम्नलिखित शेर इसी भाव का द्योतक है जिस पर मुल्लाओं का आज भी अच्छा विचार नहीं है।

ख़ुदी को कर बुलन्द इतना कि हर तक़दीर के पहले,
ख़ुदा बन्दे से ख़ुद पूछे, बता, तेरी रज़ा क्या है।

प्रकरण-3

मुस्लिम-आक्रमण और हिन्दू-समाज

अचरज की बातें

मुसलमानी आक्रमण के बाद भारतवर्ष पहले-पहल पराधीन हुआ और पहले-पहल इस देश पर ऐसे लोगों का आधिपत्य हो गया जो यहाँ के धर्म से अपने धर्म को एकाकार करना नहीं चाहते थे, बल्कि, जिनकी कोशिश थी कि भारतीय जनता ही अपना धर्म छोड़कर मुसलमान हो जाए। सिन्ध पर मुसलमानों का अधिकार सन् 712 ई. में ही हो गया था। मुहम्मद गोरी ने दिल्ली को सन् 1192 ई. में जीता। इस प्रकार, हिन्दुओं को और नहीं तो चार-पाँच सौ साल की चेतावनी तो मिल ही गई थी। फिर इस देश ने मुसलमानी आक्रमण से बचने की तैयारी क्यों नहीं की?

दूसरा आश्चर्य यह है कि भारत के अन्तिम हिन्दू सम्राट् पृथ्वीराज चौहान की पराजय सन् 1192 ई. में हुई, काशी का पतन सन् 1194 ई. में हुआ, और सन् 1196-97 में बंगाल मुसलमानों के अधीन हो गया। पेशावर से लेकर बंगाल तक की विजय आठ-दस साल में पूरी हो गई, यह बात समझ लेने पर भी, ठीक से, समझ में नहीं आती है। उन दिनों रेल और वायुयान नहीं थे और सड़कें भी थोड़ी और खराब ही रही होंगी। इस पर भी तुर्रा यह है कि मुस्लिम आक्रामक दो-चार लाख फौज लेकर हिन्दुस्तान में नहीं आते थे। बाबर सिर्फ बारह हजार आदमी लेकर हिन्दुस्तान आया था। सन् 1199 ई. में बख्तियार खिलजी ने उदन्तपुरी, (बिहार शरीफ) पर चढ़ाई केवल दो सौ सवारों को लेकर की थी। और "बंगाल के इतिहास के बारे में मुस्लिम लेखकों की चलाई गई यह कहानी प्रसिद्ध है कि सिर्फ अठारह सवारों के साथ, जिन्हें लोग घोड़े बेचनेवाले समझते रहे, बख्तियार के बेटे ने नदिया के राजमहल के रक्षकों पर एकाएक हमला कर दिया और राजा लक्ष्मण सेन महल के दूसरी तरफ से भाग निकला।" (जयचन्द्र)। जहाँ ऐसा नहीं हुआ, वहाँ भी मुस्लिम फौजें बड़ी तादाद में नहीं आई थीं।

तो राजाओं ने, जगह-जगह, उनका सामना क्यों नहीं किया? अथवा जनता ने ही, स्थान-स्थान पर, उन्हें बाधा क्यों नहीं पहुँचाई? क्या दिल्ली से मुर्शिदाबाद तक कोई सुरंग थी जिसके भीतर से आक्रामकों की सेना छिपकर निकल जाती थी? मुट्ठी भर मुसलमान आदमियों के इस विशाल जंगल को आनन-फानन जीतकर उस पर राज्य करने लगे, इससे प्रत्यक्ष ज्ञात होता है कि इस देश के लोगों ने उनका सामना नहीं किया।

हिन्दू हारे क्यों?

हिन्दुओं की पराजय का कारण बतलाते हुए, अकसर, कहा जाता है कि हिन्दू इसलिए हारे कि वे गरम देश में रहते थे और मांस खाना उन्होंने छोड़ दिया था। इसके विपरीत, मुसलमान ठंडे देश से आए थे और मांसाहारी होने के कारण उनमें शारीरिक शक्ति भरपूर थी। दूसरा कारण यह बताया जाता है कि युद्ध में हिन्दू अपने लस्टम-पस्टम हाथियों का भरोसा रखते थे जो फुर्तीले घुड़सवारों के मुकाबिले में निकम्मे निकलते थे। श्री जयचन्द्र विद्यालंकार ने 'इतिहास-प्रवेश' में इन दोनों ही बातों का खंडन किया है और यह बताया है कि शाकाहार और हाथी, इन्हें बदनाम करना व्यर्थ है। **हिन्दुओं की पराजय इसलिए हुई कि उनका राजनैतिक जीवन मन्द हो गया था।**

असल में, पतन तो इस देश का हर्षवर्द्धन के बाद ही आरम्भ हो गया था, क्योंकि उसके बाद चक्रवर्ती सम्राट् के पद पर भारत में कोई राजा नहीं बैठ सका। केन्द्र की शक्ति टूट गई और कोई किसी को रोकनेवाला न रहा। परिणाम यह हुआ कि सारे देश में छोटे-छोटे राज्य उठ खड़े हुए और वे, आपस में ही, युद्ध करने को अपना परम कर्तव्य मानने लगे। अपना राज्य और अपनी राजधानी राजाओं को इतनी प्यारी हो उठी कि देश का अस्तित्व ही वे भूल बैठे। **आज भी, कमजोर प्रजातन्त्री देशों में जब कोई व्यक्ति या दल स्थापित सरकार को नहीं चाहता है, तब वह एक विचित्र प्रकार की दलील देता है। ''हम देश की रक्षा क्यों करें? यह किसका देश है? मेरा या उनका? पहले यह फैसला हो जाय कि यह मेरा देश है, तब मैं इसकी रक्षा के लिए काम करूँगा।''** तत्कालीन राजाओं के भी कुछ ऐसे ही भाव थे। भारत का अर्थ उनका अपना राज्य था। फिर, वे राज्य से बाहर जाकर क्यों लड़ते? बाहर तो उनका अपना नहीं, किसी दूसरे राजा का राज्य पड़ता था।

प्रायः, प्रत्येक राजा को प्रत्येक दूसरे राजा से कुछ-न-कुछ शिकायत थी, जिसके कारण, कोई भी चार राजे एक राजा का साथ देने को तैयार नहीं थे। पृथ्वीराज और राणा साँगा को कुछ राजाओं का जो सहयोग प्राप्त हो गया था, उसे हिन्दू-स्वभाव के अपवाद का ही उदाहरण समझना चाहिए।

'जय सोमनाथ' नामक उपन्यास में श्री क.मा. मुंशी ने लिखा है कि जब गजनी का अमीर सोमनाथ पर चढ़ाई करने चला, तब उसे खबर मिली कि झालोर के राजा वाक्पतिराज अगर मित्र न बनाए गए तो वे अमीर की सेना को काफी कष्ट दे सकते हैं। अमीर ने मुलतान के अजयपाल को अपना दूत बनाकर वाक्पतिराज के यहाँ भेजा और उन्हें आश्वासन दिया कि अमीर उनके राज्य पर चढ़ाई करना नहीं चाहता है। वाक्पतिराज अमीर की बात मान गए और लड़ाई में तटस्थ रहने का उन्होंने वचन भेज दिया। इसके बाद, जब यह निश्चय हुआ कि वल्लभी के राजा भीमदेव के नेतृत्व में राजपूत वीर अमीर का डटकर सामना करेंगे और सोमनाथ के मन्दिर को भ्रष्ट नहीं होने देंगे, तब भीमदेव ने अपने मन्त्री को वाक्पतिराज के यहाँ सहायता की माँग के लिए भेजा। सोमनाथ मन्दिर की रक्षा के लिए सहायता की माँग की जाने पर वाक्पतिराज ने कहा—''अभी परसाल की ही बात है कि मैं मारवाड़ पर चढ़ाई करना चाहता था और उसके लिए मैंने भीमदेव से मदद माँगी थी किन्तु, भीमदेव ने यह कहकर सहायता देने से इनकार कर दिया कि मारवाड़ उसका नातेदार है। आज मुझसे

वह मदद क्यों माँगता है? अपनी विपद वह आप झेले।''

ठंडे देशों के मांसाहारी लोग भारत में पहले भी आए थे, किन्तु, उस समय देश में किसी-न-किसी प्रकार की केन्द्रीय सत्ता कायम थी और देश की एकता कहीं-न-कहीं प्रत्यक्ष खड़ी थी। इस एकता के रहते हुए, किसकी मजाल थी कि भारत को दास बनाता? **आदमी कमजोर पहले होता है, पराजय उसकी बाद को होती है। देश की एकता पहले टूटती है, दासता उस पर बाद को आती है।** मुसलमान सिन्ध में तो बहुत दिनों से बैठे थे और लूटमार के द्वारा वे भारत से कुछ ले भागने के आदी भी रहे थे। किन्तु, देश की एकता में जब तक थोड़ा भी दम रहा, वे सम्पूर्ण भारत को जीतने का मनसूबा नहीं बाँध सके। हाँ, जब उन्होंने देख लिया कि अब इस देश में किसी की बात कोई भी मानने को तैयार नहीं है, सब आपस में ही लड़ रहे हैं, सब अपने-अपने राज्य की सीमा को ही भारतवर्ष की सीमा मान बैठे हैं और भारत की एकता का भाव पूर्ण रूप से लुप्त हो चुका है, तब वे देश पर जोर से चढ़ आए और बिना किसी दिक्कत के यहाँ के सुलतान बन बैठे। मुसलमानी आक्रमण के समय राजाओं की मनोवृत्ति कैसी थी, इसका भी उदाहरण 'जय सोमनाथ' में आया है, जहाँ घोघा राणा का प्रपौत्र सामन्त राजा भीमदेव से कहता है कि ''चालुक्यराज! ऐसा लगता है कि क्षुद्रबुद्धि और पारस्परिक विरोध में मस्त अपने राजाओं को मारने के लिए ही भगवान् सोमनाथ ने इस अमीर को भेजा है।'' एकता जब खिड़की की राह से भाग गई, तब आजादी को मुख्य द्वार होकर जाना ही था।

राजनीतिक चेतना का अभाव

हिन्दू जन्मजात अहिंसक थे। अपनी सीमा के बाहर जाकर लड़ने की उनके यहाँ परम्परा नहीं थी। ''सबसे उत्तम रक्षा यह है कि आक्रामक पर **उसके** घर में हमला करो,'' इस नीति पर हिन्दुओं ने कभी भी अमल नहीं किया। परिणाम यह हुआ कि रक्षापरक युद्ध लड़ने की उनकी आदत हो गई। जब देश में केन्द्रीय सत्ता कायम थी, यह रक्षापरक युद्ध देश के लिए लड़ा जाता था। जब केन्द्र टूट गया, रक्षापरक लड़ाइयाँ अपने क्षुद्र राज्यों के लिए लड़ी जाने लगीं। ''राजपूतों की जिस वीरता की बड़ी प्रशंसा की जाती है, वह वीरता सदा रक्षापरक युद्धों में ही प्रकट हुई। वह अपना अन्त निकट देख निराश होकर मरने-मारने पर तुले हुए आदमियों की वीरता होती थी। उसमें महत्त्वाकांक्षा की वह प्रेरणा, विशाल दृष्टि का वह स्वप्न, वह ऊँची साध कभी न होती थी, जो मनुष्यों को नई भूमि खोजने और जीतने के खतरे उठाने के लिए आगे बढ़ाती है। बेशक, कायर बनकर अधीनता मानने की अपेक्षा वैसी वीरता की मौत मरना भी अच्छा था। किन्तु, वह बहादुरी का मरना ही था, बहादुरी का जीना नहीं कहा जा सकता था।''[1]

राजे तो ऐसे गए, और प्रजा को यह ज्ञान ही नहीं था कि यह देश उसका है। उन दिनों देश का जीवन दो तबकों में बँटा हुआ था। एक तबका उनका था जो राजे थे, शासक थे, अमले, कारिन्दे या दरबारी थे। जिन्दगी के असली मजे इन्हीं लोगों को नसीब थे। उनमें शिक्षा भी थी, संस्कृति भी और धन-ऐश्वर्य भी। सल्तनत से सरोकार इसी तबके का था। बाकी जनता इस तबके से दूर थी और मेहनत-मजदूरी करके अपना भी पेट पालती थी और

इन विलासियों के आराम के लिए भी पैसे देती थी। किन्तु, जैसे ऊपरवाले तबके को इस नीचेवाले तबके के लिए कोई दर्द नहीं था, वैसे ही, जनता के हृदय में भी राजाओं के लिए कोई सहानुभूति नहीं थी। 'कोउ नृप होय हमहिं का हानी', यह बात तुलसीदास ने बाद में लिखी। किन्तु, यह भाव यहाँ की जनता में पहले से ही वर्तमान था।

मुसीबत के समय प्रजा राजा का साथ तभी दे सकती है, जब राज्य को वह अपना समझे और राजा के लिए उसके हृदय में आदर और प्यार हो। मुसलमानी आक्रमण के समय हिन्दुस्तान के राजे जुल्मी और प्रजा मजलूम थी। नतीजा यह हुआ कि बाहर से आनेवाले दुश्मनों का विरोध जनता ने नहीं किया, बल्कि जनता के आदमी यदाकदा आक्रामकों के साथ हो गए। जब मुहम्मद-बिन-कासिम ने सिन्ध पर चढ़ाई की, तब दाहिर ने अरब आक्रामकों का सामना तो डटकर किया, "किन्तु सिन्ध के इन अन्तिम राजाओं ने अपनी जाट और मेड़ प्रजा पर बड़े जुल्म किए थे। इसलिए, बहुत से जाटों ने अरबों का साथ दे दिया।" (जयचन्द्र)

देश की जैसी हालत इस समय थी, बहुत-कुछ वैसी ही हालत एक बार फिर उस समय हो गई, जब मुगल-साम्राज्य टूटने लगा और इस देश में अंग्रेज अपना पाँव फैलाने लगे। नवाब वाजिदअली शाह की गिरफ्तारी किस आसानी से कर ली गई, इसका वर्णन करते हुए प्रेमचन्दजी ने अपनी एक कहानी (शतरंज के खिलाड़ी) में लिखा है कि "नवाब वाजिदअली पकड़ लिये गए और सेना उन्हें अज्ञात स्थान को लिये जा रही थी। शहर में न कोई हलचल थी, न मारकाट। एक बूँद भी खून नहीं गिरा था। आज तक किसी स्वाधीन देश की पराजय इतनी शान्ति से, इस तरह खून बहाए बिना नहीं हुई होगी।" जो हाल वाजिदअली शाह की गिरफ्तारी के समय था, वही हाल इस देश की प्रजा और राजा का उस समय रहा होगा, जब यहाँ मुसलमानों का आक्रमण आरम्भ हुआ।

भारतवर्ष में पंचायत की प्रथा बहुत दिनों से चली आ रही थी। गाँवों के लोग स्वावलम्बी और स्वतन्त्र थे। राज्य से इनका इतना ही सम्बन्ध था कि जब-तब राजाओं के कारिन्दे कर वसूल करने को पहुँच जाते थे। उन्हें सत्कारपूर्वक विदा कर देने के बाद गाँव फिर अपने आपमें स्वतन्त्र हो जाते थे। सर्वत्र शान्ति थी, सर्वत्र भाग्य का आधार लिये लोग निश्चिन्त जीते थे और गाँव के ऊँच-नीच का निपटारा भी वे आप ही कर लेते थे। स्वायत्त-शासन का प्रेम यहाँ के वासियों के रक्त में था। इसी प्रेम के कारण राजे अपनी स्वाधीनता चाहने लगे थे। इसी प्रेम के कारण प्रान्तों की राज्यों से खटपट हो जाती थी।

स्वायत्त-शासन की इस अतिवृद्धि से हानि यह हुई कि हमारी ग्रामीण जनता की दृष्टि संकीर्ण हो गई और उसने गाँव की दुनिया से बाहर की बड़ी दुनिया में दिलचस्पी लेना छोड़ दिया। प्रान्त या देश के शासन से उसकी कोई दिलचस्पी नहीं रह गई और उसने मान लिया कि खेती-बारी और साधारण वाणिज्य-व्यापार तथा धर्म-कर्म के सिवा और कोई प्रश्न नहीं है, जिसकी ओर उसे उन्मुख होना चाहिए। अगर पंचायतों को देश के बड़े कामों से सम्बद्ध करने का कोई तरीका निकला होता, अगर अधिकारों को विकेन्द्रित करके जनता में यह भाव जगाया गया होता कि केवल गाँव ही नहीं, राज्य और सरकारें भी जनता के ही सहयोग से चलती हैं, तो सम्भव है कि जनता की दृष्टि विशाल होती और वह देश के भाग्य के विषय में उदासीन नहीं रहती। किन्तु, उस समय इतनी बात कोई सोच भी नहीं सकता था। राजा

के लिए प्रजा आहार थी। अतएव, जब राजाओं को आहार बनानेवाले लोग बाहर से आ गए, जनता ने कोई क्षोभ प्रकट नहीं किया। बल्कि, वह थके सिपाहियों को बरगद के नीचे बैठाकर पानी पिलाने लगी, गौणतः, इसलिए कि राजाओं के बदलने से पंचायतों का कुछ भी नहीं बिगड़ता था, किन्तु मुख्यतः, इसलिए कि प्यासों को पानी पिलाना धर्म था, चाहे वे शत्रु ही क्यों न हों।

सर्वनाशी अन्धविश्वास

धार्मिकता की अति ने देश का विनाश किया, इस अनुमान से भी भागा नहीं जा सकता। और यह धार्मिकता भी गलत किस्म की धार्मिकता थी जिसका उद्देश्य परम सत्ता की खोज नहीं, प्रत्युत, यह विचार था कि किसका छुआ हुआ पानी पीना चाहिए और किसका नहीं; किसका छुआ हुआ खाना, खाना चाहिए और किसका नहीं; किसके स्पर्श से अशुद्ध होने पर आदमी स्नान से पवित्र हो जाता है और किसके स्पर्श से हड्डी तक अपवित्र हो जाती है। बौद्ध धर्म हिन्दुत्व का निर्यात किया जानेवाला रूप बन गया था और बौद्धों की संगति में पहले ब्राह्मण भी विदेश जाते थे। सुमात्रा और जावा में पौराणिक सभ्यता फैलाने को बौद्ध नहीं, ब्राह्मण ही गए होंगे। किन्तु, बौद्ध-ब्राह्मण-संघर्ष के क्रम में ब्राह्मणों ने विदेश-यात्रा करनेवाले बौद्धों को नीचा दिखाने के लिए धर्मशास्त्रों में यह विधान कर दिया कि विदेश जाना पाप है और इस पाप से मनुष्य सदा को पतित बन जाता है। फरिश्ता ने लिखा है कि पश्चिम में अटक हिन्दुओं की अटक बन गया था और उससे आगे जानेवाला हिन्दू पतित समझा जाता था। यह अन्धविश्वास, शायद, सिन्ध पर मुसलमानी शासन स्थापित हो जाने के बाद प्रचलित हुआ होगा। सिन्ध और उसके आस-पास मुसलमानों की प्रभुता को फैलते देखकर ब्राह्मणों को यह नहीं सूझा कि राजाओं को इस खतरे से आगाह करें अथवा प्रजा को इस विपत्ति से भिड़ने के लिए तैयार करें। उलटे, उन्होंने विष्णु-पुराण में कल्कि-अवतार की कथा घुसेड़ दी और जनता को यह विश्वास दिलाया कि "सिन्धु-तट, दाविकोर्वी, चन्द्रभागा तथा कश्मीर प्रान्तों का उपभोग व्रात्य, म्लेच्छ और शूद्र करेंगे। वे अल्प कृपा और बहुत कोप करनेवाले होंगे। सदा अनृत धर्म में रुचि रखनेवाले और स्त्री, बालक तथा गायों का वध करनेवाले होंगे। तब शम्बल-ग्राम के विष्णुयश नामक प्रमुख ब्राह्मण के घर में **वासुदेव कल्कि** का अवतार होगा और वे सब म्लेच्छों का उच्छेद तथा **ब्राह्मण-धर्म** की पुनः स्थापना करेंगे।"[2]

जो वस्तुएँ परिश्रम और पुरुषार्थ से प्राप्त होती हैं, उनकी याचना के लिए भी देवी-देवताओं से प्रार्थना करने का अभ्यास हिन्दुओं में बहुत प्राचीन था। अब जो पुराणों का प्रचार हुआ तो वे देश-रक्षा, जाति-रक्षा और धर्म-रक्षा का भार भी देवताओं पर छोड़ने लगे।

सिन्ध पर अरब-आक्रमण का वर्णन करते हुए श्री जयचन्द्रजी ने लिखा है कि देवल में एक बड़ा बौद्ध मन्दिर और विहार था, जिसके शिखर पर ऊँचा झंडा फहराता था। सिन्धियों को विश्वास था कि उसमें जादू है और जब तक शिखर पर झंडा फहराता रहेगा, तब तक देवल नगर की क्षति नहीं होगी। किन्तु, अरबों ने गुलेल से पत्थर मारकर शिखर को तोड़ डाला। शिखर के टूटते ही सारी सिन्धी जनता की हिम्मत टूट गई। अरबों ने देवल के सभी पुरुषों को मार डाला और विहार की सात सौ भिक्षुणियों को बाँदी बना लिया।

सोमनाथ मन्दिर का ध्वंस करने के पूर्व भी महमूद गजनवी ने अनेक मन्दिरों का विनाश किया था। लेकिन, सोमनाथ मन्दिर के पुजारी इस विश्वास में थे कि अन्य देवताओं पर सोमनाथ की कृपा नहीं रहने से ही उनके मन्दिरों का तोड़ा जाना सम्भव हुआ है। जब महमूद को यह खबर मिली, उसने ठान लिया कि सोमनाथ को तोड़कर वह हिन्दुओं के इस विश्वास को उन्मूलित करेगा कि पत्थर का देवता शक्तिशाली होता है। महमूद सोमनाथ सन् 1025 ई. की जनवरी में पहुँचा। मन्दिर की रक्षा के लिए सेना आ जुटी थी, लेकिन, हिन्दू इस विश्वास में आनन्द मना रहे थे कि मुसलमानों का सफाया करने के लिए सोमनाथजी ने उन्हें बुलाकर इकट्ठा कर लिया है। सोमनाथजी की रक्षा करने के प्रयास में कोई 50 हजार हिन्दू मन्दिर के द्वार पर मारे गए और मन्दिर तोड़कर महमूद ने कोई दो करोड़ दीनार की सम्पत्ति लूट ली।

सुबुक्तगीन और जयपाल शाहि के बीच सन् 986 ई. में जो लड़ाई हुई, उसमें हिन्दू सेना बड़ी ही वीरता से लड़ी थी। कई दिनों तक संघर्ष के बाद भी हिन्दू जब नहीं थके, तब "हिन्दू सेना जिस चश्मे का पानी पीती थी, तुर्कों ने उसमें शराब मिला दी। हिन्दू सेना शराब से गन्दे हुए सोते का पानी पीने को तैयार न थी, इसलिए, हार मानकर उसने सन्धि कर ली।" (जयचन्द्र)। जात-पाँत, छुआछूत और धर्म के मिथ्या आडम्बरों को हिन्दुओं ने बहुत अधिक महत्त्व देना सीख लिया था। वही आदत उनका काल बन गई।

महमूद गजनवी के समय हिन्दुओं की जो हालत थी, उसका विवरण देते हुए अलबैरूनी ने लिखा है, "मैंने कई बार सुना है कि जब (युद्ध में कैद हुए) हिन्दू दास भागकर अपने देश और धर्म में वापस जाते हैं, तब हिन्दू उन्हें प्रायश्चित-रूप में उपवास करने का आदेश देते हैं। फिर वे उन्हें गौओं के गोबर, मूत्र और दूध में नियत दिनों तक दबाए रखते हैं... फिर वे उन्हें वही मल खिलाते हैं। मैंने ब्राह्मणों से पूछा कि क्या यह सत्य है परन्तु, वे इससे इनकार करते हैं और कहते हैं कि ऐसे व्यक्ति के लिए कोई भी प्रायश्चित सम्भव नहीं है।" (जयचन्द्र)।

ज्यों-ज्यों हिन्दुओं का साहस और पुरुषार्थ घटता जाता था, त्यों-त्यों उनकी ऐंठ बढ़ती जाती थी। उनका धार्मिक संस्कार विकृत हो गया था और वे मानने लगे थे कि संसार में सबसे तुनुक चीज जनेऊ और जात है, जो एक बार गई तो फिर वापस नहीं लाई जा सकती है। फिर भी, हम सबसे श्रेष्ठ हैं, इस अहंकार की उनमें वृद्धि होती गई। अलबैरूनी ने यह भी लिखा है कि "हिन्दू लोग समझते हैं कि उनके देश-जैसा दूसरा देश नहीं, उनके राजाओं-जैसे दूसरे राजे नहीं, उनके धर्म-जैसा दूसरा धर्म नहीं और उनके शास्त्रों-जैसा दूसरा शास्त्र नहीं है। यदि तुम खुरासान और ईरान के शास्त्रों और विद्वानों के सम्बन्ध में उनसे बातचीत करोगे, तो वे तुमको मूर्ख ही नहीं; मिथ्यावादी भी समझेंगे। वे अगर प्रवास करें और दूसरों से मिलें-जुलें तो उनकी यह प्रवृत्ति नहीं रहेगी, कारण, उनके पूर्वज ऐसे संकुचित विचारों के नहीं थे।" दुःख है कि बाहरी लोगों से इतना मिलने-जुलने के बाद भी हिन्दुओं में ऐसे लोग आज भी बहुत मिलते हैं।

किन्तु, हिन्दू तो देश के बाहर कदम धरना ही पाप समझने लगे थे और केवल ब्राह्मणों ही नहीं, श्रमणों का भी उनके पतन-काल में यही हाल था। यह लक्षण मुगल-काल में भी

विद्यमान था। अकबर ने सुजानसिंह हाड़ा को फौज लेकर काबुल के पार जाने को कहा। सुजानसिंह हाड़ा वीर पुरुष था। विद्रोहियों का तो उसे भय नहीं हुआ, इस चिन्ता से वह लाचार हो गया कि काबुल के पार जाकर वह फिर अपनी जात में कैसे रहेगा? निदान, उसने अपने दो बेटों को फौज देकर विद्रोहियों को दबाने को भेज दिया और फिर उनसे सम्बन्ध-विच्छेद कर लिया, क्योंकि, हिन्दू-समाज के विश्वास के अनुसार, ये दोनों लड़के काबुल जाते ही मुसलमान हो गए, इस्लाम में दीक्षित चाहे वे भले ही न हुए हों। बच्चे भी क्या करते? उन्हें मुसलमान हो जाना पड़ा, क्योंकि काबुल जाकर वे समाज में फिर से वापस नहीं आ सकते थे।

धर्म की बाधा

एक दूसरी विचित्र कहानी 'वीर-विनोद'[3] में मिलती है। कथा यह है कि शेरशाह से हारकर हुमायूँ जब ईरान भाग गया, तब वहाँ के बादशाह ने उसको शरण दी। बादशाह ने एक दिन हुमायूँ से पूछा कि आपने हिन्दुस्तान की वीर-जाति के साथ विवाह-सम्बन्ध किया है या नहीं? इस पर हुमायूँ ने भारत की स्थिति बतलाई और यह कहा कि पठान तो हमारे शत्रु हैं और राजपूत हमसे सम्बन्ध नहीं करेंगे। किन्तु, यह बात हुमायूँ के मन में अटक गई। अतः मरने के पूर्व, उसने अकबर को आदेश दिया कि वह राजपूतों को अपना मित्र बनाने के लिए उनके साथ विवाह-सम्बन्ध करने की चेष्टा अवश्य करे। हुमायूँ के इसी वसीयतनामे के अनुसार, अकबर ने राजपूत सरदारों से कहा कि वह अपनी बेटियाँ शाही खानदान में ब्याहें और शाही खानदान की बेटियाँ अपने यहाँ लें। किन्तु, अकबर का यह प्रस्ताव राजपूतों के गले नहीं उतरा। वे घबरा गए कि अगर एक मुसलमानिन घर में आ गई तो, शास्त्रानुसार, सारे खानदान का धर्म भ्रष्ट हो जाएगा और सब-के-सब मुसलमान हो जाएँगे। इसलिए, आपस में सोच-विचारकर उन्होंने यह निश्चय किया कि हम अपनी बेटी शाही खानदान में भले ब्याह दें, किन्तु शाही खानदान की बेटी को अपने यहाँ नहीं लाएँगे।[4] यह बात राजपूतों ने इसलिए स्वीकार की कि बेटियों को शाही महल से बुलाकर वे फिर अपने घर नहीं ले जानेवाले थे।

'वीर-विनोद' की यह कहानी सच है या झूठ, इस बात की अभी परीक्षा नहीं हुई है। किन्तु, अनुमान होता है कि इस तरह की कोई बात हुई होगी। मुहम्मद हुसेन आजाद ने 'दरबारे-अकबरी' के पृष्ठ 61 और 62 पर लिखा है कि "जब हुमायूँ ईरान गया और शाह तहमास्प से उसकी मुलाकात हुई, तब एक दिन दोनों बादशाह शिकार को निकले। वहाँ एक जगह बैठने पर हुमायूँ का पैर नंगी जमीन पर पड़ गया। इसे देखते ही उसके साथ के एक हिन्दुस्तानी सरदार ने अपनी पगड़ी फाड़कर उसका टुकड़ा हुमायूँ के पाँव के नीचे फैला दिया। इसका शाह तहमास्प पर बड़ा असर हुआ। उन्होंने पूछा कि बिरादर हुमायूँ! तुम्हारे साथ ऐसे जाँ-निसार, नमक-हलाल लोग थे, फिर, मुल्क तुम्हारे हाथ से कैसे निकल गया? बादशाह ने कहा कि भाइयों के हसद और अदावत ने काम खराब कर दिया। इस पर, बादशाह तहमास्प ने कहा कि हिन्दुस्तान में दो फिरके के लोग बहुत हैं—एक अफगान और दूसरे राजपूत। खुदा की मदद शामिल-हाल हो, तो अबकी दफा वहाँ पहुँचो तो अफगानों को तिजारत में डाल दो और राजपूतों को दिलासा व मुहब्बत के साथ शरीके-हाल करो।"

मुहम्मद हुसेन आजाद ने यह किस्सा अकबर-कालीन ग्रन्थ 'महासिरुल-उमरा' से लिया

है। इस कथा में राजपूतों के साथ ब्याह-शादी की बात नहीं आती। किन्तु, इससे इस अनुमान का आधार मजबूत होता है कि हुमायूँ ने अकबर के लिए जो वसीयत छोड़ी थी, उसमें राजपूतों से मेल-जोल बढ़ाने की बात जरूर रही होगी और इस विचार पर हुमायूँ इसलिए आया होगा कि ईरान के बादशाह ने उसे ऐसी सलाह दी थी।

अकबर ने जब बिहारीमल्ल कछवाहे की बेटी से ब्याह किया, उस समय, उसका राज्य बहुत छोटा था; उसकी शक्ति बहुत सीमित और उसकी उम्र भी अठारह-उन्नीस के करीब थी। तो क्या उसने राजपूतों को नीचा दिखाने को यह ब्याह किया था? और क्या उसके मन में यह बात आई ही नहीं कि ऐसे ब्याह के विरुद्ध राजपूतों का क्रोध उबल सकता है? इस विवाह के विरुद्ध राजपूती क्रोध उबला। अकबर के बाद जहाँगीर ने भी राजपूत युवती से विवाह किया, जो राजा भगवान् दास की बेटी थी। इससे अनुमान होता है कि विवाह के पूर्व ही राजपूतों की भावना शान्त कर दी गई थी; वे निरुत्तर बना दिए गए थे। यह भी बड़ी विचित्र बात है कि हुमायूँ की बहन गुलबदन बेगम, शाहजहाँ की बेटी जहाँआरा और औरंगजेब की बेटी जैबुन्निसा, ये शहजादियाँ आजीवन क्वाँरी रह गईं। कहीं यह, सचमुच ही, मुगलों और अफगानों के बीच की खटपट और राजपूतों की धार्मिक कुंठा का परिणाम तो न था?

जाति से बड़ी जात

यदि भारत में मुसलमानी अत्याचार भयानक रहा, तो तत्कालीन राजपूती वीरता की कहानी भी कुछ कम लोमहर्षक नहीं है। कम-से-कम, राजपूतों के प्रसंग में तो यह कहा ही जा सकता है कि वे तुर्कों की तलवार को कुछ नहीं समझते थे। और सच भी यही है कि मुसलमान तलवार के जोर से नहीं बढ़े, भारतवासियों ने उनका सामना ही नहीं किया। इसी प्रकार, इस्लाम भारत में केवल खड्ग-बल से नहीं फैला। हिन्दू-समाज में वेद-विरोधी आन्दोलन इस्लाम के उदय से, कम-से-कम, एक हजार वर्ष पहले ही छिड़ चुका था और बहुत से लोग वेद, ब्राह्मण, प्रतिमा और व्रत-अनुष्ठानों में विश्वास खो चुके थे। धर्म-परिवर्तन के अधिक आसान शिकार ये ही लोग हुए। इस्लाम ने बहुत-से ऐसे लोगों को भी अपने वृत्त में खींच लिया जो अछूत होने के कारण अपमानित हो रहे थे। और बहुत-से लोग इसलिए भी मुसलमान हो गए, चूँकि प्रायश्चित के नियम हिन्दुओं के यहाँ थे ही नहीं। हिन्दुत्व छुई-मुई-सा नाजुक धर्म हो गया था। इसलिए, गाँव के कुएँ में अगर मुसलमान पानी डाल देते तो सारा गाँव, स्वतः, मुसलमान हो जाता और शास्त्रों के प्रहरियों को यह सूझता ही नहीं कि पानी के समान मनुष्य भी शुद्ध किया जा सकता है। आक्रमण के रास्ते में गाय पड़ जाती तो हिन्दुओं की, स्वतः, पराजय हो जाती थी। फौज की जद में अगर मन्दिर पड़ जाते तो हिन्दुओं को कँपकँपी छूटने लगती थी।

जात-पाँत तोड़क मंडल के कार्याध्यक्ष श्री सन्तराम ने लिखा है कि मौलाना मुहम्मद काजिम मुरादाबादी के इतिहास में इस बात का उल्लेख है कि तेरहवीं सदी में रतनजू नामक एक व्यक्ति (जो, शायद, हूण या शक खानदान का था) कश्मीर के राजा सहदेव की राजसभा में किसी ऊँचे पद पर काम करता था। हिन्दू-धर्म पर उसकी असीम श्रद्धा थी और वह हिन्दू

होना चाहता था। किन्तु, पंडितों ने उसे, किसी भी प्रकार, हिन्दू बनने नहीं दिया, क्योंकि यह बात ही अकल्पनीय थी। निदान, वह मुसलमान हो गया और उसके मरने के बाद उसका बेटा शाह मीर सहदेव को मार स्वयं राजा बन बैठा। जिन ब्राह्मणों ने रतनजू को हिन्दू बनने नहीं दिया था, उन सबको शाह मीर ने बोरों में बन्द करवाके झेलम में डाल दिया। "श्रीनगर में जहाँ ये लोग डुबोए गए थे, वह स्थान आज भी 'वट-मजार' के नाम से प्रसिद्ध है।"

बंगाल में जिस, 'काला पहाड़' नामक प्रतापी मुसलमान ने असंख्य बंगाली हिन्दुओं को मुसलमान बनाया, वह स्वयं पहले हिन्दू था एवं ब्राह्मणों के अत्याचारों से बहुत ऊबकर ही वह मुसलमान हुआ था और मुसलमान होने के बाद उसने वही किया, जो स्वाभिमानी पुरुष को करना चाहिए।

धार्मिक विश्वासों की विकृति के साथ हिन्दुओं की दूसरी कमजोरी उनका जात-पाँत में बँटा रहना था। विपत्ति में यदि वैश्य है, तो राजपूत उसकी मदद नहीं करेंगे और विपत्ति में यदि एक गोत्र का ब्राह्मण है, तो दूसरे गोत्रवाला ब्राह्मण अलग खड़ा रहेगा। यह स्वभाव हिन्दुओं का पहले भी था और, कहीं-कहीं, आज भी है। हिन्दू जनता के ये आपसी द्वेष ऐसे प्रौढ़ हैं कि उनकी कहावतें बनी हुई हैं।[5] ये कहावतें विनोद या मनबहलाव की चीजें नहीं हैं, बल्कि, यहाँ, उनके अनुसार आचरण करने का रिवाज भी मौजूद है। जिस देश में मनुष्य, मनुष्य नहीं होकर ब्राह्मण, राजपूत, कायस्थ, कुरमी या कहार समझा जाता हो, जिस देश के लोग अपनी भक्ति और प्रेम पर पहला अधिकार अपनी जातवालों का समझते हों और जिस देश की एक जात के लोग दूसरी जात के विद्वान् को मूर्ख, दानी को कृपण, बली को दुर्बल, सच्चरित्र को दुश्चरित्र और अपनी जाति के मूर्ख को विद्वान् और पापी को पुण्यात्मा समझते हों, उस देश की स्वतन्त्रता और समृद्धि के विषय में यही कहा जा सकता है कि "रहिबे को आचरज है, गई तो अचरज कौन?"

शास्त्रों का अत्याचार केवल इतना ही नहीं था कि उन्होंने खाने-पीने, चलने-फिरने, मिलने-जुलने और आने-जाने पर इतने अधिक प्रतिबन्ध लगा दिए थे कि उनके अनुसार, आदमी की जात, बात की बात में, चली जाती थी; उनका इससे भी बड़ा अत्याचार, कदाचित् यह था कि जाति-भ्रष्ट व्यक्ति को फिर से जाति में मिलाने का उन्होंने कोई उपाय नहीं निकाला था। मनु और याज्ञवल्क्य-स्मृतियों में जाति-भ्रष्ट को जाति में लाने का कोई प्रबन्ध नहीं था। यह प्रबन्ध पहले-पहल 'देवल-स्मृति' में किया गया, जिसमें केवल 96 श्लोक हैं और जो, शायद, दसवीं शती में लिखी गई थी। अनुमान यह है कि सिन्ध-प्रदेश के मुसलमानों के हाथ में चले जाने के बाद जब पश्चिमोत्तर भारत की जनता धड़ल्ले से मुसलमान बनाई जाने लगी, तब उसे समाज में वापस आने की सहूलियत देने के लिए, यह स्मृति आनन-फानन रच दी गई।[6] किन्तु इस स्मृति का महमूद गजनवी के समय व्यापक प्रचार नहीं हुआ था और उस समय भी, सामान्यतः, हिन्दू यही मानते थे कि जिसके शरीर पर मुसलमान के छुए हुए पानी का छींटा पड़ गया, वह किसी भी प्रकार, हिन्दू नहीं रह सकता है। अलबैरूनी के विवरण से भी यही निष्कर्ष निकलता है कि उस समय पतित मनुष्य को जात में फिर से मिलाने का रिवाज हिन्दुओं के यहाँ नहीं था। शाही वंश का वीर राजा जयपाल जब महमूद गजनवी के हाथों कैद हुआ तो कैद से निकलने के बाद उसने

समाज में वापस आना अनुचित समझा और, प्रायश्चित-स्वरूप, वह आग में जलकर मर गया। एक प्रायश्चित की प्रथा के प्रचलित न रहने से हिन्दुओं की कितनी हानि हुई, इसका अनुमान आसानी से लगाया जा सकता है।

ब्राह्मण-बौद्ध विद्वेष

ब्राह्मणों और बौद्धों का सम्बन्ध कितना कटु था, यह पहले के एक प्रकरण में दिखलाया जा चुका है।[7] उनके बीच साँप और नेवले का सम्बन्ध हो गया था। ब्राह्मणों ने कहावत चला दी थी कि जो व्यक्ति मरते हुए बौद्ध के भी मुख में पानी देता है, वह नरक में पड़ता है। अंग, बंग, कलिंग, सौराष्ट्र और मगध में जैन और बौद्ध कुछ अधिक थे, अतएव, ब्राह्मणों ने इन प्रान्तों में जाने की, धार्मिक तौर पर, मनाही कर दी थी।[8]

यह भी कहा जाता है कि बौद्धों के खिलाफ मुसलमानों को ब्राह्मण भड़काया करते थे और ब्राह्मणों के खिलाफ बौद्ध। बौद्ध चाहते थे कि मुसलमान ब्राह्मणों को नष्ट कर दें तो अच्छा हो। ब्राह्मण चाहते थे कि इस बहाने अगर बौद्ध ही समाप्त हो जाएँ तो हमारी नाक बचे। कुछ विद्वानों का अनुमान है कि बिहार पर बख्तियार खिलजी द्वारा आक्रमण करने के पीछे नालन्दा के कुछ बौद्धों का षड्यन्त्र था। बंगाल के पाल राजे बौद्ध, किन्तु, सेन राजे हिन्दू थे। सेन-वंशी राजे बौद्ध धर्म के प्रचंड शत्रु हुए, यह मानी हुई बात है। नालन्दा सेन राजाओं के अधीन था। सेन राजाओं का कर्तव्य था कि नालन्दा की रक्षा के लिए कुछ उपाय करते। किन्तु, नालन्दा का विहार जलकर खाक हो गया और सेन राजे दूर पर अपने महल में सोते रहे। कुछ ऐसा ही बर्ताव बौद्ध श्रमणों ने सिन्ध में किया था जब वहाँ दाहिर के साथ मुहम्मद-बिन-कासिम की लड़ाई चल रही थी। श्री जयचन्द्रजी ने लिखा है, ''दाहिर के एक भाई ने, (दुश्मन का) सख्त मुकाबला किया, परन्तु जनता का एक बड़ा अंश श्रमण था। वे तमाशबीन बने रहे।'' श्रमण और ब्राह्मण एक-दूसरे को कटवाने के फेर में थे, किन्तु, मुसलमानी तलवार दोनों की गर्दनों पर गिरी, बल्कि, श्रमणों पर तो इतने जोर से गिरी कि उनका सफाया ही हो गया।

इस प्रकार, हिन्दुओं ने जात-पाँत और धर्म की रक्षा की कोशिश में जाति और देश को बर्बाद कर दिया। भारतवर्ष में राष्ट्रीयता की अनुभूति में जो अनेक गाथाएँ थीं, उनमें सर्वप्रमुख बाधा यही जातिवाद था। जिस गौरव की अनुभूति के लिए मनुष्य राष्ट्रीयता का वरण करता है, उस गौरव की तृषा इस देश में जात-पाँत की अनुभूति से ही शमित हो जाती थी। जात अगर ठीक है, तो सब कुछ ठीक है। धर्म अगर बचता है, तो सब कुछ बचता है। इस भावना के फेर में हिन्दू इस तरह पड़े कि देश तो उनका गया ही, जात और धर्म की भी केवल ठठरी ही उनके पास रही। हिन्दुओं की इस स्थिति पर क्षोभ और करुणा से विचलित होकर विल डुरांट लिखते हैं कि ''जात-पाँत के भेद-भावों से दुर्बल हो जाने के कारण ही हिन्दू जाति आक्रामकों के सामने विवश होती गई। आक्रामकों के प्रहार सहते-सहते उसकी अवरोध की शक्ति का दिवाला निकल गया और जब आत्मरक्षा का कोई उपाय नहीं रहा, तब हिन्दू लोग अलौकिक बातों में अपना त्राण खोजने लगे। अपने-आपको बहलाने अथवा दिलासा देने के लिए उन्होंने इस दलील का आश्रय लिया कि स्वाधीनता हो या पराधीनता, दोनों ही माया

की वस्तुएँ हैं। जीवन क्षणभंगुर है। अतएव, व्यक्ति या समाज की स्वतन्त्रता के लिए संघर्ष करना, कदाचित् ही, आवश्यक कार्य हो। हिन्दू-जाति के क्लेशपूर्ण, भीषण इतिहास से जो शिक्षा निकलती है, वह यह है कि निरन्तर सावधानता बरते बिना सभ्यता की रक्षा नहीं की जा सकती। जातियों में शान्ति के लिए प्रेम होना ठीक है, किन्तु, उन्हें अपनी बारूद को गीला होने देना नहीं चाहिए।''[9]

सन्दर्भ

1. इतिहास-प्रवेश।
2. देखिए, विष्णु-पुराण, अंश 4, अध्याय 24-98।
3. राजपूताने का यह इतिहास कविवर श्यामलदास ने महाराणा उदयपुर की आज्ञा से 19वीं सदी में लिखा था। यह पुस्तक प्रकाशित है और पाँच जिल्दों में है।
4. ''आम राजपूत लोगों में इस बात का जिक्र इस तौर पर है कि हुमायूँ बादशाह की वसीयत के मुवाकिफ बादशाह अकबर ने राजपूतों से कहा कि हमारे रिश्तेदार तो तुर्किस्तान में दूर रहते हैं और हम बड़े खानदानों के सिवा रिश्तेदारी नहीं कर सकते। तुम लोग हिन्दुस्तान में बड़े इज्जतदार और पुराने खानदानी हो, इसलिए हमारी बेटियों के साथ शादी करना कबूल करो। जिस पर राजपूतों ने सोच-विचार कर कहा कि आपकी बेटियाँ तो हमारी सरदार हैं जिनके साथ शादी करना बेअदबी में दाखिल होगा और अपनी बेटियाँ हम लोग आपको ब्याह देंगे। इन लोगों का इस बात से यह मतलब था कि बादशाहों की बेटियाँ हमारे घरों में आयीं तो उनके बड़प्पन से परहेज में खलल आकर मुसलमान होना पड़ेगा। और हमारी बेटी बादशाह के घर में गई तो ज्यादा अन्देशे की बात नहीं है। इसलिए, राजा भारमल्ल (बिहारी-मल्ल) कछवाहे ने सबसे अव्वल अपनी बेटी बादशाह को दी।''

   (वीर-विनोद : द्वितीय भाग; खंड 1; पृष्ठ 170 की पाद-टिप्पणी से।)
5. लाला सन्तरामजी ने अपनी एक प्रचार-पुस्तिका में ऐसी कुछ कहावतें दी हैं, जिनमें से कुछ ये हैं–

   1. जिसका बनिया यार, उसे दुश्मन क्या दरकार?
   2. खत्री पुत्रम् कभी न मित्रम्, जब मित्रम् तब दगीदगा।
   3. पीताम्बर छाजो भलो, साबत भलो न ठाट।
      और जात शत्रू भलो, मित्र भला नहीं जाट॥
6. इस बात का एक उदाहरण तो हमने अपने समय में भी देखा कि जो पंडितगण दयानन्द के कहने से नहीं चेते, राममोहन राय के कहने से नहीं चेते, गांधी और मालवीय के कहने से नहीं चेते, वे ही नोआखाली की दुर्घटना के समय चिल्ला उठे कि मुसलमानों द्वारा भ्रष्ट की गई हिन्दू स्त्रियाँ भी हिन्दू ही हैं, उनका धर्म, ज्यों का त्यों, सुरक्षित है। अतएव, उन्हें समाज में वापस ले लेने में कोई दोष नहीं है।
7. देखिए, 'क्रान्ति की गंगा में शैवाल' नामक प्रकरण।
8. अंग-बंग-कलिंगेषु, सौराष्ट्र-मगधेषु च।
   तीर्थयात्रां विना गत्वा पुनः संस्कारमर्हति। *(सिद्धान्त-कौमुदी)*
9. आवर ओरियेंटल हेरिटेज।

प्रकरण-4

हिन्दू-मुस्लिम-सम्बन्ध

अत्याचार का दुष्परिणाम

अलबैरूनी ने लिखा है कि मुहम्मद की चढ़ाई के समय हिन्दू धूलि-कणों के समान उड़ गए और जीवित लोगों के मुख में उनकी कहानी मात्र शेष रही। यह भी कि तभी से वे मुसलमानों से अत्यन्त घृणा करने लगे।

अलबैरूनी ने सत्य ही कहा है हिन्दू जन्मजात अहिंसक थे। अनेक धर्मों का स्वागत करते-करते, वे धार्मिक मामलों में बहुत ही सहिष्णु हो गए थे। महमूद से पहले जो मुसलमान भारत में आए थे, उन्हें यहाँ के राजाओं ने अच्छा प्रश्रय दिया था। **अगर कोई उनकी मस्जिदें तोड़ता, तो हिन्दू राजे अपराधियों को दंड देते थे तथा टूटी हुई मस्जिदों की मरम्मत अपने पैसे से करवा देते थे।** लड़ाई और मार-काट के दृश्य तो हिन्दुओं ने बहुत देखे थे, उन्हें सपने में भी यह खयाल न था कि दुनिया की एकाध जाति ऐसी भी हो सकती है, जो मूर्तियाँ को तोड़ने और मन्दिरों को भ्रष्ट करने में ही सुख माने। जब मुस्लिम-आक्रमण के साथ मन्दिरों और मूर्तियों पर विपत्ति आई, हिन्दुओं का हृदय फट गया और वे इस्लाम से तभी जो भड़के, सो अब तक भड़के हुए हैं।

भारत में इस्लाम का आरम्भिक इतिहास मार-काट, खूँरेजी, धर्म-परिवर्तन, अभद्रता और अन्याय का इतिहास है। मुसलमान एक आदर्श, एक धर्म और एक सुगठित समाज में जिस प्रकार आबद्ध थे, उससे उन्हें अपार नैतिक बल प्राप्त होता था। इसके विपरीत, हिन्दुत्व ढीला हो चुका था। हिन्दुओं के धर्म, आदर्श और सिद्धान्त के अनेक रूप थे। उन्हें एकता का भी बल नहीं था। फिर भी, भारत में इस्लाम की धाक उस आसानी से नहीं जमी, जिस आसानी से यूरोप में जमी थी।

जब खिलाफत की राजधानी दमिश्क में आई (सन् 670 ई.), उस समय अफगानिस्तान में हिन्दू-राज्य था। वह राज्य था तो छोटा, किन्तु, उसकी शक्ति सुसंगठित और सेना मजबूत थी। अरब के मुसलमान अफगानिस्तान पर कब्जा करना चाहते थे और काबुल पर चढ़ाइयाँ उन्होंने कई बार कीं। लेकिन, काबुल का हिन्दू-राज्य टस से मस नहीं हुआ। तब अरबों ने सिन्ध की ओर मुँह फेरा और सन् 711 ई. में उसे जीत लिया। फिर भी, अरब सिन्ध से आगे नहीं बढ़ सके। ''लगभग डेढ़ शताब्दी (644-786) तक भारत के पच्छिमी दरवाजों पर लगातार टक्करें मारकर अरब लोग केवल एक प्रान्त सिन्ध में ही घुस सके और अफगानिस्तान में घुसने या सिन्ध से आगे बढ़ने की उनकी सब चेष्टाएँ बेकार हुईं।'' (जयचन्द्र)। आठवीं

सदी के आरम्भ में सिन्ध पर मुसलमानों का जो कब्जा हुआ, वह तीन सौ साल तक, ज्यों-का-त्यों, बना रहा। इस बीच इस्लाम का राज्य पिरेनीज से लेकर चीन तक फैल गया था, लेकिन, सिन्ध से दक्षिण मुसलमान नहीं जा सके थे। अन्त में, भारत पर मुस्लिम-विजय का रास्ता तुर्कों ने खोला। इस देश पर बार-बार चढ़ाइयाँ करके उन्होंने ही मुस्लिम-विजय को सम्भव बना दिया।

इस्लाम केवल नया मत नहीं था। यह हिन्दुत्व का ठीक विरोधी मत था। हिन्दुत्व की शिक्षा थी कि किसी भी धर्म का अनादर मत करो। मुसलमान मानते थे कि जो धर्म मूर्ति-पूजा में विश्वास करता है, उसे नेस्तनाबूद कर देना ही धर्म का सबसे बड़ा काम है। हिन्दू गोहत्या को सबसे बड़ा पाप समझते थे। मुसलमान गोभक्षक थे। हिन्दुत्व इतना उदार था कि अनेक मतों के प्रति उदारता का बर्ताव करके उसने उन्हें अपना बना लिया था। किन्तु, अब जो नया धर्म भारत में आया, वह प्रजा नहीं, राजा का धर्म था और इस धर्म की चेष्टा यह थी कि हिन्दुत्व से दोस्ती न करके उसे अपने ही भीतर आत्मसात् कर ले। अतएव, हिन्दुत्व इस्लाम को लील नहीं सका। उलटे, इस्लाम से अपनी रक्षा करने में उसे भारी संकटों का सामना करना पड़ा। हिन्दुत्व पराजित प्रजा का धर्म था और इस्लाम विजेताओं का। अतएव, इस्लाम के सांस्कृतिक आक्रमणों का उत्तर आक्रमण से देना हिन्दुत्व के लिए सम्भव नहीं था। परिणाम यह हुआ कि अपनी रक्षा के प्रयास में हिन्दुत्व, घोंघे की तरह सिकुड़कर, अपनी खोली में छिपने लगा। जात-पाँत के नियम उसने और भी कठोर बना लिये। लड़कियों का बचपन में ब्याह आम बात हो गई और छुआछूत की भावना और भी भयंकर हो उठी। सबसे विचित्र बात यह हुई कि इस्लाम के विरुद्ध हिन्दुओं की घृणा दबकर उनके अन्तर्मन में चली गई और इसकी अभिव्यक्ति इस प्रथा में हुई कि मुसलमान का छुआ पानी पीने से भी हिन्दू का धर्म चला जाता है। पर्दे का चलन थोड़ा-बहुत पहले से भी था, किन्तु, मुस्लिम-काल में यह प्रथा कुप्रथा में परिणत हो गई।

सबसे पहले इस्लाम का प्रचार नगरों में आरम्भ हुआ, क्योंकि विजेता, मुख्यतः, नगरों में ही रहते थे और उनका आतंक भी, प्रधानतः, वहीं था। कुछ यह भी कारण हुआ कि अन्त्यज और निचली जाति के लोगों पर नगरों में सबसे अधिक अत्याचार था। ये लोग प्रायः, नगर के भीतर बसने नहीं दिए जाते थे और बाहर से जब वे नगर में आने लगते, तब उन्हें फटे हुए बाँस को पटककर अपने आगमन की सूचना देते हुए चलना पड़ता था, जिससे ऊँची जात के लोग उनकी छाया से बच सकें। इस्लाम ने जब उदार आलिंगन के लिए अपनी बाँहें इन अन्त्यजों और ब्राह्मण-पीड़ित जातियों की ओर बढ़ाई, ये जातियाँ प्रसन्नता से मुसलमान हो गईं।

कश्मीर और बंगाल में तो लोग झुंड-के-झुंड मुसलमान हुए। इन्हें किसी ने लाठी से हाँककर इस्लाम के घेरे में नहीं पहुँचाया, प्रत्युत, ये पहले से ही ब्राह्मण-धर्म से चिढ़े हुए थे (देखिए प्रकरण, क्रान्ति की गंगा में शैवाल)। ये लोग हिन्दुत्व की उलझी हुई समस्या के रूप में बहुत दिनों से हिन्दुत्व से, कुछ-कुछ, अप्रसन्न चले आ रहे थे। जब इस्लाम आया और सूफी-धर्म से इसका परिचय हुआ, इन्हें लगा जैसे यह इस्लाम ही उनका अपना धर्म हो। अरब और ईरान के मुसलमान तो यहाँ बहुत कम आए थे। सैकड़े पच्चानबे तो वे ही लोग हैं, जिनके बाद-दादे हिन्दू थे। इन नए मुसलमानों ने भी हिन्दुओं पर बहुत अत्याचार किया।

साम्प्रदायिक राज्य

भारत की अपनी परम्परा असाम्प्रदायिक राज्य की परम्परा थी। जैन, बौद्ध और वैदिक धर्मावलम्बियों के बीच खटपट यहाँ भी चलती थी, लेकिन, इस देश के राजे राज्य की ओर से किसी भी धर्म का दलन नहीं करते थे, न यहाँ यही रिवाज था कि राज्य-धर्म से भिन्न धर्मों के माननेवाले लोगों को द्वितीय अथवा तृतीय श्रेणी का नागरिक माना जाए। किन्तु, मुस्लिम राज्य-काल में भारत की यह धर्म-निरपेक्ष नीति समाप्त हो गई। सुलतान, बादशाह और नवाब खुलकर मुसलमानों का साथ देने लगे और हिन्दुओं के साथ वही बर्ताव किया जाने लगा, जो गुलामों के साथ किया जाता है।

जो जाति पराजित हो जाती है, उसके साथ गुलामों का-सा व्यवहार किया ही जाता है, यह अनुभव संसार के, प्रायः, सभी देशों का रहा है। किन्तु, इस्लामी राज्य में यह व्यवहार धर्म का अंग समझा जाता था। सर यदुनाथ सरकार ने लिखा है कि, इस्लामी-राज्यतन्त्र के अनुसार, सभी गैर-मुस्लिम जनता शत्रु है तथा उसकी संख्या और शक्ति को समाप्त कर देना मुस्लिम शासक का प्रधान कर्तव्य है। ईसाइयों और यहूदियों की धर्म-पुस्तकों को हजरत मुहम्मद भी धर्म-ग्रन्थ मानते थे, लेकिन, ये लोग भी इस्लामी-राज्य में समता का स्थान नहीं पा सकते थे।

इस्लामी राज्यतन्त्र का सिद्धान्त यह था कि जो लोग अपना धर्म छोड़कर मुसलमान नहीं हो जाते अथवा जो लोग मुस्लिम-आक्रमणों का साथ नहीं देते या लड़ाई में तटस्थ रहते हैं, वे सारे-के-सारे लोग 'ज़िम्मी' हैं। यानी ऐसे लोगों की सुरक्षा का ज़िम्मा मुस्लिम शासन लेने को तैयार था, लेकिन इस शर्त पर कि ज़िम्मी लोग मुसलमानों के साथ बराबरी का दावा नहीं करेंगे, वे जिज़िया नामक वैयक्तिक कर चुकाएँगे और राज्य की सेवा में तत्पर रहेंगे।

हिन्दुओं को केवल जिज़िया देने से ही छुटकारा नहीं था। उन्हें अपनी पोशाक भी मामूली रखनी पड़ती थी। वे घोड़ों पर चढ़कर मुसलमानों के सामने नहीं निकल सकते थे, न शस्त्र धारण करने का उन्हें अधिकार था। अपने धर्म-कर्म भी हिन्दुओं को इस चौकसी से निभाने पड़ते थे कि मुसलमान उनसे कहीं रुष्ट न हो जाएँ।

सर यदुनाथ सरकार ने जब यह बात कही थी कि किसी मुसलमान को दूसरे धर्म में ले जाने का काम, शरीयत के अनुसार, घोरतम अपराध है और ऐसे अपराधी की गर्दन कोई भी मुसलमान उड़ा सकता है, तब कई मुस्लिम विद्वानों ने इसका खंडन किया था। किन्तु, अब श्री आर.सी. मजूमदार ने शेख हमदानी-कृत 'जखीरातुल-मुलूक' से जो उद्धरण उपस्थित किए हैं[1], उनसे सर यदुनाथ की ही स्थापना ठीक मालूम होती है। मुस्लिम-राज्य की गैर-मुस्लिम प्रजा, इस्लाम के कानून की दृष्टि में कितनी हेय समझी जाती थी, इसका अनुमान नीचे लिखे कुछ प्रतिबन्धों से, आसानी से, किया जा सकता है।

1. मुस्लिम-राज्य में कोई भी प्रतिमालय नहीं बनाया जा सकता।
2. जो प्रतिमालय तोड़ दिए गए हैं, उनका नव-निर्माण नहीं किया जा सकता।
3. कोई भी मुस्लिम यात्री प्रतिमालय में ठहरना चाहे तो बेरोक-टोक ठहर सकता है।
4. सभी गैर-मुस्लिम लोग मुसलमानों की इज्जत करेंगे।
5. गैर-मुस्लिम प्रजा मुसलमानी पोशाक नहीं पहनेगी।

6. गैर-मुस्लिम लोग मुसलमानी नाम नहीं रख सकते हैं।
7. गैर-मुस्लिम लोग मुसलमानों के सामने, जीन और लगाम कसकर घोड़ों पर नहीं चढ़ेंगे।
8. गैर-मुस्लिम प्रजा के लिए तीर, धनुष और तलवार लेकर चलना मना है।
9. गैर-मुस्लिम जनता मुसलमानों के मुहल्लों में न बसे।
10. गैर-मुस्लिम प्रजा अपने मुर्दों को लेकर जोर से विलाप न करे।
11. गैर-मुस्लिम लोग मुस्लिम गुलाम न खरीदें।

ये सभी नियम राज्य की ओर से हमेशा कड़ाई से बरते जाते थे या नहीं, यह बताना कठिन है, किन्तु, हर मुस्लिम शासक को यह मालूम था कि जिस शासन का वह संचालन कर रहा है, उसका आधार ऐसे ही नियमों पर है।

हिमालय के पास साम्बल में एक बौद्ध मन्दिर था, जहाँ चीनी भक्त काफी संख्या में आते थे। चीनी सम्राट् ने एक बार चाहा कि वे उस मन्दिर का जीर्णोद्धार कर दें। निदान, मुहम्मद-बिन-तुगलक को उपहार भेजकर उन्होंने उससे अनुमति की याचना की। तुगलक ने उपहार तो रख लिये, लेकिन, चीनी सम्राट् को जवाब भेजा कि मुस्लिम-राज्य में मन्दिर वही बनवा सकता है जो जिज़िया देने को तैयार हो।

फीरोज शाह तुगलक जिज़िया देनेवालों को भी मन्दिर बनाने की अनुमति नहीं देता था। उससे पहले के सुलतान ब्राह्मणों को जिज़िया-कर से मुक्त रखे हुए थे। फीरोज शाह ने ब्राह्मणों पर भी जिज़िया लगा दिया।

लेकिन, जिज़िया देकर भी हिन्दू अपने धर्म का पालन करें, यह बात मुस्लिम पंडितों और उलमाओं को पसन्द नहीं थी। तुगलक-युगीन इतिहासकार **जियाउद्दीन बरनी** ने शिकायत लिखी है कि कुछ थोड़े-से टकों के बदले सुलतान काफिरों को धर्म की स्वतन्त्रता देते रहेंगे तो हिन्दुस्तान में इस्लाम का झंडा बुलन्द नहीं रह सकेगा।

दो-एक पठान सुलतान खुद, शायद, कुछ उदार भी रहे हों, लेकिन, उन दिनों मुल्लाओं का बड़ा जोर था और मुल्ले केवल धर्म की बातों में ही नहीं, राज-काज में भी सुलतानों का मार्ग-दर्शन करते थे। **मुगीसुद्दीन** नामक एक काजी ने अलाउद्दीन खिलजी से कहा था, "काफिरों के सामने विकल्प तो, वैसे, दो ही हो सकते हैं, यानी मौत या इस्लाम। लेकिन, हनीफा ने उनके लिए जिज़िया की रियायत की बात भी कही है।"

अरब-विजय के छह सौ वर्ष बाद मुस्लिम इतिहासकार बरनी ने **फतवए-जहाँदारी** में हिन्दू-धर्म पर भयानक कोप प्रकट किया। उसने महमूद गजनवी की याद बड़े फख्र से की है और कहा है, काश! महमूद एक बार और आए तो हिन्दुओं का पूरा सफाया हो सकता है।

अफ़ीफ़ नामक एक दूसरे इतिहासकार ने फीरोज तुगलक के वजीर के मुख से कहलवाया है कि राज्य के उद्देश्य दो ही हैं—एक तो राज्य की समृद्धि और प्रजा की रक्षा तथा दूसरे राज्य का विस्तार और काफ़िरों का सफाया।

देश की सुरक्षा, रियाया की खुशहाली और राज्य का विस्तार, ये किसी भी शासन के लिए गौरव के कार्य हैं। **किन्तु, मुस्लिम इतिहासकारों ने अधिक प्रशंसा उन सुलतानों और गाज़ियों की लिखी है, जिन्होंने अधिक-से-अधिक मन्दिर तोड़े और अधिक-से-अधिक लोगों को मुसलमान बनाया।** कुरान के अनुसार कुफ्र का सबसे बुरा रूप **शिर्क** और **शिर्क** का सबसे

बुरा रूप **मूर्तिपूजा** है; और हिन्दुस्तान मूर्तिपूजकों का देश है। अतएव, **कुफ्र** का दलन करने में मुसलमानों को जितने अत्याचार इस देश में करने पड़े, उतने किसी और देश में नहीं।

इब्न-बतूता एक मुस्लिम विद्वान् था, जो 14वीं सदी में अफ्रीका से भारत आया था, जब मुहम्मद-बिन-तुगलक यहाँ सुलतान था। बतूता ने जो विवरण छोड़ा है, उससे यह प्रत्यक्ष हो जाता है कि उस समय जबर्दस्ती धर्म-परिवर्तन करवाने की प्रक्रिया कितनी तेज़ थी और झुंड-के-झुंड हिन्दू किस प्रकार दास बनाए जाते थे। हिन्दुओं का दरजा मुसलमानों की तुलना में बहुत ही तुच्छ था, यह बात भी बतूता ने स्पष्ट शब्दों में लिखी है। बतूता की आँखों के आगे ही तुगलक ने भयानक जुल्म किए थे। एक बार तो ऐसा हुआ कि अत्याचार के भयानक दृश्य को असह्य पाकर बतूता नमाज़ के बहाने उस स्थान से अलग हट गया था।

हिन्दुओं के प्रति भेद-भाव नौकरियों में भी बरता जाता था। साधारणतः, मुसलमान हिन्दुओं का विश्वास नहीं करते थे, अतएव, ज़िम्मेदारी की जगहें उन्हें दी जाती थीं, जो पठान थे अथवा उन मुसलमानों को जो बाहरी देशों से आते थे। सिकन्दर लोदी और शेरशाह सूरी ने इस बात की कुछ थोड़ी चिन्ता जरूर की कि हिन्दुओं के बीच उन्हें लोकप्रियता प्राप्त हो, लेकिन, बाकी सुलतानों ने हिन्दुओं के दर्द की कोई परवाह नहीं की। आश्चर्य है कि पठान-शासन-काल की इतनी स्पष्ट बुराइयाँ आज के भी मुस्लिम-लेखकों को नहीं दिखाई देतीं और वे बिना किसी हिचकिचाहट के, लिख देते हैं कि **पठान-राज्य-काल में गैर-मुस्लिम प्रजा को धार्मिक एवं सांस्कृतिक स्वाधीनता प्राप्त थी, केवल राजनैतिक अधिकार उन्हें पूरे नहीं मिले थे।**[2]

सांस्कृतिक प्रतिशोध

मुसलमानों के अत्याचारों से आजिज आकर हिन्दुओं ने उन्हें म्लेच्छ कहना आरम्भ किया। म्लेच्छ वे यों भी समझे जाते, क्योंकि सभी विदेशी आक्रान्ता भारत में म्लेच्छ समझे जाते थे। यवन और म्लेच्छ समानार्थक थे। इनका अभिप्राय विदेशी से होता था। मुसलमानों को म्लेच्छ कम ही बार कहा गया। अधिकतर वे यवन ही कहलाते थे। आयोनिया (Ionia) के यूनानी लोगों को ईरानी लोग यौन कहते थे। यूनानी के लिए यौन का प्रयोग पहले-पहल डेरियस प्रथम के अभिलेख में मिलता है। वहीं से भारतीयों ने यह शब्द (यौन, यवन) ज्यों-का-त्यों उठा लिया। म्लेच्छ भी पहले उस व्यक्ति को कहते थे, जो संस्कृत का शुद्ध-शुद्ध उच्चारण नहीं कर सकता था।

मुसलमानों को हिन्दुओं ने, अपनी संस्कृति में, वही दरजा दिया, जो अछूतों को दिया जाता था। इसीलिए, हरिजनों ने मुसलमानों का उतना अनादर नहीं किया, जितना सवर्ण हिन्दू करते थे। और हिन्दुओं की अस्पृश्यतावादी नीति के खिलाफ मुसलमान शिकायत भी नहीं कर सकते थे, क्योंकि हिन्दुओं ने यह नीति केवल मुसलमानों का अपमान करने को नहीं निकाली थी। वे इस नीति को धर्म समझते थे और जब चश्मे के पानी में कोई शराब मिला देता, तब हिन्दू धर्म छोड़कर जीतने के बदले, धर्म रखकर हार जाना अधिक पसन्द करते थे। **अत्याचार से बचने को हिन्दुओं ने बहिष्कार की नीति को और भी मजबूत बना लिया।** इब्नबतूता ने लिखा है कि मालाबार में मुसलमान को लोटे में पानी नहीं दिया जाता

था। पानी उसे हिन्दू हाथ में पिलाते थे। और जिस बर्तन में मुसलमान खाना खा लेता था, हिन्दू उसे तोड़ डालते थे या मुसलमान को दे देते थे।

आस-पास बसे रहने पर भी हिन्दुओं ने यह नीति जारी की कि वे, जहाँ तक होगा, मुसलमानों के घर नहीं जाएँगे, न मुसलमानों को अपने घर आने देंगे। जब मुसलमानों के सूफी सन्त भारत में घूमने लगे, तब आदर तो उनका हिन्दुओं ने भी किया, लेकिन, हिन्दू इन सन्तों को भी अपने घर के भीतर नहीं ले जाते थे, न अपने बर्तन में उन्हें भोजन करने देते थे। सुलतानों, नवाबों और बड़े कर्मचारियों से मिलना बड़े भाग्य की बात समझी जाती थी। लेकिन, जो सौभाग्यशाली हिन्दू इन बड़े मुसलमानों से कभी हाथ मिलाने का अवसर पा जाते, वे भी घर जाकर स्नान करते और अपने कपड़े बदल डालते थे।

हिन्दू बाहर से तो दब गए, लेकिन, भीतर-ही-भीतर उनकी घृणा की भावना उत्कट होती गई। यह घृणा उन्हें केवल मुसलमानों से ही नहीं हुई, बल्कि, जो हिन्दू मुसलमानों से हेल-मेल बढ़ाता, अपने मुहल्ले में वह भी घृणित ही समझा जाता था। मुसलमानों ने भारत में अत्याचार तो ऐसे भयानक किए, जिनका दुनिया के इतिहास में कहीं सानी नहीं है; किन्तु, भारत का सबसे बड़ा अकल्याण उन्होंने यह किया कि हिन्दुओं के हृदय में उन्होंने साम्प्रदायिकता की आग पैदा कर दी। **धार्मिक द्वेष भारत में नहीं था। यह चीज यहाँ मुस्लिम साम्प्रदायिकता की देन है।**

मुसलमानों की विजय शुद्ध राजनैतिक विजय थी। देश की संस्कृति पर उसका व्यापक प्रभाव नहीं पड़ा। ऊपर के रजवाड़े टूट गए, किन्तु, उनके नीचे गाँवों की अवस्था, ज्यों-की-त्यों बनी रही। हिन्दू-जनता ने, धीरे-धीरे, मुसलमानों को अपना पड़ोसी मान लिया और उनके साथ वह बहुत-कुछ वही बर्ताव करने लगी, जो बर्ताव वह अन्त्यजों के साथ करती आई थी। उस बर्ताव के खिलाफ मुसलमानों ने कभी कोई बड़ा आन्दोलन किया हो, इसका प्रमाण इतिहास में नहीं है। कारण, शायद, यह था कि मुस्लिम पड़ोसी पहले हिन्दू-अन्त्यज रहे थे अथवा ऐसी जातों के लोग जिनका पानी नहीं चलता था। अतएव, मुसलमान हो जाने पर भी उनकी यह हिम्मत नहीं हुई कि, स्पृश्यता के मामले में, वे हिन्दुओं के साथ बराबरी का दावा कर सकें।

एकता-आन्दोलन का आरम्भ

भारत की विशेषता है कि जो नवागन्तुक इस देश में बस जाते हैं, उन्हें अपने समाज में खपाने की वह, कोई-न-कोई, राह निकाल लेता है। जब आर्य यहाँ आए थे, उन्होंने अनेक जातियों को एक समाज में बाँधने के लिए जाति की प्रथा निकाली थी। पीछे, स्वयं आर्यों का भारतीयकरण भारत ने उन्हें निवृत्तिवादी बनाकर पूरा किया। किन्तु, जाति-प्रथा अब निकम्मी चीज थी। न तो हिन्दू इतने उदार रह गए थे कि मुसलमानों को वे अपनी जाति की दीर्घा में बिठा सकें, न मुसलमान अपनी इकाई खोने को तैयार थे। निदान, भारत की निवृत्तिमार्गी विचारधारा उभरकर ऊपर आई और इस बार उसने इस्लामी तसव्वुफ की राह से हिन्दुओं और मुसलमानों को परस्पर समीप लाने का आन्दोलन आरम्भ कर दिया।

शासक और सुलतान कठोर के कठोर ही बने रहे और मुल्लों का उन पर प्रभाव भी

वैसा ही रहा जैसे पहले था। लेकिन, जनता ने सल्तनत की नीति से भिन्न राह पकड़ ली। लोगों को इस राह पर आने का प्रोत्साहन इस बात से भी मिला कि मुस्लिम सूफी सन्त सल्तनत की नीति से बँधे नहीं थे, न मुल्लों का सहयोग ही उन्हें प्राप्त था। सल्तनत और मुल्ले, अकसर, सन्तों का विरोध करते थे। ईरान के सूफी सन्त मनसूर को मुस्लिम-सल्तनत ने शूली पर चढ़ा दिया था और भारत में भी औरंगजेब ने सरमद को मरवा डाला था। इससे यह अनुमान आसानी से निकाला जा सकता है कि सूफी सन्त, कुछ-कुछ, बागी किस्म के लोग थे।[3] अतएव, उनकी साधुता और विद्रोह-प्रियता पर रीझकर हिन्दू-जनता उनका साथ देने लगी।

सूफियों की इज्जत **खिलजी**-काल में ही खूब बढ़ गई थी और उनका प्रभाव हिन्दुओं और मुसलमानों पर यथेष्ट रूप से छा गया था। सूफियों के इस प्रभाव से सुलतान लोग जलने भी लगे थे। इस सम्बन्ध में कुतुबुद्दीन, मुबारक खिलजी और गियासुद्दीन तुगलक के नाम काफी बदनाम हैं। गियासुद्दीन ने हज़रत निज़ामुद्दीन औलिया को धमकी दी थी कि अमुक तारीख को दरबार में हाजिरी दो, नहीं तो तुम्हें दंडित होना पड़ेगा। कहते हैं, औलिया साहब दरबार तक तो नहीं गए, लेकिन, निर्धारित तिथि के पहले ही गियासुद्दीन का कत्ल हो गया।

सुफियों से अलग एक तरह के फकीर और होते थे, जो कलन्दर कहलाते थे। ये कलन्दर सम्प्रदाय नहीं बनाते थे, न एक जगह पर ज्यादा दिन टिका ही करते थे। वैराग्य और फकीरी के जरिए अपना मोक्ष खोजते हुए घूमते चलना ही इनका स्वभाव था।

सूफियों और कलन्दरों के प्रभाव से भारत में इस्लाम का रूप बदल गया। इस्लाम सीधा-सादा कट्टर धर्म था जिसमें बाहरी अनुष्ठानों पर बहुत जोर दिया गया था। अब वह एक प्रकार का जटिल भक्ति-मार्ग बन गया जिसमें योग, चमत्कार, अन्धविश्वास, भजन, कव्वाली, पीरों की पूजा और हिन्दू-धर्म की बीसियों दूसरी बातें प्रविष्ट हो गईं। इस्लाम में गुरु-परम्परा का जोर पहले उतना नहीं था जितना भारत में आकर बढ़ा।

जब सूफी-धर्म अपनी बुलन्दी पर था, तब तक भक्ति का आन्दोलन दक्षिण भारत से उत्तर में पहुँच चुका था। इन दोनों आन्दोलनों ने हिन्दुओं और मुसलमानों के बीच की दूरी कम कर दी।

भारत में इस्लाम के दो रूप प्रकट हुए। मुसलमान-शासक हिन्दुओं के द्रोही, मन्दिरों के भंजक और प्रतिमाओं के शत्रु थे। लेकिन, मुस्लिम सूफी सन्तों में हिन्दुओं के प्रति शत्रुता का भाव नहीं था। वे हिन्दू और मुसलमान, दोनों को एक नए धर्म में दीक्षित करना चाहते थे, जो आत्मा का धर्म था, जो सच्ची मानवता का धर्म था। सूफी सन्त आचार तो अपने ही धर्म का बरतते थे, लेकिन, प्रेम उनका सभी धर्मों पर एक समान था और प्रत्येक धर्म के आदमी को वे आत्मा के धर्म में दीक्षित करना चाहते थे, हृदय में प्रेम की पीर जगाकर उसे ईश्वरोन्मुख बनाना चाहते थे।

सभी सूफी सन्त धर्म के बाह्याचारों और अनुष्ठानों को उपेक्षा की दृष्टि से देखते थे। उनका सारा जोर प्रेम पर था, परमात्मा की भक्ति पर था। इसलिए, इस्लामी मुल्ले उनके खिलाफ थे और इसलिए कबीर आदि का विरोध धर्म के पंडितों ने भी किया। लेकिन, भारतीय जनता का एक वर्ग ऐसा भी था जो वैदिक अनुष्ठानों और आचारों में विश्वास नहीं करता था, जिसके भीतर, बहुत दूर पर, बुद्ध की प्रेरणा काम कर रही थी, जिसने सरहपा-नहपा

आदि बौद्ध सिद्धों के इस उपदेश को अपना लिया था कि यज्ञ झूठे हैं, पंडितों का आदर करने में कोई पुण्य नहीं है, न एकादशी और मंगल को व्रत रखने से आत्मा का कल्याण होता है। यह विचारधारा अहिंसा को मानती थी, आत्मचिन्तन की प्रक्रिया में विश्वास करती थी और प्रतिमा-पूजन तथा तीर्थ-यात्रा के विरुद्ध थी।[4]

सूफियों के उपदेश सबसे अधिक इन्हीं लोगों को पसन्द आए और ये ही लोग इस्लाम तथा हिन्दुत्व के बीच के प्रथम सेतु हुए। हिन्दू से मुसलमान होनेवालों में सबसे अधिक संख्या इन्हीं लोगों की थी और इसी वर्ग के लोग हिन्दू रहकर भी इस्लाम से विशेषतः, उसके सूफी-आन्दोलन से प्यार करने लगे। **राजनीति के धरातल पर परस्पर बँटे हुए लोग धर्म के धरातल पर एक होने लगे।** जनता की प्रवृत्ति भेद से अभेद की ओर हो चली। मुसलमान हिन्दुओं की रामकहानी सुनने को तैयार होने लगे और हिन्दू मुसलमानों की 'दास्ताने-हमजा'। हिन्दुओं और मुसलमानों, दोनों के बीच साधुता का सामान्य आदर्श प्रतिष्ठित हो गया। बहुत-से मुसलमान फकीर भी अहिंसा का सिद्धान्त स्वीकार करके मांस-भक्षण को बुरा कहने लगे।[5]

अमीर खुसरो की भारत-भक्ति

सुलतानों के अत्याचार की जिम्मेवारी मुस्लिम-जनता पर नहीं थी। मुस्लिम-जनता, शायद, तुरन्त यह समझ गई थी कि यदि भारत में उसे रहना है तो देश की संस्कृति का ज्ञान उसे अर्जित करना चाहिए और भारत को अपना देश मान लेना चाहिए। यदि जनता के भीतर ऐसे भाव नहीं रहे होते तो अमीर खुसरो का जन्म उस काल के लिए असम्भव घटना हुई होती। पृथ्वीराज की पराजय सन् 1192 ई. में हुई और अमीर खुसरो का जन्म-वर्ष सन् 1253 ई. माना जाता है; **यानी भारत पर इस्लामी राज्य के आरम्भ से केवल इकसठ साल बाद भारत ने उस मुसलमान को जन्म दे दिया, जो हिन्दुस्तान के राष्ट्रवादी मुसलमानों का अग्रणी महापुरुष था।**

अमीर खुसरो के पिता सैफुद्दीन महमूद तुर्क थे। वे सुलतान नासिरुद्दीन (1246-1265 ई.) के राज्यकाल में भारत आए थे। अमीर खुसरो का जन्म पटियाले में हुआ था। वे शेख निजामुद्दीन औलिया के शिष्य थे और उन्हीं के चरणों में बैठकर उन्होंने विद्या भी पढ़ी थी। जब शेख साहब स्वर्गीय हुए और उनका शरीर कब्र में डाल दिया गया, तब अमीर खुसरो ने अपनी पीड़ा एक दोहे में व्यक्त की थी जो आज तक प्रसिद्ध है।

गोरी सोवत सेज पर, मुख पर डाले केस,
चल खुसरो घर आपनो, रैन भई सब देस।

खुद अमीर खुसरो का देहान्त सन् 1325 ई. में हुआ।

खुसरो, कई दृष्टियों से, भारत के महापुरुषों में गिने जाने के योग्य हैं। दिल्ली के आस-पास प्रचलित खड़ीबोली में साहित्य-सृजन का काम, सबसे पहले, खुसरो ने ही आरम्भ किया था। उस समय मुसलमान अपनी कविताएँ फारसी में लिखते थे और हिन्दू अपना साहित्य डिंगल अथवा अपभ्रंश भाषाओं में। हिन्दू और मुसलमान दोनों ही यह जानते थे कि जनता की भाषा न तो अपभ्रंश थी, न फारसी; किन्तु, दोनों ही जातियों के कवि उन्हीं भाषाओं पर आसक्त थे जिन्हें जनता नहीं समझती थी। अमीर खुसरो ने प्रचलित जनभाषा में रचना करके

हिन्दी और उर्दू के भविष्य की राह खोल दी। अतएव, वे खड़ीबोली हिन्दी और उर्दू, दोनों ही भाषाओं के पिता हुए हैं।

संगीत और वाद्य-यन्त्रों में भी उन्होंने नूतन आविष्कार किए थे। किन्तु, उनका सबसे बड़ा काम यह हुआ कि, सल्तनत की साम्प्रदायिक नीतियों की कुछ भी परवाह किए बिना, उन्होंने भारत के प्रति अपनी अद्‍भुत भक्ति अर्पित की। अपनी मसनवी 'नुहे-सिपह्र' (नौ आकाश) में उन्होंने भारत की जो प्रशंसा लिखी है, वह इस बात का प्रमाण है कि खुसरो, सच्चे मन से, अपने को भारतीय मानते थे। मुसलमान भारत के प्रति अपनी भक्ति अर्पित करें, यह बात, शायद, उस समय भी मुस्लिम-समाज में अच्छी नहीं समझी जाती थी। खुसरो ने लिखा है, "सम्भव है, कोई मुझसे पूछे कि भारत के प्रति मैं इतनी श्रद्धा क्यों रखता हूँ। मेरा उत्तर यह है कि केवल इसलिए कि भारत मेरी जन्मभूमि है, भारत मेरा अपना देश है। खुद नबी ने कहा है कि अपने देश का प्रेम आदमी के धर्म-प्रेम में सम्मिलित होता है।"[6]

भारत की साम्प्रदायिक वेदना का रूप यह है कि हिन्दू, अस्पृश्यता में विश्वास करने के कारण, सामाजिक व्यवहारों में मुसलमान को बराबरी का दरजा देने को तैयार नहीं है। कट्टर हिन्दू अपने प्यारे से प्यारे मुस्लिम मित्र को भी उस जगह ले जाकर खिलाने को तैयार नहीं है जहाँ वह खुद खाता है। मुसलमान दोस्त किसी हिन्दू के चौके में खाए, हिन्दू-समाज में इससे बड़ी बदनामी और नहीं हो सकती। और मुसलमान की कठिनाई यह है कि जमाने से उसे यह सिखाया गया है कि जिस देश पर मुसलमानों का राज्य नहीं है, वह देश **दारुल-हरब** यानी शत्रुओं का देश समझा जाना चाहिए। अतएवः देश-भक्ति और धर्म-भक्ति को एक करके चलने में मुसलमान को कठिनाई होती है। आम लोगों का खयाल है कि जिस देश का शासन इस्लामी कानून से नहीं चलता, उस देश में बसनेवाला मुसलमान प्रच्छन्न विद्रोही बनकर जीता है। लगता है, अमीर खुसरो के समय में भी भारत के मुसलमान इस दुविधा से पीड़ित थे। इसीलिए, खुसरो ने अपनी भारत-भक्ति की बात काफी जोर से कही जिससे मुसलमानों के मन का कुहासा फट जाए और वे अपने को भारतमाता की सन्तान मान सकें। **यदि खुसरो को हिन्दुस्तान ने अपने आदर्श मुसलमान के रूप में उछाला होता तो हिन्दुस्तान की कठिनाइयाँ कुछ-न-कुछ कम हो जातीं।** आज भी मौका है कि हम खुसरो को आदर्श भारतीय मुसलमान के रूप में जनता के सामने पेश करें।

खुसरो ने भारत की प्रशंसा केवल देशभक्ति के जोश में आकर नहीं लिखी, प्रत्युत, इसके लिए उन्होंने कई ठोस प्रमाण भी दिए हैं। उनके विवरण से यह भी पता चलता है कि चौदहवीं सदी में भी भारत संसार का सबसे अग्रणी देश था। खुसरो की दृष्टि में भारत इसलिए वन्दनीय है कि–

1. इस देश के लोगों में ज्ञान और विविध विद्याओं का व्यापक प्रचार है।

2. विश्व की सभी भाषाएँ भारतवासी शुद्धता से बोल सकते हैं।

3. ज्ञान सीखने को बाहर के लोगों को भारत आना पड़ता है, किन्तु, भारतवासियों को भारत से बाहर जाना नहीं पड़ता।

4. अंकों का विकास भारत में हुआ है। विशेषतः, शून्य का प्रतीक भारत का आविष्कार है। हिन्दसा शब्द हिन्द और असा, इन दो शब्दों के योग से बनता है। (खुसरो का खयाल

था कि असा भारत के प्रसिद्ध गणितज्ञ थे।)

5. कलीला व दमना (करटक और दमनक) की कहानी भारत में रची गई और फारसी, तुर्की, ताजी (अरबी) एवं दरी भाषाओं में उस कहानी का अनुवाद हुआ है।

6. शतरंज के खेल का आविष्कर्ता भारतवर्ष है।

7. भारतीय संगीत अन्य सभी देशों के संगीत से कहीं उच्च कोटि का है।

8. संगीत पर यहाँ केवल मनुष्य ही नहीं झूमते, उसे सुनकर यहाँ के हरिणों को भी स्तम्भ हो आता है।

9. अन्य किसी भी देश में खुसरो के समान भाषा का जादूगर नहीं है, गर्चे सुलतान का वह एक अदना-सा चारण है।

खुसरो ने अपनी मसनवी में इस बात की भी चर्चा की है कि भारत में तोते और मैना भी आदमी की बोली बोलते हैं, घोड़े ताल पर कदम उठाते हैं, बकरियाँ सन्तुलन के खेल दिखाती हैं और बन्दर रुपए और अठन्नी का भेद बता सकते हैं। भारत को खुसरो ने पृथ्वी का स्वर्ग माना है और लिखा है कि आदम और हौवा जब स्वर्ग से निकाले गए थे, तब वे इसी देश में उतरे थे। भारत के सामने उन्होंने बसरा, तुर्की, रूस, चीन, खुरासान, समरकन्द, मिस्र और कन्धार, सबको तुच्छ बताया है। खुसरो ने पान की भी बड़ाई लिखी है और भारत में बने वस्त्र को सारे संसार में उन्होंने बेजोड़ बताया है।

अमीर खुसरो बड़े ही बुद्धिवादी, जिन्दादिल और असाम्प्रदायिक मुसलमान थे। दिल्ली की बड़ाई करते हुए उन्होंने लिखा है, इस चमन की कहानियाँ अगर मक्का सुन ले तो वह भी श्रद्धा के साथ भारत की परिक्रमा करने लगेगा।

हिन्दुओं की धर्मप्रियता और भक्ति-भावना की उन्होंने खुलकर तारीफ की है और हिन्दुओं के धार्मिक स्वभाव को उन्होंने मुसलमानों के लिए भी अनुकरणीय कहा है। प्रतिमा-पूजन का समर्थन तो वे भला कैसे करते, किन्तु, प्रतिमा पूजनेवालों में उन्होंने जो तल्लीनता देखी, उसकी भी उन्होंने तारीफ ही की है। इस सम्बन्ध में उनका कहना है कि "तीर का लक्ष्य भले ठीक न हो, मगर, उसकी गति कितनी तेज है!"

सन्तो! राह दोऊ हम दीठा

तसव्वुफ या रहस्यवाद धर्म के बाहरी आडम्बरों में विश्वास नहीं करता। सूफी और रहस्यवादी का धर्म न तो रोज़ा, नमाज़ और अज़ाँ तक सीमित है, न शंख, आरती और घड़ियाल के अधीन। रहस्यवादी की सारी पूँजी उसकी भगवद्भक्ति होती है, उसका ईश्वर-प्रेम होता है। मूल में संसार के सभी धर्म एक हैं, क्योंकि सबका आरम्भ इसी जिज्ञासा से हुआ है कि मनुष्य की किस्मत का मालिक कौन है, आदमी की रूह किस बड़ी रूह से मिलने को बेकरार है, जन्म के पूर्व आदमी कहाँ था और मरने के बाद वह कहाँ जाएगा। जब तक आदमी इन मौलिक प्रश्नों पर विचार करता है, तब तक वह न तो हिन्दू होता है, न मुसलमान। इन मौलिक समस्याओं पर सोचते समय वह उस सामान्य विस्मय के पास रहता है जहाँ से सभी धर्म जन्म लेते हैं। आदमी हिन्दू तब बन जाता है जब वह शंख फूँकता और आरती की थाल उठाता है। इसी प्रकार, वह मुसलमान उस समय होता है जब रोज़ा, नमाज़ और अज़ाँ

को वह धर्म-सिद्धि का मार्ग समझने लगता है। धर्म-चिन्तन में एक वह भी जगह आती है, जहाँ पहुँचकर हम सभी धर्मों से छूट जाते हैं अथवा एक साथ सभी धर्मों से एकाकार हो जाते हैं।

ईरान से जो सूफी-धर्म भारत पहुँचा, वह रोज़ा और नमाज़ से बँधकर चलनेवाला धर्म नहीं था। सूफी निर्मुक्त चिन्तक थे और उनका उद्देश्य लोगों को डाल से उतारकर मूल की ओर ले जाना था। वे मनुष्यों को यह शिक्षा देते थे कि धर्म के बाहरी अनुष्ठानों में फँसकर तुम असली धर्म से दूर हो रहे हो। डाल से उतरकर नीचे की ओर देखो, सभी धर्म एक हैं और एक ही धर्म, मूल से ऊपर उठकर, अनेक डालियाँ बनकर बिखर गया है। सच्चा धर्म अलग-अलग डालों पर बैठकर कोलाहल मचाने में नहीं, बल्कि, मूल पर पहुँचकर शान्त हो जाने में है। धर्म कोलाहल नहीं, शान्ति है; धर्म विवाद नहीं, नीरवता है। धर्म युद्ध नहीं, मैत्री और प्रेम है।

ईरानी तसव्वुफ भारतीय वेदान्त के प्रभाव में बढ़ा था, अतएव, जब वह भारत पहुँचा, इस देश में उसे तैयार जमीन मिल गई। यह नया धर्म बहुत-से भारतवासियों को परम अनुकूल दिखाई पड़ा। यह उन्हें भी रुचा, जो वैदिक धर्म के अनुष्ठानों से विरक्त थे और उन्हें भी, जो सामाजिक धरातल पर हिन्दुओं और मुसलमानों के लिए कोई सम्मिलित राह निकालना चाहते थे। भारत में इस नए आन्दोलन के सबसे बड़े नेता **महात्मा कबीरदास** (जन्म सन् 1399 ई.) हुए।

हिन्दू-मुस्लिम एकता के हमारे देश में तीन बड़े नेता कबीर, अकबर और महात्मा गांधी हुए हैं। गांधीजी की विशेषता यह थी कि वे किसी भी धर्म को छोटा नहीं कहते थे। सभी धर्मों पर उनकी समान भक्ति थी और सभी धर्मों को समान समझने का ही वे उपदेश भी देते थे। अकबर की दृष्टि में कोई भी एक धर्म सर्वविध पूर्ण नहीं था। उनकी कोशिश थी कि सभी धर्मों की अच्छी बातें लेकर एक नया धर्म चलाया जाए, जो सबको सन्तोष दे सके। लेकिन, कबीर अपने इन दोनों उत्तराधिकारियों से बिलकुल भिन्न रहे। उन्होंने यह नहीं कहा कि हिन्दुत्व और इस्लाम दोनों के दोनों अच्छे धर्म हैं, अतएव, हिन्दुओं और मुसलमानों को आपस में मिलकर रहना चाहिए। उलटे, उन्होंने इस बात की खुली घोषणा की कि हिन्दुत्व और इस्लाम, दोनों के दोनों अधूरे धर्म हैं।[7] असली धर्म वह है जिस पर रहस्यवादी आरूढ़ होता है। अतएव, उचित है कि हिन्दू और मुसलमान इस सूक्ष्म आत्म-धर्म के धरातल तक उठने की कोशिश करें, जहाँ पहुँचने पर मन्दिर और मस्जिद, दोनों बेकार हो जाते हैं।

संसार के सभी रहस्यवादी मिजाज से, कुछ-कुछ, विद्रोही होते आए हैं। कबीरदास विद्रोह के अवतार थे। वेद, वर्णाश्रम-धर्म और जात-पाँत का विरोध उन्होंने उसी निर्भीकता से किया जो निर्भीकता बुद्ध में दिखाई पड़ी थी। और इस्लाम के अनुष्ठानों की आलोचना उन्होंने उसी बहादुरी से की, जिस बहादुरी के कारण पहले मनसूर और, बाद को, सन्त सरमद को शहीद होना पड़ा था। हिन्दू-मुस्लिम-समस्या का समाधान उन्हें बहुत ठीक दिखाई पड़ा था। कबीर को गुजरे अब लगभग पाँच सौ साल हो गए हैं, लेकिन, आज भी उनकी प्रासंगिकता बनी हुई है, **और आज भी हम यही सोचते हैं जब तक भारतीय समाज, पूर्णरूपेण, वेदान्त को अपना आधार नहीं बनाता, हिन्दू-मुक्लिम समस्या का भारत को कोई समाधान नहीं मिलेगा।**

कहते हैं, अपने जीवन-काल में कबीर को अनेक कष्ट सहने पड़े थे, अनेक यातनाएँ झेलनी पड़ी थीं, अनेक कुत्साओं, पराभवों और अपमानों का सामना करना पड़ा था। उनके समर्थक और शत्रु दोनों ही धर्मों के लोग हुए, क्योंकि दोनों ही धर्मों के भीतर ऐसे लोग थे जो आडम्बरों को छोड़कर धर्म के सच्चे रूप पर आना चाहते थे और दोनों ही धर्मों के भीतर ऐसे भी लोग थे, जिनकी रोजी कबीर के आन्दोलन से मारी जाती थी। लेकिन, विरोधों के सामने कबीर ने कभी भी घुटने नहीं टेके। विरोधियों ने जितना ही उनका विरोध किया, उतना ही उनका आत्मविश्वास बढ़ता गया और उतने ही जोर से हिन्दुओं और मुसलमानों को वे यह कहकर फटकारते गए कि तुम दोनों के धर्मों को मैं देख चुका हूँ। ये दोनों के दोनों धर्म अधूरे और अपूर्ण हैं। पूर्णता चाहते हो तो उस धरातल तक उठो, जिस पर कबीर का निवास है।

सुर, नर, मुनि औ औलिया, ये सब बेलैं तीर,
अलह-राम की गति नहीं, तहँ घर किया कबीर।
हद्द छाँड़ि बेहद गया, किया सुन्नि असनान,
मुनिजन महल न पावई तहाँ किया विश्राम।

कबीरदास भारत के अत्यन्त महान् क्रान्तिकारी पुरुष हुए हैं। उनकी बड़ाई केवल इसी बात के लिए नहीं है कि उन्होंने साहसपूर्वक, हिन्दुओं और मुसलमानों की आँखों में उँगली डालकर, उन्हें यह समझाया कि मन्दिर और मस्जिद के सवाल पर झगड़ने से बढ़कर मूर्खता का कोई काम नहीं हो सकता; अपितु इसलिए भी कि संस्कृत के विरुद्ध उन्होंने भारत में नवीन भाषा की पताका फहराई और संस्कृति का जो नेतृत्व ब्राह्मणों के हाथ में था, उसे उन्होंने निम्न वर्ग के लोगों के हाथों में पहुँचा दिया। कबीर की परम्परा में जो अनेक सन्त और महात्मा जनमे, उनमें नानक, रैदास, धन्ना, सुन्दरदास, दादूदयाल, रज्जब, मलूकदास और धरणीदास के नाम अत्यन्त विख्यात हैं और इनमें से कोई भी सन्त ब्राह्मण-वंश में नहीं जनमा था। स्वयं कबीरदासजी हिन्दू या मुस्लिम वर्ग के जुलाहे थे।

कबीर ने जो यह मन्त्र फूँका कि हिन्दुत्व और इस्लाम, दोनों के दोनों अधूरे धर्म हैं तथा राम और रहीम को एक न मानना बिलकुल मूर्खता की बात है, वह काल के श्रवणरन्ध्रों में ऐसा बस गया कि उसकी गूँज हम अनेक सदियों में सुनते आए हैं।

हिन्दु की दया, मेहर तुरकन की, दोनों घर से भागी,
वह करै जिबह, वो झटका मारै, आगि दुओ घर लागी।

× × ×

हिन्दु कहत है, राम हमारा, मुसलमान रहमाना,
आपस में दोउ लड़े मरत हैं, भेद न कोई जाना।

× × ×

जो खोदाय मस्जीद बसतु है, और मुलुक केहि केरा?
तीरथ-मूरत रामनिवासी, बाहिर केहिका डेरा?

× × ×

वेद-कितेब छाँड़ि दे पाँड़े, ई सब मन के भरमा।

× × ×

साधो, पाँड़े निपुन कसाई।
बकरी मारि भेंड़ को धाए, दिल में दरद न आई।
गाय बधे सो तुरुक कहावे, यह क्या उनसे छोटे?
कहैं कबीर, सुनो भाई साधो, कलि के बाम्हन खोटे।

—कबीरदास (15वीं सदी)

अलह कहो, भावे राम कहो, डाल तजो, सब मूल गहो।

× × ×

दादू ना हम हिन्दु होहिंगे, ना हम मूसलमान,
षट् दर्शन में हमनहीं, हम राते रहिमान।

× × ×

हिन्दू लागे देहुरा, मूसलमान मसीति,
हम लागे इक अलख सों, सदा निरन्तर प्रीति।

× × ×

दोनों भाई हाथ-पग, दोनों भाई कान,
दोनों भाई नैन हैं, हिन्दू मूसलमान।

—स्वामी दादूदयाल (मृत्यु सन् 1603 ई.)

हेत न करि हिन्दू धरम, तजि तुरकी रसरीति,
रज्जब जिन पैदा किया, ताही सूँ करि प्रीति।

× × ×

रज्जब हिन्दू-तुरक तजि, सुमिरहु सिरजनहार,
पखापखी सूँ प्रीति करि, कौन पहूँचा पार?

—रज्जबजी (अनुमित मृत्यु-वर्ष सन् 1683 ई.)

कहियो जाय सलाम हमारी राम को,
नैन रहे झड़ लाय तुम्हारे नाम को।

—वाजिदजी (दादू के शिष्य)

हिन्दू की हद छाड़ि के, तजी तुरुक की राह,
सुन्दर सहजे चीन्हिया, एकै राम-अलाह।

—स्वामी सुन्दरदास (दादू के शिष्य)

सब कोउ साहब बन्दते, हिन्दू-मूसलमान,
साहेब तिसको बन्दता जिसका ठौर इमान।

× × ×

तौजी और नमाज न जानूँ, ना जानूँ धरि रोजा,
बाँग जिकिर तबही से बिसरी जब से यह दिल खोजा।
कहैं मलूक अब कजा न करिहौ, दिल ही सों दिल लाया,
मक्का-हज्ज हिये में देखा, पूरा मुरसिद पाया।

—मलूकदास (मृत्यु-वर्ष सन् 1682 ई.)

मूरत औ कबर न बोले, न खाय कछु, हिन्दू औ तुरुक, तुम कहा पाया?
दास पलटू कहै, पाया तिन्ह आपमें, मूए बैलने कब घास खाया?
—पलटू साहब (अठारहवीं सदी का अपराद्ध)

हिन्दू-मुस्लिम एकता की समस्या भारतवर्ष की सबसे भयानक समस्या है। जब सन् 1920 ई. में गांधीजी आए और उन्होंने खिलाफत तथा असहयोग-आन्दोलनों को मिलाकर हिन्दुओं और मुसलमानों को एक कर दिया, अंग्रेज बेतरह घबरा गए थे और भारतवासियों का हृदय आशा से फूल उठा था, किन्तु एकता टिकी नहीं। जिन मुसलमानों ने राष्ट्रीयता का व्रत लिया, बाकी मुस्लिम जनता उनके खिलाफ हो गई। आखिर को, आजादी के समय, भारत का विभाजन इस उम्मीद में किया गया कि इससे हिन्दू-मुस्लिम समस्या समाप्त हो जाएगी। सो, देश बँट गया, यह सही है, परन्तु, एकता आज भी नहीं है।

हिन्दू-मुस्लिम एकता की राहें केवल दो हैं। एक तो यह कि देश से धर्म का अस्तित्व ही समाप्त कर दिया जाए, मस्जिद और मन्दिर नेस्तनाबूद कर दिए जाएँ और आदमी केवल आर्थिक और राजनैतिक यन्त्र का पुर्जा बनाकर छोड़ दिया जाए। गाय और बाजे के पीछे आदमी की कीमती जानें इस देश में इतनी ज्यादा बर्बाद हुई हैं कि बीसवीं सदी के अनेक चिन्तकों और कवियों को एक समय यही राह ठीक दिखाई देती थी।[8]

दूसरी राह वेदान्त की राह है। वेदान्त हिन्दू-दर्शन का शब्द जरूर है, लेकिन, वह हिन्दुत्व नहीं है। सच्चा वेदान्ती न हिन्दू होता है, न मुसलमान, न बौद्ध या क्रिस्तान, वह केवल अच्छा आदमी होता है। प्रत्येक धर्म के दो पक्ष होते हैं, जिन्हें **श्रुति** और **स्मृति** कहने का चलन है। **श्रुति** धर्म का वह भाग है जहाँ से सभी धर्म जन्म लेते हैं। **स्मृति** धर्म का वह रूप है जहाँ पहुँचकर सभी धर्म परस्पर भिन्न हो जाते हैं। अदृश्य वास्तविकता से सम्बन्ध होने की इच्छा धर्म का श्रुति-रूप है। इस इच्छा को कार्य का रूप देते समय मन्दिर, मस्जिद और गिरजाघरों को महत्त्व दे बैठना धर्म के स्मृति-रूप को बढ़ावा देता है। श्रुति सभी धर्मों को एक स्थान पर लाती है। स्मृतियाँ धर्मों को एक-दूसरे से दूर ले जाती हैं। धर्म का यही श्रुति-रूप वेदान्त है जो मनुष्य को सहिष्णु, सर्वप्रेमी और कूटस्थ बनाता है। वेदान्त धर्म का वह रूप है जो मुसलमान को पहले से अच्छा मुसलमान और हिन्दू को पहले से अच्छा हिन्दू बना सकता है।

धर्मों के आनुष्ठानिक रूप यदि महत्त्व पाते रहे तो विश्व के धर्मों में कभी भी एकता नहीं हो सकेगी। मुसलमान कहता रहेगा कि हिन्दू यदि बाजे बजाएँगे तो मेरी नमाज में बाधा पड़ेगी। और हिन्दू चीखता रहेगा कि मुसलमान यदि गोहत्या करेंगे तो मैं अपनी जान दे दूँगा। तब भी, हर बुद्धिमान मनुष्य जानता है कि धर्म की समाधि सड़क पर होनेवाले शोर से नहीं टूटती, और एक व्यक्ति यदि मांस-भक्षण करता है तो उसके पाप की जिम्मेवारी किसी दूसरे मनुष्य के मत्थे नहीं मढ़ी जाएगी। इसी बुद्धि को अपने मन में बसा लेना और उसके अनुसार आचरण करना वेदान्त है।

यही वह ज्ञान है जिस पर आरूढ़ होने से श्री रामकृष्ण परमहंस को एक धर्म से दूसरे धर्म का भेद दिखाई नहीं देता था। यही वह स्वप्न है जिससे प्रेरित होकर स्वामी विवेकानन्द ने कल्पना की थी कि भारत का भावी धर्म वह है जिसमें वेदान्त का मन और इस्लाम का

शरीर एकाकार होंगे। यही वह दृष्टि है जिसे पाकर कविगुरु रवीन्द्रनाथ ने कहा था, धर्म को पकड़े रहो, लेकिन, धर्मों को छोड़ दो। कबीर से लेकर मलूकदास तक भारत के सभी सन्तों ने जिस परम धर्म का आख्यान किया था, उसी धर्म को डॉ. राधाकृष्णन् आज की भाषा में 'रिलीजन ऑफ स्पिरिट' अथवा आत्मा का धर्म कहते हैं। संसार के और लोग इस धर्म पर चाहे कुछ विलम्ब से ही आएँ, लेकिन, हिन्दुस्तान के हिन्दुओं और मुसलमानों को इस धर्म का वरण, शीघ्र-से-शीघ्र करना चाहिए, क्योंकि सर्वनाश का खड्ग आज उन्हीं की गर्दन पर झूल रहा है।

तसव्वुफ का भारतीयकरण

सूफियों की प्रेम-पीड़ा की भाषा फारसी रही थी। भारत में आकर उसने भारतीय रूप लेना आरम्भ किया। कबीरदास भी सूफी ही थे, किन्तु, वे तसव्वुफ के उस रूप के कवि हुए, जिस पर हठयोग और वेदान्त का पूरा प्रभाव था। तसव्वुफ की एक दूसरी धारा के भारत में अनेक कवि हुए हैं जो, प्रायः, सब-के-सब मुसलमान थे और जो, किसी-न-किसी, प्रसिद्ध सूफी फकीर की शिष्य-परम्परा में पड़ते थे। इन कवियों के शिरोमणि **मलिक मुहम्मद जायसी** हुए, जो शेरशाह के समकालीन थे।

इन कवियों की गणना हिन्दी के प्रेममार्गी सूफी कवियों में की जाती थी। इन कवियों ने अपना प्रेम-काव्य मसनवी के ढाँचे में लिखा है। उनकी भाषा अवधी है और छन्दों में सर्वत्र प्रयोग उन्होंने दोहा और चौपाई का किया है। सूफ-पन्थ में भक्त अपने को आशिक और भगवान् का माशूक समझता है तथा भक्त और भगवान् के बीच काफी ऊँचा स्थान गुरु को भी दिया जाता है। हिन्दी के प्रेममार्गी सूफी कवियों के काव्य में ये रूपक सर्वत्र पाए जाते हैं। ये कवि कोरे कलाकार नहीं, प्रत्युत, अपने धर्म के सेवक थे। ईरान के सूफी कवि अपनी मसनवियों में अपनी धार्मिक अनुभूतियाँ लिखा करते थे। हिन्दी के इन मुस्लिम साधकों ने भी हिन्दी में मसनवियों की ही रचना की है। कथारम्भ के पहले उन्होंने ईश्वर-स्तुति और पैगम्बर साहब की वन्दना लिखी है और, अन्त में, यह दर्शाया है कि आध्यात्मिक प्रसंग में पूरे काव्य का तात्पर्य क्या है। हिन्दी के प्रेममार्गी सूफी कवि यह दृष्टान्त छोड़ गए हैं कि यदि कोई मुसलमान, फारसी छोड़कर, अपनी साधना भारतीय भाषाओं के जरिए करे तो उसे जो सफलता मिल सकती है, वह फारसी में नहीं मिलेगी।

पद्मावत की रचना जायसी ने शेरशाह के समय में की थी। कहते हैं, इस काव्य का बँगला अनुवाद आराकान के वजीर मगन ठाकुर ने सन् 1650 ई. में करवाया था। जायसी से पूर्व कुतबन ने मृगावती की रचना की थी। कुतबन से मृगावती काव्य रचवाने का श्रेय हुसेन शाह को दिया जाता है, जो बंगाल के शासक थे। बंगाल में 'सत्यपीर' की कथा का आरम्भ भी हुसेन शाह ने ही करवाया था।

हिन्दी में जितने भी सूफी प्रेम-काव्य के ग्रन्थ हैं, उनकी मूल-प्रतियाँ कहीं-न-कहीं, फारसी लिपि में ही पाई गई हैं और इसका भी प्रमाण मिलता है कि, फारसी लिपि में होने पर भी, ये काव्य हिन्दी-प्रान्तों में काफी पढ़े जाते थे। सबसे बड़ा प्रमाण यह है कि तुलसीदासजी ने जब रामचरितमानस की रचना की, तब अपने काव्य की भाषा और उसके छन्द उन्होंने

वे ही रखे जिनका प्रयोग जायसी आदि कवियों ने किया था। हिन्दू-मुस्लिम एकता की दिशा में एक समय इन काव्य-ग्रन्थों ने बहुत अच्छा योगदान दिया था। पं. रामचन्द्र शुक्ल ने लिखा है कि "हिन्दुओं और मुसलमानों के दिलों को आमने-सामने लाकर उनका अजनबीपन मिटानेवालों में इन्हीं कवियों का नाम लेना पड़ेगा। इन्होंने मुसलमान होकर हिन्दुओं की कहानियाँ हिन्दुओं की ही बोली में पूरी सहृदयता से कहकर उनके जीवन की मर्मस्पर्शिनी अवस्थाओं के साथ अपने उदार हृदय का पूर्ण सामंजस्य दिखा दिया।"

किसी भी कविता में कवि के असली मनोभाव छिपाए नहीं छिपते हैं। विशेषतः जायसी ने जो कथानक चुना था, वह चित्तौरगढ़, पद्मिनी रानी और अलाउद्दीन खिलजी से सम्बद्ध था। अतएव, यह विषय उनके लिए काफी खतरनाक था। किन्तु जायसी ने इस कथानक का निर्वाह ठीक उसी प्रकार किया है जैसे कोई भी हिन्दू कवि कर सकता था। हिन्दुओं के विचार, विश्वास और आचार के प्रति जायसी ने जो श्रद्धा दिखाई है, उसे देखकर आश्चर्य होता है। वेद और पुराण की निन्दा हिन्दू नहीं सुन सकते थे। किन्तु पद्मावत का एक चरित्र राघवचेतन वेद-निन्दक है। अतएव, जायसी ने उसे खल बताया है और उसकी निन्दा ही लिखी है। अलाउद्दीन हिन्दुओं की दृष्टि में हेय समझा जाता था। जायसी ने ग्रन्थ के अन्त में यह सूचना दी है कि अलाउद्दीन माया का प्रतीक है (माया अलादीन सुलतानू)। अवश्य ही, जायसी में यदि साम्प्रदायिकता रही होती तो अलाउद्दीन को वे माया का प्रतीक नहीं बताते। मुस्लिम अत्याचार की निन्दा करनेवाला मुसलमान हिन्दुओं का प्यारा होता है, यह सिद्धान्त हम जायसी के कृतित्व से निकाल सकते हैं।

ग्रन्थ में विवाह का वर्णन बिलकुल हिन्दू-प्रथा के अनुसार है तथा अलाउद्दीन के स्वागत में जो भोज होता है, उसमें ऐसे किसी भी भोजन का उल्लेख नहीं है जो हिन्दुओं के लिए अखाद्य हो। इसके सिवा, हठयोग, ब्रह्मरन्ध्र, सहस्रार आदि का जो वर्णन काव्य में आया है उससे यह स्पष्ट हो जाता है कि जायसी का मन इस देश की संस्कृति और परम्परा में किस प्रकार रँगा हुआ था। और इतना होने पर भी, जायसी के मुसलमान होने पर कहीं कोई पर्दा नहीं पड़ा है। उन्होंने पैगम्बर साहब की स्तुति उसी भक्ति से की है, जिस भक्ति से हिन्दू कवि, ग्रन्थारम्भ में, अपने इष्टदेव की वन्दना करते थे।

भारत के हिन्दू और मुसलमान अब भीरु और दकियानूस हो गए हैं। एक समय उन्हें इस चिन्ता ने घेरा था कि अंग्रेजी पढ़ने से हमारी संस्कृति बिगड़ जाएगी। उस पस्ती से हिन्दू तो बहुत पहले ही छूट गए, मुसलमान कुछ देर से निकले। नतीजा यह हुआ कि शिक्षा में वे हिन्दुओं से कुछ पीछे रह गए। आज फिर मुसलमान कुछ वैसी ही चिन्ता में गिरफ्तार हैं। उन्हें फिर यह फिक्र हो गई है कि हिन्दी सीखने से कहीं हमारी संस्कृति न खराब हो जाए। लेकिन, अमीर खुसरो, जायसी, कुतबन, मंझन, रहीम, रसखान, आलम और मुमताज, ये सभी हिन्दी-कवि इस बात के प्रमाण हैं कि भारतीय मुसलमान यदि भारत की भाषाएँ सीखें या उनमें रचना करें तो इससे उनकी संस्कृति दूषित नहीं होगी। उलटे, उन्हें अधिक पाठक और प्रशंसक प्राप्त होंगे और उनके इस काम से, इस्लाम के साथ-साथ, हिन्दुस्तान की भी बहुत बड़ी सेवा होगी। हिन्दी का वह रूप प्रकट हो सकता है जो हिन्दुत्व और इस्लाम, दोनों के अनुकूल हो।

हिन्दू-संस्कृति को समझने का प्रयास

मुसलमानों के भारत-विजय के पूर्व ही हिन्दू-संस्कृति के बहुत-से ग्रन्थों का अनुवाद अरबी और फारसी में हो चुका था। भारत में इस्लामी राज्य कायम हो जाने के बाद अनुवाद की उपादेयता पर मुसलमानों का ध्यान जरा देर से पड़ा। पठानों में अनुवाद के लिए कोई खास उत्साह नहीं था। सूफी साधक अपने मतलब का ज्ञान, शायद, हिन्दू गुरु-भाइयों से प्राप्त कर लेते थे। हठयोग की साधना तो पुस्तकीय ज्ञानमात्र से शक्य थी भी नहीं। अतएव, योगविषयक ज्ञान मुसलमान साधक संगति से ही प्राप्त करते थे। तब भी पठान-काल में भी अनुवादों के कुछ दृष्टान्त मिलते हैं। महाभारत का बँगला अनुवाद, सबसे पहले, नसीरशाह (1282-1325 ई.) ने करवाया था। नसीरशाह भारतीय भाषाओं को काफी प्रोत्साहन देता था। विद्यापति ने भी नसीरशाह की प्रशंसा लिखी है।

बंगाल के अन्य सूबेदार हुसेनशाह भी बँगला भाषा के प्रेमी थे। भागवत का बँगला अनुवाद कराने के काम पर माताधर बसु को उन्हीं ने नियुक्त किया था। पीछे, उन्हीं की देखादेखी हिन्दू राजे भी बँगला को प्रोत्साहन देने लगे। इन्हीं हुसेनशाह ने मृगावती काव्य की भी रचना करवाई थी।

लेकिन, संस्कृत से फारसी में अनुवाद के काम, धड़ल्ले के साथ, मुगल-काल में आरम्भ किए गए। अकबर के दरबारी पंडित फैजी ने योगवाशिष्ठ, लीलावती, नलदमयन्ती और सिंहासन-बत्तीसी का अनुवाद फारसी में किया। अथर्ववेद का फारसी अनुवाद हाजी इब्राहीम ने किया एवं रामायण और महाभारत का अनुवाद कइयों ने मिलकर, जिनमें कुछ हिन्दू भी थे, जिन्होंने अच्छी फारसी सीख ली थी। अथर्ववेद का भी अनुवाद हिन्दू और मुस्लिम पंडितों ने मिलकर किया था, यद्यपि अथर्ववेद के अनुवादक के रूप में नाम केवल मुल्ला अब्दुल कादिर बदायूनी का ही लिया जाता है। शाहजहाँ के पुत्र दाराशिकोह ने श्रीमद्भगवद्गीता और उपनिषदों के अनुवाद अपनी देख-रेख में करवाए थे।

मधु सरस्वती, नारायण मिश्र, दामोदर भट्ट, रामतीर्थ और आदित्य नाम के हिन्दू पंडित और सांस्कृतिक नेता अकबर के दरबार में आया करते थे। यह भी कहा जाता है कि तुलसी, सूर और दादूदयाल की भेंट मुगल बादशाहों से हुई थी।

असाम्प्रदायिक व्यवहार के दृष्टान्त

औसत मुसलमान आचारों में उदार और विचारों में कट्टर होता है। मिलने-जुलने, खानपान और सामाजिक सौजन्य से वह किसी का भी अनादर नहीं करता। लेकिन, विचार के धरातल पर उसमें विरोधी मतों के लिए सहानुभूति बहुत कम होती है। मसलन, मुसलमान के लिए इस सम्भावना को कबूल करना कठिन है कि दुनिया के अन्य धर्म इस्लाम की छाया भी छू सकते हैं। हिन्दू का हाल ठीक इसके विपरीत है। वह विचार के धरातल पर अत्यन्त उदार होता है। संसार के अन्य धर्मों को अपने ही धर्म के समान मानकर उन पर श्रद्धा करने में कठिनाई, कदाचित् ही, किसी हिन्दू को होगी। परन्तु, सामाजिक आचार के मामले में हिन्दू जितने संकीर्ण होते हैं उतने संकीर्ण दुनिया के और कोई लोग नहीं हैं। मुसलमानों के साथ हिन्दुओं ने जो सम्बन्ध स्थापित किया, उसमें हिन्दू-स्वभाव के गुण और अवगुण, दोनों प्रकट हो गए।

आचार के मामले में हिन्दुओं ने यह स्पष्ट कर दिया कि मुसलमानों का छुआ हुआ पानी हम नहीं पिएँगे, न उनके साथ हम रोटी-बेटी का सम्बन्ध करनेवाले हैं। किन्तु, विचार के धरातल पर हिन्दुओं ने इस्लाम को भी आदरणीय धर्म मान लिया। राणा कुम्भा के प्रसिद्ध कीर्ति-स्तम्भ में हिन्दुओं के सभी देवी-देवताओं की मूर्तियाँ हैं। किन्तु, अरबी अक्षरों में अल्लाह का नाम भी उस पर खुदा है। ''वह निराकार ब्रह्म का अरबी नाम है। इस प्रकार, इस्लाम के बुनियादी विचारों को हिन्दुओं ने खुशी-खुशी स्वीकार कर लिया।''

मुसलमानों की सभी लड़ाइयाँ हिन्दुओं के ही खिलाफ नहीं थीं, वे आपस में भी लड़ते थे, जैसी लड़ाइयाँ हिन्दुओं ने भी हिन्दुओं के खिलाफ लड़ी थीं। अनेक बार ऐसा भी हुआ कि लड़ाइयों में हिन्दुओं ने मुसलमानों का और मुसलमानों ने हिन्दुओं का साथ दिया। बाबर और राणा साँगा की लड़ाई में सुलतान महमूद लोदी और मेवात के हसन खाँ राणा के साथ थे। हेमू अफगानों का सेनापति था और दरबार ने, हिन्दू-परम्परा के अनुसार, उसे विक्रमादित्य की पदवी दी थी। औरंगजेब के समान कट्टर हिन्दू-द्रोही बादशाह भी अपनी फौज में हिन्दू सेनापति रखता था। इसी प्रकार, राणा प्रताप और शिवाजी महाराज की सेना में भी अनेक पठान अफसर काम करते थे। शिवाजी के यहाँ तो मुसलमान अच्छे-से-अच्छे पदों पर नियुक्त किए गए थे। अपने छह सौ वर्षों के राज्यकाल में मुसलमानों ने ज्यादा लड़ाइयाँ मुसलमानों के ही खिलाफ लड़ीं। सन् 1193 ई. से लेकर सन् 1526 ई. तक दिल्ली के राज्य-सिंहासन पर जो 35 सुलतान बैठे, उनमें से 19 सुलतानों की हत्या हिन्दू नहीं, मस्लिम दुश्मनों के हाथों हुई थी।

शिवाजी महाराज साम्प्रदायिक समझे जाते हैं, किन्तु उनके साम्प्रदायिक होने का हमें कोई प्रमाण नहीं मिला। अपने सारे जीवन में उन्होंने एक भी मस्जिद लुटवाई हो, इसका कोई भी सबूत इतिहास में नहीं है। एक बार लूट के माल में उन्होंने कुरान-शरीफ की एक प्रति देखी और वे अपने सिपाहियों पर नाराज हो उठे। निदान, कुरान की प्रति जिसके घर से लाई गई थी, उसी के घर पहुँचा दी गई। एक बार ऐसा हुआ कि उनके सिपाही कल्याण के सूबेदार का घर लूटकर, लूट के माल में, सूबेदार की बेटी को भी साथ ले आए। शिवाजी महाराज ने इस पर बड़ा ही पश्चात्ताप प्रकट किया और उस युवती को उन्होंने इज्जत के साथ डोली में बिठाकर उसके घर भेज दिया। आदमी बहन की विदाई में जैसे उपहार भेजता है, वैसे ही, उस युवती को उपहार में उन्होंने दो गाँव भी दिए।

अपने सिपाहियों को शिवाजी ने कड़ी हिदायत दे रखी थी कि लड़ाई या लूट के प्रसंग में मस्जिद, कुरान और नारी की बेइज्जती नहीं होनी चाहिए। शिवाजी के समय जो कागजात मिले हैं, उन्हें देखने से ज्ञात होता है कि शिवाजी का उद्‌देश्य इस्लाम का अनादर नहीं, केवल 'हिन्दवी स्वराज्य' का संस्थापन था। उन्होंने तलवार अत्याचार का विरोध करने को उठाई थी और चूँकि अत्याचारी शासक मुसलमान थे, इसलिए, लोगों ने, गलत ढंग से, शिवाजी महाराज को साम्प्रदायिक मान लिया।

हिन्दुओं और मुसलमानों के बीच कटुता का सम्बन्ध, प्रायः पठानों के समय तक चला। मुगलों के आगमन के बाद परिस्थिति में सुधार आने लगा। मुगल सम्राट् अकबर ने जिस उदारता का परिचय दिया, उसके बीज बाबर के ही हृदय में मौजूद थे। बाबर ने हुमायूँ के

लिए एक वसीयतनामा[9] लिखा था, जिसमें हुमायूँ को उसने ये उपदेश दिए थे–

"हिन्दुस्तान में अनेक धर्मों के लोग बसते हैं। भगवान् को धन्यवाद दो कि उन्होंने तुम्हें इस देश का बादशाह बनाया है। तुम तअस्सुब से काम न लेना; निष्पक्ष होकर न्याय करना और सभी धर्मों की भावना का खयाल रखना। गाय को हिन्दू पवित्र मानते हैं, अतएव, जहाँ तक हो सके गोवध नहीं करवाना और किसी भी सम्प्रदाय के पूजा के स्थान को नष्ट नहीं करना।"

साहित्य और कला की सेवा में मुगलों ने साम्प्रदायिकता नहीं आने दी। मनोहर मिश्र, जगतराम, बीरबल, होलराय, टोडरमल, भगवानूदास, मानसिंह, नरहरि और गंग को अकबर ने काफी सम्मान दिया था। हिन्दू चित्रकारों में भी मुकुन्द, महेश, जगन, हरिवंश और राम का, मुगलों के यहाँ बड़ा सम्मान था। जैसे पठान-युग में खुसरो, कबीर, जायसी आदि मुस्लिम कवियों ने हिन्दी-साहित्य की रचना की थी, वैसे ही, मुगल-काल में रसखान, आलम, जमाल, रसलीन, कादिर, मुबारक, रहीम और ताज ने हिन्दी की बहुत अच्छी सेवा की। दाराशिकोह तो हिन्दी, संस्कृत और हिन्दुत्व के पक्षपाती होने के कारण मुसलमानों में काफी बदनाम थे। कहते हैं, उनकी अँगूठी पर, नागरी अक्षरों में, 'प्रभु' शब्द अंकित रहता था। शेरशाह के सिक्कों पर भी नागरी और फारसी अक्षरों में उसका नाम खुदा रहता था। उसके कई सिक्के ॐ और स्वस्तिक के चिह्न वाले भी पाए गए हैं।[10] शेरशाह का न्याय भी अटल था। एक साधारण स्त्री की फरियाद पर उसने अपने बेटे को कड़ा दंड दिया था। कवि सुन्दरदास को शाहजहाँ ने 'महाकविराज' की उपाधि दी थी।

जो हिन्दू नारियाँ मुगलों के घर ब्याही गईं, वे राजमहल में हिन्दू-विधि से ही रहती थीं, ऐसा कहा जाता है। रानी जोधाबाई के आँगन में तुलसी के वृक्ष बराबर लहलहाते रहते थे। उनके घर में होम और यज्ञ भी बराबर होते थे। अकबर और जोधाबाई के महलों के बीच के रास्ते पर हरम की और कोई रानी नहीं चल सकती थी। लेकिन, यह सम्मान भगवानूदास की बेटी को नहीं मिला, जिसका ब्याह जहाँगीर से हुआ था। जहाँगीर हिन्दू-द्वेष्टा नहीं था, लेकिन, उसके पूरे हृदय पर एकमात्र नूरजहाँ का राज्य था।

समकालीन कवियों का दृष्टिकोण

कबीरदास तथा उनकी परम्परा के सन्त कवि और मलिक मुहम्मद जायसी एवं उनकी परम्परा के प्रेममार्गी सूफी कवि हिन्दू-मुस्लिम समस्या को किस दृष्टि से देखते थे, यह बात हम, संक्षेप में, ऊपर कह आए हैं। इन दोनों ही परम्पराओं के कवि इस समस्या से पूर्णरूप से अवगत थे और इसका समाधान वे दोनों धर्मों के लोगों को परस्पर समीप लाकर करना चाहते थे। एकता की जो राह सन्त कवियों को दिखाई पड़ी थी, वह यह थी कि हिन्दू और मुसलमान, अपने-अपने धर्म के बाह्याडम्बरों को छोड़कर उनसे ऊपर उठें और उस परम धर्म को ग्रहण करें जहाँ से सभी धर्म उत्पन्न होते हैं और जो सभी धर्मों में एक समान व्याप्त है। प्रेममार्गी सूफी कवियों ने अपनी अनुभूति को भारत की भाषा में लिखकर, मानो, यह सन्देश दिया कि हम भारत के मुसलमान हैं, अतएव, हमारी आत्मा की भाषा फारसी नहीं, भारत की भाषा होगी; हम अपनी संस्कृति का आख्यान इसी देश की भाषा में करेंगे और हम अपनी 'प्रेम

की पीर' इसी देश की जनता को सुनाएँगे।

किन्तु, हिन्दी के अन्य महाकवि हिन्दू-मुस्लिम समस्या को किस दृष्टि से देखते थे, इसका निश्चित ज्ञान हमें नहीं मिलता। विद्यापति ठाकुर कबीरदास से पहले हुए थे। उनकी पदावली में मुसलमानों पर किंचित् भी आक्रोश नहीं है। बल्कि, नसीरशाह का उल्लेख उन्होंने थोड़ी प्रसन्नता से ही किया है। हाँ, जौनपुर के मुसलमानों का वर्णन करते हुए उन्होंने उनके उच्छृंखल व्यवहारों का उल्लेख दुःख के साथ अवश्य किया है।

धरि आनय बाभनक बरुआ, मथा चढ़ावय गायक चुरुआ।
हिन्दू बोलहि दूरहि निकार, छोटओ तुरुका भभकी मार। —*कीर्त्तिलता*

(ब्राह्मण कुमार को पकड़ लाता है; उसके माथे पर गोमांस की हाँड़ी चढ़ा देता है। हिन्दू नाम सुनते ही दुरदुराकर बाहर कर देता है; तुर्क छोटा ही क्यों न हो, आतंक वह खूब दिखाता है।)

हिन्दी के दूसरे महाकवि सूरदास में भी मुसलमानों के प्रति निन्दा और आक्रोश के भाव नहीं हैं। विद्यापति और सूरदास ने अपने लिए जो विषय चुना था, वह ऐसा था भी नहीं, जिसमें समकालीन सामाजिक समस्या झाँकी मारती। हाँ, मस्लिम-काल में लोक-समाहार के महा समर्थ कवि गोस्वामी तुलसीदासजी हुए जो अपने समय से लेकर आज तक जनता के हृदय पर एकच्छत्र राज्य करते आ रहे हैं। तुलसीदास केवल कवि ही नहीं हैं, उनका स्थान हिन्दू-संस्कृति के रक्षक, त्राता और उद्धर्ता का स्थान है। नैतिक विषयों पर धर्मशास्त्रों का कहाँ क्या कहना है, यह जानने की चिन्ता उत्तर भारत में अधिक नहीं है। वहाँ की जनता प्रत्येक विषय पर केवल तुलसीदास की राय जानना चाहती है। तुलसीदास पर जनता का ऐसा अटल विश्वास है कि राजा, नेता और फकीर, इनमें से जो भी तुलसी के खिलाफ होगा, जनता उसके खिलाफ हो जाएगी। अवश्य ही, ऐसा सम्मान वही कवि पा सकता है जिसने अपने देश की संस्कृति के कण-कण को अपने भीतर पचा लिया हो और जिसका हृदय अपार जनता के हृदय से बिलकुल एकाकार हो। तुलसीदास ऐसे ही कवि हुए हैं, अतएव, उनके प्रसंग में महत्त्व केवल उतने का ही नहीं है जिसे कहने का उन्हें अवसर मिला, बल्कि महत्त्वपूर्ण बातें वे भी हैं जो उनके कहने से छूट गई हैं।

तुलसीदास के सारे साहित्य में इस बात का कहीं रंच भर भी प्रमाण नहीं है कि मुसलमानों पर उन्हें तनिक भी क्रोध या आक्रोश था। उनका समय अकबर और जहाँगीर के राज्य-काल में पड़ता है जब हिन्दू-मुस्लिम-समस्या का ताप, काफी दूर तक, शमित हो चुका था, जब लोग यह भूल चुके थे कि मुसलमान विदेशी हैं और जब हिन्दू और मुसलमान पड़ोसी बनकर शान्ति के साथ जीने लगे थे।

तुलसीदास का सम्मान दोनों ही धर्मों के लोग करते थे। खानखानाँ रहीम से तुलसीदास की दोस्ती थी, यह बात साहित्य के इतिहास में अनेक बार कही गई है। जब तुलसीदास ने रामचरितमानस लिखा, रहीम ने कुछ दोहे रचकर उस काव्य की प्रशंसा की थी और यह स्वीकार किया था कि यह काव्य हिन्दुओं के लिए वेद और मुसलमानों के लिए कुरान है।[11] जनश्रुति तो यह भी चलती है कि अकबर से तुलसीदास की भेंट हुई थी, किन्तु, इस जनश्रुति का कोई भी आधार नहीं है। इसी प्रकार, तुलसीदास ने राणा प्रताप का नाम सुना था या

नहीं अथवा मानसिंह को वे किस दृष्टि से देखते थे, यह सब जानने का हमारे पास कोई साधन नहीं है।

तुलसीदास के विषय में दृढ़तापूर्वक कहने योग्य बात केवल यह है कि निगमागमसम्मत हिन्दुत्व के कट्टर पक्षपाती थे और वर्णाश्रम-धर्म की किंचित् भी अवज्ञा उन्हें पसन्द नहीं थी। वे वैदिक धर्म के अनुष्ठानों में पूरी श्रद्धा रखते थे तथा धर्म-परिवर्तन की तो बात ही क्या, वे शूद्रों द्वारा यज्ञोपवीत धारण करना भी नहीं सह सकते थे।[12] मुस्लिम समाज हिन्दू समाज से बिलकुल भिन्न था, इसलिए, तुलसीदास को यह चिन्ता नहीं थी कि मुसलमान अपने समाज में क्या करते हैं। किन्तु, हिन्दू-समाज के भीतर रहकर जो लोग जनता को यह सिखाते थे कि मन्दिरों में जाना व्यर्थ है, व्रत रखने से पुण्य नहीं होता और साकार की उपासना अन्धविश्वासी मनुष्य करता है, तुलसीदास ऐसे सभी निराकारवादियों के कट्टर विरोधी थे। एक दिन कोई 'अलख-निरंजन' की पुकार लगानेवाला निराकारवादी फकीर उनके दरवाजे पर पहुँचा और 'अलख-अलख' का नारा लगाने लगा। तुलसीदास उस फकीर पर बिगड़ गए और बोले, "तुलसी अलख को देख चुका है, मगर तू रामनाम का जप कर।"

हम लख हमहिं, हमार लख हम-हमार के बीच,
तुलसी अलखहिं का लखै, राम नाम जपु नीच।

तुलसीदासजी नाथ-पन्थियों और गोरख-पन्थियों के भी विरुद्ध थे, क्योंकि उनका विचार था कि योगाचार की ओर जनता को प्रेरित करने से कोई लाभ नहीं है। इन पन्थों के फेर में पड़ी हुई जनता मन्दिर और मूर्ति को तो आसानी से छोड़ देती थी, किन्तु, निराकारवादी मत के सूक्ष्म तत्त्व का ज्ञान उसके पल्ले नहीं पड़ता था। इस प्रकार वैदिक परम्परा कमजोर होती थी और जनता का हृदय शून्यता से भरता जाता था। अतएव, एक जगह उन्होंने यह भी कहा है कि गोरख ने ऐसा योग जगाया कि लोगों की भक्ति ही भाग गई।[13]

साकार मत और वेद-पुराण की निन्दा कबीर आदि सन्तों ने खुलकर की थी। इस निन्दा का समर्थन प्रेममार्गी सूफी कवि भी करते थे। अतएव, एक स्थल पर तुलसीदास ने ऐसे भक्तों को भी फटकारा है।

साखी सबदी दोहरा कहि कहिनी उपखान,
भगत निरूपहिं भगति कलि, निन्दहिं वेद-पुरान।

अवश्य ही, यहाँ 'साखी, सबदी और दोहा' से आशय कबीर, दादूदयाल आदि से है तथा कहानी और उपाख्यान कहनेवाले भक्त जायसी, कुतबन, मंझन और उस्मान हैं। स्थापित राज्यसत्ता के तुलसीदास न तो प्रशंसक थे, न आलोचक। धरती के राजदरबारों से ऊपर एक और दरबार है, जो स्वयं भगवान् का है। तुलसीदास ने अपना पट्टा इस बड़े दरबार में लिखवा लिया था। फिर दिल्ली के बादशाह की ओर वे लालच से क्यों देखते?

हम चाकर रघुवीर के पट्यौ लिख्यौ दरबार
तुलसी अब का होहिंगे नर के मनसबदार?

इस दोहे से जो थोड़ी-सी अवज्ञा ध्वनित होती है, वह अवज्ञा मुसलमान की नहीं, राज्यसत्ता की है, जिससे भारत के सन्त अपने को हमेशा श्रेष्ठ समझते थे। रामचरितमानस के अन्त में तुलसीदास ने कहा है कि यह कथा कामी, क्रोधी और ब्राह्मण-द्वेष्टा को नहीं सुनानी चाहिए,

भले ही, वह ब्राह्मण-द्वेषी इन्द्र के ही समान क्यों न हो।

द्विज द्रोहिहिं न सुनाइय कबहूँ,
सुरपति-सरिस होय नृप जबहूँ।

किन्तु खानाखानाँ रहीम को अपना काव्य सुनाने में तुलसीदास को आपत्ति नहीं थी। यदि भूषण को छोड़ दें तो हिन्दू-मस्लिम समस्या पर मध्यकालीन हिन्दी कवियों की प्रतिक्रिया हमें दो रूपों में दिखाई देती है। कबीर, दादूदयाल, जायसी और उस्मान इस पक्ष में हैं कि दोनों जातियों के लोग एक हो जाएँ, यदि एक न हो सकें तो, कम-से-कम काफी नजदीक आ जाएँ। किन्तु, दूसरी धारा के कवि कहते हैं, हिन्दू और मुसलमान एक-दूसरे से अलग रहें, इसमें आपत्ति की कोई बात नहीं है। लेकिन, एक-दूसरे के धर्म में उन्हें दखल नहीं देना चाहिए। विद्यापति, सूरदास और तुलसीदास तथा, कदाचित् खानखानाँ रहीम, रसखान, मुबारक और रसलीन भी इसी पिछली धारा के पक्षपाती हैं।

बुद्ध के समय से भारत में संस्कृति की दो धाराएँ बहुत ही स्पष्ट रही हैं। एक धारा वह है जो वर्णाश्रम-धर्म को अक्षुण्ण रखना चाहती है, जिसका विश्वास वेदों, पुराणों, स्मृतियों और धर्मशास्त्रों में है तथा जो धर्म के स्मृति-रूपों पर श्रद्धा रखती है एवं मन्दिर, मूर्ति, तीर्थ और व्रत में विश्वास करती है। इस धारा के आचार्य मनु और शंकर तथा उनके कवि कालिदास, जयदेव, विद्यापति और तुलसीदास हैं। आधुनिक काल में इस धारा के ओजस्वी प्रतिनिधि पं. मदनमोहन मालवीय थे। दूसरी धारा वह है जो बुद्ध के कमंडलु से निकली थी और जो बौद्ध आचार्यों से होकर सरहपा-नहपा आदि सिद्धों में पहुँची और कबीर, नानक, दादूदयाल एवं जायसी से होकर आधुनिक काल में स्वामी दयानन्द और महात्मा गांधी में प्रकट हुई थी। ज्यों-ज्यों समय बीतता जाता है, ये दोनों ही धाराएँ समीप होती जा रही हैं। परमहंस रामकृष्ण में तो ऐसा दिखाई पड़ा, मानो, ये दोनों ही धाराएँ संगम पाकर पर्यवसित हो गई हों। किन्तु उनके बीच की दूरी अभी बाकी है। भारत और निखिल मानवता का भविष्य यदि अच्छा है तो, एक-न-एक दिन, ये दोनों धाराएँ एक हो जाएँगी। भविष्य, कदाचित्, तुलसीदास के पक्ष में कम, कबीर की ओर कुछ अधिक है।

तब भी, यह मानना ही पड़ेगा कि तुलसीदास असाम्प्रदायिक कवि हैं। इसका एक अन्यतम प्रमाण यह है कि अरबी-फारसी शब्दों से उन्हें किंचित् भी घृणा नहीं थी।

राज्यसत्ता से अपने को श्रेष्ठ बताने का भाव साम्प्रदायिकता नहीं, बल्कि, साहित्यिक का स्वाभिमान है। ऐसी श्रेष्ठता का दावा वैष्णव कवि कुम्भनदास ने भी किया है—

सन्त को सिकरी सों का काम?
आवत-जात पनहियाँ टूटीं, बिसरि गयो हरिनाम।

श्रीधर नाम के एक कवि अकबर के समय में हो गए हैं। अकबर गुणग्राहक और उदार सम्राट् थे, अतएव, पंडित और कवि बराबर उनके दरबार में हाजिरी देने जाते थे। यह बात श्रीधर कवि को बहुत बुरी लगी। बुरी लगने की बात ही है। दरबार चाहे अकबर का हो या आधुनिक शासकों का, वहाँ जो पंडित हाजिरी देने जाता है, वह किसी लोभ से ही जाता है।

राजदुआरे साधुजन, तीनि वस्तु को जायँ,
कै मीठा, कै मान को, कै माया की चाय।

श्रीधर ने ऐसे सभी कवियों को फटकारते हुए जो प्रभावपूर्ण सवैया लिखा, वह हमेशा कवियों के समक्ष टाँगे रखने के योग्य है। इस सवैये में अकबर की अवज्ञा तो है ही, कुछ थोड़ी अवज्ञा अकबर के दादा बाबर की भी है। किन्तु, कवि के भाव में साम्प्रदायिकता की गन्ध तक नहीं है। वह केवल कवि के स्वभाव-जनित अहंकार का विस्फोट है।

अबके सुलतान भये फुहियान-से, बाँधत पाग अटब्बर की,
नर की नरकी कविता जु करे, तेहि काटिये जीभ सुलब्बर की।
इक श्रीधर आस हैं श्रीधर की, नहिं त्रास अहै कोउ बब्बर की,
जिनको नहिं आस कछू जग में सो करो मिलि आस अकब्बर की।[14]

हिन्दी-कवियों में एक भूषण ही हुए जिन्होंने इस्लाम का तो नहीं, मुसलमानों का खुलकर विरोध किया। वे शिवाजी महाराज के राजकवि थे। शिवाजी महाराष्ट्र में रहते थे और भूषण का जन्म उत्तर प्रदेश में हुआ था। किन्तु, औरंगजेब की साम्प्रदायिकता से सारे भारत के हिन्दू नाराज थे। यही आक्रोश भूषण के भीतर से, आग की लपटों-जैसी प्रचंड कविता के रूप में, फूट पड़ा। भूषण एक ऐसे आश्रयदाता की खोज में थे, जो हिन्दू-हृदय के इस आक्रोश का प्रतीक हो। जब उत्तर प्रदेश में उन्हें ऐसा वीर हिन्दू नहीं मिला, वे अपना घर-बार छोड़कर महाराष्ट्र चले गए और शिवाजी की स्तुति में उन्होंने, ऐसी निर्भीक कविताएँ लिखीं, जिनके नाद से सारा देश गूँज उठा। शिवाजी का 'हिन्दुवी स्वराज्य' केवल हिन्दू-स्वराज्य भले ही न रहा हो, किन्तु, भूषण का काव्य शुद्ध हिन्दू-राष्ट्रीयता का काव्य है।

हिन्दी के मुसलमान कवि

हिन्दू-मस्लिम एकता का मार्ग और कोई नहीं, भारत की राष्ट्रीयता का मार्ग है। यह राष्ट्रीयता पक्की तभी हो सकती है, जब मुसलमान भी अपने को भारतमाता की सन्तान मानें और अपनी भावनाएँ और विचार उस भाषा अथवा उन भाषाओं में लिखें, जिनमें यहाँ के और लोग लिखा करते हैं। उर्दू भी भारत की भाषा है और वह भारतीय राष्ट्रीयता का समर्थ माध्यम भी बन सकती है यदि उसके लेखक और कवि अपनी प्रेरणाएँ भारत के अतीत और वर्तमान से ग्रहण करें, जैसे—कबीर, खुसरो, जायसी, कुतबन, रहीम, रसखान और नजीर अकबराबादी ने ग्रहण की थीं। भारतीय राष्ट्रीयता की इस आवश्यकता की अनुभूति सबसे पहले अमीर खुसरो को हुई थी। तत्पश्चात् कबीर, जायसी, कुतबन, मंझन और उस्मान ने, खुसरो से शिक्षा लेकर, अपना सारा साहित्य अवधी भाषा में लिखा। यह परम्परा इन्हीं लोगों तक नहीं रुकी। उनके बाद भी, हिन्दी के अनेक मुस्लिम कवि उत्पन्न किए जिनकी रचनाएँ हिन्दी-साहित्य की कीमती थाती के रूप में विद्यमान हैं। कहते हैं, स्वयं अकबर भी जब-तब हिन्दी में कुछ दोहे कह दिया करते थे।[15] कुछ सवैये शाहजहाँ[16] के भी मिलते हैं और काफी दोहे जैबुन्निसा के भी उपलब्ध हैं जो औरंगजेब की बेटी थी।[17]

किन्तु, अकबर के वजीर खानाखानाँ रहीम तो हिन्दी के ऐसे सिद्धहस्त कवि हुए कि उनका प्रकाश साहित्य के भांडार को आज भी आलोकित कर रहा है। "तुलसी के वचनों के समान रहीम के वचन भी हिन्दीभाषी भूभाग में सर्वसाधारण के मुँह पर रहते हैं। भाषा पर तुलसी का-सा ही अधिकार हम रहीम का भी पाते हैं।" उनकी कविताओं में आए हुए

प्रसंगों को देखते ही यह प्रत्यक्ष हो जाता है कि हिन्दू-दर्शन और साहित्य तथा अलंकारशास्त्र का उन्हें उतना ही अच्छा ज्ञान था जितने अच्छे ज्ञान का दावा बड़े-से-बड़ा हिन्दू विद्वान् कर सकता है। **अपने धर्म और आध्यात्मिक विश्वास पर सुदृढ़ रहते हुए भी मुसलमान कितना अधिक भारतीय हो सकता है, रहीम इसके जाज्वल्यमान प्रमाण हैं।**

खानखानाँ रहीम कई भाषाओं में पारंगत थे। ''उन्होंने फारसी का एक दीवान भी बनाया था और वाकयात-बाबरी का तुर्की से फारसी में अनुवाद भी किया था।'' इन्होंने कुछ मिश्रित रचनाएँ भी की हैं जिनमें संस्कृत और खड़ीबोली, दोनों ही भाषाओं का प्रयोग हुआ है। कदाचित् ऐसी ही रचनाओं को देखकर डॉक्टर यूसुफ हुसेन ने रहीम को उर्दू का कवि समझ रखा है। किन्तु, रहीम उर्दू में नहीं लिखते थे। उनकी रचनाएँ या तो फारसी में मिलती हैं अथवा शुद्ध हिन्दी में या फिर उनकी कौतुकी कृतियाँ खिचड़ी-भाषा में हैं।

खिचड़ी भाषा में कौतुकी रचनाएँ सबसे पहले अमीर खुसरो ने लिखी थीं। फारसी छन्द का एक टुकड़ा वे फारसी में और दूसरा ब्रजभाषा में रचते थे। यथा–

ज़ेहाले मिस्कीं मकुन तग़ाफ़ुल दुराय नैना बनाय बतियाँ,
कि ताबे हिजराँ न दारम् ऐ जाँ, न लेहु काहे लगाय छतियाँ।

लेकिन, रहीम की कौतुकी रचनाओं में फारसी और ब्रजभाषा की खिचड़ी नहीं, शुद्ध संस्कृत और खड़ीबोली का मेल है।

दृष्ट्वा तत्र विचित्रतां तरुलतां मैं था गया बाग में।
काचित्तत्र कुरंगशावनयना गुल तोड़ती थी खड़ी।

रहीम ने 'खेट-कौतुक-जातकम्' नाम से एक ज्योतिष-ग्रन्थ की भी रचना की थी, जिसकी भाषा संस्कृत, फारसी और हिन्दी, तीनों के संगम के समान थी। यथा–

यदा मुश्तरी कर्कटे वा कमाने,
यदा चश्मखोरा जमीवासमाने,
तदा ज्योतिषी क्या कहै, क्या पढ़ैगा?
हुआ बालका पादशाही करैगा।

(जिसकी जन्मपत्री में धनु अथवा कर्क के बृहस्पति दसवें स्थान में हों तो ज्योतिषी क्या लिखे-पढ़ेगा? क्योंकि वह लड़का पादशाही करेगा।–अं.प्र. वाजपेयी।)

हिन्दी-फारसी-मिश्रित कविताएँ गंग कवि भी लिखते थे। कदाचित् यह विद्वत्ता-प्रदर्शन का क्षेत्र था। गंग की पंक्तियाँ हैं–

कौन घरी करिहै बिधना जब रूए अयाँ दिलदार मुबीनम्।
आनन्द होय तबै सजनी, दर वस्लये चार निगार नशीनम्।

हिन्दी के दूसरे प्रसिद्ध मुसलमान कवि रसखान जाति के पठान थे। उनका जन्म सन् 1558 ई. में हुआ था। किन्तु, उनका हृदय शुद्ध कृष्णाश्रयी वैष्णव का हृदय था। समस्त कृष्ण भक्ति-काव्य के बीच रसखान के कवित्त और सवैये हीरे-मोती की तरह चमकते हैं और उनके भीतर जो अपार भावविह्वलता लहराती है, वह अन्यत्र कम ही सुलभ है।

इसी प्रकार, अनीस, अहमद, कमाल, जमाल, जलालुद्दीन, ताज, तानसेन, नेवाज, फकीरुद्दीन, आलम और शेख तथा मुबारक और रसलीन आदि मुसलमान कवियों ने हिन्दी

में उच्च कोटि की रचनाएँ कीं और हिन्दू-हृदय को इस विषय में काफी आश्वस्त किया कि भारत के मुसलमान और कोई नहीं, भारत की ही सन्तान हैं और उनकी तथा हिन्दुओं की किस्मत एक है।

इनमें से ताज तो अत्यन्त ही भावुक कवयित्री हुई हैं। उनका जन्म सन् 1643 ई. में हुआ था। वे इतनी भावुक थीं कि कृष्ण-प्रेम के उत्साह में आकर वे यह भी बोल गईं कि मैं इस्लाम छोड़कर हिन्दू हो जाने को तैयार हूँ। ताज मुसलमान थीं और वे मुसलमान ही रहीं भी। किन्तु, कृष्ण-तत्त्व की महिमा दिखाने के उत्साह में उन्होंने जो कुछ कहा, वह केवल असाम्प्रदायिक कवि ही कह सकता था। ताज का वह कवित्त इस प्रकार है–

सुनो दिलजानी, मेरे दिल की कहानी,
तुम दस्त ही बिकानी, बदनामी भी सहौंगी मैं,
देव-पूजा ठानी मैं निवाज हूँ भुलानी,
तजे कलमा-कुरान, सारे गुनन गहौंगी मैं।
स्यामला सलोना सिरताज सिर कुल्ली दिए,
तेरी नेह-आग में निदाग हो दहौंगी मैं।
नन्द के कुमार कुरबान ताँड़ी सूरत पे,
ताँड़ नाल प्यारे, हिन्दुवानी हो रहौंगी मैं।

हिन्दी के मुसलमान कवियों की संख्या काफी बड़ी है और हिन्दीवालों को उन पर नाज भी कम नहीं है। इन कवियों ने हिन्दू-धर्म और हिन्दू-संस्कृति के प्रति ऐसी निर्मल, प्रगाढ़ और निश्छल श्रद्धा व्यक्त की कि वह कविता का स्वतन्त्र विषय हो उठी। हिन्दी के ये मुसलमान कवि हिन्दू-जनता को इतने प्यारे लगे कि वह उन्हें हिन्दू कवियों से भी श्रेष्ठ समझने लगी।

इन मुसलमान हरिजनन पर कोटिन हिन्दू वारिये।

इसमें अचरज की कोई बात नहीं। वह हिन्दू अन्य हिन्दुओं से श्रेष्ठ है जो अपने धर्म के सिवा इस्लाम पर भी श्रद्धा रखता है। और वह मुसलमान भी अन्य मुसलमानों से श्रेष्ठ है जो अपने मजहब के सिवा हिन्दू-धर्म का भी सम्मान करता है।

दुःख की बात केवल यह है कि हिन्दू-मुस्लिम-प्रश्न बहुत अच्छे समाधान तक पहुँचकर फिर पीछे को लौट गया।

सन्दर्भ

1. History and Culture of The Indian People. (विद्याभवन-सीरीज)
2. सैयद आबिद हुसेन ने अपनी किताब National Culture of India में पठान-शासन का वर्णन यह कहकर किया है–"A dynastic monarchy limited by the SHARIAH, giving its Non-Muslim subjects religious and cultural freedom, but slightly less political rights."
3. शाह अब्दुर्रहीम एक सूफी मुल्ला थे। औरंगजेब उनसे बहुत ही खुश रहा करता था। एक बार औरंगजेब ने उन्हें कुछ जमीन देनी चाही। इसके जवाब में शाह साहब ने बादशाह को इस आशय का पत्र लिखा कि ''सभी सन्त मानते हैं कि जो फकीर राजा के दरवाजे पर जाता है, वह फकीर नहीं, शैतान है। राजाओं के पास सम्पत्ति बहुत थोड़ी होती है। यदि तू मुझे कुछ देगा तो तेरे पास बच क्या रहेगा?'' कहते हैं, औरंगजेब इस पत्र को अपनी जेब में रखे रहता था और कपड़ा

बदलने पर उसे दूसरे कपड़े में रख लेता था तथा, एकान्त पाकर, इस पत्र को वह पढ़ता और पढ़कर रोने लगता था।

एक दूसरे फकीर का कहना था, "भगवान् रोज रोटी भेजता है, लेकिन, एहसान का बोझ वह किसी पर नहीं डालता। राजा जब भी कुछ देता है, तब आदमी पर उसका एहसान हो जाता है।"

4. देखिए, इसी ग्रन्थ के दूसरे अध्याय में "इस्लाम से पूर्व ही इस्लामवत् सम्प्रदाय।"
5. पं. रामचन्द्र शुक्ल की जायसी-ग्रन्थावली।
6. डॉक्टर यूसुफ हुसेन की पुस्तक Glimpses of Medieval Indian Culture से।
7. हिन्दुत्व और इस्लाम धर्म के उच्चतम रूप नहीं हैं, इस अनुभूति के उदाहरण हमें गोरखनाथ और नामदेव में भी मिलते हैं जो कबीरदास के पूर्ववर्ती थे। यथा–

हिन्दू ध्यावे देहरा, मूसलमान मसीत,
जोगी ध्यावे परम पद, जहँ देहरा न मसीत।
हिन्दू आखै राम को, मुसलमान खोदाइ,
जोगी आखै अलख को, तहँ राम अछै न खोदाइ। *–गोरखनाथ (10वीं या 11वीं सदी)*
हिन्दू पूजे देहरा, मूसलमान मसीत,
नामा सोई सेविया, जहँ देहरा न मसीत। *–नामदेव (जन्म सन् 1170 ई.)*

8. *तेरे झूठे कुफ्रो-ईमाँ को मिटा डालूँगा मैं,*
हड्डियाँ इस कुफ्रो-ईमाँ की चबा डालूँगा मैं।
डाल दूँगा तर्जे-नौ अजमेर और प्रयाग में,
झोंक दूँगा कुफ्रो-ईमाँ को दहकती आग में। *–जोश मलीहाबादी*

तथा

ठोकर मार फोड़ दे उसको, जिस बरतन में छेद रहे,
वह लंका जल जाय जहाँ भाई-भाई में भेद रहे।
गजनी तोड़े सोमनाथ को, काबे को दें फूँक शिवा,
जले कुराँ अरबी रेतों में, सागर जा फिर वेद रहे। *–द्वन्द्व गीत*

9. इसकी प्रति भोपाल के राज-पुस्तकालय में मौजूद बताई जाती है।
10. इतिहास-प्रवेश।
11. *हिन्दुआन को वेद सम, तुरुकहिं प्रगट कुरान।* *–रहीम*
12. *सूद्र द्विजहिं उपदेसहिं ज्ञाना, मेलि जनेऊ लेहिं कुदाना।* *–तुलसीदास*
13. गोरख जगायो योग, भगति भगायो लोग।
14. नर की नरकी कविता जु करे = जो कवि मनुष्य की स्तुति में नारकीय कविता लिखे। बब्बर = शेर-बबर और अकबर का दादा बाबर।
15. राजा बीरबल अपनी वर्ष-गाँठ पर अपना सारा सर्वस्व दान कर देते थे। जिस लड़ाई में वे मारे गए, उस पर जाने के पूर्व भी उन्होंने अपनी सम्पत्ति गरीबों में बाँट दी थी। बीरबल की मृत्यु का दुःसंवाद जब अकबर को मिला, तब अकबर ने यह सोरठा कहा था–

दीन जानि सब दीन, एक न दीन्हों दुसह दुःख,
सो मो कहँ अब दीन, कछुक न राख्यौ बीरबल।

16. औरंगजेब के अत्याचारों से पीड़ित होकर शाहजहाँ ने यह सवैया लिखा था–

जन्मत ही लख दान दियो अरु नाम रख्यौ नवरंग बिहारी,
बालहिं सों प्रतिपाल कियो अरु देस-मुलुक्क दियो दल भारी।

सो सुत वैर बुझै मन में धरि हाथ दियो बँधसार में डारी,
शाहजहाँ विनवै हरि सों बलि राजिवनैन रजाय तिहारी।

17. औरंगजेब की पुत्री शाहजादी जैबुन्निसा बेगम भी हिन्दी की कवयित्री थीं। उनके काव्य-संग्रह का नाम 'नैन-विलास' है जिसमें से यह दोहा पं. अम्बिकाप्रसाद वाजपेयी ने उद्धृत किया है–

जैबुन्निसा जहान में, दुख्तर आलमगीर।
नैन-विलास विलास में खास करी तहरीर।

प्रकरण-5

इस्लाम का हिन्दुत्व पर प्रभाव

सतही असर

इस्लाम भारत में पहुँच तो सातवीं सदी में ही गया था और मोपला लोग उसी समय मुसलमान भी हो गए थे, किन्तु, इस्लाम और हिन्दुत्व के बीच, निकट के सम्बन्ध बारहवीं सदी के बाद आरम्भ हुए। इस प्रकार, इन दोनों धर्मों को एक भूमि पर और एक आकाश के नीचे रहते प्रायः आठ सौ वर्ष हो चुके हैं, किन्तु आठ सदियों की संगति के बाद भी, हिन्दू हिन्दू और मुसलमान मुसलमान रह गए। दोनों के बीच जो मिश्रण होना चाहिए था, वह नहीं हो सका। एकता का एक आन्दोलन अकबर ने चलाया था, किन्तु, उसे औरंगजेब ने काट दिया। दूसरा आन्दोलन महात्मा गांधी ने चलाया। उसे जिन्ना ने काट दिया। इस्लाम प्रभावित होने से डरता है, क्योंकि, संशोधित, प्रभावित अथवा सुधरा हुआ इस्लाम इस्लाम नहीं है। उधर हिन्दुत्व हमेशा इस बात का अभिमानी रहा है कि हिन्दू हिन्दुत्व के भीतर चाहे पतित ही समझा जाए, किन्तु, जन्मना वह संसार के अन्य सभी लोगों से श्रेष्ठ है। इस्लाम की यह कट्टरता कि हमारा वही रूप ठीक है, जिसे नबी ने प्रवर्तित किया था और हिन्दुत्व का यह आग्रह कि धर्म के मामले में, हमें किसी से कुछ सीखना नहीं है, ये दोनों बातें दीवार बनकर इस्लाम और हिन्दुत्व के बीच खड़ी रही हैं। इसलिए, यह मानने का कोई बड़ा आधार नहीं है कि हिन्दुत्व और इस्लाम के बीच कभी भी कोई बड़ा समन्वय या मिश्रण का काम हुआ है। तब भी, दोनों ने दोनों पर प्रभाव जरूर डाला। किन्तु यह बाहरी प्रभाव है, सतह पर का परिवर्तन है, जिससे मूल में कोई विकार नहीं आता और यदि ऊपरी बातों को देखें तो इस्लाम ने जितना प्रभाव हिन्दुत्व पर डाला, उससे कहीं अधिक प्रभाव हिन्दुत्व का इस्लाम पर पड़ा है।

इस्लामी प्रभाव का अतिरंजन

हिन्दुत्व पर इस्लाम का कोई प्रभाव पड़ा है या नहीं, इस **विषय की खोज** पुरानी नहीं है। इसका आरम्भ इसी सदी में हुआ है और, सबसे पहले, सर चार्ल्स इलियट ने अपने विख्यात ग्रन्थ 'हिन्दुइज्म एंड बुद्धिज्म' (प्रथम प्रकाशित, सन् 1921 ई.) में यह बात, प्रायः, दबी जबान से कही थी कि रामानुज, मध्व तथा लिंगायत या वीर-शैव पर कुछ इस्लामी प्रभाव हो सकता है। उसके बाद, डॉक्टर ताराचन्द की वह प्रसिद्ध पुस्तक (Influences of Islam on Indian Culture) निकली, जिसने सारे संसार में यह भ्रम फैला दिया कि शंकराचार्य, निम्बार्क, रामानुज, रामानन्द, वल्लभाचार्य और दक्षिण के आलवार सन्त एवं वीर-शैव तथा लिंगायत-सम्प्रदाय,

ये सब-के-सब इस्लामी प्रभाव से आविर्भूत हुए। इस भ्रान्त, अतिरंजित और लगभग, गलत सिद्धान्त के तीसरे प्रचारक प्रोफेसर हुमायूँ कबीर हैं जिनकी 'आवर हेरिटेज' नामक छोटी-सी पुस्तक, शायद, सुलिखित और छोटी होने के कारण ही, संसार में दूर-दूर तक फैली है। प्रोफेसर कबीर की पुस्तक हिन्दू-मुस्लिम एकता को पुष्ट बनाने के उद्देश्य से लिखी गई है, लेकिन, एकता के प्रचार में भी सत्य जितना सहायक होता है, उतनी सहायता असत्य को सत्य मानकर चलने से नहीं मिलती। उदाहरणार्थ, जब डॉक्टर ताराचन्द और प्रोफेसर कबीर यह कहते हैं कि स्वामी शंकराचार्य ने अपना अद्वैतवाद इस्लाम से लिया, तब ज्ञानी उपेक्षा की हँसी हँसते हैं और बाकी लोग एक बार यह सोचे बिना नहीं रह सकते कि ऐसे प्रयासों का ध्येय सत्य की सेवा नहीं, किसी-न-किसी किस्म का पक्षपात है, अथवा यह कि बिलकुल नई बातें बोलने के जोश में ये लेखक गलत बातें बोल रहे हैं।

डॉक्टर ताराचन्दजी का उत्साह अब कुछ ठंडा मालूम होता है। अधिक अध्ययन, मनन और चिन्तन करने से वे अब, शायद, यह अनुभव करने लगे हैं कि जो बातें उन्होंने अपनी पहली पुस्तक में उतने जोर से कही थीं, वे जोर से कहने योग्य नहीं हैं। अब उनका विचार यह मालूम होता है कि हिन्दू-धर्म पर इस्लाम का प्रभाव, बिलकुल, सतही प्रभाव रहा है। दर्शन और विचार के धरातल पर इस्लाम ने हिन्दुत्व पर कोई प्रभाव नहीं डाला।[1]

डॉक्टर ताराचन्द ने तो सुदीर्घ चिन्तन के बाद वस्तुस्थिति को पहचान लिया, किन्तु, उनकी पहली पुस्तक के आधार पर आज भी नई पुस्तकें लिखी जा रही हैं जो इस बात का प्रचार करती हैं कि शंकर का अद्वैतवाद इस्लाम की शिक्षा से निकला था और हिन्दुओं का भक्ति-आन्दोलन भी इस्लाम की देन है। इन सभी पुस्तकों का ध्येय एकता को प्रोत्साहित करना है, किन्तु, उनके लेखक एक अच्छे उद्देश्य की सेवा में इस उत्साह में जुट जाते हैं कि उन्हें सत्य और असत्य में अथवा सचाई और अतिरंजन में भेद ही नहीं दीखता, न उन्हें इस बात का ध्यान रहता है कि उनकी स्थापनाएँ, उन्हीं की दलीलों से, खंडित हो रही हैं। ये लेखक यदि दूसरों की स्थापनाओं को ज्यों-का-त्यों सही न मानकर, स्वयं ही ज्ञान के मूल-स्रोतों पर पहुँचने की कोशिश करें तो सत्य उन्हें अधिक स्पष्ट होकर दिखाई पड़ेगा और वे ऐसी बहुत-सी गलत बातों को दुहराने से बच जाएँगे जो सिर्फ गलत हैं।

डॉक्टर आबिद हुसेन की पुस्तक 'भारत की राष्ट्रीय संस्कृति' को मैं इसी कोटि में गिनता हूँ। इस पुस्तक के लेखक का ध्येय, शायद, यह था कि इस्लाम के प्रभाव को वह खूब चमकाकर दिखाए। अतएव, जोश में आकर उन्होंने यह लिख दिया कि **''भारतीय जीवन के प्रत्येक अंग पर मुस्लिम-संस्कृति का सीधा और गहरा प्रभाव पड़ा है।''** लेकिन, खोज करने पर इस बात के पुष्ट प्रमाण जब उन्हें नहीं मिले, तब उन्होंने स्वीकार कर लिया कि ''शरीर से तो हिन्दुओं ने विजेताओं के सामने आत्म-समर्पण कर दिया, किन्तु, आत्मा से वे अपने धर्म और जाति की स्वपूर्णता में छिप गए एवं हिन्दुओं और मुसलमानों के बीच ऐसा बिलगाव आ गया कि दोनों के बीच किसी भी प्रकार का सम्पर्क नहीं हो सकता था।''

पठानों के बारे में डॉक्टर आबिद हुसेन ने एक जगह तो यह लिखा है कि, ''वे अन्तर्राष्ट्रीय संस्कृति के प्रतिनिधि थे।'' और दूसरी जगह वे यह भी लिख गए हैं कि ''पठानों के पास कोई सांस्कृतिक पृष्ठभूमि थी ही नहीं।'' इसी प्रकार, तुलसीदास और कबीर, दोनों को रामानन्द

का शिष्य बताकर उन्होंने उन्हें समकालीन बना दिया है, जो बिलकुल गलत बात है। कबीर साहब की मृत्यु सन् 1518 ई. में हुई और तुलसीदासजी सन् 1532 ई. में जनमे थे।

शंकराचार्य का जन्म आठवीं सदी में हुआ और भक्ति-आन्दोलन का आरम्भ आलवारों के काव्य में उससे काफी पहले ही हो चुका था, यद्यपि, भक्ति की प्राचीनतम परम्परा प्राग्वैदिक काल तक पहुँचती है। लेकिन, आबिद हुसेन दोनों को इस्लाम में प्रभावित मानते हैं। यदि ये दोनों बातें इस्लाम से प्रादुर्भूत थीं, तो लेखक ने यह क्यों लिखा है कि ''दसवीं सदी के अन्त तक मुसलमान हिन्दू-संस्कृति की केवल कोर ही छू सके थे, अभी हिन्दुत्व के केन्द्र से वे बहुत दूर थे?'' क्या अद्वैत और भक्ति-आन्दोलन हिन्दू-संस्कृति के केवल किनारे मात्र हैं, वे हिन्दुत्व के हृदय और केन्द्र नहीं हैं?

इस बड़े ही नाजुक विषय पर जो पुस्तकें मुस्लिम अथवा मुस्लिम-संस्कृति के पक्षपाती लेखकों ने लिखी हैं, उनमें से डॉक्टर यूसुफ हुसेन की पुस्तक[2], कदाचित् सबसे अधिक निष्पक्ष है। भक्ति को यूसुफ हुसेन सार्वभौम मानते हैं। ''भक्ति सामी भी है और आर्य भी। भक्ति नीरस बुद्धिवाद के विरुद्ध हृदय का विद्रोह है।'' और रामानुज के प्रसंग में लिखते हुए उन्होंने कहा है, ''हम यह कहने का आग्रह नहीं करेंगे कि रामानुज पर इस्लाम का सीधा प्रभाव था।'' किन्तु, इस भ्रम के शिकार यूसुफ हुसेन भी हैं कि हिन्दू बहुदेववादी थे; उनकी यह प्रवृत्ति, इस्लाम के प्रभाव से, एकेश्वरवाद में परिणत हुई।

तथ्य की कई भूलें यूसुफ हुसेन की भी किताब में हैं। उदाहरणार्थ, यूसुफ हुसेन का यह कहना सत्य नहीं है कि अकबर के साले (अथवा श्यालक-पुत्र) राजा मानसिंह गोस्वामी तुलसीदास के संरक्षक (पेट्रन) थे। हिन्दी-साहित्य के इतिहासकारों और तुलसी-साहित्य के विशेषज्ञों के लिए यह नई सूचना है। लेकिन, ऐसी निराधार बात को भी लोग ले उड़ेंगे क्योंकि छिपे-छिपे आन्दोलन यह चल रहा है कि मानसिंह के खिलाफ हिन्दुओं में जो झिझक है, वह दूर हो जाए और वे हिन्दू-राष्ट्र-नायक के रूप में स्वीकार कर लिये जाएँ। जहाँ तक हमें मालूम है, तुलसीदास के एकमात्र स्नेही और संरक्षक काशी के बाबू टोडर सिंह थे जिनकी मृत्यु पर तुलसीदास ने दो-चार दोहे भी लिखे थे। समस्त तुलसी-साहित्य में इस बात का रंच-भर भी प्रमाण नहीं है कि तुलसीदासजी ने राणा प्रताप और मानसिंह के नाम भी कभी सुने थे। गोस्वामीजी वैदिक धर्म और वर्णाश्रम-आचार के अत्यन्त कठोर प्रहरी थे। आज हिन्दुओं और मुसलमानों के बीच वैवाहिक सम्बन्ध को हम भले ही निर्दोष मान लें, किन्तु, तुलसीदास के समय ऐसे सम्बन्ध केवल गर्हित माने जाते थे। जब तक बिलकुल ठोस प्रमाण सामने नहीं आता, हिन्दू-जनता इस बात को हरगिज स्वीकार नहीं करेगी कि तुलसीदास ने राजा मानसिंह को अपना संरक्षक माना था। ऐसी अनर्गल बातें बोलकर लोग हिन्दू-मुस्लिम एकता को मजबूत नहीं बनाते, हिन्दुओं को चिढ़ाकर वे उसे कमजोर करते हैं। हिन्दू-मुस्लिम वैवाहिक सम्बन्ध के खिलाफ हिन्दुओं की झिझक कभी दूर भी हो जाए, लेकिन मानसिंह के हिन्दू-राष्ट्र-नायक माने जाने की सम्भावना बिलकुल शून्य है।

इसी प्रकार, खानखानाँ रहीम को उर्दू का कवि मानना सरासर मनमानी है। रहीम के समय के मुस्लिम कवि या तो फारसी लिखते थे या हिन्दी में। उस समय उर्दू का अस्तित्व ही नहीं था। दक्खिन के मुसलमान उन दिनों जो कविताएँ लिख रहे थे, उनकी भाषा भी

हिन्दी ही थी, गर्चे, लिखी वे फारसी लिपि में जाती थीं। और नाम भी उस भाषा का उर्दू नहीं, बल्कि दक्खिनी हिन्दी अथवा हिन्दवी था। फारसी से बाहर रहीम की रचना साधु हिन्दी में ही मिलती है जिसमें अरबी-फारसी के शब्द बहुत ही कम आए हैं।

हर मुसलमान लेखक जानता है कि इस्लामी विजय के समय सारा भारतवर्ष मन्दिरों और मूर्तियों से भरा हुआ था। ये मूर्तियाँ और मन्दिर भारत में उस समय भी थे जब अरबों ने सिन्ध को जीता था और उस समय भी जब इस्लाम का जन्म नहीं हुआ था। क्या कोई विद्वान् यह बता सकता है कि इन मन्दिरों में भक्ति का जो रूप इस्लामोदय के पूर्व प्रचलित था, वह इस्लामोदय के बाद परिवर्तित हो गया? यदि नहीं, तो यह कहने का आधार क्या है कि भारत में भक्ति-आन्दोलन का विकास इस्लामी प्रभाव से हुआ?

भारत की प्राचीनता का तर्कसम्मत ज्ञान भारत में प्रचलित नहीं था। इतिहास की कसौटी पर भारत की प्राचीनता को गौरव यूरोप ने दिया। किन्तु, भारत को अपनी तराजू पर निस्सहाय देखकर अनेक पाश्चात्य विद्वान् इस लोभ में पड़ गए कि भारत को यूरोप का शिष्य बताकर वे अपने आपको गौरव दे डालें। **वेबर** ने लिखा था कि आध्यात्मिक मुक्ति के लिए भक्ति को साधन मानने की प्रथा भारत में नहीं थी। यह चीज भारतवासियों ने ईसाइयत से ली होगी। अब मुस्लिम लेखक और दूसरे प्रकार के पक्षपाती लोग दुनिया को यह समझा रहे हैं कि हिन्दुओं ने भक्ति और अद्वैतवाद के सिद्धान्त इस्लाम से ग्रहण किए थे। इसी प्रकार, एक समय यह भी कहा जाता था कि 'कृष्ण' शब्द 'क्राइस्ट' से निकला है, सिक्के हिन्दुस्तान में यूनान की देखादेखी चले थे और कालिदास के नाटकों पर यूनानी नाटकों का प्रभाव है। और अब यह कहा जाता है कि कर्णाटक के वीर-शैवों के 'अल्लम प्रभु' केवल 'अल्ला' के रूपान्तरण हैं। यानी भारतवर्ष ने सभ्यता और संस्कृति के क्षेत्र में अपनी सृष्टि कभी की ही नहीं। पहले उसने सारी अच्छी चीजें यूनान से ले ली थीं, इस्लाम के जन्म के बाद, उसने सारी अच्छी चीजें इस्लाम से ग्रहण कीं।

शंकराचार्य और इस्लाम

शंकर ने एकेश्वरवाद का प्रतिपादन किया है और इस्लाम, आरम्भ से ही, एक ईश्वर में विश्वास करता था, इतनी-सी बात पर डॉक्टर ताराचन्द ने यह अनुमान निकाल लिया कि शंकर का उद्भव इस्लामी प्रभावों के कारण हुआ, क्योंकि शंकर केरल में जनमे थे और केरल में तब तक मुसलमान आ चुके थे। अर्थात्, मुसलमान केरल में आए नहीं कि हिन्दुओं ने उनके पास एकेश्वरवाद को देखकर उसका अनुसरण करना आरम्भ कर दिया। ये नितान्त भ्रमपूर्ण बातें हैं। इस मत के विरुद्ध सबसे पहले तो यह अकाट्य तर्क है कि शंकर का एकेश्वरवाद भारतीय अद्वैतवाद का विकसित रूप है और उसका इस्लामी एकेश्वरवाद से कोई भी मेल नहीं है। इस्लाम एक ईश्वर को जरूर मानता है, किन्तु वह एकेश्वरवादी या अद्वैतवादी नहीं, केवल ईश्वरवादी है। इस्लाम ईश्वर को एक मानता है, किन्तु वह यह भी समझता है कि ईश्वर ने सृष्टि बनाई, वह सातवें आकाश पर बसता है एवं उसके हृदय में भक्तों के लिए प्रेम और दुष्टों के लिए घृणा का वास है। संसार असत्य है अथवा जो कुछ हम देखते हैं वह 'कुछ नहीं में कुछ का आभास है', ये बातें इस्लाम में न पहले थीं, न अब हैं। इस्लाम

में इनका आभास मात्र सूफियों के जरिए आया था और वह भी नवीं-दसवीं सदी के बाद। यह भी स्मरण रखने की बात है कि स्वयं सूफियों को यह ज्ञान कुछ तो सीधे ब्राह्मणों से और कुछ नव-अफलातूनी मत से मिला था और नव-अफलातूनी मत के प्रवर्तक प्लॉटिनस ने उसे ब्राह्मणों और बौद्धों से प्राप्त किया था। इसके विपरीत, शंकर का ब्रह्म, शुद्ध, बुद्ध, चैतन्य, निराकार और निर्विकार है। उसे भक्तों की चिन्ता नहीं, न दुष्टों को दंड देने की फिक्र है। शंकर के अनुसार, सृष्टि ईश्वर ने नहीं बनाई। यह महत्तत्त्व का विस्तार है। शंकर ब्रह्म के सिवा और किसी का अस्तित्व नहीं मानते। शंकर मत शुद्ध अद्वैत मत है। किन्तु, इस्लाम शुद्ध या विशिष्ट, किसी भी प्रकार के अद्वैतवाद में विश्वास नहीं करता। उसका विश्वास सिर्फ ईश्वरवाद में है और सृष्टि के स्वभाव के विषय में भी कुरान शंकर के ठीक उलटा बोलता है। इस्लाम का ईश्वरवाद शंकर के अद्वैतवाद से बिलकुल भिन्न है। फिर भी, न जाने, किस कारण से डॉक्टर साहब को यह भ्रम हो गया कि शंकर मत इस्लाम की तौहीद का अनुकरण है।

शंकर को इस्लाम का अनुकर्ता कहकर डॉक्टर ताराचन्द ने केवल भ्रम का ही प्रचार नहीं किया, प्रत्युत, उन्होंने भारतीय संस्कृति से भी अपना अपरिचय व्यक्त किया है। शंकर भारतीय चिन्ताधारा में आकस्मिक घटना की तरह नहीं आए। उनकी परम्परा की लकीर उपनिषदों से आगे ऋग्वेद के नासदीय-सूक्त तक पहुँचती है। नासदीय सूक्त ने जीवन और सृष्टि के विषय में जो मौलिक प्रश्न उठाए थे, उन्हीं के प्रश्नों का समाधान खोजते-खोजते पहले उपनिषद्, फिर बौद्ध दर्शन और सबके अन्त में, शंकर का सिद्धान्त प्रकट हुआ। शंकर के निकटतम पूर्वज बौद्ध दार्शनिक थे, जिन्होंने शून्यवाद की स्थापना की थी। जो बौद्धों का शून्यवाद था, वही शांकर मत का मायावाद हुआ। हाँ, बौद्धों से आगे बढ़कर शंकर ने एक तटस्थ ब्रह्म को स्थान अवश्य दिया। किन्तु, तटस्थ ब्रह्म भी नया नहीं था, प्रत्युत, वह उपनिषदों के युग से आ रहा था। शून्यवाद को मायावाद के नाम से अपनाने के कारण ही, शंकर को लोग 'प्रच्छन्न बौद्ध' कहते थे। शंकर ने ब्रह्म की कल्पना जिस रूप में की थी, वह भक्तों के लिए निराशाजनक था, क्योंकि भक्तों की प्रार्थना सुनने को इस ब्रह्म के कान खुले हुए नहीं थे। इसलिए, शांकर मत के विरुद्ध, शंकर के बाद ही, जोर की प्रतिक्रिया उठी और निम्बार्क, मध्व, रामानुज, वल्लभ ये सभी महात्मा साकारवाद की ओर झुके, क्योंकि शंकर के निराकार मत से तार्किक पंडितों को ही समाधान मिलता था, बाकी जनता के पल्ले वह नहीं आ रहा था।

यह भी ध्यान देने की बात है कि यदि शंकराचार्य प्रच्छन्न बौद्ध थे, तो उनके दादा गुरु गौड़पाद अथवा अद्वैताचार्य प्रत्यक्ष बौद्ध समझे जाते हैं। शंकर के गुरु गोविन्दाचार्य थे और गोविन्दाचार्य के गुरु गौड़पादाचार्य। गौड़पादाचार्य ने मांडूक्योपनिषद् पर जो कारिका लिखी है, उसके चतुर्थ प्रकरण के आरम्भ में उन्होंने बुद्ध की वन्दना इन शब्दों में की है–

ज्ञानेनाऽकाशकल्पेन धर्मान्यो गगनोपमान्,
ज्ञेयाभिन्नेन सम्बुद्धः तं वन्दे द्विपदां वरम्।[3]

(ज्ञेय धर्मों से अभिन्न आकाश-कल्प ज्ञान से जिसने आकाश-सदृश पदार्थों को जान लिया, उस द्विपदश्रेष्ठ सम्बुद्ध को मैं प्रणाम करता हूँ।)

क्या इन प्रमाणों के रहते हुए यह मानने का कोई आधार है कि शंकर का एकेश्वरवाद भारतीय परम्परा से भिन्न वस्तु थी और उसका आविर्भाव इसलिए हुआ कि शंकर ने मुसलमानों की संगति की थी? यह मानी हुई बात है कि इस्लाम, आरम्भ में, दर्शनमुक्त धर्म था। दार्शनिक बारीकियाँ उसमें सूफियों ने डालीं। जिन दिनों शंकर जनमे (788 ई.) उन दिनों तक, इस्लाम शून्यवाद के ऊहापोह में पड़ा भी नहीं था। इसके विपरीत, शून्यवाद और मायावाद के विषय की विचिकित्सा भारतवर्ष में उपनिषदों के युग से होती आ रही थी और उसका ज्ञान यूनान को भी प्राप्त हो चुका था। ''सच बात तो यह है कि शंकर के विचारों पर दार्शनिक वसुबन्धु की पूरी छाप है। इसी कारण वे प्रच्छन्न बौद्ध कहलाते हैं। और चूँकि उन्होंने अपने दर्शन में बौद्ध धर्म की मुख्य बातें अपना लीं, इसलिए बौद्ध दर्शन अनावश्यक-सा हो गया।'' (जयचन्द्र)[4]

भारतीय दर्शन-परिषद् के स्मारक-ग्रन्थ में लिखते हुए दर्शनाचार्य स्वर्गीय सुरेन्द्रनाथ दास ने बतलाया है कि ''नागार्जुन शून्यवादी थे। उन्होंने माना है कि संसार में किसी भी वस्तु की सत्ता नहीं है। सब कुछ नहीं में कुछ होने का भ्रम है। न तो कोई वस्तु उत्पन्न होती है, न विनष्ट। लंकावतार-सूत्र का दर्शन भी नागार्जुन का ही दर्शन है; यद्यपि, वह विज्ञानवादी दर्शन है। यह दर्शन भी मानता है कि हम जो कुछ देख रहे हैं, वह अपनी मानस-तरंग के कारण। वस्तुतः बाह्य जगत् से उसका कोई सम्बन्ध नहीं है। क्योंकि जगत् सत्य है ही नहीं। इसी विचार को मैत्रेय और असंग ने आगे बढ़ाया तथा वसुबन्धु (पंचम शताब्दी) ने उसका विस्तार किया। आगे चलकर शंकर ने उपनिषदों का जो वेदान्ती भाष्य किया, उसकी नींव वसुबन्धु के दर्शन में ही डाली जा चुकी थी।''

शंकराचार्य का सबसे बड़ा महत्त्व यह है कि उन्होंने हिन्दुत्व को पौराणिक धर्म से मोड़कर उपनिषदों की ओर उन्मुख कर दिया। जैसे गीता ने बीसवीं सदी में आकर लोकमान्य तिलक के हाथों नवीनता प्राप्त की, वैसे ही, शंकराचार्य के हाथों उपनिषदों की शिक्षा नवीन हो गई। उन्होंने अपने सारे ग्रन्थ इस भाव से लिखे कि मनुष्य को ब्रह्म का सान्निध्य प्राप्त करने का मार्ग स्पष्ट दिखाई पड़े। उनका दूसरा महत्त्व यह भी है कि अद्वैत को प्रमुखता देते हुए भी उन्होंने विष्णु, शिव, शक्ति और सूर्य पर स्तोत्र लिखे, जिससे हिन्दुत्व में समन्वय लाने का उनका आग्रह प्रकट होता है। वे आध्यात्मिक सुधारक और सन्त थे एवं शाक्त-मन्दिरों में बलि देने की प्रथा का उन्होंने अनेक स्थानों पर विरोध किया था। बौद्ध संघों के अनुकरण पर उन्होंने संन्यासियों के संघ स्थापित किए तथा भारत की भौगोलिक एकता को प्रत्यक्ष करने के निमित्त देश की चार दिशाओं में उन्होंने चार पीठ भी बसाए, जो बदरिकाश्रम, द्वारका, जगन्नाथपुरी और श्रृंगेरी में अवस्थित हैं तथा जहाँ जाने की धार्मिक अभिलाषा प्रत्येक हिन्दू के मन में रहती आई है।

हिन्दुत्व का गढ़ दक्षिण देश

प्रोफेसर हुमायूँ कबीर ने भी अपनी पुस्तक[5] में इस सम्भावना पर बहुत अधिक जोर डाला है कि, हो-न-हो, शंकर ने इस्लाम से प्रभाव ग्रहण करके ही अपने सिद्धान्तों का प्रतिपादन किया है। वे इस बात से बहुत चकित दीखते हैं कि ऐसा क्यों हुआ कि शंकर, निम्बार्क, रामानुज और वल्लभाचार्य, सब-के-सब, दक्षिण में ही उत्पन्न हुए और इस पर से वे यह अनुमान

लगाते हैं कि सातवीं सदी में त्रावणकोर में जो मुसलमान व्यापारी आए थे, उन्हीं से शंकर ने इस्लाम का ज्ञान लिया होगा और इस ज्ञान का दक्षिण में ऐसा व्यापक प्रभाव पड़ा कि हिन्दुत्व की दिशा ही बदल गई और हिन्दुत्व के सभी नेता दक्षिण में ही उत्पन्न होने लगे।

यह फिर भ्रान्त धारणा है। यदि इस्लाम में ऐसी दर्शनोत्तेजकता थी तो सिन्ध में अथवा उसके आस-पास (जहाँ वह 712 ई. से ही मौजूद रहा है) उसने कोई शंकर उत्पन्न क्यों नहीं किया? अथवा उत्तर भारत में (जहाँ उसका प्रचार और प्रताप, दोनों विराट् थे) आकर उसकी यह दर्शनोत्तेजकता कहाँ लुप्त हो गई थी? यह समझना नितान्त भूल है कि भारत के मनीषी देश के किसी एक भाग में उत्पन्न होते थे। माध्यमक अथवा शून्यवादी दर्शन के रचयिता आचार्य नागार्जुन (जो, निश्चित रूप से, शंकराचार्य के बौद्धिक पूर्वजों में से हैं) ईसा के जन्म के सौ वर्ष बाद दक्षिण के विदर्भ (बरार) देश में जनमे थे तथा सौत्रान्तिकवाद के 'अभिधर्म कोष' के कर्ता आचार्य वसुबन्धु (जो शंकराचार्य के दूसरे बौद्धिक पूर्वज हैं) का जन्म चौथी सदी में पेशावर में हुआ था। शंकर स्वयं तो दक्षिण में जनमे थे, किन्तु उनके 'शारीरक-भाष्य' पर भामती-व्याख्या लिखकर देश भर में उसे प्रसिद्ध करनेवाले उद्भट विद्वान् पं. वाचस्पति मिश्र का जन्म मिथिला में हुआ था। सच तो यह है कि भारतवर्ष के सामने धर्म और दर्शन की जो विराट् समस्याएँ उपस्थित थीं तथा बौद्ध और ब्राह्मण दार्शनिक जिन समस्याओं को लेकर परस्पर जूझ रहे थे, वे समस्याएँ सम्पूर्ण देश के तेजस्वी विद्वानों के समक्ष चुनौती बनकर खड़ी थीं और उन पर सोचनेवाले लोग देश के किसी भी भाग में जन्म ले सकते थे। यदि पहली सदी में विदर्भ में नागार्जुन का होना कोई आश्चर्य की बात नहीं है, तो आठवीं सदी में केरल में शंकराचार्य के जन्म लेने से भी किसी को चकित नहीं होना चाहिए। मुसलमानी आक्रमण के पहले भी उत्तर भारत की जनसंख्या में बाहरी मिलावट बहुत अधिक हो चुकी थी, जिससे खाँटी हिन्दुत्व धीरे-धीरे खिसककर दक्षिण की ओर जा रहा था। शंकर के समय आस-पास भारत में जो धार्मिक उत्पीड़न हुए, उनकी संख्या भी उत्तर में कम, दक्षिण में बहुत अधिक रही। और इन उत्पीड़नों का लक्ष्य जैन एवं बौद्ध संघों को उजाड़कर उनकी जगह पर ब्राह्मण-धर्म (शैव और वैष्णव मत) को उत्थान देना था। गुप्त राजाओं ने वैदिक-धर्म के लिए जो उत्साह दिखलाया था, उनके बाद, वह उत्साह, मुख्यतः, दक्षिण के ही राजाओं में दिखाई पड़ता है। क्या इससे यह शंका निवृत्त नहीं होती कि वैदिक-धर्म का, शंकर के समान अद्भुत उन्नायक दक्षिण में ही क्यों उत्पन्न हुआ? आज दक्षिण भारत हिन्दू-धर्म की राजधानी अथवा उसका मुख्य देश है। किन्तु, हिन्दुत्व ने अपनी दक्षिण की यात्रा महावीर और बुद्ध के बाद ही आरम्भ की थी। हाँ, जब उत्तर में मुसलमानों के धार्मिक अत्याचार भयानक हो उठे, तब इस यात्रा की गति कुछ अधिक तीव्र हो गई।

और जब शंकर का केरल में जन्म लेना अचरज का विषय नहीं रह जाता, तब विष्णु स्वामी, रामानुज, निम्बार्क, मध्व और वल्लभाचार्य का दक्षिण में जन्म लेना बिलकुल स्वाभाविक बात हो जाती है। ये जनमे ही इसलिए कि इनके पूर्व शंकराचार्य का जन्म हो चुका था। शंकर के शुद्धाद्वैत में भक्ति के लिए कोई स्थान नहीं था, साकारोपासना के प्रेमियों के लिए कोई आकर्षण नहीं था। अतएव, शुद्धाद्वैत के विरुद्ध, द्वैत अथवा विशिष्टाद्वैत की स्थापना करने के निमित्त ही, इन पिछले आचार्यों का अवतार हुआ, जिन्होंने भक्ति की धारा को पुष्ट

बनाकर सारे भारत को सींच दिया। शंकर और उनके बाद के आचार्यों के बीच, क्रिया-प्रतिक्रिया का सम्बन्ध है। इस सम्बन्ध की व्याख्या में इस्लामी प्रभाव की अनिवार्यता कहीं भी दिखाई नहीं देती।

वर्णाश्रम का विरोध

विष्णु स्वामी, निम्बार्क, मध्व, रामानुज और वल्लभाचार्य ने जिस साकारोपासना का प्रवर्तन किया, उस पर भी डॉक्टर ताराचन्द को इस्लामी प्रभाव दिखाई देता है। वे कहते हैं कि विष्णु स्वामी, निम्बार्क और मध्व का चिन्तन नज्जाम, अशअरी और गजाली के चिन्तन के समान लगता है। ये यह भी कहते हैं कि इन आचार्यों ने जो मार्ग चलाया, उसमें जाति-प्रथा की कठोरता नहीं थी, धर्म के बाह्योपचार अप्रमुख थे तथा एकेश्वरवाद, भक्ति-भावना, प्रपत्ति और गुरु-भक्ति पर उसमें बहुत जोर था।

डॉक्टर साहब ने वैष्णव धर्म के ये लक्षण ठीक बताए हैं और इसमें कोई सन्देह नहीं कि ये लक्षण पहले के वैदिक-धर्म में प्रमुख नहीं थे। किन्तु, इन्हें प्रमुख बनानेवाले आन्दोलन भी भारत में पहले ही आरम्भ हो चुके थे। जाति-प्रथा की भावना इसलिए शिथिल हुई कि बौद्ध श्रमण इसके विरुद्ध, पन्द्रह सौ वर्षों से आन्दोलन करते आए थे। यह काम इस्लाम की प्रतीक्षा में रुका हुआ नहीं था।

जाति-प्रथा पर बारह सौ वर्षों से चलनेवाले जैन और बौद्ध आन्दोलन का प्रभाव नहीं पड़ा और इस्लाम ने भारत आते ही उसे प्रभावित कर दिया, ऐसी बात वही बोल सकता है, जो नई बात बोलने के जोश मे सत्य की कुछ भी परवाह न करता हो। धर्म के बाह्योपचार ढीले इसलिए हो गए कि इस्लाम के जन्म के पूर्व ही, इस देश में वेद-विरोधी लोगों का दल बहुत बड़ा हो गया था और जो बातें मुसलमानों के आगमन के बाद कबीर, दादू और नानक ने कहीं, उन उपदेशों का सिक्का बौद्ध सन्त (सिद्ध लोग) जनता के मन पर पहले ही (सातवीं, आठवीं, नवीं सदियों में) बिठा चुके थे। जिसने सिद्धों के पद पढ़े हैं, वह त्रिकाल में भी यह नहीं मान सकता कि नानक, कबीर और दादू के प्रादुर्भाव का एकमात्र कारण इस्लाम था। इस्लामी सूफियों का प्रभाव इन सन्तों पर अवश्य पड़ा, किन्तु, उनके वास्तविक पूर्वज मुस्लिम सूफी नहीं प्रत्युत, बौद्ध-सरणी के सिद्ध सन्त थे, जिन्होंने धर्म के बाह्योपचार पर उतने ही भीषण प्रहार किए थे, जितने भीषण प्रहार आगे चलकर निर्गुनियाँ सन्तों ने किए। कबीर की बहुत-सी बातों में हम सिद्धों की उक्तियों की आवृत्ति पाते हैं।[6]

असल में, जब सूफी आए, उसके पहले ही भारत में सूफियों से मिलते-जुलते लोगों के झुंड तैयार हो चुके थे और इन्हीं लोगों के अनुयायियों ने इस्लाम का, बढ़कर, स्वागत किया। कबीर, नानक आदि पर मुस्लिम प्रभाव बहुत पड़ा, यह ठीक है, किन्तु, उनकी परम्परा का आरम्भ यहाँ सिद्ध-युग में ही हो चुका था। मुसलमान नहीं आते तब भी निर्गुनियाँ सन्तों की कोई-न-कोई पीढ़ी अवश्य उत्पन्न होती, क्योंकि वेद- विरोधी आन्दोलनों के विस्तार के कारण यह पीढ़ी इतिहास के गर्भ में आ चुकी थी।

भक्ति के विषय में भी यह कहना ठीक नहीं है कि यह इस्लाम की देन है। कृष्ण और राम-पूजा के साथ भक्ति का उदय भी भारतवर्ष में बहुत पहले ही हो चुका था। बल्कि, ईसा,

से दो सौ वर्ष पूर्व भक्ति के अंकुर इस देश में उगने लगे थे और छठी सदी के आलवार सन्तों की वाणी एवं गुप्त-कालीन साहित्य में तो भक्ति रूप धरकर खड़ी हो चुकी थी। हाँ, यह सम्भव है कि भक्ति की सरिता में सूफियों के कारण कुछ तरंगें और उठने लगी हों।

गुरु-परम्परा

डॉक्टर ताराचन्द यह भी मानते हैं कि गुरु-पूजा का आरम्भ भारतवर्ष में सूफियों में प्रचलित रीति के अनुकरण पर हुआ, किन्तु, विश्लेषण करने पर यह बात भी प्रमाणित नहीं होती। कुरान में जो यह बात कही गई है कि "ईश्वर एक है और मुहम्मद उसके रसूल हैं" उससे मुहम्मद सभी मुस्लिमों के सामूहिक गुरु का पद ले लेते हैं। इसी आधार पर सूफियों के यहाँ गुरु को देवता मानने की परम्परा चली होगी। किन्तु, भारतवर्ष के लिए यह विचार नया नहीं था। विद्या-गुरु के प्रति विद्यार्थी के भाव कितने पवित्र और भक्ति-युक्त होने चाहिए, इसका आख्यान इस देश में बहुत प्राचीन काल से होता आया था। और धर्मगुरु की कल्पना की बात लीजिए तो यह कल्पना भी गीता में जन्म ले चुकी थी। गीता में भगवान् कृष्ण का वचन है–

ओमित्येकाक्षरं ब्रह्म व्याहरन्मामनुस्मरन्
यः प्रयाति त्यजन्देहं स याति परमां गतिम्। (गीता 8/13)

अर्थात् ओम् का जाप और, उसके अर्थ के रूप में, भगवान् कृष्ण का ध्यान करता हुआ जो व्यक्ति शरीर छोड़ता है, वह परम गति को प्राप्त होता है। जैसे कुरान के मन्त्र (ला-इलाह-इल्लल्लाह मुहम्मदुर्रसूल्लाह) में हजरत मुहम्मद ने मनुष्य और ईश्वर के बीच अपने लिए स्थान रखा है, वैसे ही, गीता में भी भगवान् कृष्ण ने यह संकेत दिया है कि जीव की ब्रह्म तक की यात्रा श्रीकृष्ण के माध्यम से ही हो सकती है।[7] यह बहुत कुछ गुरु का ही पद है, जिसे इन दो धर्म-नेताओं ने अपने लिए रख लिया है। कुरान के मन्त्र और गीता के इस श्लोक में जो समता है, उसे देखते हुए तो यही सम्भव लगता है कि कुरान पर गीता का कुछ-न-कुछ प्रभाव है। यह प्रभाव कैसे पड़ा होगा, इसके बारे में कई अनुमान लगाए जा सकते हैं। एक तो यह कि गीता की यह कल्पना पहले यूनान पहुँची होगी और वहाँ से अरब देशों में। अथवा यह भी सम्भव है कि वह ब्राह्मण और बौद्ध पंडितों के द्वारा सीधे अरब पहुँची हो। श्वेताश्वतरोपनिषद् के अन्तिम मन्त्र में भी "यस्य देवे परा भक्तिर्यथा देवे तथा गुरौ", यह वाक्य आता है, जिससे यह स्पष्ट विदित होता है कि गुरु में देवत्व के आरोप की भावना उस समय आरम्भ हो चुकी थी।

भारतीय गुरु-परम्परा का विकास भारत में ही हुआ, ऐसा मानने का एक और कारण है। गुरु की महिमा का बखान सिद्धों ने किया है और सिद्धों के समय में बिहार अथवा उत्तरी भारतवर्ष में इस्लाम नहीं पहुँचा था, यह निश्चित बात है। सिद्धों में सबसे प्राचीन कवि सरहपा हैं, जिनका समय राहुलजी ने सन् 760 ई. के पास माना है। गुरु के विषय में सरहपा कहते हैं–

गुरु-उपदेशे अमृत-रस, धाइन पीयेउँ जेहि।
बहु शास्त्रार्थ मरुस्थलहिं तृषितैं मरऊ तेहि।

चित्त-अचित्तहिं परिहरहु, तिमि होवहु जिमि बाल।
गुरु वचने दृढ़ भक्ति कुरु, ज्यों होइ सहज उलास।
(राहुलजी-कृत अनुवाद)

ऐसे उद्धरण 'हिन्दी-काव्य-धारा'[8] में से कुछ और भी दिए जा सकते हैं। जिन दिनों, भारत के सिद्ध गुरु-महिमा का इस प्रकार बखान कर रहे थे, उन दिनों, सूफी मत का जन्म भी नहीं हुआ था। किन्तु, भारत के पंडितों और सन्तों का उस समय ईरानवालों से अच्छा परिचय था। अतएव, यह मानने का बहुत बड़ा आधार निकल आता है कि इन सिद्धों की देखादेखी सूफियों ने भी गुरु-महिमा को अपना लिया, अन्यथा इस्लाम ऐसी मान्यता का पूरा विरोधी था। जिसे रहस्यवाद कहते हैं, उसका भी अद्भुत विकास सिद्धों के समय में हो चुका था और ऐसा लगता है कि जब अरब और ईरान में तसव्वुफ को जन्म देने की तैयारी चल रही थी, तब केवल उपनिषदों और बौद्ध दर्शनों ने ही उसे प्रभावित नहीं किया, प्रत्युत, उस पर इन सिद्ध सन्तों के रहस्यवादी विचारों का भी प्रभाव पड़ा। अतएव, मुसलमानों के साथ जो सूफी मत भारत पहुँचा, वह सोलह आने विदेशी तत्त्व नहीं था। उसके भीतर भारतीय विचारों और साधनों का बहुत बड़ा अंश विद्यमान था। श्री राहुलजी ने भी माना है कि गुरु-परम्परा का वास्तविक आरम्भ सिद्धों ने किया। हाँ, कबीर आदि निर्गुनियाँ सन्तों ने उस परम्परा को पुष्ट अवश्य किया है।[9]

आलवार सन्त

इसी प्रकार, आलवार सन्तों के बारे में भी डॉक्टर ताराचन्द का विचार है कि उन पर मुसलमानी प्रभाव है और इसी प्रभाव के कारण, हिन्दुत्व के व्रत, उपवास, तीर्थयात्रा और (कभी-कभी) मूर्ति-पूजा आदि प्रचलित आचारों की वे निन्दा करते हैं।

प्रमुख आलवारों का समय सातवीं से नवीं शताब्दी तक है, यद्यपि, उनकी परम्परा तीसरी सदी तक जाती है। अतएव, यदि उन पर मुसलमानी प्रभाव मानना है, तो यह मानना पड़ेगा कि यह प्रभाव मालाबार से आया होगा। किन्तु एक तो मालाबार में उस समय तक इस्लाम का इतना प्राधान्य ही नहीं हुआ था कि उसके प्रभाव से नए धार्मिक आन्दोलन उठते; दूसरे आलवार सन्तों को भी हम आकस्मिक नहीं मान सकते। भारत में उनकी परम्परा उस समय शुरू हुई थी, जब अरब में इस्लाम का जन्म भी नहीं हुआ था। भक्ति का निश्चित प्रमाण महाभारत और गीता में प्रत्यक्ष है। उसके बाद, वह भागवत में निरूपित हुई और रामानुज आदि के साथ जोरों से फैली। गीता और रामानुज के बीच के काल में भक्ति को अनुपस्थित देखकर ही लोगों को शंका होती है कि भक्ति-आन्दोलन हिन्दुत्व के लिए नया आन्दोलन था। किन्तु, वह नया नहीं था। गीता और रामानुज के बीच की कड़ी ये आलवार सन्त थे।

एक दृष्टि से देखिए तो शंकर की अद्वैत-सिद्धि बाद की वस्तु है। उसके बहुत पूर्व ही, दक्षिण में भक्ति की सुगबुगाहट शुरू हो गई थी। और आरम्भ से ही यह भक्ति-आन्दोलन शैव और वैष्णव, दोनों ही धाराओं में बह रहा था। शंकर में भारत की बौद्धिकता का उत्कर्ष है। आलवार सन्त भारतीय जनता के हृदय को लेकर चल रहे थे। शंकर भारत के पंडितों

की धारा में आए थे। आलवार देश की जनता की आकुल भावनाओं के प्रतिनिधि थे। समाज के सर्वोच्च धरातल पर जो चिन्तन चल रहा था, शंकर में हम उसकी पराकाष्ठा देखते हैं। किन्तु, देश की जनता के हृदय में परमात्मा-विषयक जो भावना उमड़ रही थी, उसके उद्‌गाता आलवार सन्त हुए। दक्षिण के लोग आलवारों और नायनारों को भी आकस्मिक नहीं मानते। अपने मूल में भक्ति प्राग्वैदिक तत्त्व है। वह बहुत पहले से ही चली आ रही थी। आर्यों ने उसे कुछ विलम्ब से ग्रहण किया।

आलवार-नायनार सन्त प्रेम के दीवाने थे। शिव या विष्णु के प्रति वे प्रेम की भावना से दौड़ रहे थे। इनके गान रहस्यवादी गान हैं। उनके भीतर अदृश्य सत्ता पर रीझनेवाले मनुष्य की आकुलता भरी हुई है। कबीर और मीरा के रहस्यवादी पद, फिर भी, मुसलमान सूफियों के भावों से प्रभावित हैं, किन्तु आलवारों के पदों में हम खाँटी भारतीय रहस्यवादिता की झाँकी पाते हैं। उत्तर में फैले हुए वेद-विरोधी आन्दोलनों के कारण हिन्दुत्व का शुद्ध रूप खिसककर दक्षिण में चला गया। यही कारण है कि जिन दिनों उत्तर भारत के बौद्ध सिद्ध धर्म के बाह्योपचारों की खिल्ली उड़ा रहे थे, उन्हीं दिनों, दक्षिण के आलवार और नायनार सन्त शिव और विष्णु के प्रेम में पागल हो रहे थे। धर्म के बाह्योपचार छूँछे हैं एवं जाति का भेद निस्सार है, यह अनुभूति बौद्ध सिद्धों के समान आलवारों में भी थी, किन्तु, इसके कारण भिन्न थे। बौद्ध सिद्ध धर्म के बाह्योपचारों का खंडन इसलिए कर रहे थे कि बुद्ध से उन्हें इस खंडन की परम्परा प्राप्त हुई थी। किन्तु आलवारों ने इन आचारों को गौण इसलिए माना कि वे भगवान् के प्रेम में मस्त थे और भगवान् की शरण में आए हुए भक्तों के बीच उन्हें कोई भेद-भाव दिखाई नहीं देता था। आगे चलकर बौद्ध सिद्धों की यह खंडनात्मक परम्परा कबीर, दादू, नानक आदि सन्तों को मिली, किन्तु, रामानन्दी और वल्लभाचार्यी साधुओं को यही परम्परा आलवारों के यहाँ से प्राप्त हुई। एक परम्परा में सुधार की भावना थी, ब्राह्मणत्व के विरुद्ध आक्रोश और निन्दा के भाव थे; किन्तु दूसरी परम्परा में वही लक्ष्य प्रेम के द्वारा प्राप्त किया गया था। सामाजिक समता की सिद्धि के लिए कबीर को डाँट-फटकार का सहारा लेना पड़ा। किन्तु रामानुज, रामानन्द और वल्लभाचार्य तथा चैतन्य ने उसी समता का उपदेश प्रेम से गद्‌गद होकर दिया है।

आलवारों में विभिन्न श्रेणियों के लोग थे। उनमें से एक स्त्री (आन्दोल) भी थी। एक राजा भी आलवार सन्त हुए और कुछ आलवार ऐसे भी थे जो भिक्षु थे अथवा अस्पृश्य जाति या ब्राह्मण-वंश के सदस्य थे। भगवत्प्राप्ति का मार्ग सबके लिए उन्मुक्त है, भगवान् को पाने के लिए उच्च वंश का होना आवश्यक नहीं है, यह भाव, प्रधान रूप से, पहले आलवारों में ही प्रकट हुआ। आलवारों के रहस्यात्मक पदों से ही रामानुज को भक्ति का दर्शन प्रस्तुत करने की प्रेरणा मिली। इसीलिए, वैष्णव-भक्ति के दर्शन में हम एक प्रकार की सामाजिक एकता का समर्थन पाते हैं।

भक्ति प्राग्वैदिक काल से ही भारत का जनधर्म रही थी। जनधर्म होने के कारण ही, द्राविड़-धर्म में भक्ति को प्रमुखता प्राप्त हुई। द्राविड़-धर्म की यही प्रवृत्ति हमें आलवारों के पदों में उत्कर्ष पर मिलती है। भागवत में जो यह कहा गया है कि भक्ति का जन्म द्रविड़-देश में हुआ, वह इतिहास-संगत उक्ति है। और चूँकि भक्ति का पालन-पोषण दक्षिण में हुआ,

इसलिए, उसके सभी प्रमुख सन्त भी दक्षिण से ही आए। यह सीधी-सी बात है। फिर भी, जो लोग इस बात को नहीं मानते, न जानते ही हैं, उन्हें भक्ति को भारतबाह्य आन्दोलनों से मिलाने की क्लिष्ट कल्पना करनी पड़ती है।

सच तो यह है कि इस्लाम का यत्किंचित् प्रभाव तेरहवीं सदी के बाद से पड़ने लगा। उसके पूर्व भारत में जो भी आन्दोलन उठे, उन पर इस्लामी प्रभाव मानने का कोई आधार नहीं है। दूसरी ओर, ये सभी आन्दोलन भी प्राचीन परम्परा की पृष्ठभूमि पर, आदि से अन्त तक, भली-भाँति समझे जा सकते हैं।

वीर शैव और इस्लाम

वीर शैवों की प्रधानता बेलगाँव, बीजापुर, धारवार जिलों तथा मैसूर और कोल्हापुर राज्यों में है। इस भूखंड में इनकी संख्या कोई तीस लाख होगी। वीर शैव लिंगायत धर्म को मानते हैं और इनका दावा है कि यही धर्म शैव धर्मों में सबसे प्राचीन है। इस धर्म के माननेवाले लोग **पर-शिव** को ईश्वर मानते हैं और **अल्लम प्रभु** को उनका अवतार। इस धर्म के नेता **वासव** थे जो कालाचुरी-वंश के राजा बिज्जल (1156-67) के मन्त्री थे। वीर शैव सम्प्रदाय में यज्ञ, उपवास, तीर्थयात्रा, किसी का भी महत्त्व नहीं है। ये लोग जाति को नहीं मानते। इनके यहाँ अन्त्यज भी दीक्षित होकर ब्राह्मण के समान हो जाता है। इस मत के अनुयायियों में बाल-विवाह मना है, तलाक जायज और विधवा-विवाह भी जायज है। डॉ. ताराचन्द का कहना है कि ये अपने शवों को मिट्टी में गाड़ते हैं और श्राद्ध नहीं करते। पुनर्जन्म में इनका विश्वास नहीं है। सभी लिंगधारी साथ खाते हैं और वे बड़े ही भक्त, विरक्त तथा युद्धप्रिय होते हैं।

डॉ. ताराचन्द का कहना है कि यह सम्प्रदाय, अवश्यमेव, उस समय उत्पन्न हुआ होगा, जब मुसलमान व्यापारी के रूप में भारत आने तथा काम्बे से लेकर किलोन तक बसने लगे थे। इस सम्बन्ध में, आवश्यक छानबीन करते हुए हमने बिहार के राज्यपाल श्री रंगनाथ दिवाकरजी से कुछ पूछताछ की थी। उनसे हमें मालूम हुआ कि वीर शैव-साहित्य की परम्परा कन्नड़ भाषा में ग्यारहवीं सदी तक पहुँचती है। इसके सिवा, इस मत का काफी साहित्य तमिल और तेलुगु भाषाओं में भी उपलब्ध है। इस साहित्य में सभी उद्धरण वेदों अथवा आगमों से आते हैं एवं हिन्दू-धर्म के अलावा, उसमें किसी धर्म का उल्लेख नहीं है। अरबी का तो इस साहित्य में कोई दूर का भी निशान नहीं मिलेगा। सच तो यह है कि जब दक्षिण में पहले शैव-धर्म और बाद को वीर शैव-धर्म फैला, उस समय तक वहाँ इस्लाम का प्रचार ही नहीं हुआ था।

अल्लम प्रभु इस सम्प्रदाय के बहुत बड़े सन्त हुए हैं, जो वीर शैव मत के प्रवर्तक **वासव** के समकालीन थे। अल्लम प्रभु के बहुत-से वचन कन्नड़ में मिलते हैं, जिनमें ऊँचे-से-ऊँचे दार्शनिक और आध्यात्मिक भाव हैं। अल्ला और अल्लम के बीच अक्षरों की समानता भले ही हो, किन्तु, ऐसा एक भी प्रमाण नहीं है जिससे यह दिखलाया जा सके कि **वीर शैव** पर इस्लाम का थोड़ा भी प्रभाव है।

वीर शैवों का विश्वास है कि जो व्यक्ति इस मार्ग में दीक्षित हो जाता है, उसका पुनर्जन्म

नहीं होता। पुनर्जन्म सिर्फ उन्हीं का होता है, जो 'भावी' हैं, अर्थात् जो भाव या संसार में फँसे हुए हैं। इस मत के लोग शक्ति-विशिष्ट-अद्वैत में विश्वास नहीं करते हैं। इस्लाम विशिष्ट अथवा अविशिष्ट, किसी प्रकार के, अद्वैत में विश्वास नहीं करता। वह केवल ईश्वर में विश्वास करता है। वीर शैवों का अन्तिम लक्ष्य समरसैक्य की प्राप्ति है अर्थात् वे **पर-शिव** के साथ आनन्दमय मिलन के अभिलाषी हैं। वीर शैव मूर्ति-पूजा भी करते हैं। इस मत के लोग एक लघु लिंग को बराबर साथ लिये चलते हैं, जो उनके लिए यज्ञोपवीत के समान आवश्यक और पवित्र होता है। ये लोग मन्दिरों में भी पूजा करते हैं।

वीर शैव-सम्प्रदाय का ऊपर जो परिचय दिया गया है, उसमें इस्लाम का प्रभाव कहाँ पर है, यह डॉ. ताराचन्द ही जानें। उनका भ्रम, कदाचित् अल्लम् नाम और शव गाड़ने की प्रथा पर आधारित है। सो, किटेल (Kittel) के कन्नड़-कोश[10] अनुसार, अल्लम का अर्थ लिंगायत भक्त है, अल्ला का अनुचर नहीं। और मुर्दा गाड़ने की प्रथा का कारण यह है कि वीर-शैव-सम्प्रदाय शैवों का उग्रतम सम्प्रदाय है। वीर का अर्थ ही यहाँ कठिन अथवा उग्र समझा जाना चाहिए। शैवों का सबसे अग्रणी सम्प्रदाय संन्यासियों का सम्प्रदाय है। संन्यासी के लिए जात-पाँत, रस्म-रिवाज कोई महत्त्व नहीं रखते और संन्यासियों के शवों के गाड़ने की प्रथा भी हजारों वर्ष प्राचीन है। वीर शैवों ने इसी संन्यासी-सम्प्रदाय के कर्तव्य को अपना कर्तव्य माना और उसके समान कठिन आचरण करने के कारण ही वे वीर कहलाए। यज्ञ, व्रत, उपवास, तीर्थयात्रा, स्पृश्यास्पृश्य-विचार शास्त्र-सम्मत बाल-विवाह और तलाक की निन्दनीयता आदि को नहीं मानना वीर शैवों की उग्र प्रवृत्ति के कारण है। और जैसे संन्यासियों के शव गाड़े जाते हैं तथा उनका श्राद्ध नहीं किया जाता है, वैसे ही, गृहस्थ वीर शैव भी श्राद्ध अथवा चिता को नहीं मानते, क्योंकि ये सामान्य गृहस्थों के लक्षण हैं। संन्यास शैव-धर्म की आत्यन्तिक साधना का सोपान है। इसलिए, उसके कितने ही आचरण प्राचीन काल से, गृहस्थों के आचरण से भिन्न रहे हैं। वीर शैवों ने उग्र साधना के लिए संन्यास को गार्हस्थ्य में पचा लिया। हिन्दुओं की और भी कई जातियाँ हैं जो शवों को नहीं जलातीं। किन्तु, इसके कारण, हम उन्हें इस्लाम से प्रभावित नहीं समझते।

वीर शैव मदिरा नहीं पीते, न आमिष ही खाते हैं। उनके कर्म और आचरण अत्यन्त शुद्ध एवं पूर्णरूप से भारतीय हैं। यही नहीं, उनके सारे साहित्य में कहीं एक शब्द भी नहीं है, जो अरबी या फारसी भाषा का हो अथवा सूफियों के यहाँ से आया हुआ हो। वीर शैव सामान्य शैव-धर्म का ही अति-विकास है। हिन्दू-समाज की प्रचलित रूढ़ियाँ वीर शैव में कम हैं, किन्तु, इसका कारण यह नहीं है कि वीर शैवों ने इस्लाम का अनुकरण किया, प्रत्युत, यह कि वे वीर होने के कारण उन सभी आचरणों का पालन करना चाहते थे जिनका पालन संन्यासी करता है। और यह तो मानी हुई बात है कि संन्यास लेनेवाला हिन्दू न तो जात-पाँत को मानता है, न छुआछूत को।

भौगोलिक एकता और मुक्त चिन्तन

भारतीय दर्शन और विचारधारा पर इस्लाम का कोई भी गम्भीर प्रभाव पड़ा हो, इसका प्रमाण नहीं मिलता। किन्तु, दर्शन के नीचेवाले स्तर पर जो प्रभाव पड़ा, उसका तखमीना हम लगा

सकते हैं, राजनैतिक क्षेत्र में इस्लाम का सबसे बड़ा प्रभाव एकता की दिशा में पड़ा। हर्षवर्धन के बाद से इस देश में सुदृढ़ केन्द्रीय सत्ता का लोप हो गया था। मुसलमानी राज्य की स्थापना से देश में केन्द्रीय सत्ता फिर से मजबूत होने लगी, और, इस प्रकार, इस्लाम के आने से देश की राजनैतिक एकता में वृद्धि हुई। किन्तु, मुसलमानों ने जैसी एकता उत्तर भारत में स्थापित की, वैसी एकता का विधान वे दक्षिण भारत में नहीं कर सके। उत्तर में भी, असम पूर्ण रूप से मुसलमानी शासन के अधीन कभी नहीं आया। यह भी ध्यान देने की बात है कि औरंगजेब पर जब दक्षिण को अपने बस में लाने की धुन सवार हुई, तब मुगल-साम्राज्य का अस्तित्व ही खतरे में पड़ गया। यों भी, देश के विभिन्न भागों में शासन चलाने का काम बहुत से हिन्दू मनसबदार भी करते थे, जिन पर केन्द्र का नियन्त्रण सदैव एक-सा कड़ा नहीं रहता था। दक्षिण भारत में अनेक राज्य मुस्लिम-काल में हिन्दू राजाओं के अधीन रहे। मदुरा 1736 ई. तक, मैसूर 1761 ई. तक और तंजौर 1799 ई. तक हिन्दू-राजाओं के अधीन था। इसका स्वाभाविक परिणाम यह हुआ कि तुंगभद्रा नदी से दक्षिण का भाग खाँटी हिन्दुत्व का प्रधान आश्रय हो गया। किन्तु, यह सब होते हुए भी, मुगलों के समय में, भारत को जो राजनैतिक एकता प्राप्त हुई, वह अशोक के बाद कभी भी प्राप्त नहीं हुई थी।

राजनैतिक एकता में वृद्धि के बाद, इस्लाम का दूसरा शुभ परिणाम यह हुआ कि सूफी साधुओं और भारतीय साधकों के मिलन से, देश में धर्म की नई जागृति उत्पन्न हुई, जिसके व्याख्याता कबीर, दादू और नानक जैसे सन्त हुए। एक तरह से देखिए तो यह धारा बौद्ध काल से आती हुई फक्कड़-मिजाज सिद्ध साधुओं की परम्परा का ही विकास थी। किन्तु, सूफियों की संगति से इस धारा को यथेष्ट बल मिला। भारत में आकर सूफी मत भी प्रभावित हुआ। सूफियों ने इसी देश में आकर योग की साधना की। यहीं आसन, षट्चक्र और कमलवेध पर फारसी में किताबें लिखी गईं, जिनका प्रभाव अरब और ईरान तक भी पहुँचा। भारतीय योगियों की देखा-देखी, सूफियों में यह कल्पना भी चल पड़ी कि हृदयस्थ कमल के दल पर मुहम्मद साहब का वास है।

इस्लाम के अनुकूल प्रभावों में हम मुक्त चिन्तन के प्रसार को भी गिन सकते हैं। विचारों की स्वतन्त्रता इस्लाम की विशेषता नहीं थी। कुरान के कड़े फरमानों से सूफी भी डरते थे और वे चाहते थे कि उनकी वाणी और आचार से इस्लाम का अनादर ध्वनित न हो।[11] किन्तु, तब भी स्वाधीन चिन्तन का उन्हें चस्का लग गया था, जिसके कारण उन्हें मुल्लाओं के सामने लांछित होना पड़ता था और, कभी-कभी, उनकी जान भी चली जाती थी। इधर, वेद-विरोधी साधुओं की जो जमात भारत में बौद्ध काल से चली आ रही थी, स्वाधीन चिन्तन पर उसका भी उत्कट प्रेम था। ये दोनों दल जब एकत्र हुए, तब मुक्त चिन्तन का भारत में प्रवाह ही खुल पड़ा और वर्णाश्रम-धर्म के प्रहरियों की उपेक्षा करके ये लोग जनता को समानता का सन्देश कुछ और उत्साह से देने लगे। इस्लाम के आगमन से एक तो हिन्दू-समाज के निचले धरातल की जनता में निर्भीकता आ गई; दूसरे, मन्दिरों में देवताओं को बुरी तरह खंडित होते देखकर मूर्ति-पूजा पर से जनता का विश्वास हिलने लगा। यह वर्णाश्रम धर्म पर दोहरी मार थी। ब्राह्मण इस विपत्ति को भली-भाँति समझ रहे थे। इसी का परिणाम था कि मुस्लिम-काल में सायण, मध्व, उवात, दुर्गा और आनन्दतीर्थ-जैसे पंडितों ने आगे बढ़कर वेदों की नई व्याख्या

आरम्भ कर दी और वे यह प्रयत्न करने लगे कि किसी प्रकार धर्म और धर्म-पुस्तक पर से जनता की आस्था नहीं हटे। इसी प्रकार, धर्म-शास्त्रों की भी नई व्याख्याएँ करके उन्हें नव-जीवन देने का कार्य आरम्भ हुआ तथा मुस्लिम-काल में मेधातिथि, कुल्लुक भट्ट, विज्ञानेश्वर, रघुनन्दन और विद्यापति-जैसे निबन्धकार स्मृतियों का उद्धार करने लगे।

किन्तु, वर्णाश्रम-धर्म के प्रयत्नों का यह विवरण मुस्लिम-काल के हिन्दुत्व का सच्चा विवरण नहीं है। इस काल का मुख्य आन्दोलन तो वह है जिसके नेता नामदेव और कबीर, तुकाराम और दादू तथा नानक और चैतन्य हैं। इस्लाम के बहुत सारे विचार हिन्दुओं के यहाँ कबीर के मुख से पहुँचे। रामानन्द कबीर के भी गुरु थे और गुरु-परम्परा में उनका सम्बन्ध तुलसीदास से भी था। इससे जान पड़ता है कि उनकी दो भाव-धाराएँ थीं—एक वह, जो वर्णाश्रम-धर्म के विरोधियों को प्रोत्साहन देती थी और दूसरी वह, जिसका आशीर्वाद तुलसी-जैसे वर्णाश्रमी कवि के साथ था। निष्कर्ष यह कि युग ने जो उदारता घोषित कर दी थी, वह सभी सन्तों के यहाँ आदर पा गई।

सन्दर्भ

1. "Unfortunately the two groups lived in almost complete isolation from one another. Religion, language, customs and general conditions prevented mutual intercourse. They formed two worlds apart. They were divided by impenetrable walls. Occasionally a Zainul-Abdin, an Akbar or a Dara Shikoh might seek to pull them down; sometimes a Muslim Darwesh and a Hindu Yogi might meet and exchange views, otherwise the gulf between sacerdotal groups of the two communities remained wide."

   तथा

   "Between the higher thoughts of the two Communities, there yawned an abyss which appeared difficult to span."
   [डॉक्टर ताराचन्द की नई पुस्तक 'हिस्ट्री ऑफ द फ्रीडम मूवमेंट', जिल्द 1 से]
2. Glimpses of Medieval Indian Culture.
3. गीता प्रेस से मांडूक्योपनिषद् की जो टीका प्रकाशित हुई है, उसमें सम्बुद्ध का अर्थ 'पुरुष' कर दिया गया है, जो कदाचित्, अनुचित है।
4. इस प्रसंग में 'क्रान्ति की गंगा में शैवाल' नामक प्रकरण भी देखिए।
5. ऑवर हेरिटेज।
6. देखिए इसी प्रकरण में रहस्यवाद का सन्दर्भ।
7. ध्यातव्य तो यहाँ गीता का यह श्लोक भी है,
   सर्वधर्मान परित्यज्य मामेकं शरणं व्रज,
   अहं त्वां सर्वपापेभ्यो मोक्षयिष्यामि मा शुच।
8. लेखक श्री राहुल सांकृत्यायन।
9. इस सम्बन्ध में यह खोज की जानी चाहिए कि "गुरुर्ब्रह्मा गुरुर्विष्णु..." वाला मन्त्र कितना प्राचीन है।
10. कन्नड़-इंग्लिश-डिक्शनरी : लेखक : रेवरेंड एफ. किटेल।
11. मौलाना रूमी की मसनवी के चौथे भाग में सुप्रसिद्ध सूफी सन्त बायजीद (मनसूर के समकालीन,

10वीं सदी का आरम्भ-काल) के विषय में यह कथा है कि एक दिन मस्ती में आकर बायजीद बोल उठे, ''अहा! मैं स्वयं सर्वशक्तिमान् परमात्मा का स्वरूप हूँ। मुझे छोड़कर और कहीं ईश्वर नहीं है। लो, मेरी पूजा करो।'' शिष्य इस घोषणा से बहुत चकराए। निदान, जब बायजीद होश में आए, तब शिष्यों ने उनसे यह बात कही। बायजीद सुनकर विस्मित रह गए। उनके मुख से केवल यह निकला कि ''अगर मैं फिर ऐसा कहूँ तो तुम बेधड़क मेरी गर्दन को तलवार से उड़ा दो।'' बायजीद ने मस्ती में आकर एक दिन फिर वैसा ही कहा और, उनकी आज्ञा के अनुसार, एक शिष्य ने उन पर तलवार चला दी। किन्तु, वे मरे नहीं। तलवार की धार उलटकर शिष्य की गर्दन पर जा गिरी और वह मर गया।

(देखिए, द पर्शियन मिस्टिक्स।)

प्रकरण-6

भक्ति-आन्दोल़न और इस्लाम

भारत में भक्ति का समारम्भ कब हुआ तथा इसके बीज कहाँ-कहाँ विकीर्ण थे, इसके सम्बन्ध में विद्वानों में अभी मतभेद है। एक तो वेद में भक्ति को अनुपस्थित देखकर तथा दूसरे मोहनजोदड़ो की खुदाई से मिलनेवाले निशानों में भक्ति का यत्किंचित् प्रमाण पाकर, विद्वान् यह अनुमान लगाने लगे हैं कि भक्ति आर्येतर तत्त्व है। मतों की इस अस्थिरता से प्रोत्साहित होकर कुछ विद्वानों ने अब यह भी कहना आरम्भ कर दिया है कि भक्ति का वास्तविक विकास भारतवर्ष में मुसलमानों के आगमन के बाद हुआ। अस्तु, विचारपूर्वक देखना चाहिए कि इस विषय में तथ्य क्या है।

भक्ति की प्राचीनता

भक्ति के इतिहास को हम कहाँ से पकड़ें? साधु-समाज में एक दोहा प्रचलित है, जिसके अनुसार भक्ति का विकास दक्षिण भारत में हुआ था।

भक्ती द्राविड़ ऊपजी, लाए रामानन्द,
परगट कियो कबीर ने सात द्वीप, नौ खंड।

इसी भाव से मिलता-जुलता एक संस्कृत श्लोक है जो भागवत और पद्मपुराण, दोनों ही ग्रन्थों में पाया जाता है। भागवत में स्वयं भक्ति नारदजी से कहती है–

उत्पन्ना द्राविड़े चाहं कर्णाटे वृद्धिमागता,
स्थिता किंचिन्महाराष्ट्रे गुर्जरे जीर्णतां गता।

अर्थात, मैं द्राविड़ देश में जनमी, कर्णाटक में विकसित हुई, कुछ समय महाराष्ट्र में ही रही और गुजरात पहुँचकर मैं जीर्ण हो गई।

भागवत की रचना आठवीं या नवीं सदी में हुई थी, ऐसा विद्वान् मानते हैं। किन्तु, आठवीं सदी से पूर्व क्या भक्ति का भारत में कहीं पता ही नहीं था? भक्ति के प्रमाण विष्णुपुराण में भी हैं, देवी-भागवत में भी और कूर्म, वायु तथा शिव पुराणों में भी। अन्य पुराणों के बारे में भले ही यह कहा जाए कि वे भागवत के समकालीन हैं अथवा वे उसके बाद रचे गए हैं, किन्तु, विष्णु-पुराण की प्राचीनता असन्दिग्ध है। इससे भी अधिक निश्चित प्रमाण यह है कि महाभारत में भक्ति अत्यन्त सुविकसित रूप में मिलती है और गीता, जो महाभारत का अंश है, भक्ति का प्रतिपादन बहुत ही स्पष्ट भाषा में करती है।

वेद में भक्ति का स्पष्ट प्रमाण तो नहीं है, किन्तु, यह कैसे कहा जा सकता है कि आर्य

इन्द्र, अग्नि, वरुण और आदित्य की प्रसन्नता के लिए यज्ञ करते थे, उनमें इन देवताओं के लिए कोई भक्ति-भाव नहीं था? बहु-देववाद के भीतर से आर्य बराबर किसी एक, अदृश्य, परम सत्ता की ओर उन्मुख रहते थे। धर्म का जन्मस्थान सृष्टि के रहस्यों पर चकित होने का भाव है। हम कौन हैं? यह सृष्टि कहाँ से निकली है? प्रकृति की अनेक विभूतियों में से वह विभूति कौन है जो हमारी श्रद्धा की अधिकारिणी है? कस्मै देवाय हविषा विधेम? जो आर्य भाव-विह्वल होकर अपने आप से ऐसे प्रश्न पूछते थे, उनके हृदय में भक्ति नहीं तो और किस भाव की प्रेरणा थी? सच तो यह है कि जिस जिज्ञासा से धर्म की उत्पत्ति होती है, उसी जिज्ञासा में भक्ति के भी बीज मौजूद रहते हैं। भक्ति पहले एक देश में जनमी और वहाँ से चलकर वह अन्य देशों में पहुँची, ऐसा सोचना मिथ्या चिन्तन का पर्याय है। भक्ति का जन्म सभी देशों में धर्मोदय के साथ ही हुआ, यही सच्ची बात है। भक्ति वह तत्त्व है जो सभी धर्मों में समान रूप से पाया जाता है। जो धर्म नास्तिक-दर्शन की पताका लेकर उठे थे, भक्ति का प्रवेश उनके भीतर भी हो गया।

तब भी, एक बात है जिसकी उपेक्षा नहीं की जा सकती। वेदों के समय आर्य यज्ञ और हवन तथा ऋचाओं का पाठ करते थे एवं उनका विश्वास था कि यज्ञ करने से ही देवता प्रसन्न होते हैं। लेकिन, भागवत के समय से जिस भक्ति-मत का प्रचार हुआ, उसमें यज्ञों की प्रधानता नहीं रही और जनता यह मानने लगी कि भगवान् को प्रसन्न करने का सही मार्ग यह है कि हम अपने-आपको उनकी शरण में छोड़ दें। यही प्रपत्ति और शरणागति का सिद्धान्त है जिसका उपदेश रामानुज, मध्व, निम्बार्क, वल्लभाचार्य तथा भक्ति के अन्य आचार्यों ने किया है।

प्रपत्ति और शरणागति के सिद्धान्त सामी (Semitic) धर्मों में आरम्भ से ही विद्यमान थे। इसी कारण, डॉक्टर ताराचन्द और हुमायूँ कबीर को यह भ्रम सताता है कि, हो-न-हो, भारत के भक्ति-आन्दोलन में प्रपत्ति के भाव इस्लाम से ही गए होंगे। लेकिन, प्रपत्ति क्या उतनी ही पुरानी है जितने पुराने रामानुजाचार्य हैं? यह पारिभाषिक शब्द उनका गढ़ा हुआ अवश्य है, मगर, जिस भावना को भाषा देने के लिए यह शब्द गढ़ा गया, वह भावना रामानुज से कहीं प्राचीन थी। प्रपत्ति और शरणागति के भाव सभी पुराणों में भरे पड़े हैं और उनमें से अधिकांश पुराण रामानुज से सदियों पूर्व के हैं। पुराणों को छोड़ दें तब भी गीता के–

सर्वधर्मान् परित्यज्य मामेकं शरणं व्रज,
अहं त्वां सर्वपापेभ्यो मोक्षयिष्यामि मा शुच।

इस श्लोक में जो उपदेश दिया गया है, वह शरणागति नहीं तो और किस बात का उपदेश है?

प्रतिमा-पूजन के निशान मोहनजोदड़ो में मिले हैं, इससे यह अनुमान होता है कि भक्ति भारत का सनातन जन-धर्म थी और आर्यों के पहले से ही वह इस देश में प्रचलित थी। आर्यों के आगमन के बाद आर्य तो हवन-कर्म द्वारा ही अपने देवताओं को प्रसन्न करते रहे, किन्तु, इतर जनता उस समय भी भक्ति और पूजा ही करती थी। बाद को भक्ति जन-धर्म के धरातल से उठकर पंडितों के धरातल पर भी पहुँच गई। यह भी कहा जाता है कि बौद्ध लोग जब शून्य की साधना करने लगे, तब आर्य जनता में प्रतिक्रियास्वरूप, भक्ति का प्रचार

बढ़ गया। एक दूसरा मत यह है कि उपनिषदों का ज्ञान-मार्ग नीरस और दुरूह था। उसके लिए गम्भीर चिन्तन के उपयुक्त मस्तिष्क की आवश्यकता थी। मस्तिष्क की इसी प्रधानता के विरुद्ध मनुष्य के हृदय ने विद्रोह किया। भारतीय जनता का भक्ति की ओर झुकना इसी विद्रोह का परिणाम था।

महामहोपाध्याय काणे ने सूत्र-काल के अन्तिम चरण में भारत में ऐसे पुरोहितों का होना माना है जो मन्दिरों में प्रतिमा-पूजन करवाते थे।[1] मुद्रा और शिलालेखों के आधार पर भी यह पता चलता है कि, धर्म-सम्बन्धी पारिभाषिक शब्द के रूप में, भक्ति का चलन ई.पू. दूसरी सदी में था। बुह्लर (Buhler) के मतानुसार भक्ति का उल्लेख ई.पू. आठवीं सदी में भी मिलता है। पांचरात्र-आगम में गोपालकृष्ण और वासुदेव का एकाकार होना छान्दोग्य-उपनिषद् से भी सूचित होता है और छान्दोग्य-उपनिषद् बुद्ध में पूर्व का ग्रन्थ है, इसमें कोई सन्देह नहीं।

फ्रांसीसी विद्वान् सेनार्त (Senart) ने लिखा है कि भारत में भक्ति का मूल अत्यन्त गहराई में है। वह बहुत प्राचीन काल तक पहुँचता है। भारत में भक्ति किसी कट्टर पन्थ के रूप में नहीं उठी। वह एक शक्तिशालिनी भावना रही है, जिससे भारत का इतिहास और समस्त काव्य परिव्याप्त है। भारत के पुराने-से-पुराने अध्यात्मशास्त्र में किसी एक अदृश्य के लिए व्याकुल ईहा सर्वत्र मिलती है। आर्य केवल उदग्र ज्ञानी ही नहीं थे, वे अदृश्य सत्ता के सामने प्रणिपात में झुकने को भी तैयार थे। भारत में भी भक्ति के उद्भव को किसी विदेशी प्रभाव की अपेक्षा नहीं थी।[2]

और जो विचार सेनार्त का है, वही विचार बार्थ (Barth) ने भी प्रकट किया है। भ्रम केवल उन्हें है जो नई बात बोलने के शौक से बीमार हैं।

धर्म पहले व्यक्ति के हृदय में उदित होता है। भक्ति भी पहले व्यक्ति के ही भीतर जन्म लेती है। मनुष्य का हृदय किसी पर न्योछावर होना चाहता है। आदमी किसी के पाँव पकड़कर निश्चिन्त हो जाना चाहता है। यही भावना जब ईश्वरोन्मुख हो जाती है तब वह भक्ति बन जाती है। उपनिषदों की बौद्धिकता से जिन्हें सन्तोष नहीं था, वे वासुदेव की उपासना करने लगे। निर्वैयक्तिक ब्रह्म से अतृप्त हृदय वैयक्तिक ईश्वर की कल्पना की ओर मुड़ा। पांडित्य से ऊबी हुई भावुकता ने जब यह देखा कि जो सन्तोष और शान्ति कर्मकांडियों को यज्ञ से और मेधावियों को ब्रह्म-चिन्तन से नहीं प्राप्त होती, वही शान्ति अपढ़ जनता किसी भी देवता पर न्योछावर होकर आसानी से प्राप्त कर लेती है, तब पंडितों का दल भी भक्ति-मार्ग की ओर झुकने लगा।

गीता ने जिस पांचरात्र और ऐकान्तिक धर्म का आख्यान किया है, उसका आधार यह विश्वास है कि प्रेमपूर्वक ईश्वर की पूजा करने से मोक्ष की प्राप्ति होती है। बौद्ध-धर्म की जमीन उपनिषदों के मुक्त चिन्तन में तैयार हुई थी। किन्तु, इस धर्म के साथ जब नास्तिकता का प्रचार होने लगा, तब भारत के सभी आस्तिक धर्मों ने भक्ति का मार्ग अपनाकर उस नास्तिकता का विरोध किया।

बीज-रूप में भक्ति प्राग्वैदिक धारा है। आन्दोलन के रूप में भी वह कम-से-कम बौद्ध मत जितनी ही प्राचीन है। एकवाद, अनेकवाद या सर्ववाद के आधार पर भक्ति-आन्दोलन

का इतिहास अलग-अलग समझा नहीं जा सकता। आरम्भ से ही भक्ति में एकेश्वरवाद भी रहा है और बहुदेववाद भी तथा सर्वात्मवाद की जो झलक हम कबीर और जायसी में देखते हैं, उसका भी गहरा पुट भक्ति में पहले से ही मौजूद था। हिन्दुत्व किसी एक नबी, एक पैगम्बर या एक अवतार का निर्माण नहीं है। अनेक सन्तों, मुक्त चिन्तकों, महात्माओं और द्रष्टाओं से सेवित होने के कारण वह, आरम्भ से ही, कट्टरपन्थी नहीं उदार रहा है। यही वैविध्य और उदारता यहाँ के भक्ति-आन्दोलन में भी रही है।

आरम्भ में आर्यों के भीतर कर्मकांड प्रधान था और भक्ति गौण थी। जब भक्ति उठी, तब भक्ति ही प्रधान हुई और कर्मकांड गौण हो गया। गीता में ही हम कर्मकांड को गौण होते देखते हैं, क्योंकि गीता का कर्मयोग कर्मकांड नहीं, कोई और वस्तु है। यह भी कहा जा सकता है कि भारत ने जब आर्यों का भारतीयकरण करना आरम्भ किया, तब आर्य पहले तो प्रवृत्तिवाद से हटकर निवृत्ति की ओर आए और, बाद को, कर्मकांड के बदले उन्होंने भक्ति-मार्ग को प्रधान मान लिया।

गीता का महत्त्व

हिन्दू-धर्म, बहुत प्राचीन काल से, दो प्रकार के ग्रन्थों पर आधारित रहा है। इनमें से एक को निगम और दूसरे को आगम कहने का रिवाज है। निगम वेद हैं जिन्हें हिन्दू अपौरुषेय मानते हैं। आगमों की उत्पत्ति शिव, शक्ति या विष्णु से मानी जाती है, जो ईश्वर-कोटि में होने पर भी, पुरुष-कोटि में आते हैं। निगम आर्य-भावों तक सीमित हैं। आगमों की विशेषता यह है कि वे आर्य, आर्येतर और प्राग्वैदिक, तीनों ही प्रकार की परम्पराओं का आख्यान करते हैं। वैसे, भक्ति के पुट वेदों में भी हैं, किन्तु, वेदों का सारा जोर कर्मकांड पर है। जिस भक्ति का व्यापक प्रचार भागवत के समय में आकर हुआ, उसके बीज, उद्भव और विकास की सारी कहानियाँ आगम-ग्रन्थों में हैं, जिनमें से अनेक को पुराण भी कहते हैं। इसी आगमिक धारा की परिणति भक्ति में हुई।

गीता उपनिषद् कही जाती है, अतएव, वह निगम-ग्रन्थ है। किन्तु, वह भागवत-आगम भी समझी जाती है। भगवान् कृष्ण का अप्रतिम महत्त्व यह है कि उन्होंने भागवत-सम्प्रदाय की भक्ति को वेदान्त के ज्ञान और सांख्य के दुरूह अध्यात्म से एकाकार कर दिया। गीता वह प्राचीनतम धर्म-ग्रन्थ है जिसमें भारत की वैदिक और प्राग्वैदिक धाराएँ, निगम और आगम, एक स्थल पर मिल जाते हैं। गीता के बाद से यह पूछना ही व्यर्थ है कि कर्म (वेद, निगम), ज्ञान (उपनिषद्, निगम ही) और भक्ति में से कौन तत्त्व प्रमुख और कौन अप्रमुख हैं।

वेदों और उपनिषदों की विशेषता सर्ववाद थी। आगम, आरम्भ से ही, किसी-न-किसी ईश्वर को लक्ष्य मानकर चलते आए थे। गीता ने दोनों को एकाकार कर दिया यानी यह विश्वास प्रकट किया कि जो एक है, वही सबमें व्याप्त है। निगम के अनुसार मुक्ति के कारण कर्म और ज्ञान माने जाते थे। गीता ने मुक्ति के लिए ज्ञान, कर्म और भक्ति, तीनों की सार्थकता प्रतिपादित की। गीता में वेदों की हलकी आलोचना भी है और उन पर अपार श्रद्धा भी। गीता वर्णाश्रम का तिरस्कार नहीं करती, जैसा तिरस्कार भक्ति-युग में आकर कबीर आदि ने किया। गीता के समय से लेकर रामानुज के समय तब (बल्कि, कबीर से पूर्व तक) भक्ति

का पहला युग था जब प्रपत्ति, शरणागति आदि के भाव काफी बलवान् थे, किन्तु, वर्णाश्रम का उल्लंघन कोई नहीं करता था। भक्तों के द्वारा वर्णाश्रम की अवज्ञा, प्रायः, कबीर के समय से आरम्भ हुई। अतएव, समझना चाहिए कि कबीरदास ने भक्ति के उत्तर-युग का प्रवर्तन किया और इस्लाम का जो प्रभाव भक्ति पर पड़ना था, वह इसी युग में पड़ा।

अतिरंजनवादियों की भ्रान्ति

कठिनाई यह है कि जो लोग अद्वैतवाद और भक्ति-आन्दोलन को इस्लामी प्रभाव की देन समझते हैं, वे यह मानकर चलते हैं कि अद्वैत और भक्ति का प्रचलन हिन्दू-समाज में था ही नहीं। फिर ये दोनों बातें आठवीं सदी के बाद और, खासकर, दक्षिण में ही क्यों उत्पन्न हुईं? हमारा खयाल है, विद्वानों के मन में ऐसी शंकाएँ केवल अज्ञान से उत्पन्न होती हैं। इस्लाम का जन्म सातवीं सदी में हुआ, लेकिन, आलवार सन्त दक्षिण में चौथी-पाँचवीं-छठी शताब्दियों में भी जनमे थे।[3] आलवारों की परम्परा दक्षिण में और नहीं तो पाँच सौ वर्षों तक चली थी और आरम्भ के आलवारों के भाव वे ही थे, जो आठवीं-नवीं सदी के आलवारों में दिखाई देते हैं। इसी प्रकार शंकराचार्य का भी इस्लामी परम्परा से कोई सम्बन्ध नहीं था। वे शुद्ध भारतीय दार्शनिक थे और उनके माया तथा अद्वैत के सिद्धान्त केवल औपनिषदिक विचारों का विकास मात्र हैं। उपनिषदों के सिवा उन पर प्रभाव यदि किसी अन्य चिन्ताधारा का पड़ा है तो वह चिन्ताधारा बौद्ध शून्यवादियों की थी। क्या आठवीं सदी के मुसलमान शून्यवादी थे? शंकराचार्य के समय केरल में इकले-दुकले मुसलमान थे, यह ठीक है, किन्तु, उनके पास ऐसी चीज क्या थी, जिसका प्रभाव शंकर पर पड़ता? और इस्लाम यदि इतना ही प्रभावशाली था तो जिस उत्तर भारत पर उसने उतनी सदियों तक राज्य किया, वहाँ कोई शंकराचार्य क्यों नहीं उत्पन्न हुआ? यह भी सोचने की बात है कि इस्लाम स्वयं ही अद्वैत में विश्वास नहीं करता है। फिर अद्वैत-चिन्तन को वह प्रेरित कैसे कर सकता था? शंकराचार्य पर इस्लामी प्रभाव की छाया भी नहीं पड़ी थी और भक्ति-आन्दोलन पर इस्लाम का प्रभाव कबीर के समय से पड़ने लगा, इस स्थापना से भागने की राह, कम-से-कम, उन्हें तो नहीं ही मिलेगी, जिन्हें भारत की संस्कृति और परम्परा का कुछ थोड़ा भी ज्ञान है।

आलवार भक्त

पाँचवीं से लेकर नवीं सदियों तक दक्षिण में भक्ति का खूब बोलबाला था, यह बात आलवार सन्तों के साहित्य से प्रत्यक्ष है। ये आलवार सन्त बहुधा निम्न जातियों के होते थे। उनकी शिक्षा-दीक्षा भी अधूरी होती थी। किन्तु, उनके भीतर चरित्र और हार्दिक गुणों का अद्‌भुत चमत्कार रहता था। शिक्षा, वंश और वैभव का अभिमान नहीं रहने के कारण, ये सन्त अत्यन्त विनीत हुआ करते थे और अपनी सर्व-साधन-हीनता को लेकर ये भगवान् के चरणों में अपने को निवेदित कर देते थे। "मेरा जन्म द्विजाति-कुल में नहीं हुआ, न मैं चारों वेदों का जाननेवाला हूँ। मैं अपनी इन्द्रियों को भी नहीं जीत पाया हूँ। इस कारण, हे भगवान्! मुझे तुम्हारे प्रकाशमान चरणों के अतिरिक्त अन्य किसी भी शक्ति का भरोसा नहीं है।" ऐसे भाव आलवारों के थे। रामानुजाचार्य ने आगे चलकर जिसे प्रपत्ति (अर्थात् सब कुछ छोड़कर भगवान् की शरण

में गिरने की भावना) की संज्ञा दी, प्रायः, सभी आलवारों के गीत उस भाव से ओत-प्रोत हैं। आलवारों ने दक्षिण में भक्ति की पताका को बहुत ऊँचा कर दिया और उनकी वाणी जन-जन के हृदय की वाणी बन गई। भक्ति को आलवारों ने जन-जीवन का ऐसा अभिन्न अंग बना दिया कि इस गये-बीते जमाने में भी दक्षिणापथ के लोगों में भक्ति की अद्‌भुत प्रधानता विद्यमान है। इनमें से बारह सन्त ऐसे हुए, जिनकी विशेष ख्याति हुई और जिनकी मूर्तियाँ दक्षिण के मन्दिरों में स्थापित मिलती हैं। ये सन्त भक्ति-विभोर जनता के हृदय-देव हो गए थे, इसलिए विष्णु के साथ इनकी भी पूजा आरम्भ हो गई। इन आलवारों में सबसे प्राचीन कौन थे, इसका समाधान अभी नहीं हो पाया है। किन्तु, डॉक्टर कृष्ण स्वामी आयंगर[4] ने यह सिद्ध किया है कि आलवारों में से एक **प्वाय गइ आलवार** का समय ईसा की दूसरी शताब्दी है। इसी प्रकार **कुलशेखर** नामक एक दूसरे आलवार का समय उन्होंने ईसा की छठी शताब्दी माना है। प्रत्येक आलवार का समय निश्चित करने में मतभेद अवश्य है। परन्तु, इस बात पर, प्रायः सभी लोग सहमत हैं कि ये बारह विशिष्ट आलवार ईसा की तीसरी सदी से लेकर नवीं सदी तक के बीच हुए हैं। अतएव, यह बात पूर्ण रूप से निश्चित है कि **प्रपत्ति, शरणागति, आत्म-समर्पण** और **एकान्तनिष्ठा** से विभूषित भक्ति का सम्यक् विकास और प्रचार आलवारों के साहित्य द्वारा नवीं सदी के पूर्व ही सम्पन्न हो चुका था तथा उस समय तक दक्षिण की जनता भक्ति से, पूर्णतः, विभोर भी होने लगी थी।

इन आलवार कवियों के तमिल पदों का सम्पादन पहले-पहल **नाथमुनि** ने किया जो नवीं सदी के उत्तरार्द्ध में त्रिचिनापल्ली के श्रीरंगम् में रहते थे। नाथमुनि ने उपलब्ध पदों के चार संग्रह तैयार किए और प्रत्येक में, प्रायः, एक-एक हजार पद रखे। इन्हीं संग्रहों के नाम 'प्रबन्धम्' हैं। प्रबन्धम् में आलवारों के पद, मूल रूप में, रखे गए थे। पीछे, वैष्णव विद्वानों ने उन पर टीकाएँ भी लिखीं। इस प्रकार, प्रबन्धम् भक्ति-आन्दोलन का आदि ग्रन्थ बन गया।

अभी तक भागवत-पुराण ही भक्ति-आन्दोलन का मूल-ग्रन्थ समझा जाता है। किन्तु हमारा अनुमान है कि इस आन्दोलन का मूल-ग्रन्थ भागवत नहीं, **प्रबन्धम्** है। यह इस कारण कि, यद्यपि, भागवत और प्रबन्धम्, ये दोनों ग्रन्थ, एक ही समय में लिखे गए, फिर भी, प्रबन्धम् की बहुत-सी कविताएँ दूसरी-तीसरी सदी से प्रचलित चली आ रही थीं। साथ ही, यह भी विचारणीय है कि प्रबन्धम् की कविताएँ जनता की भक्ति-साधना की सीधी अभिव्यक्ति हैं। किन्तु, भागवत की रचना पांडित्य के स्तर पर की गई है। प्रबन्धम् भक्ति-आन्दोलन का मूल-ग्रन्थ क्यों माना जाए, इसका संकेत भी भागवत ही देता है; क्योंकि उसका भी मत है कि भक्ति का जन्म दक्षिण भारत में हुआ था।

प्रबन्धम् का प्रभाव उत्तर भारत में वैष्णवाचार्यों ने पहुँचाया। विशिष्टाद्वैत-सम्प्रदाय का प्रथम विवेचन यामुनाचार्य (916 से 1040 ई.) ने किया, जो प्रबन्धम् के सम्पादक श्री नाथमुनि (रघुनाथाचार्य) के पुत्र अथवा पौत्र थे। उनके बाद, विशिष्टाद्वैत की स्थापना श्री रामानुजाचार्य (1027 से 1137 ई.) ने की, जो स्वयं प्रबन्धम् के बहुत बड़े प्रेमी थे। गीता और पातंजल-योग के अतिरिक्त, उन्होंने आलवारों की परम्परा को भी भक्ति का मूल-स्रोत माना है।

शंकर के अद्वैतवादी सिद्धान्तों से सबसे अधिक निराशा, दक्षिण की भक्ति-विभोर जनता को हुई और इसी जनता की प्रतिक्रिया ने रामानुज, निम्बार्क आदि वैष्णवाचार्यों को उत्पन्न

किया। इन वैष्णवाचार्यों को द्वैत अथवा विशिष्टाद्वैत के सिद्धान्तों की खोज क्यों अच्छी लगी, इसका भी समाधान यही है कि ये सभी आचार्य आलवारों की भक्ति-भावनाओं से, उनके पदों और रचनाओं से पूर्ण रूप से ओत-प्रोत थे। हृदय इनका पहले ही आलवारों के संस्कारों से भर चुका था; मस्तिष्क लड़ाकर इन्होंने उन संस्कारों का बौद्धिक समर्थन प्राप्त किया। आलवार भक्त सीधे-सादे लोग थे। प्रेम, भक्ति, शरणागति और एकान्तनिष्ठा, यही उनकी सारी पूँजी थी। किन्तु, वैष्णव-धर्म के आचार्य मस्तिष्क से भी मेधावी और तार्किक थे। आचार्य निर्णय पर पहले आए, युक्तियों से उस निर्णय की पुष्टि उन्होंने बाद में की। और इसी पुष्टि के क्रम में उन्होंने अपने दर्शनों का विकास किया।

प्रपत्ति के सिद्धान्त के बारे में, अकसर, कहा जाता है कि यह इस्लाम का प्रभाव था। किन्तु, रामानुज को यह विचार इस्लाम से नहीं मिला। (इस्लाम तब तक भारत में फैला कहाँ था?) यह तो आलवारों की शरणागति का, रामानुज के द्वारा दिया हुआ, पारिभाषिक नाम है। आलवारों में भक्ति के जो लक्षण थे, उन्हें अन्य भक्तों के लिए भी निर्दिष्ट करने को रामानुज ने प्रपत्ति नामक शब्द निकाला। यह भी ध्यान देने की बात है कि द्विजों के साथ शूद्रों को भी वैष्णव-धर्म में आने का अधिकार, सबसे पहले, रामानुज ने ही प्रदान किया। इसका कारण यह था कि आलवारों में से अनेक शूद्र-वंश के थे और शूद्र-कुलोत्पन्न होने पर भी, जनता उन्हें पूज रही थी। ऐसे में, रामानुज यह कैसे कह सकते थे कि शूद्रों को वैष्णव होने का अधिकार नहीं है? अधिकार तो उन्होंने दिया, किन्तु, प्रपत्ति को उन्होंने शूद्र भक्तों के लिए, विशेष रूप से विहित बताया। यह वर्णाश्रम-धर्म और बृहत् मानवतावाद के बीच एक प्रकार का समझौता था, जिसका पालन रामानुज-परम्परा के अन्य सन्तों–विशेषतः, रामानन्द और तुलसी–ने भी किया है।

रामानुज की देन

आलवार सन्त रहस्यवादी और कवि थे। उनके उत्तराधिकारी वैष्णव आचार्य चिन्तक और दार्शनिक हुए। शंकर ने वेदान्त को फिर से नवीन कर दिया था। वैष्णव आचार्यों के सामने यह प्रश्न उठा कि इस वेदान्त से तमिल-प्रबन्धम् का सामंजस्य कैसे बिठाया जाए अर्थात् कर्म और ज्ञान से भक्ति का मेल कैसे हो? तमिल-प्रबन्धम् को सार्वजनिक पूजा में समाविष्ट करने का प्रथम श्रेय श्री नाथमुनि को है। उन्होंने ही तमिल-प्रबन्धम् को, वैष्णवों के यहाँ, वेद का दरजा दिलाया। उनके पौत्र यामुनाचार्य ने पांचरात्र-पद्धति की प्रामाणिकता को स्थापित किया, शंकर के माया-सिद्धान्त का खंडन किया, जीवात्मा की अलग सत्ता का प्रतिपादन किया और प्रपत्ति के सिद्धान्त की घोषणा की। इस प्रकार, बारहवीं सदी के आरम्भ में रामानुज ने जिस विशिष्टाद्वैत-दर्शन का महल खड़ा किया, उसकी नींव यामुनाचार्य ने ही डाली थी।[5]

रामानुज के मुख्य ग्रन्थ तीन हैं, (1) वेदार्थ-संग्रह, (2) गीता की टीका और (3) वेदान्त-सूत्र का श्रीभाष्य। शंकराचार्य ने उपनिषदों से अद्वैत का जो अर्थ निकाला था, वेदार्थ-संग्रह में रामानुज ने उसका खंडन किया है। गीता की टीका में भी उन्होंने भक्ति का पक्ष ऊँचा किया है। किन्तु, उनके दार्शनिक सिद्धान्तों की वास्तविक स्थापना श्रीभाष्य में हुई है। इसी ग्रन्थ में वेदान्त-सूत्रों की ईश्वरवादी व्याख्या करके उन्होंने वैष्णव-धर्म या भक्ति का दर्शन तैयार

किया। वेदान्त का ईश्वर, असल में, ईश्वर नहीं ब्रह्म है, जिसने संसार की रचना नहीं की, जो भक्तों की प्रार्थना पर ध्यान नहीं देता, जिसे विश्व के प्रपंच से कोई मतलब नहीं, जो शुद्ध, बुद्ध, निराकार और निर्विकार है। किन्तु, रामानुज ने इस ब्रह्म में ईश्वरत्व का आरोप किया, उसे भक्तों की प्रार्थना सुनने योग्य एवं विश्व-प्रपंच का कर्ता तथा उसका प्रहरी बना दिया। ब्रह्म के स्थान पर ईश्वर को लाने के कारण रामानुज क्रान्तिकारी महात्मा दीखते हैं और इसी कारण, कदाचित्, विद्वानों को यह शंका होती है कि ब्रह्म को ईश्वर-कोटि में लाने की प्रेरणा उन्हें इस्लाम से मिली होगी। किन्तु, एक बात है जिस पर ध्यान देने से ऐसी शंकाओं का निवारण, आप-से-आप, हो जाता है। यह समझना नितान्त भूल है कि ब्रह्मसूत्र की ईश्वरवादी व्याख्या करने के आदि श्रेय के अधिकारी रामानुजाचार्य हैं, क्योंकि उनसे और शंकराचार्य से भी पूर्व **बोधायन** हुए थे जिन्होंने वेदान्त की ईश्वरवादी व्याख्या की थी। फिर आचार्य **टंक** और आचार्य **द्रविड़** का समय भी रामानुज और शंकर से पूर्व पड़ता है और इन आचार्यों ने भी वेदान्त में ब्रह्म के स्थान पर ईश्वर को देखा था। रामानुज की विशेषता यह है कि ईश्वरवाद पर से उन्होंने भक्ति का दर्शन प्रस्तुत किया और यह सिद्ध किया कि भक्ति की शिक्षा केवल तमिल-प्रबन्धम् से ही नहीं, प्रत्युत, प्रस्थानत्रयी (वेदान्त-सूत्र, उपनिषद् और गीता) से भी मिलती है। रामानुज वैदिक-धर्म और आलवार, दोनों की परम्पराओं के प्रति आस्थावान् थे और दोनों के तत्त्वों को एकाकार करके ही उन्होंने अपने मार्ग का प्रवर्तन किया। वेद का प्रतिपाद्य विषय कर्म था। उपनिषदों ने उसमें ज्ञान का पुट मिलाया और भक्ति जनता के स्तर से उठकर ऊपर पहुँची। किन्तु, इन तीनों का समन्वय गीता में किया गया। जो कार्य गीता ने किया था, बहुत-कुछ वही कार्य रामानुजाचार्य ने किया, किन्तु, इस भेद के साथ कि जहाँ गीता में ज्ञान, भक्ति और कर्म में किसी एक के साथ कोई अनुचित पक्षपात नहीं था, वहाँ रामानुज ने तीनों में से भक्ति को खुलकर अप्रतिम प्रधानता दे दी। इसका कारण, कदाचित् यह है कि गीता उपनिषदों (ज्ञान के शिखर) से उतरकर भक्ति को पाती है, इसलिए, ज्ञान की प्रधानता उसमें कम नहीं होती; किन्तु, रामानुज तमिल-प्रबन्धम् से उठकर ज्ञान और कर्म को देखते हैं। गीता की जड़ वेद और उपनिषद् में अर्थात् कर्म और ज्ञान में है। रामानुज का सारा अस्तित्व आलवारों के भक्ति-विह्वल पदों में गड़ा हुआ है।

रामानुज की पद्धति का मूलाधार वह दृष्टि है, जिससे वे ईश्वर को जीव और प्रकृति से एकाकार देखते हैं। उनकी कल्पना यह है कि ईश्वर, जीव और प्रकृति, तीनों अनादि हैं, किन्तु, जीव और प्रकृति, अनिवार्य रूप से, ईश्वर पर आश्रित हैं। वस्तुतः, ये तीनों परस्पर इस प्रकार से मिले हुए हैं कि उनमें से कोई भी अलग करके देखा नहीं जा सकता। जैसे, वस्तु से उसका गुण विभक्त नहीं किया जा सकता, जैसे विशेष्य से विशेषण का भिन्न होना असम्भव है, उसी प्रकार, ईश्वर से जीव और प्रकृति भी अभिन्न है।[6] इसी से रामानुज की पद्धति विशिष्टाद्वैत की पद्धति कही जाती है। वह शंकर के अद्वैत-मार्ग से भिन्न है, क्योंकि शंकर केवल ब्रह्म का ही अस्तित्व मानते हैं, किन्तु रामानुज-मत में ईश्वर (ब्रह्म) के समान जीव और प्रकृति भी अनादि हैं। 'तत्त्वमसि', वेदान्त के इस वाक्य की व्याख्या शंकर ने यह की थी कि जीव भी ब्रह्म ही है। रामानुज ने यह अर्थ चलाया कि 'तत्' (अर्थात् सृष्टि का कारण स्वरूप ईश्वर) 'त्वम्' (अर्थात् जीव में छिपी हुई आत्मा) से एकाकार है।

शांकर-मत में ब्रह्मवाद का जो प्रतिपादन हुआ है, उससे उस मत में भक्ति के लिए स्थान नहीं रह जाता। किन्तु ब्रह्मवाद को ईश्वरवाद बनाने में ही द्वैत की झाँकी मौजूद थी और, द्वैत का आधार मिलते ही, रामानुज-मत में भक्ति का स्थान बहुत ऊँचा हो गया। रामानुज कहते हैं कि ज्ञानयोग की साधना सीमित साधना है। उससे आत्मा इतना ही जान सकती है कि वह शरीर से भिन्न है। किन्तु "मैं परमात्मा का अंश हूँ", इस अनुभूति तक जाने के लिए ज्ञान यथेष्ट नहीं है।[7] यह अनुभूति तभी प्राप्त हो सकती है जब आत्मा प्रेम का मार्ग पकड़े, भक्ति का आश्रय ले और जिस सत्ता से वह विच्छिन्न हो गई है, उसकी ओर आकुलता से गमन करे। चूँकि जीव ईश्वर से भिन्न है, इसलिए, रामानुज ने मोक्ष का अर्थ ब्रह्म में विलीन होने की अवस्था को नहीं बताया। उनका कहना है कि मोक्ष उस व्यक्ति को मिलता है जो इस जीवन में भक्ति की साधना को पूर्ण कर चुका है। ऐसे भक्त मृत्यु के बाद एक अन्य शरीर प्राप्त करते हैं तथा अनन्त काल तक वैकुंठ में ईश्वर का सामीप्य लाभ करके वहाँ भी भक्ति की साधना करते रहते हैं। जिसे हिन्दुत्व स्वर्ग और इस्लाम बहिश्त कहता है, उसका लोभ विशिष्टाद्वैती भक्त को नहीं होता। भक्त स्वर्ग-सुख की अभिलाषा नहीं करते, न लय और मुक्ति चाहते हैं। उनका सुख तो मरणोपरान्त भी आराध्य का गुण गाने में ही है।[8]

ज्ञान, कर्म और भक्ति में भक्ति को श्रेष्ठ बताते हुए भी, रामानुज ने यह कहा कि भक्ति में भी सबसे सुगम मार्ग प्रपत्ति का है। इस मार्ग के लिए न तो ज्ञान की आवश्यकता है, न विद्याभ्यास और योग-साधना की। फिर भी, यह मार्ग सर्वसुगम और सबसे छोटा मार्ग है। जो मनुष्य सर्वतोभावेन भगवान् की शरण में गिरता है, उसे भगवान् तुरन्त अपना लेते हैं।[9]

आलवार-सन्त जात-पाँत नहीं मानते थे, न वर्णाश्रम के विधि-निषेध के वे कायल थे। रामानुज ने आलवारों के इस मुक्त संस्कार को वर्णाश्रम के नियन्त्रणों से कैसे मिलाया, यह भी देखने योग्य है। उन्होंने ज्ञान, कर्म और भक्ति को तो द्विजों के लिए विहित बताया, किन्तु प्रपत्ति का द्वार सबके लिए उन्मुक्त कर दिया। सामाजिक समता की दिशा में तत्कालीन ब्राह्मण जहाँ तक जा सकता था, रामानुज वहाँ तक जाकर रुके। उनके सम्प्रदाय ने लाखों शूद्रों और अन्त्यजों को अपने मार्ग में लिया, उन्हें वैष्णव-विश्वास से युक्त किया, उनके आचरण धर्मानुकूल बनाए और, साथ ही, ब्राह्मणत्व के नियन्त्रणों की अवहेलना भी नहीं की।

रामानुज की मृत्यु के बाद उनके सम्प्रदाय में फूट आ गई। वेद और तमिल-प्रबन्धम् के बीच रामानुज ने जो सन्तुलन रखा था, उस सन्तुलन की रक्षा उनके बाद उनके शिष्य नहीं कर सके। उनमें से कुछ तो वैदिक धर्म को प्रधानता देने लगे और कुछ तमिल-प्रबन्धम् को। वेदमार्गी वैष्णव सन्तों का सम्प्रदाय उत्तर भारत में चला और तमिल-प्रबन्धम् के माननेवालों का सम्प्रदाय दक्षिण में। स्वभावतः ही, संस्कृत पर आधारित होने के कारण, उत्तर का श्री-सम्प्रदाय कुछ अधिक अनुदार हो गया और छोटी जात के लोगों को अधिकार देने में उसने कृपणता दिखलाई।

स्वामी रामानन्द

रामानन्द स्वामी का जन्म सन् 1299 ई. में प्रयाग में हुआ था और श्री-सम्प्रदाय की दीक्षा

उन्होंने काशी में स्वामी राघवानन्द से ली थी जो रामानुज-परम्परा की चौथी पीढ़ी में पड़ते हैं। भक्ति-आन्दोलन में रामानन्द बड़े ही महत्त्व के आचार्य हुए हैं।

श्री-सम्प्रदाय विष्णु और उनकी शक्ति लक्ष्मी की पूजा में विश्वास करता था, किन्तु, विष्णु के रामावतार की पूजा का प्रचलन उस सम्प्रदाय में नहीं था। रामोपासना का वास्तविक प्रवर्तन रामानन्द ने किया। रामानन्द का सम्प्रदाय रामावत-सम्प्रदाय कहलाता है जो विशिष्टाद्वैतवादी तो है, किन्तु, उपासना वह विष्णु के बदले राम की करता है। रामानन्द का दूसरा महत्त्वपूर्ण कार्य यह है कि उन्होंने रामोपासक वैरागियों का संगठन एक स्वतन्त्र सम्प्रदाय के रूप में किया और उस संगठन में प्रवेश पाने का अधिकार उन्होंने उन वैष्णवों को भी दिया जो जन्मना शूद्र अथवा मुसलमान थे। रामानन्द ने प्रस्थानत्रयी पर भी टीकाएँ लिखीं। उनकी ब्रह्मसूत्र की टीका 'आनन्दभाष्य' के नाम से प्रसिद्ध है। उसमें ब्रह्म को उन्होंने "ब्रह्मशब्दवाच्य श्री राम ठहराया है और उसी को सगुण तथा निर्गुण, दोनों माना है।"

लगता है, रामानन्द के भीतर धर्म और समाज, दोनों को लेकर चिन्ता उत्पन्न हुई थी। जिस सम्प्रदाय में वे दीक्षित हुए थे, वह विष्णु की उपासना करता था। इस उपासना से प्रेरणा पहले कृष्ण-भक्ति को मिलने लगी। आगे चलकर जयदेव ने कृष्ण के जिस रूप को उभारा, उसकी ओर लोगों का झुकाव बहुत अधिक होने लगा। उधर हिन्दू-समाज को एक ऐसे धर्म की आवश्यकता थी जो हिन्दुओं की वीरता को उभार सके, जो उन्हें त्याग और कष्ट-सहिष्णुता की ओर प्रेरित कर सके। ऐसा धर्म भगवान् राम को लेकर खड़ा किया जा सकता था।

राम की उपासना पहले से प्रचलित भले ही न रही हो, किन्तु, हिन्दुओं के हृदय में राम विष्णु के अवतार के रूप में पूजित अवश्य रहे थे। स्वयं कालिदास उन्हें विष्णु का अवतार मानते थे।[10] वैदिक धर्मावलम्बियों की दृष्टि में राम इतने पूजनीय थे कि बौद्धों ने उन्हें बोधिसत्त्व और जैनों ने आठवाँ बलदेव मान लिया था।[11]

दक्षिण के वैष्णव आलवार तीसरी-चौथी सदियों में तो नारायण की ही भक्ति करते थे। आगे चलकर जब वे अवतारों की पूजा पर आए तब पहले उपासना उन्होंने वामन की आरम्भ की और तब कृष्ण तथा बलराम की। उसके बाद रामोपासना का भी आरम्भ आलवारों ने ही किया। त्रावणकोर के कुलशेखर आलवार दाशरथि राम के भक्त थे। उनके साहित्य का लगभग पाँचवाँ अंश रामचरित से सम्बद्ध है। तमिल-देश में रामोपासना बहुत पहले से प्रचलित थी। रामायण भी हिन्दी में पीछे, तमिल में पहले लिखी गई थी।

तीर्थ-यात्रा के क्रम में रामानन्द ने सारे देश का भ्रमण किया था। दक्षिण में तो वे वर्षों रहे थे। राम-भक्ति पर श्रद्धा रामानन्द को दक्षिण में ही हुई और वहीं से वे राम-भक्ति का प्रसाद उत्तरवालों के लिए ले आए। इसीलिए, परम्परा कहती है कि भक्ति को दक्षिण से उत्तर लाने का काम रामानन्द ने किया।

जिस राम-भक्ति का प्रचार दक्षिण और उत्तर, दोनों ही भूभागों में हुआ, उसका आधार अध्यात्म-रामायण थी। किन्तु, यह पता नहीं चलता कि अध्यात्म-रामायण की रचना दक्षिण में हुई थी अथवा उत्तर में। कभी-कभी यह अनुमान लगाया जाता है कि यह रामायण स्वयं रामानन्द स्वामी ने लिखी होगी।

रामानुजाचार्य तक भक्ति-आन्दोलन पर इस्लाम का रंच भर भी प्रभाव नहीं पड़ा था।

इस्लाम का प्रभाव उस पर तब पड़ने लगा, जब भक्ति-आन्दोलन उत्तर भारत में पहुँचा जहाँ मुसलमानों की संख्या बहुत काफी थी, जहाँ स्थान-स्थान पर सूफियों का निवास था और जहाँ के हिन्दू मुसलमानों के रीति-रिवाज और सामाजिक आचारों से थोड़ा-बहुत प्रभावित होने लगे थे।

तब भी, यह तो नहीं कहा जा सकता कि रामानन्द ने इस्लाम के प्रभाव में आकर वैष्णव आगमों में कोई संशोधन किया हो। वर्णाश्रम का बन्धन रामानन्द भी मानते थे। आनन्दभाष्य में शूद्रों को वेद पढ़ने का अधिकार उन्होंने भी नहीं दिया है। हिन्दू को वे भी जन्मना मुस्लिम से श्रेष्ठ समझते थे। फिर भी, कोई बात थी जिसके कारण सभी जातियों के साधक उनके पास पहुँच जाते थे। कबीर को उन्होंने दीक्षा देने से इनकार किया था। किन्तु, कबीरदास जब गंगातट पर उनकी खड़ाऊँ के नीचे आ गए तब रामानन्द के मुख से अचानक 'राम' शब्द निकला। कबीर ने इसे ही गुरु-मन्त्र मानकर ग्रहण कर लिया और रामानन्द को वे आजीवन अपना गुरु मानते रहे।

रामानन्द के भीतर प्राचीनता और नवीनता के बीच संघर्ष था। शास्त्रों का भाष्य करते समय वे वर्णाश्रम के प्रतिबन्धों का खंडन नहीं कर सकते थे। किन्तु, उनके लिए यह भी कठिन था कि किसी भक्त का निरादर वे सिर्फ इसलिए करें कि उसका जन्म ब्राह्मण अथवा द्विज के वंश में नहीं हुआ है। विचार से वे कठोर वर्णाश्रमी, किन्तु, आचारों से दयालु सन्त थे। इसीलिए, जब स्वामी रामानन्द स्वर्गीय हुए, उनके अनुयायी दो दलों में बँट गए। एक धारा उन भक्तों की बनी जो विशिष्टाद्वैत को मानते थे एवं जिनका विश्वास वेद और वर्णाश्रम धर्म में भी भरपूर था। गोस्वामी तुलसीदासजी और नाभादासजी इसी धारा के भक्त-कवि हैं। इसके विपरीत, दूसरी धारा के भक्त वे हुए जो वेद और वर्णाश्रम के विरुद्ध थे, जिनका विश्वास विशिष्टाद्वैत में भी नहीं था, किन्तु, जो रामानन्द के भक्ति-धर्म को आदर्श समझते थे।

इस दूसरी धारा के नेता कबीरदास हुए जिन्होंने गुरु-मन्त्र को (रामनाम को) भुलाया तो नहीं, किन्तु, राम-विषयक सारी धारणाओं को बदल दिया। कबीर के राम दशरथ के पुत्र नहीं हैं[12], न वे चतुर्भुज विष्णु के अवतार हैं।[13] वे तो अकाल, अजन्मा, अनाम[14] और अरूप हैं जिन्हें रामाश्रयी वैष्णव राम और मुसलमान रहीम कहता है तथा जिन्हें कबीरदास ने, अपनी ओर से, एक अत्यन्त प्यारा नाम 'साहब' का दे दिया है।[15] कहते हैं, कृष्ण-धर्म में रसिकता की वृद्धि देखकर ही रामानन्द ने राम की भक्ति चलाई थी और वे रामभक्ति में माधुर्य लाना नहीं चाहते थे। किन्तु, कबीर ने राम को अपना पति मान लिया।[16] सूफी-मत के अनुसार राम को प्रियतमा समझना अधिक प्रासंगिक होता, किन्तु, कबीर पर छाए हुए हिन्दू-संस्कार ने कबीर के तसव्वुफ को ठीक इस्लामी नहीं रहने दिया। तब भी, राम की कल्पना में कबीर ने जो परिवर्तन किए, उनका कारण इस्लामी प्रभाव था।

इस्लाम का एकेश्वरवाद कबीर को बहुत पसन्द था और अभ्यासी वे भारतीय वेदान्त के भी थे। अतएव, सगुणोपासक गुरु मन्त्र लेकर भी वे अपने निर्गुण-प्रेम को नहीं छोड़ सके।

लेकिन, सारा भक्त-समाज कबीर के प्रभाव में नहीं आया। कबीर की शिक्षा सिमटकर उस पतली धारा में बह गई जिसके किनारे-किनारे नानक, दादूदयाल, सुन्दरदास और मलूकदास आदि सन्तों के पर्ण-कुटीर बसे हुए हैं। इस मार्ग से अलग वल्लभाचार्य, विट्ठल स्वामी,

सूरदास, कुम्भनदास, तुलसीदास, नाभादास और समर्थ स्वामी रामदास के जो समृद्ध आश्रम हैं, वहाँ केवल सगुण लीला ही चलती है। इस्लाम ने भक्ति-आन्दोलन पर प्रभाव महात्मा कबीरदास के जरिए डाला और कबीर ने उस प्रभाव का उत्तराधिकार निर्गुणोपासक सन्तों को दे दिया। लेकिन, यह प्रभाव हमेशा उत्तर में ही सीमित रहा। विन्ध्य के दक्षिण द्रविड़ देश में भक्ति निर्गुण की ओर अधिक नहीं झुकी। पता नहीं, इस स्थिति पर उन पंडितों ने कभी विचार किया है या नहीं, जिनके मतानुसार भक्ति पर इस्लाम का प्रभाव दक्षिण में ही पड़ने लगा था।

महात्मा कबीरदास ने निर्गुण उपासना की जो धारा बहाई, वह अपने ही घाट से बहती हुई आगे निकल गई। जिन भारतवासियों पर इस धारा का प्रभाव है, वे जात-पाँत के मामले में काफी उदार हैं एवं धार्मिक असहिष्णुता भी उनमें अपेक्षाकृत कुछ कम है। किन्तु, कबीर के तुरन्त बाद जो सगुणोपासना की धारा उमड़ी, उसने सम्पूर्ण संस्कृति और साहित्य को प्लावित कर दिया। इस धारा के कवियों और सन्तों में पांडित्य भी है और सहृदयता भी। उनमें आक्रोश और कटुता के वे भाव नहीं हैं, जो कबीर और उनके अनुयायियों में दिखाई पड़ते हैं। यह धारा आत्मविश्वास से जगमगाते हुए मूल-हिन्दुत्व की धारा है। इसमें न तो नकारात्मकता है, न अपने आप पर झेंपने या शरमाने की प्रवृत्ति। कबीर ने राम-मन्त्र तो रामानन्द से लिया था, किन्तु वेदान्त और इस्लाम से अर्जित निराकारवादी संस्कार के कारण उन्हें राम को दशरथ का पुत्र मानने में झिझक और कठिनाई हुई। किन्तु, जब तुलसीदास आए, उन्होंने, डंके की चोट से, यह घोषणा कर दी कि हाँ, मेरा उपास्य वही राम है जिसने दशरथ के गृह में अवतार लिया था।

मंगल भवन अमंगल हारी
द्रवहु सो दसरथ अजिर बिहारी।

× ×

पुरुष प्रसिद्ध प्रकाश-निधि, प्रगट परात्पर नाथ,
रघुकुल-मनि मम स्वामि सोइ, कहि सिव नायेउ माथ।

जहाँ-जहाँ तुलसीदासजी को यह बताने का अवसर मिला है कि मैं राम का भक्त हूँ, वह और कोई नहीं, राजा दशरथ का पुत्र है, वहाँ-वहाँ हम उनके भीतर एक अद्भुत उत्साह, एक सचेष्ट निर्द्वन्द्वता, एक प्रकार की शालीन वीरता का निर्भीक तेज देखते हैं, मानो, वे किसी चुनौती का जवाब दे रहे हों; मानो, वे किसी से ललकारकर कहना चाहते हों कि हाँ, मैं उसी राम का भक्त हूँ, जिसे तुम माया की कृति कहते हो; जिसे तुम मनुष्य मानते हो और जिसका उपासक होने के कारण तुम, कदाचित्, मुझे अन्धविश्वासी और मूढ़ भी समझते हो।

तुलसी के भीतर से यह और कोई नहीं, स्वयं हिन्दू-धर्म बोल रहा था। हिन्दू-धर्म, जिसकी प्रतिमाएँ और मन्दिर तोड़कर धूलिशायी कर दिए गए थे। हिन्दू-धर्म, जिसे मुस्लिम आलोचक साकारवादी होने के कारण तुच्छ समझते थे। और हिन्दू-धर्म, जिसकी अपनी सन्ततियाँ इस्लाम स्वीकार करके अथवा कबीरादि की संगति में बैठकर निर्गुण की प्रशंसा और सगुण की निन्दा कर रही थीं।

उन्नीसवीं सदी में भी हिन्दुत्व की टक्कर जब ईसाइयत से पड़ी, तब हिन्दुत्व के आरम्भिक सुधारक साकारवादी हिन्दुत्व की ओर से बोलने का साहस नहीं कर सके। ब्राह्म-समाजियों का हिन्दुत्व पूरा नहीं, खंडित हिन्दुत्व था और इस खंडित हिन्दुत्व को लेकर ब्राह्म-समाजी इसलिए चले थे कि हिन्दुत्व का इतना अंश ईसाइयत और बुद्धिवाद की कसौटी पर भी खरा उतरता था। हिन्दुत्व के बाकी अंशों को ब्राह्म-समाजियों ने इसलिए छोड़ दिया कि उनका समर्थन करने में ईसाइयों के सामने उन्हें शर्म आती थी। उन्नीसवीं सदी में समग्र हिन्दुत्व का पूरा प्रतिनिधित्व परमहंस रामकृष्ण और स्वामी विवेकानन्द ने किया जो मूर्तिपूजा, व्रत, उपवास, अवतार और तीर्थ, सबको सार्थक एवं अनिवार्य समझते थे। उन्नीसवीं सदी में जो हाल राममोहन राय और केशवचन्द्र सेन का हुआ, मस्लिम-काल में वही दशा कबीर और उनके अनुयायियों की थी। और उन्नीसवीं सदी में जो शालीन वीरता हम रामकृष्ण परमहंस में देखते हैं, मुस्लिमकाल में उस वीरता का प्रतिनिधित्व गोस्वामी तुलसीदास ने किया। इसीलिए, वे हिन्दुत्व के परम त्राता और अन्यतम रक्षक माने जाते हैं।

कबीर के भीतर जो दर्द और बेचैनी, जो जोश और तूफान है, वह, पूर्णरूप से, भारतीय नहीं है। यही चीज है जो उन्होंने इस्लाम से पाई थी और इसी की विरासत उन्होंने अपने अनुयायियों के लिए छोड़ी। किन्तु, तुलसी और सूरदास के चिन्तन और कल्पना में जो कुछ भी है, इसी देश का है। यह भी ध्यान देने की बात है कि कबीर और तुलसी की धाराओं में से तुलसीवाली धारा ही दिनोंदिन अधिक पुष्ट और विकसित होती आई है। इस्लाम के सम्पर्क से जो जीवन उमड़ा, उसका अल्पांश ही निराकारवादियों को प्राप्त हुआ। उसके बहुलांश को लेकर साकारोपासना ही विकसित हुई है। हिन्दुत्व ने शक्ति तो जागरण से खूब पाई, किन्तु, उसका उपयोग उसने अपनी सनातन परम्परा को स्थिर बनाने में किया। हिन्दुत्व का यह स्वभाव है कि वह जितना ही बदलता है, उतना ही अपने सनातन रूप के अधिक समीप पहुँच जाता है।

भक्ति-मार्ग में उदारता के पहले बीज स्वामी रामानन्द ने ही बोए थे। वे पहले आचार्य हुए, जिन्होंने मुसलमान शिष्यों को भी शिष्य माना और स्त्रियों तथा शूद्रों का भी अपने सम्प्रदाय में स्वागत किया। रामानन्द के एक शिष्य कबीर और दूसरे रैदास थे। शायद, रामानन्द के ही दृष्टान्त पर आगे चलकर गोसाईं विट्ठलनाथ ने रसखान को दीक्षा दी, जो मुसलमान थे। इसी प्रकार, बंगाल में चैतन्य महाप्रभु ने भी (1485-1533 ई.) मुसलमानों को शिष्य-रूप में स्वीकार किया।

असम में श्री शंकरदेव ने जो महापुरुषीय सम्प्रदाय चलाया, रामानन्द और चैतन्य की-सी उदारता उस सम्प्रदाय में भी थी। शंकरदेव ने नागा और मिकिर नामक आदिवासी जातियों को अपने सम्प्रदाय में दीक्षित किया एवं कुछ मुसलमान भी उनके शिष्य हुए। महापुरुषीय-सम्प्रदाय में शूद्र गुरु भी ब्राह्मण शिष्य को दीक्षा दे सकता है।

ये सारी बातें इस्लाम के कारण हुईं। यदि इस्लाम के भीतर समानतावाला सिद्धान्त प्रबल नहीं होता, यदि सूफियों और हिन्दू भक्तों के बीच सत्संगति का सम्बन्ध नहीं होता और यदि समाज के हर तबके में नए जागरण की गूँज नहीं उठी होती, तो वैष्णव आचार्य सामाजिक आचारों में उदारता दिखाने को तैयार होते या नहीं, यह कहना कठिन है।

भक्ति-आन्दोलन के समय प्रतिमा-पूजन की जो निन्दा हुई, वह भी भारत पर मुस्लिम विजय का परिणाम थी। आश्चर्य यह है कि जो भक्त स्वयं मूर्ति की पूजा करते थे, मूर्ति-पूजा की निन्दा उनके मुख से भी सुनाई देती थी। शंकरदेव और नामदेव, दोनों के दोनों मूर्तिपूजक थे, किन्तु, मूर्ति-पूजा की निन्दा उन्होंने भी लिखी है। यह, शायद, उस पीड़ा की अभिव्यक्ति थी, जो प्रतिमाओं को असहाय टूटते देखकर प्रतिमा-पूजकों के हृदय में उठती थी। नामदेव की एक उक्ति से तो स्थिति और भी स्पष्ट हो जाती है। "पत्थर का देवता नहीं बोलता। वह चोट खाकर टूट जाता है। पत्थर के देवताओं के पुजारी सब खो बैठते हैं।"[17]

शैवाचार्य

यह भी ध्यान देने की बात है कि जैसे वैष्णव-भक्ति, कवियों और रहस्यवादी सन्तों की अनुभूतियों से निकलकर, दर्शन के स्तर पर पहुँची, उसी प्रकार, शिव की भक्ति भी दक्षिण के शैव सन्तों और कवियों की वाणी में बढ़ी थी। वैष्णव भक्तों में जैसे आलवारों का आविर्भाव हुआ, शैव भक्तों में उसी प्रकार और, प्रायः, उसी समय, नायनार भक्त हुए। एवं जैसे आलवारों की भक्ति-विह्वल अनुभूतियों का दार्शनिक रूप विशिष्टाद्वैत है, उसी प्रकार, शैव सिद्धान्त भी नायनार भक्तों की अनुभूतियों से बढ़कर दर्शन के स्तर पर पहुँचा है। आलवार बारह हुए हैं, किन्तु, नायनारों में तिरसठ भक्तों के नाम हैं और इनकी प्रतिमाएँ भी दक्षिण के शैव मन्दिरों में पूजी जाती हैं। जब नाथमुनि ने आलवारों के पदों का संकलन तमिल-प्रबन्धम् नाम से किया, उसी समय (दोनों आचार्य चोलवंशी नृपति राजराज के समकालीन थे) शैवाचार्य नाम्बिआन्दार-नम्बी ने शैव गानों और पदों का संकलन ग्यारह जिल्दों में किया, जिनका सम्मिलित नाम '**तिरुमरइ**' या पावन पुस्तक है। आलवारों के पदों में जो स्थान विष्णु का था, नायनारों के गीतों में वही स्थान शिव का है। इन दोनों ही प्रकार के भक्तों के पद विश्व भर के सर्वश्रेष्ठ भक्ति-साहित्य में स्थान रखते हैं।

शैव सिद्धान्त में सृष्टि के परम अध्यक्ष का नाम शिव है। वे ही चेतना के आगार और ब्रह्मांड में व्याप्त अनादि सत्य हैं। उन्हीं की कृपा सृष्टि की पाँच प्रक्रियाओं में प्रत्यक्ष होती है। ये प्रक्रियाएँ हैं सृष्टि की रचना, पालन और विनाश तथा जीव को मोहाच्छन्न बनाना और फिर उसे मोह से मुक्त करना। शिव सारे कार्य अपनी शक्ति के माध्यम से करते हैं। सृष्टि को शैव सिद्धान्त अनादि मानता है और विश्वास करता है कि सृष्टि का विकास जीवों के कल्याण के लिए होता है। जड़ प्रकृति और चेतन जीव, सबमें शिव का निवास है। स्वभाव से आत्मा भी शिव के समान ही अनादि, अनन्त और चेतन है। किन्तु, बन्ध में पड़ जाने के कारण वह अपने को सान्त, क्षणिक और अज्ञानी मानती है। इस बन्ध से मोक्ष पाने के लिए आवश्यक है कि जीव अपने कर्मों से मुक्त हो, जड़ की अधीनता से बाहर निकले और अपने को सान्त समझना छोड़ दे। मुक्ति की साधना के लिए शैव सिद्धान्त विहित पद्धति का निर्धारण करता है, गुरु को आवश्यक बतलाता है तथा, सबसे ऊपर, शिव की कृपा को अनिवार्य मानता है। शैव सिद्धान्त, वस्तुतः, शंकर के अद्वैत और रामानुज के विशिष्टाद्वैत के बीच का मत है।

आलवार भक्तों और वैष्णवाचार्यों तथा नायनार भक्तों और शैवाचार्यों के बीच पिता-पुत्र

का सम्बन्ध माना जाना चाहिए, किन्तु पिता यहाँ अशिक्षित और पुत्र पारंगत विद्वान् थे। आलवारों ने जिस धर्म की साधना जनता के स्तर पर रहकर की, उस धर्म को वैष्णवाचार्यों ने जनसाधारण के धरातल से उठाकर पांडित्य के धरातल पर पहुँचा दिया। यामुनाचार्य, रामानुज, निम्बार्क (1114 से 1162 ई.), मध्वाचार्य अथवा आनन्दतीर्थ (जन्म सन् 1197 ई.), विष्णुस्वामी (सम्भवतः दसवीं शताब्दी) तथा वल्लभाचार्य (1479-1530 ई.) और चैतन्य, ये सबके सब शांकर मत के विरोधी और भगवान् के साकार रूप के भक्त थे। इनमें से जो अपेक्षाकृत पुराने आचार्य हैं (यथा, यामुनाचार्य, विष्णुस्वामी और रामानुज) वे निश्चित रूप से आलवार संस्कारों में पलकर बड़े हुए थे। बाकी आचार्यों पर भी आलवार प्रभाव अवश्य रहा होगा। भागवत-पुराण की रचना के पीछे आलवार-संस्कारों का प्रभाव किस प्रकार पहुँचा, यह खोज का विषय है। किन्तु, भक्ति का जो रूप आलवार साहित्य, भागवत, गीत-गोविन्द (11वीं सदी) और रामानुज एवं निम्बार्क तक विकसित हुआ, उस पर इस्लामी प्रभाव की छाया भी नहीं पड़ी थी, यह अटल सत्य है।

आचार्य क्षितिमोहन सेन ने भी अपनी पुस्तक 'मेडिवल मिस्टिसिज्म ऑफ इंडिया' में यह अनुमान लगाया है कि द्रविड़ों और आर्यों से पूर्व के भारतवासियों में भक्ति की प्रवृत्ति, सम्भवतः, प्रचुर मात्रा में विद्यमान थी। आर्यों की बौद्धिकता जब भक्ति की इन प्राथमिक प्रवृत्तियों से मिश्रित होने लगी, तब भारत की धार्मिक भावना में धीरे-धीरे गइराई और विस्तार आने लगा। कुछ लोगों का यह भी अनुमान है कि भक्ति के बीज पंडितों के दार्शनिक चिन्तन में नहीं, ग्रामीण जनता के हृदय में रहे होंगे, क्योंकि जनता के द्वारा ग्राम-देवताओं के पूजन में चिन्तन कम, भावना अधिक होती है। कालक्रम में, यही भावना जन-जीवन के स्तर से उठकर, पहले सन्तों और कवियों में, तथा बाद को दार्शनिकों में पहुँची। बात चाहे जो हो, किन्तु, इतना स्पष्ट दीखता है कि भक्ति की धारा गीता में फूटती है, दक्षिण के आलवार-सन्तों के पदों में वह अपनी पहली राह बनाती है, रामानुज एवं अन्य आचार्यों की पद्धतियों में उसे विस्तार प्राप्त होता है एवं बाद के कवियों और सन्तों को पाकर वह सारे देश को प्लावित कर देती है। इस्लाम का प्रभाव रामानुज के बाद के सन्तों और कवियों में मिले तो मिले, रामानुज के काल तक तो वह नहीं ही मिल सकता है।

रहस्यवाद

यदि रहस्यवाद की बात को लें, तब भी, जायसी, कुतबन और उस्मानवाला रहस्यवाद ही ऐसा है जिसमें हम ईरानी सूफियों का स्पष्ट प्रभाव देख सकते हैं। इस पद्धति के अनुसार, आत्मा प्रेमी और परमात्मा प्रेमिका माना जाता है। प्रेमी कोई राजकुमार और प्रेमिका कोई राजकुमारी होती है। आत्मा को जगाने के लिए गुरु आता है जो राजकुमारी के रूप का वर्णन करता है तथा जिसे सुनकर राजकुमार के हृदय में प्रेम का जोश पैदा होता है। वह राजकुमारी को पाना चाहता है, किन्तु उसके पास पहुँचने के पूर्व, राजकुमार को अनेक बाधाओं का सामना करना पड़ता है। सूफी भाषा में ये बाधाएँ माया के रूपक हैं, शैतान के खेल हैं। फिर राजकुमार और राजकुमारी का ब्याह हो जाता है। कभी-कभी विवाह के बाद वियोग भी होता है, जिसमें परमात्मा के लिए आत्मा की बेचैनी दिखलाई जाती है। इस पद्धति की

अभारतीयता यह है कि इसमें परमात्मा को नायिका का रूप दे देते हैं, जबकि भारतीय दृष्टिकोण से परमात्मा ही पुरुष और आत्मा ही नारी मानी जाती है। इन कहानियों में, कहीं-न-कहीं, यह विवरण भी आ जाता है कि हठयोग की परिभाषा के अनुसार, शरीर के किस भाग में कौन-सी नाड़ी या चक्र है। इसे भारतीय मानना चाहिए, क्योंकि योग की शिक्षा सूफियों ने भारतवासियों से ही ली थी। सूफियों ने परमात्मा को जो सौन्दर्य का प्रतीक और प्रेम को उसे पाने की राह माना था, उसी सिद्धान्त को कथा में अनूदित करने के प्रयास से जायसीवाली शैली का जन्म हुआ। सूफी सौन्दर्य और प्रेम के मतवाले थे। शारीरिक सौन्दर्य का उन्होंने उत्तम-से-उत्तम वर्णन किया है। हिन्दी में भी जो रहस्यवादी कथा-काव्य मौजूद हैं, उन पर ये लक्षण खूब घटते हैं। किन्तु, संयोग की बात कि इस शैली को किसी भी हिन्दू कवि ने नहीं अपनाया; इस प्रकार के जो भी काव्य हिन्दी में हैं, वे मुसलमान कवियों के ही लिखे हुए हैं।

किन्तु, इस रहस्यवाद से भिन्न जो कबीर, दादू और नानक का रहस्यवाद है, उसकी परम्परा सूफियों के यहाँ से नहीं आई। अस्पष्ट भाषा में निगूढ़ भावों को दर्शाने का प्रयास, अपूर्ण भाषा के द्वारा किसी पूर्ण सत्य की ओर इंगित करने की चेष्टा एवं जिस गहराई या ऊँचाई तक वाणी नहीं जा सकती, उसे अभिव्यक्ति देने की अधूरी कोशिश, ये बातें कबीर, दादू, नानक और नामदेव में भी हैं और आठवीं-नवीं सदियों के सिद्धों में भी। इस निगूढ़ शैली के आदि प्रयोक्ता सिद्धाचार्य ही थे, जिनकी भाषा को उसके दुरूह होने के कारण ही 'सान्ध्य भाषा' कहने का रिवाज है। यही नहीं, प्रत्युत, निर्गुनियाँ सन्तों के फक्कड़पन और निर्भयता का भी पहला रूप हमें सिद्धों की रचनाओं में खूब मिलता है। अतएव, यह मानने का कोई आधार नहीं है कि पठान-काल के निर्गुनपन्थी कवियों ने इस्लाम के प्रभाव में आकर उलझी वाणी में रहस्य का कथन किया, उलटबाँसियाँ कहीं अथवा मूर्तिपूजा, तीर्थ और पुरोहितवाद पर प्रहार किए। ये सारी बातें पहले से चली आ रही थीं।[18] सूफियों से इतना ही लगाव मानना चाहिए कि निर्गुनियाँ साधु और सूफी सन्त, इनके बीच स्वभाव, दृष्टिकोण और सिद्धान्त को लेकर पहले से ही एक प्रकार की समानता थी। अतएव, दोनों मिले नहीं कि परस्पर मित्र हो गए।

यह भी ध्यान देने की बात है कि कबीर आदि कवियों ने केवल भावों के लिए ही नहीं, छन्दों के लिए भी सिद्ध-साहित्य की ओर देखा। बीजक के कितने ही पद चर्यापदों में प्रयुक्त छन्दों के अनुकरण या विकास हैं और एक को पढ़ते समय दूसरे की याद आप-से-आप आ जाती है।

भक्ति-आन्दोलन में हिन्दी में तीन प्रकार के कवि उत्पन्न हुए। एक तो वे, जो कथा-काव्य की प्रणाली से रहस्यवाद का कथन करते थे, जिनके सिरमौर जायसी हैं। दूसरे वे, जो निर्गुण का उपदेश करते थे और साथ ही वर्णाश्रम-धर्म की निन्दा भी, जिनके अग्रणी कबीर हुए; और तीसरे वे, जो वर्णाश्रम-धर्म के साथ थे, किन्तु, भक्त होने के कारण, सभी मनुष्यों पर प्रेम करते थे; इस सरणी के चार प्रसिद्ध कवि विद्यापति, चंडीदास, सूरदास और तुलसीदास हैं। इनमें से जायसीवाली धारा, अधिकांश में, इस्लामी सूफी मत की देन थी। कबीरवाली धारा का वर्णाश्रम विरोधी भाग सिद्धों की धारा का विकास-मात्र था। हाँ, इन लोगों ने समाजसुधार

की दृष्टि से अथवा हिन्दुओं और मुसलमानों को एक करने के लिए जो कुछ कहा है, उसे हम इस्लाम के आगमन से उत्पन्न स्थिति का प्रभाव मानेंगे। इनके काव्य का जो रहस्यवादी अंश है, उसमें वेदान्त भारतवर्ष का है, किन्तु, विरह की बेचैनी सूफीवाद से आई है। लेकिन, विद्यापति, सूर और तुलसी पर इस्लाम का कोई प्रभाव है या नहीं, यह बताना अत्यन्त कठिन है। हमारा तो अब तक यही अनुमान रहा है कि इन कवियों पर इस्लामी प्रभाव बिलकुल नहीं है।

सन्दर्भ

1. धर्मशास्त्रों का इतिहास।
2. La Bhagwat Gita.
3. कृष्ण स्वामी आयंगर ने Early History Of Vaishnavism In South India में यह बताया है कि आदि-आलवार तीसरी शताब्दी में उत्पन्न हुए और उनकी परम्परा नवीं शती तक चलती रही।
4. अर्ली हिस्ट्री ऑफ वैष्णविज्म इन साउथ इंडिया।
5. डी.एस. शर्मा-कृत 'रिनासाँ ऑफ हिन्दुइज्म'।
6. *ग़िरा अरथ जल बीचि सम, कहिअत भिन्न न भिन्न।* —तुलसीदास
7. *कहत कठिन, समुझत कठिन, साधत कठिन विवेक,*
   होइ घुनाच्छर न्याय जौं, पुनि प्रत्यूह अनेक। —तुलसीदास
8. *भक्ति न छाड़ौं, मुक्ति न माँगौं, तव जस सुनौं सुनावौं।*

   × × ×

   अस विचारि हरि भगत सयाने,
   मुक्ति निरादरि भगति लोभाने। —तुलसीदास
9. *राम भजत सोइ मुक्ति गोसाईं,*
   अनइच्छित आवत बरियाई। —तुलसीदास
10. *रामाभिधानो हरिरित्युवाच।*
11. यह सब ईसवी सन् के पूर्व ही हो चुका था।
12. *दसरथ के गृह ब्रह्म न जनमे, ई छल माया कीन्हा।*
13. *चारि भुजा के भजन में, भूलि पड़ा संसार,*
    कबिरा सुमिरे ताहि को, जाकी भुजा अपार।
14. *निर्गुण राम जपहु रे भाई*
    अविगत की गति लखी न जाई।
15. *ता साहिब के लागों साथा, सुख-दुःख मेटि जो रह्यो अनाथा।*
16. *राम मोर साईं मैं राम की बहुरिया।*
17. इतिहास-प्रवेश।
18. रहस्यवाद और उलटबाँसी का प्रमाण :—
    जहँ मन पवन न संचरइ, रवि-शशि नाहिं पवेश,
    तहँ मूढ़ चित! विश्राम करु, सरह कहेउ उपदेश। —(सरहपा : काल 760 ई.)
    यदि पलन-गमन-दुआरे, दृढ़ तालाहू दीजै,
    यदि तहँ घोर अँधारे, मन-दीपहु कीजै। —(कन्हपा : काल 840 ई.)

सिष्टि-उतपती बेली प्रकास, मूलं न थी, चढ़ी अकाश।
उरध गोढ़ कियो विस्तार, जाण नै जोशी करै विचार।

–(गोरख : काल 845 ई.)

गगनि-मंडलि में गाय बिआई, कागद दही जमाया।
छाछि छाँड़ि पंडिता पीनी, सिधा माखन खाया। *–(गोरख)*
जासु न वर्ण न गन्धरस जासु न शब्द न स्पर्श।
जासु न जन्म न मरणहुँ, नाम निरंजन तासु। *–(योगीन्दु : काल 1000 ई.)*
जो परमात्मा सोई हौं जो हौं सो परमात्म।
एह जाने बिनु जोगिया, अन्य न करहु विकल्प। *–(योगीन्दु : 1000 ई.)*
आचार-खंडन के प्रमाण–
ब्राह्मणहिं ना जानन्ता भेद, यों ही पढ़ेउ ये चारों वेद।
माटि-पानि-कुश लिये पढ़न्त, घर ही बैठी अग्नि होमन्त।
कार्य बिना ही हुतवह होमे, आँखि डहावे करुए धूमे। *–(सरहपा)*
आत्मा गोरा कृष्ण नहिं, आत्मा रक्त न होइ।
आत्मा सूक्ष्महू स्थूल नहिं, ज्ञानी जाने जोइ। *–(योगीन्दु)*
तीर्थहिं तीर्थ भ्रमन्त कहिं, मूढ़हिं मोक्ष न होइ।
ज्ञान विवर्जित जो कि जिव, मुनिवर होइ न सोइ। *–(योगीन्दु)*
आगम-वेद पुराणहिं पंडित मान वहन्ति।
पक्व सिरीफल अलिय जिमि बाहर होहि भ्रमन्ति। *–(कन्हपा : 840 ई.)*

(राहुलजी कृत हिन्दी अनुवाद, 'हिन्दी काव्यधारा' से)

प्रकरण-7

अमृत और हलाहल का संघर्ष

तौहीदे-इलाही

सम्राट् अकबर ने तौहीदे-इलाही नामक जो नया पन्थ चलाया था, उसकी प्रेरणा राजनीति से आई थी अथवा उस धार्मिक जागरण से, जो कबीरदास के समय से चलता आया था? यह एक प्रश्न है जहाँ व्यष्टि और समष्टि का स्वच्छ विभाजन नहीं किया जा सकता, जहाँ वैयक्तिक और सामाजिक भावनाओं के बीच स्पष्ट रेखा नहीं खींची जा सकती।

तौहीदे-इलाही की कल्पना राजनैतिक भी थी और धार्मिक भी। राजनैतिक वह इस कारण थी कि आरम्भ के मुगल बादशाह–बाबर, हुमायूँ और अकबर–प्रयासपूर्वक हिन्दुओं के साथ मित्रता का सम्बन्ध स्थापित करना चाहते थे। पठानों से मुगलों की पटती नहीं थी, अतएव, मुगल चाहते थे कि राजपूत उनके दोस्त बन जाएँ। बाबर ने वसीयत के जरिए हुमायूँ को सलाह दी थी कि हिन्दुस्तान पर हुकूमत करते हुए हिन्दुओं की धार्मिक भावना को ठेस मत पहुँचाना। और हुमायूँ ने भी अकबर के लिए वसीयत छोड़ी थी कि, हो सके तो, राजपूतों के साथ वैवाहिक सम्बन्ध करके उनके साथ अपनी मित्रता पक्की कर लेना। अकबर इन राजनैतिक परम्पराओं का मूल्य समझता था। साथ ही उसने धर्म के उस महाजागरण से भी शिक्षा ली थी, जो सूफियों और हिन्दू सन्तों के सहारे सारे भारत में फैल रहा था और जिसका लक्ष्य मनुष्य को धर्म के स्मृति-पक्ष के ऊपर उठाकर उसके श्रुति-पक्ष पर ले जाना था।

अकबर धर्म के मूल-रहस्य को जानने के लिए बड़ा बेचैन रहता था। मुसलमान होने के कारण उसकी यह भी इच्छा थी कि वह इस्लाम की शरीयत के अनुसार चले। किन्तु, तब तक इस्लाम की अनेक शाखाएँ निकल आई थीं, अनेक फिरके बन गए थे। इनमें से कौन ठीक है और किसका अनुगमन उसे करना चाहिए, यह जानने के लिए, फतहपुर सीकरी में उसने एक इबादतखाना (प्रार्थना-गृह) बनवाया जिसमें विभिन्न इस्लामी फिरकों के विद्वान् जमा होकर परस्पर विचार-विनिमय करते थे। इन विद्वानों के विचार-विमर्शों से अकबर को इस्लाम की कट्टरता नापसन्द आने लगी। तब उसने इबादतखाने की बैठकों में अन्य धर्मों के विद्वानों को भी बुलाना आरम्भ किया। विभिन्न धर्मों के विद्वानों की इस विचार-गोष्ठी में सभापति का काम अकबर स्वयं करता था और स्वभावतः ही, परस्पर झगड़नेवाले विद्वानों को सभापति की श्रेष्ठता स्वीकार करनी पड़ती थी। इस प्रकार, धीरे-धीरे, अकबर देश का धार्मिक नेता भी बनने लगा। ''सन् 1579 ई. में अकबर ने खुद साम्राज्य के प्रमुख इमाम की हैसियत से मस्जिद के मिम्बर से खुतबा पढ़ा। तभी, राज्य के प्रमुख उलमाओं के हस्ताक्षरों

से यह घोषणा की गई कि इमामे-आदिल (न्यायी इमाम) सब मुजतहिदों (मजहबों के व्याख्याकारों) से बड़ा है और विवादग्रस्त मामलों में उसका फैसला सबको मान्य होगा। जो न माने, उसे दंड देना उचित होगा।"[1]

इस घोषणा से कट्टर मुसलमान भड़क उठे और अकबर के भाई मुहम्मद हकीम से मिलकर उन्होंने बिहार और बंगाल में बलवा करा दिया। "जौनपुर के एक काजी ने फतवा दे दिया कि अकबर के खिलाफ बलवा करना जायज है।"[2]

अकबर ने इस बलवे को दबा दिया और उसके बाद, धर्म के मामले में निर्णय देने की, उसे पूरी स्वतन्त्रता मिल गई। "अकबर दूसरे धर्मों की तरफ झुकने लगा और उसने घोषणा कर दी कि उसके बेटे चाहे जो मजहम मान सकते हैं। जरथुस्त्रियों की तरह, वह अपने घर में पवित्र अग्नि रखने और सूर्य को प्रणाम करने लगा और जैनों और हिन्दुओं के प्रभाव से उसने गोहत्या की मुमानियत कर दी। ईसाइयों का एक पत्नीव्रत भी उसे भाया। इस प्रकार, सब धर्मों का सामंजस्य करके उसने एक व्यापक धर्म बनाने की कोशिश की। उसने लिखा, "एक साम्राज्य में, जिसका एक शासक हो, यह अच्छा नहीं है कि प्रजा एक-दूसरे के विरोधी मतों में बँटी रहे। इसलिए, हमें उन सबको मिलाकर एक करना चाहिए। किन्तु, इस प्रकार कि वे एक भी हो जाएँ और अनेक भी बने रहें।"[3]

अकबर की धार्मिक नीति उस युग के लिए अत्यन्त प्रगतिशील थी। ईरान के बादशाह अब्दुस्सफ़री को एक पत्र में उसने लिखा था कि, "भाँति-भाँति के धार्मिक सम्प्रदाय दैवी थाती हैं और खुद परमेश्वर ने ही उन्हें हमारे हाथ में सौंपा है। इसलिए हमारा कर्तव्य है कि हम उन सबको प्यार करें। बादशाह ईश्वर के प्रतिबिम्ब होते हैं। उन्हें इस महासिद्धान्त को क़भी भी नहीं भूलना चाहिए।"[4]

अकबर, सचमुच, महान् था। भारत की एकता की समस्या को उसने ठीक पहचाना था। इस देश की एकता तभी बच सकती है जब इसकी अनेकता के साथ उसका पूरा सामंजस्य हो।

फैजी के द्वारा अकबर ने रामायण, महाभारत, योगवाशिष्ठ और कुछ वेदान्त का भी फारसी में अनुवाद करवाया था एवं हिन्दुओं के बीच इस्लाम के प्रति श्रद्धा जगाने को उसने एक छोटा-सा उपनिषद् भी लिखवाया था, जिसका नाम 'अल्लोपनिषद्'[5] है। अकबर हिन्दुत्व और इस्लाम के बीच जिस समन्वय के लाने की चेष्टा कर रहा था, उसमें उसका सबसे बड़ा सहायक अबुल फजल था। किन्तु, उलेमा दोनों के खिलाफ थे। इतिहासकार बदायूनी ने लिखा है कि "अबुल फजल संसार को नास्तिकता के जहर से जला रहा है।"

फिर भी, धर्म और विचार की सारी स्वतन्त्रताओं के बीच, अकबर इस्लाम के तौहीद (एकेश्वरवाद) को कसकर पकड़े हुए था। इसीलिए, अपने ईश्वर-धर्म (दीने-इलाही) का नाम उसने तौहीदे-इलाही रखा था। सन् 1593 ई. में, उसने धार्मिक स्वतन्त्रता के लिए कई आज्ञाएँ निकालीं, जिनमें से प्रमुख ये थीं कि (1) कोई जबर्दस्ती मुसलमान बनाया गया हिन्दू अगर फिर हिन्दू बनना चाहे तो उसे कोई न रोके। (2) किसी भी आदमी को जबर्दस्ती एक धर्म से दूसरे धर्म में न लाया जाए। (3) प्रत्येक व्यक्ति को अपना धर्म-मन्दिर बनाने की पूरी स्वतन्त्रता रहे और (4) जबर्दस्ती किसी विधवा को सती न बनाया जाए। जिज़िया और

तीर्थयात्रा-कर उसने 1533 ई. में ही उठा दिए थे। स्पष्ट ही, अकबर के ये धार्मिक सुधार मुल्लाओं को अच्छे नहीं लगे और वे अकबर की, हलके-हलके, निन्दा करने लगे। "उनके कट्टरपन से खीझकर पिछले जीवन में अकबर को इस्लाम का बहुत कुछ दमन भी करना पड़ा।"

अकबर की उदारता की नीति बहुत से आम मुसलमानों को भी अच्छी नहीं लगी। इतिहासकार फरिश्ता ने लिखा है कि अकबर की दया निस्सीम थी एवं दया के कारण ही वह, कभी-कभी, बेवकूफी भी कर बैठता था। कहते हैं, अकबर ने कुछ दिनों तक पुनर्जन्म में भी विश्वास किया था और कभी-कभी, वह दरबार में चन्दन लगाकर भी बैठता था। जैन, यहूदी, ईसाई और हिन्दू वह सबको खुश रखना चाहता था। उसने बाइबिल का अनुवाद फारसी में कराने की आज्ञा निकाली थी और ईसाइयों को भारतवर्ष में अपना धर्म फैलाने की भी स्वतन्त्रता दे रखी थी। अपने एक बेटे की शिक्षा के लिए भी, उसने ईसाई शिक्षक रख छोड़ा था।

अकबर के व्यक्तित्व का आन्तरिक अंश बिलकुल सूफियाना था। उसके भीतर वे सारे गुण थे, जिनके विकास से धर्म के नेता तैयार होते हैं। अबुल फजल और बदायूनी के विवरणों से मालूम होता है कि अकबर सूफियों की तरह, कभी-कभी समाधि में चला जाता था और, कभी-कभी, सहज ज्ञान के द्वारा वह मूल सत्य के आमने-सामने भी पहुँच जाता था। एक बार वह शिकार में गया। उस दिन ऐसा हुआ कि घेरे में बहुत-से जानवर एक साथ पड़ गए और वे सब मार डाले गए। अकबर हिंसा के इस दृश्य को सह नहीं सका। उसके अंग-अंग काँपने लगे और तुरन्त उसे एक प्रकार की समाधि-सी हो आई। इस समाधि से उठते ही उसने आज्ञा निकाली कि शिकार करना बन्द किया जाए। फिर उसने भिखमंगों को भीख दी, अपना माथा मुँड़वाया और धार्मिक भावना के इस जागरण की स्मृति में एक भवन का शिलान्यास भी किया।[6] जंगल के जीवों ने अपनी वाणी-विहीन वाणी से उसे धर्म का रहस्य बतलाया था और अकबर की जागरूक आत्मा ने उसे सुन लिया। यह, स्पष्ट ही, अत्यन्त भावुक और धर्मप्राण व्यक्ति का लक्षण प्रतीत होता है।

अकबर हिन्दुत्व और इस्लाम, दोनों का प्रेमी था किन्तु, दोनों की कट्टरता से उसे घृणा थी। धर्म-परिवर्तन करनेवालों को वह नीची नजर से देखता था, क्योंकि उसका विश्वास था कि "जो लोग अपना धर्म भय या लोभ से बदलते हैं, उनमें धार्मिकता नहीं होती है।"

हलाहल का विस्फोट

हिन्दू-मुस्लिम एकता का जितना बड़ा नेता अकबर था, उतना बड़ा नेता और कोई हुआ है या नहीं, यह बताना आसान नहीं है। किन्तु, जिन गुणों के कारण अकबर पर हिन्दुओं की श्रद्धा बढ़ी, उन्हीं गुणों के कारण मुसलमान उसके खिलाफ हो गए। काजी और मुल्ले पठानों के समय राज-काज में हस्तक्षेप करते थे और पठान सुलतान उनकी दस्तंदाजी को रोक नहीं पाते थे। पठानों के समय मुल्ले खुलकर बड़ाई उस सुलतान की करते थे, जिसके राज्य-काल में अधिक-से-अधिक मूर्तियाँ और मन्दिर तोड़े जाते थे तथा अधिक-से-अधिक हिन्दू मुसलमान बनाए जाते थे। किन्तु, अकबर ने जब शासन को धर्मनिरपेक्ष बनाना चाहा और यह घोषणा कर दी कि जो भी व्यक्ति जबर्दस्ती मुसलमान बनाया गया हो, वह चाहे तो अपने धर्म में

वापस जा सकता है, तब मुल्लों की दृष्टि में वह इस्लाम का द्रोही समझा जाने लगा।

अकबर ने इस्लाम का कोई अहित नहीं किया। वह शरीयत को मानता था और तौहीद के सिद्धान्त पर अटल विश्वास रखता था। उसका अपराध केवल यह था कि सभी धर्मों को वह एक दृष्टि से देखता था और चाहता था कि मुस्लिम-राज्य में जैसे मुसलमान निश्चिन्त रहते हैं, वैसे ही, सभी धर्मों के लोग बेफिक्र रहें। किन्तु, बादशाह की यह उदार नीति मुल्लों को सह्य नहीं हुई। मुल्लों की एकमात्र कामना यह थी कि भारत के अन्य धर्मों का चाहे जो भी हाल हो, किन्तु, इस्लाम का प्रसार अधिक-से-अधिक होना चाहिए। लेकिन, अकबर की उदार नीति के कारण इस्लाम के प्रसार में बाधा पड़ती थी। इसलिए, मुल्लों ने बादशाह के खिलाफ आन्दोलन आरम्भ कर दिया। इस जहरीले आन्दोलन के सबसे बड़े नेता का नाम शेख अहमद सरहिन्दी था।

शेख अहमद सरहिन्दी

शेख अहमद सरहिन्दी का जन्म 1563 ई. में हुआ था और उसकी मृत्यु सन् 1624 ई. में, यानी अकबर की मृत्यु के कोई 19 साल बाद हुई। शेख अहमद इब्ने-तैमिया का शिष्य था। वह केवल कट्टर मुसलमान ही नहीं, प्रत्युत, इस्लामेतर धर्मों का प्रचंड विरोधी भी था। इस्लाम को वह सभी धर्मों, सभी संस्कृतियों के प्रभाव से मुक्त रखना चाहता था। वह इस्लाम के उस प्राचीन, आरम्भिक रूप का कायल था जब मुस्लिम-समाज में तसव्वुफ का प्रचार नहीं हुआ था, न मुस्लिम-संस्कृति पर किसी अन्य संस्कृति का प्रभाव ही पड़ा था। उन्नीसवीं सदी में वहाबियों ने इस्लाम के जिस प्राचीन रूप को वापस लाने की कोशिश की तथा बीसवीं सदी में उसके जिस रूप का आख्यान हाली और इकबाल ने किया, शेख सरहिन्दी इस्लाम के उसी रूप का उपासक था।

लगभग चार सौ वर्षों के सम्मिलित जीवन में मुसलमानों ने हिन्दुओं से जो भी आदतें सीखी थीं, शेख सरहिन्दी उन सबको गुनाह समझता था। विवाह, श्राद्ध, पर्व, त्योहार और दैनिक रहन-सहन में हिन्दुओं और मुसलमानों के बहुत-से रीति-रिवाज समान हो गए थे। गोहत्या से घृणा उन दिनों मुसलमानों को भी होने लगी थी और विधवा-विवाह को मुसलमान भी हीन कर्म मानने लगे थे। शेख अहमद ने इन सारी बातों को दुष्कर्म बताया और मुसलमानों से उसने कहा कि हिन्दुओं की संगति में तुमने जो कुछ भी सीखा है, उसे छोड़ दो, क्योंकि ये बातें असली इस्लाम के खिलाफ हैं। उसका उपदेश था कि भारत के मुसलमानों को ठीक उसी प्रकार से रहना चाहिए, जैसे मुहम्मद साहब के समय में अरब में मुसलमान रहा करते थे और उन्हें सतर्क रहना चाहिए कि हिन्दुस्तान में बसनेवाले बहुसंख्यक गैर-मुस्लिमों की आदतें उनके भीतर न समा जाएँ। हिन्दुओं से शेख अहमद को भयानक विद्वेष था। वह उन्हें काफिर समझता था और उसका विश्वास था कि काफिरों के दलन और अपमान से बढ़कर भगवान् को प्रसन्न करने का और कोई उपाय नहीं है।[7]

हिन्दू-मुस्लिम एकता के विरुद्ध अपना जहरीला प्रचार शेख अहमद ने अकबर के ही राज्य-काल में आरम्भ कर दिया था। किन्तु, अकबर का रोब-दाब सारे देश में था, अतएव, शेख अहमद का प्रचार उस समय जोर नहीं पकड़ सका। लेकिन, अकबर के मरने के बाद

शेख अहमद ने निर्भय होकर मुसलमानों के भीतर आग भड़काना शुरू किया। नतीजा यह हुआ कि जहाँगीर ने उसे पकड़वाकर जेल में डाल दिया। मगर, जहाँगीर ढीला-ढाला बादशाह था। प्रभावशाली मुसलमानों के बीच- बचाव करने से उसे दया आ गई और शेख अहमद को उसने कैद से रिहा कर दिया। लेकिन, शेख अहमद को हिन्दू-मुस्लिम एकता पर दया नहीं आई। जेल से रिहा होते ही उसने अपना प्रचार फिर से आरम्भ कर दिया और जहाँगीर के राज्य-काल भर वह अपने मतों को बेरोक-टोक फैलाता रहा।

शेख अहमद सरहिन्दी के मरने के बाद उसके मतों के प्रचार का बीड़ा अहमद के पुत्र, मुहम्मद मासूम ने उठाया। और जब मासूम का देहान्त हुआ, तब उसके बेटे शेख सैफुद्दीन ने वही प्रचार और भी भीषणता से आरम्भ कर दिया। हिन्दुस्तान की बद-किस्मती से, इसी शेख सैफुद्दीन को औरंगजेब ने अपना गुरु बनाया और, इस प्रकार, शेख अहमद की रूह को वह बलवान मनुष्य प्राप्त हो गया जो अहमद के सपनों को कार्य का रूप दे सकता था।

अमृत की पराजय

हिन्दुत्व और इस्लाम, दो धाराओं के समान, अलग-अलग बहते हैं। अकबर ने हिन्दुओं के हृदय को जीतकर बड़ी धारा को छोटी धारा के समीप लाना चाहा था। लेकिन, शेख अहमद और उसके वंशधरों ने जी तोड़कर कोशिश की कि बड़ी और छोटी धाराओं के बीच की दूरी बराबर कायम रहे। अकबर के विचार समय से बहुत पहले आए थे। तत्कालीन मुस्लिम-जनमत ने उन्हें स्वीकार नहीं किया। अकबर ने हिन्दू-मुस्लिम एकता को मजबूत बनाना चाहा, लेकिन, मुस्लिम-सम्प्रदाय ने इसे इस्लाम का अपमान समझा और जवाब में शेख अहमद सरहिन्दी को खड़ा कर दिया। शेख अहमद की समाज में बहुत अधिक प्रतिष्ठा रही होगी और उसके खानदान के लोग मुसलमानों के बीच बहुत आदर से देखे जाते होंगे। अन्यथा यह कैसे सम्भव था कि देश का बादशाह औरंगजेब अहमद के पोते को अपना गुरु मान ले?

अकबर के उदारवादी विचार दाराशिकोह में आकर अपनी पूर्णता पर पहुँचे। लेकिन, शेख अहमद की रूह दाराशिकोह से नाराज थी। इसीलिए, औरंगजेब ने दाराशिकोह को मार डाला। जिस दिन दाराशिकोह मारा गया, उस दिन हलाहल जीता और अमृत हार गया।

अमृत और हलाहल की दूसरी लड़ाई फिर बीसवीं सदी में आकर हुई, जब भारत के नेता महात्मा गांधी हुए। अकबर ने जैसी उदारता हिन्दुओं के साथ बरती थी, बहुत कुछ वैसी ही उदारता का व्यवहार गांधीजी ने मुसलमानों के साथ किया। लेकिन, इस देश में जो मुसलमान हिन्दुओं का पक्षपाती होता है, उसे मुसलमान मार डालते हैं, जैसे औरंगजेब ने दाराशिकोह को मार डाला। और जो हिन्दू मुसलमानों का पक्षपाती होता है, उसे हिन्दू मार डालते हैं, जैसे गोडसे ने गांधीजी की हत्या कर दी।

अकबर के विचार सोलहवीं सदी के लिए समय से बहुत आगे थे। लेकिन, गांधीजी का जो हाल हुआ, उससे यही दिखाई देता है कि पिछले चार सौ वर्षों में भी हम आगे नहीं बढ़े हैं। अकबर अपने समय से आगे थे, लेकिन, गांधीजी भी अपने समय से आगे ही दिखाई पड़े। भारत के हिन्दुओं और मुसलमानों के लिए यह कितनी ग्लानि की बात है?

एकता के दुर्बल प्रहरी

अकबर ने जो ज्योति जलाई थी, वह जहाँगीर और शाहजहाँ के समय में जलती रही। जहाँगीर और शाहजहाँ, दोनों की माताएँ हिन्दू थीं, अतएव, हिन्दू-विरोधी कट्टरपन इन लोगों में नहीं आया। फिर भी, इन विलासी शासकों में अकबर का साहस और प्रताप नहीं था कि मुल्लाओं के विरोध को दबाकर वे एकता के शकट को आगे बढ़ाते। अकबर की उदारता, अकबर की दूरदर्शिता और अकबर का मानवत्व भारतवर्ष के नेताओं और राजाओं में, कभी-कभी ही, प्रकट हुआ है। कितने विस्मय की बात है कि जब फ्रांस में कैथोलिक लोग प्रोटेस्टेंटों को जिन्दा जला रहे थे, जब इंग्लैंड में (एलिज़ाबेथ प्रथम के इंग्लैंड में) प्रोटेस्टेंट लोग कैथोलिकों से फ्रांस का बदला दुगुने बल से चुका रहे थे और जब इनक्विज़िशन के मारे स्पेन में यहूदियों का बुरा हाल था, तब भारतवर्ष में अकबर हिन्दुओं पर किए गए मुस्लिम-अत्याचारों का निशान दूध और अमृत से धो रहा था।

अकबर ने हर तरह से हिन्दू-धर्म का आदर किया। सिर्फ एक जहर था जिसका उतार उसके पास नहीं निकला। देश पर शासन मुस्लिम-कानून से होता था और कुरान पर आधारित होने के कारण इस कानून में यह विधान था कि यदि मुसलमान अपराधी हो तो उसके खिलाफ काफिर गवाह की गवाही सबूत नहीं मानी जाएगी। परिणाम इसका यह था कि मुसलमानों के खिलाफ हिन्दुओं को न्याय कम मिल पाता था। मगर, यही बात अंग्रेजी शासन में भी चलती रही, क्योंकि, यद्यपि, अंग्रेजों ने इस तरह के बेहूदे कानून नहीं बनाए थे, मगर, कचहरियों में अंग्रेज अपराधी के साथ पक्षपात का होना मामूली बात थी।

जहाँगीर और शाहजहाँ ने अकबर की नीति बहुत दूर तक बरती लेकिन, सन् 1632 ई. में, न जाने शाहजहाँ को क्या हुआ कि उसने फरमान निकाल दिया कि अब आगे से नए मन्दिर नहीं बनवाए जाएँ और जो मन्दिर बनाए जाने के क्रम में हों, वे तोड़ दिए जाएँ। गोहत्या की मुमानियम भी,[8] जो अकबर के समय से चली आ रही थी, सन् 1626 ई. के आस-पास आकर ढीली हो गई। किन्तु, पुराने मन्दिर तोड़े नहीं गए, इससे शाहजहाँ की उदारता जरूर झलकती है। इसके सिवा, पुर्तगाली यात्री **सेवाश्चियन मानदिक** के यात्रा विवरण से यह भी ज्ञात होता है कि शाहजहाँ के मुस्लिम अफसरों ने एक मुसलमान का दाहिना हाथ इसलिए काट डाला था कि उसने दो मोर-पक्षियों का शिकार किया था और बादशाह की आज्ञा थी कि जिन-जिन जीवों का वध करने से हिन्दुओं की भावना को ठेस पहुँचती है, उनका वध नहीं किया जाए।

शाहजहाँ, यद्यपि, हिन्दू माँ का बेटा था, किन्तु, उसका व्यक्तित्व फटा हुआ था। उसके व्यक्तित्व के दोनों टुकड़े उसके दो पुत्रों में साकार हुए। व्यक्तित्व का जो अंश अकबर से आया था, उसका प्रतिनिधि दाराशिकोह हुआ। इसके विपरीत, उसके व्यक्तित्व के जिस अंश पर शेख अहमद के प्रचारों का प्रभाव था, उसका प्रतिनिधित्व औरंगजेब ने किया।

पराजित पीयूष, दाराशिकोह

जन्मान्तरवाद के सिद्धान्तानुसार, दाराशिकोह को अकबर का ही अवतार कहना चाहिए, सिवा इसके कि वह अकबर की वीरता, कर्मठता और अध्यवसाय से विहीन था। शाहजहाँ ने जब-जब

उसे सूबेदार बनाया, वह अपने इलाके में कभी नहीं गया। दिल्ली में बैठकर किताबें पढ़ना उसका सबसे बड़ा काम था। फिर भी, अकबर का जो काम अधूरा रह गया था, लगता है, उसी को पूरा करने के लिए उसने दारा बनकर जन्म लिया था, यद्यपि, यह काम पूरा तो क्या आधा भी सम्पन्न नहीं हुआ। वह शाहजहाँ का ज्येष्ठ पुत्र था। यदि वह भारत का सम्राट् हुआ होता तो भारत का इतिहास आज कुछ और होता। तब हिन्दू-मुस्लिम वैमनस्य की जहरीली आग से हम, शायद, बाहर निकल गए होते और भारत की राष्ट्रीयता बहुत मजबूत हो गई होती। किन्तु, भारत का दुर्भाग्य उसके पीछे लगा हुआ था। औरंगजेब ने खदेड़कर दारा को मार डाला और बाप को कैद करके वह खुद सिंहासन पर बैठ गया। जिस दिन दाराशिकोह मारा गया और औरंगजेब गद्दीनशीन हुआ, सामासिक संस्कृति का कलेजा, असल में, उसी रोज फटा और तब से, यद्यपि, हम इस फटन को बार-बार सीने की कोशिश करते रहे हैं, किन्तु, वह ठीक से सिल नहीं पाती।

दाराशिकोह जवान होता हुआ भी, धार्मिक और अत्यन्त विचारशील था। हिन्दू पंडितों, हिन्दू कवियों और हिन्दू साधकों से उसका दरबार भरा रहता था। वह कट्टर मुसलमान नहीं होकर शुद्ध सूफी था। 'मजमउल बहरैन' (दो नदियों का संगम) नामक अपनी विद्वत्तापूर्ण पुस्तक में उसने हिन्दुत्व और सूफी मत के बीच पूर्ण समन्वय दिखलाया है। उसने कुछ उपनिषदों का भी फारसी में अनुवाद किया था एवं उसकी एकान्त कामना थी कि इस्लाम और हिन्दुत्व के बीच कोई स्थायी सामंजस्य उत्पन्न हो जाए। किन्तु, अदृष्ट को यह मंजूर नहीं था। हिन्दुओं और मुसलमानों ने मिल-जुलकर जो समान-संस्कृति उत्पन्न की थी, वह दारा के शरीर के साथ छिन्न हो गई एवं औरंगजेब ने, पाकिस्तान के पूर्वाभास के रूप में, परस्पर मिलती हुई दो जातियों को अपनी धर्मान्ध नीति के जोर से अलग कर दिया।

दाराशिकोह और सम्राट् अकबर, ये हिन्दू-हृदय को बहुत ही प्रिय रहे हैं। अकबर का आदर हिन्दुओं ने इसलिए नहीं किया कि वह कट्टर मुसलमान नहीं था, न इसलिए कि वह इस्लाम के जबर्दस्ती प्रचार किए जाने का विरोधी था; वरन्, इसलिए कि इस्लाम की तरह वह हिन्दू-धर्म का भी प्रेमी था तथा वह जनता के केवल तन ही नहीं, मन और ईमान की भी रक्षा करना चाहता था।

क्रान्तिकारी का साथी कोई नहीं

किन्तु, दोष एक ही तरफ का रहा हो, सो बात नहीं है। जब औरंगजेब ने दाराशिकोह का पीछा किया, बेचारा दारा बाज के द्वारा खदेड़े हुए कपोत के समान सारे राजस्थान और पंजाब में त्राण खोजता भागता फिरा। किन्तु, कोई भी हिन्दू माई का लाल ऐसा नहीं निकला, जो उसे शरण दे अथवा उसकी ओर से झंडा लेकर खड़ा हो। सहायता करने की बात तो दूर रही, औरंगजेब के हिन्दू मनसबदार जसवन्तसिंह और जयसिंह दारा के पीछे-पीछे दौड़ रहे थे। आखिर को, दर्रा-बोलान के पास एक पठान ने उसे शरण दी। किन्तु, ज्यों ही औरंगजेब की सेना वहाँ पहुँची, उस पठान ने दारा को फौज के हवाले कर दिया और औरंगजेब ने डंका बजाकर दिल्ली में उसकी हत्या कर दी।

अकबर-बीरबल-विनोद की कुछ ऐसी भी कहानियाँ सुनी जाती हैं, जिनमें ऐतिहासिक

तथ्य तो नहीं है, किन्तु, जिनसे इस बात पर थोड़ा प्रकाश अवश्य पड़ता है कि अकबर की उदार धार्मिक नीति का जो प्रभाव हिन्दुओं पर पड़ना चाहिए था, वह नहीं पड़ा। कहते हैं, एक बार अकबर ने बीरबल से कहा कि कौरव-वंश का जैसा महाभारत-पुराण हिन्दुओं में प्रचलित है, कुछ वैसा ही महाभारत मुगलिया-खानदान का भी लिखा जाना चाहिए। बीरबल ने प्रस्ताव स्वीकार कर लिया। किन्तु, कुछ दिनों बाद, उसने बादशाह से पूछा कि हिन्दुओं के महाभारत में तो द्रौपदी के पाँच पति दिखलाए गए हैं, लेकिन, सम्राज्ञी के लिए जहाँपनाह कितने पति रखना चाहेंगे। यह कहानी, सम्भवतः, झूठी होगी। किन्तु, हिन्दू मुसलमानों से जो बिलगाव कायम रखना चाहते थे, उसकी व्याख्या करने के लिए ऐसी कहानियों की सृष्टि हुई होगी।

क्रान्तिकारी नेताओं का जो हाल होता है, अकबर का भी वही हाल हुआ। उसका साथ न तो उच्च वर्ग के हिन्दुओं ने दिया, न मुसलमानों ने। कट्टर मुसलमान उसे काफिर समझते रहे और ऊँचे तबके के हिन्दुओं ने भी उसे मुसलमान ही समझा। फिर भी उसने जो प्रयत्न आरम्भ किया था, लस्टम-पस्टम, उसका कुछ-न-कुछ कल्याणकारी परिणाम अवश्य निकलता, यदि शाहजहाँ के बाद, औरंगजेब भारत का सम्राट् नहीं बन बैठता।

धर्मान्धता का परिणाम

औरंगजेब इस्लाम की पाबन्दियों का पालन करने के कारण अच्छा मुसलमान समझा जाता है, किन्तु, शासक वह बहुत बुरा निकला। बाबर से लेकर शाहजहाँ तक मुगलों ने भारत की जिस सामासिक संस्कृति को पाल-पोसकर खड़ा किया था, उसे औरंगजेब ने एक ही झटके में तोड़ डाला और, साथ ही उसने अपने साम्राज्य की कमर भी तोड़ दी। वह हिन्दुओं का ही नहीं, सूफियों का भी दुश्मन था और सरमद-जैसे सन्त को उसने शूली पर चढ़वा दिया था। हिन्दुओं पर तो उसने तरह-तरह के अन्याय किए। उन दिनों, "बिक्री के माल पर अढ़ाई रुपया सैकड़ा चुंगी लगती थी। हिन्दुओं पर वह चुंगी पाँच रुपया सैकड़ा कर दी गई। इसके बाद, मुसलमानों के माल पर से महसूल बिलकुल उठा दिया गया। मुसलमान बननेवालों को सरकारी ओहदे, तरक्की और कैद की माफी मिलने लगी। दिल्ली और अन्य बड़े-बड़े शहरों में संगीत बन्द करा दिया गया। शहरों में होली, दिवाली और मुहर्रम का जुलूस निकालना और स्त्रियों का कब्रें पूजना रोका गया। काफिरों के मन्दिर और विद्यालय ढहा देने का हुक्म निकाला गया (1669 ई.) उसके बाद, सब हिन्दू पेशकारों और दीवानों को राजकीय सेवा से निकालने का हुक्म हुआ, पर, पीछे, आधे पद हिन्दुओं को दे देने पड़े। इसके बाद, मूर्ति-पूजा रोकने का फरमान निकाला गया। अन्त में, औरंगजेब ने गैर-मुस्लिमों पर फिर से जिज़िया लगा दिया (1676 ई.)"।[9] इस प्रकार, हिन्दुओं और मुसलमानों को दो जातियों के रूप में अलग रखने का सचेष्ट प्रयास औरंगजेब ने किया। अजब संयोग की बात है कि भारत-विभाजन की प्रथम कल्पना भी उसी की थी। उसी ने यह वसीयत की थी कि उसके मरने के बाद, उसका सारा राज्य उसके तीन बेटों के बीच बाँट दिया जाए, यद्यपि, उसका यह सपना पूरा नहीं हुआ।

औरंगजेब ने इस्लाम की सेवा तो खूब की, लेकिन, प्रजा ने ईंट का जवाब पत्थर से दिया। जब मथुरा में मन्दिर तोड़ा गया, गोकुल जाट के नेतृत्व में वहाँ के किसानों ने बगावत

कर दी। उज्जैन में जो कर्मचारी मन्दिर तोड़ने गए, उन्हें प्रजा ने मार डाला। दिल्ली के पश्चिम, नारनौल के जिले में सतनामी लोग विद्रोह कर बैठे और महाराष्ट्र में शिवाजी ने ऐसा प्रचंड विद्रोह मचाया कि मुगल-साम्राज्य की नींव ही उखड़ गई। किन्तु औरंगजेब की धर्मान्धता पर सबसे विलक्षण टीका यह हुई कि उसके अन्याय से आहत होकर गुरु नानक का चलाया हुआ सिक्ख-सम्प्रदाय, जो शान्त भक्तों का सम्प्रदाय था, खुलकर सैनिकों का सम्प्रदाय बन गया।

अकबर और औरंगजेब

अकबर जितने लोकप्रिय हिन्दुओं में रहे[10], उतने लोकप्रिय वे मुसलमानों में, शायद, नहीं थे। लेकिन, औरंगजेब को कोई भी हिन्दू पसन्द नहीं करता है। तब भी, मुस्लिम-समाज की जो विचारधारा पाकिस्तान के निर्माण में सहायक हुई, वह औरंगजेब को अकबर से श्रेष्ठ समझती है।

भारतीय इस्लाम के सबसे बड़े कवि सर मुहम्मद इकबाल ने अपनी फारसी कविता 'रमूजे-बेखुदी' में कहा है कि "शाह आलमगीर (औरंगजेब) महान् और प्रतापी राजा था। गोरगाँ-तैमूर के वंश का वह गौरव और अभिमान हुआ है। शाह आलमगीर के कारण इस्लाम की कीर्ति-पताका बहुत ऊँचाई पर उड़ी और पैगम्बर के नियमों का व्यापक सम्मान हुआ। कुफ्र और ईमान के युद्ध में वह हमारे तरकश का आखिरी तीर था। जब नास्तिकता का नापाक बीज, जिसका पालन अकबर ने किया था, दारा के हृदय में अंकुरित हुआ, तब प्रत्येक हृदय में धर्म की ज्योति मन्द पड़ने लगी और मुसलमानों की जमायत पतन और भ्रष्टाचार से सुरक्षित नहीं रह सकी। तब भगवान् ने हिन्दुस्तान में विनम्र-हृदय योद्धा आलमगीर को धर्म की जागृति और ईमान की रक्षा के लिए चुनकर खड़ा किया; उसकी तलवार ने पाप और अपवित्रता की फसल में आग लगा दी और धर्म की मशाल फिर से प्रज्वलित हो उठी।"[11]

संयोग की बात है कि जैसे औरंगजेब ने भारत-विभाजन की कामना की थी, वैसे ही, पाकिस्तान की भी कल्पना पहले-पहल सर इकबाल के ही भाषण में प्रकट हुई जब वे मुस्लिम-लीग के सभापति हुए थे। उससे भी अधिक संयोग की बात यह है कि इकबाल ने जिस पीर को अपना गुरु बनाया था, वह शेख अहमद सरहिन्दी की ही परम्परा में पड़ता था।

जब भी अमृत की धारा फूटती है, जहर अपना सिर ऊपर उठाने लगता है। अकबर ने चाहा था कि हिन्दुओं और मुसलमानों के बीच का भेद कम-से-कम कर दिया जाए। शेख सरहिन्दी ने आन्दोलन चलाया कि इस्लाम की खैरियत इसी में है कि वह हिन्दुत्व के स्पर्श से दूर रहे। वर्तमान युग में अकबरी नीति की परिणति महात्मा गांधी में हुई और शेख सरहिन्दी के दर्शन का प्रतिनिधित्व जिन्ना साहब ने किया। अमृत और हलाहल के इस संघर्ष में जीत अब तक हलाहल की ही हुई है। जब दाराशिकोह मारा गया, तब जहर की जीत और अमृत की हार हुई थी। जब भारत का विभाजन हुआ, तब भी पराजय अमृत की ही हुई। लेकिन क्या अकबर, दाराशिकोह और गांधी आगे भी हारते ही जाएँगे और जीत उन्हीं की होती जाएगी जो शेख अहमद सरहिन्दी, औरंगजेब और नाथूराम गोडसे के साथ हैं? यही वह सवाल है जिसका जवाब हिन्दुओं और मुसलमानों को साथ होकर ढूँढ़ना है।

सन्दर्भ

1. इतिहास-प्रवेश।
2. वही।
3. वही।
4. नेशनल कल्चर ऑफ इंडिया।
5. यह उपनिषद् सत्यार्थ-प्रकाश में उद्धृत है।
6. ए पेजेंट ऑफ एशिया (केनेथ सांडर्स।)
7. "Sh. Ahmad was fiercely hostile to the Hindus, whom he regarded as infidels and considered nothing more pleasing to God than their humiliation and disgrace." [डॉ. ताराचन्द की पुस्तक हिस्टरी ऑफ द फ्रीडम मूवमेंट, जिल्द 1 से]
8. अकबर ने गोहत्या की मनाही कर रखी थी। कहते हैं, नरहरि नामक किसी हिन्दी-कवि ने गौओं की ओर से निम्नलिखित छप्पय अकबर को सुनाया था, जिसका अकबर के भावुक हृदय पर अनुकूल प्रभाव पड़ा–

    अरिहुँ दन्त तृन धरे ताहि मारत न सबल कोइ।
    हम सन्तत तृन चरहिं बचन उच्चरहिं दीन होइ।
    अमृत छीर नित स्रवहिं बच्छ महि थम्भन जावहिं।
    हिन्दुहिं मधुर न देहिं, कटुक तुरुकहिं न पियावहिं।
    कह कवि 'नरहरि' अकबर सुनो, विनवत गउ जोरे करन।
    अपराध कौन मोहि मारियत, मुयेहु चाम सेवहिं चरन।

9. इतिहास-प्रवेश।
10. हिन्दी में 'अर्ध-कथानक' नामक एक काव्य है, जिनके लेखक कविवर बनारसीदास हैं। बनारसीदास अकबर के समकालीन थे। यह काव्य उन्होंने आत्म-चरित के रूप में लिखा है। इस काव्य से मालूम होता है कि अकबर की मृत्यु का दुःसंवाद सुनकर सारी जनता हाहाकार कर उठी थी। स्वयं बनारसीदास यह दुःसंवाद सुनते ही बेहोश होकर गिर गए थे। ऐसे ही, जब गांधीजी मरे, तब उनकी मृत्यु का समाचार सुनते ही कई लोग अचानक मर गए थे।
11. प्रोफेसर आरबेरी-कृत 'द मिस्ट्रीज ऑफ सेल्फलेसनेस' नामक अंग्रेजी अनुवाद से।

प्रकरण-8

सिक्ख-धर्म

गुरु नानक

भारतीय वेदान्त और ईरानी तसव्वुफ के मिलने से भारतवर्ष में जो धार्मिक जागृति उत्पन्न हुई, कबीर की तरह, नानक भी उसी जागृति के पुष्प थे। देश-विदेश में घूमकर उन्होंने अपने समय के बड़े-बड़े योगियों और साधकों की संगति की थी। कहते हैं, वे बगदाद भी गए थे और वहाँ उनका खूब स्वागत-सत्कार हुआ था। बगदाद में उनकी याद में एक मन्दिर भी है, जिस पर तुर्की भाषा में शिलालेख मौजूद हैं। गुरु नानक के सैयद-वंशी चेलों के उत्तराधिकारी अभी तक उस मन्दिर की रक्षा करते हैं। ये सारी बातें बगदाद के एक अरबी पत्र 'दारुस्सलाम' के 9 अप्रैल, 1919 ई. वाले अंक में छपी हैं।[1]

गुरु नानक ने जो पन्थ चलाया, वही सिक्ख-पन्थ के नाम से प्रसिद्ध हुआ। तत्कालीन सन्त-धारा के अनुसार, गुरु नानक भी निराकारवादी थे। वे अवतारवाद, जात-पाँत और मूर्तिपूजा को नहीं मानते थे। उनका मत एक ओर जहाँ वेदान्त पर आधारित है, वहीं दूसरी ओर, वह तसव्वुफ के भी अनेक लक्षण लिये हुए है। विशेषतः, गुरु नानक की उपासना के चारों अंग (सरन-खंड, ज्ञान-खंड, करम-खंड तथा सच-खंड) सूफियों के चार मुकामात (शरीअत, मारफत, उकबा और लाहूत) से निकले हैं, ऐसा विद्वानों का विचार है। गुरु नानक और शेख फरीद के बीच गाढ़ी मैत्री थी, इसके भी प्रमाण मिलते हैं।

गुरु साहब की वेश-भूषा और रहन-सहन सूफियों-जैसी थी। अतएव, बहुत-से अर्वाचीन विद्वान् यह अनुमान लगाते हैं कि गुरु नानक पर मुस्लिम प्रभाव अधिक था। अतः, उनका धर्म इस्लाम का ही स्वतन्त्र आख्यान रहा होगा। इस अनुमान के समर्थन में, अकसर, यह भी कहा जाता है कि गुरु नानक के शिष्य केवल हिन्दू ही नहीं, बहुत-से मुसलमान भी हुए थे। इस प्रसंग में, यदि सिक्ख-धर्म ग्रन्थों का प्रमाण खोजा जाए तो 'रहतनामा' में गुरु की स्पष्ट आज्ञा मिलती है कि खालसा-धर्म (शुद्ध धर्म) हिन्दू और मुस्लिम, दोनों धर्मों से अलग है।[2] गुरु की इस आज्ञा को सही मानना चाहिए, क्योंकि गुरु नानक यदि हिन्दुत्व या इस्लाम से पूर्णरूप से सन्तुष्ट होते तो उन्हें एक नवीन पन्थ निकालने की चिन्ता ही नहीं होती।

हिन्दुओं के लिए गुरु नानक के दिल में कितना दर्द था, यह उनके इस कथन से जाना जा सकता है कि "हिन्दुओं में से कोई भी वेद-शास्त्रादि को नहीं मानता, अपितु, अपनी ही बड़ाई में लगा रहता है। उनके कान व हृदय सदा तुर्कों की धार्मिक शिक्षाओं से भरते जा

रहे हैं और मुसलमान कर्मचारियों के निकट एक-दूसरे की निन्दा करके लोग सबको कष्ट पहुँचा रहे हैं। वे समझते हैं, रसोई के लिए चौका लगा देने मात्र से हम पवित्र हो जाएँगे।" इसी प्रकार, अन्यत्र वे मुसलमानी शासन के लिए कर उगाहनेवाले हिन्दू कर्मचारियों को लक्ष्य करके कहते हैं कि "गौ तथा ब्राह्मणों पर कर लगाते हो और धोती, टीका एवं माला जैसी वस्तुएँ धारण किए रहते हो। अरे भाई, तुम अपने घर पर तो पूजा-पाठ किया करते हो और बाहर कुरान के हवाले दे-देकर तुर्कों के साथ सम्बन्ध बनाए रहते हो। अरे, ये पाखंड छोड़ क्यों नहीं देते।"[3]

इन पंक्तियों में हिन्दुओं की आलोचना तो है ही, किन्तु, उनके लिए कुछ तड़प, सहानुभूति और दर्द भी है और सिक्ख-धर्म का सारा इतिहास हिन्दुत्व के लिए इस तड़प, इस सहानुभूति और इस दर्द से परिपूर्ण रहा है। अतएव, यह मानना अधिक युक्तियुक्त है कि जैसे उन्नीसवीं सदी में हिन्दुत्व ने अपनी रक्षा करने के लिए आर्य-समाज और ब्राह्म-समाज का रूप लिया था, वैसे ही इस्लाम से बचने के लिए उसने अपना निराकारवादी रूप प्रकट किया, जिसके महान् व्याख्याता महात्मा नानक हुए।

सिक्ख-मत, हिन्दुत्व और इस्लाम

किसी पाश्चात्य लेखक ने चमत्कारपूर्ण शैली में कहा है कि सिक्ख-धर्म सनातन-धर्म की अरबी टीका और आर्य-समाज इस्लाम का संस्कृत में अनुवाद है। इसलिए सिक्ख-धर्म को इस्लाम की शाखा मानना तो नितान्त भूल है, हम उसे हिन्दुत्व की ही बाँह कह सकते हैं।

सच्ची बात तो यह है कि सिक्ख-धर्म के दर्शन और इस्लाम के दर्शन में, विशेषतः, ईश्वर के स्वरूप को लेकर वही भिन्नता है, जो कुरान और वेदान्त के बीच मिलती है। हजरत मुहम्मद ईश्वरवादी थे, किन्तु, ईश्वर के बारे में उनकी कल्पना यह थी कि वह सातवें आसमान पर रहता है एवं मनुष्यों के सुख-दुःख तथा भक्ति-अभक्ति से उसका सम्बन्ध है। किन्तु, गुरु नानक का ईश्वर निराकार पुरुष है। "वह स्थान-विशेष में रहकर सिंहासनासीन होनेवाला नहीं है, बल्कि, सर्वात्म-भाव से अणु-अणु के भीतर ओत-प्रोत है और उसके सार्वभौमिक नियमों का पालन विश्व के प्रत्येक पदार्थ द्वारा, स्वभावतः होता जा रहा है।"[4] इससे विदित होता है कि गुरु नानक वेदान्त की भावना से भरे हुए थे एवं उन पर सूफियों की धर्म-साधना का प्रभाव तो पड़ा था, किन्तु, इस्लामी दर्शन का उन पर कोई प्रभाव नहीं था।

उनका सृष्टि-विकास का सिद्धान्त वेदान्त का सिद्धान्त है। वे कर्म को मानते हैं, पुनर्जन्म को मानते हैं, निर्वाण और माया को मानते हैं, एवं ब्रह्मा, विष्णु और महेश के त्रिदेवत्व में विश्वास करते हैं। उनका गुरु-परम्परा में, जो विश्वास है, वह सूफी मत से खूब पुष्ट हुआ दीखता है। इस्लाम की मौलिक शिक्षा के विपरीत और सूफी मत की साधना के अनुसार, वे वैराग्य में भी आस्था रखते हैं। इसके सिवा, नामजप, ध्यान, समाधि और राजयोग का भी उनके यहाँ बहुत महत्त्व है। सब मिलाकर गुरु नानक द्वारा प्रवर्तित पन्थ सरल, सुकुमार, जनप्रिय एवं विनयपूर्ण पन्थ था। उसकी सबसे बड़ी शिक्षा यह थी कि परमात्मा विश्व के कण-कण में व्याप्त है। इसलिए, निखिल सृष्टि को ब्रह्ममय समझकर उसे प्रणाम करो।

सिक्ख-धर्म में 'वाह गुरु' का जो धार्मिक नारा प्रचलित है, उसकी एक व्याख्या कहीं

से डोरोथी फील्ड ने उद्धृत की है,[5] जिसके अनुसार 'वा' का संकेत वासुदेव, 'ह' का हरि, 'गु' का गोविन्द और 'रु' का राम की ओर है।

सिक्ख-धर्म, आरम्भ से ही, प्रगतिशील रहा है। जात-पाँत, मूर्तिपूजा और तीर्थ के साथ वह सती-प्रथा, शराब और तम्बाकू का भी वर्जन करता है। इस धर्म ने पर्दे को बराबर बुरा समझा। कहते हैं, तीसरे गुरु अमरदास से एक रानी मिलने को आई, किन्तु, वह पर्दे में थी। इसलिए, गुरु ने उससे मिलना अस्वीकृत कर दिया।[6] यह धर्म, आरम्भ से ही, व्यावहारिक भी रहा है एवं जिस वैराग्य को गुरु उच्च जीवन के लिए आवश्यक मानते थे, उसे वे गृहस्थों पर जबर्दस्ती लादने के विरुद्ध थे। खान-पान में खालसा-धर्म के वैष्णवों की कट्टरता कभी नहीं रही। प्रतापमल नामक एक हिन्दू-पंडित का बेटा जब मुसलमान होने लगा, तब उसने बेटे से कहा था कि खाने-पीने की स्वतन्त्रता के लिए हिन्दू-धर्म को छोड़ना चाहते हो तो अच्छा है कि मुसलमान न होकर सिक्ख हो जाओ।[7]

गुरु और ग्रन्थ

सिक्ख-धर्म में गुरु नानक से लेकर गुरु गोविन्द सिंह तक दस गुरु हुए, जिनके नाम, क्रमशः नानक, अंगद, अमरदास, रामदास, अर्जुनदेव, हरगोविन्द, हरराय, हरकृष्णराय, तेगबहादुर और गोविन्द सिंह हैं। प्रत्येक गुरु, अन्त समय में, अपने उत्तराधिकारी को अपना पद सौंपकर उसे पन्थ का गुरु घोषित कर दिया करते थे। गुरु गोविन्द सिंह जब स्वर्गवासी होने लगे, तब उन्होंने ग्रन्थ को ही पन्थ का गुरु घोषित किया और यह आज्ञा दे दी कि अब से कोई व्यक्ति गुरु नहीं होगा।

गुरु नानकदेव के वचनों को, पहले-पहल, गुरु अंगद ने 'गुरुमुखी' लिपि में लिखा। तभी से यह लिपि चालू हुई है। सिक्खों के मुख्य धर्म-ग्रन्थ, 'ग्रन्थ साहिब' का संकलन और सम्पादन सन् 1604 ई. में पाँचवें गुरु अर्जुनदेव ने किया। इस ग्रन्थ में आदि के पाँच गुरु और नवें गुरु तेगबहादुर के वचन और पद संगृहीत हैं। एक दोहा गुरु गोविन्द सिंहजी का भी है एवं इस ग्रन्थ में अन्य हिन्दू-सन्तों और सुधारकों के भी पद हैं। गुरु गोविन्द सिंह साहित्य के बहुत बड़े विद्वान्, कवियों के प्रबल संरक्षक और स्वयं भी हिन्दी के अच्छे कवि थे। उनकी सभी रचनाओं को सिक्ख 'दशम ग्रन्थ' के नाम से अभिहित करते हैं। उन्होंने विचित्र-नाटक, जफरनामा, सौ साखी, जाप और चंडी-चरित्र आदि अनेक ग्रन्थों की रचना की थी। उन्होंने एक रामायण भी लिखी थी, जिसे पटियाला कॉलेज के प्राध्यापक सन्त इन्द्रसिंह चक्रवर्ती ने, अभी हाल में, **'गोविन्द-रामायण'** के नाम से प्रकाशित किया है।

इस्लाम से टक्कर

सिक्खों का सम्प्रदाय शान्त, विनम्र एवं भावुक भक्तों का सम्प्रदाय था, किन्तु उनके भीतर सामरिकता क्यों आ गई, इसका दायित्व तत्कालीन शासकों की धर्मान्ध नीति और तानाशाही मिजाज पर है। बात यों हुई कि जहाँगीर ने जब अपने भाई खुसरो को मारने के लिए खदेड़ा तब वह अपने प्राण बचाने को भाग निकला। इस क्रम में, उसने गुरु अर्जुनदेव से कुछ आर्थिक सहायता की याचना की और गुरु ने, दयाद्रवित होकर, उसे पाँच हजार रुपए दिए। यह कहानी

किसी चुगुलखोर ने जहाँगीर तक पहुँचा दी। इस पर, जहाँगीर ने गुरु अर्जुनदेव को दिल्ली बुलवाया एवं उन पर दो लाख रुपयों का जुर्माना ठोंक दिया तथा यह भी आज्ञा दी कि ग्रन्थसाहिब में से वे सभी पंक्तियाँ निकाल दो, जिनसे इस्लाम का थोड़ा भी विरोध होता है। किन्तु, गुरु अर्जुनदेव ने दोनों आज्ञाओं को मानने से इनकार कर दिया। इस पर जहाँगीर ने गुरु पर भयंकर अत्याचार किए। 'उनके ऊपर जलती हुई रेत डाली गई, उन्हें जलती हुई लाल कड़ाही में बिठाया गया और उन्हें उबलते हुए गरम जल से नहलाया गया। गुरु ने सब-कुछ सहन कर लिया और उनके मुँह से आह तक नहीं निकली।'[8] फिर रावी-स्नान के बहाने वे कैद से बाहर आए और रावी के तट पर जाकर उन्होंने जीवन-लीला समाप्त कर दी। सिक्खों के प्रसंग में सुविख्यात जहाँगीरी न्याय का यही उदाहरण संसार के सामने आया।

गुरु अर्जुन के बाद, छठे गुरु हरगोविन्दजी हुए। इन्हीं के समय से सिक्ख-सम्प्रदाय सामरिकता की ओर अग्रसर होने लगा। गुरु अर्जुन के साथ जो अमानुषिक अत्याचार हुए थे, उन्हें भूलना किसी भी सिक्ख के लिए सम्भव नहीं था। साथ ही, इस घटना से सिक्ख होश में भी आ गए और उन्होंने देखा कि केवल जाप और माला से ही धर्म की रक्षा नहीं की जा सकती। यदि धर्म को बचाना है तो उसके लिए तलवार भी धारण की जानी चाहिए और उसके पीछे राज्य-बल भी होना चाहिए। इसीलिए, गुरु हरगोविन्द ने सेली फाड़कर गुरुद्वारे में डाली और शरीर पर राजा और योद्धा का परिधान धारण कर लिया। यहीं से सिक्ख-सम्प्रदाय की युद्धवीरता की परम्परा आरम्भ हुई। गुरु ने आज्ञा जारी की कि अब से भक्त गुरुद्वारे में चढ़ाने के लिए द्रव्य नहीं भेजकर, अश्व और शस्त्रास्त्र भेजा करें।

गुरु हरगोविन्द सन्त होने के साथ-साथ बड़े भारी योद्धा और विक्रमी पुरुष थे। गुरु अर्जुनदेव के साथ जहाँगीर ने जो अत्याचार किया था, उसके कारण सिक्ख- सम्प्रदाय और मुगल-हुकूमत के बीच शत्रुता की परम्परा आरम्भ हो गई और राज्य की ओर से बार-बार यह कोशिश की जाने लगी कि सिक्ख-सम्प्रदाय को मटियामेट कर दिया जाए। किन्तु, गुरु हरगोविन्द का भी साहस और संगठन इतना प्रबल था कि हर लड़ाई में तुर्कों को मुँह की खानी पड़ी। गुरु हरगोविन्द के समय सिक्खों से मुगल तीन लड़ाइयों में भिड़े। पहली लड़ाई सन् 1628 ई. में, दूसरी सन् 1630 ई. में और तीसरी सन् 1634 ई. में हुई। कहते हैं, सन् 1634 ई. वाली लड़ाई काफी भयानक थी। उसमें मुगलों ने कोई पचहत्तर हजार की सेना लेकर गुरु हरगोविन्द पर चढ़ाई की थी। किन्तु, तीनों लड़ाइयों में जीत सिक्खों की हुई। इससे सिक्खों की प्रतिष्ठा में चार चाँद लग गए और सारा हिन्दू-समाज उन्हें धर्म और संस्कृति के रक्षक के रूप में देखने लगा। सिक्ख-समाज को हिन्दुओं ने अपनी धर्म-रक्षक भुजा के रूप में स्वीकार किया और सिक्खों की संख्या बढ़ाने को, प्रायः, यह परम्परा चल पड़ी कि हर हिन्दू-परिवार अपने ज्येष्ठ पुत्र को गुरु की शरण में उत्सर्ग कर दे। अभी भी पंजाब में ऐसे हिन्दू परिवार हैं, जिनका एक सदस्य सिक्ख होता है।

गुरु हरराय से भी औरंगजेब की नहीं बनी। फिर, जब औरंगजेब ने धर्म-परिवर्तन की नीति को जोरों से चलाना चाहा, तब कश्मीर के कुछ पंडित धर्म पर आई हुई विपत्ति की कष्ट-कथा लेकर गुरु तेगबहादुर के पास पहुँचे। गुरु ने कहा, ''किसी महापुरुष के बलिदान के बिना हिन्दू-धर्म की रक्षा असम्भव है।'' कहते हैं, गुरु तेगबहादुर के पुत्र बालक गोविन्द

सिंह वहीं खड़े थे। पिता की बात सुनते ही वे बोल उठे कि "पिताजी! तो आपसे बढ़कर दूसरा महापुरुष कौन होगा?" गुरु को बेटे की बात लग गई। उन्होंने आनन-फानन अपने बलिदान की राह सोच निकाली और ब्राह्मणों से कहा कि औरंगजेब को समाचार भेज दो कि तेगबहादुर इस्लाम स्वीकार कर लें तो सभी हिन्दू खुशी-खुशी मुसलमान हो जाएँगे। निदान, यही हुआ और औरंगजेब ने गुरु तेगबहादुर को अपने दरबार में बुलवा भेजा। गुरु वहाँ हाजिर तो हुए, किन्तु, इस्लाम को कबूल करने से उन्होंने इनकार कर दिया। इस सत्याग्रह का जो स्वाभाविक परिणाम होना था, वह अपनी पूरी भीषणता से घटित हुआ। गुरु तेगबहादुर शेर की तरह पिंजड़े में डाले गए, उन पर भयानक से भयानक अत्याचार किए गए और, अन्त में, उनकी हत्या भी कर दी गई।

गुरु गोविन्द का अवतार

गुरु हरगोविन्द ने अपने पिता की अकाल-मृत्यु से क्षुब्ध होकर सिक्ख-सम्प्रदाय को सैनिक रूप देना आरम्भ किया था। गुरु गोविन्द ने इस प्रक्रिया को पूर्णता पर पहुँचा दिया। गुरु हरगोविन्द ने शान्तिप्रिय सिक्ख-धर्म पर खड्गवाद की छोटी-सी कलम लगाई थी। गुरु गोविन्द ने उसे विशाल वृक्ष बना दिया। सिक्ख धर्म की सारी मानसिकता को बदलने के उद्देश्य से उन्होंने एक विचित्र लीला रची। आनन्दपुर के एक वैशाखी मेले में उन्होंने सभी सिक्खों को एकत्र किया। फिर, एक बड़े चबूतरे पर चारों ओर से कनात खड़ी करवाई और उसके भीतर कुछ बकरे बँधवा दिए। तब वे तलवार खींचकर कनात से बाहर आए और बोले कि धर्म की रक्षा के लिए चंडी बलिदान चाहती हैं। तुममें से जो प्राण देने को तैयार हो वह कनात में आवे। मैं अपने हाथों महाचंडी के आगे उसका बलिदान करूँगा। गुरु की ललकार पर एक आदमी कनात में जाता, गुरु उसे वहीं बिठा देते और एक बकरे की गर्दन काटकर रक्त-भरी तलवार लिये बाहर निकल आते। इस प्रकार, पाँच वीर कनात के भीतर पहुँचे। जब छठा आदमी नहीं उठा, तब गुरु ने उन पाँच वीरों को बाहर निकाला और कहा ये **'पाँच प्यारे[9] धर्म के खालिस अर्थात् शुद्ध सेवक हैं और उन्हें लेकर मैं आज से खालसा-धर्म की नींव डालता हूँ।'** उसी समय, उन्होंने एक कड़ाह में पवित्र जल भरवाया, उनकी धर्मपत्नी ने उसमें कुछ बताशे घोले और गुरु ने तलवार से उस जल को आलोड़ित किया तथा तलवार से ही उसे 'पाँच प्यारों' पर छिड़का। इसी अमृत[10] को पीकर लोग खालसा-धर्म की सेवा में प्रवृत्त हुए।

सिक्ख-समाज का वर्तमान संगठन, बहुत कुछ गुरु गोविन्द का ही किया हुआ है। सिक्खों में पगड़ी बाँधने की प्रथा उन्हीं की चलाई हुई है और उन्हीं ने पंच ककारों के धारण को सभी सिक्खों के लिए अनिवार्य बना दिया। ये पंच ककार हैं–(1) कंघी (बाल सुलझाने के लिए); (2) कच्छा (फुर्ती के लिए); (3) कड़ा (यम, नियम और संयम का प्रतीक); (4) कृपाण (आत्मरक्षा के लिए) तथा (5) केश (जिसे, प्रायः सभी गुरु धारण करते आए थे)। सिक्ख-समाज में मदिरा और तम्बाकू का वर्जन भी गुरु गोविन्द सिंह ने ही आरम्भ किया। सिक्खों के लिए जो कर्म निषिद्ध हैं, उनका उल्लेख रहतनामा में मिलता है। रहतनामे में केश-कर्तन को महान् अपराध माना गया है।

गुरु गोविन्दसिंह की तैयारियों से औरंगजेब घबरा उठा। उसने गुरु की राजधानी आनन्दपुर

पर एक बार जबर्दस्त घेरा डाला। किन्तु, गुरु हाथ नहीं आए। आनन्दपुर से भागते समय उनके दो बच्चे (जोरावर सिंह 9 साल और फतेहसिंह 7 साल) गायब हो गए। इन्हें किसी ने सरहिन्द के शासक वजीरखाँ के हाथों में सौंप दिया[11] और उस दुष्ट ने इन दो बच्चों को सिर्फ इसलिए दीवारों में चुनवा दिया कि, पितृ-संस्कार के कारण, वे स्वेच्छा से मुसलमान होने को तैयार नहीं थे।

औरंगजेब के मरने के बाद, उसके बेटे बहादुर शाह से गुरु गोविन्दसिंह की मैत्री हो गई। किन्तु, उसी के राज्य-काल में गोदावरी नदी के पास, गुरु गोविन्दसिंह के सोते समय, एक पठान ने उनके पेट में छुरा भोंक दिया, जिससे उनका स्वर्गवास हो गया। यहीं मरते समय गुरु गोविन्दसिंह ने धर्म-ग्रन्थ को खालसा-धर्म का गुरु घोषित किया।

गुरु नानक अपने को न तो हिन्दू मानते थे, न मुसलमान और जिसे वे सिक्ख कहते थे वह उनकी दृष्टि में सुधरा हुआ हिन्दू और सुधरा हुआ मुसलमान, दोनों हो सकते थे। आरम्भ में, उनके पन्थ में बहुत-से मुसलमान भी दीक्षित हुए थे और कहते हैं, जब नानक मरे तब उनकी लाश को जलाने और दफनाने के लिए हिन्दू और मुसलमान उसी प्रकार झगड़ पड़े, जिस प्रकार वे कबीर की लाश पर झगड़े थे। फिर भी, कालान्तर में, सिक्खों का मुसलमानों से वैर हो गया। इसे हम शासकों की धर्मान्धता का ही परिणाम कहेंगे।

गुरु हरगोविन्द ने जो परम्परा चलाई, उससे प्रत्येक सिक्ख के दो रूप हो गए—एक वीर और सिपाहीवाला, दूसरा सन्त और भक्तवाला। किन्तु, गुरु गोविन्दसिंह ने सन्त और भक्त को गौण, शूर और वीर को प्रमुख बना दिया। असल में, वे परशुराम के अवतार थे और संकट के समय, मनुष्यों को यह शिक्षा देने आए थे कि जीवन-संघर्ष में विजय पाने के लिए केवल शास्त्र ही नहीं, शस्त्र की भी आवश्यकता होती है; केवल 'शाप' ही नहीं, 'शर' का भी प्रयोग करना पड़ता है। उनकी कविताओं के भीतर एक विचित्र प्रकार का तेज है, जो हमारी आँखों से ओझल हो गया है। जिस परमात्मा को गुरुनानक 'निरंकार पुरुख' कहते थे, उसके नाम गुरु गोविन्द ने **'असिध्वज'**, **'महाकाल'** और **'महालौह'** रखे। ये नामकरण बतला देते हैं कि गोविन्दसिंह ने सिक्ख-धर्म को समेटकर किस दिशा में मोड़ना चाहा था। हिन्दी की रीतियुगीन कविताओं के बीच भूषण की कविता अपना अलग व्यक्तित्व रखती है, किन्तु, गुरु गोविन्दसिंह की कविताओं में भी कुछ वैसे ही उज्ज्वल मन्त्र हैं।

सेवक सिक्ख हमारे तारिय, चुनि-चुनि शत्रु हमारे मारिय।
जो हो सदा हमारे पच्छा, श्री असिधुजजी करियहु रच्छा।
मैं न गनेसहिं प्रथम मनाऊँ, किशन-विशन कबहूँ नहीं ध्याऊँ।
महाकाल रखवार हमारे, महालोह मैं किंकर थारे।
अपना जान मुझे प्रतिपारिय, चुनि-चुनि शत्रु हमारे मारिय।

× × ×

धन्य जियो तेहि को जग में मुख ते हरि, चित्त में युद्ध विचारे।

× ×

दशम कथा भागवत की, भाषा करी बनाय।
अवर वासना नाहिं कछु, धर्म-युद्ध को चाय।

कविता का उपयोग गुरु गोविन्दसिंह ने अपने मतों का प्रचार करने के लिए किया, साधु-सिक्खों में सामरिकता भरने के लिए किया। युद्ध जब अवश्यम्भावी हो जाता है, तब संसार-त्यागी लोग उससे भाग खड़े होते हैं। किन्तु, जिन्हें संसार में रहना है, वे उसे धर्मयुद्ध मानकर सोत्साह संघर्ष करते हैं। धर्मयुद्ध की परिभाषा है, वह युद्ध, जिसे मनुष्य को आत्मरक्षा के लिए लड़ना पड़ता है। सिक्ख लड़ाई नहीं चाहते थे। लड़ाई उन पर जबर्दस्ती लादी गई थी। इसलिए, सिक्ख-सम्प्रदाय में ऐसे गुरु निकल आए, जिन्होंने युद्ध को धर्म से समन्वित कर दिया। आत्मरक्षा में लड़ाइयाँ तो राणा प्रताप और शिवाजी ने भी लड़ीं, किन्तु, वे युद्ध का दर्शन नहीं गढ़ सके। सिक्खों ने दर्शन भी गढ़ा और खिलाफत-जैसा एक संगठन भी बनाया, जिसमें एक ही व्यक्ति सारे सम्प्रदाय का राजा और गुरु, दोनों होता था। सच पूछिए, तो सिक्ख-धर्म में संगत या संगठन की जो प्रथा थी, उसी के कारण, मुसलमान सिक्खों से घबराते थे और उसी के कारण सिक्ख तबाह भी हुए। सभी सिक्ख एक समान बाल रखते थे, कड़े पहनते थे, कंघी रखते थे। इसलिए, मुसलमानों के लिए हर बालवाले के पीछे दौड़ना आसान था। सिक्ख राजपूताने के रेगिस्तान और पहाड़ों की तराइयों में छिपते फिरते थे और पीछे-पीछे शाही फौज के आदमी बालवालों को खोजते चलते थे। गुरुओं ने सिक्खों के हृदय में वीरता और बलिदान की जो ज्वाला जलाई, वह तत्कालीन हिन्दुओं में नहीं थी। मुस्लिम काल में धर्म के नाम पर सबसे ज्वलन्त बलिदान सिक्खों ने दिए या फिर मेवाड़ के राजपूतों ने। यद्यपि, राजपूतों में धर्माभिमान कम, अपने किलों, नगरों और बहू-बेटियों की रक्षा की चिन्ता अधिक थी। जैसे महाराणा प्रताप और शिवाजी महाराज हिन्दू-मुस्लिम संघर्ष से उत्पन्न हुए, उसी प्रकार, सिक्ख-धर्म भी हिन्दुत्व और इस्लाम के मिलने से जनमा था। किन्तु, कालक्रम में, यह धर्म इस्लाम के विरुद्ध हिन्दुत्व की तलवार बन गया। 'सत श्री अकाल', 'अल्लाहो अकबर' का उत्तर-जैसा लगता है एवं सिक्खों ने शूकर को भक्ष्य मानकर एक प्रकार से गो-भक्षण की प्रवृत्ति का जवाब निकाला था।

सिक्ख-मत और हिन्दुत्व

सिक्ख-धर्म और हिन्दुत्व, ये दो नहीं, एक ही धर्म हैं। हिन्दुत्व का स्वभाव है कि उस पर जब जैसी विपत्ति आती है तब वह वैसा ही रूप अपने भीतर से प्रकट करता है। इस्लामी हमलों से बचने के लिए अथवा उनका उत्तर देने के लिए हिन्दुत्व ने इस्लाम के अखाड़े में अपना जो रूप प्रकट किया, वही सिक्ख या खालसा-धर्म है। सिक्ख-गुरुओं ने हिन्दू-धर्म की रक्षा और सेवा के लिए अपनी गर्दनें कटाईं, अपने जीवन का बलिदान दिया तथा उन्होंने अपना जो सैनिक संगठन खड़ा किया, उसका लक्ष्य भी हिन्दू-धर्म को जीवित एवं जागरूक रखना था। इसी कारण, सिक्ख सारे भारतवर्ष में हिन्दुओं के प्रिय रहे हैं।

यद्यपि, गुरु नानक तथा अन्य गुरुओं ने बराबर निराकार की भक्ति पर जोर दिया, किन्तु, सिक्ख-सम्प्रदाय कभी भी साकारोपासना का विरोधी नहीं हुआ। गुरु गोविन्द ने वीरता की उमंग में आकर 'किसुन-विसुन' के अस्तित्व से इनकार तो कर दिया, चंडी की स्तुति करना वे नहीं भूले और उन्होंने रामकथा पर भी सुन्दर खंडकाव्य लिखा। सिक्ख-गुरु अवतार तथा हिन्दू देवी-देवताओं पर काफी श्रद्धा रखते थे। सिक्ख-धर्म-ग्रन्थ में लिखा है–

रामकथा जुग-जुग अटल, जो कोई गावे नेत।
स्वर्गवास रघुवर कियो सगली पुरी समेत।

यही नहीं, हिन्दू-समाज की कुरीतियाँ भी सिक्ख-समाज में कम नहीं हैं। सिक्खों में भी जात-पाँत हैं, छुआछूत है और विवाह-सम्बन्धों पर बहुत-कुछ वैसे ही नियन्त्रण हैं, जैसे हिन्दुओं के यहाँ। सिक्ख जाट, सिक्ख माली, सिक्ख कुम्हार और सिक्ख चमार, ये नाम ही बतलाते हैं कि सिक्ख-सम्प्रदाय में भी हिन्दुत्व ही एक नया उपसर्ग लगाकर जी रहा है।

किन्तु, इतना होने पर भी आज हिन्दू और सिक्ख कुछ-कुछ भिन्न समझे जाते हैं, जिसका कारण यह है कि जब अंग्रेज यहाँ के शासक थे, तब उन्होंने हिन्दुओं और मुसलमानों के बीच भेद बढ़ाने के साथ-साथ, हिन्दुओं और सिक्खों के बीच भी काफी भेद बढ़ा दिए। इस सम्बन्ध में, दिल्ली के दैनिक 'हिन्दुस्तान' में प्रकाशित अपने एक लेख में लाला सन्तराम ने लिखा है कि ''जब अंग्रेजों ने पहले सिक्खों को हराकर पंजाब पर अधिकार किया, तो उन्हें सिक्ख-पन्थ तथा सिक्ख-मत को लोगों की दृष्टि में तुच्छ तथा हेय दिखलाने की आवश्यक़ता हुई, जिससे लोग उससे घृणा करने लगें। इस उद्देश्य से उन्होंने **ट्रम्प** नाम के एक विद्वान् से सिक्खों के धर्म-ग्रन्थ का अंग्रेजी में अनुवाद कराया। वह अनुवाद मैंने देखा है। उसमें उसने सिक्ख-मत तथा गुरुओं की खूब खिल्ली उड़ाई है। उसमें परस्पर-विरोधी बातें दिखलाकर ग्रन्थ साहब को 'एक चूँ-चूँ का मुरब्बा' सिद्ध करने का यत्न किया गया है। इसके बाद, एक समय आया, जब अंग्रेजों को हिन्दुओं तथा सिक्खों के बीच फूट डालने की आवश्यकता हुई। तब उन्होंने **मेकलाफ** नामक एक दूसरे विद्वान् से उसी धर्म-ग्रन्थ का अनुवाद कराया। उसमें उसने सिक्ख-धर्म को हिन्दुत्व से एक सर्वथा भिन्न धर्म प्रमाणित करने का प्रयास किया।''

अंग्रेजों ने सिक्ख-सत्ता को नष्ट किया और सिक्ख अंग्रेजों के ही भारी मित्र हो गए, यह भी इतिहास का व्यंग्य है। सरदार खुशवन्त सिंह ने अपनी पुस्तक 'द सिक्ख' में लिखा है कि ''लॉर्ड डलहौजी ने अपनी रिपोर्ट में लिखा था, 'सिक्ख-सत्ता का सम्पूर्ण विनाश मेरा ध्येय है। मुझे सिक्ख-वंश को समाप्त करके सारी जाति को अपने अधीन लाना है। यह कार्य मुझे शीघ्र करना है, सम्पूर्ण रूप से करना है और इस तरह करना है कि इस सम्बन्ध में आगे करने को कुछ भी नहीं रह जाए।' डलहौजी ने जैसा सोचा था, ठीक वैसा ही किया।''

सिक्ख-मत हिन्दू-धर्म के धड़ से वीर-बाँह की तरह निकला था। यह भुजा हिन्दुत्व की रक्षा की भुजा थी। सिक्खों ने जो अपरिमित बलिदान किए, उनका सुफल सबसे अधिक हिन्दुत्व को प्राप्त हुआ। फिर भी, आज हिन्दू और सिक्ख परस्पर लड़ते हैं क्योंकि उनकी लिपियाँ दो हैं। इसे बुद्धि का दिवाला नहीं तो और क्या कहा जाए?

सन्दर्भ

1. देखिए, मेडिवल मिस्टीसिज्म ऑफ इंडिया; आचार्य क्षितिमोहन सेन।
2. देखिए, सिक्खिज्म, इट्स आयडियल्स एंड इंस्टीट्यूशन्स; तेजासिंह।
3. उत्तर भारत की सन्त-परम्परा में 'आदि-ग्रन्थ' से उद्धृत।
4. उत्तर भारत की सन्त-परम्परा।
5. देखिए, रिलीजन ऑफ द सिक्ख्स।

6. देखिए, सिक्खिज्म, इट्स आयडियल्स एंड इंस्टीट्यूशन्स।
7. वही।
8. उत्तर भारत की सन्त-परम्परा।
9. ये पाँच प्यारे थे लाहौर के दयाराम, दिल्ली के धर्मदास, द्वारका के मुहकमचन्द, बीदर के साहिबचन्द और जगन्नाथपुरी के हिम्मत।
10. कहावत है कि इस कड़ाह का पानी दो गौरेयों ने पी लिया था और पानी पीते ही वे आपस में लड़ने लगे थे।
11. कहते हैं, जिसने यह जघन्य कृत्य किया, उसका नाम गंगू सोइयाँ था।

प्रकरण-9

कला और शिल्प पर इस्लाम का प्रभाव

कला की भारतीय परम्परा

भारतीय जीवन चित्रों से सम्पृक्त है। यद्यपि, सामग्रियों के अभाव में, प्रयत्न के आधार पर, भारतीय चित्रों का इतिहास शृंखलामय रूप में नहीं रखा जा सकता, फिर भी, सिन्धु-सभ्यता में रँगे भांडों और ठीकरों पर जो चित्रकारी हुई है, वह हमारे प्रायः, पाँच हजार वर्ष पहले के पूर्वजों के चित्र-प्रेम की साख भरती है। इन भांडों और ठीकरों पर अनेक प्रकार की ज्यामितिक आकृतियाँ मिलती हैं, जो मुख्यतः, काले और फीरोजी रंगों से बनी हैं। चित्रित आकृतियों में वृक्ष तो आते हैं, किन्तु, पशु-पक्षियों के अंकन नहीं के बराबर मिलते हैं। मानव-आकृति का कोई चित्र अब तक नहीं मिला है। अपवाद के रूप में मोर की पीठ पर नृत्य करती हुई दो मानव-आकृतियाँ हैं। पशुओं के जो चित्र हैं, उनमें उनकी जातिगत विशेषताओं का अच्छा अध्ययन उपलब्ध होता है। ये जीव एकचश्म हैं और ऐसी मुद्रा में अंकित हैं, जिससे वे देव-लोक के जीव मालूम होते हैं। फिर भी, उनमें पशु-सुलभ बल का अभाव नहीं है।

सिन्धु-सभ्यता के बाद एक बड़ा अन्तराल मिलता है, जिसमें चित्रों की ज्ञात सामग्री का सर्वथा अभाव है। हाँ, डॉक्टर आनन्दकुमार स्वामी का कहना है कि वेदों के समय में भी चित्रों का चलन भारतवर्ष में था। उनके अनुसार, ऋग्वेद में अग्नि के चित्र का हवाला है जो चमड़े पर बना रहा होगा। इसी प्रकार, यह भी साबित होता है कि उस समय इन्द्र की मूर्तियाँ दस गौओं पर बिकती थीं। परन्तु, उत्तर वैदिक-वाङ्मय में हम ऐसे शब्दों को पाने लगते हैं जो पीछे चलकर, चित्र के प्रसंग में प्रयुक्त हुए हैं। इनमें से एक शब्द 'छायातप' है जो जगत् के द्वन्द्व को परिलक्षित कराने में प्रयुक्त हुआ है। जातकों में जिस समाज का वर्णन है, उसे हम चित्रकला से पूर्ण रूप से व्याप्त पाते हैं। जातकों में शिक्षा के अठारह विषयों का उल्लेख है, जिनमें से चार का पता तो चलता है, बाकी का पता नहीं चलता। इन चार विषयों में चित्रकला भी एक थी। ये विषय शिक्षा के अनिवार्य अंग थे और उस समय चित्रकला की शिक्षा भी अनिवार्य रही हो तो कोई आश्चर्य नहीं। राजकुमारों की शिक्षा के लिए तो यह अनिवार्य थी ही। उस समय कलाओं के पूर्ण अभ्यास के बिना कोई भी व्यक्ति पूर्णतः शिष्ट और सुसंस्कृत नहीं समझा जाता था। समाज में चित्रकार का पूरा सम्मान था। हाँ, साथ-साथ एक आन्दोलन भी चल रहा था जिसे हम सुधारवादी अथवा पवित्रतावादी आन्दोलन कह सकते हैं। इस आन्दोलन से भी यह निष्कर्ष निकलता है कि चित्रों का समाज पर इतना अधिक प्रभाव था कि लोग उनके विरुद्ध सोचने को लाचार हो गए थे। बुद्ध के समय चित्र

इतने मोहक बनते थे कि बुद्ध ने भिक्षुओं को चित्र देखने की मनाही कर दी थी। शुक्राचार्य ने भी इसे अस्वर्ग्य अर्थात् सांसारिकता में लगानेवाला कहा है। जान पड़ता है, बुद्ध के समय शबीह (व्यक्ति चित्र) बनाने की विद्या पूर्ण रूप से विकसित हो चुकी थी। फलतः, भगवान् बुद्ध को अपनी शबीह बनाने और उसकी पूजा करने का निषेध करना पड़ा। ऐसा निषेध और भी कई धर्मों में मिलता है।

वात्स्यायन के कामसूत्र में चित्र के षट्-अंग माने गए हैं जो निम्नलिखित श्लोक में वर्णित हैं–

रूपभेदाः प्रमाणानि भावलावण्ययोजनम्।
सादृश्यं वर्णिकाभंगं इति चित्र-षडंगकम्।[1]

मानसोल्लास, कुमार-विहार और शिल्परत्न में भी चित्रकला की व्याख्या है। उत्तर-रामचरित में अर्जुन नामक चित्रकार-कृत वन के चित्र का जिक्र आया है। जैन ग्रन्थ नायधम्मकला में भी एक मनोरंजक कथा है जिससे उन दिनों चित्र की बहुलता सिद्ध होती है। विष्णुधर्मोत्तर में तो चित्रकला की विधिवत् सांगोपांग व्याख्या ही उपलब्ध है।

चित्रों का विशेष गुण सादृश्य समझा जाता था। परवर्ती साहित्य में सादृश्य का हमें वही अर्थ मिलता है जो दर्पण में प्रतिबिम्ब के समान हो। किन्तु, भारतीय कलाकार इतने से ही सन्तुष्ट नहीं होते थे। सादृश्य की उपलब्धि हो जाने पर भी चित्र निष्प्राण रह सकते हैं। अतएव, चित्र को जीता-जागता बनाने के लिए उसमें भाव की प्रतिष्ठा की जाती थी। फलतः, भारतीय चित्र में आकृति निश्चल होते हुए भी, निश्चल नहीं है। वह सवेग है, व्यापारपूर्ण है। इसकी उत्पत्ति के लिए चित्रकार दृश्य के उस चूड़ान्त का अंकन करता है जिसमें सारे दृश्य की घटना-शृंखला, उसकी प्रत्येक इकाई, सम्पुटित होकर, बीज-रूप में वर्तमान रहती है। चूड़ान्त के इस अंकन में, अतीत की इकाइयाँ ही नहीं, भविष्य की इकाइयाँ भी सम्पुटित हो जाती हैं। यह दृश्य भविष्य की ओर निर्देश करने में समर्थ है, यही उसकी पूर्णता है।

परवर्ती साहित्य जिस समाज का प्रतिबिम्ब है, उसमें चित्र का विशिष्ट स्थान मिलता है। प्रत्येक घर चित्र से अलंकृत होता था और उसकी भित्ति पर चित्र बने होते थे। भित्ति-चित्र का इस देश में इतना अधिक प्रचार था कि भित्ति शब्द ही यहाँ चित्रों के आधार के लिए रूढ़ हो गया, जैसे यूरोप में चित्र का आधार केनवास समझा जाता है।

किन्तु, भारत के ऊष्मा-प्रधान देश होने के कारण, यहाँ पर अति प्राचीन चित्रों के उदाहरण अब प्राप्त नहीं हैं। केवल साहित्य के उल्लेखों से ही हम यह जानते हैं कि अति प्राचीन काल में यहाँ चित्रकला का विकास हो चुका था।

चित्र तीन प्रकार के फलकों पर बनाए जाते थे। प्रथम फलक भित्ति या दीवार थी, जिस पर चित्र बनाने की परिपाटी भारत और इटली में खूब प्रचलित थी। दूसरा फलक चर्म या वस्त्र था, जिस पर चित्र बनाने का काम जापानियों ने बहुत किया था और तीसरा फलक लकड़ी, ताल-पत्र, पत्थर और हाथी के दाँत होते थे। भारत में पुराने चित्रों के उदाहरण दीवारों पर मिलते हैं एवं उनकी अपेक्षा नवीन चित्र ताल-पत्रों और कागज पर। अन्य चित्रों के उदाहरण अनुपलब्ध हो गए हैं।

भित्ति-चित्र के जो उदाहरण भारत में उपलब्ध हैं, उनका वातावरण धार्मिक है। पहाड़ों

को काटकर यहाँ चैत्य, विहार और मन्दिर बनाने की प्रथा थी एवं उन्हीं की दीवारों पर गच (पलस्तर) लगाकर चूने-जैसे किसी पदार्थ की घुटाई करके उस पर चित्र बनाए जाते थे। ऐसी गुफाओं में सबसे अधिक प्राचीन गुफा **जोगीमारा** की गुफा है, जो सरगुजा-राज्य (मध्यप्रदेश) की रामगढ़ पहाड़ी में अवस्थित है। यह गुफा ईसा से, कम-से-कम, एक सौ वर्ष पूर्व बनी होगी, ऐसा विद्वानों का अनुमान है।

किन्तु, भारतीय चित्रकला के चमत्कारों का असली खजाना **अजन्ता** की गुफाओं में है। अजन्ता की गुफाओं में 24 विहार (मठ) और 5 चैत्य (स्तूपवाले विशाल भवन) हैं, जिनमें से तेरह में दीवारों, भीतरी छतों और स्तम्भों पर चित्र अंकित हैं। इन गुफाओं में से कुछ तो बहुत पुरानी अर्थात् पहली-दूसरी ईसवी पूर्व की हैं और कुछ चौथी से लेकर सातवीं सदी तक की एवं उनके चित्र भी इन्हीं तीन सौ वर्षों में बने थे। वस्तुतः, इन पहाड़ियों में गुफा बनाने का सिलसिला मौर्यों के काल में ही आरम्भ हुआ था। किन्तु, बाद के राजे भी उसमें वृद्धि करते गए। ''महाराष्ट्र की रमणीक अजन्ता पहाड़ी में, जिसमें पिछले मौर्यों और सातवाहनों के समय के दो-एक गुहा-मन्दिर थे, वाकाटक राजाओं के समय वैसे अनेक नए और विशाल मन्दिर काटे गए। अजन्ता की दीवारों पर गुप्त-युग में, और बाद में, चित्र भी चित्रित किए गए, जिनमें कुछ आज तक मौजूद हैं। अजन्ता-गुहाओं के ये चित्र प्राचीन जगत् की चित्रकला के सर्वोत्तम उदाहरणों में से हैं!''[2]

अजन्ता के चित्रों के विषय, मुख्यतः, बौद्ध धर्म के विषय हैं। ''उनमें गौतम बुद्ध की जीवन-घटनाएँ, मातृ-पोषक-जातक, विश्वान्तर-जातक, षड्दन्त-जातक, रुह-जातक और महाहंस-जातक आदि 12 जातकों में वर्णित गौतम बुद्ध की पूर्वजन्म की कथाएँ, धार्मिक इतिहास तथा बुद्ध के दृश्य और राजकीय तथा लौकिक चित्र अंकित हैं।''[3] ऐसे ही बगीचों, जंगलों, रथों, राज-दरबारों, घोड़े, हाथी, हिरण आदि पशुओं, हंस आदि पक्षियों तथा कमल आदि पुष्पों के भी अनेक चित्र हैं। कई स्थान पर बृहत्तर भारतीय आकृतियाँ मिली हैं, जिनमें एक राज-दरबार का दृश्य है। यहाँ राजसभा का पूरा ऐश्वर्य तो है ही, हमें राजा को उपादान भेंट करते हुए, दो-तीन ईरानी वस्त्राभूषण एवं आकृतिवाले पुरुष भी मिलते हैं। इस काल में, पश्चिमी भारत का ईरान के साथ घनिष्ठ व्यापारिक सम्बन्ध था और चालुक्यों के काल में कूटनैतिक सम्बन्ध भी स्थापित हो गया था। फलतः, विद्वानों ने यह अनुमान लगाया है कि इस दृश्य में 626 ई. में आनेवाले उस दूत का एक दृश्य अंकित हुआ है, जिसे ईरानी बादशाह खुसरो ने पुलकेशी की सेवा में भेजा था। किन्तु इस अनुमान के विपक्ष में कई तर्क हैं। शैलीगत विशेषताओं को देखते हुए यह छठी सदी के प्रारम्भ का होना चाहिए। साथ ही, अजन्ता में अन्यत्र दो-तीन स्थानों पर ईरानी व्यक्तियों का चित्रण केवल विदेशियों को लक्षित करने के लिए हुआ है। अतः, यह सम्भव है कि किसी जातक-कथा से, जिसमें विदेशी व्यापारियों की चर्चा रही हो, यह अंकन प्रस्तुत किया गया हो। यह अटकल सबसे पहले डॉक्टर मोतीचन्द्र ने लगाई थी और, सम्भव है, यह ठीक हो।

पर्सी ब्राउन ने नवीं और दसवीं गुफाओं के चित्र को प्राचीनतम माना है तथा उनका अनुमान है कि ये गुफाएँ, अधिक-से-अधिक, पहली सदी में बनी होंगी। किन्तु, पहली सदी होने पर भी, ये चित्र बतलाते हैं कि उनके पीछे कई सदियों की साधना और परम्परा विद्यमान

है, जिसके उदाहरण अब नहीं मिलते। इस प्रकार, ब्राउन और ओझाजी के मतों को मिलाएँ तो अजन्ता के चित्र पहली से लेकर सातवीं सदी तक की भारतीय चित्रकारी के नमूने उपस्थित करते हैं। ब्राउन का यह भी विचार है कि दसवीं गुफा के चित्रों पर किंचित् गान्धार-कला (भारतीय और यूनानी कलाओं का मिश्रित रूप जो टिका नहीं) का भी प्रभाव है। परन्तु, अब यह तो निश्चित-सा जान पड़ता है कि जिस समय इस गुफा का चित्रण हुआ, उस समय गान्धार-कला का कोई अस्तित्व नहीं था। पुलकेशी के दरबारवाले चित्र पर वे कुछ ईरानी प्रभाव भी बतलाते हैं। परन्तु, इसमें दो-तीन विदेशी आकृतियों को छोड़, भारतीय परम्परा से कहीं भी पार्थक्य नहीं है।

अजन्ता की गुफाओं में जिस कला के उदाहरण हैं, उसी के उदाहरण सिगिरिया (श्रीलंका) और बाघ (ग्वालियर, मध्यभारत) की गुफाओं में भी मिलते हैं। सिगिरिया की चित्रकारी छठी शती के अन्त की है और बाघ-गुफा के चित्र भी छठी या सातवीं शती में बने होंगे। अजन्ता, सिगिरिया और बाघ में जो चित्र उपलब्ध हैं, उन्हीं में हम भारतीय चित्रकला की परिणति के प्रमाण देखते हैं। किन्तु भारतीय चित्रकला की पूरी सामग्री इतनी ही नहीं है। बौद्ध धर्म के साथ-साथ, भारतीय संस्कृति और कला भी भारत से बाहर पहुँची थी। अतएव, सीलोन, जावा, स्याम, बर्मा, नेपाल, खुतन, तिब्बत, जापान, हिन्द-चीन और चीन में भी, भारतीय चित्रकारी के नमूने उपलब्ध हैं एवं उनके अध्ययन के बिना भारतीय कला का अध्ययन पूरा नहीं कहा जा सकता। बौद्ध धर्म के व्यापक प्रचार ने सम्पूर्ण एशिया की आत्मा को एक कर दिया था एवं यह एकता एशिया की विभिन्न संस्कृतियों के मूल में आज भी अनुस्यूत है। **बोरोबुदुर** (जावा) में भारतीय कला का स्मारक जो स्तूप है, उसमें बुद्धदेव के सम्बन्ध की इतनी अधिक मूर्तियाँ हैं कि उन्हें यदि अगल-बगल बैठा दिया जाए तो कतार आठ मील लम्बी हो जाएगी। यह कला भारत से जावा गई थी, किन्तु आश्चर्य की बात है कि भारतीय कला का जैसा गौरवोज्ज्वल प्रमाण आज जावा में वर्तमान है, वैसा प्रमाण भारत में भी नहीं मिलता। भारत की प्राचीन चित्रकला के नमूने भी हमें बृहत्तर भारत में यथेष्ट संख्या में मिले हैं। बोरोबुदुर के समान ही, कम्बोडिया में **अंगकोर** नामक स्थान पर जो भारतीय शिल्प का भग्नावशेष है, उससे यह अनुमान आसानी से लगाया जा सकता है कि एक समय कम्बोडिया, चम्पा, अन्नम और तोंकिन में भारतीय सभ्यता का प्राधान्य था। इन भू-भागों में केवल भारतीय मूर्तियाँ और मन्दिर ही नहीं, बहुत-से चित्र भी बने होंगे, जिनके प्रमाण ढूँढ़ने पर वहाँ अवश्य मिलेंगे।

गुप्त-काल के बाद से हमारी चित्रकला का, धीरे-धीरे ह्रास प्रारम्भ हुआ, जिसके क्रमिक उदाहरण हमें बेरुल (औरंगाबाद), बादामी (अइहोव, बम्बई राज्य), सित्तनवासल (पुदुदु कोट्टा, मैसूर राज्य) एवं दक्षिण के अनेक मन्दिरों से मिल सकते हैं। इन सबका अभी तक विस्तृत विवरण और अध्ययन अपेक्षित है। अकेले बेरुल में उत्तर गुप्त-काल से लेकर 14वीं-15वीं सदी तक, शृंखलित रूप में, चित्रों के पाए जाने की सम्भावना है। चित्रों का यह इतिहास, परत-पर-परत, कालिख और अन्धकार से दबा हुआ है। जहाँ-जहाँ यह आवरण खुलकर गिर गया है, वहाँ-वहाँ से हमें उन भूले-बिसरे दिनों की चित्रकला की झाँकी मिल जाती है। किन्तु, चित्रों का असली भांडार तो अभी भी अलभ्य है। आश्चर्य का विषय है कि बेरुल के चित्रों की किसी ने भी सुध नहीं ली। यहाँ के चित्रों का विषय ब्राह्मणत्व है। इन चित्रों में हम देखते

हैं कि अजन्ता की सुकोमल और मृदुल शैली में अब जकड़बन्दी शुरू हो गई है। आँख शून्य में अटक रही है एवं हनु और नाक नुकीली होने लगी है। प्रायः, आठवीं सदी तक रेखाओं में वेग और आकृतियों में सजीवता है। परन्तु, उसके बाद ह्रास और भी अधिक बढ़ता है।

फलतः, इस बीच दक्षिणी मन्दिरों में हमें जो प्रमाण मिलते हैं, उनमें चित्रकला का **अपभ्रंश-रूप** स्थिर हो जाता है। उत्तरी भारत में इस प्रकार के भित्ति-चित्र केवल ललितपुर के अन्तर्गत मदनपुर नामक स्थान से प्राप्त हुए हैं। पर, यह निःसंकोच कहा जा सकता है कि पालवंशी राजाओं के बिहार-बंगाल राज्य एवं नेपाल को छोड़कर, चित्रों का यह **अपभ्रंश-रूप** सारे देश में व्याप्त हो गया था। इतना ही नहीं, इसका प्रभाव बृहत्तर भारत में भी यत्र-तत्र मिलता है।

इसी परम्परा में हमें, 11वीं शती के अन्त से वे चित्र मिलने लगते हैं, जिन्हें जैन विषयों की अधिकता के कारण **जैन-शैली** अथवा क्षेत्रगत-दृष्टि से **गुजरात या पश्चिमी भारतीय शैली** के चित्र कहते हैं। परन्तु, यह नाम ठीक है या नहीं, यह नहीं कहा जा सकता, क्योंकि पश्चिमी भारत में इस शैली का न तो जन्म ही हुआ, न यह वहीं तक सीमित रही थी। फलतः, इसके लिए **अपभ्रंश-शैली** से अधिक समुचित नामकरण नहीं हो सकता, क्योंकि इस शैली में जो कुछ है, वह अजन्तावाली गुप्तकालीन कला का ह्रास मात्र है, जो मध्यकाल की निश्चित विशेषता थी। यह क्रम 16वीं शती तक चला, जब इस शैली में एक बार फिर काफी सजीवता आ गई।

देश की शिक्षा-संस्कृति पालों के समय में बहुत-कुछ सुरक्षित रही। अतः, इस काल में यहाँ जो चित्र बने, वे अपेक्षाकृत बहुत ही उत्तम कोटि के थे। उनके वर्ण-विधान, रेखाओं और आकृतियों में अजन्ता की झलक मिलती है। परन्तु, ये चित्र, मुख्यतः, एकाकृतिवाले हैं। इनमें बड़े दृश्यों या घटनाओं का अभाव है। फलतः, महायान बौद्ध धर्म की जो गिनी-चुनी आकृतियाँ मिलती हैं, वे परम्परा से आबद्ध हैं, उनमें स्वतन्त्र कल्पना का अभाव है। फिर भी, इन चित्रों की मृदुलता दर्शनीय है।

13वीं सदी के बाद भी इस शैली के छिट-पुट उदाहरण मिल जाते हैं, किन्तु, उनमें पहलेवाली श्री नहीं है। यही दशा इसकी नेपाल में थी। परन्तु, इसके बाद, वहाँ भी इसका ह्रास प्रारम्भ होता है। परवर्ती तीन-चार सदियों तक वहाँ इस शैली में चित्र बनते रहे, पर वे अधिकतर निष्प्राण थे।

इस काल में, अजन्ता की परम्परा कहीं जीवित मिलती है तो तिब्बत और पूर्वी तुर्किस्तान में। खुतन (पूर्वी तुर्किस्तान) बहुत काल तक हिन्दू राजाओं के अधीन रहा था तथा ये राजे वहाँ हिन्दू कलाओं का भी प्रचार किए हुए थे। इस सम्बन्ध में जो शोध हुए हैं, उनसे मालूम होता है कि खुतन में यूनानी, भारतीय, ईरानी और चीनी, चारों कलाओं के मिश्रण से एशियाई कला एक नया रूप ले रही थी। इस प्रान्त में भित्ति-चित्र के जो उदाहरण मिले हैं वे, अधिकांश में, अजन्ता-कला के अनुकरण हैं और उनसे यह बात भली-भाँति प्रमाणित होती है कि जिस काल में भारत में भारतीय कला के उदाहरण नहीं मिलते, उस काल में, पड़ोस के देशों में, यह कला कैसे फैल रही थी। यही परम्परा सातवीं-आठवीं सदियों के बाद तिब्बत में भी जीवित मिलती है। तिब्बत के मन्दिरों और विहारों में भित्तियों पर जो चित्र हैं, वे बुद्धदेव के सम्बन्ध के हैं और उनका निर्माण अजन्ता-शैली पर हुआ है।

मुस्लिम-आगमन के बाद

जब पठान इस देश में आए, तब कला का यहाँ पूर्ण ह्रास हो चुका था। स्वभावतः, इस अर्द्धसभ्य जाति को चित्रकला में कोई रुचि नहीं थी और देश की आन्तरिक अस्त-व्यस्तता के साथ-साथ केन्द्रीय राज्याश्रय के अभाव में चित्र-शैली का पुनर्जन्म नहीं हो सका, जो 16वीं सदी के अन्त में, महामना अकबर के हाथों होनेवाला था। इस समय पुरानी परम्पराएँ और पुराने रूप अपभ्रष्ट हो चुके थे; पर, साथ ही, उनमें एक नई सप्राणता आविर्भूत हो रही थी। फलतः, अपभ्रंश-शैली के इस स्थल पर हम रूपों में भले ही ह्रास पाएँ, परन्तु, उनमें कहीं-कहीं ऐसी सजीवता है जो उसे लोक-शैलियों के निकट ला देती है, मानो, वह एक नई शैली को जन्म देने के लिए विकल हो रही हो। इस तरह, राज्याश्रय के अभाव में, चित्र लोक-जीवन के और निकट हो गया।

इस्लाम में मूर्ति-पूजा सबसे भयानक शिर्क मानी जाती थी। इससे यह सिद्धान्त निकल आया कि मूर्ति और चित्र-रचना भी शिर्क हैं। 14वीं सदी के लेखक मौलवी नबी ने लिखा है कि, इस्लाम-धर्म के अनुसार, ईश्वर की सृष्टि का अनुकरण करके तस्वीरें बनाना गुनाह का काम है। इसलिए, जो लोग भी कपड़े, कालीन, सिक्के या बर्तन पर चित्र बनाते हैं, वे इस्लाम के नियम से गुनहगार हैं। इस निषेध का परिणाम यह हुआ कि साधारण मुस्लिम-सभ्यता में मूर्ति-शिल्प और चित्रकारी को भी कभी प्रधानता नहीं मिली। मुसलमानों ने चित्रों और मूर्तियों का केवल भंजन ही नहीं किया, सामान्य मुस्लिम-जनता ललित कला मात्र से उदासीन रहने लगी।

बाद के इस्लाम में जो उदारता आई, वह ईरान के प्रभाव के कारण। कई सौ वर्षों तक ईरानी प्रभाव को पचाने के बाद, इस्लाम की आरम्भिक कट्टरता बहुत-कुछ कम हो गई और मुसलमान स्वयं शेख और मुल्ला की खिल्ली उड़ाने लगे। इसी भावना से प्रेरित मुस्लिम-समाज कलाओं की ओर भी आकृष्ट हुआ एवं चित्र और संगीत, ये वर्जित नहीं रहे। मुगल-काल तक आकर, भारत में हिन्दुत्व का प्रभाव भी इस्लाम की उदारता का कारण हुआ। इसके सिवा, जब बादशाह अपनी जीवनियाँ लिखवाने को उद्यत हुए, तब चित्रकारी का त्याग करना असम्भव हो गया। मुगलों के कला-प्रेम का एक कारण यह भी था कि तैमूर के वंशजों ने ईरान और तुर्किस्तान में कला की अच्छी उन्नति की थी। तैमूर-वंश का नाम कला के जागरण से सम्बद्ध माना जाता है। बाबर इसी वंश की सन्तान था। अतएव, उसके वंशजों में कला का प्रेम जागा, यह कोई आश्चर्य की बात नहीं थी।

कुरान में कहा गया है कि जो व्यक्ति प्राणियों के चित्र बनाता है, वह सृष्टि के रचयिता के काम में दखल देता है। कयामत के दिन भगवान् उससे कहेंगे कि तूने मेरी बराबरी करना चाहा था। अतएव, अपने चित्रों में जीवन डालकर, अपना काम पूरा कर। और जब चित्रकार यह काम नहीं कर पाएगा, तब भगवान् उसे नरक भेज देंगे।

यों तो चित्रों की ओर सबसे पहले ध्यान हुमायूँ ने ही दिया था, किन्तु, कुरान की इस शिक्षा का तर्कसम्मत खंडन अकबर ने किया। उसने कहा कि बहुत-से लोग चित्रों से घृणा करते हैं, किन्तु, मैं ऐसे लोगों को नापसन्द करता हूँ। मेरा खयाल है, ईश्वर को पहचानने का चित्रकारों का अपना अलग ढंग होता है। चित्रकार जब जीवित प्राणियों के चित्र बनाता

है, तब अवयवों को तो एक-एक कर वह यथा-स्थान बिठा देता है, सबसे अन्त में, वह यह सोचे बिना नहीं रह सकता कि मूर्ति में प्राण डालने का काम भगवान् ही कर सकते हैं। इस प्रकार, चित्र बनाते-बनाते वह ईश्वर की सत्ता का ज्ञान प्राप्त करता है।"[4]

मुगल-शैली

जो कला भारत में मुगल-कलम कही जाती है वह, वास्तव में, भारतीय चित्र-शैली है। अब यह निश्चित हो गया है कि अकबर से पहले, मुगलों के समय में जो चित्र-शैली थी, वह ईरानी थी। शेरशाह से हारकर हुमायूँ जब भारत से भागा, तब कोई दस साल तक वह ईरान के बादशाह तहमास्प का मेहमान रहा था। वहीं उसने ईरानी चित्रकला से परिचय प्राप्त किया और जब वह ईरान से भारत लौटा, तब पहले-पहल उसी ने अब्दुस्समद और मीर सईद अली नामक दो चित्रकारों को ईरान से भारत बुलाया। ये दोनों चित्रकार भारत में ईरानी शैली के प्रचारक हुए। इनके चित्र मुगल-कलम के चित्र नहीं हैं। मुगल-कलम तो शुद्ध भारतीय कलम थी और उसके जन्म के लिए अकबर जैसे भारतीयता-प्रेमी, उदारचेता एवं कल्पनाशील व्यक्ति की आवश्यकता थी। अकबर के ये सभी गुण अकबरी चित्रों में प्रतिफलित मिलते हैं। अकबरी चित्रों में से अधिकांश चित्र भारतीय एवं प्राचीन हिन्दू-धर्म से सम्बद्ध हैं। दूसरी ओर, उसके चित्रकारों में, कुछ अपवादों को छोड़कर, सभी भारतीय हैं, जिनमें हिन्दुओं की संख्या अधिक है। बाकी चित्रकार भारतीय मुसलमान हैं, जो उन प्रदेशों से भी आए थे, जहाँ मध्यकाल में चित्रकला के प्रसिद्ध केन्द्र थे। बहुत सम्भव है कि उक्त काल में चित्रकारों की एक अलग जाति बन गई हो, जो शूद्र-वर्ग के अन्दर थी, जैसे अन्य अनेक कारीगर-जातियाँ, रँगरेज, जुलाहे आदि हैं। इस्लाम के प्रचार के समय ये जातियों की जातियाँ ही मुसलमान हो गईं। सम्भवतः, तभी, आरम्भिक राजस्थानी शैली में चित्रकारों के बहुसंख्यक नाम हमें इस्लामपरक मिलते हैं, जबकि उनकी चित्र-शैली सर्वथा पारम्परीण थी।

तैमूर-वंशी राजाओं के आश्रय में ईरानी कला ने पन्द्रहवीं सदी में सबसे ऊँची उड़ाल ली थी। खुरासान के बादशाह सुलतान हुसेन के राज्य-काल में कमालुद्दीन बहज़ाद नामक चित्रकार हुआ, जिसकी प्रसिद्धि दूर-दूर तक फैली हुई थी। बाबर ने अपनी आत्मकथा में बहज़ाद को दुनिया का सबसे बड़ा चित्रकार कहा है। जब अकबर का ध्यान चित्रकला को प्रोत्साहित करने की ओर गया, उसने बहज़ाद के शिष्यों को भारत बुलाया और उन्हीं कलाकारों ने भारत में मुगल-कलम की नींव डाली। अकबर और जहाँगीर के समय अनेक विदेशी चित्रकार यहाँ के शाही दरबार में थे, इसके प्रमाण मिलते हैं। अबुल फजल ने आईने-अकबरी में 'कलमक के फर्रुख, शीराज के अब्दुस्समद और तबरेज के, मीर सईद अली'—और मीर सईद हुमायूँ के लाए हुए थे) के नाम लिखे हैं। जहाँगीर के दरबार में समरकन्द से भी चित्रकार आए थे। अकबरी दरबार के चित्रकारों में दसवन्त, बसावन, मुकुन्दलाल और केशवदास के नाम भी बहुत प्रसिद्ध हैं।

अकबर के समय में जिस कला का बीज-वपन किया गया, वह जहाँगीर के समय में बढ़कर विशाल हो गई। मुगल-दरबार में चित्रकारी की जो लहर उठी, उससे मुगल कुतुबखाना पुस्तकों ही नहीं, चित्रों का भी आगार बन गया। हिन्दुस्तान की सभी बड़ी-बड़ी रियासतों

में मुगल-कुतुबखानों के अवशेष मिलते हैं, जिनमें तत्कालीन चित्रों के नमूने भी उपलब्ध हैं। अकबर ने महाभारत का जो अनुवाद करवाया, उसके लिए हजारों चित्र बनवाए गए थे। इसी प्रकार, योगवाशिष्ठ के फारसी अनुवाद के लिए भी बहुत-से चित्र बनवाए गए। मुगल-कालीन चित्रों के अधिक नमूने हिन्दुस्तान से बाहर चले जए। तब भी, देश के सार्वजनिक और वैयक्तिक संग्रहालयों में कुछ सामग्रियाँ अब भी मौजूद हैं। जयपुर दरबार के पोथीखाने में सचित्र रम्ज़नामे की सम्पूर्ण प्रति है। पटने की खुदाबख्श लाइब्रेरी में 'तारीखें तैमूरी' की प्रति है, जिसमें बहुत-से चित्र हैं। ये दोनों कृतियाँ अकबर की बनवाई हुई हैं।

अकबर के समय पंचतन्त्र का फारसी अनुवाद अयारे-दानिश के नाम से अबुल फजल ने तैयार किया था। पंचतन्त्र का एक दूसरा अनुवाद अनवार-सुहेली के नाम से भी प्रचलित था। इन दोनों पुस्तकों की भी कई सचित्र प्रतियाँ मिली हैं। मुगल-दरबार में जो चित्र-शैली जनमी थी, वह स्वतन्त्र नहीं रहकर बहुत-कुछ दरबारी हो गई। दरबारी-चित्रकला के सबसे अच्छे नमूने अकबरनामा, बाबरनामा आदि में हैं।

अकबरी चित्रों में भारतीयता बहुत अधिक है। परन्तु, कहीं-कहीं, आकृतियों में, रंगों में एवं बाहरी नक्काशियों में ईरानी परम्पराएँ चली आई हैं। कहीं-कहीं तो चीनी तत्त्व भी वर्तमान हैं। अकबर के समय में चित्रों की बड़ी उन्नति हुई, जो उनकी पुष्ट रेखाओं, मीने-जैसे दबीज रंगों एवं प्रवेगपूर्ण तथा प्रकांड आलेखनों से स्पष्ट है। स्वर्ग, पाताल, दानव-लोक, परी-लोक, तिलिस्म, ऐयारी आदि के बड़े-बड़े दृश्यों के अंकन में जितना अकबरी चित्रकार समर्थ हुआ है, उतना और कोई नहीं। भारतवर्ष में चित्रकला का ऐसा ज्वलन्त रूप बहुत दिनों के बाद देखने में आया।

जहाँगीर यों चित्रों का बड़ा प्रेमी था, किन्तु, उसमें अकबर-जैसी मर्मज्ञता नहीं थी। ईरानी चित्रकारों की संगति से उसके समय में चित्रों में नफासत और बारीकी बढ़ गई। जहाँगीर की आत्मकथावाले चित्रों के कुछ दृश्यों को छोड़कर इस काल के चित्र दरबार या बादशाहों से ही सम्बद्ध मिलते हैं। जहाँगीर प्रकृति का भी भारी प्रेमी था। फलतः, उसके समय में फूलों और पशु-पक्षियों के भी बड़े ही श्रेष्ठ चित्र बने। इन चित्रों में प्रकृति-निरीक्षण उत्तम कोटि का हुआ है, साथ ही, उनमें आलेखन की सुकुमारता भी है।

शाहजहाँ का ध्यान स्थापत्य की ओर अधिक रहा था, फिर भी, उसके समय के चित्रों में हम मुगल-चित्रों के गौरव की पराकाष्ठा पाते हैं। इस काल में बारीकी और नफासत की जितनी आराधना हुई, उतनी और कभी नहीं हुई थी। फलतः, इस काल के चित्र मीने-जैसे दीखते हैं परन्तु, यह सब शाही शान का अंग-मात्र था। उन पर चित्रकार के व्यक्तित्व की कोई छाप नहीं है, मानो, वे आज्ञानुवर्तिता में तैयार हुए हों। उन चित्रों में मात्र दरबार के दृश्यों से दर्शकों का जी ऊबने लगता है, दरबारी जकड़बन्दी के कारण हम भी अपने-आपको शाही प्राचीरों में घिरा पाने लगते हैं। इससे मुक्ति यदि मिली है तो सन्तों के चित्रों में, जो मुगल-शैली की पुरानी प्रवृत्ति है।

शाहजहाँ के बाद औरंगजेब का समय आया और मुगल-कला इसी काल में समाप्त हो गई। डॉ. आनन्दकुमार स्वामी ने सत्य ही कहा है कि मुगल-कला का उद्भव, विकास और ह्रास, केवल दो सौ वर्षों में पूरा हो जाता है।[5] शाहजहाँ के राज्य-काल की समाप्ति के साथ

मुगल-कलम का गौरव घटने लगा। औरंगजेब ने ललित कलाओं के प्रति उपेक्षा की जो नीति बरती, उससे निराश होकर कलाकार दिल्ली छोड़कर देश में इधर-उधर बिखर गए। अवध, बिहार, बंगाल, राजपूताना और दक्षिण भारत, जिसे जहाँ आश्रयदाता अमीर मिल गए, वह वहीं जा बसा। इस छिन्न-भिन्नता का एक परिणाम यह हुआ कि जो कलाकार जहाँ बस गए, वे, वहाँ की स्थानीय विशिष्टताओं को अपनी कृतियों में प्रधानता देने लगे और, इस प्रकार, देश में भौगोलिक नामों के साथ अनेक शैलियाँ चल पड़ीं।

राजस्थानी-शैली

15-16वीं शती में मालवा और राजस्थान; संस्कृति, शान्ति और सुव्यवस्था के केन्द्र थे। फलतः, ऐसा विश्वास करने का कारण है कि 16वीं शती में ही यहाँ एक नई शैली का जन्म हुआ, जिसके कुछ निश्चित दृश्य अकबरी हम्ज़ानामा में मिलते हैं। 17वीं शती से यह शैली राजस्थान के अनेक केन्द्रों में विकसित हुई, जिनमें मेवाड़ मुख्य है। विषय की दृष्टि से इस शैली में, मुख्यतः, राग-माला, नायिका-भेद, कृष्ण-लीला, बारहमासा आदि कथाचित्र बने हैं। चूँकि यह शैली परम्परावादी एवं आलंकारिक और वर्ण-विधान में अपभ्रंश के अत्यन्त निकट है, अतः, इस शैली को हिन्दू-शैली मानकर इसकी बहुत पूजा हुई है, परन्तु, उसके आरम्भिक चित्रकारों में मुस्लिम नाम ही अधिक है।

17वीं शताब्दी के अन्त में इस शैली में आलंकारिकता कम होने लगी एवं इसका वर्ण-विधान भी अपेक्षाकृत कम तीखा हो गया। इस काल में इसके चित्रों की संख्या असंख्य ही कही जा सकती है। इसी समय इसके अनेक केन्द्रों, यथा—मेवाड़, बीकानेर, जोधपुर, बूँदी आदि का पर्याप्त विकास हुआ।

18वीं शती के मध्य में जयपुर-केन्द्र ने भी प्रमुखता प्राप्त की और वहाँ बहुत ही भावपूर्ण चित्र बने, जिनमें रंग बहुत ही आकर्षक और कलम सधी हुई है। इसी समय किशनगढ़ शैली भी अपनी पराकाष्ठा पर पहुँची।

19वीं सदी में राजस्थानी-शैली का ह्रास हो गया, परन्तु, वह किसी-न-किसी रूप में आज भी जीवित है।

पहाड़ी कलम

राजपूताने में जैसे चित्र मिलते हैं, बहुत-कुछ वैसे ही चित्र (बल्कि, उनसे भी अधिक वेधक) पंजाब की हिमालय की तराइयों में भी मिलते हैं। काँगड़ा-राज्य में, बहुतायत से मिलने के कारण, इन चित्रों का नाम काँगड़ा-कलम दे दिया गया था। इस कलम के, प्रायः, सभी नमूने नूरपुर, बसोहली, चम्बा और जम्मू में मिले हैं, जो स्थान काँगड़ा से बहुत समीप हैं। इस शैली की परिपक्वता के प्रमाण अठारहवीं सदी के अपरार्द्ध से मिलने लगते हैं, जिससे यह अनुमान होता है कि मुगल-कलम के चित्रकार जब दिल्ली से हटने लगे, तब उन्हीं में से कुछ लोग तराइयों में चले गए तथा वहाँ राजपूत-कलम की जो परम्परा पहले से विद्यमान थी, उनमें मुगल-कलम का पुट डालकर उन्होंने पहाड़ी नामक एक नई कलम का विकास किया। उन्नीसवीं सदी में यह कलम तराई से बाहर निकली और अन्य राज्यों में भी वर्द्धन और विकास पाने

लगी। लाहौर और अमृतसर के सिक्ख राज-दरबारों में पहाड़ी कलम को प्रश्रय मिला था एवं पंजाब के बहुत-से व्यक्तियों के पास इस कलम के चित्र पाए गए हैं। पहाड़ी-कलम राजपूत-कलम की दीर्घजीवनी परम्परा थी।

कुछ लोगों का यह भी कहना है कि अजन्ता ने चित्र की जो परम्परा स्थिर की थी, वह मरी नहीं थी, प्रत्युत, लोक-जीवन में घुल-मिलकर जीती चली आ रही थी। वैष्णव-मन्दिरों और राजभवनों में उसी के अनुकरण पर भित्ति-चित्र बनते चले आ रहे थे। जब अकबर ने ईरान से चित्रकार बुलवाए, तब आरम्भ में तो उनके चित्र भारतीय रहे, किन्तु, धीरे-धीरे ईरान की पुस्तकालेखन और लघुचित्रकारीवाली परम्परा का मेल यहाँ की भित्ति-चित्रवाली परम्परा से हो गया और इसी सामंजस्य से, मुगल-कलम का जन्म हुआ। यह **मुगल-कलम** जब राजपूत-कलम से मिलकर और अधिक भारतीय हो गई, तब पहाड़ी-कलम का विकास हुआ।

पहाड़ी-शैली में एक ओर **मुगल-शैली** की परिपक्वता और दूसरी ओर भावनापूर्ण चित्रवस्तु, इन दोनों तत्त्वों के मिलने से एक ऐसी उपलब्धि हुई है, जो भारतीय चित्रों के लम्बे इतिहास में, अजन्ता को छोड़कर, बेजोड़ है। यहाँ चित्रकार उन्मुक्त वातावरण में आ गया है, जहाँ विलास एवं मुगलों के अन्तःपुर के सीमित वातावरण से मुक्ति पाकर उसकी कल्पना अनजान ऊँचाई तक उड़ सकी है।

पहाड़ी चित्रों का विषय अत्यन्त विस्तृत है। इन चित्रों में भारतीय ग्रन्थों में से अनेक ग्रन्थ चित्रित हुए होंगे। पर, पहाड़ी चित्रों का सबसे मनोहर रूप कृष्णलीला के चित्रों में है। यहाँ बाल-सुलभ स्वभाव का जितना शिष्ट रूप चित्रकारों ने अंकित किया है, वह सूर के काव्य की तुलना में किसी प्रकार उन्नीस नहीं ठहरता।

शृङ्गार के कोमल पक्षों का जैसा निरूपण पहाड़ी शैली के अन्तर्गत नायिका-भेद के चित्रों में मिलेगा, वैसा अन्यत्र कहीं नहीं। आलेखन की कोमलता, आकृतियों की मृदुलता, हलके और आकर्षक वर्ण-विधान, रेखाओं की सजीवता और सर्वोपरि, बहुत ही सजीव दृश्य, ये यदि एक साथ कहीं मिलते हैं, तो पहाड़ी चित्रों में। इस प्रकार, ब्रजभाषा के चरमोत्कर्ष के समानान्तर यदि चित्रों में आन्दोलन था, तो पहाड़ी शैली का। वह यथास्थान वज्रादपि कठोराणि भी है, और मृदूनि कुसुमादपि भी।

अंग्रेजों के आने के बाद जब एक स्थान से दूसरे स्थान का सम्पर्क बढ़ने लगा, तब पहाड़ी अथवा काँगड़ा-कलम की व्यक्तिगत विशेषताएँ भी घटने लगीं। फिर कलाकारों के वंशज भी कला-सेवा को छोड़कर जीविकोपार्जन के लिए नौकरी करने लगे। किन्तु, सबसे भयानक बात यह हुई कि सन् 1905 ई. में जो भूकम्प आया, उससे काँगड़ा नगर विध्वस्त हो गया तथा केवल पहाड़ी-कलम ही नहीं, उस कलम के बहुत-से कलाकार भी भूकम्प में नष्ट हो गए।

हिन्दू और मुस्लिम कलाओं की विशेषताएँ

जातियों का जैसा दार्शनिक विश्वास होता है, वैसी ही उनकी कला और वैसे ही उनके कर्म भी होते हैं। हिन्दुओं का विश्वास शरीर पर कम, आत्मा पर अधिक रहा है। गीता ने जिस स्थितप्रज्ञ, समाधिस्थ अथवा कूटस्थ पुरुष का वर्णन किया है, वही भारतवासियों की कल्पना

का आदर्श पुरुष है एवं उसी पुरुष के स्वभाव की अनुभूति एवं प्राप्ति को यहाँ के लोग अपना जीवनादर्श मानते हैं। कला के अन्यतम आचार्य डॉक्टर आनन्दकुमार स्वामी ने लिखा है कि "भारतीय धर्म का सर्वसम्मत सिद्धान्त यह है कि कर्म में अनासक्ति होनी चाहिए। जीवन का यह ध्येय जो शब्दों में वर्णित है, वही यहाँ की मूर्तिकला एवं चित्रकला में अभिव्यक्त हुआ है। इन मूर्तियों और चित्रों में जब भी कोई देवता या मनुष्य किसी कार्य में रत दिखाया जाता है, तब उसकी आकृति पर अविचिलत शान्ति की आभा वर्तमान रहती है। चित्र ध्वंसक धर्मपाल का हो अथवा आलिंगन में आबद्ध पुरुष और प्रकृति का अथवा समाधिस्थ बुद्ध का, किन्तु शान्ति की यह मुद्रा सर्वत्र विद्यमान मिलेगी। भारत की मूर्तियाँ और भारत के चित्र सर्वत्र ही और, कदाचित् अज्ञात भाव से इस सिद्धान्त का प्रतिपादन करते हैं कि सारे कार्यों में काम केवल शरीर करता है, आत्मा सदैव गम्भीर एवं अनासक्त रूप से, अलग खड़ी रहती है, मानो, वह द्रष्टा हो, मानो, वह कोई नाटक देख रही हो, जिस नाटक की अभिनेत्री भी स्वयं वही है।"[6]

लियोनार्दो द विन्शी ने एक स्थान पर कहा है कि "चित्रों में सर्वोत्तम चित्र वही होता है, जो रूप में जीवन डालनेवाले उद्वेगों को अधिक-से-अधिक अभिव्यक्ति देता हो।"[7] भारतीय परम्परा में शरीर जड़ और आत्मा चेतन मानी जाती है। अतएव, यहाँ के चित्रों और मूर्तियों में आत्मा के गुणों की जैसी अभिव्यंजना हुई है, वैसी शरीर के गुणों की नहीं। जीवन के वस्तुनिष्ठ रूप को भारतवासी उपेक्षा की वस्तु मानते रहे हैं एवं उनका सारा ध्यान उसके आत्मनिष्ठ रूप पर केन्द्रित रहा है। हमारी मूर्तियों में शरीर के अवयव शोर नहीं करते। वे शान्त भाव से, परस्पर मिले हुए, दिखलाए जाते हैं। यहाँ की मूर्तियों का जो असली प्रभाव है, उसे हम एक प्रकार की अनिर्वचनीय निःशब्दता की संज्ञा दे सकते हैं। हमारी अनेक बुद्ध-प्रतिमाओं के मुख पर जो रहस्यपूर्ण प्रसन्नता एवं मुस्कान की आभा मिलती है, वह उन लोगों के लिए स्वाभाविक है, जो आत्मनिष्ठ जीवन के विश्वासी हैं। आत्मा के चित्रण की भी जो परम्परा इस देश में बढ़ी, वह केवल देवताओं की मूर्तियों तक ही सीमित नहीं रही, प्रत्युत, उसका प्रतिबिम्ब हम सन्तों, राजाओं, यहाँ तक कि कामिनी नारियों की मूर्तियों और चित्रों में भी देखते हैं।

दैवी आदर्शों को मानवीय रूपों में पचाने का यहाँ जो प्रयास हुआ है, उससे यहाँ की मूर्तियों और चित्रों का व्यक्तित्व बहुत-कुछ निर्वैयक्तिक हो उठा है। यह सुरम्य निर्वैयक्तिकता भारतीय कला की सबसे बड़ी विशेषता है। पाश्चात्य आलोचकों में से कइयों ने भारतीय मूर्तियों और चित्रों पर यह आरोप लगाया है कि उनमें गति और चरित्र-चित्रण का अभाव है। इस आरोप का कारण यह है कि ये आलोचक गति और चरित्र के जो अर्थ लगाते हैं, भारतीय कलाकारों के सामने उनके वे ही अर्थ नहीं थे। वस्तुतः, यहाँ के कलाकार फोटोग्राफर नहीं, सच्चे अर्थों में चित्रकार थे एवं वे उन गतियों और चरित्रों का चित्रण करते थे, जो सामान्य जीवन में भले ही उपलब्ध न रहे हों, किन्तु जिन्हें जीवन में उतारने का लक्ष्य यहाँ के सन्तों, दार्शनिकों और कलाकारों, सबके सामने मौजूद था। ऐसी आलोचनाओं का कारण यह है कि इस युग में जीवन की अनुकरणशीलता कला का मुख्य गुण मान ली गई है एवं विज्ञान और कला के उद्देश्य परस्पर उलझ-से गए हैं।[8] प्रकृति के वस्तु-निष्ठात्मक

रूपों का चित्रण एशियाई कला का ध्येय नहीं रहा है। इसका ध्येय तो ध्वनि, संकेत और विशिष्ट भावों को प्रमुखता देना है। यह कला केवल उन्हीं तत्त्वों पर जोर देती है, जिन्हें वह जीवन की मूल वास्तविकता से सम्बद्ध मानती है। और, इस प्रक्रिया में, अपने विश्वासों के निकट पहुँचने के प्रयास में, वह प्रकृति के रूपों को कुछ मोड़-मारकर भी अपना काम निकालती है।

लियानार्दो की एक दूसरी उक्ति यह है कि "अच्छे चित्रकारों को दो वस्तुओं का चित्रण करना पड़ता है। एक वस्तु है मनुष्य की देह और दूसरी उसकी आत्मा की आकांक्षा। देह का चित्रण, फिर भी, अपेक्षाकृत सरल कार्य है, किन्तु आत्मा की आकांक्षा का चित्रण कठिन होता है, क्योंकि इस निराकार विषय को भी चित्रकार को अंगों के घुमाव एवं अवयवों की प्रवृत्ति के द्वारा ही चित्रित करना पड़ता है।" और यही वह क्षेत्र है, जिसमें भारत का कलाकार दुनिया में अपना सानी नहीं रखता। "सीलोन में स्थित सुन्दर-मूर्ति-स्वामी की आकृति में जो उत्सुकता का भाव है, वह बड़ा ही उत्कट एवं जो आश्चर्य का भाव है, वह अतुलित आनन्द से पूर्ण है। इन दोनों के मिश्रण से मूर्ति में जो सौन्दर्य उत्पन्न हुआ है, वह अत्यन्त अद्भुत एवं अनिर्वचनीय है। इसी प्रकार, ध्यानी बुद्ध की मुद्रा में केवल शान्ति ही नहीं, प्रत्युत, उस शान्ति के भीतर एक प्रकार की गति भी विद्यमान है। तथा धर्मपाल (यमराज) के चित्रों और मूर्तियों में भी स्थिरता के वातावरण में अनिलावर्त्तों की गति भरी हुई है। यूरोप के लोग मानव-रूप को केवल मुखाकृति में देखते हैं एवं शरीर को उसका सहायक मात्र मानते हैं। यहाँ तक कि यूरोप के कलाकार हाथ-जैसे प्रमुख अवयव को भी ठीक से नहीं देख पाते। किन्तु, सच्चे मूर्तिकार के लिए मनुष्य केवल मुख ही नहीं होता, वह तो पर्वत के समान एक इकाई होता है, जिसमें मुख भी एक अवयव के स्थान का अधिकारी है।"[9] मुख्य बात यह है कि जो लोग कला में केवल मनुष्य की देह का प्रतिफलन देखना चाहते हैं, उनके लिए भारतीय मूर्तियों और चित्रों में उसका अभाव है। किन्तु, जो चाहते हैं कि कला मनुष्य पर ही नहीं रुके, कुछ उस कल्पना की भी झाँकी दिखलाए, जो मनुष्य के दृश्य रूपों से परे हैं, उनके लिए भारतीय मूर्तियाँ और भारतीय चित्र अजस्र आकर्षण के स्रोत हैं।

अजन्ता और सिगिरिया (सिंहगिरि, सीलोन) में जो चित्र हैं, वे ऊपर के लक्षणों से पूर्णरूप से युक्त हैं तथा मुगल-काल में राजपूत-कला के जो उदाहरण मिलते हैं, उनकी भावधारा भी अजन्ता के उत्स से फूटकर आगे बढ़ती दिखाई देती है। राजपूत-कलम के चित्रों की प्रशस्ति में अबुल फजल ने कहा था कि "वस्तुओं के विषय में हमारा जो ज्ञान है, ये चित्र उससे बहुत आगे का संकेत करते हैं। हिन्दुत्व के संयम और वैराग्य, पवित्रता और योगाचार तथा कोमलता और क्रोध, सबका सम्यक् प्रतिनिधित्व इन चित्रों में हुआ है।

ईरानी कला, मुख्यतः, पुस्तकों को सचित्र करने की कला थी, जिसमें चमकदार रंगों के साथ बहुत काफी सोने की मिलावट रहती थी। इसके विषय भी सीमित होते थे। लड़ाई, मद्यपान और प्रेम के चोंचले, ये ही ईरानी चित्रों के मुख्य विषय थे। व्यक्ति-चित्र (पोर्ट्रेचर) अधिक नहीं बने, किन्तु, जो बने, उनके पीछे तैमूरी प्रभाव समझना चाहिए, जो भारतीय कला पर भी पड़ा था। ईरानी कला में सौन्दर्य, सामंजस्य, प्रगीतमयता और रंगों की चमक, ये सबकुछ हैं, किन्तु उसके भीतर रागों का उद्वेग शिथिल है। ये चित्र हमें सुगन्धित वाटिकाओं में ले

जाते हैं एवं साहसपूर्ण जीवन से भी परिचित कराते हैं। किन्तु, ईश्वर-प्रेम अथवा नर-नारी के विरह और मिलन से उत्पन्न होनेवाले भावों की अनन्तता उनमें नहीं मिलती। मानवात्मा का जो स्वभाव है, अथवा पशुओं, वृक्षों और पहाड़ों में जो आत्मा छिपी हुई है, उसकी झलक ईरानी चित्रों में कहीं भी नहीं मिलती। इन चित्रों में औपचारिकता अधिक, आदर्शवादिता बहुत अल्प है। बल्कि, दुहराहट और आडम्बर की प्रचुरता में इनका आकर्षण दबकर रह जाता है।

ऐसा लगता है कि जब अकबर ने ईरान से चित्रकार बुलवाए, तब, आरम्भ में, (हुमायूँ-कालीन परम्परा के प्रभाव के कारण) ईरानी चित्रों की ये विशेषताएँ मुगल-कला पर भी चढ़ी रहीं। सभी मुगल-कालीन चित्रों के लिए हिन्द-ईरानी नाम आनन्दकुमार स्वामी को पसन्द नहीं है। उनका कहना है कि हिन्द-ईरानी कला (जिसमें भारत और ईरान की कला-प्रवृत्तियों का मिश्रण है) केवल वही है, जो सन् 1550 ई. से लेकर सन् 1610 ई. तक बढ़ी। उसके बाद वह भारतीय हो गई। ‘‘मुगल-कलम के सोलहवीं सदी के सर्वोत्तम चित्रों में ही ईरानी प्रभाव सबसे अधिक लक्षित होता है। सत्रहवीं सदी में जो चित्र बने, वे अत्यन्त भारतीय हैं।...असली मुगल-कलम सत्रहवीं सदी की कलम है, उससे पहले की नहीं, क्योंकि उसके पहले उसका जन्म और विकास हो रहा था; और उसके बाद की भी नहीं, क्योंकि सत्रहवीं सदी के बाद उसका पतन आरम्भ हो जाता है।’’[10]

ईरान की कला का स्वभाव स्त्रैण था। इसके प्रतिकूल, मध्य एशिया में तैमूर-वंशी शासकों के अधीन जो कला विकसित हुई, उसमें उद्दामता का अधिक जोर था। सत्रहवीं सदी में इन दोनों कलाओं के साथ भारतीय कला का मेल भारतवर्ष में हुआ। इन विभिन्न कला-प्रवृत्तियों के योग से भारत में एक नई कला का जन्म हुआ जो जहाँगीर और शाहजहाँ के राज्य-काल में उन्नति के शिखर पर पहुँची और उसके बाद, क्रमशः, नीचे आने लगी।

इस कला में व्यक्ति की आकृति की प्रधानता है। इसकी दृष्टि केन्द्रित होकर वर्तमान काल पर है तथा उसके मुख्य विषय अमीरों के कारनामे हैं। यह कला जीवन को आदर्शोन्मुख नहीं करके, खुलकर उसका प्रतिनिधित्व करती है। ‘‘वैयक्तिक चरित्रों में गहरी दिलचस्पी, संश्लेषण के स्थान पर विश्लेषण की प्रमुखता तथा सन्तों और महात्माओं की जगह पर राजाओं और दरबादियों से प्रेम,’’[11] ये मुगल-कला के कुछ मुख्य लक्षण हैं। मुसलमान मूर्तिपूजक नहीं थे, अतएव, इस्लाम के धार्मिक महापुरुषों के चित्र नहीं बनाए जा सकते थे। धर्म की भूमि से अलग होने के कारण इस्लामी युग में कला, पूर्ण रूप से, लौकिक हो गई।

राजपूत और मुगल कलमों का भेद

राजपूत-कलम से मुगल-कलम का मुख्य भेद यह है कि मुगल-कलम का जन्म अनेक कलमों के मिश्रित प्रभाव से हुआ, किन्तु, राजपूत-कलम भारत की राष्ट्रीय कला-प्रवृत्ति से फूटकर निकली है। फिर भी, विभिन्न प्रभावों के बीच से जनमी हुई मुगल-कला ने एक प्रकार की मौलिकता प्राप्त कर ली और वह धीरे-धीरे, भारतीय भी हो गई। मुगल-कला में व्यक्ति-चित्रों की प्रधानता है। राजपूत-कला में ऐसे चित्र बहुत कम हैं। मुगल-कला जीवन को भोग, आनन्द और उल्लास की दृष्टि से देखती है। राजपूत-कलम के लिए जीवन अनन्त साधना का विषय

है। मुगल-कलम, आरम्भ से अन्त तक, किताबों के पन्नों की चीज है। राजपूत-कलम किताब के पन्नों पर भित्ति से उतरकर आई है। सोलहवीं सदी में राजपूत-कलम का जो रूप हम देखते हैं, वह उसके वार्द्धक्य का रूप है। अपने वार्द्धक्य में भी वह मोहक और सूक्ष्म है। किन्तु, यह आभास दिए बिना वह नहीं रह सकती कि यह उसके उतार की ऋतु थी। इसके विपरीत, तत्कालीन मुगल-कला अपने उच्छल यौवन के काल में है, उसमें प्रयोग का भरपूर साहस और विकास की अनन्त सम्भावनाएँ भरी हुई हैं। भारत के दार्शनिक दृष्टिकोण के समान ही, राजपूत-कलम में हम एक प्रकार की अपरिवर्तनशीलता की छाप देखते हैं, एक प्रकार की सनातनता की आभा देखते हैं जो बुझकर भी नहीं बुझती और न कभी जोर से ऊपर ही उठती है। मुगल-कलम विवरणात्मक है, साहित्यिक है, वस्तुवादी और लौकिक है। इसके विपरीत, राजपूत-कलम में धार्मिकता भी है और शृंगारिकता भी। उसमें आदर्श की वही प्रधानता है जो अजन्ता-कलम का गुण थी। मुगल-कलम दरबारियों के लिए थी, राजपूत-कलम जनता की हो चली थी। मुगल-कलम के विषय हैं आखेट और युद्ध, दरबार और मनोरंजन की कहानियाँ एवं पशु-पक्षी और फूल। राजपूत-कलम के विषय रामायण और महाभारत से आए हैं, वैष्णव-धर्म और, बाद को, कुछ शैव-धर्म से भी आए हैं। राजपूत-कलम में प्रेम का चित्रण भी खूब हुआ है, किन्तु, वह प्रेम, सदैव आदर्श का स्पर्श करता है।

राजपूत-कलम की कुछ बुरी कृतियाँ सोलहवीं सदी में भी बनी थीं और कुछ अच्छी कृतियाँ उन्नीसवीं सदी में भी बनीं। सच पूछिए तो यह कलम अब भी खत्म नहीं हुई है और उसके प्रभाव अर्वाचीन कलाकारों की तूलिकाओं में भी जहाँ-तहाँ मौजूद हैं।

उम्र की दृष्टि से मुगल-कलम अल्पायु सिद्ध हुई। वह सर्वथा नवीन वस्तु नहीं होकर भारतीय चित्रकला की ही एक तरंग थी, जो ईरानी कलाकारों के सहयोग से उठी और उठकर फिर मुख्य धारा में विलीन हो गई। राजपूत-कलम की दुनिया जादू की दुनिया है, जिसमें सभी पुरुष वीर और सभी रमणियाँ सुन्दर एवं लजीली होती हैं एवं जिसके सारे पालतू और जंगली जीव मनुष्य के मित्र होते हैं तथा इस दुनिया के तृण-तृण इतने चेतन हैं कि नव वधू के पैरों की आहट उन्हें सुनाई दे जाती है। इसके विपरीत, मुगल-कलम की दुनिया वह दुनिया है, जिसमें हाथी-से-हाथी, बाघ-से-बाघ और शेर-से-शेर लड़ते दिखाई देते हैं। मुगल-कलम की चरम-परिणति बादशाहों एवं सरदारों के व्यक्ति-चित्रों में हुई। राजपूत-कलम ने प्रेम और विरह की अनन्तता तथा अदृश्य के अनुसन्धान में अपने को उत्सर्ग कर दिया। मुगल-कलम उस वंश की समाप्ति के साथ समाप्ति हो गई, जिसने उसे जन्म दिया था। किन्तु, राजपूत-कलम अब भी जी रही है।

भौगोलिक दृष्टि से राजपूत-कलम के दो क्रीड़ा-क्षेत्र रहे हैं, एक तो हिमालय की तराई और दूसरा राजस्थान का मैदान। तराई में इस कला का सूक्ष्म-से-सूक्ष्म चमत्कार काँगड़ा-शैली में अभिव्यक्त हुआ और मैदान में जयपुर की शैली में।

रीतिकाव्य और राजपूत-कलम

किन्तु, राजपूत-कलम की दुर्बलता यह है कि विकास की ओर उसके कदम नहीं हैं। बहुत दिनों की साधना के कारण अब उसकी सम्भावनाएँ शून्यवत् रह गई हैं। उस पर आलंकारिकता

का भी प्रभाव पड़ा है एवं सबसे बड़ी कठिनाई यह है कि परम्परा का अच्छा ज्ञान नहीं रहने से चित्र, बहुधा, समझ में कम आते हैं। यह मनुष्य-स्वभाव के साथ एक रहना चाहती है, किन्तु, वास्तविकता की उपेक्षा करके। सच तो यह है कि राजपूत-कलम हिन्दी की रीतिकालीन कविता का अनुपूरक अंग है। जैसे, तत्कालीन काव्य का आकर्षण उसके विषय नहीं, कलाकारिता को लेकर है, वैसे ही, इन चित्रों का भी मुख्य आकर्षण उनकी मँजावट में है। कृष्णलीला, नायिका-भेद और रामलीला से प्रेरणा रीतिकालीन कवियों को भी मिली और चित्रकारों को भी। चित्रकारों ने एक फाजिल काम यह किया कि उन्होंने राग-रागिनियों के भी चित्र बना डाले। रीतिकालीन कवियों की ओर इन चित्रकारों का बहुत रुजहान था। इन चित्रकारों ने केशव की कविताओं पर चित्र बनाए और दतिया-राज्य में, अष्टयाम, बिहारी-सतसई और मतिराम के रसराज पर भी अनेक चित्र बनाए गए। स्पष्ट ही, यह ईरानी प्रभाव था। ईरान में पुस्तकों को सचित्र करने की परिपाटी थी। उसका अनुकरण पहले अकबर के दरबार में हुआ और, बाद को, हिन्दू-नरेशों के यहाँ।

मुगल-कालीन चित्रों के विषय में लिखते हुए कला-मर्मज्ञ श्रीयुत रायकृष्णदासजी ने कहा है कि ''इन चित्रों में हद से ज्यादा रियाज, महीनकारी, रंगों की खूबी तथा शान-शौकत एवं अंग-प्रत्यंग की लिखाई, दरबारी अदब-कायदों की जकड़बन्दी, और शाही दबदबे के कारण भाव का सर्वथा अभाव, बल्कि, एक प्रकार के सन्नाटे-सा पाया जाता है जिससे जी ऊबने लगता है।''[12] यह उक्ति बहुत कुछ रीतिकालीन कविता पर भी लागू की जा सकती है।

रीतिकालीन हिन्दी कविता का एक लक्षण यह भी है कि उसके पिछले वर्षों की कविताएँ रीति के बन्धनों से बहुत-कुछ मुक्त हो जाती हैं एवं उनमें एक नया आनन्द झलकने लगता है, जो परिमार्जित शैली में हृदय की सच्ची अनुभूतियों के लिखने का आनन्द है। आलम, शेख, बोधा और घनानन्द, इसी आनन्द के कवि हैं। आश्चर्य की बात है कि जैसे अठारहवीं सदी में इन कवियों ने कविता में फिर से प्राण डाल दिए, वैसे ही, इस कला में पहाड़ी-कलम (काँगड़ा-शैली) के चलते, चित्रकला भी सजीव हो उठी। और जैसे आलम, बोधा और घनानन्द में जो आकर्षण है, उसका उद्‌गम सूफी भाव-धारा और भारतीय भाव-धारा का मिलन-विन्दु है, वैसे ही, पहाड़ी-कलम में भी ताजगी मुगल-कलम से आई है। ''पहाड़ी-कलम मुगल-कलम की सद्यः सन्तति है। एवं यही कलम अजन्ता के बाद भारत की सबसे उच्च कलामय उड़ान भी है।[13] घनानन्द की कविता में जो हार्दिकता और उन्मुक्तता है, वही हार्दिकता और उन्मुक्तता पहाड़ी शैली के गुण हैं। ये कलाकार जनजीवन के बहुत समीप थे। उन्होंने अनेक विषयों पर चित्र बनाए। ''हिन्दी के प्रमुख और साधारण कवियों से लेकर जीवन की दैनिक चर्या और शबीह तक, ऐसा एक भी विषय नहीं है, जिसे इस शैली के चित्रकारों ने छोड़ा हो।''[14]

मुगल और राजपूत-कलमों के मेल से जो पहाड़ी-कलम निकली, वह खूब कामयाब रही और उसने भारतीय भावनाओं की अभिव्यक्ति भी सफलता से की। किन्तु मौर्यों के समय, भारत और यूनान की कलाओं के मेल से जो गान्धार-कला निकली थी, वह टिकाऊ न हो सकी, क्योंकि वह भारत की आत्मा के अनुकूल नहीं थी। इससे यह निष्कर्ष निकलता है कि कला के क्षेत्र में भारत का एशिया से तो पूरा मेल है, किन्तु उसका यही मेल यूरोप के साथ नहीं बैठ सकता। साहित्य में भी, ईरानी भावों का भारतीय भावों से जो मिश्रण हुआ,

उसे तो जनता ने उठा लिया है, किन्तु, अत्याधुनिक यूरोप की जो विशिष्टताएँ भारतीय कविता में उतारी जा रही हैं, उन्हें जनता कभी ग्रहण भी करेगी या नहीं, यह संदिग्ध बात है।

स्थापत्य या वास्तु-कला पर प्रभाव

हिन्दुओं के यहाँ मन्दिर बनाने की दो शैलियाँ प्रचलित हुईं, एक उत्तर में और दूसरी दक्षिण में, यद्यपि, दोनों शैलियाँ मूलतः, एक ही हैं। उत्तर के हिन्दू-मन्दिरों में भुवनेश्वर (उड़ीसा), खजुराहो (मध्य प्रदेश), बोध गया, आबू और पालीतान (सौराष्ट्र) के मन्दिर प्रसिद्ध हैं। दक्षिणी शैली के अद्भुत नमूने मदुरा, श्रीरंगम् (त्रिची), महाबलीपुरम्, कांजीवरम् (कांची) आदि के मन्दिर हैं। सच पूछिए तो मन्दिर-रचना की जो विशुद्ध सरणी दक्षिण में देखने को मिलती है, वह उत्तर में नहीं है। हिन्दुत्व का गढ़ अब दक्षिण भारत ही रह गया है एवं जिसने दक्षिण मन्दिरों को नहीं देखा, उसे इसका आभास दिलाना भी कठिन है कि हिन्दू-मन्दिरों की विशेषताएँ क्या होती थीं। दक्षिण के मन्दिरों की रचना में हिन्दू-दर्शन की प्रतीकात्मक अभिव्यक्ति हुई है। ये मन्दिर से बाहर से पाँच या सात प्राकारों से घिरे होते हैं और सबके केन्द्र में गर्भ-मन्दिर होता है, जिसमें देवता निवास करते हैं। इस गर्भ-मन्दिर में वातायन नहीं होते, न उसका आकार ही बड़ा होता है। प्राकार शरीर के बाह्यावयवों के रूपक हैं और गर्भ-गृह आत्मा का संस्थान। तुलसीदास ने ज्ञानदीपक (उत्तर-कांड) के प्रसंग में कहा है–

तब सोइ बुद्धि पाइ उजियारा,
उरगृह बैठि ग्रन्थि निरवारा।

मन्दिरों के गर्भ-गृह इसी उर-गृह के प्रतीक हैं।

किन्तु, हिन्दू-मन्दिरों की गणना भारत में ही समाप्त नहीं हो जाती। सीलोन, जावा, कम्बोडिया, स्याम, बर्मा, तिब्बत, खुतन, तुर्किस्तान, मंगोलिया, चीन, कोरिया और जापान में भी हिन्दू-शैली के मन्दिर बने थे। भारत के अनेक मन्दिर तो आक्रमणों के क्रम में ध्वस्त हो गए, किन्तु, बाहर के बहुत-से मन्दिर अब भी विद्यमान हैं और उनके अध्ययन के बिना भारतीय वास्तु का अध्ययन अधूरा रह जाता है। भारत और, प्रायः समस्त विश्व के सर्वश्रेष्ठ मन्दिर जावा में हैं, यह बात अन्य देशों के विद्वान् भी मानते हैं।[15]

मन्दिर बनाने का शौक भारतीय राजाओं को बहुत था। सात-सात प्राकारों के जो बड़े-बड़े मन्दिर हैं, वे किसी एक राजा के राज्य-काल में नहीं बने थे, प्रत्युत, उनमें कई पीढ़ियों का परिश्रम और धन लगा था। मन्दिर बनाने की धुन हिन्दुओं में ऐसी प्रचंड थी कि एक ओर तो उत्तर भारत में मुसलमान मन्दिरों को मटियामेट कर रहे थे, दूसरी ओर, दक्षिण के राजे तब भी नए मन्दिर बनवा रहे थे। अनेक टूटे मन्दिर भी हिन्दुओं ने कई बार बनवाए। सोमनाथ का मन्दिर पाँच बार तोड़ा गया था और पाँच बार, किसी-न-किसी, हिन्दू राजा ने उसे फिर से बनवा दिया।

इन मन्दिरों में जो कला और कारीगरी है, उसका सम्यक् वर्णन करना लेखनी के बस के बाहर की बात है। मदुरा और तंजोर के मन्दिरों को देखते-देखते मन किसी सुदूर दिशा में उड़ने लगता है एवं यह कल्पना दिमाग में किसी तरह नहीं आती कि कारीगरी इससे बाल भर भी आगे जा सकती है। दक्षिण के गोपुरों में तो गुच्छ की गुच्छ सुन्दरताएँ एक साथ

झूलती दिखाई देती हैं एवं ऐसा भासता है, मानो मूर्तिकला स्थापत्य की सेज पर नाना रूपों में विहार कर रही हो। "बड़ोली के मन्दिर की तक्षणकला की प्रशंसा करते हुए कर्नल टाड ने लिखा है—यहाँ हुनर का खजाना खाली कर दिया गया है। इसके स्तम्भ, छत और शिखर का एक-एक पत्थर छोटे-से मन्दिर का दृश्य बतलाता है। प्रत्येक स्तम्भ पर खुदाई का काम इतना सुन्दर और बारीकी के साथ किया गया है कि उसका वर्णन नहीं हो सकता।" भारतीय शिल्प के प्रसिद्ध विद्वान् मि. फरगुसन लिखते हैं कि आबू के मन्दिरों में, जो संगमरमर के बने हुए हैं, अत्यन्त परिश्रम सहन करनेवाली हिन्दुओं की टाँकी से फीते-जैसी बारीकी के साथ ऐसी मनोहर आकृतियाँ बनाई गई हैं कि उनकी नकल कागज पर बनाने में कितने ही समय एवं परिश्रम से भी मैं सफल नहीं हो सका।"[16]

जब मुसलमान भारत आए, उसके पूर्व ही ग्रेनेडा, कैरो, रूसले और बगदाद में महलों के अद्‌भुत निर्माता सिद्ध हो चुके थे। भारत में उन्होंने जो भवन बनवाए, उनमें कुछ मस्जिदें, दिल्ली का लाल किला, फतहपुर सीकरी का किला, आगरे का ताजमहल तथा सासाराम और दिल्ली के मकबरे बहुत प्रख्यात हैं। अफगान बादशाहों के समय भवन-निर्माण में हिन्दू कारीगर ही, विशेष रूप से, रखे जाते थे और, कभी-कभी मन्दिरों के पाए और बन्दनवार भी तोड़कर उनमें लगा दिए जाते थे। इसलिए, इन निर्माणों का रूप वर्णसंकर-जैसा लगता है। फरगुसन ने लिखा है कि अजमेर की जामा मस्जिद का नक्शा आबू के जैन मन्दिर पर से लिया गया था। कभी-कभी ऐसा भी हुआ कि हिन्दू-मन्दिरों को ही मुसलमानों ने मस्जिदों में परिणत कर दिया। धारा नगरी की यज्ञशाला का यही हाल हुआ है। कहते हैं, कुतुब-मीनार में हिन्दू-कला की जो छाप है, वह इस कारण कि उसमें 27 मन्दिरों के खंडित अंश लगाए गए थे। दिल्ली के पास कूवतुल-इस्लाम नामक मस्जिद ठीक उसी जगह पर बनाई गई, जहाँ पहले जैन मन्दिर था और उसके निर्माण में मन्दिर के अनेक खंडित अंश ज्यों-के-त्यों लगा दिए गए।

विश्वकर्मा और जौहरी का मिलन

स्थापत्य में भी समन्वय का आरम्भ अकबर ने ही किया। उसके फतहपुर सीकरी के किले में जो विराटता है, वह हिन्दू-वास्तु की स्वाभाविक विराटता का प्रभाव है। अकबर के समय में मुगल-कला ने अपनी प्रगति की राह पकड़ी, जहाँगीर के समय वह बढ़ी और शाहजहाँ के समय में वह अपने चरम सीमा पर पहुँच गई। बाहर के कला-पारखी इस बात पर आश्चर्य करते हैं कि ताजमहल ईरान, मिस्र या स्पेन में नहीं बनकर, भारत में क्यों बना। वस्तुस्थिति यह है कि ताजमहल का निर्माण मुसलमान भारत में ही कर सकते थे, क्योंकि वास्तु की जैसी सूक्ष्म और जितनी विराट् परम्परा भारतवर्ष में थी, वैसी संसार में और कहीं नहीं थी।

भारतीय वास्तु में प्राणवत्ता, पौरुष और वैराट्य था। ईरानी कला के लालित्य, नारीत्व और सूक्ष्मता का जब उसके साथ मिश्रण हुआ, तब इस मिश्रण से नई कला का जन्म हो गया, जो अत्यन्त मनोहर और अपूर्व थी। ताज में केवल वास्तु ही नहीं है, उसके साथ मूर्तिकारी और चित्रकारी भी लगी हुई है। भवन के रूप में ताज खड़ी हुई प्रतिमा के समान है एवं संगमरमर के फलक पर उसे हम चित्र भी कह सकते हैं।

मदुरा, तंजोर, भुवनेश्वर और बोध गया में हिन्दू-वास्तु का जो पौरुष, प्राणवत्ता और

वैराट्य साकार है, फतहपुर सीकरी, दिल्ली और आगरे में वही ईरानी लालित्य और प्रगीतमयता को अपनी गोद में उठाए हुए है। कहते हैं, मुगल निर्माता निर्माण तो विश्वकर्मा की तरह करते थे, किन्तु समाप्ति उनकी जौहरियों की तरह होती थी। लेकिन, यह विश्वकर्मा भारत का था, केवल जौहरी को ही हम ईरानी कह सकते हैं। अतएव, इस कहावत को बदलकर ऐसे रखना चाहिए कि विश्वकर्मा के समान विराट् निर्माण करने की क्षमता हिन्दुओं में थी और जौहरियों के समान समाप्त करने में मुसलमान प्रवीण थे। मुगल-स्थापत्य में हम जो चमत्कार देखते हैं, वह इसी विश्वकर्मा और जौहरी के मिलन का चमत्कार है।

हिन्दू-वास्तु का प्रभाव आकार की विराटता के कारण पड़ता है; मुस्लिम-वास्तु का तफसीली बारीकी के कारण। एक में शक्ति की शोभा है, दूसरे में सौन्दर्य का सम्मोहन। हिन्दू-निर्माताओं में राग था, उद्वेग और उद्दामता थी तथा उनकी उर्वरता का स्रोत कभी सूखता नहीं था। मुस्लिम-निर्माताओं में रुचि थी, कला से आनन्द लेने की उमंग थी और उद्दामता को वे नियन्त्रण में रख सकते थे। हिन्दू मन्दिरों की दीवारों पर इतनी रचनाकारी कर देते थे कि सारा मन्दिर ही मूर्तिकला का उदाहरण बन जाता था। दीवारों को सजाने का चाव मुसलमानों में भी था, किन्तु, इस चाव को उन्होंने ज्यामिति के अनुपात में लता और पुष्पों के खचन से पूरा किया।

हिन्दू-वास्तु में पौरुष और प्रताप का तेज है। मुस्लिम-स्थापत्य से रंजकता की लहर उठती है। किन्तु, विराटता रंजकता की अपेक्षा अधिक प्रभावशालिनी होती है। इसीलिए, भुवनेश्वर, तंजोर और बोरोबुदुर (जावा) के मन्दिरों के पार्श्व में ताजमहल वैसा ही लगता है जैसे नाटकों की बगल में संगीत[17] जैसे वाल्मीकि के पार्श्व में कालिदास, जैसे तुलसी के पार्श्व में बिहारी या घनानन्द।

ऐसा लगता है कि चित्रकला में मुगल-गरिमा जिस प्रकार निखरी, उससे अधिक वह स्थापत्य में निखरी है। साहित्य, चित्र और स्थापत्य, प्रायः, प्रत्येक क्षेत्र में हिन्दुओं का उत्तराधिकार बहुत-कुछ महाकाव्य-कल्प था। मुस्लिम-प्रभाव ने उसे लिरिक (प्रगीत) की ओर मोड़ा। उर्दू में कोई सर्वविदित मसनवी नहीं लिखी गई, यह भारत में इस्लामी संस्कृति की प्रगीतमयता का प्रमाण है। इसी प्रकार, पहाड़ी-कलम जो मुगल-कलम की सन्तति है, प्रगीतात्मक रही है। एवं मुस्लिम-वास्तु की स्त्रैण माधुरी का क्या कहना? ताजमहल भारतीय स्थापत्य का अद्भुत प्रगीत है।

सन्दर्भ

1. तत्कालीन चीनी चित्रकार भी इन्हीं लक्षणों को मानते थे। पर्सी ब्राउन का अनुमान है कि ये लक्षण भारत से ही चीन गए होंगे।
2. इतिहास-प्रवेश।
3. मध्यकालीन भारतीय संस्कृति, गौरीशंकर हीराचन्द्र ओझा।
4. कोर्ट पेंट्स ऑफ द ग्रांड मोगल्स (लेखक–अर्नाल्ड और विनोयन)।
5. देखिए, इंडियन सोसाइटी ऑफ ओरियंटल आर्ट, कलकत्ता के समक्ष सन् 1910 ई. में "मुगल आर्ट एंड राजपूत-पेंटिंग" पर दिया गया भाषण।

6. आर्ट एंड स्वदेशी–आनन्दकुमार स्वामी।
7. That drawing is best which, by its action, best expresses the passion that animates the figure.
8. ऑन द स्टडी ऑफ इंडियन आर्ट–आनन्दकुमार स्वामी।
9. फेसियल एक्सप्रेशन इन इंडियन स्कल्पचर–आनन्दकुमार स्वामी।
10. ऑन् मुगल एंड राजपूत पेंटिंग (आर्ट एंड स्वदेशी में)
11. वही।
12. भारत की चित्रकला।
13. वही।
14. वही।
15. देखिए, विल डुरांट-कृत ऑवर ओरियंटल हेरिटेज।
16. मध्यकालीन भारतीय संस्कृति।
17. विल डुरांट–ऑवर ओरियंटल हेरिटेज।

प्रकरण-10

साहित्य और भाषा पर प्रभाव

अनाध्यात्मिक काव्य

अपनी छोटी-सी पुस्तक 'बँगला-काव्य की भूमिका' में प्रोफेसर हुमायूँ कबीर ने यह स्थापना रखी है कि धर्म-निरपेक्ष-काव्य की रचना बंगाल में इस्लाम प्रभाव के कारण आरम्भ हुई। उनका कहना है कि ''दरबार में अरब और फारस की कहानियों के चलन ने ही सामाजिक काव्य-रचना के लिए सामग्री जुटाई और उनका सांसारिक एवं अनाध्यात्मिक रूप भी दरबार की पेचीदा जिन्दगी की परछाईं है।'' बंगाल के पठान-शासकों ने रामायण और महाभारत का अनुवाद संस्कृत से बँगला में करवाया था। इस पर से हुमायूँ कबीर ने यह निष्कर्ष निकाला है कि रामायण और महाभारत में मुसलमानों की दिलचस्पी धर्म के कारण नहीं, केवल कथा को लेकर थी। उनका अनुमान, शायद यह है कि जब मुसलमानों ने रामायण और महाभारत का महत्त्व धर्म के कारण नहीं, केवल कथा के कारण माना, तब उससे कवियों को यह प्रेरणा प्राप्त हुई कि कविता का एक क्षेत्र अनाध्यात्मिक कथानक भी हो सकता है।[1] ऐसी कविता के उदाहरण के रूप में नाम कबीर साहब ने 'मनसामंगल' और 'चंडीमंगल' काव्य के लिये है।

मनसामंगल और चंडीमंगल, ठीक-ठीक, अनाध्यात्मिक काव्य हैं या नहीं, इस विषय में सन्देह प्रोफेसर कबीर को भी है। किन्तु, इस सन्देह को वे यह कहकर टाल देते हैं कि ''मनसामंगल और चंडीमंगल का प्रधान उपादान सामाजिकता ही है।'' उनका यह भी खयाल है कि ''चंडी की कृपा से धनपति की प्राण-रक्षा की जो कहानी है, उससे आरव्योपन्यास (अरेबियन नाइट्स) की राक्षस-परी की कहानी का मूलगत कोई फर्क नहीं है।''

प्रोफेसर कबीर के चिन्तन की दिशा यह है कि जब इस्लाम बंगाल पहुँचा, उस समय ''बंगाल का मानसिक गठन संसार-विमुख और त्याग-धर्मी था।'' इसके विपरीत, इस्लाम का दृष्टिकोण संन्यास-विरोधी इहलौकिक रहा था। बंगाल के कवियों पर इस्लाम के इसी संन्यास-विमुख इहलौकिक दृष्टिकोण का प्रभाव पड़ा और ''इस्लाम के इस संघात से पश्चिम बंगाल के हिन्दुओं में जगी वैष्णव-कविता, पूर्व बंगाल में जगा 'मनसामंगल'। वैष्णव-काव्य की साधना मानव धर्म से ऊपर अति मानव के दायरे में रही और 'मनसामंगल' की साधना थी लोकातीत को समाज-जीवन के सहज सम्बन्ध में प्रकाशित करना।''

बँगला-साहित्य के प्रसंग में यह उक्ति कहाँ तक ठीक है, यह बात वे बतलाएँगे जिन्होंने मनसामंगल और चंडीकाव्य की परम्पराओं का अनुसन्धान किया है।[2] किन्तु हम समझते

हैं कि अनाध्यात्मिक काव्य की परम्परा भारत में अत्यन्त प्राचीन है। ऐसी कविता का सबसे प्राचीन दृष्टान्त राजा हाल की 'गाथा-सप्तशती' है जिसकी रचना, कदाचित्, ईसा के जन्म के आस-पास हुई थी। मनसामंगल और चंडीकाव्य को शुद्ध अनाध्यात्मिक काव्य का नमूना हम मान भी नहीं सकते। विशुद्ध अनाध्यात्मिक काव्य तो गाथा-सप्तशती ही है, जिसमें हम, पहले-पहल, स्फुट पदों में ऐसे भाव पाते हैं, जिनका परलोक से कोई सम्बन्ध नहीं है, जो पूरी कलात्मकता के साथ जन-साधारण के प्रेम, विरह और सांसारिक आनन्द को चित्रित करते हैं।

हाल की सप्तशती का भारतीय कवियों पर अच्छा प्रभाव पड़ा एवं उसके अनुकरण पर संस्कृत में भी रचनाएँ की जाने लगीं। अमरुकशतक और गोवर्धनाचार्य की 'आर्यासप्तशती' इसके प्रमाण हैं। हाल की गाथा-सप्तशती प्राकृत में है। किन्तु, प्राकृत में विरचित ये गाथाएँ नैसर्गिक श्रृंगार के घात-प्रतिघातों को जिस सहजता से व्यक्त करती हैं, उस सहजता को संस्कृत में अक्षुण्ण रखने में आचार्य गोवर्धन को कठिनाई अनुभूत हुई। उन्होंने स्वीकार किया है कि मेरी कठिनाई यह है कि मैं नीचे के पानी को ऊपर ले जाना चाहता हूँ, किन्तु, पानी ठीक से ऊपर को नहीं चढ़ पाता। ये पद्य भारतीय साहित्य के लिए बिलकुल नवीन थे। गाथा-सप्तशती, अमरुक-शतक और आर्या-सप्तशती के कवियों ने परलोक की चिन्ता से छुट्टी पा ली थी। वे दैनिक गार्हस्थ्य-जीवन के अत्यन्त समीप थे।

जब इस्लाम भारतवर्ष पहुँचा, उसके पूर्व ही ऐहिक काव्य की यह परम्परा पूरे भारत में फैल चुकी थी और संस्कृत में ऐसे लाखों स्फुट पदों की रचना की जा चुकी थी, जिनमें धर्म और परलोक की चिन्ता नहीं थी, जीवन के भोग्य रूपों का ही सरस बखान था। ऐसे पद संस्कृत के सुभाषित-संकलनों में अब भी संचित मिलते हैं। इन पदों की भीतर, छिपे-छिपे, एक प्रकार की भावुकता भी पलती आ रही थी जो लड़कियों की अदाओं पर न्योछावर होती थी, जो प्रेम के ऐहिक रूपों पर कुर्बान थी, जो विरह के दाह से मुरझाने लगती थी एवं मिलन की वर्षा में भीगकर, क्षणमात्र में, हरी हो जाती थी। हिन्दी-साहित्य की गवाही यह है कि इस्लाम का प्रभाव भारतीय साहित्य के इसी भावुक पक्ष पर पड़ा।

और यह स्वाभाविक भी था। हिन्दू और मुस्लिम स्वभाव का विश्लेषण करते हुए किसी ने कहा है कि औसत हिन्दू ज्ञानी और औसत मुसलमान कवि होता है। यदि कोई व्यक्ति चिन्तन की ऊँचाइयों तक उड़ना चाहे तो मैत्री उसे किसी हिन्दू विद्वान् से करनी चाहिए। लेकिन, अगर उसे खेलने-कूदने और तैरने का शौक हो तो दोस्ती किसी मुस्लिम नौजवान से अच्छी रहेगी। वैसे भी, अत्यन्त प्राचीन होने के कारण हिन्दू-संस्कृति भावुक से अधिक चिन्तनशील थी। किन्तु, वय में नवीन होने के कारण इस्लाम का पूरा झुकाव भावुकता की ओर था।

इस्लाम का सर्वाधिक प्रभाव भारतीय साहित्य के भावुकतावाले पक्ष पर ही क्यों पड़ा, इसका एक दूसरा कारण यह भी मानना चाहिए कि यही वह क्षेत्र था जहाँ धर्म की बाधा नहीं थी। हिन्दी में धार्मिक काव्य की रचना करनेवाले मुसलमान कवि कम हुए हैं। जो हुए भी, उनका प्रभाव साहित्य की प्रमुख धारा ने ग्रहण किया। जायसी, कुतबन, मंझन, उस्मान आदि सूफी कवियों की परम्परा उन्हीं लोगों तक सीमित रह गई। जब यह परम्परा जीवित

थी, तब भी, उस परम्परा ने एक भी हिन्दू कवि उत्पन्न नहीं किया। इसी प्रकार, कबीर और दादू को जो शिष्य मिले, वे सनातन धर्मावलम्बी-समाज में स्थान नहीं बना सके, न शिष्ट साहित्य उनमें से अधिकांश को अपना श्रेष्ठ कवि ही मानता है। किन्तु, रहीम, रसखान, रसनिधि, रसलीन, आलम और शेख तथा मुबारक, ये हिन्दी की अत्यन्त शिष्ट धारा के कवि हैं और हिन्दी की काव्य-परम्परा पर उनका प्रभाव भी माना जाता है। ये सभी कवि धर्म-निरपेक्ष कलाकार थे और रीतिकालीन हिन्दी कवियों के उस विशाल समुदाय में वे भली-भाँति खप जाते हैं जिस समुदाय का उद्देश्य मनुष्य का सुधार नहीं, केवल सौन्दर्य और प्रेम का आख्यान था।

मुस्लिम-युगीन भारत में धर्म-निरपेक्ष काव्य के श्रेष्ठतम उदाहरण बँगला के मनसामंगल और चंडीमंगल नहीं, हिन्दी की रीतिकालीन कविताएँ हैं, जिनका धर्म से कोई सम्बन्ध नहीं है तथा जिनके रचयिताओं में हिन्दू और मुसलमान, दोनों ही जातियों के प्रतिभाशाली कवियों के उज्ज्वल नाम हैं। पश्चिमोत्तर भारत के बारे में प्रोफेसर हुमायूँ कबीर का यह कहना नितान्त अशुद्ध है कि ''दिल्ली-दरबार में फारसी की बाढ़ से देशभाषा को पनपने का मौका नहीं मिला।'' हिन्दी भाषा ने अपने सम्पूर्ण इतिहास में जो सर्वश्रेष्ठ-कवि उत्पन्न किए, वे सब-के-सब, मुस्लिम-शासन-काल में ही जनमे थे। कबीर, जायसी, विद्यापति और दादूदयाल पठान-युग में उत्पन्न हुए थे तथा सूरदास, तुलसीदास, केशवदास, मीराबाई, रहीम, रसखान, देव, पद्माकर, घनानन्द तथा उनके सैकड़ों अनुयायियों का समय मुगलों का शासन-काल था। हिन्दी-भाषा संसार के समग्र साहित्य के समक्ष अपनी जिस समृद्धि का दावा करती है, वह सारी-की-सारी समृद्धि उसने पठानों और मुगलों के समय में ही अर्जित की थी। प्रोफेसर कबीर की यह मान्यता भी बिलकुल अशुद्ध है कि नवाबी युग में भारत की अन्य ''देशभाषाओं की तुलना में बँगला का काव्य-विकास सर्वोत्तम था। भारत की किसी दूसरी भाषा में, शायद, काव्य-साधना को इतनी सफलता नहीं मिली थी।'' मात्र अज्ञान के कारण अच्छे चिन्तक भी हास्यास्पद भूलें कर बैठते हैं। कबीर साहब की यह उक्ति ऐसी ही भूल का दृष्टान्त है। मुस्लिम-काल में आधुनिक भारतीय भाषाओं में जो साहित्य सृजन हुआ, उसका सर्वोच्च शिखर हिन्दी-भाषा में खड़ा हुआ था। बँगला काव्य का शिखर ऊँचाई पर तब पहुँचा, जब बंगाल में माइकेल मधुसूदन दत्त और विश्वकवि रवीन्द्रनाथ ठाकुर उत्पन्न हुए। किन्तु, ये बातें लोगों की समझ में, शायद, तब आएँगी जब आज का भाषा-विषयक द्वन्द्व शमित हो जाएगा और विद्वान् तथ्यों की परीक्षा किए बिना किसी भी भाषा की ओर से कोई बड़ा दावा नहीं करेंगे।

श्री राहुल सांकृत्यायन की 'हिन्दी-काव्यधारा' के अनुसार हिन्दी के सबसे पहले मुसलमान कवि अमीर खुसरो नहीं, बल्कि, अब्दुर्रहमान हुए हैं। अब्दुर्रहमान मुलतान के निवासी और जाति के जुलाहे थे। राहुलजी ने इनका समय 1010 ई. माना है। इनकी कविताएँ, वस्तुतः अपभ्रंश में हैं, किन्तु, उनकी भावधारा ऐहिकतापरक है एवं नर-नारियों का मिलन और विरह ही उनका मुख्य विषय है। अरबी और फारसी के शब्द तो उन्होंने नहीं रखे हैं, किन्तु, विचार से वे सांसारिकता के ही समर्थक हैं। सम्भव है, यह प्रेरणा उन्हें इस्लाम से भी मिली हो, किन्तु, मूलतः, प्रभाव उन पर उस भारतीय परम्परा का था जिसके अधीन गाथा और आर्या-सप्तशतियों की रचना हुई थी। इसी प्रकार, अमीर खुसरो की हिन्दी-कविताओं का

भी इस्लाम अथवा हिन्दू-धर्म से कोई सरोकार नहीं है। उनकी क्रीड़ा-स्थली धर्म-निरपेक्षता की भूमि है।

दर्द की नई अदाएँ, रूपकों की नई छटा

रीतिकाल के, सारे-के-सारे, कवि संस्कृत के प्रभाव में थे। संस्कृत में जो, ढेर के ढेर, सरस, अनाध्यात्मिक श्लोक लिखे गए थे, उन्हीं से प्रेरणा लेकर हिन्दी के कवियों ने भी असंख्य दोहों, सवैयों और कवित्तों की रचना की। किन्तु इन्हीं कवियों में, विशेषतः, उनके मुस्लिम-सहकर्मियों में हम ऐसी भंगिमा देखते हैं, जो फारसी के प्रभाव की सूचना देती है।

रसखान, मुबारक, आलम और शेख की कविताओं में जो ताजगी, जो निरालापन और वेधकता मिलती है, वह उनके पूर्वज अथवा समकालीन कवियों का सामान्य गुण नहीं है। विशेषतः, आलम और मुबारक में एक विचित्र सम्मोहन है जो संस्कृत और हिन्दी की परम्परा में होता हुआ भी अद्भुत और नवीन है। कहते हैं, आलम ब्राह्मण से मुसलमान हुए थे, किन्तु, उनके विख्यात सवैये[3] में विरह की जो टीस है, दर्द की जो अदा है, वह उनके समकालीन कवि-बन्धुओं के लिए किंचित् नवीन रही होगी। अवश्य ही, इस नवीनता को हम इस्लामीय भावुकता का प्रभाव कहेंगे। इसी प्रकार, मुबारक के दोहे में काफ की जो उपमा अलक से दी गई है, वह इसलिए कि मुबारक मुसलमान थे और काफ के नक्शे में अलक का चित्र उन्हें दिखाई दे सकता था।[4]

संस्कृत और हिन्दी कविता में जुगुप्सा-व्यंजक रूपकों के प्रयोग की परम्परा नहीं थी। यह परम्परा फारसी में थी और फारसी से ही उतरकर वह उर्दू कविता में सर्वत्र फैल गई। छुरी, कटार, कातिल, मकतल और खून के प्रतीकों द्वारा प्रेम की अनुभूतियों का वर्णन फारसीवाले करते थे। लेकिन, यह परम्परा उर्दूवालों को इतनी अच्छी लगी कि आज भी वह उनके साथ है।

चमन सैयाद ने सींचा यहाँ तक खूने-बुलबुल से,
कि आखिर रंग बनकर फूट निकला आरिजे-गुल से।

—अज्ञात

गले पै छुरी क्यों नहीं फेर देते,
असीरों को बेबालो-पर करनेवाले?

—यगाना चंगेजी

बवक्ते-कत्ल मकतल में कोई हमदम न था अपना,
निगह कुछ देर तक लड़ती रही शमशीरे-कातिल से।

—हफीज जालन्धरी

हमीं को कत्ल करते हैं, हमीं से पूछते हैं वो,
शहीदे-नाज, बतलाओ, मेरी तलवार कैसी है?

—अज्ञात

लगता है, उर्दू के जन्म से पूर्व ही यह प्रभाव सीधे फारसी से उतरकर हिन्दी में आ गया। और संयोग की बात यह है कि इस समय परम्परा के प्रवर्तकों में भी आदि नाम मुसलमान कवियों के ही मिलते हैं। रहीम का एक दोहा मिलता है—

जुकिहारी जोबन लिये, हाट फिरै रस देत,
आपन मांस चखाइ के, रकत आन को लेत।

प्रेम के आदान-प्रदान का वर्णन 'मांस चखाने' और 'रक्त पीने' के रूपकों में करना भारत के कवि नहीं जानते थे। हिन्दी में यह नई राह रहीम ने फारसी के असर में आकर तैयार की।

इसी प्रकार, रसखान के

"कोउ याहि फाँसी कहत, कोउ कहत तरवार,
नेजा, भाला, तीर कोउ, कहत अनोखी ढार।"

इस दोहे में भी पं. विश्वनाथ मिश्र फारसी का प्रभाव मानते हैं, यद्यपि, नयन-बाण का रूपक संस्कृत और हिन्दी, भाषाओं में चलता आया था।

भारतीय साहित्य की ऐहिक धारा मुस्लिम कवियों को अनुकूल मालूम हुई थी, इसका एक प्रमाण यह भी है कि हिन्दी में, संस्कृत के अनुकरण पर, नायिका-भेद की पहली पुस्तक रहीम ने जो लिखी। विशेषता की बात यह है कि रहीम ने 'बरवा-नायिका' में नायिका-भेद का जो क्रम रखा, बाद के हिन्दी आचार्यों ने भी, अधिकांश में, उसी क्रम को स्वीकार किया। इससे भी बड़ी बात यह है कि हिन्दी में नायक-नायिकाओं की शाखा-प्रशाखाओं का जो अगम विस्तार हुआ, उसमें अधिक-से-अधिक नायिकाओं की सृष्टि एक मुसलमान कवि ने ही की। केशवदास ने नायिकाओं के 360 भेद कहे थे, देव ने 384, किन्तु, सैयद गुलाम नबी 'रसलीन' ने उन्हें 1352 तक पहुँचा दिया[5]। किन्तु नायिका-भेद की रचना करने में प्रेरणा इन कवियों को अरबी और फारसी से नहीं मिली थी। अरबी और फारसी में यह परम्परा थी ही नहीं। रहीम और रसलीन ने नायिका-भेद का वर्णन शुद्ध संस्कृत-हिन्दी की परम्परा में किया है। देखने की बात केवल यह है कि हिन्दी के मुसलमान कवियों ने भारतीय साहित्य की उस शाखा की सेवा अधिक की, जो ऐहिक और अनाध्यात्मिक थी।

प्रेम-पीड़ा की नई भंगिमा

हिन्दी के भक्ति-काव्य में प्रेम का आलम्बन ईश्वर का साकार रूप है। अतएव, भक्त कवि कृष्ण और राधा के लौकिक रूप का वर्णन करके अपनी सौन्दर्य-तृषा तथा प्रेम-भाव का भरपूर आख्यान कर देते थे। भक्त कवियों का प्रेम प्रेम के लिए नहीं, सदैव परमेश्वर के लिए उमड़ता था। किन्तु, सूफी-काव्य में प्रेम अपने-आपमें, स्वतन्त्र मूल्य बन गया। प्रेम की सार्थकता यह नहीं रही कि उसका लक्ष्य ईश्वर है। प्रेम केवल प्रेम होने से ही सार्थक और मूल्यवान् माना जाने लगा। इसका कारण यह था कि सूफी कवियों के यहाँ प्रेम का आलम्बन निराकार ईश्वर था। अतएव, उस प्रेम को दीप्त करने का कोई सुस्पष्ट आधार इन कवियों को सुलभ नहीं था। इसलिए, वे (आलम्बन को अदृश्य पाकर अथवा उसे आकार देने का कोई आधार नहीं देखकर) प्रेम-भाव की महत्ता और उसकी तीव्रता का प्रतिपादन करने लगे। इसी तीव्रता को लाने के लिए इन कवियों ने आहों से बननेवाले बादलों की कल्पना की, विरह में हृदय के फटने और सूर्य के अधिक उत्तप्त हो उठने का मज़मून बाँधा एवं वे यह कहने लगे कि प्रेम के मार्ग पर वही चल सकता है, जो शीश की दक्षिणा चुका सके, जो अपने मस्तक को काटकर

उस पर पाँव रख सके, जो घर फूँककर तमाशा देखने को तैयार हो।

जैसे भक्ति-आन्दोलन पर इस्लाम का प्रभाव कबीरदास के समय से पड़ने लगा, वैसे ही साहित्य में भी इस्लामी भावों का प्रवेश, सबसे पहले, कबीर में ही दिखाई देता है। प्रेम केवल ईश्वर-भक्ति का ही साधन नहीं, वह अपने-आपमें भी कोई स्वतन्त्र मूल्य है, इस अनुभूति की पहली कविता हिन्दी में कबीर की ही मिलती है।

प्रेम न बारी ऊपजै, प्रेम न हाट बिकाय,
राजा-परजा जेहि रुचै, सीस देइ लै जाय।
यह तो घर है प्रेम का, खाला का घर नाहिं,
सीस काटि भुइयाँ धरो तब पैठो घर माहिं।
सीस काटि भुइयाँ धरो, ता पर राखो पाँव,
दास कबीरा यों कहै, ऐसा हो तो आव।
मैं घर जारा आपना, लिया मुरैरा हाथ,
अब घर जारौं ताहि का जो चलै हमारे साथ।
पोथी पढ़ि-पढ़ि जग मुआ, पंडित हुआ न कोय,
ढाई आखर प्रेम का पढ़ै सो पंडित होय।

कबीर ने प्रेम को केवल स्वतन्त्र मूल्य ही नहीं माना, उनकी अपनी प्रेम-पीड़ा की अनुभूति में भी एक नई भंगिमा दिखाई देती है, एक नई तड़प मिलती है, जो हिन्दी के लिए, बहुत दूर तक, नई चीज थी।

अँखियन तो झाँईं पड़ीं, पन्थ निहार-निहार,
जिह्वा तो छाला पड़ा, नाम पुकार-पुकार।
बिरह-भुअंगम तन डसा, किया करेजे घाव,
बिरहिन अंग न मोड़िया, जित चाहो तित खाव।
सब रग ताँत रबाब तन, बिरह बजावै नित्त,
और न कोई सुनि सकै, कै साईं के चित्त।

'प्रेम-पीर' की यही नई भंगिमा हम मीराबाई में भी देखते हैं। अवश्य ही, दर्द की यह नई अदा, विरह-वेदना का यह नया रूप उन्हें कबीर की ही परम्परा से मिला होगा। किन्तु, दूर पर, कबीर और मीरा की इन बेचैनियों के पीछे, कहीं-न-कहीं, फारस के सूफियों की वेदना का हाथ था, इस अनुमान का खंडन नहीं किया जा सकता।

हे री, मैं तो दरद की मारी दीवानी रे,
मेरा दरद न जाने कोय।

अथवा

काढ़ि करेजो मैं धरूँ रे, कागा, तू ले जाइ।
ज्याँ देसाँ मेरा पिउ बसे रे, वे देखें, तू खाइ।

अथवा

घायल ज्यूँ घूमूँ सदा री, म्हारी व्यथा न बूझै कोइ।

इन पंक्तियों में विरह का जो रूप है, उसकी परम्परा न तो मेघदूत में मिलेगी, न माघ,

श्रीहर्ष और भवभूति में। यहाँ तक कि विरह की इस वेदना का आभास हाल और गोवर्धनाचार्य की सप्तशतियों में भी नहीं है। सम्भव है, दर्द की यह तर्ज लोकगीतों से उठकर साहित्य के धरातल पर पहुँची हो, किन्तु, तब भी यह विदेशियों के ही साथ इस देश में पहुँची होगी।

पं. विश्वनाथ मिश्र ने भी प्रेम के इस अतिरेक को विदेशियों का प्रभाव माना है। किन्तु, वे इस प्रभाव को वहीं प्रत्यक्ष देखते हैं, जहाँ "भूँज सरागहि वह नित मांसू" (जायसी) "सीस उतारे भुईं धरे" (कबीर) अथवा "काढ़ि करेजो मैं धरूँ रे" (मीराबाई) जैसी जुगुप्साव्यंजक पंक्तियाँ आती हैं।[6] यह ठीक है किन्तु इस्लामी प्रभाव की सारी बातें यहीं खत्म नहीं हो जातीं। वस्तुतः, इस काल में आकुल भावुकता का जहाँ भी हृदय-द्रावक आख्यान मिलता है, वहाँ फारसी के सूफी कवियों की व्याकुलता अवश्य याद आ जाती है।

प्रेम की जो बेचैनी कबीरदास और मीराबाई में है, वही दर्द शुद्ध ऐहिक धरातल पर, बोधा में भी बोलता है, घनानन्द में भी टीस जगाता है। हिन्दी में रोमानी आन्दोलन का आरम्भ छायावाद से माना जाता है, किन्तु सच पूछिए तो रोमानी भावों का जागरण बोधा और घनानन्द में ही आरम्भ हो गया था। हिन्दी में सूफी-कविता का रस जब भली-भाँति भीग चुका और रीति-काव्य से लोग ऊबने-से लगे, तभी बोधा और घनानन्द में कविता एक नई भंगिमा के साथ प्रकट हुई। इसकी सबसे बड़ी विशेषता उस नवीनता का ग्रहण था, जो कबीर और मीरा में झलक दिखाकर छिप गई थी अथवा जिसकी हलकी-सी झाँकी जब-तब हिन्दी के मुसलमान कवियों में दिखाई पड़ती थी। बोधा में इस्लामी भावुकता का प्रत्यक्ष तेज है और यही तेज उनकी कविता का मुख्य आकर्षण भी है। वे ठीक रोमानी प्रेमी की तरह प्रेम की कठिनाई से घबराए हुए हैं और उन्हें यह भी क्षोभ है कि उनकी पीड़ा को समझनेवाले लोग उनके आस-पास नहीं हैं। फारसी का जो असर उर्दू-गज़लों पर पड़ा, बहुत-कुछ वही असर हम बोधा की कविताओं में भी देखते हैं।

यह प्रेम को पन्थ कराल महा, तरवारि की धार पै धावनो है।

× ×

लोक की भीति डेरात जो मीत तो प्रीति की पैरे परे जनि कोऊ।

× ×

हम कौन सों पीर कहैं अपनी, दिलदार तो कोऊ दिखातो नहीं।

× ×

कहते ही बने, सहते ही बने, मन ही मन पीर पिरैबो करे।

घनानन्द के समकालीन मीर और दर्द रहे होंगे। कितने संयोग की बात है कि जब मीर यह लिख रहे थे कि

वसीयत मीर ने मुझको यही की,
कि सब कुछ होना तो, आशिक न होना।

तब घनानन्द के मुख से यह पंक्ति निकल रही थी कि–

देह दहै, न रहै सुधि गेह की, भूलिहूँ नेह को नाँव न लीजै।

कविता में जब रोमानी भावदशा प्रकट होती है, तब कवियों का एक लक्षण यह होता है कि वे अपने-आपको सबसे अधिक प्यार करने लगते हैं और यह संकेत देने लगते हैं कि

उनकी वैयक्तिक पीड़ाओं ने ही कविता का रूप ले लिया है। यह लक्षण मीर और घनानन्द, दोनों में मिलता है।

मीर कहते हैं,

मुझको शायर न कहो 'मीर' कि साहब मैंने,
दर्दो ग़म कितने किये जमा तो दीवान किया।

और घनानन्द का कहना है कि–

लोग हैं लागि कवित्त बनावत, मोहि तो मेरे कवित्त बनावत।

इस्लामीय भावुकता और फारसी भाषा का थोड़ा-बहुत प्रभाव रीति-काल के अनेक कवियों पर देखा जा सकता है। किन्तु, इनमें से प्रत्येक कवि की प्रेरणा संस्कृत से आती थी, केवल रचना के समय कुछ थोड़ा समकालीन प्रभाव उन पर पड़ जाता था। इस्लामी हुकूमत के मजबूत हो जाने पर मुस्लिम दरबारों और हिन्दू-रजवाड़ों में जो विलासिता फैली, जो चाक-चिक्य और जगमगाहट उत्पन्न हुई, उसकी परछाईं बिहारीलाल के दोहों में स्पष्ट दिखाई देती है। बिहारीलाल तथा अन्य रीतिकारों में विरह-वर्णन का जो रूप मिलता है, उससे मिलता-जुलता रूप तत्कालीन उर्दू कवियों के भी विरह-वर्णन में है। उदाहरणार्थ, जब बिहारीलाल यह लिख रहे थे कि–

औंधाई सीसी सुलखि विरह-ज्वाल-बिललात,
बिच ही सूखि गुलाब गौ, छींटौ छुयौ न गात।

तब उनके समकालीन उर्दू शायर आबरू पूछ रहे थे,

क्या सबब तेरे बदन के गर्म होने का सजन?
आशिकों में कौन जलता था, बदन जिसके लगा?

विरह-जनित ताप का अत्युक्तिपूर्ण वर्णन संस्कृत में बहुत दिनों से होता आया था। संस्कृत से ही यह परम्परा हिन्दी में आई। पता नहीं, फारसी में यह परम्परा कहाँ तक बढ़ी थी। यदि ईरानी कविता में इस अत्युक्ति की परम्परा कमजोर रही हो, तो मानना यही पड़ेगा कि भारत के फारसी और उर्दू के कवियों ने इस विषय में अतिशयता की शिक्षा संस्कृत और हिन्दी से ही ग्रहण की होगी। लेकिन, अत्युक्ति की परम्परा संस्कृत और फारसी, दोनों ही भाषाओं में थी। सम्भव है, हिन्दी और उर्दू में वह संस्कृत और फारसी, दोनों ही भाषाओं से पुष्ट हुई हो।

फारसी और उर्दू में पौराणिक प्रसंग भी भारत के नहीं, अरब और ईरान के चलते थे। लेकिन, हिन्दी के किसी भी कवि ने इन प्रसंगों को स्वीकार नहीं किया। केवल रसनिधि (जो मुसलमान थे) का एक दोहा मिलता है, जिसमें लैला और मजनूँ का प्रसंग है।

कोऊ मजनूँ-गोर-ढिग, लेहु न लैला नाम,
दरदवन्त को नेकु तो लेन देहु बिसराम।

रसनिधि के ही एक दूसरे दोहे में हम "गरेबाँ चाक" का मुहावरा और कज्जाक (अरबी में अर्थ होता है डाकू) शब्द का भी प्रयोग देखते हैं।

जेहि मग दौरत निर्दयी तेरे नैन कजाक,
तेहि मग फिरत सनेहिया किये गरेबाँ चाक।

जिन मरने थैं जग डरै

मृत्यु को काम्य मानने का भाव भी भारतीय साहित्य में कबीर से पहले नहीं मिलता है। ये देश निवृत्तिवादी था। यहाँ के दर्शनाचार्य लोक को असत्य और परलोक को सत्य बताते थे। लेकिन, इस दर्शन का सहारा लेकर कबीर से पहले के किसी भी भारतीय कवि ने यह नहीं कहा था कि चूँकि परलोक सत्य और लोक असत्य है, इसलिए, साधक को चाहिए कि वह शीघ्र-से-शीघ्र, मृत्यु को प्राप्त हो जाए।

मध्यकाल में भारत में भक्ति का जो विशाल आन्दोलन उठा, संन्यास और वैराग्य पर उसकी श्रद्धा अपार थी, किन्तु, भक्त कवि गार्हस्थ्य का विरोध नहीं सिखाते थे। उलटे, राधा और कृष्ण के प्रेम का वे जैसा वर्णन करते थे, उससे गार्हस्थ्य की महिमा बढ़ती थी और नर-नारी सम्बन्ध किसी उच्च धरातल पर पहुँचने की प्रेरणा पाता था। ये कवि मृत्यु तो क्या, स्वयं मोक्ष को भी काम्य नहीं समझते थे। मुक्ति के विरुद्ध इन कवियों का तर्क यह था कि जीव यदि ब्रह्म में विलीन हो गया तो भगवान् की सेवा करने का उसे अवसर कहाँ मिलेगा? भक्त कवि मानते थे कि जैसी लीला भगवान् ने मथुरा और गोकुल में की थी, वैसी ही लीला वे अपने परम धाम 'गोलोक' में, शाश्वत रूप से, करते रहते हैं। अतएव, भक्तों की अभिलाषा रहती थी कि मरने के बाद हम गोलोक पहुँचें और वहाँ, मोक्ष से दूर रहकर अनन्त काल तक भगवान् की सेवा करते रहें। कृष्ण के भक्त जिस लोक को गोलोक कहते थे, राम के भक्त वैसे ही लोक को साकेत समझते थे और दोनों प्रकार के भक्त मुक्ति न माँगकर भगवान् की सनातन सेवा के अधिकार की याचना करते थे। "देवा, तेरो भक्ति न छाड़ौं, मुक्ति न माँगौं, तव जस सुनौं-सुनावौं", यह कामना राम और कृष्ण, दोनों सम्प्रदायों के भक्तों की थी। रामाश्रयी वैष्णवों के परम अग्रणी सन्त गोसाईं तुलसीदासजी ने काक-भुशुंडी के मुख से कहलवाया है—

अस विचारि हरि भगत सयाने
मुक्ति निरादरि भगति लुभाने।

और प्रसिद्ध कृष्णाश्रयी भक्त कवि परमानन्द दास कहते हैं।

कहा करौं बैठहिं जाय?
जहँ नहिं नन्द, जहाँ न जसोदा, नहिं जहँ गोपी, ग्वाल, न गाय।
जहँ नहिं जल यमुना को निर्मल और नहीं कदमन की छाँय।
परमानन्द प्रभु चतुर ग्वालिनी, ब्रजरज तजि मेरी जाय बलाय।

भक्त कवियों के मन में, भीतर-भीतर, अभिलाषा साकेत या गोलोक की भले ही रही हो, किन्तु, बाहर वे जो कुछ कहते थे, उससे जीवन के प्रति लोगों की आस्था बढ़ती थी, जनता के बीच लोक को परलोक से श्रेष्ठ समझने का भाव उत्पन्न होता था तथा मनुष्य प्रकृति के दृश्य रूपों को प्यार करना सीखता था।

इसके विपरीत, सूफियों का दर्शन यह था कि जीव ब्रह्म से बिछुड़कर जीव हुआ है। जब से जीव ब्रह्म से अलग हुआ, तभी से वह वियोग में है। इस वियोग की समाप्ति तब होगी, जब जीव शरीर से निकलकर स्वतन्त्र हो जाएगा। जीव की स्थिति विरह की स्थिति है, यह दार्शनिक सिद्धान्त था। जब इस विरह की वेदनाओं का वर्णन कल्पना की भाषा में

किया जाने लगा, साधक इस विरह की समाप्ति के लिए बेचैन हो उठे और उसके अनेक मार्गों में से एक मार्ग उन्हें मृत्यु में भी दिखाई देने लगा। कबीर ने यह बात पूरी सुस्पष्टता से कही है।[7]

जिन मरने थैं जग डरै, सो मेरो आनन्द,
कब मरिहूँ कब देखिहूँ पूरण परमानन्द।

मृत्यु भय की वस्तु नहीं, वह स्पृहणीय है, वह काम्य है, इस भाव का प्रचलन भारतीय साहित्य में सूफी-परम्परा के प्रभाव से बढ़ा है। कबीर के बाद मध्यकाल में हिन्दी अथवा अन्य भारतीय भाषाओं में इस भाव की आवृत्ति और कहीं हुई है या नहीं, यह हम नहीं बता सकते। किन्तु, आधुनिक युग में इस भाव की अभिव्यक्ति हम हिन्दी और बँगला, दोनों ही भाषाओं में पाते हैं। आधुनिक भारत के सबसे बड़े कवि रवीन्द्रनाथ ने मृत्यु की मोहकता का वर्णन किया है तथा उसे आराध्य के समान आकर्षक और सुन्दर बताया है।

मरण रे तुहुँ मम श्याम समान।
मेघवरण तुझ, मेघ जटा-जुट,
रक्त-कमल-कर, रक्त-अधर-पुट,
ताप-विमोचन करुण कोर तव,
मृत्यु-अमृत करे दान।

रवि बाबू की 'खेया' में भी एक कविता है, जिससे मृत्यु के प्रति उनका प्रेम प्रकट होता है, यद्यपि, मृत्यु के रूप में भी भगवान् ही आते हैं, इस आरोप के कारण, यह मृत्यु-प्रेम सार्थक हो गया है।

आँधारे मुख ढाकिले स्वामी,
तोमारो तबू चिनिबो आमी,
मरण-रूपे आसिले प्रभू,
चरण धरि मरिबो हे।

रवीन्द्रनाथ जिस वातावरण में पले थे, उसमें सूफी-संस्कार मौजूद था। ब्राह्म समाज में सूफी कविताओं का काफी चलन था। राममोहन राय और देवेन्द्रनाथ ठाकुर हाफ़िज आदि फारसी कवियों की ग़ज़लें बड़ी ही श्रद्धा से पढ़ते थे। ये लोग स्नान-पूजा के समय वेद-मन्त्रों के साथ फारसी की ग़ज़लें भी गाया करते थे। ब्राह्म समाज के दूसरे नेता केशवचन्द्र सेन भी हाफ़िज के अच्छे प्रेमी और मर्मज्ञ थे।[8]

किन्तु, मृत्यु को काम्य मानने का जो भाव रवीन्द्रनाथ में कुछ-थोड़ा झिलमिल दीखता है, वह हिन्दी-कवयित्री श्रीमती महादेवी वर्मा में अत्यन्त स्पष्ट है। सूफियों ने जो यह सिद्धान्त चलाया था कि मृत्यु एक माध्यम है, जिससे हमारा विकास होता है, उस सिद्धान्त की मनोरम एवं अत्यन्त सुस्पष्ट कविताएँ भारत में महादेवी जी ने लिखी हैं।

अमरता है जीवन का हास, मृत्यु जीवन का चरम विकास,
सृष्टि का है यह अमिट विधान, एक मिटने में सौ वरदान।[9]

× × ×

विसर्जन ही है कर्णाधार, वही पहुँचा देगा उस पार।[10]

× × ×

रहने दो हे देव, अरे, यह मेरा मिटने का अधिकार।[11]

× × ×

इस असीम तम में मिलकर मुझको पल भर सो जाने दो,
बुझ जाने दो देव, आज मेरा दीपक बुझ जाने दो।[12]

जो भाव हम कबीर, रवीन्द्र और महादेवी में देखते हैं, वह उर्दू-कवियों में भी काफी सुस्पष्ट है। निश्चय ही, उर्दू-समेत भारत की अनेक भाषाओं में यह भाव ईरान के सूफी कवियों से आया होगा।

मर्ग इक मान्दगी का वक़्फ़ा है, यानी आगे चलेंगे दम लेकर।

—मीर

क़ैदे-हयातो-बन्दे-ग़म, अस्ल में, दोनों एक हैं,
मौत से पहले आदमी ग़म से निजात पाये क्यों? —ग़ालिब
कहा पतंग ने ये दारे-शमअ पर चढ़कर,
अजब मज़ा है जो मर ले किसी के सर चढ़कर। —ज़ौक़
फक़ीरों से सुना है, हमने हातिम,
मज़ा जीने का मर जाने में देखा। —हातिम

भक्तों का बहुरियावाद

गीता में जिस भक्ति का प्रतिपादन है, उससे **परमेश्वर** के साथ पति-पत्नी का सम्बन्ध जोड़ने का उपदेश नहीं है। आलवार भक्त भी अपने को **प्रभु** का दास ही समझते थे। केवल ओन्दाल ने कृष्ण को अपना पति माना था। रामानुजाचार्य ने भी विष्णु के साथ सेव्य-सेवक-भाव के सम्बन्ध का ही उपदेश दिया था। वल्लभाचार्य भी अपने को राधा और कृष्ण का दास ही समझते थे। अतएव यह, समझ में नहीं आता कि आगे चलकर भक्तों ने भगवान् के साथ पति-पत्नी का सम्बन्ध कैसे जोड़ लिया? आश्चर्य नहीं कि इसके पीछे भी सूफी-साधना का कहीं कोई हाथ हो।

धर्म के साथ मादन भावों का कुछ थोड़ा संयोग भारत में भी था और भारत के बाहर के ईसाइयों में भी। सॉलोमन के गीत एक ओर तो रहस्यवाद के गीत समझे जाते हैं, दूसरी ओर वे नर-नारी मिलन का भी वर्णन करते हैं। भारत में ब्रह्मानन्द की उपमा कामानन्द से दी जाती थी। मादन भावों के उद्रेक के कारण, एक समय, भारत में धर्म-साधना अत्यन्त व्याकुल हो उठी थी, इसका वर्णन हम दूसरे अध्याय के तन्त्र-मार्गी प्रकरण में कर आए हैं। फिर सहजयान ने नर और नारी को कृष्ण और राधा का प्रतीक मान लिया और साधक-साधिका का शारीरिक मिलन भी राधा-कृष्ण के मिलन का प्रतीक माना जाने लगा। इन सारी बातों का परिणाम यह हुआ कि मादन भाव धर्म के वृत्त में अथवा उसके काफी समीप आ गए। जब इतनी बातें हो चुकी थीं, तब भारत में ईरान का सूफी मत प्रचलित हुआ। अतएव, भक्त और भगवान् के बीच पति और पत्नी-भाव की स्थापना में उसे अधिक कठिनाई नहीं हुई।

बहुत-कुछ सहजयानियों के ही समान, सूफी साधक भी इश्क़-मजाज़ी को इश्क-हक़ीक़ी का सोपान समझते थे। ये परमात्मा को परम सौन्दर्य (अर्थात् प्रेमिका) के रूप में भजते थे। प्रेम का यह नाता कबीरदास ने भी ग्रहण किया। किन्तु, परमात्मा को उन्होंने पति और अपने को उनकी 'बहुरिया' माना[13] जिसका कारण यह था कि भारतीय परम्परा में प्रेम की प्रथम अभिव्यक्ति नारी ही करती आई थी, फारसी की तरह नर नहीं। कबीर के बाद मीराबाई ने भी श्रीकृष्ण को अपना पति मान लिया जैसे भगतिन ओन्दाल ने माना था।[14] किन्तु, ओन्दाल और मीराबाई नारी थीं। अतएव, परमात्मा को उन्होंने यदि पति माना तो इसमें कोई हेत्वाभास नहीं था। न हेत्वाभास का दोष हम ईरान के मर्द सूफियों पर लगाएँगे, जो परमात्मा को अपनी प्रेयसी के रूप में भजते थे। हेत्वाभास का दोष तभी होगा जब नारी परमात्मा को अपनी प्रेयसी माने और पुरुष अपना पति। किन्तु, भागवत-पुराण की प्रेमा-भक्ति और सहजयानियों की साधना से सेवित परम्परा पर सूफियों के मादन भावों का कुछ ऐसा प्रभाव पड़ा कि सन्त-महात्माओं में से अनेक परमात्मा से पति-पत्नी का सम्बन्ध जोड़ बैठे। चैतन्य महाप्रभु ने अपने को ही राधा मान लिया तथा माधुर्य-भाव से भगवान् को भजनेवाले अनेक भारतीय सन्तों ने यह घोषणा कर दी कि पुरुष तो एक कृष्ण हैं, बाकी सारी आत्माएँ उनकी राधा लगती हैं। यह भाव जब कृष्ण के सम्बन्ध में स्थापित हो गया, तब रामाश्रयी भक्तों ने भी, अपनी माधुर्य की पिपासा मिटाने के लिए, अपने यहाँ सखी-सम्प्रदाय का प्रचलन कर दिया।

कबीर ने परमात्मा को अपना पति मानकर विरह की बेचैनियों एवं काल्पनिक मिलन के आनन्द का वर्णन ऐसे मार्मिक ढंग से किया है कि बाकी भक्तों पर उसका प्रभाव पड़े बिना नहीं रह सकता था।

चूड़ी पटकौं पलँग से, चोली लावौं आगि,
जा कारन यह तन धरा, ना सूती गर लागि।
सोवौं तो सुपने मिले, जागौं तो मन माहिं,
लोचन राता, सुधि हरी, बिछुरत कबहूँ नाहिं
नैनों की करि कोठरी, पुतली पलँग बिछाय,
पलकों की चिक डारि के, पिय को लिया रिझाय।
ज्यों तिरिया पीहर बसे, सुरति रहे पिय माहिं,
ऐसे जन जग में रहैं, हरि को भूलत नाहिं।
सपने में साईं मिले, सोवत लिया जगाय,
आँखि न खोलूँ डरपता, मत सुपना होय जाय।

और इसी परम्परा के व्रती दादूदयाल भी थे। उनका कहना है–

पुरिख हमारा एक है, हम नारी बहु अंग
जे-जे जैसी ताहि सों, खेले तिस ही रंग।

और गुरु नानक भी परमात्मा के साथ इस सम्बन्ध में विश्वास करते थे।

भनति नानकु समन का पिउ एको सोई,
जिस नो आदर करे सो सोहागण होई।

सांस्कृतिक समन्वय का कार्य इसी अदृश्य गति से चलता है। एक समन्वय चींटी भी

पैदा करती है, जब वह अनेक अनाजों के कणों को एक जगह जमा कर देती है। किन्तु, यह समन्वय असली समन्वय का पर्याय नहीं होता। सच्चा समन्वय मधुमक्खी का काम है, जो रस तो अनेक फूलों से लाती है, किन्तु, मधु के स्वाद से सभी फूलों की अलग-अलग पहचान नहीं की जा सकती। भगवद्गीता, पांचरात्र, आलवारों की साधना, भागवत-पुराण और रामानुज के सिद्धान्तों से कबीर और चैतन्य का 'बहुरियावाद' बहुत दूर पड़ता है। किन्तु, वह उनके समीप भी है, क्योंकि प्रेम और माधुर्य का कुछ-न-कुछ पुट पहले की भी भक्ति-परम्परा में था। उस परम्परा को सूफियों के प्रभाव ने और भी तेज कर दिया।

भाषा पर प्रभाव

फारसी और अरबी भाषाओं का, बहुत जोर का प्रभाव, सिन्ध, कश्मीर और पंजाब में पड़ा। भाषा-विज्ञान की दृष्टि से सिन्धी, कश्मीरी और पंजाबी भाषाएँ आर्य-परिवार की भाषाएँ हैं और संस्कृत तथा प्राकृत और अपभ्रंश के साथ उनका वही सम्बन्ध है जो हिन्दी, बँगला, मराठी आदि भाषाओं का माना जाता है। किन्तु, सिन्धी, पंजाबी और कश्मीरी में अरबी और फारसी के इतने अधिक शब्द घुस पड़े कि आर्य-भाषाओं की स्वाभाविक संस्कृतनिष्ठता इन भाषाओं से बहुत दूर हो गई। जब से हिन्दी भारत की राज-भाषा घोषित की गई है, सारा भारतवर्ष चाहता है कि राजभाषा हिन्दी संस्कृतनिष्ठ हो। किन्तु, सिन्ध, कश्मीर और पंजाब के लोग हिन्दी में अधिक प्रचलन अरबी और फारसी के शब्दों का चाहते हैं, क्योंकि अरबी और फारसी शब्दों के साथ उनका परिचय बहुत अच्छा है। और तो और, अरबी और फारसी का प्रभाव इन भाषाओं के व्याकरण पर भी पड़ा है। भाषा-विज्ञान की दृष्टि से उर्दू भी हिन्दी ही है, किन्तु, हिन्दी से भिन्न वह इसलिए समझी जाती है कि उसकी लिपि फारसी है और अपने गठन में उसने अरबी-फारसी व्याकरणों के भी कुछ नियम कबूल कर लिये हैं।

अरबी और फारसी शब्दों का थोड़ा-बहुत प्रवेश मराठी और गुजराती में भी हुआ, लेकिन, इन भाषाओं ने अरबी-फारसी के केवल शब्द ही लिये। उनका व्याकरण गुजराती और मराठी में उतना ही अग्राह्य रहा जितना अग्राह्य वह हिन्दी में रहा है। किन्तु, बँगला-भाषा ने अरबी-फारसी शब्दों के लिए कोई खास उत्साह नहीं दिखाया।

बँगला में अरबी-फारसी के शब्द, कदाचित्, उतने भी नहीं हैं जितने गुजराती और मराठी भाषाओं में पाए जाते हैं। कारण यह हुआ कि जो मुसलमान बंगाल पहुँचे उनका सम्बन्ध दिल्ली और आगरे से बहुत कम रह गया। अतएव, फारसी उनके लिए आदर की वस्तु तो रही, किन्तु दैनिक कार्य-अलाप अथवा वार्त्तालाप में उसका उपयोग असम्भव हो गया। एक कारण यह भी हुआ कि बंगाल में झुंड-के-झुंड हिन्दू एक साथ मुसलमान हुए थे। अतएव, उनकी भाषा-विषयक स्वाधीनता अक्षुण्ण रह गई। एक तो बंगाल के शासक भारत में इस्लाम के केन्द्र से दूर थे; उनके लिए यह शक्य नहीं था कि वे फारसी और अरबी से अपना नजदीकी सम्बन्ध बनाए रखें; दूसरे, बहुत बड़ी संख्या में हिन्दू से मुसलमान होनेवाले बंगालियों ने अपनी भाषा को इस्लामी संस्कृति की भी भाषा बना दिया। इसका एक सुपरिणाम यह है कि बंगाल में भाषा को लेकर कोई साम्प्रदायिक द्वन्द्व नहीं है।

परन्तु, मुसलमानों की राजधानी हिन्दी-भाषी भू-भाग में थी, अतएव, अरबी और फारसी

शब्दों का जितना अधिक प्रचलन देश के इस भाग में हुआ, उतना कहीं और नहीं हो सका। अकबर के समय में आकर जब फारसी भारत की राजभाषा हो गई, तब फारसी उन सभी हिन्दुओं को सीखनी पड़ी, जो राज-काज में सम्मिलित होना अथवा मुसलमानी दरबारों में इज्जत पाना चाहते थे। और मुसलमानी दरबार ही क्यों, अधिकांश हिन्दू-रजवाड़ों के यहाँ भी फारसी का ही चलन था। अतएव, जो भी व्यक्ति इन रजवाड़ों में नौकरी करना चाहता, उसे फारसी सीखे बिना और कोई चारा नहीं था। फारसी का समाज पर ऐसा प्रभुत्व छा गया था कि अभी उन्नीसवीं सदी के अन्त तक अच्छे-अच्छे हिन्दू रईस अपने बच्चों को फारसी जरूर पढ़ाते थे, क्योंकि समझा यह जाता था कि फारसी पढ़े बिना आदमी तमीज़दार और सुसभ्य नहीं हो सकता। ऐसी स्थिति में अचरज की बात यह नहीं हुई कि हिन्दी-भाषा में अरबी और फारसी के बहुत अधिक शब्द का प्रवेश पा गए। आश्चर्य इस बात पर होना चाहिए, कि, ऐसे घमासान में हिन्दी ने अपनी संस्कृतनिष्ठ प्रकृति की रक्षा कैसे की। अवश्य ही, हिन्दी-भाषी संसार मुस्लिम-युगीन उन सन्तों, साधकों एवं समर्थ कवियों के ऋण-भार से कभी भी मुक्त नहीं होगा, जिन्होंने हिन्दी को अरबी और फारसी के समुद्र में गर्क होने से बचा लिया।

फिर भी, यह मानने का कोई आधार नहीं है कि हिन्दी के तत्कालीन कवि इस बात से अवगत थे कि हिन्दी पर कोई विदेशी भाषा आक्रमण कर रही है और हम हिन्दी को उसके प्रहारों से बचा रहे हैं। सूरदास, तुलसीदास, केशव, बिहारी और मतिराम तथा उनके अन्य सहधर्मी मुस्लिम शासन के न तो विरोधी थे, न मुसलमानों से उन्हें कोई असन्तोष था। इसी प्रकार, उन्हें फारसी भाषा से भी घृणा नहीं थी। किन्तु, एक बात वे निश्चित रूप से जानते थे कि जिस भाषा में हम लिख रहे हैं वह फारसी नहीं, इसी देश की भाषा है। इस भाषा को संस्कृत से भिन्न तो वे समझते थे, किन्तु, संस्कृत की परम्परा से अलग जाने का उनमें कोई भाव नहीं था। हिन्दी का हिन्दी, हिन्दुई, हिन्दवी या रेख़्ता नाम या तो कवि जानते ही नहीं थे, अथवा ये नाम उन्हें नापसन्द थे। जिस भाषा में वे लिख रहे थे, उसे और कोई नाम न देकर उन्होंने केवल भाखा कहा है।[15]

जिन दिनों सूर, तुलसी और आचार्य केशवदास हुए अथवा जिस समय दक्खिनी हिन्दी के मुस्लिम कवि उर्दू का आरम्भ कर रहे थे, उन दिनों शब्दों के बहिष्कार की ओर ध्यान न तो हिन्दुओं का गया था, न मुसलमानों का। दक्खिनी हिन्दी के आरम्भिक मुस्लिम कवि छन्द तो फारसी के ही रखते थे, किन्तु उनके अत्यधिक शब्द हिन्दी भाषा से ही आते थे। इसी प्रकार, हिन्दी के कवि यद्यपि, यह जानते थे कि उनकी भाषा संस्कृत के समीप है, फिर भी, अरबी-फारसी शब्दों से बिलकुल बचकर लिखने की उनकी बान नहीं थी। पृथ्वीराज-रासो नामक महाकाव्य के रचयिता चन्दबरदाई लाहौर के थे, जहाँ मुस्लिम-राज्य पृथ्वीराज के कोई दो सौ वर्ष पहले से ही मौजूद था। चन्दबरदाई ने अपने महाकाव्य में अरबी और फारसी शब्दों का इतना अधिक प्रयोग किया है कि देखकर आश्चर्य होता है।[16] अथवा आश्चर्य की इसमें कोई बात नहीं है। यह उस ऐतिहासिक स्थिति का परिणाम था, जिसके कारण पंजाबी, सिन्धी और कश्मीरी भाषाओं में अरबी तथा फारसी शब्दों का अत्यधिक प्राचुर्य हो गया।

हिन्दी कवियों की भाषा-नीति

अरबी-फारसी शब्दों का प्रयोग कबीर और उनके अनुयायियों ने काफी किया, यद्यपि जायसी में हम ऐसे शब्दों की संख्या अपेक्षया कुछ कम पाते हैं। रसखान की रचनाओं और रहीम की हिन्दी-कविताओं में यह संख्या और भी न्यून है। जिस कवि के जैसे भाव होते हैं, शब्द भी उसके सामने वैसे ही आते हैं। जिसे हिन्दू और मुसलमान, दोनों को सम्बोधित करना था, उसने शब्द भी दोनों की भाषाओं से लिये। किन्तु, जिसका उद्‌देश्य केवल सूक्ति गढ़ना अथवा सौन्दर्य का विधान था, उसे अरबी-फारसी की जरूरत बहुत कम पड़ी। लेकिन, हिन्दी-कवियों की दृष्टि साम्प्रदायिक थी या नहीं, इसका अन्तिम प्रमाण गोसाईं तुलसीदास की रामायण में खोजा जा सकता है। रामायण हिन्दू-संस्कृति का महाग्रन्थ है। इस महाकाव्य में लगभग छह हजार वर्षों के प्रगाढ़ हिन्दू-चिन्तन का सार समोया हुआ है और इस ग्रन्थ का सम्मान भी वैसा ही है जैसा सम्मान बाइबिल अथवा कुरान का देखा जाता है। किन्तु, ऐसे धार्मिक काव्य में भी हम अरबी और फारसी शब्दों के निःसंकोच प्रयोग अनेक स्थलों पर पाते हैं, जो इस बात का प्रमाण है कि गोसाईंजी में भाषा को लेकर साम्प्रदायिकता की गन्ध तक नहीं थी।[17] यह ठीक है कि अरबी-फारसी शब्द गोसाईंजी ने बहुत कम लिये हैं, किन्तु उतने शब्दों से भी यह प्रमाणित हो जाता है कि अरबी-फारसी शब्दों से उन्हें घृणा नहीं थी।

तुलसीदास जिस भाषा में लिख रहे थे, वह अत्यन्त समर्थ और सक्षम भाषा थी। इसलिए, यह सोचना नितान्त भूल है कि अरबी और फारसी के शब्द उन्होंने इसलिए ग्रहण किए कि हिन्दी में उनके पर्याय नहीं थे। तुलसीदास चाहते तो अरबी-फारसी शब्दों का बहिष्कार, बड़ी आसानी से, कर सकते थे। किन्तु, बहिष्कार की नीति किसी भी विधायक कलाकार की नीति नहीं होती। इसीलिए, अरबी और फारसी के जो प्रचलित शब्द तुलसी की कल्पना के सामने उपस्थित हुए, महाकवि ने उनकी सेवा स्वीकार कर ली। अरबी और फारसी के सान्निध्य से हिन्दी में एक नई शक्ति उत्पन्न हो रही थी, एक नया प्रवाह आ रहा था। भाषा के इस नवीन रूप को तुलसीदास ने अपनी रचना में स्थान दिया, इससे उनकी भाषा-मर्मज्ञता की ही सूचना मिलती है।

भाषा की शक्ति कठिन नहीं, आसान शब्दों के प्रयोग से निखरती है। भाषा का सौन्दर्य तब बढ़ता है, जब लेखक उन सभी शब्दों को सहानुभूति से देखता है जो जनता की जीभ पर चढ़े हुए हैं। कोई भी शब्द केवल इसीलिए ग्राह्य नहीं होता कि वह संस्कृत-भांडार का है, न शब्दों का अनादर केवल इसलिए उचित है कि वे अरबी या फारसी के भंडार से आए हैं। जो भी शब्द प्रचलित भाषा में चल रहे हैं, जो भी शब्द सुगम, सुन्दर और अर्थपूर्ण हैं, साहित्यिक भाषा भी उन्हीं शब्दों को लेकर काम करती है, यह विचार आज भी समीचीन समझा जाता है और मध्यकाल के लेखक और कवि भी उसे उचित समझते थे। मध्ययुगीन हिन्दी कवियों की भाषा-नीति क्या थी, इसका अत्यन्त स्पष्ट उल्लेख कविवर भिखारीदास (जन्म सन् 1698 ई.) ने किया है, जो काव्यशास्त्र के सम्मानित आचार्य थे।

ब्रजभाषा भाषा भाषा रुचिर, कहैं, सुमति सब कोय।
मिले संस्कृत-पारस्यो, पै अति सुगम जु होय।

अर्थात् विद्वानों की दृष्टि में ब्रजभाषा अत्यन्त मनोरम भाषा है और संस्कृत तथा फारसी

के शब्द भी उसमें रखे जा सकते हैं यदि वे काफी आसान हों।

अन्यत्र भिखारीदास ने अपने इस मत की पुष्टि यह कहकर भी की है कि कवियों के अग्रणी नेता तुलसीदास और कवि गंग हैं क्योंकि उनकी भाषा में अनेक भाषाओं के शब्द पाए जाते हैं।

तुलसी गंग दोऊ भये सुकविन को सरदार,
जिनके काव्यन में मिली भाषा विविध प्रकार।

खिचड़ी भाषा नकली भी हो सकती है और स्वाभाविक भी। नकली वह तब होती है, जब हम खिचड़ी भाषा लिखने का जान-बूझकर प्रयास करते हैं। स्वाभाविक वह तब बनती है, जब साहित्य में अनेक भाषाओं के शब्द सहज गति से आकर अपनी जगहों पर बैठ जाते हैं। ऐसी खिचड़ी अथवा मिश्रित भाषा की बड़ाई भिखारीदास भी करते थे और उनके समय के अन्य लोग भी। हिन्दी में किसी कवि का एक और दोहा प्रचलित है जिससे इस बात की पुष्टि होती है।

अन्तरवेदी नागरी, गौड़ी पारस देस,
अरु अरबी जामे मिले, मिश्रित भाषा-भेस।

हिन्दी में अरबी और फारसी शब्द

हिन्दी से अरबी का तो कोई पारिवारिक सम्बन्ध नहीं है, किन्तु, फारसी हिन्दी की मौसेरी बहन लगती है। जेन्दावेस्ता की भाषा और वैदिक संस्कृत कभी एक ही भाषा थीं। जेन्दावेस्ता की भाषा से आगे चलकर फारसी उत्पन्न हुई और वैदिक संस्कृत की परम्परा से हिन्दी का विकास हुआ है। आज भी फारसी और संस्कृत के अनेक शब्दों में आश्चर्यजनक समानता देखी जा सकती है।[18]

हिन्दी में अरबी और फारसी के कितने शब्द हैं, इसकी गिनती नहीं की जा सकती। विचित्रता की बात यह है कि हिन्दी के पास आज अरबी और फारसी के कुछ ऐसे भी शब्द हैं, जिनके तत्सम या देशज पर्याय हैं ही नहीं। सम्भव है, इनके पर्याय पहले रहे हों, और बाद को अरबी और फारसी शब्दों ने उन्हें पराजित करके मैदान से निकाल दिया हो। अथवा यह भी सम्भव है कि जिन चीजों के ये नाम हैं, वे चीजें इस देश में मुसलमानों के साथ आई थीं या उनके बाद पहुँची हैं। तब भी, पायजामा, इजारबन्द, रूमाल, शाल, दोशाला, पुलाव और अचार, इनका चलन भारतवर्ष में मुस्लिम-आगमन से पहले भी था; लेकिन, इन चीजों को यहाँ के लोग क्या कहते थे, अब इसका पता नहीं है। आभूषणों में हमेल, बाजूबन्द, जंजीर और पाजेब पहले भी पहने जाते थे और इनके संस्कृत नाम पुस्तकों में मिलते भी हैं, किन्तु, इन गहनों के संस्कृत नाम अब सुनाई भी नहीं देते। तकिए को संस्कृतवाले उपधान कहते थे, किन्तु, उपधान क्षेत्र से बाहर चला गया। अब तकिया ही मौजूद है। इसी प्रकार, हुक्का, नैचा, चिलम, बन्दूक, तख्ता, बादाम (सं. वाताम), मुनक्का, बेदाना, खूबानी, अंजीर, सेब, अनार, जलेबी, बालूशाही, मुरब्बा, गुलाब, तश्तरी, चमचा, शीशी, शीशा, दलाल, वकील, सराफ, लिहाफ, तोशक, चादर, तबीयत, मिजाज, बर्फ, दवात, चश्मा, सन्दूक, कुर्सी, लगाम, जीन, तंग, रकाब, जहाज, पर्दा, दालान, रुख मल्लाह, रसद और कारीगर, ये सभी शब्द अरबी या

फारसी के हैं। अगर ये शब्द हिन्दी से निकाल दिए जाएँ तो इनकी जगह लेनेवाले हिन्दी में और शब्द नहीं मिलेंगे। कुछ शब्द ऐसे जरूर हैं जिनके संस्कृत पर्याय भी हैं, किन्तु, जनता इन संस्कृत पर्यायों के बदले विदेशी शब्दों को ही पसन्द करती है। कबूतर, और कपोत, चेहरा और आकृति, मजदूर और श्रमिक, स्याही और मसि, दवात और मसिपात्र, कलम और लेखनी, गुलाब और पाटल तथा ताजा और नवीन में से जनभाषा में प्रचलन उन्हीं शब्दों का है, जो विदेशी हैं।

अरबी और फारसी के विशेषणों और संज्ञा-वाचक शब्दों को हिन्दी ने बड़ी ही उदारता से स्वीकार किया। परहेज हिन्दी ने केवल यह बरता है कि अपने व्याकरण पर अरबी और फारसी का उसने कोई भी प्रभाव पड़ने नहीं दिया। अरबी और फारसी शब्दों के भी बहुवचन हिन्दी में हिन्दी-व्याकरण के ही अनुसार बनाए जाते हैं। सतर्कता की एक प्रथा यह भी है कि अरबी-फारसी शब्दों के साथ संस्कृत की विभक्तियाँ हिन्दीवाले नहीं लगाते।

लेकिन, केवल संज्ञा और विशेषण ही नहीं, अरबी-फारसी के बहुत-से शब्द क्रिया-विशेषण के भी क्षेत्र में हैं, जिन्हें अगर हटा दिया जाए तो हिन्दी की लोच में कमी आ जाएगी। जल्द, बिलकुल, यानी, बेशक, अलबत्ता, जरूर-जरूर, हर्गिज, करीब-करीब, वगैरह, फौरन, मसलन, शायद, खैर, वाकई, राजीखुशी, बदले, लायक, बाबत, खातिर, खैर, वास्ते, तरफ, बाद, सिवा, सिवाय, मगर, अलावा, लेकिन, या, वर्ना, बावजूद, बशर्ते, अगर, अगर्चे, चूँकि, बल्कि, ताकि, गोयाकि, व आदि शब्द[19] ऐसे हैं, जो अरबी और फारसी के होने पर भी हिन्दी भाषा के अंग हैं। इन्हें हिन्दी से निकालने की कोशिश हिन्दी को कमजोर बनाने की ही कोशिश होगी।

सन्दर्भ

1. "लेकिन, पठान सुलतानों के लिए रामायण-महाभारत का मूल्य सामाजिक धर्म-प्रतिष्ठा की बजाय कथा के ही लिहाज से ज्यादा है, समाज को समझने के लिए ही उनकी जरूरत पड़ी। फारसी और अरबी साहित्य की कथा-रचना से भी उनका सजीव तथा सजग परिचय था, इसलिए, मुसलमानी शासन-काल में ही बँगला कविता में मनुष्य का सामाजिक और सहज सांसारिक रूप पहले-पहल प्रकाशित हुआ।"

   —बंगला काव्य की भूमिका (पृष्ठ 23)
2. 'द वेस्टर्न इनफ्लुएंसेज ऑन् बेंगाली लिटरेचर' में डॉक्टर प्रियरंजन सेन ने भी लिखा है कि विद्यासुन्दर में हीरा और कामिनी-कुमार में सोनामुखी की जो कथाएँ हैं, उनके विकास के पीछे यूसुफ-जुलेखा और लैला-मजनूँ की कथाओं का प्रभाव है।
3. *जा थल कीन्हें बिहार अनेकन ता थल काँकरी बैठ चुन्यौ करैं।*
जा रसना सों करी बहु बातन ता रसना सों चरित्र गुन्यौ करैं।
आलम जौन-सी कुंजन में करी केलि तहाँ अब सीस धुन्यौ करैं।
नैनन में जो सदा बसते तिनकी अब कान कहानी सुन्यौ करैं।
4. *अलक मुबारक तिय बदन लटकि परी यों साफ,*
खुशनवीस मुंशी मदन लिख्यौ काँच पर काफ।
5. देखिए, रसलीन-कृत अनंगदर्पण।
6. बिहारी की वाग्विभूति।
7. कबीर इस सम्भावना में भी विश्वास करते हैं कि विरह-समाप्ति का एकमात्र मार्ग मृत्यु ही नहीं

है, मिलन का सुख जीवन-मुक्त को भी मिलता है।

हौं तोहि पूछौं हे सखी, जीवत क्यों न मराइ,
मूवा पीछे सत करै, जीवत क्यों न कराइ?

कबीर के शिष्य दादूदयाल ने भी कहा है,

मूवा पीछे मुकुति बतावै, दादू जग भरमावै।

8. द वेस्टर्न इनफ्लुएंसेज ऑन् बेंगाली लिटरेचर।
9. आधुनिक हिन्दी कवि।
10. वही।
11. वही।
12. *नीहार।*
13. *राम मोर साईं, मैं राम की बहुरिया।*
14. कहते हैं, फारस की सूफी भगतिन रबिया का भी भगवान् से ऐसा ही सम्बन्ध था।
15. *संसकिरत है कूप-जल, भाखा बहता नीर।* —*कबीरदास*
पराकिरत मधि ऊपजे, संसकिरत सब वद,
अब समझावै कौन करि पाया भाषा-भद। —*रज्जब*
आदि अन्त जस गाथा अही,
कह चौपाई भाखा कही। —*जायसी*
भाषा-भणित मोरि मति थोरी,
हँसिबे जोग हँसे नहिं खोरी। —*तुलसीदास*
भाषा बोलि न जानहीं, जिनके कुल के दास,
भाषा कवि भौ मन्दमति तेहि कुल केशवदास। —*केशवदास*
देखिए, 'हिन्दी पर फारसी का प्रभाव' में उद्धृत पृथ्वीराज-रासो का अंश। चन्दबरदाई ने दावा किया है कि उनके काव्य में पुराण ही नहीं, कुरान का भी प्रतिपादन किया गया है।
16. *उक्ति धर्म विशालस्य राजीनीति नवं रसं।*
षट् भाषा पुराणं च कुराणं कथितं मया। *समय 1, रूपक 38*
पृथ्वीराज का कवि और इस्लाम के प्रति यह आदर का भाव, यही हिन्दू-धर्म था।
17. *गनी गरीब* ग्रामनर नागर।
साहिब सीतानाथ सों सेवक तुलसीदास।
वर *लायक* दुलहिन जग नाहीं।
बहु *जिनस* प्रेत-पिशाच जोगि *जमात* बरनत नहिं बने।
वन *बाग* कूप तड़ाग सरिता सुभग सब सक को कही।
चारु *बजारु* विचित्र अँबारी।
कुम्भकरन कपि *फौज* बिडारी।
राम धनुष तोरव *सब* नाहीं। इत्यादि।
18. पं. अम्बिकाप्रसाद वाजपेयी ने 'हिन्दी पर फारसी का प्रभाव' नामक पुस्तक में ऐसे शब्दों की काफी बड़ी तालिका दी है। उनमें से कुछ शब्द ये हैं:—श्वसुर, खुस्र। पृष्ठ, पुश्त। अस्ति, अस्त। गो, गाव। आप, आब। अश्व, अस्प। शर्करा, शकर। हस्त, दस्त। बाहु, बाजू। पाद, पा। गोधूम, गन्दुम। तारा, तारा। पंच, पंज। चत्वार, चहार। सप्त, हफ़्त। हर्म्य, हरम। चक्ष, चश्म। चक्र, चर्ख। अहिफेन, अफयून। तृष्णा, तिश्ना। भ्रू, अब्रू। सायं, शाम। क्षीर, शीर। मेघ, मेग। कर्पूर, काफूर। मुष्टि, मुश्त। इत्यादि।
19. 'हिन्दी पर फारसी का प्रभाव' से उद्धृत।

प्रकरण-11

उर्दू का जन्म

खड़ीबोली में साहित्य-रचना

महमूद गजनवी, मुहम्मद गोरी और बाबर, इन तीन मुस्लिम-विजेताओं में से कोई भी, खानदान से, ईरानी नहीं था। किन्तु, ईरानी या फ़ारसी भाषा ही इस्लाम की भाषा हो गई थी एवं भारत में भी जो मुसलमान आए, उनकी अपनी भाषा फ़ारसी ही थी। आरम्भ में भारत के मुसलमान या तो फ़ारसी में कविता करते थे या फिर खुसरो, जायसी, रहीम और रसखान की तरह, ब्रजभाषा और अवधी में। किन्तु, खुसरो की हिन्दी-कविताओं से एक नई चेतना जगी कि जो बोली दिल्ली और आगरे के पास बोली जाती थी, उसमें साहित्य का सर्जन सम्भव है।

जब हम खड़ीबोली के इतिहास को उठाते हैं, तब, निश्चित रूप से, हमें मानना पड़ता है कि भाषा का प्राचीनतम लिखित साहित्य खुसरो का ही है। इसलिए, खुसरो खड़ीबोली हिन्दी और उर्दू, दोनों के जनक माने जाते हैं। किन्तु, खुसरो ने केवल खड़ीबोली में कविता नहीं लिखी। उनके गीत और दोहे ब्रजभाषा अथवा उस काल की काव्य-भाषा में मिलते हैं। ठेठ खड़ीबोली अथवा बोलचाल की भाषा उनकी मुकरनियों, पहेलियों और दोसुखनों में ही प्राप्त होती है।[1]

इससे दो अनुमान निकलते हैं। एक तो यह कि खुसरो के समय में ब्रजभाषा का कोई मिश्रित रूप काव्य की भाषा हो चला था। दूसरा यह कि सामान्य जनता की भाषा खड़ीबोली थी, जिससे खुसरो ने बच्चों, स्त्रियों एवं जन-साधारण के मनोरंजन के लिए पहेलियाँ और मुकरनियाँ कहीं। खुसरो की मृत्यु के कोई 28 वर्ष पूर्व नरपति नाल्ह ने बीसलदेव-रासो और कोई सौ वर्ष पूर्व चन्दबरदाई ने पृथ्वीराज-रासो लिखा था। किन्तु, इन काव्यों की भाषा अपभ्रंश से पीड़ित है। लगता है, नरपति नाल्ह और चन्दबरदाई उस भाषा में कविता कर रहे थे, जो परम्परा से काव्य की भाषा मानी जा रही थी। तत्कालीन जनभाषा में काव्य रचने की बात उन्हें नहीं सूझी। खुसरो की विशेषता यह है कि उन्होंने अपने समय की जनभाषा को पकड़ा। उनकी पहेलियाँ की ही नहीं, कविता की भाषा भी बहुत साफ है।

खुसरो रैन सुहाग की, जागी पी के संग।
तन मेरो मन पीउ को, दोउ भये एकरंग।

जो भाषा नरपति नाल्ह को नहीं दिखाई पड़ी, वह खुसरो के ध्यान पर कैसे चढ़ गई, इसका कारण यह हो सकता है कि खुसरो परदेशी होने के कारण यहाँ के साहित्य से इतने प्रभावित नहीं रहे होंगे कि उसकी परम्परा उन पर आतंक जमाती। अपने मुख्य भाव तो वे

फ़ारसी में लिखते थे। हाँ, जनता के मनोरंजन के लिए कुछ चीजें उन्होंने यहाँ की भाषा में भी कह दीं। और जनता के हृदय तक पहुँचने के लिए, उन्होंने जनता की बोली का आश्रय लिया। भारत के सांस्कृतिक इतिहास में खुसरो ने बहुत बड़ी क्रान्ति की और, सत्य ही, वे हिन्दी और उर्दू के प्रवर्तक कहलाने के योग्य हैं। जिस खड़ीबोली में खुसरो ने मुकरनियाँ कही हैं, वह तत्कालीन जनभाषा थी, खुसरो का आविष्कार नहीं। इसका एक प्रमाण तो यह है कि प्रचलित जनभाषा को हेय मानकर परम्परा से आती हुई काव्य-भाषा में लिखनेवाले कवियों की भाषा में भी यह जनभाषा, जब-तब, झलक मार देती थी जिसका प्रमाण हेमचन्द्र (खुसरो से कोई सौ वर्ष पूर्व) की यह बहुधा उद्धृत पंक्ति है—

भल्ला हुआ जु मारिया, बहिणि महारा कन्तु।

दूसरा प्रमाण यह है कि खुसरो से कोई सत्तर साल बाद होनेवाले महाराष्ट्र के सन्त कवि नामदेव की रचनाओं में हम खड़ीबोली का बहुत-कुछ सुस्पष्ट रूप पाते हैं :

माई न होती, बाप न होते, कर्म न होता काया।
हम नहिं होते, तुम नहिं होते, कौन कहाँ ते आया।

खुसरो की खड़ीबोली की अपेक्षा नामदेव की खड़ीबोली का रूप ईषत् हीन है। प्रचलित बोली का रूप वही रहा होगा, जिसके नमूने हमें खुसरो में मिलते हैं। नामदेव की भाषा के विकार का कारण कुछ तो सधुक्कड़ी प्रवृत्ति है और कुछ यह बात कि, जन्म-स्थान की दृष्टि से, नामदेव खड़ीबोली के क्षेत्र से दूर पड़ते थे।

खड़ीबोली पर उर्दूवालों का कभी भी एकाधिपत्य नहीं था, यह सिद्ध करने के लिए हिन्दी के विद्वान् हेमचन्द्र से लेकर खुसरो, कबीर, दादूदयाल, मलूकदास, कुलपति, पद्माकर, नागरीदास, ग्वाल और सीतल तक के उदाहरण बटोरकर यह कहते हैं कि यद्यपि, हिन्दी कविता की मुख्य भाषा अवधी या ब्रजभाषा ही थी, फिर भी, खड़ीबोली से हिन्दी-कवि अपरिचित नहीं थे, तथा वे, समय-समय पर उसका भी उपयोग कर लेते थे।[2] किन्तु, इतना कह देने से इस बात का खंडन नहीं होता कि खड़ीबोली को साहित्य की भाषा मुसलमानों ने ही बनाया। हिन्दीवाले अपभ्रंश का प्रभाव ढोते हुए एक खास परम्परा में चल रहे थे और इस परम्परा का जो मेल अवधी और ब्रजभाषा से बैठता था, वह मेल खड़ीबोली से नहीं बैठता था। इस परम्परा से अनभिज्ञ अथवा अप्रभावित रहने के कारण, खड़ीबोली की ओर ध्यान मुसलमान कवियों का ही गया, क्योंकि यही वह भाषा थी जिसमें राजधानी के आस-पास के लोग बात करते थे और यही वह भाषा थी जिससे उनकी नजदीकी जान-पहचान हो सकती थी। श्री जयचन्द्र विद्यालंकार ने लिखा है कि "पंचाल (रुहेलखंड और कन्नौज) और शूरसेन (ब्रज) की बोलियों में से कोई एक सदा से भारत की राष्ट्र-भाषा बनती रही है क्योंकि ये बोलियाँ तमाम आर्यावर्त्ती भाषाओं की केन्द्रवर्ती हैं।"[3] मुसलमानों के आगमन के समय इस प्रान्त में खड़ीबोली का प्रचार था। यही खड़ीबोली पहले मुसलमानों के द्वारा गृहीत हुई, क्योंकि मुसलमानों को यहाँ की भाषा की जरूरत थी, और राजधानी के पास की भाषा आसानी से उनकी जबान पर चढ़ गई और फिर बाद को सारे भारत में समझी जाने लगी। आरम्भ के मुस्लिम शासक द्विभाषी थे। एक तो वे फ़ारसी बोलते थे, दूसरे, भारतीय भाषा के रूप में उन्होंने खड़ीबोली को स्वीकार किया एवं शासकों के द्वारा गृहीत हो जाने पर, खड़ीबोली का चलन, आवश्यकतानुसार,

सारे देश में होने लगा।

यद्यपि, खड़ीबोली इसी देश के एक प्रान्त-विशेष के हिन्दुओं की ही बोली थी, परन्तु, मुसलमान शासकों और साहित्यिकों के द्वारा पहले अपनाए जाने के कारण, हिन्दू उसे, विशेष रूप से, मुसलमानों की भाषा समझने लगे। यही कारण था कि जब भी कोई हिन्दी-कवि खड़ीबोली लिखता था, तब उसके साथ अरबी और फारसी के दो-एक शब्द अवश्य मिला देता था।

यदि अपभ्रंश-काव्य को बाद देकर देखें, तो अवधी और ब्रजभाषा में साहित्य-रचना पीछे आरम्भ हुई; पहले वह खड़ीबोली में ही लिखी जाने लगी थी। अमीर खुसरो का काव्य-काल तेरहवीं सदी में पड़ता है, जब कि "अवधी के प्रथम सन्त कवि कबीर 15वीं सदी में हुए। ब्रज में साहित्य-निर्माण, पन्द्रहवीं सदी के अन्त में, जब वल्लभाचार्य ब्रजमंडल में आकर रहने लगे, तब से आरम्भ होता है। मैथिली में ज्योतिरीश्वर कविशेखराचार्य का वर्णरत्नाकर 14वीं सदी के आरम्भ का है। डिंगल का पृथ्वीराज-रासो पृथ्वीराज के दरबारी कवि चन्द का कहा जाता है, पर, इस ग्रन्थ का वर्तमान उपलब्ध रूप उस समय का नहीं है, और 16वीं सदी का हो सकता है।[4]

उर्दू के आरम्भिक कवि

पंडित रामनरेश त्रिपाठी[5] और डॉक्टर बाबूराम सक्सेना[6] के मतानुसार उर्दू के पहले शायर वली हुए हैं। किन्तु, इधर के शोधों से अब यह माना जाने लगा है कि वली, यद्यपि, आरम्भ के बड़े कवि थे, किन्तु, दक्खिन में उनसे भी पहले दो-चार कवि हो चुके थे, जो फ़ारसी छन्दों में कविता लिखते थे।[7] श्री गोयलीयजी ने वली से पूर्व इब्राहीम आदिलशाह (1579-1626 ई.), मुहम्मद कुली कुतुबशाह (1580-1612 ई.), सुलतान मुहम्मद कुतुबशाह (1611-1625 ई.), सुलतान अब्दुल कुतुबशाह (1625-1674 ई.) एवं अबुल हसन तानाशाह को उर्दू का आदि कवि माना है। ये सभी कवि दक्षिण के मुस्लिम-राज्यों के राजे थे। स्वयं वली भी (1668-1744 ई.) औरंगाबाद (दक्खिन) के रहनेवाले थे। इस प्रकार, तथ्य यह निकलता है कि उर्दू का जन्म दिल्ली और आगरे में नहीं, प्रत्युत, दक्खिनी भारत में हुआ।

उर्दू का जन्म दक्षिण में क्यों हुआ?

उर्दू भाषा हिन्दू-मुस्लिम एकता की भाषा के रूप में उत्पन्न हुई। यदि मुसलमान हिन्दुओं से अपनी पृथकता बनाए रखने का आग्रह करते, तो उन्हें यहाँ की देश-भाषाओं में लिखने की आवश्यकता नहीं होती। किन्तु, यह सम्भव नहीं था। हिन्दुओं और मुसलमानों के बीच की भिन्नता इस बात पर आश्रित थी कि विदेशी मुसलमान कितनी अधिक संख्या में भारत आते हैं। किन्तु, यह संख्या कभी भी बहुत बड़ी नहीं हुई। तब भी, दिल्ली और आगरे में फारसी के श्रोता मिल जाते थे; कुछ तो इस कारण कि दिल्ली और आगरा इस्लामी संस्कृति के गढ़ थे और कुछ इस कारण कि बाहर से आनेवाले मुसलमान, विशेषतः इन्हीं केन्द्रों में ठहरते थे। अतएव, दिल्ली और आगरे के मुस्लिम कवि या तो अवधी और ब्रजभाषा में लिखते थे अथवा शुद्ध फारसी में।

परन्तु, दक्षिण में यह बात नहीं थी। असली मुसलमान सीमित संख्या में ही दक्षिण गए थे। बाकी मुसलमान वहाँ वे थे, जो हिन्दू-वंशों से आए थे। यहाँ विदेशी मुसलमान भी कम पहुँचे, अतएव, इस्लाम की सांस्कृतिक कट्टरता, यहाँ अपेक्षाकृत अधिक ढीली थी। दिल्ली और आगरे की खड़ीबोली इन्हीं मुसलमानों के साथ दक्षिण को गई और यही बोली वहाँ की राजभाषा हो गई। फिर, राजभाषा होने के कारण, खड़ीबोली को दक्षिण के और लोग भी सीखने लगे।

दक्षिण में हिन्दू-मुस्लिम ऐक्य उत्तर की अपेक्षा कुछ अधिक पनपा, इस बात के भी उदाहरण हैं। अकबर से पूर्व ही, फिरोजशाह बहमनी ने दो हिन्दू महिलाओं से विवाह किया था जिनमें से एक विजयनगर के राजा देवराय (प्रथम) की पुत्री थी। बीजापुर के यूसुफ आदिलशाह ने मराठा सरदार मुकुन्दराव की बहन से ब्याह किया था एवं इस दम्पती की कन्याएँ पड़ोस के दक्खिनी शाही खानदानों में ब्याही गई थीं, जिनमें से एक की उत्तराधिकारिणी सुप्रसिद्ध चाँद बीबी हुई। हिन्दू से मुसलमान होनेवाले लोग मन्त्री, सरदार और राजा हो जाने पर भी, हिन्दुओं के यहाँ शादी-ब्याह करते रहे, इसके भी अनेक प्रमाण हैं। राजकाज में भी हिन्दुओं को ऊँचा पद देने में यहाँ के मुसलमान राजाओं ने कोताही नहीं की। गोलकुंडा के कुतुबशाही राजे हिन्दू मन्त्री रखते थे। इसी प्रकार, यूसुफ आदिलशाह भी विश्वास के पदों पर हिन्दुओं की नियुक्ति उन्मुक्त भाव से करता था। बीजापुर का इब्राहीम आदिलशाह हिन्दुओं के प्रति इतना उदार था कि इसी गुण के कारण उसकी मुस्लिम प्रजा भी उसे 'जगद्‌गुरु' कहती थी। हिन्दू-मुस्लिम-प्रेम की भावना इस भाग में इतनी सुदृढ़ थी कि कृष्णदेव राय जब विजयनगर के राजा हुए, तब वे भी अपनी सेना में काफी मुसलमानों को रखते थे।[8]

दिल्ली से दूर, दक्षिण में हिन्दू-मुस्लिम ऐक्य के विकास का कारण यह था कि वहाँ मुस्लिम-शासन का सूत्रपात ही हिन्दू-मुस्लिम ऐक्य से हुआ था। बहमन-वंश का प्रथम मुस्लिम शासक गंगू नामक ब्राह्मण के प्रति इतना श्रद्धालु और विनम्र था कि जब सन् 1347 ई. में वह बादशाह बना, तब कृतज्ञता-स्वरूप गंगू ब्राह्मण की स्मृति को अमर रखने के लिए वह अपने नाम के आगे गंगू बिरहमन लिखने लगा, जिसका अपभ्रंश बहमन हो गया।[9] बहमन-वंश की बादशाहत के विनाश के बाद, बीजापुर, गोलकुंडा और अहमदनगर तीन छोटे-छोटे राज्य कायम हुए। किन्तु, इन राज्यों में हिन्दू-मुस्लिम ऐक्य की बहमनी-परम्परा पूर्ण रूप से बनी रही। इन सारी बातों का परिणाम यह हुआ कि हिन्दू और मुसलमान परस्पर खूब निकट आ गए।

साम्प्रदायिक सद्‌भावना के इसी वातावरण में दक्षिण के मुस्लिम कवियों ने खड़ीबोली में कविताएँ लिखनी शुरू कीं जिनके छन्द तो फारसी के, लेकिन, अधिकांश शब्द इसी देश के थे। आगरे और दिल्ली के मुस्लिम कवि, काव्य-रचना में, या तो विशुद्ध भारतीय रहे, (जैसे कबीर, जायसी, उसमान, रहीम, रसखान, शेख, आलम, रसलीन, रसनिधि आदि) अथवा खालिस ईरानी। दक्षिण के मुसलमानों ने एक नया रास्ता निकाला जो ईरान की रागिनी को भारत की भाषा में अदा करने का रास्ता था। दक्षिण में वे अगर फारसी में लिखते तो उन्हें श्रोता मुश्किल से मिलते और अगर अवधी और ब्रजभाषा में लिखते तो उन भाषाओं का भी वहाँ चलन नहीं था। मुस्लिम-विजेताओं के साथ दक्षिण में आगरे और दिल्ली की ही बोली पहुँची

थी। अतएव, उसी बोली में काव्य लिखने की बात मुस्लिम कवियों को उचित और आसान दिखाई पड़ी। भाषा और साहित्य के क्षेत्र में भारतीय मुसलमानों की मानसिकता, कम-से-कम, तीन रूपों में दिखाई पड़ी। जो लोग अरबी-ईरानी संस्कृति से तनिक भी दूर जाना नहीं चाहते थे, उन्होंने अपनी सारी रचनाएँ फारसी में कीं। जिन मुसलमानों का विचार यह था कि भारतीय मुसलमानों का भाग्य भारत की बाकी जनता के भाग्य से मिलकर ही विकास पा सकता है, उनकी समस्त अथवा अधिकांश रचनाएँ अवधी, ब्रजभाषा या खड़ीबोली में मिलती हैं। लेकिन, बहुत-से लोग ऐसे भी थे जो फारसी, अवधी और ब्रजभाषा, तीनों को अनुपयुक्त समझते थे। फारसी को इसलिए कि उसके श्रोताओं की संख्या न्यून थी और औरंगजेब के बाद वह और भी न्यून हो गई; तथा अवधी और ब्रजभाषा को इसलिए कि उसमें लिखी गई कविताओं पर अरब और ईरान का रंग नहीं चढ़ पाता था। इसी तीसरे प्रकार के मुसलमानों ने खड़ीबोली का ईरानीकरण आरम्भ किया जिससे उर्दू का जन्म हुआ है।

फारसी भाषा में अब जो छन्द चलते हैं वे फारसी में अरबी से लिये गए थे। ये ही छन्द दक्षिण के कवियों ने फारसी से लेकर खड़ीबोली में उतार दिए। लेकिन, फारसी छन्द जिस आसानी से खड़ीबोली में फिट हो गए, उसी आसानी से अरबी-फारसी के शब्दों का प्रयोग नहीं किया जा सका। खड़ीबोली में जो कविताएँ सुलतान कुतुब अलीशाह ने लिखी हैं, उनमें फारसी और अरबी के शब्द बहुत थोड़े हैं।

तुज याद में जग मोहिया, है जग उपर तेरा मया।
जो जग मँगे, सो तूँ दिया, तूँ ही जगत का है दया।
चन्द्रमुख तुज, लाल लब है, दसन जूँ तेरे तारे हैं।
कहो यह चाँद काँ का है, किस आसमा थे उतारे हैं।[10]

—कुली कुतुबशाह

दक्खिन के अन्य कवियों की भी भाषा यही है।

पिउ मूरत देखो सीने में, जब जागो तब रहूँ सपने में।
ला दीपक बिरहा अपने में, तन जाए झकझक जीने में।

—अली आदिलशाह

नहीं मुझसे पीत लगाए मन लेता रे।
अल्ला मुझे आशिक अपना तूँ कैता रे।

—बुर्हानुद्दीन जानम

स्वयं वली की कविताओं में जो भाषा मिलती है, वह भी बहुत-कुछ यही भाषा है।

बिरागी जो कहाते हैं उसे घर बार करना क्या?
हुई जोगिन जो कोइ पी की उसे संसार करना क्या?
जो पीवै पिर्त का पानी उसे क्या काम पानी सों?
जो भोजन दुख का करते हैं उसे आहार करना क्या?

मतरूकात या बहिष्कार की नीति

जिन दिनों खड़ीबोली में दक्खिन के मुसलमान कवि यह साधना कर रहे थे, उन दिनों, वहाँ

के राजे स्वतन्त्र थे एवं दिल्ली का उन पर कोई बड़ा प्रभाव नहीं था। हिन्दू-मुस्लिम एकता का भाव वहाँ काफी मजबूत था एवं साम्प्रदायिकता की गन्ध भी नहीं थी। किन्तु, उन्हीं दिनों, उत्तर में औरंगजेब गद्दी पर आया और बाबर से लेकर शाहजहाँ तक एकता का जो पट बुना जा चुका था, उसके तानों-बानों को वह अलग करने में लग गया। सन् 1686 ई. में उसने दक्षिण के राज्यों पर अधिकार किया एवं औरंगाबाद को उसने अपना केन्द्र बनाया। अब आगरे और दिल्ली के मुसलमान दक्खिन अधिक जाने लगे एवं बीजापुर और गोलकुंडा के शायर भी अब ज्यादातर, औरंगाबाद में ही रहने लगे। यहीं से उत्तर की साम्प्रदायिकता दक्षिण पहुँची और उसका प्रभाव कविता पर भी पड़ने लगा।

वली दो बार दिल्ली आए थे। एक बार सन् 1690 ई. में औरंगजेब के शासनकाल में और दूसरी बार सन् 1724 ई. में उसके मरने के बाद। दिल्ली में वली के काव्य-संग्रह का बड़ा आदर हुआ। दिल्ली में उन दिनों जो मुसलमान कवि फारसी में कविता कर रहे थे, उन्हें यथेष्ट पाठक नहीं मिलते थे। वली के प्रयोग को देखकर उन्हें पता चला कि हिन्दी में भी वे भाव प्रभावपूर्ण ढंग से कहे जा सकते हैं जिनकी अभिव्यक्ति के लिए दिल्ली और आगरे के कवि फारसी का आश्रय ले रहे थे, यद्यपि, फारसी में लिखने और समझनेवालों की संख्या दिनोंदिन घटती जा रही थी। दिल्ली में ही शाह गुलशन ने (जो फारसी के शायर थे और वयोवृद्ध एवं समादरणीय व्यक्ति थे) वली को सलाह दी कि अपनी कविताओं में फारसी शब्द रखो तो इन कविताओं का रंग और भी निखर जाए।[11] वली पर इस परामर्श का पूरा असर हुआ और बाद को उन्होंने जो कविताएँ लिखीं, उनमें फारसी की प्रधानता हो चली। फिर भी, वली की पिछली गजलों में भी, हिन्दी का थोड़ा-बहुत रंग मौजूद ही रहा–

लिया है जब सूँ मोहन ने तरीका खुदनुमाई का।
चढ़ा है आरसी पर तब से रंग हैरत-फिजाई का।

उत्तरी भारत में उर्दू कवियों में 'फाइज' सबसे प्राचीन माने जाते हैं। ये वली के समकालीन थे और, वली की ही तरह, उनकी कविताओं में भी हिन्दी के शब्द मौजूद मिलते हैं। शेरो-सुखन में इनकी जो थोड़ी-सी पंक्तियाँ उद्धृत हैं, उनमें नयन, भवाँ, पलक, सजीले, मुख, छब, राम-राम, केवल, कली, चम्पा, अनूप, रूप, सरूप, ये सभी शब्द आए हैं। ऐसा लगता है कि वली को हिन्दी-शब्दों का बहिष्कार करने का जो परामर्श दिल्ली में दिया गया था, वह अप्राकृतिक था और खुद दिल्ली के शायर भी जब तक हिन्दी शब्दों को दूर रखने के लिए लाठी लेकर तैयार नहीं हो जाते, तब तक हिन्दी शब्दों को रोकना उनके लिए कठिन होता था। उर्दू हिन्दू-मुस्लिम-सामाजिक-संस्कृति की भाषा बनकर आ रही थी और फारसी छन्दों को देशज शब्दों से तैयार करने की ओर उसका स्वाभाविक झुकाव था। लेकिन, दिल्ली के शायर फारसी पर फिदा थे। उनकी श्रुति-चेतना कविता में देशज शब्दों का प्रयोग सह नहीं सकती थी। यह समय भी अकबर का नहीं, औरंगजेब का था। अतएव, शायरों को यह सूझा ही नहीं कि उर्दू को उसके स्वाभाविक विकास के मार्ग पर जाने देना चाहिए। मन से वे ईरानी बने रहना चाहते थे, इसलिए, उर्दू को ईरानी भावनाओं, मनोदशाओं एवं विचारों का माध्यम बनाने के प्रयास में उन्होंने चुन-चुनकर हिन्दी-शब्दों को उर्दू गजलों से निकालना शुरू किया और तब तक दम नहीं लिया जब तक हिन्दी के सारे शब्द दूर नहीं हो गए। "दक्खिनी हिन्दी

के कवियों में संस्कृत और हिन्दी के बहुत अधिक शब्द मिलते हैं, जिन्हें आगे चलकर कम-से-कम करते-करते अन्त में, व्याकरण को ही हिन्दी रहने दिया गया।[12] कुछ थोड़े-से मुसलमान शायरों और शाहजादों ने हिन्दी में से हिन्दवीपन और हिन्दी के शब्द निकाल-निकालकर अरबी-फारसी के तत्सम और अप्रचलित शब्दों की भरमार कर एक नई बनावटी जबान उर्दू बना ली।''[13] उर्दू का जन्म खड़ीबोली में से संस्कृत और हिन्दी के शब्दों को निकालकर हुआ। यह भी ध्यान देने की बात है कि जब तक खड़ीबोली में हिन्दी और संस्कृत के शब्द बने रहे, तब तक उसका प्रचलित नाम भी हिन्दी, हिन्दवी अथवा रेख़्ता ही रहा। किन्तु, जब इस भाषा पर फारसी और अरबी का पूरा प्रभुत्व हो गया, तब से वह उर्दू कहलाने लगी।[14] वली वगैरह की भाषा के विषय में लिखते हुए सुनीति बाबू ने कहा कि ''तब की भाषा पश्चात्कालीन उर्दू की तरह फारसी से बिलकुल लदी हुई नहीं थी। फारसी के शब्द अपेक्षाकृत कम संख्या में मिलाए जाते थे। एक पंक्ति में कहीं-कहीं छितरे हुए (रेख़्ता) रहते थे। इसलिए, आधुनिक उर्दू-हिन्दुस्तानी पद्य की भाषा का आद्य रूप 'रेख़्ता' कहलाता था।''

डॉक्टर बाबूराम सक्सेना ने लिखा है[15] कि वली की भाषा में जो 'भाषा' के शब्द थे, उनमें से अनेक ऊटपटाँग और असुन्दर थे तथा कला की कृतियों में वे खपाए नहीं जा सकते थे। इसलिए, उर्दू के कवि, पीढ़ी-दर-पीढ़ी उनका बहिष्कार करते गए और अन्त में, उन्होंने अपनी पसन्द की एक भाषा खड़ी कर ली। फिर उन्होंने यह भी कहा है कि 'भाषा' के सभी शब्दों का निकालना अच्छा नहीं हुआ। किन्तु सोचने की बात है कि ये शब्द क्यों निकाले गए? कला की कौन वह प्रवृत्ति थी जो भाषा के शब्दों से टकराकर घबराने लगती थी? जब तक भारतीय भावों का आख्यान कवियों का ध्येय रहा, वे (जायसी, कबीर, रहीम, रसखान आदि) भाषा के शब्दों का आदर करते रहे। किन्तु, जभी यह ध्येय प्रमुखता पाने लगा कि भाषा हिन्दुस्तान की और भाव ईरान के होने चाहिए, तभी भारतीय शब्दों का स्थान अरबी और फारसी के शब्द लेने लगे। यदि उर्दू का जन्म अकबर के समय हुआ होता तो बहिष्कार की नीति मुसलमान कवियों को सूझती ही नहीं। मतरूकात की नीति पर चलने की प्रेरणा उन्हें इसलिए मिली कि जब उर्दू का जन्म हो रहा था, तब इस देश की राजनीति साम्प्रदायिक हो गई थी और उस राजनीति का प्रभाव साहित्य पर भी जोरों से पड़ा।

एक दूसरा कारण यह भी हुआ कि उर्दू के विकास का काल, संयोग से, मुगल-गरिमा के ह्रास के समय पड़ गया। जब उर्दू का निर्माण हो रहा था, उस समय देश की सल्तनत टूटकर खंड-खंड होती जा रही थी। राजे विलासी और दरबारी पातकी हो रहे थे। कवियों का जनता से तो कोई सम्बन्ध था ही नहीं, वे सन्त-सुधारकों के आन्दोलन से भी दूर थे। ऐसे कवियों में जीवन की सीधी-सच्ची प्रेरणाएँ उठें, यह असम्भव बात है। परिणाम यह हुआ कि फारसी के जो भाव इन कवियों ने देखे थे, उन्हीं के अनुकरण पर, वे उर्दू को सजाने लगे और सारा उर्दू-साहित्य भारतीय जीवन से दूर, आध्यात्मिक, सामाजिक और राजनैतिक प्रेरणाओं से रहित, फारसी का निरा जूठनमात्र हो गया। वली से लेकर गालिब तक (तत्कालीन हिन्दी कवियों के ही समान) उर्दू का कोई भी कवि ऐसा नहीं हुआ जिसमें अन्याय का विरोध करने की उमंग रही हो अथवा जो कभी यह देखने की भी चिन्ता करे कि जिस समाज में वह पल रहा है, उसका हाल क्या है। इनकी कविताओं में प्रेम और विरह के जो भी बखान

हैं, सभी झूठे हैं, सभी खयाली हैं। सच्चा स्वर अगर है तो निराशा का जो सभी कवियों में खुशनुमा और रंगीन दिखाई देता है। धार्मिक या सामाजिक चेतना के अधिक-से-अधिक पास, इस काल में केवल अनीस और दबीर पहुँचते हैं जिनके मर्सियों में, और नहीं तो, इस्लाम की गरिमा को कुछ ताजा कर देने की शक्ति अवश्य है। या फिर उर्दू-कविता का सामाजिक पक्ष नज़ीर अकबराबादी की रचनाओं में ऊँचा उठा। जैसे बीसवीं सदी में महाकवि अकबर ने सम्राट् अकबर के हिन्दू-मुस्लिम एकता के स्वर को ताजा किया, वैसे ही, अठारहवीं सदी के अन्त में महाकवि नज़ीर ने इस एकता की लता को निश्छलता से सींचा। इसलिए, इन दोनों कवियों को केवल मुसलमान ही नहीं, हिन्दू भी अपने प्यारे कवि मानते हैं।

काव्य में जब भी शैली प्रधान हो उठती है और भाव गौण हो जाते हैं, तभी कविता जन-जीवन से दूर होने लगती है। यह कहना, शायद, सत्य ही है कि उर्दू के कवि कला के शौक में ही भारत से निकलकर ईरान चले गए। फिर तो उर्दू का स्टैंडर्ड इतना विचित्र हो उठा कि नज़ीर अकबराबादी-जैसे कवि भी श्रेष्ठ कवियों की पंक्ति से बहिष्कृत माने जाने लगे। उर्दू के आलोचक इसका कारण यह बताते हैं कि नज़ीर उर्दू-ए-मुअल्ला के मालिक नहीं हैं, यानी उन्होंने फ़सीह और टकसाली उर्दू नहीं लिखी है। लेकिन, बहुत-से लोग यह मानते हैं कि उर्दू के अदीबों ने नज़ीर अकबराबादी का उचित सम्मान इसलिए नहीं किया कि उनके अधिकांश विषय भारतीय हैं और भारतीय शब्दों का प्रयोग भी उन्होंने धड़ल्ले से किया है। ''मौलाना हाली और नज़ीर, दोनों का एक पाप तो यह था कि वे दिल्ली में पैदा नहीं हुए थे और दूसरा यह कि उनकी जबान में हिन्दी के अल्फ़ाज़ भी होते थे, यद्यपि, यह किसी ने स्वीकार नहीं किया है, तथापि मौ. हाली ने नज़ीर की चर्चा में गुप्त रूप से यह बात कह डाली है। अनीस के बारे में लिखते हुए मौ. हाली ने कहा है, 'अगरचे नज़ीर अकबराबादी ने शायद, मीर अनीस से ज्यादा अल्फ़ाज़ इस्तेमाल किए हैं, मगर उनकी जबान को अहले-ज़बान कम मानते हैं।' इसमें नज़ीर का क्या कसूर? यह उर्दू शोअरा के तअस्सुब के सिवा और क्या कहा जा सकता है?'' (अ. प्र. वा.)।

खड़ीबोली में से इस देश के शब्दों का निकाला जाना अच्छा नहीं हुआ। इससे एक तो उर्दू नकली भाषा बन गई दूसरे, हिन्दू-मुस्लिम ऐक्य की जो सेवा इस भाषा के द्वारा हो सकती थी, वह केवल इसी कारण न हो सकी कि कवियों ने इस भाषा का रुख अरब और ईरान की ओर फेर दिया। इस स्थिति पर विलाप करते हुए मुहम्मद हुसैन आजाद ने लिखा है कि ''उर्दू में फ़ारसी का रंग बहुत तेजी से आया। यह रंग अगर उसी क़दर आता कि जितना चेहरे पर उबटन का रंग या आँखों में सुरमा तो ख़ुशनुमाई और बीनाई (नेत्र-ज्योति) दोनों को मुफ़ीद होता। मगर, अफ़सोस कि फ़ारसी की शिद्‌दत (अधिकता) ने हमारे क़ूवतेबयान और आँखों को सख्त नुक़सान पहुँचाया। और ज़बान (भाषा) को खाली बातों से फ़क़त तवह्हुमात का स्वाँग (खोखला रूप) बना दिया। नतीजा यह हुआ कि भाषा और उर्दू में जमीन-आसमान का फर्क हो गया।''[16]

कभी-कभी मन में यह विचार आता है कि क्या उर्दू के कवियों ने हिन्दुत्व से अलग रहने को ही उर्दू को फारसी शब्दों से भर दिया? क्या, सचमुच ही, उर्दू का ईरानीकरण औरंगजेब की साम्प्रदायिक नीति का परिणाम था? किन्तु सच बात यह है कि ऐसा कहने का सुदृढ़

और सुनिश्चित आधार नहीं है। उर्दू आरम्भ से ही, ईरानी लिपि में लिखी जाती थी। लिपि-साम्य होने के कारण, वह अरबी और फारसी की तरह, विशेष रूप से, मुस्लिम-संस्कृति की भाषा मानी जाने लगी और इसी लिपि-साम्य के चलते, उर्दू के कवियों का ध्यान हिन्दी की अपेक्षा फारसी और अरबी शब्दों की ओर अधिक जाने लगा। फारसी शब्दों के "इस प्रकार के अधिकाधिक समावेश से एक तो लेखक के धार्मिक एवं सांस्कृतिक दृष्टिकोण का परिचय मिलता था और दूसरे, लेखक को अपने 'मुसलमानी-भाषा' के पांडित्य-प्रदर्शन का अवसर मिलता था। इस प्रकार, हिन्दुओं की भाषा हिन्दवी को, उत्तर भारतीय मुसलमानों की इच्छा एवं झुकाव के अनुरूप, मुसलमानी स्वरूप दे दिया गया।"[17]

डॉक्टर अब्दुल हक़ साहब ने लिखा है कि "अगर उर्दू को अदबी निश्व-नुमा (साहित्यिक विकास) दकन में हासिल न हुई होती तो बहुत मुमकिन था कि बजाय फारसी अरूज के हिन्दी अरूज होता, क्योंकि दोआ-ब-ए-गंगो-जमुन में आस-पास हिन्दी थी और मुल्क की आम जबान थी।" लेकिन, दक्खिन के उर्दू-कवि वली को दोआब के ही शायरों ने समझाया था कि अपनी ग़ज़लों में अरबी और फारसी के शब्द अधिक रखो।

हिन्दी से उर्दू या उर्दू से हिन्दी?

जो लोग यह कहते हैं कि हिन्दी उर्दू से निकली है, उन्हें यह भी कहना चाहिए कि हिन्दुस्तान अरब और ईरान के पेट में था। वहीं से कढ़कर वह हिमालय और हिन्द महासागर के बीच फैला है। हिन्दी से उर्दू बनी है, उर्दू से हिन्दी नहीं। हिन्दी में अरबी, फारसी, तुर्की शब्द बढ़ा देने और फारसी मुहावरे चला देने से उर्दू का जन्म हुआ है। वस्तुस्थिति यह है कि हिन्दी के बिना उर्दू एक पग नहीं धर सकती और उर्दू के बिना हिन्दी के महाग्रन्थ लिखे जा सकते हैं।" (अ. प्र. वाजपेयी)

यह मत केवल हिन्दी के ही विद्वानों का नहीं है, बल्कि, उर्दू के भी निष्पक्ष विद्वान् यही मानते हैं कि उर्दू का जन्म हिन्दी से हुआ है एवं हिन्दी की सहायता के बिना उर्दू जी ही नहीं सकती। 'वज-ए-इस्तलाहात' (परिभाषा-निर्माण) नाम की अपनी पुस्तक में उस्मानिया कॉलेज के भूतपूर्व प्रोफेसर मौलवी वहीदुद्दीन साहब 'सलीम' पानीपती मरहूम ने लिखा है कि उर्दू जिस ज़मीन पर खड़ी है वह ज़मीन हिन्दी की है। "इसी जमीन पर फारसी और अरबी के पौधे लगाए गए हैं। इसी तख्ते पर गैर-ज़बानों ने (दूसरी भाषाओं ने) आकर गुलकारी की है। अगर यह ज़मीन यानी हिन्दी निकाल दी जाए तो फिर उर्दू ज़बान का नामोनिशान भी बाकी नहीं रहेगा। हिन्दी को हम अपनी ज़बान के लिए उम्मुल्लिसान (भाषा की जननी) और हयूलाये-अव्वल (मूलतत्त्व) कह सकते हैं। इसके बगैर हमारी ज़बान की कोई हस्ती नहीं है। इसकी मदद के बगैर हम एक जुमला (वाक्य) भी नहीं बोल सकते। जो लोग हिन्दी से मुहब्बत नहीं रखते, वह उर्दू ज़बान के हामी नहीं हैं, फ़ारसी, अरबी या किसी दूसरी ज़बान के हामी हों तो हों।"[18]

उर्दू और हिन्दी के बीच जो भेद बढ़ा, उसकी जिम्मेवारी उर्दू-कवियों के माथे मढ़ी जानी चाहिए, यह मत डॉक्टर अब्दुल हक़ का भी था। उन्होंने लिखा है, "बाद के उर्दू शोअरा (शायरों) पर फ़ारसी का रंग ऐसा ग़ालिब आया कि यह खुसूसियत (विशेषता) उर्दू शायरी

से बिलकुल उठ गई और रफ़्ता-रफ़्ता बहुत-से हिन्दी अलफ़ाज़ (शब्द) ज़बान से ख़ारिज हो गए और **उस्तादी अलफ़ाज के मतरूक (परित्यक्त) करने में रह गई।**''[19]

अचरज की बात है कि इतना होने पर भी, अनेक विद्वान् यह कह बैठते हैं कि बहिष्कार की नीति से हिन्दी का जन्म हुआ है,[20] उर्दू का नहीं। अर्थात् भाषा तो इस देश की हमेशा से फारसी-अरबी मिश्रित थी, हिन्दीवालों ने ही उसमें से फारसी और अरबी शब्दों को चुन-चुनकर बाहर फेंक दिया और एक कृत्रिम भाषा, हिन्दी उत्पन्न कर ली। अवश्य ही, ऐसी बातें इसलिए कही जाती हैं कि हिन्दी और उर्दू की एकता बढ़े। किन्तु, एकता की सेवा भी सचाई से ही की जा सकती है। **असत्य के प्रचार से जैसे जीवन के अन्य मूल्य नष्ट होते हैं, वैसे ही, एकता और प्रेम भी।**

साधु हिन्दी की परम्परा

हिन्दी उर्दू की तुलना में नई भाषा नहीं है, न वह उर्दू में से फारसी और अरबी शब्दों को निकालकर बनाई गई है। बुजुर्ग-बिन-शहरयार (अरब) की लिखी किताब 'अजायबुल हिन्द' में लिखा है कि ''अब्दुल्लाह इराकी ने हिन्द के राजा अलूरा के लिए सन् 270 हिजरी (सन् 892 ई.) में कुरान का हिन्दी जबान में तर्जुमा किया था।''[21] कालिंजर के राजा नन्द ने सन् 413 हिजरी (1035 ई.) में सुलतान महमूद की शान में हिन्दी में लिखकर शेर भेजा था। हिन्दी के कवि जिस भाषा में भी कविता लिखते थे, वह भाषा या भाखा कहलाती थी। लेकिन, बोलचाल की भाषा दूसरी थी। इसी भाषा में हिन्दू और मुसलमान बातचीत तथा साधारण लिखा-पढ़ी भी करते थे। इसका चलन गाँवों में कम, नगरों में अधिक था। इसी से यह भाषा नागरी भी कहलाती थी। आरम्भ में इस भाषा में भी संस्कृत शब्द ही अधिक चलते थे। संस्कृत शब्दों पर मुस्लिम बादशाहों का भी प्रेम था, क्योंकि संस्कृत शब्द ही इस देश में अधिक समझे जाते थे। साम्प्रदायिकता से पीड़ित बादशाह औरंगजेब भी हिन्दी-शब्दों के सौन्दर्य को पहचानता था, जिसका प्रमाण यह है कि एक बार उसके बेटे मुहम्मद आजमशाह ने उसे कुछ आम भेजे और उनका अनुकरण करने का अनुरोध किया, तब औरंगजेब ने उनके नाम 'सुधारस' और 'रसनाविलास' रखे थे।''[22]

डॉक्टर सुनीतिकुमार चाटुर्ज्या ने लिखा है कि ''मआसिरे-आलमगीरी के अनुसार, 1690 ई. के आरम्भ में जब औरंगजेब दक्खिन में था, तब बड़ी दूर बंगाल से एक मुसलमान प्रवास करता हुआ बादशाह से मिलने कृष्णा नदीवाले प्रदेश में पहुँचा और वहाँ पहुँचकर उसने बादशाह से कहा—''आप मुझे अपना मुरीद बना लीजिए।'' इस पर औरंगजेब ने उसे निम्न देशज पद्य की पंक्तियाँ कहकर फटकारा—

टोपी लेन्दे, बावरी देन्दे, खरे निलज्ज।
चूहा खान्दा बावली, तू कल बंधे छज्ज॥

अर्थात् तुम अपने लम्बे बालों को छोड़कर (फकीर की) टोपी लेना चाहते हो। अरे खरे निर्लज्ज! तुम्हारा घर तो चूहा खाए जा रहा है और तुम कल उस पर छप्पर छाने की बात करते हो।

औरंगजेब की साम्प्रदायिकता सिद्ध तथ्य है; फिर भी, उसके मुख से हिन्दी के ही शब्द निकलते थे, इसका कारण यह था कि औरंगजेब के पूर्व, साम्प्रदायिक भाषा का जन्म नहीं

हुआ था। वह तब बनी, जब यहाँ की राजनीति दूषित होने लगी।

सच बात यह है कि जब मुसलमान आए, तब यहाँ भाषा दो रूपों में चल रही थी, जिनमें से एक का उदाहरण चन्द, विद्यापति आदि की कविताओं में है और दूसरे का खुसरो की पहेलियों और मुकरनियों में। उस समय तक, हिन्दीवालों के यहाँ खड़ीबोली काव्य-भाषा के रूप में गृहीत नहीं हुई थी। सारे देश के हिन्दी कवि उस समय ब्रज या अवधी में लिखते थे, जिसमें रहीम, रसखान, मुबारक, आलम और शेख ने भी कविताएँ लिखीं।

अकबर ने जिस सामासिक संस्कृति पर जोर दिया, वह ईरानी कम, भारतीय अधिक थी। यही वह संस्कृति थी, जिसमें हिन्दू-मुस्लिम एकता की वास्तविक झलक दिखाई देती थी। इस संस्कृति के पोषक मुसलमान इस देश की भाषा को अपनी भाषा मानने लगे थे। ''16वीं सदी के अन्त तक, सभी भारतीय मुसलमान (विदेशी, देशज अथवा मिश्रित रक्तवाले) फारसी को एक विदेशी भाषा के रूप में अनुभव करने लगे थे और देशज भाषाओं को पूर्णतया स्वीकार कर चुके थे। और जब उन्होंने उत्तरी भारत में देश की भाषा में रचना करना आरम्भ किया, तब उन्होंने देशज भाषाओं में सर्वाधिक प्रतिष्ठित ब्रजभाषा को ही चुना।'' (डॉ. सुनीतिकुमार)।

मुस्लिम-काल में हिन्दी स्वतन्त्र भाषा के रूप में जीवित थी, इसका एक प्रमाण यह भी है कि मुस्लिम बादशाह अपने कार्यालयों में फारसी-नवीस के साथ हिन्दी-नवीस भी रखते थे। प्रत्युत, राज्य से जन-सम्पर्क की भाषा हिन्दी ही थी और हिसाब-किताब भी हिन्दी में ही रखे जाते थे। फारसी की, राज्य-भाषा के रूप में, घोषणा अकबर ने की और वह भी राजा टोडरमल के आग्रह के कारण।

उन्नीसवीं सदी की समाप्ति के पूर्व तक, उर्दू नाम का चलन साहित्यिक धरातल पर नहीं था। हिन्दी-क्षेत्रों की भाषा का नाम लोग हिन्दी ही जानते थे जिसके प्रमाण अनेक कवियों की कविताओं में मिलते हैं।[23]

हिन्दी और उर्दू का गद्य

यदि गद्य की बात ली जाए तो भी यह कहने का कोई आधार नहीं है कि उर्दू गद्य का निर्माण और चलन पहले हुआ एवं उस गद्य में से फारसी और अरबी के शब्द हटाकर हिन्दी भाषा बाद को गढ़ ली गई। डॉ. रामबाबू सक्सेना के अनुसार, उर्दू-गद्य का प्राचीनतम प्रमुख उदाहरण फ़ज़ली का लिखा हुआ 'दह-मजलिस' नामक ग्रन्थ है, जिसकी रचना सन् 1732 ई. में हुई थी। किन्तु, इसे सक्सेना महोदय कोई उत्कृष्ट या साफ गद्य का उदाहरण नहीं मानते। वे केवल यह कहते हैं कि दह-मजलिस ही उर्दू-गद्य का प्राचीन-से-प्राचीन उपलब्ध उदाहरण है।[24] और उनका ऐसा मानना ठीक भी है क्योंकि 'दह-मजलिस' पर तुकबाजी सवार है एवं लेखक स्वयं भी मानता है कि उसके पाँव लड़खड़ा रहे हैं।

दह-मजलिस के गद्य का एक उदाहरण कविता-कौमुदी (चतुर्थ भाग) में उद्धृत है, जो इस प्रकार है–

''फिर दिल में गुजरा कि ऐसे काम को अक्ल चाहिए कामिल और मदद किसू तरफ की होय शामिल। लिहाजा कोई इस सनअत का न हुआ और अब तक तर्जुम-ए-फारसी

ब-इबारते-हिन्दी नस्र न हुआ।''

स्पष्ट है कि फ़ज़ली समझ रहे थे कि वे हिन्दी ही लिख रहे हैं, क्योंकि उर्दू नाम का चलन उस समय था ही नहीं।

इस प्रसंग में देखा जाए तो हिन्दी-गद्य की परम्परा बहुत पीछे तक पहुँचती है। हिन्दी में प्राचीन गद्य के उदाहरण तीन शैलियों में मिलते हैं। एक तो ब्रजभाषावाली शैली है, जिसके अन्दर कुछ गोरखपन्थी ग्रन्थ (1350 ई.) भी आते हैं। किन्तु, इस शैली के पुष्ट प्रमाण पुष्टिमार्ग के साधक बिट्ठलनाथ और गोकुलनाथ-लिखित, क्रमशः, 'शृंगाररस-मंडन', 'चौरासी वैष्णवन की वार्त्ता' और 'दो सौ बावन वैष्णवन की वार्त्ता' आदि हैं। ये ग्रन्थ बोलचाल की ब्रजभाषा में लिखे गए हैं तथा इनमें छिटपुट फारसी के भी शब्द हैं जो उस समय तक प्रचलित हो गए थे। नाभादासजी का 'अष्टयाम' (1600 ई. के बाद का,) वैकुंठमणि शुक्ल का 'अगहन-माहात्म्य' और 'बैसाख-माहात्म्य' (1623 ई.) तथा किसी अज्ञात लेखक का 'नासिकेतोपाख्यान' (1700 ई. के बाद का) ब्रजभाषा गद्य के स्वच्छ उदाहरण माने जाते हैं। इसी शैली में, सन् 1710 ई. में सूरति मिश्र ने 'वैताल-पच्चीसी' लिखी तथा सन् 1800 ई. के लगभग लाला हीरालाल ने 'आईने अकबरी' का 'भाषा-वचनिका' नाम से अनुवाद किया। इनके सिवा, काव्यों पर कुछ टीकाएँ भी ब्रजभाषा-गद्य में की गई थीं, किन्तु, उनका, शैली के विकास की दृष्टि से, कोई खास महत्त्व नहीं है। फोर्ट विलियम में अंग्रेजों के अधीन हिन्दी-गद्य का काम सँभालनेवाले लल्लूलालजी गद्य की इसी धारा के लेखक हुए हैं और उन्होंने राजनीति (1809 ई.) तथा माधोविलास (1817 ई.) नाम से जो दो ग्रन्थ लिखे, वे हिन्दी में ब्रजभाषावाली गद्य-धारा के अन्तिम उदाहरण हैं। किन्तु, यह धारा लल्लूलालजी तक ही आकर अवरुद्ध हो गई। आज हम जिस गद्य का प्रयोग करते हैं, वह खड़ीबोली का गद्य है।

सच पूछिए तो ब्रजभाषा का गद्य कोई सुगठित गद्य नहीं था। यह भाषा काव्य की भाषा थी। गद्य की परम्परा के नहीं रहने के कारण, इसका गद्य कभी गठन नहीं पा सका।

ब्रजभाषा के ही समान, राजस्थानी गद्य के भी उदाहरण बारहवीं-तेरहवीं शती से ही मिलने लगते हैं, किन्तु राजस्थानी का भी गद्य सदैव दुर्बल रहा। इस गद्य में संस्कृत की समासयुक्त शैली, अप्रभ्रंश, खड़ीबोली और ब्रजभाषा, सबका प्रभाव मिश्रित है और सबने मिलकर इस गद्य की शक्ति को घटाया ही है, बढ़ाया नहीं।

खड़ीबोली में गद्य का आरम्भ अकबर के समय में हो गया था, इसका प्रमाण गंग कवि का 'चन्द छन्द बरनन की महिमा' है। गंग की गद्य-भाषा उर्दू नहीं हिन्दी है।[25] ऐसा लगता है कि अकबर और जहाँगीर के समय हिन्दी खड़ीबोली शिष्ट समाज की भाषा हो चली थी, यद्यपि, गद्य-निर्माण की ओर लोगों की अभी दृष्टि नहीं थी।

किन्तु, इन उदाहरणों को हम हिन्दी-गद्य के सुनिश्चित आरम्भ का प्रमाण नहीं मानते, यद्यपि, गंग की भाषा में हिन्दी-गद्य का रूप काफी सुस्पष्ट दीखता है। हिन्दी-गद्य का, निश्चित रूप से, सुस्पष्ट प्रमाण हमें रामप्रसाद निरंजनी के 'भाषा-योग-वाशिष्ठ' नामक ग्रन्थ में मिलता है, जिसे आचार्य रामचन्द्र शुक्ल ने हिन्दी-गद्य का आदि-ग्रन्थ कहा है। रामप्रसाद निरंजनी पटियाले के थे और सन् 1741 ई. में उन्होंने यह ग्रन्थ बनाया था। 'दह-मजलिस' से, यद्यपि, यह ग्रन्थ दस साल बाद का है, किन्तु, इससे यह बात भली-भाँति प्रमाणित हो जाती है कि

''खड़ीबोली को मुसलमानों द्वारा जो रूप दिया गया, उससे सर्वथा स्वतन्त्र वह अपने प्रकृत रूप में भी दो-ढाई सौ वर्ष से लिखने-पढ़ने के काम में आ रही है।'' (पं. रामचन्द्र शुक्ल)।

निरंजनीजी की भाषा और आज की प्रचलित हिन्दी में बहुत अधिक अन्तर नहीं है। 'भाषा-योग-वाशिष्ठ' के गद्य का एक सुव्यवस्थित उदाहरण इस प्रकार है–

''हे रामजी! जो पुरुष अभिमानी नहीं है, वह शरीर के इष्ट-अनिष्ट में राग-द्वेष नहीं करता क्योंकि उसकी शुद्ध वासना है। मलीन वासना जन्मों का कारण है। ऐसी वासना को छोड़कर जब तुम स्थित हो तब तुम कर्त्ता हुए भी निर्लेप रहोगे। और हर्ष, शोक आदि विकारों से जब तुम अलग रहोगे तब वीतराग, भय, क्रोध से रहित रहोगे। जिसने आत्म-तत्त्व पाया है, वह जैसे स्थित हो वैसे ही तुम भी स्थित हो। इसी दृष्टि को पाकर आत्म-तत्त्व को देखो। तब विगतज्वर होगे और आत्मपद को पाकर फिर जन्म-मरण के बन्धन में न आओगे।''

यह सच है कि योग-वाशिष्ठ में प्रयुक्त भाषा की प्रांजलता सर्वत्र इस कोटि तक नहीं पहुँचती, किन्तु, आज के-से प्रांजल हिन्दी-गद्य का रूप भाषा-योग-वाशिष्ठ के अनेक स्थलों में वर्तमान है। इस बात से हिन्दी गद्य की प्राचीनता सहज ही प्रमाणित हो जाती है। क्या डॉ. बाबूराम सक्सेना अथवा किसी अन्य विद्वान् के पास कोई प्रमाण है, जिससे यह समझा जाए कि 'भाषा-योग-वाशिष्ठ' से पूर्व, उर्दू-गद्य का निर्माण हो गया था और उसमें से फारसी और अरबी शब्दों को निकालकर वर्तमान साधु-हिन्दी का रूप तैयार किया गया?

फ़ज़ली की 'दह-मजलिस', यद्यपि, 'भाषा-योग-वाशिष्ठ' से दस साल पुरानी मानी जाएगी, किन्तु, उसका गद्य ठीक-ठीक गद्य नहीं है। वह तो गंग के 'चन्द छन्द बरनन की महिमा' से भी दुर्बल और अस्त-व्यस्त है। असल में, उर्दू काव्य-भाषा के रूप में उठी और कविता में ही उसका परिमार्जन होता रहा। दह-मजलिस में फारसी-मिश्रित गद्य का प्रथम प्रयोग है। इसीलिए, उस पुस्तक की भाषा तुर्की की 'रेशमी लूमें' पकड़कर लँगड़ा-लँगड़ाकर चलती है। इसके विपरीत, भाषा-योग-वाशिष्ठ की भाषा पूर्ण रूप से ''शृंखलाबद्ध, साधु और व्यवस्थित'' है। यह भी ध्यान देने की बात है कि योग-वाशिष्ठ के गद्य में जो प्रौढ़ता है, वह रामप्रसाद निरंजनी की आकस्मिक सृष्टि नहीं रही होगी। ऐसी प्रौढ़ता काफी दिनों के अभ्यास और परिमार्जन से ही उत्पन्न हो सकती है। अतएव, इस अनुमान से भागना असम्भव है कि मुसलमान चाहे जैसी भी भाषा लिखते या बोलते रहे हों, किन्तु, हिन्दुओं के यहाँ संस्कृतनिष्ठ हिन्दी की परम्परा बराबर चली आ रही थी। उसी हिन्दी का व्यवस्थित और परिपुष्ट रूप हम योग-वाशिष्ठ में देखते हैं। यदि जनता की रुचि की बात को लें तो वह इतने से ही प्रत्यक्ष है कि, प्रकाश में आते ही, योग-वाशिष्ठ का प्रचार गाँवों में उसी व्यापकता से हो गया जिस व्यापकता से रामचरितमानस और सुखसागर का प्रचार हुआ था।

इसी प्रकार, सन् 1761 ई. में मध्यप्रदेश निवासी पं. दौलतराम ने रविषेणाचार्यकृत जैन 'पद्म-पुराण' का भाषानुवाद किया। इस ग्रन्थ की भाषा योग-वाशिष्ठ की भाषा के समान व्यवस्थित तो नहीं है, किन्तु, इससे भी यह बात प्रमाणित होती है कि हिन्दुओं के यहाँ खड़ीबोली के जिस रूप का प्रचार था, उसमें ब्रजभाषा और अवधी का पुट तो रहता था, किन्तु, फारसी और अरबी के शब्द उसमें नहीं चलते थे।

ग्रामों में प्रचलित तीसरे प्राचीन गद्य-ग्रन्थ 'सुखसागर' की रचना मुंशी सदासुखलाल 'नियाज'

ने की थी, जो दिल्ली के रहनेवाले थे तथा जिनका जन्म सन् 1746 ई. में तथा मृत्यु सन् 1824 ई. में हुई। सुखसागर की भाषा भी योग-वाशिष्ठ की भाषा के समान ही संस्कृतनिष्ठ एवं व्यवस्था-युक्त है। यथा–

"इससे जाना गया कि संस्कार का भी प्रमाण नहीं; आरोपित उपाधि है। जो क्रिया उत्तम हुई तो सौ वर्ष में चांडाल से ब्राह्मण हुए और जो क्रिया भ्रष्ट हुई तो वह तुरन्त ही ब्राह्मण से चांडाल होता है। यद्यपि, ऐसे विचार से हमें लोग नास्तिक कहेंगे, हमें इस बात का डर नहीं। जो बात सत्य होय उसे कहना चाहिए, कोई बुरा माने कि भला माने।"

सुखसागर की रचना अठारहवीं सदी के अन्त में हुई और उन्नीसवीं सदी के आरम्भ से ही उसका गाँवों में प्रचार होने लगा। क्या कोई कह सकता है कि सुखसागर की भाषा उर्दू-गद्य में अरबी-फारसी शब्दों को हटाकर गढ़ी हुई कृत्रिम भाषा है? और अगर है तो उर्दू का वह गद्य कहाँ है, जिसके अनुकरण पर सुखसागर के गद्य का निर्माण हुआ?

दह-मजलिस में, यद्यपि, उर्दू-गद्य का प्रथम प्रयोग है, किन्तु, सभी विद्वान् मानते हैं कि यह प्रयोग सफल नहीं हुआ। अर्थात् दह-मजलिस से उर्दू-गद्य का आरम्भ नहीं माना जाता है। उर्दू-गद्य का वास्तविक आरम्भ फोर्ट विलियम कॉलेज की स्थापना (सन् 1800 ई.) के बाद से होता है, जब गिलक्राइस्ट अपने यहाँ मौलवी रखकर उर्दू की किताबें लिखवाने लगे। किन्तु, 'भाषा-योग-वाशिष्ठ', 'पद्म पुराण' और 'सुखसागर', हिन्दी-गद्य के इन तीन पृथुल एवं बहु-प्रचलित ग्रन्थों की रचना उससे बहुत पूर्व ही हो चुकी थी। यह सत्य है कि हिन्दी-गद्य की पुस्तकें लिखवाने को भी फोर्ट विलियम कॉलेज में पं. लल्लूलाल (गुजराती) और पं. सदल मिश्र (बिहारी) की नियुक्ति की गई थी, किन्तु, लल्लूलाल ने ब्रजभाषा-सेवित गद्य का निर्माण किया जो शैली हिन्दी में आगे चली नहीं। हाँ, पं. सदल मिश्र की गद्य-शैली हिन्दी में स्वीकृत अवश्य हुई और यह इसलिए कि सदल मिश्र के आदर्श रामप्रसाद निरंजनी थे। और क्या कोई यह भी कह सकता है कि फोर्ट विलियम में लल्लूलाल और सदल मिश्र उर्दू-गद्य में अरबी और फारसी के शब्दों को छाँटकर एक नई भाषा निकालने के काम पर नियुक्त किए गए थे?

फारसी-मिश्रित भाषा (उर्दू या हिन्दुस्तानी) को अंग्रेज जरूर चलाना चाहते थे, किन्तु, इसके भी प्रमाण हैं कि उनके अफसर बार-बार यह शिकायत करते थे कि यह भाषा जनता नहीं समझती है। फिर भी, अंग्रेज अपने हठ पर डटे रहे क्योंकि राजनैतिक कारणों से यह आवश्यक था। शासकों की देखादेखी मिशनरियों ने भी आरम्भ में, फारसी-मिश्रित भाषा में अपना प्रचार आरम्भ किया, किन्तु, जब उन्होंने देखा कि अपढ़ जनता इस भाषा को खाक नहीं समझती है, तब वे भी अपनी प्रचार-पुस्तिकाओं में संस्कृतनिष्ठ हिन्दी का प्रयोग करने लगे। क्या इन उदाहरणों से यह प्रमाणित होता है कि इस देश की भाषा अरबी-फारसी मिश्रित थी और साधु हिन्दी बाद को जबर्दस्ती बनाई गई?

यदि फोर्ट विलियम के बादवाले दौर को लें, तब भी, यही दिखाई देता है कि हिन्दी के लेखक रामप्रसाद निरंजनी की शैली को आगे लिये जा रहे हैं। स्वामी दयानन्द (1824 से 1883 ई.), पं. श्रद्धाराम फुल्लौरी (कार्यकाल सन् 1853-1881 ई.), नवीनचन्द्र राय (कार्यकाल सन् 1863-1880 ई.) एवं राजा लक्ष्मण सिंह (सन् 1826-1869 ई.) संस्कृतनिष्ठ हिन्दी के

लेखक थे और यह हिन्दी उन्होंने उद्योगपूर्वक गढ़ी नहीं थी, प्रत्युत, उन्हें वह पूर्व पुरुषों से—रामप्रसाद निरंजनी, दौलत राम और सदासुखलाल तथा सदल मिश्र, आदि से—सहज उत्तराधिकार के रूप में प्राप्त हुई थी। इस बीच, राजा शिवप्रसाद (1823-1895 ई.) ही एकमात्र ऐसे लेखक निकले, जिन्होंने फारसी और अरबी शब्दों को अपनी भाषा में जबर्दस्ती ठूँसकर अपने को गौरवान्वित[26] एवं अपने महाप्रभुओं को प्रसन्न करना चाहा। किन्तु, उनकी चेष्टा विफल हो गई। सारे देश ने तो उन्हें धिक्कारा ही, इंग्लैंड से **पिनकाट** नामक एक अंग्रेज हिन्दी-भक्त ने भारतेन्दुजी को पत्र लिखा कि "राजा शिवप्रसाद बड़ा चतुर है। बीस बरस हुए, उसने सोचा कि अँगरेज साहबों को कैसी-कैसी बातें अच्छी लगती हैं, उन बातों को प्रचलित करना चतुर लोगों का परम धर्म है। इसलिए बड़े चाव से उस काव्य को और अपनी भाषा को बिना लाज छोड़कर, उर्दू के प्रचलित करने में बड़ा उद्योग किया। राजा शिवप्रसाद को अपना ही हित सबसे भारी बात है।"

वास्तव में, यह कहने का कोई आधार नहीं है कि हिन्दी का गद्य नया और उर्दू का गद्य अपेक्षाकृत प्राचीन है, सच्ची बात यह है कि जिस भाषा को अब उर्दू कहते हैं, वह मुसलमानों के बीच शायरी में पोषित हो रही थी, किन्तु उसके प्रभावों से सर्वथा मुक्त संस्कृतनिष्ठ हिन्दी का विकास हिन्दुओं के यहाँ स्वयमेव होता आ रहा था। आज हम जिस हिन्दी का व्यवहार करते हैं, उसकी अविच्छिन्न धारा कोई ढाई सौ वर्ष से बहती आ रही है। रामप्रसाद निरंजनी, दौलतराम, सदासुखलाल, सदल मिश्र, स्वामी दयानन्द और लक्ष्मण सिंह, ये इस धारा के मुख्य प्रकाश-स्तम्भ हैं। इनमें से किसी के भी सामने उर्दू का प्रांजल गद्य मौजूद नहीं था, जिसमें से अरबी-फारसी के शब्दों को निकालकर उन्हें नई भाषा गढ़नी पड़ती।

विवाद का समाधान

उम्र के लिहाज से नई भाषा हिन्दी नहीं, उर्दू है। मतरूकात की नीति से भी हिन्दी नहीं, उर्दू का निर्माण हुआ है। हिन्दी और उर्दू के बीच पैदा होनेवाली भिन्नता के ऐतिहासिक कारण जो भी रहे हों, किन्तु, आज उर्दू, मुख्यतः इस्लामी भावनाओं की भाषा है, जैसे हिन्दी को लोग हिन्दू-भावनाओं की भाषा मानते हैं। भावों की दृष्टि से दोनों भाषाओं के बीच कुछ थोड़ी एकता राष्ट्रीय कविताओं को लेकर बढ़ी थी और कुछ महात्मा गांधी के प्रयत्नों से, जो दोनों भाषाओं को एक करना चाहते थे। गांधीजी के समय में लोग यह समझते थे कि हिन्दी और उर्दू का विलय अगर हिन्दुस्तानी में कर दिया जाए तो भारत की भाषागत समस्या का समाधान प्राप्त हो जाएगा। किन्तु, अब वह बात नहीं है। स्वाधीन भारत ने हिन्दी को अपनी राष्ट्रभाषा स्वीकार कर लिया है और बँगला, असमी, उड़िया, तेलुगु, तमिल, मलयालम, कन्नड़, मराठी और गुजराती भाषाओं की ओर से माँग यह है कि राष्ट्रीय हिन्दी को सुगम तो होना चाहिए, किन्तु, वह संस्कृतनिष्ठ नहीं हुई, तो सारे देश में उसका प्रचलन कठिन हो जाएगा। इसके विपरीत, उर्दू, पंजाबी, कश्मीरी और सिन्धी भाषाओं की माँग है कि हिन्दी में अरबी और फारसी के शब्द अधिक रहने चाहिए। जो मूल हिन्दी-भाषी लोग हैं, वे प्रचलित अरबी-फारसी शब्दों का बहिष्कार करने के पक्ष में नहीं हैं। किन्तु, सारे देश के सामने हिन्दी-भाषियों की नहीं चलेगी। सम्भावना यह है कि अरबी-फारसी के बहुप्रचलित शब्द हिन्दी में चलते

रहेंगे, किन्तु, सिन्धी, पंजाबी, कश्मीरी और उर्दू भाषाएँ, बोलनेवालों को बहुत-से ऐसे शब्द सीखने ही पड़ेंगे, जिनका उन्हें अभी ज्ञान नहीं है। वस्तुतः, असंख्य नए शब्दों का ज्ञान उन्हें भी प्राप्त करना है, जो हिन्दी, बँगला, मराठी, असमी, गुजराती, उड़िया अथवा कोई द्राविड़ भाषा बोलते हैं।

उर्दू भारतीय संस्कृति के उस एक अंश का प्रतिनिधित्व करने में दक्ष है जिसका विकास बारहवीं सदी के बाद हुआ है। लेकिन, भारतवर्ष, कम-से-कम, छह हजार वर्ष पुराना देश है। भारत के सम्पूर्ण इतिहास का प्रतिनिधित्व वे भाषाएँ कर सकती हैं, जिनके तार संस्कृत से अनुस्यूत हों। हिन्दी अपने राष्ट्रभाषा-पद को सार्थक तभी कर सकती है जब वह भारत के सम्पूर्ण इतिहास, उसकी समग्र संस्कृति का प्रतिनिधित्व कर सके। इस समग्र संस्कृति में वह संस्कार भी सम्मिलित है जिसका विकास बारहवीं सदी के बाद हुआ है। इसीलिए, संविधान ने शर्त लगा दी है कि राष्ट्र-भाषा हिन्दी में हिन्दुस्तानी के भी रूप, शैली और अभिव्यंजना का समावेश होना चाहिए।

सन्दर्भ

1. देखिए, हिन्दी-साहित्य का इतिहास; रामचन्द्र शुक्ल। किन्तु, इतिहासकार डॉ. रामप्रसाद त्रिपाठी यह सोचते हैं कि ये मुकरनियाँ खुसरो की हैं या नहीं, यह विषय सन्दिग्ध माना जाना चाहिए।
2. *भल्ला हुआ जु मारिया, बहिणि महारा कन्तु।* —*हेमचन्द्र (1155 ई.)*
अरथ तो इसका बूझेगा, मुँह देखो तो सूझेगा। —*खुसरो (1250 ई.)*
मन मेरी सुई, तन मेरा धागा खेचर जी के चरण पर नामा सिप्पी लागा।
—*नामदेव (1350 ई.)*
मुझको क्या तू ढूँढ़े बन्दे, मैं तो तेरे पास में। —*कबीर (1450 ई.)*
सोच विचार करे मत मन में जिसने ढूँढ़ा उसने पाया। —*नानक (1500 ई.)*
दादू बकता बहुत हैं, मथि काढ़ै, ते और। —*दादूदयाल (1600 ई.)*
अजगर करै न चाकरी, पंछी करै न काम,
दास मलूका कह गए, सबके दाता राम। —*मलूकदास (1685 ई.)*
हूँ मैं मुश्ताक तेरी सूरत का नूर देख
दिल भरपूर रहे कहने जवाब से।
देर की न ताब, जान होत है कबाब, बोल,
हयाती का आब, बोल मुख महताब से। —*कुलपति (1670 ई.)*
आया इश्क लपेट में लागी चश्म चपेट।
सोई आया खलक में, और भरैं सब पेट। —*नागरीदास (1750 ई.)*
गुलगुली गिलमे गलीचा है, गुणीजन हैं,
चाँदनी है, चिक है, चिरागन की माला है। —*पद्माकर (1820 ई.)*
दिया है खुदा ने खूब खुशी करो "ग्वाल कवि"
खाव-पियो, देव-लेव, यहीं रहि जाना है।
आए परवाना पर चलै ना बहाना यहाँ,
नेकी कर जाना, फेर आना है न जाना है। —*ग्वाल (1820 ई.)*
कर छुए गुलाब दिखाता है, जो चौसर गूँथा बेली का।

गल बीच चम्पई रंग हुआ मुस्कान कुन्द रद केली का।
दृग स्याह मरीचि लपेटे ही रँग हुआ सोसनी सेली का।
जानी, यह तद्गुण भूषण है, पचरंगा हार चमेली का। *–सीतल (1800 ई.)*

3. इतिहास-प्रवेश।
4. दक्खिनी हिन्दी–डॉ. बाबूराम सक्सेना।
5. कविता-कौमुदी (चौथा भाग)।
6. ए हिस्ट्री ऑफ उर्दू लिटरेचर।
7. शेरो-सुखन (अयोध्याप्रसाद गोयलीय) और पं. राहुल सांकृत्यायन के निबन्ध।
8. टेक्स्ट बुक ऑफ मॉडर्न हिन्दी हिस्ट्री–सरकार और दत्त।
9. दौलताबाद पर अधिकार सन् 1347 ई. में जाफर खाँ ने किया था। उसी ने बहमनी वंश की नींव डाली। फरिश्ता ने लिखा है कि गंगू नामक एक ब्राह्मण ज्योतिषी दिल्ली में जाफर का सहायक रहा था। उसी के नाम पर जाफर ने बहमनी नाम चलाया था। अब लोग कहते हैं कि जाफर अपना सम्बन्ध ईरान के राजा बहमन शाह से जोड़ता था, इसीलिए, अपने खानदान का नाम उसने बहमनी रखा।
10. दक्खिनी हिन्दी।
11. देखिए, शेरो-सुखन।
12. राहुल सांकृत्यायन–नया समाज, अप्रैल 1951 ई.।
13. साहित्य चिन्तन–डॉ. धीरेन्द्र वर्मा।
14. राष्ट्रवीणा के अप्रैल 1962 ई. वाले अंक में पं. अम्बिकाप्रसाद वाजपेयी ने लिखा है कि तुर्किस्तान के लोग खानाबदोश की तरह साल भर घूमते-फिरते रहते थे। इनकी घर-गिरस्ती छकड़ों पर लदी चलती थी। ये जहाँ डेरा डाल देते, उसे उर्त कहते थे। जब ये डेरे या छावनियाँ बड़ी हो जातीं, तब वे उर्दू कहलाती थीं। मुगलों के समय भारतीय सेना में तुर्कों की संख्या बहुत अधिक रहती थी। ये जो भाषा बोलते थे, वह थी तो भारत की ही भाषा, लेकिन, उसमें ये अपने शब्द मिला दिया करते थे। ये ही लोग पुराने अभ्यास के कारण अपने डेरों को उर्दू कहने लगे। इसी से, उनके द्वारा प्रयुक्त भाषा का नाम उर्दू हो गया। इसी कारण मुसलमानी हिन्दी का नाम उर्दू पड़ गया और जिस हिन्दी शब्द का व्यवहार हिन्दुओं और मुसलमानों, दोनों की भाषा के लिए होता था, वह केवल हिन्दुओं की हिन्दी के लिए रह गया।
15. ए हिस्ट्री ऑफ उर्दू लिटरेचर।
16. शेरो-सुखन में 'आबेहयात' से उद्धृत।
17. डॉक्टर सुनीतिकुमार चटर्जी।
18. हिन्दी पर फारसी का प्रभाव।
19. वही।
20. "Modern High Hindi was developed from Urdu by the ejection of Persian words and substitution of those of Sanskrit origin". (डॉ. बाबूराम सक्सेना-कृत ए हिस्ट्री ऑफ उर्दू लिटरेचर।)
21. कविता-कौमुदी, चतुर्थ भाग (भूमिका)।
22. वही।
23. *शर्मो-हया दर हिन्दी लाज।*
    हासिल कहिए बाज खिराज। *–खुसरो।*
    अरबी तुरकी हिन्दुई भाषा जेती आहि।

जेहि महँ मारग प्रेम का सबै सराहैं ताहि। —*जायसी।*

मतलब को मेरे यार न समझे तो क्या अजब?
सब जानते हैं, तुर्क की हिन्दी जबाँ नहीं। —*आतिश (मृत्यु 1845 ई.)*

24. The earliest specimen of note of Urdu prose is DAH-MAJLIS, written by one Fazli in 1145 A.H. or 1732 A.D. in the reign of Muhammad Shah. Its only value is that it furnishes the earliest specimen of any of Urdu prose now extinct...the style is crude and immature (ए हिस्ट्री ऑफ उर्दू लिटरेचर)।

25. "सिद्धिश्री 108 श्री पातसाहिजी श्री दलपतिजी अकबर साहिजी आम-खास में तख्त ऊपर विराजमान हो रहे थे। और आमखास भरने लगा है जिसमें तमाम उमराव आय-आय कुरनिश बजाय जुहार करके अपनी-अपनी बैठक पर बैठ जाया करें और अपनी मिसल से। जिनकी बैठक नहीं, सो रेसम के रस्से में रेसम की लूमें पकड़-पकड़ के खड़े ताजीम में रहें।"
—चन्द छन्द बरनन की महिमा से।

26. राजा शिवप्रसाद सितारे-हिन्द का विश्वास था कि जो भाषा कचहरियों में चलती है, वही 'फैशनेबिल' भाषा है एवं उसके शब्दों को अपनाए बिना आदमी प्रतिष्ठा का पात्र नहीं हो सकता।

प्रकरण-12

सामासिक संस्कृति के कुछ और रूप

तन से भारतीय, मन से ईरानी

पठानों और मुगलों का भारत में आगमन व्यापार करने अथवा उपनिवेश बसानेवाले विदेशियों के रूप में नहीं हुआ था। वे यहाँ बसने को आए थे। अतएव, जब वे इस देश में बस गए, उन्होंने इसे अपना ही देश मान लिया। भारत को अपना देश पहले की भी कुछ विदेशी जातियों ने माना था, किन्तु, उनके और मुसलमानों के बीच एक भारी भेद था। शक और हूण भारत में कभी वह राजनैतिक प्रबलता प्राप्त नहीं कर सके थे, जो प्रबलता मुसलमानों ने प्राप्त की। इस देश पर मुसलमानों का राज्य, प्रायः, छह सौ वर्षों तक रहा था। इसलिए, यद्यपि, शक और हूण, धीरे-धीरे, हिन्दुत्व में समा गए, किन्तु मुसलमान हिन्दुत्व से अलग बने रहे। एक तो वे देश के शासक थे और शासितों के झुंड में उनके विलीन होने की बात ही नहीं उठती थी। दूसरे, हिन्दुत्व की पाचन-शक्ति भी अब बहुत खराब हो चुकी थी। इससे भी वह मुसलमानों को अपने भीतर नहीं पचा सका। यदि बहुसंख्यक हिन्दू मुसलमान हो गए होते तो, शायद, हिन्दुओं और मुसलमानों का अन्तर बहुत न्यून हो गया होता। किन्तु, कई सुलतानों के बहुत उत्साह दिखाने पर भी अधिक हिन्दू मुसलमान नहीं हुए। परिणाम यह हुआ कि भारत हिन्दुओं का देश रह गया और मुसलमान अल्पसंख्यकों के आँकड़े से आगे नहीं बढ़े। लेकिन, मुसलमानी सल्तनत के समय ये अल्पसंख्यक लोग ही बहुसंख्यकों के भाग्य का निर्णय करते थे।

मुसलमानों के आगमन के पूर्व, भारत में एक प्रकार की सांस्कृतिक एकता कायम थी। धर्म, रीति-रिवाज, भाषाएँ और संस्कृतियाँ तो तब भी अनेक थीं, किन्तु, सब लोगों के हिन्दू होने के कारण, ये विविधताएँ एक ही भाषा की अनेक बोलियों के समान एक-दूसरे के समीप थीं, एक-दूसरी से गुँथी हुई थीं। किन्तु, मुस्लिम-धर्म के आगमन से भारत की संस्कृति की दो धाराएँ बहने लगीं। ये दोनों धाराएँ समानान्तर रूप से चलती हैं। एकाध जगह वे एक-दूसरी का स्पर्श भी करती हैं, किन्तु, मिलकर वे एक नहीं हो पातीं।

जब तक मुगल-साम्राज्य उन्नति के शिखर पर अवस्थित रहा, बहुसंख्यक हिन्दू अल्पसंख्यक मुसलमानों की अधीनता में जीते रहे और देश में हिन्दू-मुस्लिम सम्बन्ध के बारे में वह चिन्ता नहीं उठी, जो उन्नीसवीं सदी के बाद से उठनेवाली थी। किन्तु, जभी मुसलमानों के हाथ से सल्तनत निकलने लगी, उनमें एक प्रकार की घबराहट का भाव जगने लगा। पठान और तुर्क न तो अरबी थे, न ईरानी; मुसलमान-मात्र की दृष्टि में अरब और ईरान ही इस्लाम के असली देश थे। भारत के मुसलमान मन से सपना अरब और ईरान का ही देखते थे। हिन्दुस्तान

उनके शरीर का घर था, आत्मा का घर अरब और ईरान था। सौदा ने अपने मन की यह पीड़ा निःसंकोच भाव से लिख दी है।

गर हो कशिशे-शाहे-खुरासान तो 'सौदा'
सिजदा न करूँ हिन्द की नापाक जमीं पर।

मुसलमानी शासन के समय अरब और ईरान से नए मुसलमान यहाँ आते रहते थे और उनकी इज्जत इस देश में उन लोगों से अधिक होती थी जिनके बाप-दादे, ईरानी नहीं, प्रत्युत, भारतीय थे। इस्लाम-धर्म की भाषा और संस्कृति अरबी और ईरानी थी, अतएव, मुसलमान होते ही अरब और ईरान की ओर देखने लगना हर व्यक्ति अपना धर्म समझता था। संस्कृति और तहजीब के क्षेत्र में, उन दिनों एशिया में ईरान का लगभग वैसा ही आदरणीय स्थान था, जैसा स्थान अब यूरोप में फ्रांस का है। कुछ इस कारण भी, संसार-भर के मुसलमान ईरान से अपनी सांस्कृतिक प्रेरणा लेते थे।

हिन्दुत्व का प्रभाव

हिन्दू और मुसलमान घुल-मिलकर एक तो नहीं हो सके, फिर भी, दोनों जातियों की बहुत-सी बातें एक हो गईं। प्रहार और बचाव के काम शिक्षितों एवं पंडितों में ही चला करते हैं। बाकी जनता आपस में मित्रता का नाता आसानी से पैदा कर लेती है। वह नाता हिन्दू और मुस्लिम जनता के बीच, स्वभावतः ही, जुड़ गया तथा शहरों की अपेक्षा गाँवों के लोग इस एकता के तार में, अधिक स्वाभाविकता से, बँध गए। दुर्भाग्य की बात यह रही कि शिष्ट और सुसंस्कृत मुसलमान गाँवों में कम, नगरों में बहुत अधिक रहते थे। सच पूछिए तो मुस्लिम-संस्कृति के केन्द्र भारत के नगर ही थे। अतएव, गाँवों की एकता का प्रभाव नगरों पर नहीं पड़ सका।

हिन्दुओं के बीच अन्धविश्वास और रूढ़ियाँ बहुत अधिक प्रचलित थीं। इनके प्रभाव से मुस्लिम-समाज में कुछ रूढ़ियाँ उत्पन्न हो गईं और हिन्दुओं की देखादेखी मुसलमान जनता भी ग़ाजी मियाँ, पाँच पीर, पीर बदर, ख्वाजा, खिजिर आदि कल्पित देवताओं की पूजा करने लगी। मुसलमानों के ये पीर, अकसर, ग्राम-देवता बन बैठे और हिन्दू-मुस्लिम, सब दरगाह पर माथा टेकने लगे। दशहरा और रथ-यात्रा-उत्सवों के अनुकरण पर मुहर्रम में ताजिये निकाले जाने लगे एवं ताजियों में हिन्दू और मुसलमान, बिना किसी भेद-भाव के, सम्मिलित होने लगे। ताजियों के पीछे चूँकि हजरत अली के बेटे हजरत इमाम हुसेन की याद थी और हजरत अली बल के आगार थे, इसलिए ताजियों की संरक्षकता गाँवों के नामी पहलवान करते थे, जिनमें बहुधा हिन्दू पहलवानों की भी गिनती होती थी। अखाड़ों में जैसे हिन्दू 'जय महावीर' का नारा लगाते थे, वैसे ही ताजियों के जुलूसों में सभी हिन्दू उल्लास के साथ 'या अली' पुकारते थे। हिन्दू मुसलमान का छुआ नहीं खाते थे, फिर भी, दोनों जातियों का सामाजिक रिश्ता मजबूत होने लगा और एक घर से दूसरे घर में मिठाइयों के उपहार भी भेजे जाने लगे।

हिन्दुओं के बहुत-से रिवाज ऊँचे तबकों के मुसलमानों में, आप-से-आप, चल पड़े। नज़र लगने से बचने के लिए न्योछावर उतारने की परिपाटी बादशाहों की भी हवेलियों में थी। शाहजादे भी यात्रा पर निकलने से पहले बाँहों पर मन्त्र-सिद्ध यन्त्र बँधवाते थे। मुहम्मद तुगलक लड़ाइयों पर जाने से पहले हिन्दू योगियों से आशीर्वाद माँगा करता था। बहुत-से शेख और

मुस्लिम पीर, हिन्दू-मठों की नकल पर, गद्दियाँ भी स्थापित करते थे।

कहते हैं, राजपूतों की देखादेखी कुछ मुसलमानों ने भी जौहर की प्रथा अपना ली थी। भटनेर के सूबेदार कमालुद्दीन ने, तैमूर से लड़ने जाने के पहले, अपने फौजियों की पत्नियों को आग में कूद जाने का आदेश दिया था।

जहाँगीर जब कश्मीर गया, तब वहाँ उसने कुछ ऐसे मुस्लिम राजे भी देखे, जो सतीप्रथा को मानते थे तथा जिनका शादी-विवाह हिन्दू-घरानों में होता था।

छत्र-चमर, हीरे-मोती, जड़ाऊ खड्ग, कीमती राजसी पोशाक और सजे हुए हाथी और घोड़े, ये विशेषताएँ हिन्दू राज-दरबारों की थीं। इस्लाम की परम्परा सादगी और मितव्ययिता की परम्परा थी। किन्तु, मुसलमान जब भारत पर राज करने लगे, तब उन्होंने भी इन आडम्बरों को अपना लिया; केवल अपना ही नहीं लिया, उनमें बहुत-से इज़ाफे भी कर दिए। इसी प्रकार, पान खाने की आदत मुसलमानों ने हिन्दुओं से ली थी, लेकिन, पीछे चलकर पान चबाने में भी हिन्दुओं को उन्होंने मात दे दिया। कहते हैं, 14वीं सदी में पान खाने का रिवाज हिजाज और यमन तक फैल गया था।

फलों से अचार तैयार करने की प्रथा भारत की प्रथा थी। वह मुसलमानों के यहाँ भी चल पड़ी। भारत के मोहन-भोग का प्रभाव पुलाव पर पड़ा। भारतीय मुसलमानों का पुलाव और कोरमा वही नहीं रहा जो ईरान और खुरासान में था।

चीरा और पाग मुसलमानों ने हिन्दुस्तानियों से लिया और, बदले में, कसे-चुस्त पायजामे राजपूतानियों ने मुस्लिम-नारियों से लिये। इस्लाम की परम्परा रेशम, मलमल और कीमती जेवरों के विरुद्ध थी, लेकिन, भारत में बस जाने पर मुसलमानों ने इन्हें भी अपना लिया।

हिन्दुस्तान समृद्ध देश है, उसके तौर-तरीके और सामाजिक आचार आकर्षक हैं, ये बातें भारत के बाहर भी खूब प्रचलित थीं। अतएव, जब मुसलमान हिन्दुस्तान आए, वे बड़ी ही शीघ्रता के साथ यहाँ के तौर-तरीके सीखने लगे। इब्न-बतूता ने अपनी किताब में सुलतान मुहम्मद तुगलक की बेटी के विवाह का भी वर्णन लिखा है। उससे मालूम होता है कि मुसलमानों पर हिन्दू-प्रभाव उस समय भी बहुत काफी पड़ चुका था।

रमल फेंककर सगुन विचारने की प्रथा अरब में भी थी, किन्तु, यह प्रथा इस्लाम में अच्छी नहीं समझी जाती थी। भारत में बसने के बाद मुसलमान हिन्दुओं के ही समान सगुन में विश्वास करने लगे।

मुस्लिम अमीरों के अन्धविश्वास में कुछ नफ़ासत भी आने लगी। हुमायूँ और अकबर हर रोज पोशाक उस रंग की पहनते थे जो उस दिन के स्वामी-ग्रह का रंग होता था। सौभाग्यवती मुस्लिम स्त्रियाँ भी माँग में सिन्दूर लगाने तथा नाक में नथ और हाथ में शंख की चूड़ियाँ पहनने लगीं। विवाह के अवसर पर सोहागपुरा ले चलने की प्रथा भी मुसलमानों के यहाँ हिन्दुओं की देखादेखी चली है। हिन्दू जैसे श्राद्ध करते हैं, कुछ उसी प्रकार मुसलमान भी मृत व्यक्तियों के नाम पर भोज करने और खैरात बाँटने लगे। हिन्दुओं की जाति-प्रथा ने भी मुस्लिम-समाज को प्रभावित किया और मुसलमान भी शरीफ और रजील जातों का भेद करने लगे एवं जुलाहों और धुनियों के साथ शरीफ ज़ातवालों को खाने-पीने में आपत्ति होने लगी। बिहार में छोटी जात के मुसलमान भी छठ का व्रत (सूर्य-पूजा) रखने लगे और बंगाल

में वे शीतला-माता की पूजा करने लगे। सच पूछिए तो हिन्दुत्व के दर्शन-पक्ष का प्रभाव इस्लाम पर उतना ही रहा, जितना सूफी मत पर पड़ चुका था। बाकी बातों में हिन्दू-समाज की रूढ़ियों और अन्ध-विश्वासों का ही प्रभाव मुस्लिम-समाज पर पड़ा और वह इस कारण कि मुसलमान प्रायः, छोटे हिन्दू ही हुए थे जो बड़े हिन्दुओं के नैतिक रोब-दाब में थे। ये बेचारे इस्लाम में दीक्षित होने पर भी अपने पैतृक समाज की कुरीतियों को नहीं छोड़ सके।

मुगल-काल आते-आते शबे-बरात का पर्व सारे भारत के मुसलमानों में मनाया जाने लगा। यह, शायद, शिवरात्रि का अनुकरण था क्योंकि शिवरात्रि उस समय बड़ी ही धूमधाम से मनाई जाती थी। ताजिये का रिवाज भी भारत छोड़कर और किसी देश में नहीं है। यह कदाचित्, रथयात्रा के अनुकरण पर निकला था।

हिन्दुओं ने मुसलमानों को जातिवाद का जहर पिलाया, बदले में, मुसलमानों ने हिन्दुओं को पर्दे का शाप दिया। हिन्दुओं की देखादेखी, मुसलमानों में भी ऊँच-नीच का भेद चलने लगा एवं यह प्रथा प्रचलित हो गई कि सैयद शेख की बेटी ले सकता है, किन्तु, शेख सैयद की बेटी से ब्याह नहीं कर सकता। पर्दे का चलन प्राचीन विश्व की कई जातियों में था। महाभारत में द्रौपदी की कथा से पर्दे की थोड़ी-बहुत झलक जरूर मिलती है और यह प्रथा सिद्ध-साधुओं के युग में भी थी। किन्तु, इसकी कट्टरता मुसलमानों के समय में बढ़ी, क्योंकि एक तो मुसलमानों में पर्दे का रिवाज था (रजिया बेगम दरबार में भी पर्दे में बैठती थी); दूसरे हिन्दू गृहस्थ अपनी बहू-बेटियों को भय से भी छिपाकर रखना चाहते थे। "हिन्दुओं में पर्दे की प्रथा पठानों के कारण बढ़ी और पठान मुगलों के आने के बाद पर्दे को और भी कड़ा करने लगे।"[1]

स्नान की आदत मुसलमानों ने हिन्दुओं से ली। अरब के लोग पानी के अभाव में स्नान कम करते थे। पीछे हर देश में मुसलमान नहीं नहाने अथवा कम नहाने को अपना कर्तव्य मानने लगे। लेकिन, भारत में स्नान-जनित आनन्द से वे काफी प्रभावित हुए। मुगलों के समय में तो मुसलमानों में नहाना इतना लोकप्रिय हो उठा कि बड़े-बड़े शहरों में स्नानागार के रोजगार वैसे ही चलने लगे जैसे आज होटल चलते हैं। एक आगरा शहर में ही कोई आठ सौ हम्माम थे।

ऊँचे तबकों के हिन्दुओं ने मुसलमानी खान-पान और पाशाकें, खुशी-खुशी, अपना लीं। बाकी तबकों में भी, हिन्दुओं की पगड़ी मुसलमानों ने और मुसलमानों की अचकन हिन्दुओं ने अपनाई। बिरियानी पकाने का रिवाज भारत में मध्य-पूर्वी एशिया से आया और हुक्के का रिवाज यहाँ इसलिए चला कि पुर्तगाली लोगों ने, मुसलमानों के समय में ही, भारत में तम्बाकू का प्रचार किया था। हिन्दुओं और मुसलमानों के बीच जो समान रीति-रिवाज और आदतें प्रचलित हैं, उनकी काफी लम्बी सूची राष्ट्रपति राजेन्द्र प्रसाद ने अपनी प्रसिद्ध पुस्तक, 'खंडित भारत' में दी है।

मुसलमानों के भीतर कई सम्प्रदाय हैं, जिनका उद्भव और विकास हिन्दू-प्रभावों के कारण हुआ है। इनमें से एक सम्प्रदाय का नाम इस्माईलिया है। खोजा लोग इसी सम्प्रदाय के हैं। खोजा-सम्प्रदाय के कई विश्वास ऐसे हैं जिनमें हिन्दुत्व के वैष्णव मत और इस्लाम के शिया-पन्थ का मिश्रण दिखाई देता है। इस सम्प्रदाय की एक मान्यता यह भी है कि हजरत अली विष्णु

के दसवें अवतार थे। (टामस-कृत म्यूचुअल इनफ्लुएंसेज ऑफ मोहमडंस एंड हिन्दूज़ इन इंडिया)। खोजा लोगों की मस्जिदें अलग होती हैं। सामान्यतः, वे साधारण मस्जिदों में नमाज़ पढ़ने नहीं जाते हैं। इसी प्रकार, अली-इलाहिया सम्प्रदाय के मुसलमान आत्मा के आवागमन में विश्वास करते हैं।

अहिंसा और मुसलमान

मांस-भक्षण और भोग-लौलुप्य भारत में कम नहीं हैं। फिर भी शाकाहार, अहिंसा और गरीबी में सन्तुष्ट रहने का भाव, ये तीन गुण, विशेष रूप से, भारतीय माने जाते हैं। यदि यह जानना हो कि किसी विदेशी पर भारत का प्रभाव कहाँ तक पड़ा है, तो देखना यह चाहिए कि उस आदमी ने मांस खाना कुछ कम किया है या नहीं, वह पहले की अपेक्षा अब अधिक जीवों को मारता है या कम जीवों को और गरीबी के प्रति उसका दृष्टिकोण क्या है।

भारतीय अहिंसा का प्रभाव, सबसे पहले, इस्लाम के सर्वोत्तम मानवों, यानी, सूफियों पर पड़ा। बल्कि, यह प्रभाव इस्लाम पर अरब में ही पड़ने लगा था। जब इस्लाम भारत में फैलने लगा, मुस्लिम साधु और फकीर, अधिक-से-अधिक, शाकाहार की ओर मुड़ने लगे। उनकी देखा-देखी मांसाहार का कुछ थोड़ा त्याग गृहस्थ भी करने लगे। किन्तु अहिंसा का प्रभाव हुमायूँ, अकबर और जहाँगीर पर सबसे अधिक था। हुमायूँ जब फारस से लौटकर दुबारा भारत-विजय के काम में लगा, तब कई महीनों तक उसने मांस खाना और शराब पीना छोड़ दिया था। उसका निश्चित मत था कि भक्ति और मांसाहार, ये दो काम साथ-साथ नहीं चल सकते और जो व्यक्ति ईश्वर का भक्त है, उसे गोमांस तो हर्गिज नहीं खाना चाहिए। अकबर, सामान्यतः, मांस खाना पसन्द नहीं करता था। शुक्रवार और रविवार तथा हिन्दू-मास की प्रतिपदा तिथि को वह नियमपूर्वक निरामिष भोजन करता था। इसके सिवा, वर्ष के दो खास महीनों में वह किसी भी दिन मांस नहीं खाता था। इन महीनों में एक वह था, जो अकबर का जन्म-मास पड़ता था। पीछे चलकर तो अकबर ने मांस खाना बिलकुल ही छोड़ दिया था—यहाँ तक कि वह प्याज-लहसुन से भी परहेज करने लगा था। जहाँगीर मांस का प्रेमी था, लेकिन, वह भी गुरुवार और रविवार को मांस-मछली नहीं खाता था।[2]

स्त्रियों की स्थिति

नारियों को दबाकर रखने की थोड़ी-बहुत प्रथा एशिया के सभी देशों में थी। किन्तु, तुलनात्मक दृष्टि से देखने पर इस विषय में हिन्दू मुसलमानों की अपेक्षा कुछ अधिक उदार थे। इसलिए, मुसलमान जब भारत आए, तब इससे नारी-जाति की उन्नति नहीं हुई, कुछ अकल्याण ही हुआ। हिन्दू नारियाँ उतनी दबी हुई नहीं थीं जितनी दबी वे उत्तर भारत में दिखाई देती हैं। कम-से-कम वे उतनी स्वतन्त्र अवश्य थीं जितनी उनकी दक्षिण-देश-वासिनी बहनें हमेशा से रही हैं। यह इसलिए कि इस्लाम का प्रभाव उत्तर में अधिक, दक्षिण में बहुत कम पड़ा है।

मुसलमान नारियों के विषय में, किस दृष्टि के कायल थे, यह इस्लाम के सबसे बड़े दर्शनाचार्य अल-ग़ज़ाली (मृत्यु 1117 ई.) की उक्तियों से प्रत्यक्ष हो जाता है। अल-ग़ज़ाली ने लिखा है, ''औरतों से राय लेना ठीक है, लेकिन, आचरण हमेशा उसके विपरीत करना

चाहिए...नबी ने कहा है, औरत की रचना छाती की टेढ़ी हड्डी से की गई थी। इसलिए, तुम औरत को अगर झुकाना चाहोगे तो वह टूट जाएगी और स्वतन्त्र छोड़ोगे तो वह और भी टेढ़ी हो जाएगी। इसलिए उचित है कि उसके साथ नरमी से पेश आओ।''

पर्दा-प्रथा का कठोर समर्थन करते हुए अल-ग़ज़ाली ने लिखा है कि ''जहाँ तक सम्भव हो, औरतों को घर से बाहर जाने देना नहीं चाहिए, न उन्हें छत पर जाने, न दरवाजे के पास खड़ा होने देना चाहिए।''

अल-ग़ज़ाली ने यह भी लिखा है कि औरतें न तो अजनबियों को देखें, न उन्हें अपने-आपको देखने का मौका दें, क्योंकि सारी शराफतों की जड़ निगाह में होती है।

पतियों की दासता करने की जो शिक्षा भारतीय रमणियों को अपने धर्म से मिली थी, वही शिक्षा उन्हें इस्लाम से भी प्राप्त हुई। अल-ग़ज़ाली कहते हैं, ''स्वयं नबी ने कहा है, ईश्वर के बाद यदि किसी और को पूजना आवश्यक ही हो तो औरतों को पूजा अपने शौहरों की करनी चाहिए।''[3]

शिक्षा और भाषा की स्थिति

भारत में शिक्षा निःशुल्क दी जाती थी और माँ-बाप बच्चों को इसलिए नहीं पढ़ाते थे कि पढ़-लिखकर वे नौकरी करेंगे और धन कमाएँगे। कागज, किताब और शिक्षा-विभाग के अभाव के कारण शिक्षित व्यक्ति की योग्यता इस कसौटी पर परखी जाती थी कि उसने किस गुरु के पास बैठकर विद्या पढ़ी है। हिन्दू पाठशालाओं में पढ़ते थे और मुसलमान मदरसों में। कभी-कभी मुस्लिम छात्र भी ज्योतिष और गणित सीखने के उद्देश्य से पाठशालाओं में पढ़ा करते थे। जब तक फारसी राजभाषा नहीं बनाई गई, तब तक मदरसों में हिन्दू बच्चे बहुत कम जाते थे। अकबर के राज्यारोहण तक सरकारी हिसाब हिन्दी में रखा जाता था। मुगलों के समय जैसे हिन्दू-शिक्षा के मुख्य केन्द्र काशी, नदिया और मिथिला में थे, वैसे ही, इस्लामी शिक्षा के केन्द्र आगरा, दिल्ली, जौनपुर और लाहौर में थे।

हिन्दुओं के बीच साधु हिन्दी की परम्परा मुसलमानों के समय भी चालू थी एवं ग्रन्थों की टीका, सन्तों और पंडितों के उपदेश तथा ग्रन्थ-रचना के काम इसी संस्कृतनिष्ठ-भाषा में चलते थे। मुसलमानों के समय संस्कृत-टोल भी काफी थे। फिर भी, राजकीय कारणों से एवं दरबारदारी और नौकरी के प्रभाव से फारसी की इज्जत बहुत बढ़ी हुई थी तथा हिन्दू भी उसके रोब में थे। मुस्लिम-काल में, प्रायः, हर भले आदमी का विश्वास था कि फारसी सीखे बिना बच्चों में 'तमीज' नहीं आती है। इसलिए, खाने-पीने से अच्छे लोग अपने दरवाजों पर मौलवी रखा करते थे। बहुत जगहों पर तो यह रिवाज था कि संस्कृत के साथ-साथ बच्चों को फारसी भी पढ़ाई जाती थी।

फारसी का यही प्रभाव आगे चलकर उत्तर भारत में एकता का बाधक हुआ। अंग्रेजों के आने के समय, इस देश की राज-भाषा फारसी थी, अतएव, यह स्वाभाविक था कि अंग्रेज भी फारसी को ही चलाएँ। किन्तु, जब अंग्रेजों ने अंग्रेजी को यहाँ की राज-भाषा बना दिया, तब भी वे (अब केवल मुसलमानों को प्रसन्न करने के लिए) फारसी और उर्दू के पक्षपाती बने रहे। इधर हिन्दुओं ने उन्नीसवीं सदी के सांस्कृतिक जागरण के समय, अपनी खोई हुई

सांस्कृतिक सत्ता पुनः प्राप्त कर ली थी और वे उसी साधु हिन्दी को सर्वत्र चलाने की माँग करने लगे, जिसे मुस्लिम-काल में खुलकर चलाने की राह नहीं मिली थी। इससे एक ऐसी स्थिति उत्पन्न हो गई जिसमें मुसलमान कहने लगे कि हिन्दी नकली भाषा है तथा, वास्तव में, भारत की भाषा फारसी-मिश्रित उर्दू ही हो सकती है।

हिन्दुओं और मुसलमानों के बीच मतभेद के कारण अनेक हैं, लेकिन, अभी यह स्पष्ट दीखता है कि सबसे बड़ा मतभेद भाषा को ही लेकर है। अंग्रेजों ने जब फारसी को हटाकर भारत की राजभाषा का पद अंग्रेजी को दिया, तब भी कचहरियों में उन्होंने उर्दू को रहने दिया जो फारसी लिपि में लिखी जाती है। इस पर उत्तर भारत के हिन्दुओं ने आन्दोलन उठाया कि फारसी लिपि का ज्ञान जनता को नहीं है, न जनता अरबी और फारसी के शब्द ही समझती है, अतएव, फारसी के साथ-साथ नागरी लिपि को भी कचहरियों में स्थान मिलना चाहिए। यह माँग इतनी अकाट्य थी कि अंग्रेज उसकी उपेक्षा नहीं कर सके और नागरी लिपि को भी कचहरियों में स्थान उन्होंने दे दिया। लेकिन, नागरी में भी भाषा उन्होंने वही रखी जो फारसी लिपि में लिखी जाती थी। अंग्रेजों के इस फैसले से मुसलमानों को घोर निराशा हुई। कचहरियों में फारसी लिपि के साथ-साथ नागरी लिपि भी चले, इतनी-सी बात भी उन्हें गँवारा नहीं हुई। यह चोट मुसलमानों के हृदय में इतनी गहरी होकर लगी कि आज तक उसका दर्द खटक रहा है। सन् 1937 ई. में कांग्रेस ने जो सरकारें बनाईं, उन पर भी मुसलमानों ने उर्दू के साथ गैर-इन्साफ का दोष लगाया। सर सैयद अहमद हिन्दुओं से अलग क्यों हो गए, इसका रहस्य समझाते हुए डॉक्टर आबिद हुसेन ने, अभी हाल में, लिखा है[4] कि जब कचहरियों में हिन्दुओं के दबाव से उर्दू की जगह पर साहित्यिक हिन्दी चला दी गई तब सर सैयद का हृदय फट गया। लेकिन, यह बिलकुल गलत बात है। कचहरियों में हिन्दी उर्दू को हटाकर नहीं लाई गई थी बल्कि, उर्दू के साथ हिन्दी का भी चलन जारी किया गया था। और नागरी अक्षरों में जो हिन्दी कचहरियों में लिखी जाती थी, वह ठीक वही भाषा थी, जो फारसी लिपि में मुसलमानों की सुविधा के लिए, लिखी जाती थी। साहित्यिक तो नहीं, हाँ, दफ्तरों में कठिन हिन्दी का प्रवेश इधर दस-बारह साल के भीतर हुआ है।

अन्य आदान-प्रदान

इस्लाम का प्रभाव अमीरों की पोशाक और खान-पान पर भी पड़ा तथा रहन-सहन एवं लिबास में ऊँचे तबकों के हिन्दुओं और मुसलमानों में कोई फर्क नहीं रह गया। मुगल अमीरों ने बहुत-सी बातें हिन्दुओं की अपना लीं। इसी प्रकार, हिन्दू अमीर भी बहुत-सी बातों में मुसलमानी ढंग अपनाने लगे।

संगीत इस्लाम में वर्जित था, किन्तु, सूफी तब भी संगीत के बड़े प्रेमी थे बल्कि यह कहना चाहिए कि सूफियों के यहाँ संगीत साधना का एक अंग समझा जाता था। भारतीय एवं ईरानी संगीत के मिलन से नई-नई चीजें निकल पड़ीं। खयाल का आविष्कार जौनपुर के नवाब सुलतान हुसेन शर्क़ी ने किया था एवं कौवाली, कदाचित्, अमीर खुसरो की ईजाद है। कौवाली का आरम्भ और प्रचार धार्मिक संगीत के रूप में हुआ, यद्यपि, मस्जिदों में कौवाली भी नहीं पहुँच सकी। बाजों में रबाब, सरोद, दिलरुबा और ताऊस ऐसे हैं जो, शायद मुसलमानों

के लाए हैं अथवा इनके ये नाम मुसलमानों के दिए हुए हैं। अमीर खुसरो के बारे में कहा जाता है कि वीणा को देखकर सितार का आविष्कार उन्हीं ने किया था तथा मृदंग पर से तबले भी उन्हीं ने निकाले थे। बीजापुर के इब्राहीम आदिलशाह ने संगीत पर 'नौरस' नाम की किताब लिखी थी। संगीत में हिन्दू और मुसलमान परस्पर जितने समीप हुए, उतने समीप वे और कहीं नहीं आए।

कई धातुओं से रसायन बनाने का रिवाज मुस्लिम-आगमन के बाद विकसित हुआ। कागज बनाना और कलई करना भी यहाँ मुसलमानों ने आरम्भ किया। पत्थर, चाँदी और सोने पर मीनाकारी के काम, जामदानी, कलाबत्तू, जरदोजी, किमखाब और जामेवार भी मुस्लिम-काल में ही चले।

गणित, ज्योतिष और वैद्यक में हिन्दू बहुत उन्नति किए हुए थे। इन विद्याओं का ज्ञान इस्लाम के भारत-आगमन के पूर्व ही, अरब पहुँच चुका था। अरबवाले, बाद को कुछ ज्ञान यूनान से भी लाए एवं इन दोनों को मिलाकर उन्होंने भी इन विद्याओं में अच्छी प्रगति की थी। जब मुसलमान भारत आए उनका यह सामासिक ज्ञान भारत को भी प्राप्त हुआ। ज्योतिष के कुछ पारिभाषिक शब्द, इस प्रकार, इस्लाम की देन हैं। हमारी देशान्तर और अक्षांश रेखाएँ गिनने की प्रणाली भी मुसलमानों से ली हुई है। वर्ष फल बनाने की ताजिक-पद्धति भी यहाँ मुसलमानों के आगमन के बाद चालू हुई। ज्योतिष की अरबी पद्धति के आने के बाद ही महाराजा जयसिंह ने हिन्दू पंचांग का सुधार किया और जयपुर, मथुरा, दिल्ली तथा काशी में वेधशालाएँ बनवाईं।

ज्योतिष पर विदेशी प्रभाव इसलिए पड़ा कि भारत में इस विद्या का व्यवसाय अत्यन्त प्राचीन काल से प्रचलित रहा है। राजाओं और धनियों को बराबर ग्रह-शान्ति करवाने अथवा अपना भविष्य जँचवाने की उत्सुकता रहती थी। और इस उत्सुकता का अनुकूल लाभ पंडितों को प्राप्त होता था। इसलिए, राजे जब जिस भाषा के प्रेमी हुए, तब वहाँ के ज्योतिषियों ने उस भाषा का थोड़ा-बहुत सहारा लिया। यूनानियों के आगमन के बाद भारतीय ज्योतिष में रोमकशास्त्र लिखा गया जिसके नाम में ही रोमन या यूनानी शब्द मौजूद है। कहते हैं, होराचक्र की पद्धति भी यूनान से ही यहाँ आई थी। जब शासन मुसलमानों का हुआ, तब अरब का प्रभाव भारतीय ज्योतिष पर पड़ना स्वाभाविक हो गया। ताजिक-शास्त्र वर्ष-फल, मास-फल आदि बताने की अरबी पद्धति है। इस शास्त्र के बीस-पच्चीस ग्रन्थ अपने यहाँ लिखे गए। इसी प्रकार, अरबों के बीच रमल फेंककर सगुन विचारने की जो प्रथा थी, वह भी भारत पहुँची और रमल-शास्त्र पर भी यहाँ काफी पुस्तकें लिखी गईं। ताजिक-शास्त्र की पुस्तकों में जो श्लोक मिलते हैं, उनमें अरबी और फारसी शब्दों का प्रयोग खुलकर किया गया है।

स्यादिक्कबालः इशराफयोगः

× × ×

खल्लासरम् रद्दमुथोदुफालिः
कुत्थम् तदुत्थोथदिवीरनामा।[5]

—इत्यादि

यूनानी सम्पर्क के समय होरा, कौर्प्य, जूक, लेय, हेलि आदि दर्जनों यूनानी शब्द थे, जिनका

रूप संस्कृतवत् हो गया था। मुस्लिम-सम्पर्क से कितने ही अरबी और फारसी के शब्द संस्कृत में समा गए। एक श्लोक में तारीख शब्द का ऐसा प्रयोग है, मानो, वह पाणिनि का ही शब्द हो।

सिद्धों के समय से भारत में जो निराकारवादी सम्प्रदाय पनपते आ रहे थे, उनके बहुत-से सदस्य तो मुसलमान हो गए और बहुत ऐसी जगहों पर रह गए, जो हिन्दुत्व और इस्लाम, दोनों से नजदीक थीं। बंगाल के बाउल ऐसे ही सम्प्रदायों के यादगार हैं। अजमेर में कुछ लोग अपने को हुसेनी ब्राह्मण कहते हैं। ये न तो कट्टर हिन्दू हैं, न कट्टर मुसलमान। राजपूताने और आगरा जिले के मलकाना राजपूत मुसलमान हैं, मगर, वे हिन्दू के समान रहते हैं, राम-नाम जपते हैं और दरगाहों पर भी वे जाते हैं। गुजरात के खोजा-सम्प्रदाय पर वैष्णव-धर्म का बहुत प्रभाव पड़ा था। वल्लभाचार्यी वैष्णवों के समान, खोजा लोग भी अपने को गुरु का परम दास मानते हैं एवं गुरु को वे साक्षात् कृष्ण का अवतार समझते हैं। इनके बहुत-से रीति-रिवाज हिन्दुओं के-से थे। किन्तु, इधर वे भी कट्टरता की ओर लौट रहे हैं। बंगाल के बाउल घरों में तो मुसलमानों की तरह रहते हैं, किन्तु, वे न तो कट्टर हिन्दू हैं, न कट्टर मुसलमान।

हिन्दू-मुस्लिम ऐक्य में जो वृद्धि मुगल-काल में हुई, वह अब भी शेष है। आगरे के मलकाना राजपूत मियाँ ठाकुर कहलाना पसन्द करते हैं। क्षिति बाबू ने लिखा है कि अजमेर के पास कुछ ब्राह्मण हैं, जो हुसेनी ब्राह्मण कहलाते हैं। कच्छ के मेमो त्रिदेव को पूजते हैं एवं मामाशाह को ब्रह्म का अवतार मानते हैं। बिहार में भी कुछ ब्राह्मणों की पदवी खाँ है। उत्तर प्रदेश में कुछ ऐसे मुसलमान हैं, जो राजपूत मुसलमान, तेली मुसलमान और ब्राह्मण मुसलमान कहलाते हैं।

बंगाल में हिन्दू मुस्लिम संस्कृतियों के बीच जो मिश्रण हुआ, उसका एक प्रमाण 'सत्यपीर' की पूजा भी मानी जा सकती है। यह पूजा हुसेन शाह के समय प्रवर्तित की गई एवं सत्यनारायण की पूजा इसका मूल स्रोत थी। विशेषता यह हुई कि सत्य पीर का पूजन करने एवं उनका माहात्म्य सुनने को हिन्दू और मुसलमान, दोनों ही जातियों के लोग जमा होते थे। बंगाल में रमाई पंडित ने एक शून्य-पुराण भी लिखा (14वीं सदी) जिसमें कहा गया है कि ब्राह्मणों से सतधर्मी जब बहुत पीड़ित होने लगे तब उनकी रक्षा के लिए धर्म ने ही मुसलमानी रूप धारण किया और सभी देवता पैजामा पहन-पहनकर ब्राह्मणों को मारने को आ गए।

हिन्दू-धर्म की विशेषता यह है कि वह बाहर से आई हुई संस्कृतियों से मिलकर जाग्रत और नवीन हो जाता है। इस दृष्टि से देखने पर, इस्लाम से हिन्दुत्व का मिलन अनेक अंशों में मंगलकारी हुआ। इस्लाम के आगमन के बाद, भारत की राष्ट्रीय एकता में वृद्धि हुई एवं जनता को मुगलों के समय सुदृढ़ केन्द्रीय सत्ता के आश्रय में शान्ति और सुव्यवस्था का सुख मिला। साम्पत्तिक दृष्टि से भी, मुगलों का राज्य-काल भारत के लिए सुवर्ण-काल के समान रहा। सांस्कृतिक दृष्टि से इस काल का और भी महत्त्व है। हमारी सारी आधुनिक देशभाषाएँ इसी काल में उठकर खड़ी हुईं एवं जिस प्राचीन साहित्य का अभिमान ये भाषाएँ करती हैं, उसका अधिकांश इसी काल में लिखा गया। भारत की मृतप्राय कला इसी युग में आकर पुनरुज्जीवित हुई। किन्तु, सबसे बड़ी बात यह हुई कि बुद्धदेव ने वृहत् मानवता का जो आन्दोलन चलाया था, वह इस काल के सन्तों और सुधारकों के प्रचार से और भी पुष्ट हो गया। ब्राह्मण हमेशा से समाज में विशिष्ट अधिकारों का उपभोग करते आए थे और किसी भी राजा ने उनके अधिकारों में हस्तक्षेप नहीं किया था। अतएव, पठान काल में जब जिजिया

का कर उन पर भी लगा दिया गया, तब समाज को इस बात का कुछ अधिक ज्ञान हुआ कि ब्राह्मण और अब्राह्मण में भेद नहीं है।

मुगलों के पतन के समय, ऊँचे तबकों के लोग विलासी, अकर्मण्य और आचारहीन अवश्य हो गए थे, किन्तु, निर्गुनियाँ सन्तों की परम्परा तब भी अपना काम करती रही और निचले तबकों की जनता के सामने जीवन का पवित्र आदर्श तब भी कायम रहा। रामलीला, रासलीला और उसमें सम्मिलित होनेवाली जनता अन्ध-विश्वासी भले रही हो, किन्तु, अमीरों के दरबारों में जो पतनशीलता आ गई थी, उससे निम्न जनता का वर्ग बेदाग बच गया। इस काल में, लालदासी, नारायणदासी और सतनामी सम्प्रदाय जनता को जाग्रत रखने का काम करते रहे। धरनीदास, चरणदास और उनकी शिष्याओं सहजोबाई और दयाबाई ने भी इस परम्परा को आगे बढ़ाया। 19वीं सदी में भी इस परम्परा के सन्त दूलनदास, भीखादास और पलटूदास हुए। इनके चेले गृहस्थ और, साधारणतः, सदाचारी होते थे। इनकी बानियों में चिन्तन की गहराई नाम को भी नहीं है। ये केवल बानियों के द्वारा नैतिक मूल्यों का प्रचार करते थे। फिर भी, ऊँचे ज्ञान के लिए इन्होंने जनता में सात्विक तृषा को जगाए रखा तथा, इस प्रकार आगे आनेवाले सन्तों–दयानन्द और रामकृष्ण परमहंस–के लिए इन्होंने जमीन तैयार रखी।

मुसलमानों की राज्य-सत्ता ज्यों-ज्यों हिलती गई, त्यों-त्यों उनका स्वभाव भी कोमल होता गया एवं हिन्दुओं के हृदय का भय भी निकलता गया। इससे, इस काल में हिन्दू-मुस्लिम ऐक्य की भावना, जनता के धरातल पर, आप-से-आप पुष्ट होती गई। राज्य-सत्ता से अलग रहनेवाले हिन्दू और मुसलमान, आपस में, इस काल में जितना समीप आए उतना पहले कभी नहीं आए थे।

किन्त, इस काल में ऊपरवाले तबकों के हिन्दुओं और मुसलमानों में सड़ाँध समा गई थी एवं दिनोंदिन वे खोखले होते जा रहे थे। एक ओर वे विलास में मग्न थे, दूसरी ओर, देश की छाती पर यूरोप की दो-तीन जातियाँ हड़कम्प मचा रही थीं। मुसलमानों के आगमन के समय हिन्दुओं की जैसी दयनीय स्थिति थी, मुगल-राज्य की समाप्ति के समय, मुसलमान भी बहुत-कुछ वैसी ही स्थिति में आ गए। शराब, इश्क और गजलों के खुमार से देश तन्द्रा में झूम रहा था कि इतने में पलासी के मैदान में क्लाइव की तोपें गरज उठीं। यह गर्जन, असल में, एक नए युग की पुकार थी, जिसका विवरण हम आगे के अध्याय में पढ़ेंगे।

सन्दर्भ

1. The Purdah system, in all probability, was unknown in ancient India. Its general adoption is subsequent to the advent of Muslims in India...The Hindus adopted Purdah as a protective measure. The tendency to imitate the ruling class was another factor.
   (द पोज़ीशन ऑफ वीमेन इन हिन्दू सिविलाइज़ेशन–डॉक्टर अल्तेकर)।
2. पी.एन. चोपरा-कृत ''सोसाइटी एंड कल्चर इन मुगल एज।''
3. डी.एम. डोनाल्डसन-कृत 'स्टडीज इन मुस्लिम-एथिक्स।'
4. द नेशनल कल्चर ऑफ इंडिया।
5. पं. हजारीप्रसाद द्विवेदी-कृत 'हमारी साहित्यिक समस्या' से।

चतुर्थ अध्याय

भारतीय संस्कृति और यूरोप

प्रकरण-1

भारत में यूरोप का आगमन

पुर्तगाल

बहुत प्राचीन काल में भी, रोम और भारत एक-दूसरे से अपरिचित नहीं थे। सिकन्दर के समय (ई. पू. चौथी सदी) यूरोप में भारत का नाम काफी प्रसिद्ध था। लोग जानते थे कि भारत धन और ज्ञान, दोनों का आगार है। इसी प्रसिद्धि ने सिकन्दर को भारत की ओर बढ़ने की प्रेरणा दी थी। सिकन्दर की चढ़ाई के बाद तो भारत और यूरोप का सम्बन्ध और भी गहरा हो गया। दोनों देशों के विद्वान् दोनों देशों में आते-जाते थे और दोनों देशों के बीच व्यापार सीधे होता था। उस समय दर्जनों यूनानी शब्द भारत पहुँचे और संस्कृत भाषा में गृहीत हो गए। आज 'केन्द्र' शब्द को देखकर किसी को भ्रम भी नहीं होता है कि यह विदेशी शब्द होगा। किन्तु, तथ्य है कि यह, मूलतः, यूनानी शब्द (केंटर) से निकलकर संस्कृत में आ मिला है। इसी प्रकार, हमारे ज्योतिष के रोमक-शास्त्र और पौलिश-शास्त्र भी यूनान के ज्योतिष से आए हैं। किन्तु, जब यूरोप और भारत के बीच के देशों में मुस्लिम-साम्राज्य स्थापित हो गया, तब रोम और भारत के बीच का सीधा सम्बन्ध टूट गया एवं व्यापार के मामले में अरब के मूर और दूसरे मुसलमान भारत और यूरोप के बीचवान हो गए। भारत का माल भारतीय एवं अरबी व्यापारियों के द्वारा अरब और मिस्र तक जाने लगा और इटली तथा वेनिस के व्यापारी मिस्र से यूरोप तक का व्यापार करने लगे। भारत में रूढ़ियाँ बढ़ने लगीं और यह माना जाने लगा कि जिन देशों में आर्य नहीं बसते, वहाँ जाना पाप है। इस प्रकार, भारतवासियों की सांस्कारिक जकड़बन्दी का प्रभाव उनके व्यापार पर भी पड़ा और वे सारी दुनिया को भूलकर केवल अपने देश के आदमी रह गए।

इस बीच, यूरोपवाले भी भारत का भौगोलिक पता भूल गए, यद्यपि, यह बात उन्हें भली-भाँति याद थी कि यूरोप से पूर्व, भारत नाम का कोई देश है, जहाँ कोई पहुँच जाए तो वह सोने से अपनी नाव भरकर लौट सकता है। सन् 1492 ई. में कोलम्बस नामक स्पेन का व्यापारी भारत का पता लगाने को समुद्र की राह से निकला, पर, भटकता-भटकता अमेरिका पहुँच गया। कुछ साल तक यूरोप अमेरिका को ही भारत मानता रहा। किन्तु, कुछ लोगों को यह शंका बनी रही कि असली भारत का अभी पता नहीं लगा है। तब सन् 1498 ई. में पुर्तगाल का एक नाविक, वास्को-डि-गामा अपनी नावों का बेड़ा लिये, सचमुच ही, भारत आ पहुँचा और कालीकट में समुद्र के किनारे उसकी नाव 27 या 28 मई को लगी। कहते हैं, वास्को-डि-गामा का मार्ग-प्रदर्शक कोई अरबी मुसलमान था[1], जिसने उसे सीधे भारतवर्ष पहुँचा दिया। पहली

शती में, भारत के व्यापारी इटली केवल 16 सप्ताहों में पहुँच जाते थे, किन्तु, वास्को-डि-गामा को लिस्बन से भारत पहुँचने में कोई ग्यारह महीने लगे थे। कालीकट में वास्को-डि-गामा से जमोरिन ने जब यह पूछा कि 'कहाँ आए हो?' तब उसने कहा, 'ईसाइयों और मसालों की खोज में।' सत्य ही, यूरोपवाले भारत की ओर दो कारणों से प्रवृत्त हो रहे थे। एक तो ईसाइयत का प्रचार करने को, दूसरे व्यापार द्वारा धन बटोरने को।

कालीकट का राजा वास्को-डि-गामा से मिलकर बहुत ही प्रसन्न हुआ। उसने पुर्तगाल के राजा को पत्र लिखा कि अब से हम और तुम मित्र हैं और हम दोनों के देशों के बीच खुलकर व्यापार चलना चाहिए। लेकिन, पुर्तगाल के राजा ने, जवाब में, कालीकट को अपना उपनिवेश मान लिया और यह हुक्म देकर पुर्तगाल से एक बड़ा-सा बेड़ा भारत भेज दिया कि उस देश में ईसाइयत का प्रचार करो और, जहाँ जरूरत हो, वहाँ युद्ध भी।

मालाबार-तट के सरदार व्यापार चाहते थे, इसलिए, उन्हें पुर्तगालियों का आना अच्छा लगा, किन्तु, गुजरात के सुलतान महमूद बेगड़ा को नवागन्तुकों के आगमन में खतरे की घंटी सुनाई पड़ी। विशेषतः, उसे यह चिन्ता हुई कि इन पुर्तगालियों को हिन्द-महासागर पर आधिपत्य न मिल जाए। अतएव, उसने समुद्र में उनके साथ कई लड़ाइयाँ लड़ीं। लेकिन अन्ततोगत्वा, इन लड़ाइयों का कोई परिणाम नहीं निकला और पुर्तगाली लोग गोआ में अपना किला बनाने में (सन् 1510 ई.) सफल हो गए।

भारतवर्ष की कमजोरी यह थी कि इस देश के राजे नावों और जहाजों के महत्त्व को नहीं जानते थे। सच तो यह है कि समुद्र भी राज्य का अंग होता है, इस बात पर यहाँ के राजाओं का ध्यान ही नहीं था। अतएव, पुर्तगाली, लोग पानी पर अपना अधिकार बढ़ाते गए और बहुत शीघ्र इस अवस्था में पहुँच गए कि उनका हुक्म लिये बिना समुद्र में कोई अपनी नाव ही नहीं भेज सकता था। कहते हैं, अकबर को भी अपनी नाव लाल सागर की ओर भेजने के पूर्व पुर्तगालियों से परवाना लेना पड़ता था।

पुर्तगालियों को यह विजय कैसे मिली, कैसे वे इस्लाम के द्वारा शासित देश में अपनी सत्ता बनाने में सफल हो गए, इसका मुख्य कारण यह था कि दक्षिण भारत के हिन्दू राजे मुसलमानी सत्ता के खिलाफ थे। जब उन्होंने देखा पुर्तगाली भी इस्लाम के दुश्मन हैं, तब वे खुलकर या भीतर-भीतर पुर्तगालियों की सहायता करने लगे। विजयनगर के हिन्दू राजाओं से तो पुर्तगालियों की प्रगाढ़ मैत्री थी। हिन्दू राजे सबसे अधिक प्रसन्न इस बात से थे कि पुर्तगालियों के हाथों उन्हें शस्त्रास्त्र मिलते थे और पुर्तगालियों को खुशी इस बात की थी कि ये हिन्दू भी इस्लाम के वैसे ही विरोधी थे, जैसे स्वयं पुर्तगाल के लोग। इस्लाम के विरुद्ध पुर्तगाली लोग एशिया में भी उसी प्रकार पड़े हुए थे जैसे यूरोप में। क्रूसेड या धर्म-युद्ध की भावना ने सभी यूरोपीय लोगों को इस्लाम का द्रोही बना दिया था। एशिया में आने पर भी, पुर्तगाली इस द्रोह को जोर से निभाना चाहते थे। जब पुर्तगाली लोग मलाया पहुँचे, उन दिनों, वहाँ इस्लाम भी नया-नया ही पहुँचा था और सभी द्वीपों में हिन्दुत्व और इस्लाम के बीच संघर्ष चल रहा था। पुर्तगालियों ने इस संघर्ष से पूरा लाभ उठाया। मलाया में अपने आदमियों को प्रोत्साहित करते हुए अलबूकर्क ने कहा था, ''मलाया में हमें परमात्मा की बड़ी सेवा करनी है। हमें मूरों (मुसलमानों) को निकालकर इस देश से बाहर फेंक देना है और मुहम्मद के

सम्प्रदाय की आग को इस तरह बुझा देना है कि वह फिर नहीं जले। यदि ये लोग इन द्वीपों से निकल गए तो फिर सारे यूरोप को मसाला पहुँचाने का काम पुर्तगाल करेगा।'' धर्म-प्रचार का काम और मसालों का व्यापार, पुर्तगालियों की दृष्टि में, दोनों उद्देश्य एक ही वृक्ष की दो शाखाएँ थीं।

जमीन पर पुर्तगालियों का अधिकार केवल बन्दरगाहों तक सीमित रहा। ये बन्दरगाह कभी तो उन्होंने बल से लिये और कभी हिन्दू राजाओं से सौदा करके। किन्तु जहाँ-जहाँ वे रहे, वहाँ उनकी आत्मतन्त्रता अक्षुण्ण रही, वहाँ उनका अपना कानून चलता रहा और वहाँ के लोगों पर उन्होंने पुर्तगाली धर्म और तरीके लादने शुरू कर दिए। यूरोप में इस्लाम और ईसाइयत के बीच काफी दुश्मनी थी, इसलिए, पुर्तगालियों ने यहाँ भी, मुसलमानों के प्रति दुश्मनी का भाव बनाए रखा। किन्तु, हिन्दुओं के भी वे मित्र नहीं हुए। सन् 1545 ई. में गोआ के गवर्नर ने कहा था कि इस देश में हम एक हाथ में क्रॉस (ईसाइयों का धर्म-चिह्न) और दूसरे में तलवार लिये हुए आए हैं। पुर्तगालवालों का यह बर्बर अहंकार आज भी गोआ के वाइसराय-गेट पर मूर्तिमान है, जहाँ एक पुर्तगाली साधु एक भारतवासी की छाती पर खड़ा होकर तलवार से भारतवर्ष की ओर इंगित कर रहा है।

पुर्तगाली गवर्नर अलबूकर्क (1509 से 1515 ई. तक) कुछ भला आदमी जरूर था, किन्तु, वह पुर्तगाली अन्याय का अवरोध नहीं कर सका। पुर्तगाली राज्य स्वेच्छाचारियों का राज्य था, अन्यायियों का राज्य था एवं हिन्दुओं और मुसलमानों के सामने उसने इसके सिवा और कोई रास्ता नहीं छोड़ा था कि चाहे तो वे क्रिस्तान हो जाएँ अथवा पुर्तगाल के गुलाम बनकर अपनी जिन्दगी बिताएँ। भारतवासियों की बहू-बेटियों पर गोरे जुल्म तो करते ही थे, किन्तु, यदि कोई गृहस्थ उन पर हाथ छोड़ता तो बिना किसी जाँच-पड़ताल के उसके हाथ काट लिये जाते थे। सन् 1560 ई. में पुर्तगालियों ने अपने कब्जे के नगरों और गाँवों में इनक्विजिशन की प्रथा जारी की, जिसके अनुसार, पुर्तगाल या ईसाइयत की हलकी भी आलोचना करनेवाला व्यक्ति गिरफ्तार कर लिया जाता था और उसे क्रूर-से-क्रूर सजाएँ दी जाती थीं। यही नहीं, ऐसे व्यक्तियों को वे पुर्तगाल भेज देते थे, जहाँ उनकी किस्मतों का आखिरी फैसला इनक्विजिटर जेनरल के हाथों होता था। किस्मत का आखिरी फैसला यह था कि अपराधी जीवित ही आग में झोंककर जला दिया जाए।

ईसाइयत का आगमन[2] भारत के दक्षिणी तट पर दूसरी या तीसरी सदी में ही हो चुका था, किन्तु, उसके प्रति भारतवासियों का कोई द्वेष नहीं था। पुर्तगालियों ने ईसाइयत को जिस रूप में उपस्थित किया, उससे भारतवासियों को इस धर्म के प्रति भयानक घृणा हो गई और अठारहवीं सदी के अपरार्द्ध तक पुर्तगाल के अधिकार में जो बस्तियाँ थीं, उन्हें छोड़कर बहुत-से लोग अन्यत्र भाग गए।

पुर्तगालवालों की कोठियाँ पूर्वी भारत में भी थीं, जहाँ उनका प्रधान केन्द्र हुगली था। अतएव, पुर्तगालियों के जुल्मों के नमूने देश के विभिन्न भागों में दिखलाई पड़ने लगे। भारत के राजे पुर्तगालियों को दंडित करना तो चाहते थे, किन्तु इन मक्कार लोगों को दंड पूरा कभी मिल नहीं पाता था। वे डाके डालते थे, दिन-दहाड़े लूट मचाते थे और भारतवासियों की इज्जत पर धावा करते थे। 'मॉडर्न इंडिया एंड द वेस्ट' में **मनूची** नामक यूरोपीय यात्री

का यह मत उद्धृत है कि चटगाँव के पास पुर्तगालियों ने ऐसे-ऐसे जुल्म किए कि उन्हें देखकर ग्लानि से मनुष्य का मस्तक झुक जाता है। आदमी को गुलाम बनाकर बेचने की उन्हें चाट लग गई थी। औरत, मर्द और बच्चे–यहाँ तक कि दूध पीते बच्चे को भी वे माँ की छाती से छीनकर बाजार में बेच देते थे। **मनूची** लिखता है कि "ऐसे लोगों को ईसाई तो क्या, मनुष्य कहना भी गुनाह है।" आखिर, शाहजहाँ को एक बार क्रोध आया और उसने बंगाल में दस हजार पुर्तगालियों को कत्ल करवा डाला और पाँच हजार को जेलों में बन्द कर दिया। सन् 1632 ई. में हुगली और बंगाल में पुर्तगालियों का ऐसा दमन हुआ कि वे बंगाल में फिर कभी मस्तक नहीं उठा सके।

हॉलैंड का आगमन

इसी समय के आस-पास भारत समुद्र में हॉलैंड के नाविकों ने प्रवेश किया और प्रवेश करते ही वे इस समुद्र पर छा गए। उन्होंने पुर्तगालियों को खदेड़कर सभी स्थानों से निकाल बाहर किया। सन् 1648 ई. में हॉलैंड और पुर्तगाल के बीच जो सन्धि हुई उसके अनुसार गोआ, दमन और दिउ के सिवा, सभी स्थानों से पुर्तगालवाले निकल गए और उन पर अधिकार डच जाति का हो गया। किन्तु, हॉलैंडवाले भारत में ठहरे नहीं। वे मसालों के व्यापार के लिए भारत आए थे और मसाले जावा, सुमात्रा, बोर्नियो आदि द्वीपों में अधिक थे। अतएव, डच लोग भारत से खिसककर मलाया की ओर चले गए, जहाँ उन्होंने इंडोनेशिया में अपना साम्राज्य स्थापित किया। इंडोनेशिया से हॉलैंडवाले तब निकले, जब अंग्रेज भारत से निकलने पर मजबूर हुए।

पुर्तगाल का सांस्कृतिक प्रभाव

पुर्तगालवाले सिमटकर तीन ही जगहों पर रहे, किन्तु, उन्होंने जो संस्कार फैलाया था, वह सारे भारत में फैल गया। लगभग डेढ़ सौ वर्षों तक, वे ही एकमात्र यूरोपीय थे जो भारत में स्वच्छन्द विहार कर रहे थे। देश के प्रत्येक कोने में उनके अड्डे थे, व्यापार के क्रम में वे सारे भारत में आते-जाते थे और समुद्र का मालिक होने के कारण उनका कुछ रोब भी था। वे लोग अंग्रेजों की आदत के विपरीत, भारत की स्त्रियों से विवाह-सम्बन्ध भी करते थे। अतएव, उनकी सन्तानों से एक नई जाति भारत में उत्पन्न हुई, जिसका समावेश यूरेशियन-सम्प्रदाय में हुआ। किन्तु भारतीय संस्कृति को उनकी सबसे बड़ी देन नए-नए शब्दों के रूप में थी। उनकी भाषा कुछ तो हिन्दुस्तानी नौकरों और कुछ व्यापारियों में फैली थी, किन्तु, यही टूटी-फूटी किस्म की पुर्तगाली उन दिनों, भारत और यूरोप के सम्बन्ध की मुख्य भाषा हो चली थी। पुर्तगालियों के बाद जो डच, फ्रांसीसी और अंग्रेज यहाँ आए, उन्हें बाध्य होकर पुर्तगाली सीखनी और बोलनी पड़ती थी, क्योंकि यही वह यूरोपीय भाषा थी, जिसे कुछ भारतवासी समझ लेते थे। यह परम्परा काफी दिनों तक चलती रही। लॉर्ड क्लाइव कोई भी भारतीय भाषा नहीं जानता था, किन्तु, पुर्तगाली थोड़ी-बहुत उसे भी आती थी। अतएव, वह भी भारतीयों के साथ, स्थान-स्थान पर, पुर्तगाली में ही बातें करता था। इसी समय पुर्तगाली भाषा के सैकड़ों शब्द भारतीय भाषाओं में प्रवेश पा गए। हिन्दी में तो ये शब्द इस प्रकार घुल-मिल गए हैं कि अब उन्हें कोई अलग ही नहीं कर सकता। कमरा, नीलाम, पादरी, मारतौल,

मेज, कुंजी, कमीज, अलमारी, गिरजा, पाउँ (रोटी), फालतू, ये और ऐसे अन्य अनेक शब्द पुर्तगाली भंडार के हैं।

पुर्तगाल की दूसरी देन हुक्का और तम्बाकू है। यूरोप के लोग तम्बाकू की खेती अमेरिका से अपने देश में लाए थे। वहाँ से पुर्तगालियों ने उसे भारतवर्ष पहुँचाया। कहते हैं, तम्बाकू भारत में आते ही, सभी तबकों के लोगों में आसानी से फैल गई और घर आनेवाले अतिथि को हुक्का या चिलम पिलाना स्वागत का सबसे सुलभ एवं प्रिय रूप हो उठा। तम्बाकू के इस व्यापक प्रचार से शाहजहाँ को घबराहट हुई थी। उसने फरमान निकालकर लोगों को समझाना चाहा कि तम्बाकू बुरी चीज है; क्योंकि इसका परिणाम मनुष्य के शरीर और मन के लिए अनिष्टकारी होता है। किन्तु, बादशाह की बात पर भी लोगों ने ध्यान नहीं दिया और बहुत-से लोग अनेक रूपों में इस नई वस्तु का उपयोग करने लगे।

पुर्तगाल की और भी अनेक देनें हैं। अनानास, पपीता और अमरूद, ये पुर्तगालवालों के लाए हुए फल हैं। कोबी (गोभी) की खेती भी यहाँ पुर्तगालवालों ने चलाई और आलू भी उन्होंने ही दिया है। कलमी आम का विकास, विशेषतः, बम्बई के अलफांसों का विकास पुर्तगालियों ने किया था। भारत के फल-फूल और पौधों का पहला विवरण यूरोपीय भाषा में पुर्तगालियों ने लिखा। भारत में पहला छापाखाना भी गोआ में ही खुला था।

सिफलिस या उपदंश की बीमारी भारतवर्ष में नहीं थी। यह रोग यूरोप से भारत आया और इसके लानेवाले पुर्तगाल के ही लोग थे। कहते हैं, उपदंश का रोग यूरोप में भी नहीं था। यूरोप में वह अमेरिका से पहुँचा और वहाँ से सारे विश्व में फैला है। इगोन फ्रिडेल[3] ने लिखा है कि यूरोपवालों ने नवीन विश्व (अमेरिका) से केवल मकई और तम्बाकू, टोमैटो और केला, आलू और कोको तथा वनीला और कोचिनियल ही नहीं लिये, बल्कि सोना और सिफलिस भी। प्लेग की बीमारी भी भारत में यूरोपवालों की ही लाई हुई है।

पुर्तगाली लोग व्यापार भी चाहते थे, राज्य और रियासत भी तथा अपने धर्म का प्रचार भी। यहाँ की स्त्रियों से विवाह करके उन्होंने एक नई जाति भी खड़ी की थी। किन्तु, डचों के सामने व्यापार ही प्रधान था। वे राज्य नहीं चाहते थे अथवा चाहते भी थे तो उतना ही, जिससे व्यापार के अड्डे सुरक्षित रहें। यहाँ की स्त्रियों से विवाह करने की नीति भी उन्हें पसन्द नहीं आई और वे बहुत-कुछ उसी ढंग से अलग रहे जैसे उनके बाद अंग्रेज रहते थे। हाँ, एक बात हुई कि उन्होंने यह भाव स्पष्ट कर दिया कि व्यापार भी तभी निभ सकता है जब कि व्यापार के अड्डे किलों के समान हों, उनमें सेनाओं की टुकड़ियाँ रखी जाएँ और, सम्भव हो तो, आस-पास के गाँव भी अपने अधीन रहें। इस नीति का पूरा लाभ अंग्रेजों ने उठाया। भारत में अंग्रेजी राज्य कैसे-कैसे बढ़ा, इसकी व्याख्या करते हुए इंग्लैंड के प्रधानमन्त्री लॉर्ड पामर्स्टन ने कहा था, ''आरम्भ की यूरोपीय जाति ने व्यापार के अड्डे बनाए, अड्डे बढ़ते-बढ़ते किले हो गए, किले बढ़कर जिलों में परिवर्तित हुए और जिलों से फिर प्रान्तों का विकास हुआ।''

फ्रांस का आगमन

डचों के बाद फ्रांसीसी लोग आए, किन्तु, उनका भारतीय संस्कृति पर कोई खास प्रभाव नहीं

पड़ा। ओमैले ने लिखा है[4] कि फ्रांसीसियों ने जो नीति बरती, उसका भी फायदा अंग्रेजों ने ही उठाया। भारतीय राजाओं से सन्धि-सम्बन्ध बढ़ाने का काम पहले-पहल फ्रांसीसियों ने किया था। भारतीयों को यूरोपीय ढंग की सैनिक शिक्षा भी सबसे पहले उन्होंने ही दी थी और उन्होंने ही इन सैनिकों के सहारे बन्दरगाह से बढ़कर देश के भीतर घुसने का पहले-पहल साहस किया था। किन्तु फ्रांसीसी शक्ति डाँवाँडोल रही। सन् 1741 ई. में डुप्ले ने पांडिचेरी में फ्रांसीसी राज्य स्थापित किया। किन्तु बीस ही वर्ष बाद, मद्रास में फ्रांसीसियों की शक्ति चौपट हो गई। तब भी, फ्रांसीसी सेनापति यहाँ के राजाओं के काम करते रहे। उन दिनों का जो विवरण मिलता है, उससे मालूम होता है कि फ्रांसीसी अफसर और सैनिक भारतवासियों के साथ अच्छा व्यवहार करते थे एवं जनता के बीच वे बदनाम नहीं थे।

फ्रांस की राज्य-क्रांति के दिनों में फ्रांसीसी लोग एक बार फिर भारत में उठते दिखाई दिए। मैसूर के सुलतान टीपू ने क्रांतिकारी फ्रांस से सन्धि की और सिरंगापट्टम में उसने **स्वतन्त्रता के वृक्ष** का रोपण किया। हैदराबाद के निजाम का सेनापति उन दिनों फ्रांसीसी योद्धा रेमांड था। क्रांति के जो-जो चिह्न फ्रांस में चलते थे, उनका प्रचलन रेमांड ने हैदराबाद में भी किया था। अतः, कहा जा सकता है कि फ्रांस की राज्य-क्रान्ति से, एक तरह का, प्रतीकात्मक सम्बन्ध भारतवर्ष का भी था।

पुर्तगालवाले पन्द्रहवीं सदी के अन्त में आए थे। सत्रहवीं सदी में हॉलैंडवालों ने आकर उन्हें अपदस्थ कर दिया। अठारहवीं सदी में फ्रांसीसी और अंग्रेज आए और उन्होंने डचों को पीछे ढकेल दिया। इस प्रकार, भारत की जमीन पर तीन-चार यूरोपीय जातियों का संघर्ष चलता रहा। मजे की बात यह रही कि यह संघर्ष इस बात को लेकर छिड़ा था कि कौन भारतवासियों को 'सम्भ्य' बनाता है और कौन इस 'दीक्षा' की 'दक्षिणा' वसूल करता है।

अंग्रेजों का आगमन

अंग्रेज जाति का कौन आदमी पहले-पहल भारत आया था, इसका ठीक पता नहीं है, लेकिन, जो अंग्रेज पहले-पहल भारत में बसा, उसका नाम टामस स्टीफेंस था और वह ईसाइयत का प्रचार करने के उद्देश्य से सन् 1579 ई. में गोआ आया था। स्टीफेंस ने इस देश में चालीस वर्ष तक रहकर ईसाइयत की सेवा की।

तब महारानी एलिजाबेथ का पत्र लेकर तीन अंग्रेज भारत आए और सम्राट् अकबर के दरबार में उपस्थित हुए। ईस्ट इंडिया कम्पनी की स्थापना सन् 1600 ई. में हुई एवं 1608 ई. में जहाँगीर ने कम्पनी को सूरत में तम्बाकू की कोठी खोलने की अनुमति प्रदान की। तभी से तम्बाकू का भारत में एक नाम 'सुरती' प्रचलित हुआ।

अंग्रेज भारत में, मुख्यतः, व्यापार के लिए आए थे, अतएव, आरम्भ में राज्य-स्थापना अथवा धर्म-प्रचार की ओर उनका ध्यान नहीं था। फिर भी कुछ यात्रियों ने भारत का जो विवरण यूरोप में उपस्थित किया, उससे वहाँ के लोग दंग रह गए। यूरोपवालों के मन में भारत सोना-चाँदी, हीरा-जवाहर और रेशम तथा किमखाब से सुसज्जित देश हो उठा। मिलटन की कविताओं में भारत तथा पूर्वी देशों का जहाँ भी उल्लेख आया है, वहाँ रेशम

और जवाहर की जगमगाहट खूब दिखाई देती है। 17वीं सदी का भारत मुगलों का भारत था, जो सोने से चमचमा रहा था। इस भारत की सुनहरी झाँकी ड्राइडन के नाटक 'औरंगजेब' में भी आई है। यूरोप में भारत की धनधान्य-पूर्णता का प्रचार फ्रांस के दो भारत-यात्रियों, टबर्नियर और बर्नियर ने भी किया, जिससे सारा यूरोप भारत आकर सोना लूटने को बेकरार हो उठा।

गुजरात के सूबेदार बहादुरशाह से हुमायूँ की जो लड़ाई हुई थी, उसमें पुर्तगालियों ने बहादुरशाह का साथ दिया था, जिसके पुरस्कारस्वरूप शाह ने पुर्तगालियों को मुम्बई और बसई के द्वीप दिए थे। सन् 1661 ई. में यही मुम्बई द्वीप इंग्लैंड के राजा को दहेज में प्राप्त हुआ।

बंगाल के एक सूबेदार ने एक अंग्रेज डॉक्टर के इलाज से खुश होकर सन् 1651 ई. में अंग्रेजों को हुगली में कोठी बनाने की अनुमति दे दी। सन् 1679 ई. में औरंगजेब ने उन्हें हुगली नदी में जहाज चलाने का अधिकार भी दे दिया।

सन् 1690 ई. में अंग्रेजों ने कलकत्ते में फोर्ट विलियम का निर्माण किया। अब उनके भीतर राज्य स्थापित करने का लोभ जगने लगा, यद्यपि, औरंगजेब के जीते-जी उनका यह मनसूबा नहीं हो सकता था। किन्तु, औरंगजेब के बाद देश की केन्द्रीय सत्ता कमजोर होने लगी और राजे आपस में लड़ाइयाँ लड़ने लगे। तब बहती गंगा में पाँव पखारने की घड़ी अंग्रेजों को साफ दिखाई पड़ी और उन्होंने इससे लाभ उठाने में एक क्षण भी विलम्ब नहीं किया। भारत में लड़ाइयाँ तो अंग्रेजों ने पहले भी लड़ी थीं, किन्तु, देश में उनकी धाक बिठानेवाली विजय उन्हें पलासी के मैदान में मिली (1757 ई.) और बक्सर की लड़ाई उन्होंने सन् 1764 ई. में जीती जिसमें अवध के नवाब शुजाउद्दौला और बादशाह शाह आलम ने मीर कासिम का साथ दिया था। इस लड़ाई में भारतवासियों की पराजय का अर्थ था समस्त भारतीय शक्तियों की पराजय। हारे हुए नवाब और बादशाह से इलाहाबाद में क्लाइव ने अपनी शर्तें मंजूर करवाईं (1765 ई.) औश्र, इस प्रकार मनमाने ढंग पर उसने बंगाल, बिहार और उड़ीसा की दीवानी प्राप्त कर ली। भारत में अंग्रेजी शासन का वास्तविक आरम्भ यहीं से होता है।

भारत असंगठित था। भारत वैर-फूट से पीड़ित था। भारत सैनिक और सामुद्रिक दृष्टि से पिछड़ा हुआ था और भारत के मुसलमान राजे विलासी और कमजोर थे। फिर भी, अंग्रेज भारत को उस सरलता से अपने अधीन नहीं ला सके, जिस सरलता से मुसलमान विजयी हुए थे। भारत-विजय में अंग्रेजों को सौ साल लग गए। यहीं के रुपयों और यहीं के आदमियों को लेकर अंग्रेजों ने भारत में छोटी-बड़ी 111 लड़ाइयाँ लड़ीं। तब कहीं जाकर भारत उनके अधीन हुआ।

सन् 1857 ई. तक भारत में ईस्ट इंडिया कम्पनी का राज्य रहा। तब गदर के रूप में भारत ने अचानक महाक्रान्ति कर दी। यह क्रान्ति दबा दी गई, किन्तु उसी के बाद भारत का भार अंग्रेजी सरकार ने अपने ऊपर ले लिया और यह भार उसके कन्धों से 90 साल बाद उतरा, जब सन् 1947 ई. में भारत स्वाधीन हुआ एवं अंग्रेज अफसर, सैनिक और व्यापारी, शान्ति के साथ, अपने देश को लौट गए।

जब तक भारत गुलाम रहा, अंग्रेज यही कहते रहे कि हम भारत में अपने लिए नहीं हैं। असल में, भारत में हम सभ्यता का विस्तार कर रहे हैं, वहाँ के लोगों को आपसी मार-काट में पड़ने से बचा रहे हैं। किन्तु, जैसा कि अमेरिकी दार्शनिक श्री विलडुरांट ने लिखा है, "भारत-विजय का काम धर्म और सभ्यता के सिद्धान्त से नहीं, डारविन और नीत्शे के सिद्धान्त से जायज था। जिस जाति में अपना शासन आप चलाने की शक्ति नहीं रहती, जो जाति अपने धन-जन का आप विकास नहीं कर सकती और जिस देश का एक प्रान्त दूसरे प्रान्त को तथा एक जाति दूसरी जाति को बराबरी का दर्जा देने को खुद तैयार नहीं होती, वह जाति और देश उन लोगों का गुलाम होकर रहता है, जिन्हें लोभ की बीमारी और शक्तिमत्ता का रोग है।"

ईसाइयत के प्रचारक

पुर्तगाली लोग जुल्मी और अविचारी तो थे, पर जनता से उनका सम्पर्क जरूर था। बाद के यूरोपीय लोगों की कमजोरी यह रही कि वे यहाँ की जनता से कभी भी एकाकार नहीं हुए। एकाकार होने की बात तो दूर रही, अंग्रेज भारत में जहाँ भी रहे, इंग्लैंड में रहे। उन्होंने कभी यह सोचा ही नहीं कि जिस देश में वे बस रहे हैं, वहाँ के लोगों से हिलना-मिलना भी उचित है।

यूरोपीय जाति की इस कमी को ईसाइयत के प्रचारकों (मिशनरियों) ने पूरा किया। भारत में धर्म-प्रचार करनेवाले मिशनरी-संघों में तीन के नाम बहुत उल्लेखनीय माने जाते हैं। सबसे पहले सोलहवीं सदी में **पुर्तगाली मिशन** आया; तब सत्रहवीं सदी में (1606 ई.) इटलीवालों का दल पहुँचा और, अन्त में अठारहवीं सदी से **डेनमार्क** के मिशनरी भी भारत में धर्म-प्रचार करने लगे। बहुत दिनों तक इनका प्रचार-क्षेत्र भारत के दक्षिणी भाग में सीमित रहा, जहाँ पहले से ही ईसाइयत का थोड़ा-बहुत प्रचार था। किन्तु, वहाँ भी धर्म-परिवर्तन करनेवाले हिन्दू मिशनरियों को कठिनाई से मिलते थे। पुर्तगाली मिशन के प्रधान, फ्रांसिस जेवियर ने काफी दिनों तक प्रयास किया, किन्तु, जब उसे धर्म बदलनेवाले लोग यहाँ नहीं मिले, तब वह यह कहकर जापान चला गया कि **"इस देश में तो ईसा की शरण में जाने के उपदेश को लोग मृत्यु की शरण में जाने का उपदेश मानते हैं।"**

भारतवासियों को धर्म के तत्त्व किताबों में कम, धार्मिक मनुष्यों के व्यक्तित्व में अधिक दिखाई देते हैं। किन्तु, पुर्तगालियों और कुछ मिशनरियों के जो भयानक रूप उन्होंने देखे थे, उससे भारतवासी घबरा उठे और ईसाइयत से उन्हें चिढ़-सी हो गई। **टेरी** नामक एक अंग्रेज ने जब कुछ हिन्दुओं से ईसाई बन जाने को कहा, तब वे लोग बोल उठे, "ईसाई लोग बुरे होते हैं, वे शराब पीते हैं; दूसरों को पीटते और गालियाँ देते हैं।" एक दूसरे पादरी से किसी हिन्दू दूकानदार ने कहा था, "क्या मैं भी ईसाई हूँ कि तुम्हें धोखा दूँगा?"[5]

स्पष्ट ही, भारतवासियों ने ईसाइयत के विषय में ऐसा मत लोभ और क्रूरता में संलग्न यूरोपीय लोगों को देखकर बनाया था। अन्त में, पादरियों ने आजिज आकर हिन्दुत्व की सीधी राह पकड़ी। उन्होंने अत्यन्त सरल और साधु जीवन बिताने के निमित्त ब्राह्मणों का बाना धारण किया; **वे छुआछूत को मानने लगे** और ईसाई तथा हिन्दू, दोनों ही, सम्प्रदायों में जाति

की प्रथा का भी पालन करवाने लगे। **अचरज यह है कि ऐसा करने की अनुमति उन्हें खुद पोप ने दी थी।** इस आडम्बर से ईसाइयत का प्रचार तो कुछ बढ़ा, किन्तु, वह स्थायी नहीं हुआ। अतएव, सन् 1759 ई. में पोप ने इस नकली तरीके को रोक दिया।

अकबर ईसाई धर्म का भी प्रेमी था, अतएव, उसने ईसाइयत के प्रचार में रोड़ा नहीं अटकाया। जहाँगीर के समय में भी ईसाइयत का प्रचार चलता रहा, बल्कि उसके समय में तो ईसाइयों ने आगरे में एक कॉलेज और एक गिरजाघर भी बनवा लिया। उन्हीं दिनों, ईसाई प्रचारक बंगाल में भी काम करने लगे।

ईसाइयों ने बहुत शीघ्र धर्म-प्रचार के लिए स्कूल और विद्यालय खोलने शुरू कर दिए और वे यहाँ की भाषाएँ सीखकर ईसाइयत का साहित्य भी देश में फैलाने लगे। बाइबिल का अनुवाद उन्होंने तमिल में किया एवं तमिल में मिशनरी-कवियों ने प्रार्थना के गीत भी लिखे। **टामस स्टीफेंस** (जो 1579 ई. में गोआ आया था) ने मराठी और कोंकणी पर पूरा अधिकार प्राप्त कर लिया एवं कोंकणी में उसने एक **ईसा-पुराण** लिखा, जिसका उन दिनों, यथेष्ट आदर हुआ था। मराठी भाषा की स्टीफेंस ने भूरि-भूरि प्रशंसा की है एवं उसकी उपमा उसने फूलों में जूही, पक्षियों में मोर और सुगंधों में मुश्क से दी है।

तमिल-साहित्य में **बेश्ची** ने बड़ा नाम किया। वह मदुरा मिशन में 1700 ई. में आया था और सन् 1742 ई. में तमिल का अपने समय का सर्वश्रेष्ठ पंडित कहलाकर मरा।

जो काम दक्षिण की भाषाओं में, मदुरा आदि स्थानों में हो रहा था, वही काम सिरामपुर (बंगाल) के मिशन में हिन्दी, बँगला और उर्दू के लिए किया जाने लगा। सिरामपुर में मिशनरियों ने छापेखाने खोले, अखबार और पुस्तकें निकालीं एवं गद्य में उन्होंने ढेर-का-ढेर साहित्य तैयार किया। वस्तुतः, उत्तरी भारत में धर्म-प्रचार की राजधानी ईसाइयों ने सिरामपुर में ही स्थापित की।

मनुष्य, सामान्यतः, यह बर्दाश्त नहीं कर सकता कि उसका कोई भी धर्म-बन्धु अपने धर्म को छोड़कर किसी अन्य धर्म को स्वीकार करे। इस दृष्टि से ईसाइयत का प्रचार भारत में भी लोकप्रिय नहीं हुआ है। किन्तु, ईसाई धर्म-प्रचारकों ने भारत की नई भाषाओं की जो सेवा की, वह भूलने की चीज नहीं है। आवश्यकता तो उनकी अपनी थी कि यहाँ की भाषाओं को सीखकर लोगों को अपनी बात समझाएँ, किन्तु, यह कार्य उन्होंने बड़े मनोयोग से किया। प्रायः, प्रत्येक भाषा के उन्होंने प्राथमिक व्याकरण लिखे; प्रायः, प्रत्येक भाषा के अक्षरों के उन्होंने टाइप ढलवाए और, प्रायः, प्रत्येक भाषा के गद्य को उन्होंने आगे बढ़ाया। हिन्दी का गद्य, यद्यपि, पहले से ही आ रहा था, किन्तु यहाँ भी ईसाई धर्म-प्रचारकों की एक सेवा प्रत्यक्ष है। अंग्रेजों ने राजनैतिक कारणों से यह चाहा था कि नागरी में भी उर्दू ही चलाई जाए, जिसे वे **हिन्दुस्तानी** कहते थे। **उनके अफसर बार-बार यह शिकायत करते थे कि उर्दू-भाषा यहाँ की जनता नहीं समझती, किन्तु, शासक अपनी जिद्द पर अड़े थे। मगर, प्रचारकों को तो भाषा लादनी नहीं थी। जब उन्होंने देखा कि नागरी में लिखी फारसी-मिश्रित हिन्दी से उनका काम नहीं चलता है, तब वे अपनी पुस्तकों में खुलकर संस्कृतनिष्ठ अथवा साधु-हिन्दी का प्रयोग करने लगे, जिसकी परम्परा हिन्दुओं के यहाँ बहुत पहले से चली आ रही थी और जिसमें भाषा-योग-वाशिष्ठ एवं पद्म-पुराण जैसे ग्रन्थ लिखे जा चुके थे।**

बनियाँ राज

अंग्रेजों की राजधानी कलकत्ते में थी। वे राजा नहीं, व्यापारी थे और समुद्र के किनारे राजधानी रखने से उनके व्यापार को लाभ था। किन्तु, धीरे-धीरे, जब उनमें राजमद उभरा, उन्होंने मुगलों की नकल करनी चाही। ताजमहल का जवाब लिखने को अंग्रेजों ने कलकत्ते में विक्टोरिया-मेमोरियल बनवाया और सन् 1912 ई. में वे राजधानी को कलकत्ते से उठाकर दिल्ली ले गए। उस समय महाकवि अकबर इलाहाबादी ने एक शेर लिखा था, जो बड़ा ही अर्थपूर्ण था–

कदम अँगरेज कलकत्ते से अब दिल्ली में धरते हैं।
तिजारत देख ली, देखें, हुकूमत कैसी करते हैं।

मगर, हुकूमत अंग्रेजों का उद्देश्य नहीं थी। हुकूमत वे इसलिए कर रहे थे कि इससे उनकी तिजारत को फायदा था। जब तिजारत को फायदा नहीं रहा, वे हुकूमत छोड़कर चले गए।

भारत में अंग्रेजों का आरम्भिक आवास व्यापार के केन्द्र थे, जिनमें कारखाने थे, दूकानें थीं और गोदाम थे। इन आवासों में से, प्रायः, सब-के-सब या तो समुद्र के किनारे पड़ते थे या किनारे से बहुत समीप। पश्चिम में उनके आवास सूरत, अहमदाबाद और कालीघाट में थे तथा पूर्व में उनके केन्द्र मद्रास, मछलीपट्टम, गंजाम, बालासोर और कलकत्ते में। केवल बम्बई ऐसा द्वीप था जो चार्ल्स द्वितीय को पुर्तगाल से दहेज में मिला था। राजा ने सन् 1681 ई. में बम्बई को भी कम्पनी के हवाले कर दिया।

लेकिन, व्यापार के केन्द्र बढ़ते-बढ़ते राज्य क्यों बन गए, इसके कारण अनेक थे। सबसे बड़ा कारण यह था कि देश की राज्य-व्यवस्था कड़ी नहीं थी। यहाँ की केन्द्रीय सत्ता कमजोर थी और अपने राज्य की सीमा के बादवाले भाग में जनता का क्या हाल है, इस पर यहाँ के राजाओं की दृष्टि नहीं थी। जब-जब राज्यहीनता की अवस्था उत्पन्न हुई, व्यापारियों को अपने हित में, वहाँ का राज्य-भार सँभालना पड़ा। भारत में यह परम्परा तो पुर्तगालियों के ही समय से आ रही थी कि जहाँ व्यापार का केन्द्र हो, वहाँ कानून भी अपने देश के चलें। अंग्रेज भी उसी राह पर चले और शान्ति-सुव्यवस्था कायम रखकर व्यापार करने के लिए कुछ फौज भी रखनी पड़ी, तथा कुछ पुलिस और मैजिस्ट्रेट भी। इस प्रकार, अंग्रेजी राज्य का विकास यहाँ व्यापार की रक्षा और विकास की दृष्टि से किया गया, जिसका प्रभाव अंग्रेजी ढंग के राज्य-संगठन पर अब तक विद्यमान है। लॉर्ड वेलेस्ली (1798-1805) ने इस बात की शिकायत की थी कि "भारत पर राज्य राजधानी से नहीं, बल्कि, पैसा गिननेवाले दफ्तर से चलाया जा रहा है। यहाँ राज्य राजे नहीं, बल्कि, वे लोग चला रहे हैं जो मलमल और नील की खुदरा बिक्री का काम करते हैं।"

अंग्रेजी राज्य की इंडियन सिविल सर्विस-जैसी प्रतिष्ठित संस्था भी व्यापार के बीच से जनमी थी। पब्लिक स्कूल से निकला हुआ कोई अंग्रेज लड़का जो कम्पनी के मालिकों का कृपा-पात्र होता था, कम्पनी के दफ्तर में काम करने को भारत भेज दिया जाता था। यहाँ कम्पनी उसे सबसे अधिक, हिसाब-किताब का काम सिखलाती थी। ये ही लोग आगे चलकर इंडियन सिविल सर्विस के आरम्भिक सदस्य हुए। ये लड़के पहले किरानी (Writer) होते थे,

पीछे फैक्टर (फैक्टरी से) और तब वे जूनियर सौदागर बना दिए जाते थे। कम्पनी के प्रधान कार्यालय में जो प्रमुख अफसर होता था, उसे प्रेसीडेंट कहते थे। उसी के नाम पर, आगे चलकर, मद्रास, बंगाल और बम्बई के प्रान्त प्रेसीडेंसी कहलाने लगे। राइटर (किरानी) के नाम के कारण ही, पश्चिमी बंगाल का सेक्रेटेरियट अभी तक **राइटर्स बिल्डिंग** कहलाता है। लेकिन व्यापार के सामने नौकरी क्या चीज है? व्यापारी को जो लाभ होता है, वह क्या किसी भी नौकर को दिया जा सकता है? किन्तु, कम्पनी के राज्य में यही हुआ। जो छोटे सौदागर आई.सी.एस. बनाए जाने लगे, उनकी क्षतिपूर्ति के लिए तरह-तरह से उनकी आमदनी बढ़ाने की शर्तें रखी गईं। उनका वेतन तो बहुत अधिक रखा ही गया, यहाँ तक कि गवर्नर-जनरल का वार्षिक वेतन 20 हजार पौंड, प्रेसीडेंसी के गवर्नर का वेतन 10 हजार पौंड और कौंसिलर का वेतन 6 हजार पौंड रख दिया गया। वेतन की इस भयानक दर पर सारा संसार आश्चर्य प्रकट करता है। किन्तु, स्वतन्त्रता के बाद, विधान-परिषद् में जब यह बात उठी कि आई.सी.एस. के अफसरों का वेतन घटाया जाना चाहिए, तब सरदार पटेल बिगड़ उठे और उन्होंने कहा कि ऐसा करोगे तो मैं सरकार छोड़कर बाहर चला जाऊँगा। दुःख है कि आई.सी.एस. वालों को खुद भी यह नहीं सूझता कि वे वेतन में स्वेच्छा से उचित कटौती कर दें। ईस्ट इंडिया कम्पनी अपने सौदागर अफसरों को जो वेतन देती थी, गरीब भारतवर्ष को अपने अफसरों को वही वेतन देना पड़ रहा है।

कम्पनी राज्य की एक दूसरी विशेषता यह थी कि चूँकि कम्पनी का प्रधान दफ्तर इंग्लैंड में था, इसलिए, रिपोर्ट, नोट और मिनट (विवरण) लिखने की अफसरों को बहुत जरूरत पड़ती थी। अफसर यहाँ की भाषा नहीं समझते थे, यहाँ की अवस्था का उन्हें काफी ज्ञान नहीं था, इसलिए, रिपोर्टों पर भरोसा करना जरूरी समझा जाने लगा और जो अफसर बढ़िया-से-बढ़िया रिपोर्ट लिख सके, वही श्रेष्ठ माना जाने लगा। इस प्रकार, शासन की सारी योग्यता सिमटकर कलम में आ गई और राज-काज में कर्म से अधिक वाणी (लिखित) के आदर की परम्परा चल पड़ी। आज भी वे अफसर बुरे नहीं समझे जाते, जिनसे वास्तविक काम तो कम होता है, किन्तु, जो लिखने में होशियार हैं। मैकाले ने कहा था कि पूर्व की ओर जानेवाले अंग्रेज राजनीतिज्ञ के लिए यह आवश्यक है कि वह खूब लिख सके, जैसे इंग्लैंड में रहनेवाले राजमन्त्रियों के लिए यह जरूरी है कि वे सभाओं में गरज सकें।

व्यापार की वृद्धि और करों की वसूली, ये ही दो उद्‌देश्य थे, जिनके लिए कम्पनी इस देश पर राज्य कर रही थी। यह कार्य इतना महत्त्वपूर्ण रहा कि अंग्रेजी राज के सबसे क्रियाशील और शक्तिशाली अफसर का नाम ही **कलक्टर** (तहसीलदार) पड़ गया।

अंग्रेजी राज्य का देशी रजवाड़ों से जो सम्बन्ध था, वह भी व्यापार पर आधारित था। अवध की बेगमों के बारे में ब्रिटिश पार्लमेंट में थेरिडॉन ने जो भाषण दिया था, उसमें उसने **'नीलाम की डाक बोलनेवाले राजदूत'**, **'व्यापार करनेवाले सेनापति'**, **'एफीडेविट के जरिए क्रान्ति करनेवाले क्रान्तिकारी'** और **'गिरफ्तारी के काम पर निकलनेवाली सेनाओं'** की काफी निन्दा की थी। उसने यह भी कहा था कि हैंडनोट की वसूली के लिए हिन्दुस्तान के नगरों पर घेरा डाला जाता है और बादशाह गद्‌दी से इसलिए उतार दिए जाते हैं कि उनके पास अंग्रेजों के कुछ पैसे बाकी हैं।

सन्दर्भ

1. रत्नस्वामी ने (इंडिया फ्रॉम द डान) में लिखा है कि मार्ग प्रदर्शक गुजराती था।
2. कहते हैं, इंग्लैंडवालों को यह पता था कि मद्रास के मयलापुर में सन्त टामस का गिरजाघर है और राजा अल्फ्रेड ने उस गिरजे में उपहार चढ़ाने को कोई दूत भी भारत भेजा था।
3. A Cultural History of the Modern Age. जिल्द-1।
4. मॉडर्न इंडिया एंड द वेस्ट।
5. वही।

प्रकरण-2

शिक्षा में क्रान्ति

शिक्षा की भारतीय परम्परा

जब इस देश में अंग्रेजी राज फैलने लगा, उस समय ऐसा नहीं था कि यहाँ शिक्षा का प्रचार न रहा हो। मुस्लिम-राज्यकाल में फारसी उत्तर भारत में काफी प्रचलित हो गई थी और फारसी के मदरसे उत्तर भारत के, प्रायः, सभी नगरों में काम कर रहे थे। जगह-जगह धनी-मानी लोग अपने घरों पर भी मौलवी रखा करते थे, जो फारसी पढ़ाते थे। इसके सिवा, सारे देश में संस्कृत-टोल और पाठशालाएँ भी काम करती थीं। यही नहीं, नगरों और गाँवों में रहनेवाले प्रत्येक पंडित का घर छोटी-मोटी पाठशाला होता था। तत्कालीन संस्कृत-विद्यालय आज की तरह सुसंगठित तो नहीं थे, किन्तु, उनकी संख्या काफी अच्छी थी। और प्राथमिक पाठशालाओं की संख्या तो बहुत अधिक थी, जिनमें पढ़-लिखकर लोग व्यावहारिक काम-काज में लग जाते थे। इनके सिवा, उच्च विद्यालय भी थे, जिनका उद्देश्य न्याय, व्याकरण, दर्शन, साहित्य और ज्योतिष तथा आयुर्वेद की उच्च शिक्षा देना था। तत्कालीन शैक्षणिक स्थिति पर ऐडम (Adam) की जो रिपोर्ट निकली थी, उसमें कहा गया था कि बंगाल-बिहार में हर चार सौ व्यक्तियों पर एक स्कूल था। सन् 1821 ई. में मद्रास के गवर्नर सर टामस मनरो ने जो जाँच करवाई थी, उससे यह पता चलता था कि मद्रास की सवा करोड़ जनसंख्या में से कोई दो लाख लोग विद्यालयों में पढ़ रहे थे। श्री एम. आर. परांजपे ने लिखा है कि उस समय मद्रास के प्रत्येक गाँव में एक स्कूल था।

किन्तु, भारत की यह शिक्षा-पद्धति जीर्ण-शीर्ण, गतानुगतिक और निष्प्राण थी। जो बातें पुरानी पोथियों में लिखी हुई थीं, लोग उन्हें ही पढ़ते जा रहे थे। नई बातें सोचने अथवा नया ज्ञान खोज निकालने की प्रवृत्ति विद्वानों में थी ही नहीं। व्याकरण, साहित्य, दर्शन और ज्योतिष के सिवा यदि कोई और पाठ्यक्रम था तो वह अत्यन्त साधारण गणित का था। इतिहास, भूगोल, ज्यामिति और स्वास्थ्य-विज्ञान तक का प्रचार इस देश से उठ गया था। पुराणों में जो कुछ लिखा हुआ था अथवा बाप-दादों से अतिरंजित कथाओं के रूप में जो कुछ सुनने को मिल जाता था, वहीं तक छात्रों की इतिहास-विषयक शिक्षा थी और धार्मिक शिक्षा के नाम पर मुसलमानों के यहाँ कुरान और हिन्दुओं के यहाँ स्तोत्र रटवाने की परिपाटी थी। कविता और काव्य-शास्त्र का देश में अच्छा प्रचार था, किन्तु, अन्य आवश्यक विद्याएँ अत्यन्त सीमित अवस्था में थीं।

मुगलों के समय में शासन की भाषा फारसी रही थी। वही फारसी धीरे-धीरे कम्पनी

की भी राजभाषा बन गई। फारसी पढ़े-लिखे लोग आसानी से मिल जाते थे, इसलिए, आरम्भ में, कम्पनी को स्कूल खोलने की फिक्र ही नहीं हुई। कम्पनी-राज जनता को शिक्षित करने का दायित्व उठाना नहीं चाहता था, न जनता ही तब तक स्कूलों की माँग करने की अवस्था में थी। अतएव, काफी लम्बे समय तक शिक्षा की ओर अंग्रेजी शासन का ध्यान नहीं था।

अंग्रेजी का पाँव फैलाना

फिर भी, अंग्रेजों के भारत में आ जाने से अंग्रेजी भाषा थोड़ा-बहुत पाँव फैलाने लगी थी, और इस काम में उसके सहायक कुछ तो कम्पनी के कर्मचारी थे, कुछ धनी-मानी, उदार भारतीय लोग और सबसे अधिक ईसाई धर्म-प्रचारक। कम्पनी के कर्मचारी भारतवासियों को अंग्रेजी सिखाना इसलिए चाहते थे कि उनके अपने काम में आसानी हो, धर्म-प्रचारक इसलिए कि अंग्रेजी पढ़ा हुआ व्यक्ति आसानी से क्रिस्तान बनाया जा सकता था[1] और भारतीय अमीर इस भाव से प्रेरित थे कि अंग्रेजी पढ़े-लिखे बाबुओं का अंग्रेजों के यहाँ सम्मान था। किन्तु, कम्पनी-शासन इस प्रवृत्ति को प्रोत्साहन देना नहीं चाहता था। इसका एक कारण तो यह था कि अंग्रेज इस देश में अपने राज की जड़ जमाना चाहते थे, अपने देश की सभ्यता फैलाना नहीं। दूसरे, अभी तक उन्होंने यह तय नहीं किया था कि भारतवर्ष को अंग्रेजी सिखाना ठीक होगा या नहीं।

तब सन् 1781 ई. में वारेन हेस्टिंग्स ने कलकत्ते में एक मदरसा खोला, जिसमें एक मौलवी और चालीस मुस्लिम छात्र थे और जिसका उद्देश्य मुसलमानों को धार्मिक शिक्षा देना था। भारतवर्ष में शिक्षा का यही पहला काम था, जिसे कम्पनी सरकार ने अपने कन्धे पर लिया। इसके ठीक दस वर्ष बाद, सन् 1791 ई. में बनारस के रेजिडेंट जोनाथन डंकन के कहने पर लॉर्ड कार्नवालिस ने बनारस में हिन्दुओं के लिए भी एक संस्कृत कॉलेज की स्थापना की, जो शिक्षा के क्षेत्र में कम्पनी-सरकार का दूसरा कदम कहा जा सकता है।

भारतवासियों को अंग्रेजी की शिक्षा दी जाए, यह विचार पहले-पहल सर चार्ल्स ग्रांट के मस्तिष्क में सन् 1792 ई. में आया और उन्होंने कम्पनी के डायरेक्टरों के बोर्ड के समक्ष यह प्रस्ताव सन् 1793 ई. में रखा। किन्तु, इस प्रस्ताव पर उस समय गम्भीरता से विचार करने को बोर्ड का कोई भी सदस्य तैयार नहीं हुआ। सिरामपुर मिशन के धर्म-प्रचारक बड़े उत्साह में थे। उनके संसर्ग में आनेवाले हिन्दुओं में से कुछ लोग अंग्रेजी सीख गए थे और, खासकर, ऐसे ही लोग आरम्भ में क्रिस्तान भी हुए। इससे प्रोत्साहित होकर ईसाई धर्म-प्रचारक अंग्रेजी शिक्षा के पक्ष में आ गए थे। किन्तु ठीक इसी कारण से कम्पनी के डायरेक्टर डरते भी थे। पुर्तगालियों ने भारत में ईसाइयत का प्रचार करके जो दुर्नाम कमाया था, वह अंग्रेजों के लिए सबक हो गया था। अतएव, वे इस गलती को दुहराना नहीं चाहते थे। 1808 ई. में डायरेक्टरों ने कम्पनी को सुनिश्चित आदेश दे दिया था कि भारतवासियों के धर्म में हस्तक्षेप बिलकुल नहीं किया जाना चाहिए। फिर भी, ये ईसाई धर्म-प्रचारक बाज नहीं आए और वे ईसाइयत का प्रचार करते ही गए।

सच पूछिए तो धर्म-प्रचारक के लिए केवल अंग्रेजी ही नहीं, देश-भाषाओं की भी शिक्षा आवश्यक थी। ईसाई-धर्म-प्रचारक अपना मौखिक उपदेश और लिखित साहित्य, दोनों ही

हिन्दुओं के बीच बिखेरने लगे थे। अतएव, यह आवश्यक था कि जनता में शिक्षा का प्रचार हो, जिससे वह लिखित साहित्य से प्रभावित की जा सके। धर्म-प्रचारक के हित में ही मिशनरी स्कूलों की भी जरूरत समझी गई, क्योंकि छात्रों के धार्मिक विश्वास में सीधे हस्तक्षेप नहीं करने पर भी स्कूलों में उन्हें, अन्य बीसियों प्रकार से, प्रभावित किया जा सकता था। सिरामपुर मिशनवालों ने अपना छापाखाना ही नहीं, कागज का कारखाना भी कर रखा था और उन्होंने बाइबिल का अनुवाद इस देश की छब्बीस भाषाओं में प्रकाशित कर दिया था। इन अनुवादों का सदुपयोग तभी सम्भव था, जब देश-भाषाओं के स्कूल खुलते और खास ढंग की स्कूली पुस्तकें तैयार की जातीं।

कलकत्ते के मदरसे और काशी के संस्कृत कॉलेज के बाद, कम्पनी-सरकार ने कई वर्ष तक शिक्षा की दिशा में तीसरा कदम नहीं उठाया। कलकत्ते, में सन् 1809 ई. में जो फोर्ट विलियम कॉलेज खुला, वह तो सिर्फ कम्पनी के नए अफसरों को देश-भाषाओं की शिक्षा देने को था। इसी प्रकार, सन् 1820 ई. में धर्म-प्रचारकों ने कलकत्ते में एक अपनी संस्था खोली, जिसका नाम बिशप कॉलेज था। बंगाल में इस समय तक कुछ लोग उत्पन्न हो गए थे, जो अंग्रेजी भाषा की महिमा जानते थे। स्पष्ट ही, ऐसे लोगों में राममोहन राय अग्रणी थे। इनके उद्योग से काशी में एक स्कूल खुला, जिसमें अंग्रेजी के साथ-साथ हिन्दी, फारसी और बँगला पढ़ाने का भी प्रबन्ध था। राजा राममोहन राय बराबर कम्पनी-सरकार के सामने यह आन्दोलन कर रहे थे कि भारत में अंग्रेजी शिक्षा का आरम्भ अविलम्ब किया जाना चाहिए, किन्तु, सरकार तब तक इस बात के लिए तैयार नहीं थी। अतएव, अपने दो मित्रों की सहायता से (जिनमें से एक मिस्टर डेविड हेयर नामक घड़ीसाज और दूसरे सर हाइड ईस्ट, चीफ जस्टिस थे) राममोहन राय ने सन् 1816 ई. में कलकत्ते में हिन्दू महाविद्यालय की स्थापना की, जो आगे चलकर प्रेसीडेंसी कॉलेज कहलाने लगा। इस कॉलेज की स्थापना इस प्रकार हुई कि राममोहन राय के आग्रह से सर हाइड ईस्ट ने कलकत्ते के कुछ सम्भ्रान्त सज्जनों को अपने घर पर बुलाया और उनके समक्ष यह बात रखी कि हिन्दू युवकों की शिक्षा के लिए कलकत्ते में एक कॉलेज का खोला जाना अत्यन्त आवश्यक है। प्रस्तावों को सभी लोगों ने सहर्ष स्वीकार किया और कोई पचास हजार रुपए का वचन भी तत्क्षण ही प्राप्त हो गया। किन्तु, जब लोगों को यह ज्ञात हुआ कि इस योजना के पीछे राममोहन राय का हाथ है, तब वे सब-के-सब उलट गए और उन्होंने राय के साथ सहयोग करने से बिलकुल इनकार कर दिया। किन्तु, राममोहन राय ने इस अवसर पर बड़े ही धैर्य का परिचय दिया और दूरदर्शितापूर्वक उन्होंने समिति से अपना नाम वापस ले लिया। इस प्रकार, उनकी बुद्धिमत्ता के फलस्वरूप, इस कॉलेज की स्थापना की जा सकी। राममोहन राय फारसी और अरबी के प्रगाढ़ विद्वान् तो थे ही, उनका रहन-सहन और खान-पान भी मुसलमानों के समान था और मूर्ति-पूजा के विरुद्ध उन्होंने खुलकर प्रचार भी किया था। परिणाम यह हुआ कि उनके ही धर्म के लोग उनका बहिष्कार कर बैठे।

शिक्षा की दिशा में ये, लगभग, गैर-सरकारी प्रयत्न थे। सरकारी प्रयत्न का वास्तविक आरम्भ तो सन् 1813 ई. में ईस्ट इंडिया एक्ट में हुआ, जिसमें पहले-पहल, कानूनी तौर पर, यह बात दर्ज की गई कि भारत में शिक्षा के काम पर भी प्रति वर्ष सरकारी कोष से एक

लाख रुपए खर्च किए जा सकते हैं। किन्तु, इस अनुदान की रकम भी शिक्षा-प्रसार के नाम पर कलकत्ता बुक सोसायटी और कलकत्ता स्कूल सोसायटी को दे दी गई। असल में, एक लाख रुपए भी सरकार ने इसलिए दिए थे कि उनसे भारतीय विद्याओं की रक्षा और उन्नति की जा सके। अभी तक सरकार ने यह बात स्वीकार नहीं की थी कि भारतवासियों को अंग्रेजी पढ़ाने का काम आरम्भ किया जाए। अतएव, राजा राममोहन राय ने इस हठ के बावजूद कि भारतवर्ष में संस्कृत की शिक्षा फैलाने से प्रकाश नहीं आएगा, सरकार ने एक कॉलेज कलकत्ते में (सन् 1824 ई.) तथा दूसरा दिल्ली में (सन् 1825 ई.) इस उद्देश्य से खोल दिया कि इन संस्थाओं के द्वारा भारत की प्राचीन भाषाओं (संस्कृत, अरबी और फारसी) की शिक्षा दी जा सके। सरकार के इस कृत्य की राममोहन राय ने घोर रूप से आलोचना की और लॉर्ड एमहर्स्ट को पत्र लिखकर उन्होंने यह कहा कि इंग्लैंड की पार्लमेंट के सदस्य यह चाहते ही नहीं कि भारत में ज्ञान का प्रकाश फैले अन्यथा वे अंग्रेजी के बदले भारत की प्राचीन भाषाओं का इतना पिष्टपेषण नहीं करते। राममोहन राय दूरदर्शी पुरुष थे। वे समझ गए थे कि भारत का भविष्य विज्ञान, शिल्प, इतिहास, राजनीति और पाश्चात्य शास्त्रों का ज्ञान प्राप्त करने में है। जो बात उन्हें दिखलाई नहीं पड़ी, वह यह थी कि पाश्चात्य विद्याओं का ज्ञान जिस तेजी के साथ भारतीय भाषाओं द्वारा फैलाया जा सकता था, उस तेजी के साथ वह अंग्रेजी के द्वारा नहीं फैल सकता था। राममोहन राय पाश्चात्य विद्याओं के प्रचार का एकमात्र साधन अंग्रेजी को मानते थे। अतएव, वे सुगठित ढंग से अंग्रेजी के प्रचार के लिए बेचैन हो उठे। यहीं से शिक्षा के क्षेत्र में प्राच्यवादियों और अंग्रेजी के समर्थकों के बीच द्वन्द्व आरम्भ हुआ।

शिक्षा के लिए जितना सुचिन्तित प्रयास बंगाल में किया गया, उतना अन्यत्र नहीं। मद्रास में टूटी-फूटी अंग्रेजी का ज्ञान बहुत-से लोगों को आप-से-आप हो गया था, क्योंकि वहाँ अंग्रेजी कितने ही भारतवासियों के बीच स्थानीय बोली के समान चलने लगी थी। बम्बई में अरबी, फारसी और संस्कृत का स्थान सुदृढ़ नहीं था। उधर के लोग देश-भाषा के पक्ष में थे और देश-भाषाओं की शिक्षा के क्रम में अंग्रेजी आप-से-आप आ गई थी। प्राच्य और पाश्चात्य का झगड़ा, मुख्यतः, कलकत्ते में ही चला और वहीं लॉर्ड मैकॉले के परामर्श से लॉर्ड विलियम बेंटिंक ने अपनी सन् 1835 ई. वाली घोषणा में यह एलान किया कि भारतवर्ष में शिक्षा का माध्यम अंग्रेजी होगी। यह बड़े ही महत्त्व की घोषणा थी, क्योंकि इसी के कारण, भारत का मानसिक कायाकल्प पूर्ण हुआ। इस घोषणा के अनुसार, प्रत्येक जिले में एक जिला स्कूल खोलने का काम तुरन्त आरम्भ हो गया और उनकी देखादेखी और भी स्कूल खुलने लगे। कहते हैं, यह ज्ञान की अपूर्व जागृति का समय था। हिन्दू कॉलेज से निकले हुए नौजवान जगह-जगह स्कूल खोलकर लोगों को अंग्रेजी की शिक्षा देने लगे और प्रत्येक अंग्रेजी पढ़े-लिखे व्यक्ति को सरकारी नौकरी से मिलनेवाली प्रतिष्ठा और सुविधा का उपभोग करते देखकर बहुत-से छात्र अंग्रेजी शिक्षा की ओर दौड़ पड़े। अंग्रेजी शिक्षा, सहसा, इतनी लोकप्रिय हो उठी कि उत्सुक छात्रों के लिए स्कूलों और स्कूली किताबों का प्रबन्ध करना सरकारी और गैर-सरकारी संस्थाओं के लिए असम्भव हो गया।

सन् 1835 ई. के बाद, अंग्रेजी शिक्षा का जोर बेतरह बढ़ने लगा और जनता के उत्साह

को देखकर सरकार भी शिक्षा-विषयक व्यय में वृद्धि करने लगी, यद्यपि, भीतर-ही-भीतर, सरकार यह जानती थी कि शिक्षा का जो प्रबन्ध किया जा रहा था, उसका लाभ केवल उच्च वर्गवालों को ही पहुँचानेवाला था। सरकार की यह आशा थी कि ऊँचे वर्गवालों में जब ज्ञान पहुँच जाएगा, तब उसका बहुत-सा अंश देश-भाषाओं के द्वारा सामान्य जनता में भी प्रसरित हो जाएगा। किन्तु, शिक्षा-विशेषज्ञों की यह आशा पूरी नहीं हुई और अंग्रेजी का माध्यम होने के कारण, शिक्षित भारतीयों का ज्ञान अशिक्षित समुदाय के बीच नहीं पहुँच सका। इस ज्ञान का जो भी अंश जनता को प्राप्त हुआ, वह राष्ट्रीय आन्दोलनों के बाद, जब अंग्रेजी पढ़े-लिखे लोग जनता के पास जाने लगे।

जिस वर्ष भारत में सिपाही-विद्रोह हुआ, ठीक उसी वर्ष कलकत्ता, मद्रास और बम्बई में यूनिवर्सिटियाँ भी कायम की गईं। आगे चलकर, सन् 1882 ई. में, लाहौर में पंजाब यूनिवर्सिटी बनी और सन् 1887 ई. में इलाहाबाद यूनिवर्सिटी की स्थापना हुई। फिर तो, देश में स्कूलों और कॉलेजों की धूम मच गई—यहाँ तक कि सन् 1882 ई. में इन संस्थाओं में अंग्रेजी पढ़नेवाले भारतीय नवयुवकों की संख्या 20-25 लाख तक पहुँच गई।

मिशनरियों की आशा

आरम्भ में अंग्रेज क्यों रुके रहे, बाद में उन्होंने संस्कृत और फारसी को क्यों बढ़ाया और फिर वे कैसे अंग्रेजी की अनिवार्यता पर आ गए, इन बातों को लेकर काफी आलोचना चलती है। एक मत यह है कि शिक्षा-प्रचार के पीछे ईसाई धर्म-प्रचारकों का जो इतना बड़ा समर्थन रहा, उसका कारण यह था कि वे भारतीयों के बीच अपने ढंग की शिक्षा-पद्धति चलाकर इस देश-भर को क्रिस्तान बनाना चाहते थे। आदिम जातियों के बीच उनका प्रवेश शिक्षा के सहारे हुआ था और शिक्षा के सहारे ही उन्होंने इन जातियों के लोगों को अपने धर्म में भी दीक्षित किया था। कुछ उच्चवंशीय बंगाली हिन्दू भी शिक्षा के जाल में ही खिसकते-खिसकते क्रिस्तान हो गए थे। अतएव, धर्म-प्रचारकों को बहुत बड़ी आशा थी कि शिक्षा के माध्यम से ही वे सारे हिन्दू-समाज को ईसाई बनाने में समर्थ हो जाएँगे। सरदार के.एम. पनिक्कर का भी अनुमान है कि अंग्रेजी को भारत में शिक्षा का माध्यम बनानेवाले अधिकारियों के मन में यही आशा थी।[2] सरदार पनिक्कर के अनुमान का थोड़ा-सा समर्थन मोनियर विलियम्स की बातों से भी होता है। उन्होंने **संस्कृत-इंगलिश डिक्शनरी** नामक अपने महाग्रन्थ की भूमिका (1899 ई.) में लिखा है कि मेरे गुरु कर्नल बोडेन की अन्तिम इच्छा थी कि "**ईसाइयत के धर्म-ग्रन्थों का अनुवाद संस्कृत में किया जाना चाहिए, जिससे हमारे देशवासी भारतीयों को ईसाइयत में दीक्षित करने के कार्य में प्रगति कर सकें।**" मोनियर विलियम्स ने अपने गुरु का अनुसरण करते हुए ही यह बृहत् कोष तैयार किया, जिससे ईसाई धर्म-ग्रन्थों के भारतीय भाषाओं में अनुवाद के काम में सहायता हो और धर्म-प्रचारकों को यह पता चल सके कि "हमारे पूर्वी साम्राज्य के लोगों की धार्मिक आवश्यकताएँ क्या हैं?"[3]

एक दूसरा अनुमान यह है कि अंग्रेजी की शिक्षा भारत में इस उद्देश्य से चलाई गई थी कि **यहाँ के अंग्रेजी पढ़े-लिखे लोग तन से भारतीय, किन्तु, मन से अंग्रेज हो जाएँ,** जिससे अंग्रेजों का विरोध करने की उनकी इच्छा ही नहीं हो। किन्तु, दो में से एक आशा भी पूरी

नहीं हुई। अंग्रेजी के सम्पर्क से हिन्दू-धर्म में जागृति की एक ऐसी लहर उठी कि हिन्दुत्व का रोग ही दूर हो गया और अंग्रेजी पढ़ने के कारण ही भारतीयों में राष्ट्रीयता की उमंग उठी, जिससे वे अपने अधिकारों की माँग करने लगे। अंग्रेजी भाषा और भारत में चलनेवाले अंग्रेजी शासन में कभी सामंजस्य उत्पन्न नहीं हुआ। अंग्रेजी भाषा के द्वारा भारतीय छात्रों को वे विचार सिखाए जाते थे जो स्वतन्त्रता के विचार थे, जो क्रान्ति के विचार थे, जो गौरव, वीरता और बलिदान के विचार थे। किन्तु, इन विचारों से प्रेरित भारतीय जब अपने मस्तक को ऊपर उठाना चाहते थे, तब उन पर दमन की लाठी चलाई जाती थी। सन् 1920 ई. के बाद से भारत के कॉलेजों में बोथाम, कारलाइल और मिल-जैसे उत्तेजक विचारकों के लेख छात्रों के लिए निर्धारित कम किए जाने लगे और बी.ए. की कक्षाओं में उन्हें शैली-सौन्दर्य का लोभ दिखाकर 'ट्रैवेल्स विद ए डंकी' (आर. एल. स्टीवेंसन) जैसी तृतीय श्रेणी की पुस्तकें पढ़ाई जाने लगीं, किन्तु, इससे कुछ बिगड़ा नहीं। इन विचारकों की पुस्तकें भारत-भर में उपलब्ध थीं, और अंग्रेजी जाननेवाला कोई भी व्यक्ति उन्हें कहीं भी पढ़ सकता था। वास्तव में, पाश्चात्य विचारों को इस देश में फैलाकर अंग्रेज शासक उनके प्रभावों को रोक नहीं सकते थे। डाडवेल ने एक वाक्य खूब लिखा है कि "हमने विद्रोह का साहित्य पढ़ाकर प्रशासकों की जाति खड़ी करनी चाही।"[4]

अंग्रेजी के गुण और दोष

जब से भारत में राष्ट्रीयता का आविर्भाव हुआ, लोग अंग्रेजी शिक्षा के विरुद्ध बहुत-सी बातें कहने लगे हैं। इस शिक्षा का सबसे बड़ा दोष यह बताया जाता है कि इसके कारण भारत के शिक्षितों और अशिक्षितों के बीच एक खाई-सी खुद गई और जो भी आदमी ग्रेजुएट हुआ, वह अपने ही लोगों के बीच अजनबी बन गया। इसी प्रकार का अपरिचय अंग्रेजी शिक्षावालों का उन लोगों के भी साथ है जो केवल हिन्दी, संस्कृत, फारसी, बँगला, तमिल या और देश-भाषाएँ पढ़कर शिक्षित हुए हैं। एक दूसरा दोष यह है कि अंग्रेजी सीखने के लिए जो श्रम किया जाता है, वह तो फिर भी सार्थक है, क्योंकि हम एक नई भाषा सीख लेते हैं, किन्तु इतिहास, भूगोल, अर्थशास्त्र और अन्य सारी विद्याओं का अंग्रेजी में सिखाया जाना अनावश्यक बोझ है। यदि देश-भाषाओं के द्वारा हम विविध विद्याओं की शिक्षा देते तो युवकों के मस्तिष्क पर उतना बड़ा बोझ नहीं पड़ता, जितना अंग्रेजी के माध्यम से सीखने में पड़ता है। यह भी हुआ कि भाषा की साधना में सदैव लीन रहने के कारण, छात्रों का सारा मन साहित्यिक हो उठा, ज्ञान-संचय की विशेषता की ओर उनका ध्यान जोर से कभी नहीं जा सका। आज तक हमारे छात्र केवल इस चिन्ता से त्रस्त रहे हैं कि शुद्ध-शुद्ध अंग्रेजी लिखने की योग्यता वे कैसे प्राप्त कर सकते हैं। **भाषा की योग्यता से अलग जो ज्ञान के अनेक क्षेत्र हैं, उनमें विचरण करने का अवकाश छात्रों को मिलता ही नहीं है।** एक यह दोष भी बताया जाता है कि विदेशी भाषा के साथ जो विदेशी मनोदशा, विदेशी चिन्तन-पद्धति और विदेशी संस्कृति आई, उसे भारत के भीतर पचाने के क्रम में दो-तीन पीढ़ियों का समय व्यर्थ ही नष्ट हो गया।

किन्तु इस शिक्षा से, हानि की तुलना में, लाभ कुछ अधिक हुआ है, इसे अस्वीकार करने का प्रयास व्यर्थ है। वस्तुतः, वर्तमान भारत का जन्म ही अंग्रेजी- शिक्षा-पद्धति की

गोद में हुआ। जब अंग्रेज आए, भारत का बहुत ही बुरा हाल था। भारतवासी अपने इतिहास को भूल चुके थे; वे बाहर का तो क्या, अपने देश का भी भूगोल ठीक से नहीं जानते थे। वैयक्तिकता का विष जो भारत में बहुत दिनों से चला आ रहा था, इस काल में आकर और भी बढ़ गया था। समाज और देश के प्रति भी हमारा कोई कर्तव्य है, इस बात को लोग बिलकुल ही भूल बैठे थे। इस अवस्था के बीच पहले-पहल अंग्रेजी शिक्षा के द्वारा ही वह दल आविर्भूत हुआ, जिसका उद्देश्य सामाजिक था, जो केवल अपने को ही नहीं, अपने देश और समाज को भी पहचानने की इच्छा रखता था। समाज और देश के प्रति जो नवीन चेतना जगी, उसी के भीतर से हमारी राजनैतिक, सामाजिक और धार्मिक क्रान्तियों का जन्म हुआ है। सामाजिक चेतना ही वह गुण है जो आज के औसत भारतवासी को प्राचीन अथवा मध्ययुगीन भारतवासी से विभक्त करता है और यह चेतना भारत को यूरोपीय सम्पर्क से मिली है। यह ठीक है कि भारतीय जनता को अशिक्षा एवं अन्धविश्वास की जकड़बन्दी से छुड़ाने अथवा उसके भीतर प्रगतिशील विचारों को प्रेरित करने का काम अंग्रेज शासकों ने नहीं किया, किन्तु, नई विद्या के प्रचार से ये सारे कार्य आप-से-आप हो गए। नई शिक्षा का एक अन्य श्रेष्ठतम परिणाम यह हुआ कि अंग्रेजी के भीतर से यूरोप के तेजपूर्ण विचारों का सेवन करते-करते शिक्षित भारतवर्ष की मानसिक एकता में वृद्धि हुई। संस्कृत के सार्वदेशिक भाषा होने के कारण, पहले भी सारा भारत एक था, किन्तु संस्कृत का भारत में जितना अन्तःप्रान्तीय प्रचार था, उससे कुछ अधिक प्रचार अब अंग्रेजी का हो गया। अतएव, भारत की भौगोलिक एकता अब कुछ और प्रबल हो गई एवं देश-भाषाओं की विभिन्न दीवारें जो एक भाषा-क्षेत्र को दूसरे भाषा-क्षेत्र से अलग किए हुए थीं, स्वयमेव छोटी हो गईं। फारसी के जरिए जो भाषागत एकता उत्पन्न हुई थी, वह दक्षिण तो पहुँची ही नहीं थी, उत्तर में भी वह बहुत कमजोर थी। किन्तु, अंग्रेजी के सार्वदेशिक प्रचलन के कारण देश की एकता बहुत ही पुष्ट हो गई। आज भी हमारी एकता का सबसे बड़ा आधार अंग्रेजी भाषा ही है, जिसमें हमारी सरकार और संसद् के अधिकतर काम चल रहे हैं। देश ने यह निर्णय किया कि जिस राष्ट्रीय एकता को आज अंग्रेजी सँभाले हुए है, वह बोझ हिन्दी उठा ले और जनता अपनी देश-भाषाओं में ही अपना काम करे, किन्तु, ऐसा लगता है कि यह कार्य, शनैः-शनैः ही, पूरा होगा।

सबसे बड़ी बात यह हुई कि जब अंग्रेजी भाषा भारत में अपना पाँव फैला रही थी, ठीक उसी समय, यूरोप में स्वतन्त्रता, राष्ट्रीयता, प्रजातन्त्र और उदार भावनाओं के जोरदार आन्दोलन चल रहे थे। अठारहवीं सदी में यूरोप के क्रान्तिकारी विचारों के जो नेता उत्पन्न हुए, अनेक हलचलों और क्रान्तियों के बाद उन्नीसवीं सदी में आकर उनके विचारों ने दर्शन का रूप ले लिया और वे यूरोप को आन्दोलित करने लगे। विचारों का यह आन्दोलन सहस्र धाराओं में चल रहा था एवं कविता, नाटक, उपन्यास, आलोचना, निबन्ध, दर्शन, भाषण और शास्त्रार्थ तथा राजनैतिक दलों एवं सरकारों के संगठनों में से, सब-के-सब, इन विचारों से, ओत-प्रोत हो रहे थे। फ्रांसीसी क्रान्ति का 'स्वतन्त्रता, समानता, और भ्रातृत्व' वाला महान् उद्घोष अब पिघलकर उदारतावाद में ढल गया था। खुद इंग्लैंड में उस समय कानूनी सुधारों को लेकर घमासान आन्दोलन चल रहा था। राज्य वही अच्छा है जिसमें अधिक-से-अधिक लोगों का अधिक-से-अधिक कल्याण हो, ये और ऐसे अनेक अन्य विचार इंग्लैंड में भी गृहीत होते

जा रहे थे। इस सारे विचारों और आन्दोलनों का उत्तराधिकार भारत को, आप-से-आप, प्राप्त हो गया, क्योंकि अंग्रेजी भाषा के द्वारा इस देश के चिन्तक यूरोपीय विचारों के गहन सम्पर्क में थे। भारतवर्ष में अंग्रेजी की पुस्तकें और समाचार-पत्र धड़ल्ले से आ रहे थे, अतएव, यूरोप में चलनेवाले वैचारिक आन्दोलनों के साथ-साथ भारत अनायास सम्बद्ध हो गया एवं जिन भावनाओं की चोट से यूरोप के मस्तिष्क की शिराएँ थरथरा रही थीं, उन भावनाओं की चोट भारत को भी महसूस होने लगी। यूरोप की वैचारिक क्रान्तियों में उस समय भारत ने अपना योगदान, विचारक की हैसियत से भले ही न दिया हो, किन्तु, उनका प्रभाव ग्रहण करने में यह देश यूरोप से पीछे नहीं रहा।

कम्पनी सरकार की शिक्षा-नीति

कम्पनी सरकार भारतवासियों की शिक्षा की जिम्मेवारी लेने को तैयार नहीं थी। सरकार कई प्रकार की कठिनाइयों से डरती थी। सबसे बड़ी कठिनाई यह थी कि अगर सारी जनता को शिक्षित करने का कार्यक्रम बनाया जाए तो इस विशाल कार्य के लिए धन कहाँ से आएगा? दूसरी कठिनाई यह थी कि जनता को शिक्षित करना है तो यह शिक्षा किन-किन भाषाओं में दी जा सकती है। तीसरी कठिनाई यह थी कि यूरोपीय विद्याओं का ज्ञान अगर भारत में बिखेरना है तो ये विद्याएँ भारतीय भाषाओं में उतारी कैसे जाएँ? एक चौथी कठिनाई इस बात को लेकर थी कि अगर यूरोपीय ज्ञान भारतीयों को दिया गया तो वे स्वराज्य की माँग करेंगे और कम्पनी शासन के सामने मुसीबत खड़ी हो जाएगी।

कम्पनी का चार्टर हर बीस साल के बाद बदला जाता था। सन् 1793 ई. में जब कम्पनी को नया चार्टर दिया जाने लगा तब चार्ल्स ग्रांट (1746-1823) ने बहुत कोशिश की कि कम्पनी की जिम्मेवारियों में शिक्षा भी सम्मिलित कर दी जाए। लेकिन, उस समय, उसे कामयाबी नहीं मिली। परन्तु, उसी के उद्योग से सन् 1813 ई. वाले चार्टर में कम्पनी को शिक्षा की जिम्मेवारी दे दी गई और उस मद में उस समय केवल एक लाख रुपए रखे गए। बीस वर्ष बाद, जब 1833 ई. में कम्पनी को नया चार्टर दिया जाने लगा, तब यह रकम बढ़ाकर दस लाख कर दी गई।

चार्ल्स ग्रांट के विचार भारतवासियों के बारे में बहुत बुरे थे। भारतवासियों को वह मूर्ख, धर्म-आचार-विहीन तथा पतनशील समझता था। सबसे पहले उसी ने इस विचार को प्रोत्साहन दिया कि भारतवासियों के सुधार का एकमात्र उपाय यह है कि उन्हें अंग्रेजी पढ़ाई जाए। उसका कहना था कि जब विदेशियों को शिक्षित करना होता है, तब शिक्षा उन्हीं की भाषा में दी जाती है, यह ठीक है। लेकिन, भारत का हाल दूसरा है। वहाँ बहुत-से लोग खुद ही अंग्रेजी सीख रहे हैं। यह भी कि विजेता अगर विजित समाज को अपने रंग में रँगना चाहे तो इसका सबसे सुगम उपाय यह है कि वह उसे अपनी भाषा सिखा दे। मुसलमानों ने अपने शासनकाल में हिन्दुओं को फारसी पढ़ाई थी। नतीजा यह हुआ कि हिन्दू उन्हें अपने से श्रेष्ठ मानने लगे। यही नीति अंग्रेजों को भी अपनानी चाहिए। ग्रांट ने ब्रिटिश सरकार को सबसे बड़ा लोभ यह दिखाया कि अंग्रेजी के जरिए हिन्दुओं को ईसाइयत का पूरा ज्ञान हो जाएगा और ईसाइयत पर लट्टू होकर वे आसानी से क्रिस्तान हो जाएँगे।

सन् 1813 ई. से लेकर सन् 1854 ई. तक शिक्षा की सारी नीति कम्पनी के अफसरों और मिशनरियों के अधीन थी। इस काल में मुख्य प्रश्न दो थे। पहला यह कि शिक्षा का माध्यम क्या हो? और दूसरा यह कि शिक्षा के तरीके क्या हों? सन् 1854 ई. के पूर्व तक कम्पनी ने जन-शिक्षा की जवाबदेही की बात ही नहीं चलाई, क्योंकि जन-शिक्षा का कार्यक्रम तभी पूरा हो सकता था, जब शिक्षा का माध्यम भारतीय भाषाएँ बनाई जातीं। इसलिए, अंग्रेजों ने भारत की नहीं, अपनी सुविधा की राह पकड़ी और एक नई नीति का आविष्कार किया, जिसे वे फैलकर नीचे पहुँचने का सिद्धान्त (Downward Filtration Theory) कहते थे। इस नीति का अर्थ यह था कि चूँकि सबको शिक्षित करना असम्भव है, इसलिए, केवल ऊपर के तबकों को पढ़ा दो। शिक्षा, आप-से-आप, नीचे की सतह तक फैल जाएगी। इसमें अंग्रेजों का एक भाव यह भी था कि कम्पनी शासन स्थापित होने से जिनका स्वत्व छिना है, वे ऊपर के ही तबकों के लोग हैं। वे अंग्रेजी पढ़कर नौकरी और इज्जत पा गए तो समाज में खलबली नहीं मचेगी।

शिक्षा के माध्यम का प्रश्न

जिन दिनों कम्पनी सरकार इस द्वन्द्व में पड़ी थी कि भारतवासियों को शिक्षा किस माध्यम से दी जाए, उन दिनों भारत के शासकों में तीन प्रकार के मत प्रचलित थे। हेस्टिंग्स और मिंटो संस्कृत, फारसी और अरबी के पक्षपाती थे। उस समय के वरिष्ठ अफसरों में से प्रायः, सभी लोग इसी मत के थे। उनका विचार था कि इन्हीं भाषाओं को जनता की शिक्षा का माध्यम बनाया जाना चाहिए और इन्हीं भाषाओं के द्वारा यूरोपीय विद्याओं का प्रचार सारे देश में किया जाना चाहिए।

हेस्टिंग्स और मिंटो से अलग मनरो और एलफिंस्टन थे, जिनका विचार यह था कि संस्कृत, अरबी और फारसी के द्वारा भारतवासियों की शिक्षा व्यापक नहीं बनाई जा सकती। उनकी शिक्षा का माध्यम आधुनिक भाषाएँ ही हो सकती हैं। यदि यूरोप के नए ज्ञान को हमें भारतीय जनता तक ले जाना है तो यह कार्य केवल उन भाषाओं के जरिए किया जा सकता है जो जनता की चालू भाषाएँ हैं।

तीसरा दल चार्ल्स ग्रांट के अनुयायियों का था, जो यह मानता था कि नवीन विद्याएँ भारतवासियों को अंग्रेजी के ही माध्यम से दी जा सकती हैं। इस दल में प्रबलता, मिशनरियों की थी और नए सिविलियन भी इसी मत को मानते थे। वैसे, यह दल काफी कमजोर था, किन्तु, जब मैकॉले आया, उसने इसी पक्ष को सबल बना दिया।

एक ही समय में अनेक प्रयोग

विचित्र बात है कि आगे चलकर भारत का जो प्रान्त राष्ट्रीयता का अग्रणी होनेवाला था, भारतीय भाषाओं का सबसे अधिक विरोध उसी ने किया। बंगाल में जो विवाद उठा, वह संस्कृत और अंग्रेजी के बीच था। वहाँ उस समय किसी ने यह सोचा ही नहीं कि शिक्षा का माध्यम बँगला और हिन्दी भाषाएँ भी हो सकती हैं। मिशनरी लोग अपना प्रचार **बँगला** और **हिन्दी** भाषाओं में कर रहे थे। तब तक बँगला में बाइबिल जैसे ग्रन्थ का अनुवाद किया जा

चुका था। किन्तु, मैकॉले ने जब यह कहा कि भारत के इस भाग की भाषाएँ (यानी बँगला और हिन्दी) बिलकुल रद्‌दी हैं और उनमें यूरोप की नवीन विद्याओं का अनुवाद भी नहीं किया जा सकता,[5] तब उसके इस आक्षेप का किसी ने भी प्रतिवाद नहीं किया। शोक की बात तो यह है कि मैकॉले के भारतीय सहधर्मी, आज स्वतन्त्रता के 15 वर्ष बाद भी, वही बात कह रहे हैं और हमारे प्रतिवादों का उन पर आज कोई प्रभाव पड़ता दिखाई नहीं देता है!

बंगाल में सन् 1823 ई. में 'जेनरल कमेटी ऑफ पब्लिक इंस्ट्रक्शन' नामक संस्था बनाई गई, जिसने सन् 1823 ई. से लेकर 1833 ई. के बीच कलकत्ते में एक मदरसा और एक संस्कृत कॉलेज की स्थापना की, बनारस में संस्कृत कॉलेज खोला तथा आगरे और दिल्ली में भी ओरियंटल कॉलेजों की स्थापना की। इस समिति ने संस्कृत और अरबी में पुस्तकें छापीं एवं विद्वानों को संस्कृत और अंग्रेजी की पुस्तकें अनूदित करने के काम पर नियुक्त किया।

इस समिति का विरोध भारतीयों की ओर से हुआ। विरोधियों में सबसे प्रमुख राजा राममोहन राय थे, जिन्होंने सन् 1823 ई. में कलकत्ते में संस्कृत कॉलेज की स्थापना का घोर विरोध किया। समिति ने इस विरोध का सामना यह कहकर किया, कि अंग्रेजी पढ़ानेवाले शिक्षकों का अभाव होने के कारण संस्कृत और अरबी का माध्यम बदला नहीं जा सकता। किन्तु, इसका कोई परिणाम नहीं निकला। जनमत अंग्रेजी के पक्ष में था। मिशनरियों ने जिन्हें अंग्रेजी पढ़ा दी थी, वे नौकरी पा गए थे। बाकी लोग भी उन्हीं का अनुकरण करना चाहते थे।

माध्यम भारतीय भाषाएँ हों

अपनी भाषागत कठिनाइयों का जो समाधान भारत आज खोज रहा है, उस समाधान पर सबसे पहले एलफिंस्टन की दृष्टि गई थी। एलफिंस्टन (Mount Stuart Elphinstone) सन् 1819 ई. से लेकर सन् 1827 ई. तक बम्बई के गवर्नर थे। सन् 1824 ई. में शिक्षा पर उन्होंने जो मिनट तैयार किया था, उसके दो उद्‌देश्य थे–

(1) नैतिक और प्राकृतिक विज्ञानों की पुस्तकें भारत की आधुनिक भाषाओं में तैयार करवाई जाएँ और उन्हीं भाषाओं के द्वारा भारत की जनता को शिक्षित किया जाए।

(2) जो लोग एक क्लासिक भाषा के रूप में अंग्रेजी सीखना चाहें तथा अंग्रेजी सीखकर यूरोपीय ज्ञान के सम्पर्क में सीधे आना चाहें, उनके लाभ के लिए अंग्रेजी के स्कूल खासतौर से अलग खोले जाएँ।

लेकिन, एलफिंस्टन के इस प्रस्ताव को वार्डन (Warden) ने काट डाला, जो उस समय एक्जिक्यूटिव कौंसिल का सदस्य था। वह अंग्रेजी का हिमायती, जनशिक्षा का विरोधी और फिलट्रेशन-सिद्धान्त का जनक था। अतएव, एलफिंस्टन का प्रस्ताव उसके गले नहीं उतर सका।

ग्रांट, वार्डन और मैकॉले भारतीय जनता के हितचिंतक नहीं थे। उनका उद्‌देश्य भारत को बदलकर उसे **नकली इंगलिस्तान** बनाना था। लेकिन, एलफिंस्टन उन थोड़े-से अंग्रेजों में भी श्रेष्ठ थे, जिनका लक्ष्य भारत को आत्मनिर्भरता प्रदान करके उसे अपने पाँवों पर खड़ा होने के योग्य बनाना था। एलफिंस्टन ने जनशिक्षा के निमित्त 'बम्बई नेटिव एजूकेशन सोसाइटी' की स्थापना की थी, जिसकी नीति यह थी कि '**भारतीय जनता की मानसिक और नैतिक**

उन्नति के कार्य में अंग्रेजी का स्थान गौण है।' सोसाइटी ने अंग्रेजी स्कूलों का महत्त्व उनके लिए बताया, जिनमें अंग्रेजी सीखने की विशेष प्रवृत्ति हो अथवा जिनके पास उसके लिए आवश्यक समय और अवकाश हो। बाकी लोगों के बारे में सोसाइटी का निश्चित मत था कि **''जनता में पाश्चात्य ज्ञान का प्रचार केवल अंग्रेजी के द्वारा होना असम्भव है।**[6]

इस सोसाइटी ने अपनी 1825-26 ई. की रिपोर्ट में कहा था कि पाश्चात्य साहित्य, दर्शन और विज्ञान की बातें भारतीय छात्रों को सुगमता से तभी प्रदान की जा सकती हैं, जब शिक्षा का माध्यम उनकी अपनी मातृभाषा हो। यदि ये विचार अंग्रेजी के माध्यम से दिए जाएँगे तो यह कार्य न तो सफल होगा, न सुगम।[7]

जिन प्रश्नों को लेकर स्वाधीन भारत के नेता बार-बार माथापच्ची कर रहे हैं, उन प्रश्नों पर एलफिंस्टन के सहयोगियों का भी ध्यान गया था और जो समाधान भारतीय भाषाओं के समर्थकों को आज दिखाई देता है, वही समाधान तत्कालीन भारत-हितैषी अंग्रेजों को भी दिखाई पड़ा था। तत्कालीन बम्बई की शिक्षा-नीति पर **कैप्टन कैंडी** (Captain Candy) की एक रिपोर्ट उपलब्ध है, जिसमें कैंडी ने स्पष्ट लिखा है कि **''भारत के नैतिक और बौद्धिक विकास के कार्य में अंग्रेजी को जरूरत से ज्यादा महत्त्व देना व्यर्थ है, उसका जरूरत से ज्यादा भरोसा करना भी बेकार है। भारतीयों की शिक्षा के क्रम में अंग्रेजी केवल विषय और विचार दे सकती है, वह शिक्षा का माध्यम नहीं बन सकती। जिस भाषा के द्वारा जनता शिक्षित की जाएगी, वह भाषा जनता की मातृभाषा ही हो सकती है, अंग्रेजी और संस्कृत नहीं। संस्कृत को मैं उस महान् भांडार के रूप में देखता हूँ जिससे आधुनिक भाषाएँ शक्ति और सौन्दर्य ग्रहण कर सकती हैं।**[8]

एलफिंस्टन की नीति को अगर हम निचोड़ के रूप में रखना चाहें तो वह यह है कि (1) ज्ञान की सामग्री हमें अंग्रेजी के भांडार से लेनी है; (2) जनता तक यह ज्ञान हमें आधुनिक भाषाओं के द्वारा पहुँचाना है; और आधुनिक भाषाओं की शक्ति बढ़ाने के निमित्त सहायता हमें प्रमुख रूप से संस्कृत से ग्रहण करनी है।

सन् 1838 ई. में विलियम बेंटिक ने ऐडम (Adam) को बंगाल में शिक्षा-सर्वेक्षण के काम पर नियुक्त किया था। ऐडम ने सरकार को जो रिपोर्ट दी थी, उसमें भी कहा गया था कि शिक्षा का माध्यम मातृभाषा को ही होना चाहिए।[9]

लेकिन, चार्ल्स ग्रांट, वार्डन और मैकॉले के कारण एलफिंस्टन की नीति नहीं चल सकी। यदि वह चल गई होती तो भारत उस कठिनाई में नहीं फँसता, जिसमें आज वह गिरफ्तार है। दुःख इस बात का है कि **मैकॉले ने एलफिंस्टन का पीछा आज भी नहीं छोड़ा है। मैकॉले के अनुयायी आज भी प्रबल और एलफिंस्टन के समर्थक आज भी लाचार हैं।** मैकॉले ने जिस नकली इंगलिस्तान की रचना की थी, वह असली हिन्दुस्तान को आज भी दबाए हुए है और तब भी हम मानते हैं कि भारत स्वाधीन है।

मराठी में शिक्षा

एलफिंस्टन के समय बम्बई में जिला प्राइमरी स्कूलों की संख्या काफी अधिक हो गई थी। ये स्कूल, असल में, माध्यमिक विद्यालय थे, जिनमें इतिहास, भूगोल, ज्यामिति, ट्रिगोनोमेट्री,

बीजगणित और दर्शन की पढ़ाई मराठी में की जाती थी। इन स्कूलों में मेडिकल कोर्स भी था, जिसकी पढ़ाई मराठी में चलती थी। इन विषयों पर उन दिनों भारतीय भाषाओं में अनेक पुस्तकें भी लिखी गई थीं। यदि यह परम्परा कायम रही होती तो नए शब्दों की खोज को लेकर देश में आज जो विवाद चलता है, वह उठा ही नहीं होता, क्योंकि शब्द अब तक तैयार हो गए होते।

एलफिंस्टन ने जो नीति निर्धारित की थी, उसे कार्य का रूप **जगन्नाथ शंकर सेट (1803-1865 ई.) ने दिया। इन्होंने विचार यूरोप से लिये, भाषा जनता की उठाई और नए शब्दों का निर्माण संस्कृत-भांडार से किया।**

हिन्दी में प्रयोग

पश्चिमोत्तर प्रदेश की शिक्षा-संस्था का नियन्त्रण बंगाल से निकलकर प्रान्तीय सरकार के हाथ में सन् 1843 ई. में आया। यहाँ के भी लेफ्टिनेंट गवर्नर थॉमसन (Thomson) बम्बई के गवर्नर एलफिंस्टन के ही समान भारतीय जनता के हितैषी थे। उनका भी विचार जनता मात्र को शिक्षित करने का था। अतएव, उनकी शिक्षा-योजना भी मातृभाषा पर ही आधारित थी। बंगाल में सारा जोर शिक्षा का माध्यम अंग्रेजी को बनाने पर था। थॉमसन ने अपने प्रान्त में मातृभाषाओं का पक्ष लिया। पश्चिमोत्तर प्रदेश की शिक्षा-सम्बन्धी एक वार्षिक रिपोर्ट में कहा गया है कि इस भू-भाग में बंगाल की तरह अंग्रेज अधिक नहीं हैं। जो हैं भी, उनकी माली हालत अच्छी नहीं है। विदेश से भी यहाँ अंग्रेज कम आते हैं और विदेशी उपकरणों का भी यहाँ प्रचलन कम है। अतएव, अंग्रेजी के अनुकूल वातावरण का यहाँ अभाव है। उत्तर प्रदेश में उन दिनों, महाराष्ट्र की तरह, जन-शिक्षा का कार्य हिन्दी और उर्दू में चलता था तथा इन भाषाओं में विविध विषयों की पुस्तकें भी प्रकाशित होती थीं।

भारत-भक्त अंग्रेजों की भाषा-नीति

जब अंग्रेज भारत की शिक्षा के माध्यम को लेकर चिन्ता कर रहे थे, उस समय ऐसे भारतवासियों का सर्वथा अभाव था जो भारत की आधुनिक भाषाओं का पक्ष ले सकें। उतने बड़े दूरदर्शी नेता राजा राममोहन राय को भी यह नहीं सूझा कि एक बार वे **बँगला** और **हिन्दी** के बारे में भी सोच लें। उस समय आधुनिक भाषाओं की ओर ध्यान कुछ अंग्रेजों का ही गया। यह मार्के की बात है कि **जिस अंग्रेज ने जनता की भाषाओं के प्रति जितनी ही अधिक भक्ति दिखलाई, जनता का वह उतना ही अधिक प्यारा हो गया।**

एलफिंस्टन बम्बई में इतना अधिक लोकप्रिय था कि जब उसने अवकाश ग्रहण किया (1827 ई.), तब जनता ने दो लाख रु. चन्दा एकत्र करके उसकी स्मृति में एलफिंस्टन इंस्टीच्यूट की स्थापना की। इसी प्रकार, जब मद्रास के गवर्नर सर टामस मनरो मरे, तब जनता में हाहाकार मच गया और लोग ''टामस मनरो बहादुर, रैयत का शुभाकांक्षी और जनता का पिता'' कहकर विलाप करने लगे। ब्रिटिश पार्लमेंट की प्रवर-समिति के सामने गवाही देते हुए मनरो ने कहा था कि हिन्दू यूरोपवालों से हीन नहीं हैं।[10]

अंग्रेजी और शराब

अलेक्जेंडर डफ (1806-1878 ई.) भारत में धर्म-प्रचार के लिए आया था, लेकिन, सबसे अधिक प्रचार उसने अंग्रेजी का किया। बँगला भाषा वह खाक नहीं जानता था, फिर भी, उसने कह दिया कि इस भाषा में ज्ञान की कोई बात नहीं है। और मैकॉले ने भी ऐसी ही अनर्गल बात हिन्दी और बँगला के विषय में कही थी, गर्चे, वह भारत की किसी भाषा से परिचित नहीं था। **आज भी मैकॉले के भारतीय अनुयायी भारत की किसी भी भाषा को जाने बिना ही देश की सभी भाषाओं को अयोग्य और अविकसित कह देते हैं।**

भारतीय भाषाएँ बहुत अयोग्य नहीं थीं। उनमें बाइबिल के अनुवाद आसानी से किए जा चुके थे। उन दिनों, विज्ञान भी अपने बचपन में था। उसका अनुवाद उस समय उतना कठिन नहीं होता, जितना वह आज है। फिर विज्ञान उस समय था ही कितना, जो भारतीय भाषाओं में नहीं समाता? भारतीय भाषाओं को शिक्षा का माध्यम नहीं बनाने से भारत की जो हानि हुई है, उसका असली परिणाम आँका नहीं जा सकता। तब भी, देश के कर्णधार अंग्रेजी से देश को निकलने देना नहीं चाहते। मैकॉले का जादू मैकॉले के शिष्यों के सिर चढ़कर बोल रहा है।

पहले इस देश के लोग शराब नहीं पीते थे। जब सरकार ने आबकारी-विभाग चलाया तब उस विभाग की कृपा से शराब की लत बहुतों को लग गई। फिर तो शराब के लोग इतने प्रेमी हो उठे कि अब टैक्स के भार को भी कुछ नहीं समझते और शराबबन्दी की बात करनेवालों को अपना शत्रु समझते हैं। यही बात अंग्रेजी के बारे में भी हुई है।

सन् 1854 का डिस्पैच

कम्पनी-सरकार की डाँवाँडोल भाषा-नीति, अन्त में, सन् 1854 ई. के डिस्पैच में आकर निश्चित हो गई, जिसे 'वुड का एजूकेशन डिस्पैच' भी कहते हैं। इस डिस्पैच में खुलकर यह एलान किया गया था कि सरकार का उद्‌देश्य भारतीय भाषाओं को हटाकर उनकी जगह पर अंग्रेजी को लाना नहीं है। सरकार ने बराबर इस बात का ध्यान रखा है कि काम उन्हीं भाषाओं में किए जाने चाहिए, जिन्हें इस देश की विशाल जनता जानती और समझती है। शासन के काम में, अदालत के काम में, और अफसरों तथा जनता के सम्पर्क के काम में सरकार ने, इसीलिए, **फारसी के बदले अंग्रेजी नहीं, बल्कि, जनता की भाषाओं को स्थान दिया है।**

इस डिस्पैच के द्वारा सरकार की शिक्षा-नीति यह निरूपित हुई कि जो लोग ऊँची शिक्षा पाना चाहेंगे, उन्हें वह शिक्षा अंग्रेजी के माध्यम से दी जाएगी, किन्तु जनसाधारण की शिक्षा का माध्यम मातृभाषा रहेगी। साथ ही, यह आशा भी व्यक्त की गई कि इस क्रम में भारत की अपनी भाषाओं का भी विकास होगा, उनमें यूरोप की पुस्तकों के अनुवाद प्रकाशित किए जाएँगे और मौलिक कृतियों का भी निर्माण होगा। **शिक्षा-माध्यम की इस द्वैध नीति का परिणाम यह है कि आज तक भी भारत में शिक्षा का व्यापक प्रसार नहीं हुआ और भारतीय भाषाओं के बारे में देश के अनेक शिक्षा-विशेषज्ञ सन् 1962 ई. में भी वही बात कह रहे हैं जो वुड (Wood) ने सन् 1854 ई. में कही थी। एक सौ आठ वर्षों के सुदीर्घ प्रयोग से यह बात अन्धे को भी दिखाई देनी चाहिए कि वुड की नीति से भारतीय भाषाओं का विकास नहीं**

हो सकता। किन्तु, भारतीय शिक्षा के जो लोग कर्णधार समझे जाते हैं, वे आज भी वुड की नीति को छोड़ने को तैयार नहीं हैं। यह दृश्य भगवान् के ही देखने योग्य है।

शायद, मैकॉले, सचमुच ही, जीत गया है। भारतीय जनता का जो भाग अंग्रेजी नहीं जानता अथवा कम जानता है, आज भारतीयता का सबसे अधिक ध्यान उसी समुदाय को है। जो लोग अंग्रेजी में माहिर और देश के संचालक और सूत्रधार हैं, वे भारत के अतीत को भूलने की मुद्रा में हैं। जिस दिन अंग्रेजी भारत की राजभाषा बनाई गई, उसी दिन यह घोषित हो गया कि अंग्रेज भारत के अतीत पर पर्दा डालने को तैयार हैं। और मैकॉले के जादू का यह हाल है कि स्वराज्य के बाद भी भारत के अंग्रेजीपरस्त भारतीय इस पर्दे को ऊपर उठाना नहीं चाहते।

भारतीय अतीत का अनुसन्धान

स्कूलों और कॉलेजों में जो यूरोपीय ज्ञान सिखाया जाने लगा, वह मनुष्य की आँख खोलनेवाला था। किन्तु, इसके साथ ही एक और कार्य हुआ, जिसने भारतवासियों के भीतर आत्मगौरव को उत्तेजना दी और उनके भीतर यह आत्मविश्वास पैदा कर दिया कि भारत संसार में सबसे महान् देश है, उसकी सभ्यता सबसे पुरानी है और उसके साहित्य और दर्शन की तुलना संसार की किसी भी जाति के दर्शन और साहित्य से नहीं की जा सकती।

इस कार्य का श्रीगणेश सन् 1784 ई. में बंगाल की एशियाटिक सोसाइटी की स्थापना से हुआ। भारत के अतीत के अनुसन्धान का कार्य पहले अंग्रेजों ने आरम्भ किया और तब भारत के भी अनेक विद्वान् उस मार्ग पर चलकर भारत के प्राचीन इतिहास का पता लगाने लगे। इस सम्मिलित प्रयास का परिणाम यह हुआ कि देखते-देखते भारत का प्राचीन इतिहास देदीप्यमान हो उठा और सभी भारतवासी अपने इतिहास पर अभिमान करने लगे।

शिक्षा का माध्यम यद्यपि अंग्रेजी ही रही, किन्तु, अनुसन्धान के क्रम में संस्कृत की जो महती उपादेयता प्रमाणित हुई, उसके कारण सरकार ने संस्कृत को भी प्रोत्साहित करना प्रारम्भ किया। संस्कृत को भारतवासी केवल इस दृष्टि से पूजते आए थे कि वह उनके धर्म और कवित्व की भाषा थी। अब वे यह मानने लगे कि संस्कृत के विधिवत् अध्ययन के बिना भारत का इतिहास लिखा ही नहीं जा सकता। भारत का सारा अतीत संस्कृत की गोद में सोया हुआ था। जब भारतवासियों को मालूम हुआ कि अनुसन्धान की क्रियाओं से यह अतीत जगाया जा सकता है, तब सचमुच ही यह अतीत खँडहरों से उठकर पुस्तकालयों, विद्यालयों और सभा-मंडपों में आ खड़ा हुआ।

प्राचीन भारत और नवीन यूरोप

जैसा कि ऊपर बताया जा चुका है, यूरोप का भारत-आगमन भारतीय ज्ञान के लिए नहीं, प्रत्युत, मसालों के व्यापार और ईसाइयत के प्रचार के लिए हुआ था। यूरोप भारत को धन-धान्य से पूर्ण देश समझता था, नवाबों और मुगल बादशाहों का देश समझता था एवं नवाब और मुगल, ये शब्द यूरोप में धनियों पर किए जानेवाले व्यंग्य के पर्याय हो गए थे। यूरोपवालों का विश्वास था कि सभ्यता का आरम्भ यूनान और फिलिस्तीन में हुआ है एवं इन देशों

से अधिक पुरातन सभ्यतावाला देश संसार में और है ही नहीं। भारत को तो यूरोपवाले अर्द्धसभ्य ही मानते थे।

किन्तु, जब ईसाई धर्म-प्रचारक इस देश में आए, उन्होंने पहले तो यहाँ की देश-भाषाएँ सीखीं। फिर वे संस्कृत सीखने का भी प्रयत्न करने लगे। कहते हैं, पांडिचेरी के धर्म-प्रचारकों ने यजुर्वेद का कच्चा-पक्का एक फ्रांसीसी अनुवाद L'Ezour Vedam नाम से तैयार किया था, जिसकी प्रति वाल्तेयर ने भी देखी थी।[11] एक अन्य पादरी ने सन् 1732 ई. में संस्कृत का एक व्याकरण तैयार किया था, जो सन् 1790 ई. में रोम में छपा था। सन् 1740 ई. में एक दूसरे पादरी ने भारत का एक विवरण लिखा, जिसमें भारत के षड्-दर्शन के परिचय के सिवा जैन और बौद्ध मतों का भी परिचय था। किन्तु, भारतीय जीवन का प्रथम विशद् विवरण यूरोपवालों को एबी दुबोय के 'हिन्दू मैनर्स, कस्टम्स एंड सिरीमनीज' नामक ग्रन्थ से प्राप्त हुआ, जिसका प्रकाशन सन् 1817 ई. में हुआ था।

किन्तु, इन विवरणों से यूरोप का मन चमत्कृत नहीं हुआ। यूरोप को चमत्कृत करनेवाले कार्यों का आरम्भ दुपरोन (Anquetil Duperron) के **'औपनिखत'** नामक ग्रन्थ से होता है। दुपरोन फ्रांस का नवयुवक विद्वान् था जो 1760 ई. के लगभग भारत आया था। यहाँ से वह कोई अस्सी पांडुलिपियाँ अपने साथ फ्रांस ले गया। उनमें से एक पांडुलिपि **दाराशिकोह-कृत उपनिषदों के फारसी अनुवाद की थी।** दुपरोन ने इसी का लातीनी अनुवाद **औपनिखत** (Oupnekhat) के नाम से दो जिल्दों में प्रकाशित करवाया। जर्मनी के दार्शनिक **आर्थर शापेनहार** को इसी अनुवाद की प्रति मिली थी, जिसे पढ़कर वह विस्मय-विमुग्ध हो गया था और उपनिषदों की विचारधारा की भूरि-भूरि प्रशंसा करते हुए उसने कहा था कि **यह अनुपम ग्रन्थ आत्मा की गहराइयों को हिलकोर डालता है। इसके प्रत्येक वाक्य से मौलिक, गम्भीर और बड़े ही ज्योतिष्मान् विचार ऊपर उठते हैं। हमारे चारों ओर भारतीयता का वातावरण आप-से-आप खड़ा हो जाता है तथा ऐसा प्रतीत होता है, मानो, ये विचार हमारे अपने आत्मिक बन्धु के विचार हों। हमारे मनों पर यहूदी-संस्कारों की जो रूढ़ियाँ और अन्धविश्वास छाए हुए हैं, वे इन विचारों के स्पर्श मात्र से एकबारगी धुल जाते हैं। सारे संसार में इसके जोड़ का कोई और ग्रन्थ नहीं हो सकता। जीवन भर में मुझे यही एक आश्वासन प्राप्त हुआ है, और मृत्यु-पर्यंत यह आश्वासन मेरे साथ रहेगा।"**

उपनिषदों के अध्ययन से जर्मनी में विचारों का जागरण कुछ इसी प्रकार आया, जैसे रिनासाँ के काल में यूनानी प्राचीन साहित्य के सम्पर्क से सारे यूरोप में जागा था। **जोहान फिक्टे** और **पाल दूसान** ने भी वेदान्त के सत्य को संसार का सबसे बड़ा सत्य माना। **नीत्शे** को जब **मनुस्मृति** देखने को मिली, तब उसने भी मनुस्मृति को बाइबिल से अनेक गुना श्रेष्ठ स्वीकार किया।[12]

इस बीच, भारत के अंग्रेज शासकों का ध्यान भी संस्कृत की ओर जा रहा था। वारेन हेस्टिंग्स को यह सूझा कि न्याय के क्षेत्र में हिन्दुओं पर शासन उनके धर्म-शास्त्रों के अनुसार किया जाना चाहिए। अतएव, उसने धर्म-शास्त्रों का अनुवाद पहले फारसी में करवाया और फिर अंग्रेजी में। किन्तु, इतना ही यथेष्ट नहीं था। इंग्लैंड से आए हुए जजों और वकीलों को संस्कृत की ओर लगाना अनिवार्य हो गया। ये विद्वान् संस्कृत की ओर गए तो थे कचहरी

की आवश्यकता से, किन्तु, वहाँ भावों और विचारों का जो अद्भुत पुंज इन्हें दिखाई पड़ा, उससे वे पूर्णरूपेण अभिभूत हो उठे। सन् 1875 ई. में **सर चार्ल्स विलकिंस ने भगवद्गीता** का अंग्रेजी अनुवाद प्रकाशित किया। **सर विलियम जोंस** ने, जो जज थे और सन् 1784 ई. में जिन्होंने **एशियाटिक सोसाइटी** की स्थापना की थी, कालिदास के **शकुन्तला** नाटक का अनुवाद किया। उन्होंने **ऋतु-संहार** का भी सम्पादन करके उसका एक संस्करण निकलवाया था। सन् 1794 ई. में उन्होंने **मानव-धर्म-शास्त्र** के नाम से मनुस्मृति का प्रकाशन किया। जोंस संस्कृत भाषा के अद्भुत भक्त थे। एशियाटिक सोसाइटी के 1786 ई. वाले अधिवेशन में उन्होंने यह घोषणा की थी कि **''संस्कृत परम अद्भुत भाषा है। वह यूनानी से अधिक पूर्ण और लातीनी से अधिक सम्पन्न है।''** जोंस ने ही पहले-पहल यह अनुमान भी लगाया था कि गोथिक और केल्टिक, दोनों परिवारों की भाषाएँ उसी उद्गम से निकली होंगी, जिससे संस्कृत निकली है। इस प्रकार, तुलनात्मक भाषा विज्ञान का जो महल **फ्रांज बाप, मैक्समूलर** और **ग्रिम** ने खड़ा किया, उसकी नींव जोंस ने ही रखी थी। यह भी ध्यान देने की बात है कि भारत से सम्पर्क के पूर्व, यूरोप में किसी को उच्चारण-शास्त्र (फोनेटिक्स) से परिचय नहीं था। भारतीय निरुक्त और व्याकरण को देखकर ही यूरोप के विद्वानों ने फोनेटिक्स लिखना आरम्भ किया।

विलियम जोंस के बाद सबसे बड़े प्राच्य-विद्या-विशारद कोलब्रुक हुए। उन्होंने हिन्दू-धर्मशास्त्र, दर्शन, व्याकरण, ज्योतिष और धर्म के बड़े ही विलक्षण अध्ययन प्रस्तुत किए, जो एशियाटिक रिसर्चेज में प्रकाशित हुए। सन् 1805 ई. में वेदों का भी प्रामाणिक विवरण सबसे पहले उन्होंने ही निकाला। कोई आश्चर्य नहीं कि उन दिनों इंग्लैंड में एक कहावत चल पड़ी थी कि **मेधावी अंग्रेज अब ब्राह्मण होते जा रहे हैं।**

ठीक इसी समय एक विलक्षण घटना घटी। ईस्ट इण्डिया कम्पनी का एक कर्मचारी **अलेक्जेंडर हैमिल्टन** सन् 1802 ई. में पेरिस में ठहरा हुआ था कि अंग्रेजों और नैपोलियन के बीच खटपट शुरू हो गई और हैमिल्टन कैद हो गया। हैमिल्टन संस्कृत जानता था। अतएव, उसने जेल में लोगों को संस्कृत पढ़ाना आरम्भ किया। **चेज़ी** नामक एक फ्रांसीसी विद्वान् स्वयं ही थोड़ी-सी संस्कृत सीख चुका था। किसी प्रकार चेज़ी का सम्पर्क हैमिल्टन से हो गया और उससे चेज़ी ने अच्छी संस्कृत सीख ली। बाद में, चेज़ी और हैमिल्टन से **श्लीगल** नामक दो जर्मन भाइयों ने संस्कृत सीखी। एक अन्य फ्रांसीसी विद्वान् **यूजीन बर्नाफ़** ने भी संस्कृत पर अच्छा अधिकार प्राप्त किया। **मैक्समूलर** इसी **बर्नाफ़** का शिष्य था, जिसने सायण के भाष्य पर तीस वर्ष तक काम किया और उसके बाद, वेदों पर उसका जो भाष्य प्रकाशित हुआ, उससे यूरोप-समेत भारत के सभी विद्वान् चकित रह गए। लगता है, सायण की आत्मा ही जर्मनी में मैक्समूलर बनकर जनमी थी, क्योंकि वेदों के उद्धारकों में जैसा स्थान इस विद्वान् का माना जाता है, वैसा और किसी का नहीं है।

किन्तु, वेदों का भाष्य करने से भी बढ़कर, मैक्समूलर ने यह काम किया कि उसने तुलनात्मक भाषा-विज्ञान और तुलनात्मक धर्म के अध्ययन की परम्परा आरम्भ की। तुलनात्मक भाषा-विज्ञान से जो तथ्य सामने आया, उससे यूरोप की अज्ञानता दूर हुई एवं उन लोगों का मोह फट गया जो यह मानते थे कि फिलस्तीन और यूनान से पुराना और कोई देश नहीं है तथा हिब्रू

भाषा से प्राचीन और कोई भाषा नहीं हो सकती। बाइबिल के अनुसार यह भी माना जाता था कि यह सृष्टि केवल चार हजार वर्ष पुरानी है। अतएव, वेदों का काल-निर्णय करने में पाश्चात्य विद्वानों को कठिनाई हुई और वे जोर-जबर्दस्ती करके उसे ईसा से दो हजार वर्ष पूर्व से आगे जाने देने को तैयार नहीं हुए। किन्तु, बीसवीं सदी में जब मोहनजोदड़ो और हड़प्पा की खुदाई हुई, तब यह सीमा भी टूट गई और यूरोप के धर्ममूढ़ विद्वान् भी यह मानने लगे कि सृष्टि चार हजार वर्ष से अधिक पुरानी हो सकती है।

मैक्समूलर के कामों से यह बात प्रत्यक्ष हो गई कि संसार की प्राचीनतम भाषा हिब्रू नहीं, संस्कृत है और विश्व की प्राचीनतम जाति यूनानी और यहूदी नहीं, प्रत्युत, हिन्दू और ईरानी जातियाँ हैं। भारतीय साहित्य, दर्शन और धर्म का जो बखान जर्मन विद्वानों ने किया, उससे एक लाभ यह भी हुआ कि ईसाई धर्म-प्रचारक भारत से बाहर भारतवासियों के विषय में जो मिथ्या प्रचार कर रहे थे, उसका खोखलापन चिन्तकों के सामने प्रत्यक्ष होने लगा एवं धीरे-धीरे अंग्रेज यह सोचकर गौरव अनुभव करने लगे कि उनके साम्राज्य में भारत-जैसा देश है। मैक्समूलर ने भारत की सेवा अनेक प्रकार से की। उसने परमहंस रामकृष्ण का जीवन-चरित लिखा, उसने पूर्वी विश्व के धर्मग्रन्थों की ग्रन्थमाला प्रकाशित की और एक पुस्तक केवल इस विषय पर लिखी कि भारत विश्व को क्या सिखा सकता है।

यूरोप के रोमांटिक आन्दोलन पर भारतीय प्रभाव

जर्मनी और इंग्लैंड में जो रोमांटिक जागरण हुआ, उसके पीछे कुछ-न-कुछ भारतीय प्रभाव भी था, ऐसा मानने का सुनिश्चित आधार है। श्लीगल-बन्धुओं ने जर्मन-भाषा के द्वारा यूरोप में भारतीय ज्ञान का अपरिमित आख्यान किया। वेद, उपनिषद्, भगवद्गीता और मनुस्मृति तथा शकुन्तला और ऋतुसंहार को देखकर जर्मनी के कवि और विद्वान् अभिभूत हो उठे। चूँकि यह साहित्य अनपेक्षित देश से आया था, इसलिए, उनका विस्मय और प्रखर था। फिर इस साहित्य में जो भाव और विचार थे, वे सर्वथा नवीन क्षितिज से उठते दिखाई देते थे। इन सबका मिश्रित प्रभाव यह हुआ कि इस अछूती सुन्दरता को देखकर जर्मन कवियों का मन किसी रोमांटिक लोक में विचरण करने लगा। श्लीगल ने जब भगवद्गीता पढ़ी, तब भगवान् कृष्ण की स्तुति में उसके मुख से एक पूरी गद्य-कविता ही फूट पड़ी कि **"गुरु के आदर को ब्राह्मण सभी कर्मों में श्रेष्ठ मानते हैं। अतएव, ओ परम पवित्र पैगम्बर! ओ ईश्वरत्व के व्याख्याता! ओ इस काव्य के कर्त्ता! अथवा सत्यों के बीच तुम्हारा जो भी नाम हो, तुम्हारी वाणी के प्रभाव से मनुष्य का हृदय, ऐसे अकथनीय आनन्द की भूमि पर पहुँच जाता है, जो अत्यन्त उच्चता पर अवस्थित तथा सनातन और ईश्वरीय है। मैं तुम्हें प्रणाम करता हूँ और तुम्हारे चरणों पर अपना अभिनन्दन भेंट करता हूँ।"**[13]

भारतीय काव्य की विलक्षणताओं का आख्यान रुकर्ट (Rukert) ने भी किया और गेटे ने तो शकुन्तला की प्रशंसा में जो कविता लिखी, उसे अनेक भारतवासी जानते हैं।[14] गेटे के फाउस्ट नाटक में जो प्रोलोग (पूर्वाभास) है, उसका गुम्फन उसने भारतीय नाटकों के सूत्रधारवाले दृश्य के अनुकरण पर किया है। शीलर की 'मेरिया स्टूअर्ट' नामक कविता में निर्वासिता रानी बादलों को जो सन्देश देती है, वह कालिदास के मेघदूत से प्रेरित है। ये कुछ स्फुट उदाहरण

हैं। कहा जाता है कि श्लीगल से लेकर हाइने (Heine) तक जर्मन कविताओं में भारतीय भाव और चित्र सर्वत्र बिखरे हुए हैं।

अचरज की बात है कि समकालीन अंग्रेजी कविताओं पर भारतीय प्रभाव के उतने प्रमाण नहीं मिलते, जितने जर्मन भाषा की कविताओं में मिलते हैं। किन्तु, इसका कारण, कदाचित्, यह है कि अंग्रेज "अति सामीप्यात् अवज्ञा" के भाव में थे। शासक होने के कारण अंग्रेज यह नहीं चाहते थे कि यूरोप में भारत की प्रशंसा हो अथवा यूरोप के लोग भारतीय भावों का अनुकरण करें। उन्हें भारत में अपना राज चलाना था और कम्पनी के साहब इंग्लैंडवालों पर यह प्रकट होने देना नहीं चाहते थे कि भारत कोई महान् देश है। अथवा यह भी सम्भव है कि अंग्रेजी कविता नेतृत्व के लिए, सचमुच ही, बराबर फ्रांस और जर्मनी की ओर देखती रही हो। फिर भी शेली, वड्र्सवर्थ और कारलाइल में भारतीय प्रभावों के स्पष्ट लक्षण विद्यमान हैं। कारलाइल पर वेदान्त का प्रभाव जर्मनी होकर पड़ा था। "ओड ऑन इंटीमेशंस ऑफ इम्मॉर्टलिटी' नामक अपनी कविता में वड्र्सवर्थ आत्मा के पूर्व जन्म की ओर संकेत करता है जो, स्पष्ट ही भारतीय प्रभाव है। उसने वनस्पतियों में जो चेतना के होने की बात की है, वह भी जैन विचारों की छाया-सी लगती है। शेली की एडोनायज (Adonai's) नाम्नी कविता की कल्पना उपनिषदों की कल्पना पर आधारित है एवं उक्त कविता के कितने ही भाव शुद्ध वेदान्त के भाव हैं।

भारतीय विचारों का यह संक्रामक प्रभाव अमेरिका भी पहुँचा था, यह बात एमर्सन और थुरो की रचनाओं से स्पष्ट हो जाती है। एमर्सन ने ब्रह्म शीर्षक देकर एक पूरी कविता ही लिखी है और भारत नाम की पवित्रता का जो प्रभाव थुरो पर पड़ा था, वह उसके इस वाक्य से प्रत्यक्ष है कि "वाल्डन का जल गंगा के पवित्र प्रवाह से मिलकर एकाकार हो गया है।" एक अन्य अमेरिकन कवि जे.जी. ह्वीटियर ने सोम पर कविता लिखी है, जिसका शीर्षक 'ब्रुइंग ऑफ सोम' है।

महारानी विक्टोरिया के युग में अंग्रेजी कविता पर भारतीय प्रभाव कम लक्षित हुआ[15] किन्तु, उसके बाद, आयरलैंड के दो कवियों पर भारतीय दर्शन का प्रभाव अत्यन्त सुस्पष्ट है। जॉर्ज रसल (ए.ई.) ने कई कविताएँ लिखीं–(1. Over Soul, 2. Krishna, 3. The veils of maya, 4. Om और 5. Indian Song) जिनमें शुद्ध भारतीय भाव हैं। इसके सिवा, अपने एक पत्र में उन्होंने खुलकर भारतीय चिन्तनधारा की प्रशंसा की है। "जीवनी शक्ति और ज्ञान की उच्चता की दृष्टि से गेटे, वड्र्सवर्थ, एमर्सन और थुरो, आधुनिकों में ये चार ही चिन्तक श्रेष्ठ हैं। किन्तु, उन्होंने जो कुछ भी कहा है, वह और उससे बहुत अधिक बातें हमें पूर्वी विश्व के ग्रन्थों में मिलती हैं। भगवद्गीता और उपनिषदों में प्रत्येक विषय पर ज्ञान की ऐसी सम्यक् पूर्णता है कि ऐसा लगता है, मानो, इनके रचयिताओं ने अपने पीछे के सहस्र जीवनों को अत्यन्त समीप से देखा हो और उनके सम्बन्ध में इतने सहज विश्वास से लिखा हो कि उनका कहना कठिन है कि अश्वघोष बड़े हैं या एडविन आर्नाल्ड।

डब्ल्यू. बी. येट्स ने भी कई कविताओं में (1. Anushay and Vijay, 2. The Indian upon God तथा 3. The Indian to his love) भारतीय भाव रखे हैं। उन्होंने कुछ उपनिषदों के अनुवाद भी निकाले थे, जिस कार्य में श्री भगवान् पुरोहित नामक एक भारतीय विद्वान्

उनके सहायक थे। स्कॉटलैंड के एक कवि जोन स्टूअर्ट ब्लेकी (1809-1895 ई.) ने भी एक कविता लिखी है, जिसका नाम 'त्रिमूर्ति' है।

किन्तु, अंग्रेजी कविता के क्षेत्र में, भारतीयता का सम्पूर्ण आख्यान कहीं मिलता है तो वह 'लाइट आव् एशिया' में, जिसके रचयिता सर एडविन आर्नाल्ड (1832-1904 ई.) पूना में डेकन कॉलेज के प्रिंसिपल थे। जिस भक्ति से आर्नाल्ड ने बुद्धदेव पर श्रद्धांजलि चढ़ाई है, वह अत्यन्त विलक्षण और श्रद्धा उपजानेवाली है। बुद्ध के प्रति भक्ति के भाव से देखें, तो कठिन है कि अश्वघोष बड़े हैं या एडविन आर्नाल्ड।

वर्तमान युग में इलियट में भारतीयता का प्रभाव काफी दिखाई पड़ता है। अब भारत भी अंग्रेजों के अधीन नहीं है। अतएव, सम्भव है, इंग्लैंड के विचारक और कवि भारतीय भावधाराओं की ओर कुछ वेग से उन्मुख हों।

भारतीय प्रभाव के प्रति शंका

भारत के दूरगामी अतीत पर से पर्दा उठाने का काम अंग्रेजों ने ही आरम्भ किया था। किन्तु, भारत के अतीत पर जब सारा संसार चकित होने लगा, तब अंग्रेज घबराकर ठमक गए। लेकिन, अंग्रेजों ने सूत्र को जहाँ पर छोड़ा था, जर्मनों ने उसे वहीं से पकड़ लिया। असल में, भारत की कीर्ति को विश्वव्यापी बनाने की दिशा में सबसे अधिक प्रयास जर्मनी के ही विद्वानों ने किया। जर्मनी के दार्शनिकों में से शेलिंग फिक्टे, हीगेल और शापेनहार ने, जर्मनी के कवियों में से गेटे, शीलर, नोवालिस और ब्रंटेनो ने तथा इतिहासकारों में से हर्डर और श्लीगल ने भारतीय संस्कृति के प्रति अपना मुक्त अभिनन्दन व्यक्त किया तथा इस सूचना पर वे आनन्द से पागल हो उठे कि भारत आदिधर्म की जन्मभूमि है, भारत विश्व-धर्म का जन्मस्थान है, भारत की भूमि मनुष्यों की सर्वोत्तम जाति की जन्मदात्री एवं सर्वश्रेष्ठ साहित्य, दर्शन और अध्यात्मशास्त्र की क्रीड़ास्थली है।

यूरोप के जो भी चिन्तक परोक्ष सत्ता के विश्वासी थे, उन्हें भारतीय विचारों से अपरिमित प्रोत्साहन प्राप्त हुआ। इसके विपरीत, जो लोग प्रत्यक्षवाद (Agnosticism) में विश्वास करते थे, भारत की कोई-कोई बात उन्हें भी अनुकूल दिखाई पड़ी। डॉक्टर राधाकृष्णन् का कहना है कि आगस्ट कामटे का प्रत्यक्ष ज्ञानवाद (Positivism) बौद्ध दर्शन का वह संस्करण है जो नई सभ्यता के लिए प्रस्तुत किया गया है। यह भी कहा जाता है कि शापेनहार को सम्बुद्धि में विश्वास करने की बात भारतीय उपनिषदों के कारण सूझी थी, क्योंकि उपनिषद् बुद्धि को सर्वत्रगामी नहीं मानते हैं। इसी प्रकार, नीत्शे के विचारों में जो उग्रता है, उसे लोग जरथुस्त्र की देन तथा उसमें जो विरल धार्मिकता है, उसे भारत का प्रभाव समझते हैं।

भारत का प्रभाव सबसे अधिक गहराई में केवल जर्मनी में पहुँचा और वहीं से वह पाश्चात्य जगत् के मन पर थोड़ा-बहुत सर्वत्र प्रसरित हुआ है। वैसे, राष्ट्रों के बीच विचारों के आदान-प्रदान का कार्य हमेशा इसी क्रम से चलता है और विश्वजनीनता के लिए वह अच्छा भी है। फिर भी भारत के इस प्रभाव को कोई-कोई विद्वान् अब शंका से देखने लगे हैं। 'द सोल ऑफ इंडिया'[16] के लेखक का अनुमान है कि जर्मनी ने भारतीय संस्कृति को अपने मन में स्थान देकर अपने-आपको यहूदी और लातीनी संस्कारों से मुक्त करने का प्रयास

किया है। भारतीय चिन्ताधारा का यूरोप में प्रवेश दुपरोन ने किया था। तब से इस चिन्ताधारा का प्रभाव सूक्ष्म रूप से अपना काम कर रहा है। भारत के भाव और विचार यूरोप के मानस-समुद्र में डूबे हुए हैं। सामान्यतः, सतह से ऊपर वे कभी नहीं आते। किन्तु, यूरोपीय सभ्यता का समुद्र जब सूखने लगेगा तब पूर्वी विश्व के ये विचार अपना असर दिखाने को प्रकट हो सकते हैं।

पता नहीं, लेखक ने ये बातें किस उद्देश्य से लिखी हैं। किन्तु, यदि ऐसा हुआ तो संसार को उससे डरना नहीं चाहिए। जैसे वैरागियों के लिए एक सीमा तक भोग में फँसना पथ्य है, उसी प्रकार, वैराग्य की एक छोटी खुराक से भोगवादियों का भी कल्याण ही होगा।

सन्दर्भ

1. पाश्चात्य सम्पर्क के बाद भारत में जो पहले मेधावी गणितज्ञ निकले, उनका नाम रामचन्द्र था। वे दिल्ली में रहते थे, किन्तु, क्रिस्तान थे। सुप्रसिद्ध कवयित्री तोरू दत्त क्रिस्तान थीं, उनके पिता गोविन्दचन्द्र दत्त भी क्रिस्तान थे। बंगाल में अंग्रेजी के जो पहले विद्वान् हुए, उनका नाम साहेबचन्द्र बनर्जी था। वे भी क्रिस्तान थे और माइकेल मधुसूदन दत्त के धर्म-परिवर्तन की बात तो प्रसिद्ध ही है।
2. It is true that the authors of the scheme had hoped that as a result of infiltration. Hindu Society which was then considered to be in the process of dissolution, would disappear and the population of India would be saved for christ.

   (Asia and Western Dominance)
3. Sanskrit-English Dictionary, लेखक Monier Williams.
4. We tried to raise a race of administrators on the literature of revolt.

   (A Sketch of the History of India—1858-1918)
5. The dialects, commonly spoken by the natives in this part of India contain neither literary nor scientific information and are moreover so poor and rude that until they are enriched from some other quarter, it will not be easy to translate any valuable work in them. *—लार्ड मैकॉले*
6. "...it was of the opinion that western knowledge could never be spread to the people through the medium of English language alone."
7. "English can never become the most facile and successful medium of communicating to the natives as a body, the literature, science and morality of Europe."
8. "Sanskrit I conceive to be the grand store-house from which strength and beauty must be drawn for the vernacular languages."

   [ये उद्धरण सैयद नूरुल्लाह तथा जे.पी. नायक-कृत हिस्ट्री ऑफ एजूकेशन इन इंडिया से हैं।]
9. अनाथनाथ बसु-कृत एजूकेशन इन मॉडर्न इंडिया।
10. The Hindoos were not inferior to the natives of Europe. If civilization were to become an article of trade between the two countries. I am convinced that England would greatly benefit from the import of Cargo.

    (नूरुल्ला के ग्रन्थ से)
11. मॉडर्न इंडिया एंड द वेस्ट।

12. "A work which is spiritual and superior beyond comparison, which even to name in one breath with the Bible would be a sin against the Holy Ghost."

नीत्शे ('एनार्किस्ट में')

13. श्री राबलिसन के लेख में उद्धृत अंश का अनुवाद (मॉडर्न इंडिया एंड द वेस्ट।)

14. Wouldst thou the young year's blossoms
And the Fruits of its decline,
And all by which the soul is charmed.
Enraptured feasted, fed.
Wouldst thou the earth and Heaven itself.
In one sole name combine?
I name thee. O Sakuntala!
And all at once is said. *–गेटे की जर्मन कविता का अंग्रेजी अनुवाद।*

15. यद्यपि टेनिसन की दो कविताओं (1. Siege of Lucknow तथा 2. Akbar's dream) की याद यहाँ हो आती है।

16. The Soud of India : लेखक–Amaury Riencourt.

प्रकरण-3

ईसाई धर्म और भारतीय जनता

संसार के धर्मों में तीन ही बहुत प्राचीन हैं, हिन्दू धर्म, जरथुस्त्र धर्म और यहूदी धर्म। इनमें से पहले दो आर्यों के बीच उत्पन्न हुए और तीसरा धर्म सामी जाति के बीच जनमा। विचित्रता की बात यह है कि जैसे प्राचीन हिन्दुत्व (वैदिक धर्म) से बौद्ध धर्म की उत्पत्ति हुई, उसी प्रकार, ईसाई धर्म भी यहूदी धर्म की कुक्षि से उत्पन्न हुआ है। दूसरी विचित्रता यह हुई कि भारत में पिता (हिन्दुत्व) ने पुत्र (बौद्ध मत) को निर्वासन दिया, किन्तु, फिलस्तीन में पुत्र (ईसाइयत) ने ही पिता (यहूदी धर्म) को अपदस्थ कर दिया।

एक तरह से देखिए तो यहूदी-धर्म से, ईसाइयत और इस्लाम, दोनों का सम्बन्ध है। यहूदियों की तरह, ईसा और मुहम्मद भी सामी जाति के सदस्य थे। सामी जाति घोर रूप से मूर्तिपूजक थी। मूर्तिपूजा छोड़ने का उपदेश उसे सबसे पहले हजरत **इब्राहीम** ने दिया जो यहूदियों के आदि पैगम्बर हुए हैं। चूँकि हजरत इब्राहीम ने मूर्तिपूजा का विरोध किया और एकेश्वरवाद की प्रथा चलाई, इसलिए, मुसलमान भी उनकी पैगम्बरी में विश्वास करते हैं। इन्हीं हजरत इब्राहीम के खानदान में ईसा और मुहम्मद, दोनों हुए हैं। हजरत **दाऊद, ईसा** और **मूसा**, ये तीन पैगम्बर हजरत इब्राहीम के बड़े बेटे हजरत इसहाक, के खानदान में हुए और हजरत मुहम्मद इब्राहीम के छोटे बेटे **इस्माइल** के वंश में हुए हैं।

यहूदी धर्म के दो पैगम्बर के नाम हजरत **दाऊद** (David) और हजरत मूसा (Moses) हैं। बाइबिल दो प्रकार की ही मिलती है। पुरानी बाइबिल (अथवा ओल्ड टेस्टामेंट) का कुछ भाग हजरत दाऊद का लाया हुआ है और अधिकांश हजरत मूसा का। हजरत ईसा ने जो नई बाइबिल कही, उसका नाम न्यू टेस्टामेंट है। इन दोनों बाइबिलों में बहुत-कुछ वही सम्बन्ध है, जो सम्बन्ध वेद और उपनिषद् अथवा वेद और बौद्ध धर्म में हो सकता है। किन्तु, यहूदी लोग नई बाइबिल को नहीं मानते। इसी प्रकार, ईसाइयों का विश्वास पुरानी बाइबिल में नहीं है। मुसलमान जनता दाऊद, मूसा और ईसा को पैगम्बर जरूर मानती है, लेकिन, इस्लाम यह स्वीकार नहीं करता कि हजरत ईसा परमात्मा के पुत्र थे। फिर भी, इन पैगम्बरों के प्रति इस्लाम के बड़े ही आदरयुक्त भाव हैं। मुसलमान हजरत मूसा को **कलीमुल्लाह** (प्रभु से बातें करनेवाला), हजरत ईसा को **रूहुल्लाह** (प्रभु की आत्मा) और हजरत मुहम्मद को **रसूलल्लाह** (प्रभु का दूत) कहते हैं।

भारत का वैदिक धर्म प्रवृत्तिमार्गी धर्म था। उसमें यज्ञों की प्रधानता थी, पशु-हिंसा निषिद्ध नहीं थी और यज्ञ लोग इसलिए करते थे कि यज्ञों से वृष्टि होती थी, अच्छी फसल उपजती

थी, देवता प्रसन्न और शत्रु दुर्बल होते थे। किन्तु, पशु-हिंसा की अति से जब चिन्तकों का जी उकताने लगा, तब उन्होंने, कर्मकांड-प्रचुर वैदिक धर्म में से उपनिषदों का ज्ञान-मार्ग निकाला और यही ज्ञान-मार्ग बौद्ध धर्म के अभ्युदय का भी कारण हुआ। नई बाइबिल का ईसाई धर्म भी, इसी प्रकार, पुरानी बाइबिल में प्रतिपादित यहूदी-धर्म का सुधरा रूप है। यहूदी-भाषा (हिब्रू) में ईश्वर को 'इलोहा' (अरबी 'इलाह') कहते हैं। किन्तु हजरत मूसा ने यहूदी के मुख्य उपास्य देव का नामकरण 'यहोवा' कर दिया। यह यहोवा शब्द यहूदी भाषा का शब्द नहीं है। वह खाल्दी भाषा के 'यवे' (संस्कृत 'यल्ह') से निकला बताया जाता है। "यहूदी लोग मूर्तिपूजक नहीं हैं। उनके धर्म का मुख्य आचार यह है कि अग्नि में पशु या अन्य वस्तुओं का हवन करे, ईश्वर के बतलाए हुए नियमों का पालन करके यहोवा को सन्तुष्ट करे और उसके द्वारा इस लोक में अपना तथा अपनी जाति का कल्याण प्राप्त करे। अर्थात् संक्षेप में कहा जा सकता है कि वैदिक-धर्मीय कर्मकांड के अनुसार, यहूदी-धर्म भी यज्ञमय तथा प्रवृत्ति-प्रधान है। इसके विरुद्ध, ईसा का अनेक स्थानों पर उपदेश है कि "मुझे (हिंसाकारक) यज्ञ नहीं चाहिए, मैं ईश्वर की कृपा चाहता हूँ।" (मैथ्यू, 91/3) "ईश्वर तथा द्रव्य, दोनों को साथ लेना सम्भव नहीं।" (मैथ्यू, 6/24)। "जिसे अमृतत्व की प्राप्ति करनी हो, उसे बाल-बच्चे छोड़कर मेरा भक्त होना चाहिए।" (मैथ्यू, 19/21)। और जब ईसा ने शिष्यों को धर्म-प्रचारार्थ देश-विदेश में भेजा, तब संन्यास-धर्म के इन नियमों का पालन करने के लिए उनको उपदेश किया कि "तुम अपने पास सोना-चाँदी तथा बहुत-से वस्त्र-आभरण भी न रखना।"

राजनीति, समाज और साहित्य के समान धर्म में भी कोई सिद्धान्त अचानक नहीं निकल पड़ता। उसकी कुछ-न-कुछ पृष्ठभूमि होती है। वैदिक धर्म से बौद्ध धर्म सीधे नहीं निकल सकता था। वैदिक कर्मकांड के विरुद्ध प्रतिक्रिया पहले उपनिषदों में ध्वनित हुई और तब उस प्रतिक्रिया ने बौद्ध क्रान्ति का रूप लिया। इस दृष्टि से देखने पर यह सहसा समझ में नहीं आता कि प्रवृत्तिमय यहूदी-धर्म में से अचानक ईसा का संन्यासयुक्त भक्तिमार्ग कैसे निकल पड़ा। इसका समाधान यह कहकर किया जाता है कि ईसा से कोई दो सौ वर्ष पूर्व, यहूदियों के बीच **एसी** या **एसीन** नामक संन्यासियों का एक पन्थ आविर्भूत हुआ था, जिसके सदस्य हिंसात्मक यज्ञ-याग को छोड़कर अपना समय किसी शान्त स्थान में बैठकर ईश्वर-चिन्तन में बिताया करते थे। लोकमान्य तिलक ने लिखा है कि ये लोग उदर-पोषणार्थ "खेती के समान निरुपद्रवी व्यवसाय किया करते थे। क्वाँरे रहना, मद्य-मांस से परहेज रखना, हिंसा न करना, शपथ न खाना, संघ के साथ मठ में रहना और जो किसी को कुछ द्रव्य मिल जाए, उसे पूरे संघ की सामाजिक आमदनी समझना आदि उनकी मंडली के मुख्य तत्त्व थे।" पंडितों का अनुमान है कि संन्यास की यह प्रेरणा यहूदी-धर्म में कहीं बाहर से आई होगी और इस सम्बन्ध में पाश्चात्य पंडितों को आभास होता है कि वह यूनान के दार्शनिक पिथेगोरस के अनुयायियों की देन रही होगी, किन्तु इतना कहने से समस्या का पूरा समाधान नहीं होता। यह सच है कि पिथेगोरस पर भारतीय विचारधारा का प्रभाव खूब पड़ा था, किन्तु ईसाई धर्म और बौद्ध धर्म में समानता इतनी अधिक है कि उसे बौद्ध धर्म का सीधा प्रभाव माने बिना चल नहीं सकता। जीवों पर दया तथा सबके साथ मैत्री, करुणा और अहिंसा का व्यवहार, पाप से घृणा और पापी से प्यार, संन्यास और यती-वृत्ति, साधुओं का मठों में रहना और

लम्बा झूल पहनना, ये सारी बातें ऐसी हैं जिनका प्रवर्तन और प्रचलन जैन एवं बौद्ध साधुओं ने किया था। और तो और, जिस क्रॉस को ईसाई लोग शूली का चिह्न जानकर धर्म-भाव से धारण करते हैं, वह **स्वस्तिक-चिह्न** के सिवा और कुछ नहीं है। वैदिक तथा बौद्ध धर्मवाले भारतीय, ईसा के सैकड़ों वर्ष पूर्व से ही स्वस्तिक-चिह्न को पवित्र और शुभदायक मानते आए थे। अजब नहीं कि स्वस्तिक का प्रचार सभी देशों में ईसा के पहले से ही रहा हो। फिर वही चिह्न ईसाई-धर्म का चिह्न हो गया।

ईसा और बुद्ध के जीवन में भी विलक्षण समानता है। बुद्धत्व-प्राप्ति के पूर्व बुद्ध को मार की चढ़ाइयों का सामना करना पड़ा था। और ईसा को भी शैतान ने लुभाने के अनेक प्रयत्न किए थे। ईसा ने सिद्धि-प्राप्ति के पूर्व चालीस दिनों का उपवास किया था। बुद्ध के विषय में भी कथा है कि नेरंजना-नदी के तट पर सुजाता के हाथों खीर खाने के दिन से लेकर बुद्धत्व-प्राप्ति के समय (अर्थात् 49 दिनों) तक उन्होंने वायु के सिवा कोई आहार नहीं लिया। बुद्ध ने अंगुलिमाल डाकू का उद्धार किया एवं वेश्या अम्बपाली को संन्यासिनी बनाया। ईसा द्वारा भी शरणागत चोरों और वेश्याओं के सद्गति दिए जाने की कथा कही जाती है। वस्तुतः, ईसा और बुद्ध के व्यक्तित्व तथा उपदेशों में इतनी अधिक समता है कि लोग यह अनुमान लगा बैठते हैं कि, हो-न-हो, ईसा अपनी साधना के दिनों में भारत आए थे और उन्होंने यहाँ के साधुओं की संगति की थी तथा बौद्ध धर्म का विशेष रूप से अध्ययन किया था।[1]

किन्तु, यह अनुमान ही अनुमान है। इस बात का निश्चित पता तो अब तक भी नहीं चला है कि ईसा भारत आए थे या नहीं। हाँ, यह सत्य है कि ईसाई धर्म का विकास बुद्ध के प्रयोगों की दिशा में हुआ है और इसमें कोई आश्चर्य की बात भी नहीं है, क्योंकि यह प्रमाणित हो चुका है कि जिस भू-भाग में ईसाई-धर्म उठा, वहाँ ईसा के बहुत पूर्व से ही, बौद्ध-साधुओं का आना-जाना जारी था। आरम्भ में ईसाई धर्म में भी त्याग, संन्यास और साधना का वही महत्त्व था जो भारतीय अथवा एशियाई धर्मों का लक्षण है। किन्तु, जब ईसाइयत यूरोप पहुँची, उसके रूप-रंग बदल गए। वह सांसारिकता के बहुत समीप आ गई। अतएव, ईसाई धर्म के दो रूप देखने में आए। एक तो वह जो एशियाई और मौलिक था। दूसरा वह जो यूरोपीय और सांसारिकता से अनति दूर था। भारत में ईसाइयत के इन दोनों रूपों का आगमन हुआ। एशियाई रूप तो, शायद, ईसा के दो-तीन सौ वर्ष बाद ही पहुँच गया था। भारत के ये ईसाई सीरियन ईसाई कहलाते हैं, क्योंकि अपना धर्म उन्होंने सीरिया से लिया था। किन्तु, ईसाइयत का यूरोपीय रूप भारत में पुर्तगालियों के साथ आया।

पुर्तगालियों से पहले, ईसाई धर्म का भारत में यथेष्ट आदर था। दक्षिण के हिन्दू राजे गिरजाघरों की भी सेवा, उसी प्रकार, करते थे जैसे हिन्दू-मन्दिरों की। गिरजाघरों के लिए भूमि का दान दिया जाता था और ईसाई सन्तों की सुविधा और सत्कार के लिए भी दान दिए जाते थे, यह प्रमाणित बात है। ईसाई धर्म के सम्मुख बाधा तब आई, जब भारतीय जनता ने पुर्तगालियों के दुर्व्यवहार देखे और जब अंग्रेज यहाँ के शासक हो गए। जब ईसाइयत शासकों का धर्म हो गई, भारतीय जनता का चौकन्ना हो जाना बिलकुल स्वाभाविक हो गया।

यह ठीक है कि महारानी विक्टोरिया की घोषणा के पहले भी अंग्रेज शासक

ईसाई-धर्म-प्रचारकों की सहायता खुलकर नहीं करते थे, किन्तु, धर्म-प्रचारक शासक जाति के हैं, इस बात की कोई काट नहीं थी। इसके सिवा, यह बात भी शासकों के मन में अवश्य थी कि धर्म-प्रचारक भारत में अच्छा कार्य कर रहे हैं, अतएव उन्हें सफलता मिलनी चाहिए। धर्म-प्रचारक शासक जाति के थे, इसलिए, जनता पर उनका रोब, आप-से-आप, जम जाता था।

सौभाग्य की बात

उन्नीसवीं सदी के आरम्भ-काल में भारतीय जनता का अत्यन्त बुरा हाल था। हिन्दुत्व की तो अवस्था ऐसी जर्जर और विषण्ण थी कि वैसी अवस्था उसकी पहले कभी नहीं हुई थी और, ऐसे समय में, एक ऐसी जाति 'भारत का शासक' हो गई, जो पुरुषार्थ में प्रवीण, साहस में अग्रणी और लोभ में अतिशय प्रचंड थी। किन्तु, सब कुछ होते हुए भी जो इंग्लैंड भारत आया था, वह ट्यूडर या स्टूअर्ट काल का इंग्लैंड नहीं था। ट्यूडर और स्टूअर्ट कालीन इंग्लैंड में धार्मिक जोश बहुत अधिक था। यदि उन्नीसवीं सदी में भी इंग्लैंडवालों में वही धर्मोन्माद रहा होता, तो भारत में हिन्दुत्व और इस्लाम, दो में से एक भी जीवित रहता या नहीं, यह संदिग्ध है। किन्तु, सौभाग्य से उन्नीसवीं सदी तक इंग्लैंडवाले बहुत कुछ सुधर चुके थे। यूरोपीय रिनासाँ के समय से यूरोप में उदार भावनाओं का जो विकास होता आया था, उन्नीसवीं सदी तक वे यूरोप के चिन्तकों और शिक्षित लोगों के बीच भली-भाँति पच-खप गई थीं। फ्रांसीसी राज्य-क्रान्ति का भी सांस्कृतिक प्रभाव लोगों की उदारता को विकसित करनेवाला सिद्ध हुआ। विज्ञान के जो नाना आविष्कार हुए, उनके फलस्वरूप भी, यूरोप में बुद्धिवाद का जोर बढ़ा और दार्शनिक चिन्तनों के कारण, यूरोप के पंडितों में यह भाव जगा कि धार्मिक उन्माद ठीक नहीं है। सम्भव है, हमारे धर्म में जितनी गइराई है, दूसरे धर्मों में उससे कुछ अधिक गहराई हो। ये गुण ईसाइयत के विरोधी तो नहीं थे, किन्तु, इतना अवश्य था कि अब यूरोपवाले अपने धर्म को फैलाने के लिए अधिक जोर-जबर्दस्ती नहीं करना चाहते थे। यही कारण है कि इस्लाम के प्रचार के लिए भारत में जो बर्बरता बरती गई थी, उसका सहस्रांश भी ईसाइयत के प्रचार में दिखाई नहीं पड़ा। अपने धर्म-बन्धुओं के बीच अन्य धर्मों का प्रचार किसी को भी अच्छा नहीं लगता, किन्तु, तब भी ईसाई शासकों और प्रचारकों का शील भारत में कभी भी बहुत निन्दित नहीं हुआ। यही कारण है कि हमारे अंग्रेजी पढ़े-लिखे विद्वान् जब क्रूरता के लिए किसी की निन्दा करते हैं, तब उनके मुख से अ-ईसाई या अन-क्रिश्चियन शब्द निकल जाता है। यह इस बात का पक्का प्रमाण है कि हम भारतवासी ईसाइयत को आदमी का अच्छा गुण और ईसाई धर्म को, अपनी जगह पर अच्छा धर्म समझते हैं।

ईसाइयत और हिन्दुत्व का संघर्ष

यह भी सोचने की बात है कि भारत में ईसाई-धर्म का लगातार प्रचार सन् 1500 ई. से होता आया है। औरंगजेब के बाद से तो, दिनोंदिन, भारत की राजनैतिक स्थिति बिगड़ती ही गई और ईसाइयों को घटते पानी में मछली मारने का काफी अवसर मिला। किन्तु, इसका लाभ उन्हें बहुत ही कम पहुँचा है। दो सौ साल के अंग्रेजी राज्य में ईसाई धर्म-प्रचारकों ने कोई बात उठा नहीं रखी। फिर भी, सारे भारत में ईसाइयों की संख्या आज साठ लाख से अधिक

नहीं है और इनमें भी, प्रायः, सब-के-सब वे ही लोग हैं, जो हिन्दुत्व के अन्दर छोटी जातों में गिने जाते थे अथवा जो आदिवासी और वन्य होने के कारण प्रचलित हिन्दू-वृत्त से दूर थे। इस्लाम का प्रचार भी इसी वर्ग के भीतर हुआ था, किन्तु, मुसलमान कुछ अच्छे हिन्दू भी हुए थे। किन्तु, कितने उच्चवंशीय हिन्दू या मुसलमान क्रिस्तान हुए हैं, इस प्रश्न का उत्तर नगण्य है। भारत में धर्म-परिवर्तन, मुख्यतः उन्हीं लोगों ने किया है जो हिन्दुत्व के भीतर अनादृत और त्रस्त थे, जिनकी सुधि लेनेवाला कोई नहीं था। इतने आलोड़नों और झकोरों की चपेटें खाने के बाद भी हिन्दू जाति की धर्मप्राणता ढीली नहीं हुई। और बातों में वह चाहे जिसे भी अपना गुरु मान ले, किन्तु, धर्म के क्षेत्र में वह अब भी अपने को निखिल भूमंडल का गुरु समझती है।

एबी दुबोय (Abbe Dubois) ने सन् 1815 ई. में धर्म-प्रचार-सम्बन्धी अपना जो अनुभव लिखा, उससे ज्ञात होता है कि तब तक भारत में ईसाइयत को फैलने की राह नहीं मिल रही थी। वह लिखता है कि ''मैंने आँसू तो बहुत बहाए, किन्तु, वे नंगे पत्थरों पर गिरे हैं। जो लोग ईसाई हुए थे, उनमें से दो-तिहाई धर्म को छोड़कर अपने मूल-वृत्त में वापस चले गए हैं। जो बाकी बचे हैं, उनकी संख्या केवल 33000 है। साठ साल से हम लोग प्रचार कर रहे हैं, किन्तु उच्चवर्गीय हिन्दुओं पर हमारा कोई प्रभाव नहीं पड़ा है। पिछले तीस वर्षों में हमने केवल तीन सौ लोगों का धर्म-परिवर्तन किया है, जिनमें से दो सौ केवल अछूत हैं। हिन्दुओं का धर्म बदलना आसान नहीं है। इनके बीच प्रचलित किसी भी रिवाज को छूते ही, सारी जनता विरोध में खड़ी हो जाती है। जिस दिन सरकार इस काम में हाथ डालेगी, उसी दिन उसके राजनैतिक अस्तित्व का लोप हो जाएगा।''[2]

किन्तु, हिन्दुत्व का यह अवरोध उस समय था, जब अंग्रेजी शासन भारत में ठीक से अपनी जड़ नहीं जमा सका था। जड़ के जमते ही, बातें बदलने लगीं और धर्मप्रचारकों का आगमन अधिकाधिक संख्या में होने लगा। शासन खुलकर तो उनके साथ नहीं था, किन्तु, वह काफी बचाव के साथ, उन्हें पूरा प्रोत्साहन दे रहा था। अंग्रेजों को आशा थी कि भारतवर्ष एक-न-एक दिन अवश्य ईसाई हो जाएगा।

धर्म-प्रचारकों पर जो प्रतिबन्ध था, वह सन् 1813 ई. में उठा लिया गया। फिर तो, सारा उत्तरी भारतवर्ष ईसाइयत के प्रहारों के लक्ष्य में आ गया। कैरी, डफ और विलसन के नेतृत्व में सारा धर्म-प्रचारक-समुदाय हिन्दू समाज पर टूट पड़ा और, इस बार, वह अपना लक्ष्य उच्चवर्गीय हिन्दुओं को बनाने लगा। अंग्रेजी शिक्षा से, कदाचित् उन्हें कुछ विशेष आशा हो चली थी। अतएव, बाइबिल के उपदेश और सड़कों तथा गलियों में भाषण, यह आम बात हो गई। इसी काल में मिशनरियों ने अनेक कॉलेजों की स्थापना की। कलकत्ते के बिशप कॉलेज और डफ कॉलेज (अब चर्च असेम्बली कॉलेज,) त्रिचिनापल्ली के विलसन और एस. पी.जी. कॉलेज, ये सारी संस्थाएँ इसी काल में खुलीं और शिक्षा के माध्यम से ये ईसाई धर्म का प्रचार करने लगीं।

इस आन्दोलन का प्रभाव ईसाइयों के लिए अनुकूल सिद्ध हुआ। कहते हैं, सन् 1815 ई. में ईसाइयों की संख्या भारत में कोई दो लाख तक पहुँच गई थी। शिक्षा के साथ-साथ ईसाई धर्म जिस प्रकार फैलने लगा था, शायद, उसी को देखकर **मैकॉले ने कहा था कि ''थोड़ी-सी**

पाश्चात्य शिक्षा से ही बंगाल में मूर्ति पूजनेवाला कोई नहीं रह जाएगा।'' और ईसाई पादरी, मैकॉले की इस आशा से, पूर्ण रूप से सहमत थे। चर्चों की एक सभा के समक्ष, सन् 1835 ई. में डॉक्टर डफ ने यह घोषणा की थी कि **''जिस-जिस दिशा में पाश्चात्य शिक्षा प्रगति करेगी, उस-उस दिशा में हिन्दुत्व के अंग टूटते जाएँगे। और अन्त में जाकर ऐसा होगा कि हिन्दुत्व का कोई भी अंग साबित नहीं रहेगा।''** उन्हीं दिनों, **लॉर्ड शाफ्ट्सबरी** ने कहा था कि ''जो भी हिन्दू, ईसाई परमात्मा का ध्यान करेगा, वह ब्रह्मा और विष्णु को स्वयमेव भूल जाएगा।'' और सत्य ही, अंग्रेजी शिक्षा हिन्दुत्व की प्रचंडतम शत्रु होती जा रही थी।

हिन्दुत्व में कम्पन

हिन्दुत्व का स्वभाव रहा है कि वह कठिनाइयों के अभाव में सो जाता है और निद्रा उसकी तब टूटती है, जब उसके अंग पर वज्राघात किया जाए। ईसाई लोग, काफी अर्से से, अपना धर्म-प्रचार कर रहे थे, किन्तु हिन्दुत्व की नींद नहीं टूटी थी। यही देखकर धर्म-प्रचारकों का मनसूबा बढ़ता जा रहा था। किन्तु, धीरे-धीरे, वज्राघात का समय आ गया। अंग्रेजी शिक्षा से जो प्रकाश निकला, उससे हिन्दू युवक, सभी दिशाओं से मुड़कर, केवल पश्चिम की ओर देखने लगे। उन्होंने जो दृष्टि प्राप्त की, उससे पूरब के संसार में उन्हें केवल दोष-ही-दोष दिखाई देने लगे। और यह बिलकुल स्वाभाविक बात थी। उपनिषदों के युग में और बौद्ध काल में भारत में मनीषियों ने जो सूक्ष्म चिन्तन किया था, जिस प्रकार शंकाओं, प्रश्नों और बौद्धिक समस्याओं का सामना किया था, उसकी कहानी अब किसी को याद नहीं थी। सिद्धों और निर्गुनियाँ सन्तों ने क्रान्ति की जिस मशाल को जीवित रखा था, मुगलकालीन विलास से वह भी बुझ चुकी थी। कबीर के बाद न तो भारत में विचारों का कोई क्रान्तिकारी सन्त जनमा था, न तुलसी और कृष्ण-चैतन्य के बाद, उनके समान कोई भक्त। हिन्दुत्व सिमटकर पौराणिक हो गया था और अन्धविश्वास को छोड़कर उसका कोई और रूप दिखाई नहीं देता था।

इधर, अंग्रेजी पढ़कर जो हिन्दू नवयुवक तैयार हो रहे थे, उनका मस्तिष्क बुद्धिवादी तर्कों से भरा हुआ था। वे मनुष्य-मनुष्य में कोई भेद नहीं मानना चाहते थे। तीर्थों और मन्दिरों के पीछे किसी आध्यात्मिक सत्य का पता नहीं चलता था, न वे धर्म के हिन्दू-अनुष्ठानों को बुद्धि से समझ सकते थे। एक तो उनके मन में बुद्धिवाद का जोर था और उनका हृदय उदारता और क्रान्ति के भावों से भरा हुआ था; दूसरे, उनके कान में अनवरत ईसाई धर्म-प्रचारक हिन्दुत्व की निन्दा की वृष्टि कर रहे थे।[3] हिन्दू-धर्म पर, चारों ओर से, आलोचना के बाण बरस रहे थे, किन्तु, उनका उत्तर देनेवाला कोई नहीं था। हिन्दू-धर्म का नेता पंडा और पुरोहित-वर्ग था, जिसकी सबसे बड़ी पूँजी रूढ़ियाँ और अन्धविश्वास थी। भला, यह वर्ग क्या कहकर निन्दकों को जवाब देता?

नव-शिक्षित युवक

निदान, हिन्दू-कॉलेज से निकला हुआ युवकों का पूरा-का-पूरा दल, एकदम बहक गया और वह बड़ी ही निर्ममता के साथ, ठीक उसी प्रकार, हिन्दुत्व की निन्दा करने लगा, जिस प्रकार

से ईसाई मिशनरी कर रहे थे। ये नौजवान प्रतिमा-भंजक क्रान्तिकारी थे। उन्होंने, सचमुच ही, मूर्तियों पर तो हाथ नहीं उठाया, किन्तु, अपने पूर्वजों के धार्मिक और नैतिक असबाबों पर उनकी कोई श्रद्धा नहीं रह गई। घर-घर में यह विवाद छिड़ गया कि ईश्वर को मानना ठीक है या नहीं। ईश्वर साकार है या निराकार? मन्दिरों में जाना अन्धविश्वास और मूर्ति की पूजा रूढ़ि की आराधना क्यों नहीं है? जाति की प्रथा दूषित और सारा हिन्दू धर्म ही कलंकित और दोषपूर्ण क्यों नहीं माना जाए? उनका निश्चित मत हो गया कि पुराण की कथाएँ गप्पों के अम्बार हैं और यज्ञोपवीत, चन्दन, कंठी, माला और शिखा, ये फालतू चीजें हैं।

जो नौजवान कुछ अधिक जोशीले थे, उन्होंने कसकर मदिरा-पान करना आरम्भ किया और अपने पिता, चचा और बान्धवों को वे यह दिखलाने लगे कि हम तुमसे सर्वथा भिन्न हैं। इनसे भी अधिक उन्मत्त नवयुवक बीसियों प्रकार से अपने बाप-दादों को चिढ़ाने लगे और मन्दिरों में गोमांस अथवा गाय की हड्डी फेंक देना आम बात हो गई। इस स्थिति पर विलाप करते हुए स्वामी विवेकानन्द ने कहा था कि बच्चा जभी पढ़ने को स्कूल भेजा जाता है, पहली बात वह यह सीखता है कि उसका बाप बेवकूफ है। दूसरी बात यह है कि उसका दादा दीवाना है, तीसरा बात यह है कि उसके सभी गुरु पाखंडी हैं और चौथी यह कि सारे-के-सारे धर्म ग्रन्थ झूठे और बेकार हैं।

इन युवकों में से जो अधिक विचारवान् थे, उन्होंने भी घोषणा कर दी कि हिन्दुत्व के नवीन और प्राचीन, वैदिक और पौराणिक, साकारवादी और निराकारवादी, सभी रूप व्यर्थ हैं। पाठ्यक्रम में धर्म का स्थान नहीं रहने के कारण इन्हें अपने धर्म से तनिक भी परिचय नहीं था। संस्कृत भाषा से वे अनभिज्ञ थे। यदि संस्कृत ये पढ़ते भी थे तो काव्य और नाटक के लिए। इसके विपरीत, उन विज्ञानसम्मत विचारों से ये ओत-प्रोत थे, जिनकी कसौटी पर यूरोप में भी धर्म की आलोचना चल रही थी। फिर अपने धर्म की ये निन्दा भी काफी सुन रहे थे। परिणाम यह हुआ कि धर्म के मामलों में वे बिलकुल शून्य में जा लटके। ये लोग अपने को मुक्त चिन्तक कहते थे। विचारों से वे अंग्रेजों की सन्तान हो गए थे, किन्तु, सामाजिक दृष्टि से वे किसी समाज के सदस्य नहीं थे। अपने घर में वे विदेशी थे। अपने गाँव में उनका कोई आत्मीय नहीं था। ये ठीक उसी प्रकार के भारतीय थे, जिनकी कल्पना मेकॉले ने की थी—तन से भारतीय, किन्तु मन से अंग्रेज। ये ही वे शिक्षित युवक थे, जिन्हें देखकर शासकों और धर्म-प्रचारकों को यह आशा हो चली थी कि भारतवासियों को क्रिस्तान बनाने के लिए किसी विशेष आयोजन की आवश्यकता नहीं है, उन्हें केवल अंग्रेजी पढ़ाना काफी होगा। इनकी वाणी, इनके विचार और इनके व्यवहार से सारा हिन्दू-समाज दुःखी हो उठा और वे हिन्दुत्व के सबसे बड़े शत्रु माने जाने लगे। पर्सिवल ने अपनी 'लैंड ऑफ द वेदाज़' नामक पुस्तक में तत्कालीन एक समाचार-पत्र का उद्धरण दिया है, जिसमें सम्पादक ने कहा था कि "क्या हिन्दू-कॉलेज में एक नए ढंग के मनुष्यों की नींव नहीं रखी जा रही है? हिन्दू-कॉलेज से समाज की धार्मिक भावनाओं को जैसी गहरी ठेस पहुँची है, क्या उसका शतांश भी मिशनरियों के आन्दोलनों से पहुँची थी?"

जहाँ शून्य होता है, वहीं अवांछित वस्तुएँ अपनी राह बनाती हैं। इन मुक्त चिन्तकों

ने जब हिन्दू धर्म में अपनी जगह छोड़ दी, तब वे क्रिस्तान भी होने लगे। किन्तु, धर्म-परिवर्तन वे इसलिए नहीं करते थे कि ईश्वर में उनका अटल विश्वास था अथवा आत्मा के लिए वे उपयुक्त वातावरण खोज रहे थे। अकसर, धर्म-परिवर्तन का उद्‌देश्य सामाजिक सुविधा होती थी।[4] बहुतों ने इसलिए भी धर्म को छोड़ा कि हिन्दू समाज में जाति की कड़ी प्रथा और पर्दे का रिवाज था। इन दोनों नियन्त्रणों के रहते हुए प्रेम की लीला मनोवांछित ढंग से नहीं चल सकती थी। स्वयं माइकेल का भी धर्म-परिवर्तन पेट से अधिक प्रेम के कारण हुआ था। यूरोपीय रोमांटिक कविताएँ और कहानियाँ तथा नाटक पढ़कर युवकों में उद्‌दाम प्रेम की तृषा जागी और उसकी तृप्ति की राह हिन्दू समाज में अवरुद्ध देखकर, उनमें से कितने ही लोग ईसाई हो गए। दिमाग में स्वतन्त्र विचारों के तूफान और दिल में जवानी की रंगीन उमंगें, किन्तु, सारा समाज पर्दे की प्रथा से पीड़ित! निदान, युवकों ने प्रेम के कारण भी अपने धर्म का परित्याग किया।

भारतीय युवकों में जो उच्छृंखलता दिखायी पड़ी, वह ईसाई धर्म का परिणाम नहीं थी। धर्म का काम मनुष्यों को उच्छृंखल बनाना नहीं, न ईसाई धर्म इस नियम का अपवाद है। उच्छृंखलता का कारण यूरोपीय साहित्य में अभिव्यक्त निर्बन्ध विचार थे। उच्छृंखलता का कारण यूरोप से गृहीत यह विश्वास था कि, धर्म की ही अथवा व्यवहार की, कोई भी ऐसी बात मानने योग्य नहीं है, जो बुद्धि की पकड़ में नहीं जाती हो। भारतवर्ष में मुक्त चिन्तन का मार्ग कई सौ वर्ष पहले ही अवरुद्ध हो चुका था। धर्म और समाज, दोनों ही क्षेत्रों में भारतवासी अपने शास्त्र को देखकर चलते थे और शास्त्र के मानी वे सभी पुराण भी थे, जिनमें परस्पर-विरोधी बातें गुँथी हुई थीं। भारतवासियों की बुद्धि इतनी जड़ हो गई थी कि कोई यह सोचता ही नहीं था कि छुआछूत मनुष्यता के प्रति घोर पाप है, कि विधवा-विवाह नहीं होने देना नारी-जाति के प्रति अन्याय है, कि शूद्र और नारी को वे ही अधिकार मिलने चाहिए, जो उच्च वर्णों के पुरुषों को प्राप्त हैं। समाज में भ्रूण-हत्याएँ चलती थीं, बालिकाओं का वध चलता था, जहाँ-तहाँ सती की प्रथा भी कायम थी और लोग छिपकर नीच जाति की स्त्रियों से सम्बन्ध भी करते थे। किन्तु, इन बातों के खिलाफ समाज में कोई नहीं सोचता था। तीर्थों में व्यभिचार के अड्डे बने हुए थे। महन्तों के घर पापाचार के आश्रय थे और मूर्तियों को पुजवानेवाले पंडे विलास में डूबे हुए थे। किन्तु, इन बातों को रोकनेवाला कोई नहीं था। सब समझते थे कि इन्हें रोकने से धर्म का अपमान होगा।

यूरोप से जो ज्ञान आया था, उसके प्रकाश में वे लोग समाज की बुराइयों और धर्म की रूढ़ियों को स्पष्ट देखने लगे, जिन्हें अंग्रेजी की शिक्षा मिली थी। यूरोप और भारतवर्ष की टकराहट से एक बार फिर वह भाव सोते से जग पड़ा जो बुद्ध के समय प्रकटा था, जो कबीर के समय प्रत्यक्ष हुआ था और लोग, गम्भीरता से धर्म और समाज के ढाँचे पर एक बार फिर उसके, मूल से ही, सोचने लगे। किन्तु, ये चिन्तक सामान्य कोटि के लोग थे। असल में, उन्हें चिन्तक कहना भी नहीं चाहिए। वे शंकाओं से त्रस्त छोटे-छोटे मनुष्य थे, जिन्हें हिन्दुत्व की हर चीज छूँछी और निस्सार दिखाई देती थी, जो अपने समाज और धर्म की कुरूपताओं से शरमाए हुए थे और जिन्हें इस रहस्य का तनिक भी पता नहीं था कि बुद्धिवाद और उदारता के तत्त्व भी हिन्दुत्व में विद्यमान हैं।

इन नव-शिक्षितों की मनोवृत्ति पराजितों की मनोवृत्ति हो गई और अपने ईसाई शिक्षकों, ईसाई दोस्तों एवं अंग्रेजी से रोशन दिमागवालों के सामने अपने मस्तक को उठाए रखने के लिए उन्होंने खुलकर अपने धर्म की भर्त्सना आरम्भ कर दी। धर्म-त्याग इनमें से थोड़े ही लोगों ने किया। किन्तु, जो किसी भी कारण से अपने धर्म के भीतर रह गए, वे भी हिन्दुत्व को निर्ममता से झकझोरने लगे। ये भारत में प्रविष्ट यूरोप के नवीन विचारों के आरम्भिक नेता थे और घर, छात्रावास, गाँव, शहर एवं विद्यालयों में इनकी जो बकवास चलती थी, उससे हिन्दुत्व का पक्ष दिनोंदिन, कमजोर पड़ता जा रहा था और ईसाई धर्म का मार्ग प्रशस्त होता जाता था।

किन्तु, एक बात हुई जिससे ईसाई धर्म का मार्ग, पूर्णतः, नहीं खुला। और वह बात यह थी कि भारत के नव-शिक्षित युवक हिन्दू धर्म की निन्दा और ईसाइयत की प्रशंसा चाहे जितनी भी करते हों, किन्तु, स्वयं उनके भीतर धार्मिकता का कोई चिह्न नहीं था। ये हैट-बूट से सुसज्जित घोर रूप के संसारी मनुष्य थे, जिनके आमिष-भोजन और मदिरापन की कहानियाँ सर्वत्र प्रचलित थीं। भारत में धर्म के साथ एक प्रकार की फकीरी, एक प्रकार का आत्म-त्याग और अपरिग्रह का भाव सदा से वर्तमान रहा है। अतएव, इन बकवासी युवकों का भारतीय जनता पर कोई प्रभाव नहीं पड़ता। उलटे, वह उनसे घृणा करने लगी।

इस घृणा के शिकार ईसाई धर्म-प्रचारक भी हुए। भारत में इस्लाम और ईसाइयत के प्रचारों की तुलना करने पर एक बात स्पष्ट दिखाई देती है कि इस देश में इस्लाम का अधिक प्रचार इसलिए भी सम्भव हुआ कि उसके प्रचारक सूफी सन्त थे, जो अपने शरीर को कष्ट में रखने के अभ्यासी थे, जिनका राज-दरबारों से कोई सम्बन्ध नहीं था और जो मुसलमानों के गिरोह के आदमी थे। इसके विपरीत, ईसाई धर्म-प्रचारकों को यहाँ की जनता ने संन्यासी नहीं समझा। जनता को वे नए शासन की धार्मिक सेना के सिपाही नजर आए। सूफियों और संन्यासियों के जीवन की सरलता और तपश्चर्या यदि ईसाई प्रचारकों के जीवन में रही होती तो, निश्चय ही, उन्हें अधिक सफलता मिली होती और हिन्दुत्व का अधिक विनाश हुआ होता। हिन्दू-जनता बराबर उस आदमी को पूजती है जो इच्छा मात्र से संसार त्यागकर संन्यास ले सके। ईसाई प्रचारकों में इस त्याग का अभाव था और जनता को यह शंका हो गई थी कि ये प्रचारक, मौका पाते ही गद्दीनशीन भी हो सकते हैं।

हिन्दुत्व पर आक्रमण का काम इसलिए भी कठिन है कि हिन्दू-धर्म रेजिमेंटेशन (जकड़बन्दी) से घृणा करता है। इस धर्म का दार्शनिक पक्ष अधिक-से-अधिक उदारता को मनुष्य का उत्तम गुण मानता है। अपने विचारों के लिए उचित से अधिक आग्रह करना, दूसरों के धर्म, मत या विचार का निर्ममतापूर्वक अनादर करना अथवा अपने विश्वास पर कट्टर होकर खड़ा रहना, ये बातें हिन्दुत्व के खिलाफ हैं और प्रत्येक हिन्दू अपने अन्तर्मन में ऐसा काम करनेवालों का अविश्वास करता है। ईसाई धर्म-प्रचारक प्रचार के उत्साह में आकर इस प्रकार के काम खूब करते थे। अतएव, यहाँ की जनता का विश्वास उन्हें प्राप्त नहीं हो सका। जिस प्रकार, अंग्रेज शासक भारत में राज करते हुए भी इंग्लैंड में ही बने रहे, उसी प्रकार ईसाई-प्रचारक भी यहाँ की जनता के झुंड में प्रवेश नहीं पा सके।

चूँकि ईसाई प्रचारक भारतीय समाज से अलग रहते थे, इसलिए, जनता को यह जानने

का अवसर नहीं था कि उनके वैयक्तिक जीवन में कितनी सरलता और कितना तप है। उनकी प्रशंसा करनेवाले नव-शिक्षित हिन्दुओं ने समाज में अपने आचार का जो प्रमाण दिया, वही आचार ईसाई पादरियों का भी मान लिया गया और, दोनों के दोनों, भोगवादी समझे जाकर आँखों से उतार दिए गए। गांगुली नामक एक बंगाली ब्राह्मण क्रिस्तान हो गया था और धर्म-प्रचारकों में उसका आदर भी यथेष्ट था। सन् 1860 ई. में उसने लिखा था कि "ईसाई धर्म के विषय में हिन्दुओं का यह खयाल है कि ईसाई होने के लिए यह आवश्यक है कि आदमी पहले अपने माता-पिता से दुर्व्यवहार करे[5], गाय और सूअर का मांस खाए तथा मदिरा का पान करे। यह भी कि ईसाई होने की दूसरी शर्त यह है कि आदमी भी जानवरों के समान खाने के बाद मुँह नहीं धोए और उन सारी चीजों से घृणा करे, जो हिन्दुत्व से सम्बद्ध हैं, चाहे वे सुन्दर और उपयोगी ही क्यों न हों?"

ईसा का एशियाई रूप

भारत में ईसाइयत अंग्रेजों के प्रताप के काल में भी उतनी नहीं फैल सकी, जितनी कि आशंका थी और इसका सबसे बड़ा कारण यह था कि वह भारतीयता का वरण करने में असमर्थ रही। ईसाई धर्म इस देश को यूरोप बनाना चाहता था। सन् 1931 ई. में प्रोफेसर शेषाद्रि ने एक बार कहा था कि भारतीय ईसाई ईसाई होते ही मांस खाना, हैट पहनना, शराब पीना और भारतीयता की द्योतक प्रत्येक वस्तु से अपने-आपको अलग रखना आवश्यक समझने लगते हैं। आरम्भ में, स्वयं गांधीजी भी यह समझते थे कि जो आदमी ईसाई बनना चाहता हो, उसे गोमांस खाना, शराब पीना और यूरोपीय लिबास पहनना ही पड़ेगा। केशवचन्द्र सेन ब्राह्मसमाजी थे। किन्तु, विचारों में वे सोलह नहीं तो बारह आने क्रिस्तान अवश्य थे। किन्तु, उन्हें भी ईसाइयत का यह पाश्चात्य रूप खटकता था। उन्होंने एक बार कहा था कि "लगता है कि ईसा हम लोगों के बीच अंग्रेज बनकर आए हैं। उनके रंग-ढंग और तौर-तरीके अंग्रेजी हैं। उनका मिजाज और उनकी आत्मा भी अंग्रेजों का मिजाज और अंग्रेजों की आत्मा है। इसीलिए, हिन्दू उनसे बिदकते हैं। यदि आप ईसा को हमारे बीच लाना ही चाहते हैं तो उन्हें सुसभ्य यूरोपीय व्यक्ति बनाकर मत लाइए। बल्कि, उन्हें एशिया के सन्त के रूप में भेजिए, जिसकी सारी पूँजी उसकी समाधि और जिसका सारा धन उसकी प्रार्थना में है।"

स्वयं विवेकानन्दजी महाराज को तत्कालीन शिक्षित युवकों से घोर असन्तोष था। "तुम बकवास करते हो, आपस में विवाद और झगड़े करते हो तथा उन सभी वस्तुओं की खिल्ली उड़ाते हो, जो हमारे लिए पवित्र हैं। तुम्हें इसका ध्यान ही नहीं है कि प्राचीरों के बाहर असंख्य भारतीय जनता उस अमृत की एक बूँद पीने को बेचैन है, जो हमारे प्राचीन शास्त्रों में भरा पड़ा है।"[6] ईसा का यूरोपीय रूप विवेकानन्द को भी पसन्द नहीं था। अपने भाषण में उन्होंने कहा था कि "लोग अकसर यह भूल जाते हैं कि ईसा एशियाई थे। वे चित्रों में ईसा की आँखें नीली और बाल पीले दिखलाते हैं। किन्तु, इससे कुछ आता-जाता नहीं। ईसा तो फिर से एशियाई ही हैं, बाइबिल में जो उपमाएँ हैं, जो चित्र हैं, जो दृश्य, प्रवृत्ति, काव्य और प्रतीक हैं, वे एशिया के हैं, पूर्वी विश्व के हैं। बाइबिल का आकाश चमकीला है, उसके वातावरण में गर्मी है, उसके भीतर मरु-प्रदेश का सूर्य है, उसके भीतर प्यासा आदमी और पिपासित

जीव हैं। बाइबिल में उन कूपों का उल्लेख है, जिनसे पानी लेने को नर और नारियाँ दूर गाँवों से आते हैं–ये सारे दृश्य एशिया के हैं, यूरोप के नहीं।"[7]

ईसाइयत का हिन्दू-समाज पर ऐसा प्रभाव इसलिए पड़ा कि नव-शिक्षित हिन्दू युवक लिबास और विचार से **अंग्रेज** हो रहे थे एवं भारतीयता की द्योतक प्रत्येक वस्तु से उन्हें घृणा होने लगी थी। नई शिक्षा आवश्यक थी, क्योंकि रोजी अब फारसी नहीं, अंग्रेजी पढ़कर ही कमाई जा सकती थी। किन्तु, अंग्रेजी का प्रभाव हिन्दुत्व के लिए घातक होता जा रहा था। बाहर मिशनरी थे, जो पुस्तकें छापकर, अखबार निकालकर और सड़कों, गलियों, कचहरियों, बाज़ारों और स्कूलों तथा कॉलेजों में भाषण देकर निर्भीकतापूर्वक हिन्दू-धर्म की धज्जियाँ उड़ा रहे थे। और घरों में नव-शिक्षित हिन्दू युवकों का तेजस्वी समुदाय था, जो हिन्दुत्व को सैकड़ों प्रकार से अपमानित करके अपने समाज की छाती कुरेद रहा था। राजा ईसाई, प्रचारक ईसाई, शिक्षा ईसाई और शिक्षितों पर ईसाइयत का दिनोंदिन बढ़ता हुआ व्यापक प्रभाव! धर्म एक बार फिर महाविपत्ति के घेरे में था और आस्तिकों के मन में भगवान् की यह वाणी अस्फुट स्वरों में गूँज रही थी कि–

यदा यदा हि धर्मस्य ग्लानिर्भवति भारत।
अभ्युत्थानमधर्मस्य तदात्मानं सृजाम्यहम्॥

सन्दर्भ

1. (क) *था शिष्य ईसा हिन्दुओं का यह पता भी है चला।*
ईसाइयों का धर्म भी है बौद्ध साँचे में ढला। *(भारत भारती।)*

(ख) "नेपाल के एक बौद्ध मठ के ग्रन्थ में यह स्पष्ट वर्णन है कि उस समय ईसा हिन्दुस्तान में आया था और वहाँ उसे बौद्ध धर्म का ज्ञान प्राप्त हुआ। यह ग्रन्थ निकोलस नोटोविश नाम के एक रूसी के हाथ लग गया था। उसने फ्रेंच भाषा में उसका अनुवाद सन् 1894 ई. में प्रकाशित किया है।"

(गीता रहस्य : परिशिष्ट-भाग, 7)

(ग) There was a book written a year or two ago by a Russian gentleman, who claimed to have found out a very curious life of Jeses Christ and in one part of the book he says that Christ went to the temple of Jagannath to study with the Brahmins, but, became disgusted with their exclusiveness and their idols and so he went to the Lamas of Tibet instead, became perfect and went home." *(विवेकानन्द, द मेसेज ऑफ इंडिया)*

2. माडर्न इंडिया एंड द वेस्ट।

3. (क) "वह (ईसा मसीह) तुम्हारे देवताओं के समान नहीं है, जो मर-मिटे हैं। रामचन्द्र लक्ष्मण के शोक में सरजू नदी में डूब मरा। कृष्ण प्रभास-तीर्थ के वन में भील के शर से मारा गया। ब्रह्मा का सिर शिव ने काटा। विष्णु को शिव, जो उसके काले बाल का अवतार था, निगल गया। शिव ने भीमसेन के डर के मारे हिमालय में प्राण तजा। इस रीति से सब देवता, जिन पर तुम मुक्ति की आशा रखते हो, मर-मिटे।"

(ख) "मैं बुरा तो हूँ, परन्तु, देवताओं से बुरा तो नहीं हूँ। वरन्, उनसे कहीं भला हूँ। शिव के समान जाति से अनादरित और अप्रतिष्ठित नहीं हुआ और ब्रह्मा की नाईं कामातुर

हो के अपनी कन्या से कुकर्म नहीं किया और विष्णु की नाईं परायी स्त्री को नहीं ठगा और उनके अवतारों की रीति प्रतिज्ञा-भंजक और निर्दोषियों का घातक और नास्तिक मत और अधर्म का उपजायक नहीं हुआ और इन्द्र के समान अपने गुरु की पत्नी को भ्रष्ट नहीं किया।''

(श्री लक्ष्मीसागर वार्ष्णेय के, 'आधुनिक साहित्य,' में उद्धृत।)

4. ''एक बार प्रसिद्ध कवि माइकेल मधुसूदन दत्त किसी काम से दक्षिणेश्वर आए थे। वे अपने काम को समाप्त करके श्री रामकृष्ण में भेंट करने गए। शास्त्रीजी (नारायण शास्त्री) उस समय वहीं थे। शास्त्रीजी ने माइकेल से ख्रिस्ती-धर्म स्वीकार करने का कारण पूछा। माइकेल बोले, ''मैंने पेट के लिए ऐसा किया।'' इस उत्तर को सुनकर शास्त्रीजी क्रोध में आकर बोल उठे, ''क्या इस क्षणभंगुर संसार में पेट की खन्दक को भरने के लिए आपने स्वधर्म का त्याग किया? धिक्कार है ऐसे मनुष्य को। एक दिन मरना तो है ही। यदि अपने धर्म में रहते हुए ही आप मर जाते तो क्या संसार सूना हो जाता?'' माइकेल के चले जाने पर शास्त्रीजी ने श्री रामकृष्ण के दरवाजे पर कोयले से लिख दिया, ''पेट के लिए स्वधर्म त्यागनेवालों को धिक्कार है।''

(रामकृष्ण–लीलामृत, प्रथम भाग।)

5. यह उदाहरण अधिकतर उन लोगों ने उपस्थित किया, जिन्हें इंग्लैंड या यूरोप जाने का अवसर मिला था। वहाँ से लौटने के बाद ये युवक अपने पिता को प्रणाम करने में शरमाते थे और अगर अपने साथ वे मेम लाते तो माँ-बाप को छोड़कर अलग घर बसा लेते थे।
6. कलकत्ता-अभिनन्दन का उत्तर।
7. क्राइस्ट द, मेसेंजर।

प्रकरण-4

हिन्दू नवोत्थान

अवतार, अपने काल का स्वर

गीता का यह वचन ठीक है कि जब-जब धर्म का पतन और अधर्म का उत्थान होता है, तब-तब संसार में ऐसी आत्माएँ अवतीर्ण होती हैं, जिन्हें अवतार कहते हैं। ये अवतार साक्षात् भगवान् होते हैं या नहीं, इस विचिकित्सा में पड़ना व्यर्थ है। प्रत्येक व्यक्ति जिस ब्रह्म का स्वरूप है, औसत व्यक्तियों से बड़े व्यक्ति भी उसी ब्रह्म के स्वरूप होते हैं। किन्तु, स्वर्ग में कोई खास चाक नहीं है, जिस पर अवतारों, पैगम्बरों और सुधारकों का निर्माण होता हो। निर्माण उनका इस भूमि पर ही होता है और स्वभाव एवं विचार उनके क्या हों, इसका निर्णय भी समाज की आवश्यकताएँ करती हैं, जिसके बीच इन अवतारों का जन्म होता है। सन्त और सुधारक, मुख्यतः, अपने ही समय की शंकाओं का उत्तर देने को आते हैं। अतएव, एक सुधारक की वाणी दूसरे सुधारक की वाणी से ईषत् भिन्न होती है, क्योंकि समाज की शंकाएँ सदा एक-सी नहीं रहतीं। बुद्ध का उपदेश हिंसा के त्याग का उपदेश था, निवृत्ति और संन्यास का उपदेश था, क्योंकि जिस समाज में बुद्ध उत्पन्न हुए थे, वह याज्ञिक हिंसा से पीड़ित था और लोग प्रवृत्ति के मार्ग पर इतनी दूर तक चले गए थे कि मरकर भी वे स्वर्ग में वही सुख भोगना चाहते थे, जो उन्हें संसार में उपलब्ध था। इसी प्रकार, शंकराचार्य ने निराकार ब्रह्म और मायावाद को प्रमुखता इसलिए दी कि शून्यता के सिद्धान्त को अंगीकृत किए बिना वैदिक धर्म बौद्ध-धर्म को पराजित नहीं कर सकता था फिर रामानुज, वल्लभ आदि आचार्यों ने साकार ईश्वर पर इसलिए जोर दिया कि जनता निराकार और निर्गुण की उपासना से सन्तुष्ट नहीं थी, न निराकार ब्रह्म को लेकर उसके भीतर भक्ति का ज्वार उठाया जा सकता था। इसी प्रकार, कबीर और नानक फिर निराकार की ओर इसलिए चले गए कि अब भारत में इस्लाम आ गया था एवं सुधारकों ने देखा कि निराकार ब्रह्म की उपासना के द्वारा ही हिन्दुओं और मुसलमानों की पारस्परिक दूरी कम की जा सकती है। किन्तु, सूर, तुलसी, मीराबाई और कृष्ण चैतन्य साकार से, तब भी, इसलिए लिपटे रहे कि साकार भक्ति की धारा दबना नहीं चाहती थी, न सनातन-धर्म का वैदिक स्रोत उपेक्षित होने को तैयार था।

नवोत्थान का स्वरूप

उन्नीसवीं सदी से पूर्व भारत में जो भी सुधारक सन्त हुए, उनका एकमात्र विषय धर्म था, क्योंकि धर्म ही तत्कालीन समाज की मुख्य सांस्कृतिक धारा थी एवं राजनीति और समाज

की चेतना तब तक उसके वृत्त से बाहर की चीज थी अथवा यह कहना चाहिए कि राजनैतिक तथा सामाजिक चेतना तब तक उतनी नहीं बढ़ी थी कि वह धर्म को भी प्रभावित करे। किन्तु, उन्नीसवीं सदी तक आकर समस्या का रूप बदल गया और जो धर्म पहले अपने-आपमें ही पूर्ण समझा जाता था, उसकी जाँच अब सामाजिकता की कसौटी पर की जाने लगी। भारत में यूरोपीय ज्ञान के आगमन के बाद भारतीय धर्मों की जो आलोचना चलने लगी थी, उसका भी मुख्य कारण यह नहीं था कि हिन्दू धर्म और इस्लाम ईसाइयत के सामने तुच्छ थे अथवा भारतीय धर्मों की त्रुटियाँ ईसाई धर्म में नहीं थीं। बल्कि, इस आलोचना को प्रेरणा इस बात से मिल रही थी कि ईसाई धर्म चाहे जैसा भी रहा हो, किन्तु, ईसाई समाज हिन्दू और मुस्लिम समाजों से अधिक जाग्रत, अधिक कर्मठ और अधिक उन्नत एवं उदार था। भारत यूरोप के साथ आनेवाले धर्म से नहीं डरा, बल्कि, भय उसे यूरोप के विज्ञान को देखकर हुआ, उसकी बुद्धिवादिता, साहस और कर्मठता से हुआ अतएव, भारत में नवोत्थान का जो आन्दोलन उठा, उसका लक्ष्य अपने धर्म, अपनी परम्परा और अपने विश्वासों का त्याग नहीं, प्रत्युत, यूरोप की विशिष्टता के साथ उसका सामंजस्य बिठाना था।

जब से यूरोप का आधिभौतिक उत्थान हुआ है, संसार में ईसाइयों की संख्या बेहद बढ़ी है। गरीब के कान का सच्चा सोना भी सन्देह से देखा जाता है, किन्तु अमीरों के गले में कोई पीतल भी डाल दे तो लोग उसे पीतल समझने का साहस नहीं करेंगे। ईसाई धर्म, यों भी, बहुत उत्तम धर्म था। किन्तु, प्रतापी यूरोपीय जातियों का धर्म होने के कारण उसका प्रताप और भी चमक उठा और जहाँ भी यूरोप के सौदागर और विजेता गए, वहाँ की सभ्य या अर्ध-सभ्य जातियों ने अनेक प्रकार के रोब में आकर, उनका धर्म स्वीकार कर लिया। केवल भारत ही ऐसा देश निकला, जहाँ शासकों का धर्म होने पर भी ईसाइयत उतनी प्रगति नहीं कर सकी, जितनी की सम्भावना थी। और यह स्वाभाविक भी था। क्योंकि भारत कोई हाल-साल का देश नहीं है, न यहाँ की सभ्यता ही हजार-पाँच सौ वर्ष की चीज है। यहाँ की सभ्यता, कम-से-कम, छह हजार वर्ष प्राचीन है एवं जितना धार्मिक संस्कार अनेक अन्य देशों के लोग जीवन भर साधना करके प्राप्त करते हैं, उतना संस्कार यहाँ के अशिक्षित व्यक्ति को भी, बहुधा, पैतृक उत्तराधिकार के रूप में, आप-से-आप, प्राप्त हो जाता है। यदि आधिभौतिक चाकचिक्य को लें तो उसका भी भारतीयों के मन पर अधिक प्रभाव नहीं पड़ता। वैभव-विलास के अनेक दृश्य यह देश देख चुका है। अनेक बार यहाँ वैभव के सूर्य उगे और अनेक बार वे अस्त हुए हैं। और प्रत्येक बार भारतीयों को यही दिखलाना पड़ा कि यह बाहरी चमक केवल टीम-टाम है। जीवन जिसे खोज रहा है, मनुष्य जिसे प्राप्त करके शान्ति का लाभ करता है, वह पदार्थ रुपयों की हुड़दंग में नहीं, मनुष्य के शील में छिपा हुआ है। ऐसी अनुभवी जाति कभी आधिभौतिकता के शिकंजे में नहीं आ सकती। और यूरोप की अधीनता में पड़ने के बाद भी, भारत इस शिकंजे में गिरफ्तार नहीं हुआ। हाँ, इतना अवश्य हुआ है कि आधिभौतिकता की टकराहट से भारत की ऊँघती हुई बूढ़ी सभ्यता की नींद खुल गई और वह इस भाव से अपने घर के सामानों पर नजर दौड़ाने लगी कि जो चीजें लेकर यूरोप भारत आया है, वे हमारे घर में हैं या नहीं। **भारतीय सभ्यता का यही जागरण भारत का नवोत्थान था।**

चूँकि भारत पराधीन था और केवल ईसाई पादरी ही नहीं, बल्कि अंग्रेजी पढ़े-लिखे भारतीय

भी भारत के धर्म और संस्कृति की निन्दा कर रहे थे, इसलिए, यह नहीं समझना चाहिए कि भारतीय संस्कृति ने यूरोप को अपने से, सर्वतोभावेन, श्रेष्ठ मानकर उसके सामने घुटने टेक दिए या वह अपना सब-कुछ भूलकर यूरोप का अनुकरण करने लगी। यूरोप का अनुकरण तो वे कर रहे थे, जो भारतीय धर्म और संस्कृति के खिलाफ थे। ये लोग नवोत्थान के नेता नहीं, प्रत्युत, उसकी कुत्सा, आलोचना और दंड के पात्र थे। नवोत्थान नव-शिक्षित हिन्दुओं के नेतृत्व में नहीं, उनके विरुद्ध आया था और उसका उद्देश्य उन लोगों को भारतीय वृत्त में सुरक्षित रखना था जो नई लहर में बहते हुए परिधि से बाहर जा रहे थे। नवोत्थान उस प्रक्रिया का नाम है, जिससे भारत सँभला, जिससे उसने यूरोप से नैतिक कुश्ती लड़ते समय अपने हिलते हुए पाँव को स्थिर किया, जिससे यह विश्वास हुआ कि मैं सचमुच उतना बुरा नहीं हूँ जितना कि नए लोग बता रहे हैं, बल्कि, मेरे पास कुछ ऐसे अनुभव भी हैं, जिनका इन बच्चों को पता नहीं है।

नवोत्थान की रीढ़

भारतीय नवोत्थान का एक प्रधान लक्षण अतीत की गहराइयों का अनुसन्धान था। यूरोप के पास जो पूँजी थी, उसमें विज्ञान ही एक ऐसा तत्त्व था, जो भारत को नवीन लगा और जिसे भारत ने खुशी-खुशी स्वीकार कर लिया। बाकी प्रत्येक दिशा में, भारत ने अपने अतीत की पूँजी टटोली और अपने प्राचीन ज्ञान को नवीन करके वह नए मार्ग पर अग्रसर होने लगा। अंग्रेजी भाषा में एक शब्द 'रिवाइवलिज्म' है, जो दूषित अर्थ देता है। जो भी व्यक्ति आज के सत्य को अनादृत करके भूतकाल की मरी हुई बातों को दुहराता है, उसे हम पुनर्जागरणवादी या 'रिवाइवलिस्ट' कहते हैं। और पुनर्जागरण होना कोई अच्छा काम नहीं है। किन्तु नवोत्थान में भी अतीत की बातें दुहराई जाती हैं। जब नवोत्थान का समय आता है, जातियों के कुछ पुरातन सत्य दुबारा जन्म लेते हैं। यह पुनर्जागरण नहीं, सत्यों का पुनर्जन्म है। बहुत-से सत्य ऐसे हैं, जो मिटना नहीं जानते, जो कुछ दिनों के लिए प्रच्छन्न तो हो जाते हैं, किन्तु, समय पाकर जिन्हें मनुष्य फिर से प्राप्त कर लेता है। भारत में ऐसे सत्य वेदान्त के सत्य रहे हैं। जब-जब भारत में नवोत्थान हुआ है, तब-तब वेदान्त की भूमिका मनुष्य के सामने प्रकाशित हो उठी है। वेदान्त ने बुद्ध का साथ दिया, वेदान्त ने शंकर को चमकाया, वेदान्त के आधार पर कबीर और नानक सत्य सिद्ध हुए और उसी वेदान्त की नई व्याख्या करके रामानुज ने भक्ति का मार्ग प्रशस्त किया। जब ईसाइयत और विज्ञान भारत पहुँचे और भारत को उनके स्वागत-सत्कार की व्यवस्था करनी पड़ी, तब भारत ने एक बार फिर वेदान्त का सहारा लिया। जिस नवोत्थान का आरम्भ राममोहन राय, दयानन्द और विवेकानन्द ने किया था, और जिसकी धारा में हम आज भी तैरते हुए आगे जा रहे हैं, वेदान्त उस आन्दोलन की **रीढ़ है।**

निवृत्ति का त्याग

नवोत्थान का दूसरा प्रधान लक्षण निवृत्ति का त्याग था। कुश्ती का अखाड़ा यदि केवल धार्मिक रहा होता तो, सम्भव था कि, भारत इस बार भी निवृत्ति नहीं छोड़ता; क्योंकि उपनिषदों और बुद्ध के समय से वैराग्य का जहर उसकी नसों में बराबर उतारा जा रहा था और निवृत्तिवाद

भारतीय स्वभाव का अंग हो गया था। किन्तु, इस बार यूरोप के क्रान्तिकारी विचारों का भागीदार बन जाने के कारण, भारत पराधीनता के दाह का बेचैनी से अनुभव करने लगा और उसे यह ज्ञान होने लगा था कि यूरोप की श्रेष्ठता का कारण केवल यही नहीं है कि उसके पास युद्ध के अधिक उन्नत शस्त्र हैं, बल्कि, यह भी कि जीवन-विषयक उसका दृष्टिकोण प्रवृत्तिमार्गी है। वह जीवन से भागकर अपना सुख नहीं खोजता, प्रत्युत, उसके भीतर पैठकर उसका रस पाता है। इस्लाम भी हिन्दुत्व की तुलना में प्रवृत्तिमार्गी ही था, किन्तु, हिन्दुओं ने इस्लाम से प्रवृत्ति की शिक्षा नहीं ली थी, प्रत्युत, इस्लाम का भी सूफी-अंश ही हिन्दुओं को पसन्द आया था और यह सूफी-अंश उतना ही निवृत्ति-प्रधान था, जितना हिन्दुओं का धर्म समझा जाता है। बल्कि, भारत में रहते-रहते निवृत्तिवाद का जहर अब इस्लाम में भी प्रवेश कर गया था।

किन्तु, अब जो हिन्दुत्व और इस्लाम यूरोप से टकराए तो उन्हें यह सोचने को बाध्य होना पड़ा कि निवृत्ति जीवन की सच्ची राह नहीं है। लेकिन, यहाँ भी यह आभास नहीं मिलता कि प्रवृत्ति को भारतवासियों ने नया दर्शन समझकर अपनाया। नहीं, स्वामी विवेकानन्द और लोकमान्य तिलक ने वेदान्त और गीता की ही नई व्याख्या करके यह प्रतिपादित किया है कि भारतीय वैदिक धर्म का मूल उपदेश निवृत्ति नहीं, प्रवृत्ति है। यह हिन्दुत्व की बात है। इस्लाम का विश्लेषण हम अलग से करेंगे। जीवन सत्य है, संसार सपना नहीं है, वैराग्य जीवन की पराजय को नहीं कहते हैं तथा कर्माकर्म का विचार ऐसा नहीं होना चाहिए कि मनुष्य के इहलौकिक सुखों का ही नाश हो जाए, ये और ऐसे उपदेश इस काल के चिन्तकों के मुख से बार-बार सुनाई देते हैं।

असल में, उन्नीसवीं सदी का नवोत्थान, भारत में प्रवृत्तिवाद का ही अनुपम उत्थान था। राममोहन, दयानन्द, रामकृष्ण, विवेकानन्द और लोकमान्य तिलक ने प्रवृत्ति पर इतना अधिक जोर दिया कि सारा हिन्दू-दर्शन प्रवृत्ति के ही उत्स-सा दीखने लगा और संन्यास से गार्हस्थ्य को श्रेष्ठ समझने में जो बाधा थी, वह आप-से-आप क्षीण होने लगी। जातियाँ जैसे दर्शनों में विश्वास करती हैं, उनके कर्म भी वैसे ही हो जाते हैं। हिन्दुओं का दुर्भाग्य यह था कि वे जीवन को निस्सार मानने लगे थे। अतएव, जीवन का अपमान एक ऐसी वस्तु का अपमान था, जिसका अस्तित्व नहीं था। निवृत्ति की धारा में बहते-बहते हिन्दू एक ऐसे स्थान पर जा पहुँचे थे, जहाँ स्वाधीनता और पराधीनता में कोई भेद नहीं था, अन्याय और न्याय में कोई अन्तर नहीं था और न कोई अत्याचार ही ऐसा था, जिसका उत्तर देना आवश्यक हो। यह बड़ी ही अर्थपूर्ण बात है कि उन्नीसवीं सदी से पूर्व के भारतीय साहित्य में कोई भी लेखक या कवि ऐसा नहीं हुआ, जो यह कहने का साहस करे कि यह अन्याय है और हम इस अन्याय का विरोध करने को आए हैं। किन्तु, उन्नीसवीं सदी के बाद से भारतीय साहित्य में क्रान्तिकारी और अन्य-विरोधी स्वर बड़े जोर से गूँजने लगे। यह, स्पष्ट ही, गीता और वेदान्त की प्रवृत्तिमार्गी टीका का परिणाम है।

इसीलिए, हमें ऐसा लगता है कि यद्यपि, भारत में संस्कृति के बड़े-से-बड़े नवोत्थान हुए हैं, किन्तु, वर्तमान नवोत्थान उन सबसे अधिक शक्तिशाली और श्रेष्ठ हैं। इसने वैदिक धर्म की प्रवृत्तिमार्गी धारा को प्रत्यावर्तित किया है। इसने संसार की सत्यता में मनुष्य के विश्वास

को बढ़ाया है। इसने मनुष्य-मनुष्य के बीच एकता में वृद्धि की है। इसने शूद्रों को गौरव का मार्ग बताया है और नारियों को सहस्राब्दियों की कारा से विमुक्त किया है। इसने भारत के विस्मृत इतिहास को जीवित रूप दिया है तथा, सबसे अधिक, इसने मनुष्यों में सात्त्विक शंका की प्रवृत्ति स्फुरित कर दी है, जिससे मनुष्य किसी भी बात को केवल इसलिए मानने को तैयार नहीं है कि वह शास्त्रों के द्वारा अनुमोदित है अथवा वह बाप-दादों के समय से चली आ रही है। इस नवोत्थान से भारत का कायाकल्प हुआ है, धर्म की रूढ़ियाँ धूलवत् झड़ गई हैं, मनुष्य की उदारता में वृद्धि हुई है और हिन्दू-धर्म संशोधित होकर इस रूप में खड़ा हो गया है, जिसे हम विश्व-धर्म की भूमिका कह सकते हैं। नवोत्थान ने किन प्रक्रियाओं से अपने को प्रकट किया, इसे समझने के लिए यह आवश्यक है कि हम इसके कुछ सांस्कृतिक आन्दोलनों और नेताओं से परिचय प्राप्त करें।

प्रकरण-5

ब्राह्म-समाज

भारत में ईसाइयत का प्रचार, ईसाइयों के द्वारा भारतीय धर्मों की निन्दा, यूरोप के क्रान्तिकारी, बुद्धिवादी विचार और अंग्रेजी पढ़े-लिखे हिन्दुओं द्वारा हिन्दुत्व की भर्त्सना, ये कुछ कारण थे, जिनसे हिन्दुत्व की नींद टूटी। उसकी पहली अँगड़ाई ब्राह्म-समाज में प्रकट हुई और उसके नवोत्थान के आदि पुरुष राजा राममोहन राय हुए। राममोहन साधक की अपेक्षा राजनीतिज्ञ और सामाजिक नेता अधिक थे। इसलिए, धर्म के अध्ययन और विश्लेषण से उन्होंने वह शक्ति निकालनी चाही, जिससे हिन्दू क्रिस्तान होने से बच सकते थे; जिससे वे यूरोप के ज्ञान और यूरोप की पद्धति को अपनाकर अपने खोए हुए अधिकार फिर से प्राप्त कर सकते थे। वे धर्म के सुधारक कम, समाज के सुधारक अधिक थे। उन्होंने जो कुछ किया, उसे हम सांस्कृतिक राष्ट्रीयता का कार्य कह सकते हैं। भारत की राजनैतिक राष्ट्रीयता इसी सांस्कृतिक राष्ट्रीयता का विकसित रूप है।

राममोहन राय

राममोहन का जन्म 22 मई, सन् 1772 ई. को बंगाल के बर्दवान जिले के राधा-नगर गाँव में हुआ था। वे जाति के ब्राह्मण थे। आरम्भिक शिक्षा-दीक्षा के बाद वे अरबी और फारसी पढ़ने को पटने गए और पटने से वे इन भाषाओं के महापंडित होकर घर लौटे। पटने में इस्लाम और उसके तसव्वुफ-अंश का राममोहन ने जो अध्ययन किया, उससे प्रतिमा-पूजन के विषय में उनके मन में भयानक शंका उत्पन्न हो गई, यहाँ तक कि मूर्ति-पूजा से उनका विश्वास ही उठ गया। सम्भव है, इसका कुछ कारण तो इस्लाम की शिक्षा और कुछ ईसाइयों का प्रचार रहा हो। कहते हैं, सोलह-सत्रह साल की उम्र में, जब वे घर पर पिता के साथ थे, उन्होंने मूर्ति-पूजा के खंडन में फारसी में कोई पुस्तक लिखनी आरम्भ की। यह पुस्तक पूरी हुई या नहीं, इसका प्रमाण नहीं मिलता, क्योंकि उसका कोई भी अंश अब तक प्राप्त नहीं हुआ है। किन्तु, पिता ने उनके इस प्रयास पर अप्रसन्नता प्रकट की और राममोहन पिता का गृह छोड़कर भाग गए। उनकी आत्मकथा से विदित होता है कि घर से भागकर उन्होंने सारे भारत का भ्रमण किया एवं, इसी क्रम में, उन्होंने तिब्बत जाकर लामाओं के यहाँ बौद्ध धर्म का भी अध्ययन किया।

उनके जीवन के आरम्भिक तीस वर्षों का विवरण नहीं मिलता। हाँ, सन् 1803 ई. में मुर्शिदाबाद से उन्होंने **'तुहफतुल-मुवह्‌हिदीन'** नामक एक पुस्तक फारसी में निकाली, जिसकी

भूमिका अरबी भाषा में थी। इस पुस्तक में उन्होंने मूर्ति-पूजा का खंडन किया था, एकेश्वरवाद की प्रशंसा की थी तथा विश्व-धर्म को आवश्यक बतलाया था। इन्हीं दिनों या इससे कुछ पूर्व वे कम्पनी-सरकार की नौकरी में आए और सन् 1809 ई. में रंगपुर के कलक्टर के दीवान हो गए। बाद में, वे किसी नाबालिग जमींदार के मैनेजर नियुक्त किए गए और सन् 1815 ई. में उन्होंने नौकरी से अवकाश ग्रहण कर लिया। राममोहन राय अरबी, फारसी और संस्कृत तो जानते ही थे, अंग्रेजी सीखना उन्होंने 22 वर्ष की अवस्था में आरम्भ किया। पीछे चलकर उन्होंने हिब्रू और ग्रीक भाषाएँ भी सीख लीं एवं यहूदी और ईसाई बाइबिलों का अध्ययन उन्होंने मूल-भाषाओं में किया।

सुधार के कार्य

जब अंग्रेज शासक इस दुविधा में पड़े हुए थे कि भारतीयों की शिक्षा अंग्रेजी में हो या संस्कृत और फारसी के द्वारा, तब राममोहन राय ने अंग्रेजी का पक्ष लिया। अदूरदर्शिता उनकी यह रही कि उन्होंने इस बात विचार ही नहीं किया कि शिक्षा का माध्यम हिन्दी और बँगला जैसी आधुनिक भाषाएँ भी हो सकती थीं। जिन दिनों बंगाल में यह द्वन्द्व छिड़ा हुआ था कि शिक्षा का माध्यम अंग्रेजी हो अथवा संस्कृत और फारसी, उन दिनों बम्बई में एलफिंस्टन और पश्चिमोत्तर प्रदेश में थॉमसन यह मानकर चल रहे थे कि भारतीय जनता की शिक्षा उसकी प्रचलित भाषाओं में ही होनी चाहिए, अंग्रेजी, संस्कृत, अरबी और फारसी में नहीं। किन्तु, राजधानी उस समय कलकत्ते में थी। अतएव, राजधानी में उठनेवाला विवाद ही सारे देश का विवाद हो गया और निर्णय केवल अंग्रेजी एवं भारत की क्लासिक भाषाओं के बीच सीमित कर दिया गया। ऐसी स्थिति में राममोहन राय केवल अंग्रेजी का पक्ष ले सकते थे और उसी का पक्ष उन्होंने लिया भी।

भारत में प्रचलित सती-प्रथा के उन्मूलन का प्रयास सबसे प्रथम अकबर ने किया था, किन्तु तब भी यह प्रथा चलती आ रही थी। राममोहन की अनुपस्थिति में उनके बड़े भाई का देहान्त हो गया एवं उनकी भावज सती हो गईं। इस दुर्घटना का राममोहन राय के हृदय पर भयानक आघात लगा तथा उन्होंने सती-प्रथा के विपक्ष में तभी से आन्दोलन आरम्भ किया। सन् 1829 ई. में लॉर्ड विलियम बेंटिक ने सती-प्रथा को गैर-कानूनी घोषित करके इसके विरुद्ध कड़ा कानून बना दिया। यह राममोहन राय के ही प्रयत्नों का शुभ परिणाम था। राममोहन राय ने 'संक्षिप्त वेदान्त' नाम से वेदान्त का एक सटीक संग्रह प्रकाशित किया तथा केन, ईश, मुंडक और कठ उपनिषदों का अनुवाद भी। 'हिन्दू-ईश्वरवाद का मंडन' एवं सती-प्रथा पर 'शास्त्रार्थ' नामक भी उनके निबन्ध मिलते हैं।[1]

ईसाइयत पर विचार

सन् 1820 ई. से सन् 1823 ई. तक उनका विवाद ईसाई पादरियों से भी चला था और इसी सिलसिले में, उन्होंने ईसाई धर्म पर एक पुस्तक लिखी, जिसका नाम 'The precept of Jesus, the guide to peace and happiness' था। इस ग्रन्थ में उन्होंने ईसा की विवेकपूर्ण शिक्षाओं को उनके व्यक्तित्व के चमत्कारवाले अंशों से अलग करके दिखलाया था। इस ग्रन्थ को देखकर सिरामपुर के पादरी नाराज हो गए और उसके लेखक को उन्होंने मूर्तिपूजक अथवा नास्तिक

कह डाला। इस पर राममोहन राय ने 'ईसाई जनता से अपील' शीर्षक के अन्दर तीन लेख लिखे और यह सिद्ध कर दिखाया कि ईसा ईश्वर के पुत्र नहीं थे, न ईसाइयों का ईश्वर-त्रयवाला सिद्धान्त (फ़ादर, सन और होली घोष्ट) ही ठीक है। उन्होंने ईसाइयत के इस सिद्धान्त पर भी शंका की कि पश्चात्ताप करने से मनुष्य सारे पापों से छूट जाता है। इन निबन्धों में राममोहन ने बाइबिल तथा ईसाई पुराणों का ऐसा गहरा ज्ञान प्रदर्शित किया कि ईश्वर-त्रय में विश्वास करनेवाला एक ईसाई पादरी अपना धर्म छोड़कर एकेश्वर-शाखा (यूनिटेरियन) में चला गया।

ईसाई पादरी हिन्दू-धर्म की जिस प्रकार छीछालेदर कर रहे थे, उससे राममोहन राय अत्यन्त दुःखी थे। इन्हीं निबन्धों में एक जगह वे कहते हैं–"यह स्वाभाविक बात है कि जब एक जाति दूसरी जाति पर विजय प्राप्त करती है, तब उसका अपना धर्म चाहे जितना भी हास्यापद हो, किन्तु, हँसी वह उनके धर्म की उड़ाया करती है, जो उसके पाँव के नीचे आए हुए हैं। उदाहरणार्थ, मुसलमानों ने जब भारत को जीता, तब हिन्दुओं के धर्म के प्रति उन्होंने शत्रुता दिखलाई। चंगेज खाँ[2] के अनुयायी स्वयं तो ईश्वरहीन एवं स्वभाव में जंगली जानवरों के समान थे, किन्तु जब वे पश्चिमी भारत में आए, तब उन्होंने वहाँ के लोगों की आस्तिकता एवं परलोक-सम्बन्धी विश्वासों का काफी मजाक उड़ाया। प्राचीन काल के यूनानी और रोमन लोग मूर्तिपूजक थे एवं उनके जीवन में पापाचार का भी आधिक्य था। किन्तु, वे अपनी यहूदी-प्रजा के धर्म की खिल्ली उड़ाते थे, क्योंकि यहूदी जनता एकेश्वरवाद में विश्वास करती थी। इसलिए, आज यदि अंग्रेजी धर्म-प्रचारक, जो विजेता वर्ग के हैं, भारतवासियों के धर्म की भर्त्सना करते हैं अथवा उसका मजाक उड़ाते हैं तो यह कोई असाधारण बात नहीं है।"

विश्ववादी और भारतीय

किन्तु, ईसाइयत की पौराणिक बातों एवं ईसाई धर्म-प्रचारकों के दुष्प्रचारों के वे जितने विरोधी थे, उससे कहीं कठोर आलोचक वे अपने धर्म और समाज के थे। हिन्दू-धर्म को रूढ़ियों से मुक्त करके वे उसे एक नया रूप देना चाहते थे। हिन्दू जनता धर्म के विषय में बिलकुल पौराणिक संस्कारों से भरी हुई थी। इस चट्टान को तोड़कर वे हिन्दू-हृदय को शुद्ध धर्म के आलोक से भरना चाहते थे। कभी-कभी लोग यह कह बैठते हैं कि राममोहन राय पूरे भारतीय नहीं थे। वे ईसाई पादरियों के प्रहारों से भीत होकर हिन्दू-धर्म का ईसाई अनुवाद प्रस्तुत करना चाहते थे, जिससे ईसाइयों की आलोचना बन्द हो जाए और हिन्दू जनता क्रिस्तान नहीं बने। यह किंचित् भ्रमपूर्ण बात है। ईसाई आलोचकों का मुँह बन्द करना वे अवश्य चाहते रहे होंगे, किन्तु, उनका यह तो निश्चित मत था कि हिन्दू जनता हिन्दू ही रहे। उनके द्वारा स्थापित ब्राह्म-समाज हिन्दू-धर्म का ईसाई अनुवाद नहीं था। ब्राह्म-समाज को ईसाइयत की ओर केशवचन्द्र सेन ने मोड़ा। राममोहन राय ने हिन्दुत्व, इस्लाम और ईसाइयत, तीनों धर्मों का गहन अध्ययन किया था और तीनों धर्मों पर वे समान अधिकार के साथ बोल सकते थे। हिन्दुत्व की पवित्रता, इस्लाम की रुचि तथा ईसायत की सफाई उन्हें बेहद पसन्द थी।[3] उनका वैयक्तिक रहन-सहन मुसलमानों-जैसा था। एकेश्वरवाद में अटल विश्वास तथा मूर्तिपूजा का विरोध, ये दो बातें हिन्दुत्व में भी थीं और इस्लाम में भी। ईसाई धर्म से, कदाचित्, उन्होंने कुछ भी नहीं लिया, जो कुछ लिया वह ईसाई देशों के सामाजिक जीवन से, ईसाई देशों के राजनैतिक संगठन

और विज्ञान से। प्रतिमा-पूजन का विरोधी और एकेश्वरवादी होने के कारण, हिन्दुत्व में उन्हें अपना आश्रय केवल वेदान्त में मिला। इसलिए, उनकी इस्लामप्रियता उनके हिन्दुत्व की विरोधिनी नहीं हुई।

विभिन्न धर्मों का गम्भीर अध्ययन करने से एवं वैज्ञानिक दृष्टि उत्पन्न हो जाने के कारण वे विश्ववादी हो गए। फ्रांस के वैदेशिक मन्त्री को सन् 1831 ई. में पत्र लिखते हुए उन्होंने कहा था कि ''केवल धर्म से ही नहीं, प्रत्युत, अदूषित सामान्य बुद्धि एवं विज्ञान से भी यही ज्ञात होता है कि सारी मनुष्य-जाति एक परिवार है तथा जो अनेक जातियाँ और राष्ट्र हैं, वे उसी एक परिवार की शाखाएँ हैं।'' उसी पत्र में राममोहन राय ने यह भी लिखा था कि देश-देश के बीच पासपोर्ट की जो पद्धति प्रचलित है, उसे उठा देना चाहिए तथा सभी राष्ट्रों के ऊपर कोई ऐसी संस्था बनाई जानी चाहिए, जो राष्ट्र-राष्ट्र के बीच चलनेवाले मतभेदों को नियन्त्रित कर सके। सारे संसार में विश्ववाद के सबसे प्रथम व्याख्याता राममोहन राय हुए हैं। राममोहन के पीछे-पीछे भारत में जो राष्ट्रीयता उत्पन्न हुई, उसका रंग राष्ट्रीय भी था और अन्तर्राष्ट्रीय भी। कोई आश्चर्य नहीं कि जिस जाति का दर्शन राममोहन और विवेकानन्द ने रचा, उस जाति के कर्मठ नेता महात्मा गांधी और उसके कवि श्री रवीन्द्रनाथ ठाकुर हुए।

विज्ञान और वेदान्त का मेल

राममोहन ने शिक्षा-दीक्षा से जो संस्कार अर्जित किया था एवं उनके आगे जो समस्याएँ खड़ी थीं, उन दोनों की प्रेरणा से वे इस निष्कर्ष पर पहुँचे कि भारत के प्राचीनतम सत्यों का यूरोप के नवीन सिद्धान्तों के साथ सामंजस्य बिठाए बिना भारत का कल्याण नहीं है। सभी धर्मों के समान ईसाई धर्म में भी पौराणिक बातें थीं, रूढ़ियों, चमत्कार की कहानियों और अन्धविश्वास का ढेर था। किन्तु, जो सैनिक उस धर्म को इस बार भारत ले आए थे, वे अन्धविश्वासी नहीं थे, न वे रूढ़ियों के आगे मस्तक झुकाने को तैयार थे। ईसाई धर्म हिन्दुत्व से कई गुना बलवान दीखता था। उसका सामना करने के लिए यह आवश्यक था कि भारत यूरोप की वैज्ञानिकता को ग्रहण करे और इस वैज्ञानिकता के साथ अपने धर्म को भी संसार के सामने रखे। अतएव, वैज्ञानिकता का वेदान्त से मणिकांचन-संयोग नवोत्थान का प्रधान लक्षण हो गया और राममोहन राय हिन्दुत्व के उस पक्ष का आख्यान करने लगे, जिसमें मूर्ति-पूजा नहीं थी, अवतारवाद नहीं था, न जिसमें मन्दिरों और तीर्थों की ही कोई बात थी। राममोहन की विशेषता यह थी कि एक ओर तो वे वेदान्त के स्थान से हिलने को तैयार नहीं थे; दूसरी ओर, वे अपने देशवासियों को अंग्रेजी के द्वारा पाश्चात्य विद्याओं में निष्णात बनाना चाहते थे। भारतवासी संस्कृत, अरबी और फारसी पढ़कर बस मान लें अथवा वे अंग्रेजी पढ़कर क्रिस्तान हो जाएँ, इन दोनों खतरों से वे भारतवर्ष को बचाना चाहते थे। किन्तु, उनका यह भी मत था कि हिन्दुत्व का कोई भी ऐसा रूप मान्य नहीं रहना चाहिए जो विज्ञान और बुद्धिवाद की कसौटी पर खरा नहीं उतरता हो। उनकी जीवनी-लेखिका मिस कॉलेट ने यह खूब लिखा है कि ''**इतिहास में राममोहन का स्थान उस महासेतु के समान है जिस पर चढ़कर भारतवर्ष अपने अथाह अतीत से अज्ञात भविष्य में प्रवेश करता है**। प्राचीन जाति-प्रथा और नवीन मानवता के बीच जो खाई है, अन्धविश्वास और विज्ञान के बीच जो दूरी है, स्वेच्छाचारी

राज्य और जनतन्त्र के बीच जो अन्तराल है तथा बहुदेववाद एवं शुद्ध ईश्वरवाद के बीच जो भेद है, उन सारी खाइयों पर पुल बाँधकर भारत को प्राचीन से नवीन की ओर भेजनेवाले महापुरुष राममोहन राय हैं।''

ब्राह्म-समाज के जन्म की वेदना

हिन्दुओं के बीच नए धर्म के मन्तव्यों का प्रचार करने के उद्देश्य से राममोहन राय ने सन् 1816 ई. में कलकत्ते में **वेदान्त कॉलेज** की स्थापना की। उससे एक वर्ष पूर्व, वे धार्मिक चर्चा के उद्देश्य से **आत्मीय सभा** की स्थापना कर चुके थे। कलकत्ते के तत्कालीन रईसों और पंडितों में से अनेक इस सभा के सदस्य थे। इसके अधिवेशनों में धर्म के रहस्य पर चर्चा और विवाद होता था तथा, अन्त में, सब लोग मन्त्रों एवं प्रार्थनाओं का गान करते थे। एक बार इसी सभा के तत्त्वावधान में मद्रास के पंडित सुब्रह्मण्य शास्त्री के साथ राममोहन राय का मूर्ति-पूजा के विषय में शास्त्रार्थ हुआ था, जिसमें शास्त्रीजी को राममोहन से हार माननी पड़ी थी। यह सभा सन् 1819 ई. तक ठीक से चली। उसके बाद वह बन्द हो गई। तब राममोहन राय ने **कलकत्ता यूनिटेरियन सोसाइटी** के नाम से एक अन्य सभा स्थापित की जो, मूल उद्देश्य में, आत्मीय सभा का ही अंग्रेजी रूप थी। इसके सदस्य कुछ अंग्रेज बैरिस्टर थे और कुछ वे लोग भी (द्वारकानाथ टैगोर, प्रसन्नकुमार टैगोर आदि) जो आत्मीय सभा के सदस्य रह चुके थे।

यूनिटेरियन सोसाइटी पर किस दृष्टि से विचार किया जाए, इसका ठीक निश्चय नहीं हो सकता। इसके सदस्य अंग्रेज भी थे, अतएव, हिन्दू-धर्म का सुधार इस समिति का मूल उद्देश्य तो नहीं ही रहा होगा। हाँ, यह जानकर कि बंगाल में हिन्दू ऐसे भी हैं, जो ईसाई धर्म के एकेश्वरवादी रूप को भी अपना ही धर्म समझते हैं, ईसाइयों के बीच हिन्दू-धर्म का थोड़ा सुयश अवश्य बढ़ता होगा। अतएव, इस समिति का प्रचारात्मक पक्ष ही प्रधान रहा होगा। किन्तु, इस समिति से राममोहन के हृदय को सन्तोष नहीं हुआ। वे हिन्दू-धर्म में जो सुधार लाना चाहते थे, उसके लिए यह पाश्चात्य समिति अयोग्य थी। अतएव, राममोहन राय ने एक ऐसी सभा स्थापित करने का विचार किया, जो शुद्धतः औपनिषदिक सत्यों पर आधारित हो।

ब्राह्म-समाज का जन्म

तदनुसार 20 अगस्त, सन् 1828 ई. को उन्होंने ब्राह्म-समाज की स्थापना कलकत्ते में की। इस समाज का रूप, निर्विवाद रूप से, भारतीय था और भारतीय परम्परा में कहें तो कह सकते हैं कि यह अद्वैतवादी हिन्दुओं की संस्था थी। इस सभा के अधिवेशन में दो तेलुगु ब्राह्मण वेद का पाठ करते थे। वे वेदों का पाठ पर्दे के भीतर से करते थे, जहाँ अब्राह्मणों का प्रवेश निषिद्ध था। उत्सवानन्द उपनिषदों का पाठ करते थे और रामचन्द्र विद्यावागीश उसका अर्थ बँगला में समझाते थे। कभी-कभी राममोहन-रचित उपदेशों का पाठ भी किया जाता था और अधिवेशन की समाप्ति के पूर्व प्रार्थना नियमपूर्वक गाई जाती थी।[4]

यूरोप के सम्पर्क से जैसे भारत में नई मानवता का जन्म हो रहा था, वैसे ही, हिन्दू-धर्म

भी नया रूप ले रहा था। ब्राह्म-समाज इसी अभिनव हिन्दुत्व का एक रूप था। इसने मूर्ति-पूजा का बहिष्कार किया, अवतारों को नहीं माना और लोगों का ध्यान उस निराकार, निर्विकार, एक ब्रह्म की ओर आकृष्ट किया, जिसका निरूपण वेदान्त में हुआ है। किन्तु, ब्राह्म-समाज की इससे भी बड़ी विशेषता यह थी कि वह सभी धर्मों के प्रति सहानुभूतिशील और उदार था। राममोहन राय ने समाज के लिए जो भवन खड़ा किया, उसके ट्रस्ट के दस्तावेज में (सन् 1830 ई.) स्पष्ट प्रतिबन्ध रखा गया था कि इस समाज में होनेवाली पूजा में किसी भी ऐसी सजीव या निर्जीव वस्तु की निन्दा नहीं की जाएगी, जिसकी थोड़े से लोग भी पूजा या आराधना करते हों तथा इस समाज में केवल ऐसे ही उपदेश किए जाएँगे, जिनसे सभी धर्मों के लोगों के बीच एकता, समीपता और सद्भाव की वृद्धि होती हो। कोई कहना चाहे तो यह कह सकता है कि ऐसे प्रतिबन्ध इसलिए रखे गए थे कि समाज के प्रवर्तक का उद्देश्य राजनैतिक और राष्ट्रीय था। क्योंकि एक ओर जहाँ हिन्दुओं और मुसलमानों की एकता आवश्यक थी, वहाँ दूसरी ओर ईसाई मत का उस समय डटकर विरोध भी सम्भव नहीं था। किन्तु, इसका दूसरा पक्ष यह है कि नवोत्थान के समय हिन्दू सुधारकों ने जो आत्म-मन्थन किया, उससे उन्हें स्पष्ट भासित होने लगा कि एक धर्म और दूसरे धर्म में विभेद करना मूर्खता है। सभी धर्म समान हैं और संसार के सभी लोग आपस में भाई-बहन होते हैं।

राममोहन की उदार दृष्टि

समाज की स्थापना के केवल दो वर्ष बाद, राममोहन राय विलायत गए, जहाँ से वे फिर लौटे नहीं। 27 सितम्बर, 1833 ई. को ब्रिस्टल में उनका देहान्त हो गया। उनके समस्त कार्य-कलाप पर दृष्टिपात करने के बाद, ऐसा लगता है कि उनका प्रधान विषय धर्म नहीं, समाज था। धार्मिक सुधारों की बात उन्होंने, शायद इसलिए उठाई थी कि एक ओर उन्हें जहाँ ईसाइयों का सामना करना था, वहाँ, दूसरी ओर, उन्हें हिन्दू-समाज को भी कुरीतियों और अन्धविश्वासों के विरुद्ध सचेत करना था। फिर भी, वे अधार्मिक नहीं, धार्मिक थे। यह बड़े ही मार्के की बात रही कि जहाँ अठारहवीं सदी का यूरोप अपने नवोत्थान के जोश में आकर धर्म से दूर होता जा रहा था, वहाँ उन्नीसवीं सदी का यूरोप में भारत में जो नवोत्थान हुआ, उसका आधार धर्म था। यह भी ध्यान देने की बात है कि राममोहन ने विश्व-मानवता की जो बात कही, वह कही तो यूरोप में भी जाती थी, किन्तु, यूरोप की विश्व-मानवता संकीर्ण थी। उसमें पूर्वी जगत् के लिए स्थान नहीं था, दुर्बल जातियों की गणना नहीं थी। यूरोप की दृष्टि में विश्व-इतिहास का अर्थ यूरोप और अमेरिका का इतिहास तथा विश्व-मानवता से अभिप्राय यूरोप और अमेरिका की मानवता से था। किन्तु, राममोहन राय की विश्व-मानवता का वृत्त बहुत अधिक विस्तृत था, जिसमें समस्त भूमंडल की स्वतन्त्र, समृद्ध, पराधीन, दलित और निष्पेषित जातियों के लिए एक समान स्थान था। नवोत्थान ने भारत में विश्व-मानवता की जो कल्पना चलाई थी, वह, भारत की स्वाधीनता के बाद, भारत की ही वैदेशिक नीति में आकार लेने लगी है।

महर्षि देवेन्द्रनाथ

राजा राममोहन राय की मृत्यु के बाद, ब्राह्म-समाज के नेतृत्व का भार महर्षि देवेन्द्रनाथ ठाकुर

के कन्धों पर पड़ा। महर्षि देवेन्द्रनाथ ठाकुर सन्त और रहस्यवादी हिन्दू थे, किन्तु, यूरोप से आनेवाले बुद्धिवाद पर उनकी भक्ति थी और हिन्दुत्व के रूढ़िवादी रूप से लज्जित होकर वे भी अपने धर्म का बुद्धिसम्मत रूप संसार के सामने रखना चाहते थे। राममोहन राय के भी निश्चित रूप से ऐसे ही भाव थे। किन्तु, उनकी विशेषता यह थी कि वेद और उपनिषदों पर उनका अचल विश्वास था एवं किसी भी अवस्था में वे वेदों पर अविश्वास करने को तैयार नहीं थे। राममोहन राय ने ब्राह्म-समाज की स्थापना इसलिए की थी कि वे हिन्दू-धर्म के मौलिक (वेदसम्मत) रूप को ईसाइयत की महफिल में प्रतिष्ठा के साथ स्थापित करना चाहते थे, जिससे ईसाई लोग भी यह जान जाएँ कि हिन्दुत्व का मूल रूप ऐसा नहीं है, जिसकी हँसी उड़ाई जा सके। किन्तु महर्षि देवेन्द्रनाथ के समय में आकर ब्राह्म-समाज अपनी जड़ (हिन्दुत्व) से दूर जाने लगा और केशवचन्द्र के समय में तो वह हिन्दुत्व से इतना अलग और ईसाइयत के इतना समीप जा पहुँचा कि लोगों को सात्विक भ्रम हो गया कि यह और कुछ नहीं, सम्पूर्ण हिन्दू-समाज को एक साथ ईसाइयत में दीक्षित करने का आयोजन मात्र है।

महर्षि देवेन्द्रनाथ की भी अपनी एक सभा थी, जिसका नाम **तत्त्व-बोधिनी सभा** था। इस सभा में भी लोग धार्मिक विचार-विमर्श किया करते थे। सन् 1842 ई. में यह सभा **ब्राह्म**-समाज में मिला दी गई और देवेन्द्रनाथ ठाकुर के सभी अनुयायी ब्राह्म-समाज में सम्मिलित हो गए। इसी समय से ब्राह्म-समाज उनके नेतृत्व में काम करने लगा। देवेन्द्रनाथ ने आरम्भ में ब्रह्मोपासना की जो विधि और स्तोत्र तैयार किया, वह हिन्दुत्व के परम अनुकूल था, क्योंकि उपासना के सारे मन्त्र उपनिषदों और तन्त्र-ग्रन्थों से लिये गए थे। किन्तु, कुछ ही दिनों के बाद ब्राह्म-समाजी पंडित और विद्वान् इस संशय में जा पड़े कि वेद अन्तिम प्रमाण हैं या नहीं। विवाद के बाद यह निश्चय हुआ कि अन्तिम प्रमाण वेदों को भी नहीं माना जा सकता, वेदों के उपदेश भी वहीं तक मान्य हैं, जहाँ तक वे हमारी बुद्धि से मेल खाते हैं।

केशवचन्द्र सेन

केशवचन्द्र सेन ने ब्राह्म-समाज में प्रवेश सन् 1857 ई. में किया, जब उनकी उम्र केवल उन्नीस साल की थी। वे बड़े ही तेजस्वी एवं मेधावी नवयुवक थे तथा, आरम्भ से ही, देवेन्द्रनाथ उनके प्रभाव में आने लगे। अंग्रेजी पढ़े-लिखे नवयुवकों में हिन्दुत्व के खिलाफ जो विद्रोह की आग भड़क रही थी, केशवचन्द्र सेन में भी उसका पूरा जोर था। वे यूरोप के धर्म और संस्कृति, दोनों पर आसक्त थे एवं ब्राह्म-समाज को वे आरम्भ से ही अभीप्सित दिशा में मोड़ने लगे। पहले उन्होंने देवेन्द्रनाथ के द्वारा ब्राह्म-समाजियों को यह शिक्षा दी कि हिन्दू-अनुष्ठानों में प्रतिमा-पूजन के संस्कार भरे होते हैं, अतएव, हमें इन अनुष्ठानों से अलग ही रहना चाहिए। तब वे इस बात पर आए कि जाति-प्रथा गलत चीज है, हम ब्राह्म-समाजियों को इससे भी कोई सरोकार नहीं रखना चाहिए। परिणाम यह हुआ कि सभी द्विज-सदस्यों ने अपना जनेऊ उतारकर फेंक दिया। इसके बाद, केशवचन्द्र सेन ने अन्तर्जातीय विवाह का समर्थन किया और उनके प्रत्येक सुधार को देवेन्द्रनाथ अनिच्छापूर्वक मानते गए। देवेन्द्रनाथ हिन्दू थे, वे ब्राह्म-समाज को भी हिन्दू-संस्था ही रखना चाहते थे। किन्तु केशवचन्द्र सेन में सामाजिक क्रान्ति के लिए पूरा उत्साह था। वे, असल में, ईसा के परम भक्त थे और हिन्दू-धर्म को

भी ईसाइयत की दिशा में ले जाना चाहते थे। अन्त में, गुरु और शिष्य में मतभेद हो गया एवं केशवचन्द्र सेन ने सन् 1866 ई. में अपना समाज अलग कर लिया, जिसका नाम **ब्राह्म-समाज** ही बना रहा। देवेन्द्रनाथ ठाकुर के अधिकार में जो समाज रह गया, उसे वे **आदि-ब्राह्म-समाज** कहने लगे। इन दोनों समाजों का सम्बन्ध इतना कटु हो गया कि जब सन् 1872 ई. में केशवचन्द्र सेन ब्राह्म-विवाह-कानून बनवाने लगे, तब आदिसमाजवालों ने उसका घोर विरोध किया।

देवेन्द्रनाथ ठाकुर के प्रभावशाली व्यक्तित्व की छाया से निकलने के बाद, ब्राह्म-समाजी लोग ईसाइयत की ओर निश्चिन्त होकर चलने लगे। बाइबिल और ईसाई पुराणों का अध्ययन समाज के अन्दर उत्साह से किया जाने लगा और ईसा मसीह सभी ब्राह्म-समाजियों के पूज्य पथ-प्रदर्शक हो गए। इस समय चारों ओर लोग एक ही बात कहते थे कि केशवचन्द्र सेन अब क्रिस्तान होंगे। किन्तु, वे क्रिस्तान हुए नहीं। हाँ, अपने समाज को विश्व-धर्म का व्याख्याता बताने के लिए उन्होंने सभी धर्मों की उपासना आरम्भ की। उनके पथ-प्रदर्शन में समाज का जो प्रार्थना-संग्रह तैयार हुआ, उसमें हिन्दू, बौद्ध, यहूदी, ईसाई, मुस्लिम और चीनी, सभी धर्मों की प्रार्थनाएँ सम्मिलित थीं। साथ ही केशवचन्द्र ने वैष्णव-कीर्तन के भी गीत अपनी प्रार्थना में मिला लिये और ढोलक-झाँझ के साथ वे कीर्तन गाते हुए सड़कों पर भी निकलने लगे। किन्तु, वैष्णवी कीर्तन उनके ईसा-विषयक प्रेम में कमी नहीं ला सका। मिशनरियों के यहाँ उनकी काफी इज्जत थी और सन् 1870 ई. में जब वे इंग्लैंड गए, तब वहाँ ईसाइयों ने उनका भव्य स्वागत किया।

सारी बातें, प्रायः ठीक से ही चल रही थीं कि बीच में एक भयानक कांड उपस्थित हो गया। केशव बाबू प्रचंड समाज-सुधारक थे। वे हिन्दुओं से सम्बन्ध नहीं रखना चाहते थे। साथ ही, ब्राह्म-समाजियों के विवाह-सम्बन्ध के लिए उन्होंने जो कानून बनवाया था, उसमें वर-वधू के बालिग होने का प्रतिबन्ध था। किन्तु, कूच-बिहार के राजकुमार से जब केशव बाबू की पुत्री के ब्याह का प्रस्ताव आया, तब चारों ओर कानाफूसी होने लगी कि देखें, अब केशवचन्द्र क्या करते हैं। कूच-बिहार के राजा हिन्दू थे। यह पहली बाधा थी। दूसरी बाधा यह थी कि वर और वधू, दोनों नाबालिग थे। ब्राह्म-समाज की प्रतिष्ठा इस बात में थी कि केशवचन्द्र इस प्रस्ताव को ठुकरा देते। किन्तु, यह उनसे नहीं हो सका। उलटे, अपने अनुयायियों से उन्होंने यह कहा कि ईश्वर का आदेश है कि यह विवाह होना चाहिए। ईश्वर का आदेश तो पूरा हो गया, किन्तु केशवचन्द्र की प्रतिष्ठा पर भयंकर आँच आ पड़ी और ब्राह्म-समाज एक बार फिर टूट गया। जो समाजी केशवचन्द्र के विरोधी थे, उन्होंने अपने समाज को **साधारण ब्राह्म-समाज** कहना आरम्भ किया और केशवबाबू ने जो सभा अपने साथ रखी, उसका नाम उन्होंने **नव-विधान-सभा** कर दिया। नव-विधान अंग्रेजी के **न्यू डिस्पेंसेशन** का अनुवाद था और केशव बाबू का निश्छल मत था कि जैसे प्रथम विधान यहूदी-धर्म और द्वितीय विधान ईसाई धर्म है, उसी प्रकार नव-विधान को ईसाई समाज तृतीय विधान के रूप में स्वीकार कर ले।

शेख ने काबा बना मिस्सार बुतखाना किया।
तब तो इक सूरत भी थी, अब साफ वीराना किया।

ब्राह्म-समाज तक तो, खैर, यह कहा जा सकता था कि यह अधिक-से-अधिक, सर्व

धर्म-समन्वय का प्रयास था; किन्तु, नव-विधान-सभा ने तो खुलकर अपने को यहूदी और ईसाई धर्मों का वारिस ही बना लिया। होम, आरती और कुछ व्रतों के नवीन संस्करण, बस ये ही दो-चार बातें हिन्दू-धर्म की रहीं, नव-विधान में बाकी सारी बातें ईसाई-धर्म की आ गईं। यह कहना अधिक अनुचित नहीं है कि ब्राह्म-समाज के जिस रूप का प्रवर्तन केशवचन्द्र सेन ने किया, वह ईसाइयत का ही प्रतिरूप था, केवल उसके पूज्य ईसा मसीह नहीं थे।

यूरोपीय संस्कृति, ईसाई धर्म और वैज्ञानिक विचारधारा से अत्यधिक प्रभावित होने के कारण ही, ब्राह्म-समाज सदैव थोड़े-से लोगों का धर्म रह गया। इसमें, अधिकतर वे ही लोग सम्मिलित हुए, जिसके पास धन या विद्या अथवा दोनों का प्राचुर्य था। बंगाल में भी जनसाधारण ने इस धर्म को कभी कोई प्रश्रय नहीं दिया। फिर भी, ब्राह्म-समाज-आन्दोलन भारतीय-संस्कृति के महान् आन्दोलनों में से एक है, क्योंकि यूरोप से आनेवाले अनेक विचारों ने, आरम्भ में ब्राह्म-समाज के भीतर से ही हिन्दू-धर्म में प्रवेश किया। भारतवर्ष यूरोप के साथ अपना समन्वय खोज रहा था। ब्राह्म-समाजियों ने प्रयोग करके, मानो, यह घोषणा की कि इस समन्वय का रूप ऐसा होगा। किन्तु स्मरण रहे कि ब्राह्म-समाज यूरोप का भारतीयकरण नहीं, प्रत्युत, भारत के ही यूरोपीयकरण का प्रयास था।

शरमाए हुए शूरमा

फिर भी, याद रखने की बात है कि राममोहन राय का उद्देश्य भारत को यूरोप बनाना नहीं था। वे तो भारत के प्राचीन सत्यों का समन्वय यूरोप के नवीन अनुसन्धानों के साथ करना चाहते थे। साथ ही, उनका उद्देश्य ईसाइयत के आक्रमणों से हिन्दुत्व की रक्षा करना भी था। यह उद्देश्य देवेन्द्रनाथ ठाकुर में भी स्पष्ट था। जब उमेशचन्द्र सरकार ईसाई हो गए, तब कलकत्ते में इस धर्म-परिवर्तन से बड़ी खलबली मची और देवेन्द्रनाथ ने कलकत्ते के सभी नामी हिन्दुओं को अपने यहाँ बुलाकर, सबके विचारार्थ, यह प्रस्ताव रखा कि ईसाइयत की यह बाढ़ कैसे रोकी जा सकती है। केशवचन्द्र सेन भी, अपने जीवन के अन्तिम काल में, भारतीयता और एशियाईपन की ओर बहुत अधिक झुक गए थे। किन्तु, एक बात सच है कि ब्राह्म-समाज के सभी नेता हिन्दुत्व की घबराहट के प्रतीक थे। वे हिन्दुत्व की रक्षा उसके सम्पूर्ण रूप में करने से घबराते थे। निदान, वे हिन्दू-धर्म की उन्हीं बातों को ऊपर ला रहे थे, जो बुद्धिवाद की कसौटी पर ठहर सकती थी, जिनका मजाक उड़ाने में ईसाइयों को दुविधा हो सकती थी। किन्तु, यह बहुत-कुछ शरमाए हुए लोगों का युद्ध था। यह रक्षापरक लड़ाई थी। यह बहुत-कुछ कबीर-की-सी उलझन की आवृत्ति थी। कबीर ने राम का नाम तो लिया था, किन्तु, कौन राम, ऐसा पूछा जाने पर उन्होंने स्पष्ट कह दिया था कि मैं दाशरथि-राम का भक्त नहीं हूँ।

सन्तो, आवै जाय सो माया।
दसरथ के घर ब्रह्म न जनमे, ई छल माया कीन्हाँ।

ब्राह्म-समाजी विद्वान् भी हिन्दुत्व की ओर से बोलने को खड़े हुए थे; किन्तु उनकी यह हिम्मत नहीं हुई कि वे हिन्दुत्व के समग्र रूप—पुनर्जन्म, अवतारवाद, तीर्थ, मन्दिर और मूर्ति-पूजा आदि का समर्थन कर सकें। हिन्दुत्व का जो रूप उन्होंने लिया, वह ईसाइयत और इस्लाम

से अधिक भिन्न नहीं था। ईसाइयत और हिन्दुत्व के युद्ध का यह पहला मोर्चा था, जिसमें हिन्दुत्व कुछ लजाया हुआ और प्रतिपक्षी की प्रबलता से आतंकित था। वे लोग बाद को आए, जिन्होंने हिन्दुत्व के समग्र रूपों का समर्थन वीरता से किया। पहले भी कबीर के बाद तुलसी आए थे और जिस राम का उपासक बनने में कबीर को शर्म लगी थी, उस राम में अपना अटल विश्वास प्रकट करते हुए तुलसीदास ने घोषणा की थी कि हाँ, मेरा देवता तो दशरथ का ही पुत्र है।

मंगल भवन अमंगल हारी।
द्रवहु सु दसरथ अजिर-बिहारी।

ब्राह्म-समाजी नेता और दयानन्द, इनका भाव बहुत-कुछ कबीर का ही भाव था। यद्यपि, स्वामी दयानन्द पर लज्जित होने का दोष ठीक से नहीं बैठता है। हाँ, तुलसी की वीरता और निश्छलता की आवृत्ति परमहंस रामकृष्ण और स्वामी विवेकानन्द में हुई।

मुस्लिम-युग में सिक्ख-धर्म हिन्दू-इस्लाम बनने को उठा था। अंग्रेजों के समय ब्राह्म-समाज ने हिन्दू-ईसाइयत बनने की कोशिश की। यह हिन्दुत्व का अंग्रेजी में अनुवाद था, जैसे सिक्ख-धर्म सनातन-धर्म की अरबी व्याख्या बनकर प्रकट हुआ था।

सन्दर्भ

1. Abridgement of Vedant, Defence of Hindoo Theism तथा conferences on Sati.
2. चंगेज खाँ मुसलमान नहीं, भ्रष्ट किस्म का बौद्ध था, यह हम पहले ही कह आए हैं।
   —लेखक
3. कहा जाता है कि भोजन के विषय में भी राममोहन राय का कहना था कि सबसे अच्छा भोजन मुसलमान का है, यदि वह हिन्दू के घर में पके और अंग्रेज की मेज पर खाया जाए।
4. शिवनाथ शास्त्री-लिखित हिस्ट्री ऑफ ब्राह्मो-समाज, जिल्द-1।

प्रकरण-6

महाराष्ट्र में नवोत्थान

परमहंस-समाज और प्रार्थना-समाज

उन्नीसवीं सदी के हिन्दू-नवोत्थान की मूल प्रेरणा सामाजिक थी, यद्यपि, बंगाल में उसने धार्मिक रूप लिया था। किन्तु, महाराष्ट्र में वह आरम्भ से ही सामाजिक रही। सन् 1849 ई. में बम्बई में परमहंस-समाज नामक एक संस्था बनी थी, जिसका उद्‌देश्य जाति-प्रथा का भंजन था। इसके सदस्य छिपकर तथा कथित नन्हीं जातिवालों के हाथ की रसोई खाते थे और समझते थे कि छिपकर वे क्रान्ति का बीज वपन कर रहे हैं। किन्तु, एक बार जो यह भेद खुला तो ऊँची जातिवालों में खलबली मच गई। परिणाम यह हुआ कि यह संस्था समाप्त हो गई।

तब सन् 1864 ई. में केशवचन्द्र सेन बम्बई गए और वहाँ उन्होंने ब्राह्म-समाज की शाखा खोलनी चाही। उनके प्रभाव से बम्बई में ब्राह्म-समाज की शाखा **प्रार्थना-समाज** के नाम से खुली, जिसके मुख्य उद्‌देश्य चार थे–1. जाति-प्रथा का विरोध, 2. विधवा-विवाह का समर्थन, 3. स्त्री-शिक्षा का प्रचार और 4. बाल-विवाह का अवरोध। हिन्दू-समाज के इन चार दोषों पर बाहरवालों की दृष्टि सीधे पड़ती थी और इन दोषों का समर्थन कट्टर लोग भी नहीं कर पाते थे। अतएव, सुधारवादियों ने सबसे पहले इन्हीं पर ध्यान दिया। महाराष्ट्र में प्रार्थना-समाज की और भी कई शाखाएँ खोली गईं, जिनमें से कुछ संस्थाएँ अपने को ब्राह्म-समाज भी कहती थीं।

सभी धर्मों के बीच एकता बिठाने का जो प्रयास बंगाल के ब्राह्म-समाजी करते थे, कुछ वैसा ही ध्येय प्रार्थना-समाजियों का भी था। प्रार्थना-समाज की भी प्रार्थनाओं में मन्त्र, वेद, उपनिषद्, कुरान, जेन्दावेस्ता और बाइबिल, सभी धर्म-ग्रन्थों से लिये जाते थे और समाज के सदस्य सभी धर्मों पर एक समान श्रद्धा रखते थे।

महादेव गोविन्द रानाडे

जिस प्रकार बंगाल में हिन्दू-नवोत्थान के पहले नेता राजा राममोहन राय हुए, उसी प्रकार, महाराष्ट्र में इस आन्दोलन का श्रीगणेश महादेव गोविन्द रानाडे ने किया। बौद्धिक ऊँचाई में रानाडे, प्रायः राममोहन राय के समकक्ष थे। उनकी मेधा, उनका ज्ञान और उनका पावन चरित्र, सबने मिलकर उन्हें देश के सर्वोच्च महापुरुषों में स्थान दे रखा था एवं महाराष्ट्र में उनकी पूजा होती थी। गोपालकृष्ण गोखले रानाडे के शिष्य थे। उन्होंने लिखा है कि ''रानाडे ने, प्रायः, तीस वर्ष तक भारतवर्ष के ऊँचे-से-ऊँचे विचारों तथा ऊँची-से-ऊँची आकांक्षाओं

का प्रतिनिधित्व किया था।'' प्रोफेसर कर्वे ने लिखा है कि कोई बाईस साल तक पूने का सारा इतिहास रानाडे के कृत्यों का ही इतिहास था।

रानाडे चितपावन ब्राह्मण थे। उनका जन्म सन् 1842 ई. में नासिक जिले में हुआ था। वे साहित्य, राजनीति और अर्थशास्त्र के प्रकांड पंडित थे। वे सरकारी नौकरी में थे एवं, अन्त में, वे हाईकोर्ट के जज भी हुए थे। नौकरी के सिलसिले में वे जहाँ-जहाँ गए, वहाँ-वहाँ उन्होंने लोगों में नया जीवन डाल दिया। उनके हाथों अनेक संस्थाओं का जन्म हुआ। पूने में तो उन्होंने इतनी संस्थाएँ खोलीं कि पूना सार्वजनिक कार्यकर्ताओं का तीर्थ ही हो गया।

ईसाइयत और यूरोपीय विचारों के आक्रमणों से बचने के लिए हिन्दुत्व ने जैसे बंगाल में राममोहन राय को उत्पन्न किया था, वैसे ही, महाराष्ट्र में उसने रानाडे को जन्म दिया और राममोहन राय के समान ही, रानाडे भी यूरोप का जवाब यूरोप के साधनों से देना चाहते थे। वे उत्कट सुधारवादी थे एवं रूढ़ियों को मिटाकर वे हिन्दुत्व का निर्मल रूप प्रस्तुत करना चाहते थे। किन्तु, उनका समय सुधारों के केवल जन्म का समय था एवं हिन्दू-कट्टरता सुधारकों से उस समय दबने को तैयार नहीं थी। कुछ वह दुर्भाग्य भी उनके साथ रहा, जिसने बंगाल में केशवचन्द्र का पीछा किया था। बात यह हुई कि रानाडे की पहली पत्नी का स्वर्गवास हो गया और दूसरा विवाह उन्होंने विधवा से नहीं करके एक ग्यारह साल की कुमारी बालिका से किया। कहते हैं, यह विवाह उन्हें अपनी इच्छा और भावना के विरुद्ध, अपने पिता के दुराग्रह के कारण करना पड़ा था। किन्तु, दंड इसका उन्हें भोगना पड़ा और आजीवन वे आलोचकों के ताने नीरव होकर सुनते रहे।

रानाडे, आगरकर और तिलक

यह भी इतिहास का व्यंग्य ही था कि रानाडे जिन सुधारों को समाज में लाना चाहते थे, उनका विरोध लोकमान्य बाल गंगाधर तिलक को करना पड़ा। जीवन-भर रानाडे और तिलक दो विरोधी शिविरों में विभक्त रहे और जीवन-भर रानाडे पर तिलक के बाण बरसते रहे।

अपनी प्रसिद्ध पुस्तक 'लैंडमार्क्स इन लोकमान्यस लाइफ' में श्रीयुत केलकर ने लिखा है कि ''तिलकजी न तो पाखंडी हैं, न सामाजिक सुधारों के मामले में वे आगा-पीछा करनेवाले मनुष्य हैं। अपने ढंग पर वे भी व्यावहारिक सुधारक हैं। अपनी बेटियों को उन्होंने अच्छी शिक्षा दी है और उनका विवाह भी उन्होंने शास्त्र-निर्धारित सीमा के अन्तिम छोर पर ही पहुँचकर किया है। उन्होंने जाति-प्रथा की कट्टरता को मिटाने की बात कही है और सामाजिक सुधारों के प्रति, उनकी, साधारणतः, सहानुभूति रही है। फिर भी, वे सुधारवादी दल के विरोधी रहे हैं, जिसका कारण यह है कि ये सुधारक, सुधार के उनके तरीके और सुधार के लिए उनके द्वारा नियत काल, तिलकजी को पसन्द नहीं हैं।''

किन्तु, इतना होते हुए भी तिलकजी रानाडे के आलोचक रहे। यही नहीं, श्रीयुत आगरकर से भी उनकी नहीं पटी, क्योंकि आगरकर भी क्रान्तिकारी सुधारक थे और हिन्दुत्व की कट्टरता, कहीं-न-कहीं से, तिलकजी की सहानुभूति पर अपना अधिकार रखती थी। सन् 1891 ई. में जब 'एज ऑफ कान्सेंट बिल' इम्पीरियल काउंसिल में पेश हुआ, तब उनका तीव्र विरोध तिलकजी ने किया था।

ऐसा लगता है कि तिलकजी अपने समकालीन अन्य सुधारकों से कुछ अधिक व्यावहारिक और कालज्ञ थे। उन्नीसवीं सदी की हिन्दू-जनता भयानक रूप से कट्टर थी। वह जात-पाँत और छुआछूत के मामलों में अत्यन्त सतर्क रहती थी और किसी को भी थोड़ी-सी भी छूट देने को तैयार नहीं थी। सन् 1890 ई. में पूने के कोई पचास ब्राह्मण एक मिशनरी के निमन्त्रण पर उसके घर गए। वहाँ आतिथेय ने अतिथियों के स्वागतार्थ मेज पर चाय और बिस्कुट रखवाए। कहते हैं, तिलक और रानाडे ने चाय और बिस्कुट का स्पर्श भी नहीं किया। किन्तु, दूसरे ही दिन नगर में कोलाहल मच गया और धर्म-धुरीण पंडितों ने इतना बावेला मचाया कि तिलक और रानाडे, दोनों को प्रायश्चित करना पड़ा।

दूसरी घटना **शारदा-सदन** नामक संस्था को लेकर घटी। यह संस्था **पंडिता रामा बाई** की कायम की हुई थी। पंडिता रामा बाई ब्राह्मणी थीं एवं संस्कृत विद्या पर उनका असाधारण अधिकार था। हिन्दू-समाज में नारियों का जो अत्यन्त निम्न स्थान था, उससे रामा बाई बहुत क्षुब्ध थीं एवं देश भर में वे नारी-जागरण का सन्देश लिये घूमती फिरती थीं। बंगाल पहुँचकर उन्होंने एक अब्राह्मण से विवाह कर लिया था, यद्यपि, वे शीघ्र ही विधवा हो गईं। उनके इस साहस से महाराष्ट्र की जनता बहुत कुपित हो उठी। इसी बीच, रामा बाई इंग्लैंड और अमेरिका चली गईं तथा वहाँ से वे ईसाई बनकर वापस आईं।

शारदा-सदन उन्होंने बालिकाओं की शिक्षा के लिए खोला था। किन्तु, उनके उग्र विचारों और आचरणों के कारण बहुत-से लोग उनके खिलाफ हो गए। रानाडे और आगरकर मानते थे कि हिन्दू बालिकाएँ शारदा-सदन में पढ़ें, इसमें कोई दोष नहीं है। किन्तु, तिलकजी का कहना था कि यह संस्था हिन्दू बालिकाओं को ईसाइयत की राह पर ले जानेवाली है। अतएव, इसका बहिष्कार होना चाहिए। आरम्भ में, लोग तिलकजी की बातों को अनसुनी करते रहे। किन्तु, जब तिलकजी ने अपने पक्ष के अनेक प्रमाण प्रकाशित कर दिए, तब रानाडे और आगरकर ने भी शारदा-सदन से अपना सम्बन्ध तोड़ लिया।

महाराष्ट्र में सुधार की हवा जोर से उठी थी, किन्तु, कई कारणों से उसके परिणाम थोड़े रह गए। कान्सेंट बिल, शारदा-सदन कांड और मिशनरी के यहाँ चाय और बिस्कुटवाली घटनाओं से सुधारकों का आदर घट गया था। उस पर, सन् 1893-94 ई. में बम्बई और पूने में जो हिन्दू-मुस्लिम दंगे हुए, उन्होंने परिस्थिति को और भी बिगाड़ दिया। इन्हीं दंगों के बाद तिलकजी ने महाराष्ट्र में गणेश-पूजा और शिवाजी-महोत्सव का प्रवर्तन किया, जिससे हिन्दू-राष्ट्रीयता के भाव जोर से लहरा उठे। अतीतोन्मुखी भावनाओं की इस बाढ़ के सामने सुधारकों के पाँव उखड़ गए और महाराष्ट्र का नेतृत्व तिलकजी के हाथ में चला गया। श्रीयुत केलकर ने लिखा है कि उस समय सुधारकों का दल गणेश-पूजा पर जितनी ही बौखलाहट मचाए हुए था, मुसलमानों के अत्याचारों पर वह उतना ही मौन था।[1] सरकार मुसलमानों के साथ थी। अतएव, जनता ने समझा कि सुधारक सरकार के भय से नहीं बोलते हैं। स्पष्ट ही, यह तिलकजी के सुयश और सुधारकों के अपयश के बढ़ने की घड़ी थी।

तिलक और गोखले

नवोत्थान के क्रम में महाराष्ट्र में विचारों के चार नेता उत्पन्न हुए, जिनमें से केवल आगरकर

का प्रभाव अपने प्रान्त तक सीमित रहा। बाकी तीन नेताओं–रानाडे, गोखले और तिलक– का प्रभाव सारे देश पर पड़ा। रानाडे, प्रधानतः, समाज-सुधारक थे, किन्तु, गोखले और तिलक राजनीति के भी अग्रणी नेता हुए हैं। गोखले और तिलक की तुलना करते हुए श्रीयुत पट्टाभि सीतारमैया ने लिखा है[2] कि गोखले का विषय शासन और उसमें सुधार था, किन्तु, तिलक सारे राष्ट्र को बदलना चाहते थे। गोखले का आदर्श सेवा और प्रेम था, किन्तु, तिलक सेवा और यातनाओं के प्रेमी थे। गोखले विदेशियों पर ज्ञान, तर्क और प्रेम से विजय पाना चाहते थे, तिलक का उद्देश्य उन्हें देश से बाहर निकाल देना था। गोखले अपनी बातें बुद्धिजीवियों को सुनाना चाहते थे; तिलक का श्रोता जनता का विशाल समुदाय था। गोखले के जौहर काउन्सिल चैम्बर में खुलते थे, तिलक का तेज ग्रामों के मंडपों में प्रकट होता था। गोखले का लक्ष्य स्वायत्त-शासन की प्राप्ति था, तिलक स्वराज्य को अपना जन्मसिद्ध अधिकार समझते थे। गोखले के भाषणों की भाषा अंग्रेजी थी, किन्तु तिलकजी के भाषण और लेख मराठी में होते थे। तिलकजी गोखले से कोई दस साल बड़े थे, यद्यपि, गोखले तिलक से पाँच वर्ष पूर्व ही स्वर्ग सिधार गए।

परशुराम और राम

इंडियन अनरेस्ट (प्रथम प्रकाशित, 1910 ई.)[3] के लेखक ने तिलकजी को भारतीय विद्रोह का पिता कहा है, किन्तु, हम लोग राममोहन राय के समान उन्हें भारतीय राष्ट्रीयता का जनक कहते हैं। राष्ट्रीयता के साथ लोगों में एक ओर जहाँ शासन करनेवाली जाति के प्रति घृणा जगती है, वहाँ स्वदेश के लिए गौरव और अभिमान का भी उदय होता है। राममोहन राय और रानाडे में इस राष्ट्रीयता का केवल गौरव जगा था, उसका अभिमान-पक्ष लोकमान्य तिलक में आकर साकार हुआ। तिलक से पूर्व के लोगों एवं उनके आरम्भिक समकालीनों में राजनैतिक कर्म की प्रेरणा नहीं थी। यह प्रेरणा भी भारत में तिलकजी ने जगाई। इसीलिए, उनमें केवल स्वदेश-प्रेम ही नहीं विदेशियों के विरुद्ध घृणा के भी भाव थे और इसीलिए देश को निर्भयता का पाठ पढ़ाने का आदि श्रेय भी तिलक को ही प्राप्त हुआ। श्री डी.एस. शर्मा[4] ने खूब कहा है कि जब तिलक जी का दाय गांधीजी को मिला, तब एक प्रकार से, राष्ट्रीयता के धनुष का भार परशुराम से छूटकर राम के हाथों में आया था। गांधीजी से पूर्व, तिलकजी ने ही यह घोषणा की थी कि स्वराज्य हमारा जन्मसिद्ध अधिकार है। गांधीजी से पूर्व, तिलकजी ने ही यह कहा था कि प्रस्तावों और भाषणों से कुछ होनेवाला नहीं है, हमें ठोस काम करना चाहिए। और गांधीजी से पूर्व, तिलकजी ने यह भी बताया था कि हमारा ठोस काम असहयोग का रूप ले सकता है। गांधी-युग में देश में बलिदानों का ताँता लग गया था, किन्तु, इस सरणी का भी आरम्भ लोकमान्य ने अपने बलिदानों से किया था।

प्रार्थना-समाज का रूप

रानाडे, यद्यपि, राजनीति में नहीं उतरे, किन्तु, सांस्कृतिक धरातल पर उन्होंने जो कुछ किया, उससे भारत की राष्ट्रीयता को यथेष्ट उत्तेजना मिली। उनका प्रार्थना-समाज, यद्यपि, बंगाल के ब्राह्म-समाज का ही नूतन संस्करण था, किन्तु, रानाडे, नव-विधान की बात नहीं करते

थे। प्रार्थना-समाज को हिन्दू-धर्म से अलग ले जाकर उसे एक नए सम्प्रदाय का रूप देना उनका अभीष्ट नहीं था। प्रार्थना-समाज जाति-प्रथा का विरोधी था, जन्मना एक मनुष्य को उत्तम और दूसरे को अधम मानने की प्रथा को वह तोड़ना चाहता था एवं स्त्री-शिक्षा तथा नर-नारी की समानता का वह पोषण करना चाहता था। इस समाज के लोग निराकारवादी थे, यह ठीक है; किन्तु, मूर्ति-पूजा एवं परम्परागत अनुष्ठानों के त्याग की शर्त इस समाज में नहीं थी, जैसी अनेक शर्तें बंगाल में ब्राह्म-समाजियों ने लगा रखी थीं। ब्राह्म-समाजी बंगाल में केवल धनी-विद्वान् वर्गों के ही लोग हुए थे, किन्तु, रानाडे चाहते थे कि प्रार्थना-समाज में अशिक्षित जनता का भी प्रवेश हो, यद्यपि उनका यह अरमान कभी पूरा नहीं हुआ। मध्यकालीन महाराष्ट्र में भक्ति का जो आन्दोलन उठा था, उसी के समान रानाडे प्रार्थना-समाज को भी सर्वत्र ले जाना चाहते थे और इसमें कोई दोष भी नहीं था। ज्ञानदेव, एकनाथ, तुकाराम, रामदास और जनार्दन पन्त, ये सन्त बहुत उदार रहे थे। उन्होंने मनुष्य की समानता को प्रश्रय दिया था। वे धर्म के बाह्याचारों के आलोचक थे और जाति-प्रथा की कट्टरता का उन्होंने विरोध किया था। इसी भक्ति-आन्दोलन को सामने रखकर रानाडे प्रार्थना-समाज को सर्व-जन-ग्राह्य बनाना चाहते थे। सन् 1893 ई. में लाहौर में भाषण देते हुए उन्होंने कहा था कि "हिन्दू-जनता इतनी बुरी नहीं है कि हम उसे सड़ाँध से भरा हुआ बर्बादियों का अम्बार कहें। यह जनता कुछ दूर तक कट्टर अवश्य है, किन्तु, इसी कट्टरता ने उसकी रक्षा भी की है। जो जाति अपने विश्वास और नैतिकता को, अपने आचारों और सामाजिक आचरणों को फैशन के समान आसानी से बदल दे, वह इतिहास में किसी बड़े उद्देश्य की प्राप्ति से वंचित रहेगी। साथ ही, यह भी सच है कि हमारी कट्टरता इतनी भयानक भी नहीं है कि हम नए विचारों और नूतन प्रयोगों को अपने भीतर, धीरे-धीरे, नहीं पचा सकें।"[5]

रानाडे बिलकुल ठीक थे। उस समय समाज ने सुधारकों का चाहे जो भी विरोध किया हो, किन्तु आज तो ऐसा लगता है कि हिन्दू-समाज ने रानाडे और आगरकर, राममोहन राय और केशवचन्द्र सेन तथा दयानन्द और विवेकानन्द के एक-एक उद्देश्य को अपने हृदय में बिठा लिया है और उनमें से प्रत्येक का हम यथाशक्ति आचरण भी करते जा रहे हैं। किन्तु, यह भी ठीक है कि ब्राह्म-समाज या प्रार्थना- समाज के धार्मिक सिद्धान्तों को इस देश की जनता ने पसन्द नहीं किया।

19वीं सदी और मध्यकाल

मध्यकालीन भक्ति-आन्दोलन और उन्नीसवीं सदी के सांस्कृतिक नवोत्थान में थोड़ी-सी समता जरूर है। विशेषतः, ब्राह्म-समाज और आर्य-समाज की निराकारोपासना निर्गुणवादी सन्तों की निराकारोपासना की प्रतिध्वनि के समान लगती है। जाति-प्रथा, मूर्ति-पूजा और तीर्थ आदि के विरुद्ध जिस जोर से उन्नीसवीं सदी के नेता बोले, उससे कदाचित्, अधिक जोर से कबीर, दादू आदि बोले थे। उन्नीसवीं सदी का नवोत्थान परम्पराओं और रूढ़ियों का उतना ही विरोधी था, जितना मध्यकालीन नवोत्थान। किन्तु, एक बात थी जिसके कारण ब्राह्म-समाज के पाँव इस देश में नहीं जम पाए और जिसके कारण वह भक्ति आन्दोलन से भी पूरा मेल नहीं खाता है। ईसाई धर्म के सभी तत्त्वों पर ब्राह्म-समाज ने बहुत अधिक जोर दिया। किन्तु,

हिन्दू-धर्म की केवल बुराइयाँ ही उसकी दृष्टि में आईं। अतएव, वह हिन्दुओं की दृष्टि में विनयशील कम, प्रतिमा-भंजक अधिक हो गया। मूर्ति-पूजा का खंडन तो, खैर अलग बात थी, किन्तु, अवतारवाद का खंडन करके उसने मनुष्य को ईश्वर से विच्छिन्न कर डाला और धरती तथा आकाश के बीच फिर वही खाई खोद दी, जो बुद्ध के दिनों में खुदी थी।

सच पूछिए तो ब्राह्म-समाज का जन्म ही घबराई हुई मनोवृत्ति से हुआ था। राममोहन राय ने मोक्ष के लिए व्याकुलता नहीं प्रकट की। वे तो ईसाइयत की चोट से हिन्दुत्व की रक्षा करने को आए थे। उनका उद्देश्य सामाजिक था एवं ब्राह्म-समाज उसी सामाजिक उद्देश्य की सिद्धि के लिए बनाया गया था। देवेन्द्रनाथ और केशवचन्द्र ने, व्यर्थ ही उसे आध्यात्मिक सिद्धि का सोपान बनाना चाहा।

सन्दर्भ

1. लाइफ एंड टाइम्स ऑफ तिलक।
2. कांग्रेस का इतिहास।
3. लेखक सर बलेनटाइन शिरोल।
4. रिनासाँ ऑफ हिन्दुइज्म।
5. वही।

प्रकरण-7

आर्य-समाज

स्वाभिमान का उदय

सत्यार्थ-प्रकाश के एकादश समुल्लास में स्वामी दयानन्द ने ब्राह्म-समाज और प्रार्थना-समाज के विषय में निम्नलिखित बातें लिखी हैं–

"जो कुछ ब्राह्म-समाज और प्रार्थना-समाजियों ने ईसाई मत में मिलने से थोड़े मनुष्यों को बचाया और कुछ-कुछ पाषाणादि मूर्ति-पूजा को हटाया, अन्य जालग्रन्थों के फन्दों से भी बचाए इत्यादि अच्छी बातें हैं। परन्तु, इन लोगों में स्वदेश-भक्ति बहुत न्यून है। ईसाइयों के आचरण बहुत-से लिये हैं। खान-पान, विवाहादि के नियम भी बदल दिए हैं। अपने देश की प्रशंसा और पूर्वजों की बड़ाई करनी तो दूर रही, उसके बदले पेट भर निन्दा करते हैं। व्याख्यानों में ईसाई आदि अंग्रेजों की प्रशंसा भर पेट करते हैं। ब्रह्मादि महर्षियों का नाम भी नहीं लेते। प्रत्युत, ऐसा कहते हैं कि बिना अंग्रेजों के सृष्टि में आज पर्यन्त कोई विद्वान् नहीं हुआ। आर्यावर्ती लोग सदा से मूर्ख चले आए हैं। वेदादिकों की प्रतिष्ठा तो दूर रही, परन्तु, निन्दा करने से भी पृथक् नहीं रहते, ब्राह्म-समाज के उद्‌देश्य के पुस्तक में साधुओं की संख्या में ईसा, मूसा, मुहम्मद, नानक और चैतन्य लिखे हैं। किसी ऋषि-महर्षि का नाम भी नहीं लिखा।"

केशवचन्द्र और रानाडे की तुलना में दयानन्द वैसे ही दीखते हैं, जैसे गोखले की तुलना में तिलक। जैसे राजनीति के क्षेत्र में हमारी राष्ट्रीयता का सामरिक तेज, पहले-पहल, तिलक में प्रत्यक्ष हुआ, वैसे ही संस्कृति के क्षेत्र में भारत का आत्माभिमान स्वामी दयानन्द में निखरा। ब्राह्म-समाज और प्रार्थना-समाज के नेता अपने धर्म और समाज में सुधार तो ला रहे थे, किन्तु उन्हें बराबर यह खेद सता रहा था कि हम जो कुछ कर रहे हैं, वह विदेश की नकल है। अपनी हीनता और विदेशियों की श्रेष्ठता के ज्ञान से उनकी आत्मा, कहीं-न-कहीं, दबी हुई थी। अतएव, कार्य तो, प्रायः, उनके भी वैसे ही रहे, जैसे स्वामी दयानन्द के, किन्तु आत्महीनता के भाव से अवगत रहने के कारण वे दर्प से नहीं बोल सके। यह दर्प स्वामी दयानन्द में चमका। रूढ़ियों और गतानुगतिकता में फँसकर अपना विनाश करने के कारण उन्होंने भारतवासियों की कड़ी निन्दा की और उनसे कहा कि तुम्हारा धर्म पौराणिक संस्कारों की धूल में छिप गया है। इन संस्कारों की गन्दी परतों को तोड़ फेंको। तुम्हारा सच्चा धर्म वैदिक धर्म है, जिस पर आरूढ़ होने से तुम फिर से विश्व-विजयी हो सकते हो। किन्तु, इससे भी कड़ी फटकार उन्होंने ईसाइयों पर और मुसलमानों पर भेजी, जो दिन-दहाड़े हिन्दुत्व की निन्दा

करते फिरते थे। ईसाई और मुस्लिम पुराणों में घुसकर उन्होंने इन धर्मों में भी वैसे ही दोष दिखला दिए, जिनके कारण ईसाई और मुसलमान हिन्दुत्व की निन्दा करते थे। इससे दो बातें निकलीं। एक तो यह कि अपनी निन्दा सुनकर घबराई हुई हिन्दू-जनता को यह जानकर कुछ सन्तोष हुआ कि पौराणिकता के मामले में ईसाइयत और इस्लाम भी हिन्दुत्व से अच्छे नहीं हैं। दूसरी यह कि हिन्दुओं का ध्यान अपने धर्म के मूलरूप की ओर आकृष्ट हुआ एवं वे अपनी प्राचीन परम्परा के लिए गौरव का अनुभव करने लगे।

आक्रामकता की ओर

राममोहन और रानाडे ने हिन्दुत्व के पहले मोर्चे पर लड़ाई लड़ी थी, जो रक्षा या बचाव का मोर्चा था। स्वामी दयानन्द ने आक्रामकता का थोड़ा-बहुत श्रीगणेश कर दिया, क्योंकि वास्तविक रक्षा का उपाय तो आक्रमण की ही नीति है। 'सत्यार्थ-प्रकाश' में जहाँ हिन्दुत्व के वैदिक रूप का गहन आख्यान है, वहाँ उसमें ईसाइयत और इस्लाम की आलोचना पर भी अलग-अलग दो समुल्लास हैं। अब तक हिन्दुत्व की निन्दा करनेवाले लोग निश्चिन्त थे कि हिन्दू अपना सुधार भले करता हो, किन्तु, बदले में हमारी निन्दा करने का उसे साहस नहीं होगा। किन्तु, इस मेधावी एवं योद्धा संन्यासी ने उनकी आशा पर पानी फेर दिया। यही नहीं, प्रत्युत, जो बात राममोहन, केशवचन्द्र और रानाडे के ध्यान में भी नहीं आई थी, उस बात को लेकर स्वामी दयानन्द के शिष्य आगे बढ़े और उन्होंने घोषणा की कि धर्मच्युत हिन्दू प्रत्येक अवस्था में अपने धर्म में वापस आ सकता है एवं अहिन्दू भी यदि चाहें तो हिन्दू-धर्म में प्रवेश पा सकते हैं। यह केवल सुधार की वाणी नहीं थी, जाग्रत हिन्दुत्व का समर-नाद था। और, सत्य ही, रणारूढ़ हिन्दुत्व के जैसे निर्भीक नेता स्वामी दयानन्द हुए, वैसा और कोई नहीं हुआ।

इतिहास का क्रम कुछ ऐसा बना कि स्वामी दयानन्द की गिनती, महाराणा प्रताप, शिवाजी और गुरु गोविन्द की सरणी में की जाने लगी। किन्तु, स्वामी दयानन्द मुसलमानों के विरोधी नहीं थे। स्वामीजी का जब स्वर्गवास हुआ, तब सुप्रसिद्ध मुस्लिम नेता सर सैयद अहमद खाँ ने जो समवेदना और शोक प्रकट किया, उससे स्पष्ट होता है कि मुस्लिम जनता के बीच भी स्वामीजी का यथेष्ट आदर था। स्वामीजी के बाद आर्य-समाज और मुस्लिम-सम्प्रदाय के बीच का सम्बन्ध अच्छा नहीं रहा, यह सत्य है; किन्तु, स्वामीजी के जीवन-काल में ऐसी बात नहीं थी।

सच पूछिए तो स्वामीजी केवल इस्लाम के ही आलोचक नहीं थे, वे ईसाइयत और हिन्दुत्व के भी अत्यन्त कड़े आलोचक हुए हैं। सत्यार्थ-प्रकाश के त्रयोदश समुल्लास में ईसाई मत की आलोचना है और चतुर्दश समुल्लास में इस्लाम की। किन्तु, ग्यारहवें और बारहवें समुल्लासों में तो केवल हिन्दुत्व के ही विभिन्न अंगों की बखिया उधेड़ी गई है और कबीर, दादू, नानक, बुद्ध तथा चार्वाक एवं जैनों और हिन्दुओं के अनेक पूज्य पौराणिक देवताओं में से एक बेदाग नहीं छूटा है। वल्लभाचार्य और कबीर पर तो स्वामीजी इतना बरसे हैं कि उनकी आलोचना पढ़कर सहनशील लोगों की भी धीरता छूट जाती है। किन्तु, यह सब अवश्यम्भावी था। यूरोप के बुद्धिवाद ने भारतवर्ष को इस प्रकार झकझोर डाला था कि हिन्दुत्व के बुद्धि-सम्मत रूप को आगे लाये बिना कोई भी सुधारक भारतीय संस्कृति की रक्षा नहीं कर सकता था। स्वामीजी

ने बुद्धिवाद की कसौटी बनाई और उसे हिन्दुत्व, इस्लाम और ईसाइयत पर निश्छल भाव से लागू कर दिया। परिणाम यह हुआ कि पौराणिक हिन्दुत्व तो इस कसौटी पर खंड-खंड हो ही गया, इस्लाम और ईसाइयत की भी सैकड़ों कमजोरियाँ लोगों के सामने आ गईं।

किसी का भी पक्षपात नहीं

चूँकि ईसाइयत और इस्लाम हिन्दुत्व पर आक्रमण कर रहे थे इसलिए, हिन्दुत्व की ओर से बोलनेवाला प्रत्येक व्यक्ति ईसाइयत या इस्लाम अथवा दोनों का द्रोही समझ लिया गया। किन्तु, इस प्रसंग से अलग हटने पर स्वामी दयानन्द विश्व-मानवता के नेता दीखते हैं। उनका उद्देश्य सभी मनुष्यों को उस दिशा में ले जाना था, जिसे वे सत्य की दिशा समझते थे। उन्होंने सत्यार्थ-प्रकाश की भूमिका में स्वयं लिखा है कि ''जो-जो सब मतों में सत्य बातें हैं, वे-वे सबमें अविरुद्ध होने से उनका स्वीकार करके जो-जो मत-मतान्तर में मिथ्या बातें हैं, उन-उनका खंडन किया है। इसमें यह भी अभिप्राय रखा है कि जब मत-मतान्तरों की गुप्त वा प्रकट बुरी बातों का प्रकाश कर विद्वान्-अविद्वान् सब साधारण मनुष्यों के सामने रखा है, जिससे सबसे, सबका विचार होकर परस्पर प्रेमी होके एक सत्य मतस्थ होवें। यद्यपि मैं आर्यावर्त देश में उत्पन्न हुआ और बसता हूँ तथापि जैसे इस देश के मत-मतान्तरों की झूठी बातों का पक्षपात न करके यथातथ्य प्रकाश करता हूँ, वैसे ही, दूसरे देशस्थ या मतोन्नतिवालों के साथ भी बरतता हूँ। जैसा स्वदेशवालों के साथ मनुष्योन्नति के विषय में बरतता हूँ वैसा विदेशियों के साथ भी तथा सब सज्जनों के भी बरतना योग्य है। क्योंकि मैं भी जो किसी एक का पक्षपाती होता, तो जैसे आजकल के स्वमत की स्तुति, मंडन और प्रचार करते और दूसरे मत की निन्दा, हानि और बन्द करने में तत्पर होते हैं, वैसे मैं भी होता, परन्तु ऐसी बातें मनुष्यपन से बाहर हैं।'' अन्यत्र चौदहवें समुल्लास के अन्त में भी स्वामीजी ने कहा है कि ''मेरा कोई नवीन कल्पना व मत-मतान्तर चलाने का लेशमात्र भी अभिप्राय नहीं है। किन्तु, जो सत्य है, उसे मानना-मनवाना और जो असत्य है, उसे छोड़ना-छुड़वाना मुझको अभीष्ट है। यदि मैं पक्षपात करता तो आर्यावर्त के प्रचलित मतों में से किसी एक मत का आग्रही होता। किन्तु, मैं आर्यावर्त वा अन्य देशों में जो अधर्म-युक्त चाल-चलन हैं, उनको स्वीकार नहीं करता और जो धर्मयुक्त बातें हैं, उनका त्याग नहीं करता, न करना चाहता हूँ क्योंकि ऐसा करना मनुष्य धर्म के विरुद्ध है।''

सुधार नहीं, क्रान्ति

उन्नीसवीं सदी के हिन्दू-नवोत्थान के इतिहास का पृष्ठ-पृष्ठ बतलाता है कि जब यूरोपवाले भारतवर्ष में आए, तब यहाँ के धर्म और संस्कृति पर रूढ़ि की परतें जमी हुई थीं एवं यूरोप के मुकाबले में उठने के लिए यह आवश्यक हो गया था कि ये परतें एकदम उखाड़ फेंकी जाएँ और हिन्दुत्व का वह रूप प्रकट किया जाए जो निर्मल और बुद्धिगम्य हो। स्वामीजी के मत से यह हिन्दुत्व वैदिक हिन्दुत्व ही हो सकता था। किन्तु, यह हिन्दुत्व पौराणिक कल्पनाओं के नीचे दबा हुआ था। उस पर अनेक स्मृतियों की धूल जम गई थी एवं वेद के बाद के सहस्रों वर्षों ने जो रूढ़ियाँ और अन्धविश्वास अर्जित किए थे, उनके दूहों के नीचे यह धर्म

दबा पड़ा था। राममोहन राय, रानाडे, केशवचन्द्र और तिलक से भिन्न स्वामी दयानन्द की विशेषता यह रही कि उन्होंने धीरे-धीरे पपड़ियाँ तोड़ने का काम न करके, उन्हें एक ही चोट से साफ कर देने का निश्चय किया। **परिवर्तन जब धीरे-धीरे आता है, तब सुधार कहलाता है। किन्तु, वही जब तीव्र वेग से पहुँच जाता है, तब उसे क्रान्ति कहते हैं।** दयानन्द के अन्य समकालीन सुधारक केवल सुधारक मात्र थे, किन्तु, दयानन्द क्रान्ति के वेग से आए और उन्होंने निश्छल भाव से यह घोषणा कर दी कि हिन्दू-धर्म-ग्रन्थों में केवल वेद ही मान्य हैं, अन्य शास्त्रों और पुराणों की बातें बुद्धि की कसौटी पर कसे बिना मानी नहीं जानी चाहिए। छह शास्त्रों और अठारह पुराणों को उन्होंने एक ही झटके में साफ कर दिया। वेदों में मूर्तिपूजा, अवतारवाद, तीर्थों और अनेक पौराणिक अनुष्ठानों का समर्थन नहीं था, अतएव, स्वामीजी ने इन सारे कृत्यों और विश्वासों को गलत घोषित किया।

वेद को छोड़कर कोई अन्य धर्म-ग्रन्थ प्रमाण नहीं है, इस सत्य का प्रचार करने के लिए स्वामीजी ने सारे देश का दौरा करना आरम्भ किया और जहाँ-जहाँ वे गए, प्राचीन परम्परा के पंडित और विद्वान् उनसे हार मानते गए। संस्कृत भाषा का उन्हें अगाध ज्ञान था। संस्कृत में वे धारावाहिक रूप से बोलते थे। साथ ही, वे प्रचंड तार्किक थे। उन्होंने ईसाई और मुस्लिम धर्म-ग्रन्थों का भी भली-भाँति मन्थन किया था। अतएव, अकेले ही, उन्होंने तीन-तीन मोर्चों पर संघर्ष आरम्भ कर दिया। दो मोर्चे तो ईसाइयत और इस्लाम के थे, किन्तु तीसरा मोर्चा सनातनधर्मी का हिन्दुओं का था, जिनसे जूझने में स्वामीजी को अनेक अपमान, कुत्सा, कलंक और कष्ट झेलने पड़े। उनके प्रचंड शत्रु ईसाई और मुसलमान नहीं, सनातनी हिन्दू ही निकले और, कहते हैं, अन्त में इन्हीं हिन्दुओं के षड्यन्त्र से उनका प्राणान्त भी हुआ। दयानन्द ने बुद्धिवाद की जो मशाल जलाई थी, उसका कोई जवाब नहीं था। वे जो कुछ कह रहे थे, उसका उत्तर न तो मुसलमान दे सकते थे, न ईसाई, न पुराणों पर पलनेवाले हिन्दू पंडित और विद्वान्। हिन्दू-नवोत्थान अब पूरे प्रकाश में आ गया था और अनेक समझदार लोग, मन-ही-मन, यह अनुभव करने लगे थे कि, सच ही, पौराणिक धर्म में कोई सार नहीं है।

आर्य-समाज की स्थापना

सन् 1872 ई. में स्वामीजी कलकत्ते पधारे। वहाँ देवेन्द्रनाथ ठाकुर और केशवचन्द्र सेन ने उनका बड़ा सत्कार किया। ब्राह्म-समाजियों से उनका विचार-विमर्श भी हुआ, किन्तु, ईसाइयत से प्रभावित ब्राह्म-समाजी विद्वान् पुनर्जन्म और वेद की प्रामाणिकता के विषय में स्वामीजी से एकमत नहीं हो सके। कहते हैं, कलकत्ते में ही केशवचन्द्र सेन ने स्वामीजी को यह सलाह दी कि यदि आप संस्कृत छोड़कर हिन्दी में बोलना आरम्भ करें तो देश का असीम उपकार हो सकता है। तभी से स्वामीजी के व्याख्यानों की भाषा हिन्दी हो गई और हिन्दी-प्रान्तों में उन्हें अनगणित अनुयायी मिलने लगे। कलकत्ते से स्वामीजी बम्बई पधारे और वहीं 10 अप्रैल, सन् 1875 ई. को उन्होंने आर्य-समाज की स्थापना की। बम्बई में उनके साथ प्रार्थना समाजवालों ने भी विचार-विमर्श किया। किन्तु, यह समाज तो ब्राह्म-समाज का ही बम्बई-संस्करण था। अतएव, स्वामीजी से इस समाज के लोग भी एकमत नहीं हो सके।

बम्बई से लौटकर स्वामीजी दिल्ली आए। वहाँ उन्होंने सत्यानुसन्धान के लिए ईसाई,

मुसलमान और हिन्दू पंडितों की एक सभा बुलाई। किन्तु, दो दिनों के विचार-विमर्श के बाद भी लोग किसी निष्कर्ष पर नहीं आ सके। दिल्ली से स्वामीजी पंजाब गए। पंजाब में उनके प्रति बहुत उत्साह जाग्रत हुआ और सारे प्रान्त में आर्य-समाज की शाखाएँ खुलने लगीं। तभी से पंजाब आर्य-समाजियों का प्रधान गढ़ रहा है।

थियोसोफ़ी और स्वामी दयानन्द

जब थियोसोफिस्ट लोग भारत आए, तब थोड़े दिन उन लोगों ने भी आर्य-समाज से मिलकर काम किया। किन्तु थियोसोफिस्टों की भी बहुत-सी बातें स्वामीजी के सिद्धान्तों के विपरीत पड़ती थीं। अतएव, वे लोग भी आर्य-समाज से अलग हो गए। किन्तु, अलग होने पर भी स्वामीजी पर थियोसोफिस्टों की भक्ति ज्यों-की-त्यों बनी रही। स्वामीजी के देहावसान के बाद मादाम ब्लेवास्की ने लिखा था कि ‘‘जन-समूह के उबलते हुए क्रोध के सामने कोई संगमरमर की मूर्ति भी स्वामीजी से अधिक अडिग नहीं हो सकती थी। एक बार हमने उन्हें काम करते देखा था। उन्होंने अपने सभी विश्वासी अनुयायियों को यह कहकर अलग हटा दिया कि तुम्हें हमारी रक्षा करने की कोई आवश्यकता नहीं है। भीड़ के सामने वे अकेले ही खड़े हो गए। लोग उतावले हो रहे थे, क्रुद्ध सिंह के समान स्वामीजी पर टूट पड़ने को तैयार थे। किन्तु, स्वामीजी की धीरता, ज्यों-की-त्यों, बनी रही।...यह बिलकुल सही बात है कि शंकराचार्य के बाद से भारत में कोई भी व्यक्ति ऐसा नहीं हुआ, जो स्वामीजी से बड़ा संस्कृतज्ञ, उनसे बड़ा दार्शनिक, उनसे अधिक तेजस्वी वक्ता तथा कुरीतियों पर टूट पड़ने में उनसे अधिक निर्भीक रहा हो[1]।’’ स्वामीजी की मृत्यु के बाद थियोसोफिस्ट अखबार ने उनकी प्रशंसा करते हुए लिखा था कि ‘‘उन्होंने जर्जर हिन्दुत्व के गतिहीन ढूह पर भारी बम का प्रहार किया और अपने भाषणों से लोगों के हृदयों में ऋषियों और वेदों के लिए अपरिमित उत्साह की आग जला दी। सारे भारतवर्ष में उनके समान हिन्दी और संस्कृत का वक्ता दूसरा कोई और नहीं था।’’

आर्य-समाज की विशेषता

कहा जाता है कि जैसे सिक्ख-धर्म सनातन-धर्म का अरबी अनुवाद है, वैसे ही, आर्य-समाज भी इस्लाम की संस्कृत-टीका है। सिक्ख-धर्म के विषय में यह उक्ति कुछ दूर तक सही समझी जा सकती है, किन्तु, आर्य-समाज के विषय में यह कहाँ तक सत्य है, यह बताना कठिन है। स्वामीजी ने ईश्वर, जीव और प्रकृति, तीनों को अनादि माना है, किन्तु, यह तो इस्लाम से अधिक भारतीय योग-दर्शन का मत है। भिन्नता यह है कि स्वामीजी यह नहीं मानते कि भगवान् पापियों के पाप को क्षमा करते हैं। बल्कि, भगवान् की कृपा के सहारे पाप करने की बात के लिए उन्होंने इस्लाम और ईसाइयत की बार-बार आलोचना की है। हाँ, जिन बुराइयों के कारण हिन्दू-धर्म का ह्रास हो रहा था तथा अन्य धर्मों के लोग जिन दुर्बलताओं का लाभ उठाकर हिन्दुओं को ईसाई बना रहे थे, उन बुराइयों को स्वामीजी ने अवश्य दूर किया, जिससे हिन्दुओं के सामाजिक संगठन में वही दृढ़ता आ गई जो इस्लाम में थी। स्वामीजी ने छुआछूत के विचार को अवैदिक बताया और उनके समाज ने सहस्त्रों अन्त्यजों को यज्ञोपवीत

देकर उन्हें हिन्दुत्व के भीतर आदर का स्थान दिया। आर्य-समाज ने नारियों की मर्यादा में वृद्धि की एवं उनकी शिक्षा-संस्कृति का प्रचार करते हुए विधवा-विवाह का भी प्रचलन किया। कन्या-शिक्षा और ब्रह्मचर्य का आर्य-समाज ने इतना अधिक प्रचार किया कि हिन्दी-प्रान्तों में साहित्य के भीतर एक प्रकार की पवित्रतावादी भावना भर गई और हिन्दी के कवि कामिनी-नारी की कल्पना मात्र से घबराने लगे। पुरुष शिक्षित और स्वस्थ हों, नारियाँ शिक्षिता और सबला हों, लोग संस्कृत पढ़ें और हवन करें, कोई भी हिन्दू मूर्ति-पूजा का नाम न ले, न पुरोहितों, देवताओं और पंडों के फेर में पड़े, ये उपदेश उन सभी प्रान्तों में कोई पचास साल तक गूँजते रहे, जहाँ आर्य-समाज का थोड़ा-बहुत भी प्रचार था।

यह विस्मय की बात है कि स्वामीजी ने संहिताओं को तो प्रमाण माना, किन्तु, उपनिषदों पर वही श्रद्धा नहीं दिखाई। वेद से उनका अभिप्राय केवल "चारों वेद (विद्या-धर्म-युक्त, ईश्वरप्रणीत संहिता, मन्त्र-भाग) और चारों वेदों के ब्राह्मण, छह अंग, छह उपांग, चार उपवेद और 1127 वेदों की शाखा[2] से है। इसी प्रकार, युग-युग से पूजित गीता को उन्होंने कोई महत्त्व नहीं दिया और कृष्ण, राम आदि को तो परम पुरुष माना ही नहीं। वर्णाश्रम का आधार उन्होंने गुण-कर्म को माना। उन्होंने 'देव' का अर्थ विद्वान्, 'असुर' का अविद्वान्, 'राक्षस' का पापी और 'पिशाच' का अनाचारी माना। पुरुषार्थ को उन्होंने प्रारब्ध से बड़ा बताया तथा सुख-भोग को स्वर्ग तथा दुःख-भोग को नरक कहा। यह हिन्दू-धर्म की बुद्धिवादी टीका थी। यह विज्ञान की कसौटी पर चढ़े हुए हिन्दुत्व का निखार था।

किन्तु, स्वामीजी ने भी देश में एक नूतन अन्धविश्वास को जन्म दिया। उनके पूर्व भी वेद हिन्दुओं के पूज्य ग्रन्थ थे और आज भी वे पूज्य हैं। किन्तु, पूज्य होने के मानी यह तो नहीं हैं कि वेद में त्रिकाल का ज्ञान समाहित है। स्वामीजी ने कहा है कि वेद में केवल धर्म की ही बातें नहीं हैं, उसमें विज्ञान की भी सारी बातें प्रच्छन्न हैं। पुराणों, शास्त्रों और स्मृतियों के पाश से मुक्त करके जनता को वेदों की ओर ले जाने का यह ढंग प्रशंसनीय अवश्य था, किन्तु, वेदों को सभी ज्ञानों का कोष मान लेने से लोगों के ज्ञानोन्मेष में बाधा भी पड़ी। आश्चर्य की बात है कि श्री अरविन्द ने स्वामी दयानन्द का समर्थन ही नहीं किया है, प्रत्युत, यह भी शिकायत की है कि स्वामीजी ने वेदों के महत्त्व को घटाकर ही कहा है।"[3]

आर्यवाद का एक दुष्परिणाम

उन्नीसवीं सदी के नवोत्थान से एक और बात निकली, जिसका कुफल देश को आज भी भोगना पड़ रहा है। जब इस्लाम और ईसाइयत से हिन्दुत्व संघर्ष कर रहा था, उस समय नेताओं, सुधारकों और पंडितों ने हिन्दुत्व की ओर से जो कुछ प्रमाण दिए, संस्कृत से लेकर दिए और यह ठीक भी था, क्योंकि सारे देश में फैले हुए हिन्दुत्व की भाषा संस्कृत थी। पीछे, जो यूरोपीय इतिहासकार भारत के अतीत का इतिहास तैयार करने लगे, उसमें भी मूल उद्धरण संस्कृत से ही आए। किन्तु, स्वामी दयानन्द ने तो संस्कृत की सभी सामग्रियों को छोड़कर केवल वेदों को पकड़ा और उनके सभी अनुयायी भी वेदों की दुहाई देने लगे। परिणाम इसका यह हुआ कि वेद और आर्य, भारत में ये दोनों सर्वप्रमुख हो उठे और इतिहासवालों में भी यह धारणा चल पड़ी कि भारत की सारी संस्कृति और सभ्यता वेदवालों अर्थात् आर्यों की

रचना है। भारत में जो अनेक जातियों का समन्वय हुआ था, उसकी ओर उस समय किसी ने देखा भी नहीं। हिन्दू केवल उत्तर भारत में ही नहीं बसते थे और न यही कहने का कोई आधार था कि हिन्दुत्व की रचना में दक्षिण भारत का कोई योगदान नहीं है। फिर भी, स्वामीजी ने आर्यावर्त की जो सीमा बाँधी है, वह विन्ध्याचल पर समाप्त हो जाती है।[4] आर्य-आर्य कहने, वेद-वेद चिल्लाने तथा द्राविड़ भाषाओं में सन्निहित हिन्दुत्व के उपकरणों से अनभिज्ञ रहने का ही यह परिणाम है कि आज दक्षिण भारत में आर्य-विरोधी आन्दोलन उठ खड़ा हुआ है। हिन्दू सारे भारत में बसते हैं तथा उनकी नसों में आर्य के साथ द्राविड़ रक्त भी प्रवाहित है। हिन्दुत्व के उपकरण केवल संस्कृत में ही नहीं, प्रत्युत, संस्कृत के ही समान प्राचीन भाषा तमिल में भी उपलब्ध हैं और दोनों भाषाओं में निहित उपकरणों को एकत्र किए बिना हिन्दुत्व का पूरा चित्र नहीं बनाया जा सकता। इस सत्य पर यदि उत्तर के हिन्दू ध्यान देते तो दक्षिण के भाइयों को वह कदम उठाना नहीं पड़ता, जिसे वे आज उपेक्षा और क्षोभ से विचलित होकर उठा रहे हैं।

हिन्दुत्व की वीर भुजा

यह दोष चाहे जितना बड़ा हो, किन्तु आर्य-समाज हिन्दुत्व की खड्गधर बाँह साबित हुआ। स्वामीजी के समय से लेकर, अभी हाल तक, इस समाज ने सारे हिन्दी-प्रान्त को अपने प्रचार से औंट डाला। आर्य-समाज के प्रभाव में आकर बहुत-से हिन्दुओं ने मूर्ति-पूजा छोड़ दी, बहुतों ने अपने घर के देवी-देवताओं की प्रतिमाओं को तोड़कर बाहर फेंक दिया, बहुतों ने श्राद्ध की पद्धति बन्द कर दी और बहुतों ने पुरोहितों को अपने यहाँ से विदा कर दिया। जो विधिवत् आर्य-समाजी नहीं बने, शास्त्रों और पुराणों में उनका भी विश्वास हिल गया और वे भी, मन-ही-मन, शंका करने लगे कि राम और कृष्ण ईश्वर हैं या नहीं और पाषाणों की पूजा से मनुष्य को कोई लाभ हो सकता है या नहीं। आर्य-समाजियों ने जगह-जगह अपने उद्देश्यानुकूल विद्यालय स्थापित किए, जिनमें संस्कृत की विशेष रूप से पढ़ाई होती है और जहाँ के स्नातक स्वामी दयानन्द के उद्देश्यों के मूर्तिमान रूप बनकर बाहर आते हैं। इन विद्यालयों में कन्या और युवक ब्रह्मचर्य-वास भी करते हैं।

आगे चलकर आर्य-समाज ने शुद्धि और संगठन का भी प्रचार किया। सन् 1921 ई. में मोपला (मालाबार) मुसलमानों ने भयानक विद्रोह किया और उन्होंने पड़ोस के हिन्दुओं को जबर्दस्ती मुसलमान बना लिया। आर्य-समाज ने इस विपत्ति के समय संकट के सामने छाती खोली और कोई ढाई हजार भ्रष्ट परिवारों को फिर से हिन्दू बना लिया। इसी कांड के बाद आर्य-समाजियों ने राजस्थान के मलकाना राजपूतों की शुद्धि आरम्भ की, जिससे मुस्लिम सम्प्रदाय में क्षोभ उत्पन्न हुआ और लोग कहने लगे कि आर्य-समाजी मुसलमानों से शत्रुता कर रहे हैं। किन्तु, शत्रुता की इसमें कोई बात नहीं है। जब अन्य धर्मवालों को यह अधिकार है कि वे चाहे जितने हिन्दुओं को क्रिस्तान या मुसलमान बना सकते हैं, तब धर्म-भ्रष्ट हिन्दुओं को फिर से हिन्दू बना लेने में ऐसा क्या अन्याय है? किन्तु, आर्य-समाजियों के इस साहस से मुसलमान बहुत घबराए एवं भारतीय एकता का शकट कुछ पीछे की ओर घुड़क गया।

आर्य-समाजियों ने अपने साहस का दूसरा परिचय सन् 1937 ई. में दिया जब हैदराबाद की निजाम-सरकार ने यह फरमान जारी किया था कि हैदराबाद-राज्य में आर्य-समाज का प्रचार नहीं होने दिया जाएगा। इस आज्ञा के विरुद्ध आर्य-समाजियों ने सत्याग्रह का शस्त्र निकाला और, एक-एक करके, कोई बारह हजार आर्य-समाजी सत्याग्रही जेल चले गए।

ईसाइयत और इस्लाम के आक्रमणों से हिन्दुत्व की रक्षा करने में जितनी मुसीबतें आर्य-समाज ने झेली हैं, उतनी किसी और संस्था ने नहीं। सच पूछिए तो उत्तर भारत में हिन्दुओं को जगाकर उन्हें प्रगतिशील करने का सारा श्रेय आर्य-समाज को ही है। पंडित चमूपति ने सत्य ही कहा है कि ''आर्य-समाज के जन्म के समय हिन्दू कोरा फुसफुसिया जीव था। उसके मेरुदंड की हड्डी थी ही नहीं। चाहे कोई उसे गाली दे, उसकी हँसी उड़ाए, उसके देवताओं की भर्त्सना करे या उसके धर्म पर कीचड़ उछाले, जिसे वह सदियों से मानता आ रहा है, फिर भी, इन सारे अपमानों के सामने वह दाँत निपोरकर रह जाता था। लोगों को यह उचित शंका हो सकती थी कि यह आदमी भी है या नहीं, इसे आवेश भी चढ़ता है या नहीं अथवा यह गुस्से में आकर प्रतिपक्षी की ओर घूर भी सकता है या नहीं। किन्तु, आर्य-समाज के उदय के बाद, अविचल उदासीनता की यह मनोवृत्ति विदा हो गई। हिन्दुओं का धर्म एक बार फिर जगमगा उठा है। आज का हिन्दू अपने धर्म की निन्दा सुनकर चुप नहीं रह सकता। जरूरत हुई तो धर्म-रक्षार्थ वह अपने प्राण भी दे सकता है[5]।''

सन्दर्भ

1. 'रिनासाँ ऑफ हिन्दुइज्म' से उद्धृत।
2. सत्यार्थ प्रकाश; स्वमन्तव्यामन्तव्य-प्रकाश-प्रकरण।
3. ''वेदों में केवल धर्म ही नहीं, विज्ञान भी है, दयानन्द के इस विचार में चौंकने की कोई बात नहीं है, मेरा विचार तो यह है कि वेदों में विज्ञान की ऐसी बातें भी हैं जिनका पता आज के वैज्ञानिकों को नहीं चला है। इस दृष्टि से देखने पर तो यह दीखता है कि दयानन्द ने वेदों में निहित ज्ञान के विषय में अत्युक्ति नहीं, बल्कि, अल्पोक्ति से काम लिया है।''

   –श्री अरविन्द (दयानन्द, द मैन एंड हिज़ वर्क।)
4. ''आर्यावर्त देश इस भूमि का नाम इसलिए है कि इसमें आदि सृष्टि से आर्य लोग निवास करते हैं, परन्तु, इसकी अवधि उत्तर में हिमालय, दक्षिण में विन्ध्याचल, पश्चिम में अटक और पूर्व में ब्रह्मपुत्र नदी है। इन चारों के बीच में जितना देश है, उसको आर्यावर्त कहते और जो इसमें सदा रहते, उनको भी आर्य कहते हैं।''

   (सत्यार्थ-प्रकाश; स्वमन्तव्यामन्तव्य-प्रकाश।)
5. द कल्चरल हेरिटेज ऑफ इंडिया, जिल्द-2।

प्रकरण-8

थियोसोफ़िकल सोसाइटी या ब्रह्मविद्या-समाज

थियोसोफ़िकल सोसाइटी का नाम विदेशी है और यह संस्था भी विदेश में ही जनमी थी। इसके सदस्यों की संख्या भी कभी इतनी नहीं हुई कि इसकी गिनती भारत के महान् सांस्कृतिक आन्दोलन में की जा सके। किन्तु, फिर भी इस संस्था की एक सभानेत्री **श्रीमती एनी बीसेंट** ने हिन्दुत्व के नवोत्थान एवं भारतीय राष्ट्रीयता के विकास के लिए इतना कुछ किया कि उनकी सेवा भुलाई नहीं जा सकती। आजकल एक दर्शन प्रचलित है, जिसके अनुसार व्यक्ति कुछ भी नहीं है। जो कुछ भी है, वह समूह है। किन्तु, एनी बीसेंट जैसे व्यक्तियों के विषय में यह दर्शन गलत ठहरता है। मानवता का रथ, प्रायः मन्द-मन्द ही चलता है, यह समूह की गति है। किन्तु, कोई-कोई ऐसे व्यक्ति होते हैं, जिनके एक धक्के से यह रथ बहुत आगे निकल जाता है। श्रीमती एनी बीसेंट ऐसा ही व्यक्तित्व रखती थीं और उनके जीवन का सबसे बड़ा कार्य यह रहा कि उन्होंने ऊँघते हुए हिन्दुओं में आत्माभिमान भर दिया एवं जब ईसाई मिशनरी भारत के बाहर भारत के विषय में कुप्रचार करके यहाँ के लोगों को ईसाई बना रहे थे, तब इस ईसाई महिला ने खुलकर भारत और हिन्दुत्व का पक्ष लिया।

थियोसोफ़ी शब्द दो यूनानी शब्दों के योग से बना है। यूनानी में थियोस (Theos) ईश्वर को कहते हैं और सोफ़िया (Sophia) का अर्थ ज्ञान है। अतएव, थियोसोफी का अर्थ ब्रह्मविद्या बताया जाता है।

सोसाइटी का जन्म

इस संस्था का जन्म यों हुआ कि रूस में एक महिला थीं जिसका नाम **हेलेना पेत्रोवना ब्लेवास्की** था। वे प्रेत-विद्या की जानकार समझी जाती थीं। उन दिनों अमेरिका में भी प्रेत-विद्या की चर्चा छिड़ी हुई थी और **कर्नल आलकाट** नाम के एक सज्जन इस विद्या से गहरी दिलचस्पी रखते थे। ब्लेवास्की न्यूयॉर्क गईं, तब वहाँ उनका परिचय आलकाट साहब से हुआ और वहीं दोनों ने मिलकर थियोसोफ़िकल सोसाइटी की नींव 7 सितम्बर, 1875 ई. को रखी। कहा जाता है कि तिब्बत में कुछ श्रेष्ठ आत्माएँ थीं, जिनका सम्पर्क श्रीमती ब्लेवास्की से था। इन्हीं आत्माओं के पथ-प्रदर्शन में ब्लेवास्की काम करती थीं। अतएव, अपनी संस्था का मुख्य उद्देश्य उन्होंने उन अगोचर नियमों का अनुसन्धान और प्रचार रखा, जिनके अधीन यह सृष्टि संचालित होती है।

पीछे चलकर, इस संस्था के उद्देश्य कुछ और विशद एवं विस्तृत हो गए। सृष्टि के

परोक्ष नियमों के अनुसन्धान की बात तो रही ही, आगे यह भी जोड़ दिया गया कि संस्था के सदस्यों का कर्तव्य होगा कि वे उच्च नैतिकतापूर्ण, पवित्र जीवन व्यतीत करें एवं विज्ञान के साथ जिस आधिभौतिकता की वृद्धि हो रही है, उसका विरोध करें। यह भी कि किसी भी धर्म की कट्टरता को वे प्रश्रय नहीं देंगे। संस्था का एक उद्देश्य यह भी माना गया कि पूर्वी देशों में धर्म और ज्ञान के जो तत्त्व छिपे हुए हैं, उनका सम्यक् प्रचार पाश्चात्य देशों में किया जाना चाहिए। इस प्रकार, वेद, बौद्ध ग्रन्थ, जेन्दावेस्ता और कन्फ्यूशियस के उपदेश, ये सभी साहित्य थियोसोफ़िस्टों के विशेष अध्ययन के विषय बन गए। किन्तु, संस्था का सबसे महान् और उपयोगी उद्देश्य यह करार दिया गया कि विश्व-मानवता के आविर्भाव और प्रचार के लिए यह दिखलाया जाए कि धर्म की भिन्नता से एक मनुष्य दूसरे से भिन्न नहीं हो जाता है। सभी मनुष्य एक ही परम-सत्ता से निकले हैं और सभी धर्मों के अच्छे लोग एक समान पवित्र हैं।

आगे चलकर तिब्बत की सन्त आत्माओं ने ब्लेवास्की को यह सन्देश दिया कि तुम अपनी संस्था को लेकर भारत चली जाओ। तदनुसार, ब्लेवास्की और आलकाट, 16 फरवरी, 1879 ई. को बम्बई आ पहुँचे, जहाँ आर्य-समाज ने उसका भव्य स्वागत किया। आते ही, वे लोग ईसाई मिशनरियों के प्रचार के रोकने का उपाय सोचने लगे एवं इस बात पर जोर देने लगे कि भारत की शिक्षा पद्धति में परिवर्तन होना चाहिए तथा यहाँ संस्कृत-विद्या का पठन-पाठन अधिक महत्त्वपूर्ण ढंग से चलना चाहिए। सन् 1882 ई. में थियोसोफ़ी-समाज का प्रधान कार्यालय अडयार (मद्रास) ले जाया गया, जहाँ वह आज तक अवस्थित है। कुछ दिनों के बाद ब्लेवास्की बीमार होकर इंग्लैंड चली गईं और फिर नहीं लौटीं। इंग्लैंड में उन्होंने 'द सीक्रेट डॉक्ट्रिन' नामक पुस्तक प्रकाशित की जिस पर पत्रों में कई प्रकार की आलोचनाएँ निकलीं। इसी पुस्तक को पढ़कर श्रीमती एनी बीसेंट थियोसोफ़ी-समाज में दीक्षित हुई थीं। कहते हैं, ब्लेवास्की ने उनका सम्पर्क तिब्बत की आत्माओं से करा दिया था और उनमें भी परोक्ष शक्तियों का विकास हो गया था।

एनी बीसेंट

श्रीमती एनी बीसेंट 16 नवम्बर, सन् 1893 ई. को भारत आईं जब उनकी अवस्था छियालीस साल की थी। आते ही, वे भारत के सांस्कृतिक आन्दोलन में कूद पड़ीं और भारत के साथ-साथ उन्होंने थियोसोफी-समाज का नाम भी बहुत ऊँचा कर दिया। कर्नल आलकाट का देहान्त सन् 1907 ई. में हुआ और तब से लेकर अपनी मृत्युपर्यन्त (1933 ई.) थियोसोफी-समाज की सभानेत्री श्रीमती एनी बीसेंट ही रहीं।

श्रीमती एनी बीसेंट मानती थीं कि पूर्वजन्म में वह हिन्दू थीं। आते ही उन्हें भारतवर्ष ऐसा लगा, मानो, अनेक जन्मों से वे यहाँ जन्म लेती आई हों। हिन्दू-धर्म को वे विश्व के धर्मों में सबसे प्राचीन ही नहीं, सबसे श्रेष्ठ भी मानती थीं। यहाँ आते ही, उन्होंने गाउन छोड़कर साड़ी पहनी और शुद्ध भारतीय खान-पान को अपना लिया। वे तीर्थों में भी घूमती थीं एवं अमरनाथ तक पैदल ही गई थीं। हिन्दुत्व की प्रधान गढ़ी काशी उन्हें अत्यन्त प्रिय थी। बनारस में रहकर उन्होंने **सेंट्रल हिन्दू कॉलेज** की स्थापना की, जिसका विकसित रूप आज का हिन्दू

विश्वविद्यालय है। बनारस में ही रहते हुए, उन्होंने गीता का अनुवाद किया, रामायण और महाभारत की संक्षिप्त कथाएँ लिखीं एवं हिन्दू-धर्म तथा संस्कृति-विषयक अनेक ओजस्वी भाषण दिए।

श्रीमती बीसेंट अंग्रेज थीं एवं वे अत्यन्त कुलीन वंश की कन्या थीं। इंग्लैंड में वे फ़ेबियन सोसाइटी में काम करती थीं जहाँ उनके सहकर्मी **जॉर्ज बर्नार्ड शॉ** थे। शॉ ने लिखा है कि उस समय इंग्लैंड में उनके समान ओजस्वी भाषण देनेवाला कोई व्यक्ति नहीं था।[1] अंग्रेजी भाषा पर उनका असाधारण प्रभुत्व था। उनके मुख से निकलनेवाला प्रत्येक वाक्य उच्च साहित्य का वाक्य होता था। ऐसे बहुत-से लोग अभी इस देश में मौजूद हैं, जिन्हें श्रीमती बीसेंट का भाषण सुनने का सौभाग्य प्राप्त हुआ था। इनमें से कितनों ही का कहना है कि जब वे सभा में बोलने को खड़ी होती थीं, तब ऐसा दीखता था, मानो, स्वयं सरस्वती ही आकाश से उतरकर पृथ्वी पर आ गई हों। उनके भाषण का विषय हिन्दुत्व होता था। काशी में एक बार उनका भाषण सुनकर एक प्रतिष्ठित पंडित ने उन्हें **'सर्व-शुक्ला-सरस्वती'** की उपाधि दे डाली थी।

एनी बीसेंट की भारत-भक्ति

भारत और हिन्दुत्व को श्रीमती बीसेंट एक-दूसरे का पर्याय मानती थीं। अपने एक भाषण में उन्होंने हिन्दुओं से कहा था कि, ''भारत और हिन्दुत्व की रक्षा भारतवासी और हिन्दू ही कर सकते हैं। हम बाहरी लोग आपकी चाहे जितनी प्रशंसा करें, किन्तु, आपका उद्धार आपके ही हाथ में है। आप किसी प्रकार के भ्रम में न रहें। हिन्दुत्व के बिना भारत के सामने कोई भविष्य नहीं है। **हिन्दुत्व ही वह मिट्टी है, जिसमें भारतवर्ष का मूल गड़ा हुआ है। यदि यह मिट्टी हटा ली गई तो भारत-रूपी वृक्ष सूख जाएगा।** भारत में प्रश्रय पानेवाले अनेक धर्म हैं, अनेक जातियाँ हैं, किन्तु इनमें से किसी की भी शिरा भारत के अतीत तक नहीं पहुँची है। इनमें से किसी में भी यह दम नहीं है कि भारत को वे एक राष्ट्र के रूप में जीवित रख सकें। इनमें से प्रत्येक भारत से विलीन हो जाए, तब भी भारत, भारत ही रहेगा। किन्तु, यदि हिन्दुत्व विलीन हो गया तो क्या शेष रहेगा? तब, शायद, इतना याद रह जाएगा कि भारत नामक कोई भौगोलिक देश था। भारत के इतिहास को देखिए, उसके साहित्य, कला और स्मारकों को देखिए, सब पर हिन्दुत्व, स्पष्ट रूप से खुदा हुआ है।''

यह दर्द और उत्साह किसी भारतीय में ही हो सकता था। दर्द इसलिए कि इतने सुन्दर देश को मिशनरी लोग यूरोप में बदनाम कर रहे थे। और उत्साह इसलिए कि श्रीमती बीसेंट मानती थीं कि हिन्दुत्व के जागरण से ही अखिल विश्व का कल्याण हो सकता है। श्रीमती बीसेंट ने भारत में रहकर तो हिन्दुओं को जगाया ही, वे यूरोप, अमेरिका और आस्ट्रेलिया जाकर वहाँ के लोगों को भी हिन्दू-धर्म की गरिमा का दर्शन कराती थीं और उनके इन प्रयत्नों से भारत के विषय में बाहरवालों की उत्सुकता एवं एक प्रकार की अस्पष्ट भक्ति बढ़ती जा रही थी।

श्रीमती बीसेंट ने उन्नीसवीं सदी के भारत का जो हाल देखा था, वह काफी दर्दनाक था। ''लोग आस्तिकता और नास्तिकता के बीच झटके खा रहे थे। आधिभौतिकता की बाढ़

के मारे राष्ट्र का जीवन विशृंखलित हो गया था। अंग्रेजी पढ़े-लिखे लोग हक्सले, मिल और स्पेंसर के अनुयायी हो रहे थे, किन्तु, अपने साहित्य का उन्हें कोई ज्ञान नहीं था। वे अपने अतीत से घृणा करते थे, अतः, भविष्य के विषय में उनका कोई विश्वास नहीं था। वे अन्धे होकर अंग्रेजों के तौर-तरीकों की नकल कर रहे थे एवं अपने कला-कौशल और शिल्प का विनाश करके अंग्रेजी असबाबों से अपना घर सजा रहे थे। राष्ट्रीय जोश का उनमें लेश भी नहीं था। राष्ट्रीय जीवन की गति बतानेवाली कोई भी क्रिया कहीं दिखाई भी नहीं पड़ती थी एवं यह सन्दिग्ध था कि भारतीय राष्ट्र के हृदय में कोई धड़कन भी शेष है या नहीं।''

कर्नल आलकाट ने सन् 1879 ई. में भारत-पदार्पण के बाद जो पहला व्याख्यान दिया था, उस पर विचार करते हुए 'अमृत बाजार पत्रिका' की टिप्पणी थी कि ''जब रोगी ही ऐंठकर अकड़ गया हो, तब डॉक्टर की सहायता से क्या होगा? भारत का गौरव और अभिमान मृतप्राय है। भारतीयों से भारत के उद्धार की बात करना वैसा ही व्यर्थ है जैसा समुद्र की सिकता को सिखावन देना[2]।''

अखंड हिन्दुत्व का समर्थन

मुर्दनी, पस्तहिम्मती और निराशा की इस खाई को भरने के लिए यह आवश्यक था कि हिन्दुओं के भीतर अपने धर्म के प्रति आस्था और अपने इतिहास के प्रति अभिमान जगाया जाए। आखिर, जिस जाति के पास उपनिषद्, गीता और दर्शन, विचारों और भावों का इतना अपार साहित्य मौजूद रहा हो, उसे किसी से लज्जित होने की क्या आवश्यकता थी? यही कार्य ब्राह्म-समाजी और आर्य-समाजी कर रहे थे। किन्तु उनके कार्यों में एक त्रुटि थी। इन दोनों समाजों के नेता केवल संशोधित हिन्दुत्व का समर्थन करना चाहते थे। किन्तु, केवल संशोधित हिन्दुत्व से समग्र हिन्दुत्व का त्राण नहीं था। आखिर, इस बात का क्या जवाब था कि ब्राह्म-समाजियों और आर्य-समाजियों के होते हुए भी सारी जनता पत्थर को पूज रही थी, राम और कृष्ण को अवतार मान रही थी एवं पुराणों और पुरोहितों को छोड़ने को तैयार नहीं थी? ब्राह्म-समाजियों का संशोधित हिन्दुत्व ईसाइयत का भारतीय संस्करण हो गया था। उसी प्रकार, आर्य-समाज भी प्रचलित हिन्दुत्व से ईषत् पृथक् दीखता था। ऐसी अवस्था में, श्रीमती एनी बीसेंट और उनके समाज को यह श्रेय अवश्य दिया जाएगा कि उन्होंने खंडित नहीं, अखंड हिन्दुत्व का वीरतापूर्वक आख्यान किया। उन्होंने केवल वेद, उपनिषद् और गीता का ही हवाला नहीं दिया, प्रत्युत स्मृति, पुराण, धर्मशास्त्र और महाकाव्य, जब जहाँ जो बात मिली, सबके द्वारा हिन्दुत्व के प्रचलित समग्र रूप का समर्थन करना आरम्भ किया। उनके मुख से पुनर्जन्म, अवतार, देवता, योग और अनुष्ठान तथा चौरासी लाख योनियों की बातें सुनकर ऊँघते हुए हिन्दू भी अचकचाकर बैठ गए और उनमें से कितनों का हिलता हुआ विश्वास फिर से स्थिर हो गया। और यह भी नहीं है कि हिन्दुत्व के इन रूपों का समर्थन उन्होंने किसी जोश में आकर किया हो। सन् 1914 ई. में उन्होंने एक भाषण में कहा था, **''चालीस वर्षों के सुगम्भीर चिन्तन के बाद मैं यह कह रही हूँ कि विश्व के सभी धर्मों में हिन्दू-धर्म से बढ़कर पूर्ण, वैज्ञानिक, दर्शनयुक्त एवं आध्यात्मिकता से परिपूर्ण धर्म दूसरा और कोई नहीं है।''**

भारत की निन्दा करनेवाले यूरोपियनों और भारतवासियों को जैसा मुँहतोड़ जवाब श्रीमती बीसेंट ने दिया, वैसा किसी और से नहीं दिया जा सका। यूरोप के मिशनरी भारत और, विशेषतः, हिन्दू-धर्म के प्रति भयंकर विष का वमन कर रहे थे। उनका प्रतिविष भी भगवान् ने यूरोप से ही मँगाया। यह एनी बीसेंट और मैक्समूलर जैसे लोगों की ही निष्पक्षता और उदारता का परिणाम था कि मिशनरियों के दंश में कमी आई और संसार भारत के सात्विक रूप को पहचानने में समर्थ हुआ। सर वैलेनटाइन शिरोल ने, सत्य ही लिखा है कि "जब अत्युच्च बौद्धिक शक्तियों एवं अद्भुत वक्तृत्व-शक्ति से सुसज्जित यूरोपियन भारत जाकर भारतवासियों से यह कहें कि उच्चतम ज्ञान की कुंजी यूरोपवालों के नहीं, तुम्हारे पास है तथा तुम्हारे देवता, तुम्हारे दर्शन और तुम्हारी नैतिकता की यूरोपवाले छाया भी नहीं छू सकते, तब इसमें क्या आश्चर्य है कि भारतवासी हमारी सभ्यता से पीठ फेर लें?"[3]

राजनीति के क्षेत्र में

सन् 1914 ई. में श्रीमती एनी बीसेंट भारत की राजनीति में भी भाग लेने लगीं। तिलक जी के द्वारा चलाए हुए **होम रूल** आन्दोलन का पक्ष उन्होंने बड़े ही जोर से लिया। इस अपराध में मद्रास-सरकार ने उन्हें सन् 1917 ई. में नजरबन्द कर डाला। इस पर देश में इतने जोर का बावेला मचा कि नजरबन्दी फौरन उठा ली गई। इसी अवसर पर देश ने उन्हें भारतीय कांग्रेस का सभापतित्व अर्पित किया जिस पद को उन्होंने बड़े ही गौरव से सँभाला। असल में, एनी बीसेंट और एंड्रूज, ये दो अंग्रेज ऐसे हुए हैं, जो हृदय से बिलकुल भारतीय थे।

तीन-चार साल तक एनी बीसेंट राजनीति में भी भारत की परममन्त्रदात्री रहीं एवं इस सुप्त देश में राजनैतिक चेतना जगाने की दिशा में भी उन्होंने बड़ा काम किया। किन्तु, गांधीजी के आगमन के बाद से उनका प्रभाव घटने लगा एवं गांधीजी के तौर-तरीकों को नहीं समझ सकने के कारण, वे देश की राजनीति से पीछे छूट गईं। फिर भी, यह सत्य है कि गांधीजी के आविर्भाव के लिए जमीन तैयार करनेवालों में एक अमर नाम श्रीमती एनी बीसेंट का भी है। अथवा हम गांधीजी के ही शब्दों में कह सकते हैं कि "जब तक भारतवर्ष जीवित है, एनी बीसेंट की सेवाएँ भी जीवित रहेंगी, जो उन्होंने इस देश के लिए की थीं। उन्होंने भारत को अपनी जन्मभूमि मान लिया था। उनके पास देने योग्य जो कुछ भी था, उन्होंने भारत के चरणों पर चढ़ा दिया था; इसलिए, भारतवासियों की दृष्टि में वे उतनी प्यारी और श्रद्धेया हो गईं।"

थियोसोफिस्ट लोगों की संख्या तो नगण्य रही, किन्तु, उनका साथ देनेवाले लोग बहुधा ऊँचे विचारक, चिन्तक और साहित्यकार थे। साथ ही, यह संस्था अन्तर्राष्ट्रीय थी। अतएव, उसके द्वारा भारत के पक्ष में, सारे संसार में अच्छा प्रसार हुआ। थियोसोफिस्टों ने आत्मा की अमरता और पुनर्जन्म के सिद्धान्त में वैसा ही विश्वास अभिव्यक्त किया जैसा विश्वास हिन्दुओं का है। परिणाम इसका यह हुआ कि बहुत-से अभारतीयों के द्वारा पुनर्जन्म के सिद्धान्तों को स्वीकार होते देखकर उन भारतवासियों की आँखें खुलीं, जो इस्लाम और ईसाइयत के प्रभाव में आकर हिन्दुत्व को शंका से देखने लगे।

धर्म नहीं, धर्म की संजीवनी

थियोसोफी कोई स्वतन्त्र धर्म नहीं है। यह सभी धर्मों में समन्वय चाहती है। हिन्दू, मुसलमान, ईसाई, बौद्ध, यहूदी आदि जो भी चाहे, अपने धर्म को मानते हुए थियोसोफिस्ट हो सकता है। थियोसो़फी धर्म नहीं, धर्म का आश्रय है। थियोसोफिस्ट होने के लिए अपना धर्म छोड़ने की आवश्यकता नहीं होती। बल्कि, आवश्यकता यह होती है कि आदमी अपने धर्म में और भी जोर से विश्वास करे। थियोसोफिस्ट होकर मुसलमान अच्छा मुसलमान, हिन्दू अच्छा हिन्दू और ईसाई अच्छा ईसाई बने, थियोसोफी का यही उद्‌देश्य है। प्रत्येक धर्म में जो उसका असली तत्त्व है, उसे थियोसोफिस्ट अपने विश्वास का उपकरण मानते हैं। धर्म का मुख्य तत्त्व उसका बाह्याचार नहीं, प्रत्युत, वह अंश है, जिससे मनुष्य परमात्मा का सान्निध्य प्राप्त करता है। इस प्रकार देखने पर, मुसलमानों में सूफी, ईसाइयों में नॉस्टिक्स (Gnostics) और हिन्दुओं में ब्रह्मवादी वास्तविक थियोसोफिस्ट हैं। थियोसो़फी वह असली गहराई है जिसमें से सभी धर्म निकले हैं, अतएव, इस आन्दोलन का ध्येय है कि सभी धर्मों में जो तत्त्व समान हैं, उन्हें लेकर सभी धर्मों के बीच एकता स्थापित की जाए।

उन्नीसवीं सदी में भारत में तीन धर्म आपस में बुरी तरह टकरा रहे थे। अतएव, उस समय सभी धर्मों की एकता पर जोर देनेवाले इस अन्तर्राष्ट्रीय आन्दोलन का भारत पधारना अत्यन्त मंगलकारी हुआ। ये धर्म एक तो अब भी नहीं हुए हैं, किन्तु सभी धर्मों में ऐसे लोग उत्पन्न हो गए हैं, जो कट्‌टरता को मनुष्य का दोष मानते हैं, जो सच्चे मन से यह प्रयास कर रहे हैं कि धर्मों का पारस्परिक द्वेष-भाव शमित हो जाए। विश्व-बन्धुत्व, तुलनात्मक धर्म और परलोक-विद्या का सन्धान, थियोसोफी के ये तीन उद्‌देश्य स्पष्ट हैं। इनमें से केवल परलोक-विद्या के सन्धान को ही बुद्धिवादी लोग व्यर्थ समझते हैं। बाकी दो उद्‌देश्य तो ऐसे हैं, जिन पर पहुँचे बिना विश्व का कल्याण ही नहीं है। विश्व-बन्धुत्व के लिए प्रयास अब सारे संसार में होने लगा है। लक्ष्य दूर अवश्य है, किन्तु मनुष्य वहाँ पहुँचकर रहेगा। अधीर होने की कोई बात नहीं है। मनुष्य के विकास का कदम धीमा होता है।

धीमी कितनी गति है! विकास कितना अदृश्य हो चलता है!
इस महावृक्ष में एक पत्र सदियों के बाद निकलता है।[4]

सन्दर्भ

1. शॉ के शब्द हैं–Greatest orator in England and possibly in Europe...
2. 'रिनासाँ ऑफ हिन्दुइज्म' से।
3. 'इंडियन अनरेस्ट' से।
4. रश्मिरथी, षष्ठ सर्ग।

प्रकरण-9

धर्म के जीते-जागते स्वरूप परमहंस रामकृष्ण

आर्य-समाज और ब्राह्म-समाज की सीमाएँ

स्वामी दयानन्द से परमहंस रामकृष्ण की भेंट हुई थी। स्वामीजी स्वयं रामकृष्ण के पास नहीं गए थे, परमहंस ही स्वामीजी के कलकत्ता पधारने पर उनसे मिलने आए थे। रामकृष्ण के मन पर इस भेंट का जो प्रभाव पड़ा, वह उन्हीं के शब्दों में इस प्रकार वर्णित है–''दयानन्द से भेंट करने गया। मुझे ऐसा दिखा कि उन्हें थोड़ी-बहुत शक्ति प्राप्त हो चुकी है। उनका वक्ष-स्थल सदैव आरक्त दिखायी पड़ता था। वे वैखरी अवस्था में थे। रात-दिन लगातार शास्त्रों की ही चर्चा किया करते थे। अपने व्याकरण-ज्ञान के बल पर उन्होंने शास्त्र-वाक्यों के अर्थ में उलट-फेर कर दिया है। 'मैं ऐसा करूँगा, मैं अपना मत स्थापित करूँगा' ऐसा कहने में उनका अहंकार दिखाई देता है।''[1]

बहुत-से बंगाली ब्राह्म-समाजी विद्वान् परमहंस रामकृष्ण के अनुगत थे। ब्राह्मसमाजियों के सिरमौर केशवचन्द्र सेन तो परमहंसजी के भक्तों में से थे। केशवचन्द्र सेन परमहंस रामकृष्ण के आश्रम में, अकसर जाया करते थे और रामकृष्ण भी जब-तब केशवचन्द्र सेन के घर या उनके ब्राह्म-मन्दिर में पधार जाते थे। एक बार रामकृष्ण ब्राह्म-मन्दिर में पहुँचे तो वहाँ उपासना चल रही थी। रामकृष्ण ने वहाँ जो कुछ देखा, वह उन्हीं के शब्दों में इस प्रकार वर्णित है–''ईश्वर के ऐश्वर्य का बहुत समय तक वर्णन करके वक्ता महाशय बोले, 'अच्छा, अब आइए, हम सब ईश्वर का ध्यान करें।' मैं समझा, अब ये लोग बहुत समय तक ध्यानस्थ रहेंगे। पर हुआ क्या? दो मिनट में ही उनका ध्यान समाप्त हो गया। इस प्रकार के ध्यान से कहीं ईश्वर की प्राप्ति हो सकती है? उन लोगों के ध्यान करते समय मैं सभी के चेहरे की ओर देख रहा था और ध्यान समाप्त होने के बाद केशव से बोला–'तुममें से बहुतों को ध्यानावस्थित देखकर मुझे कैसा लगा, बताऊँ? वहाँ दक्षिणेश्वर में कई बार झाऊतल्ला की ओर वानरों का झुंड आता है। वे सब वानर कैसे चुपचाप बैठे रहते हैं। देखनेवाले समझते हैं, 'अहा, कितने अच्छे हैं ये! इनको लन्द-फन्द, छलछिद्र, कुछ भी मालूम नहीं है। ये कितने शान्त हैं!' पर, क्या वे सचमुच शान्त रहते हैं? छिः, राम का नाम लो। किसके बगीचे में फल लगे हैं, किसकी बाड़ी में ककड़ी और कुम्हड़ा है, कहाँ इमली है, यही सारे विचार उनके मन में चलते रहते हैं। बस, थोड़ी देर में एकदम हुप करके कूदते-फाँदते वे क्षणार्द्ध में अदृश्य हो जाते हैं और किसी बगीचे में धड़ाधड़ कूदकर उसका सत्यानाश कर डालते हैं। यहाँ भी मुझे बहुतों का ध्यान वैसा ही दिखाई दिया।''[2]

आर्य-समाज और ब्राह्म-समाज बड़े ही प्रबल सांस्कृतिक आन्दोलन थे। किन्तु, उनकी जो कमजोरियाँ थीं, वे रामकृष्ण परमहंस को ठीक दिखाई पड़ीं। आर्य-समाज के प्रवर्तक स्वामी दयानन्द बाल-ब्रह्मचारी, निरीह संन्यासी, प्रचंड तार्किक और उद्भट विद्वान् थे और उनके व्यक्तित्व में बौद्धिकता अत्यन्त प्रमुख थी। ब्राह्म-समाज में तार्किकता अधिक नहीं थी तथा भक्ति और उपासना का भी उसमें अच्छा प्रचार था। किन्तु, ब्राह्म-समाजी लोग अपने को जितना भक्ति-विह्वल दिखलाना चाहते थे, वस्तुतः, उतनी भक्ति-विह्वलता उनमें थी नहीं।[3] ब्राह्म-समाजियों की भक्ति ज्ञान की नोक से उठाई हुई चीज थी। उद्देश्य ब्राह्म-समाजियों का सामाजिक सुधार था, किन्तु, अखाड़ा उन्होंने धर्म का चुना था। असल में, ईसाइयों के मुख से अपने धर्म की निन्दा सुनते-सुनते वे लजा गए थे, किन्तु, किसी प्रकार हिन्दुत्व की इज्जत ढँकने के लिए उन्होंने धर्म का एक साधन खड़ा कर लिया था और अपने धर्म पर अचल विश्वास नहीं रहने के कारण वे अधिकाधिक ईसाइयत की ओर ढुलके जा रहे थे। वस्तुतः, उनका विश्वास हिन्दू-ईसाई का विश्वास था। ऐसे लोगों में भक्ति की आकुलता उत्पन्न कहाँ से होती?

इसके सिवा, इन आन्दोलनों का एक दोष और था। हिन्दुत्व को निन्दित और आक्रान्त देखकर राममोहन राय, दयानन्द और केशवचन्द्र में यह उत्साह जगा कि हिन्दू-धर्म की रक्षा के लिए कुछ-न-कुछ अवश्य किया जाना चाहिए। किन्तु, जब वे रक्षा को तत्पर हुए, तब उन्हें यह दिखाई पड़ा कि हिन्दुत्व का समग्र रूप रक्षित होने के योग्य नहीं है। निदान, ऋषि दयानन्द ने उतने ही हिन्दुत्व को रक्षणीय माना, जिसका आख्यान वेदों में मिलता है अर्थात् जिसमें मूर्तिपूजा नहीं है, जिसमें तीर्थ-व्रत-अनुष्ठान और श्राद्ध-पद्धति का अभाव है, जिसमें अवतारवाद, स्वर्ग, नरक, देवी-देवता, कुछ भी नहीं हैं। इसी प्रकार, राममोहन राय ने उपनिषदों का पल्ला थामा और वे अद्वैत को लेकर बैठ गए। किन्तु, हिन्दुत्व इतना ही नहीं है। उसके अन्दर उन समस्त विश्वासों का भी स्थान है, जो अपार हिन्दू-जनता के हृदय में घर किए हुए है। सच पूछिए तो दयानन्द और राममोहन राय ने जिस हिन्दुत्व की रक्षा की, वह हिन्दुत्व का एक खंड मात्र था। यही कारण हुआ कि, यद्यपि, दयानन्द और राममोहन राय ने हिन्दू-विचारों की दिशा में महान् क्रान्ति उपस्थित की, किन्तु, हिन्दू-जनता का अत्यन्त विशाल भाग उनकी ओर उत्साह से नहीं दौड़ा। सच पूछिए तो हिन्दुत्व का इससे अधिक प्रतिनिधित्व श्रीमती एनी बीसेंट ने किया, क्योंकि वे शास्त्र, पुराण, स्मृति और गीता, हिन्दुओं के देवी-देवता और उनके द्वारा पूजित अवतार एवं यज्ञ और परलोक, सबकी ओर से एक समान उत्साह से बोल रही थीं। हाँ, इतना अवश्य हुआ कि जब थियोसोफी और ब्राह्म-समाज सिमटकर धनियों और विद्वानों की महफिल में बैठे रहे, तब आर्य-समाज का प्रचार समाज के कुछ विस्तृत क्षेत्रों में भी हुआ। किन्तु, जिसको, सचमुच, जनता का मुक्त सहयोग कहते हैं, वह इन तीनों आन्दोलनों में से किसी को भी प्राप्त नहीं हो सका। हिन्दू और थियोसोफी-पंडित ईसाई और मुस्लिम पंडितों से विद्या का विवाद कर रहे थे, किन्तु, जनता इस विवाद से रस लेने को तैयार नहीं थी।

भारतवर्ष की परम्परा है कि यहाँ की जनता विद्या से आतंकित नहीं होती। पंडितों का वह सत्कार करती है, उनकी पूजा और भक्ति नहीं। हम तर्क से पराजित होनेवाली जाति

नहीं हैं। हाँ, कोई चाहे तो नम्रता, त्याग और चरित्र से हमें जीत सकता है। धर्म-धर्म चिल्लाने से धर्म का अर्थ नहीं खुलता, न मोटी-मोटी पोथियाँ रच देने से धर्म किसी की समझ में आता है। दयानन्द और राममोहन राय तथा एनी बीसेंट के प्रचारों से यह तो सिद्ध हो गया कि हिन्दू-धर्म निन्दनीय नहीं, वरेण्य है, किन्तु, जनता तो यह देखना चाहती थी कि धर्म का जीता-जागता रूप कैसा होता है। धर्म का यह जीता-जागता रूप उसे तब दिखाई पड़ा, जब परमहंस रामकृष्ण (1836-1886 ई.) का आविर्भाव हुआ।

पंडित और सन्त का भेद

दयानन्द, राममोहन राय तथा केशवचन्द्र सेन से रामकृष्ण अनेक बातों में भिन्न थे। दयानन्द, भारतीय परम्परा के उद्‌भट पंडित और ब्राह्म-समाजी नेता अंग्रेजी ढंग के विद्वान् थे। किन्तु, रामकृष्ण, बहुत-कुछ अपढ़ मनुष्य थे। दयानन्द, राममोहन राय और केशवचन्द्र सेन मैदान में इसलिए आए थे कि विधर्मियों की आलोचना से उन्हें चोट लगी थी। किन्तु, रामकृष्ण को किसी भी धर्म के प्रति कोई आक्रोश नहीं था। दयानन्द, राममोहन और केशवचन्द्र संस्कृति के आन्दोलनकारी नेता थे, किन्तु रामकृष्ण को आन्दोलन से कोई सरोकार नहीं था। वे अपनी बातें सुनाने को आश्रम से बाहर नहीं गए, न हिन्दुओं से उन्होंने कभी यह कहा कि तुम्हारा धर्म खतरे में है।

पंडित और सन्त में वही भेद होता है, जो हृदय और बुद्धि में है। बुद्धि जिसे लाख कोशिश करने पर भी नहीं समझ पाती, हृदय उसे अचानक देख लेता है। विद्या समुद्र की सतह पर उठती हुई तरंगों का नाम है। किन्तु, अनुभूति समुद्र की अन्तरात्मा में बसती है। अनुभूति का एक कण कई टन ज्ञान से कहीं अधिक मूल्यवान् है। परमहंस रामकृष्ण अनुभूतियों के आगार थे और उनके जीवन को देखकर, एक बार फिर, यह स्पष्ट हो गया कि जिसे अनुभूति प्राप्त हो जाती है, ज्ञान का द्वार उसके सामने स्वयं उन्मुक्त हो जाता है तथा सारी विद्याएँ उसे स्वयमेव उपलब्ध हो जाती हैं।

उन्नीसवीं सदी के सुधारकों के सामने विचित्र प्रकार की परिस्थिति थी। हिन्दू-धर्म बहुत दिनों से रूढ़ियों और अन्धविश्वासों से जकड़ा चला आ रहा था। किन्तु, अब अंग्रेजी शिक्षा के प्रसार एवं ईसाइयों के कुप्रचार से ये रूढ़ियाँ और अन्धविश्वास स्पष्ट दिखाई पड़ने लगे थे। अंग्रेजी भाषा और साहित्य के साथ भारतवर्ष का सम्बन्ध काफी सघन हो चुका था, किन्तु, दुर्भाग्यवश तत्कालीन अंग्रेजी साहित्य में नास्तिकता के ओजस्वी विचार भरते जा रहे थे एवं उन्नीसवीं सदी में वैज्ञानिक अनुसन्धानों के द्वारा जिन आधिभौतिक सिद्धान्तों का पता चला था, उनसे भी यह साहित्य पूर्णरूपेण व्याप्त था। परिणाम इसका यह हुआ कि अंग्रेजी भाषा के प्रचार के साथ भारत में भी नास्तिकता का प्रचार होने लगा। अतएव, भारतीय सुधारकों के सामने एक नहीं तीन शत्रु थे–1. हिन्दू-धर्म की रूढ़ियाँ एवं अन्धविश्वास, 2. ईसाई मिशनरियों के द्वारा निरन्तर की जानेवाली हिन्दुत्व की निन्दा तथा 3. अंग्रेजी पढ़े-लिखे समाज में नास्तिकता का प्रचार। इन तीन मोर्चों पर लड़ने के लिए जो ढंग और साधन अनिवार्य थे, उनका सन्धान इन सुधारकों ने कर लिया था। किन्तु, धर्म, वास्तव में, कैसा होता है, इसका प्रमाण वे नहीं दे सकते थे।

फिलासफी नहीं, दर्शन

तर्क और पांडित्य से धर्म प्रमाणित किया भी नहीं जा सकता, ठीक वैसे ही, जैसे तर्क और पांडित्य से ईश्वर की सत्ता सिद्ध नहीं की जा सकती। विशेषतः, हिन्दुत्व का मूलाधार विद्या और ज्ञान नहीं, सीधी अनुभूति है। हमारा धर्म पंडितों की नहीं, सन्तों और द्रष्टाओं की रचना है। हम फिलासफी को और कुछ नहीं कहकर 'दर्शन' कहते हैं, क्योंकि हमारे दार्शनिक सत्य सोचे या समझे नहीं गए थे, प्रत्युत, ऋषियों ने आत्मा के चक्षु से, उनका दर्शन किया था। वाद-विवाद, तर्क और पांडित्य अथवा बड़े-बड़े सिद्धान्तों और संगठनों से धर्म की सिद्धि नहीं होती। धर्म अनुभूति की वस्तु है और धर्मात्मा भारतवासी उसी को मानते आए हैं, जिसने धर्म के महासत्यों को केवल जाना ही नहीं, उनका अनुभव और साक्षात्कार भी किया है।

रामकृष्ण के आगमन से धर्म की यही अनुभूति प्रत्यक्ष हुई। उन्होंने अपने जीवन से यह बता दिया कि धार्मिक सत्य केवल बौद्धिक अनुमान की वस्तु नहीं हैं, वे प्रत्यक्ष अनुभव के विषय हैं और उनके सामने संसार की सारी तृष्णाएँ, सारे सुख-भोग तृणवत् नगण्य हैं।

यह भी ध्यान रखना चाहिए कि उन्नीसवीं सदी का हिन्दू-जागरण केवल ईसाइयत से हिन्दुत्व की रक्षा के प्रश्न तक सीमित नहीं था, प्रत्युत, भारत के शिक्षित नास्तिकों के प्रसंग में उसका यह भी उद्देश्य था कि धर्म पर से शिक्षितों की हिलती हुई श्रद्धा फिर से स्थिर बनाई जाए। धर्म और ईश्वर के अस्तित्व को लेकर आज भी बड़े-बड़े विवाद चलते हैं। किन्तु, इन विवादों से उभय पक्ष में एक को भी शान्ति नहीं मिलती। ईश्वरवादी चाहे जितने भी तर्कों का सहारा ले, किन्तु, ईश्वर-सिद्धि के लिए उसके सारे तर्क नगण्य सिद्ध होते हैं और निरीश्वरवादी पंडित भी चाहे जितने तर्क निकालकर यह सिद्ध करे कि ईश्वर नहीं है, अतएव, धर्म की कोई आवश्यकता नहीं होनी चाहिए; किन्तु, उसके अन्र्तमन में एक विरल शंका बनी ही रह जाती है कि क्या यह सारी सृष्टि आकस्मिक घटना के सिवा और कुछ नहीं? पश्चिम के एक अभिनव विचारक[4] ने ठीक ही कहा है कि ''ईश्वर की परिभाषाएँ लुप्त होती जा रही हैं; मूर्तियाँ डगमगा रही हैं और प्रतीक टूटकर बिखरते जा रहे हैं, किन्तु, तब भी मनुष्य का अगोचर अस्तित्व बराबर उभरना चाहता है, वह बराबर किसी अतल गहराई में से बाहर आने को बेचैन है।'' एक अन्य चिन्तक[5] ने भी कहा है कि ''तीन कारणों से मैं नास्तिक नहीं हूँ। पहला कारण यह है कि जीवन के प्रति नास्तिकता का सिद्धान्त अनुर्वर और रूढ़िग्रस्त होता है। दूसरा कारण यह है कि जीवन के प्रति नास्तिकों का दृष्टिकोण पूर्णरूप से नकारात्मक होता है। और तीसरा कारण यह है कि नास्तिकता किसी भी मर्म का उद्‌घाटन नहीं कर सकती। किन्तु, सृष्टि का तकाजा है कि इसके रहस्यों का उद्‌घाटन किया जाए।''

सृष्टि के रहस्य बुद्धि से उद्‌घाटित नहीं होते। इसके लिए एक विचित्र प्रकार की शक्ति अपेक्षित होती है जो पंडित नहीं, सन्त के साथ आती है। सहजानुभूति ज्ञान से अधिक शक्तिशालिनी वस्तु है। विज्ञान की छड़ी ने सृष्टि के रन्ध्र-रन्ध्र में प्रवेश करके मनुष्य को यह बता दिया है कि अब कहीं भी कोई तत्त्व अविश्लिष्ट नहीं है। फिर भी, एमर्सन की यह अनुभूति जब कानों में पड़ती है कि ''प्रकृति का पर्दा अत्यन्त झीना और महीन है। सर्वत्र विद्यमान प्रभु की सत्ता इस पर्दे के तार-तार से झाँक रही है। अय मेरे भाइयो ! ईश्वर का अस्तित्व है। प्रकृति के केन्द्र में एक आत्मा बसती है; मनुष्य की इच्छा के ऊपर एक देवता

का वास है। आत्मा के प्रत्येक कार्य में ईश्वर और मनुष्य का मिलन हो रहा है।" तब भावुक मनुष्य अगोचर अस्तित्व के इस आभास से चौंके बिना नहीं रहता।

पन्थ नहीं अनुभूति

जब आस्तिक और नास्तिक हिन्दू, ईसाई और मुसलमान आपस में इस प्रश्न पर लड़ रहे थे कि किसका धर्म ठीक है और किसका नहीं, तब परमहंस रामकृष्ण ने सभी धर्मों के मूल-तत्त्व को अपने जीवन में साकार करके, मानो सारे विश्व को यह सन्देश दिया कि धर्म को शास्त्रार्थ का विषय मत बनाओ। हो सके तो उसकी सीधी अनुभूति के लिए प्रयास करो। सभी धर्म एक ही ईश्वर की ओर ले जानेवाले अनेक मार्ग हैं। और परमहंस का जो उपदेश था, उसे उन्होंने अपने जीवन में उतारा। उन्होंने हिन्दुत्व के सभी मार्गों की साधना की। यही नहीं, वे कुछ दिन सच्चे मुसलमान बनकर इस्लाम की भी साधना करते रहे और कुछ काल तक उन्होंने ईसाइयत का भी अभ्यास किया था। भारतवर्ष की धार्मिक समस्या का जो समाधान रामकृष्ण ने दिया है, उससे बड़ा और अधिक उपयोगी समाधान और कोई हो नहीं सकता। क्रम-क्रम से, वैष्णव, शैव, शाक्त, तान्त्रिक, अद्वैतवादी, मुसलमान और ईसाई बनकर परमहंस रामकृष्ण ने यह सिद्ध कर दिखाया कि धर्मों के बाहरी रूप तो केवल बाहरी रूप हैं। उनसे मूल तत्त्व में कोई फर्क नहीं पड़ता है। साधन और मार्ग अनेक हैं। उनमें से मनुष्य किसी को भी चुन सकता है। शान्ति मार्ग से नहीं, अनुभूति से मिलती है। जब तक तुम अनुभूति की ऊँचाई पर हो, तब तक यह सोचना व्यर्थ है कि तुम हिन्दू हो या मुसलमान।

धर्म की साकार प्रतिमा

परमहंस रामकृष्ण उस ऊँचाई के मनुष्य थे जहाँ से सभी धर्म सत्य और, सब-के-सब, समान दीखते हैं; जहाँ विवाद और शास्त्रार्थ की आवाज नहीं पहुँचती; जहाँ धर्म अपनी राजनैतिक एवं सामाजिक गन्ध को छोड़कर केवल धर्म के रूप में अवस्थित रहता है। आजीवन वे बालकों के समान सरल और निश्छल रहे। आजीवन वे उस मस्ती में डूबे रहे, जिसके दो-एक छींटों से ही जन्म-जन्म की तृषा शान्त हो जाती है। आनन्द उनका धर्म, अतीन्द्रिय रूप का दर्शन उनकी पूजा और विरह उनका जीवन था। उनका चरित ऐसे महापुरुष का चरित है, जो जीवन के अन्तिम सत्य अर्थात् अतीन्द्रिय वास्तविकता के उत्स के आमने-सामने खड़ा होता है। उनके समकालीन अन्य सुधारक और सन्त पृथ्वी के वासी थे एवं पृथ्वी से ही वे ऊपर की ओर उठे थे। किन्तु, रामकृष्ण दैवी अवतार की भाँति आए। पृथ्वी पर वे भटकती हुई स्वर्ग की किरण के समान आए। दृश्य की ओर से चलकर दयानन्द, केशवचन्द्र और थियोसोफ़िस्ट लोगों ने जिस सत्य की ओर संकेत किया, अदृश्य की ओर से आकर परमहंस रामकृष्ण ने उस सत्य को अपने ही जीवन में साकार कर दिया। भारतीय जनता की पाँच हजार वर्ष पुरानी धर्म-साधना-रूपी लता पर रामकृष्ण सबसे नवीन पुष्प बनकर चमके और उन्हें देखकर भारतीय जनता को फिर से यह विश्वास हो गया कि भारत में धर्म की अनुभूति जगानेवाले जिन अनन्त ऋषियों और सन्तों की कथाएँ सुनी जाती हैं, वे झूठी नहीं हैं।

रामकृष्ण में आकर ही वे देवी-देवता, पौराणिक आचार और अनुष्ठान, धर्म की विविध

साधनाएँ एवं जनता के अनेक धार्मिक विश्वास भी सत्य हुए जिनकी ओर से बोलने का साहस किसी भी सुधारक को नहीं हुआ था। अन्य सभी सुधारक नवीन भारत के प्रतिनिधि थे, यद्यपि, सत्य उन्होंने प्राचीन भारत का ही अपनाया था। किन्तु, रामकृष्ण के रूप में भारत की सनातन परम्परा ही देह धरकर खड़ी हो गई।

रामकृष्ण न तो अंग्रेजी जानते थे, न वे संस्कृत के ही जानकार थे, न वे सभाओं में भाषण देते थे, न अखबारों में वक्तव्य। उनकी सारी पूँजी उनकी सरलता और उनका सारा धन महाकाली का नाम-स्मरणमात्र था। दक्षिणेश्वर की कुटी में एक चौकी पर बैठे-बैठे वे उस धर्म का आख्यान करते थे, जिसका आदि छोर अतीत की गहराइयों में डूबा हुआ है और जिसका अन्तिम छोर भविष्य के गह्वर की ओर फैल रहा है। घर बैठे उन्हें गुरु पर गुरु मिलते गए। अद्वैत साधना की दीक्षा उन्होंने महात्मा तोतापुरी से ली जो स्वयं उनकी कुटी में आ गए थे। तन्त्र-साधना उन्होंने एक भैरवी से पाई जो स्वयं घूमते-फिरते दक्षिणेश्वर तक आ पहुँची थीं। इसी प्रकार, इस्लामी साधना के उनके गुरु कोई गोविन्द राय थे जो हिन्दू से मुसलमान हो गए थे और ईसाइयत की साधना उन्होंने शम्भुचरण मल्लिक के साथ की थी जो ईसाई धर्म-ग्रन्थों के अच्छे जानकार थे। किन्तु, सभी साधनाओं में रमकर धर्म के गूढ़ रहस्यों की छानबीन करते हुए भी काली के चरणों में उनका विश्वास अचल रहा। जैसे अबोध बालक स्वयं अपनी चिन्ता नहीं करता, उसी प्रकार, रामकृष्ण अपनी कोई फिक्र नहीं करते। जैसे बालक प्रत्येक वस्तु की याचना अपनी माँ से करता है, वैसे ही रामकृष्ण भी हर चीज काली से माँगते थे और हर काम उनकी आज्ञा से करते थे। यह नव युग के मनुष्यों के सामने पोंगापन्थी कहानी-सी लगती है। किन्तु, यह लिखित इतिहास की घटना है। स्वयं तोतापुरी जब दक्षिणेश्वर आए, तब रामकृष्ण में कुछ अलभ्य लक्षण देखकर उन्होंने सहसा कहा था, "क्या तू अद्वैत की साधना करेगा?" रामकृष्ण बोले, "मैं कुछ नहीं जानता। माता से पूछकर अभी आता हूँ। यदि उन्होंने आज्ञा दी तो अवश्य करूँगा।" तोतापुरी ने समझा, इसकी, सचमुच की, कोई माँ होगी। किन्तु रामकृष्ण मन्दिर में जाकर लौट आए और कहा कि माता की आज्ञा है, तोतापुरी को महान् आश्चर्य हुआ कि कोरी प्रतिमा में इसकी ऐसी अटल आस्था है।

हिन्दू-धर्म में जो गहराई और माधुर्य है, परमहंस रामकृष्ण उसकी प्रतिमा थे। उनकी इन्द्रियाँ पूर्णरूप से उनके वश में थीं। रक्त और मांस के तकाजों का उन पर कोई असर न था। सिर से पाँव तक वे आत्मा की ज्योति से परिपूर्ण थे। आनन्द, पवित्रता और पुण्य की प्रभा उन्हें घेरे रहती थी। वे दिन-रात परमार्थ-चिन्तन में निरत रहते थे। सांसारिक सुख-स्मृद्धि, यहाँ तक कि सुयश का भी उनके सामने कोई मूल्य नहीं था।

कंचन से विरक्ति

साधना करते-करते शरीर को उन्होंने इतना शुद्ध कर लिया था कि वह ईश्वरत्व का निर्मल यन्त्र हो गया था और सांसारिकता के स्पर्शमात्र से उसमें विचित्र प्रतिक्रियाएँ उत्पन्न होने लगती थीं। रुपये, पैसे, सोने-चाँदी आदि का स्पर्श वे सह नहीं सकते थे और यह कोई बहानेबाजी या ढोंग नहीं था। विवेकानन्द होने के पूर्व, नरेन्द्रदत्त बड़े ही शंकालु व्यक्ति थे। उन्हें रामकृष्ण

अपनी ओर खींच रहे थे और वे बार-बार उनसे भागना चाहते थे। रामकृष्ण रुपये-पैसे को नहीं छूते और द्रव्य के स्पर्शमात्र से उन्हें पीड़ा होने लगती है, इस बात की जाँच करने के लिए उन्होंने एक दिन, चोरी-चोरी, परमहंस जी के बिस्तर के नीचे एक रुपया छिपा दिया। रामकृष्ण लौटकर जो बिस्तर पर बैठे तो उन्हें ऐसा लगा, मानो बिच्छू ने डंक मार दिया हो और वे उचककर खड़े हो गए। लोगों ने चारों ओर देखा, मगर कहीं भी कोई चीज नहीं थी। निदान, उन्होंने बिस्तर हटाकर नीचे देखा तो क्या देखते हैं कि उसके नीचे एक रुपया पड़ा है। सब लोग अचकचाए हुए थे। केवल नरेन्द्र अचरज के मारे गम्भीर थे। रामकृष्ण उनकी शैतानी को लख गए और बोले, ''ठीक है रे; गुरु की जाँच जी भर कर लेनी चाहिए।''

द्रव्य के प्रति यह वितृष्णा उनमें बढ़ती ही गई। अन्त समय तो ऐसा हो गया कि हाथ में कपड़ा लपेटे बिना वे काँसे के बर्तन को भी नहीं छू सकते थे। निदान, उनका खान-पान मिट्टी के ही बर्तनों में चलने लगा था।

कामिनी के प्रति अनासक्ति

रामकृष्ण एक ऐसे संन्यासी हुए हैं जो अन्त समय तक अपनी धर्मपत्नी के साथ रहे। गृह-त्याग उन्होंने विवाह के बाद किया था और सच पूछिए तो, विधिवत् उन्होंने गृह-त्याग किया भी नहीं था क्योंकि, सिद्धावस्था आने पर भी, वे अपने गाँव गए और वहाँ अपने परिवार के साथ वैसे ही घुल-मिलकर रहे, जैसे गृहस्थ को रहना चाहिए। इसी यात्रा के बाद उनकी पत्नी दक्षिणेश्वर में उनसे आन मिलीं एवं परमहंसजी ने उन्हें अपने साथ रखने में तनिक भी आनाकानी नहीं की। उनकी माता वहीं दक्षिणेश्वर मठ के नौबतखाने में रहती थीं। उन्हीं के पास रामकृष्ण ने अपनी पत्नी को भी रख दिया। किन्तु, पत्नी के साथ उनका शारीरिक सम्बन्ध नहीं हुआ, यह सभी विवरणों से विदित होता है। श्री रामकृष्ण-लीलामृत नामक जो रामकृष्ण का जीवन-चरित है, उससे अच्छा जीवन-चरित मैंने और नहीं देखा। वह हर रोज की लिखी डायरी पर आधारित जीवनी है एवं उसका प्रत्येक विवरण सत्य मालूम होता है। उसमें लिखा है कि ''एक दिन उनके पैर दबाते-दबाते माताजी ने (रामकृष्ण की पत्नी ने) उनसे एकाएक पूछा, 'मुझको आप कौन समझते हैं?' श्रीरामकृष्ण बोले, 'जो माता उस काली-मन्दिर में हैं, वही इस शरीर को जन्म देकर अभी नौबतखाने में निवास करती हैं और वही यहाँ पर इस समय मेरे पैर दबा रही हैं। तू मुझे, सचमुच ही, सदा साक्षात् आनन्दमयी के रूप में दिखाई देती है'।''

ऐसा लगता है कि रामकृष्ण प्रकृति के प्यारे पुत्र थे और प्रकृति उनके द्वारा यह सिद्ध करना चाहती थी कि जो मानव-शरीर भोग का साधन बन जाता है, वही, चाहे तो, त्याग का भी पावन यन्त्र बन सकता है। द्रव्य का त्याग उन्होंने अभ्यास से सीखा था, किन्तु, अभ्यास के क्रम में उन्हें द्वन्द्वों का सामना करना नहीं पड़ा। हृदय के अत्यन्त निश्छल और निर्मल रहने के कारण वे पुण्य की ओर संकल्पमात्र से बढ़ते चल गए। काम का त्याग भी उन्हें सहज ही प्राप्त हो गया। लिखा है कि ''एक दिन अपनी पत्नी को समीप ही सोती हुई देखकर अपने मन को सम्बोधन करते हुए श्रीरामकृष्ण विचार करने लगे, 'अरे मन, इसी को स्त्री-शरीर कहते हैं। सारा संसार इसी को परम भोग्य वस्तु मानकर उसकी प्राप्ति के लिए सदा लालायित रहकर अनेक प्रयत्न करता है, परन्तु, इसके ग्रहण करने से देहासक्ति में सदा के लिए फँस

जाने से सच्चिदानन्द ईश्वर को प्राप्त करना असम्भव हो जाता है। हे मन, सच-सच बोल, भीतर एक और बाहर दूसरा, ऐसा मत रख। तुझे यह शरीर चाहिए कि ईश्वर चाहिए? यह शरीर चाहिए तो यह देख, वह यहाँ तेरे पास ही पड़ा है, इसे ग्रहण कर।' ऐसा विचार करके रामकृष्ण ज्यों ही अपनी पत्नी के शरीर का स्पर्श करनेवाले थे कि उनका मन कुंठित होकर उन्हें गहरी समाधि लग गई और रात भर उन्हें देह की सुधि न रही।'' अन्यत्र अपनी पत्नी की प्रशंसा करते हुए उन्होंने कहा है, ''वही (पत्नी) यदि इतनी शुद्ध और पवित्र न होती और कामासक्ति से विवेकहीन बन जाती तो हमारे संयम का बाँध टूटकर मन में देहबुद्धि का उदय हो जाता या नहीं, यह कौन कह सकता है?''

नानक और कबीर, ये भी विवाहित थे और पत्नी के साथ रहकर ही उन्होंने धर्म की सिद्धि की थी। इनमें से काम पर किसकी क्या प्रतिक्रिया रही, इसका लेखा-जोखा उपलब्ध नहीं है। हाँ, कबीर का एक दोहा चलता है–

नारी तो हमहुँ करी, तब ना किया विचार,
जब जानी तब परिहरी, नारी महाविकार।

किन्तु, रामकृष्ण ने नारी की ऐसी निन्दा कभी नहीं की। अपनी पत्नी की तो उन्होंने प्रशंसा ही की है। हाँ, काम-भोग को साधना की बाधा वे भी मानते थे और उनका भी उपदेश यही था कि नर-नारी एक-दूसरे से अलग रहकर ही अध्यात्म के मार्ग पर अग्रसर हो सकते हैं। अपना उदाहरण देते हुए उन्होंने एक बार कहा था, ''उन दिनों तो मुझे स्त्रियों से डर लगता था।...अब वह अवस्था नहीं रही। अब मैंने मन को बहुत कुछ सिखा-पढ़ाकर इतना कर लिया है कि स्त्रियों की ओर आनन्दमयी माता के भिन्न-भिन्न रूप जानकर देखा करता हूँ। तो भी, यद्यपि, स्त्रियाँ जगदम्बा के ही अंश हैं, तथापि साधक-साधु के लिए वे त्याज्य ही हैं।''

कामिनी और कांचन के विषय में किसकी क्या दृष्टि है तथा इनके आकर्षण से कौन कहाँ तक बचता है, यही वह कसौटी है जिस पर भारतीय महापुरुषों की जाँच होती आई है। रामकृष्ण इस कसौटी पर खरे उतरे। उन्होंने पत्नी को अपने साथ रहने दिया, उन्हें अपनी साधना के पथ पर आगे बढ़ाया, इससे यह भी प्रकट होता है कि नारियों के प्रति उनके मन में कोई घृणा या द्वेष नहीं था।

तर्क बनाम अनुभूति

रामकृष्ण के अद्भुद गुणों से आकृष्ट होकर तत्कालीन बड़े-बड़े तार्किक और विद्वान् उन्हें घेरे रहते थे। इनमें से ऐसे नवयुवक भी थे, जो नास्तिक थे, जो शंकालु थे, जो साधु-सन्तों के चमत्कारों को ढोंग समझते थे। किन्तु, रामकृष्ण के सामने शंकाओं के उठने या टिकने का सवाल ही नहीं था। न तो वे चमत्कार दिखाकर लोगों को प्रभावित करते थे, न किसी से आस्तिकता-नास्तिकता को लेकर विवाद। उनका जीवन उन्मुक्त था और धर्म के लक्षण वे मुख से नहीं कहकर अपने आचरणों से बताते थे। फिर आँखों-देखी बात पर शंका होती क्यों?

वे, प्रायः अपढ़ मनुष्य थे, किन्तु, साधना के बल से वे उस मूल उत्स पर पहुँच गए

थे जहाँ से सभी ज्ञान उठकर ऊपर आते हैं, जहाँ से दर्शनों की उत्पत्ति और धर्मों का जन्म होता है। इसीलिए, उनके उपदेश विद्वान् और अविद्वान्, सभी के लिए ग्राह्य हैं। वे सबकी समझ में आते हैं एवं जिसमें उड़ने की जितनी शक्ति है, वह उन्हें लेकर उतनी दूर तक उड़ सकता है। उनके वचनामृत की धारा जब फूट पड़ती थी, तब बड़े-से-बड़े तार्किक अपने-आपमें खोकर मूक हो जाते थे। केशवचन्द्र सेन से एक बार रामकृष्ण ने कहा, ''केशव! तू अपनी वक्तृता के द्वारा सभी को हिला देता है। मुझे भी तो कुछ बता।'' केशवचन्द्र इस पर नम्रता से बोले, ''मैं क्या लोहार की दुकान में सुई बेचने आऊँ? आप ही कहते जाइए। मैं सुनता हूँ। आपके ही श्रीमुख की दो-चार बातें मैं लोगों को बताता हूँ, जिन्हें सुनकर वे गद्‌गद हो जाते हैं। बस, यही मैं करता हूँ।''

सन्त पद्धति से उपदेश

उनकी विषय-प्रतिपादन की शैली ठीक वही थी जिसका आश्रय भारत के प्राचीन ऋषियों तथा पार्श्वनाथ, बुद्ध और महावीर ने लिया था तथा जो परम्परा से भारतीय सन्तों के उपदेश की पद्धति रही है। वे तर्कों का सहारा कम लेते थे, जो कुछ समझाना होता उसे उपमाओं और दृष्टान्तों से समझाते थे। सन्त सुनी-समझी बातों का आख्यान नहीं करते, वे तो आँखों-देखी बातें कहते हैं, अपनी अनुभूतियों का निचोड़ दूसरों के हृदय में उतारते हैं।

देह और आत्मा दो भिन्न वस्तुएँ हैं, इस सिद्धान्त को समझाते हुए उन्होंने कहा, ''कामिनी-कांचन की आसक्ति यदि पूर्ण रूप से नष्ट हो जाए, तो देह अलग है और आत्मा अलग है, यह स्पष्ट रूप से दीखने लगता है। नारियल का पानी सूख जाने पर जैसे उसके भीतर का खोपरा (गरी) नरेटी से खुलकर अलग हो जाता है, खोपरा और नरेटी दोनों अलग-अलग दीखने लगते हैं (वैसे), या जैसे म्यान के भीतर रखी हुई तलवार के विषय में कह सकते हैं कि म्यान और तलवार दोनों भिन्न चीजें हैं, वैसे ही, देह और आत्मा के बारे में जानो।''

प्रतिमा-पूजन का भी ईश्वराराधन में वास्तविक महत्त्व है, इस विचार को समझने के लिए वे कहते, ''जैसे वकील को देखते ही अदालत की याद आती है, उसी तरह, प्रतिमा पर से ईश्वर की याद आती है।''

''माया ईश्वर की शक्ति है, वह ईश्वर में ही वास करती है, तब क्या ईश्वर भी हमारे समान ही मायाबद्ध है?'' इस गुत्थी को सुलझाने के लिए वे कहते, ''अरे, नहीं रे भाई! वैसा नहीं है।...यही देखो न। सर्प के मुँह में सदा विष रहता है। उसी मुँह से वह हरदम खाता-पीता है, पर, वह स्वयं उस विषय से नहीं मरता।''

मनुष्य-मनुष्य में कोई भेद नहीं है, इस शिक्षा को समझाने का उनका ढंग यह था कि मनुष्य, मानो, केवल तकिए के गिलाफ हैं। गिलाफ जैसे भिन्न-भिन्न रंग और आकार के होते हैं, वैसे ही मनुष्य भी कोई सुरूप, कोई कुरूप, कोई साधु, कोई दुष्ट होता है। बस, इतना ही अन्तर है। पर, जैसे सभी गिलाफ में एक ही पदार्थ—कपास भरा रहता है, उसी के अनुसार, सभी मनुष्यों में वही एक सच्चिदानन्द भरा हुआ है।''

ईश्वराराधन का व्यावहारिक मार्ग बताते हुए वे कहते, ''जब तुम काम करते होओ तो एक हाथ से काम करो और दूसरे हाथ से भगवान् के पाँव पकड़े रहो। जब काम समाप्त

हो जाए तो भगवान् के चरणों को दोनों हाथों से पकड़ लो।"

संकल्प-शुद्धि के लिए उनका उपदेश था, "अभागा मनुष्य ही यह मानता है कि मैं पापी हूँ। ऐसा सोचते-सोचते वह पापी हो भी जाता है।"

तर्कों से वे बहुत घबराते थे। कहते, "शास्त्रार्थ को मैं नापसन्द करता हूँ। ईश्वर शास्त्रार्थ की शक्ति से परे है। मुझे तो प्रत्यक्ष दीखता है कि जो कुछ है, वह ईश्वरमय है। फिर तर्कों से क्या फायदा? बगीचों में तुम आम खाने जाते हो, न कि पेड़ों के पत्ते गिनने। फिर मूर्ति-पूजा, पुनर्जन्म और अवतारवाद को लेकर यह विवाद क्यों चलता है?"

बुद्धि का तो अविश्वास वे करते ही थे, सहज ज्ञान को भी वे स्थायी महत्त्व नहीं देते थे। सहज ज्ञान के द्वारा बुद्धि की सीमा का अतिक्रमण किया जाता है। किन्तु, बुद्धि के परे की अनुभूतिवाली भूमि में सहज ज्ञान की आवश्यकता नहीं रहती। तब तो ईश्वरीय कृपा का ही एकमात्र प्रकाश बच जाता है। इसलिए, वे कहा करते थे कि पाँव में एक काँटा गड़ जाए तो उसे दूसरे काँटे से निकालना होता है। किन्तु, काँटे के निकल जाने पर दोनों काँटों को फेंक ही देना चाहिए।

परिपक्व मनुष्य जाति-भेद को नहीं मानता, यह समझाने को रामकृष्ण कहा करते थे कि ताड़ और खजूर को देखो न! आरम्भ में वे कितने पत्ते लिये रहते हैं। किन्तु, उनके खूब बढ़ जाने पर क्या होता है? व्यर्थ के सारे बोझ झड़ जाते हैं और कुछ थोड़े से पत्ते ही शेष रह जाते हैं।

एक बार ईश्वरचन्द्र विद्यासागर की प्रशंसा करते हुए वे बोले, "पक्का विद्वान् कभी भी अहंकार नहीं दिखाता। आलू सिद्ध होने पर नर्म हो जाता है।"

विद्वत्ता और पांडित्य के साथ वे मनुष्य में शील और सदाचार भी चाहते थे। अनुशासन और नैतिकता से विहीन विद्वानों के लिए उनमें आदर का भाव नहीं था। उनका कहना था कि विद्या की बड़ी शक्ति है। लेकिन, केवल विद्या से क्या होगा? गिद्ध बहुत ऊँचा उड़ता तो है, मगर, आँख उसकी बराबर मुर्दे पर लगी रहती है। बहिर्मुखी विद्वान् समुद्र के समान होता है। परन्तु, वरुणदेव को पता ही नहीं कि उनके भीतर कितनी चीजें छिपी हुई हैं। बहुत-से अमीर अपने सभी नौकरों के नाम भी नहीं जानते, न उन्हें यही पता है कि कौन चीजें कहाँ रखी हैं।

संसार में रहते हुए परमार्थ की साधना कैसे करें, इस विषय में उपदेश देते हुए वे कहते, कटहल छूने के पहले उँगली में तेल लगा लिया करो। मन दूध है और दुनिया पानी। दूध को पहले जमा लो, फिर उसका मन्थन करो। तब जो मक्खन निकलेगा, वह पानी में नहीं घुलेगा।

धन मनुष्य के जीवन का ध्येय नहीं होना चाहिए, इस उपदेश को वे यों रखते थे कि धन से क्या मिलता है? भोजन, वस्त्र और मकान। मगर, इनसे ऊँची चीजें धन से नहीं मिल सकतीं। इसलिए, जीवन का उद्‌देश्य धन नहीं हो सकता।

विनोदप्रियता

विनोदप्रियता रामकृष्ण में कूट-कूटकर भरी थी और उनके विनोद मार्मिक होते हुए भी बड़े

ही आनन्ददायी होते थे। एक बार केशवचन्द्र सेन ब्राह्म-समाज की व्यास-गद्दी से प्रार्थना कर रहे थे। प्रार्थना करते-करते उन्होंने एक वाक्य कहा कि हे प्रभो! हमें अपने आनन्द-समुद्र में सदा के लिए मग्न कर लो। प्रार्थना के बाद, किसी दूसरे प्रसंग में, रामकृष्ण ने कहा, ''अरे केशव! आनन्द-समुद्र में सदा के लिए मग्न होने की प्रार्थना बेकार है। तुम्हारे आँगन में तो साड़ियाँ सूखती हैं। तुम्हारे लिए यही उचित है कि समुद्र में एक डुबकी लगाकर फिर बाहर आ जाओ। नहीं तो इन साड़ियों का क्या होगा?''

नरेन्द्रनाथ (आगे चलकर विवेकानन्द) दिन में दो बार प्रार्थना करते थे। एक दिन एक पद गाते-गाते बोले, ''भजन साधन तार करो रे निरन्तर।'' रामकृष्ण एकदम बोल उठे–''छिः, ऐसा मत कह। उसके बदले 'भजन-साधन तार करो रे दिने दुबारे' ऐसा कह! अपने को जो कभी करना ही नहीं है, उसे जोर-जोर से कहने से क्या मतलब?''

केशवचन्द्र सेन से वे अकसर, मजाक करते थे। कभी कहते, ''तेरी पूँछ झड़ गई है। जब तक पूँछ नहीं झड़ जाती तब तक मेढक पानी से बाहर नहीं निकलता। पर जब पूँछ झड़ जाती है तब वह पानी में भी रह सकता है और पानी से बाहर भी रह सकता है।'' कभी कहते, ''केशव, तुम वह पक्षी हो, जिसकी दुम में पत्थर बँधा है। यह पक्षी समाधि में जा सकता है, मगर बाल-बच्चे उसे नीचे खींच लेते हैं।''

ब्राह्म-समाज बँटकर दो पक्षों में विभक्त हो गया था, किन्तु उसके दोनों पक्षों के लोग रामकृष्ण के यहाँ आते-जाते थे। एक दिन ऐसा हुआ कि केशवचन्द्र अपने कुछ अनुयायियों के साथ रामकृष्ण के पास बैठे हुए थे कि विजयकृष्ण भी अपने अनुगामियों के साथ आ पहुँचे। ऐसी अचानक भेंट हो जाने से दोनों पक्षवालों को संकोच-सा होने लगा। यह बात रामकृष्ण की दृष्टि में आते ही वे बोले–''सुनिए! एक बार ऐसा हुआ कि भगवान् शंकर और श्रीरामचन्द्र में कुछ विवाद हो गया और दोनों में युद्ध होने लगा। अब शंकर के गुरु राम और राम के गुरु शंकर होने के कारण, युद्ध समाप्त होने पर, उन दोनों में पूर्ववत् मैत्री होने में देरी नहीं लगी। पर शंकर की सेना के भूत-प्रेतों और राम की सेना के वानर-रीछों की मैत्री नहीं हुई। इसीलिए कहता हूँ कि जो होना था, सो हो गया। अब कम-से-कम तुम दोनों के मन में तो एक-दूसरे के प्रति परस्पर वैर-भावना या वैमनस्य नहीं रहे। और यह भाव यदि रहे तो रहने दो अपने वानर-रीछों और भूत-प्रेतों में।''

ऐसा था वह मनुष्य जिसने भाषण और वक्तव्य दिए बिना तथा सभा-सम्मेलनों में शास्त्रार्थ किए बिना केवल अपने आचरणों और अपनी अनुभूतियों से यह सिद्ध कर दिखाया कि हिन्दुत्व का, केवल वेद-उपनिषद्वाला ही नहीं, बल्कि वह रूप भी सत्य है, जिसका आख्यान पुराणों एवं सन्तों की जीवनियों में मिलता है। यह भी ध्यान देने की बात है कि रामकृष्ण के भीतर से हिन्दुत्व ने अपनी रक्षा अन्य धर्मों को पछाड़कर नहीं, प्रत्युत उन्हें अपना बनाकर की। हिन्दुत्व, इस्लाम और ईसाइयत पर रामकृष्ण की श्रद्धा एक समान थी क्योंकि बारी-बारी से सबकी साधना करके उन्होंने एक ही सत्य का साक्षात्कार किया था।

मनीषियों द्वारा अभिनन्दन

रामकृष्ण का नाम उनके जीवन-काल में भी दूर-दूर तक पहुँचा था। किन्तु उनके देहान्त के

बाद तो उनके उपदेशों को स्वामी विवेकानन्द ने इस प्रकार फैलाया कि संसार के कोने-कोने में उनका नाम गूँज गया। उनकी जीवनी मैक्समूलर ने लिखी थी। फिर एक जीवन-चरित रोम्याँ रोलाँ ने भी प्रकाशित किया। गांधीजी का वचन है कि रामकृष्ण की जीवनी व्यवहार में आए हुए जीवित धर्म की कहानी है। कहते हैं, केशवचन्द्र सेन के समय ब्राह्म-समाज में भक्ति और साधना का जो प्रचलन हुआ, वह ब्राह्म-समाजियों की रामकृष्ण से संगति का परिणाम था। प्रसिद्ध ब्राह्म-समाजी साधक और विद्वान् आचार्य प्रतापचन्द्र मजूमदार ने लिखा है कि ''श्री रामकृष्ण के दर्शन होने के पूर्व धर्म किसे कहते हैं, यह कोई समझता भी नहीं था। सब आडम्बर ही था। धार्मिक जीवन कैसा होता है, यह बात रामकृष्ण की संगति का लाभ होने पर जान पड़ी।'' आचार्य प्रतापचन्द्र मजूमदार की एक और उक्ति है, जिसके उद्धरण से यह स्पष्ट होता है कि बुद्धिवादी विद्वानों पर रामकृष्ण के व्यक्तित्व का कैसा प्रभाव था। प्रतापचन्द्र लिखते हैं कि ''उनके और मेरे बीच समानता क्या है? मैं यूरोपीय-कृत, सुसभ्य, अर्ध-नास्तिक और तथाकथित सुशिक्षित तार्किक व्यक्ति हूँ जिसकी सारी चिन्ता अपने ही निमित्त है। और वे निर्धन, अशिक्षित, व्यवहार में भद्दे, मूर्तिपूजक एवं निस्सहाय हिन्दू भक्त हैं। भला मैं उनकी सेवा में घंटों क्यों बैठा करूँ—मैं जिसने डिज़रेली और फ़ाकेट के विचार सुने हैं, जिसने स्टानले और मैक्समूलर की विद्याएँ प्राप्त की हैं, जिसने यूरोप के बीसियों विद्वानों और धर्म-पुरुषों के विचारों का पान किया है? किन्तु केवल मैं ही नहीं, यहाँ तो मेरे-जैसे दर्जनों लोग हैं, जो यही करते हैं।...वे (रामकृष्ण) राम की पूजा करते हैं, शिव की पूजा करते हैं, काली को पूजते हैं और साथ ही वेदान्त में भी उनका अडिग विश्वास है। वे प्रतिमापूजक हैं, किन्तु निरंजन और निराकार की पूर्णता का ज्ञान कराने में भी उनसे बढ़कर कोई और माध्यम नहीं हो सकता। उनका धर्म आनन्द है, उनकी पूजा समाधि है। अहर्निश उनका समस्त अस्तित्व एक विचित्र विश्वास और भावना की ज्वाला से प्रदीप्त रहता है।''[6]

सन्दर्भ

1. श्रीरामकृष्ण-लीलामृत—पहला भाग।
2. श्रीरामकृष्ण-लीलामृत—दूसरा भाग।
3. ब्राह्म-समाज से प्रेरित काव्य में भी भक्ति और रहस्यवाद का जो रूप उतरा, उसमें सहजता कम, बौद्धिकता अधिक थी।
4. O.B. Frothingham.
5. J.H. Holmes.
6. रामकृष्ण एंड स्पिरिचुअल रिनासाँ (लेखक—स्वामी निर्वेदानन्द) में उद्धृत।

प्रकरण-10

कर्मठ वेदान्त, स्वामी विवेकानन्द

गंगा के भगीरथ

परमहंस रामकृष्ण ने साधनापूर्वक धर्म की जो अनुभूतियाँ प्राप्त की थीं, स्वामी विवेकानन्द ने उनसे व्यावहारिक सिद्धान्त निकाले। रामकृष्ण आध्यात्मिकता के अद्भुत यन्त्र थे। उनकी दृष्टि समाज या व्यक्ति के सुधार पर नहीं थी, न वे इस्लाम या ईसाइयत के आक्रमणों से हिन्दुत्व की रक्षा करने को आतुर थे। देश में बौद्धिकता के साथ नास्तिकता का प्रचार बढ़ता जा रहा था, किन्तु रामकृष्ण को इसकी भी चिन्ता नहीं थी। वस्तुतः संसार से उन्हें कोई प्रयोजन नहीं था। वे आत्मानन्द की खोज में थे एवं आनन्द का सबसे सुगम मार्ग उन्हें यह दिखाई पड़ा था कि अपने-आपको वे काली की कृपा के भरोसे छोड़ दें। उनका सारा जीवन प्रकृति के निश्छल पुत्र का जीवन था। वे अदृश्य सत्ता के हाथ में एक ऐसा यन्त्र बन गए थे, जिसमें कालिमा नहीं थी, मैल नहीं था, अतएव, जिसके भीतर से अदृश्य अपनी लीला का चमत्कार अनायास दिखा सकता था। बहुत दिनों से हिन्दुओं का विश्वास रहा है कि हृदय के पूर्ण रूप से निर्मल हो जाने पर, मन से स्वार्थ की सारी गन्ध निकल जाने पर एवं चित्त में छल की छाया भी नहीं रहने पर मनुष्य की सहज वृत्ति पूर्ण रूप से, जाग्रत हो जाती है एवं तब धर्म की अनुभूतियाँ उसके भीतर आप-से-आप जागने लगती हैं। रामकृष्ण के जीवन में यह सत्य साकार हो उठा था। अतएव, धर्म की सारी उपलब्धियाँ उन्हें आप-से-आप प्राप्त हो गईं। उन उपलब्धियों के प्रकाश में विवेकानन्द ने भारत और समग्र विश्व की समस्याओं पर विचार किया एवं उनके जो समाधान उन्होंने उपस्थित किए थे, असल में रामकृष्ण के ही दिए हुए समाधान हैं। रामकृष्ण और विवेकानन्द एक ही जीवन के दो अंश, एक ही सत्य के दो पक्ष हैं। रामकृष्ण अनुभूति थे, विवेकानन्द उनकी व्याख्या बनकर आए। रामकृष्ण दर्शन थे, विवेकानन्द ने उनके क्रिया पक्ष का आख्यान किया। स्वामी निर्वेदानन्द ने रामकृष्ण को हिन्दू-धर्म की गंगा कहा है, जो वैयक्तिक समाधि के कमंडलु में बन्द थी। विवेकानन्द इस गंगा के भगीरथ हुए और उन्होंने देवसरिता को रामकृष्ण के कमंडलु से निकालकर सारे विश्व में फैला दिया।

तन से राजसी, मन से जिज्ञासु

स्वामी विवेकानन्द का घर का नाम नरेन्द्रनाथ दत्त था। वे सन् 1863 ई. की 12 जनवरी को कलकत्ते में एक क्षत्रिय परिवार में पैदा हुए थे। उन्होंने कॉलेज में शिक्षा पाई थी और

बड़ी योग्यता के साथ बी.ए. पास किया था। अपने छात्र-जीवन में वे उन हिन्दू युवकों के साथी थे, जो यूरोप के उदार एवं विवेकशील चिन्तकों की विचारधारा पर अनुरक्त थे तथा जो ईश्वरीय सत्ता एवं धर्म को शंका से देखते थे। विवेकानन्द का आदर्श उस समय यूरोप था एवं यूरोपीय उद्दामता को वे पुरुष का सबसे तेजस्वी लक्षण मानते थे।

नरेन्द्रनाथ का शरीर काफी विशाल और मांसपेशियाँ सुपुष्ट थीं। वे कुश्ती, बॉक्सिग, दौड़, घुड़दौड़ और तैरना, सभी के प्रेमी और सबमें भली-भाँति दक्ष थे। वे संगीत के भी प्रेमी और तबला बजाने में उस्ताद थे। इस प्रकार, विवेकानन्द में वे सभी गुण प्रचुर मात्रा में विद्यमान थे, जो रामकृष्ण को नहीं मिले थे। रामकृष्ण का शरीर कोमल और कमजोर था। उनके स्वभाव में भी स्त्रीत्व का अंश अधिक था एवं आरम्भ से ही उनमें सात्विकता बहुत उच्च कोटि की थी। इसके विपरीत, विवेकानन्द का शरीर पुष्ट तथा स्वभाव पौरुष के वेगों से उच्छल एवं उद्दाम था तथा आरम्भ से ही उनके भीतर राजसिकता के भाव थे। विद्या की दृष्टि से भी देखें तो रामकृष्ण करीब-करीब अपढ़ व्यक्ति थे तथा उनकी सारी पूँजी उनकी सहज वृत्ति थी, जबकि नरेन्द्रनाथ संस्कृत और अंग्रेजी के उद्भट विद्वान् एवं यूरोप के तार्किकों एवं दार्शनिकों की विद्याओं में परम निष्णात थे। उनमें सहज वृत्ति के बदले तार्किकता और विवेकशीलता की ज्वाला प्रचंड रूप से जल रही थी। उनमें यूरोपीय सभ्यता की वह प्रवृत्ति अत्यन्त प्रखर थी जो निरन्तर खोज और सतत अनुसन्धान में लगी रहती है; जो किसी भी कथन को प्रमाण नहीं मानकर प्रत्येक विषय का विश्लेषण स्वयमेव करना चाहती है तथा जो सत्य की खोज में विवेक और बुद्धि को छोड़कर और किसी वस्तु का सहारा नहीं लेती।

नरेन्द्रनाथ हर्बर्ट स्पेंसर और जोन स्टुअर्ट मिल के प्रेमी थे। वे शेली के सर्वात्मवाद और वड्र्सवर्थ की दार्शनिकता के प्रेमी एवं हीगेल के वस्तु-निष्ठात्मक आदर्शवाद पर अनुरक्त थे। फ्रांसीसी राज्य-क्रान्ति का प्रभाव, उस समय, साहित्य के माध्यम से भारत में जोरों से फैल रहा था एवं नरेन्द्रनाथ भी उसके स्वतन्त्रता, समानता और भ्रातृत्व के सिद्धान्त-त्रय में बड़े उत्साह से विश्वास करते थे। यूरोपीय संस्कारों का उनमें पूरा जोर था, और कहते हैं, अपने छात्र-जीवन में वे केवल शंकावादी ही नहीं, प्रचंड नास्तिक के समान बातें करते थे। किन्तु बौद्धिकता के इन समस्त उद्वेगों के बीच उनके भीतर वह जिज्ञासा काम कर रही थी, जो पैगम्बरों में उठा करती है, अवतारों और धर्म-संस्थापकों में जगा करती है, जो सभी प्रश्नों से ऊपर उठकर यह समझना चाहती है कि सृष्टि है क्या? जीव सान्त है या अनन्त? जन्म के पूर्व हम कहाँ थे? मृत्यु के पश्चात् हम कहाँ जाएँगे? सृष्टि कोई आकस्मिक घटना है या इसके भीतर कोई नियम काम कर रहा है? यदि हाँ, तो उस नियम का निर्माता कौन है? यही जिज्ञासा आरम्भ में उन्हें ब्राह्म-समाज की ओर ले गई और वहाँ से निराश होने पर यही जिज्ञासा उन्हें दक्षिणेश्वर ले आई जहाँ रामकृष्ण अपनी वैयक्तिक साधना में लीन थे, किन्तु जहाँ से यह संवाद सारे बंगाल में फैल रहा था कि भारत में धर्म फिर से जीता-जागता रूप लेकर अवतरित हुआ है, जिसके प्रमाण रामकृष्ण हैं।

श्रद्धा और बुद्धि का मिलन

रामकृष्ण धर्म के उन रूपों पर प्रतिनिधि हुए, जिनके ईसाई प्रचारकों का कोप था तथा जो

बुद्धिवादी हिन्दुओं की भी समझ में नहीं आते थे। किन्तु नरेन्द्रनाथ बुद्धिवाद की प्रतिमा थे। वे यूरोपीय विचारधाराओं के मूर्तिमान रूप थे एवं उनके भीतर वे सारे संस्कार वर्तमान थे, जिनके कारण अंग्रेजी पढ़े-लिखे हिन्दू हिन्दू-धर्म की आलोचना करने लगे थे। वस्तुतः, नरेन्द्रनाथ जब रामकृष्ण की शरण गए, तब असल में, नवीन भारत ही प्राचीन भारत की शरण गया था अथवा यूरोप भारत के सामने आया था। रामकृष्ण और नरेन्द्रनाथ का मिलन श्रद्धा और बुद्धि का मिलन था, रहस्यवाद और बुद्धिवाद का आलिंगन था। इन दो मूर्तियों में से एक तो पुराणों के सत्यों से लिपटी हुई थी, धर्म के बाह्याचारों को भी सत्य मानकर उन्हें कायम रखना चाहती थी तथा प्राचीन भारत की सभी साधनाओं का आदर करना चाहती थी। और दूसरी तर्क से उच्छल थी एवं धर्म के बाह्य बन्धनों को तोड़कर वह प्राचीनता से बाहर निकल जाने को बेचैन थी। रामकृष्ण ने नरेन्द्रनाथ से कुछ भी नहीं लिया, हाँ, अपनी साधना का तेज और अपनी अदृश्यदर्शिनी दृष्टि को नरेन्द्रनाथ में उतारकर उन्होंने उन्हें विवेकानन्द अवश्य बना दिया। कदाचित्, रामकृष्ण और विवेकानन्द के मिलन में पूर्वी और पश्चिमी जगतों का ही मिलन सम्पन्न हुआ है और, शायद, जिस दिन पश्चिमी जगत् के लोग पूर्वी जगत के आध्यात्मिक संस्कारों को आत्मसात् करेंगे, भूमंडल का कल्याण उसी दिन होगा और उसी दिन विश्व भर के शान्ति-साधकों के सपने साकार होंगे। किपलिंग ने जो यह बात कही है कि पूर्व, पूर्व और पश्चिम, पश्चिम है, तथा दोनों का मिलन नहीं होगा, वह असत्य है। सत्य तो यही दीखता है कि पश्चिम पूर्व में मिलेगा और ठीक उसी प्रकार मिलेगा, जैसे नरेन्द्रनाथ रामकृष्ण से मिले थे।

निवृत्ति की परम्परा

उपनिषदों के समय से भारतवर्ष निवृत्तिवादियों का देश रहा है। एक दृष्टि से देखिए तो निवृत्ति और प्रवृत्ति धर्म राजनीति हैं, जैसे साहित्य की राजनीति क्लासिक और रोमांटिक का विवाद है। किन्तु राजनीति यह केवल पंडितों की है। पंडित ही निवृत्ति के पर्दे में प्रवृत्ति का रस लेते हैं; बाहर त्याग का उपदेश देते हैं, संसार को निस्सार बताते हैं और भीतर उसे सारपूर्ण मानकर उसका उपभोग करते हैं। किन्तु इस दगाबाजी से जन-साधारण मारा जाता है। जनता के पास छल-प्रपंच और दाँव-पेंच उतने नहीं होते जितने पंडितों के पास होते हैं। परिणाम यह होता है कि पंडित देश में जैसी दार्शनिक धारा चला देते हैं, जनता के कर्म बहुत-कुछ उसी के अनुरूप हो जाते हैं। वैदिक हिन्दू प्रवृत्तिमार्गी थे। उनके ऋषि भी गृहस्थ और धर्माचार्य भी बाल-बच्चोंवाले होते थे। जो लोग वैदिक मन्त्रों के स्रष्टा थे, ऊँचे दार्शनिक सिद्धान्तों के आविष्कर्ता और व्याख्याता थे, वे भी खेतों में काम तथा गउओं का पालन-पोषण करके परिवार का पालन एवं अतिथियों की सेवा करते थे। **जब समाज प्रवृत्तिमार्गी होता है, तब शारीरिक श्रम निन्दा की वस्तु नहीं होता। उस समय हलवाहे और विद्वान्, दोनों, एक समान उद्यमी होते हैं।** वैदिक काल का समाज ऐसे ही कर्मठ लोगों का समाज था जब हाथ और मस्तिष्क में कोई वैर नहीं था। तब उपनिषदों का समय आया और पंडितों ने यह सिद्धान्त निकाला कि जीवन का सर्वश्रेष्ठ लक्ष्य मोक्ष है, और मोक्ष पाने के लिए कामिनी और कंचन का त्याग आवश्यक है। परिणाम यह हुआ कि हट्टे-कट्टे तन्दुरुस्त नौजवान संन्यासी होने

लगे और नारियों की मर्यादा समाज में घटने लगी। फिर भी, वैदिक संस्कार अभी निःशेष नहीं हुआ था, इसीलिए उपनिषदों में कहीं-कहीं हम यह उपदेश भी देखते हैं कि भोग निरे अनादर की वस्तु नहीं है, यदि वह त्याग के साथ किया जाए (तेन त्यक्तेन भुंजीथा)। किन्तु जैन और बौद्ध धर्माचार्यों ने संन्यास की इतनी महिमा गाई कि सारा समाज संन्यासियों से भर गया। फिर तो, भारत में सदियों तक निवृत्ति-निवृत्ति की भयानक ध्वनि गूँजती रही और कोई भी सुधारक ऐसा उत्पन्न नहीं हुआ, जो समाज को फटकारे कि निवृत्ति की अतिशयता मनुष्य को कायर एवं दरिद्र बना देती है। भक्ति-काल में आकर निवृत्ति का ज़हर कुछ कम अवश्य हुआ, किन्तु, भक्त पंडित और कवि स्वयं निवृत्ति के संस्कारों से ग्रसित थे और, यद्यपि, कहने को वे द्वैत अथवा विशिष्टाद्वैत की बातें कह रहे थे, किन्तु अन्तर्मन उनका भी यह मानता था कि 'ब्रह्म सत्य जगन्मिथ्या' वाला सिद्धान्त ही सत्य है। कबीर, नानक और वल्लभाचार्य ने गृहस्थी बसाकर संसार को सम्मान अवश्य दिया, किन्तु जनता को प्रवृत्ति के मार्ग पर लाने का सचेष्ट प्रयास उनमें भी नहीं था। कबीर आदि निर्गुणवादियों के उपदेश तो निश्चित रूप से निवृत्ति को बढ़ावा देनेवाले थे। दार्शनिक स्तर पर जीवन को असत्य कहते-कहते हिन्दुओं ने उसे, सचमुच ही, असत्य मान लिया एवं देश और समाज से उनकी दिलचस्पी दिनोंदिन कम होती चली गई। प्रत्येक हिन्दू, माँ के पेट से ही, इस विश्वास को लेकर आने लगा कि परलोक की साधना सबसे श्रेष्ठ सुकर्म है, चाहे लोक हमारे हाथों से छूट ही क्यों न जाए। इसीलिए कंठी, माला, आरती और घंटे में मग्न हिन्दुओं को यह बात कभी अखरी ही नहीं कि उनका देश पराधीन है अथवा वे निर्धन और दरिद्र होते जा रहे हैं। यह विचित्र बात है कि धर्म को अफ़ीम कहनेवाला चिन्तक यूरोप में जनमा, जबकि धर्म ने सबसे अधिक विनाश हिन्दुओं का किया है।

सांस्कृतिक राष्ट्रीयता के पिता

उन्नीसवीं सदी के अंग्रेजी पढ़े-लिखे हिन्दू अपने धर्म के इन कुपरिणामों को समझने लगे थे। एक यह भी कारण था कि धर्म पर से उनकी श्रद्धा हटने लगी थी। अतएव, जब स्वामी विवेकानन्द का आविर्भाव हुआ, उन्हें अपने सामने कई प्रकार के उद्देश्य दिखाई पड़े। सबसे बड़ा कार्य धर्म की पुनः स्थापना का कार्य था। बुद्धिवादी मनुष्यों की श्रद्धा धर्म पर से केवल भारत में नहीं, सभी देशों में हिलती जा रही थी। अतएव, यह आवश्यक था कि धर्म की ऐसी व्याख्या प्रस्तुत की जाए जो अभिनव मनुष्य को ग्राह्य हो, जो उसकी इहलौकिक विजय के मार्ग में बाधा नहीं डाले। दूसरा काम हिन्दू-धर्म पर, कम-से-कम, हिन्दुओं की श्रद्धा जमाए रखना था। किन्तु हिन्दू यूरोप के प्रभाव में आ चुके थे तथा अपने धर्म और इतिहास पर भी वे तब तक विश्वास करने को तैयार न थे, जब तक कि यूरोप के लोग उनकी प्रशंसा नहीं करें। और तीसरा काम भारतवासियों में आत्म-गौरव की भावना को प्रेरित करना था, उन्हें अपनी संस्कृति, इतिहास और आध्यात्मिक परम्पराओं का योग्य उत्तराधिकारी बनाना था।

स्वामी विवेकानन्द का देहान्त केवल 39 वर्ष की आयु में हो गया, किन्तु इस छोटी-सी अवधि में ही उन्होंने उपर्युक्त तीनों कार्य सम्पन्न कर दिए। राममोहन राय के समय से भारतीय संस्कृति और समाज में जो आन्दोलन चल रहे थे, वे विवेकानन्द में आकर अपनी चरम सीमा

पर पहुँचे। राममोहन, केशव सेन, दयानन्द, रानाडे, एनी बीसेंट, रामकृष्ण एवं अन्य चिन्तकों तथा सुधारकों ने भारत में जो जमीन तैयार की, विवेकानन्द उसमें से अश्वत्थ होकर उठे। अभिनव भारत को जो कुछ कहना था, वह विवेकानन्द के मुख से उद्गीर्ण हुआ। अभिनव भारत को जिस दिशा की ओर जाना था, उसका स्पष्ट संकेत विवेकानन्द ने दिया। विवेकानन्द वह सेतु हैं, जिस पर प्राचीन और नवीन भारत परस्पर आलिंगन करते हैं। विवेकानन्द वह समुद्र हैं, जिसमें धर्म और राजनीति, राष्ट्रीयता और अन्तर्राष्ट्रीयता तथा उपनिषद् और विज्ञान, सब-के-सब समाहित होते हैं। रवीन्द्रनाथ ने कहा है, ''यदि कोई भारत को समझना चाहता है तो उसे विवेकानन्द को पढ़ना चाहिए।'' अरविन्द का वचन है कि ''पश्चिमी जगत में विवेकानन्द को जो सफलता मिली, वही इस बात का प्रमाण है कि भारत केवल मृत्यु से बचने को नहीं जगा है, वरन् वह विश्व-विजय करके दम लेगा।'' और नेताजी सुभाषचन्द्र बोस ने लिखा है कि ''स्वामी विवेकानन्द का धर्म राष्ट्रीयता को उत्तेजना देनेवाला धर्म था। नई पीढ़ी के लोगों में उन्होंने भारत के प्रति भक्ति जगाई, उसके अतीत के प्रति गौरव एवं उनके भविष्य के प्रति आस्था उत्पन्न की। उनके उद्गारों से लोगों में आत्म-निर्भरता और स्वाभिमान के भाव जगे हैं। स्वामीजी ने सुस्पष्ट रूप से राजनीति का एक भी सन्देश नहीं दिया, किन्तु जो भी उनके अथवा उनकी रचनाओं के सम्पर्क में आया, उसमें देशभक्ति और राजनैतिक मानसिकता आप-से-आप उत्पन्न हो गई।''

ये सारी प्रशंसाएँ सही हैं। इनमें कोई भी अत्युक्ति नहीं है। स्वामीजी धर्म और संस्कृति के नेता थे। राजनीति से उनका कोई सरोकार नहीं है। किन्तु राजनीति तो स्वयं संस्कृति की चेरी है, उसका लघु अंग मात्र है। स्वामीजी ने अपनी वाणी और कर्तृत्व से भारतवासियों में यह अभिमान जगाया कि हम अत्यन्त प्राचीन सभ्यता के उत्तराधिकारी हैं; हमारे धार्मिक ग्रन्थ संसार में सबसे उन्नत और हमारा इतिहास सबसे महान् है; हमारी संस्कृत भाषा विश्व की सबसे प्राचीन भाषा है और हमारा साहित्य सबसे उन्नत साहित्य है। यही नहीं, प्रत्युत हमारा धर्म ऐसा है, जो विज्ञान की कसौटी पर खरा उतरा है और जो विश्व के सभी धर्मों का सार होता हुआ भी उन सबसे अधिक है। स्वामीजी की वाणी से हिन्दुओं में यह विश्वास उत्पन्न हुआ कि उन्हें किसी के भी सामने मस्तक झुकाने अथवा लज्जित होने की आवश्यकता नहीं है। भारत में सांस्कृतिक राष्ट्रीयता पहले उत्पन्न हुई, राजनैतिक राष्ट्रीयता बाद को जनमी है और इस सांस्कृतिक राष्ट्रीयता के पिता स्वामी विवेकानन्द थे।

शिकागो-सम्मेलन...

सन् 1893 ई. में शिकागो (अमेरिका) में निखिल विश्व के धर्मों का एक महासम्मेलन हुआ था। स्वामी विवेकानन्द के हृदय में यह भाव उत्पन्न हुआ कि वे इस सम्मेलन में अवश्य जाएँगे और अनेक प्रचंड बाधाओं के होते हुए भी वे इस सम्मेलन में सम्मिलित हुए। हिन्दुत्व एवं भारतवर्ष के लिए यह अच्छा हुआ कि स्वामीजी इस सम्मेलन में जा सके; क्योंकि इस सम्मेलन में हिन्दुत्व के पक्ष में ऐसा ऊँचा प्रचार हुआ, जैसा न तो कभी पहले हुआ था, न उसके बाद से लेकर आज तक हो पाया है। हाँ, गूँज और प्रतिध्वनि की दृष्टि से स्वामीजी की अमेरिका-यात्रा उतनी ही सफल हुई, जितनी पंडित जवाहरलाल नेहरू की रूस-यात्रा

(1955 ई.) समझी जाती है।

स्वामीजी के विदेश-गमन के कई उद्देश्य थे। एक तो वे भारतवासियों के इस अन्धविश्वास को तोड़ना चाहते थे कि समुद्र-यात्रा पाप है तथा विदेशियों के हाथ का अन्न और जल ग्रहण करने से जाति चली जाती है। दूसरे, भारत के अंग्रेजी पढ़े-लिखे लोगों को वे यह भी दिखलाना चाहते थे कि भारतवासी अपना आदर आप भले ही न करें, किन्तु उनके सांस्कृतिक गुरु पश्चिम के लोग भारत से प्रभावित हो सकते हैं। उनका यह अटल विश्वास था कि भारत के आध्यात्मिक विचारों और आदर्शों का प्रचार यदि पश्चिम के उन्नत देशों में किया जाए तो इससे वहाँ के लोग अवश्य प्रभावित होंगे तथा पृथ्वी पर एक नई कल्पना, एक नए जीवन का सूत्रपात होगा। स्वामी रामकृष्ण ने साधनापूर्वक यह जान लिया था कि विश्व के सभी धर्म एक ही धर्म के विभिन्न अंग हैं एवं सम्पूर्ण विश्व में एक प्रकार की धार्मिक एकता का भाव जगना ही चाहिए। अजब नहीं कि स्वामीजी इस उद्देश्य की सिद्धि के लिए भी शिकागो के धार्मिक सम्मेलन में जाने को आतुर हो उठे हों।

शिकागो-सम्मेलन में स्वामीजी ने जिस ज्ञान, जिस उदारता, जिस विवेक और जिस वाग्मिता का परिचय दिया, उससे वहाँ के सभी लोग मन्त्र-मुग्ध और पहले ही दिन से उनके भक्त हो गए। प्रथम दिन तो स्वामीजी को सबसे अन्त में बोलने का अवसर इसलिए दिया गया था कि उनका कोई समर्थक नहीं था, उन्हें कोई जानता या पहचानता नहीं था। किन्तु उसके बाद सम्मेलन में जो उनके दस-बारह भाषण हुए, वे भाषण भी उन्होंने प्रतिदिन सभा के अन्त में ही दिए, क्योंकि सारी जनता उन्हीं का भाषण सुनने को अन्त तक बैठी रहती थी। उनके भाषणों पर टिप्पणी करते हुए 'द न्यूयॉर्क हेराल्ड' ने लिखा था कि धर्मों की पार्लमेंट में सबसे महान् व्यक्ति विवेकानन्द हैं। उनका भाषण सुन लेने पर अनायास यह प्रश्न उठ खड़ा होता है कि ऐसे ज्ञानी देश को सुधारने के लिए धर्म-प्रचारक भेजने की बात कितनी बेवकूफी की बात है।"

शिकागो-सम्मेलन से उत्साहित होकर स्वामीजी अमेरिका और इंग्लैंड में तीन साल तक रह गए और इस अवधि में भाषणों, वार्तालापों, लेखों, कविताओं, विवादों और वक्तव्यों के द्वारा उन्होंने हिन्दू-धर्म के सार को सारे यूरोप में फैला दिया। प्रायः डेढ़ सौ वर्षों से ईसाई धर्म-प्रचारक संसार में हिन्दुत्व की जो निन्दा फैला रहे थे, उस पर अकेले स्वामीजी के कर्त्तृत्व ने रोक लगा दी और जब भारतवासियों ने यह सुना कि सारा पश्चिम जगत् स्वामीजी के मुख से हिन्दुत्व का आख्यान सुनकर गद्गद हो रहा है, तब हिन्दू भी अपने धर्म और संस्कृति के गौरव का अनुभव कुछ तीव्रता से करने लगे। अंग्रेजी पढ़कर बहके हुए हिन्दू बुद्धिवादियों को समझाना बहुत कठिन कार्य था। किन्तु जब उन्होंने देखा कि स्वयं यूरोप और अमेरिका के नर-नारी स्वामीजी के शिष्य बनकर हिन्दुत्व की सेवा में लगते जा रहे हैं, तब उनके भीतर भी ग्लानि की भावना जगी और बकवास छोड़कर वे भी स्थिर होने लगे। इस प्रकार हिन्दुत्व को लीलने के लिए अंग्रेजी भाषा, ईसाई धर्म और यूरोपीय बुद्धिवाद के रूप में जो तूफान उठा था, वह स्वामी विवेकानन्द के हिमालय-जैसे विशाल वक्ष से टकराकर लौट गया। **हिन्दू-जाति का धर्म है कि वह जब तक जीवित रहे, विवेकानन्द की याद उसी श्रद्धा से करती जाए; जिस श्रद्धा से वह व्यास और वाल्मीकि की याद करती है।**

यूरोप और अमेरिका को निवृत्ति की शिक्षा

स्वामीजी की व्यावहारिकता यह थी कि यूरोप तथा अमेरिका को उन्होंने संयम और त्याग का महत्त्व समझाया, किन्तु भारतवासियों का ध्यान उन्होंने भारतीय समाज की धार्मिक दुरवस्था की ओर आकृष्ट किया एवं धर्म को उनके सामने ऐसा बनाकर रखा, जिससे मनुष्य की आधिभौतिक उन्नति में कोई बाधा नहीं पड़े। अमेरिका की उच्छल जीवनी-शक्ति, वहाँ की स्वच्छता, वहाँ का संगठन, वहाँ की सौन्दर्य-भावना और वहाँ के वैज्ञानिक साधनों का उपयोग, ये बातें स्वामीजी को बहुत पसन्द आई थीं। किन्तु यूरोपीय सभ्यता के जो दोष हैं, वे उनकी आँखों से ओझल नहीं रहे। बोस्टन में दिए गए अपने एक भाषण में स्वामीजी ने इन दोषों का ऐसा पर्दाफाश किया कि वहाँ की जनता उनसे रुष्ट हो गई। फिर भी, स्वामीजी ने अमेरिकी और यूरोपीय लोगों को उनकी सभ्यता का दोष दिखाना बन्द नहीं किया। यूरोप और अमेरिका में जो जातीय अहंकार है, स्वार्थ-साधन और विलासिता के लिए जो पारस्परिक होड़ है, धर्म और संस्कृति के मामले में वहाँ जो भयानक असहिष्णुता है, गरीबों के आर्थिक शोषण का जो विकराल भाव तथा राजनैतिक चालबाजियाँ और हिंसा के जो उद्वेग हैं, उन्हें स्वामीजी यूरोपीय सभ्यता के पाप कहते थे और पश्चिमी देशों के श्रोताओं के सामने वे इनका खुलकर उल्लेख करते थे। व्यक्ति और समाज, दोनों की रक्षा और शान्ति के लिए स्वामीजी धर्म को आवश्यक मानते थे, अतएव, यूरोप को धर्म से विमुख होते देखकर उन्हें चिन्ता हुई। उनका विचार था कि धर्महीन सभ्यता निरी पशुता का उज्ज्वल रूप है तथा उसका विनाश उसी प्रकार अवश्यम्भावी है, जैसे अतीत के अनेक साम्राज्य विनष्ट हुए हैं। उन्होंने कई बार यह चेतावनी दी कि आध्यात्मिकता को अनादृत करके यूरोप उस ज्वालामुखी के मुख पर बैठ गया है, जो किसी भी क्षण विस्फोट कर सकता है।

रूढ़ियों, आडम्बरों और बाह्याचारों से ऊपर उठकर स्वामीजी ने धर्म की विलक्षण व्याख्या प्रस्तुत की। "धर्म मनुष्य के भीतर निहित देवत्व का विकास है।" "धर्म न तो पुस्तकों में है, न धार्मिक सिद्धान्तों में। वह केवल अनुभूति में निवास करता है।" "धर्म अन्धविश्वास नहीं है, धर्म अलौकिकता में नहीं है, वह जीवन का अत्यन्त स्वाभाविक तत्त्व है।" मनुष्य में पूर्णता की इच्छा है, अनन्त जीवन की कामना है, ज्ञान और आनन्द प्राप्त करने की चाह है। पूर्णता, ज्ञान और आनन्द, ये निचले स्तर पर नहीं हैं; उनकी खोज जीवन के उच्च स्तर पर की जानी चाहिए। जहाँ ऊँचा स्तर आता है, वहीं धर्म का आरम्भ होता है। "जीवन का स्तर जहाँ हीन है, इन्द्रियों का आनन्द वहीं अत्यन्त प्रखर होता है। खाने में जो उत्साह भेड़िए और कुत्ते दिखाते हैं, वह उत्साह भोजन के समय मनुष्य में नहीं दिखाई देता। कुत्तों और भेड़ियों का सारा आनन्द उनकी इन्द्रियों में केन्द्रित होता है। इसी प्रकार सभी देशों के निचले स्तर के मनुष्य इन्द्रियों के आनन्द में अत्यन्त उत्साह दिखाते हैं। किन्तु जो सच्चे अर्थों में शिक्षित और सुसंस्कृत व्यक्ति हैं, उनके आनन्द का आधार विचार और कला होती है, दर्शन और विज्ञान होता है। किन्तु आध्यात्मिकता तो और भी ऊँचे स्तर की चीज है, अतएव इस स्तर का आनन्द भी अत्यन्त सूक्ष्म और प्रचुर होता है।" यूरोप और अमेरिका के निवासियों पर स्वामीजी ने यह प्रभाव डालना चाहा कि व्यक्ति अथवा समूह के जीवन की सफलता उसकी आधिभौतिक समृद्धि अथवा बौद्धिक उपलब्धियों पर निर्भर नहीं करके

आध्यात्मिक उन्नति पर निर्भर करती है। अतएव, मनुष्य को चाहिए कि पहले वह पवित्रता, भक्ति, विनयशीलता, सच्चाई, निःस्वार्थता और प्रेम का विकास करे तथा बाद को अन्य गुणों का।

भारत को प्रवृत्ति का उपदेश

यूरोप और अमेरिका में भोग की सामग्रियाँ प्रचुर परिमाण में उपलब्ध थीं। इसलिए स्वामीजी ने वहाँ के निवासियों को संयम और त्याग की शिक्षा दी। किन्तु, भारत में दरिद्रता का साम्राज्य था, निर्धनता का नग्न वास था एवं यहाँ के लोग धनाभाव के कारण भी जीवन के ऊँचे गुणों से वियुक्त हो गए थे। अतएव, भारतवासियों को उन्होंने जो उपदेश दिया, वह केवल धर्म के लिए नहीं था, प्रत्युत, उन्होंने यहाँ के लोगों में असन्तोष जगाना चाहा, उन्हें कर्म की भावना से आन्दोलित करने की चेष्टा की तथा शताब्दियों से आती हुई निवृत्ति की विषैली जंजीरों से मुक्त करके उन्होंने भारतवासियों को प्रवृत्ति के कर्म-मार्ग पर आरूढ़ करने का प्रयास किया। शिकागो के विश्व-धर्म-सम्मेलन में भी स्वामीजी ने ईसाइयों के समक्ष निर्भीक गर्जना की थी, "तुम ईसाई लोग मूर्तिपूजकों की आत्मा के बचाव के लिए भारत में धर्म-प्रचारक भेजने को बहुत ही आतुर दीखते हो, किन्तु इन मूर्तिपूजकों को शरीर की क्षुधा की ज्वाला से बचाने के लिए तुम क्या कर रहे हो? भयानक दुर्भिक्षों के समय लाखों भारतवासी निराहार मर गए, किन्तु, तुम ईसाइयों से कुछ भी नहीं बन पड़ा। भारत की भूमि पर तुम गिरजों पर गिरजे बनवाते जा रहे हो, किन्तु तुम्हें यह ज्ञात नहीं है कि पूर्वी जगत् की आकुल आवश्यकता रोटी है, धर्म नहीं। धर्म एशियावालों के पास अब भी बहुत है। वे दूसरों से धर्म का पाठ नहीं पढ़ना चाहते। जो जाति भूख से तड़प रही है, उसके आगे धर्म परोसना उसका अपमान है। जो जाति रोटी को तरस रही है, उसके हाथ में दर्शन और धर्म-ग्रन्थ रखना उसका मजाक उड़ाना है।"

कहते हैं एक बार कोई नवयुवक स्वामीजी के पास गया और बोला, "स्वामीजी! मुझे गीता समझा दीजिए।" स्वामीजी ने सच्चे मन से कहा, "गीता समझने का वास्तविक क्षेत्र फुटबॉल का मैदान है। जाओ, घंटे भर खेल-कूद लो, गीता तुम स्वयं समझ जाओगे।"

स्वामी विवेकानन्द संसार में घूमकर देख चुके थे कि नई मानवता कितनी उच्छल और बलवती है। उसकी तुलना में भारत के लोग उन्हें बौने और बीमार दिखाई दिए। अतएव, भारत में उनके अधिकांश उपदेश उन्नति, साहस, सेवा और कर्म की महत्ता सिद्ध करने को दिए गए। भारतवर्ष को वे क्षीण और कोमल-वपु संन्यासियों का देश बनाना नहीं चाहते थे, न उनका यही उद्‌देश्य था कि यहाँ के लोग अनिवार्यतः शाक-भोजी होकर धर्म की साधना करते हुए निर्धनता और गुलामी का दंश सहें और मौन रहें। अपने एक शिष्य द्वारा यह पूछे जाने पर कि संन्यासियों को मांस-मछली खानी चाहिए या नहीं, स्वामीजी ने कहा, "हाँ, निन्दा का भय माने बिना मांस-मछली तुम जी भर खा सकते हो। शाक-पात खाकर जीनेवाले आमाशय के रोगी साधुओं से सारा देश भर गया है। यह लक्षण सत्व के नहीं, भयानक तमस के हैं और तमस मृत्यु की कालिमा का नाम है। आकृति में दमकती हुई कान्ति, हृदय में अदम्य उत्साह और कर्म-चेष्टा की विपुलता और उद्वेलित शक्ति, ये सत्व की पहचान हैं। इसके

विपरीत, तमस का लक्षण आलस्य और शैथिल्य है, अनुचित आसक्ति और निद्रा का मोह है।...कौन भोजन शुद्ध और कौन अशुद्ध है, क्या इसी विचिकित्सा में जीवन बिता दोगे अथवा इन्द्रिय-निग्रह का भी कुछ ध्यान है? हमारा लक्ष्य इन्द्रियों का निग्रह है, मन को वश में लाना है। अच्छे और बुरे का भेद, शुद्ध और अशुद्ध का विचार इन्द्रिय-निग्रह नहीं, उस ध्येय के सहायक मात्र हैं।''

स्वामीजी बार-बार कहा करते थे कि भारत का कल्याण शक्ति की साधना में है। जन-जन में जो शक्ति छिपी हुई है, हमें उसे साकार करना है। जन-जन में जो साहस और जो विवेक प्रच्छन्न है, हमें उसे बाहर लाना है। ''मैं भारत में लोहे की मांसपेशियों और फौलाद की नाड़ी तथा धमनी देखना चाहता हूँ, क्योंकि इन्हीं के भीतर वह मन निवास करता है, जो शम्पाओं एवं वज्रों से निर्मित होता है। शक्ति, पौरुष, क्षात्र-वीर्य और ब्राह्म-तेज इनके समन्वय से भारत की नई मानवता का निर्माण होना चाहिए।'' ''मृत्यु का ध्यान करो। प्रलय को अपनी समाधि में देखो तथा महाभैरव रुद्र को अपनी पूजा से प्रसन्न करो। जो भयानक है, उसकी अर्चना से ही भय बस में आएगा।...सम्भव हो तो जीवन को छोड़कर मृत्यु की कामना करो। तलवार की धार पर अपना शरीर लगा दो और रुद्र-शिव से एकाकार हो जाओ।''

संस्कृति का ध्यान करते-करते भारत का स्वाभिमान जग चुका था। अब दूसरा सोपान उसकी वीरता, निर्भयता और बलिदान की भावना को जाग्रत करना था। स्वामीजी ने वीरता, बलिदान और निर्भयता की शिक्षाएँ भी धर्म से निकालीं एवं रुद्र-शिव तथा महाकाली को लोगों का आराध्य बना दिया। स्वामीजी की अहिंसा और वैराग्य-भावना में भी क्षात्र-धर्म का स्पर्श था। जिन विचारों, धर्मों और आचारों से कायरता की वृद्धि एवं पौरुष का दलन होता है, स्वामीजी उनके अत्यन्त विरुद्ध थे। इसीलिए, बुद्ध की अहिंसा की, स्वामीजी ने, कभी भी खुलकर प्रशंसा नहीं की, बल्कि एक बार तो उन्होंने कह भी दिया कि बुद्ध की शिक्षाओं के पीछे 'भयानक दुर्बलता की छाया विद्यमान है।'' स्वामीजी न तो धर्म-युद्ध के प्रेमी थे, न उनकी यही सम्मति थी कि क्रोध के प्रत्येक उफान पर मनुष्य को तलवार लेकर दौड़ना ही चाहिए। किन्तु हिंसा को कदाचित् वे सभी स्थितियों में त्याज्य नहीं मानते थे। एक बार उनसे किसी भक्त ने पूछा कि ''महाराज! कोई शक्तिशाली व्यक्ति यदि किसी दुर्बल का गला टीप रहा हो, तो हमें क्या करना चाहिए।'' स्वामीजी ने तड़ाक से उत्तर दिया, ''क्यों? बदले में उस शक्तिशाली की गर्दन टीप दो। क्षमा भी कमजोर होने पर अक्षम्य है, असत्य और अधर्म है। युद्ध उससे उत्तम धर्म है। क्षमा तभी करनी चाहिए, जब तुम्हारी भुजा में विजय की शक्ति वर्तमान हो।''

आधिभौतिकता ने भारत के सामने जो चुनौती रखी थी, उसका भी समीचीन उत्तर विवेकानन्द ने दिया। वे उस प्रकार के सुधारक और सन्त थे, जिनकी अनुभूतियों में पुराने धर्म नवीन रूप ग्रहण करते हैं, प्राचीन दर्शन की परतें छूटकर गिर जाती हैं और जंग लगे विचार धुलकर चमकने लगते हैं। वे इस बात को कब बर्दाश्त कर सकते थे कि परम्पराएँ भारतवासियों की उन्नति का मार्ग रोकें अथवा धर्म उन्हें निर्धन और गुलाम रहने को लाचार करे? उपनिषदों का उपदेश है कि सभी आत्माएँ एक हैं, क्योंकि वे सब-की-सब एक ही परब्रह्म के असंख्य प्रतिबिम्ब मात्र हैं। इस सिद्धान्त से स्वामीजी ने यह निष्कर्ष निकाला कि जिसे परब्रह्म कहते

हैं, वह सभी जीवों के योग से अधिक नहीं है। अतएव, सच्ची ईशोपासना यह है कि हम अपने मानव-बन्धुओं की सेवा में अपने-आपको लगा दें। **जब पड़ोसी भूखा मरता हो, तब मन्दिर में भोग चढ़ाना पुण्य नहीं, पाप है।** जब मनुष्य दुर्बल और क्षीण हो, तब हवन में घृत जलाना अमानुषिक कर्म है। ''संसार के अगणित नर-नारियों में परमात्मा भासमान है।'' ''मेरे जीवन का परम ध्येय उस ईश्वर के विरुद्ध संघर्ष करना है जो परलोक में आनन्द देने के बहाने इस लोक में मुझे रोटियों से वंचित रखता है, जो विधवाओं के आँसू पोंछने में असमर्थ है, जो माँ-बाप से विहीन बच्चे के मुख में रोटी का टुकड़ा नहीं दे सकता।'' केष्टा नामक सन्थाल को भोजन कराकर उन्होंने कहा था, ''तुम साक्षात् नारायण हो। आज मुझे सन्तोष है कि भगवान् ने मेरे समक्ष भोजन किया।'' वे कहते थे, ''वास्तविक शिव की पूजा निर्धन और दरिद्र की पूजा है, रोगी और कमजोर की पूजा है।'' निर्धनता, पुरोहितवाद और धार्मिक अत्याचार सिखानेवाले दर्शनों के स्वामीजी प्रचंड विरोधी थे। इसी प्रकार, धनियों के प्रति भी उनमें आदर का भाव नहीं था। ''भारत की एकमात्र आशा उसकी जनता है। ऊँची श्रेणी के लोग तो शरीर और नैतिकता दोनों ही दृष्टियों से मर चुके हैं।''

मातृजाति के प्रति उदारता

स्वामीजी स्वयं संन्यासी थे। संन्यासियों का एक वृहत् मठ भी उन्होंने खड़ा किया था एवं समाजसेवी युवकों को वे अविवाहित रहने का उपदेश देते थे। किन्तु गृहस्थों को वे हीन नहीं मानते थे। उलटे, उनका विचार था कि गृहस्थ भी ऊँचा और संन्यासी भी नीच हो सकता है। ''मैं संन्यासी और गृहस्थ में कोई भेद नहीं करता। संन्यासी हो या गृहस्थ, जिसमें भी मुझे महत्ता, हृदय की विशालता और चरित्र की पवित्रता के दर्शन होते हैं, मेरा मस्तक उसी के सामने झुक जाता है।''

नारियों के प्रति उनमें असीम उदारता का भाव था। वे कहते थे कि ''ईसा अपूर्ण थे क्योंकि जिन बातों में उनका विश्वास था, उन्हें वे अपने जीवन में नहीं उतार सके। उनकी अपूर्णता का सबसे बड़ा प्रमाण यह है कि उन्होंने नारियों को नरों के समकक्ष नहीं माना। असल में, उन्हें यहूदी संस्कार जकड़े हुए था, इसीलिए, वे किसी भी नारी को अपनी शिष्या नहीं बना सके। इस मामले में बुद्ध उनसे श्रेष्ठ थे, क्योंकि उन्होंने नारियों को भी भिक्षुणी होने का अधिकार दिया था।''

एक बार उनके एक शिष्य ने पूछा, ''महाराज! बौद्ध मठों में भिक्षुणियाँ बहुत रहती थीं। इसीलिए तो देश में अनाचार फैल गया।'' स्वामीजी ने इस आलोचना का उत्तर नहीं दिया किन्तु वे बोले, ''पता नहीं, इस देश में नारियों और नरों में इतना भेद क्यों किया जाता है? वेदान्त तो यही सिखाता है कि सबमें एक ही आत्मा निवास करती है। तुम लोग नारियों की सदैव निन्दा ही करते रहते हो, किन्तु कह सकते हो कि उनकी उन्नति के लिए अब तक तुमने क्या किया है? स्मृतियाँ रचकर तथा गुलामी की कड़ियाँ गढ़कर पुरुषों ने नारियों को बच्चा जनने की मशीन बनाकर छोड़ दिया। नारियाँ महाकाली की साकार प्रतिमाएँ हैं। यदि तुमने उन्हें ऊपर नहीं उठाया, तो यह मत सोचो कि तुम्हारी अपनी उन्नति का कोई अन्य मार्ग है। संसार की सभी जातियाँ नारियों का समुचित सम्मान करके ही महान् हुई

हैं। जो जाति नारियों का सम्मान करना नहीं जानती, वह न तो अतीत में उन्नति कर सकी, न आगे उन्नति कर सकेगी।''

जहाँ तक त्रिया-जाति की वेदनाओं और पीड़ाओं का प्रश्न है, स्वामीजी को भारत और यूरोप दोनों ही महादेश आँसुओं से सिक्त दिखाई पड़े थे। स्वामीजी ने कहा था, विपत्तियाँ भारत में भी हैं और पश्चिमी देशों में भी। यहाँ विधवाएँ रोती हैं, वहाँ कुमारियाँ।

ब्राह्मण-रूपी सर्प

स्वामीजी हिन्दुत्व की शुद्धि के लिए उठे थे तथा उनका प्रधान क्षेत्र धर्म था। किन्तु, धर्म और संस्कृति, ये परस्पर एक-दूसरे का स्पर्श करते चलते हैं। भारतवर्ष में राष्ट्रीय पतन के कई कारण आर्थिक और राजनैतिक थे। किन्तु बहुत-से कारण ऐसे भी थे, जिनका सम्बन्ध धर्म से था। अतएव, स्वामी विवेकानन्द ने धर्म का परिष्कार भारतीय समाज की आवश्यकताओं को दृष्टिगत रखकर करना आरम्भ किया और इस प्रक्रिया में उन्होंने कड़ी-से-कड़ी बातें भी बड़ी ही निर्भीकता से कह दीं। ''शक्ति का उपयोग केवल कल्याण के निमित्त होना चाहिए। जब उससे पाप का समर्थन किया जाता है, तब वह गर्हित हो जाती है। युगों से 'ब्राह्मण' भारतीय संस्कृति का थातीदार रहा है। अब उसे इस संस्कृति को सबके पास विकीर्ण कर देना चाहिए। उसने इस संस्कृति को जनता में जाने से रोक रखा, इसीलिए, भारत पर मुसलमानों का आक्रमण सम्भाव्य हो सका। ब्राह्मण ने संस्कृत के भंडार पर ताला लगा रखा, जन-साधारण को उसमें से कुछ भी लेने नहीं दिया, इसीलिए, हजारों साल तक जो भी जातियाँ भारत में आती रहीं, हम उनके गुलाम होते गए। हमारे पतन का कारण ब्राह्मण की अनुदारता रही है। भारत के पास जो भी सांस्कृतिक कोष है, उसे जन-साधारण के कब्जे में जाने दो। और चूँकि ब्राह्मण ने यह पाप किया था, इसलिए प्रायश्चित भी सबसे पहले उसी को करना है। साँप का काटा हुआ आदमी जी उठता है, यदि वही साँप आकर फिर से अपना जहर चूस ले। भारतीय समाज को ब्राह्मण-रूपी सर्प ने डसा है। यदि ब्राह्मण अपना विष वापस ले ले, तो यह समाज अवश्य जी उठेगा।''

एकता का मन्त्र

ऊँची और तथाकथित नीची जातियों के बीच सामाजिक पद-प्रतिष्ठा को लेकर जो संघर्ष है, स्वामीजी ने उससे पैदा होनेवाले खतरों पर भी विचार किया था। इस सम्बन्ध में उनका समाधान यह था कि यदि ब्राह्मण कहलाने से सभी जातियों को सन्तोष होता है तो उचित है कि वे अपनी-अपनी सभाओं में यह घोषणा कर दें कि हम ब्राह्मण हैं। इससे भारत को बहुत बड़ी शक्ति प्राप्त होगी। एक तो देश में जातियों का भेद आप-से-आप समाप्त हो जाएगा, दूसरे, सभी वर्णों के लोग ब्राह्मण संस्कृति को स्वीकार करके आज के सांस्कृतिक धरातल से स्वयमेव ऊपर उठ जाएँगे। हाँ, स्वामीजी का यह भी विचार था कि रुपए चाहे जिस विद्या से भी प्राप्त हो जाएँ, किन्तु सामाजिक प्रतिष्ठा भारतवर्ष में अब भी संस्कृत-भाषा के ज्ञान से मिलती है। अतएव, जो भी भारतवासी ब्राह्मण की प्रतिष्ठावाला पद प्राप्त करना चाहता है, उसे संस्कृत में दक्षता अवश्य प्राप्त करनी चाहिए।

भारतीय एकता का महत्त्व स्वामीजी ने जनता के समक्ष अत्यन्त सुस्पष्ट रूप में रखा। "अथर्ववेद में एक मन्त्र है, जिसका अर्थ होता है कि मन से एक बनो, विचार से एक बनो। प्राचीन काल में देवताओं का मन एक हुआ, तभी से वे नैवेद्य के अधिकारी रहे हैं। मनुष्य देवताओं की अर्चना इसलिए करते हैं कि देवताओं का मन एक है। मन से एक होना समाज के अस्तित्व का सार है। किन्तु द्रविड़ और आर्य, ब्राह्मण और अब्राह्मण, इन तुच्छ विवादों में पड़कर तुम जितना ही झगड़ते जाओगे, तुम्हारी शक्ति उतनी ही क्षीण होती जाएगी, तुम्हारा संकल्प एकता से उतना ही दूर पड़ता जाएगा। स्मरण रखो कि शक्ति-संचय और संकल्प की एकता, इन्हीं पर भारत का भविष्य निर्भर करता है। जब तक महान् कार्यों के लिए तुम अपनी शक्तियों का संचय नहीं करते, जब तक एक-मन होकर तुम आत्मोद्धार के कार्य में नहीं लगते, तब तक तुम्हारा कल्याण नहीं है। प्रत्येक चीनी अपने ही ढंग पर सोचता है, किन्तु मुट्ठी-भर जापानियों का मन एक है। इसके जो परिणाम निकले हैं, उन्हें तुम भली-भाँति जानते हो। विश्व के समग्र इतिहास में यही होता आया है।"

व्यावहारिक नेता के समान स्वामीजी ने भारतीयों के चरित्र के एक भीषण दोष पर अपनी उँगली रखी और काफी जोर देकर कहा कि "हमारे देशवासियों में से कोई व्यक्ति जब ऊपर उठने की चेष्टा करता है, तब हम सब लोग उसे नीचे घसीटना चाहते हैं। किन्तु यदि कोई विदेशी आकर हमें ठोकर मारता है, तो हम समझते हैं यह ठीक है। हमें इन तुच्छताओं की आदत पड़ गई है। लेकिन अब गुलामों को अपना मालिक आप बनना है। इसलिए दास-भावना को छोड़ दो। **अगले पचास वर्षों तक भारतमाता को छोड़कर हमें और किसी का ध्यान नहीं करना है।** भारतमाता को छोड़कर और सभी देवता झूठे हैं। उन्हें अपने मन से निकालकर फेंक दो। यही देवी, यही हमारी जाति वास्तविक देवी है। सर्वत्र उसके हाथ दिखाई पड़ते हैं। सर्वत्र उसके पाँव विराजमान हैं, सर्वत्र उसके कान हैं और सब कुछ पर उसी देवी का प्रतिबिम्ब छाया हुआ है। बाकी जितने देवता हैं, नींद में हैं। यह विराट् देवता हमारे सामने प्रत्यक्ष है। इसे छोड़कर हम और किस देवता की पूजा करेंगे?"

यह अकरणीय है

धर्म-साधना के लोभ में जीवन से भागकर गुफा में नाक-कान दबाकर प्राणायाम करने की परम्परा की भारत में बड़ी महिमा थी। स्वामी विवेकानन्द ने इस परम्परा की महिमा एक झटके में उड़ा दी। "आधा मील की खाई तो हमसे पार नहीं की जाती, मगर, हनुमान के समान हम समग्र सिन्धु को लाँघ जाना चाहते हैं। यह होनेवाली बात नहीं है। हर आदमी योगी बने, हर आदमी समाधि में चला जाए, यह गलत बात है। यह असम्भव है, यह अकरणीय है। दिन भर कर्म-संकुल विश्व के साथ मिलन और संघर्ष तथा सन्ध्या समय बैठकर प्राणायाम! क्या यह इतना सरल कार्य है! तुमने तीन बार नाक बजाई है, तीन बार नासिका से भीतर की वायु को बाहर किया है, तो क्या इतने से ही ऋषिगण आकाश से होकर तुम्हारे पास चले आएँगे? क्या यह भी कोई मजाक है? ये सारी बेवकूफी की बातें हैं। जिस चीज की जरूरत है, वह है चित्त-शुद्धि और चित्त-शुद्धि कैसे होगी? सबसे पहली पूजा विराट् की होनी चाहिए, उन असंख्य मानवों की, जो तुम्हारे चारों ओर फैले हुए हैं।

संसार में जितने भी मनुष्य और जीव-जन्तु हैं, सभी परमात्मा हैं, सभी परब्रह्म के रूप हैं। और इनमें भी सर्वप्रथम हमें अपने देशवासियों की पूजा करनी चाहिए। आपस में ईर्ष्या-द्वेष रखने के बदले, आपस में झगड़ा और विवाद के बदले, तुम परस्पर एक-दूसरे की अर्चना करो, एक-दूसरे से प्रेम रखो। हम जानते हैं कि किन कर्मों ने हमारा सर्वनाश किया, किन्तु फिर भी हमारी आँख नहीं खुलती।''

पश्चिम से विनिमय

गांधी, रवीन्द्रनाथ, राधाकृष्णन् और जवाहरलाल में हम इस आशा को गतिशील पाते हैं कि भारत के पास जो सन्देश है, भारत के पास जो दीर्घकालीन अनुभव है, उससे सारे विश्व का कल्याण हो सकता है। एशिया साधनहीन और दुःखी, किन्तु यूरोप समृद्ध एवं असन्तुष्ट है। एशिया उच्च जीवन की कामना लिये अनेक दुर्गतियों को झेलता आ रहा है। यूरोप ने दुर्गतियों पर तो विजय प्राप्त कर ली, किन्तु उच्च जीवन की राह उसे, मानो, मिली ही नहीं। विश्व का कल्याण इसमें है कि एशिया यूरोप की आधिभौतिकता को ग्रहण करे और इस प्रकार ग्रहण करे कि उसकी मानसिकता को आँच नहीं आए। इसी प्रकार, यूरोप के दुर्दान्त शरीर के भीतर जो आत्मा सोती जा रही है, उसे जगकर सचेष्ट होना चाहिए। यूरोप का यह आत्मिक जागरण एशिया की संगति से आएगा। स्वामीजी की दृष्टि इस आवश्यकता पर भी पड़ी थी और जब सारा भारतवर्ष यूरोप के चाकचिक्य से मोहित हो रहा था, तब उन्होंने घोषणा की कि जीवन का धर्म आदान-प्रदान है। ''क्या यह अच्छा होगा कि हम सदैव पश्चिमवालों के चरणों के पास बैठकर सब कुछ, यहाँ तक कि धर्म भी, सीखते रहें! क्या हम केवल लेते ही रहेंगे? देना हमें कुछ भी नहीं है? पश्चिम से हम यन्त्रवाद की शिक्षा ले सकते हैं। और भी कई बातें अच्छी हैं, जिन्हें पश्चिम से ग्रहण करना आवश्यक दीखता है। किन्तु हमें उन्हें कुछ सिखाना भी है। हम उन्हें धर्म और आध्यात्मिकता की शिक्षा दे सकते हैं। विश्व-सभ्यता अभी अधूरी है। पूर्ण होने के लिए वह भारत की राह देख रही है। वह भारत की उस आध्यात्मिक सम्पत्ति की प्रतीक्षा में है, जो पतन, गन्दगी और भ्रष्टाचार के होते हुए भी भारत के हृदय में जीवित और अक्षुण्ण है। इसलिए संकीर्णता को छोड़कर हमें बाहर निकलना है। पश्चिमवालों से हमें एक विनिमय करना है। धर्म और आध्यात्मिकता के स्तर की चीजें हम उन्हें देंगे और बदले में भौतिक साधनों का दान हम सहर्ष स्वीकार करेंगे। समानता के बिना मैत्री सम्भव नहीं होती और समानता वहाँ आएगी कहाँ से, जहाँ एक तो बराबर गुरु बना रहना चाहता है, और दूसरा उसका सनातन शिष्य?''

औसत हिन्दू धीर और अनुग्र होता है। इस धीरज और अनुग्रता को स्वामीजी भावी सभ्यता के लिए वरदान समझते थे। उनका विचार था कि संसार पर धीर और अनुग्र हिन्दू-जाति का जितना आभार है, उतना और किसी जाति का नहीं। ''हिन्दू-जाति की महिमा राजनैतिक महत्ता अथवा सामरिक शक्ति के कारण नहीं है। राजनैतिक महत्ता और सामरिक शक्ति का अर्जन हमारी जाति का ध्येय न तो पहले था, न कभी आगे होनेवाला है।'' हिन्दू का मस्तिष्क शीतल और शान्त होता है। मानव-जाति की सर्वांगीण उन्नति में हिन्दुओं को अपना अंशदान इस शीतल-शान्त मस्तिष्क के द्वारा ही प्रदान करना होगा।

स्वामीजी के समय में ही यह प्रत्यक्ष हो गया था कि भारत यूरोप के समान राजनैतिक शक्ति का आगार होना चाहता है। इसकी उपयोगिता स्वीकार करते हुए भी स्वामीजी ने यह चेतावनी दी थी कि भारत की रीढ़ धर्म है। वह दिन बुरा होगा, जब यह देश अपनी आध्यात्मिक रीढ़ को हटाकर उसकी जगह पर एक राजनैतिक रीढ़ बैठा लेगा।

भारत को स्वामीजी ने यह भी सुझाया था कि यूरोप में गरीबी और पाप सहगामी माने जाते हैं। किन्तु अपने देश में गरीबी पाप नहीं है। उलटे, इस देश के सबसे बड़े लोग गरीबी की पोशाक में रहते थे।

इस्लाम के प्रति दृष्टिकोण

हिन्दुत्व के प्रबल समर्थक होने पर भी स्वामी विवेकानन्द में इस्लाम के प्रति कोई द्वेष नहीं था। उनके गुरु परमहंस रामकृष्ण ने तो छह महीनों तक विधिवत् मुसलमान होकर इस्लाम की साधना भी की थी। इस संस्कार के कारण इस्लाम के प्रति उनका दृष्टिकोण यथेष्ट रूप से उदार था। उन्होंने कहा है कि ''यह तो कर्म का फल था कि भारत को दूसरी जातियों ने गुलाम बनाया। किन्तु भारत ने भी अपने विजेताओं में से प्रत्येक पर सांस्कृतिक विजय प्राप्त की। मुसलमान इस प्रक्रिया के अपवाद नहीं हैं। शिक्षित मुसलमान प्रायः सूफी होते हैं जिनके विश्वास हिन्दुओं के विश्वास से भिन्न नहीं होते। इस्लामी संस्कृति के भीतर भी हिन्दू-विचार प्रविष्ट हो गए हैं। विख्यात मुगल सम्राट् अकबर हिन्दुत्व के काफी समीप था। यही नहीं, प्रत्युत, काल-क्रम में इंग्लैंड पर भी भारत का प्रभाव पड़ेगा।''

सिस्टर निवेदिता की पुस्तक (माई मास्टर) में इस बात का उल्लेख है कि एक बार स्वामीजी तीन-चार दिनों की एकान्त समाधि से लौटकर निवेदिता से बोले, ''मेरे मन में यह सोचकर बराबर क्षोभ उठता था कि मुसलमानों ने हिन्दुओं के मन्दिरों को क्यों तोड़ा, उनके देवी-देवताओं की मूर्तियों को क्यों भ्रष्ट किया? किन्तु, आज माता (काली) ने मेरे मन को आश्वस्त कर दिया। उन्होंने मुझसे कहा, 'अपनी मूर्तियों को मैं कायम रखूँ या तुड़वा दूँ, यह मेरी इच्छा है। इन बातों पर सोच-सोचकर तू क्यों दुःखी होता है'?''

इस्लाम और हिन्दुत्व के मिलन का महत्त्व स्वामीजी ने एक और उच्च स्तर पर बतलाया है। सामान्यतः, वेदान्त ज्ञान का विषय समझा जाता है, जिसमें त्याग और वैराग्य की बातें अनिवार्य रूप से आ जाती हैं, किन्तु इस्लाम, मुख्यतः भक्ति का मार्ग है तथा हजरत मुहम्मद का पन्थ देह-दंडन, संन्यास और वैराग्य को महत्त्व नहीं देता। किन्तु स्वामी विवेकानन्द की व्याख्या का वेदान्त निवृत्ति से मुक्त शुद्ध प्रवृत्ति का मार्ग था एवं तात्त्विक दृष्टि से इस्लाम के प्रवृत्ति-मार्ग से उसका कोई विरोध नहीं था। इसलिए स्वामीजी की कल्पना थी कि इस्लाम की व्यावहारिकता को आत्मसात् किए बिना वेदान्त के सिद्धान्त जनता के लिए उपयोगी नहीं हो सकते। सन् 1898 ई. में उन्होंने एक चिट्ठी में यह भी लिखा था कि **''हमारी जन्मभूमि का कल्याण तो इसमें है कि उसके दो धर्म, हिन्दुत्व और इस्लाम, मिलकर एक हो जाएँ। वेदान्ती मस्तिष्क और इस्लामी शरीर के संयोग से जो धर्म खड़ा होगा, वही भारत की आशा है।''**

भारत में विश्व-धर्म, विश्व-बन्धुत्व और विश्ववाद की भावना का आरम्भ राममोहन राय

की अनुभूतियों में हुआ था एवं उन्होंने हिन्दू-धर्म की जो व्याख्या प्रस्तुत की थी, वह विश्व-धर्म की भूमिका से तनिक भी कम नहीं थी। मुक्त चिन्तन, वैयक्तिक स्वातन्त्र्य और प्रत्येक प्रकार का विश्वास रखकर भी धर्म-च्युत नहीं होने की योग्यता, हिन्दू-धर्म के ये पुराने लक्षण रहे हैं। हिन्दू नास्तिक भी रहा है और आस्तिक भी, साकारवादी भी रहा है और निराकारवादी भी, उसने महावीर का भी आदर किया है और बुद्ध का भी। उसने वेदों को अपौरुषेय भी माना है और पौरुषेय भी। विश्वासों में यह जो प्रचंड भिन्नता है, उससे हिन्दू का हिन्दुत्व दूषित नहीं होता। हिन्दू जन्म से ही उदार होता है एवं किसी एक विचार पर सभी को लाठी से हाँककर पहुँचाने में वह विश्वास नहीं करता। जब थियोसोफ़िस्ट लोग हिन्दुत्व का प्रचार करने लगे, तब हिन्दुत्व का यह सार्वभौम पक्ष कुछ और विकसित हो गया। और रामकृष्ण ने तो बारी-बारी से मुसलमान और क्रिस्तान होकर इस सत्य पर अपनी अनुभूति की मुहर ही लगा दी कि संसार के सभी धर्म एक हैं, उनके बीच किसी प्रकार का भेदभाव मानना नितान्त अज्ञता की बात है।

स्वामी विवेकानन्द ने हिन्दुत्व के सार्वभौम रूप का और भी व्यापक विस्तार किया। संसार में जो अनेक धर्म फैले हुए हैं, उनकी अनिवार्यता बताते हुए उन्होंने कहा कि मनुष्य सर्वत्र अन्न ही खाता है, किन्तु देश-देश में अन्न से भोजन तैयार करने की विधियाँ अनेक हैं। इसी प्रकार, धर्म मनुष्य की आत्मा का भोजन है एवं देश-देश में उसके भी अनेक रूप हैं। भारत में जितने भी धर्म प्रचलित हैं, उनके विषय में स्वामीजी का कहना था कि हमें इन धर्मों को केवल बर्दाश्त करना नहीं है। ये सभी धर्म हमारे अपने धर्म हैं, इस भाव से उन सबको हमें अपना लेना है।

धार्मिक एकता पर विचार

संसार के धर्मों में एकता कैसे लाई जाए, इसका समाधान नहीं मिलता। प्राचीन काल में अनेक लोग यह मानते थे कि जो धर्म सबसे अच्छा हो, संसार भर के मनुष्यों को उसी धर्म में दीक्षित हो जाना चाहिए। इसका परिणाम यह हुआ कि प्रत्येक धर्म के लोग अपने ही धर्म का व्यापक प्रचार करने लगे, जिनमें से इस्लाम और ईसाइयत के प्रचारकों ने सबसे अधिक उत्साह दिखलाया। शिकागो में जो विश्व-धर्मसम्मेलन हुआ था, उसका भी एक आशय यह था कि संसार में सर्वोत्तम धर्म कौन-सा है, इसका निर्णय कर लिया जाए। किन्तु उस सम्मेलन में स्वामीजी ने अपना जो विचार रखा, उससे सभी प्रतिनिधि चमत्कृत हो उठे। उन्होंने कहा कि "धार्मिक एकता कैसे हो, इस बात की यहाँ काफी विचिकित्सा हुई है। इस सम्बन्ध में मेरा जो अपना मतवाद है, उसे प्रस्तुत करने का साहस मैं नहीं करूँगा। किन्तु, इतना कहना आवश्यक है कि यदि कोई व्यक्ति यह समझता हो कि धार्मिक एकता का मार्ग एक धर्म की विजय और बाकी धर्मों का विनाश है, तो मैं उससे निवेदन करूँगा कि बन्धु! तुम्हारी आशा पूरी नहीं होगी। क्या मैं यह चाहता हूँ कि सभी ईसाई हिन्दू हो जाएँ? भगवान् करे कि ऐसा न हो। क्या मैं यह चाहता हूँ कि सभी हिन्दू और बौद्ध ईसाई हो जाएँ? ईश्वर न करे कि ऐसा हो। ईसाई को हिन्दू या बौद्ध अथवा हिन्दू और बौद्ध को ईसाई नहीं होना है। किन्तु इनमें से प्रत्येक का कर्तव्य है कि वह अन्य धर्मों का सार अपने भीतर पचा ले

और अपनी वैयक्तिकता की पूर्ण रूप से रक्षा करते हुए उन नियमों के अनुसार अपना विकास खोजे, जो उसके अपने नियम रहे हैं।'' अन्यत्र उन्होंने कहा है, ''आत्मा की भाषा एक है, किन्तु जातियों की भाषाएँ अनेक होती हैं। धर्म आत्मा की वाणी है। वही वाणी अनेक जातियों की विविध भाषाओं तथा रीति-रिवाजों में अभिव्यक्त हो रही है।''

धर्म को स्वामीजी व्यक्ति और समाज, दोनों के लिए उपयोगी मानते थे। धर्म के विरुद्ध संसार में जो भयानक प्रतिक्रिया उठी है, उसका निदान वे यह देते थे कि दोष धर्म का नहीं, धर्म के गलत प्रयोग का है, ठीक वैसे ही, जैसे विज्ञान से उठनेवाली भीषणताओं का दायित्व विज्ञान पर नहीं होकर उन लोगों पर है, जो विज्ञान का गलत उपयोग करते हैं। स्वामीजी का विचार था कि ''धर्म को समाज पर जिस ढंग से लागू किया जाना चाहिए था, उस ढंग से वह लागू किया ही नहीं गया है।'' हिन्दू अपनी सारी धार्मिक योजनाओं को कार्य के रूप में परिणत करने में असफल भले ही रहा हो, किन्तु यदि कभी भी कोई विश्व-धर्म-जैसा धर्म उत्पन्न होनेवाला है, तो वह हिन्दुत्व के ही समान होगा, जो देश और काल में कहीं भी सीमित या आबद्ध नहीं होगा; जो परमात्मा के समान ही, अनन्त और निर्बाध होगा तथा जिराके सूर्य का प्रकाश कृष्ण और ईसा के अनुयायियों पर तथा सन्तों और अपराधियों पर एक समान चमकेगा। यह धर्म न तो ब्राह्मण होगा, न बौद्ध, न ईसाई होगा, न मुसलमानी, प्रत्युत, वह इन सबके योग और सामंजस्य से उत्पन्न होगा।''

भारत पर अशेष ऋण

विवेकानन्द ने हिन्दू-धर्म और भारतीय संस्कृति की जो सेवा की, उसका मूल्य नहीं चुकाया जा सकता। उनके उपदेशों से भारतवासियों ने यह सीखा कि भारतवर्ष का अतीत इतना उज्ज्वल और महान् है कि उसके प्रति गौरव और अभिमान होना ही चाहिए। उनके उपदेशों से हमें यह ज्ञान हुआ कि हमारी प्राचीन संस्कृति प्राणपूर्ण एवं आज भी विश्व का कल्याण करनेवाली है। अंग्रेजी पढ़े-लिखे हिन्दू, जो अपने धर्म और संस्कृति की खिल्ली उड़ाने में ही अपनी सार्थकता समझते थे, विवेकानन्द के उपदेशों और कर्तृव्य से ही अन्तिम बार पराजित हुए। यह भी हुआ कि विवेकानन्द के उपदेशों से ही भारतवासी अपने पतन की गहराई माप सके, अपने शारीरिक क्षय एवं आधिभौतिक विनाश, अपनी क्रियाविमुखता और आलस्य तथा अपने पौरुष के भयानक ह्रास को पहचान सके और विवेकानन्द की वाणी में ही सांस्कृतिक राष्ट्रीयता का जन्म हुआ एवं लोगों में अपने भविष्य के प्रति उज्ज्वल आशा संचरित हुई। ''साहस का सूर्य उदित हो चुका है। भारत का उत्थान अवश्य होगा। किसी में यह दम नहीं कि वह अब भारत को रोक सके। भारत अब फिर से निद्रा में नहीं पड़ेगा, यह भीमाकार देश फिर से अपने पाँवों पर खड़ा हो रहा है।''

जब नरेन्द्रनाथ परमहंस रामकृष्ण की संगति में आए, रामकृष्ण ने उनकी प्रतिभा को फौरन पहचान लिया। एक बार परमहंसजी ने कहा था, ''जिस एक शक्ति के उत्कर्ष के कारण केशव जगद्विख्यात हुआ है, वैसी अट्ठारह शक्तियों का नरेन्द्र में पूर्ण उत्कर्ष है।'' स्वयं नरेन्द्रनाथ के समक्ष प्रार्थना की मुद्रा में रामकृष्ण ने कहा था, ''प्रभो! मुझे मालूम है कि तू पुरातन नारायण ऋषि है और जीवों की दुर्गति का निवारण करने के लिए पुनः शरीर

धारण करके आया है।" यह भक्त की परम्परागत भाषा है। किन्तु विवेकानन्द की प्रतिभा लोकोत्तर थी, यह तो हम भी कह सकते हैं। वर्तमान भारत जिस ध्येय को लेकर उठा है, उसका सारा आख्यान विवेकानन्द कर चुके थे। बाद के महात्मा और नेता उस ध्येय को कार्य का रूप देने का प्रयास करते रहे हैं। जिस स्वप्न के कवि विवेकानन्द थे, गांधीजी और जवाहरलाल उसके इंजीनियर हुए।

प्रकरण-11

प्रवृत्ति का उत्थान : लोकमान्य तिलक

प्रवृत्ति-निवृत्ति

यूरोपीय सभ्यता और विचारधारा से भारत का जो सम्पर्क हुआ, उसका सबसे कल्याणकारी प्रभाव प्रवृत्ति की दिशा में पड़ा। प्रवृत्ति का अर्थ है, 'संन्यास न लेकर मरण-पर्यन्त चातुर्वर्ण्य-विहित निष्काम कर्म' करते जाना। प्रवृत्तिवादी विश्व को निस्सार नहीं मानता, न उसका यही भाव होता है कि मनुष्य-जीवन का चरम लक्ष्य ध्यान और समाधि है। इसके विपरीत, निवृत्ति का मार्ग संन्यास का मार्ग है, कर्म-त्याग का मार्ग है एवं निवृत्तिवादी यह मानता है कि विश्व माया है, सारहीन है, 'कुछ नहीं' में कुछ का भ्रम है; अतएव, मनुष्य का चरम लक्ष्य यह होना चाहिए कि वह संन्यास लेकर अपने मोक्ष की खोज करे तथा लोक का त्याग करके परलोक को सुधारने की चेष्टा में मग्न हो जाए। यह पिछला दृष्टिकोण भारत का सबसे बड़ा शाप प्रमाणित हुआ और इसी दर्शन में आसक्त रहने के कारण भारतवासियों ने लोक की उपेक्षा कर दी। कहावत प्रसिद्ध है कि जब यूरोपवाले जीवन के व्यूह में प्रविष्ट होकर रस और आनन्द का उपभोग करते रहे, पूर्व के लोग, विशेषतः भारतवासी, अँधेरे में भटकते हुए जीवन के अर्थ की खोज करते रहे हैं।

भारत का वैदिक काल जीवन के प्रति आस्था का काल था। वैदिक आर्य मरणोत्तर आरम्भ होनेवाले जीवन की कल्पना में बहुत ग्रस्त नहीं थे। तब, उपनिषदों का युग आया और समाज में संन्यास की भावना फैलने लगी। किन्तु उपनिषदों के युग में भी प्रवृत्ति का एक आदर्श जनक के व्यक्तित्व में प्रस्फुटित हुआ, जिसका लक्ष्य यह था कि संसार का कोई भी कर्म इतना गर्हित नहीं है कि उसे करते हुए हम मोक्ष से वंचित रह जाएँ। योग को भोग में निहित रखो अथवा यह कि सच्चा योग वह है जो भोग के भीतर भी अक्षुण्ण रहता है, यह जनक के जीवन की सबसे बड़ी शिक्षा थी। किन्तु औपनिषदिक विचारधारा से जब बौद्ध और जैन धर्म निकले, तब उन्होंने संन्यास को बहुत अधिक महत्त्व दे डाला एवं लोकाराधना का महत्त्व उसी परिमाण में न्यून हो गया। तब के भारतवासी कर्मठता को हीन, गार्हस्थ्य को मलिन तथा संन्यास को देदीप्यमान धर्म समझने के आदी हो गए। बौद्ध और जैन विचारधाराओं का प्रभाव हिन्दुत्व पर भी पड़ा और उसी के फलस्वरूप प्रस्थानत्रयी की टीका निवृत्ति की सिद्धि के लिए की जाने लगी। परिणाम यह हुआ कि हजारों वर्ष तक यह सुनते-सुनते कि गार्हस्थ्य हीन एवं संन्यास उच्च धर्म है, भारत के गृहस्थ भी विचारों से संन्यासी हो गए एवं समाज में फैले हुए अविचारों तथा देश पर आनेवाली विपत्तियों का सामना करने की अपेक्षा

वे सदैव मन्दिरों में आरती सजाने तथा प्राणायामपूर्वक मोक्ष खोजने को अपना महत् कर्म समझने लगे।

जीवन-जय का मार्ग

किन्तु उन्नीसवीं सदी में जो सांस्कृतिक नवोत्थान हुआ, उससे भारतीयों की आँखें खुल गईं और वे स्पष्ट देखने लगे कि सम्पूर्ण इतिहास में उनका सबसे बड़ा दोष इसी निवृत्ति की उपासना थी। अतएव, इस नवोत्थान के सभी नेताओं ने यह घोषणा की कि प्रवृत्ति का मार्ग जीवन पर विजय का मार्ग है एवं जो भी निवृत्ति की ओर जाता है, वह वास्तव में पलायनवादी होकर जीवन से भाग रहा है। वेदान्त को लोग संन्यास का पन्थ मानते आए थे। किन्तु स्वामी विवेकानन्द के मुख से वही वेदान्त घोर कर्म-निष्ठा का समर्थक बनकर उतरा तथा हिन्दुत्व का सारा दर्शन उनकी वाणी में प्रवृत्तिवादी हो उठा। किन्तु, इस दिशा में, दर्शन के स्तर पर, सबसे बड़ा काम लोकमान्य बाल गंगाधर तिलक ने किया, जिनका गीता-विषयक ग्रन्थ **कर्मयोगशास्त्र** अभिनव हिन्दुत्व का सर्वश्रेष्ठ आचार-ग्रन्थ माना जाता है। वास्तव में, राममोहन से लेकर विवेकानन्द तक भारतीय दर्शन में जो विपुल मन्थन हुआ था, कर्मयोगशास्त्र में हम उसका तर्कसम्मत दार्शनिक रूप देखते हैं। यह ग्रन्थ हिन्दुत्व की उस अवस्था का परिचायक है, जब यूरोपीय संस्कृति की टकराहट से उठनेवाला कम्पन समाप्त हो जाता है एवं हिन्दुत्व नवीन जन्म ग्रहण करके अपने अनुयायियों को नई परिस्थितियों से लोहा लेने का उपदेश देता है।

स्वामी विवेकानन्द और तिलक समकालीन थे। किन्तु, स्वामीजी, प्रधानतः, धर्म के मनुष्य थे एवं उनका उद्देश्य मनुष्य-मनुष्य को समीप लाकर विश्व-मानव के जन्म को सम्भव बनाना था। अतएव, विश्व-मानवता के जो गुण उन्हें भासित हुए, उन्हें हिन्दुत्व में प्रतिष्ठित करने की प्रक्रिया से ही उन्होंने हिन्दुत्व का सुधार किया। किन्तु तिलकजी, प्रधानतः, समाज और राजनीति के पुरुष थे तथा विश्ववाद से उन्हें अधिक प्रेम नहीं था। वे हिन्दुओं की पतनशीलता से दुःखी थे। वे पराधीनता से क्षुब्ध थे। वे हिन्दू-जाति की निवृत्ति भावना से आकुल और उसकी कर्तव्य-विमुखता से अधीर थे। अतएव, गीता की व्याख्या के बहाने उन्होंने समस्त हिन्दू-दर्शन को मथकर उसे नवीन कर दिया तथा हिन्दू-जाति में वह प्रेरणा भर दी, जिससे मनुष्य प्रतिकूल परिस्थितियों पर विजय पाता है, जिससे कर्तव्याकर्तव्य के निश्चयन में दार्शनिक सूक्ष्मताएँ उसके मार्ग का अवरोध नहीं कर सकतीं तथा जिससे वह परिस्थितियों के अनुसार धर्माधर्म का ठीक-ठीक समाधान कर पाता है। हिन्दुओं की पराजयों में से अनेक का कारण यह था कि व्यवहार और धर्म में द्वन्द्व उपस्थित होने पर हिन्दू किंकर्तव्यविमूढ़ हो जाते थे। तिलकजी ने कर्मयोगशास्त्र के द्वारा हिन्दुओं की यह द्विधा दूर कर दी एवं उन्हें इस योग्य बना दिया कि ऐसे द्वन्द्व के समय वे धर्म के व्यावहारिक पक्ष का सहारा ले सकें।

उपनिषद्, वेदान्त और गीता, ये हिन्दुओं के प्रधान ग्रन्थ रहे हैं तथा समय-समय पर, हिन्दुत्व के भीतर जो भी सन्त और सुधारक उत्पन्न हुए, उनमें से कइयों ने इन तीनों पर टीकाएँ लिखकर हिन्दुत्व को उस दिशा की ओर मोड़ने की कोशिश की, जिधर वे उसे ले

जाना चाहते थे। तिलकजी ने इन तीनों में से केवल गीता को लिया, क्योंकि उपनिषदों और वेदान्त के अपेक्षाकृत पीछे छूट जाने पर भी गीता का हिन्दुओं के घर-घर में प्रचार था और उसकी व्याख्या के द्वारा ही तिलकजी हिन्दुओं के भीतर नई मानसिकता उत्पन्न करना चाहते थे।

गीता पर निवृत्ति के बादल

बौद्ध धर्म के पतन के बाद, भारतवर्ष में, वैदिक धर्म के जो अनेक सम्प्रदाय उत्पन्न हुए (जैसे–अद्वैतवादी, विशिष्टाद्वैतवादी और द्वैत तथा त्रैतवादी) उनमें से प्रत्येक सम्प्रदाय के प्रवर्तक-आचार्य ने प्रस्थानत्रयी पर टीकाएँ लिखी थीं। इनमें से शंकराचार्य-कृत टीकाओं का भारत में व्यापक प्रचार हुआ, प्रत्युत, कहना यह चाहिए कि बौद्ध धर्म के लोप के बाद हिन्दुत्व का जो रूप प्रचलित हुआ, वह वही था, जिसका आख्यान शंकराचार्य ने किया था। किन्तु शंकर भी वैदिक धर्म के प्रवृत्तिमार्गी रूप को जनता के समक्ष नहीं ला सके। उन्होंने श्रुति-स्मृतिसम्मत वैदिक धर्म की रक्षा करते हुए जिन दार्शनिक विचारों को उत्थान दिया, वे निवृत्ति के विचार थे। उन्होंने जिस धर्म को जनता के सम्मुख रखा, वह उपनिषदों का संन्यास-धर्म था। स्मृतियों में गृहस्थ के जो कर्तव्य बताए गए हैं, उन्हें शंकराचार्य ने आवश्यक तो बताया, किन्तु उन्होंने यह भी कहा कि "इन कर्मों का आचरण सदैव न करते रहना चाहिए, क्योंकि इनका त्याग करके अन्त में संन्यास लिये बिना मोक्ष नहीं मिल सकता। इसका कारण यह है कि कर्म और ज्ञान, अन्धकार और प्रकाश के समान, परस्पर-विरोधी हैं, इसलिए सब कर्मों और वासनाओं से छूटे बिना ब्रह्म-ज्ञान की पूर्णता नहीं हो सकती।"

यही निवृत्ति का मार्ग है और इसी को संन्यास-निष्ठा तथा ज्ञान-निष्ठा भी कहते हैं। शंकराचार्य ने उपनिषद् और ब्रह्मसूत्र की टीकाओं में इसी ज्ञान-मार्ग का निरूपण किया तथा गीता पर जो शांकर भाष्य है, वह भी यही शिक्षा देता है कि गीता का मार्ग संन्यास का मार्ग है, संसार-त्याग और कर्म-न्यास का मार्ग है। गीता जब पहले-पहल लिखी गई थी तब, शायद, वह संन्यास का समर्थन नहीं करती थी। किन्तु शंकराचार्य ने उसकी जो व्याख्या प्रस्तुत की, उससे सभी के हृदय पर यह बात बैठ गई कि गीता का उपदेश केवल योग और ज्ञान का उपदेश है तथा उसमें प्रयुक्त योग का अर्थ सांसारिक कर्म नहीं, केवल साधना और समाधि है। तिलकजी का विचार है कि "गीता के प्रवृत्ति-विषयक रूप को निकाल बाहर करके उसे निवृत्ति-मार्ग का साम्प्रदायिक रूप शांकर भाष्य के द्वारा ही मिला है।"

शंकराचार्य के बाद भी गीता पर कई टीकाएँ लिखी गईं, किन्तु किसी भी टीका में यह भाव प्रत्यक्ष नहीं हो सका कि गीता प्रवृत्ति को भी प्रोत्साहन देती है अथवा वह कर्म की विरोधिनी नहीं है। रामानुजाचार्य ने प्रस्थानत्रयी की टीका से यह तो सिद्ध किया कि शंकराचार्य का माया-मिथ्यावाद और अद्वैत-सिद्धान्त, दोनों झूठे हैं, किन्तु गीता में प्रवृत्ति की प्रेरणा अथवा कर्म के लिए स्थान है, इसे वे भी नहीं स्वीकार कर सके। "शांकर सम्प्रदाय के अद्वैत-ज्ञान के बदले विशिष्टाद्वैत और संन्यास के बदले भक्ति स्थापित करके रामानुजाचार्य ने भेद तो किया, परन्तु आचार-दृष्टि से उन्होंने भक्ति को ही अन्तिम कर्तव्य माना है। इससे वर्णाश्रम-विहित सांसारिक कर्मों का मरण-पर्यन्त किया जाना गौण हो जाता है और यह कहा जा सकता है

कि गीता का रामानुजीय तात्पर्य भी एक प्रकार से कर्म-संन्यास-विषयक ही है। कारण यह है कि कर्माचरण से चित्तशुद्धि होने के बाद ज्ञान की प्राप्ति होने पर चतुर्थाश्रम स्वीकार करके ब्रह्मचिन्तन में निमग्न रहना या प्रेमपूर्वक निस्सीम वासुदेव-भक्ति में तत्पर रहना, कर्मयोग की दृष्टि से, एक ही बात है। ये दोनों मार्ग निवृत्ति विषयक ही हैं।'' इसी प्रकार मध्वाचार्य ने भी अपने गीता-भाष्य में यह बताया कि यद्यपि गीता में निष्काम कर्म के महत्त्व का वर्णन है, तथापि वह केवल साधन है; अन्तिम निष्ठा तो केवल भक्ति है। भक्ति की सिद्धि हो जाने पर कर्म करना और न करना समान हो जाता है। और यही हाल वल्लभाचार्यजी का रहा, क्योंकि उन्होंने भी पुष्टि-मार्ग में परमात्मा के अनुग्रह को ही सब कुछ माना एवं ''सर्वधर्मान् परित्यज्य मामेकं शरणं व्रज'' वाले श्लोक से यह अर्थ निकाला कि भगवदनुग्रह प्राप्त होने पर कर्म की आवश्यकता नहीं रह जाती है।

गीता की टीकाओं में महात्मा ज्ञानेश्वर-कृत भाष्य (ज्ञानेश्वरी) का भी बड़ा नाम है। किन्तु ज्ञानेश्वर महाराज का भी यही कहना है कि गीता में सांसारिक कर्मों का समर्थन नहीं है। वह मुख्यतः योग का ग्रन्थ है और भगवान् ने अर्जुन को सर्वतोभावेन, योगी होने की शिक्षा दी है। ज्ञानेश्वर स्वयं योगी थे, अतएव योग को उन्होंने 'पन्थराज' कहा है एवं यह माना है कि गीता की सबसे बड़ी शिक्षा योग ही है।

सारांश यह कि हिन्दू-धर्म के जितने भी आचार्य हुए, उनमें से किसी ने भी यह नहीं कहा कि गृहस्थ के कर्म भी धार्मिक कर्म हो सकते हैं अथवा यह कि गृहस्थ भी अपने-आपमें पूर्ण मनुष्य है। परम्परा से एक बात देश में चली आ रही थी कि जीवन का परम लक्ष्य मोक्ष है और मोक्ष संन्यास से प्राप्त होता है। स्पष्ट ही यह सिद्धान्त गृहस्थ के पद को नीचे ले जानेवाला सिद्धान्त है। गार्हस्थ्य को लोग बहुत-कुछ अनिवार्य हीनता के रूप में देखते थे तथा प्रत्येक गृहस्थ के मन में यह भाव रहता था कि कब उसे सुयोग मिले कि वह संन्यासी हो जाए। भक्तों और योगियों ने संन्यास के स्थान पर भक्ति और योग को अवश्य प्रतिष्ठित किया, किन्तु जहाँ तक सांसारिक कर्मों का सम्बन्ध था, सभी ने उन्हें त्याज्य ही बताया। योगी और संन्यासी तो प्रत्यक्ष ही गृहस्थ-धर्म से दूर थे। रह गए भक्त, सो उनमें भी कर्मचेष्टा उद्दामता तक नहीं जा सकती थी, क्योंकि भक्त के हृदय में भी यह कामना तो रहती ही है कि बाल-बच्चों की चिन्ता और सांसारिक कर्मों के जाल से आदमी जितना शीघ्र मुक्ति पाए, उसके लिए उतना ही अच्छा होगा। मूल्यों की दृष्टि से देखें तो संन्यास, भक्ति और योग, ये सभी गृहस्थ के मूल्य को गिरानेवाले थे, क्योंकि, सब-के-सब यह मानकर चलते थे कि गार्हस्थ्य निश्चित रूप से त्याज्य है। हाँ, गार्हस्थ्य को छोड़कर व्यक्ति क्या करे, इस सम्बन्ध में उनके अलग-अलग सिद्धान्त अवश्य थे। एक तो गृहस्थों को संन्यासी बनाना चाहता था, दूसरा योगी और तीसरा भक्त। किन्तु कोई भी पन्थ कर्मठ गृहस्थ को योगी, संन्यासी अथवा भक्त के समकक्ष मानने को तैयार नहीं था। यह अवस्था बहुत-कुछ उपनिषदों के समय से आ रही थी। बौद्धों ने उसकी तीव्रता को और भी बढ़ा दिया था। तथा शंकराचार्य और उनके बाद के वैष्णवाचार्य, यद्यपि यह सोचते होंगे कि निवृत्ति को ग्राह्य बताकर हिन्दुत्व की वे रक्षा कर रहे हैं, किन्तु दर्शन के भीतर जो विष पहुँच गया था, उससे हिन्दुओं की रक्षा इनमें से कोई भी नहीं कर सका। यह कार्य विवेकानन्द और, उनसे भी अधिक, लोकमान्य तिलक

के लिए रुका हुआ था तथा इसमें कोई सन्देह नहीं कि हिन्दुत्व के भीतर प्रविष्ट जिस कालकूट को किसी भी तत्त्वचिन्तक की दृष्टि नहीं देख सकी थी, उसे तिलक की आँखों ने देख लिया। तिलकजी ने उसे केवल देखा ही नहीं, प्रत्युत, अपनी प्रखर बुद्धि से उसे उन्होंने दूर भी कर दिया। इसलिए **हमारा मत है कि गीता एक बार तो भगवान् कृष्ण के मुख से कही गई। किन्तु दूसरी बार उसका सच्चा आख्यान लोकमान्य ने किया है।** इन दोनों के बीच की अन्य सारी टीकाएँ और व्याख्याएँ गीता के सत्य पर केवल बादल बनकर छाती रही हैं।

सदियों से चली आती हुई परम्पराओं के विरुद्ध 'गीता-रहस्य' में तिलकजी ने सुस्पष्ट घोषणा की कि गीता का उद्देश्य निवृत्ति नहीं, प्रवृत्ति का प्रतिपादन है। "भारतीय युद्ध का आरम्भ होने के पहले जब कुरुक्षेत्र में दोनों पक्षों की सेनाएँ लड़ाई के लिए सुसज्जित हो गई थीं और जब एक-दूसरे पर शस्त्र चलने ही वाला था कि इतने में अर्जुन ब्रह्म-ज्ञान की बड़ी-बड़ी बातें बतलाने लगा और विमनस्क होकर संन्यास लेने को तैयार हो गया। तभी उसे क्षात्र-धर्म में प्रवृत्त करने के लिए भगवान् ने गीता का उपदेश दिया है। भगवान् श्रीकृष्ण का यह उद्देश्य नहीं था कि अर्जुन संन्यास-दीक्षा लेकर और वैरागी बनकर भीख माँगता फिरे या लँगोटी लगाकर और नीम के पत्ते खाकर मृत्यु-पर्यन्त हिमालय में योगाभ्यास साधता रहे। भगवान् का यह भी उद्देश्य नहीं था कि अर्जुन धनुष-बाण को फेंक दे और हाथ में वीणा तथा मृदंग लेकर कुरुक्षेत्र की धर्म-भूमि में उपस्थित भारतीय क्षात्र-समाज के सामने, भगवन्नाम का उच्चारण करता हुआ, वृहन्नला के समान और एक बार अपना नाच दिखावे।" योग और भक्ति में अकर्मण्यता का जो पुट है, उसकी ओर हिन्दू-जाति का ध्यान पहले-पहल तिलकजी ने ही आकृष्ट किया। ऊपर के उद्धरण में योग और भक्ति पर जो सूक्ष्य व्यंग्य हैं, वे तिलक महाराज के इसी दृष्टिकोण को अभिव्यक्त करते हैं।

कर्तव्याकर्तव्य

निवृत्तिवादियों ने हिन्दुओं को पग-पग पर अहिंसा बरतने को कहा था, जीवन के आनन्द से मुख फेर लेने का उपदेश दिया था एवं संसार को निस्सार बताकर उसके कर्माकर्म से तटस्थ रहने की शिक्षा दी थी। परिणाम यह हुआ कि उच्च मानवता की खोज करते-करते हिन्दू सामान्य मानवता भी खो बैठे। अन्याय का प्रतिकार, पराधीनता का उच्छेदन और स्वाभिमान की रक्षा, ये महान् उद्देश्य हैं, किन्तु अति धार्मिक मनुष्य के लिए ये कर्म रुचिकर नहीं कहे जा सकते। परोपकार के निमित्त आत्म-नाश का वरण यदि श्रेष्ठ कर्म है तो फिर धर्म यही है कि हम पर चाहे जो बीते, किन्तु हम हाथ नहीं उठाएँगे। हिन्दू-जाति इस अति-धार्मिकता के महाजाल में फँसी हुई थी। तिलकजी ने पहले-पहल उसके सामने धर्म का व्यावहारिक पक्ष उपस्थित किया और उसे यह बात समझाई कि धर्म वही नहीं है जो स्मृतियों में लिखा हुआ है, प्रत्युत, योग्य उपायों के द्वारा आत्म-रक्षा का प्रयास एवं अन्याय का विरोध भी धर्म का ही अंग है। "किसी की हिंसा मत करो, नीति से चलो, सच बोलो, गुरु और बड़ों का सम्मान करो, चोरी और व्यभिचार मत करो इत्यादि", सब धर्मों में पाई जानेवाली साधारण आज्ञाओं का यदि पालन किया जाए तो कर्तव्य-अकर्तव्य के झगड़े में पड़ने की क्या आवश्यकता है? परन्तु इसके विरुद्ध यह भी प्रश्न किया जा सकता है कि

जब तक इस संसार के सब लोग उक्त आज्ञाओं के अनुसार बर्ताव करने नहीं लगते हैं, तब तक सज्जनों को क्या करना चाहिए? क्या ये लोग अपने सदाचार के कारण दुष्ट जनों के फन्दे में अपने को फँसा लें? या अपनी रक्षा के लिए 'जैसे को तैसा' होकर उन लोगों का प्रतिकार करें?[1] यद्यपि उक्त साधारण नियमों को नित्य और प्रमाणभूत मान भी लें, तथापि, कार्य-कर्ताओं को अनेक बार ऐसे मौके आते हैं कि उस समय उक्त साधारण नियमों में से दो या अधिक नियम एकदम लागू होते हैं। उस समय 'यह करूँ या वह करूँ' इस चिन्ता में पड़कर मनुष्य पागल-सा हो जाता है। अहिंसा धर्म सब धर्मों में श्रेष्ठ माना गया है, परन्तु अब कल्पना कीजिए कि हमारी जान लेने के लिए या हमारी स्त्री या कन्या पर बलात्कार करने के लिए अथवा हमारे घर में आग लगाने के लिए या हमारा धन छीनने के लिए कोई दुष्ट मनुष्य हाथ में शस्त्र लेकर तैयार हो जाए और उस समय हमारी रक्षा करनेवाला कोई न हो, तो उस समय हमको क्या करना चाहिए? क्या 'अहिंसा परमो धर्मः' कहकर ऐसे आततायी मनुष्य की उपेक्षा की जाए? या यदि वह सीधी तरह नहीं माने तो यथाशक्ति उसका शासन किया जाए? मनुजी कहते हैं–

गुरुर्वा बालवृद्धौ वा ब्राह्मणं वा बहुश्रुतम्।
आततायिनमायान्तं हन्यादेवाविचारयन्।

अर्थात् ऐसे आततायी या दुष्ट मनुष्य को अवश्य मार डाले, किन्तु यह विचार न करे कि वह गुरु है, बूढ़ा है, बालक है या विद्वान् ब्राह्मण है। शास्त्रकार कहते हैं (मनु. 8/350) कि ऐसे समय हत्या करने का पाप हत्या करनेवाले को नहीं लगता, आततायी मनुष्य अपने ही अधर्म से मारा जाता है। इस जगत् में ऐसे-ऐसे सूक्ष्म जन्तु हैं, जिनका अस्तित्व यद्यपि नेत्रों से दीख नहीं पड़ता तथापि तर्क से सिद्ध है। ऐसे जन्तु हैं कि हम अपनी आँखों की पलक हिलाएँ, उतने ही से उन जन्तुओं का नाश हो जाता है। ऐसी अवस्था में यदि हम मुख से कहते रहें कि "हिंसा मत करो, हिंसा मत करो" तो उससे क्या लाभ होगा? अहिंसा धर्म के साथ क्षमा, दया, शान्ति आदि गुण शास्त्रों में कहे गए हैं, परन्तु सब समय शान्ति से कैसे काम चल सकेगा? सदा शान्त रहनेवाले मनुष्यों के बाल-बच्चों को भी दुष्ट लोग हरण किए बिना नहीं रहेंगे? "न श्रेयः सततं तेजो, न नित्यं श्रेयसी क्षमा। तस्मान्नित्यं क्षमा तात पंडितैरपवादिता"।[2]

तिलक और गांधी

गांधी-युग के भारतीयों को तिलकजी का यह कर्माकर्म-विचार अपूर्ण दीखता है। अपूर्ण इसलिए कि कर्तव्य की जिस कल्पना का आख्यान तिलकजी ने किया है, वह बहुत दिनों से संसार में आचरित होती रही है और उसी का यह परिणाम है कि संसार में युद्ध आज भी चल रहे हैं। सभी लोग यदि यही सोचें कि मुझे जो आँखें दिखाएगा, उसकी आँखें निकाल लूँगा, तो फिर युद्ध की इति हो चुकी! किन्तु दूसरा प्रश्न यह है कि व्यक्ति तो दूसरों को अपनी आँखें निकाल लेने दे, किन्तु क्या समाज को भी उसका अनुकरण करना चाहिए? परन्तु यदि सभी समाज एक-से उन्मत्त रहे तो विश्व में शान्ति कैसे आएगी? प्रश्न बड़ा विकट है। यह प्राचीन असिव्रत करने के समान है। यह ज्वालाओं में बैठकर यह दिखाने का प्रयास करना है कि

मैं जल नहीं रहा हूँ। गांधीजी का प्रयोग नष्ट नहीं हुआ। उससे जो परिणाम निकले हैं, उन्हें पाथेय मानकर स्वतन्त्र भारत की वैदेशिक नीति चल रही है। शंकाएँ अब भी हैं। किन्तु यह प्रयोग बड़ी-बड़ी सम्भावनाओं से भी युक्त है। इसके विपरीत, तिलकजी ने जो विश्लेषण प्रस्तुत किया था, वह भी अभी नष्ट नहीं हुआ है। भारत के बाहर तो आज भी उसी नीति का बोलबाला है।

ये आज की बातें हैं। किन्तु जिस समय तिलकजी का आविर्भाव हुआ, उस समय तिलक के ये उपदेश वीरता, निर्भीकता और सचाई के सबसे बड़े उपदेश थे। हिन्दू-जाति लोकमान्य की चिर ऋणी रहेगी कि निवृत्ति का आलस्य छुड़ाकर उन्होंने उसे प्रवृत्ति के पथ पर लगा दिया। जातियाँ जैसे दर्शनों में विश्वास करती हैं, उनका स्वभाव भी वैसा ही हो जाता है, उनका आचरण और साहित्य भी वही रूप ले लेता है। यही कारण है कि जब कि हमारा अधिकांश प्राचीन साहित्य हमें जीवन से विमुख करने का काम करता था, आज का सारा-का-सारा भारतीय साहित्य मनुष्यों को जीवन पर विजय प्राप्त करने की प्रेरणा दे रहा है।

योग का अर्थ

योग शब्द का सामान्य अर्थ भारत में प्राणायाम और हठ-योग किया जाता था। तिलकजी ने ही यह बतलाया कि योग का अर्थ गीता में कर्म है। ''योगी और कर्मयोगी, दोनों शब्द गीता में समानार्थक हैं और इनका अर्थ युक्ति से कर्म करनेवाला होता है, बड़े भारी कर्मयोग शब्द का प्रयोग करने के बदले, गीता और महाभारत में छोटे-से योग शब्द का ही अधिक उपयोग किया गया है। महाभारत में भी योग और ज्ञान, शब्दों के विषय में स्पष्ट लिखा है, ''प्रवृत्तिर्लक्षणो योगः ज्ञानं संन्यास-लक्षणम्।'' अश्वघोष ने अपने बुद्धचरित में यह दिखलाने के लिए कि गृहस्थाश्रम में रहकर भी मोक्ष की प्राप्ति कैसे की जा सकती है, जनक का उदाहरण दिया है। जनक के दिखलाए हुए मार्ग का नाम योग है। इसलिए, गीता के योग शब्द का भी यही अर्थ लगाना चाहिए। क्योंकि गीता के अनुसार (3/20) जनक का ही मार्ग उसमें प्रतिपादित किया गया है।''

सन्दर्भ

1. शठम् प्रति शाठ्यं इति तिलकः। शठं प्रत्यपि सत्यं इति गान्धिः। (गांधीसूत्रम्।)
2. गीता-रहस्य।

प्रकरण-12

स्वर्ग का भूमीकरण : महायोगी अरविन्द

हिन्दू-नवोत्थान का विवरण अधूरा रह जाए यदि उसमें अरविन्द की साधना का उल्लेख नहीं हो। किन्तु उनकी साधना का विश्लेषण आसान नहीं है। भौतिक विज्ञान के क्षेत्र में आइन्स्टीन के सापेक्ष्यवाद की व्याख्या जितनी कठोर है, अध्यात्म के क्षेत्र में अरविन्द के अतिमानव और अतिमानस की व्याख्या भी उतनी ही दुरूह सिद्ध हुई है। अरविन्द आरम्भ में अंग्रेजी के कवि और चिन्तक तथा देश के प्रतापी राजनैतिक नेता थे। कदाचित्, उनकी आध्यात्मिक साधना तब भी भीतर-भीतर चल रही थी। वे **तेजस्वी** पत्रकार भी थे और एक समय उनके पत्र **'वन्दे मातरम्'** ने देश के भीतर उग्र राष्ट्रीयता के उद्‌बोधन की दिशा में बड़ा ही अद्‌भुत काम किया था। आज देश के जो भी बड़े-बूढ़े नेता जीवित हैं, उनके हृदयों में **'वन्दे मातरम्'** से ही देशभक्ति की पहली हिलकोर उठी थी। अरविन्द पर आतंकवादी होने का आरोप करके सरकार ने उन पर मुकदमा भी चलाया था। किन्तु उस मुकदमे से वे निर्दोष छूट गए। इसी बीच, उनके भीतर आध्यात्मिक प्रेरणाएँ उद्‌बुद्ध हो उठीं एवं उन्होंने राजनीति को छोड़कर आध्यात्मिक साधनाओं में अपने को मग्न कर दिया।

काल की पृष्ठभूमि

अरविन्द के आविर्भाव का काल भारत में राष्ट्रीयता के आरम्भिक ताप का काल था। यूरोप के आगमन और सम्पर्क से हिन्दुत्व में जो कँपकँपी उठी थी, वह अब खत्म हो चुकी थी एवं कुछ तो पुरातत्त्व की प्रगति से भारत के उज्ज्वल अतीत के साकार हो उठने के कारण, और कुछ दयानन्द और विवेकानन्द के द्वारा भारतवासियों में स्वाभिमान जगाने के प्रयास से हिन्दू अब यूरोप के सामने, मस्तक झुकाने के बदले, गर्व से सिर तानने लगे थे। यह वह समय था जब इटली के राष्ट्रीय नेता मेज़िनी के विचार भारत में जोर से फैलने लगे थे और भारतवासियों का भी यह विश्वास हो चला था कि प्रत्येक जाति का कोई-न-कोई सन्देश होता है, जिसे समग्र विश्व को उसे देना ही चाहिए। मेज़िनी का कहना था कि जातियाँ जब तक पराधीन रहती हैं, उनका व्यक्तित्व दबा रहता है तथा जो सन्देश उनके पास निहित हैं, उनकी अभिव्यक्ति पराधीनता के काल में नहीं की जा सकती। इसलिए आवश्यक है कि जातियाँ पराधीनता से मुक्ति पाएँ और तब विश्व के निमित्त उनके पास जो सन्देश हैं, उन्हें अपने आचरणों के द्वारा अभिव्यक्त करें।

भारतवासी जान चुके थे कि यूरोप की शक्ति और समृद्धि यद्यपि श्लाघनीय और काम्य

है, किन्तु वह मनुष्य का सम्पूर्ण ध्येय नहीं हो सकती। मनुष्य का सम्पूर्ण ध्येय तो अपने चौकोर व्यक्तित्व का निर्माण होना चाहिए, जिससे वह बाहर और भीतर दोनों जगतों में सम्यक् रूप से अपना विकास कर सके। यूरोप में बाह्य-समृद्धि बहुत काफी थी, किन्तु भीतर से वह रिक्त दीख रहा था। अतएव, भारत के विचारकों में यह चेतना जगने लगी कि, हो-न-हो, मनुष्य की पीड़ाओं का समाधान उसके आभ्यन्तर विकास से होगा और मनुष्य को यह आभ्यन्तर विकास केवल भारत दे सकता है। तभी से, भारत के कवि, विचारक और सन्त यह संकेत देते आ रहे हैं कि यूरोप का अनुकरण हमें काफी सावधान रहकर करना है, कहीं ऐसा न हो कि अपने-आपको यूरोपीय बनाने के प्रयास में भारतवासी उन मूल्यों को ही खो बैठें, जो भारत के अपने मूल्य हैं, जिनका प्रयोग भारत में सदियों से होता आया है और जिनकी ओर चंचलता से पीड़ित विश्व अब भी इस आशा से देख रहा है, मानो इन मूल्यों की स्वीकृति से उसकी पीड़ाएँ शमित हो सकती हैं।

विश्ववाद की कल्पना का सूत्रपात भारत में राममोहन राय ने किया था और विवेकानन्द में आकर यह कल्पना प्रत्यक्ष रूप ले चुकी थी। परमहंस रामकृष्ण ने, बारी-बारी से, इस्लाम, ईसाइयत और हिन्दुत्व के अनेक पन्थों की साधना करके यह अनुभव प्राप्त कर लिया था कि सभी धर्म समान हैं तथा सबके द्वारा मनुष्य का आध्यात्मिक उत्थान हो सकता है। वस्तुतः, राममोहन से लेकर रामकृष्ण तक हिन्दुत्व ने अपने भीतर जो संशोधन स्वीकार किया, उससे उसकी प्राचीनता की परतें झर गई थीं और वह विश्व-धर्म की भूमिका बन गया था। भारतीय सुधारकों की विशेषता यह रही कि हिन्दुत्व का सुधार उन्होंने इस दृष्टि से नहीं किया कि उन्हें केवल भारतीय समस्याओं का समाधान करना था, प्रत्युत, इस दृष्टि से कि हिन्दुत्व का नवीन रूप उपस्थित करके वे समग्र विश्व को यह सन्देश देना चाहते थे कि यदि अपनी विविधताओं में सामंजस्य चाहते हो तो इसका मार्ग वह है, जिसे भारत ने अपनाया है तथा यदि आधिभौतिक समृद्धियों के बीच भी तुम्हारे मन को शान्ति नहीं मिलती तो कुछ उस पन्थ पर भी विचार करो, जिसे हजारों वर्ष से भारतवासियों ने जुगा रखा है।

रामकृष्ण और अरविन्द

श्री अरविन्द पर विवेकानन्द और रामकृष्ण दोनों का प्रभाव था। किन्तु अपनी समस्त बौद्धिकता को लिये हुए भी, वे विवेकानन्द से अधिक रामकृष्ण के समान थे। सन्त तो विवेकानन्द भी थे, किन्तु भगवान् का भरोसा करने से अधिक वे मनुष्य के भीतर कर्म-भावना को जगाना चाहते थे। किन्तु अरविन्द में दिव्य शक्ति के भरोसे काम करने का भाव अधिक था। विवेकानन्द की दृष्टि भारत के आधिभौतिक उत्थान पर थी और उन्होंने धर्म को यह कहकर ग्राह्य बनाना चाहा था कि धर्म आधिभौतिक उन्नति का बाधक नहीं है। आरम्भ में अरविन्द भी कदाचित् यही चाहते थे, किन्तु साधना-मन्दिर में पहुँचते ही उनकी दृष्टि भारत से निकलकर मानव-जाति पर जा पड़ी और वे उन दुर्बलताओं के मूल में पहुँच गए जिनके कारण मनुष्य शोषण करता है, लोभ में आकर दूसरों को दुःख देता है, दूसरों को अपनी अधीनता में रखता है तथा विविध इच्छाओं की अधीनता में रहकर स्वयं भी दुःखी तथा अशान्त रहता है। विश्व-पीड़ाओं का निदान और समाधान घोषित करते हुए उन्होंने कहा

कि "यूरोप की कुशल यह मानने में है कि मनुष्य-जीवन का लक्ष्य आध्यात्मिक है। इसी प्रकार, एशिया का कल्याण यह स्वीकार करने में है कि जीवन और मन की भौतिक स्थितियाँ सत्य हैं, क्योंकि उनके बिना जीवन के आध्यात्मिक ध्येय को कार्य में परिणत करने का अधिकार नहीं मिल सकता। मनुष्य की चिन्तन-शक्ति के सामने सबसे बड़ी समस्या यह है कि वह इस बात का पता लगाए कि मानव-जीवन का सम्यक् आदर्श क्या हो सकता है तथा भौतिकता और आध्यात्मिकता के बीच सम्यक् सामंजस्य स्थापित करने का उपाय क्या है? मनुष्य के भीतर प्राचीन काल से जो सनातन सत्य गूँजता आया है, उसे अभिव्यक्ति मिलनी चाहिए, जिससे वह हमारी आधिभौतिक प्रवृत्तियों को प्रभावित कर सके, उनके भीतर अपनी व्याप्तियाँ फैला सके। मनोवैज्ञानिक आत्मानुशासन तथा आत्म-विकास के गम्भीर साधन क्या हो सकते हैं, इन पर मनुष्य को विचार करना है तथा उनके विकास से अपने मानसिक तथा मनोवैज्ञानिक जीवन को इस योग्य बनाना है कि उनके द्वारा जीवन के आध्यात्मिक ध्येय की अभिव्यक्ति हो सके।"

सारे जगत् की एक समस्या

अरविन्द को सारा विश्व रूपान्तरण की अवस्था से गुजरता दिखाई पड़ा। उन्होंने कहा कि इस रूपान्तरण के वेग का केन्द्र यद्यपि प्रगतिशील यूरोप है, किन्तु पूर्वी विश्व भी इस मन्थनशील विचार-समुद्र की ओर बड़ी ही तेजी से खिंचता जा रहा है तथा इस क्रम में पुराने विचार और पुरानी संस्थाएँ टूटती जा रही हैं। "कोई भी देश या जाति अब विश्व से अलग नहीं रह सकती। इस युग की प्रधान समस्या यह है कि मनुष्य की भावी प्रगति आधुनिक जगत् की आर्थिक एवं आधिभौतिक बुद्धि के नेतृत्व में होगी, जो पश्चिम का गुण है अथवा उस आध्यात्मिक संस्कृति और ज्ञान के अनुशासन में, जो बुद्धि से ऊँची और आर्थिक विचारों से श्रेष्ठ है।" अरविन्द आधिभौतिकता का तिरस्कार नहीं करते, न यूरोप की समृद्धियों को ही वे दुर्गुण मानते हैं। उनका मत है कि जैसे सारा संसार बदल रहा है, उसी प्रकार, भारत को भी बदलना चाहिए। भारत भौतिक समृद्धि से हीन है, यद्यपि, उसके जर्जर शरीर में अब भी आध्यात्मिकता का तेज वास करता है। यह देश यदि पश्चिम की शक्तियों को ग्रहण करे और अपनी शक्तियों का भी विनाश नहीं होने दे, तो उसके भीतर से जिस संस्कृति का उदय होगा, वह अखिल विश्व के लिए कल्याणकारिणी होगी। वास्तव में वही संस्कृति विश्व की अगली संस्कृति बनेगी।

बुद्धि की अराजकता

बुद्धि को विकास का आवश्यक सोपान मानते हुए भी अरविन्द उसे शंका से देखते हैं। आज की बुद्धि मनुष्य के सारे ध्यान को आर्थिक और भौतिक जीवन पर केन्द्रित किए हुए है। परिणाम यह है कि मनुष्य एक प्रकार की सुसभ्य बर्बरता के गर्त के कगारे पर आ बैठा है। मनुष्य के भीतर भविष्य की कल्पना मुरझा गई है, उसके सामने अध्यात्म की झाँकी नहीं रह गई है, वह अपने आगे के मार्ग को देखने में असमर्थ हो रहा है। उसकी मानसिक शक्तियों का प्रबल विकास अवश्य हुआ है, किन्तु ये शक्तियाँ मानव के उस अहं की दासी

हो रही हैं जो स्वयं अन्धा है, जो स्वयं अन्धी इच्छाओं और वासनाओं के इशारों पर नाच रहा है। विज्ञान ने मनुष्य के चरणों पर जो अपरिमेय शक्ति रख दी है, उससे मनुष्य का आधिभौतिक जीवन तो एक हो गया है, किन्तु उसके आभ्यन्तर जीवन की एकता का मार्ग उसे नहीं सूझ रहा है। उलटे, मनुष्य का सारा जीवन इच्छाओं की बेचैनी और विचारों के कोलाहल से पूर्ण है। संसार में सर्वत्र व्यक्ति, समाज और राष्ट्र सुख, आनन्द और सन्तोष प्राप्त करने के परस्पर-विरोधी अधिकारों को लेकर आपस में टकरा रहे हैं। संसार में तरह-तरह के नारे सुनाई पड़ रहे हैं और लोग प्रत्येक नारे के लिए मरने और मारने को तैयार हैं तथा सब-के-सब इसी भ्रम में उत्साह दिखला रहे हैं, मानो, उनका आदर्श सबसे महान् हो।

अतिमानस की कल्पना

आदर्श और विचारों की इस अराजकता से विश्व को ऊपर ले जाने का जो मार्ग अरविन्द को दिखाई पड़ा है, वह विकास (इवोल्यूशन) की महान् प्रक्रिया का मार्ग है। अरविन्द यह नहीं मानते कि छोटे-मोटे उपदेशों अथवा आचरण के सामान्य नियमों पर जोर देने से मनुष्य सुधर सकता है। उनका विश्वास है, जिस प्रकार जड़ से जीवन और जीवन से मानस की उत्पत्ति हुई, उसी प्रकार, मानस से अब **अतिमानस** का विकास होना चाहिए। मानस अथवा बुद्धि के स्तर पर मनुष्य यथेष्ट समय तक रह चुका। अब विकास की प्रक्रियाओं में उसे एक और नया कदम उठाना चाहिए। यह कदम जिस स्तर पर पड़नेवाला है, उसका नाम अरविन्द **अतिमानस** का स्तर देते हैं, जहाँ पहुँचकर मनुष्य को यह समझने का प्रयत्न करना नहीं पड़ेगा कि प्रत्येक अन्य मनुष्य उसका अपना ही अंश है, प्रत्युत, इस सत्य को वह स्वयं अनुभव कर लेगा।

अतिमानस की कल्पना क्या है, यह बात आसानी से समझाई नहीं जा सकती। यह, कदाचित्, वह अवस्था है जब मनुष्य की जानकारी सूचना की स्थिति से ऊपर उठ जाएगी, जब मनुष्य तर्कों से किसी बात को समझने के बदले उसे प्रत्यक्ष रूप से जान लेगा, जैसे हम आँखों-देखी चीज को बुद्धि की प्रक्रिया से समझने की आवश्यकता का अनुभव नहीं करते हैं। अतिमानस के उदय होने पर मानस समाप्त हो जाएगा, ऐसी बात नहीं है। मनुष्य जड़ से निकलकर जीव-कोटि में आया और सोचने की शक्ति पाकर वह जीव-कोटि से भी ऊपर उठकर मानव-कोटि में आ गया है। फिर भी जड़ उसके साथ है और जीव तो वह है ही। किन्तु उसका व्यक्तित्व पशुओं से भिन्न हो गया है, क्योंकि पशु सोच नहीं सकते और मनुष्य सोच सकता है। सोचने की शक्ति ही मानस है और मानस अतिमानस के भी साथ रहेगा। किन्तु मानस की शक्तियाँ सीमित हैं और मन अज्ञान की दिशा में भी सोचने का आदी रहा है। अतिमानस की सार्थकता यह होगी कि मनुष्य सोचने में गलती नहीं करेगा, प्रत्युत, कहना यह चाहिए कि उसका प्रत्येक ज्ञान प्रत्यक्ष ज्ञान का रूप ले लेगा, जिससे मन को भूल करने का अवसर ही नहीं मिलेगा। इसी स्थिति की ओर संकेत करते हुए अरविन्द कहते हैं, "व्यक्तियों में सर्वथा नवीन चेतना का संचार करो; उनके अस्तित्व के समग्र रूप को बदलो जिससे पृथ्वी पर नए जीवन का समारम्भ हो सके।"

बुद्धि नहीं, सम्बुद्धि

स्पष्ट ही, मनुष्य-समाज को इस स्थिति में ले जाने के लिए उन मूल्यों को कसकर पकड़ने की आवश्यकता है, जिनके प्रतीक धर्म और अध्यात्म हैं। धर्महीन बुद्धि की आराधना से जो फल निकलते हैं, उनका स्वाद संसार काफी ले चुका। इस आराधना में और देर तक आगे रहने का परिणाम सर्व-विनाश होगा। अतएव, अरविन्द मनुष्यों के सामने दो विकल्प रखते हैं। निरे तर्क और बुद्धि पर आश्रित होने का परिणाम तुमने देख लिया। अब कुछ उन सम्भावनाओं की भी परीक्षा करो जिनके पास तक मनुष्य आध्यात्मिक प्रवृत्तियों को जगाकर जा सकता है। बुद्धि सीमित है। वह जब भी किसी वस्तु की परीक्षा करती है, उससे अलग रहकर करती है। इससे वस्तुओं के आभ्यन्तर सम्बन्धों का उसे पता नहीं चलता और मनुष्य अंश को सम्पूर्ण मानकर गलती कर जाता है।[1] अरविन्द कहते हैं कि मनुष्य चाहे तो इस गलती से बच सकता है, क्योंकि ज्ञान के और भी साधन मनुष्य को सुलभ हैं, जिनमें दैवी शक्ति से एकाकार होकर विश्व के आभ्यन्तर अर्थ तक पहुँचने का मार्ग सबसे सही मार्ग है। बुद्धि के विरुद्ध अरविन्द की सबसे बड़ी शंका इस बात को लेकर है कि बुद्धि से अर्जित ज्ञान सतह पर का ज्ञान होता है। साथ ही, बुद्धि विश्लेषण की पद्धति पर चलती है एवं वस्तुओं का संश्लिष्ट ज्ञान उसे प्राप्त नहीं हो पाता। वस्तुओं के विश्लिष्ट एवं विभक्त रूपों को अरविन्द सत्य नहीं मानते। उन्हें वे अवास्तविक वास्तविकता का नाम देते हैं। इसलिए विज्ञान की उपलब्धियों से उन्हें सन्तोष नहीं है। ये सारी उपलब्धियाँ विभाजन के दोष से पूर्ण हैं। असल में सारा जीवन, निखिल ब्रह्मांड एक है और इस एकत्व का ज्ञान अध्यात्म-पोषित सहज ज्ञान या सम्बुद्धि से ही होता है।

भारत पर अरविन्द की अचल भक्ति का भी कारण यही है कि इस देश में जो द्रष्टा और सन्त हुए, उनका सत्यान्वेषण का मार्ग बुद्धि नहीं, सम्बुद्धि का मार्ग था, विश्लेषण नहीं, संश्लेषण का मार्ग था। उन्होंने जिस सत्य को प्राप्त किया, सभी इन्द्रियों की गवाही में प्राप्त किया। केवल तर्क और ऊहापोह को वे अपूर्ण मानते थे। और सत्य की जब तक पूरी अनुभूति उन्हें नहीं हो जाती थी, वे अपने अनुसन्धानों के परिणाम को विश्व में नहीं सुनाते थे।[2]

भोग और वैराग्य से परे

जिस प्रवृत्ति-मार्ग का आध्यान तिलक और विवेकानन्द ने किया, अरविन्द में भी उसका खंडन नहीं मिलता है। जड़वादी कहता है कि दृश्य के परे और कुछ नहीं है, इसलिए, दृश्य जगत् के सुखों का खुलकर भोग करना ही श्रेयस्कर कार्य है। इसके विपरीत, निवृत्तिमार्गी मानता है कि दृश्य माया है, वह नश्वर और निस्सार है, तथा सच्चे सुख का देश वह है जो मृत्यु के उपरान्त प्राप्त होता है; अतएव, उचित यह है कि हम दृश्य के लोभ में न पड़ें तथा जीवन की जो आवश्यकताएँ छोड़ी जा सकती हैं, उन्हें छोड़ते ही चले जाएँ। अरविन्द दोनों की सार्थकता मानते हुए भी मनुष्य को दोनों से आगे जाने का उपदेश देते हैं। सच्चिदानन्द सर्वत्र विद्यमान है। भेद केवल यह है कि निचले स्तर पर (जड़ तत्त्व में) वह सोया हुआ है, अचेतन अथवा अवचेतन का आवरण लिये हुए है। किन्तु उसकी अवज्ञा भी सच्चिदानन्द की ही अवज्ञा है। जड़वादी और वैरागी, दोनों के मार्ग सीमित और अपूर्ण हैं। जड़वाद आत्मा के

विरुद्ध भूत का विद्रोह है। इसी प्रकार, निवृत्ति या वैराग्यवाद भूत के विरुद्ध आत्मा का विद्रोह कहा जा सकता है। सच तो यह है कि आत्मा का स्वतन्त्र होकर फैलने का दावा उतना ही उचित है, जितना भूत या द्रव्य का यह आग्रह कि वह आत्मा की इस उड़ान का साँचा या आधार बनेगा।

ये कुछ स्थूल बातें हैं जो अरविन्द-साहित्य के पाठकों की पकड़ में आसानी से आ जाती हैं। किन्तु हमारा विचार यह है कि इतने से अरविन्द की वह महत्ता सिद्ध नहीं होती, जिसका अनुमान उनकी भुवन-व्यापिनी कीर्ति से होता है। अरविन्द जन-साधारण के सन्त या दार्शनिक नहीं हैं, न सामान्य पाठक उन्हें अपना कवि ही मान सकता है। वे उन विद्वानों, चिन्तकों और दार्शनिकों के विचारक और सन्त थे जो प्रत्येक देश में वहाँ की जनता के वैचारिक नेता समझे जाते हैं, जो मानवता के नवनीत और विश्व-विचारों के स्तम्भ हैं। अतएव, मनुष्य की समस्याओं का उन्होंने कोई-न-कोई ऐसा समाधान अवश्य उपस्थित किया होगा जो अब तक किसी भी सन्त, साधक या उपदेष्टा को दिखाई नहीं पड़ा था।

विज्ञान की सीमा

मनुष्य की समस्याएँ दो प्रकार की हैं। एक समस्या शरीर की है, जिसका समाधान रोटी और वस्त्र तथा अन्य आधिभौतिक सुविधाएँ मानी जा सकती हैं। किन्तु सब प्रकार से सुखी मनुष्य भी दुःख, दौर्मनस्य, रोग, शोक, जरा और मरण का शिकार होता है। इस समस्या का समाधान न तो रोटी और वस्त्र, न मोटर और महल हो सकते हैं। प्राचीन और मध्यकालीन विश्व शारीरिक समस्याओं से अधिक अपनी आध्यात्मिक समस्याओं को प्रमुख मानता था। इसी से उस समय अध्यात्म-विद्या का सभी देशों में विकास हुआ। तब विज्ञान का उत्थान हुआ और मनुष्य मानने लगा कि जो सत्य प्रयोगशाला में परखा नहीं जा सकता, डॉक्टर के स्टेथेस्कोप और सर्जन की छुरी से नहीं छुआ जा सकता, वह या तों सत्य ही नहीं है, अथवा है तो ऐसा है, जिसकी ओर मनुष्य को ध्यान नहीं देना चाहिए। और विज्ञान ज्यों-ज्यों नई विजय प्राप्त करता गया, त्यों-त्यों अधिकाधिक मनुष्य उसके भक्त बनते गए, यहाँ तक कि अध्यात्मवादियों को भी आवश्यकता अनुभूत होने लगी कि अपनी बातों को वे, जहाँ तक सम्भव हो, विज्ञान की भाषा में रखें। किन्तु विज्ञान की वृद्धि से भी मनुष्य की शाश्वत समस्याएँ दूर नहीं हुईं। वह आज भी दुःखी है। वह आज भी रोग, शोक, जरा और मरण का शिकार होता है तथा सबसे बड़ी बात तो यह है कि पहले जिन सुखों की लोग कल्पना भी नहीं कर सकते थे, उन सुखों के शैल पर बैठा हुआ मनुष्य भी चंचल, विषण्ण और अशान्त है तथा उतना अशान्त है जितना पहले के युग में, शायद ही कोई, रहा हो। अतएव चिन्तकों पर यह प्रतिक्रिया हुई कि मनुष्य की समस्याओं का समाधान विज्ञान भी नहीं है, क्योंकि विज्ञान से शरीर चाहे जितना सुखी हो जाए, आन्तरिक सन्तोष में वृद्धि नहीं होती, उलटे, दिनोंदिन उसकी मात्रा घटती जाती है।

व्यष्टि-समष्टि

भौतिकता, विज्ञान और बुद्धिवाद के विरुद्ध, विश्व भर में जो गहन, गम्भीर चिन्ता- धारा

फूटी है, अरविन्द उसी धारा के ऋषि हैं। संसार विज्ञान को पाकर धर्म से अलग हो गया था। अब उसे दिखलाई पड़ने लगा कि विज्ञान भी यथेष्ट नहीं है। संसार के सामने यह समस्या नहीं है कि धर्म और विज्ञान में से हम किसे लें और किसे छोड़ दें, प्रत्युत, उसकी समस्या का रूप यह है कि कौन वह उपाय है जिससे धर्म वैज्ञानिक तथा विज्ञान धार्मिक बनाया जा सके।

एक बात और है कि जब से संसार में व्यक्ति और समाज को लेकर द्वन्द्व छिड़ा है, तब से हमारी प्रत्येक समस्या के साथ यह प्रश्न भी उपस्थित होने लगा है कि समाधान व्यक्ति के लिए खोजा जाए या समष्टि के लिए। प्राचीन और मध्यकालीन विश्व में, प्रायः प्रत्येक देश के लोग वैयक्तिक मुक्ति को मानव-जीवन का सबसे बड़ा लक्ष्य मानते थे। किन्तु उन्नीसवीं सदी में जाकर मार्क्स ने कहा कि व्यक्ति की मुक्ति की कल्पना हास्यास्पद और निरी मूर्खता, निरे स्वार्थ की बात है। मुक्ति, वास्तव में, समाज की होनी चाहिए। मार्क्स की इस घोषणा का विश्व के विचारकों पर ऐसा प्रभाव पड़ा कि वे जीवन के प्रत्येक क्षेत्र में व्यक्ति के बदले समूह को प्रधानता देने लगे। किन्तु समूह तो निराकार होता है। उसके सुख और दुःख की कल्पना कैसे की जाए? समूह दुःखी है, इसका सामान्य अर्थ तो यही होता है कि उसमें रहनेवाला व्यक्ति दुःखी है। और समाज सुखी हैं, इसका भी अर्थ इतना ही होता है कि उसमें रहनेवाला व्यक्ति सुखी है। अतएव, भारत में एक नया सन्देश मुखरित हुआ। गांधीजी ने कहा कि समाज की मुक्ति की कल्पना केवल कल्पना ही हो सकती है। वास्तव में, मुक्ति समाज की नहीं, व्यक्ति की ही होती है। हाँ, वैयक्तिक मुक्ति की खोज का उपाय यह नहीं है कि मनुष्य संसार छोड़कर वन या गुफा में चला जाए, प्रत्युत, यह कि समाज में रहकर वह उसकी सेवा करे और समाज-सेवा का भी अर्थ समाज में बसनेवाले व्यक्तियों की ही सेवा है।

स्वर्ग का भूमीकरण

अरविन्द इन सभी धरातलों से ऊपर उठे हुए हैं। वैयक्तिक मुक्ति की उन्हें परवाह नहीं है, न वे यही मानते हैं कि मुक्ति मृत्यु के उपरान्त ही पाई जा सकती है। केवल वैयक्तिक मुक्ति की आशा में साधना और समाज-सेवा करने में जो नैतिक दोष है, वे उससे भी भली-भाँति परिचित हैं तथा वैयक्तिक मुक्ति के सन्धान को वे जीवन का बहुत बड़ा आदर्श नहीं मानते। बल्कि उनका विचार है कि मोक्ष के रूप में जिस दिव्य जीवन की कल्पना अब तक होती आई है, वह इसी देह से भोगा जा सकता है, वह इसी पृथ्वी पर उतारा जा सकता है।

समाज-सेवा का उपयोग चाहे जितना बड़ा समझा जाए, अरविन्द उसे भी मनुष्य की समस्या का मौलिक समाधान नहीं मानते। समाज-सेवा दया का कार्य है, इसलिए वह सत्कर्म माना जाता है। किन्तु समाज-सेवियों की चाहे जितनी बड़ी सेना प्रस्तुत कर ली जाए, व्यक्ति को वे रोग और शोक सताते ही रहेंगे, जिनसे आक्रान्त हो जाने पर उसे समाज-सेवी की आवश्यकता होती है। उत्तम सरकार, उत्तम शासन, शान्ति-रक्षा के लिए अन्तर्राष्ट्रीय संगठन और मनुष्यों में सद्‌गुणों का प्रचार, ये सभी अच्छे और आवश्यक कार्य हैं। किन्तु वे भी मानव की समस्याओं के अन्तिम समाधान नहीं हैं। इन संगठनों का उतना ही महत्त्व है जितना

उन पहरेदारों का जो किसी ऐसे गाँव पर पहरा देते हैं, जिसके निवासी स्वेच्छया उपद्रवों से अलग नहीं रह सकते।

अरविन्द मनुष्यों के स्वभाव में आमूल परिवर्तन चाहते हैं और इसके लिए उन्हें संगठन और सदुपदेश बहुत ही अयथेष्ट लगते हैं। कदाचित्, यही कारण है कि जब अन्य धर्माचार्यों और सन्तों के उपदेश अलग से संकलित मिलते हैं, पांडिचेरी से ऐसी कोई भी पुस्तक नहीं निकली है जिसमें अरविन्द के उपदेश संगृहीत हों। अरविन्द उपदेशक नहीं, अपने ढंग के अवतार थे, जिनका उद्देश्य अपने भीतर शक्ति जगाकर सबको शक्तिसम्पन्न बनाना था, जिनका उद्देश्य मनुष्य की जाति को बदलकर उसे किसी उच्चतर जाति या स्पेसीज़ में पहुँचा देना था।

अरविन्द की शिक्षा छोटे-छोटे उपदेशों में नहीं, प्रत्युत, कठोर-सुदीर्घ साधना में विद्यमान है। जहाँ कपड़ा फट जाए, वहाँ पैबन्द लगाना आवश्यक हो जाता है और, वैसे, पैबन्द लगाना फटेहाल घूमने से अच्छा काम भी है। किन्तु, अरविन्द, कदाचित् यह मानते हैं कि मानवता के वस्त्र बिलकुल चिथड़े-चिथड़े हो गए हैं और आवश्यक है कि उसे कोई नया परिधान दिया जाए। यह नया परिधान **अतिमानस की अवतारणा** और **अतिमानव का विकास** है। अरविन्द की दृष्टि में मानवता की समस्याओं का उचित समाधान यह है कि मनुष्य जिस बौद्धिक स्तर पर बैठा हुआ है, उससे ऊपर उठकर वह एक नई भूमि पर अवस्थित होने का प्रयास करे जो अतिमानस की भूमि है। आज का मनुष्य जितने भी कलुष और अत्याचार करता है, बुद्धि से प्रेरित होकर करता है। और आज के सन्तों, सुधारकों और विचारकों का उपदेश भी यही है कि मानवीय बुद्धि को निर्मल बनाओ, उसका कलुष धो डालो, मनुष्य के कर्म आप-से-आप सुधर जाएँगे।

अरविन्द का ऐसा विश्वास नहीं है। वे बुद्धि से बुद्धि का सुधार करने में विश्वास नहीं करते। उनके विचार से यह अन्धकार से अन्धकार हटाने के समान असम्भव कार्य है। बुद्धि के कलुष तभी दूर होंगे जब मनुष्य अतिमानस का स्वामी होगा। बुद्धि में बहुत सारा अज्ञान भी रहता है, किन्तु, अतिमानस पूर्ण रूप से प्रकाशित स्थिति है। अतएव, मनुष्य यदि अज्ञान से बचना चाहे तो उसे अतिमानस में प्रवेश करना चाहिए। विश्व के अन्य चिन्तकों और विचारकों की प्रक्रिया संशोधन और सुधार की प्रक्रिया है। अरविन्द सुधारों से सन्तुष्ट नहीं हैं। उनकी आस्था विकास पर है। जड़ से जीवन और जीवन से मस्तिष्क, ये तीन कदम मनुष्य उठा चुका है। मस्तिष्क से ऊपर अतिमानस का देश है। जब तक मनुष्य इस देश में पाँव नहीं रखता, उसका कल्याण नहीं होगा।

अतिमानव का स्वप्न

अरविन्द मानव को अतिमानव बनाना चाहते हैं। अतिमानव (सुपरमैन), यह नाम सर्वथा नवीन नहीं है। अरविन्द से पूर्व, जर्मन दार्शनिक नीत्शे ने अतिमानव की कल्पना की थी। किन्तु उसने यह सोचा था कि अतिमानव दबंग मानव ही होगा जो सबको मार-पीटकर आगे निकल जाएगा। और हुआ भी यही कि नीत्शे की कल्पना के अनुसार ही जर्मनी में हिटलर का जन्म हुआ। एक दूसरी कल्पना उर्दू और फ़ारसी के विख्यात भारतीय कवि

इक़बाल में भी प्रस्फुटित हुई। इक़बाल की कल्पना का अतिमानव भी व्यक्ति ही है, अतिमानवीय समाज की कल्पना इक़बाल ने भी नहीं की है। इक़बाल कहते हैं कि औरों से अनूठा और भिन्न होना, यही व्यक्तित्व का गुण है। किन्तु, विश्व-ब्रह्मांड में सबसे अनूठा व्यक्तित्व ईश्वर का है, अतएव, सबसे बड़ा व्यक्ति भी वही होगा जो ईश्वर के अधिक-से-अधिक समान होगा। जो व्यक्ति ईश्वर के अधिक-से-अधिक समान हो, इक़बाल उसे ही, अतिमानव कहते हैं और धरती पर उसी का वे राज्य भी चाहते हैं। उनका विचार है कि प्रजा-सत्ता कोई अच्छी वस्तु नहीं है। मनुष्य पर सबसे अच्छा शासन अतिमानव का शासन होता है। वह एक साथ मनुष्यों का धर्म-गुरु और उनका राजा भी होता है। अतिमानव का राज्य पृथ्वी पर परमेश्वर का ही राज्य होगा। बल्कि, अतिमानव अपना शासन परमेश्वर का नायब (वाइस रिजेंट) बनकर चलाएगा।

अरविन्द की अतिमानव की कल्पना इन दोनों कल्पनाओं से भिन्न है। वे यह नहीं मानते कि एक व्यक्ति अतिमानव होगा तथा बाकी सभी लोग सामान्य मनुष्य बनकर उसकी अधीनता में रहेंगे, बल्कि, उनका विचार है कि अतिमानस से संवलित सभी मनुष्य अतिमनुष्य हो जाएँगे। उनका यह भी कथन है कि अतिमानस, सम्भव है, पहले किसी समूह या व्यक्ति में उतरे। किन्तु, उसके बाद वह फैलता ही जाएगा एवं फैलते-फैलते, एक दिन वह अखिल मनुष्य-जाति को अतिमनुष्यों की जाति में बदल देगा।

संश्लिष्ट योग

तो अरविन्द ने घूम-घूमकर उपदेश देने के बदले अपने को आश्रम में क्यों बन्द कर लिया? यह प्रश्न अत्यन्त स्वाभाविक है। किन्तु, उसका उत्तर भी कम समीचीन नहीं है। अपनी साधनाओं के द्वारा अरविन्द को यह दिखलाई पड़ा कि विकास की दो गतियाँ हैं। एक गति तो यह है कि नीचे के धरातल पर के जीवन ऊपर उठने का प्रयास करते हैं। किन्तु, ऊपर के धरातल पर जो चित्-शक्ति है, वह भी नीचे आना चाहती है। अर्थात्, **परमात्मा की कृपा और मनुष्य के प्रयास, इन दोनों के योग के बिना मनुष्य का विकास नहीं होता।** अरविन्द की यह भी मान्यता है कि एक या अनेक व्यक्ति यदि चाहें तो वे अपनी साधना के द्वारा चित्-शक्ति को नीचे उतरने को प्रेरित या बाध्य कर सकते हैं। क्योंकि विश्व के सभी मनुष्यों को साधना और तपस्या में लगाना असम्भव है, इसलिए, अरविन्द ने अपने तथा अपने आश्रमवासी शिष्यों के ऊपर यह भार रखा कि वे साधनापूर्वक दिव्य जीवन को पृथ्वी पर अवतरित होने को बाध्य करें। और इस साधना का जो मार्ग उन्होंने निर्धारित किया है, उसका नाम योग है–वह योग नहीं जो हठयोग का पर्याय है, प्रत्युत, वह योग जिसमें कर्म, ज्ञान, और भक्ति तीनों समाहित हैं। अरविन्द संश्लिष्ट-योग के पक्षपाती हैं, जिसमें साधक अपने कर्मों को निर्मल रखकर तथा सत्य का शुद्ध ज्ञान लिये हुए सम्पूर्ण भावावेग से परमात्मा का चिन्तन और ध्यान करता है। कर्म, ज्ञान और भक्ति के इस संश्लेषण से भी यही शिक्षा निकलती है कि अरविन्द भूत (द्रव्य), जीवन, और मस्तिष्क इन तीनों को दिव्य बनाकर इसी जीवन में दिव्य जीवन की अवतारणा करना चाहते थे।

सन्दर्भ

1. ''मस्तिष्क उसका नाम है जो कुछ नहीं जानता है, जो जानने की कोशिश तो करता है, किन्तु असल में कुछ जान नहीं पाता। उसे जो कुछ दिखलाई पड़ता है, वह धूमिल दर्पण में पड़नेवाली धुँधली छाया के समान है। तब भी, इस शक्ति का एक उपयोग है कि वह सांसारिक व्यवहार के प्रसंग में सार्वभौम सत्य की एक प्रकार की सीमित व्याख्या कर सकती है। किन्तु सार्वभौम सत्य का न तो उसे परिचय प्राप्त है, न उसका वह पथ-प्रदर्शन ही कर सकती है।'' *(लाइफ़ डिवाइन)*
2. ''भारत में सहज ज्ञान का उद्‌भव पहले हुआ और बौद्धिक शक्तियों का विकास बाद को, जब दर्शन और विज्ञान रचने का समय आया। वैदिक युग की पीठ पर ही भारत में वह युग आया जिसे हम दर्शन और बौद्धिकता के विस्फोट का काल कह सकते हैं। किन्तु, इस युग में भी विचारों के आधार आध्यात्मिक थे एवं जिन आध्यात्मिक सत्यों को लोग पहले सहज ज्ञान से जान चुके थे, उन्हीं से परिचय अब वे नए ढंग से बुद्धि द्वारा कर रहे थे।'' *('आर्य' से।)*

प्रकरण-13

भूमि का स्वर्गीकरण : महात्मा गांधी का प्रयोग

महात्मा गांधी ने भारतीय संस्कृति पर इतनी अधिक दिशाओं में प्रभाव डाला है कि उनके समस्त अवदान का सम्यक् मूल्य निर्धारित करना अभी किसी के लिए सम्भव नहीं दीखता। खान-पान, रहन-सहन, भाव-विचार, भाषा और शैली, परिच्छद और परिधान, दर्शन और सामाजिक व्यवहार एवं धर्म-कर्म, राष्ट्रीयता और अन्तर्राष्ट्रीयता भारत में आज जो भी आचार या विचार प्रचलित हैं, उनमें से प्रत्येक पर कहीं-न-कहीं गांधीजी की छाप है। यहाँ तक कि उनके आलोचकों और विरोधियों में भी ऐसे अनेक लोग हैं, जिनकी पोशाक नहीं तो खान-पान में, विचार नहीं तो सामाजिक आचार में, महात्मा गांधी का प्रभाव मौजूद है। आज का भारत गांधी का भारत है और गांधी नाम आज के भारत नाम का पूरा पर्याय है, इसमें कोई सन्देह नहीं। गांधीजी के इस महाव्यापक प्रभाव को दृष्टिगत रखते हुए यह सरल कार्य नहीं है कि हिन्दू-नवोत्थान की पृष्ठभूमि पर उनका समग्र रूप आँका जा सके। जन्म और विकास तो उनका भी सांस्कृतिक नवोत्थान के कारण ही हुआ, किन्तु काल को खींचकर वे अपनी दिशा की ओर ले गए। महापुरुषों के संकेत पर इतिहास अपना रूप बदलता है। किन्तु, चूँकि प्रकरण यहाँ हिन्दू-नवोत्थान की व्याप्तियों के विश्लेषण का उपस्थित है, इसलिए, उसी के पृष्ठाधार पर हम महात्माजी के विचारों और प्रयोगों को समझने की चेष्टा करेंगे।

अहिंसा भारत में ही क्यों?

संसार का ध्यान गांधीजी की ओर इसलिए आकृष्ट हुआ कि उन्होंने पशु-बल के समक्ष आत्म-बल का शस्त्र निकाला, तोपों और मशीनगनों का सामना करने के लिए अहिंसा का आश्रय लिया। किन्तु, सोचने की बात यह है कि अहिंसा का आश्रय उन्होंने लिया क्यों? क्या इसलिए कि अंग्रेजों के विरुद्ध हिंसा का आश्रय लेकर वे भारत को स्वाधीन नहीं कर सकते थे? अथवा इसलिए कि मानव-समाज को वे यह शिक्षा देना चाहते थे कि मनुष्य जब तक पाशविक साधनों का प्रयोग करने को बाध्य है, तब तक वह पूरा मनुष्य कहलाने का अधिकारी नहीं हो सकता? पहली बात अहिंसा को किंकर्तव्यविमूढ़ एवं निरुपाय व्यक्ति का साधन बताती है, जिसका अर्थ यह होता है कि तोपें जब हमारे पास नहीं हैं, तब सत्याग्रह ही सही। किन्तु, दूसरी बात अहिंसा को मनुष्य के विकास का साधन बनाती है; उसके रूप को निर्मल बनाने का उपाय सिद्ध करती है।

यह सच है कि गांधीजी के नेतृत्व में जब भारतवासी ब्रिटेन से संघर्ष कर रहे थे, तब उनमें से अधिकांश का यही भाव था कि अहिंसा साधन-भर है, जिसका अवलम्ब हमने इसलिए लिया है कि हिंसक साधनों से अंग्रेजों का सामना करने की हमें सुविधा और सुयोग नहीं है। किन्तु, स्वयं गांधीजी इस विचार को नहीं मानते थे। अहिंसा को गँवाकर वे भारत को स्वाधीन करने के पक्षपाती नहीं थे। भारतीय स्वाधीनता बहुत बड़ा लक्ष्य थी, किन्तु उससे भी बड़ा ध्येय मानव-स्वभाव में परिवर्तन लाना था, मनुष्य को यह विश्वास दिलाना था कि जिन ध्येयों की प्राप्ति के लिए वह पाशविक साधनों का सहारा लेता है, वे ध्येय मानवोचित साधनों से भी प्राप्त किए जा सकते हैं।

गांधीजी का मुख्य उद्देश्य अपने देशवासियों के कष्टों का निवारण नहीं, प्रत्युत, मनुष्य के पाशवीकरण का अवरोध था। घृणा, क्रोध और आवेश, ये पशुओं को भी होते हैं और वे भी अपने प्रतिपक्षी का सामना उन शस्त्रों से करते हैं, जो प्रकृति की ओर से उन्हें मिले हुए हैं। लेकिन, मनुष्य पशु से भिन्न है, अतएव उचित है कि वह अपने आवेगों पर नियन्त्रण लगाए और अपने दैनिक जीवन की समस्याओं के सुलझाने में उन उपायों से काम ले, जो पशुओं के लिए दुर्लभ, किन्तु, मनुष्य के लिए सुलभ हैं।

प्रश्न उठता है कि गांधीजी ने ऐसा निश्चय क्यों किया? और अहिंसा का यह प्रयोग किसी अन्य देश में आरम्भ न होकर भारत में ही क्यों आरम्भ हुआ? बहुत-से लोग इस प्रश्न को यह कहकर टाल देंगे कि यह आकस्मिक बात थी। किन्तु, आकस्मिक बात यह थी नहीं। कहते हैं, सत्याग्रह अथवा सविनय अवज्ञा की कल्पना अमेरिका के चिन्तक थुरो ने भी की थी और इसकी थोड़ी-बहुत झलक रूस के सन्त-साहित्यकार टॉल्स्टॉय को भी मिल चुकी थी। गांधीजी थुरो और टॉल्स्टॉय, दोनों के विचारों से परिचित थे। यहाँ अपने देश में भी गांधीजी से पूर्व, अरविन्द सविनय अवज्ञा और असहयोग का सुझाव देश के सामने रख चुके थे।[1] फिर भी बात रह जाती है कि इसका प्रयोग सबसे पहले भारत ने ही क्यों किया?

उत्तर स्पष्ट है कि आत्म-बल शारीरिक बल से श्रेष्ठ है, इस सत्य को जितना भारतवासी जानते थे, उतना अन्य देशों के लोग नहीं। थुरो, टॉल्स्टॉय अथवा एमर्सन और रोम्याँ रोलाँ में इस प्रकार की जब भी कोई भावना जगी, तब उसके पीछे भारतीय दर्शन की उत्तेजना काम कर रही थी। यह ठीक है कि थुरो और टॉल्स्टॉय ने सविनय अवज्ञा की कल्पना भारत के किसी बहु-प्रचलित उपदेश को सुनकर नहीं की होगी, क्योंकि ऐसा कोई उपदेश राजनीति की भाषा में तब तक भारत में भी प्रचलित नहीं हुआ था। किन्तु, सविनय अवज्ञा की कल्पना तक जाने का दर्शन इस देश में विद्यमान था और इस कल्पना तक वही व्यक्ति जा सकता था, जो या तो भारतीय विचारधारा से प्रभावित हो, अथवा अनायास उस प्रकार की चिन्तन-पद्धति पर आ गया हो जो भारत की पद्धति रही है। थुरो एवं टॉल्स्टॉय के सम्बन्ध में दोनों ही विकल्प सम्भव रहे होंगे। रह गए अरविन्द, सो वे तो भारतीय थे ही।

जैसा चिन्तन, वैसा कर्म

एक प्रकार से देखिए तो जिस नवोत्थान के सांस्कृतिक नेता राममोहन और केशवचन्द्र, दयानन्द और एनी बीसेंट, रामकृष्ण और विवेकानन्द तथा अरविन्द और रवीन्द्र हुए, उसके राजनैतिक

नेता महात्मा गांधी ही हो सकते थे। प्रत्येक महापुरुष अपने समय का परिणाम होता है। काल के हृदय में जो अनुभूतियाँ एकत्र होती हैं, उन्हीं की अभिव्यक्ति के लिए समय कवि, सन्त और सुधारक को जन्म देता है। उन्नीसवीं सदी के आरम्भ से भारत जो कुछ भी सोच रहा था, वह इस दिशा में नहीं था कि भारतवासी भी यूरोप का अन्धानुकरण करके इन्द्रियों के वैसे ही दास हो जाएँ, जैसे सुखी और सम्पन्न देशों के लोग हैं, तथा वे भी शारीरिक बल की अतिवृद्धि करके अपने देश को स्वाधीन बनाएँ और अन्य देशों को जीतकर उन पर राज्य करें। हिन्दू-नवोत्थान की शिक्षा कुछ और थी। हमारे सभी नेता और सुधारक, यूरोपीय सभ्यता की दुर्बलताओं अर्थात् उसकी धन-लोलुपता एवं विलास के निमित्त अन्य राष्ट्रों का शोषण करने की नीति के विरोधी थे। इसके सिवा, विवेकानन्द-जैसे लोग, यूरोप की हिंसा-परायणता को भी उसकी संस्कृति का दोष मानते थे। इधर, भारत में राममोहन राय से लेकर विवेकानन्द तक विश्व-प्रेम की जो भावना फैली, वह उच्च मानवता को उत्तेजना देनेवाली थी। नवोत्थान के सभी नेताओं ने प्रेम को मनुष्य का सबसे बड़ा धर्म एवं परोपकार को उसका सर्वश्रेष्ठ साधन बताया। शासकों के प्रति घृणा का उत्कट भाव केवल लोकमान्य तिलक में था और उन्हीं में हम हिंसा का भी यत्किंचित् समर्थन पाते हैं। बाकी सुधारकों में घृणा और विद्वेष नहीं था, न वे हिंसा का उपदेश देनेवाले थे।

वास्तव में, भारतवर्ष में, राष्ट्रीयता भी संस्कृति की कुक्षि से उत्पन्न हुई थी। पहले इस देश में सांस्कृतिक राष्ट्रीयता का उदय हुआ और लोग इस स्वाभिमान से भरने लगे कि हम अत्यन्त प्राचीन सभ्यता के उत्तराधिकारी हैं तथा यूरोप में आधिभौतिक सुखों का चाहे जैसा भी अम्बार लग गया हो, किन्तु, हम उन मूल्यों के उत्तराधिकारी हैं, जिन्हें ऊँची मानवता वरण करती है। इस चेतना के जन्म ले लेने पर उसी के निष्कर्ष-स्वरूप भारत में राजनैतिक राष्ट्रीयता का जन्म हुआ। यह भी ध्यान देने की बात है कि भारत में सांस्कृतिक राष्ट्रीयता के उन्नायक धार्मिक व्यक्ति थे। हिन्दुत्व के धार्मिक पक्ष पर विधर्मियों के प्रहार से चौंककर यह देश जगा था। अतएव, धार्मिक व्यक्ति ही इस जागरण के आदि उन्नायक हुए। यही कारण था कि उनके अनुसन्धानों और उपदेशों से जो संस्कृति उत्पन्न हुई, वह धर्म के स्तर से नीचे नहीं उतरी, न उसने आधिभौतिक उन्नति के प्रस्ताव को उचित से अधिक महत्त्व दिया। हमारे नवोत्थान की सारी प्रक्रिया का क्रम कुछ इस ढंग का रहा है, मानो, भगवान् भारत की आध्यात्मिक साधनाओं को फिर से जीवित करके शेष विश्व के सामने कोई समाधान उपस्थित कर रहे हों। और इसमें कोई सन्देह नहीं कि नवोत्थान के भीतर से भविष्य की ओर प्रगति करती हुई भारत की प्राचीन परम्परा ने महात्मा गांधी के व्यक्तित्व और प्रयोग में अपनी परिणति प्राप्त की।

ऐसा लगता है, मानो गांधीजी के जन्म और विकास को सम्भव बनाने के लिए ही राममोहन राय ने सांस्कृतिक जागरण का आरम्भ किया था। लगभग सौ वर्षों तक इस आध्यात्मिक देश ने जो आत्म-मन्थन किया, पराधीनता की ग्लानि को धोने के लिए अपनी श्रेष्ठ शक्तियों का चिन्तन और ध्यान किया, गांधीजी उस तपस्या के वरदान बनकर प्रकट हुए। नवोत्थान से प्रेरित भारत अपनी भी स्वाधीनता खोज रहा था और विश्व की समस्याओं का समाधान भी। महात्मा गांधी ने उसकी दोनों कामनाएँ पूर्ण कीं।

नय नहीं, आचार

गांधीजी न तो दयानन्द और अरविन्द के समान मेधावी पंडित एवं बहुपठित विद्वान् थे, न उनमें विवेकानन्द की तेजस्विता थी। अपने समग्र जीवन में उन्होंने कोई भी ऐसी बात नहीं कही, जो उनके पूर्ववर्ती लोगों ने न कही हो।[2] किन्तु, साधनापूर्वक उन्होंने सभी प्राचीन सत्यों को अपने जीवन में उतारकर संसार के सामने यह उदाहरण उपस्थित किया कि जो उपदेश अनन्त काल से दिए जा रहे हैं, वे सचमुच ही, जीवन में उतारे जाने के योग्य हैं। गांधीजी से पहले के सन्तों और सुधारकों ने पुस्तकीय ज्ञान के बल पर अथवा अनुभवों के आधार पर जितनी भी अच्छी बातें कही थीं, गांधीजी ने उन सब पर आचरण करके मनुष्यता को चौंका दिया और उसके भीतर इस आशा को जाग्रत कर दिया कि दुर्बल-से-दुर्बल मनुष्य भी चाहे तो मानवता के चरम-शिखर पर पहुँच सकता है। ज्ञानी संसार में बहुत हुए थे। गांधीजी ने यह बतलाया कि मनुष्य की सार्थकता जानने में नहीं, करने में है।

धर्म सभी क्षेत्रों के लिए

संसार की बातें तो जाने ही दीजिए, अपने इस धर्मप्राण देश में भी लोग यही समझते आए थे कि जीवन की सारी भूमि धर्म की भूमि नहीं है। उपनिषदों के युग में तथा बौद्धों और जैनों के उदय-काल में धर्म को वरण करनेवाला व्यक्ति गृहस्थी छोड़कर संन्यास ले लेता था। उस समय समझा यह जाता था कि गृहस्थ और राजा के कर्तव्य सदा धार्मिक नहीं हो सकते, न उनका धार्मिक होना अनिवार्य है। धर्म तो एक विशेष प्रकार की साधना है, जिसका सहारा परलोक के लिए अथवा मोक्ष-प्राप्ति के लिए लिया जाता है। जब भक्ति का काल आया, तब भी धर्म जीवन-व्यापी कर्तव्य का स्थान न ले सका। जनक-जैसे योगी का आदर्श पुस्तकों में था, किन्तु वह अपवाद समझा जाता था। उपेक्षा और अपवाद के अन्धकार से उस आदर्श का उद्धार गीता-रहस्य में तिलकजी ने किया, किन्तु, वे उसका प्रयोग सामाजिक धरातल पर नहीं कर सके। संसार के अन्य देशों में भी, किसी भी समय, किसी भी सन्त या सुधारक ने धर्म को समस्त जीवन और समाज के हर पहलू पर लागू करने का प्रयत्न किया था या नहीं, यह नहीं कहा जा सकता। विचार, कदाचित्, कइयों के मन में उठे होंगे, किन्तु गांधीजी का महत्त्व यह है कि उन्होंने धर्म को जीवनव्यापी बनाने का दुस्साहसी प्रयोग केवल अपने वैयक्तिक जीवन में ही नहीं, अपने पास आए हुए समाज पर किया। अरविन्द और गांधीजी में यही भेद है। अरविन्द ने मानव-समाज की समस्याओं का यह निदान किया है कि समस्याएँ मनुष्य की बुद्धि से निकली हैं और इनका समाधान यह है कि मानव-समाज मानस के स्तर से उठकर अतिमानस की अवस्था में पहुँच जाए। किन्तु, उनकी अतिमानस की कल्पना क्या है, यह समझने में मनुष्य असमर्थ था। अतः, अरविन्द और उनके शिष्यों ने अतिमानस की अवतारणा का दायित्व अपने ऊपर लेकर तपस्या आरम्भ कर दी। निदान तो गांधीजी का भी बहुत-कुछ वही है, जो अरविन्द का है। किन्तु, समाधान में दोनों महात्माओं में भेद है। अरविन्द का समाधान यह है कि श्रेष्ठ साधक तपस्यापूर्वक अतिमानसी शक्तियों का भूतल पर आह्वान करें, जिससे मनुष्य की वर्तमान स्पेसीज़ (योनि) बदल जाए। गांधीजी प्रत्येक मनुष्य के भीतर धर्म की भावना जगाकर उसकी पीड़ाएँ दूर करना चाहते हैं।

गांधीजी ने बार-बार कहा था कि मनुष्य का जन्म धर्म की साधना के लिए होता है और स्वयं अपने जीवन का उद्देश्य भी वे धर्म की ही उपासना मानते थे। ''मेरा उद्देश्य धार्मिक है, किन्तु, मानवता से एकाकार हुए बिना मैं धर्म-पालन का मार्ग नहीं देखता। इसी कार्य के लिए मैंने राजनीति का क्षेत्र चुना है, क्योंकि इस क्षेत्र में मनुष्यों से एकाकार होने की सम्भावना है। मनुष्य की सारी चेष्टाएँ, उसकी सारी प्रवृत्तियाँ एक हैं। समाज और राजनीति से धर्म अलग रखा जाए, यह सम्भव नहीं है। मनुष्य में जो क्रियाशीलता है, वही उसका धर्म भी है। जो धर्म मनुष्य के दैनिक कार्यों से अलग होता है, उससे मेरा परिचय नहीं है।''

जीवन और समाज के धार्मिक तथा धर्म-निरपेक्ष (सेक्युलर) तत्त्वों के बीच बहुत दिनों से विभाजक रेखा चली आ रही थी। गांधीजी ने इस रेखा को मिटा दिया। कबीर ने जैसे सहज मार्ग का आख्यान करते हुए कहा था, **''जहँ-जहँ डोलूँ सो परिचर्या, जो-जो करूँ सो पूजा''**, उसी प्रकार, गांधीजी ने अपने आचरण से सिद्ध कर दिया कि धर्म किसी खास दिन, किसी लग्न-विशेष का कृत्य नहीं है, प्रत्युत, वह मनुष्य के प्रत्येक कार्य में विद्यमान रह सकता है। यहाँ तक कि राजनीति भी धर्म की अभिव्यक्ति का उपयुक्त माध्यम हो सकती है। शिक्षा, संस्कृति, कला, विज्ञान, व्यापार और उद्योग तथा सामाजिक आन्दोलन, गांधीजी सबका आध्यात्मीकरण चाहते थे और इन क्षेत्रों में उन्होंने जो भी प्रयोग किए, उन सबमें उनका आध्यात्मिक दृष्टिकोण स्पष्ट था। विवेकानन्द और अरविन्द के समान ही, वे भी मानते थे कि केवल आधिभौतिक विजयों और उपलब्धियों पर अवस्थित सभ्यता न तो शान्तिदायिनी हो सकती है, न उसमें स्थायित्व ही आ सकता है। शान्ति और स्थायित्व उसमें तब आएगा, जब धर्म से वह पूर्णरूपेण व्याप्त हो जाए। जीवन धर्म से वियुक्त होने पर नीचे गिर जाता है और जब धर्म से उसका मेल होता है, वह ऊपर को उठने लगता है। अतएव, गांधीजी जीवन के धार्मिक और धर्म-निरपेक्ष तत्त्वों के बीच कोई भेद रहने देना नहीं चाहते थे।

योग और प्राणायाम, पूजा और होम, यज्ञ और तपस्या तथा संसार से अलग रहकर एकान्त साधना के द्वारा वैयक्तिक मुक्ति खोजने की परम्परा सारे संसार में थी। कुछ लोग ऐसे भी हुए जिन्होंने काव्य और संगीत के माध्यम से अपने मोक्ष की खोज की। किन्तु, गांधीजी से पूर्व किसी को भी यह नहीं सूझा था कि राजनैतिक आन्दोलन एवं समाज-सेवा के कार्य भी वैयक्तिक मुक्ति के साधन हो सकते हैं। इस प्रकार की शिक्षा जनक के जीवन से अवश्य निकाली जा सकती थी। किन्तु, उस शिक्षा को अपने जीवन में चरितार्थ करनेवाला पुरुष नहीं आया था। लोकमान्य तिलक ने भी गीता-रहस्य में जनक-मार्ग को ही गीता का मार्ग बतलाया था। किन्तु, व्यवहार में उस मार्ग को प्रत्यक्ष करने का काम गांधीजी के लिए रुका हुआ था। जब उन्होंने अपना प्रयोग आरम्भ किया, संसार आश्चर्य से चकित रह गया।

गांधीजी का यह प्रयोग भारतीय परम्परा के फिर से जी उठने का स्वाभाविक परिणाम था। ज्ञान के स्तर पर रामकृष्ण, विवेकानन्द, लोकमान्य और अरविन्द ने जो दर्शन तैयार किया था, उसे कार्य में परिणत करनेवाले पुरुष गांधीजी ही हो सकते थे। उनकी मान्यता थी कि मुक्ति तो व्यक्ति की ही होती है, किन्तु, उसे खोजने का मार्ग कर्मन्यास अथवा वैराग्य नहीं है, प्रत्युत, सबकी मुक्ति के लिए श्रद्धापूर्वक कष्ट सहने से ही व्यक्ति अपना मोक्ष प्राप्त कर सकता है। ''मैं सत्य का विनम्र सेवक हूँ। मैं आत्मज्ञान प्राप्त करने को अधीर हूँ। मैं

इसी जीवन में मोक्ष चाहता हूँ। मेरी राष्ट्र-सेवा मेरी आध्यात्मिक साधना है, जिसके द्वारा मैं अपनी आत्मा को शरीर के बन्धन से मुक्त करना चाहता हूँ। विश्व के नश्वर राज्य की मुझे कामना नहीं। मैं तो उस स्वर्ग-राज्य के लिए साधना में लीन हूँ, जिसे मुक्ति कहते हैं। अपने ध्येय की प्राप्ति के लिए गुफा-सेवन की मुझे आवश्यकता नहीं दीखती। गुफा तो मेरे भीतर भी मौजूद है, यदि उसे मैं जान पाऊँ। गुफावासी योगी भी हवाई महल की कल्पना में फँस सकता है, किन्तु, राजमहल का वासी जनक ऐसी कल्पनाओं से मुक्त है। शरीर गुफा में और मन संसार में रहे तो गुफावासी को भी शान्ति नहीं मिल सकती। किन्तु, महलों के चाकचिक्य के भीतर बसनेवाले जनक को ऐसी शान्ति प्राप्त हो सकती है, जिसे वे ही जानते हैं, जिन्हें शान्ति मिल चुकी है। मेरे लिए तो मोक्ष का मार्ग स्वदेश एवं निखिल मानवता की सेवा का ही मार्ग है। मेरी यात्रा मोक्ष और सनातन शान्ति की ओर है। देशभक्ति तो इस यात्रा का पन्थ है। इसलिए, मेरी दृष्टि में राजनीति धर्म से भिन्न नहीं हो सकती। राजनीति को सदैव धर्म की अधीनता में चलना चाहिए। धर्म-हीन राजनीति मृत्यु-पाश के समान है, क्योंकि उससे आत्मा का हनन होता है।''[3]

चाणक्य और मैकियावेली-जैसे पंडितों की राजनीति गांधीजी की राजनीति नहीं है। चाणक्य और मैकियावेली उस राजनीति के व्याख्याता हैं, जिसमें छल-प्रपंच, मिथ्या-भाषण और दाँव-पेंच, ये सभी दुर्गुण गुण समझे जाते हैं। राजनीति की शक्ति अत्यन्त व्यापक हो उठी है। प्रत्येक देश के असंख्य मानवों का भाग्य आज राजनीति के हाथों निर्णीत हो रहा है और यह सारी-की-सारी राजनीति ईर्ष्या, द्वेष, छल-प्रपंच और असत्य पर आधारित है। सबसे विचित्र बात तो यह है कि अपने वैयक्तिक जीवन में हम झूठ बोलें तो लोग हमारी आलोचना करते हैं, किन्तु, राजमीति में राष्ट्रीय या अन्तर्राष्ट्रीय मंच से झूठ बोलनेवाले राजपुरुष का स्वागत तुमुल करतल-ध्वनि से किया जाता है। यह मनुष्यता के घोर पतन का दृष्टान्त है। जब तक राजनीति का यह रूप प्रचलित है, विश्वैकता की कल्पना कल्पना ही रहेगी और विज्ञान की शक्तियों का प्रयोग मनुष्य की हानि के लिए होता ही जाएगा। इसलिए, गांधीजी ने धर्म को जीवन-व्यापक बनाकर संसार के सामने यह प्रस्ताव रखा कि राजनीति एवं अर्थनीति भी धर्म एवं आचरण-शास्त्र के ही अंग हैं। राजनीति अर्थ और अधिकार-संचय का साधन नहीं, प्रत्युत, मानवता को ऊपर उठाने का मार्ग है। मनुष्यों के पारस्परिक सम्बन्धों को सुधारकर उन्हें सुखी बनाने का साधन है। गांधीजी की राजनीति छल-प्रपंच का पर्याय न होकर मनुष्य के धर्माचरण का ही एक रूप है। वह अधिकारों के हथियाने को अपना मुख्य ध्येय नहीं मानती, प्रत्युत, उसका उद्देश्य मानवीय धरातल को उन्नत बनाना तथा मनुष्यों के बीच स्वतन्त्रता एवं बन्धुत्व की भावना को उद्दीप्त करना है। राजनीति जीवन के मलिन प्रसंगों की स्वामिनी एवं सन्तों और सुधारकों के व्यंग्य की पात्री समझी जाती थी। किन्तु, गांधीजी ने अपने प्रयोगों के द्वारा उसे मनुष्य को आध्यात्मिक गाम्भीर्य एवं सामाजिक सामंजस्य तक ले जाने का साधन बनाने का प्रयास किया।

अहिंसा

अहिंसा की शिक्षा भारत के लिए पुरानी चीज है। केवल बौद्ध और जैन धर्मों में ही नहीं,

अहिंसा की महिमा उनसे पूर्व उपनिषदों में भी गाई गई थी। अहिंसा भारत की सभ्यता का सार है। वह हिन्दुओं का सनातन धर्म है। वह प्राग्वैदिक और आर्यों से पूर्व की उपलब्धि है। सच पूछिए तो अहिंसा का उपदेश भारत में इतने दिनों से दिया जा रहा है कि शेष विश्व भारत को अहिंसा और निवृत्ति का देश ही मान बैठा है।

किन्तु, इतना होते हुए भी, वर्तमान जगत् में अहिंसा के प्रवर्तक महात्मा गांधी माने जाते हैं। अहिंसा को लेकर गांधीजी को संसार में जो सुयश प्राप्त हुआ, वह बुद्ध के सुयश से अधिक है, क्योंकि बुद्ध ने यद्यपि, अहिंसा का पालन स्वयं किया तथा शिष्यों से भी करवाया, किन्तु, सन्तों को अहिंसा-व्रत के पालन में वही कठिनाई नहीं होती, जो गृहस्थ को होती है। फिर यह बात भी है कि व्यक्ति के लिए अहिंसा का पालन उतना दुस्साध्य नहीं होता, जितना समष्टि के लिए होता है। अहिंसा परम धर्म के रूप में युगों से पूजित चली आ रही थी। किन्तु, गांधीजी से पूर्व किसी ने भी, समष्टि के धरातल पर अथवा कोटि-जन-व्यापी महा-आन्दोलनों के भीतर से, अहिंसा का प्रयोग नहीं किया था। गांधीजी ने यह प्रयोग किया और उनके प्रयोग से संसार के असंख्य लोगों में यह आस्था उत्पन्न हुई कि अहिंसा की साधना सामूहिक कार्यों में भी चल सकती है।

जिस प्रकार, अरविन्द ने मनुष्य की शक्तियों एवं उसके स्वभाव को विकसित करके उसे अति-मनुष्य बनाने की कल्पना की है, कुछ वैसी ही कल्पना महात्मा गांधी में भी थी और उनका भी विचार था कि मनुष्य का वैयक्तिक एवं सामूहिक उद्धार इस बात में है कि वह अपने भीतर की पशुता को बिलकुल छोड़कर उन गुणों की वृद्धि करे, जो उसे पशु से भिन्न करनेवाले हैं। उनका प्रयास मनुष्य की भूलों के प्रक्षालन का प्रयास था। उनका उद्देश्य मनुष्य को इस प्रकार रूपान्तरित कर देना था कि वह किसी भी बात में पशुओं का भागीदार न रहे। और उनका यह क्रान्तिकारी उद्देश्य अहिंसा के प्रयोग में जितना निखरा, उतना और कहीं नहीं। अहिंसा, यह शब्द ही गांधी-धर्म का निचोड़ है तथा हिंसा से पूरित विश्व में यह एक शब्द गांधीजी का जितना प्रतिनिधित्व करता है, उतना उनके और सारे उपदेश मिलकर भी नहीं कर पाते। और यह ठीक भी है, क्योंकि, गांधीजी की अहिंसा केवल अनाघात का ही पर्याय नहीं है, प्रत्युत, वह जीवों के प्रति आन्तरिक भक्ति और प्रेम को भी अभिव्यक्त करती है।

यह अहिंसा सत्य का ही दूसरा रूप है। मनुष्य गलतियाँ इसलिए करता है कि वह अज्ञान की अवस्था में है। अज्ञान से ज्ञान अथवा सत्य तक जाने के लिए विवेक चाहिए, तर्क और विचार चाहिए तथा इसके लिए उस बुद्धि की भी आवश्यकता है जो पूर्वाग्रह से पीड़ित नहीं है, जो अन्धी होकर अपने ही पक्ष का प्रमाण खोजना नहीं चाहती, जो उस निष्कर्ष का भी स्वागत करने को तैयार है, जो उसके विपक्ष में पड़नेवाला है। ऐसी बुद्धि उसी व्यक्ति की हो सकती है, जो आत्म-शुद्धि और आत्म-विश्लेषण की योग्यता से युक्त है। जिसमें नैतिक बल का अभाव है, वह सत्य की उपलब्धि नहीं कर सकता। विचारों के स्वच्छ हो जाने पर सत्य का प्रेम प्रकट होता है। और जब विचार सत्यवादी हो जाते हैं, तब मनुष्य की वाणी और क्रिया भी सत्यवादिनी हो उठती है। जिसे मनुष्य में निखिल मानवता के लिए हार्दिक प्रेम नहीं होगा, उसके विचार, वाणी और कार्य, सत्य से परिचालित नहीं होंगे। मनुष्य सत्य

इसलिए बोलता है कि अन्य मनुष्यों के प्रति उसमें आदर और प्रेम है। किसी से प्रेम भी करना तथा वाणी और क्रिया के द्वारा उसे धोखा भी देना, ये परस्पर विरोधी बातें हैं। जहाँ प्रेम है, सत्य वहीं निवास करता है तथा जहाँ प्रेम और सत्य रहते हैं, वहाँ क्रिया, निश्चित रूप से, अहिंसामयी हो जाती है।

गांधीजी की अहिंसा क्रोधी, द्वेषी या असत्य-सेवी व्यक्ति की अहिंसा नहीं है। इसलिए, वे जीवन भर में एक बार भी उन लोगों से सहमत नहीं हो सके, जो अहिंसा को सिद्धान्त नहीं मानकर केवल नीति मानते थे। अहिंसा को गांधीजी ने उपयोगिता के लोभ में आकर ग्रहण नहीं किया था, प्रत्युत, इस भाव से कि वह मनुष्य का एकमात्र धर्म है, जैसे हिंसा पशुओं का स्वाभाविक धर्म समझी जाती है। पशुओं की तरह, बात-बात पर, हूल मारना मनुष्य का धर्म नहीं हो सकता। उसकी गरिमा इस बात में है कि वह अपने ऊपर ऊँची नैतिकता का नियन्त्रण स्वीकार करे, जिसका पशुओं को ज्ञान भी नहीं है। अंग्रेजों के विरुद्ध अपने संघर्ष में वे पशु और मनुष्य के संघर्ष का रूपक देखते थे। ''अंग्रेज हमारे संघर्ष को बन्दूकों के धरातल पर ले आना चाहते हैं, क्योंकि बन्दूकें उनके पास हैं, जिन्हें वे चला सकते हैं। किन्तु, हम तो उसी धरातल पर डटकर लड़ेंगे, जिस धरातल के शस्त्र हमारे पास हैं और अंग्रेजों के पास नहीं हैं।''

गांधीजी के अहिंसा के प्रयोग पर एक समय सारा संसार हँसता था और बड़े-बड़े लोग यह कहकर शंका से सिर हिलाया करते थे कि इतिहास में कभी भी तो अहिंसक क्रान्ति नहीं हुई। किन्तु, अहिंसा में जो शक्ति छिपी है, उसे केवल गांधीजी की दृष्टि देख सकती थी। ''सच्ची अहिंसा भय नहीं, प्रेम से जन्म लेती है, निस्सहायता नहीं, सामर्थ्य से उत्पन्न होती है। जिस सहिष्णुता में क्रोध नहीं, द्वेष नहीं, और निस्सहायता का भाव है, उसके समक्ष बड़ी-से-बड़ी शक्तियों को भी झुकना ही पड़ेगा।'' चूँकि अहिंसा के पीछे द्वेष और दुर्भावना न होकर प्रतिपक्षी के प्रति भी प्रेम ही रहता है, इसलिए, गांधीजी का उपदेश था कि सत्याग्रहियों को इस भाव से सत्याग्रह नहीं करना चाहिए कि उन्हें प्रतिपक्षी को नीचा दिखाना है, वरन् इस भाव से कि प्रतिपक्षी के हृदय की कटुता हटाकर उसके भीतर सद्भावना को जन्म देना है। अहिंसा वह साधन है, जिससे संघर्ष के दोनों पक्षों का कल्याण होता है, दोनों के भीतर ऊँची मानवता स्फुटित होती है।

गांधीजी की अहिंसा केवल हनन से विरति का नाम नहीं है। ''अहिंसा हृदय की गहराई से आनी चाहिए, अतएव, यह आवश्यक है कि सत्याग्रही के मन में घृणा, क्रोध और प्रतिकार की भावना न रहे। जो भीतर तो इन दुर्भावनाओं को छिपाए हुए है और बाहर, केवल भय के मारे, हिंसक प्रहार करने से घबराता है, वह सच्ची अहिंसा का पालक नहीं है। उसे तो दम्भी और कायर समझना चाहिए।'' अहिंसा, वास्तव में, शक्तिशाली और वीर का गुण है, कायरों का नहीं। गांधीजी ने कहा है, ''मेरी अहिंसा अत्यन्त क्रियाशील शक्ति है। उसमें कायरता तो क्या, दुर्बलता के लिए भी स्थान नहीं है।'' यही नहीं, प्रत्युत, गांधीजी तो यह भी कहते हैं कि ''जहाँ सारा चुनाव केवल कायरता और हिंसा के बीच सीमित हो, वहाँ मैं हिंसा का समर्थन करूँगा।''[4]

अनेकान्तवादी दृष्टिकोण

गांधीजी के वचन और प्रयोग से जो सिद्धांत निकलता है, उसके अनुसार हिंसा केवल रक्तपात करने अथवा दूसरों को शारीरिक कष्ट पहुँचाने में ही नहीं है। उसका एक विकृत रूप दुराग्रही होना भी है। अपने मतवाद पर अहंकारपूर्वक अड़ जाना भी हिंसा ही है। भारत में अहिंसा के सबसे बड़े प्रयोक्ता जैन मुनि हुए हैं, जिन्होंने मनुष्य को केवल वाणी और कार्य से ही नहीं, प्रत्युत, विचारों से भी अहिंसक बनाने का प्रयत्न किया था। किसी भी बात पर यह मानकर अड़ जाना कि यही सत्य है तथा बाकी लोग जो कुछ कहते हैं, वह सबका सब झूठ और निराधार है, विचारों की सबसे भयानक हिंसा है। मनुष्यों को इस हिंसा के पाप से बचाने के लिए ही जैन मुनियों ने अनेकान्तवाद का सिद्धान्त निकाला था, जिसके अनुसार प्रत्येक सत्य के अनेक पक्ष माने जाते हैं तथा हम जब जिस पक्ष को देखते हैं, तब हमें वही पक्ष सत्य जान पड़ता है। अनेकान्तवादी दर्शन की उपादेयता यह है कि वह मनुष्य को दुराग्रही होने से बचाता है, उसे यह शिक्षा देता है कि केवल तुम्हीं ठीक हो, ऐसी बात नहीं है; शायद, वे लोग भी सत्य ही कह रहे हों, जो तुम्हारा विरोध करते हैं। यह दर्शन मनुष्य के भीतर बौद्धिक अहिंसा को प्रतिष्ठित करता है, संसार में जो अनेक मतवाद फैले हुए हैं, उनके भीतर सामंजस्य को जन्म देता है, तथा वैचारिक भूमि पर जो कोलाहल और कटुता उत्पन्न होती है, उससे विचारकों के मस्तिष्क को मुक्त रखता है।

अनेकान्तवाद जैन दर्शनों में सोया हुआ था। भारतवासी जैसे अपने दर्शन की अन्य बातें भूल चुके थे; वैसे ही, अनेकान्तवाद का यह दुर्लभ सिद्धांत भी उनकी आँखों से ओझल हो गया था किन्तु, नवोत्थान के क्रम में जैसे हमारे अनेक अन्य प्राचीन सत्यों ने दुबारा जन्म लिया, वैसे ही, गांधीजी में आकर अनेकान्तवाद ने भी नव-जीवन प्राप्त किया। सम्पूर्ण सत्य क्या है, इसे जानना बड़ा ही कठिन है। तात्त्विक दृष्टि से यही कहा जा सकता है कि प्रत्येक सत्यान्वेषी सत्य के जिस पक्ष के दर्शन करता है, वह उसी की बातें बोलता है। इसलिए, सत्य के मार्ग पर आए हुए व्यक्ति की सबसे बड़ी पहचान यह होती है कि वह दुराग्रही नहीं होता, न वह यही हठ करता है कि मैं जो कुछ कह रहा हूँ, वही सत्य है। अपने ऊपर एक प्रकार का विरल सन्देह, विरोधी और प्रतिपक्षी के मतों के लिए एक प्रकार की श्रद्धा तथा यह भाव कि, कदाचित्, प्रतिपक्षी का मत ही ठीक हो, ये अनेकान्तवादी मनुष्य के प्रमुख लक्षण हैं।

गांधीजी पर ये सभी लक्षण घटित होते हैं, क्योंकि उनकी अहिंसा कायिक और वाचिक होने के साथ बौद्धिक भी थी। और इसी बौद्धिक अहिंसा ने उन्हें समझौतावादी एवं विरोधियों के प्रति श्रद्धालु बना दिया था। जब गांधीजी 'भारत छोड़ो' आन्दोलन की योजना बना रहे थे, सुप्रसिद्ध अमेरिकी पत्रकार श्री लुई फ़िशर ने उनसे पूछा कि "आपके इस कार्य से युद्ध में बाधा पड़ेगी और अमेरिकी जनता को आपका यह आन्दोलन पसन्द नहीं आएगा। अजब नहीं कि लोग आपको मित्र-राष्ट्रों का शत्रु समझने लगें।" गांधीजी यह सुनते ही घबरा उठे। उन्होंने कहा, "फ़िशर, तुम अपने राष्ट्रपति से कहो कि वे मुझे आन्दोलन छेड़ने से रोक दें। मैं तो, मुख्यतः, समझौतावादी मनुष्य हूँ, क्योंकि मुझे कभी भी यह नहीं लगता कि मैं ठीक राह पर हूँ।"[5]

चूँकि अनेकान्तवाद से परस्पर-विरोधी बातों के बीच सामंजस्य आता है तथा विरोधियों के प्रति भी आदर की वृद्धि होती है, इसलिए गांधीजी को यह वाद अत्यन्त प्रिय था। उन्होंने लिखा है, "मेरा अनुभव है कि अपनी दृष्टि से मैं सदा सत्य ही होता हूँ, किन्तु, मेरे ईमानदार आलोचक तब भी मुझमें गलती देखते हैं। पहले मैं अपने को सही और उन्हें अज्ञानी मान लेता था। किन्तु, अब मैं मानता हूँ कि अपनी-अपनी जगह हम दोनों ठीक हैं। कई अन्धों ने हाथी को अलग-अलग टटोलकर उसका जो वर्णन किया था, वह दृष्टान्त अनेकान्तवाद का सबसे अच्छा उदाहरण है। इसी सिद्धान्त ने मुझे यह बतलाया कि मुसलमान की जाँच मुस्लिम दृष्टिकोण से तथा ईसाई की परीक्षा ईसाई दृष्टिकोण से की जानी चाहिए। पहले मैं मानता था कि मेरे विरोधी अज्ञान में हैं। आज मैं विरोधियों को प्यार करता हूँ, क्योंकि अब मैं अपने को विरोधियों की दृष्टि से भी देख सकता हूँ। मेरा अनेकान्तवाद, सत्य और अहिंसा, इन युगल सिद्धान्तों का ही परिणाम है।"[6]

सत्य के किसी एक पक्ष पर अड़ जाना तथा वाद-विवाद में आँखें लाल करके बोलने लगना, ये लक्षण छोटे लोगों के ही होते हैं, जो कदाचित् सत्य की राह पर अभी आए ही नहीं हैं। सत्य के मार्ग पर आया हुआ मनुष्य हठी नहीं होता। गांधीजी हठी नहीं थे। ईसा मसीह भी हठी नहीं थे। गांधीजी के समान ईसा मसीह भी अनेकान्तवाद के प्रेमी रहे होंगे, क्योंकि उन्होंने भी कहा था, "मेरे पिता के यहाँ अनेक मकान हैं। मैं किसी भी मकान को तोड़ने नहीं आया, प्रत्युत, सबकी रक्षा और पूर्णता मेरा उद्देश्य है।" जब तक संसार के विचारक और शासक स्याद्वादी भाषा का प्रयोग नहीं सीखते, तब तक न तो संसार के धर्मों में एकता होगी, न विश्व के विचार और मतवाद एक होंगे। सह-अस्तित्व, सह-जीवन और पंचशील, इन सबका आधार अनेकान्तवाद ही हो सकता है।

गांधी और अरविन्द

गांधीजी के नाम के साथ महात्मा की उपाधि पहले-पहल रवीन्द्रनाथ ने लगाई थी। रवि बाबू धर्म के पुरुष तो थे, किन्तु, वैराग्य से उन्हें विरक्ति थी। यही दृष्टिकोण नवोत्थान के सभी हिन्दू नेताओं का था। नवोत्थान से प्रवृत्ति-मार्गी दर्शन को उत्तेजना मिली थी एवं धर्म की इस नई व्याख्या में इस बात पर जोर नहीं था कि संसार असार है, इसलिए, हमें अपनी वैयक्तिक मुक्ति की खोज के लिए जंगलों में भाग जाना चाहिए एवं कामिनी और कंचन का परित्याग करके प्राणायाम और समाधि में लीन हो जाना चाहिए। इसके विपरीत, जनता में यह भाव जगाया जा रहा था कि जीवन सत्य है एवं जीवन के क्षेत्र में जो नाना कर्तव्य हमारे सामने आते हैं, उन्हें सम्यक् विधि से सम्पन्न करके ही हम अपनी मुक्ति भी खोज सकते हैं। हाँ, 'तेन त्यक्तेन भुंजीथाः' वाला औपनिषदिक सन्देश फिर से सजीव हो उठा था जिसके परिणामस्वरूप, संस्कृति के नेता यह कह रहे थे कि भारत की कृच्छ्र वैराग्य-साधना और यूरोप का उद्दाम भोगवाद, ये दोनों ही अतिवादी दृष्टिकोण हैं। उचित यह है कि हम दोनों के बीच कोई समन्वय स्थापित करें और मध्यम-मार्ग का सहारा लें।

यह तर्क के धरातल की बात थी। व्यावहारिक जीवन में तो यही दिखलाई पड़ा था कि ब्राह्म-समाजियों में से अधिकांश लोग, जन्मना, धनिक-वर्ग के होने के कारण, त्याग करने

पर भी त्याग के कष्टों को नहीं जान सके। परमहंस रामकृष्ण ने सुखों को त्याग दिया और दयानन्द संन्यास के प्राचीन आदर्श पर ही चलते रहे। हाँ, विवेकानन्द ने संन्यास का नया आदर्श अवश्य स्थापित किया, जिसमें संन्यासी कौमार्य और ब्रह्मचर्य का पालन करते हुए भी बहुत-कुछ गृहस्थों के ही समान थे, क्योंकि वे ध्यान और समाधि में थोड़ा ही समय लगाते थे; उनका बाकी काम संसार की सेवा करना था जो परोपकारी गृहस्थ भी करते थे। महर्षि अरविन्द में आकर संन्यास ने एक और परिवर्तन स्वीकार किया, जिससे गैरिक वसन की अनिवार्यता जाती रही और बाल-बच्चों से अलग भागना धर्म-साधना के लिए अनावश्यक हो गया। खास करके विवेकानन्द के संन्यासी संन्यास लेकर भी समाज से भिन्न नहीं होते। वे अपनी गृहस्थी छोड़कर सबकी गृहस्थी को आसान बनाते हैं। वे एक राह से संसार छोड़कर दूसरी राह से संसार में लौट आते हैं।

स्पष्ट ही, नवीन हिन्दुत्व किसी लग्न-विशेष अथवा दिन-विशेष का धर्म नहीं रहकर मनुष्य के दिन-दिन, क्षण-क्षण का धर्म होना चाह रहा था। धर्म-साधना अलग और जीवन-साधना अलग, इसमें विरोधाभास था एवं अभिनव हिन्दुत्व इस विरोध को तोड़कर संसार और धर्म को एकाकार कर देना चाहता था। इसी प्रयास में उसने गृहवासी ब्राह्म-समाजियों और आर्य-समाजियों में किंचित् त्याग की वृत्ति जगाई थी एवं इसी प्रयास में उसने विवेकानन्द के संन्यासियों को गार्हस्थ्य के प्रति श्रद्धालु बना दिया था। अरविन्द-आश्रम में जो संन्यासी और गृहस्थ साथ होकर एक ही साधना में प्रवृत्त हुए, उसके पीछे भी अभिनव हिन्दुत्व का यही प्रभाव काम कर रहा था एवं इसी प्रेरणा से गांधीजी ने समाज-सेवी एवं उच्च नैतिक आचरण को धर्म का एकमात्र आधार मान लिया एवं संन्यासी और गृहस्थ का भेद मिटाकर उन्होंने यह घोषणा की कि धर्म में वैरागी के लिए दूसरा मार्ग नहीं है। अरविन्द और गांधी में उद्‌देश्य की समानता है। केवल उनके साधनों में ही भेद है। और साधन-भेद से ही उनके उद्‌देश्य विभिन्न दिखाई देते हैं। दोनों का मूल उद्‌देश्य मानव-स्वभाव को निर्मल बनाकर आज की अपेक्षा अधिक सुन्दर, सुखद और पवित्र विश्व का निर्माण करना है। हाँ, अरविन्द यह कहते हैं कि नया विश्व अस्तित्व में तब आएगा, जब मनुष्य मानस की स्थिति से उठकर अतिमानस की स्थिति में पहुँचेगा। इसके विपरीत, गांधीजी का मत है कि प्रत्येक व्यक्ति यदि अपने-आपको सुधार ले, तो पृथ्वी स्वयमेव स्वर्ग बन जाएगी।

विवेकानन्द, अरविन्द और गांधी जिस ध्येय को लेकर चले, उसका सामाजिक रूप यह है कि धर्म को चन्दन, कंठी, माला, पूजा, होम और मन्दिर तक ही सीमित नहीं रहना चाहिए। उसे समग्र जीवन को अपनी गोद में उठा लेना है। धर्म की स्थापना संन्यासी और जीवन की साधना गृहस्थ करें, यह उचित स्थिति नहीं है। आदर्श समाज वह होगा, जिसके संन्यासी भी गृहस्थ और गृहस्थ भी संन्यासी होंगे अथवा दोनों के बीच कोई भेद नहीं रहेगा। धर्म को जीवन-व्यापी बनाने का यह उद्‌देश्य प्राचीन काल में भी झलका था, जिसके प्रमाण जनक हुए हैं। मध्यकालीन भारत में भी वीर-शैव-सम्प्रदाय इसी उद्‌देश्य को लेकर चला था, जिसका परिणाम यह हुआ कि संन्यास का आदर्श इस सम्प्रदाय के गृहस्थों का भी आदर्श हो गया।

नारी और वैराग्य

गांधीजी के प्रयोगों में धर्म को जीवन-व्यापी बनाने की साधना ने और भी प्रगति की। गांधीजी वैरागी के वैरागी और गृहस्थ के गृहस्थ थे। रवि बाबू ने लिखा है कि गांधीजी स्वयं वैरागी हैं, किन्तु, गृहस्थों के आनन्द में वे बाधा डालना नहीं चाहते। वे स्वयं निर्धन और दरिद्र हैं, किन्तु, सबको "सुखी एवं सम्पन्न बनाने की दिशा में वे सबसे अधिक क्रियाशील हैं। वे घोर रूप से क्रान्तिकारी हैं, किन्तु, क्रान्ति के पक्ष में वे जिन शक्तियों को जाग्रत करते हैं, उन्हें अपने नियन्त्रण में भी रखते हैं। वे एक साथ प्रतिमापूजक और प्रतिमाभंजक भी हैं। मूर्तियों को यथास्थान रखते हुए वे आराधकों को उच्च स्तर पर ले जाकर उन्हें प्रतिमाओं के दर्शन करने की शिक्षा देते हैं। वे वर्णाश्रम के विश्वासी हैं, किन्तु, जाति-प्रथा को चूर्ण किए जा रहे हैं। काम-भावना को वे भी मनुष्य की नैतिक प्रगति का बाधक मानते हैं, किन्तु, टॉल्स्टॉय की भाँति वे सौन्दर्य और नारी को सन्देह से नहीं देखते। उनकी मान्यता है कि नारियों के लिए आदर और कोमलता का भाव पुरुष-चरित्र का सर्वश्रेष्ठ गुण है। गांधीजी की सबसे बड़ी विशेषता यह है कि जो सुधार वे दूसरों को सिखाते हैं, उन सुधारों की कीमत पहले वे आप चुका देते हैं। गांधीजी में सभी महान् गुण हैं, किन्तु, उनका व्यक्तित्व उनके गुणों से भी अधिक महान् है।"

किन्तु, इतना होते हुए भी, गांधीजी की याद हमारे मनों में उन लोगों की याद जगा देती है, जो जीवन के आनन्द को मनुष्य का शत्रु समझते थे, जो नारी को तप-शक्ति की भक्षणी कहते थे और जो यह मानते थे कि शरीर की पुष्टि से आत्मा की दुर्बलता में वृद्धि होती है।[7] उनका सारा दृष्टिकोण सदाचार-सेवी और पवित्रतावादी था तथा वे काव्य, संगीत, चित्र और मूर्ति-कलाओं में से भी केवल उसे ही ग्रहण करते थे, जो सुन्दर होने के अलावा शिव और सत्य भी था। केवल सौन्दर्य और आनन्द उनके दर्शन में ऊँचा तो क्या, उचित स्थान भी नहीं प्राप्त कर सके।

किन्तु, यहाँ यह याद रखना होगा कि पवित्रतावाद और सदाचारप्रियता गांधीजी की बहक नहीं थी, बल्कि, ये सिद्धान्त उनके जीवन-दर्शन से निकले थे। सत्य और अहिंसा उनके दर्शन के आधारभूत सिद्धान्त हैं, किन्तु सत्य और अहिंसा का पालन सभी लोग नहीं कर सकते। इनका सम्यक् पालन करने के लिए षड्विकारों का शमन आवश्यक है। षड्विकारों में भी गांधीजी काम को अत्यन्त प्रबल मानते थे, क्योंकि लोभ और क्रोध तब तक जीते नहीं जा सकते, जब तक काम वश में न आ जाए। उन्होंने लिखा है कि "ब्रह्मचर्य का सामान्य अर्थ जननेन्द्रिय की क्रियाओं का शारीरिक नियन्त्रण माना जाता है। किन्तु, इस संकीर्ण अर्थ ने ब्रह्मचर्य को कुरूप तथा उसकी साधना को असम्भव बना डाला है। जब तक सभी इन्द्रियाँ नियन्त्रित न हो जाएँ, तब तक जननेन्द्रिय को नियन्त्रित रखना दुस्साध्य कार्य है। इन्द्रियाँ तो परस्पर मिली हुई हैं, एवं वे एक-दूसरे पर निर्भर भी करती हैं। अपने निचले धरातल पर मन भी इन्द्रिय ही है। मन पर अधिकार पाए बिना यदि हठयोग से अथवा और किसी प्रकार से जननेन्द्रिय पर अधिकार प्राप्त भी हो जाए तो उस नियन्त्रण को मैं अनुपयोगी और निस्सार कहूँगा। वायु का नियन्त्रण जितना कठिन है, मन का नियन्त्रण उससे भी कठोर है। किन्तु, परमात्मा के प्रति आस्था रहने से मन भी वश में आ जाता है।"[8]

काम-विजय के लिए गांधीजी ने जिह्वा-विजय को सोपान कहा है।[9] और जिह्वा पर नियन्त्रण कैसे किया जाए, इस उद्देश्य से परिचालित होकर वे जीवन-भर भोजन के विषय में भिन्न-भिन्न प्रयोग करते रहे। प्रश्न उठता है कि क्या गांधीजी का प्रयोग अथवा उनका विश्वास गलत था? क्या आनन्द की उपेक्षा, सचमुच ही, जीवन के साथ अत्याचार है? इस प्रश्न के दो उत्तर दिए जा सकते हैं और दोनों के दोनों भारतीय साधना के इतिहास में विद्यमान हैं। बौद्धों और जैनों ने सदियों तक ब्रह्मचर्य और कृच्छ्र साधना पर जोर दिया। किन्तु, पाँचवीं सदी के बाद, उनके संयम का बाँध टूट गया एवं बुद्ध-मार्ग से ही वज्रयान आदि सम्प्रदायों का जन्म हो गया। यह और कुछ नहीं ब्रह्मचर्य की सुदीर्घ साधना के विरुद्ध उत्पन्न प्रतिक्रिया थी कि साधु-महात्मा भी खुलकर नारी को अपनी मुद्रा मानने लगे एवं मैथुन को उन्होंने योग-सिद्धि का सोपान घोषित कर दिया। तब सहजयान आया। उसने भी यही सिद्धान्त रखा कि चित्तरत्न के क्षुब्ध होने से सिद्धि में बाधा पड़ती है, अतएव, इन्द्रियों के साथ जबर्दस्ती मत करो। यह सिद्धान्त बहुत-कुछ वैसा ही दिखता है जैसा कि आज के मनोवैज्ञानिक लोग कहते हैं।

किन्तु गांधीजी इस मार्ग को नहीं मानते। उनका भाव यह दीखता है कि यदि मनुष्य को धर्म के मार्ग पर आना है तो उसे इन्द्रिय-निग्रह करना ही होगा, क्योंकि इन्द्रियों से भिन्न मनुष्य कुछ है ही नहीं। इन्द्रियाँ खुलकर हरियाली चरती फिरें और मनुष्य का मन धर्म के मार्ग पर आरूढ़ रहे, यह कल्पना ही परस्पर-विरोधी है। मनुष्य के सामने दो से अधिक विकल्प नहीं हैं। या तो वह इन्द्रियों की दासता स्वीकार कर ले और जिधर-जिधर इन्द्रियाँ जाने को कहें, उधर-उधर भागता फिरे। अथवा इन्द्रियों को वश में लाकर वह धर्म के पालन में तत्पर हो। इन्द्रियों की उल्लंगता पशु-धर्म है और जो भी व्यक्ति इन्द्रियों को अनियन्त्रित रखने का पक्षपाती है, उसे यह भी मानना चाहिए कि मनुष्य पशु से भिन्न नहीं है, न पशु से अधिक दूर भागने की उसे चेष्टा ही करनी चाहिए। किन्तु, जो लोग यह मानते हैं कि मनुष्य पशु से भिन्न प्राणी है, उन्हें इन्द्रिय-निग्रह को माने बिना चारा नहीं है, क्योंकि इन्द्रियों को नियन्त्रण में रखकर ही मनुष्य पशुता से दूर जा सकता है। इन्द्रियों का उद्दाम नृत्य पशुता का प्रमाण है। इन्द्रियों को घाट में बाँधकर चलाना ही मनुष्यता है, मनुष्य की संस्कृति है।

नर-नारी का पारस्परिक सम्बन्ध सदा से विवाद का विषय रहा है। सच पूछिए तो नारी गृहस्थ जीवन का प्रतीक है। इसलिए, जब-जब प्रवृत्ति का उत्थान हुआ, नारी और गृहस्थ, दोनों की पद-मर्यादा में वृद्धि हुई है। किन्तु, अपने देश में तो वैदिक काल को छोड़कर, प्रायः, सदैव निवृत्ति का ही बोलबाला रहा। अतएव, नारी की मर्यादा वहाँ सदैव दबी रही। समाज में प्रतिष्ठा उनकी थी जो वैयक्तिक मुक्ति के लिए वैराग्य ले लेते थे। नारी वैरागियों के किसी काम की चीज नहीं थी। अतएव, सभी सन्त उसे पाप की खान बताते गए। बुद्ध और महावीर ने भिक्षुणी होने का अधिकार देकर नारियों को नरों के समकक्ष अवश्य माना, किन्तु, जिस कारण नारी पाप की खान मानी जाती थी, उसका विलाप भी दोनों धर्मों में मिलता है। नारियों को भिक्षुणी होने का अधिकार देकर बुद्ध ने विलाप किया–"आनन्द! जो धर्म मैंने चलाया था, वह पाँच सहस्र वर्ष तक चलनेवाला था, किन्तु, अब वह केवल पाँच सौ वर्ष चलेगा, क्योंकि नारियों को मैंने भिक्षुणी होने का अधिकार दे दिया है।" और हुआ भी यही। बुद्ध के पाँच सौ वर्ष बाद ही, महायान सम्प्रदाय निकला (यद्यपि इसका दायित्व केवल भिक्षुणियों

पर नहीं था) और बौद्ध-मत धीरे-धीरे हिन्दुत्व के अंक में लौटने लगा।

ठीक इसी समय, जैनों में दिगम्बर-सम्प्रदाय का प्रवर्तन हुआ, जिसके आचार्यों ने मुनि-धर्म में यह संशोधन उपस्थित कर दिया कि नारियों का भिक्षुणी होना व्यर्थ है, क्योंकि पुरुष-योनि में जनमे बिना उन्हें मुक्ति नहीं मिलेगी। कबीर आदि सन्तों ने विवाह करके यह दिखलाना अवश्य चाहा था कि गृहस्थ जीवन धर्म-साधना का बाधक नहीं है, न नारी धर्म की शत्रु है। किन्तु, निवृत्ति-भाव कबीर में भी था। विवाह करके अपना पश्चात्ताप उन्होंने भी लिखा है।

इसके विपरीत, पाश्चात्य जगत् में जनमे हुए उदार विचारों का यह परिणाम हुआ कि नारी अपनी स्वाधीनता के लिए संघर्ष करने लगी और नारी के जागते ही पुरुष इस ग्लानि से भर गया कि सम्पूर्ण इतिहास में नारी पर वह अत्याचार ही करता आया है। स्वतन्त्रता का वास्तविक अर्थ आर्थिक स्वाधीनता है। नारी जब तक यह स्वाधीनता नहीं प्राप्त करती, उसका यह दावा झूठा है कि वह स्वतन्त्र है। किन्तु, पुरुष यह नहीं चाहता कि नारी आर्थिक दृष्टि से स्वतन्त्र हो। पुरुष का कामुक संस्कार इस बात को बर्दाश्त नहीं कर सकता कि नारियाँ खेतों में जाएँ, कारखानों में काम करें और, इस प्रकार, अपने रंग को मद्धिम एवं अपनी चमड़ी को खुरदरी बना लें। इसलिए, पुरुष कहता है, "मेरी महीने-भर की कमाई तुम्हारे चरणों पर अर्पित है। तुम जिस तरह चाहो, खर्च करो। खेतों और कारखानों में जाने की तुम्हें आवश्यकता क्या है?" और प्रत्येक देश में नारी इस उत्कोच को सहर्ष स्वीकार कर रही है। वह मग्न है यह प्रशस्ति सुनकर कि नारी रूप है, नारी सुधा और चाँदनी है, नारी पुरुष के गले में मन्दार की माला है, उसकी बाँहों में झूलती हुई जूही की लड़ी है।

कवियों और दार्शनिकों ने भी नारी को एक उत्कोच यह कहकर दिया है कि वह पुरुष की प्रेरणा का उत्स है, नारी का प्रेम पाकर मनुष्य बड़े-बड़े काम कर डालता है। यह नारी-समस्या का समाधान नहीं है। नारियाँ यह सुनकर प्रसन्न क्यों होती हैं कि वे पुरुषों की प्रेरणा-स्रोत हैं, उनकी शक्ति और प्रताप के केन्द्र हैं? क्या नारियों का सारा जीवन केवल पुरुषों को प्रेरित करने के लिए है? क्या उनका अपना कोई ध्येय नहीं हो सकता? क्या नरों के समान नारियों को अपने व्यक्तित्व का स्वतन्त्र विकास नहीं करना है? और यदि उनका जन्म पुरुष में प्रेरणा भरने को है तो क्या वे आत्म-विकास के लिए पुरुषों से वैसी ही प्रेरणा पाने का दावा नहीं कर सकतीं? ये प्रश्न हैं, जिनका समाधान नारियों को खोजना चाहिए। किन्तु, सदियों के कुसंस्कारों के कारण नारियों का ध्यान इस ओर नहीं जा रहा है। युद्ध रोकने और वस्तुओं का उत्पादन बढ़ाने के कामों में नारियों की दिलचस्पी नहीं दीखती। वे पुष्प-प्रदर्शनी आयोजित करती हैं और बन-ठनकर समाज में सुरभि बिखेरकर अपने अस्तित्व की सार्थकता को समाप्त मान लेती हैं।

हमारा विचार है कि नर-नारी के सम्बन्धों पर जैसा निश्चित निदान गांधीजी और मार्क्स ने दिया है, वैसा और कोई विचारक नहीं दे सका। ये दोनों नेता नर-नारी को सहज एवं समान दृष्टि से देखते हैं और यह मानते हैं कि जिस क्षेत्र में एक की विजय है, उसमें दूसरे को भी विजय मिल सकती है। खेत और कल-कारखाने, ये दोनों के क्षेत्र हैं। ज्ञान और विज्ञान,

इन पर भी दोनों का समान अधिकार है। प्रकृति ने नर और नारी की रचना एक ही तत्त्व से की है। अतएव, एक के लिए जो सहज और सम्भाव्य है, वह दूसरे के लिए भी असम्भव नहीं हो सकता। हाँ, मातृत्व एक ऐसा गुण अवश्य है, जिसके कारण नारी नर से भी श्रेष्ठ हो जाती है।

गांधी और मार्क्स में फर्क यह है कि भौतिकवादी होने के कारण मार्क्स को अपने समाधान पर पहुँचने में कठिनाई नहीं हुई। नर-नारी के बीच जिन कारणों से प्राचीन सन्त और सुधारक भय की स्थिति देखते थे, उन कारणों को मार्क्सवादी मानते ही नहीं। इसलिए विवाह उनकी दृष्टि में अनिवार्य संस्था नहीं है, न ब्रह्मचर्य, पातिव्रत अथवा एकपत्नीव्रत को ही वे जीवन का कोई दुर्लभ गुण मानते हैं।[10] और, स्पष्ट ही इन परम्परागत मूल्यों से यदि हम आँखें मूँद लें तो मार्क्सवादी समाधान नर-नारी समस्या का पूरा समाधान है।

किन्तु, गांधीजी इन मूल्यों से आँखें नहीं मूँद सकते। यदि वे आँखें मूँद लें तो उनका सारा दर्शन, पृथ्वी को स्वर्ग बनाने की उनकी सारी कल्पना, क्षण भर में, ढह पड़ेगी। मनुष्य के सुधार का मार्ग सत्य और अहिंसा का मार्ग है और सत्य एवं अहिंसा का सम्यक् पालन काम को नियन्त्रित किए बिना नहीं हो सकता। गांधीजी के भीतर प्राचीन परम्परा के सन्त और आधुनिक विचारक, दोनों विद्यमान हैं। विचारक का कहना है कि नर और नारी के सम्बन्ध को स्वाभाविकता प्रदान करो। सन्त को भय है कि स्वाभाविकता के प्रचलित अर्थ से तो दोनों काम के दास हो जाएँगे और दोनों में सत्य एवं अहिंसा की भावना दुर्बल पड़ जाएगी। इसलिए, गांधीजी मध्य मार्ग पर आते हैं। उनका कहना है कि नर और नारी, दोनों का अस्तित्व एक-दूसरे से स्वतन्त्र है और दोनों अपने-अपने व्यक्तित्व का विकास करने को जन्म लेते हैं। यदि रूप, सौन्दर्य तथा आधिभौतिक सुखों के लोभ में आकर वे एक-दूसरे से मिलते हैं, तो यह ऊँचा मिलन नहीं है।[11] व्याकुलता तो दोनों में आत्म-विकास के लिए ही होनी चाहिए, जिसका साधन समाज-सेवा और स्वार्थ-त्याग है। हाँ, विचारों में एकता अथवा उद्देश्यों में समानता होने के कारण, वे यदि एक-दूसरे के समीप आना चाहें तो विवाह भी कर सकते हैं। किन्तु, विवाह के उपरान्त बाल-बच्चे उत्पन्न करना कोई ऊँचा ध्येय नहीं है। एक तो इससे जनसंख्या में अनुचित वृद्धि होती है; दूसरे, बाल-बच्चे की वृद्धि से समाज-सेवी की सेवा की योग्यता न्यून पड़ जाती है। अतएव, नर-नारी को या तो विवाह ही नहीं करना चाहिए अथवा करना अनिवार्य हो तो दोनों का आनन्द बौद्धिक मिलन अथवा आध्यात्मिक समीपता का आनन्द होना चाहिए। बस, इतनी-सी शर्त लगाकर गांधीजी नर-नारी को स्वतन्त्र छोड़ देते हैं और उन्हें परस्पर समकक्ष भी मानते हैं।[12]

गांधीजी प्रत्येक कर्म का मूल्य इस कसौटी पर आँकते हैं कि उससे मुक्ति में सहायता मिलती है या नहीं। विवाह मुक्ति में सहायक नहीं है, इसलिए वे विवाह को अनावश्यक मानते हैं। उनकी मान्यता है कि मुक्ति से दूर रहने के कारण मनुष्य का पुनर्जन्म होता है तथा मुक्ति से और अधिक दूर होने के कारण वह विवाह करता है। नर-नारी, दोनों समान हैं और दोनों को चाहिए कि अपने मोक्ष के लिए साधना करें। बहुत प्राचीन काल से लोग जो यह कहते आए थे कि नर और नारी परस्पर एक-दूसरे के पूरक हैं, उस सिद्धान्त का गांधीजी और मार्क्स, दोनों ने, प्रयोगों द्वारा खंडन कर दिया है।

धर्म की अनुभूति

राजनीति गांधीजी को लील तो नहीं सकी, किन्तु उसने उनके असली रूप पर कुछ झीना परदा अवश्य डाल दिया, जो उनके मोक्ष-लाभ के बाद से शनैः-शनैः उठ रहा है। राष्ट्रों को स्वाधीन करनेवाले अथवा नए राज्य स्थापित करनेवाले महापुरुषों की पंक्ति में बैठाकर हम गांधीजी को ठीक-ठीक नहीं समझ सकते। राजनीति का पात्र अत्यन्त छोटा है। उसमें सागर क्या कभी आ सकता है? गांधीजी राजनीति के पुरुष नहीं थे। वे धर्म के नेता, मनुष्य के उद्धारक और नए मूल्यों के संस्थापक थे। उनके वास्तविक रूप के विषय में दूसरों को कोई भ्रम रहा हो तो हो सकता है, गांधीजी को स्वयं कोई भ्रम नहीं था। बहुत-से राजनीतिज्ञ हुए हैं, जो धर्म के परिधान में छिपकर चलते थे। गांधीजी शुद्ध धार्मिक मनुष्य थे, जिन्हें राजनीति के वेश में रहना पड़ा।

किन्तु, गांधीजी का धर्म क्या था, इसे हम उसी आसानी से नहीं समझ सकते, जिस आसानी से कुछ अन्य धर्माचार्यों का धर्म हमारी समझ में आ जाता है। उनका धर्म किसी गुरु-मुख से लिया हुआ धर्म नहीं था, न उन्होंने सम्प्रदाय-विशेष के धर्म को अपना धर्म माना था। यहाँ तक कि प्राचीन धर्म-ग्रन्थों का भी प्राचीन अर्थ, वे ज्यों-का-त्यों ग्रहण न कर सके। "मैं धर्म की किसी भी ऐसी व्याख्या को मानने से इनकार करता हूँ, जो महाविद्वानों की होने पर भी नैतिक भावना और बुद्धि के विरुद्ध है।" "मेरा धर्म हिन्दू-धर्म नहीं, बल्कि, वह धर्म है जो हिन्दुत्व से भी आगे जाता है, जो हिन्दुत्व के भीतर के सत्यों पर आधारित है, जो क्षण-क्षण पवित्रता प्रदान करनेवाला है, जो आत्मा को तब तक बेचैन रखता है, जब तक कि वह परमात्मा से एकाकार न हो जाए। किसी को भी इस धोखे में नहीं रहना चाहिए कि संस्कृत में जो कुछ लिखा है एवं शास्त्रों में जो कुछ मुद्रित है, उसे आँख मूँदकर मानना ही धर्म है। नैतिकता के मूल-सिद्धान्त और सुनियोजित बुद्धि के जो विरुद्ध है, उसे नहीं मानना ही धर्म है, चाहे वह कितना भी प्राचीन क्यों न हो।"

सांस्कृतिक नवोत्थान के साथ भारत में बुद्धिवाद की जो लहर उठी, उसे गांधीजी ने सर्वतोभावेन ग्रहण किया। किन्तु, उनका बुद्धिवाद उन्हें यह समझाने में असमर्थ रहा कि जो कुछ दृश्य है, वही सत्य है तथा अदृश्य और अगोचर की ओर विवेकशील मनुष्य को ध्यान ही नहीं देना चाहिए। प्रत्युत, उन्होंने अगोचर और अदृश्य को अपनी प्रेरणा का मूल-स्रोत माना तथा, सभी कठोर परीक्षाओं के अवसर पर, अपनी आत्मा के भीतर वे इसी अगोचर और अदृश्य की आवाज सुनकर शान्ति पाते रहे।

गांधीजी के सभी धार्मिक विचार उनके निजी अनुभवों से निकले थे, इसलिए, उनकी भाषा में वही वेधकता और सचाई मिलती है, जो उपनिषदों में दिखाई देती है, जो बुद्ध और ईसा तथा परमहंस रामकृष्ण के उद्गारों में भरी हुई है। पुस्तकीय और तर्कसम्मत ज्ञान में सच्चाई की वह आग नहीं होती, जो अनुभव-जनित ज्ञान में होती है। गांधीजी ने धार्मिक सत्यों को खोजा नहीं, अपने जीवन में उनकी अनुभूति की थी। इसलिए, उनके विचारों में कहीं-कहीं वह विरोधाभास भी है, जो उपनिषदों में मिलता है। उदाहरण के लिए, सुस्पष्ट शब्दों में यह बताना बड़ा कठिन है कि गांधीजी द्वैतवादी या अद्वैतवादी थे अथवा उनकी भक्ति साकार या निराकार पर थी। वे अपने को वैष्णव कहते थे और राम नाम के जप

तथा कीर्तन में उनका बड़ा विश्वास था। यहाँ तक कि, अन्त में आकर, उनका विश्वास हो गया था कि रामधुन से पाप तो क्या, शारीरिक रोग भी छूट जाते हैं। पराकाष्ठा यह हुई कि हत्यारे की गोलियाँ खाकर जब वे गिरे, तब भी उनके मुख से 'हे राम', ये दो शब्द अनायास ही निकल पड़े। बल्कि अनायास तो इसे कहना ही नहीं चाहिए। **'जनम-जनम मुनि जतन कराहीं, अन्त राम कहि आवत नाहीं।'**[13] किन्तु, अन्त में भी उनके मुख से अपने आराध्य के नाम का निकल सकना, यही बतलाता है कि जीवन-भर वे किस तैयारी में रहे थे। गांधीजी का जीवन महान् था, किन्तु, उनकी मृत्यु उससे भी महान् निकली। ईसा जब शूली पर चढ़ाए गए, तब वे लोग भी अपना हृदय टटोलने को बाध्य हुए, जो जीवन-भर उनकी उपेक्षा करते आए थे। कुछ ऐसी ही बात गांधीजी के साथ भी हुई है। उनका सारा जीवन ही ईश्वर के प्रति उनकी गहन आस्था की अभिव्यक्ति था। यदि इसमें कहीं कुछ कोर-कसर रह गई थी, तो उसे उनकी मृत्यु ने पूरा कर दिया।

किन्तु, जिस राम का नाम गांधीजी आजीवन जपते रहे तथा जिसका नाम लेते हुए उन्होंने अपने प्राण त्यागे, वह राम कौन था, यह विवाद का विषय है। "मेरे राम, हमारी प्रार्थनाओं के राम ऐतिहासिक राम नहीं हैं। वे दशरथ के पुत्र और अयोध्या के राजा नहीं हैं। वे तो सनातन हैं, वे अजन्मा हैं, वे अद्वितीय हैं। मैं उन्हीं की पूजा करता हूँ। उन्हीं से सहायता और वरदान माँगता हूँ। वे सबके हैं। इसलिए, मैं यह समझ नहीं पाता कि कोई मुसलमान, या अन्य व्यक्ति उनका नाम लेने पर आपत्ति क्यों करता है? ईश्वर को वह राम न माने, यह सम्भव है, किन्तु, राम की जगह वह अल्लाह या खुदा का नाम तो ले ही सकता है।"[14] यह गांधीजी के राम का एक पक्ष है।

उनके राम-विषयक विश्वास का दूसरा पक्ष तब सामने आया, जब एक जिज्ञासु ने उनसे यह प्रश्न किया कि "कहने को तो आप यह कहते हैं कि आपके राम दाशरथि राम नहीं हैं। फिर ऐसा क्यों है कि आपकी प्रार्थना में सीता-राम और राजा राम शब्द बार-बार आते हैं?" इस प्रश्न के उत्तर में गांधीजी ने 'हरिजन में' एक टिप्पणी लिखी कि "यह ठीक है कि रामधुन के क्रम में सीताराम और राजा राम शब्द बार-बार आते हैं, किन्तु ध्यान देने की बात यह है कि राम से अधिक शक्तिशाली उसका नाम है।[15] हिन्दू धर्म तो महासिन्धु के समान है, जिसमें असंख्य बहुमूल्य मोती भरे पड़े हैं। इस धर्म में ईश्वर के अनेक नाम हैं। हजारों लोग, असन्दिग्ध रूप से, राम और कृष्ण को ऐतिहासिक व्यक्ति मानते हैं तथा यह विश्वास करते हैं कि वे ईश्वर के अवतार थे। इतिहास, कल्पना और सत्य, हिन्दुत्व में सब मिलकर एकाकार हो गए हैं। इनमें से किसी एक को तोड़कर अलग करना दुःसाध्य कर्म है। ईश्वर के जितने भी नाम और रूप कहे गए हैं, मैंने निराकार एवं सर्वव्यापी राम को उन सबका प्रतीक मान लिया है। इसलिए, राम को सीतापति अथवा दशरथ-पुत्र, जो चाहो, कहो, मेरे लिए तो सर्वशक्तिमान् तत्त्व है, जिसका नाम यदि हृदय में अंकित हो जाए तो मानसिक, नैतिक और शारीरिक कष्ट क्षण में दूर हो जाते हैं।"[16]

राम को निराकार मानते हुए भी, गांधीजी वैष्णव-श्रेणी के भक्त थे। शांकर मत का शून्यवाद और ज्ञान-मार्ग उन्हें पसन्द नहीं था। शंकर के विपरीत, गांधीजी का प्रपत्ति और शरणागति में अटल विश्वास था, एवं शुद्ध अन्तःकरण से वे अपने को सब तरह से, निस्सहाय

मानकर केवल निराकार राम की कृपा के भरोसे जीते थे। ये सभी लक्षण द्वैत अथवा विशिष्टाद्वैत विश्वासी वैष्णव भक्तों में देखे जाते हैं एवं सिद्धान्ततः, देखा जाए तो, गांधीजी इसी प्रकार के भक्त थे। किन्तु, कहीं-कहीं उन्होंने अद्वैतवादी होने का भी दावा किया है। "मैं अद्वैतवादी हूँ तथा मैं द्वैतवाद का भी समर्थन करता हूँ। संसार क्षण-क्षण परिवर्तित हो रहा है, अतएव, यह असत्य है, इसका स्थायी अस्तित्व नहीं है। किन्तु संसार में कोई ऐसा भी तत्त्व है, जो परिवर्तित नहीं होता। इसलिए, संसार को सत्य भी कह सकते हैं। विश्व सत्य भी है और असत्य भी, यह मानने में मुझे कोई आपत्ति नहीं दीखती। अतएव, कोई मुझे अनेकान्तवादी या स्याद्वादी कहे तो कह सकता है। किन्तु मेरा स्याद्वाद भी पंडितों का नहीं होकर मेरा अपना ही है।"[17]

परमात्मा ने सृष्टि बनाई या नहीं, इस सनातन प्रश्न पर भी उनके विचार अनेकान्तवादी थे। "मैं उसे रचयिता भी मानता हूँ और रचना से तटस्थ भी। जैनों के मंच से मैं ईश्वर की तटस्थता का समर्थन करता हूँ और रामानुज के मंच से उसकी रचयित्री शक्ति का। वास्तव में, हम अज्ञेय को ज्ञेय बनाने का प्रयास कर रहे हैं; इसलिए, हमारी वाणी तुतलाने लगती है, निश्चित रूप से कुछ कहने में वह असमर्थ हो जाती है और हम परस्पर-विरोधी बातें भी बोलने लगते हैं।"[18]

परमात्मा को सर्वात्मवादी साधक फूलों, नदियों, पहाड़ों, लताओं और समुद्रों इत्यादि में झिलमिलाते देखता है। रहस्यवादी अपनी समाधि में अदृश्य वास्तविकता का स्पर्श पाता है और साकारोपासक भक्त पत्थर की प्रतिमाओं में भी ईश्वर की प्रत्यक्ष मूर्ति के दर्शन करता है। किन्तु, गांधीजी ने परमात्मा के दर्शन सदाचार में किए। "ईश्वर वह अपरिभाषेय पदार्थ है, जिसका अनुभव तो किया जा सकता है, किन्तु, जिसे हम जान नहीं सकते। मेरे लिए ईश्वर सत्य और प्रेम है, नैतिकता और सदाचार है। वह जीवन और प्रकाश का उत्स है, किन्तु, वह इनसे भी परे है। ईश्वर आत्मा की आवाज है। यह नास्तिकों की नास्तिकता भी है। किन्तु, वाणी और तर्क की पहुँच के वह परे है। जो उसका स्पर्श चाहता है, उसके लिए वह साकार है। जो श्रद्धावान् और विश्वासी हैं, उनके लिए वह केवल अस्तित्व मात्र है।"[19]

भक्ति और रहस्यवाद के प्रति इस युग की श्रद्धा नहीं रह गई है। यद्यपि लोग बुद्धि को अपूर्ण कहने लगे हैं, किन्तु, प्रत्येक वस्तु की परीक्षा बुद्धि से ही करते हैं, क्योंकि मनुष्य के पास अभी और कोई उपाय नहीं है। और बुद्धि रहस्यवाद एवं भक्ति को समझ नहीं पाती, वह उन्हें मन्द उन्माद की स्थिति कहकर छुट्टी ले लेती है। ऐसे शंकालु युग के लिए गांधीजी का सन्देश है कि ईश्वर सदाचार का स्वरूप है; तुम नैतिक धर्म का पालन करो, भगवान् तुम्हें आप-से-आप, प्राप्त हो जाएगा। "जो अपने जीवन में प्रमाण खोजता है, उसे अपने भीतर श्रद्धा और जीवित धर्म का पालन करना चाहिए। किन्तु, श्रद्धा और विश्वास भी बाह्य प्रमाणों से सिद्ध नहीं किए जा सकते। अतएव, ऐसे व्यक्ति को सृष्टि के नैतिक शासन में विश्वास करना चाहिए, सत्य और प्रेम के नियमों में आस्था रखनी चाहिए। जो ईश्वर केवल बुद्धि को सन्तुष्ट करता है, वह ईश्वर नहीं है। ईश्वर का ईश्वरत्व भक्त के हृदय पर शासन करने तथा उसे परिवर्तित करने में है। अपने भक्त के क्षुद्र-से-क्षुद्र कार्यों में भी उसे अपना रूप दिखलाना ही चाहिए।"

गांधीजी वैष्णव-श्रेणी के भक्त थे और नाम-कीर्तन में उनका अटल विश्वास था।[20] किन्तु धर्म की अभिव्यक्ति वे केवल नाम-कीर्तन और ध्यान को ही नहीं मानते थे। भक्त है तो नाम-कीर्तन करेगा ही, परमात्मा का ध्यान धरेगा ही। किन्तु, ये साधन अधिक महत्त्व नहीं रखते। गांधी-मत में धर्म की वास्तविक अभिव्यक्ति सदाचार है। जो सदाचारी नहीं है, वह गांधी-मत से धार्मिक भी नहीं माना जा सकता। ''धर्म कहते हैं जीवन के स्थान पर ईश्वर को स्वीकार करने को। ईश्वर की स्वीकृति का अर्थ है प्रेम, सत्य और विवेक को हृदय पर शासन करने देना तथा स्वार्थपरता, दुरिच्छा, अज्ञान और अविवेक तथा काम और क्रोध को दूर करना। धर्म का वास्तविक निचोड़ नैतिकता के पालन में है। धर्म और नैतिकता परस्पर अविच्छिन्न हैं। फिर भी, बोए गए बीज के लिए जल जो महत्त्व रखता है, नैतिकता के लिए धर्म का वही महत्त्व है। किन्तु, नैतिकता के विकास से भी धर्म की वृद्धि होती है। अपने भीतर मैं जितनी ही पवित्रता लाता हूँ, ईश्वर मुझे उतना ही समीप मालूम होता है।''

सदाचार के समान ही, गांधीजी प्रार्थना में पूरे अस्तित्व से विश्वास करते थे। उनका सारा जीवन ही प्रार्थनामय था, कृष्णार्पण और आत्म-निवेदन के भाव से पूर्ण था। ''प्रार्थना धर्म का निचोड़ है। प्रार्थना याचना नहीं है। यह तो आत्मा की आकांक्षा का नाम है। प्रार्थना दैनिक दुर्बलताओं की स्वीकृति है, हृदय के भीतर चलनेवाले अनुसन्धानों का नाम है। यह आत्म-शुद्धि का आह्वान है, यह विनम्रता को निमन्त्रण देना है। यह मनुष्यों के दुःख में भागीदार बनने की भी तैयारी है।''[21]

वस्तुतः गांधी-धर्म न तो कोई एक धर्म है, न वह विश्व में प्रचलित धर्मों से भिन्न है। सभी धर्म जहाँ से उत्पन्न होते हैं, गांधीजी उस उत्स के आमने-सामने खड़े थे। और सभी धर्म मनुष्य को जहाँ ले जाना चाहते हैं, गांधीजी उस मंजिल के भी पास थे। वस्तुतः गांधी-धर्म वह धर्म है, जिससे प्रत्येक धर्म की धार्मिकता में वृद्धि होती है। अच्छा गांधी-मार्गी अच्छा हिन्दू भी है तथा अच्छा मुसलमान भी। ईसाई धर्म-प्रचारकों को लक्ष्य करके एक बार गांधीजी ने कहा था, ''तुम हमें नया धर्म सिखाने को इतने आतुर क्यों हो? हमें अच्छा हिन्दू बनाओ, अच्छे नर-नारी बनाओ, यही यथेष्ट है। नाम के परिवर्तन से हृदय तो परिवर्तित नहीं होगा। शब्दों के बदले यदि जीवन बोलना आरम्भ कर दे तो वह श्रेष्ठ है।''

गांधीजी ने जैसे बुनियादी शिक्षा की योजना निकाली, वैसे ही, उनका धर्म भी बुनियादी धर्म था। बुनियादी धर्म में आध्यात्मिक स्वीकृति होती है, बौद्धिक समर्थन नहीं। उसमें हार्दिक भक्ति के कारण एकरूपता आती है, अनुष्ठानों की एकता के कारण नहीं। बुनियादी धर्म वह है जिसमें सभी धर्मों के मूल हैं, जहाँ से सभी नदियों को पानी जा रहा है।

सन्दर्भ

1. एक बार श्री गोपालकृष्ण गोखले ने अरविन्द के अनुयायी राष्ट्रवादियों पर यह आक्षेप लगाया कि उनके आशय शान्तियुक्त हैं या नहीं, इसमें सन्देह है। इसके उत्तर में अरविन्द ने अपने एक भाषण में कहा था कि ''हम तो जनता से कह चुके हैं कि शान्तिमय उपायों से स्वाधीनता प्राप्त की जा सकती है। हमने कहा है कि अपना सहायक आप होकर हम सविनय-अवज्ञा के साधन से स्वराज्य प्राप्त कर सकते हैं। सविनय-अवज्ञा के दो अर्थ हैं। एक अर्थ तो यह कि

कुछ बातों में हम देश की सरकार से तब तक असहयोग करेंगे, जब तक हमारा जन्मसिद्ध अधिकार हमें प्राप्त नहीं हो जाता। दूसरा यह कि असहयोग के क्रम में यदि हम पर दमन होने लगे तो उसका प्रतिकार हम हिंसा से नहीं करके कष्ट-सहिष्णुता, सविनय अवरोध और कानूनी तरीकों से करेंगे। अपने नौजवानों से हमने यह तो नहीं कहा है कि जब अत्याचार हो तब तुम प्रतिशोध लो। हमने तो यही कहा है कि दमन की वेदनाओं का सहन करो।''

(श्री रंगनाथ दिवाकर-कृत 'महायोगी' से।)

2. नए सिद्धान्तों को जन्म देने का दावा मैं नहीं करता। मैंने तो केवल अपने ढंग पर सनातन सत्यों को दैनिक जीवन और समस्याओं पर लागू करने का प्रयास किया है।

(हरिजन, 28 मार्च, 1936 ई.।)

3. यंग इंडिया, 3 अप्रैल, 1924 ई.।
4. धीरेन्द्रमोहन दत्त-कृत 'फिलासफी ऑफ गांधी' से।
5. लुई फ़िशर-कृत 'ए वीक विद गांधी' से।
6. हरिजन, 21 जुलाई, 1946 ई.।
7. आत्मा जैसे-जैसे पाप से मुक्ति पाती है, शरीर वैसे ही वैसे, नीरोग होता जाता है। किन्तु, नीरोग शरीर का अर्थ यहाँ शक्तिशाली शरीर नहीं है। शक्तिशाली आत्मा का वास दुर्बल शरीर में ही होता है। आत्मा की शक्ति, ज्यों-ज्यों बढ़ती है, शरीर का बल, त्यों-त्यों घटता जाता है। इसलिए, पूर्ण रूप से नीरोग शरीर दुर्बल और क्षीण हो सकता है। शक्तिशाली शरीर में तो प्रायः, रोग ही बसते हैं। रोग न भी हों, तब भी बली शरीर को रोग की छूत आसानी से लग जाती है। किन्तु, नीरोग शरीर को रोगों की छूत नहीं लगती। *(नवजीवन, 5 जून, 1924 ई.)*
8. देखिए, बोस-कृत 'सेलेक्शंस फ्रॉम गांधी'।
9. मेरा अनुभव है कि जिसे जिह्वा पर नियन्त्रण प्राप्त नहीं है, वह पाशविक वासनाओं पर नियन्त्रण नहीं पा सकेगा। जिह्वा को जीतना कोई आसान काम नहीं है। लेकिन, वासना-विजय जिह्वा-विजय के साथ बँधी हुई है। जिह्वा-विजय का एक उपाय मसालों का त्याग है। इससे भी बड़ा उपाय यह हो सकता है कि हम बराबर मन को समझाते रहें कि भोजन का उद्देश्य शरीर को कायम रखना है, भाँति-भाँति के स्वाद लेना नहीं। वायु को हम शरीर-धारण के लिए ही लेते हैं, स्वाद के निमित्त नहीं। पानी हम केवल प्यास बुझाने को पीते हैं। तो फिर भोजन भी क्षुधा-तृप्ति के भाव से ही किया जाना चाहिए। *(नवजीवन, 5 जून, 1924 ई.।)*
10. साम्यवादी क्रान्ति के आरम्भ में सेक्स को जो स्वतन्त्रता प्राप्त हो गई थी, अब वह काफी कमजोर है। पातिव्रत और एकपत्नीव्रत पर जो हमले औद्योगिक सभ्यता की ओर से होते हैं, वे तो संसार में सर्वत्र हो रहे हैं। किन्तु, रूस में भी अब काम बन्धन में है, मर्यादाहीन काम को प्रश्रय अब रूसवाले भी नहीं देते।
11. कहते हैं, जब कोई युवक और युवती आपस में सन्दिग्ध सम्बन्ध जोड़ बैठते थे, तब गांधीजी, उसका इलाज करने को, युवती का माथा मुँडवा देते थे और दोनों को दो विभिन्न दिशाओं में काम पर भेज देते थे। युवती के माथे के बाल उतरवा देने में शायद, उनका यह भाव था कि प्रेमी इस नारी को देखे और समझे कि वह प्रेम-पात्री रह गई है या नहीं। साज-शृंगार, प्रसाधन और बनाव, इन्हें वे नारी के व्यक्तित्व को छिपानेवाला आवरण समझते थे। उनकी इच्छा थी कि पुरुष नारी के उस मूल-व्यक्तित्व को प्यार करना सीखे, जो प्रसाधनों के नीचे है, जो यौवन और जरा से अलिप्त और अप्रभावित रहता है। *—लेखक।*
12. गांधीजी प्रत्येक नर को अर्द्धनारीश्वर और प्रत्येक नारी को अर्द्धनरेश्वरी बनाना चाहते थे, ऐसा हमारा अनुमान है। इसीलिए, उनके नर चरखा कातते हैं और उनकी नारियाँ फावड़े चलाने को

केवल पुरुष का कार्य नहीं मानतीं। —*लेखक।*

13. तुलसीदास।
14. हरिजन, 28 अप्रैल, 1946 ई.।
15. *करौं कहाँ लगि नाम बड़ाई? राम न सकहिं नाम गुनगाई।* —*तुलसीदास।*
16. हरिजन, 2 जून, 1946 ई.।
17. यंग इंडिया, 21 जनवरी, 1926 ई.।
18. यंग इंडिया, 21 जुलाई, 1946 ई.।
19. यंग इंडिया, 3 मार्च, 1925 ई.।
20. मनुष्य चाहे जिस रोग से भी ग्रस्त हो गया हो, हृदय के भीतर से वह राम का नाम ले तो उसके सभी रोग छूट जाएँगे। *(हरिजन, 3 मार्च, 1946 ई.।)*

    आप किसी सिद्धान्तवादी से बातें नहीं कर रहे हैं, किन्तु, उससे जिसने, जो कुछ वह कहता है, उसका जीवन के प्रत्येक क्षण में अनुभव किया है। अब तो, स्थिति यह है कि जीवन का प्रवाह भले ही रुक जाए, प्रार्थना और जप का प्रवाह नहीं रुक सकता। यह तो आत्मा की सुनिश्चित आवश्यकता है। *(हरिजन, 25 मई, 1935 ई.।)*
21. प्रार्थना, श्रवणों या शब्दों की कसरत नहीं है। यह अर्थहीन मन्त्रों का पारायण भी नहीं है। राम-नाम का जाप चाहे जितना भी करो, यदि उससे आत्मा आन्दोलित नहीं होती, तो वह व्यर्थ है। प्रार्थना में निःशब्द हृदय का होना अच्छा है, किन्तु हृदयहीन शब्दों का होना खराब है। भूखा मनुष्य जैसे भोजन से जी भरकर आनन्द लेता है, भूखी आत्मा, उसी प्रकार, प्रार्थना से सन्तोष प्राप्त करती है।

    (यंग इंडिया, 23 जनवरी, 1930 ई.।)

प्रकरण-14

विश्वदर्शन के प्रवर्तक श्री सर्वपल्ली राधाकृष्णन

जिस सांस्कृतिक नवोत्थान के सन्त परमहंस, रामकृष्ण, कवि रवीन्द्रनाथ और कर्मयोगी महात्मा गांधी हुए, उसके अप्रतिम दार्शनिक श्री सर्वपल्ली राधाकृष्णन हैं। भारत के मनीषियों का लक्षण रहा है कि वे जब भी भारतीय दर्शन को नया रूप देना अथवा उसकी नई व्याख्या करना चाहते हैं, तब वे प्रस्थानत्रयी (गीता, उपनिषद् और ब्रह्मसूत्र) की व्याख्या करते हैं। प्रस्थानत्रयी में भारतवर्ष की श्रेष्ठतम दार्शनिक अनुभूतियाँ संचित हैं। और ये अनुभूतियाँ केवल पुस्तकों में ही सीमित नहीं हैं, उनका सार भारतवासियों के रक्त में मिश्रित है, उनके स्वभाव में समाया हुआ है, उनके विचारों और भावों के मूल में प्रतिष्ठित है। धर्म यहाँ वह है जो सन्तों के जीवन में दिखलाई पड़ता है, जैसा कि रामकृष्ण और गांधी के जीवन में वह, अभी हाल में, दिखलाई पड़ा था। किन्तु, दर्शन हमारा गीता, उपनिषद् और ब्रह्मसूत्र में है। श्री सर्वपल्ली राधाकृष्णन ने प्राचीन दर्शनाचार्यों के समान गीता और प्रमुख उपनिषदों की व्याख्या लिखी है। ब्रह्मसूत्र की स्वतन्त्र व्याख्या, यद्यपि, वे नहीं लिख पाए हैं[1], किन्तु, ब्रह्मसूत्र के शांकर भाष्य की व्याख्या से उनके सभी ग्रन्थ ओत-प्रोत हैं। अतएव, प्रस्थानत्रयी की व्याख्या का कार्य उन्होंने एक प्रकार से पूरा कर दिया है और भारतीय विचारों के इतिहास में वे उस सरणी में गिने जा सकते हैं, जो शंकर और रामानुज की सरणी है।

श्री सर्वपल्ली राधाकृष्णन का जन्म सन् 1888 ई. में हुआ था। उनके माता-पिता धर्म-सेवी और ईश्वर-भक्त थे। राधाकृष्णनजी की सारी शिक्षा-दीक्षा ईसाई धर्म-प्रचारक स्कूलों और कॉलेजों में हुई। आरम्भ में वे लूथर मिशन हाईस्कूल, तिरुपति में पढ़ते थे। फिर वे वेल्लोर के उरही कॉलेज में गए, और अन्त में, क्रिश्चियन कॉलेज, मद्रास में उन्होंने अपनी ऊँची शिक्षा समाप्त की। अतएव, कहा जा सकता है कि उनका बचपन और छात्र-जीवन ऐसे वातावरण में बीता, जो धर्म का वातावरण था तथा जहाँ अदृश्य शक्ति के अस्तित्व की बात विवाद नहीं, विश्वास की चीज थी। इन्हीं कारणों से श्री राधाकृष्णन को दर्शन की उपलब्धि विज्ञान या इतिहास के द्वारा नहीं होकर धर्म के द्वारा हुई और इन्हीं कारणों से वे आधिभौतिक कोलाहल से भरे हुए काल में भी आत्मा का स्वर बनकर विश्व के समक्ष आए।

राममोहन राय, रामकृष्ण, दयानन्द, विवेकानन्द, रवीन्द्र, गांधी, तिलक और अरविन्द के समान श्री राधाकृष्णन भी उन्नीसवीं सदी में होनेवाले सांस्कृतिक महाजागरण की देन हैं। भारतीय संस्कृति और हिन्दू-धर्म को चुनौती यूरोप से आई थी, अंग्रेजी पढ़े-लिखे लोगों से आई थी। अतएव, राममोहन, केशवचन्द्र, एनी बीसेंट, विवेकानन्द और अरविन्द के द्वारा

अभिनव हिन्दुत्व की ओर से जो भी तर्क दिए गए थे, उनके श्रोता, मुख्यतः, यूरोपीय विद्वान् अथवा अंग्रेजी पढ़े-लिखे भारतवासी थे। रामकृष्ण, दयानन्द और तिलक तथा गांधी, इनके प्रधान श्रोता, भारतवासी अवश्य थे, परन्तु, उनके सन्देश भी विश्व भर के विचारकों के पास पहुँचे। यह बड़ा कार्य था। किन्तु, शुद्ध विद्या के क्षेत्र में उससे भी बड़ा कार्य अभी अधूरा पड़ा था। यूरोप के प्राच्य विद्या-विशारदों को भारत के अतीत के विषय में जो उत्सुकता जगी थी, उसी के परिणामस्वरूप, भारत का अतीत प्रकाश में आया था और उसी प्रक्रिया में, भारतवासी भी अपने प्राचीन ज्ञान के प्रति गौरव अनुभव करने लगे थे। किन्तु, यूरोप की भाषा में भारत की समस्त साधना का वृत्तान्त अभी प्रस्तुत नहीं हो पाया था, न यूरोपवालों को यही ज्ञात हो पाया था कि यूरोपीय विचारों की कसौटी पर भारतीय धर्म और दर्शन कहाँ तक खरे उतरते हैं। यह कार्य श्री राधाकृष्णन ने पूरा किया और भारत की अभिनव व्याख्या करने के क्रम में, उन्होंने पाश्चात्य जगत् की भी विधिवत् व्याख्या कर दी। इस प्रकार, तुलनात्मक दर्शन का जन्म श्री राधाकृष्णन के ग्रन्थों में हुआ और उन्हीं के ग्रन्थों से प्रत्येक देश के विचारकों में यह भाव जाग्रत हुआ कि विश्व-दर्शन की रचना असम्भव नहीं, सम्भव कार्य है।[2]

मिशनरियों की आलोचनाओं से ठेस

विचारों की जननी शंका है और दर्शन सात्विक सन्देह से जन्म लेता है। प्रचलित मतों के विषय में जब शंका उठने लगती है, तभी विचारकों को सोचने की उत्तेजना मिलती है। दर्शन की मुद्रा में पहुँचने के लिए यह आवश्यक है कि मनुष्य में शंका करने का साहस हो। राधाकृष्णन ईश्वर-भक्त माता-पिता के पुत्र थे और हिन्दुत्व के प्रति उनमें आरम्भ से ही श्रद्धा का भाव था। किन्तु, हिन्दुत्व पर दार्शनिक ढंग से विचार करने को वे इसलिए बाध्य हुए कि स्कूलों और कॉलेजों में ईसाई धर्म-प्रचारकों ने उनकी धार्मिक श्रद्धा को ठेस पहुँचाई एवं हिन्दुत्व के विषय में उनके मन में शंका डाल दी। श्री राधाकृष्णन ने अपनी 'खंडित आत्मकथा' में स्वयं लिखा है कि ईसाई धर्म-प्रचारक संस्थाओं के शिक्षकों ने मुझे श्रद्धाहीन बनाकर जिज्ञासा की उस प्राथमिक अवस्था में डाल दिया जहाँ से सभी दर्शनों का जन्म होता है। वे लोग दर्शन के शिक्षक, व्याख्याता और टीकाकार थे। वे रह-रहकर ईसाई विचार और जीवन-पद्धति की भी दुहाई देते थे। किन्तु, सही अर्थ में, वे सत्य के प्रेमी या अन्वेषक नहीं थे। भारतीय विचारधारा की कड़ी आलोचनाएँ करके उन्होंने मेरी श्रद्धा को विचलित कर दिया और परम्परा के उन स्तम्भों को हिला डाला, जिनका मैं सहारा लिए हुए था।''[3]

श्रद्धा के विचलित होते ही श्री राधाकृष्णन की शंका जाग्रत हो गई और उन्होंने देखा कि ''यद्यपि, हिन्दुत्व विचारों की स्वतन्त्रता एवं मन के अनुशासन के सिद्धान्तों को तर्क से सिद्ध किए हुए है, तथा यद्यपि, उसकी अन्तर्दर्शिनी दृष्टि, मूल ध्येय और विचारों के ढाँचे हमें आज भी पसन्द हैं, तथापि, उसने अपने सुदीर्घ जीवन में अनेक रूढ़ियों एवं मन-गढ़न्त सिद्धान्तों की रचना कर डाली है, जिनसे आत्मा के जीवन का मुक्त प्रसार असम्भव हो गया है। इसके सिवा, हम एक ऐसे युग में जी रहे हैं, जब संसार भर के विचार हमें उत्तराधिकार के रूप में आप-से-आप प्राप्त हो गए हैं। भाँति-भाँति के दर्शनों और धर्मों का ऐतिहासिक ज्ञान हमारे भीतर संचित हो गया है। हम देखते हैं कि हमसे पूर्व असंख्य लोगों ने सृष्टि एवं

परोक्ष सत्ता के विषय में वे ही प्रश्न उठाए हैं, जो हममें उठते हैं और उनमें से प्रत्येक इन प्रश्नों के उन्हीं उत्तरों को अन्तिम मानता है, जो स्वयं मुझे सूझे हैं। अनुमानों की इस असंख्यता को देखते हुए, यदि हम ईमानदार हों तो, हमारे लिए यह मानना कठिन हो जाता है कि सत्य केवल वही है, जो हमें दिखाई देता है तथा बाकी लोग असत्य कह रहे हैं। इन अत्यन्त विरोधी अनुमानों का सामना करते ही, हम या तो परम्परा से जा चिपकते हैं अथवा फिर शंकावादी बन जाते हैं। ऐसे ही विचारों ने हिन्दू-धर्म का आलोचनात्मक अध्ययन करने को मुझे बाध्य कर दिया।''[4]

और हिन्दू-धर्म का विधिवत् अध्ययन करते-करते श्री राधाकृष्णन भी उसी निष्कर्ष पर पहुँचे जिस पर विवेकानन्द, गांधी, रवीन्द्र और अरविन्द पहुँचे थे। भारतीय धर्म गर्हित नहीं, पुनीत है। धर्म मनुष्य का शत्रु नहीं, मित्र है। धर्म को जो अपयश प्राप्त हुआ वह इस कारण नहीं कि धर्म में बुराई है, प्रत्युत, इस कारण कि बुरे मनुष्यों ने धर्म का दुष्प्रयोग किया है। वस्तुतः, यूरोप की आधिभौतिकता मनुष्य के सम्पूर्ण कल्याण का मार्ग नहीं है। कल्याणमय वह तभी हो सकती है, जब उसके साथ धर्म का संयोग हो। ''भारतीय ज्ञान केवल भारतीय राष्ट्र के ही पुनरुत्थान के लिए आवश्यक नहीं है, वह मनुष्य-जाति मात्र के पुनः शिक्षण के लिए भी जरूरी है।''[5]

यह राधाकृष्णन की विचारधारा का एक पक्ष है। किन्तु, वे भारतीय समाज के सुधारक मात्र नहीं हैं। सच पूछिए तो भारतीय सुधारक राममोहन, केशवचन्द्र, दयानन्द, विवेकानन्द और तिलक ही हुए हैं। गांधी और अरविन्द तथा रवीन्द्रनाथ का ध्येय भारतीय समाज से अधिक मानव-जाति का सुधार अथवा रूपान्तरण था। विश्ववाद की जो भावना गांधीजी के कर्मयोग, अरविन्द की साधना और रवीन्द्र के काव्य में प्रतिफलित हुई, राधाकृष्णन ने उसका सम्पूर्ण दर्शन प्रस्तुत किया है। और इस दर्शन की रचना करने में उन्हें गांधी, रवीन्द्र और अरविन्द की अनुभूतियों से सहायता भी यथेष्ट मिली है।

गांधीजी के सदृश राधाकृष्णन भी जीवन के कुछ क्षेत्रों को धार्मिक और कुछ को धर्म-निरपेक्ष नहीं मानते। धर्म का प्रवेश वे जीवन के प्रत्येक कार्य में चाहते हैं। उसी प्रकार, जैसे अरविन्द का यह विश्वास था कि मनुष्य का कल्याण आत्मा के धरातल पर आसीन होने में है, मानस से परे अतिमानस की स्थिति को प्राप्त करने में है, वैसे ही, राधाकृष्णन भी आत्मा के जीवन[6] को मनुष्य का काम्य बताते हैं एवं ज्ञान से आगे बढ़कर सम्यक् ज्ञान अथवा सहज ज्ञान के उपयोग को उसका श्रेष्ठ साधन कहते हैं। और जिस विश्ववाद के स्वप्न हमें रवीन्द्र की रचनाओं में मँडलाते मिलते हैं, उन स्वप्नों को दार्शनिक आकार देकर राधाकृष्णन ने विश्ववाद की कल्पना को स्थायी बना दिया है।

पूर्व और पश्चिम का मिलन

रवीन्द्रनाथ के विषय में यह, प्रायः कहा जाता है कि वे केवल भारतीय संस्कृति की उपज नहीं थे, प्रत्युत, उनकी उत्पत्ति के पीछे यूरोपीय ज्ञानधारा का भी हाथ था। किन्तु, यह उक्ति रवि बाबू पर जितनी लागू है, उससे अधिक वह श्री राधाकृष्णन पर लागू की जा सकती है। उनका आविर्भाव भारतीय विचारधारा के व्याख्यान के रूप में हुआ, किन्तु; पाश्चात्य विचारधारा

का भी उन्होंने थोड़ा आख्यान नहीं किया है। वस्तुतः उनके उद्भव के पीछे पूर्वी और पश्चिमी, दोनों विश्वों की दार्शनिकता का हाथ रहा है। उन्होंने भारत की व्याख्या यूरोप के सामने और यूरोप का आख्यान भारत के समक्ष किया है। किन्तु, इतने से ही उनकी महत्ता की इतिश्री नहीं हो जाती। इससे आगे बढ़कर उन्होंने यूरोप और भारत अथवा पूर्व एवं पश्चिम की विचारधाराओं के बीच एक समन्वय का सन्धान किया है, एक सामंजस्य का पता लगाया है एवं दोनों विश्वों की विचारधाराओं को उन्होंने पास-पास ला दिया है।

विश्व की दार्शनिक विचारधारा को उन्होंने एक नया मोड़ दिया है, संसार के चिन्तकों को उन्होंने एक नई उत्तेजना दी है कि पश्चिम जिस उच्च दर्शन का अभिमान करता है, पूर्वी जगत् के पास भी वैसा दर्शन विद्यमान है और विश्व का कल्याण एक ऐसे सामाजिक दर्शन को खड़ा करने में है, जिसमें पूर्वी और पश्चिमी, दोनों ही दर्शनों के श्रेष्ठ तत्त्व समन्वित हों। संसार के कोलाहल में उन्होंने सांस्कृतिक समन्वय की माधुरी का संचार किया है, जिससे विश्व-दर्शन की उत्पत्ति दिनोंदिन सम्भव होती जा रही है। विज्ञान के चलते संसार सिकुड़कर छोटा हो गया है। एक देश का ज्ञान दूसरे देश के लोगों तक अनायास ही पहुँच रहा है। विचारों की टकराहट से एक नई चेतना उत्पन्न हुई है कि मनुष्य-जाति एक है, वह एक समान आचरण करती हुई एक ही दिशा की ओर जा रही है। आदमी पूर्व का हो या पश्चिम का, उसकी शारीरिक आवश्यकताएँ एक हैं, उसकी आत्मिक आवश्यकताएँ परस्पर समान हैं। देशों की दीवारें खींचकर हम मनुष्य को मनुष्य से अलग नहीं रख सकते। प्रत्येक देश के मनुष्य की जिज्ञासा इन दीवारों से ऊपर उठकर एक ही दिशा की ओर प्रभावित हो रही है। "सभी मनुष्यों की मनोदशाएँ और रीतियाँ अब एक ही मानव-चेतना के अंग हैं। मनुष्य का दर्शक मनुष्य है। क्षितिज पर एक नए मानवतावाद का उदय हो चुका है। इस बार वह भेदभाव से ऊपर उठकर समग्र मानव-जाति का आलिंगन करेगा।"[7] हमें ऐसे आदर्शों एवं ऐसी संस्थाओं को अस्तित्व में लाना है, जिनके भीतर से विश्वात्मा अपनी अभिव्यक्ति कर सके। उनका ध्येय विश्व-जीवन को एक नए साँचे में ढालना, मनुष्य को जीने का एक नया ढंग सिखाना है एवं इस कार्य में वे पूर्वी धर्मों, विशेषतः हिन्दू-धर्म और बौद्ध मत के कुछ अमर सत्यों का बड़ा महत्त्व मानते हैं।

आधुनिक भारत राजनैतिक एवं सांस्कृतिक, दोनों ही दृष्टियों से पूर्व और पश्चिम का युद्ध-क्षेत्र रहा है। राधाकृष्णन का जन्म इसी संघर्ष से हुआ है। कुछ लोग इस जागरण को अतीत का पुनरुज्जीवन (रिवाइवल) कहकर इसकी महत्ता को कम करते हैं। किन्तु, यह अतीत का पुनरुज्जीवन मात्र नहीं था। "देखना यह है कि अतीत को खींचकर वर्तमान की भूमि पर लानेवाले लोग कौन थे? ये वे लोग थे, जिन्होंने ऊँची शिक्षा पाई थी, जो अंग्रेजी के विश्वविद्यालयों से तेजस्वी होकर निकले थे। इन्हीं पाश्चात्य ढंग के पंडितों ने अतीत की नई व्याख्या करके उसे वर्तमान के अनुरूप बनाया। अतएव, भारत में अतीत ने वर्तमान को अपना विरोधी नहीं माना, न उसने उस पर अपना आधिपत्य ही जमाना चाहा। सांस्कृतिक जागरण के क्रम में भारत के अतीत ने भारत के वर्तमान के साथ सभी क्षेत्रों में समन्वय स्थापित कर लिया। वस्तुतः, अतीत और वर्तमान के बीच का यह समन्वय भारत में पूर्व और पश्चिम का ही समन्वय था। इस समन्वय की अभिव्यक्ति कला, साहित्य आदि में होती आ रही थी। किन्तु,

दर्शन के स्तर पर इस समन्वय को मूर्तिमान रूप श्री राधाकृष्णन ने प्रदान किया।[8]

राधाकृष्णन अतीत की उपेक्षा नहीं सिखाते। परम्पराएँ एक पीढ़ी से दूसरी पीढ़ी को बाँधनेवाली कड़ियाँ होती हैं। प्रगति उन्हीं विचारों के भीतर से जन्म लेती है, जिन्हें वह कुचलती-सी जान पड़ती है। जीवन की यात्रा अतीत को त्यागकर नहीं होती। जीवन तो अतीत को मानकर ही चलता है। जीवन अतीत को लेकर भविष्य की चादर बुनता है और, इसी बुनावट के क्रम में, अतीत का पुनर्जन्म होता रहता है। मुख्य बात यह है कि हम याद भी रखें और नई रचना भी करते जाएँ। उपेक्षा न तो पूर्व की करनी है, न पश्चिम की, न तो वर्तमान की करनी है, न अतीत की। अतीत से बिलकुल छिन्न होना किसी के लिए भी सम्भव नहीं होता, न कोई लौटकर अतीत में पहुँच ही सकता है। पूर्वी जगत् में पश्चिम का आगमन वापस जाने को नहीं, बल्कि, यहाँ ठहरने को हुआ है। इसी प्रकार, पूर्व ने पश्चिम को जो आध्यात्मिक उत्तेजना दी है, वह भी वहाँ की संस्कृति को अनुप्राणित करनेवाली है। राधाकृष्णन का सन्देश है कि मनुष्य का भावी कल्याण इसमें है कि वह अतीत और वर्तमान तथा पूर्व और पश्चिम के बीच समन्वय का पता लगाए तथा सामंजस्य स्थापित करे। जब तक एक देश के लोग दूसरे देश के लोगों से नहीं मिल सकते थे, तब तक देश-देश में जातीय दर्शन रचे जाने का थोड़ा-बहुत औचित्य था। किन्तु, अब जब विचारों के आदान-प्रदान में कोई बाधा नहीं रह गई है, तब राष्ट्रीय दर्शनों का औचित्य क्या हो सकता है? मनुष्य मात्र की आध्यात्मिक आवश्यकता यदि एक है तो उसका दर्शन भी एक होना चाहिए। और श्री राधाकृष्णन ने अब तक जो कुछ भी लिखा है, वह इसी विश्व-दर्शन का आख्यान है।

राधाकृष्णन का जन्म-काल भारत में पूर्व और पश्चिम के विवाद का काल था, किन्तु, राधाकृष्णन इस विवाद में किसी के भी पक्षपाती नहीं हुए। विश्व-मानव की समस्याओं का हाल उन्होंने केवल पुस्तकों से नहीं जाना, बल्कि, अपने विश्व-भ्रमण के क्रम में वे उनसे सीधा परिचय प्राप्त करते गए। अन्ततोगत्वा, वे इस निष्कर्ष पर जा पहुँचे कि दोष यूरोप का नहीं, प्रत्युत, उस दृष्टिकोण का है, जिसकी अधीनता में आकर मनुष्य शरीर के सुख को अपना सर्वस्व मान बैठता है। दोष उस विचारधारा का है, जिसने मनुष्य को अपनी आत्मा की भूमि से उखाड़कर अलग कर दिया है। अतएव, मनुष्य को आत्मा की ओर उन्मुख करने का कार्य उनका सबसे प्रिय कार्य हो उठा।

दर्शन की उत्पत्ति जीवन से

राधाकृष्णन दर्शन को केवल मानसिक व्यायाम का साधन नहीं मानते। उनका विश्वास है कि दर्शन भी मनुष्य की समकालीन आवश्यकता से जन्म लेता है और उसका उद्देश्य मनुष्यों की जिज्ञासा का समाधान खोजना तथा उन्हें सन्तुष्ट करना है। इसीलिए, राधाकृष्णन ने जो कुछ लिखा है, वह केवल बुद्धि की तुष्टि के लिए नहीं है, प्रत्युत, उससे समकालीन समस्याओं का समाधान भी प्राप्त होता है। वे एक साथ दार्शनिक, कवि और सुधारक हैं। इसीलिए, उनके लेखों से जीवन को गति मिलती है, मन को प्रेरणा एवं धार्मिक भावों को स्फूर्ति प्राप्त होती है। उनका दर्शन तर्क से निकलकर तर्क में ही विलीन नहीं होता, प्रत्युत, वह मनुष्य के हृदय में प्रवेश करता है। वे सोद्देश्य दार्शनिक हैं एवं उनका उद्देश्य मनुष्य मात्र को

शान्ति प्रदान करना है। ''जो लाखों लाख मनुष्य धार्मिक दृष्टि से विस्थापित हो गए हैं और शरणार्थी की भाँति कला, विज्ञान, फासिस्टवाद, नाजीवाद अथवा मानवतावाद एवं साम्यवाद के अस्थायी शिविरों में आश्रय खोज रहे हैं, उनके भीतर आध्यात्मिक मूल्यों के प्रति आस्था जगाना मेरा सबसे प्रिय कार्य रहा है। रोग-मुक्ति का प्रथम सोपान विचारों की उस विशृंखलता को ठीक से समझना है, जिसमें करोड़ों मानव फँसे हुए हैं। शंका और नास्तिकता की प्रवृत्ति को सबसे बड़ी उत्तेजना वैज्ञानिक दृष्टिकोण की वृद्धि से मिली है, टेक्नोलॉजी (उद्योग-विज्ञान) पर आधारित सभ्यता से मिली है। मनुष्य की सामाजिक चेतना जाग्रत हो गई है और वह बाह्याचारों से ग्रसित कृत्रिम धर्म का विरोध कर रही है।''

विज्ञान पर विचार

राधाकृष्णन ने विज्ञान का अनादर नहीं किया है, किन्तु, उसके जो दोष हैं, उनकी उन्होंने खुलकर भर्त्सना की है। मनुष्य का ध्यान ईश्वर, आत्मा और धर्म से हटाने में विज्ञान ने क्या अंशदान दिया है, इसे दिखलाते हुए वे कहते हैं कि बॉयलॉजी (जीव-विज्ञान) का आध्यात्मिक प्रभाव यह हुआ है कि मनुष्य किसी भी कार्य में अपने को स्वाधीन नहीं मानता। उसका विश्वास है कि प्राकृतिक नियमों की अधीनता में जैसे अन्य जीव चलते हैं, मनुष्य भी उसी प्रकार चलता है। परिस्थितियाँ जैसी होंगी, मनुष्य के कार्य भी वैसे ही होते जाएँगे। अग्नि से जैसे और जीव तप्त होते हैं, वैसे ही मनुष्य को भी तप्त होना पड़ेगा। वासनाएँ जैसे अन्य जीवों को अपना दास बना लेती हैं, मनुष्य के आगे भी उसके सिवा और कोई चारा नहीं है। इसी प्रकार, मनोविज्ञान ने मनुष्य को यह शिक्षा दी है कि सज्ञान अवस्था में भी वह स्वाधीन नहीं है। ऊपर ज्ञान और चेतना की जैसी भी रोशनी फैली हुई हो, मानव-मन में पशुता के आवेग ज्यों-के-त्यों वर्तमान हैं और मनुष्य के सारे कार्य इन्हीं आवेगों से परिचालित होते हैं। मनुष्य वातावरण का बन्दी है। उसमें कोई ऐसी शक्ति नहीं है, जिससे वह वातावरण का अवरोध या उससे अपनी रक्षा कर सके। विज्ञान की पृष्ठभूमि पर निर्मित अभिनव नीतिशास्त्र का भी कहना है कि सनातन या नित्य कहलाने योग्य कोई नैतिक मूल्य नहीं है। नैतिक मूल्य भी बादलों के समान क्षणभंगुर होते हैं और जो परिस्थितियाँ उनमें परिवर्तन लाती हैं, उन पर हमारा कोई अधिकार नहीं है। तथा अभिनव तत्त्वज्ञान की मान्यता है कि जो वस्तु इन्द्रियों के द्वारा अथवा वैज्ञानिक साधनों के माध्यम से देखी या परखी नहीं जा सकती, वह सत्य नहीं मानी जानी चाहिए। जिस तत्त्वज्ञान में विचार आत्मा और परमात्मा को लेकर चलता है, उसे अभिनव तत्त्वज्ञानी अटकल या अनुमान कहते हैं। कविता और उपन्यास की भाँति धर्म और तत्त्वज्ञान भी विद्या के अंग अवश्य हैं, किन्तु, वे केवल भावाभिव्यक्ति के माध्यम हैं, उनसे ज्ञान की तृषा शान्त नहीं होती। यही नहीं, विज्ञान यह भी कहता है कि एक दिन विश्व की गति समाप्त हो जाएगी और सब कुछ निर्जीव हो जाएगा।

विज्ञान ने आधिभौतिक सुखों में तो काफी वृद्धि की, किन्तु, मनुष्य के मन को उसने विषण्ण बना डाला। आत्मा, परमात्मा एवं सृष्टि के ध्येय और उद्देश्य को अविचारणीय बताकर उसने मनुष्य को, मानो, यह शिक्षा दी है कि तुम्हारा काम जनमना, बढ़ना, कमाना और खर्च करना, सन्तान उत्पादन करके वृद्ध होना और फिर इस विश्वास को लेकर मर जाना है कि

मनुष्य-शरीर भी प्रकृति-परिचालित यन्त्र है और इस यन्त्र की आवश्यकताओं की पूर्ति के अतिरिक्त मानव-जीवन का और कोई ध्येय नहीं है।

इतना सदोष होते हुए भी, विज्ञान सार्वभौम तत्त्व है। जैसे देश-देश में अनेक धर्म एक-दूसरे से आगे निकल जाने को बेचैन हैं, वैसी प्रतियोगिता विज्ञान में नहीं है। वैज्ञानिक अनुसन्धान या आविष्कार चाहे जिस किसी देश में होता हो, सारे विश्व के वैज्ञानिक उसे अपने क्षेत्र की प्रगति मानते हैं। भौगोलिक दृष्टि से भी विज्ञान सार्वभौम विद्या है, क्योंकि इसका प्रचार सारे विश्व में है। प्रकृति चूँकि एक है, इसलिए, विज्ञान भी एक ही हो सकता है। सार्वभौम मानव-जाति का आविर्भाव हो, यह विज्ञान की भी सामाजिक अभिलाषा है। यही नहीं, प्रत्युत, विज्ञान की सारी शक्तियों के विषय में राधाकृष्णन बड़े ही उत्साह से बोलते हैं। "कृषि और उद्योग में वैज्ञानिक साधनों के प्रयोग से जीवन में अद्‌भुत क्रान्ति उपस्थित हो गई है। यदि हम चाहें तो अब संसार से क्षुधा, अभाव, दरिद्रता, रोग और अशिक्षा को निकाल बाहर करने में सफल हो सकते हैं। किन्तु, ये दुर्गुण संसार में यदि आज भी वर्तमान हैं तो इसका कारण यह है कि हम अन्यायपूर्ण सामाजिक, राजनैतिक एवं अन्तर्राष्ट्रीय सम्बन्धों को कायम रखने के लिए वैज्ञानिक शक्तियों का दुरुपयोग कर रहे हैं। गलती विज्ञान और टेक्नोलॉजी में नहीं, मनुष्य के सामाजिक और सांस्कृतिक जीवन में है। गलती की असली जगह मनुष्य का औद्योगिक और उपयोगितावादी दृष्टिकोण है, उसका शक्ति, सुविधा और विलासिता का सिद्धान्त है।"

राधाकृष्णन इस बात को भी नजरअन्दाज नहीं करते कि आज का औसत वैज्ञानिक औसत धार्मिक व्यक्ति से अधिक ईमानदार है। यही नहीं, प्रत्युत, आधुनिक विश्व में समाज की प्रगति के, प्रायः, सारे कार्य ऐसे ही लोगों के नेतृत्व में पूरे किए गए हैं, जिनकी दृष्टि धार्मिक रही हो या नहीं, किन्तु, वह वैज्ञानिक अवश्य थी।

राधाकृष्णन मानते हैं कि धार्मिकता आज भी हमारी बाधा नहीं हो सकती। किन्तु, मनुष्य जैसे विज्ञान का दुरुपयोग कर रहा है, वैसे ही, उसने धर्म का भी दुरुपयोग ही किया है, क्योंकि आज की दुनिया में हम सबके सब नास्तिक हैं। हमारा ईश्वरीय सत्ता में विश्वास, हमारी पूजा और प्रार्थना, ये सब कृत्रिम आचार हैं। जब हम पूजा करते होते हैं, तब भी हमारा ध्यान पूजा में नहीं होकर कहीं और होता है। हमारा प्रत्येक कर्म इस बात की गवाही देता है कि हम ईश्वर में विश्वास नहीं करते। हम परमात्मा के सामने नहीं झुककर संसार के सामने झुकते हैं। दुनिया में ऐसी कोई चीज नहीं है, जो ईश्वर की अपेक्षा हमें अधिक पसन्द न हो। राधाकृष्णन कहते हैं कि यदि हम धार्मिक होने का दावा करते हैं, तो धर्म को हमें अपने जीवन में उतारना चाहिए। यदि जीवन धर्ममय नहीं है, तो फिर धर्म निर्जीव सिद्धान्त मात्र रह जाता है।

धर्म जीवन से एकाकार हो

ऐसा क्यों हो रहा है? पहली बात तो यह है कि धर्म को हमने गम्भीरता से ग्रहण नहीं किया। उसकी अनिवार्यता में हमारा विश्वास नहीं है। जिन्होंने धर्म को गम्भीरता से ग्रहण किया भी है, उनका व्यक्तित्व फटा हुआ है और इसी विभक्त व्यक्तित्व का प्रतिबिम्ब वे समग्र विश्व में देखते हैं। वे संसार को दो भागों में बाँटते हैं। विश्व-जीवन का एक भाग वह है

जो ईश्वरमय है, जिसमें सभी जीव एक हैं, जिसके अणु-अणु में धर्म का वास है। किन्तु, जो व्यवसाय और जीविका का संसार है, उसे वे ईश्वर से विच्छिन्न मानकर चलते हैं तथा यह समझते हैं कि इस व्यवसायी विश्व में अशान्ति और संघर्ष, विरोध और दुराव तथा छल और प्रपंच, सभी क्षम्य हैं। ऐसे लोग, वस्तुतः, पलायनवादी कहे जाएँगे। वे व्यवसाय की दुनिया में जब थक जाते हैं, तभी केवल विश्राम पाने को धर्म की दुनिया में आते हैं और अपनी वैयक्तिक साधना और अनुमान को धर्म का सम्पूर्ण रूप मानकर सन्तुष्ट हो जाते हैं।

राधाकृष्णन का कहना है कि जीवन का ऐसा विभाजन नहीं चल सकता। यह तो धर्म और अधर्म के बीच समझौते का उदाहरण होगा। धर्म सम्पूर्ण जीवन की पद्धति है, वह नश्वर में अविनश्वर तथा अचिर में चिर का अनुसन्धान है। धर्म-जीवन का स्वभाव है। ऐसा नहीं हो सकता कि हम कुछ कार्य तो धर्म की उपस्थिति में करें और शेष कार्यों के समय उसे भुला दें। धर्म ज्ञान और विश्वास से अधिक कर्म और आचरण में बसता है। यदि हम ईश्वर के अस्तित्व में विश्वास करते हैं, तो हमारे आचरण में इस विश्वास का प्रमाण मिलना ही चाहिए।

विज्ञान के प्रति कटु हुए बिना राधाकृष्णन मनुष्य को इस योग्य बनाना चाहते हैं कि वह विज्ञान का उपयोग सर्वजन-कल्याण के लिए कर सके। किन्तु, उनका मत है कि जब तक मनुष्य आत्मा को नहीं पहचानता एवं धार्मिक मूल्यों को अपने भीतर प्रतिष्ठित नहीं करता, तब तक उसमें विज्ञान के कल्याणकारी उपयोग की योग्यता नहीं आएगी।

विज्ञान को छोड़ें या न छोड़ें, मनुष्य के आगे यह प्रश्न नहीं है। प्रश्न यह है कि वैज्ञानिक साधनों के प्रयोग से आदर्श व्यक्ति और आदर्श समाज का निर्माण किस प्रकार किया जा सकता है। राधाकृष्णन का निश्चित उत्तर है कि यह कार्य मनुष्य की आध्यात्मिक शक्तियों को जगाए बिना सम्पन्न नहीं किया जा सकता। "हमारे विचारों की प्रेरणा ईश्वरीय होनी चाहिए। हमारे संकल्पों का आरम्भ ईश्वरीय इच्छा में होना चाहिए। हमारी भावनाओं को ईश्वरीय आनन्द से एकाकार होना चाहिए। सत्य, शिव और सुन्दर से समन्वित जिस व्यक्तित्व को हम ईश्वर का नाम देते आए हैं, उसका अधिक-से-अधिक सामीप्य प्राप्त करना मानव-जीवन का उद्देश्य है। अपने-आपको ईश्वरीय सत्ता के स्तर तक ले जाना, यह मनुष्य का श्रेष्ठतम ध्येय है।"

अरविन्द के प्रसंग में

जिस प्रकार, अरविन्द ने मानव-जाति के अति-मानव-जाति में रूपान्तरण को मनुष्यों की सारी समस्याओं का समाधान माना है, उसी प्रकार, राधाकृष्णन भी वैज्ञानिक मनुष्य के भीतर धार्मिक मनुष्य को जगाकर संसार में समृद्धि, सौख्य और शान्ति लाना चाहते हैं। "ईश्वरीय सत्ता के समीप अथवा शान्ति और सामंजस्य की स्थिति तक बिरले ही लोग पहुँचे हैं। किन्तु, ये लोग उस उच्चता के साक्षी हैं, जहाँ तक मानवता गमन कर सकती है तथा ये ही लोग संकेत देते हैं कि मनुष्य को कौन रूप लेना चाहिए। ये आध्यात्मिक व्यक्ति मनुष्य की उस नई जाति का पूर्वाभास दे गए हैं, जिसका उदय और आविर्भाव अवश्यम्भावी है। जो उपलब्धि कुछ थोड़े व्यक्तियों के लिए सम्भव है, वह सबके लिए सम्भव होनी चाहिए। यह ध्रुव है

कि, कभी-न-कभी समग्र मानव-जाति उस ध्येय को प्राप्त करेगी। आज तक हम व्यक्तियों को ईश्वर का अवतार मानते आए हैं। किन्तु ईश्वरावतार की अनुभूति जब व्यक्ति में नहीं होकर, सारे समूह में होने लगेगी, तभी नई मानवता का आविर्भाव होगा, तभी आज की मानवता किसी उज्ज्वलतर मानवता में रूपान्तरित होगी, तभी मनुष्य मात्र का पुनर्जन्म होगा और तभी संसार की नवीन रचना सम्भव होगी। आध्यात्मिक मनुष्य का आविर्भाव विश्व का अगला सौभाग्य है। यही आध्यात्मिक आदर्श हमारे भीतर रचनात्मक शक्तियों का रक्षण करेगा, निष्प्राण बुद्धि से हमें रक्षा और त्राण देगा तथा हमारी वासनाओं को रचनात्मक रूप देकर मन, आचरण और आत्मा से हमें एक बनाकर विश्व-बन्धुत्व को सम्भव बनाएगा।''

अरविन्द का विश्लेषण यह है कि आदि में केवल भूत या द्रव्य था। उससे जीव की उत्पत्ति हुई और जीव से मस्तिष्क उत्पन्न हुआ। मनुष्य अभी मस्तिष्क के धरातल पर है, किन्तु, यह उसके विकास का अन्तिम सोपान नहीं है। उसे मानस के स्तर से उठकर अतिमानस की अवस्था में पहुँचना चाहिए। कुछ इसी प्रकार का विश्लेषण श्री राधाकृष्णन का भी है। वे भी कहते हैं कि ''लाखों वर्ष के विकास के इतिहास पर दृष्टि डालने से यह मानने का साहस नहीं होता कि मस्तिष्कधारी जीव अर्थात् चिन्तक-मनुष्य के आविर्भाव के साथ विकास की प्रक्रिया समाप्त हो गई। उपनिषदों का कथन है कि अभी और भी सोपान हैं, जिन पर मनुष्य को अपना पाँव रखना है। जानवरों में जो चालाकी की प्रवृत्ति थी, वही बढ़कर मनुष्यों की पूर्व-दर्शिनी दृष्टि हो गई। अब मनुष्य की आत्म-चेतना को विकसित होकर व्यापक दृष्टि अथवा ज्योतिर्मयी विशाल चेतना में रूपान्तरित होना है। बुद्धि में जो द्वन्द्व और अशान्ति है, उससे आगे बढ़कर हमें सम्पूर्ण सत्य को अधिकृत करना है। सेंट पॉल के अनुसार, आत्मा का श्रेष्ठतम फल आनन्द है। हम इसी आनन्द की स्थिति में पहुँचनेवाले हैं। आज के बौद्धिक मनुष्य और आगामी आध्यात्मिक मनुष्य में वही भेद होगा, जो पशुओं और आज के मनुष्यों में है अथवा जो भेद पौधों और पशुओं के बीच देखा जा सकता है। मनुष्य का व्यक्तित्व ऐतिहासिक प्रक्रिया का परिणाम है। हम जो थे, उसी से हमारा आज का रूप विकसित हुआ है। पूर्वजों ने जो कुछ भी अनुभव किया, जो भी संकल्प या आचरण किया, उन सबका परिणाम आज का मनुष्य है। यदि वर्तमान मनुष्य के विचार और भाव संकुचित रहते हैं, तो उसके विकास में बाधा पड़ेगी। इसके विपरीत, यदि हम अपने अहं की संकीर्णता का त्याग करते हैं, अपना हृदय सबके लिए उन्मुक्त करते हैं, अपने भीतर के आनन्द और प्रेम को उमड़कर दूसरों को भिगोने देते हैं, तो इससे हमारे विकास की प्रक्रिया तेज हो जाएगी। आध्यात्मिक जीवन मानव जीवन की अस्वीकृति में नहीं, वरन्, उसकी पूर्णता में है।''[9]

नीत्शे, इक़बाल और अरविन्द जिस अगले मनुष्य को अतिमानव कहते हैं, उसे राधाकृष्णन केवल आध्यात्मिक मनुष्य मानते हैं और इस प्रसंग में वे अरविन्द से अधिक गांधीजी के समीप पड़ते हैं। वे यह मानते हैं कि षड्विकारों से बचकर धर्म की राह पर चलने की जो शिक्षा परम्परा ने दी है, मनुष्य की प्रगति और उद्धार की वही राह है। विकारों के बन्धन से मुक्त होकर धर्म के मार्ग पर चलना, इसे ही वे आध्यात्मिक धर्म कहते हैं। मनुष्य को धर्म का ज्ञान नहीं है, ऐसा वे नहीं मानते। उनके विलाप का कारण यह है कि मनुष्य धर्म को समझकर भी उसका आचरण नहीं कर रहा है। ''क्या हम सदैव, इसी प्रकार, ऊँचे ध्येयों

को सामने रखकर नीच कर्म करते जाएँगे? क्या हमारा यही भाग्य है कि हमारा व्यक्तित्व विभक्त रह जाए? हम सार्वभौम मानवीय संस्कृति के आदर्श को सामने रखते हुए ऐसी गर्हित नीतियों का पालन क्यों करते हैं, जिनसे सार्वभौम बर्बरता का प्रचार होता है? मनुष्य जिस प्रकार का जीवन व्यतीत कर रहा है, उससे तो यही दीखता है कि विनाश से वह बच नहीं सकेगा। उसके सामने केवल दो विकल्प हैं। या तो उसे परिवर्तित होना है अथवा वह विनष्ट हो जाएगा। मनुष्य का वर्तमान रूप विकास की लिखावट का अन्तिम शब्द नहीं है। यदि वह परिवर्तित नहीं होता, यदि वह नए विश्व से सामंजस्य बिठाने के लिए अपनी संस्थाओं तथा अपने-आपको नहीं बदलता, तो वह विनष्ट हो जाएगा और उसके स्थान पर किसी ऐसी जाति (योनि या स्पेसीज़) के जीव उत्पन्न हो जाएँगे, जिनमें शरीर की अपेक्षा आत्मा प्रधान होगी। यदि मनुष्य वह कार्य नहीं कर सकता, जिसकी अपेक्षा है, तो इस कार्य के करनेवाले अन्य योनि के जीव उत्पन्न होकर रहेंगे।[10]

आत्मा का धर्म

राधाकृष्णन के दर्शन का सारा लक्ष्य मनुष्य को यह विश्वास दिलाना है कि वह केवल शरीर नहीं आत्मा भी है, प्रत्युत, शरीर की सबसे बड़ी सार्थकता वे यह मानते हैं कि उनकी क्रियाओं और चेष्टाओं के द्वारा अभिव्यक्ति आत्मा की हो। अतएव, धर्म उनके दर्शन का केन्द्र-बिन्दु बन गया है। किन्तु, राधाकृष्णन का उद्‌देश्य मनुष्य को उस धर्म की शिक्षा देना नहीं है, जो धर्म-ग्रन्थों में आख्यात है अथवा जिसे लेकर सम्प्रदाय खड़ा किया जाता है अथवा जो धर्मगुरु-विशेष के उद्‌गारों से सीमित होता है। वेद, कुरान, बाइबिल, जेन्दावेस्ता और त्रिपिटकों में जो अलग-अलग धार्मिक पन्थ बताए गए हैं, उनमें से कोई भी पन्थ राधाकृष्णन का प्रतिपाद्य नहीं है। वे उस धर्म पर जोर देते हैं, जो इन सभी धर्मों के मूल में निहित है। जिसे लेकर सच्चे ईसाई, सच्चे हिन्दू और सच्चे मुसलमान, परस्पर विवाद नहीं करके, धार्मिकता के एक ध्येय के सामने, एक समान अवनत हो जाते हैं। थियोसोफ़ी जिन गुणों को ऊपर उठाकर सभी धर्मों को एक करना चाहती थी, वे गुण राधाकृष्णन द्वारा आख्यात धर्म में विद्यमान हैं। रामकृष्ण और अरविन्द ने धर्मों की जिस एकता की अनुभूति की थी, वह राधाकृष्णन के दर्शन में अनेक तर्कों से प्रतिपादित की गई है। अपनी पसन्द के इस धर्म को राधाकृष्णन आत्मा का धर्म कहते हैं।

यह आत्मा का धर्म क्या है? प्रत्येक धर्म में सत्य का शोध करते-करते हमें जब और कुछ नहीं सूझता, तब हम बाइबिल या कुरान अथवा गीता या वेद से एक वाक्य उठाकर कह बैठते हैं कि हम जो कहना चाहते हैं, उसका प्रमाण यह है। यह ढंग प्रमाणवादी धर्म का है, जिसके उज्ज्वलतम उदाहरण ईसाई मत और इस्लाम हैं। धर्म-ग्रन्थों से प्रमाण उद्‌धृत करके सत्य को जबर्दस्ती मनवाने की प्रवृत्ति हिन्दुत्व और बौद्ध मत में भी है, किन्तु, हिन्दुत्व में इस प्रवृत्ति का प्राबल्य नहीं है। अनेक वादों, मत-मतान्तरों एवं पन्थों का जन्मदाता होने के कारण, हिन्दुत्व प्रमाणों पर कम भरोसा करता है। वह, मुख्यतः मुक्तचिन्तकों का धर्म है। इसलिए, हिन्दुत्व राधाकृष्णन की आत्मा के धर्म की कल्पना से मिलता-जुलता है। आत्मा के धर्म की आवश्यकता, कदाचित्, इस कारण अनुभूत हुई कि पैगम्बरों और धर्म-प्रवर्तकों

की प्रत्येक उक्ति को स्वतः प्रमाण मानकर चलने से मनुष्य की बुद्धि कुंठित होती है। जैसे इतिहास, विज्ञान आदि विद्याओं में कोई भी बात इसलिए सत्य नहीं मानी जाती कि किसी महाविद्वान् ने उसे कहा है, उसी प्रकार, धर्म में भी कोई बात केवल इसीलिए सत्य नहीं मानी जानी चाहिए कि वह वेद, कुरान या बाइबिल में लिखी हुई है। धर्म का भी एक पक्ष बुद्धि और विचार का विषय है तथा जो बात बुद्धि में नहीं आती हो, उसे नहीं मानना ही धर्म है। अन्धा होकर किसी प्राचीन विचार से चिपके रहने की अपेक्षा शंकालु होकर धार्मिक सत्यों का शोध करने को राधाकृष्णन धार्मिकता का अधिक श्रेष्ठ रूप मानते हैं। उन्होंने कई स्थानों पर बुद्ध के इस वचन को दुहराया है कि मेरे वचनों को इसलिए मत मानो कि उन्हें मैंने कहा है, बल्कि इसलिए कि वे तुम्हारी बुद्धि से भी मान्य हैं।

इससे यह प्रश्न उठता है कि तब धार्मिक सम्प्रदाय जो यह दावा करते हैं कि उनके धर्म ईश्वर के द्वारा आख्यात या प्रदत्त हैं तथा उनके धर्म-ग्रन्थ ईश्वर ने बनाए हैं, वह बात सत्य है या नहीं। राधाकृष्णन यह नहीं कहते कि धर्म ईश्वर की देन नहीं हैं अथवा धर्म-ग्रन्थों का परोक्ष सत्ता से कोई सम्बन्ध नहीं है। निदिध्यासन और समाधि में जाकर ही मनुष्य ईश्वर का साक्षात्कार करता है और ऐसे ही व्यक्तियों की अनुभूतियाँ धर्म-ग्रन्थों का आधार हैं। अतएव, धर्म-ग्रन्थों के भीतर ईश्वरीय अनुभूति अवश्य है, क्योंकि समाधि की अवस्था में केवल मनुष्य ही ईश्वर तक नहीं पहुँचता, वरन् ईश्वर भी मनुष्य के पास पहुँच जाता है। इन अनुभूतियों को सामने रखें तो सभी धर्म सत्य हैं, प्रत्युत, सभी धर्म एक ही धर्म हैं और इसी धर्म को राधाकृष्णन आत्मा का धर्म कहते हैं। इसी प्रकार, इन अनुभूतियों के द्वारा जो दर्शन प्रस्तुत होता है, वही सनातन दर्शन या 'पिरेनियल फिलासफी' है। यह दर्शन भी किसी एक धर्म की पूँजी नहीं होकर सभी धर्मों में व्याप्त है और राधाकृष्णन इसी दर्शन को ऊपर उठाना चाहते हैं।

बाह्य आचार और अनुष्ठान, ये निचले स्तर की क्रियाएँ हैं। ऊँचा धर्म आचारों और अनुष्ठानों में नहीं बसता। वह मन की एकाग्रता और समाधि में जगता है। वह उस आन्तरिक एकान्त में चमकता है, जहाँ हम ईश्वर से एकाकार होने की चेष्टा करते हैं। धर्म की भाषा औपचारिक प्रार्थना और स्तोत्र नहीं, प्रत्युत, आत्मिक अनुभूति की भाषा होती है। बुद्धि का प्रत्येक क्षेत्र शंका का क्षेत्र है। बुद्धि का प्रत्येक तर्क स्वयं को काटनेवाले किसी अन्य तर्क को जन्म देता है। किन्तु, प्रत्येक मनुष्य को, कहीं-न-कहीं, पहुँचकर अपने-आपका विश्वास करना ही पड़ता है। हम जब भी ऊँची मानसिक स्थिति में होते हैं, हमें लगता है, मानो, हम अपने से किसी बड़ी सत्ता के सम्पर्क में आ गए हों; मानो, यह सत्ता ही सबसे बड़ी वास्तविकता हो। मनुष्य के इस आन्तरिक प्रसार को राधाकृष्णन धर्म का सबसे बड़ा लक्षण मानते हैं।

इनटुइशन या सम्बुद्धि

किन्तु, धर्म द्वारा वे मनुष्य के भीतर जो अनुभूति जगाना चाहते हैं, मनुष्य को जिस लोक में ले जाना चाहते हैं, उसका साधन बुद्धि नहीं, सहज या सम्यक् ज्ञान है। सामान्य अर्थ में दर्शन बुद्धि पर आश्रित विद्या है, अतएव, राधाकृष्णन दर्शन को भी अपूर्ण मानते हैं। ''दर्शन हमें गन्तव्य देश के द्वार तक ले जाता है, किन्तु, उस देश में वह हमारा प्रवेश नहीं करा

सकता। उसके लिए तो आध्यात्मिक दृष्टि अथवा अनुभूति का सहारा लेना होगा। संसार के अन्धकार में हम अबोध बच्चों के समान भटक रहे हैं। हमें अपनी प्रकृति का ज्ञान नहीं है। हम मिथ्या भय और आशा से परिचालित हो रहे हैं। इसीलिए, उस प्रकाश की आवश्यकता बहुत बढ़ जाती है, जो हमें वासनाओं के तिमिर से मुक्त कर सके, जो हमें सत्य का दर्शन करा सके।[11] सत्य का वास बुद्धि के धरातल से परे, बड़ी गहराई में है। इस गहराई तक हम केवल निदिध्यासन और समाधि के द्वारा ही पहुँच सकते हैं।

भौतिकवादियों के यहाँ तर्क और बुद्धि का जितना आदर है, राधाकृष्णन सम्बुद्धि या सम्यक् ज्ञान का उतना ही आदर करते हैं। किन्तु, यह सम्बुद्धि या सम्यक् ज्ञान क्या है, इसे लेकर काफी विवाद रहा है। अवश्य ही, राधाकृष्णन इसका प्रयोग उस शक्ति के अर्थ में करते हैं, जिससे योगियों को अलौकिक बातों का ज्ञान होता है, जिससे उपनिषद् के ऋषियों को सृष्टि के गूढ़ रहस्यों का पता चला था, जिससे कवियों और कलाकारों को जड़ में छिपे हुए चेतन के सौन्दर्य का साक्षात्कार होता है, जिससे विज्ञानवेत्ता आविष्कार और द्रष्टा-पुरुष सत्य के दर्शन करते हैं।

तर्कों का सहारा लिये बिना भी मनुष्य एक प्रकार का ज्ञान प्राप्त कर लेता है, जो सत्य है। पशु बिना सोचे-समझे आसन्न संकट को भाँप जाते हैं, यह उनकी सहज प्रवृत्ति या इंसटिंक्ट है। पैगम्बरों पर सत्य अनायास प्रकट हो जाता है, जिसे दैवी प्रत्यक्षीकरण या रिवीलिशन कहते हैं। इसी प्रकार, प्रत्येक मनुष्य के भीतर एक शक्ति होती है, जो उसे तर्कों के बिना ही सत्य का ज्ञान करा देती है। राधाकृष्णन इस सत्य के विश्वासी हैं एवं उनका विचार है कि इस शक्ति को जाग्रत किए बिना मनुष्य उन दोषों से उद्धार नहीं पा सकता, जो बुद्धि के दोष हैं। इस सहज ज्ञान को सुस्पष्ट करने के लिए उन्होंने बहुत लिखा है। किन्तु, वह इतना सुस्पष्ट अब भी नहीं है कि सभी बुद्धिवादी उसे स्वीकार कर लें। वस्तुतः, सम्बुद्धि या सहज-बुद्धि सामान्य बुद्धि का अतिक्रमण करनेवाली शक्ति है, अतएव, उसकी व्याप्तियाँ बुद्धि की भाषा से ठीक से समझी भी नहीं जा सकतीं।

सहज-बुद्धि में बुद्धि का विरोध नहीं है, प्रत्युत, वह बुद्धि के समस्त गुणों को लेती हुई भी बुद्धि से आगे तक जाती है।[12] इसलिए, राधाकृष्णन ने उसका नाम 'सम्यक् ज्ञान' रखा है। "सहज ज्ञान विचारों से मुक्त नहीं, प्रत्युत, उन पर प्रबलता से आधारित होता है। वस्तुतः, हमारे सोचने की प्रक्रिया में सम्यक् चिन्तन की प्रक्रिया सम्मिलित रहती है। यह विचार की प्रक्रिया के साथ कदम-से-कदम मिलाकर चलनेवाली शक्ति है, किन्तु, विचार वस्तु के बाहरी रूप तक ही पहुँच पाते हैं, जबकि सम्यक् ज्ञान की शक्ति उसके भीतर की वास्तविकता को देख लेती है। सम्यक् ज्ञान का स्फुरण बहुत काल के अध्ययन, मनन, विश्लेषण और निदिध्यासन के परिणामस्वरूप होता है, अतएव, उसका रूप संश्लिष्ट होता है तथा वह बुद्धि के उस रूप से श्रेष्ठ होता है, जिसका कार्य केवल विश्लेषण करना है। पूर्ण और अंश के बीच जो सम्बन्ध है, वही सम्बन्ध ज्ञान और सम्यक् ज्ञान के बीच रहता है।"[13]

कोई शतरंज खेल रहा हो या गणित की समस्या सुलझा रहा हो, किन्तु जहाँ भी विचारों में केन्द्रित गति काम करती है, वहाँ विचारों का मार्ग-प्रदर्शन सम्यक् ज्ञान ही करता है। "अनुसन्धानों और आविष्कारों के काम केवल तर्क के नियम से नहीं चलते। आविष्कारों

के भीतर विचारों के इतने गहरे आन्दोलन चलते होते हैं कि वे तर्क के नियन्त्रण में नहीं रखे जा सकते। हम आविष्कार तो सम्यक् ज्ञान के बल पर करते हैं, हाँ, उसे प्रमाणित करने के समय हमें तर्क से काम लेना पड़ता है।"[14]

सम्यक् ज्ञान की स्फुरणा एकाग्र चिन्तन से होती है, एक ही विषय पर दिन-रात ध्यान लगाए रहने से होती है। "निदिध्यासन (Brooding) सोचने की उस प्रक्रिया का नाम है, जिसमें मनुष्य सम्पूर्ण मस्तिष्क तथा समग्र अस्तित्व से सोचता होता है। सम्यक् चिन्तन संश्लिष्ट चिन्तन है, पूर्ण चिन्तन है। यह चिन्तन की वह प्रक्रिया है जिससे सभी इन्द्रियाँ, सम्पूर्ण बुद्धि, समग्र चेतना, वस्तुतः, सारा अस्तित्व विचारों से संचालित रहता है। शरीर का कोई अवयव नहीं है, जो मन या आत्मा के नियन्त्रण से परे हो। मनोवैज्ञानिक दृष्टि से मनुष्य का सारा व्यक्तित्व एक है। उसके अवयव, मन और चित्त उस एक ही व्यक्तित्व के भिन्न-भिन्न पक्ष हैं। बुद्धि से जो विचार तैयार होता है, उस विचार को मनुष्य के अन्तर्मन के भीतर पहुँचना चाहिए, जिससे चिन्तक के चेतन और अचेतन, दोनों ही अंश, उस विचार से अनुप्राणित हो सकें। शब्द और विचार, दोनों को मनुष्य के मांस में मिल जाना है। मानव-मनोविज्ञान का यही परिवर्तन, मनुष्य के व्यक्तित्व का यही रूपान्तरण रचनात्मक कहलाता है। रचना मनुष्य की वह मानसिक प्रक्रिया है, जिससे वह अपनी अपरिचित एवं निगूढ़ आत्मा को जानने में समर्थ होता है।"[15]

राधाकृष्णन के समस्त दर्शन का ध्येय मानव-स्वभाव में आध्यात्मिकता को सर्वाधिक महत्त्व देना है। मनुष्य की रचना में हम द्रव्य, जीवन और मस्तिष्क को प्रमुख पाते हैं, किन्तु मनुष्य इनमें से कोई भी वस्तु नहीं है। वह इन तीनों के योग से भी आगे की चीज है। जब तक मनुष्य के भीतर यह चेतना उत्पन्न नहीं होती कि वह और कुछ न होकर आत्मा है, तब तक, संसार की समस्याओं का सच्चा समाधान उसे नहीं मिलेगा।

निवृत्ति और हिन्दू-धर्म

हिन्दुत्व के विषय में पाश्चात्य जगत् के विद्वान् यह कहते हैं कि उसमें निवृत्ति की प्रधानता है। किन्तु, राधाकृष्णन इस आरोप को नहीं मानते। आध्यात्मिक अनुभूतियाँ केवल संसार-त्याग और वैराग्य से ही नहीं आ जातीं। उन्हें प्राप्त करने का मार्ग विश्व-सेवा का भी कार्य है। "जिस जीवन में सेवा-भावना, यज्ञ और आत्म-त्याग की प्रचुरता है, उसी के माध्यम से आध्यात्मिक शक्तियों की अभिव्यक्ति होती है। वर्षों की एकान्त साधना के बाद बुद्ध को बुद्धत्व की प्राप्ति हुई, किन्तु, बुद्ध का शेष जीवन सामाजिक और सांस्कृतिक कार्यों में ही व्यतीत हुआ। महायान-धर्म का तो सिद्धान्त ही है कि मुक्त पुरुष में भी दुःखी मानवता के लिए दया का भाव शेष रहता है। गांधीजी धर्म के मनुष्य थे, किन्तु, विश्व को छोड़कर उन्होंने अपनी मुक्ति अन्यत्र नहीं खोजी। सेवा की क्रियात्मक भावना आध्यात्मिक जीवन का ही अंश है।"

राधाकृष्णन ने गांधीजी के सिद्धान्तों और उनके प्रयोगों की काफी प्रशंसा की है। वे गीता की भी प्रवृत्ति-मार्गी व्याख्या का समर्थन करते हैं। गीता केवल सिद्धान्तों का आख्यान न करके व्यावहारिक धर्म को प्रधानता देती है। गीता के अनुसार, मनुष्य के सामाजिक और

नागरिक कर्तव्य ही धर्म के क्रिया-क्षेत्र हैं, धर्म-कार्य के वास्तविक अवसर हैं। धर्म वह है जिससे सांसारिक अभ्युदय और आध्यात्मिक उन्नति, दोनों ही प्राप्त होते हैं। ''प्राणिनां साक्षात् अभ्युदयनिः श्रेयस्हेतुः यः सः धर्मः।'' गीता की शिक्षा वह रहस्यवाद नहीं है, जिसका सम्बन्ध मनुष्य के केवल आन्तरिक जीवन से होता है। जीवन के कर्तव्यों और सम्बन्धों को माया या निस्सार मानने के बदले, गीता उन्हें ऐसे अवसरों के रूप में स्वीकार करती है, जिनका उपयोग करके हम आध्यात्मिक मोक्ष प्राप्त कर सकते हैं।[16]

किन्तु, कदाचित्, वे गांधीजी के सदृश यह नहीं मानते कि मुक्ति का एकमात्र मार्ग विश्व-सेवा का मार्ग है। विश्व-सेवा का महत्त्व राधाकृष्णन इसलिए स्वीकार करते हैं कि विश्व अभी दुःखी, त्रस्त एवं शंका तथा कोलाहल से पूर्ण है और, अपने वर्तमान रूप में, वह आध्यात्मिक जीवन के अनुकूल नहीं है। अतएव, सम्पूर्ण विश्व को धर्म से एकाकार करने के लिए हमें सेवा-कार्य में संलग्न रहना चाहिए। किन्तु यह क्षणस्थायी कार्य नहीं है। विश्व यदि ब्रह्म की लीला है तो इसे पवित्र आनन्द से समन्वित रखने के लिए धार्मिक व्यक्ति को भी कार्य-निरत रहना ही चाहिए। ''यद्यपि मनुष्य का अन्तिम ध्येय ईश्वर के साथ एकत्व की अनुभूति है, फिर भी, यह सत्य है कि सामाजिक और सांस्कृतिक जीवन के कुछ ढाँचे मनुष्य के वैयक्तिक विकास के मार्ग में अधिक बाधाएँ उपस्थित करते हैं। अतएव, हमारा कर्तव्य है कि हम सामाजिक संगठनों को ऐसा रूप देने तथा उस रूप को कायम रखने का प्रयास करें, जिससे सच्चे अर्थों में मानवीय जीवन के विकास में, कम-से-कम, बाधा पड़ती हो, सामाजिक जीवन के जिन प्रलोभनों में आकर मनुष्य अन्धा और अज्ञानी बन जाता है, दायित्वहीन और क्रूर बन जाता है, उन्हें दूर करके हम व्यक्ति की सच्ची उन्नति का द्वार खोलते हैं। प्रत्येक मनुष्य, चाहे वह किसी भी जाति या वर्ण का हो, ईश्वर की सन्तान है एवं ईश्वर ने अपनी कल्पना के अनुसार उसकी रचना की है। अतएव, मनुष्य का व्यक्तित्व अत्यन्त पवित्र वस्तु है। व्यक्ति को यह अधिकार है कि वह अपना विकास अपने स्वभावानुसार करता जाए। किन्तु उस अधिकार के साथ कर्तव्य भी संलग्न हैं। हम समाज में राजनीति और कानून की जो पद्धति चलाते हैं, उस पद्धति में व्यक्ति के अधिकार की रक्षा और कर्तव्य के पालन का पूरा अवकाश रहना चाहिए। हमारे समाज का ढाँचा ऐसा होना चाहिए, जिससे मानवीय आदर्शों की उपलब्धि में सभी व्यक्तियों को सुविधा एवं सुयोग प्राप्त हो।''[17]

राधाकृष्णन धर्म को निष्क्रियता से सम्बद्ध नहीं मानते। धर्म की वास्तविक शिक्षा निष्क्रियता नहीं, प्रत्युत, विश्व को सुन्दर एवं शिव बनाने का अथक प्रयास है। धर्म के विषय में समाज में जो उपेक्षा और उदासीनता आ गई है, उसका कारण, सामान्यतः, यह समझा जाता है कि धर्म-साधना में लगे हुए लोगों ने जीवन का अनादर कर दिया। राधाकृष्णन कहते हैं कि यह अनादर इसलिए नहीं हुआ कि लोग धर्माराधन में लगे हुए थे, प्रत्युत, इसलिए के वे धर्म के तत्त्व को छोड़कर उसके बाह्य उपचार में जा फँसे थे।''

व्यष्टि-समष्टि

व्यक्ति और समाज के बीच राधाकृष्णन ने विलक्षण सामंजस्य का सन्धान किया है। व्यक्ति का ध्येय परमात्मा से एकाकार होना है, किन्तु, इस ध्येय की प्राप्ति के लिए व्यक्ति को ऐसा

समाज चाहिए, जिसमें इस ध्येय का उचित मूल्य समझा जा सके और जो वैयक्तिक मुक्ति खोजनेवालों को अनुकूलता प्रदान कर सके। प्रत्येक व्यक्ति समाज का सदस्य है और समाज में उसे अन्य व्यक्तियों से मिलकर काम करना है। किन्तु, समाज में रहता हुआ भी प्रत्येक व्यक्ति, व्यक्ति है। उसकी अपनी भावनाएँ और आकांक्षाएँ होती हैं। उसकी अपनी प्रवृत्ति और अपने आदर्श होते हैं। उसके अस्तित्व के दो पक्ष होते हैं। एक वह जिससे वह समाज के साथ व्यवहार करता है। दूसरा वह जो उसके एकान्त का पक्ष है, जिसमें वह अपनी गहराइयों से बात करता है। इसी एकान्त जीवन में ऐसे सपने होते हैं, जो समाज को ज्ञात नहीं होते; ऐसे विचार होते हैं, जिनको भाषा नहीं मिलती और ऐसी शान्ति होती है, जिसे कोई भंग नहीं कर सकता। भारतीय चिन्तकों का उपदेश है कि तुम आत्मवन्त बनो। आत्मवन्त बनना अपने-आपमें स्थिर होने का नाम है, समूह की धारा में विलीन होने से अपने-आपको बचाने का नाम है। यह उन लोगों की संगति से बचा रहना है, जो 'आत्महन्ता' हैं, जिन्होंने अपनी आत्माओं को निहत या आहत कर रखा है, जो विश्व के प्रपंच में आसक्त होकर अपने-आपसे दूर हो गए हैं। बाहर कहीं कोई दुर्लभ पदार्थ नहीं है कि धर्म के वृक्ष पर चढ़कर हम उसे प्राप्त कर लें। **धर्म प्राप्त करना नहीं, केवल होना है।** आध्यात्मिक जीवन कोई प्रश्न नहीं है, जिसका हमें हल सोचना है। यह तो वास्तविकता है, जिसका हमें अनुभव करना है। प्रकाश के धरातल पर अभिनव जन्म ग्रहण करना, यही आध्यात्मिक अनुभूति है।''

रहस्यवाद

राधाकृष्णन ने जिस आध्यात्मिक धर्म को मनुष्य के लिए विहित बताया है, उसका साधन वे रहस्यवाद को मानते हैं और, इस प्रक्रिया में, वे बुद्धि से ऊपर सहज बुद्धि के प्रयोग को अनिवार्य कहते हैं। जीवन में धार्मिकता का उदय होने से मनन, ध्यान और निदिध्यासान के अभ्यास से, बुद्धि संयोजित होकर सहज या सम्यक् बुद्धि बन जाती है और तब उसी के प्रसादस्वरूप मनुष्य को आत्मज्ञान प्राप्त होता है। परमात्मा का ज्ञान केवल बुद्धि से नहीं होता। यह तभी प्राप्त होता है जब मनुष्य की बुद्धि और कल्पना, हृदय और संकल्प, संक्षेप में. उसका सारा अस्तित्व क्रियाशील हो उठता है। ईश्वर आन्तरिक अनुभूति में प्रत्यक्ष होता है। बाहर हम जिस शक्ति से अन्य वस्तुओं को देखते हैं, (ऑबज़र्वेशन) उससे ईश्वर देखा नहीं जा सकता। आत्मज्ञान या ईश्वर का साक्षात्कार मनुष्य को तब होता है, जब वह अपनी इच्छा को ईश्वर की इच्छा में विलीन कर देता है, जब वह संयम और अनुशासन से अपने जीवन को पूर्ण रूप से शुद्ध बना डालता है।[18]

चूँकि रहस्यवादी अनुभूति का साधन ज्ञान नहीं, परम या सम्यक् ज्ञान है, इसलिए आज के बुद्धिवादी रहस्यवाद को शंका से देखते हैं। रहस्यवादी सन्तों को फ्रायड ने बौद्धिक पागल (इनटेलेक्चुअल क्रिटीन) कहा है। दूसरे अनेक बुद्धिवादियों का कहना है कि रहस्यवाद सुनहले भावावेश में वस्तुओं को धूमिलता से देखने की प्रवृत्ति है। यह मानव मस्तिष्क के परस्पर विरोधी विश्वासों को सही बताने का बहाना है। यह विचारों की विशृंखलताओं को गौरव प्रदान करने का उपाय है। राधाकृष्णन कहते हैं कि बुद्धिवादियों ने जो इतनी बातें कही हैं, रहस्यवाद उनमें से एक भी नहीं है। यह तो केवल इस भाव की स्वीकृति है कि सृष्टि के

भीतर रहस्यात्मकता विद्यमान है। बुद्धि के साधनों से भी तो अब तक यही विदित हुआ है कि सारी सृष्टि रहस्ययुक्त है। फिर रहस्यवाद निन्दनीय कैसे हो जाता है? यदि मनुष्य उतना ही होता जितना बाहर से वह दिखाई देता है, तो रहस्य की कोई बात ही नहीं होती। यदि विश्व उतना ही होता, जितना इन्द्रियों और बुद्धि के साधनों से समझा जाता है तो रहस्य की कोई बात नहीं थी।

किन्तु स्थिति यहीं समाप्त नहीं हो जाती। विज्ञान के स्पर्श से परे और बुद्धि की पहुँच से दूर भी एक वास्तविकता है जो परिवर्तित नहीं होती। अपनी बौद्धिक चेतना के भीतर से हम अपने-आपको नहीं देख सकते। इस चेतना से हम वहीं तक देख पाते हैं, जहाँ तक परिवर्तन का क्रम चलता है। हम क्षण-क्षण परिवर्तित हो रहे हैं, बुद्धि इसे देख लेती है। किन्तु, हमारे समस्त परिवर्तन के नीचे एक और तत्त्व है, जो सनातन है, जो परिवर्तित नहीं होता। यह अचरज का विषय है और इसमें आश्चर्य मग्न होने की शक्ति ही, किसी और नाम के अभाव में, रहस्यवादी शक्ति कहला रही है। जो इस रहस्य से अपरिचित है, रहस्यवाद को वह समझ नहीं पाएगा।

इसीलिए, रहस्यवाद प्रकृतिवादी सिद्धान्तों को नहीं मानता, क्योंकि, ये सिद्धान्त ईश्वर की सत्ता को नहीं मानते। इसीलिए, रहस्यवाद मूढ़-धर्मों (डॉगमेटिक धर्म के अर्थ में) के विरुद्ध है, क्योंकि ये धर्म दावा करते हैं कि सृष्टि के सभी रहस्य उन्हें ज्ञात हैं। "धर्म का आरम्भ ही इस चेतना से होता है कि हमारा जीवन केवल हमारा ही नहीं है। इसे आधार देनेवाला जीवन कोई और है, जो हमारे सीमित जीवन से कहीं विस्तृत और महान् है। धर्म मनुष्य के इसी वृहद् जीवन के अनुसन्धान की प्रक्रिया है और इस प्रक्रिया में धर्म किसी भी पन्थ, किसी भी सम्प्रदाय या धर्म-शास्त्र को सत्य का अन्तिम उद्घोष नहीं मान सकता।"[19]

प्राकृतिक विज्ञान और डॉगमेटिक धर्म, दोनों ही रहस्यवादी को अग्राह्य होंगे, क्योंकि दोनों ही रहस्यों का उन्मूलन कर देते हैं। और जोश में आकर वैज्ञानिक भी वैसा ही दुराग्रह दिखला सकता है, जैसा दुराग्रह धर्मवाले दिखाते हैं, जो अविश्लिष्ट है, जो अपरिचित और अज्ञात है, उसके समक्ष चकित होने की योग्यता यदि धर्म में नहीं रही तो धर्म भी तुच्छ है। रहस्यवादी व्यक्ति धर्म के विशेषज्ञ होते हैं, क्योंकि उनका प्रयास ईश्वर को अपने सामने देखने के लिए है। बर्गसाँ (Bergson) ने जिसे 'मुक्त धर्म' कहा है, वह यही रहस्यवादी धर्म है, जो ईश्वर की वैयक्तिक अनुभूति पर सबसे अधिक जोर देता है, जो रचयित्री शक्ति से सीधा सम्पर्क स्थापित करने को सबसे श्रेष्ठ धर्म बताता है। मुक्त धर्म के विपरीत, मुद्रित अथवा सीमित धर्म वे हैं, जिनमें अनुभूति की जगह आज्ञा की प्रधानता चलती है, जिनमें चिन्तन के बदले प्रमाण का महत्त्व समझा जाता है। वास्तव में, ऐसे धर्म उन बच्चों के लिए हैं जो जीवन से डरे हुए हैं, जिनके प्रबोध के लिए आप्त वाक्यों की उपयोगिता है। "मानवता अपनी उन्नति के भार से ही कुचली जाकर अधमरी हो रही है। इसका त्राण उस मुक्त धर्म के वरण करने में है, जिसके सहारे हम अध्यात्म के स्रोत में प्रवेश पाकर अपनी आत्मा का अवगाहन कर सकते हैं।"

जिस मानवीय विकास का अगला कदम अरविन्द अतिमानस की भूमि को मानते हैं, उसकी प्रक्रिया का अगला सोपान, राधाकृष्णन के अनुसार, रहस्यवाद है। इस स्थल पर यदि

गांधी, अरविन्द और राधाकृष्णन की तुलना करें तो गांधी का मत यह होगा कि मनुष्य के आचार को सुधारो, जिससे वह विकास की दिशा में और आगे बढ़े। अरविन्द का उपदेश होगा कि मनुष्य को अति-मनुष्य में रूपान्तरित करो। और राधाकृष्णन कहेंगे कि मनुष्य को शरीर के प्रलोभन से मुक्त करके आत्मा की ओर उन्मुख करो, उसे अपनी गहराइयों के साथ एकाकार होने दो।

प्रवृत्ति-निवृत्ति

हिन्दू धर्म, स्वभावतः, निवृत्तिवादी है और अन्य धर्म, स्वभावतः, प्रवृत्तिवादी हैं, इस मत को भी राधाकृष्णन नहीं मानते। उनका विचार है कि हिन्दुत्व में उतनी ही निवृत्ति है जितनी अन्य धर्मों में देखी जा सकती है। वस्तुतः, सभी धर्म अतिसांसारिकता का विरोध करते आए हैं। जब तक मनुष्यों पर धर्म का प्रभाव रहा, समाज में अशिक्षा और अन्धविश्वासों के रहते हुए भी, आज की अपेक्षा अधिक शान्ति और सद्भाव था। किन्तु, ज्यों-ज्यों ज्ञान की वृद्धि हुई और धर्म का अनादर बढ़ा, त्यों-त्यों, समाज में अशान्ति की भी वृद्धि होती गई। हाल में, पश्चिमी जगत् ने विज्ञान और तकनीक में जो आश्चर्यजनक उन्नति की है, समाज और राजनीति में जो प्रगति की है, उससे वहाँ का धर्म प्रवृत्ति-मार्गी कहा जाने लगा है। किन्तु, सभ्यता है क्या? अथवा क्या पाश्चात्य सभ्यता ही सभ्यता का एकमात्र मानदंड है? क्या पश्चिम की उन्नति और पूर्व का पतन धर्म के कारण हुआ है? क्या पश्चिम और पूर्व के लोग अपने वैयक्तिक और सामाजिक जीवन में धर्म के पथ-प्रदर्शन में चल रहे हैं? रोगों और वासनाओं की जो लीला पश्चिम में चल रही है, वह क्या धर्म की देन है? और क्या तीन-चार सौ साल पहले पश्चिम और पूर्व के धर्मों में वही भेद था, जो आज दिखाई दे रहा है? बात यह है कि कार्यकारी मनुष्य (एक्ज़िक्यूटिव मैन) वैचारिक (रेफ्लेक्टिव) मनुष्य से बहुत आगे निकल गया है। आवश्यकता इस बात की है कि जीवन के आध्यात्मिक मूल्य और उसकी गहनता में वृद्धि लाई जाए। संसार को आदर्श नहीं, आदर्शों को काम में लाने का उत्साह चाहिए। विश्ववाद का आदर्श काफी पुराना है। वह संसार के कार्यक्रम (एजेंडा) में बहुत दिनों से पड़ा हुआ है। पर, वह आत्मा कहाँ है, जो शरीर को सजीव करे? स्वयं धर्म को पुनर्जन्म लेना है। यदि विश्व भर के मनुष्य एक होकर आगे नहीं बढ़ते, तो पृथ्वी पर दूसरा तिमिराच्छन्न युग छाकर रहेगा।''[20]

विवेकानन्द और तिलकजी इस बात से चिन्तित थे कि धर्म कहीं भारतवासियों को निष्क्रिय न बना डाले। अतएव, उन्होंने बार-बार यह बतलाने की चेष्टा की कि हिन्दुत्व निवृत्तिवादी नहीं है, न धर्म से सांसारिक कर्मों का विरोध ही होता है। यह चिन्ता राधाकृष्णन में भी प्रत्यक्ष है। किन्तु, वे सत्य के दूसरे पक्ष को भी नहीं भूले। धर्म का वास्तविक गुण यह है कि वह मनुष्य को सांसारिकता में विलीन होने से बचाता है। यदि धर्म अपने इस स्वभाव को छोड़ दे तो आधिभौतिक शक्तियाँ उसका गला घोंट डालेंगी।[21] ''धर्म ने संसार के साथ समझौता कर लिया, यह बुरा हुआ। धर्म बहुत अधिक प्रवृत्ति-मार्गी हो गया है। पहले जीवन का प्रत्येक क्षेत्र धर्म से सेवित था, किन्तु आगे चलकर धर्म ने विभाजन स्वीकार कर लिया। ''मैं आत्मा की मुक्ति का साधन हूँ और राजनीति समाज की मुक्ति का दूत,

यह मानकर धर्म राजनीति से अलग हो गया। इस प्रकार, धर्म ने सभ्यता को उसके सबसे बड़े शत्रु के हवाले कर दिया है।''[22] कल्याण का मार्ग यह है कि जीवन के प्रत्येक क्षेत्र में धर्म का प्रवेश हो। राजनीति चाहे कितनी भी मलिन हो, किन्तु, आज के युग में अधिक-से-अधिक मनुष्यों से सम्बन्ध बनाए रखने का काम वही कर रही है। अतएव, इस युग में राजनीति धर्म की अभिव्यक्ति का सर्वोत्तम साधन बन सकती है। वस्तुतः, राजनीति के भीतर जब तक धर्म की स्थापना नहीं होगी, संसार को धार्मिक मूल्यों के लाभ दिखाई नहीं देंगे।''[23]

सभ्यता का शाप

मनुष्य का सारा विश्वास इस बात पर केन्द्रित हो गया है कि सत्य वह है, जो प्रमाणित किया जा सके। जो चीज थाही नहीं जा सकती, जो चीज गणित के भीतर जाँची नहीं जा सकती, वह असत्य है। हमारी आत्मा की गहराई से जो अस्पष्ट आवाज आती है, उसे लोग अवैज्ञानिक कल्पना का नाम देते हैं। धर्म को वे कविता की एक किस्म कहते हैं (सन्तायना); धर्म को वे पौराणिक अन्धविश्वास कहते हैं (क्रोशे) तथा धर्म को वे पतनशील समाज का नशा बतलाते हैं (लेनिन)। इनकी दृष्टि में आध्यात्मिक जीवन छल है, प्रवंचना और स्वप्न है। प्रत्येक व्यक्ति अपना पैगम्बर आप बन रहा है। परिणाम यह है कि कोई भी किसी दूसरे की बात समझ नहीं पाता। हम जिस दुनिया में जी रहे हैं, वह बुद्धिवादी पैगम्बरों की दुनिया है; वह स्वार्थ में डूबे हुए व्यक्तियों की दुनिया है; वह ऐसी दुनिया है जिसमें औद्योगिकता और पूँजीवाद से निकली हुई एक भयानक आर्थिक पद्धति राज कर रही है; जिसमें तकनीकी सफलताओं और बाहरी जीतों की धूम है; जिसमें शारीरिक सुविधाओं और पाशविक विलासिता की सामग्रियों की बाढ़ है; जहाँ सार्वजनिक जीवन में भी अनियन्त्रित लिप्सा का अनन्त साम्राज्य है, जहाँ पाशविकता और रक्तपात का सहारा लेकर तानाशाही फैल रही है, जहाँ नास्तिकता का आदर तथा धर्म और आत्मा की उपेक्षा सबसे बड़ा आचार है; जहाँ कोई भी चीज स्थिर नहीं है; जहाँ कोई भी विचार दृढ़ता नहीं रखता और जहाँ मनुष्य के पास भरोसा नाम की कोई भी चीज शेष नहीं है। ज़िन्दगी कार्नीवाल या सरकस का ऐसा रूप ले रही है, जिसका न तो कोई ढाँचा दिखाई देता है, न कोई लय, न कोई ताल। मनुष्य के भीतर बसनेवाले ईश्वरीय रूप की उपेक्षा करने से आदमी बीमार हो गया है, उसकी आत्मा रुग्ण हो गई है। विचार और संकल्प को ताक पर रखकर अज्ञात लक्ष्य की ओर बढ़ते जाना सन्तोषदायी कार्य नहीं कहा जा सकता। शारीरिक आवश्यकताओं की पूर्ति हो जाने पर भी मनुष्य को शान्ति नहीं मिल सकती। तब भी कड़वाहट उसके मन को उद्वेलित करेगी, उसकी शान्ति को भंग करेगी। प्रकृति इतनी पालतू तो बनाई नहीं जा सकती कि वह पग-पग पर मनुष्य की आज्ञा में चले। जब तक पूर्णता के दर्शन नहीं होते, जब तक सनातनता की झाँकी नहीं मिलती, तब तक मन की शान्ति बहुत दूर की आशा रहेगी। सुखों की जननी सुरक्षा की भावना है और यह भावना प्राकृति पर मानवीय आधिपत्य से आनेवाली नहीं है। इसके लिए हमें वस्तुओं पर नहीं, अपने-आप पर स्वामित्व पाना होगा।[24]

सन्दर्भ

1. इस ग्रन्थ के प्रथमतः प्रकाशित होने यानी सन् 1956 ई. के कोई चार वर्ष बाद डॉक्टर राधाकृष्णन ने ब्रह्मसूत्र की व्याख्या भी प्रकाशित कर दी।
2. एक शताब्दी से भी कुछ कम वर्ष हुए होंगे कि पूर्व और पश्चिम के बीच व्याकरण और भाषा-विज्ञान को छोड़कर एकता का कोई मार्ग नहीं था। किन्तु, तब से एक प्रमुख परिवर्तन आया है, जिसकी गति दिन-दिन बढ़ती जा रही है। पूर्वी विश्व अब यह मानने लगा है कि उसके अपने मूल्यों की रक्षा के लिए भी यह आवश्यक है कि पूर्वी जगत् पश्चिमी विज्ञान पर अधिकार प्राप्त करे। यही नहीं, प्रत्युत, विज्ञान के पीछे जो दार्शनिक मुद्रा होती है, उसे आत्मसात् करने से पूर्व की दार्शनिकता भी अधिक चमकेगी। और पश्चिमी विश्व के भीतर यह भावना जगी है कि पूर्व के पास जो आध्यात्मिक गहराइयाँ हैं, उन्हें ठीक से समझ लेने पर, कदाचित्, पश्चिमी जगत् को प्रतियोगिता की आपाधापी से त्राण मिल सकता है तथा उसे बाह्य एवं आन्तरिक शान्ति प्राप्त हो सकती है, जिसका वह कामी तो रहा है, किन्तु, जो उसे प्राप्त नहीं हो सकी है।... आज तक आधा विश्व दूसरे आधे विश्व की अनुभूतियों और अन्तर्दर्शिनी शक्तियों को ग्रहण करने में असमर्थ रहने के कारण, सम्पूर्ण विश्व की अपेक्षा दरिद्र रहा है। किन्तु, अब वह अवस्था समाप्त हो रही है और लोग प्रत्येक संस्कृति की विशिष्टताओं को ग्रहण करने की ओर अग्रसर हो रहे हैं। संसार भर में इस परिस्थिति को लाने का सर्वाधिक श्रेय राधाकृष्णन को है।
(हीरक-जयन्ती पर अर्पित ग्रन्थ 'राधाकृष्णन' की भूमिका से।)
3. फ्रैग़मेंट्स ऑफ ए कनफेशन।
4. (क) वही।
(ख) मैं भी हिन्दुस्तान का अभिमानी था और मेरा यह अभिमान स्वामी विवेकानन्द के कर्तृत्व और उद्‌गारों से और भी प्रदीप्त हो उठा था। मिशनरी स्कूलों और कॉलेजों में हिन्दुत्व के प्रति जो बर्ताव किया जाता था, उससे मेरा यह अभिमान तिलमिला उठा। मैं यह बात मानने को तैयार नहीं था कि जिन हिन्दू योगियों और उपदेष्टाओं ने भारत की प्राचीन संस्कृति को हमारे लिए जुगा रखा है और जिनकी साधना का परिणाम हमारा समस्त ज्ञान है, स्वयं वे ही अधार्मिक व्यक्ति थे। *(माइ सर्च फॉर ट्रुथ)*
5. ईसाई आलोचकों की चुनौती से ही विचलित होकर मैं हिन्दुत्व का विधिवत् अध्ययन करके यह पता लगाने को प्रस्तुत हुआ कि हमारे धर्म का कितना अंश मृत और कितना आज भी जीवित है। *(माइ सर्च फॉर ट्रुथ)*
6. मार्क्स और उनके अनुयायी जिन ध्येयों को प्राप्त करना चाहते हैं, जिस दुःखदायी घृणा का शमन चाहते हैं, उसके लिए भी, हमें आध्यात्मिक जागरण की आवश्यकता है। अभिनव विश्व में एकता लाने और गति भरने के लिए यह आवश्यक है कि इस विश्व की आध्यात्मिक प्रेरणा सुगम्भीर हो। आध्यात्मिकता के आधार पर ही हम सामाजिक कार्यक्रमों को पूरा कर सकते हैं।
(रिलीजन एंड सोसाइटी।)
7. ईस्टर्न रिलीजन एंड वेस्टर्न थॉट।
8. पी.टी. राजू ('द फिलासफी ऑफ सर्वपल्ली राधाकृष्णन' में।)
9. फ्रैगमेंट्स ऑफ ए कनफेशन।
10. हिबर्ट जर्नल, 1936 ई.।
11. इंडियन फिलासफी, भाग 1।
12. यद्यपि सहज ज्ञान बुद्धि के परे है, किन्तु, उससे बुद्धि का विरोध नहीं होता। इसका नाम सम्यक्

ज्ञान या पूर्ण ज्ञान है। विचारपूर्वक प्रगति करनेवाला ज्ञान तैयारी मात्र है, जिससे हमें सम्यक् अनुभूति प्राप्त करनी है। *(ऑयडियलिस्ट व्यू ऑफ लाइफ)*

13. स्पिरिट ऑफ मैन।
14. ऑयडियलिस्ट व्यू ऑफ लाइफ।
15. ईस्टर्न रिलीजन एंड वेस्टर्न थॉट।
16. राधाकृष्णन-कृत 'द भगवद्गीता'।
17. फ्रैगमेंट्स ऑफ ए कनफेशन।
18. रिप्लाइ टू क्रिटिक्स।
19. ईस्टर्न रिलीजन एंड वेस्टर्न थॉट।
20. वही।
21. भविष्य तो अज्ञात है, किन्तु अतीत यह चेतावनी देता है कि संसार अन्त में उन्हीं की शरण जाता है जो अ-संसारी हैं, जो लोक में रहकर भी उसमें आसक्त नहीं होते। *(ईस्टर्न रिलीजन एंड वेस्टर्न थॉट)*
22. ईस्टर्न रिलीजन एंड वेस्टर्न थॉट।
23. विश्वबन्धुत्व के आदर्श को माननेवाले धर्म की प्रत्यक्ष अभिव्यक्ति के लिए जितना सफल माध्यम राजनीति हो सकती है, उतना और कुछ नहीं। *(एजूकेशन, पॉलिटिक्स एंड वार।)*
24. द स्पिरिट ऑफ मैन।

प्रकरण-15

मुस्लिम-नवोत्थान

इस्लाम का अन्तर्राष्ट्रीय रूप

हिन्दुत्व की तुलना में इस्लाम अन्तर्राष्ट्रीय धर्म है, क्योंकि मुसलमान कुछ-कुछ सारे संसार में फैले हुए हैं और, सबके बीच, एक प्रकार की धार्मिक एकता का तार अनुस्यूत है। देशों के हिसाब से मुसलमानों की सबसे अधिक संख्या (लगभग 7 करोड़) इंडोनेशिया में है। पाकिस्तान में उनकी संख्या 6 करोड़ 60 लाख और भारत में 4 करोड़ 30 लाख है। इस प्रकार, विभाजन के बाद भी, भारत तीसरा देश है जहाँ मुसलमानों की संख्या सर्वाधिक है। टर्की में मुसलमान 1 करोड़ 70 लाख; मिस्र में 1 करोड़ 60 लाख, ईरान में 1 करोड़ 30 लाख, अफगानिस्तान में 1 करोड़, इराक में कोई 45 लाख और सऊदी अरब में कोई 35 लाख हैं। किन्तु उनकी संख्या इतनी ही नहीं है। मुसलमान चीन (2 करोड़ 50 लाख), स्याम (5 लाख), हिन्दचीन (4 लाख), श्रीलंका (5 लाख) फिलीपाइन्स (3 लाख), सूडान (20 लाख), फ्रांसीसी गिनी (20 लाख), पुर्तगाली गिनी (2 लाख), पुर्तगाली पूर्वी अफ्रीका (10 लाख से कुछ कम) और मदागास्कर (7 लाख) में भी है। इसके सिवा, मुसलमान जहाँ-तहाँ यूरोप में भी हैं। यूगोस्लाविया में वे 15 लाख, अलबानिया में 7½ लाख, बुलगेरिया में 8 लाख, रूमानिया में 2 लाख, यूनान में 1½ लाख, फ्रांस में 1½ लाख तथा पोलैंड में 12 हजार हैं। इस प्रकार की उनकी छिट-पुट आबादी संसार के और देशों में भी है।[1] अनुमान यह है कि सारे संसार में कोई तीस करोड़ मुसलमान बसते हैं।

अठारहवीं सदी के बाद से जैसे एशिया पर यूरोप का आतंक रहा है, कुछ वैसा ही आतंक मध्यकालीन यूरोप पर एशिया का था और यह आतंक हिन्दुओं, बौद्धों, कनफ्यूशियस धर्मावलम्बियों का नहीं, प्रत्युत, इस्लाम के धर्म-योद्धाओं का था। मंगोल-जाति के इस्लाम में दीक्षित होते ही मुसलमानों की तलवार एक बार फिर चमक उठी और वे यूरोप की ओर बढ़ने लगे। "15वीं सदी के अन्त में पाश्चात्य सभ्यता पश्चिमी और केन्द्रीय यूरोप तक ही सीमित थी और वह तूरानी बर्बरों के साथ केवल रक्षापरक युद्ध लड़ रही थी एवं उस युद्ध का भी कोई अनुकूल परिणाम दिखाई नहीं देता था। रूस मंगोल-तातारों के पैरों के नीचे पड़ा था और तुर्क लोग दक्षिण-पूर्व से आगे बढ़कर यूरोप की छाती पर पाँव रखने की तैयारी में थे। एशिया, उत्तरी अफ्रीका और पूर्वी यूरोप को अपनी अधीनता में रखे हुए, तूरानी बर्बर-समूह इतना अजेय था कि यूरोपीय सभ्यता अपनी रक्षा के लिए दीवार से पीठ लगाकर जूझ रही थी।"[2]

किन्तु, इसी समय, यूरोप में रिनासाँ (नवोत्थान) की लहर उठी और ईसाई विद्वान् विज्ञान

की ओर अग्रसर होने लगे। यह ऐसा समय था जब एशियाई देशों में लोग तो रूढ़ियों और अन्धविश्वासों में अधिकाधिक जकड़े जा रहे थे, किन्तु, यूरोप के लोग इन कुसंस्कारों से छूटने लगे थे। पूर्व में तो धर्म के नाम पर अन्धविश्वासों का अन्धकार छाया हुआ था, किन्तु पश्चिमी क्षितिज पर विज्ञान का बाल-सूर्य उदय हो रहा था। स्पष्ट ही, पासा पलटने का समय आ गया था। एशिया की इस्लामी तलवार ने यूरोप को शारीरिक बल से दबोच रखा था। अब यूरोप बुद्धि के बल से अपनी पराजय का बदला चुकानेवाला था। रिनासाँ के फलस्वरूप, यूरोप में ज्ञान की नई जागृति उठी और लगभग इसी समय कोलम्बस ने अमेरिका तथा वास्को-डि-गामा ने भारत के समुद्री मार्ग का पता लगा लिया। यहीं से यूरोप के विश्व-नेतृत्व का श्रीगणेश होता है।

विज्ञान ने यूरोप के भीतर ज्ञान के अद्‌भुत चक्षु खोल दिए एवं कोलम्बस तथा वास्को-डि-गामा के अनुसन्धानों ने उसे समुद्र का सम्राट् बना दिया। यूरोप के लोग व्यापार के लिए सारे संसार में फैलने लगे और सारे संसार का धन निचुड़कर धीरे-धीरे यूरोप पहुँचने लगा। धन से सुविधा बढ़ती है और जीवन की सुविधाओं से ज्ञान-विज्ञान, शक्ति और संस्कार, सबकी वृद्धि होती है। यूरोप में भी इन गुणों की वृद्धि हुई और उसी परिमाण में एशिया के ये गुण छीजते गए। नतीजा यह हुआ कि इस्लाम की चमकती तलवार भोथी पड़ गई और बड़े-बड़े वीर और सुलतान यह समझ ही न सके कि यूरोप की इस बढ़ती का मुकाबला कैसे किया जाए? जिसके आतंक से यूरोप सदियों पीड़ित रहा, उसी के हाथ की तलवार को ज्ञान और वाणिज्य से कुंठित करके उसने, मानो, इस सत्य को फिर से प्रमाणित कर दिया कि बल उसी के पास होता है, जो बुद्धि का स्वामी है तथा जातियाँ जैसे संस्कारों में जीती हैं, उनके कर्तव्य भी वैसे ही हो जाते हैं।

उन्नीसवीं सदी के आते-आते, यूरोप और इस्लामी राज्यों का कोई मुकाबला नहीं रह गया। कहाँ इस्लाम के एशियाई राज्य, जो अन्धविश्वासों में डूबे हुए और विलासिता में विभोर थे! और कहाँ यूरोप का वह रूप, जो औद्योगिक क्रान्ति और रिनासाँ के प्रभाव से, पूर्णतः, जागरूक और चैतन्य था, जिसके हाथ में, विज्ञान ने नई-नई शक्तियाँ धर दी थीं, जो आविष्कारों और अनुसन्धानों के द्वारा प्रकृति के तमाम रहस्यों को उधेड़कर देख रहा था तथा जिसके भीतर यह भावना जग रही थी कि एशिया के लोग असभ्यता की अवस्था में हैं तथा यूरोप सबसे ऊँचे मानवों का देश है! परिणाम वही हुआ जिसकी आशा की जा सकती थी। एक-एक करके सभी इस्लामी देश यूरोप की अधीनता में चले गए। इंग्लैंड ने भारत और मिस्र को जीत लिया। रूस कॉकेशस के पार जाकर मध्य एशिया का स्वामी बन बैठा। फ्रांस ने उत्तरी अफ्रीका को अधिकृत किया। हॉलैंड ने इंडोनेशिया को दास बनाया एवं इस्लाम के द्वारा अधिकृत और भी सारे भू-भाग किसी-न-किसी यूरोपीय शक्ति की राजनैतिक अथवा आर्थिक अधीनता में चले गए। इस्लाम के प्रति यूरोप का यह द्रोह-भाव प्रथम विश्व-युद्ध के अन्त में होनेवाली सन्धि-वार्ता में और भी प्रत्यक्ष हुआ जब सन्धि के शर्तनामे के अनुसार टर्की का अस्तित्व ही समाप्त कर दिया गया और संसार में कोई भी ऐसा इस्लामी राज्य नहीं रह गया, जो अपने को स्वाधीन कह सके।

यूरोप के एशिया में आगमन के समय, भारत में हिन्दुओं का जैसा हाल था, सारे संसार

में मुसलमानों की उससे अच्छी स्थिति नहीं थी। सच पूछिए तो यूरोप के उत्थान के समय सारा एशिया सोया हुआ था। हिन्दुओं की वह गरिमा शेष हो चुकी थी जिसके कारण उन्होंने दर्शन, गणित, ज्योतिष, वैद्यक, कला-कौशल और कारीगरी में उतनी उन्नति की थी। चीनियों में वह कार्यशीलता और उत्साह नहीं रह गया था, जिसके कारण प्राचीन विश्व में उन्होंने अनेक वस्तुओं (कागज, बारूद, चीनी बनाने की कला आदि) का आविष्कार किया था। यदि भारतवासियों और चीनियों में पहलेवाली जिज्ञासा बनी रही होती, तो वास्को-डि-गामा के भारत आने से पहले ही भारत अथवा चीन के लोग यूरोप पहुँच गए होते।

और इस्लाम भी अपने मूल रूप से हटकर बहुत विकृत हो गया था। ''जैसे मुसलमानों की अन्य शक्तियाँ छीज चुकी थीं, वैसे ही, उनका धर्म भी विकृत हो गया था। हज़रत मुहम्मद के कठोर एकेश्वरवाद पर अन्ध-विश्वास एवं रहस्यवाद की मोटी परतें जम चुकी थीं। जनता मूढ़ हो चुकी थी। अब वह मस्जिद जाने को भी उत्सुक नहीं थी। उसकी जगह अब वह जादू, मन्तर, सगुन और इस्तख़ारे में ज्यादा यकीन रखने लगी थी। वह चमत्कार दिखानेवाले फकीरों को अपना धर्म-गुरु मानती थी एवं पीरों और औलियाओं की कब्रों की पूजा करने की ओर उसका अत्यधिक झुकाव था। कुरान के नैतिक नियम तो विद्यमान थे, किन्तु, अब या तो उनकी उपेक्षा की जा रही थी अथवा अवज्ञा। शराब और अफीम का प्रचार, प्रायः, हर एक घर में था। वेश्यावृत्ति का प्रचलन बेतरह बढ़ गया था। मक्का और मदीना-जैसे पवित्र नगरों में भी दुराचार के अड्डे फैल गए थे। नबी ने जिस तीर्थ-यात्रा को जीवन का परम धर्म बतलाया था, वही अब पापाचार का साधन बन गई। संक्षेप में, इस्लाम के भीतर से उसकी रूह निकल चुकी थी। जो बच गया था, वह प्राणहीन छिलका मात्र था, अन्धविश्वासों और रूढ़ियों का कचरा मात्र था। ऐसे समय, यदि मुहम्मद पृथ्वी पर आए होते, तो निश्चय ही, वे अपने अनुयायियों को बुतपरस्त काफिर के सिवा कुछ और नहीं समझते।''[3]

वहाबी आन्दोलन

किन्तु, अब अन्धकार सघन हो रहा था और इस्लामी जनता मूल-धर्म से अलग हटकर रूढ़ियों और अन्धविश्वासों में जकड़ी जा रही थी, ठीक उसी समय, इस्लाम का प्राचीन तेज बाहर निकला और इस्लाम के जन्म-स्थान, अरब के रेगिस्तान में, एक धार्मिक आन्दोलन उठ खड़ा हुआ जिससे रूढ़ियों और कुरीतियों को झाड़ गिराने में इस्लाम को बहुत बड़ी सहायता मिली। इतिहास में यह आन्दोलन **वहाबी आन्दोलन** के नाम से विख्यात है।

वहाबी आन्दोलन के प्रवर्तक **मुहम्मद इब्न-अब्दुल वहाब** थे जिनका जन्म सन् 1700 ई. के करीब अरब-देश के **नज्द** प्रान्त में हुआ था। स्टोडार्ड ने लिखा है कि इस्लाम के इस विश्वव्यापी पतन के काल में भी, नज्द ही ऐसा प्रान्त था जहाँ लोग पूर्ण रूप से पतित नहीं हुए थे तथा जहाँ अब भी धर्म का दीपक झिलमिला रहा था। अब्दुल वहाब बचपन से ही विचारशील थे। उन्होंने बचपन में ही हज की यात्रा की थी तथा मदीने में काफी साल रहकर उन्होंने इस्लाम के मौलिक साहित्य का अध्ययन भी किया था। इस्लाम का गम्भीर अध्ययन करते-करते उनका ध्यान तत्कालीन इस्लाम के पतन पर गया और रूढ़ियों, अन्धविश्वासों एवं कुरीतियों के विरुद्ध उनके भीतर सात्विक क्रोध के भाव भर गए। सन् 1740 ई. तक उन्होंने खुलकर

अपने मतों का प्रचार नहीं किया, किन्तु, उसके बाद, अपने पिता की मृत्यु होते ही उनके भीतर से सुधार की धारा फूट पड़ी। "जीवन के भीतरी और बाहरी विलासों की उन्होंने कड़े शब्दों में निन्दा प्रारम्भ की। पीरों, औलियाओं तथा अन्य मानवों की पूजा एवं उनकी कब्रों की आराधना के खिलाफ उन्होंने युद्ध-घोषणा कर दी। तसव्वुफ और सूफी-मत की आलोचना वे इसलिए करने लगे कि सूफी इस्लाम के नियमों का उल्लंघन करते थे। फकीरों एवं साधुओं की पूजा को वे घृणित पाप बताने लगे। उलमाओं के द्वारा कुरान की की जानेवाली व्याख्याओं को उन्होंने अमान्य बताया और लोगों से यह कहा कि कुरान का अर्थ तुम्हें सुन्नत के प्रसंग में समझना चाहिए और पंडितों के मतवाद के फेरे में नहीं पड़ना चाहिए। कुरान का, कल्पना से जो अर्थ लगाया जाता था, उसे उन्होंने बिलकुल रोक दिया एवं परम्परा से जो अर्थ मान्य समझा जाता था, उसे ही उन्होंने प्रामाणिक ठहराया। बदलती हुई परिस्थितियों के साथ अपने को बदलकर युगानुरूप बनाने के लिए इस्लाम ने जो भी प्रयास किए थे, उन्हें वहाब ने एकबारगी काट दिया और समाज को उन्होंने लौटाकर उस स्थान पर ले जाना चाहा, जो इस्लाम की आरम्भिक पवित्रता का स्थान था।"[4]

टर्की के सुलतान मुराद ने तम्बाकू पीने पर रोक लगा रखी थी। एक दूसरे सुलतान ने कॉफी पीने की मनाही कर रखी थी। ये धार्मिक नहीं, राजकीय फरमान थे। अब्दुल वहाब ने रोकों की जो धार्मिक सूची तैयार की, उसमें तम्बाकू और कॉफी ही नहीं, बल्कि **संगीत, रेशम, सोना, चाँदी** और **हीरे** भी आ गए क्योंकि ये सामग्रियाँ भी विलासिता की थीं। बुजुर्गों की क़ब्रों की कौन कहे, हज़रत मुहम्मद की क़ब्र पर जाकर पूजा करने को भी उन्होंने शिर्क करार दिया।[5] सूदखोरी इस्लाम में पाप समझी जाती थी, किन्तु, इस पाप से फायदा उठानेवाले लोगों की कमी नहीं थी। अब्दुल वहाब इस पाप पर अग्नि के वेग से टूटे और, इस प्रकार, धार्मिक जनता के साथ-साथ वे निर्धन मुसलमानों के भी श्रद्धा-भाजन हो उठे।

सारी गरीब जनता अब्दुल वहाब की पूजा करने लगी। किन्तु, अमीरों का वर्ग भीतर-भीतर उनसे जलने लगा। उलमा और मुल्ले तो सदा धनवानों का साथ देते रहे हैं। जब उन्होंने देखा कि धनिक वर्ग वहाब के विरुद्ध है, तब उलमाओं ने वहाब को काफिर बताना शुरू किया। किन्तु, वहाब कब चूकनेवाले थे? जनता तो उनके साथ थी। उन्होंने भी उलमाओं को काफिर घोषित कर दिया और उनके विरुद्ध धर्म-युद्ध की घोषणा कर दी।

किन्तु, इन विरोधों के बावजूद उन्होंने अपने धार्मिक आचरण में कभी भी शिथिलता नहीं आने दी। वे केवल उपदेष्टा नहीं थे। वे जो कुछ बोलते थे, वही करते थे। कुरान की सारी आज्ञाएँ उन्हें मान्य थीं। वे अपने को खुदा का बन्दा मात्र मानते थे और यह कहना कभी नहीं भूलते थे कि "मेरी बातों पर भी सोच-समझकर ही विश्वास करो। मैं भी इनसान हूँ और मेरी बातें भी गलत हो सकती हैं।"

अब्दुल वहाब के आन्दोलन का उद्देश्य इस्लाम के उस रूप को वापस लाना था, जिसकी रचना हज़रत मुहम्मद ने की थी और जिसका विकास आरम्भ के चार खलीफों ने किया था। आरम्भिक इस्लाम ईश्वर के सिवा और किसी की पूजा नहीं करता था। उसमें वैराग्य-वृत्ति का अभाव था। उसमें सामाजिक कुरीतियाँ नहीं थीं, न उसमें मुसलमान-मुसलमान में कोई भेद था। अब्दुल वहाब चाहते थे कि नबी और आरम्भ के खलीफों के बाद से इस्लाम में

जो रूढ़ियाँ बनती आई हैं एवं, समय-समय पर, इस्लाम के सिद्धान्तों की जो युगानुरूप नई-नई व्याख्याएँ की गई हैं, वे सारी अमान्य कर दी जाएँ और इस्लाम का वही रूप सर्व-प्रचलित किया जाए, जिसका प्रवर्तन नबी ने किया था।

यह अतीत की ओर चलने का संकेत था। यह इस्लाम को घसीटकर फिर से सातवीं सदी में ले जाने का आग्रह था। वहाबी आन्दोलन की इस प्रवृत्ति पर खीजकर लॉर्ड क्रोमर ने लिखा है कि "इस्लाम सुधारों का विरोधी है; यानी सुधरा हुआ इस्लाम, इस्लाम नहीं कोई और चीज है।"[6] इस्लाम के सम्बन्ध में फ्रांसीसी दार्शनिक रेनान (Renan) के भी प्रायः ऐसे ही विचार हैं। किन्तु, यह दोष सिर्फ इस्लाम में ही नहीं है। और भी धर्म हैं, जो इस दोष से पीड़ित हैं। बात यह है कि कला-कौशल, इतिहास, दर्शन और विज्ञान की उन्नति का मार्ग यह समझा जाता है कि लोग गलत बातों को छोड़कर सही बातों में विश्वास करें। किन्तु, धर्म के मामले में उन्नति का मार्ग कुछ और हो जाता है। जनता की मूढ़ धारणा यह होती है कि इतिहास, दर्शन और विज्ञान में गलतियाँ हो सकती हैं, जिन्हें छोड़कर सही बातों को अपना लेना ठीक है। किन्तु, धर्म का सच्चा रूप तो वही हो सकता है, जिसका आख्यान उनके मूल-प्रवर्तक ने किया है। परिणामतः रिनासाँ, नवोत्थान या धार्मिक जागरण के समय लोग आँख मूँदकर पीछे की ओर चलने लगते हैं। हिन्दुत्व के जागरण के क्रम में भी यही हुआ। यहाँ भी राजा राममोहन राय और स्वामी दयानन्द ने (विशेषतः स्वामीजी ने) जनता से कहा कि धर्म तुम्हारा वह है, जिसका आख्यान वेदों ने किया है, वह नहीं जिसका वर्णन शास्त्रों और पुराणों में मिलता है। कुछ यही भाव इस्लामी सुधारकों में भी रहा है। अब्दुल वहाब से बहुत पूर्व, प्रायः, चौदहवीं सदी में अरब में **इब्ने-तीमिया** नाम के सुधारक हुए थे। उनका भी यही भाव था और सारी जिन्दगी वे लोगों को इस बात के लिए सजा दिलवाते रहे कि उन्होंने इस्लाम के परम्परागत नियमों का उल्लंघन किया था।

यहाँ भारत में अकबर के धार्मिक सुधारों के विरुद्ध शेख अहमद सरहिन्दी ने जो आन्दोलन चलाया था, उसका आगे आनेवाले वहाबी आन्दोलन से खासा मेल था। फर्क केवल यह रहा कि वहाब साहब के कुछ सुधार गरीबों के हक में अच्छे और अमीरों के हक में खराब थे। इस लक्षण को छोड़ दें तो शेख अहमद सरहिन्द, इब्ने तीमिया, औरंगजेब, वहाब, हाली और इक़बाल ने इस्लाम के लिए जो कुछ किया, वह लगभग एक ही प्रकार का कार्य था।

जब से नज्द के सऊद-खानदान के सरदार **मुहम्मद** अब्दुल वहाब के शिष्य हुए, वहाबियों का जोर बहुत अधिक बढ़ गया और वे धर्म के साथ राजनैतिक प्रभुता का गठबन्धन करके सारे संसार के मुसलमानों को एक छत्र के नीचे लाने का स्वप्न देखने लगे।

अब्दुल वहाब की मृत्यु (सन् 1787 ई.) के बाद, **सऊद** वहाबी-सम्प्रदाय के नेता हुए। प्रतिष्ठा में उनका राज्य अबूबक्र और हजरत उमर की खिलाफत की याद दिलाने लगा, क्योंकि मुसलमान उन्हें अपना धार्मिक गुरु भी मानते थे तथा राजनैतिक नेता भी। सऊद का देहान्त सन् 1814 ई. में हुआ। किन्तु, तब तक वहाब-सम्प्रदाय शक्ति और धार्मिक प्रतिष्ठा में इतना उन्नत हो चुका था कि लोग उसे प्राचीन खिलाफत का सहज उत्तराधिकारी मानने लगे थे।

चूँकि वहाबी लोग सऊद-राज्य को खिलाफत का उत्तराधिकारी बनाना चाहते थे, इसलिए, टर्की के सुलतान से उनका विरोध हो गया, क्योंकि खिलाफत का ओहदा अभी टर्की के ही

सुलतान के पास था। टर्की का सुलतान जानता था कि वहाबियों में जो धार्मिक उन्माद है, उसके सामने कोई भी मुस्लिम देश घुटने टेक सकता है। अतएव, सुलतान ने अल्बानिया के मुहम्मद अली से सन्धि की और यूरोपीय बन्दूकों के सहारे उसने वहाबियों को मिट्टी चूमने को लाचार कर दिया।

किन्तु, यह वहाबियों की सामरिक पराजय मात्र थी। आध्यात्मिक दृष्टि से वे तब भी मुसलमानों के धार्मिक नेता बने रहे। इस्लाम को प्राचीन गरिमा पर फिर से प्रतिष्ठित करने का स्वप्न वहाबी लोग, हमेशा, मुसलमानों में फैलाते रहे और मक्का में हज करने को जो भी मुसलमान जाते, उनके जरिए वहाबियों का यह सन्देश आसानी से विश्व के कोने-कोने में पहुँचता रहा।

भारत में वहाबी आन्दोलन

मक्का जानेवाले हाजियों के द्वारा ही इस आन्दोलन का सन्देश अरब से भारत पहुँचा। अरब, सीरिया, मिस्र और ईरान में इस्लाम जिस दुरवस्था में जा फँसा था, भारत में उसकी उससे अच्छी अवस्था नहीं थी। हिन्दू-समाज से जो लोग निकलकर इस्लाम में दीक्षित हुए थे, वे अपने साथ हिन्दुओं की बहुत-सी तथाकथित कुरीतियाँ भी ले गए थे। सत पीर और पंज पीर की पूजा मुसलमानों में भी थी, जो हिन्दुओं के सत्यनारायण-पूजन की याद दिलाती थी। मूर्ति-पूजकों में हिन्दुओं के समान भारत के मुसलमान भी कब्रों की पूजा करते थे, वहाँ मिन्नतें माँगते और चढ़ावा चढ़ाते थे। गाँवों में मुस्लिम जनता भी चेचक से बचने के लिए शीतला माता की पूजा करती थी एवं सुख-वृद्धि के लोभ से अनेक देवी-देवताओं को पूजती थी। हिन्दुओं का सगुन-विचार, सधवा स्त्रियों का सिन्दूर तथा नथ और शंख की चूड़ी पहनना एवं दहेज और श्राद्ध, ये सारे आचार, हिन्दुओं के समान, मुसलमानों में भी प्रचलित हो गए थे (तथा अब भी प्रचलित हैं)। यही नहीं, हिन्दुओं की जाति-प्रथा भी मुसलमानों में घुसी और वे भी शरीफ़ और रज़ील ज़ातों से बँट गए। संक्षेप में, उलमा और मुल्ला तथा मुट्ठी भर जागरूक मुसलमान चाहे जैसे भी रहते हों, किन्तु, मुस्लिम जन-साधारण के रस्म-रिवाज, अधिकतर, वे ही थे, जो उनके पड़ोसी हिन्दुओं में फैले हुए थे। यह हमारी सामासिक संस्कृति की सामग्री थी, जिसे दोनों जातियों के लोग प्यार से देखते थे। यह ठीक है कि शेख अहमद सरहिन्दी तथा उसके उत्तराधिकारियों ने इन कुरीतियों के खिलाफ मुस्लिम जनता में काफी उत्तेजना फैलाई थी। किन्तु, ये आदतें तब भी चलती रहीं। मगर, अब अरब के वहाबी आन्दोलन से प्रेरणा लेकर भारत के उलमा भी इस्लाम को उन कुरीतियों से मुक्त कराने के काम में लग गए। यद्यपि, इस बात का उन्हें तनिक भी ज्ञान नहीं था कि सुधारों के जरिए वे मुसलमानों को हिन्दू-समाज से अलग कर रहे हैं।[7]

सन् 1804 ई. के लगभग हाजी **शरीयतुल्लाह** ने बहादुरपुर (जिला फरीदपुर, बंगाल) में किसान-आन्दोलन का आरम्भ किया। उनके अनुयायी **फ़रायज़ी** कहलाते थे। इन लोगों ने इस्लाम पर पड़े हुए हिन्दू-प्रभावों को गर्हित बतलाया और जनता से कहा कि इन प्रभावों से निकलकर उस मार्ग पर आओ, जो शुद्ध कुरान का मार्ग है। उन्होंने यह भी कहा कि भारत भर अब मुसलमानों का राज्य नहीं है, अतएव, यह देश **दारुल-हरब** (शत्रु-देश) हो

गया है। इसलिए, मुसलमानों को चाहिए कि वे इस देश में जुमे की नमाज़ पढ़ना छोड़ दें। जो लोग इस उपदेश को मानने पर आमादा हुए, वे **बेजुमा** कहलाने लगे। शरीयतुल्लाह की मृत्यु के बाद उनके बेटे **दुधू मियाँ** ने उनके उपदेश को जोर-शोर से फैलाया तथा दुधू मियाँ के समय में पूर्वी बंगाल में **बेजुमा** सम्प्रदाय की संख्या काफी बड़ी हो गई।

परन्तु, भारत में वहाबी-आन्दोलन के सबसे प्रभावशाली नेता रायबरेली के **सैयद अहमद** हुए। सन् 1822 ई. में उन्होंने मक्का की तीर्थ-यात्रा की और वहीं वे वहाबी आन्दोलन के मूल-प्रवर्तकों के सम्पर्क में आए। वहीं उन्होंने यह प्रभाव भी ग्रहण किया कि विलासिता और आराम-तलबी इस्लाम की शिक्षा के विरुद्ध है एवं यूरोपीय जातियाँ इस्लाम से शत्रुता रखती हैं। सैयद अहमद ने भारत में भी सारे देश की यात्रा की और अपने धर्म-बन्धुओं को बताया कि उनका धर्म कितना रूढ़िपूर्ण हो गया है तथा कैसे वे रूढ़ियों को छोड़कर धर्म के वास्तविक मार्ग पर आ सकते हैं। कुरान और हदीस में जिनका उल्लेख नहीं है, उन रीति-रस्मों, आचारों और विश्वासों को उन्होंने इस्लाम-विरोधी माना एवं कुरान और हदीस की नई व्याख्याओं को भी उन्होंने गलत कहा। उनके भाषणों के भीतर से इस्लाम की आरम्भिक पवित्रता और गरिमा, दर्पण की भाँति, चमक उठी एवं जनता उन्हें बड़े ही आदर से देखने लगी। उनके उपदेश भी मुल्लों और अमीरों के विरुद्ध पड़ने लगे और इन दोनों वर्गों के लोगों ने सैयद अहमद का भी वैसा ही विरोध किया, जैसा विरोध उन्होंने नज्द में अब्दुल वहाब का किया था। किन्तु, इन विरोधों से भारत के वहाबी नहीं दबे। ज्यों-ज्यों, अमीर-उमरा और उलमा उनका विरोध करते थे, त्यों-त्यों जन-साधारण और अधिक उनके साथ होता जाता था। किन्तु अन्ततोगत्वा, वहाबियों पर ब्रिटिश सरकार की शनि-दृष्टि पड़ गई। सैयद अहमद ने भी ऐलान किया था कि भारत पर मुसलमानों का राज्य नहीं रहने के कारण यह देश **दारुल-हरब** हो गया है और यहाँ के मुसलमानों को भी जिहाद का धर्म-सिद्ध अधिकार है। किन्तु, धर्म के भीतर से यह राजनीति झाँक रही थी, इसलिए, वहाबियों की अंग्रेजों से ठन गई और अंग्रेज उनका दमन करने लगे, यहाँ तक कि थोड़े ही दिनों में भारत का वहाबी-आन्दोलन बिलकुल ठंडा पड़ गया।

भारत में साम्प्रदायिकता के इतिहास की खोज करते-करते लोग वहाबी-आन्दोलन को भी उसका एक कारण मान लेते हैं। किन्तु, वहाबी-आन्दोलन, ठीक-ठीक, साम्प्रदायिक नहीं था। यह ठीक है कि भारत को दारुल-हरब बताकर वहाबियों ने सभी मुसलमानों को संगठित होकर इस्लाम की रक्षा के लिए तैयार होने का उपदेश दिया। किन्तु, यह बात हिन्दू-विरोधी नहीं कही जा सकती। धर्म-युद्ध का औचित्य भी यह नहीं था कि भारत में हिन्दू बसते थे, बल्कि, यह कि इस देश पर अंग्रेजों का राज्य था। सिक्खों और बंगाल के जमींदारों के खिलाफ भी वहाबियों के संघर्ष का कारण आर्थिक था, धार्मिक नहीं। "कलकत्ते के पास सन् 1831 ई. में किसानों ने जो विद्रोह किया, उसमें उन्होंने पूरी निष्पक्षता के साथ हिन्दू और मुसलमान, दोनों ही जातियों के जमींदारों पर धावा किया।" "किसी भी इलाके में वहाबियों के पहुँच जाने से ऐसे सभी वर्गों को खतरा रहता है जिनके पास सम्पत्ति है। पिछले पचास वर्षों से ऐसा हर एक मुल्ला वहाबियों के खिलाफ चिल्लाता रहा है, जिसके पास मस्जिद की बाड़ी में दस एकड़ भी जमीन है। पिछली आधी सदी में मुल्लाओं ने सैकड़ों फतवे देकर वहाबियों

की निन्दा की है।"[8]

धार्मिक सहानुभूति के होते हुए भी अमीर मुसलमानों ने वहाबियों का विरोध किया। सैयद अहमद का उद्देश्य चाहे जो भी रहा हो, किन्तु व्यवहार में वहाबी- आन्दोलन का आर्थिक पक्ष प्रधान हो गया एवं साम्प्रदायिकता उसमें से कपूर के समान उड़ गई। और आर्थिक संघर्ष के क्रम में भी इस आन्दोलन ने निचले तबकों के मुसलमानों को निचले तबकों के हिन्दुओं के खिलाफ नहीं उभारा, न उन्हें परस्पर एक होने को कहा। इस आन्दोलन के संचालकों ने, धर्म के नाम पर, गरीब मुसलमानों को अमीर मुसलमानों के साथ एकता स्थापित करने की भी सलाह नहीं दी। हाँ, यह कहा जा सकता है कि धार्मिक चिन्तन की प्रक्रिया में इस आन्दोलन ने साम्प्रदायिकता के उभरने की गुंजाइश छोड़ दी और बहुत-से मुसलमानों के मन को इसने इस प्रकार हिला दिया कि आगामी साम्प्रदायिक आन्दोलनों का प्रभाव उन पर पड़ सकता था।

इस्लाम और अंग्रेजी राज

इस्लाम और ईसाई धर्मों में जो समानता है, उसका विवरण अध्याय के आरम्भ में दिया जा चुका है। धर्म में जब कुरीतियाँ बढ़ जाती हैं, तब सुधारकों का जन्म होता है। अरब के अब्दुल वहाब ऐसे ही सुधारक थे। किन्तु, भारत में वहाबी-आन्दोलन इसलिए भी लोकप्रिय हुआ कि यहाँ के इस्लाम में जो कुरीतियाँ आ गई थीं, उन्हें लेकर ईसाई धर्म-प्रचारक, हिन्दुत्व के साथ-साथ, इस्लाम की भी खिल्ली उड़ा रहे थे। और जैसे राममोहन राय, केशवचन्द्र सेन और स्वामी दयानन्द ने ईसाई धर्म-प्रचारकों का मुँह बन्द करने के लिए हिन्दुत्व के सम्पूर्ण नहीं, बल्कि, खंडित रूप का समर्थन किया, उसी प्रकार, मुस्लिम सुधारकों ने भी ईसाइयों से मोर्चा लेने को जिस इस्लाम का रूप प्रसिद्ध किया, वह परम्परागत इस्लाम नहीं था, बल्कि, उस पर यूरोपीय बुद्धिवाद और मानवतावाद का पूरा प्रभाव था। इस्लाम की आलोचना भी ईसाई प्रचारक यही कहकर कर रहे थे कि यह धर्म मानवतावादी नहीं है; इस धर्म में पर्दे का रिवाज है; यह धर्म स्त्रियों का आदर नहीं करता है और एक पति को कई पत्नियाँ रखने का अधिकार देता है; यह धर्म के नाम पर युद्ध करने को जायज बतलाया है, जो स्वयं भारी अधर्म है तथा इस धर्म में बहुत-सी ऐसी बातें हैं, जो बुद्धिवाद की कसौटी पर खरी नहीं उतरती हैं।

यह आलोचना धर्म की कोई बड़ी आलोचना नहीं थी, किन्तु, ईसाई लोग इस स्थिति में थे कि वे ऐसी आलोचना भी जोर से कर सकें। ईसाइयों की श्रेष्ठता हिन्दू और मुसलमान इसलिए तो माननेवाले थे नहीं कि इस्लाम या हिन्दुत्व ईसाइयत से हीन धर्म थे। हाँ, यह बात जरूर थी कि ईसाई लोग साफ-सुथरे, पढ़े-लिखे, साहसी और विचारवान् थे। साथ ही, वे शासक-जाति के सदस्य थे और इस जाति ने वैज्ञानिक साधनों के कारण अपनी श्रेष्ठता प्रमाणित कर दी थी। भारत जो यूरोप को देखकर चौंका, उसका कारण यह नहीं था कि यूरोप के पास कोई गम्भीर जीवन-दर्शन था, बल्कि, इस कारण कि यह साम्राज्यवादी था, औद्योगिक था और उसकी मनोवैज्ञानिकता श्रेष्ठ थी।

कल्पना कीजिए कि जब यूरोप में औद्योगिक क्रान्ति नहीं हुई थी, उस समय यदि यूरोप

के किसान ईसाइयत का प्रचार करने के लिए भारत आते तो यहाँ के किसानों पर उनका क्या प्रभाव पड़ता? किन्तु, अब वह बात नहीं थी। ईसाइयत खुद जैसा भी धर्म रही हो, किन्तु, उसके अनुयायी सभ्यता में बहुत बढ़े-चढ़े थे और भारतवासियों से वे धन, विद्या, शक्ति और साधन में, सहज ही ऊँचे हो गए थे। इसलिए ईसाइयत का रोब और प्रताप भी बढ़ा-चढ़ा था।

भारत में ईसाइयों ने अधिकतर हिन्दुओं को ही ईसाई बनाया, मुसलमान शिकार उन्हें बहुत कम मिले। इसका एक कारण तो यह था कि इस्लाम में छोटे और निर्धन लोगों पर भी धार्मिक अत्याचार नहीं था, जिससे गरीब मुसलमानों को अपना धर्म बदलने की जरूरत नहीं हुई। दूसरे, इस्लाम और ईसाइयत के बीच यूरोप में जो सुदीर्घ संघर्ष रहा था, उसके संस्कार ने भी मुसलमानों को सतर्क रखा। तीसरी बात यह थी कि जैसे ब्राह्म-समाजियों ने हिन्दुत्व के भीतर से ईसाइयत से मिलते-जुलते एक नवीन धर्म की सृष्टि करके पढ़े-लिखे हिन्दुओं को ईसाई होने से बचाने की कोशिश की, उसी प्रकार इस्लाम के सुधारकों ने पुस्तकें रचकर तथा व्याख्यानों के द्वारा यह सिद्ध कर दिखाने का प्रयत्न किया कि इस्लाम और ईसाइयत, प्रायः एक ही धर्म हैं, उनमें कोई बड़ा भेद नहीं है। इसके सिवा एक कारण यह भी रहा कि मुसलमान अंग्रेजी शिक्षा से बिदके हुए थे और अंग्रेजी खान-पान, पोशाक, विद्या और संस्कार, सबको वे अधार्मिक मानते थे।

अंग्रेज और अंग्रेजियत से प्रेम

यूरोपीय विचारधारा, अंग्रेजी शासन और यूरोपीय संस्कार, इनके प्रभाव हिन्दुत्व और इस्लाम पर भिन्न-भिन्न रूपों में पड़े। अंग्रेजी भाषा का स्वागत पहले हिन्दुओं ने किया। अंग्रेजी संस्कार भी पहले उन्होंने ही ग्रहण किया। किन्तु, इसके बाद ही, वे अंग्रेजी के विरोधी हो गए और अंग्रेजी शिक्षा-दीक्षा तथा सारे अंग्रेजी संस्कारों से भारत में राष्ट्रीयता का आविर्भाव और विकास हुआ। मुसलमानों को, स्वभावतः ही, अंग्रेज जाति, अंग्रेजी शासन और यूरोपीय संस्कारों से घृणा थी। अतएव, आरम्भ में, वे उनसे बचने की कोशिश करते रहे। मगर, जब वे अंग्रेजी और अंग्रेजियत की ओर झुके तो फिर ऐसे झुके कि उनमें से बहुतों ने भारत को भुला ही दिया और वे अंग्रेजों के परम राज-भक्त होने में ही अपना और अपने धर्म एवं समाज का कल्याण देखने लगे। यह परस्पर-विरोधी बात है। किन्तु, यह घटना भी अकारण नहीं घटी।

बात यह हुई कि अंग्रेजों ने भारत का शासन मुसलमानों के हाथ से छीना था, अतएव उनकी शंका भी सबसे अधिक मुसलमानों पर ही थी। बाद में, जब वहाबी-आन्दोलन उठा और सैयद के नेतृत्व में मुसलमान अंग्रेजों के विरुद्ध संगठित होने तथा भारत को शत्रु-देश (दारुल-हरब) कहने लगे, तब अंग्रेजों की शंका और भी पुष्ट हो गई एवं उन्हें विश्वास हो गया कि इस्लाम राज्य-विरोधी धर्म है और सारे-के-सारे मुसलमान अंग्रेजी शासन के खिलाफ हैं। दमन के चक्र द्वारा वहाबी-आन्दोलन तो दबा दिया गया, किन्तु, उसके विद्रोही संस्कार मुस्लिम जनता के हृदय में बने रहे। सन् सत्तावन के गदर के पीछे कुछ वहाबी संस्कारों का भी हाथ था, ऐसा तत्कालीन अंग्रेज शासकों और लेखकों का मत था। फिर गदर के मुख्य अपराधी भी मुसलमान ही माने गए और गदर के बाद कई वर्षों तक मुसलमान सरकार की शनि-दृष्टि के शिकार बने रहे। एक तो अंग्रेजी नहीं जानने के कारण यों ही मुसलमानों को

नौकरियाँ नहीं मिलती थीं, अब उनका सारा सम्प्रदाय ही बागी करार दे दिया गया। अतएव, वे शासन से अलग रखे जाने लगे और सामाजिक क्षेत्रों में भी उनका प्रभाव घटने लगा।

दूसरी ओर, हिन्दू पढ़-लिखकर काफी तैयार हो चुके थे। सरकारी नौकरियों में उनकी अधिकता थी। शिक्षा-संस्थाओं में उनका प्राधान्य था। वे नए भारत के नामी लेखक, विचारक, नेता और पत्रकार थे। उनके भीतर देश को स्वाधीन करने की उमंग जग चुकी थी और सारा-का-सारा राष्ट्रीय आन्दोलन उनके हाथ में था। ऐसी स्थिति में मुसलमानों की अवस्था सचमुच बेपनाह थी। अंग्रेज उन्हें अपना दुश्मन समझते थे और कल के गुलाम हिन्दू आज प्रत्येक क्षेत्र में उनसे आगे निकले जा रहे थे। यूरोपीय विचारों के प्रचार से अब तो यह कोई सोच ही नहीं सकता था कि राष्ट्रीय आन्दोलन सफल हुआ तो बहादुरशाह के खानदान के किसी शहजादे को खोजकर भारतवासी उसे अपना बादशाह चुनेंगे। सबकी माँग यही थी कि भारत को प्रजातन्त्र के ध्येय की ओर बढ़ना चाहिए और प्रजातन्त्र में सत्ता उनके हाथ में होती है, जिनका देश में बहुमत होता है। मुसलमान, दोनों ओर से अपने को समाप्त समझने लगे।

यह भारत में इस्लाम के भविष्य की रक्षा की घड़ी थी। यह वह समय था जब मुसलमानों को यह चुनाव करना था कि किस राह पर पाँव धरें कि हमारा भविष्य कल्याणमय रहे। इतिहास की शिक्षा यह थी कि जिसने तुम्हें अपदस्थ किया है, तुम भी उसे अपदस्थ करो। वहाबी-आन्दोलन का संकेत था कि यूरोपीय संस्कारों से इस्लाम की रक्षा की जानी चाहिए। और गदर की भी शिक्षा यही थी कि राष्ट्रीय आन्दोलन में हिन्दू मुसलमानों को धोखा नहीं देंगे। किन्तु, इतिहास की इन शिक्षाओं के बावजूद, मुसलमान अपनी हिम्मत हार बैठे और सम्भावनाओं के विपरीत, उन्होंने यह तय किया कि अंग्रेजी पढ़कर अंग्रेजों के यहाँ नौकरियाँ प्राप्त की जाएँ और राष्ट्रीय आन्दोलन से पीठ फेरकर अंग्रेजों के प्रति राजभक्ति का सबूत दिया जाए। पहला प्रस्ताव तो समयानुसार उचित ही था, क्योंकि सभी भारतवासी वही कर रहे थे। किन्तु, दूसरा प्रस्ताव भविष्य के लिए अमंगलकारी सिद्ध हुआ।

सर सैयद अहमद खाँ

भारत में राजभक्त मुसलमानों के नेता सर सैयद अहमद खाँ हुए, जिनका जन्म दिल्ली के एक सैयद-घराने में सन् 1817 ई. में हुआ था। सच पूछिए तो जैसे राममोहन राय ने आरम्भ में ही हिन्दुओं को अंग्रेजी पढ़ने की सलाह दी थी, वैसे ही दिल्ली के मुसलमान भी आरम्भ में अंग्रेजी की ओर काफी झुके थे। ज़काउल्लाह खाँ दिल्ली के ही थे, जिन्होंने आरम्भ में ही, अंग्रेजी पढ़कर गणित और विज्ञान की दर्जनों पुस्तकें उर्दू में लिखीं। असल में, इस काल के मुसलमान भी अंग्रेजी की महिमा को भली-भाँति समझ गए थे और वे चाहते थे कि अंग्रेजी में उपलब्ध नवीन ज्ञान उर्दू के द्वारा भारत में फैला दिया जाए। किन्तु ज़काउल्लाह जैसे विद्वानों का काम ग़दर होते ही समाप्त हो गया। उसके बाद, मुसलमानों के भीतर जिस भावना ने घर कर लिया, वह अंग्रेजी भाषा की विरोधिनी थी। हाँ, गदर के बाद भी, कई व्यक्तियों में ज़काउल्लाह के तरीकों की याद बनी रही और वे मुसलमानों में अंग्रेजी का प्रचार करने के लिए छोटे-मोटे उद्योग करते रहे।

कलकत्ते के ख़ानबहादुर लतीफ़ ऐसे ही व्यक्ति थे, जिन्होंने सन् 1863 ई. में 'मोहमडन लिटरेरी सोसाइटी' की स्थापना की, जिसके तत्त्वावधान में ऊँचे तबके के मुसलमान सामाजिक, राजनैतिक और धार्मिक विषयों पर अंग्रेजी ढंग से विचार-विनिमय किया करते थे। गदर के बाद, मुसलमानों में जो पस्ती आई, उसका असर नवाब लतीफ़ पर स्पष्ट था, क्योंकि वे समझते थे कि अंग्रेजी सल्तनत इतनी मजबूत है कि वह उखाड़ी नहीं जा सकती तथा अंग्रेजी भाषा से इतने लाभ हैं कि उसकी उपेक्षा भी आत्मघातिनी होगी। लतीफ़ साहब के उद्योग से उस मदरसे में अंग्रेजी का प्रवेश हुआ, जिसे लॉर्ड हेस्टिंग्स ने खोला था। उन्हीं के उद्योग से मुसलमान लड़कों के लिए अनेक स्कूल खोले गए और मुस्लिम-जनता अंग्रेजी पढ़नेवाले मुसलमान छात्रों की सहायता भी करने लगी। यह आन्दोलन अत्यन्त छोटा और संकीर्ण था, किन्तु, बीज-रूप में यही राज-भक्ति के उस वृहत् आन्दोलन का जनक हुआ, जो आगे चलकर फैलनेवाला था। इसी आन्दोलन के नेताओं ने मुल्लाओं से फतवा लेकर मुसलमानों में यह घोषणा करवाई कि भारत दारुल-हरब नहीं, दारुल-इस्लाम है और जो लोग जुमे के दिन सामूहिक नमाज नहीं पढ़ते, वे धर्म-विरुद्ध काम करते हैं, क्योंकि अंग्रेज बहादुर किसी के धर्म में कोई दखल देना नहीं चाहते।

स्पष्ट ही, जिन कारणों ने सर सैयद को राज-भक्ति की ओर प्रेरित किया, उन्हीं कारणों से लतीफ़ भी राज-भक्ति की ओर गए होंगे। किन्तु, लतीफ़ ने जिस बीज का वपन मात्र किया था, वह सर सैयद के समय बढ़कर काफी बड़ा वृक्ष बन गया। सर सैयद बड़े ही कर्मठ पुरुष थे। बाधाएँ उनका मार्ग नहीं रोक सकती थीं। उनकी लगन, उनका अध्यवसाय और उनका अडिग विश्वास बेजोड़ था। किन्तु, उनकी सफलता का रहस्य इतना ही नहीं था। मुख्य बात तो यह थी कि सारी मुस्लिम-जनता ही एक प्रकार की मानसिक पस्ती में थी और जो समाधान सर सैयद को सूझा था, वह जनता को भी पसन्द था। मुसलमानों को एक ओर तो कुपित शासन से भय था; दूसरी ओर, हिन्दुओं के बहुमत पर उन्हें आशंका थी। यह भी था कि हिन्दू मुसलमानों से नाराज़ नहीं थे, किन्तु, अंग्रेजों का मुसलमानों पर कोप स्पष्ट था। निदान, मुसलमानों ने कुपित शासन को प्रसन्न करने का मार्ग चुना, यद्यपि उस समय उन्हें यह अन्देशा भी नहीं था कि यह मार्ग आगे चलकर उन्हें अपने देशवासियों में बदनाम करेगा।

21 साल की उम्र में सर सैयद सरकारी नौकरी में दाखिल हुए। उनकी प्रवृत्ति साहित्य की ओर थी और ग़दर के पूर्व तक उन्होंने साहित्य लिखा भी खूब। उस समय तक उनकी रचनाओं में जो विचार व्यक्त हुए, वे राज-भक्ति के विचार नहीं थे, प्रत्युत, उनकी थोड़ी-बहुत समता वहाबी विचारधारा से ही समझी जाती थी। लेकिन, गदर के बाद, अंग्रेजों ने मुसलमानों पर जो अत्याचार आरम्भ किए, उनसे वे बिलकुल घबरा गए और कहते हैं कि भारत में मुसलमानों का कोई भविष्य नहीं देखकर एक बार उनके मन में यह भाव भी जगा था कि भारत से भागकर वे मिस्र में जा बसें। किन्तु, दूसरे ही क्षण, उन्होंने अपने-आपको सँभाला और यह संकल्प करके वे भारत में ही रह गए कि चाहे जैसे भी हो, अपने धर्म-बन्धुओं को ऊपर उठाने में सारा जीवन लगा दूँगा।

मुसलमानों की उन्नति के उन्हें दो उपाय दिखाई पड़े। एक तो यह कि मुस्लिम जनता

में अंग्रेजी भाषा और अंग्रेजी शासन के प्रति जो विरोध का भाव है, वह बिलकुल दूर कर दिया जाए। दूसरा यह कि अंग्रेजी शासन के मन में मुसलमानों पर जगी हुई शंका निर्मूल कर दी जाए। मुस्लिम जनता को यह समझते देर नहीं लगी कि अंग्रेजी राज में सबसे सुखी लोग वे हैं, जो अंग्रेजी के जानकार हैं, क्योंकि ये ही लोग अब शासन के अधिकारी और कर्मचारी थे तथा वाणिज्य-व्यवसाय में भी ये ही प्रगति कर रहे थे। अंग्रेजों की शंका मिटाने के लिए उन्होंने लेख और किताबें लिखीं, जिनमें उन्होंने यह सिद्ध किया कि गदर के मुख्य अपराधी मुसलमान नहीं थे, और थे भी तो, उन्होंने आवेश में आकर गलती की थी, जिसके लिए सरकार से उन्हें क्षमा मिलनी चाहिए।[9]

एक दूसरी किताब लिखकर उन्होंने उन मुसलमानों की गिनती गौरव से करवाई जिन्होंने गदर के समय अंग्रेजों का साथ दिया था,[10] यही नहीं, वहाबियों की ओर से भी उन्होंने यही दलील दी कि वे अंग्रेजों के विरोधी नहीं, सिर्फ सिक्खों के शत्रु थे। मुसलमान विद्रोही हैं, इस बात का खंडन उन्होंने बार-बार किया और बार-बार कहा कि इस्लाम आजादी का तरफदार नहीं हो सकता। अंग्रेज मुसलमानों को शंका की दृष्टि से नहीं देखें, बस इतना उद्‌देश्य था, जिसकी प्राप्ति के लिए वे आजीवन उद्योग करते रहे।

अलीगढ़ में **मोहमडन एंग्लो-ओरियंटल कॉलेज** (जो सन् 1875 ई. में खुला और सन् 1920 ई. में मुस्लिम-यूनिवर्सिटी में परिणत हो गया) की स्थापना करते हुए उन्होंने उसके उद्‌देश्यों में जहाँ यह बात रखी कि ''मुसलमान अपने धर्म की रक्षा करते हुए अंग्रेजी पढ़ सकें'', वहाँ उसी घोषणा-पत्र में वे यह कहना नहीं भूले कि ''इस संस्था का उद्‌देश्य मुसलमानों को ब्रिटिश सरकार की सुयोग्य प्रजा बनने के योग्य बनाना है।''[11] असल में सर सैयद ने मध्यवर्गीय मुसलमानों की राज-भक्ति बटोरकर अंग्रेजों के चरणों में डाल दी और, बदले में, उन्हें अंग्रेजों का प्रिय पात्र बना दिया।

धर्म के क्षेत्र में भी सर सैयद बहुत बड़े सुधारक थे। जवानी में उन पर वहाबी विचारों का जो प्रभाव पड़ा था वह टिक नहीं सका और, अन्त में जाकर, उन्होंने यह निर्णय किया कि इस्लाम को अपनी पुरानी परतें तोड़कर युगानुरूप बनना ही चाहिए। कुरान शरीफ़ की उन्होंने जो टीका लिखी है, वह बहुत अंशों में बुद्धिवादी है। बुद्धिवाद और प्राकृतिकता (रीज़न और नेचर), इन दो कसौटियों पर जो बातें खरी उतरें, उन्हें ही मानने का उनका उपदेश था। कुरान और हदीस में जो चमत्कारपूर्ण अलौकिक बातें हैं, उनके सम्बन्ध में सर सैयद का मत था कि या तो वे अलंकार की भाषा में कही गई हैं, जिनका बुद्धिगम्य अर्थ लेना चाहिए अथवा उनका अर्थ आज के मुसलमानों की समझ में न आने से उन्हें निर्विवाद छोड़ देना चाहिए।

वे पर्दे के विरोधी और स्त्री-शिक्षा के जबर्दस्त हामी थे। स्त्री-शिक्षा में कुरान की बाधा वे नहीं मानते थे। उनका यह भी दावा था कि कुरान जिहाद (धर्म-युद्ध) और गुलामी-प्रथा के औचित्य को नहीं स्वीकार करता है। वस्तुतः, इस्लाम का साक्षात्कार उन्होंने यूरोपीय विचारधारा की पृष्ठभूमि पर किया था और यूरोप एवं ईसाइयत में जो भी अच्छी बातें हैं, उन्हें वे इस्लाम के अनुकूल बताते थे। वे अनेक अर्थों में नवीन युग के नए मनुष्य थे और इस्लाम को प्राचीनता से संलग्न करनेवाली कोई भी कड़ी उन्हें पसन्द नहीं थी। यूरोप के सामने वे मुसलमान होने

के कारण दबने को तैयार नहीं थे। अतः, उन्होंने यह दावा रखा कि यूरोपीय कसौटी पर कसने से भी इस्लाम उत्तम धर्म सिद्ध होता है।

खान-पान, रहन-सहन, संगति और संस्कार में भी, अंग्रेजी ढंग उन्हें बहुत पसन्द था और जो भी नवयुवक अंग्रेजियत अपनाता, उसकी वे प्रशंसा करते थे। संक्षेप में, सर सैयद ने केवल अंग्रेजी शासन को ही स्वीकार नहीं किया, प्रत्युत, वे चाहते थे कि मुसलमान खुले दिल से अंग्रेजियत को भी कबूल कर लें। नई रोशनी के प्रति अपने इस रुजहान के कारण उन्हें प्राचीनता के पिष्ट-पेषकों की निन्दा भी सहनी पड़ी।[12] उनके दल को लोग 'नेचरी' (अंग्रेजी के नेचर शब्द से) तथा उन्हें अंग्रेजों का भक्त कहा करते थे।

सर सैयद धर्म में अप्राकृतिक नियन्त्रण को नहीं मानते थे। इसलिए, ईसाइयत के एकपत्नीव्रतवाले विश्वास को उन्होंने गलत कहा और यह दलील पेश की कि चूँकि मनुष्य का स्वभाव एकाधिक-त्रियागामी है इसलिए, इस्लाम यदि चार पत्नियाँ रखने की आज्ञा देता है, तो यह कोई अप्राकृतिक बात नहीं है।

सर सैयद ने जिस इस्लाम की व्याख्या पेश की, वह प्राकृतिक नियमों के अनुसार एवं वैज्ञानिक प्रगति के सर्वथा अनुकूल था तथा मानवतावाद, बुद्धिवाद एवं यूरोप की प्रगतिशील विचारधारा से उनका अधिक विरोध नहीं था।

सर सैयद के राजनैतिक सिद्धान्त उनके राज-भक्तिवाले सिद्धान्त के नीचे दबे थे। अखिल भारतीय कांग्रेस का जन्म सन् 1885 ई. में हुआ था और उस समय अंग्रेजों की उन पर अकृपा नहीं थी। फिर भी, आरम्भ से ही सर सैयद मुसलमानों को यह सलाह देते रहे कि कांग्रेस में उनका जाना ठीक नहीं है। सन् 1887 ई. की 28 दिसम्बर को कांग्रेस का अधिवेशन मद्रास में हो रहा था और उस वर्ष उसके सभापति भी एक मुसलमान सज्जन थे। ठीक उसी दिन, लखनऊ में सर सैयद ने भाषण दिया कि मुसलमानों को राज-भक्ति के पथ पर आरूढ़ रहकर, अधिक-से-अधिक, सरकारी नौकरियाँ प्राप्त करते रहना चाहिए। मुसलमानों का कांग्रेस में सम्मिलित होना हरगिज ठीक नहीं है। "यदि तुमने अपने ऊपर शंका करने का अवसर नहीं दिया तो सरकार तुम्हारी सारी तकलीफें दूर कर देगी।" कर्नल ग्राहम को उन्होंने एक पत्र लिखा था कि "तथाकथित राष्ट्रीय कांग्रेस के खिलाफ मैंने एक भारी जिम्मेदारी उठाई है और अभी-अभी 'इंडियन यूनाइटेड पैट्रियाटिक एसोसिएशन' की स्थापना की है"[13] यही नहीं, जब यूनान और टर्की में युद्ध आरम्भ हुआ और "पहले इस्लाम तब और कुछ" (पान-इस्लामिज्म) की भावना भारत में फैलने लगी, तब सर सैयद ने, प्रायः मृत्यु-शय्या पर से लेख लिखकर भारत के मुसलमानों को चेतावनी दी कि बाहर की बातों का असर वे अपने मन पर न आने दें। इसी लेख में उन्होंने यह भी कहा कि टर्की का सुलतान विश्व भर के मुसलमानों का खलीफा नहीं है तथा, कारणवश, यदि अंग्रेज टर्की से लड़ाई भी लड़ते हों, तब भी, भारत के मुसलमानों को अंग्रेजों के प्रति राज-भक्त रहना ही चाहिए।

सर सैयद में साम्प्रदायिकता थी या नहीं, यह सन्दिग्ध विषय है। वैसे, वे उन्नीसवीं सदी के उन भारतीय महापुरुषों में थे जो इन क्षुद्र भावनाओं से बहुत ऊँचे थे, जो अपने-अपने धर्म पर आरूढ़ रहते हुए भी एक-दूसरे के प्रेमी और विश्वासी थे। राममोहन राय, केशवचन्द्र, विवेकानन्द, रानाडे, गोखले या सर सैयद, इनमें से शायद कोई भी व्यक्ति साम्प्रदायिक नहीं

था। ये सब लोग हिन्दू-मुस्लिम एकता के हामी और विभिन्न जातियों के बीच प्रेम और सद्भाव रखने के पक्षपाती थे। असल में, तब तक भारत छोटे लोगों का देश ही नहीं था। यहाँ के नेता और विद्वान् पड़ोसी के धर्म या नीति की निन्दा करने में संकोच का अनुभव करते थे। और यही हाल यहाँ की जनता का भी था।

स्वामी दयानन्द की मृत्यु पर सर सैयद ने जो श्रद्धांजलि अर्पित की, वह उनके हृदय की विशालता की द्योतक थी। अलीगढ़ कॉलेज स्थापित करने के समय उन्होंने हिन्दुओं से भी सहायता ग्रहण की थी। वे सामाजिक क्षेत्र में हिन्दुओं और मुसलमानों का पूरा मिलन चाहते थे। सरकारी क्षेत्रों में मुसलमानों को आगे बढ़ाने का काम वे अवश्य कर रहे थे, किन्तु, यह केवल अपने धर्म-बन्धुओं की सेवा थी। उनका ध्येय यह नहीं था कि मुसलमान हिन्दुओं से बिलकुल अलग हो जाएँ।

किन्तु, जिस राज-भक्ति के द्वारा वे मुसलमानों का कल्याण खोज रहे थे, उसी से आगे चलकर साम्प्रदायिकता की नई डालें फूट निकलीं। उदाहरण के लिए, यह दलील कि यदि अंग्रेज भारत से हटेंगे तो यहाँ हिन्दुओं और मुसलमानों के बीच झगड़े शुरू हो जाएँगे, सबसे पहले उन्हीं को सूझी थी। सर सैयद के प्रयत्नों से जब सरकार और मुस्लिम-समाज के बीच का तनाव कुछ कम हुआ, तब, राष्ट्रीयता के वातावरण में, मुसलमानों की भी राज-भक्ति कुछ शिथिल पड़ने लगी। ऐसे समय, राज-भक्ति के हिलते हुए पाये को मजबूत करने के लिए सर सैयद ने मुसलमानों को हिन्दू-आतंक का भी भय दिखाया। मुसलमानों का तब तक कोई अलग संगठन नहीं था और सर सैयद भी चाहते थे कि मुसलमान शिक्षा-संस्कृति से आगे बढ़कर राजनीति में न पड़ें। किन्तु, गुलाम देश में राजनीति की प्रेरणा से कोई बिरला ही बच पाता है। आखिर को मुसलमान भी राजनीति की दिशा में इधर-उधर जाने लगे। ऐसे समय सन् 1889 ई. में सर सैयद ने 'अपर इंडिया मोहमडन डिफेंस एसोसिएशन' की स्थापना की। अनुमान यह होता है कि यह संस्था सर सैयद ने मुसलमानों को कांग्रेस में जाने से रोकने के लिए बनाई होगी।

बाज-बाज बातों में सर सैयद के विचार बड़े ही प्रगतिशील थे। यूरोपीय ज्ञान के वे प्रेमी तो थे, लेकिन उनका यह भी विचार था कि यह ज्ञान यदि केवल अंग्रेजी के द्वारा दिया गया तो वह जनता में नहीं पहुँचेगा। अतएव, सन् 1867 ई. में उन्होंने उर्दू-यूनिवर्सिटी खोलने की एक योजना तैयार की और उसे सरकार के पास भेजा। लेकिन, वह योजना अस्वीकृत कर दी गई।

सर सैयद गवर्नर-जनरल की काउंसिल के भी सदस्य हुए थे। दुर्भाग्यवश, राज-भक्ति के जोश में आकर वहाँ भी उन्होंने हिन्दुओं और मुसलमानों के लिए अलग-अलग निर्वाचन-क्षेत्र बनाने की सलाह दी। यह, स्पष्ट ही, साम्प्रदायिक कृत्य था, जिसके जहर का अन्दाजा सर सैयद को नहीं रहा होगा। और तो और, सन् 1858 ई. में सर सैयद ने अंग्रेजों को इसलिए भी फटकारा था कि सेना में अंग्रेजों ने हिन्दू और मुस्लिम रेजिमेंट अलग-अलग क्यों नहीं रखे कि हिन्दू बागियों को मुस्लिम और मुस्लिम बागियों को हिन्दू सेना तबाह कर देती। क्यों उन्होंने हिन्दुओं और मुसलमानों को एक ही रेजिमेंट में रखकर उन्हें दोस्त बनने का मौका दिया?

अचरज की बात है कि एक भारतवासी के मुख से ऐसी बात निकली। यह तो 'बाँटो और राज करो' की नीति का सुझाव था। यह ठीक उसी एकता पर चोट थी जिसे सम्भव बनाने को हिन्दू और मुसलमान, दोनों बेकरार रहे हैं। किन्तु, इस घबराहट का भी कारण था। यह, शायद, उन दिनों की बात है जब सर सैयद भारत छोड़कर मिस्र चले जाने के भाव से भयभीत रहे होंगे और उस भय से बचने की राह उन्हें एक ही दिखलाई पड़ी, जो राज-भक्ति की राह थी, जो ऐसी-ऐसी विचित्र बातें बोलने की राह थी, जिन्हें सुनकर अंग्रेज भी दुविधा में पड़ जाएँ।

सर सैयद के सहयोगी

सर सैयद ने मुसलमानों के बीच जिस आन्दोलन का सूत्रपात किया, उसकी अनुकूल व्याख्या करके उसे आगे बढ़ानेवाले कुछ और लोग भी निकल आए। **चिराग़ अली** ऐसे ही विद्वान् थे। उनके लेख सर सैयद के अखबार **तहज़ीबुल-एख़लाक़** में अकसर छपते थे। विशेषतः उनकी चोट ईसाई-धर्म-प्रचारकों पर थी जो आए दिन इस्लाम की निन्दा करते रहते थे। चिराग़ अली के बहुत-से निबन्ध अंग्रेजी में भी थे। उनका उद्देश्य यह सिद्ध करना था कि इस्लाम शान्ति-प्रिय धर्म है, धर्म-युद्ध या जिहाद की अनुमति कुरान नहीं देता, स्वयं नबी ने भी जितनी लड़ाइयाँ लड़ीं, आत्म-रक्षा के निमित्त लड़ीं और किसी को जबर्दस्ती मुसलमान बनाना उन्हें मंजूर नहीं था। एक पुस्तक[14] में उन्होंने यह भी दिखलाया था कि यूरोप की उन्नति का कारण यह है कि वहाँ के लोग समाज के मामले में धर्म की दुहाई नहीं देते हैं। भारत में भी धर्म का सम्बन्ध सामाजिक आचारों से नहीं रहना चाहिए। यह अत्यन्त क्रान्तिकारी उद्‌गार था, क्योंकि इस्लाम केवल वैयक्तिक धर्म नहीं है। वह अपने अनुयायियों के सारे जीवन के सामाजिक कर्तव्यों का भी दर्शन उपस्थित करता है। फिर भी, चिराग़ अली का मत था कि ''धर्म के रूप में इस्लाम सामाजिक पद्धतियों से कोई सम्बन्ध नहीं रखता। मुसलमानों की नीति और समाज-प्रणाली का उनके धर्म से कोई सरोकार नहीं है।'' स्पष्ट ही यह नव-युग का प्रभाव था। काश कि यह प्रभाव सबको स्वीकार हुआ होता! तब शायद भारत के टुकड़े नहीं बनते और हिन्दुओं और मुसलमानों की राष्ट्रीय नीति एक हुई होती।

इस आन्दोलन के दूसरे समर्थक **मुहसिनुलमुल्क सैयद मेहदी अली** हुए। उन्होंने सर सैयद की राज-भक्ति और उनके शिक्षा-विषयक सिद्धान्तों का व्यापक प्रचार किया। इस्लाम और कुरान की जो नई व्याख्याएँ प्रस्तुत की जा रही थीं, उनका उन्होंने जोरदार समर्थन किया एवं सन् 1906 ई. में उन्होंने, अंग्रेजों को खुश करने के लिए, यह घोषणा की कि टर्की का सुलतान भारतीय मुसलमानों का खलीफ़ा नहीं है। उसी वर्ष, वे आगा खाँ शिष्ट-मंडल के साथ वायसराय की सेवा में इस प्रार्थना के साथ उपस्थित हुए कि भारतीय मुसलमानों के हितों की रक्षा करने के लिए मुस्लिम लीग की स्थापना करने की अनुमति दी जाए।

इस्लाम के नए व्याख्याताओं में प्रोफेसर **सलाउद्दीन खुदाबख्श** का भी बड़ा नाम है। उनकी दो पुस्तकें, 'द स्पिरिट ऑफ इस्लाम' और 'थाट्स ऑन द प्रेज़ेंट सिचुएशन' उन दिनों (सन् 1910-12 ई.) बड़े ही चाव से पढ़ी गई थीं। उनका कहना था कि ''जो धार्मिक

और सामाजिक पद्धति हमें आज से तेरह सौ वर्ष पूर्व प्राप्त हुई थी, वह आज की अवस्था में भी बिना किसी मीन-मेष के मानी जानी चाहिए, ऐसा दावा करना छद्‌म का काम है। ठीक से समझने पर कुरान आध्यात्मिक मार्ग-प्रदर्शक मात्र है। वह कुछ आध्यात्मिक आदर्शों को हमारे सामने रखता है। जिन्दगी की बाकी बातों में मुसलमान अन्य लोगों के समान ही स्वतन्त्र हैं।''

खुदाबख्श ने यह भी लिखा है कि ''एक ईश्वर में विश्वास और मुहम्मद को उसका दूत मानना'', बस, इतना ही इस्लाम का सार है। बाकी सारी बातें ऐसी हैं जो बाहर से आई हैं, जिनमें से अधिकांश रूढ़ियाँ और परतें हैं। ईसाइयत की खुदाबख्श भूरि-भूरि प्रशंसा करते थे और, अकसर, यह दिखलाने की चेष्टा करते थे कि ईसाइयत और इस्लाम में कोई भेद नहीं है। यह था उनका धार्मिक पक्ष जो बहुत-कुछ सर सैयद के धर्म का ही पर्याय था। सर सैयद के समान ही, वे कट्टर राज-भक्त भी थे एवं कहते थे कि ''राजद्रोह और अराजकता के दलन में हमें सरकार की खुलकर सहायता करनी चाहिए।'' कोई आश्चर्य नहीं कि इंग्लैंडवालों को खुदाबख्श की किताबें बहुत पसन्द आईं और वे उन्हें इस्लाम का प्रामाणिक आचार्य समझने लगे।

सर सैयद के एक अन्य सहयोगी जौनपुर के **मौलाना करामत अली** थे, जिनका बिहार, बंगाल, उड़ीसा और असम में बड़ा प्रभाव था। इसी प्रकार, ढाका मदरसा के मुख्याचार्य **मौलाना ओबेदुल्लाह-अल-ओबेदी** (सुहरावर्दी) सर सैयद के परम भक्त और सहयोगी थे। इस्लाम की नई व्याख्या के वे बड़े ही तेजस्वी समर्थक निकले और इस्लाम के जिस संशोधित रूप का प्रचार सर सैयद चाहते थे, उसका ओबेदी ने खूब प्रचार किया। सर सैयद के कहने से उन्होंने भी यह फ़तवा दिया कि भारत दारुल-हरब नहीं होकर दारुल-अमन या दारुल-इस्लाम है तथा हर मुसलमान को यह हक हासिल है कि धर्म-ग्रन्थों की आज्ञा के अनुसार वह अपने धर्म का पालन कर सकता है।

अंग्रेजी शिक्षा से प्रेम और अंग्रेजी सरकार के प्रति अटल राज-भक्ति, ये सर सैयद के प्राणप्रिय सिद्धान्त थे एवं इनका प्रचार उनके सभी शिष्यों और सहयोगियों ने बड़े ही उत्साह से किया। यही नहीं, बल्कि, अलीगढ़ का मुस्लिम कॉलेज, ढाका विश्वविद्यालय (स्थापित 1920 ई.), कलकत्ते का इस्लामिया कॉलेज (स्थापित 1921 ई.) तथा वैसी अन्य अनेक संस्थाएँ सर सैयद के दर्शन का केन्द्र बन गईं और वहाँ से पढ़कर निकलनेवाले अधिकांश नौजवान सर सैयद के सिद्धान्तों के मूर्तिमान रूप बन गए।

मौलाना हाली

सर सैयद के सहयोगियों में **मौलाना अलताफ हुसेन हाली** का अन्यतम स्थान है। हाली अंग्रेजी कम जानते थे, किन्तु फारसी और उर्दू के वे असाधारण विद्वान् थे। वे एक साथ कवि, इतिहासकार और सफल जीवनी-लेखक भी थे। ईसाइयों की आलोचना से चोट उन्हें भी लगी थी, अतएव इस्लाम को युगानुकूल रूप देने का आन्दोलन उन्हें भी जी से पसन्द था। अलीगढ़ जिस इस्लामी आन्दोलन का केन्द्र बन गया था, उस आन्दोलन के हाली आजीवन समर्थक रहे एवं इस आन्दोलन को लेकर उन्होंने अनेक कविताएँ भी रचीं। इन कविताओं में **मुसद्‌दस** नामक

उनका काव्य बड़ा प्रसिद्ध हुआ। जातियों में जब नया जीवन उत्पन्न होता है, तब उसकी सबसे अधिक मार्मिक अभिव्यक्ति काव्य में होती है। मुसद्दस जाग्रत इस्लाम का ऐसा ही काव्य था। सर सैयद और उनके सहयोगियों ने भारतीय मुसलमानों के भीतर जो नई जिन्दगी डाली थी, वह हाली के मुसद्दस में साकार हो उठी और जो विचार तत्कालीन मुस्लिम विचारकों के दिमाग में उथल-पुथल मचा रहे थे, उन्हें हाली ने अपने काव्य के द्वारा सभी मुसलमानों के दिलों में उतार दिया। इस्लाम नए जमाने का साथ देने को तैयार हो, यह नारा था, जो हाली के पूर्वज और समकालीन सुधारक चिल्ला-चिल्लाकर लगाते आए थे, किन्तु सारी जनता उनका साथ देने को तैयार नहीं थी। हाली ने इसी उपदेश को काव्य के भीतर से प्रदान किया, अतएव, जनता उनके रंग में आसानी से रँग गई।

किन्तु, हाली के साथ इस्लामी जागरण ने एक नया मोड़ भी पकड़ा। सर सैयद और अन्य सुधारकों के समान हाली ने भी कहा कि मुस्लिम-समाज की अवस्था बिलकुल **बिगड़ी** हुई है, किन्तु यह बात उन्होंने इस्लाम की तुलना यूरोप के साथ करके नहीं कही। बल्कि तुलना के लिए उन्होंने इस्लाम की विगत गरिमा का बखान किया और मुसलमानों को ललकारा कि तुम कितनी ऊँचाई पर थे और अब किस गर्त में गिरे हुए हो। हिन्दू-नवोत्थान में भी ठीक यही बात हुई थी। राममोहन राय और केशवचन्द्र तथा रानाडे, ये ईसाइयत और यूरोपीय बुद्धिवाद से बहुत-कुछ वैसे ही भीत थे, जैसे सर सैयद अहमद। इन सभी सुधारकों ने अपने धर्म और इतिहास के खंडित अथवा संशोधित रूपों को लेकर ही आलोचकों का सामना किया। किन्तु हाली का स्थान श्रीमती एनी बीसेंट अथवा कुछ-कुछ विवेकानन्द के समान था, जिन्होंने हिन्दुत्व की महिमा हिन्दुत्व के आधार पर ही बतलाई थी। नवोत्थान के काल में मौलाना हाली पहले व्यक्ति हैं, जिन्होंने मुसलमानों को अपने इतिहास की याद दिलाई और बदली हुई परिस्थिति में भी उन्हें मस्तक उठाकर चलने की प्रेरणा प्रदान की।

हाली के समकालीन उपन्यास-लेखक **मौलाना नज़ीर अहमद** ने भी नवोत्थान की सेवा की। किन्तु, उनके भीतर प्रगति का किंचित् विरोध भी ध्वनित हुआ। जैसे अंग्रेजी पढ़े-लिखे हिन्दू नौजवानों पर हिन्दुओं के यहाँ नास्तिकता का आरोप था, वैसे ही, अंग्रेजीदाँ मुस्लिम नौजवान भी शंका की दृष्टि से देखे जाते थे। नज़ीर अहमद के उपन्यासों में इस शंकालु दृष्टि के प्रमाण मिलते हैं। असल में, नज़ीर अहमद के भीतर से मुस्लिम-समाज का वह अंश बोल रहा था, जो प्राचीनता के मोह से अभी नहीं छूटा था तथा जो अंग्रेजी शिक्षा-दीक्षा और संस्कार को अभी थोड़ी-बहुत शंका से देख रहा था। उपन्यास लिखने के सिवा, नज़ीर अहमद ने कुरान का उर्दू में सफल अनुवाद भी किया।

मौलाना शिबली नोमानी

हिन्दू-नवोत्थान का क्रम यह रहा कि हिन्दू पहले तो ईसाई धर्म और यूरोपीय बुद्धिवाद के सामने काँप उठे। फिर, उन्होंने अपने अतीत का ध्यान करके आलोचकों से मोर्चा लिया। और, अन्त में, वे अपनी प्राचीन गरिमा पर इतने आसक्त हो उठे कि, मन ही मन, वे यूरोप को अपने से हीन समझने लगे। इस्लामी नवोत्थान का भी बहुत कुछ यही क्रम रहा है। सर सैयद और उनके सहयोगी यूरोप के सामने सांस्कृतिक पराजय को मानकर चले थे। हाली

ने इससे आगे बढ़कर मुसलमानों को अपने इतिहास का ध्यान कराया और मौलाना शिबली ने हाली के इस काम को बहुत आगे बढ़ा दिया। सच पूछिए तो हाली सर सैयद और मौलाना शिबली के बीच की कड़ी थे।

सर सैयद ने यूरोप को इस्लाम से श्रेष्ठ माना था और इसीलिए उनका आग्रह था कि मुसलमान यूरोप के गुणों को स्वीकार करें और इस्लाम को वह रूप दें जो यूरोप की कसौटी पर खरा उतरता हो। मौलाना शिबली ने इस्लाम की जाँच इस्लाम की ही कसौटी पर की और यह बताया कि हमें बाहर से कुछ नहीं लेना है। इस्लाम की अपनी विरासत ही इतनी बड़ी है कि उसके उद्धार से मुसलमानों का सब कुछ दुरुस्त हो जाएगा। सर सैयद इस्लाम को मोड़कर उसे नव-युग का वाहन बनाना चाहते थे। शिबली का उद्‌देश्य इस्लाम का संशोधन नहीं, पुनरुद्धार था। सर सैयद मुसलमानों को अपने प्राचीन इतिहास से छिन्न करके उन्हें नई कौम का रूप देना चाहते थे, जिसकी भाषा अंग्रेजी और भाव यूरोपीय होते। शिबली को सर सैयद की यह पद्धति बिलकुल नापसन्द थी और उन्होंने सर सैयद पर यह आरोप लगाया कि वे इस्लाम के पूरे इतिहास से अनभिज्ञ हैं।

शमशुल-उलमा मुहम्मद शिबली नोमानी का जन्म 1857 ई. में और मृत्यु सन् 1914 ई. में हुई। उर्दू-साहित्य में उनका स्थान बहुत ऊँचा समझा जाता है। वे धर्म के प्रबल व्याख्याता, दर्शन के श्रेष्ठ आचार्य, इतिहास के प्रवीण लेखक और चरितलेखन में अत्यन्त दक्ष थे। वे कवि भी उच्च कोटि के हुए हैं और उर्दू में आलोचना-साहित्य के तो वे जन्मदाता ही समझे जाते हैं। बचपन में उनका विचार कट्टरता की ओर था, इसीलिए, वहाबी आन्दोलन का उन्होंने खंडन किया था। उन्होंने मदीना जाकर इस्लाम का विधिवत् अध्ययन किया और सर सैयद के सम्पर्क में आने के बाद वे अलीगढ़ कॉलेज में अरबी और फारसी के प्राध्यापक भी बनाए गए, जिस पद पर उन्होंने कोई सोलह वर्ष तक काम किया। अलीगढ़ में ही उन्होंने यूरोप की विचारधारा का परिचय पाया और यूरोप के कितने ही गुणों का उन्होंने सत्कार भी किया। किन्तु, बुद्धि को श्रद्धा की अपेक्षा श्रेष्ठ उन्होंने कभी नहीं माना, न उन्होंने अधार्मिक ज्ञान की कभी श्रेष्ठता स्वीकार की। वे इस्लाम के खंडित या संशोधित रूप के समर्थक नहीं थे। उन्हें सारा-का-सारा इस्लाम हृदय से स्वीकार था।

'बुद्धि उपयोगी है', यह जीवन सत्य है; संसार की उपेक्षा सिखानेवाला धर्म, धर्म नहीं है'; इन बातों को सर सैयद के समान शिबली भी कबूल करते थे। किन्तु बुद्धि के फेरे में पड़कर धर्म की अलौकिक बातों का खंडन करने को वे तैयार नहीं थे। फिर भी, जिन महापुरुषों की जीवनियाँ उन्होंने लिखीं, उनमें अमानवीय चमत्कारों को उन्होंने स्थान नहीं दिया, यहाँ तक कि उनकी पुस्तक के नबी भी मनुष्य के सिवा और कुछ नहीं हैं। जिहाद की उन्होंने निन्दा की। पर्दा-प्रथा को उन्होंने जायज कहा, और साथ ही, स्त्री-शिक्षा को भी उन्होंने अनिवार्य बतलाया। लोग सत्य ही कहते हैं कि शिबली वह सेतु हैं, जिस पर प्राचीन इस्लाम नवीन इस्लाम से आलिंगन करता है।

अलीगढ़वालों की तुलना में शिबली पिछड़े हुए मुसलमान थे। किन्तु, तब भी उलमाओं को वे भयानक दिखाई दिए और उलमाओं ने सदैव उनका विरोध किया। कुछ लोगों का यह भी कहना है कि सर सैयद के द्वारा प्रवर्तित प्रगति को शिबली ने पीछे की ओर मोड़ा।

किन्तु, कई बातों में कट्टर होते हुए भी, इस्लाम के जागरण को फैलाने के श्रेय से वे वंचित नहीं किए जा सकते। हाली ने मुसलमानों के भीतर अपने प्राचीन इतिहास में अभिरुचि जगाई थी। मौलाना शिबली ने इस्लाम के सम्पूर्ण इतिहास को मुसलमानों के आगे खोलकर धर दिया। हाली और शिबली ने वह जमीन तैयार की, जिसमें आगे चलकर इक़बाल की कविता लहलहानेवाली थी। शिबली के ग्रन्थों को पढ़कर ही मुसलमानों को अपनी अतीत-गरिमा का ज्ञान हुआ और उनके भीतर यह तृषा उत्पन्न हुई कि, किसी प्रकार, वह गरिमा हमें फिर से प्राप्त हो जाए। सच पूछिए तो इक़बाल के काव्य उन्हीं वृक्षों के फल हैं, जिन्हें हाली और शिबली ने उगाया था।

मौलाना शिबली का उद्‌देश्य इस्लाम की गरिमा का केवल मौखिक बखान नहीं था, प्रत्युत, इस्लाम के प्राचीन अमर सत्यों को वे दुबारा प्रचलित करना चाहते थे। इसके लिए उन्होंने नए लेखकों का दल तैयार किया और उन्हें प्रोत्साहन देने को आजमगढ़ में **दारुल-मुसन्निफीन** नामक एक सांस्कृतिक संस्था भी स्थापित की, जिसका प्रचलित नाम अब **शिबली एकेडेमी** हो गया है।

स्वाभिमान का उदय

हाली और शिबली ने इस्लामी नवोत्थान का वह पक्ष पूर्ण कर दिया जो प्रत्येक नवोत्थान में कभी-न-कभी, विकसित होता ही है। सर सैयद ने यह बतलाया था कि यूरोपीय संस्कृति की तुलना में इस्लाम हीन है। अतएव, उसे यूरोप के गुण ग्रहण करने चाहिए। हाली और शिबली ने यह इज़ाफ़ा किया कि यूरोप की ओर जाने की कोई ख़ास जरूरत नहीं है। इस्लाम का अपना ही इतिहास इतना प्रोज्ज्वल है कि उसके उद्धार मात्र से मुसलमानों की हालत बिलकुल ठीक हो जाएगी। किन्तु विज्ञान और बुद्धिवाद, ये दो यूरोपीय तत्त्व ऐसे थे, जिनकी उपयोगिता से मुँह मोड़ना कठिन था। अतएव, आगे के विचारकों ने यह कहना आरम्भ किया कि इस्लाम को यूरोप से विज्ञान और बुद्धिवाद की भी शिक्षा नहीं लेनी है। ये दो तत्त्व भी इस्लाम में, पहले से ही, विद्यमान हैं। जरूरत सिर्फ इस बात की है कि लोग इस दृष्टि से इस्लाम के इतिहास और धर्म-ग्रन्थों का अवलोकन करें। यह बहुत-कुछ वैसी ही बात थी, जैसे आर्य-समाजियों का यह कहना कि संसार में जितनी भी विद्याएँ प्रचलित हैं, वेदों में उन सबका भंडार है।

ऐसे लेखकों में **मौलाना अमीर अली** प्रमुख थे। सन् 1891 ई. में उनकी प्रसिद्ध पुस्तक **स्पिरिट ऑफ इस्लाम** प्रकाशित हुई, जिसमें उन्होंने इस्लाम की नई व्याख्या की और यह बतलाना चाहा कि इस्लाम को ईसाइयत या यूरोप से कुछ भी लेना नहीं है। यूरोप के पास जो भी गुण हैं, वे इस्लाम में पहले से ही मौजूद हैं। ईसाई धर्म-प्रचारकों ने भारतीय धर्मों की जो कस के निन्दा की थी, अब भारत के विद्वान् उसका जवाब दे रहे थे तथा हिन्दुत्व और इस्लाम, दोनों धर्मों की ओर से यह कहा जा रहा था कि हम यूरोप और ईसाइयत, दोनों से श्रेष्ठ हैं।

सर सैयद ने नबी का जो जीवन-चरित प्रकाशित किया था, उसमें उनकी चिन्ता यह थी कि कैसे नबी उन गुणों से अलग करके दिखलाए जाएँ, जिनके कारण यूरोपवाले उनकी

आलोचना करते थे। अमीर अली ने यह दिखलाया कि नबी और इस्लाम की जिन बातों की आलोचना की जाती है, वे बातें बिलकुल सीधी-सादी, स्वाभाविक और बुद्धिगम्य हैं। सर सैयद ने केवल यह सिद्ध करना चाहा था कि यूरोपीय दृष्टि से भी इस्लाम आदरणीय धर्म है। अमीर अली ने यह आशा प्रकट की कि इस्लाम को ठीक से समझ लेने पर ईसाई जनता भी इस्लाम को कबूल कर सकती है।

इस्लाम के मध्यकालीन इतिहास में हज़रत मुहम्मद का रूप नबी का रूप था। उसमें उनके चमत्कारों और अलौकिक शक्तियों पर जोर दिया गया था। सर सैयद ने अलौकिक पक्ष को छोड़कर नबी के मानवीय गुणों पर जोर दिया। किन्तु, अमीर अली ने पैगम्बर साहब को इस ढंग से चित्रित किया कि वे मनुष्य भी समझे जाएँ और उनके व्यक्तित्व पर वह भक्ति भी बनी रहे, जो मध्यकाल में प्रचलित थी। अमीर के पैगम्बर भी मनुष्य ही हैं, किन्तु वे कोमल हैं, विचारवान् हैं, उदार और दयालु हैं तथा उनमें वे सभी गुण मौजूद हैं, जो आज की दृष्टि से ऊँची मानवता के लक्षण माने जाते हैं।

अमीर अली की पुस्तक में इस्लाम की शान्तिप्रियता पर जोर दिया गया है। उसमें यह बताया गया है कि इस्लाम ने धर्म के नाम पर जितनी भी लड़ाइयाँ लड़ीं, वे मुसलमानों पर जबर्दस्ती थोपी गई थीं। अमीर अली की व्याख्या के अनुसार, इस्लाम असहनशील नहीं है। वह स्त्रियों का आदर करता है। उसमें प्रजातन्त्र का समर्थन है। उसमें वैज्ञानिकता और बुद्धिवाद है। ईसाई धर्म-प्रचारकों ने कहा था कि इस्लाम में स्त्रियों की स्थिति अनादर-युक्त है। सर सैयद का जवाब था कि यह इलज़ाम गलत है। किन्तु, अमीर अली ने बतलाया कि कैसे इस्लाम के उदय के पूर्व अरब में औरतें पतित अवस्था में थीं और कैसे इस्लाम ने उन्हें ऊपर उठा दिया।

कुछ युगों में इस्लाम की हालत बहुत बिगड़ गई थी। इसकी टीका करते हुए अमीर अली ने बतलाया कि यह इस्लाम का दोष नहीं था। प्रत्येक धर्म में काल पाकर विकृतियाँ उत्पन्न हो जाती हैं। ऐसी विकृतियाँ ईसाइयत में भी उत्पन्न हुई थीं। और कई युगों में कई देशों के ईसाई इतने पतित हो गए थे कि उन्हें ईसाई कहना ईसाइयत का अपमान करना है।

अमीर अली ने इस्लाम का जो चित्र खींचा, वह संसार के सर्वश्रेष्ठ धर्म का चित्र था। उसके प्रवर्तक संसार के सम्पूर्ण इतिहास के सर्वश्रेष्ठ महापुरुष थे और मुसलमान संसार के सर्वश्रेष्ठ मनुष्य। ईसाइयों ने इस्लाम की निन्दा करके मुसलमानों में आत्महीनता का भाव जगाना चाहा था। परन्तु, प्रतिक्रिया ऐसे जोर की हुई कि मुसलमान अपने को ईसाइयों से भी श्रेष्ठ समझने लगे और ठीक यही भाव हिन्दुओं के भीतर भी जाग्रत हुआ।

इस्लाम की प्रशंसा करते-करते लोग भारत और एशिया मात्र की प्रशंसा करने लगे और युगों बाद, उन्हें यह सत्य दिखलाई पड़ा कि जब यूरोप असभ्य था, तब सभ्यता की शिक्षा उसने अरब और ईरान से ही पाई थी।[15] इसी मनोदशा में मुसलमान चिन्तक यह भी याद करने लगे कि स्वयं भारतीय सभ्यता ने इस्लाम से बहुत-कुछ सीखा है।

सन्दर्भ

1. द इस्लाम टु-डे--लेखक, ए.जे. आरबेरी तथा मुस्लिम इन इंडिया (प्रकाशक सूचना- विभाग, भारत सरकार।)
2. The New World of Islam by Stoddard.
3. The New World of Islam by Stoddard.
4. Modern Movements in Islam by Julius Germanus.
5. आगे चलकर वहाबियों ने मुहम्मद साहब की कब्र को भी तोड़ डाला और उसमें सदियों से जो चढ़ावे चढ़े थे, उन्हें लूट लिया। काबे की ज़री कालीन भी वे लूट ले गए। तीर्थ-यात्रियों को तो वे इस कदर लूटने लगे कि थोड़े दिनों के लिए हज की यात्रा ही बन्द हो गई थी।
6. "Islam cannot be reformed; that **is** to say, reformed Islam is no longer Islam, it is something esle."

   [Modern Egypt (vii) by Lord Cromer]
7. Lower class Islam emerged from the reform purer, but more communalist.

   —*W.C. Smith (Modern Islam in India)*
8. स्मिथ-कृत 'मॉडर्न इस्लाम इन इंडिया'।
9. असबाबे-बगावते-हिन्द, सन् 1859 ई.।
10. द लॉयल मोहमडन्स ऑफ इंडिया, 1860-61 ई.।
11. "To make the mussalmans of India worthy and useful subjects of the British Crown." *('मॉडर्न इस्लाम' में उद्धृत)*
12. सर सैयद के आलोचकों में अकबर इलाहाबादी बड़े ही प्रमुख हुए हैं। वे सर सैयद की अंग्रेज-भक्ति के ही विरोधी नहीं, उनके सामाजिक सुधारों के भी द्रोही थे। उनके कितने ही शेर सर सैयद को लक्ष्य करके लिखित दीखते हैं, यथा–

   ईमान बेचने को तो तैयार हैं हम भी,
लेकिन, खरीद हो जो अलीगढ़ के भाव से।

   × ×

   हजार शेख ने डाढ़ी बढ़ाई सन की-सी
मगर, वो बात कहाँ मालवी मदन की-सी।

   × ×

   तालीमे-दुख्तराँ से ये उम्मीद है ज़रूर,
नाचे दुल्हन ख़ुशी से ख़ुद अपनी बरात में।

   × ×

   तुम अंग्रेज़ीदाँ हो, वो अंग्रेज़दाँ है।
13. मॉडर्न इस्लाम इन इंडिया।
14. Proposed Reforms, by Chiragh Ali.
15. यह दावा गलत नहीं था क्योंकि अरब में भारत और यूनान से जो ज्ञान पहुँचा था, वही यूरोप को स्पेन के माध्यम से मिला जहाँ मुसलमानों का राज्य था और इसी ज्ञान से यूरोप में रिनासाँ की लहर उठी थी।

प्रकरण-16

सर मुहम्मद इक़बाल

नवोत्थान के कवि

रवीन्द्र और इक़बाल, दोनों भारतीय नवोत्थान के कवि हैं, एक हिन्दू-नवोत्थान के और दूसरे मुस्लिम-नवोत्थान के। शुद्ध भारतीय नवोत्थान-जैसा कोई आन्दोलन भारत में नहीं उठा, जिससे अनुमान होता है कि हिन्दू और मुस्लिम संस्कृतियाँ मिलकर कभी बिलकुल एक नहीं हुईं। राजनीति के मुख से झूठ बोला जा सकता है। तर्क और दर्शन भी सच को झूठ और झूठ को सच सिद्ध कर सकते हैं। यहाँ तक कि इतिहास की मिथ्या व्याख्याओं से भी असत्य की पुष्टि की जा सकती है। किन्तु कवि की लेखनी असत्य का समर्थन नहीं कर सकती। कविता कवि के हृदय की अनुभूति होती है और इस अनुभूति की सामग्री सीधे समाज के भीतर से आती है। समाज निराकार प्रतिमा है, जिसकी धड़कन कवि के कलेजे में उठती है, जिसकी शंकाएँ और विश्वास कवि के मुख से उद्गीर्ण होते हैं। अतएव, रवीन्द्र और इक़बाल को सामासिक संस्कृति की उससे अधिक अनुभूति नहीं हुई जो, सचमुच, अस्तित्व में थी, जिसकी अनुभूति केवल राजनीतिज्ञों को ही नहीं, इस देश की जनता को भी रही है।

हेथाय आर्य हेथा अनार्य हेथाय द्राविड़-चीन,
शक-हूण-दल, पाठान-मोगल एक देहे होलो लीन।

सामासिक संस्कृति के पक्ष में रवि बाबू ने इतना ही लिखा है अथवा उन्होंने और जो कुछ लिखा है, उसकी दिशा यही है। बाकी, उनकी सारी रचनाओं की पृष्ठभूमि वह सांस्कृतिक आन्दोलन है, जिसके नेता राममोहन राय, केशवचन्द्र सेन अथवा रामकृष्ण हुए हैं।

इस प्रकार, 'नया शिवालय', 'तरानए-हिन्दी' और 'तस्वीरे-दर्द', ये ही कुछ कविताएँ हैं, जिनमें इक़बाल सामासिक संस्कृति के पक्ष में बोलते हैं।[1] बाकी उनकी सारी रचनाएँ इस्लामी जागरण से ओत-प्रोत हैं।

और इसके सिवा और होता भी क्या? जब तक यूरोपवाले भारत में नहीं आए थे, हिन्दू और मुसलमान कभी तो एक-दूसरे के प्रेमी और कभी एक-दूसरे से अप्रसन्न होकर जी रहे थे। कितु, यह शत्रुता उभरती कम थी। बादशाह मुसलमान होते थे। हिन्दू रियाया बनकर जी रहे थे। शासकों की भाषा, शासकों का रहन-सहन और लिबास हिन्दुओं ने अपना लिया था और हिन्दुओं की बहुत-सी बातें मुस्लिम-समाज में प्रविष्ट हो गई थीं। फिर भी सामासिकता अभी पुष्ट नहीं हुई थी। ऐसा नहीं हो पाया था कि हिन्दू और मुसलमान,

अपनी-अपनी विशिष्टताओं को भूलकर, किसी ऐसी विशिष्टता की ओर देख पाते, जो समान रूप से दोनों की चीज थी। इतने में, ईसाई धर्म और यूरोपीय विचार भारत में आ धमके और उन्होंने हिन्दुत्व और इस्लाम, दोनों पर चोटें करनी शुरू कर दीं। यदि सम्राट् अकबर की परम्परा टूट न गई होती, तो सम्भव था कि हिन्दू और मुसलमान, दोनों ही, यूरोप को एक ही जवाब देते। किन्तु उस परम्परा के दाने बिखर चुके थे और सामासिकता की तलवार बड़ी ही पतली और कुन्द पड़ गई थी। इस पतली सामासिक संस्कृति को लेकर यूरोप का सामना करने की हिम्मत और सूझ न तो किसी मुसलमान को हुई, न हिन्दू को। निदान, एक तो वेद और उपनिषद् लेकर दौड़ा, दूसरा कुरान और हदीस उठाकर। सन् सत्तावन के गदर के अनुकरण पर संस्कृतियों को भी एक होकर उठना था। किन्तु, राजनीति के समान तेजी और फुर्ती संस्कृति में नहीं होती है। राजनीति में रातों-रात लोग दुश्मन या दोस्त बन जाते हैं, किन्तु, इस दोस्ती या दुश्मनी का सांस्कृतिक रूप, वर्षों नहीं, सदियों में पुष्ट होता है। निदान, यूरोप के मुकाबले में सांस्कृतिक मोर्चे पर पहुँचते-पहुँचते हिन्दू और मुसलमान दो हो गए। विस्मय की बात है कि आक्रामक तो एक था, किन्तु, जो आक्रमण के लक्ष्य थे वे दो शिविरों में बँटे हुए थे और उससे भी अधिक ग्लानि का विषय यह है कि इन दो शिविरों में कोई सलाह-मशवरा नहीं चलता था।

इक़बाल और रवीन्द्र भारतीय संस्कृति की इन्हीं दो धाराओं के कवि हुए हैं और प्रत्येक ने उस धारा का बड़ा ही विलक्षण आख्यान किया है, जिससे उसका जन्म हुआ था। हिन्दुत्व के कवि होने के कारण, रवीन्द्रनाथ कोमल, अहिंसक और परलोक के प्रेमी हैं। और इस्लाम के कवि होने के कारण, इक़बाल दर्पशाली तथा आवेशयुक्त हैं एवं वे इहलौकिकता को बढ़ावा देते हैं। दार्शनिक और कदाचित् रहस्यवादी भी दोनों ही कवि हैं। किन्तु इक़बाल ने गद्य और पद्य में ईरानी तसव्वुफ़ पर कठिन प्रहार भी किए हैं, जिससे यह अनुमान होता है कि रहस्यवाद की प्रेरणा उनमें उनकी इच्छा के विरुद्ध आई थी।

इक़बाल की कविताओं से, आरम्भ में, भारत की सामाजिक संस्कृति को बल मिला था, किन्तु आगे चलकर उन्होंने बहुत-सी ऐसी चीजें भी लिखीं, जिनसे हमारी एकता को व्याघात पहुँचा। 'नया शिवालय' और 'तस्वीरे-दर्द' लिखनेवाला कवि राष्ट्रीयता से भाग क्यों खड़ा हुआ, इस प्रश्न पर सोचते-सोचते अनेक विचारक अपना माथा थामकर बैठ जाते हैं। किन्तु इसमें विस्मय की कोई बात नहीं है। सन्त हो या सुधारक, कवि हो या अवतार, वह उन परिस्थितियों से भाग नहीं सकता, जिनमें उसका जन्म या विकास होता है। कवि अपने भाव आकाश से लाता है, ऐसा बेवकूफ लोग ही कहा करते हैं। कवि भी सामाजिक प्राणी होता है। अतएव उसके सारे भाव समाज के भाव होते हैं। उसकी सारी शंकाएँ समाज की शंकाएँ होती हैं तथा उसके सभी उत्तर भी समाज को ही लक्ष्य करके दिए जाते हैं।

समाज के हृदय में अनेक भाव ऊँघते रहते हैं, अनेक आशाएँ कुलबुलाती रहती हैं, अनेक उमंगें अपनी राह टटोलती रहती हैं। किन्तु समाज को इन स्वप्नों, इन आशाओं और इन उमंगों का हमेशा प्रत्यक्ष ज्ञान नहीं रहता, न ये भावनाएँ राजनीतिज्ञों एवं समाज-शास्त्रियों को दिखलाई देती हैं। किन्तु, कवि इन अदृश्य भावनाओं को सुन लेता है। यही उसकी विशेषता

होती है। इसलिए वह समाज के विकास का अनिवार्य यन्त्र समझा जाता है। जिस समाज में कवि उत्पन्न नहीं होते, वह अन्धों का समाज होता है, वह बहरे लोगों का समाज होता है, जो अपनी धमनी की आवाज नहीं सुन पाता। प्रत्येक समाज अपने कवि के आगमन की राह देखता है, क्योंकि कवि ही वह यन्त्र है, जिससे समय के ताप की ऊँचाई अथवा निचाई मापी जाती है। जब तक कवि जन्म नहीं लेता, तब तक समाज को यह पता नहीं चलता कि उसकी चेतना किस दिशा में और किस स्तर तक विकसित हुई है। सौभाग्यशाली है वह समाज जिसे ठीक समय पर अपना कवि प्राप्त हो जाता है और सौभाग्यशाली है वह कवि जिसका समाज अन्धा या बहरा नहीं होता। आधुनिक मुस्लिम-समाज को अपना प्रतिनिधि कवि ठीक समय पर प्राप्त हो गया और चूँकि वह बहरा समाज नहीं था, इसलिए उसने अपने कवि से लाभ भी तुरन्त उठा लिये।

सर सैयद के समय से भारतीय इस्लाम के भीतर जो आन्दोलन चल रहे थे, वे इस बात की दलील थे कि इस्लाम शीघ्र ही किसी महाकवि को जन्म देनेवाला है। कविता पर हाथ तो मौलाना हाली ने भी डाला, किन्तु वे इक़बाल की पृष्ठभूमि तैयार करके रह गए, यद्यपि यह सत्य है कि हाली के हुए बिना इक़बाल का होना असम्भव था।[2]

इक़बाल को अपने पूर्व-पुरुषों से जो प्रेरणाएँ मिलीं, वे ये थीं कि इस्लाम दुरवस्था में है और उसके पुनरुद्धार के लिए बहुत बड़े प्रयास और बहुत बड़ी कुरबानी की जरूरत है। उद्धार के रास्ते दो बताए गए थे। एक तो यह कि मुसलमान यूरोप से विज्ञान और बुद्धिवाद को ग्रहण करें एवं पारलौकिक चिन्ताओं को छोड़कर इसी लोक में विजयी होने के लिए साहस और शूरता से काम लें। और दूसरा यह कि इन गुणों को पाने के लिए मुसलमानों को यूरोप की ओर देखने की आवश्यकता नहीं है। इस्लाम का अपना इतिहास ही इतना समृद्ध है कि उसमें से ये सारी शिक्षाएँ निकाली जा सकती हैं। इस पिछली बात को प्रमाणित करने के लिए मौलाना शिबली ने इस्लाम के सारे गरिमायुक्त इतिहास को उर्दू में बिखेर दिया था और जिस युग या समाज ने इक़बाल को जन्म दिया, वह इस इतिहास को पढ़कर भीतर-ही-भीतर गौरव और जोश से भरा हुआ था। इस पृष्ठभूमि पर देखने से इक़बाल के सिद्धान्त काफी स्वाभाविक हो जाते हैं और तब यह भी आश्चर्य नहीं होता कि उन्होंने ख़ुदी की अहंकारयुक्त फिलासफी क्यों निकाली और क्यों उन्होंने रहस्यवाद का तिरस्कार किया।

सर मुहम्मद इक़बाल का जन्म सन् 1873 ई. में और मृत्यु सन् 1938 ई. में हुई। वे स्यालकोट (पंजाब) के रहनेवाले थे। लाहौर से उन्होंने एम.ए. पास किया था और कैम्ब्रिज में उन्होंने दर्शन का अध्ययन किया तथा म्यूनिख से उन्होंने डॉक्टरेट की उपाधि प्राप्त की। उनके डॉक्टरेट का विषय ईरानी रहस्यवाद था। 1908 ई. में वे भारत लौटे और लाहौर में उन्होंने अपनी बैरिस्टरी आरम्भ की। किन्तु समय उनका कविता और दर्शन में ही जाता रहा। सन् 1922 ई. में उन्हें सरकार की ओर से 'सर' का खिताब मिला एवं सन् 1930 ई. में वे मुस्लिम-लीग के सभापति चुने गए। सन् 1928-29 ई. में मद्रास में उन्होंने इस्लाम पर छह व्याख्यान दिए थे। उन व्याख्यानों से प्रभावित होकर लॉर्ड इरविन ने उन्हें धर्म और दर्शन पर व्याख्यान देने को ऑक्सफोर्ड भिजवाया। ये व्याख्यान ही उनके गद्य-लेख हैं। बाकी उन्होंने

जो कुछ कहा, कविताओं में ही कहा। इक़बाल राउंड-टेबिल-कॉन्फ्रेंस में भी मुसलमानों का प्रतिनिधित्व करने को बुलाए गए थे।

राष्ट्रीयता का स्वर

आरम्भ में इक़बाल भी उर्दू के अन्य कवियों के समान ग़ज़लें लिखा करते थे और कभी-कभी मुशायरों में भी जाते थे। इस्लाम की जागृति पर उनकी श्रद्धा अवश्य थी, किन्तु तब तक उनके विचारों में राष्ट्रीयता भी भरपूर थी। वे हिन्दू-मुस्लिम-एकता के हामी और भारतीय स्वतन्त्रता के समर्थक थे। तब तक मुसलमानों में यह भाव जोर से नहीं फैला था कि इस्लाम की उन्नति और भारत की स्वतन्त्रता परस्पर-विरोधी बातें हैं। उनका 'तरानए-हिन्दी' (सारे जहाँ से अच्छा हिन्दोस्ताँ हमारा) और 'नया शिवालय' (सच कह दूँ अय बिरहमन, गर तू बुरा न माने) उन्हीं दिनों की रचनाएँ हैं। बल्कि उनके 'बाँगे-दरा' की अधिकांश कविताएँ उनके उन्हीं दिनों की यादगार हैं, जब वे विचारों की एकांगिता में नहीं पड़े थे।[3]

बाँगे-दरा के भाव हाली के मुसद्‌दस की अपेक्षा अधिक भारतीय हैं। हाली ने अपने पूरे काव्य में इस्लाम ही इस्लाम लिखा है। इक़बाल के 'बाँगे-दरा' का द्वार अधिक विशाल है। उसमें इस्लाम के साथ सिक्ख मत और हिन्दुत्व के भी भाव झलक मारते हैं। 'नानक' और 'राम' शीर्षक से लिखी हुई दो कविताएँ 'बाँगे-दरा' के कवि की राष्ट्रीयता के प्रमाण हैं। वैसे, हिन्दू-मुस्लिम एकता की दृष्टि से विचार करें, तब भी, 'बाँगे-दरा', राष्ट्रीय काव्य ठहरता है। उसके भीतर ऐसी-ऐसी पंक्तियाँ भरी पड़ी हैं, जो किसी ऐसे हृदय से निकल ही नहीं सकती थीं, जिसमें राष्ट्रीय एकता के लिए बेचैनी न रही हो। 'तरान-ए-हिन्दी' को बाद देकर देखें, तब भी 'नया शिवालय' के भाव बड़े ही तेजस्वी और पवित्र दीखते हैं। ये भाव उस बेचैन कवि के हैं, जो हिन्दुओं और मुसलमानों से यह कहना चाहता है कि मन्दिर और मस्जिद को लेकर तुम अलग क्यों होते हो? तुम्हारा आधार तो वह मिट्‌टी है, जिस पर ये दोनों इमारतें खड़ी हैं। यह मिट्‌टी मन्दिर और मस्जिद, दोनों से बढ़कर पाक और पवित्र है।

मिट्‌टी की मूरतों में समझा है तू, ख़ुदा है।
ख़ाके-वतन का मुझको हर ज़र्रा देवता है।

इक़बाल के मैदान में आने के समय तक, 'अंग्रेज' **'बाँटो और राज्य करो'** की नीति पर खुलकर अमल करने लग गए थे और यह बात प्रत्यक्ष हो गई थी कि यदि हिन्दू और मुसलमान आपस में नहीं मिले तो अंग्रेज उन पर राज करते ही जाएँगे। और इधर हिन्दू और मुसलमान थे जो आपस में मिलकर एक होने का नाम नहीं लेते थे। इस स्थिति से देशभक्त कवियों को जो चोट लगती थी, वह चोट इक़बाल को भी लगी थी।

रुलाता है तेरा नज़्ज़ारा अय हिन्दोस्ताँ मुझको,
कि इबरतख़ेज़ है तेरा फ़साना सब फ़सानों में।
दिया रोना मुझे ऐसा कि सब कुछ दे दिया गोया,
लिखा किल्के-अज़ल ने मुझको तेरे नौहाख़्वानों में।
निशाने-बर्गे-गुल तक भी न छोड़ इस बाग में गुलचीं,
तेरी क़िस्मत से रज़्म-आराइयाँ हैं बाग़वानों में।

छिपाकर आस्तीं में बिजलियाँ रक्खी हैं गरदूँ ने,
अनादिल बाग़ के ग़ाफ़िल न बैठें आशियानों में।
वतन की फ़िक्र कर नादाँ, मुसीबत आनेवाली है,
तेरी बर्बादियों के मशवरे हैं आसमानों में।

(तस्वीरे-दर्द : बाँगे-दरा)

इस कविता में इक़बाल आगे चलकर हिन्दू-मुस्लिम एकता को सम्भव बनाने की प्रतिज्ञा करते हैं और कहते हैं–

हवैदा आज अपने ज़ख्मे-पिनहाँ करके छोड़ूँगा,
लहू रो-रो के गुलशन को परीशाँ करके छोड़ूँगा।
जलाना है मुझे हर शम-ए-दिल को सोज़े-पिनहाँ से,
तेरी तारीक रातों में चिराग़ाँ करके छोड़ूँगा।
पिरोना एक ही तस्बीह में इन बिखरे दानों को,
जो मुश्किल है तो इस मुश्किल को आसाँ करके छोड़ूँगा।

काश कि इक़बाल की यह प्रतिज्ञा पूरी हुई होती! काश कि जिस अन्धकार में भारतीय एकता के लिए संघर्ष चल रहा था, उसमें इक़बाल अपनी इस लौ को तेज किए रहते। किन्तु वह नहीं हुआ। क्यों नहीं हुआ, यह बात या तो इतिहास से स्पष्ट है अथवा अब तक वह लिखी नहीं गई है। यह कैसे सम्भव हुआ कि एक महाकवि की शिखा ने अपनी दिशा बदल दी? यह कैसे सम्भव हुआ कि इक़बाल इस राष्ट्रीयता को छोड़कर केवल मुस्लिम-राष्ट्रीयता के स्वप्न को आकार देने लगे?

मुस्लिम-राष्ट्रीयता के भाव

कारण, शायद, यह था कि राष्ट्रीयता के विरुद्ध मुस्लिम-समाज में अनेक तर्क फैले हुए थे। सर सैयद का यह उपदेश जीवित था कि मुसलमानों का कल्याण सरकार के साथ और कांग्रेस से अलग रहने में है। किन्तु, इक़बाल सर सैयद की अपेक्षा कहीं बड़े मनुष्य थे। वे सरकार की भक्ति करने की ओर नहीं लपके। बल्कि, भारत से बाहर इस्लामी देशों के साथ ब्रिटेन का जो बुरा बर्ताव था, इक़बाल ने उसे भी सहन नहीं किया। सर सैयद की नीति पर चलने से न तो हिन्दू स्वाधीन होते, न मुसलमान। और इक़बाल स्वाधीनता के प्रेमी थे। इसीलिए, यह बात समझ में नहीं आती है कि स्वाधीनतावादी होते हुए भी उन्होंने अपनी पहली आग को बुझने क्यों दिया और क्यों वे ऐसी बातें बोलने लगे, जिनसे मुसलमानों में वीरता और निर्भयता तो जरूर जगी, किन्तु उन्हें यह पता नहीं चला कि इस वीरता को लेकर वे क्या करें। वीरता और निर्भयता का सबसे बड़ा उपयोग आजादी की लड़ाई को तेज करने में था, किन्तु आजादी की लड़ाई को सफल बनाने से मुसलमान डरते थे। सम्भवतः, यह भय इक़बाल के भीतर भी पहुँचा और उन्होंने प्रजा-सत्ता पर एक फब्ती कस दी, जिसके पीछे जर्मन दार्शनिक नीत्शे की प्रतिध्वनि सुनाई देती है।

इस राज़ को इक मर्दे-फ़िरंगी ने किया फ़ाश,
हर चन्द कि दाना इसे खोला नहीं करते।

जमहूरियत इक तर्ज़े-हुकूमत है कि जिसमें,
बन्दों को गिना करते हैं, तोला नहीं करते।

(बाले-जिबरील)

जब इक़बाल का मन भारतीय राष्ट्रीयता से बिदक गया, उनकी कल्पना एक भिन्न दिशा में मँडराने लगी। वे तन-मन से इस्लाम के उद्धार में लग गए। चूँकि भारतीय प्रजातन्त्र में मुसलमानों के प्रमुख सत्ताधारी होने की सम्भावना नहीं थी, इक़बाल ने प्रजातन्त्र को नकार दिया। चूँकि मुसलमान सारे विश्व में फैले हुए थे, इसलिए उन्होंने एक ऐसी राष्ट्रीयता की कल्पना कर ली, जिसका आधार देश नहीं, धर्म था। और इससे भी आगे बढ़कर उन्होंने इस्लाम को सर्वश्रेष्ठ धर्म, मुसलमान को सर्वश्रेष्ठ मानव और इस्लामी बन्धुत्व को राष्ट्रीयता का श्रेष्ठतम रूप मान लिया।[4] इक़बाल के पूर्व, सर सैयद, हाली, शिबली और अमीर अली ने इस्लाम के सम्बन्ध में जो कुछ कहा था, उसका निचोड़ इक़बाल की कविता में प्रविष्ट हो गया एवं पिछले समस्त आन्दोलनों का दर्शन इक़बाल के काव्य से आप-से-आप तैयार हो गया।[5] इक़बाल के इस मत-परिवर्तन से सभी प्रगतिशील लोग कराह उठे।[6]

भारतीय इस्लाम के जागरण में इक़बाल का जो योगदान है, वह अतुल और अपरिमेय है। मुसलमानों की सबसे बड़ी सेवा इक़बाल ने यह की कि उनके हृदय में जो भाव अस्पष्ट थे, उन्हें इक़बाल ने सुस्पष्ट बना दिया। मुसलमान बेचैन जरूर थे, किन्तु उन्हें इसका पता नहीं था कि वे चाहते क्या हैं। इक़बाल ने उनके दिलों में एक कामना भर दी, उन्हें एक ख्वाहिश दे दी। जब इस्लाम अपने गौरव के काल में था, तब उससे मुसलमानों को साहस और आत्मगौरव की प्रेरणा मिलती थी। इस्लाम उन्हें बाधाओं और विपत्तियों को कुचलकर आगे बढ़ने की प्रेरणा देता था। इक़बाल जिस युग में जनमे, वह अपरिमित अवसरों का काल था। आज मौके बहुत ज्यादा हो गए हैं, किन्तु उनसे फायदा उठाने में संघर्ष भी अत्यधिक करना पड़ता है। इक़बाल ने चाहा कि इस संघर्ष में पड़ने की प्रेरणा धर्म से मिलनी चाहिए और तदनुसार उन्होंने इस्लाम के साहसी एवं संघर्षशील रूप को ताजा कर दिया और मुसलमानों के सामने शूरत्व के आदर्श को चमकाकर रख दिया।

इक़बाल का जीवन-दर्शन

कहते हैं, यूरोप में रहते-रहते इक़बाल ने अपना जीवन-दर्शन तैयार कर लिया था और जब वे स्वदेश लौटे, तब उसी दर्शन के आधार पर उन्होंने भारतीय मुसलमानों में नवजीवन भरना आरम्भ किया। यूरोप में उन्होंने तीन बातें देखीं। एक तो यह कि वहाँ के लोग जीवनी-शक्ति से उच्छल और बड़े ही क्रियाशील हैं। भारतवासियों के समान, हाथ-पर-हाथ धरकर बैठे रहना उनका स्वभाव नहीं है। धर्म, दर्शन, विचार, परिस्थिति, जहाँ भी कोई बाधा उन्हें दिखाई पड़ती है, वे उस बाधा को निर्मूल कर देते हैं। वे सतत आगे बढ़ने को उद्यत रहते हैं और इसलिए सतत क्रियाशील भी। यूरोप में क्रियाशीलता को इक़बाल ने जीवन के पर्याय के रूप में देखा। यूरोप में इक़बाल को दूसरी प्रमुख बात यह दिखाई पड़ी कि वहाँ के लोगों के सामने अवसरों का ढेर लगा हुआ है और वे उनका उपयोग करके जीवन का ऐसा आनन्द उठा रहे हैं, जिसकी कल्पना भी भारत या एशियावासी नहीं कर सकते। एक अवसर से फायदा उठाकर लोग

उससे आगे बढ़ जाते हैं और फिर आगे का अवसर हथियाकर उसके भी आगे चले जाते हैं। इससे यूरोप में जीवन निरन्तर कार्य और निरन्तर प्रगति का रूप ले लेता है। तीसरी बात यूरोप के विपक्ष में थी। यूरोप में वैज्ञानिक साधन बहुत हैं और सुख-भोग के रास्ते और साधन भी अनन्त। फिर भी, वहाँ व्यक्ति का हृदय खोखला और उसकी आत्मा रिक्त रहती है; फिर भी, वहाँ व्यक्तियों और राष्ट्रों के बीच छीना-झपटी के दाँव-पेंच चलते रहते हैं। यह बात इक़बाल को बहुत भयानक लगी और वे इस निष्कर्ष पर पहुँचकर भारत लौटे कि आँख मूँदकर यूरोप की नकल करने से एशिया का भी विनाश होगा।

इन अनुभवों का इक़बाल के काव्य पर गहरा असर पड़ा। **क्रियाशीलता उनकी कविता की साँस बन गई।** वे जब तक जिए, मनुष्य को कर्मठ बनने की प्रेरणा देते रहे, उसे बाधाओं को कुचलकर असम्भव लक्ष्यों को प्राप्त करने को उत्तेजित करते रहे।[7] उनका सिद्धान्त यह हो गया कि जीवन सतत क्रियाशीलता का नाम है।[8] प्रगति जीवन का सबसे बड़ा तत्त्व है। कर्म से बढ़कर और कोई दर्शन नहीं हो सकता तथा सारी सृष्टि क्रिया और केवल क्रिया से चालित है एवं जहाँ अकर्मण्यता और अगति का वास है, वहाँ मृत्यु बसती है। खतरों से घबराने को इक़बाल ने सबसे बड़ी पराजय समझा और नौजवानों को उन्होंने चुन-चुनकर खतरों से खम ठोंककर भिड़ने को उत्साहित किया।[9] जवानी उत्साह, निर्भयता और कर्मठता को कहते हैं। बुढ़ापा उदासी, असमर्थता और कायरता का नाम है। अतएव, इक़बाल ने यौवन को वार्द्धक्य का गुरु बनाना चाहा।[10] अब तक धर्म की शिक्षा यह रही थी कि मनुष्य झंझटों से दूर रहकर जीवन के पारलौकिक तत्त्वों पर विचार करे। इक़बाल ने धर्म के इस पक्ष की निन्दा की और वैराग्य तथा समाधि, दोनों को हीन बताया।[11]

इक़बाल का यह प्रवृत्ति-मार्ग इस्लाम का पुराना मार्ग था। निवृत्ति या जीवन-त्याग की आदतें सूफ़ियों ने डाली थीं। अतएव, इक़बाल सूफ़ी-दर्शन के विरुद्ध हो गए। उन्होंने इस बात को बार-बार दुहराया है कि जीवन ध्यान और समाधि नहीं, बल्कि भोग और आनन्द का विषय है। इक़बाल की सबसे बड़ी देन यह है कि ऊँघते हुए भारतीयों को उन्होंने कर्मठता की ओर प्रेरित किया और वीरतापूर्वक यह उद्‌घोष किया कि कर्मठता से पुण्य नहीं बढ़ता है, वह स्वयं भारी पुण्य है, यहाँ तक कि अकर्मण्य मुसलमान से कर्मठ काफ़िर भी श्रेष्ठ है।[12] उन्होंने यह भी लिखा कि मुल्ला तो काफ़िर उसे बताते हैं, जो ईश्वर को नहीं मानता है। किन्तु मैं काफ़िर उसे कहता हूँ जो ख़ुद से इनकार करता है, जो जीवन के आनन्द से मुँह फेरता है, जो संघर्ष और कर्मठता से दूर है।

इक़बाल की कविताओं का उद्‌देश्य मुसलमानों में प्रवृत्ति की लहर उठाना था, उन्हें झकझोरकर कर्म के पथ पर आरूढ़ करना था, उनमें निर्भयता और मर्दानगी जगानी थी। आरम्भिक इस्लाम प्रवृत्ति-मार्गी धर्म था। उसमें जीवन से भागकर ध्यान और समाधि में समा जाने की प्रेरणा नहीं थी। इस्लाम जीवन के सात्विक भोग की शिक्षा देनेवाला धर्म था। ध्यान और समाधि की बढ़ती इस्लाम में सूफियों ने की। और सूफियों ने ही मुसलमानों को संन्यास एवं वैराग्य की भी शिक्षा दी। अतएव, इक़बाल सूफियों की इस प्रकार की शिक्षा के विरुद्ध हो गए।[13]

कहते हैं, इक़बाल ने अपना दर्शन नीत्शे और बर्ग्सां की पुस्तकों के आधार पर तैयार

किया था। नीत्शे भी अफलातून के शान्तिमय विचारों के विरुद्ध था। उसने भी बौद्ध मत और ईसाइयत की इसलिए निन्दा की है कि ये धर्म मनुष्य को अहिंसक और कमजोर बनाते हैं, कि ऐसे धर्मों से मनुष्य का पौरुष नष्ट होता है एवं धरती पर महामानव के अवतार की सम्भावना दूर जा पड़ती है। नीत्शे का कहना था कि जब कमजोर लोग मजबूत लोगों के गुलाम हो जाते हैं, तब ये कमजोर लोग ही इस आशा से ईसाइयत जैसे धर्म का आविष्कार करते हैं कि उनके आविष्कार के प्रभाव में आकर शासक भी कमजोर हो जाएँ। नीत्शे प्रजातन्त्र का भी द्रोही था और कहा जाता था कि **दस गधों के जमा होने से एक घोड़े का दिमाग तैयार नहीं हो सकता।** नीत्शे ने युद्ध की भी प्रशंसा की है तथा प्राणियों में जो शक्तिमान् हैं, उन्हें कमजोरों को खांकर आगे बढ़ने के सिद्धान्त का समर्थन किया है।

नीत्शे के समान, इक़बाल भी जीव-दया और अहिंसा सिखानेवाले दर्शनों के विरुद्ध हो गए और इस्लाम में उन्होंने जो संशोधन किया, उससे जिहाद की कल्पना सार्थक दीखने लगी।[14] उन्होंने एक बात पकड़ी और उस पर वे आग्रहपूर्वक अड़ गए। ''मनुष्य में जीवन का जो केन्द्र-बिन्दु है, वही उसकी ख़ुदी या व्यक्तित्व है। व्यक्तित्व मनुष्य के भीतर की संघर्ष या तनाव की स्थिति को कहते हैं। जब तक मनुष्य के भीतर तनाव की हालत मौजूद है, जब तक संघर्ष करने की उसकी योग्यता शेष है, तभी तक उसका व्यक्तित्व भी कायम है। तनाव के ढीला होते ही शिथिलता आरम्भ हो जाती है। चूँकि तनाव की स्थिति मनुष्य की सबसे बड़ी प्राप्ति है, उसे चाहिए कि आखिरी दम तक अपने भीतर शैथिल्य को न आने दे। जो भी बातें तनाव और संघर्ष को तेज करती हैं, वे ही हमें अमरता प्रदान करनेवाली हैं। व्यक्तित्व की इसी प्रकार की कल्पना से जीवन के मूल्य उत्पन्न होते हैं, उसी से पाप और पुण्य का भी निर्धारण होता है। पुण्य वह है, जिससे व्यक्तित्व की दृढ़ता बढ़ती है। पाप वह है, जिससे उसका ह्रास होता है, कला, धर्म और आचार, सबकी परीक्षा इसी व्यक्तित्व की कसौटी पर की जानी चाहिए। अफलातून की मैंने जो आलोचना की है, वह असल में, उन सभी धर्मों और दार्शनिक सिद्धान्तों की आलोचना है, जो जीवन नहीं, मृत्यु को मानव-जीवन का आदर्श बतलाते हैं। जीवन की सबसे बड़ी बाधा भूत (मैटर) है और ये धर्म मैटर को जीतकर उसे आत्मसात् करने के बदले मनुष्य को उससे भाग खड़े होने की शिक्षा देते हैं।''

''बौद्ध धर्म, ईरानी रहस्यवाद और उनके समान अन्य सारी आचार-पद्धतियाँ हमारे उद्देश्य के प्रतिकूल हैं। उनसे हमारा काम नहीं चलेगा। फिर भी, उनका थोड़ा- बहुत उपयोग हो सकता है, जैसे काम से थके मनुष्य के लिए कभी-कभी अफीम और नशे की भी जरूरत होती है। ऐसे दर्शन, ऐसे विचार और ऐसे कार्य जीवन की धूप में रात की अँधियाली रचते हैं।''[15]

ख़ुदी का सिद्धान्त

इसी से मिलताजुलता इक़बाल का 'ख़ुदी' विषयक सिद्धान्त है, जिसे लेकर विद्वानों में काफ़ी माथापच्ची रही है और जिसके कारण मुल्लाओं ने इक़बाल का विरोध भी किया था। ख़ुदी से कुछ लोग आत्मा या रूह का अर्थ लेते हैं। अब तक के सभी धर्मों ने आत्मा का गुण विनय और निर्मलता को बताया था, किन्तु लोग यह देखकर विस्मित रह गए कि इक़बाल इसका प्रयोग अबाध वीरता और अहंकार के अर्थ में करते हैं।

ख़ुदी को कर बुलन्द इतना कि हर तक़दीर के पहले
ख़ुदा बन्दे से ख़ुद पूछे, बता तेरी रज़ा क्या है?

किन्तु, इक़बाल की ख़ुदी आत्मा नहीं, मनुष्य के व्यक्तित्व का पर्याय है। इक़बाल आत्मा और शरीर को दो नहीं, एक मानते हैं। अतएव, जो गुण शरीर का है, वही आत्मा का भी होना चाहिए, अथवा जो गुण आत्मा का है, वही शरीर में भी आना चाहिए। अपनी ख़ुदी की फ़िलासफ़ी की व्याख्या करते हुए वे कहते हैं कि ''मनुष्य का नैतिक और धार्मिक आदर्श जीवन को स्वीकार करना है, उसे ठुकराना नहीं। और इस आदर्श की प्राप्ति वह व्यक्तित्व के विकास द्वारा करता है। व्यक्तित्व औरों से भिन्न तथा अपने-आपके अधिक-से-अधिक अनुरूप होने को कहते हैं। सबसे अधिक निराला व्यक्तित्व ईश्वर का है। इसलिए, कुरान की आज्ञा है कि अपने भीतर उन गुणों का विकास करो, जो ईश्वरीय हैं। अतएव, मनुष्य जब ईश्वर के समान बनने की कोशिश करता है, तभी उसका व्यक्तित्व औरों के व्यक्तित्व से अधिक भिन्न होने लगता है। ख़ुदी इस व्यक्तित्व के विकास का चरम बिन्दु है, जहाँ पहुँचकर मनुष्य केवल अपने समान आप रह जाता है। ईश्वर के जो अधिक-से-अधिक समीप है, मनुष्यों में वही अधिक-से-अधिक श्रेष्ठ और महान् है। और ऐसा नहीं होता कि एक दिन वह ईश्वर में समा जाता है, प्रत्युत, यह कि, काल पाकर, वही ईश्वर को अपने भीतर लीन कर लेता है। सच्चे मनुष्य में केवल भूत (मैटर) ही नहीं समाते, उसके भीतर ईश्वर भी विलीन हो जाता है।[16] जीवन का लक्षण है कि वह प्रत्येक बाधा को आत्मसात् करके आगे बढ़ता जाता है। जीवन का दूसरा लक्षण यह है कि वह रोज अपने भीतर नई-नई इच्छाएँ और नई-नई कामनाएँ उत्पन्न करता है और उन्हें प्राप्त करके फिर नई कामना लेकर नए लक्ष्य की ओर बढ़ जाता है। जीवन की सबसे बड़ी बाधा प्रकृति है, किन्तु प्रकृति भी बुरी नहीं कही जा सकती, क्योंकि उसी की बाधा के कारण जीवन की अन्तर्हित शक्तियों को प्रत्यक्ष करने का व्यक्ति को अवसर मिलता है।''[17]

ख़ुदी और प्रेम का समन्वय करते हुए इक़बाल ने लिखा है कि ''ख़ुदी की दृढ़ता इश्क़ से आती है। इस शब्द का प्रयोग मैंने व्यापक अर्थ में किया है। यहाँ इसका अर्थ दूसरों को आत्मलीन या आत्मसात् करना है। इसका सबसे ऊँचा रूप मूल्यों और आदर्शों का निर्माण तथा उन्हें प्राप्त करने का प्रयास है। प्रेम के कारण प्रेमी और प्रेमिका, दोनों अनूठे, दोनों औरों से भिन्न हो जाते हैं। अतएव जो सबसे अनूठा व्यक्तित्व (अर्थात् ईश्वर) है, उसकी अनुभूति का प्रयास प्रेमी के व्यक्तित्व को भी अनूठा बना देता है। किन्तु प्रेम यदि व्यक्तित्व को बढ़ाता है, तो सवाल (याचना) उसे कमजोर भी करता है।[18] जो बेटा बाप के धन पर जीना चाहता है, वह सवाली है, याचक है। ऐसे ही, वे सभी लोग हैं, जो दूसरों के विचारों पर जीवित रहना चाहते हैं। अतएव व्यक्तित्व की रक्षा और विकास का उपाय यह है कि हम याचना करना छोड़ दें।''[19]

इक़बाल ख़ुदी के तीन नियम मानते हैं। ''पहला यह कि साधक धर्म की आज्ञा माने। दूसरा यह कि वह अपने ऊपर नियन्त्रण रखे जो ख़ुदी या आत्मचेतना का सबसे बड़ा प्रमाण है। तथा तीसरा यह कि वह पृथ्वी पर भगवान् का प्रतिनिधि (नायब या वाइस-रिजेंट) बनकर रहे या राज करे।''[20]

महामानव की कल्पना

इक़बाल जिसे ईश्वर का वाइस-रिजेंट अथवा प्रतिनिधि या नायब कहते हैं, वह नीत्शे के 'सुपरमैन' का अरबी अनुवाद है। नीत्शे ने ईश्वर का नाम नहीं लिया, इतना फर्क अवश्य दीखता है। किन्तु बाकी बातों में नीत्शे के सुपरमैन और इक़बाल के वाइस-रिजेंट में कोई भेद नहीं है।[21] इक़बाल कहते हैं, "यह नियाबते-इलाही (Divine Vice regency) पृथ्वी पर मनुष्य के विकास का तीसरा और अन्तिम सोपान है। नायब पृथ्वी पर भगवान् का प्रतिनिधि है। वह ख़ुदी की पूर्णतम प्रतिमा और मानवता की मंजिल है। इसमें जो मानसिक अशान्ति और विरोध हैं, वह नायब में जाकर अपना समाधान पा लेते हैं। उसमें उच्च-से-उच्च शक्तियाँ, उच्च-से-उच्च ज्ञान से मिलकर एकाकार रहती हैं। उसके जीवन, विचार और कर्म में, बुद्धि और सहज-बुद्धि में, विरोध नहीं रहता। मानवता के वृक्ष का वह अन्तिम फल होगा एवं मनुष्यता ने आज तक विकास की जो वेदनाएँ सही हैं, वे नायब के अवतार के साथ सार्थक हो जाएँगी। मनुष्यों का सच्चा शासक नायब ही होगा, क्योंकि उसका शासन धरती पर परमात्मा का शासन होगा। वह विकास का अन्तिम बिन्दु होगा। विकास के क्रम में हम ज्यों-ज्यों आगे बढ़ते हैं, त्यों-त्यों हम नायब के समीप होते जाते हैं। और उसके पास पहुँचने की कोशिश में हम अपने-आपको ऊपर उठाते जाते हैं। मनुष्य के शरीर और मन का सम्यक् विकास वह शर्त है, जिसके बिना नायब का जन्म नहीं होगा। आज तो वह सिर्फ कल्पना है, विचार और आदर्श है। किन्तु, मानवता का विकास होते-होते मनुष्यों की ऐसी जाति उत्पन्न होगी, जिसके सदस्य बहुत-कुछ अनूठे व्यक्तित्ववाले होंगे और ऐसे ही माता-पिता से नायब उत्पन्न होगा। इस प्रकार, पृथ्वी पर परमात्मा के राज्य का अर्थ यह है कि यहाँ जो प्रजातन्त्र कायम होगा, उसके सदस्य अनूठे व्यक्तित्ववाले होंगे, जिनका मुखिया वह व्यक्ति होगा, जिसका व्यक्तित्व सबसे अनूठा, सबसे भिन्न होगा। इस आदर्श जाति की झाँकी नीत्शे ने भी देखी थी, किन्तु नास्तिक और अमीरों का पक्षपाती होने के कारण उसने अपनी कल्पना को कुरूप बना दिया।"[22]

आज की भाषा में, नीत्शे की कल्पना का महामानव फ़ासिस्ट कहा जाएगा, किन्तु, इक़बाल की कल्पना का महामानव किसी-न-किसी प्रकार का प्रजातन्त्रीय मनुष्य है। हाँ, इतना इज़ाफ़ा हम और कर सकते हैं कि वह मुसलमान होगा, क्योंकि पाश्चात्य ढंग की प्रजा-सत्ता इक़बाल को पसन्द नहीं थी। उन्होंने लिखा है कि "यूरोप का प्रजातन्त्र यूरोपीय समाज के आर्थिक उद्धार के क्रम में प्रकट हुआ। इसीलिए, उसके भीतर समाजवादी और अराजकतावादी आन्दोलनों का आतंक व्याप्त है। किन्तु, नीत्शे इस झुंड-शासन से घृणा करता है और जन-साधारण के ऊपर कोई भरोसा या विश्वास नहीं रखकर वह समस्त उच्च संस्कृति का ध्येय महामानवों की एक खास जाति का उद्‌भव और विकास बताता है। किन्तु, क्या जन-साधारण, सचमुच ही, इतना अपदार्थ है? इस्लामी प्रजातन्त्र का जन्म आर्थिक अवसरों के विकास से नहीं हुआ। इस्लाम में प्रजासत्ता या जमहूरियत केवल आध्यात्मिक सिद्धान्त है, जिसका आधार यह भाव है कि प्रत्येक व्यक्ति के भीतर अनन्त सम्भावनाएँ छिपी हुई हैं, जिनका विकास चरित्र-विशेष के पालन से किया जा सकता है। इन्हीं साधारण व्यक्तियों में से इस्लाम ने अद्‌भुत मनुष्य तैयार किए थे, जिनका जीवन और जिनकी शक्ति अत्यन्त श्रेष्ठ थी। इस दृष्टि से क्या इस्लाम

का आरम्भिक प्रजातन्त्र नीत्शे के प्रजातन्त्र-विरोधी मतों के खंडन की दलील नहीं है?''[23]

कवि जैसे संस्कारों में पलता है, उसकी भावना भी वैसी ही हो जाती है। इक़बाल को पढ़ते हुए, कदम-कदम पर यह अनुभव होने लगता है कि यूरोपीय राष्ट्रों से इस्लाम का संघर्ष इंग्लैंड द्वारा टर्की की कुसेवा और ईसाइयों द्वारा इस्लाम की आलोचना इक़बाल को बराबर याद रही। इसीलिए, वे मौका मिलते ही, यूरोपीय सभ्यता पर डंक मार बैठते हैं।[24] यह भी अनुमान होता है कि सर सैयद, हाली, चिराग अली, अमीर अली और सबसे बढ़कर मौलाना शिबली ने मुसलमानों में अपने धर्म और इतिहास के प्रति जो गौरव जगाया था, उसका संस्कार इक़बाल में अत्यन्त प्रबल था इसीलिए वे इस्लाम के सिवा और किसी धर्म की प्रशंसा करने में असमर्थ रहे,[25] साथ ही, भारत में चूँकि प्रजासत्ता मुसलमानों को पूरी अनुकूल नहीं दीखती थी, इसलिए उन्होंने राष्ट्रीयता और प्रजासत्ता, दोनों में, अपना विश्वास खो दिया। खिसकते-खिसकते वे एक ऐसी जगह जा पहुँचे, जहाँ देश, राज्य, इतिहास तथा शासन की एकता और एक साथ जीने-मरने और संघर्ष करने की बातों का राष्ट्रीयता के साथ कोई सम्बन्ध नहीं था। किन्तु राष्ट्रीय भाव इक़बाल मुसलमानों में भरना जरूर चाहते थे। अतएव, उन्होंने उपदेश दिया कि विश्व भर में फैले हुए मुसलमान राष्ट्रीयता के एक-सूत्र में आबद्ध किए जा सकते हैं।[26]

किन्तु तफसील में आने पर यह कल्पना उन्हें भी कठिन जान पड़ी। अतएव, उन्होंने सोचा कि ''अभी तो यही सम्भव है कि प्रत्येक मुस्लिम राष्ट्र अपने भीतर डूबकर विचार करे, अपना सारा ध्यान अपने-आप पर केन्द्रित करे। फिर जब ये सबके सब सुदृढ़ और बलवान हो जाएँ, तब उन्हें लेकर प्रजातन्त्रों का एक सम्मिलित परिवार खड़ा किया जा सकता है। सच्ची और प्राणवती एकता किसी पर ऊपर से लादी नहीं जा सकती। इसके लिए आवश्यक होगा कि प्रत्येक प्रजातन्त्र की स्वाधीनता बरकरार रहने दी जाए। उनके आपसी तनाव और प्रजातीय (रेशियल) द्वन्द्व परस्पर सामंजस्य में लाए जाएँ और उन सबके बीच एकता का वह भाव प्रतिष्ठित रहे, जो समान आध्यात्मिक उमंगों से प्रवाहित होती है। मुझे तो ऐसा दीखता है, मानो, परमेश्वर धीरे-धीरे हम सबको यह बता रहे हैं कि इस्लाम राष्ट्रीयता नहीं है, वह साम्राज्यवाद भी नहीं है। असल में, वह राष्ट्रों का समूह है जो देशगत सीमाओं को केवल नाम और सुविधा के लिए ही अंगीकार करता है, अपने सदस्यों के सामाजिक क्षितिजों को सीमित करने को नहीं।''[27]

विफलता-बोध की पीड़ा

यही मनोदशा थी, जिसने उन्हें बाँगे-दरा के वातावरण से बाहर निकाल दिया। यही वह मुद्रा थी जिसमें इक़बाल इस्लाम को भारत से बाहर ले जाने को अपना श्रेष्ठ सुकर्म समझने लगे। और यही वह पीड़ा थी, जिसने उनके भीतर पाकिस्तान की कल्पना प्रस्फुटित की। संयोग की बात कि जब वे सन् 1930 ई. में मुस्लिम लीग के सभापति हुए, तब अखिल भारतीय मंच से सबसे पहले उन्हीं के मुख से पाकिस्तान शब्द निकला और उन्होंने ही पाकिस्तान प्राप्त करने का दर्शन भी तैयार किया। फलतः हिन्दुओं से अलग होकर मुसलमानी राज बनाने की माँग करने में मुसलमानों को जो संकोच होता था, वह जाता रहा।[28]

'मॉडर्न इस्लाम इन इंडिया' के लेखक ने एक स्थान पर इक़बाल को विफलता-बोध (फ्रस्ट्रेशन) का कवि कहा है और ऊपर के सन्दर्भ में उनकी निराशा प्रत्यक्ष है भी। खिलाफत के टूट जाने पर भी इक़बाल इस आशा में रहे कि फिर कोई खिलाफत तैयार हो सकती है, जिसके अधीन संसार के तीस करोड़ मुसलमान एक धर्म-सूत्र में आबद्ध रहेंगे। किन्तु यह नहीं हुआ। तुर्कों का साम्राज्य खंडित हो गया। खिलाफत अदृश्य हो गई। टर्की ने अपने को धर्म-राज्य मानना छोड़ दिया और अरबी राज्य टूटकर कई स्वाधीन एवं अर्द्ध-स्वाधीन राज्यों में बँट गया। यह इस्लाम के विघटन का दृश्य था, जिसे इक़बाल बर्दाश्त नहीं कर सके। अतएव, इस्लाम का विश्व-राज्य स्थापित करने को छोड़कर उन्हें मुसलमानों की उन्नति का और कोई उपाय पसन्द नहीं आया।

कोई-कोई लेखक इक़बाल पर यह आरोप भी लगाते हैं कि उन्होंने लोगों की क्रियाशक्ति को उभारकर उसे चंचल तो कर दिया, किन्तु वे यह बताना भूल गए कि इस क्रिया-शक्ति का उपयोग किस ध्येय की प्राप्ति के लिए किया जाए। यही कारण है कि हर तरह के आदमी उनका नाम लेकर उछलने लगे और प्रत्येक प्रकार के कर्मठ आन्दोलन को उनसे समर्थन मिलने लगा। यहाँ विचारणीय यह है कि पाकिस्तान का नाम लेकर इक़बाल ने भारतीय मुसलमानों को किसी भ्रम में नहीं रखा। किन्तु यह नाम उन्होंने काव्य में नहीं, राजनीति के मंच से लिया था। कवि के लिए तफसील में जाकर नक्शा बनाना सम्भव नहीं होता। वह तो बादल है जो केवल बरस जाता है। यह कैसे सम्भव है कि बादल बरसे भी और अपने पानी को एक खेत में तो जाने दे, किन्तु बाकी खेतों में जाने से उसे रोक रखे? कवि 'डायनमो' है जो शक्ति क्षरित करता है। उस शक्ति का उपयोग किस उद्देश्य के लिए किया जाए, इसका निर्धारण करनेवाले लोग और होते हैं।

दलितों के कवि

इक़बाल दलित जाति के कवि थे। इसलिए उनमें बेचैनी का होना स्वाभाविक था। और चूँकि इस जाति के दलन का सबसे बड़ा कारण उसकी निश्चेष्टता थी, इसलिए, इक़बाल ने सबसे अधिक जोर भी कर्मण्यता पर ही दिया।[29] सुकर्म की प्रशंसा तो सभी करते हैं। इक़बाल ने अकर्मण्य की अपेक्षा उस व्यक्ति को भी श्रेष्ठ समझा जो और नहीं तो, गलतियाँ ही करता रहता है।[30] धर्म के बाह्य आडम्बरों की निन्दा तो सब दिन से होती आई थी। इक़बाल की विशेषता यह है कि उन्होंने आडम्बरों को पुण्य की विकृति नहीं, सीधे पाप कहा। उनका ध्यान मुसलमानों की गरीबी पर था।[31] उनका ध्यान संसार की पूँजीवादी व्यवस्था पर था, जिसके अधीन अमीर गरीब को लूटते रहते हैं।[32] ऐसी अवस्था में, धर्म यदि गरीबों को सन्तुष्ट रहने को कहे, दुःखों को उनके अपने कर्मों का फल बताकर उन्हें निश्चेष्ट रहने का उपदेश दे, तो धर्म मनुष्य की प्रगति का बाधक बन जाता है। अतएव इक़बाल ने असन्तोष और बेचैनी को पौरुष का लक्षण बताया, क्योंकि जो सन्तुष्ट है, उसकी क्रिया ढीली और प्रयत्न शिथिल पड़ जाते हैं।[33]

इक़बाल ने अनवरत कर्म, निरन्तर संघर्ष और सतत निर्भय प्रयास का जो दर्शन तैयार किया, वह केवल मुसलमानों ही नहीं, हिन्दुओं तथा अन्य जातियों के लोगों के भी फायदे

की चीज थी। किन्तु चूँकि उन्होंने कर्म की दिशा का संकेत नहीं किया, न यही बताया कि हिंसा, उत्पात और व्यर्थ की हलचल कर्म नहीं, कुकर्म है,[34] इसलिए राजनीतिज्ञों एवं आन्दोलनकारियों को यह अवसर मिल गया कि वे इक़बाल की प्रतिष्ठा और उनके दर्शन का मनमाना उपयोग करें। इसीलिए, अकसर इस बात पर दृष्टि चली जाती है कि, हो-न-हो, इक़बाल के कर्मवादी दर्शन और मुस्लिम लीग की सन् 1946 ई. वाली सीधी कार्रवाई के बीच कारण-कार्य का सम्बन्ध आन बैठा था।

यूरोप पर शंका

मुसलमानों को कर्मनिष्ठ बनाने के साथ-साथ, इक़बाल उन्हें यह उपदेश भी देते गए कि यूरोप का अन्धानुकरण बुरा है।[35] यूरोप के पास सभी गुण ऐसे नहीं हैं, जिनसे मुसलमानों का कल्याण हो सकता हो। अंग्रेजी पढ़े-लिखे यूरोपीकृत युवकों के लिए उनके पास अच्छे शब्द नहीं थे। उनकी दृष्टि में ऐसे सभी लोग उधार ली हुई साँस पर जीने की कोशिश करनेवाले थे। टर्की ने यूरोप की नकल इतनी दूर तक की कि उसके पास इस्लाम की विरासत नाममात्र को ही रह गई। इस स्थिति की इक़बाल पर प्रतिकूल प्रतिक्रिया हुई और उन्होंने एक कविता में लिखा—''तुर्कों के रबाब में कोई नया सुर नहीं है। वे जिसे नया समझ रहे हैं, वह यूरोप का पुराना लिबास है।'' इक़बाल का विचार था कि यूरोप का एक पाँव कब्र में लटक चुका है। यह आशा व्यर्थ है कि वह एशिया की रक्षा कर सकेगा।

जिन मूल्यों को लेकर यूरोप खड़ा है, उनके प्रति आलोचना के भाव गांधी, रवीन्द्र और राधाकृष्णन में भी मिलते हैं। सच पूछिए तो एशिया की आत्मा ही उन मूल्यों में से कइयों के विरुद्ध है। ताकत जितनी बड़ी चीज हो, किन्तु वह दया और प्रेम से बढ़कर नहीं है। बुद्धि जितनी भी बड़ी शक्ति हो, अनुभूति से वह हीन ही होती है। और ऐसा कहने से बुद्धि या शक्ति का अनादर नहीं होता। एशियावासी तो सिर्फ यह चेतावनी दे रहे हैं कि ताकत और बौद्धिकता की चकाचौंध में आदमी कहीं प्रेम और अनुभूति की महत्ता से दूर न चला जाए। यह दृष्टिकोण इक़बाल में भी बहुत स्पष्ट है। दया, माया, अहिंसा और सहिष्णुता को तो उन्होंने महत्त्व नहीं दिया है, किन्तु प्रेम की महिमा से वे भली-भाँति परिचित हैं तथा दिमाग के मुकाबले वे बराबर दिल का साथ देते हैं।[36]

इक़बाल तर्क और बुद्धि की अपेक्षा प्रेम और अनुभूति को बहुत बड़ा स्थान देते हैं। यूरोप से उनकी विरक्ति और उदासी का एक कारण यह भी था कि यूरोप में ज्ञान, बुद्धि, तर्क और भौतिक शक्तियाँ बहुत काफी हैं। फिर भी, वहाँ के लोग गरीबों को लूटने में आनन्द लेते हैं। फिर भी, यूरोप में व्यक्ति-व्यक्ति और राष्ट्र-राष्ट्र के बीच संशय और छल-प्रपंच का राज है। फिर भी, यूरोप का धनी और सुशिक्षित वर्ग भीतर से खोखला और अशान्त है। इक़बाल ने इन सबका कारण यह समझा कि यूरोपवालों ने धर्म की अवज्ञा कर दी है और अन्तरात्मा की आवाज को सुनना छोड़ दिया है। प्रेम और अनुभूति की महत्ता वे भूल बैठे हैं। जब तक ये गुण वापस नहीं लाए जाते, मनुष्यता का कल्याण असम्भव है। पूँजीवादी व्यवस्था के वे खिलाफ थे। इक़बाल व्यक्ति का उत्थान चाहते थे, किन्तु, पूँजीवाद के अन्दर व्यक्ति को बढ़ने की राह नहीं मिलती, वह मशीन के पुरजे का अंग बन जाता है। यूरोप

की शक्ति उन्हें प्रेमहीन होने के कारण निन्द्य लगी। यूरोप का ज्ञान उन्हें आत्मा-रहित होने के कारण छूँछा दीख पड़ा।

भावात्मक समाजवाद

बाले-जिबरील में दो-एक ऐसी भी कविताएँ हैं, जिनसे इक़बाल का, समाजवाद के प्रति अटल विश्वास प्रकट होता है। 'आस्पेक्टस ऑफ इक़बाल' नामक पुस्तक की भूमिका में तासीर नामक लेखक ने इक़बाल का यह उद्धरण दिया है कि "यदि मैं किसी मुस्लिम-राज्य का डिक्टेटर होता तो सबसे पहला काम यह करता कि उसे समाजवादी राज्य बना डालता।" रूस के बारे में उनका खयाल था कि वह, अज्ञात रूप से, परमात्मा का ही काम कर रहा है। उसकी नास्तिकता इस कारण है कि क्रान्ति के पहले वहाँ का ईसाई-संगठन भ्रष्ट हो गया था। इक़बाल को आशा थी कि काल पाकर, धर्म रूस में वापस आएगा और रूसी लोग मुसलमान हो जाएँगे।

किन्तु, साथ ही यह बात भी है कि **'पयामे-मशरिक'** नामक अपने फारसी काव्य में उन्होंने लेनिन को कैसर के साथ नरक की अग्नि में जलता दिखलाया है और बाले-जिबरील में उन्होंने लेनिन को परमात्मा के मुख से उपदेश दिलवाए हैं।

किसी ने सत्य ही कहा है कि इक़बाल का समाजवाद भावात्मक था, बुद्धि से इस विषय को समझने की उन्होंने कभी कोशिश नहीं की। उनकी कविताओं से जो निष्कर्ष निकलता है, वह यह है कि धर्म और समाज, दोनों दो तत्त्व हैं और अच्छे समाज को दोनों के कुछ-कुछ अंश चाहिए। समाजवाद में जो धार्मिकता है तथा धर्म का जो सामाजिक पक्ष है, उस पर उनकी दृष्टि कभी गई ही नहीं।

पान-इस्लामी राष्ट्रीयता

इक़बाल ने जिस राष्ट्रीयता का आख्यान किया, वह भारत की राष्ट्रीयता नहीं, भारतीय मुसलमानों की भी राष्ट्रीयता नहीं, विश्व भर के मुसलमानों की राष्ट्रीयता थी। राष्ट्रीयता के इस रूप को ज्ञापित करने के लिए अंग्रेजी में 'पान-इस्लाम' शब्द चलता है, जिसका आशय यह है कि सारे संसार में मुसलमानों के भीतर एक प्रकार की प्रगाढ़ एकता का भाव है। यही भाव मुसलमानों को यह मानने की प्रेरणा देता है कि वे और कुछ होने के पहले मुसलमान हैं। यही भाव मुसलमानों को उन देशों में अप्रसन्न रखता है, जिन देशों में मुसलमानों का राज्य नहीं है अथवा जिन देशों में वे अल्पसंख्यक हैं। देशों की सीमाओं के भीतर मुसलमानों का केवल शरीर रहता है। मन से वे समस्त विश्व के मुसलमानों के साथ अपनी एकात्मता का अनुभव करते हैं। इसीलिए भारत तथा कुछ अन्य देशों में (जैसे एक समय चीन में) बहुमत उनके प्रति क्षुब्ध रहा है।[37] स्वदेश और इस्लाम, दोनों के प्रति सात्विक भक्ति का निर्वाह मुसलमानों में तभी सम्भव है, जब वह देश किसी भी इस्लामी देश के विरुद्ध नहीं हो। जहाँ इस प्रकार का विरोध उत्पन्न हुआ कि अल्पसंख्यक मुसलमानों के भीतर एक प्रकार की भावात्मक पीड़ा आरम्भ हो जाती है, एक प्रकार का द्वन्द्व शुरू हो जाता है, जिसका इलाज निकालने में मुसलमान आज तक असमर्थ रहे हैं।

फिर भी, यह पान-इस्लामी भाव कुछ इक़बाल की ही अथवा भारतीय मुसलमानों की

ही विशेषता नहीं है। यह भाव, प्रायः, सभी मुसलमानी देशों का है और सच पूछिए तो हज़रत मुहम्मद के अनुयायियों के बीच संगठन और एकता की प्रमुखता, आरम्भ से ही, मानी जाती रही है। मुसलमान भी आपस में झगड़ते हैं, किन्तु जभी किसी काफ़िर का सामना हुआ कि उनके आपसी झगड़े अपनी जगह पर छूट जाते हैं और दुश्मन के मुकाबले में वे सबके सब अनायास एक हो जाते हैं। मुसलमान-मुसलमान में जैसी एकता होती है, वैसी एकता हिन्दू-हिन्दू अथवा ईसाई-ईसाई के बीच नहीं हो पाती। अपने अनुयायियों पर जैसा कठिन नियन्त्रण इस्लाम का है, वैसा और किसी धर्म का नहीं। मार्गी-धर्म को इस्लाम ने दुनिया से नेस्तनाबूद कर दिया। ईसाई और हिन्दू-धर्म के अनुयायियों में से भी बहुतों को उसने फोड़कर अपना बना लिया। किन्तु, यही बात मुसलमानों के बारे में नहीं कही जा सकती। बहुत कम ऐसे मुसलमान होंगे, जो अपना धर्म छोड़कर अन्य धर्मों में गए होंगे।

इस्लामी एकता के कारण

इस्लामी धर्म में, मुसलमानों के बीच एकता रखने की जो शिक्षा है, उसके सिवा भी दो कारण और हैं जिनसे विश्व भर के मुसलमानों की एकता में वृद्धि हुई है। पहली बात तो यह कि है कि हजरत मुहम्मद के बाद से इस्लाम एक ही ख़लीफ़ा के अन्दर एक ही अनुशासन में रहने का अभ्यासी रहा। पहले **ख़िलाफ़त** मक्के में थी और बाद को बग़दाद में। जब मंगोलों ने बग़दाद को तहस-नहस कर दिया, तब कुछ दिनों के लिए मुसलमानों के ऊपर से ख़िलाफ़त की छाया जाती रही। किन्तु, उसके बाद ही, टर्की के सुलतानों ने ख़लीफ़ा की उपाधि धारण कर ली और समस्त विश्व के कट्टर मुसलमान उन्हें अपना धर्म-गुरु मानने लगे, यद्यपि, अरबों में टर्की के ख़लीफ़ाओं के प्रति सच्ची भक्ति कभी नहीं हुई। अब तो खैर, टर्की ने ख़िलाफ़त को उठा दिया है, किन्तु, सदियों तक ख़िलाफ़त के जरिए मुसलमानों में एकता का जो भाव पुष्ट होता रहा, वह आज भी जीवित है।

एकता का दूसरा प्रधान कारण **हज** है। प्रत्येक मुसलमान की यह कामना रहती है कि वह मरने के पहले, कम-से-कम एक बार, मक्के की यात्रा अवश्य कर ले। मक्के की यात्रा करने मात्र से व्यक्ति **हाजी** कहलाने लगता है और समाज में उसकी इज्जत बढ़ जाती है। प्रतिवर्ष प्रायः, लाखों लोग मक्के में एकत्र होते हैं। वे विश्व के प्रत्येक कोने से आते हैं, और, मिलने-जुलने के क्रम में, वे प्रत्येक देश की इस्लामी समस्याओं पर विचार करते हैं। इस तीर्थ-यात्रा से विश्व का इस्लामी सम्मेलन आपसे-आप संगठित हो जाता है और आपसे-आप लोग एक-दूसरे की कठिनाइयों से परिचित हो जाते हैं। इस यात्रा का बड़ा भारी राजनैतिक महत्त्व है, क्योंकि ख़िलाफ़त के टूट जाने के बाद वही एक साधन है, जिससे मुसलमान अपनी एकता कायम रखे हुए हैं।

भारत में, भ्रमवश, कभी-कभी लोग यह मान बैठते हैं कि मुसलमानों में जो 'पान-इस्लामी' राष्ट्रीयता है, वह उनके हिन्दुओं के प्रति द्वेष के कारण है। किन्तु यह बात गलत है। पान-इस्लामी एकता भारत से निकलकर बाहर नहीं गई है, अपितु, वह बाहर से ही भारत में आई है। हिन्दुओं की अपेक्षा यूरोपवालों की यह शंका कहीं अधिक सत्य है कि मुस्लिम देशों की आपसी एकता इस कारण बढ़ी है कि वे सब देश यूरोपीय साम्राज्यवाद से आतंकित और पीड़ित

रहे हैं। **वहाबी** आन्दोलन के उत्थान का एक कारण तो यह था कि इस्लाम में बहुत-से बाहरी प्रभाव आ गए थे, जो मौलिक इस्लाम की दृष्टि से इस्लाम के दोष थे और उन्हें दूर करना आवश्यक था। किन्तु उससे भी जबर्दस्त कारण यह था कि इस्लामी देश यूरोप की अधीनता में चले गए थे या जा रहे थे, अतएव, यूरोप के साथ तुलना करने पर, मुसलमानों को अपने धार्मिक दोष स्पष्ट दिखाई दिए। इसी से वहाबी आन्दोलन मुस्लिम राज्यों के राजनैतिक एवं मुस्लिम शासकों के धार्मिक पतन के विरुद्ध पवित्रतावादी आन्दोलन बनकर खड़ा हुआ। जब भारत में सिपाही-विद्रोह हुआ, तब तक तो अलजीरिया पर फ्रांस का और कॉकेशस पार के मुस्लिम-राज्यों पर रूस का अधिकार स्थापित हो चुका था और सारे भारत पर अंग्रेज छा चुके थे। इस स्थिति से संसार भर के मुसलमानों में यह आतंक फैल गया कि इस्लाम यूरोप की प्रभुता के नीचे आ रहा है। परिणाम यह हुआ कि संसार भर के मुसलमानों में एक प्रकार की एकता और पारस्परिक सहानुभूति बढ़ने लगी एवं **पान-इस्लामी** आन्दोलन का रुख यूरोप-विरोधी होने लगा।

इस आन्दोलन की यह प्रवृत्ति तब से आज तक बरक़रार रही है, जिसके अनेक उदाहरण हम इक़बाल की कविताओं में देख चुके हैं। यूरोपीय आतंक के कारण मुसलमानों में एकता ही सुदृढ़ नहीं हुई, बल्कि वे बगावत पर भी उतर आए एवं सन् 1870 ई. के आस-पास, संसार के एक छोर से लेकर दूसरे छोर तक के मुसलमान एक साथ छिट-पुट विद्रोह कर उठे। अलजीरिया में **कबायलों** ने बगावत की, उत्तरी अफ्रीका में **मुल्ले** जिहाद का प्रचार करने लगे तथा सूडान में मेहदी-आन्दोलन उठ खड़ा हुआ, जो तब तक चलता रहा, जब तक लॉर्ड किचनर ने खरतूम पर कब्जा नहीं किया। अफगानिस्तान में भी धार्मिक जोश सामरिक रूप लेने लगा और भारत में वहाबियों ने क्रान्ति मचा दी। मध्य एशिया में भी मुसलमानों में बगावत फैल गई एवं **चीन के तुर्किस्तान और उनान,** दोनों ही प्रान्तों के मुसलमान बागी हो उठे; जिन्हें दबाने में चीनी सरकार को काफी कठिनाई हुई।

ईस्ट-इंडीज द्वीप-समूह में हॉलैंड के खिलाफ आन्दोलन आरम्भ हुआ जो अभी हाल में आकर समाप्त हुआ है, जब वहाँ के लोग स्वाधीन हो गए। यह ठीक है कि इन विभिन्न देशीय आन्दोलनों में पारस्परिक सहयोग नहीं था, न वे किसी एक व्यक्ति या संस्था के नेतृत्व में उठे थे, किन्तु, इस्लाम पर पाश्चात्य साम्राज्यवाद के भीतर से जो विपत्ति आई थी, उसका अनुभव सभी मुसलमानों ने किया और उनकी एकता एवं सहानुभूति इतनी प्रबल हो उठी कि बिना किसी विश्व-नेतृत्व के प्रत्येक देश में वे आपसे-आप, यूरोप के द्रोही बन बैठे।

इस्लामी देशों में जब जागृति की पहली लहर उठी, तब सभी देशों के मुसलमान यह मानते थे कि यूरोप और ईसाइयत से बचने का एकमात्र उपाय यही है कि मुसलमान दोनों की अच्छी बातों को मान लें। किन्तु शीघ्र ही सभी देशों के मुसलमानों में यह भाव फैल गया कि इस्लाम को यूरोप से कुछ भी लेना नहीं है। विज्ञान और बुद्धिवाद की सारी अच्छाइयाँ इस्लाम में मौजूद हैं। यह पान-इस्लामी राष्ट्रीयता का सांस्कृतिक पक्ष था। यह आन्दोलन यूरोप और ईसाइयत का कैसा विरोधी है, यह पान-इस्लामी आन्दोलन के प्रबल उन्नायक **जमालुद्दीन अफ़ग़ानी** (ईरान, मृत्यु सन् 1896 ई.) के निम्नलिखित विचारों से जाना जा सकता है—

''ईसाई संसार राष्ट्रीयता और प्रजातीयता (रेशियलिज्म) की दृष्टि से आपस में काफी बँटा हुआ है, किन्तु पूर्वी जगत्, विशेषतः, इस्लाम से शत्रुता करने में सभी एक हैं एवं वे सभी मुस्लिम-राज्यों को विनष्ट कर देना चाहते हैं।

''ईसाइयों और मुसलमानों के बीच जो युद्ध (क्रूसेड) चला था, वह अभी तक जारी है। ईसाई दुनिया अभी भी अपने दिलों में इस्लाम से घृणा करती है। इसके प्रमाण अनेक हैं। ईसाइयों ने जो अन्तर्राष्ट्रीय कानून चलाया है, उसमें मुस्लिम-राज्यों का वह स्थान नहीं है, जो ईसाई राज्यों का है।

''प्रत्येक देश की ईसाई जनता इस्लाम से नफरत करती है। और उसका नतीजा यह है कि सभी देशों में इस्लाम को मटियामेट करने के काम जिद के साथ किए जा रहे हैं।

''ईसाई संसार में मुसलमानों की हर आरजू, हर उमंग की हँसी उड़ाई जाती है। अपने देश में ईसाई जिस चीज को राष्ट्रीयता और देशभक्ति कहते हैं, इस्लामी देशों में उसी चीज का नाम वे **धर्मोन्माद** बताते हैं।

''इन सब बातों से एक ही निष्कर्ष निकलता है कि अपने धर्म और सभ्यता को तथा अपने-आपको विनाश से बचाने के लिए **संसार भर के मुसलमानों को आपस में एक होकर उठना ही चाहिए।** हाँ, इस अभियान में सफल होने के लिए मुसलमानों को यह भी चाहिए कि पश्चिम में उन्नति के जो तरीके तथा ताकत के जो भेद हैं, उन्हें वे (**मुसलमान**) सीख लें।''[38]

पान-इस्लामी राष्ट्रीयता का मूलाधार धर्म है, यह बात मौलाना मुहम्मद अली के भी निम्नलिखित अवतरण से स्पष्ट हो जाती है। ''पश्चिम में शासन-विज्ञान का सारा सिद्धान्त यह है कि मनुष्यों के विभाजन का स्वाभाविक आधार प्रजातीयता और भूगोल है। किन्तु पूर्वी देशों में ये विचार सत्य से दूर माने जाते हैं। पूर्वी देशों में मनुष्यों का विभाजन धर्म के आधार पर समझा जाता है। पूर्व में इकाई का रूप राष्ट्र या राज्य नहीं, मिल्लत (धर्मबन्धुता) है। यूरोपवाले समझते हैं कि यह मध्य-कालीन प्रवृत्ति है, जिससे होकर गुजरे बिना इस्लाम को आधुनिकता की प्राप्ति नहीं होगी। ये कितने गलत विचार हैं? यूरोपवाले यह समझते ही नहीं कि मुसलमान धर्म को किस दृष्टि से देखते हैं। वे यह भूल जाते हैं कि इस्लाम केवल धर्म ही नहीं, वह सामाजिक संगठन, संस्कृति और राष्ट्रीयता का भी एक रूप है। इस्लामी बन्धुत्व देश-भक्ति के ही समान है, यद्यपि दोनों में एक भेद है कि देश-भक्ति के समान यह धर्म-बन्धुत्व, कानून, रीति-रिवाज, प्रजाति, देश या इतिहास की समानता से उद्भूत नहीं होता, बल्कि, जैसा कि हम मानते हैं, वह सीधे परमेश्वर की देन है।''[39]

सन्दर्भ

1. इस तरह के भाव रवि बाबू की कविताओं में अगणित जगहों पर आए हैं।
2. उदाहरणार्थ, इस्लाम की गरिमा का पहला आख्यान 'मुसद्दस' में हुआ और इस बात की ओर भी कविता में पहला संकेत हाली का ही मिलता है कि भारतीय इस्लाम में हिन्दुत्व की संगति से विकृति उत्पन्न हुई है। यथा–
   वो दीने-हीजाज़ी का बेबाक बेड़ा, निशाँ जिसका अक्साये-आलम में पहुँचा,
   मज़ाहिम हुआ कोई खतरा न जिसका, न अम्माँ में ठिटका, न कुलजुम में झिझका।

किए पै सिपर जिसने सातों समुन्दर, वो डूबा दहाने में गंगा के आकर।
वो दीं जिससे तौहीद फैला जहाँ में, हुआ जलवागर हक़ जमीं-आसमाँ में,
रहा शिर्क बाकी न वह्यो-गुमाँ में वो बदला गया आके हिन्दोस्ताँ में।

(मुसद्दस)

हाली कहते हैं, इस्लाम का बेड़ा गंगा में आकर डूब गया। इस्लाम का रूप हिन्दुस्तान में आकर बदल गया। इसी भाव को इक़बाल ने और भी मार्मिकता तथा तीखेपन से कहा है। 'जवाबे-शिकवा' में इक़बाल ने ईश्वर के मुख से मुसलमानों को अनेक फटकारें सुनवाई हैं जिनमें एक यह भी है कि संस्कृति के क्षेत्र में मुसलमान हिन्दू बन गए हैं; भारतीय प्रतिमा (प्रेमिका) के फेरे में पड़कर वे ब्राह्मण हो गए हैं।

वज्अ में तुम हो नसारा तो तमद्दुन में हनूद,
ये मुसल्माँ हैं, हिन्हें देश के शरमायें यहूद!

× ×

बुते-हिन्दी की मुहब्बत में बरहमन भी हुए। *(जवाबे-शिकवा)*

3. इक़बाल उन दिनों भी इस्लाम के सम्बन्ध में कविताएँ लिखा करते थे। उन्हीं कविताओं से आकृष्ट होकर 'अंजुमने-हिमायते-इस्लाम' नामक संस्था ने उन्हें अपने यहाँ बुलाकर उनका सम्मान किया था। किन्तु, वहाँ भी इक़बाल ने अपने भाषण में हिन्दू-मुस्लिम एकता की आवश्यकता बतलाई थी। इसी प्रकार, 'सर सैयद की लौहे-तुरबत पर' उन्होंने जो कविता लिखी, उसमें उनका असाम्प्रदायिक दृष्टिकोण बहुत ही स्पष्ट है।

''वा न करना फ़िरक़ाबन्दी के लिए अपनी जुबाँ,
छिपके है बैठा हुआ हंगाम-ए-महशर यहाँ।
वस्ल के सामान पैदा हों तेरी तहरीर से,
देख, कोई दिल न दुख जाए तेरी तक़रीर से।
महफ़िले-नव में पुरानी दास्तानों को न छेड़,
रंग पर जो अब न आएँ उन फ़सानों को न छेड़। *('शेरो-शायरी' से)*

वा = खोलना; हंगाम-ए-महशर = प्रलय का उपद्रव; वस्ल = मेल-मिलाप।

4. A free and independent Muslim fraternity, having the **KABA** its centre and knit together by love of **ALLAH** and devotion to Prophet, such is **IQBAL'S** ideal. ('असरारे-ख़ुदी' के अंग्रेजी अनुवाद 'सीक्रेट्स ऑफ द सेल्फ' की भूमिका से)। 'रमूज़े-बेख़ुदी' में इक़बाल ने इस भाव का पूरा विकास किया है यथा,

The Community
A circle is, whose great circumference
Centres on Mecca's valley; and by force
And virtue of that same relationship
Stands our Community unshakable.

('रमूज़े-बेख़ुदी' के अंग्रेजी अनुवाद, 'मिस्ट्रीज ऑफ सेल्फ़लेसनेस' से)

5. He supplied, more or less. respectable intellectual basis for a movement which is, in reality, more emotional than rational.

('मिस्ट्रीज ऑफ सेल्फ़लेसनेस' की भूमिका)

6. ''इक़बाल-जैसे परिष्कृत मस्तिष्क और विशाल हृदयवाले राष्ट्रकवि को एकाएक सम्प्रदायवाद के दलदल में फँसते देख लोग कराह उठे–

हिन्दी होने पर नाज़ जिसे कल तक था, हिजाज़ी बन बैठा,
अपनी महफ़िल का रिन्द पुराना आज नमाज़ी बन बैठा।
महफ़िल में छुपा है कैसे-हज़ीं, दीवाना कोई सहरा में नहीं,
पैग़ामें-जूनूँ जो लाता था, इक़बाल वो अब दुनिया में नहीं।
ऐ मुतरिब! तेरे तरानों में अगली-सी अब वो बात नहीं,
वो ताज़गीये-तख़यील नहीं, बेसाख़्तगीये-जज़्बात नहीं।''

—आनन्द नारायण 'मुल्ला', ('शेरो-शायरी' से।)

7. *सितारों से आगे जहाँ और भी हैं,*
अभी इश्क़ के इम्तहाँ और भी हैं।
क़नाअत न कर आलमे-रंगो-बू पर,
चमन और भी, आशियाँ और भी हैं।
तू शाहीं है, परवाज़ है काम तेरा,
तेरे सामने आसमाँ और भी हैं।

(बाले-जिबरील)

8. *ज़ुलामे-बह्र में खोकर सँभल जा,*
तड़प जा, पेंच खा-खाकर बदल जा।
नहीं साहिल तेरी क़िस्मत में अय मौज
उमड़कर जिस तरफ़ चाहे, निकल जा।

(बाले-जिबरील)

9. *ख़तरपसन्द तबीयत को साज़गार नहीं,*
वो गुलसिताँ कि यहाँ घात में न हो सैयाद।
मुझे सज़ा के लिए भी नहीं पसन्द वो आग,
कि जिसका शोला न हो तुन्दो-सरकशो-बेबाक।

10. *ख़िरद को गुलामी से आज़ाद कर,*
जवानों को बूढ़ों का उस्ताद कर।

(बाले-जिबरील)

11. *तेरी निगाह में है मोजज़ात की दुनिया,*
मेरी निगाह में है हादसात की दुनिया।

(सूफी से : बाले-जिबरील)

12. **A KAFIR** before his idol with wakeful heart is better than the religious man asleep in the harem. *(जावेदनामा)*

13. 'असरारे-ख़ुदी' में प्लेटो के निवृत्ति-मार्ग की निन्दा करते हुए इक़बाल कहते हैं, ''प्लेटो कहता है, कि जीवन का एकमात्र रहस्य मृत्यु है और दीपक का सुयश इसमें है कि वह शीघ्र बुझ जाए। प्लेटो के प्यालों में जो शराब है, उसे पीकर हमें नींद आने लगती है तथा कर्म का दृश्य-जगत् हमारे हाथों से छूट जाता है। प्लेटो मनुष्य के वेश में बकरी और भेड़ है। उसने जिस लोक का चित्रण किया है, वह अफीम के नशे से बेहोश है। प्लेटो ने अपने पंख तो खोले और वह आकाश की ओर उड़ा भी, किन्तु वहाँ से लौटकर वह अपने नीड़ में नहीं आ सका।''

'असरारे-ख़ुदी' में ही एक कविता इस्लामी साहित्य के सुधार को लक्ष्य करके लिखी गई है, जिसमें सूफियों और सौन्दर्यवादियों पर गहरी चोट है। ''यह कवि तुम्हें विचारों के समुद्र में गर्क करता है और कर्म के विश्व से तुम्हें अपरिचित बना देता है। हमारी (इस्लाम की) आग

को इसी की साँसों ने बुझा दिया। इसी की बुलबुल ने गा-गाकर हमारे हृदयों में विष बोया। इसके गुलाबों के ढेर में साँप छिपा है। उसकी चमकती हुई शराब से सावधान रहो।'' लोगों का खयाल है कि यह चोट ईरान के सूफी कवि हाफ़िज पर है।

(उद्धरण 'असरारे-ख़ुदी' के अंग्रेजी अनुवाद 'सीक्रेट्स ऑफ द सेल्फ' से)

14. 'रमूज़े-बेख़ुदी' में तीर तलवार से कहता है कि ''तुममें जो आग है, वह परमेश्वर की सर्वशक्तिमत्ता का तेज है। तुम्हारी छाया में स्वर्ग विजेताओं की प्रतीक्षा करता है।'' उसी पुस्तक की एक दूसरी कविता में इक़बाल कहते हैं, ''तलवार धर्म की तेजस्विता के लिए जीती है। वह जब भी म्यान से बाहर निकलती है, केवल धर्म की रक्षा करने के लिए।''

(रमूज़े-बेख़ुदी के 'द मिस्ट्रीज ऑफ सेल्फ़लेसनेस' नामक अंग्रेजी अनुवाद से)

15. 'सीक्रेट्स ऑफ द सेल्फ़' की भूमिका में उद्धृत इक़बाल का मत।

16. *काफ़िर की यह पहचान कि आफ़ाक़ में गुम है,*
मोमिन की यह पहचान कि गुम इसमें हैं आफ़ाक़। *(आफ़ाक = दुनिया)*
जँचते नहीं कुंजिश्को-हमाम इसकी नज़र में,
जिबरीलो-सराफ़ील का सैयाद है मोमिन।
(जिबरील-सराफील, दो देवदूतों के नाम) *–(बाले-जिबरील)*

17. जीवन अन्वेषण के बीच है। उसका जन्म अज्ञात इच्छाओं के भीतर से होता है। अपने हृदय में कामनाओं को जिलाए रखो, अन्यथा तुम जिस मिट्टी से निर्मित हुए हो, वह कब्र बन जाएगी।

–(असरारे-ख़ुदी।)

18. ''ईश्वर उसे प्यार करता है, जो अपनी जीविका आप कमाता है। उस व्यक्ति को धिक्कार है जो अपनी रोटी दूसरों की मेज से पाता है। वह मनुष्य धन्य है जो धूप में प्यास से जलने पर भी, खिजर से एक प्याला पानी नहीं माँगता। भीख में मिला हुआ समुद्र भी ज्वालोदधि है। अपने हाथों से संचित थोड़ी-सी शबनम भी उससे श्रेष्ठ और सुस्वादु होती है।'' *(असरारे-ख़ुदी)*

19. 'सीक्रेट्स ऑफ द सेल्फ़' की भूमिका से।

20. ''जो भी सूरज और सितारों पर हुक्म चलाने का अभिलाषी है, उसे पहले ख़ुद धर्म का हुक्म मानना चाहिए। तारे भी अपने लक्ष्य की ओर, किसी धर्म के सामने मस्तक नत किए हुए चलते हैं।'' ''जो अपने ऊपर हुक्म चलाने की योग्यता से हीन है, वह दूसरों के हुक्म में रहेगा।'' ''यदि तुम अपने ऊँट को बस में रख सके, तो सारा संसार तुम्हारे बस में हो जाएगा।''

(सीक्रेट्स ऑफ द सेल्फ़)

21. नीत्शे की कल्पना की भाषा यह है : ''मैं तुम्हें महामानव के विषय में समझाता हूँ। मनुष्य वह चीज है जिससे मनुष्य को आगे जाना है। मनुष्य की सीमा पार करने के लिए तुमने क्या किया है? सभी जीवों ने अपने से आगे के जीव तैयार किए और तुम भाटे के वेग में बहकर पीछे जाना चाहते हो? तुम्हें पीछे हटकर पशु बन जाना पसन्द है, किन्तु तुम मनुष्य से आगे बढ़कर महामनुष्य नहीं बनोगे? बन्दर मनुष्य के आगे क्या है? केवल हँसी की चीज, केवल ग्लानि का पात्र। जो स्थिति बन्दर की मनुष्य के आगे है, वही स्थिति मनुष्य की महामनुष्य के सामने होगी। तुम कीट से बढ़कर मनुष्य हुए हो। किन्तु, अभी भी तुममें कीटों की संख्या कम नहीं है। एक समय तुम मर्कट थे और आज भी मनुष्यों में मर्कटता मर्कटों से भी अधिक है।''

...इस पृथ्वी का सारा अर्थ महामानव है। अपने संकल्प को जगाकर तुम भी कहो कि पृथ्वी का सारा अर्थ महामानव है।

...मनुष्य लक्ष्य नहीं, सेतु है। उसका सबसे प्यारा गुण यह है कि वह ऊपर जा रहा है और नीचे आ रहा है...मैं उन्हें प्यार करता हूँ, जो नीचे जा रहे हैं, जो पृथ्वी को कुर्बानी चढ़ा रहे हैं कि

महामानव की पृथ्वी अस्तित्व में आए। मैं उन्हें प्यार करता हूँ जो ज्ञान के लिए जीते हैं, जिससे महामानव का अवतार हो। महामानव के अवतार की कामना, यही उनकी अधोयात्रा है। मैं उसे प्यार करता हूँ जो श्रम कर रहा है, आविष्कार कर रहा है, जिससे महामानव का भवन तैयार हो, जिससे महामानव के लिए धरती, पशु और पौधे तैयार हों।

(नीत्शे-कृत 'दस स्पेक जरथुस्त्र' से।)

22. 'सीक्रेट्स ऑफ द सेल्फ़' की भूमिका से।
23. वही।
24. *तेरी हरीफ है या रब, सियासते-अफ़रंग,*
मगर, हैं इसके पुजारी फ़क़त अमीरो-रईस।
बनाया एक ही इबलीस आग से तूने,
बनाए ख़ाक से उसने दो सद हज़ार इबलीस।

× ×

तुम्हारी तहज़ीब अपने ख़ंजर से आप ही ख़ुदकुशी करेगी।
जो शाख़े-नाज़ुक़ पे आशियाना बनेगा, नापायदार होगा।

25. "मेरे बाद और कोई पैगम्बर नहीं होगा, यह ईश्वरीय आज्ञा है।"
"मुसलमान सबसे विरत होकर ईश्वर में अनुरक्त रहता है और एलान करता है कि मनुष्य-जाति में हमसे आगे और कोई नहीं है।" *(रमूज़े बेख़ुदी)*
26. "हमारा अस्तित्व किसी एक स्थान के घेरे में नहीं है। हमारी शराब की तेजी किसी एक प्याले में महदूद नहीं है। हमारी सुराही की मिट्टी चीनी भी है और हिन्दुस्तानी भी। हमारे शरीर की धूल टर्की की भी है और सीरिया की भी। मगर हमारा दिल न तो हिन्दुस्तान में है, न सीरिया और रूस में। इस्लाम को छोड़कर हम किसी भी पितृ देश में विश्वास नहीं करते।"
"जानते हो कि मुहम्मद अपनी जन्मभूमि मक्का को छोड़कर मदीना क्यों भाग गए? हिजरत मुसलमान का ईमान है। हिजरत उसके जीवन में स्थायित्व भरती है। इसका अर्थ है, संकीर्णता को छोड़कर विशालता में पहुँचना। शबनम को छोड़कर समुद्र पर विजय पाना।"

(रमूज़े बेख़ुदी)

27. रिकांस्ट्रक्शन ऑफ रिलीजियस थॉट इन इस्लाम।
28. पिछले युद्ध के दिनों में आरबेरी ने 'इस्लाम टुडे' नामक एक पुस्तक निकाली, जिसमें सर हसन सुहरावर्दी का एक लेख है। इस लेख में भी लेखक ने कहा है कि पाकिस्तान की माँग भारत के विभाजन की माँग नहीं है। वह विभाजन की माँग तो थी ही, मगर, आरम्भ में शर्म से अच्छे लोग वैसा नहीं कहते थे।
29. *ख़ुदा तुझे कसी तूफ़ाँ से आशना कर दे,*
कि तेरे बह्र की मौजों में इज्तराब नहीं।
तुझे किताब से मुमकिन नहीं फराग़ कि तू,
किताबख़्वाँ है, मगर, साहबे-किताब नहीं। *(तालिबे-इल्म; बाले-जिबरील)*
30. *तू समझता नहीं अय ज़ाहिदे-नादाँ इसको,*
रश्के-सद-सिज्दा है, एक लग़ज़िशे मस्तान-ए-दिल। *(बाँगे-दरा)*
31. *वो फ़ाक़ाकश कि मौत से डरता नहीं ज़रा,*
रूहे-मुहम्मद इसके बदन से निकाल दो।
बुतख़ाने के दरवाज़े पै सोता है बरहमन,
तक़दीर को रोता है, मुसलमाँ तहे-मेहराब। *(बाले-जिबरील)*

32. *उट्ठो, मेरी दुनिया के ग़रीबों को जगा दो,*
काख़े-उमरा के दरो-दीवार हिला दो।
जिस खेत से दहक़ाँ को मयस्सर न हो रोज़ी,
उस खेत के हर ख़ोशये-गन्दुम को जला दो। *(बाले-जिबरील)*

33. *है वही तेरे ज़माने का इमामे बरहक़,*
जो तुझे हाज़िरो-मौजूदा से बेज़ार करे।
मौत के आईने में तुझको दिखाकर रुख़े-दोस्त,
ज़िन्दगी तेरे लिए और भी दुश्वार करे।
दे के एहसासे-ज़याँ तेरा लहू गरमा दे,
फख़्र की सान चढ़ाकर तुझे तलवार करे। *(बाले-जिबरील)*

34. उदाहरण के लिए नीचे की पंक्तियाँ देखी जा सकती हैं, जिनके भाव हिंसा और उत्पात के समर्थक होने के अतिरिक्त और कुछ हो ही नहीं सकते–
हमामो-कबूतर का भूख नहीं मैं,
कि है ज़िन्दगी बाज़ की ज़ाहिदाना।
झपटना, पलटना, पलटकर झपटना,
लहू गर्म रखने का है इक बहाना। *(शाहीं : बाले-जिबरील)*
जो कबूतर पर झपटने में मज़ा है ऐ पिसर,
वह मज़ा, शायद, कबूतर के लहू में भी नहीं। *(नसीहत : बाले–जिबरील)*
सोचा भी है अय, मर्दे-मुसल्माँ कभी तूने,
क्या चीज़ है, फ़ौलाद की शमशीरे-जिगरदार?
इस बैत का यह मिसरये-अव्वल है कि जिसमें,
पोशीदा चले आते हैं, तौहीद के असरार। *(बाले-जिबरील)*

35. *वह आँख कि हैं सुरमये-अफ़रंग से रौशन,*
पुरकारो-सुख़नसाज है, नमनाक नहीं है।
योरप की गुलामी पे रज़ामन्द हुआ तू,
मुझको तो गिला तुझसे है, योरप से नहीं है। *(बाले-जिबरील)*

36. *जो अक्ल का गुलाम हो, वो दिल न कर क़बूल।* *(बाले-जिबरील)*

37. *ग़द्दारे-वतन इसको बताते हैं, बरहमन,*
अँगरेज़ समझता है मुसलमाँ को गदागर। *(इक़बाल)*

38. न्यू वर्ल्ड ऑफ इस्लाम–लेखक : स्टोडार्ड।

39. वही।

प्रकरण-17

भारतीय राष्ट्रीयता और मुसलमान

नवोत्थान के क्रम में भारतीय मुसलमानों के भीतर जो विभिन्न भाव उदित हुए, उनकी दिशा एक नहीं थी। नवोत्थान की एक शिक्षा यह थी कि इस्लाम पीड़ित, विकृत और रूढ़िग्रस्त है, अतएव, यूरोपीय गुणों का अनुकरण करके हमें उसका उद्धार करना चाहिए। नवोत्थान की ही दूसरी शिक्षा यह थी कि अपने उद्धार के लिए हमें परमुखापेक्षी होने अथवा दूसरों का अनुकरण करने की आवश्यकता नहीं है, अपितु, इस्लाम के इतिहास से ही हमें हर तरह की प्रेरणा मिल सकती है। नवोत्थान की तीसरी शिक्षा यह थी कि यूरोप **इस्लाम का शत्रु** है एवं जहाँ-जहाँ यूरोपीय प्रभाव काम कर रहा हो, वहाँ मुसलमानों को **सावधान** रहना चाहिए। नवोत्थान से प्रेरित मुसलमान ऐसे प्रत्येक प्रभाव को सन्देह से देखने लगे जो पहले यूनान से और अब यूरोप से आकर इस्लाम को प्रभावित कर रहा था और नवोत्थान से ही प्रेरित मुसलमान सामासिक संस्कृति के उन अंशों को दूर करने लगे, जिन्हें वे इस्लाम पर हिन्दुत्व का प्रभाव समझते थे। नवोत्थान से प्रेरित मुसलमान विश्व-इस्लाम की रक्षा करने को आतुर होने लगे और उसी प्रेरणा से उन्होंने भारतीय स्वतन्त्रता-आन्दोलन का भी साथ दिया।

यह कोई आश्चर्य की बात नहीं थी और न हिन्दू-नवोत्थान के ही इससे भिन्न परिणाम निकले थे। खोज करने पर यह बात आसानी से जानी जा सकती है कि जिस प्रकार मुस्लिम राष्ट्रीयता (साम्प्रदायिकता का एक पक्ष) की धारा मुस्लिम नवोत्थान से फूटी है, उसी प्रकार, हिन्दू-राष्ट्रीयता (साम्प्रदायिकता का दूसरा पक्ष) की धारा हिन्दू-नवोत्थान से निःसृत हुई, जिसके आरम्भिक रूप स्वामी दयानन्द के धार्मिक आन्दोलन एवं बंकिम बाबू और डी.एल. राय के उपन्यासों और नाटकों में मौजूद थे। नवोत्थान जातियों का ध्यान अतीत की ओर ले जाता है। इससे दो परिणाम निकलते हैं। एक तो यह कि जातियों के जो अमर सत्य होते हैं उनका दुबारा जन्म हो जाता है; दूसरा यह कि जातियाँ इतिहास के मिथ्या-संस्कारों से भी जा चिपकती हैं, जो केवल प्राचीनता का मोह (रिवाइवलिज्म) है। नवोत्थान के क्रम में जैसे हिन्दुत्व और इस्लाम के धार्मिक एवं दार्शनिक सत्य फिर से जी उठे, उसी प्रकार, हिन्दुओं और मुसलमानों के बीच अपने-अपने पौराणिक संस्कारों की भी वृद्धि हुई, जो उन्हें एक-दूसरे से अलग ले जाने की चेष्टा करते रहे हैं।

जब भारत के सामने, अंग्रेजों को हटाकर अपनी स्वतन्त्र सरकार कायम करने का स्वप्न प्रकट हुआ, तब मुस्लिम-नवोत्थान से क्षरित शक्तियाँ दो धाराओं में विभक्त हो गईं। एक धारा वह थी जो सब कुछ से आँख बन्द करके अंग्रेजों को भारत से बाहर निकाल देने को

बेचैन थी। दूसरी धारा वह थी जो इस संशय से ग्रसित थी कि अंग्रेज गए तो हमारा क्या होगा। इस दूसरी धारा में केवल मुसलमान ही नहीं, बहुत-से हिन्दू लोग भी थे। राष्ट्रीय आन्दोलन का एक लक्षण यह था कि उसमें निहित-स्वार्थवाले धनी-मानी लोग कम पड़े। किन्तु धनियों का सारा वर्ग निश्चेष्ट नहीं था। बहुत-से ऐसे भी धनी थे, जो हिन्दू-सभा के साथ थे। अंग्रेज हिन्दू-सभा से नहीं चिढ़ते थे, क्योंकि हिन्दू-सभा साम्प्रदायिकता की सहायिका होने के कारण राष्ट्रीय आन्दोलन पर लगाम लगाने के काम आ सकती थी। हाँ, इतना अवश्य हुआ कि राष्ट्रीयतावादी धारा में हिन्दू अधिक, मुसलमान कम आए। इसके विपरीत, जिस धारा में शंका थी, भय था, दुविधा और सन्देह था, प्रायः अधिकांश मुसलमान उसी के किनारे बैठे रह गए और यही बड़ा दल संकट आने पर भारत-विरोधी हो गया और उसी के दबाव से भारत का विभाजन भी हुआ। अब तो इस दल के लोग भी अपने कृत्य पर पछताते हैं, किन्तु उस समय उनकी आँखें अन्धी हो गई थीं।

एकता की राह

कुछ तो नवोत्थानी संस्कार के चलते और कुछ अंग्रेजों की चाल से वे, सचमुच ही, हिन्दू-बहुमत से शंकालु और भीत हो उठे थे एवं उनके तथाकथित लीगी नेताओं ने उन्हें जिस तरफ चलने को कहा, उस तरफ वे आँख मूँदकर चले गए। भारत-विभाजन से ऐसा दीखता है, मानो, शंका, द्विधा और अन्धकार की यह धारा जीत गई है। किन्तु जीत अभी मानी नहीं जा सकती। पाकिस्तान में हिन्दू और हिन्दुस्तान में मुसलमान अभी भी मौजूद हैं और भारत की जो हिन्दू-मुस्लिम समस्या थी वह अब भी वर्तमान है, यद्यपि अब वह एक नहीं, दो देशों में है। और यह भी स्पष्ट दीखता है कि आज भी इस समस्या का समाधान न तो मुस्लिम लीगी नीति से पाया जा सकता है, न उस नीति से जिस पर हिन्दू-भाषा, जनसंघ अथवा हिन्दू साम्प्रदायिक संस्थाएँ चल रही हैं।

हमारे जानते हिन्दू-मुस्लिम समस्या का आज भी वही समाधान है जो कांग्रेस ने निकाला था, जो राष्ट्रीय मुसलमानों को सूझा था। यह समाधान है मुसलमानों के भीतर इस भाव को पुष्ट करना कि भारत उनका देश है और भारत के लिए उन्हें उसी प्रकार जीना और मरना चाहिए जिस प्रकार अन्य देशों के लोग अपने देश के लिए जीने और मरने में आगा-पीछा नहीं करते हैं। यह समाधान है मुसलमानों के हृदय की उस शंका को निर्मूल कर देना, जिससे वे हिन्दुओं के बहुमत से भय खाते हैं।

इस समाधान का, स्वभावतः ही, एक दूसरा पक्ष भी है जिसका सम्बन्ध हिन्दुओं से है। जब तक हम अपने इतिहास के दग्ध अंश को नहीं भूलते, हम मुसलमानों को सहज दृष्टि से देखने में असमर्थ रहेंगे। **गजनवी, गोरी, औरंगजेब** और **जिन्ना** के भूत जब तक जीते हैं, हिन्दुओं का हृदय साफ नहीं होगा। गजनवी, गोरी, औरंगजेब और जिन्ना ही नहीं, **अकबर, दाराशिकोह, बहादुरशाह, अजमल खाँ, अनसारी** और **आज़ाद** भी मुसलमान ही थे। अजमल खाँ, अनसारी और आज़ाद की क्षणस्थायी पराजय के सारे कारण मुसलमान ही नहीं, हिन्दू भी हैं। जब चिराग की लौ पतली हो तब जोर की हवा नहीं चलनी चाहिए। अनसारी और आज़ाद की विजय बहुमत की सहिष्णुता से होगी, हिन्दुओं की उदारता और सम्पूर्ण न्याय-बुद्धि

से होगी। भारत की धार्मिक एवं प्रजातीय एकता की समस्या ऐसी नहीं है, जिसका समाधान वीरता, जोश और निर्भयता से ढूँढ़ा जा सके। यह बड़ा ही नाजुक काम है। इसमें मौन हमारी जितनी सहायता करेगा, उतनी मुखरता नहीं। इसमें धीरज और शान्ति से देश का जितना भला होगा, उतना आवेश और अशान्ति से नहीं। कोई एक निर्णय करके उस पर अड़ जाने से एकता का प्रश्न नहीं हल होगा। हमें कदम-कदम पर, समझौते और सामंजस्य की खोज करनी है। और यह काम आनन-फानन भी नहीं होगा। पीढ़ी-दर-पीढ़ी, हमें अभी बहुत दिनों तक शान्ति बरतनी है, सद्भाव निभाना है, अमृत बोते जाना है, जिससे हिन्दू और मुसलमान पारस्परिक भिन्नता को भूलकर, एक हो जाएँ।

अंग्रेजों की भेद-नीति

मुसलमानों को राष्ट्रीय आन्दोलन से अलग रखने के बहुत सारे काम अंग्रेजों ने किए। गदर के बाद उनकी नीति यह थी कि ''हम इस विश्वास से आँख नहीं मूँद सकते कि मुस्लिम-जाति, मूलतः हमारी शत्रु है। अतएव, हमें हिन्दुओं को खुश करके उन्हें अपने पक्ष में रखने की नीति अपनानी चाहिए।''[1] गदर के बाद ही बम्बई के गवर्नर ने कहा था कि ''रोमनों की नीति **'बाँटो और राज करो'** की नीति थी। वह नीति अब हमें भी बरतनी है।''[2] यह नीति काम में आई और जैसा कि **ग्राहम** ने लिखा है, ''गदर के बाद मुसलमानों पर बादल छा गया। उन दिनों की सारी क्रूरताओं और सभी अत्याचारों की जवाबदेही उन्हीं पर थोप दी गई।''[3] भारत में साम्प्रदायिकता का यही आरम्भ था। और राज्य ने जब एक बार उसे प्रश्रय दिया, तब वह स्वयं भी बढ़ने लगी।

इसी स्थिति से घबराकर सर सैयद ने मुसलमानों को राज-भक्ति का पाठ पढ़ाना आरम्भ किया और इस कार्य में उन्हें सफलता भी बहुत अधिक मिली। सन् 1870 ई. तक आते-आते अंग्रेजों को यह विश्वास हो गया कि अब मुसलमान हमारा साथ नहीं छोड़ेंगे। किन्तु उस समय तक सरकार को यह विश्वास हो चला था कि शिक्षित हिन्दू वर्ग धीरे-धीरे राष्ट्रीयता की ओर जा रहा है। अतएव, सरकार की नीति में अब दूसरा परिवर्तन हुआ और वह हिन्दुओं को छोड़कर मुसलमानों की ओर झुकने लगी। अब अच्छे-अच्छे ओहदे मुसलमानों को दिए जाने लगे और हिन्दू अपनी योग्यता के भरोसे छोड़ दिए गए। हिन्दुओं में ज्यों-ज्यों राष्ट्रीय भाव बढ़ता गया, त्यों-त्यों अंग्रेज मुसलमानों की राज-भक्ति को सुदृढ़ रखने के लिए उन्हें अधिक-से-अधिक ओहदे देते गए कि तराजू के दोनों पलड़े ठीक रहें। सर जान स्ट्राची ने लिखा है कि ''अगल-बगल इन दो विरोधी धर्मों का अस्तित्व भारत में हमारी राजनैतिक स्थिति के पक्ष में सबसे बड़ा कारण है। मुसलमानों में जो उच्च वर्ग के लोग हैं, उनसे हमारी शक्ति बढ़ती है, दुर्बलता नहीं। यह वर्ग संख्या में तो अल्प है, किन्तु, उसके हित हमारे हितों से एकाकार हैं।''[4]

हिन्दू-नवोत्थान के क्रम में बंगाल और महाराष्ट्र के नेता तथा श्रीमती एनी बीसेंट एवं स्वामी दयानन्द हिन्दुत्व के सम्बन्ध में जो अद्भुत प्रचार कर रहे थे, उसका प्रभाव मुसलमानों पर आतंककारी हुआ हो तो कोई आश्चर्य की बात नहीं। हिन्दुओं की राष्ट्रीय उन्नति देखकर सर सैयद खुश नहीं थे, इसका उल्लेख उनके प्रसंग में किया जा चुका है, यद्यपि, इसका कारण

यह था कि वे राजभक्त थे और सरकार-विरोधी आन्दोलन उन्हें पसन्द नहीं था। हिन्दू-नवोत्थान-विषयक प्रचार मुसलमानों का विरोधी नहीं था, वह केवल हिन्दुत्व के पक्ष का आन्दोलन था, ठीक उसी प्रकार, जैसे सन् 1920 ई. का खिलाफत आन्दोलन हिन्दू-विरोधी नहीं था। फिर भी जैसे, खिलाफत का साथ देने के लिए हिन्दू भाइयों ने कांग्रेस का पीछे मजाक उड़ाया, उस प्रकार की प्रवृत्ति उन्नीसवीं सदी के अन्त में मुसलमानों में भी उदित हुई थी।

तब सन् 1905 ई. में **लॉर्ड कर्जन** ने बंगाल का साम्प्रदायिकता के आधार पर विभाजन कर दिया। यह शैतानियत से भरी हुई चाल थी। पहले बंगाल और फिर सारा देश कर्जन के इस कृत्य से क्षुब्ध और आन्दोलित हो उठा। एवं अंग्रेजों के मुस्लिमभक्त इस बात से प्रसन्न हो उठे कि अब अंग्रेजों और हिन्दुओं की असली खटपट शुरू हो गई। **इस आन्दोलन में मुसलमानों ने हिन्दुओं का साथ नहीं दिया, परिणामतः, इस आन्दोलन की भाव-धारा शुद्ध हिन्दू भाव-धारा होती गई।** इसी आन्दोलन के क्रम में, देश ने स्वदेशी का व्रत लिया, जिसकी टीका अंग्रेजों ने यह की कि स्वदेशी बनाने और बेचनेवाले लोग तो हिन्दू हैं, अतएव, इस आन्दोलन से लाभ भी हिन्दुओं को ही होंगे। यह भी एक कारण हुआ कि मुसलमान प्रत्येक राष्ट्रीय आन्दोलन के आर्थिक पक्ष को सन्देह से देखने लगे।

मुस्लिम-लीग

लेकिन, स्वदेशी आन्दोलन के बाद, सरकार निश्चित रूप से साम्प्रदायिकता को बढ़ावा देने की राह पर आ गई और इस गर्हित कर्म में पहले उसे जो थोड़ा-बहुत संकोच होता था, उसे भी उसने अब ताक पर धर दिया। सन् 1906 ई. में वायसराय ने कुछ मुसलमानों को **मुस्लिम-लीग** नामक संस्था स्थापित करने की अनुमति दी[5] तथा **मिंटो-मोर्ले-रिफ़ॉर्म** में उसने मुसलमानों के लिए अलग निर्वाचन क्षेत्र बनाने का एलान कर दिया। मिंटो-मोर्ले-रिफ़ॉर्म की घोषणा के साथ यह बात स्पष्ट हो गई कि मुसलमान अब आसानी से राष्ट्रीयता की राह पर नहीं आएँगे और उनकी सहायता और असहयोग से अंग्रेज भारत में अपनी सत्ता बनाए रहेंगे।

आरम्भ में, मुस्लिम लीग की नीति वही थी जो आदि-अवस्था में कांग्रेस की रही थी। फर्क यह था कि कांग्रेस शुरू से ही जो माँगें करती आ रही थी वह सभी भारतवासियों के लिए केवल हिन्दुओं या मुसलमानों के लिए नहीं। किन्तु मुस्लिम लीग के प्रस्ताव 'नौकरियों में मुसलमानों के वाजिब हिस्सों, काउंसिल में मुसलमानों के उचित प्रतिनिधित्व' एवं अन्त में, ब्रिटेन पर भक्ति दिखाने के लिए किए जाते थे। किन्तु सभी मुसलमानों, विशेषतः, निर्धन वर्ग को अंग्रेजों के लिए भक्ति नहीं थी, न वे हिन्दुओं से घृणा करते थे। घृणा का दर्शन तो बुद्धिजीवियों के धरातल पर तैयार किया जा रहा था। जन-साधारण को अभी तक उस दर्शन से कोई सरोकार नहीं था। परिणामः, हम देखते हैं कि मुस्लिम लीग में उन दिनों कोई दम नहीं था। स्वतन्त्रता-प्रेमी, साहसी और जागरूक मुस्लिम नौजवान लीग को अंग्रेजों की हाँ में हाँ भरनेवालों की संस्था समझते थे और जिस व्यक्ति के पास दौलत या ओहदा नहीं था, वह अपने लिए लीग को व्यर्थ समझता था।

मिस्टर जिन्ना लीग में सन् 1913 में आए। उसके पूर्व वे कांग्रेस में थे। किन्तु उनके

आने से भी कोई बात नहीं बदली। लीग में ऐसे-ऐसे दकियानूस लोग भरे थे कि मिस्टर जिन्ना को भी उन्होंने भयानक क्रान्तिकारी समझा एवं लीग में उनके आगमन से राजभक्तों का सम्प्रदाय घबरा उठा। अंग्रेज बहुत चाहते थे कि लीग के भीतर क्रान्तिकारी विचार तो न आने पाए, किन्तु उसका सुयश अवश्य बढ़े। अंग्रेजों की पहली आशा तो पूरी होती गई, किन्तु दूसरी आशा पूरी हुई या नहीं, यह सुनिश्चित भाषा में नहीं कहा जा सकता। **सन् 1931 ई. की गोल-मेज़ कान्फ्रेंस के समय मुस्लिम लीग अंग्रेजों की दृष्टि में भी भारतीय मुसलमानों की प्रतिनिधि संस्था नहीं थी,** ने उसका प्रतिनिधित्व करने के लिए कोई मुसलमान इंग्लैंड बुलाया गया था। मिस्टर जिन्ना कॉन्फ्रेंस में अपनी वैयक्तिक प्रसिद्धि के कारण बुलाए गए थे, क्योंकि दूसरी कॉन्फ्रेंस में जब उनका नाम छूट गया तब सरकार ने इसका यही कारण विज्ञापित किया था कि मिस्टर जिन्ना किसी का प्रतिनिधित्व नहीं करते हैं।

एकता की तरंग

प्रथम विश्वयुद्ध के दिनों में, भारत में आजादी की माँग जोर से की जाने लगी। श्रीमती एनी बीसेंट और लोकमान्य तिलक ने **होमरूल आन्दोलन** के द्वारा देश में काफी जागृति उत्पन्न कर दी। इस युद्ध में टर्की मित्रराष्ट्रों के विरुद्ध लड़ रहा था। अतएव, इसकी प्रतिक्रिया भारतीय मुसलमानों पर अंग्रेजों के प्रतिकूल हुई और अंग्रेज भारत में जो चाल चल रहे थे, वह तत्काल मद्धिम पड़ गई। राजभक्त रोकते रह गए; किन्तु मुसलमान आजादी की लड़ाई में हिन्दुओं का साथ देने को आगे बढ़ने लगे। इस भावना की फसल सन् 1920 ई. में गांधीजी ने काटी तथा ख़िलाफ़त और भारतीय स्वराज्य, इस दोनों उद्देश्यों को लेकर हिन्दू और मुसलमान एक हो गए एवं दोनों ने मिलकर सरकार से असहयोग का एलान कर दिया। सन् 1857 ई. के गदर के बाद यह दूसरा अवसर था, जब हिन्दू और मुसलमान, कन्धे-से-कन्धा भिड़ाकर, एक उद्देश्य की ओर अग्रसर हुए थे। किन्तु असहयोग-आन्दोलन **चौरीचौरा** की दुर्घटना के कारण अचानक अवरुद्ध हो गया। आन्दोलन के सहसा अवरुद्ध हो जाने की प्रतिक्रिया हिन्दुओं में बहुत-कुछ वैसी ही हुई जैसी युद्ध की ओर पाँव बढ़ाते हुए सिपाही पर अचानक वापस हो जाने की आज्ञा से हो सकती है। किन्तु सरकार और राजभक्त मुसलमानों ने बाकी मुसलमानों के कान में यह व्याख्या भर दी कि हिन्दू कभी भी मुस्लिम हितों के लिए अंग्रेजों से नहीं लड़ेंगे। साधारणतः ऐसी कानाफूसी का असर कौम पर नहीं हो सकता, किन्तु इसके बाद देश में जो दुर्भाग्यपूर्ण घटनाएँ घटीं, उनकी पृष्ठभूमि पर यह कानाफूसी भी सच मानी जाने लगी।

साम्प्रदायिकता का विस्फोट

असहयोग-आन्दोलन के बाद देश में हिन्दू-मुस्लिम दंगों की बाढ़ आ गई। सन् 1924 ई. में **मोपला-विद्रोह** हुआ, जिसका प्रधान कारण आर्थिक था, किन्तु हिन्दुओं पर उस विद्रोह में जो अत्याचार हुए, उनसे यह घटना हिन्दू-मुस्लिम-कलह का नमूना बन गई। हिन्दू हिन्दुओं को बचाने को दौड़े। मुसलमान यह कहते दौड़े कि मोपले भी माँ-बाप-हीन नहीं हैं। स्मिथ ने सत्य ही लिखा है कि "जब बशीर अहमद को ठगता है तब अहमद सोचता है कि बशीर

ठग है। किन्तु जब मोतीलाल अहमद को धोखा देता है, तब अहमद समझने लगता है कि हिन्दू धोखेबाज हैं।"[6] और यह कहावत हिन्दुओं पर भी लागू होती है। मोपला-गदर के बाद से देश में कहीं-न-कहीं आग लगती ही रही और इस अगलगी को राजभक्त मुसलमान तथा अंग्रेज मजे से तापते रहे। धीरे-धीरे देश साम्प्रदायिकता के भयानक चक्र में फँस गया। कांग्रेस की ओर से बड़ी-बड़ी कोशिशें हुईं कि किसी प्रकार मुसलमानों से समझौता हो जाए। किन्तु अंग्रेज जिन लोगों को मुस्लिम-समाज के नेता बनाए हुए थे, वे कब चाहते थे कि हिन्दू-मुस्लिम एकता सम्पन्न हो?

अंग्रेज भारत में राष्ट्रीयता को कमजोर करने के लिए साम्प्रदायिकता का पोषण किस प्रकार करते थे, इस विषय की व्याख्या करते हुए स्मिथ ने लिखा है कि साम्प्रदायिकता को बढ़ावा देने का सरकारी ढंग यह है कि साम्प्रदायिकता को बढ़ावा देने का सरकारी ढंग यह है कि सरकार सभी अथवा अधिक-से-अधिक प्रश्नों पर साम्प्रदायिक दृष्टि से विचार करती है तथा आग्रहपूर्वक यह संकेत देती है कि और लोग भी प्रश्नों पर ठीक इसी प्रकार से विचार करें। साम्प्रदायिकता फैलाने का मुख्य राजनैतिक साधन अलग-अलग निर्वाचन-क्षेत्रों की रचना है, जिससे कि एक जनता अपने को अन्य से भिन्न समझती है तथा साम्प्रदायिक भाषण सुनकर एवं साम्प्रदायिक दृष्टि से प्रतिनिधियों का निर्वाचन करते-करते वह पूर्ण रूप से साम्प्रदायिक बन जाती है। फिर तो वह अधिकारों और सुधारों की माँग भी साम्प्रदायिक दृष्टि से ही करने लगती है।[7]

साम्प्रदायिकता को उभारने के कुछ और भी तरीके थे। उदाहरण के लिए, जो लोग तअस्सुब के प्रेमी और प्रचारक थे, उन्हें सरकार प्यार करती थी, ओहदे और खिताब देती थी, तरक्की और ऊँची तनख्वाहें देती थी। किन्तु जो लोग हिन्दू-मुस्लिम एकता के हामी और उसके लिए खटनेवाला थे, वे सरकार के शत्रु समझे जाते थे एवं उनकी वाजिब जगह जेल हुआ करती थी। राउंड टेबिल कॉन्फ्रेंस में सरकार ने चुन-चुनकर उन्हीं मुसलमानों को बुलाया जो साम्प्रदायिकता से भरे हुए थे। उन दिनों राष्ट्रीय मुसलमानों में बड़े-से-बड़े लोग मौजूद थे। लेकिन सरकार ने उन्हें तृणवत् नगण्य समझा।

हिन्दू साम्प्रदायिकता से बरी थे, यह कहने का हिन्दुओं को कोई अधिकार नहीं है। किन्तु इस बात से इनकार नहीं किया जा सकता कि राष्ट्रीय एकता में हृदय से विश्वास करनेवाले अपार हिन्दुओं के सामने मुट्ठी भर साम्प्रदायिक हिन्दुओं की कोई बिसात नहीं थी। मगर साम्प्रदायिकता संक्रामक रोग है। जब एक जाति भयानक रूप से साम्प्रदायिक हो उठती है, तब दूसरी जाति भी अपने अस्तित्व का ध्यान करने लगती है और उसके भी भाव शुद्ध नहीं रह पाते। अच्छे-से-अच्छे हिन्दू को भी यदि वर्षों तक यह समझाया जाए कि मुसलमान तुमसे घृणा करते हैं, तो इस जहरीले आघात से वह अविचलित नहीं रह सकता। हिन्दुओं में साम्प्रदायिकता की वृद्धि इसी प्रकार हुई है। और जब हिन्दुओं में साम्प्रदायिकता दिखाई पड़ी, तब मुसलमानों की साम्प्रदायिकता और भी बढ़ गई एवं दोनों जातियों के बहुत-से लोग परस्पर शत्रु हो उठे।

सन् 1930 ई. के सत्याग्रह-आन्दोलन में भी साम्प्रदायिकता बहुत कमजोर पड़ गई थी। हिन्दुओं के साथ मिलकर मुसलमान इस जोर से उठे थे कि लगता था, इस तूफान में सरकार

और उसके पिट्ठू राजभक्त-हिन्दू और राजभक्त-मुसलमान, दोनों, पत्तों के समान उड़ जाएँगे। किन्तु सरकार बहादुर (?) ने इस आन्दोलन को भी दबा डाला। सत्याग्रह के बाद से लेकर सन् 1937 ई. तक देश में साम्प्रदायिक दंगे कम हुए। बल्कि, सन् 1937 ई. के चुनाव में तो मुस्लिम जनता ने यह स्पष्ट बतला दिया कि मुस्लिम लीग मुसलमानों की प्रतिनिधि-संस्था नहीं है।[8] हाँ चुनाव के कुछ महीने बाद, जब कई प्रान्तों में कांग्रेस की सरकारें बन गईं, तब उस मौके से मुस्लिम लीग ने बहुत लाभ उठाया, और अन्त में वह मुसलमानों को इस बहकावे का शिकार बनाने में समर्थ हो गई कि हिन्दुओं के बहुमत-राज से मुसलमानों का सम्पूर्ण विनाश हो जाएगा।

द्वितीय महायुद्ध के आरम्भ होने पर जब बार-बार यह सम्भव दीखने लगा कि स्वराज्य अब आ रहा है, तब बार-बार अंग्रेजों ने घोषणाओं और वक्तव्यों के द्वारा हिन्दुओं पर यह प्रभाव डाला कि हम तो यहाँ इसलिए बने हुए हैं कि मुसलमान हमें चाहते हैं। इससे साम्प्रदायिक तनाव और बढ़ गया एवं हिन्दुओं के हृदय पर इस कल्पना से चोट लगी कि मुसलमान ही हैं जो हमें गुलाम बनाए हुए हैं। अंग्रेजों ने जो विषवृक्ष लगाया था, वह बढ़कर तब तैयार हुआ जब अंग्रेजों की विदाई की घड़ी नजदीक आ गई। परिणाम यह हुआ कि स्वराज्य के आगमन के समय, भारत में हिन्दुओं और मुसलमानों की लाशें बिछ गईं।

मुस्लिम-लीग की बढ़ती

मुस्लिम-लीग आरामतलब अमीरों की संख्या थी। उसके सदस्यों ने भी कोई बलिदान नहीं किया, न जनता ही उससे प्रेम करती थी। फिर भी, इस संस्था ने मुसलमानों को आग में झोंकने का रास्ता निकाल दिया। यह आश्चर्य की बात है। उसके सबसे बड़े मददगार अंग्रेज थे और अंग्रेजों ने ठान लिया था कि यदि हमें जाना ही होगा तो हम हिन्दुओं और मुसलमानों को एक-दूसरे की जान का दुश्मन बनाके जाएँगे। यह काम उन्होंने लीगवालों के मेल से कर दिखाया।

लेकिन, कारण केवल इतना ही नहीं था। इसमें कुछ दोष भाग्य का भी था। प्रोफेसर हुमायूँ कबीर ने लिखा है कि मुस्लिम-लीग की अचानक बढ़ती का एक कारण यह भी था कि मुस्लिम-समाज के अधिकांश राष्ट्रीय और उदार नेता प्रायः थोड़े ही दिनों में चल बसे।[9] मौलाना मुहम्मद अली कांग्रेस को छोड़ चुके थे, किन्तु भारत में अंग्रेजी शासन के वे प्रबल विरोधी थी। वे यदि जीवित रहते तो मिस्टर जिन्ना को आगे आने का मौका नहीं मिलता। गोलमेज-कॉन्फ्रेंस में मौलाना मुहम्मद अली ने अंग्रेजों से गरजकर कहा था, ''यदि तुम हमें आजादी नहीं देते, तो तुम्हें मेरी कब्र के लिए जमीन इंग्लैंड में देनी पड़ेगी।'' भगवान् ने उनकी बात सुन ली। अंग्रेज आजादी तो देना नहीं चाहते थे। भगवान् ने तत्क्षण मौलाना को अपने पास बुला लिया। कांग्रेस के दो मुख्य स्तम्भ हकीम अजमल खाँ और डॉक्टर अनसारी थे। ये सभी असमय ही उठ गए। उदार विचार के मुसलमानों में सर मुहम्मद शफ़ी और सर फ़ज़्ले हुसैन का भी बड़ा नाम था। देश के दुर्भाग्य से वे भी जाते रहे। इस प्रकार मैदान को खाली देखकर मिस्टर जिन्ना इंग्लैंड से लौट आए[10] और धीरे-धीरे, वे मुसलमानों के एकछत्र नेता बन बैठे।

हकीम अजमल खाँ और डॉक्टर अनसारी तो चल बसे थे, किन्तु कांग्रेस में तब भी **मौलाना अबुल कलाम आज़ाद** मौजूद थे और कांग्रेस-संगठन में उनका वह स्थान था जो केवल महात्मा गांधी के ही नीचे था। इस्लामी दर्शन और इस्लामी साहित्य की दृष्टि से देखें तो मौलाना आज़ाद का स्थान बिलकुल बेजोड़ था। उनके समान शुद्ध मुसलमान और इस्लाम का प्रबल व्याख्याता बीसवीं सदी में कोई और हुआ है या नहीं, इसका निर्णय आसानी से नहीं किया जा सकता। केवल इस्लाम ही नहीं, अंग्रेजी के माध्यम से उन्होंने समस्त विश्व की संस्कृति, धर्म और इतिहास को समझा था। उनकी जिह्वा और लेखनी दोनों में सरस्वती का वास था एवं हजारों की भीड़ को अपनी मुट्ठी में कर लेना उनके लिए सरल कार्य था। साम्प्रदायिकता के तूफान के बीच वे पर्वत के समान अचल और अडिग रहे एवं जब जिन्ना के नेतृत्व में करीब-करीब सारा मुस्लिम-समाज कांग्रेस-विरोधी हो रहा था, तब कांग्रेस ने भारतीय स्वाधीनता-संग्राम की आखिरी लड़ाई इसी महापुरुष के नेतृत्व में लड़ी। उन दिनों महात्मा गांधी, मौलाना आजाद और जवाहरलाल ये ही तीन व्यक्ति भारतीय राजनीति के बृहत्त्रयी समझे जाते थे।

किन्तु जानकार यह मानते हैं कि मौलाना साहब की शक्ति, प्रतिष्ठा, प्रताप और व्यक्तित्व का पूरा उपयोग मुसलमानों के बीच राष्ट्रीयता की धारा को पुष्ट बनाने के लिए नहीं किया जा सका। मौलाना प्रधानतः विद्या और विचार के प्रेमी थे। पुस्तकें छोड़कर गाँव-गाँव भटकने का काम उनसे कभी नहीं हुआ। हाँ, समिति और विचार-विमर्श के अवसरों पर उनके ठोस विचारों ने राष्ट्रीयता की अवश्य सहायता की। **मौलाना स्वयं दर्शन-पक्ष थे। उनका क्रिया-पक्ष बननेवाला मुसलमान उन्हें नहीं मिला।** यही कारण है कि जब राष्ट्रीयतावादी बड़े-बड़े मुस्लिम नेता उठ गए और जिन्ना साहब ने गेंद लेकर मैदान में प्रवेश किया, तब बहुत-कुछ वह मैदान जिन्ना को खाली मिल गया।

कांग्रेस मुस्लिम-सम्पर्क बढ़ाने की कोशिश में जब आगे बढ़ी, तब तक काफी देर हो चुकी थी और जिन्ना साहब ने कांग्रेस की उस प्रवृत्ति का भी भयानक विरोध किया। किन्तु, फिर भी, यह कहना एकदम गलत है कि कांग्रेस ने सारी लड़ाइयाँ केवल हिन्दुओं को लेकर लड़ीं। कांग्रेस केवल हिन्दुओं की संस्था न तो पहले थी, न अब है। विशेषतः जब-जब संघर्ष हुआ, कांग्रेसवालों में मुसलमानों की संख्या काफी वृद्धि पर आ गई। सन् 1920 ई. के आन्दोलन में तो मुस्लिम लीगवाले भी कांग्रेस के साथ थे। इसी प्रकार, नमक-सत्याग्रह के दिनों में बहुत काफी मुसलमान आजादी के लिए जेल गए थे। यही नहीं, बल्कि सन् 1942 के विद्रोह में भी काफी विद्रोही मुसलमान थे। और जब सन् 1946-47 ई. में देश में भयानक साम्प्रदायिक दंगे हुए, तब दंगों की आग बुझानेवालों में भी केवल हिन्दू ही नहीं बहुत-से मुसलमान भी थे।

भारत का विभाजन हो जाने के कारण ऐसा दीखता है, मानो, सारे-के-सारे हिन्दू और मुसलमान उन दिनों आपस में बँट गए थे तथा मुसलमानों में राष्ट्रीयता थी ही नहीं। किन्तु, यह निष्कर्ष ठीक नहीं है। भारत का विभाजन क्षणस्थायी आवेगों के कारण हुआ और उससे यह सिद्ध नहीं होता कि मुसलमानों में राष्ट्रीयता नहीं है। सच्ची बात यह है कि जैसे हमारी सामासिक संस्कृति की चादर अभी तक पतली और महीन है, वैसे ही मुसलमानों की राष्ट्रीयता

और हिन्दुओं का मुस्लिम-प्रेम भी कुछ-कुछ क्षीण रहा है। किन्तु, राष्ट्रीय भाव मुसलमानों के भीतर है, इससे इनकार नहीं किया जा सकता।

राष्ट्रवादी मुसलमान

नवोत्थान से प्रेरित मुस्लिम-समाज में अनेक प्रकार के भाव जाग्रत हुए थे, किन्तु इनमें से अधिक भाव ऐसे ही थे, जिनसे स्वतन्त्रता के संघर्ष को प्रेरणा मिलती थी। कुछ मुसलमान तो आजादी की लड़ाई में इसलिए आए कि वे धर्म को नहीं मानते थे। किन्तु बहुत-से ऐसे भी थे, जिन्हें धर्म अत्यन्त प्रिय था, किन्तु धर्म को जो राष्ट्रीयता और स्वतन्त्रता का बाधक नहीं समझते थे। इस्लाम समता और स्वतन्त्रता का धर्म है, इस विचार को माननेवाले उलमाओं ने आजादी की लड़ाई का खुलकर साथ दिया और उनकी नीति का दूसरे मुसलमानों पर भी अनुकूल प्रभाव पड़ा एवं वे भी आजादी की लड़ाई में धर्म से ही प्रेरित होकर आए। बहुत-से मुसलमान ऐसे थे जिन्हें पान-इस्लामी दर्शन से प्रेम था। भारतीय स्वतन्त्रता का एक पक्ष ऐसा भी था जिससे यूरोप का विरोध होता था तथा इस्लामी समाज के एक अंश (भारतीय) पर से गुलामी की जंजीर टूटती थी। मुस्लिम लीग की नीति ऐसे मुसलमानों को भी रोक नहीं सकी एवं इन लोगों ने भी खुलकर कांग्रेस का साथ दिया। फिर कुछ लोग ऐसे भी थे जो यह नहीं मानते थे कि कांग्रेस केवल हिन्दुओं की संस्था है; क्योंकि उसमें काफी मुसलमान, सिक्ख और ईसाई लोग भी थे। अतः ऐसे मुसलमान इसलिए कांग्रेस में आ गए कि उनमें सत्कर्म की प्रेरणा थी और सत्कर्म का एकमात्र क्षेत्र कांग्रेस के हाथ में था।

साहित्य के अन्य रूपों से अधिक कविता मानव-समाज के अन्तर्द्वन्द्वों का अधिक सच्चा प्रतिबिम्ब होती है। मुस्लिम-समाज के पान-इस्लामी अन्तर्द्वन्द्व इक़बाल की कविताओं में खूब प्रतिफलित हुए हैं। किन्तु भारतीय राष्ट्रीयता के संवेग भी मुस्लिम कवियों की रचनाओं में कम नहीं हैं। भेद यह है कि इक़बाल के द्वारा चित्रित द्वन्द्व तीखे, धुँधले और गोलमटोल हैं एवं उनकी शिक्षा यह है मुसलमानों को विश्व-इस्लाम का एक राज्य स्थापित करने का प्रयास करना चाहिए। किन्तु इस कल्पना में जो अव्यावहारिकता है, उससे कोई भी मुसलमान अपरिचित नहीं है। अतएव इक़बाल की शिक्षा बाजों को दिल्ली से कराची पहुँचा देने के बाद खत्म हो जाती है। बाजों की आगे की उड़ान सिर्फ हवा में डैने फटकारने के समान है। इसके विपरीत, मुस्लिम राष्ट्रीय कवियों की कविताओं में जो भाव उतरे हैं, वे हिन्दुओं और मुसलमानों को एक करनेवाले भाव हैं; वे मुसलमानों के हृदय से बहुमत के आतंक को निकाल फेंकनेवाले भाव हैं। ये भाव अत्यन्त सरल और सुस्पष्ट हैं जो मुसलमानों से केवल यह कहते हैं कि भारतवर्ष तुम्हारा देश है तथा इसके लिए जीना और मरना तुम्हारा धर्म होना चाहिए।

मुस्लिम कवियों की राष्ट्रीयता

मुसलमानों के भीतर भारतीय राष्ट्रीयता के जो भाव लहरा रहे थे, उर्दू-कविता में वे विशेषतः **अकबर इलाहाबादी, चकबस्त, जोश मलीहाबादी, जमील मज़हरी, साग़र निज़ामी और सीमाब अकबराबादी** की रचनाओं में व्यक्त हुए। सबसे बढ़कर जोश ने अपने खड़े होने के लिए

वह जगह चुनी जो इक़बाल के ठीक विरुद्ध पड़ती थी। विरुद्ध इस अर्थ में कि इक़बाल ने धर्म का भय दिखाकर मुसलमानों को राष्ट्रीय आन्दोलन से अलग करने की कोशिश की थी। जोश ने कहा, यदि धर्म बाधक है तो धर्म को छोड़ दो[11] लेकिन आजादी की कोशिश छोड़ी नहीं जा सकती। इक़बाल मुसलमानों का ध्यान भारत से हटाकर मक्के की ओर ले गए थे; जोश ने भारत को मुसलमानों का परम आराध्य बताया।[12] 'इस्लाम खतरे में' का नारा इतनी बार उठा था और धर्म की बातें भारतीय स्वातन्त्र्य-संग्राम में इतनी बार बाधक होकर आई थीं कि नौजवान अब धर्म से ही घबराने लगे थे। जोश ऐसे नौजवानों के सबसे बड़े प्रतिनिधि हुए। उन्होंने धर्म की खिल्ली उड़ानी शुरू की। पवित्रतावादी विचारों और पुरोहितों (शेख, वाइज, सूफी) का मजाक तो उर्दू कविता में बहुत दिनों से उड़ाया जा रहा है, जोश की विशेषता यह है कि उन्होंने धर्म की निन्दा इसलिए की कि आदमी को आदमी के समीप लाने के बदले धर्म उन्हें एक-दूसरे से दूर ले जाता है। उससे भी बड़ा कारण शायद यह था कि धर्म के नाम पर कुछ लोग मुसलमानों को बहकाए हुए थे। इस स्थिति से जोश में जो क्रोध जगा, उसे उन्होंने यह कहकर उतारा कि धर्म सबसे तुच्छ वस्तु है।[13]

कुछ राष्ट्रीय हिन्दुओं और मुसलमानों की स्थिति यह रही कि अपने सामाजिक विचारों का धर्म से मेल नहीं देखकर, वे धर्म के आत्मिक बन्धन से निकल गए। जोश ऐसे मुसलमानों और हिन्दुओं के सफल प्रतिनिधि कवि हैं। भारतीय एकता की समस्या का उनका समाधान यह है कि सभी धर्म उन्मूलित कर दिए जाएँ, समाज में पूरी आर्थिक समता स्थापित कर दी जाए तथा प्रत्येक व्यक्ति अपनी वैयक्तिक स्वाधीनता को लिये हुए समाज की सेवा करे।

स्पष्ट ही, जोश का समाधान मार्क्सवादी विचारधारा से प्रभावित समाधान है। मार्क्स ने धर्म को अफीम कहा है एवं रूस में धर्म तिरस्कृत हो गया है। अतएव, जो भारतवासी राष्ट्रीयता को अपना ईमान बना चुके थे, उन्होंने जब यह देखा कि धर्म राष्ट्रीयता में बाधा डाल रहा है, तब उन्हें भी मार्क्स का सहारा पसन्द आ गया और उन्होंने भी मन से धर्म को त्याज्य मान लिया। जोश इसी विचारधारा का प्रतिनिधित्व करते हैं। मुस्लिम-समाज में साम्प्रदायिकता की जो घटा छाई रही, वह जोश की दृष्टि को कभी भी मन्द नहीं बना सकी। उन पर पान-इस्लामी भावनाओं का भी कोई प्रभाव नहीं पड़ा। वे शुद्ध अन्तःकरण से राष्ट्रीयता के प्रबल समर्थक और भारत के तरफदार रहे हैं।[14]

उर्दू में जो काम जोश ने किया, बँगला में ठीक वही तो नहीं, किन्तु कुछ वैसे ही काम **काजी नज़रुल इस्लाम** ने किए। नज़रुल भारतीय विद्रोह की पहली वाणी होकर आए। जोश ने उत्तर भारत में जब क्रान्ति का शंख फूँका, उसके पूर्व ही, बंगाल में नज़रुल की अग्नि-वीणा के स्वर प्रदाह फैला चुके थे। नज़रुल ने एकता-एकता की चीख कम मचाई है। धर्मान्ध लोगों पर उन्होंने प्रहार भी कम ही किए हैं। ईश्वर और देवताओं का मजाक तो उन्होंने भी उड़ाया है, किन्तु वह केवल क्रान्ति के जोश में आकर। सौम्य मुद्रा में आने पर वे धर्म से अधिक दूर नहीं दीखते। उनकी शिक्षा-दीक्षा हिन्दू-संस्कारों से पूर्ण थी, अतएव कविताओं में वे हिन्दू आख्यानों, हिन्दू अलंकारों और चित्रों तथा हिन्दू परम्पराओं को ही लेकर चले। यह ठीक वैसा ही हुआ जैसे उर्दू के हिन्दू कवि अरब और ईरान की परम्पराओं को लेकर अपनी बात कहते हैं। उर्दू में अनेक कवि हुए हैं जो भारतीय राष्ट्रीयता और इस्लाम के उत्थान में कोई

विरोध नहीं देखते थे। ऐसे दो-एक भाव नज़रुल में भी मिलते हैं,[15] किन्तु उनसे साम्प्रदायिकता नहीं आती। वे तो केवल मुसलमानों को अपने अतीत की याद दिलाकर जगाना चाहते हैं।

साम्प्रदायिक दंगों से जैसे देश की राष्ट्रीय जनता दुःखी थी, उसी प्रकार, हमारे राष्ट्रीय कवि भी दुःखी रहे। यह दुःख **जोश और नज़रुल** दोनों में प्रत्यक्ष मिलता है। फर्क यह है कि नज़रुल दंगों में देश की शारीरिक जागृति का रूपक देखते हैं और समझते हैं कि इसके बाद देश का मन भी जगेगा।[16] हलाहल जब निकल चुका है, तब कभी अमृत भी बाहर आएगा। भगवान् करे कि कवि की यह वाणी अब भी सफल हो जाए।

जमील मज़हरी धर्म के बन्धन को स्वीकार करते हैं, किन्तु उनका इस्लाम उनकी राष्ट्रीयता का बाधक नहीं है। उलटे, वे मुसलमानों को मुसलमान रहते हुए भी, तूर से आँखें फिराकर हिमालय की उपासना करने का सन्देश देते हैं।[17] उर्दू भाषा पर विदेशीपन का जो इलज़ाम है, उसे भी जमील सत्य मानते हैं एवं उनका विचार है कि उर्दू भाषा भी भारतमाता की बेटी है, अतएव, उसके आभूषण भी भारतीय होने चाहिए।[18]

सागर निज़ामी, वैसे तो मस्ती और सौन्दर्य के कवि हैं, किन्तु राष्ट्रीयता के भाव उनमें बड़े ही जोर से लहराते हैं। जमील और जोश के समान वे भी भारत को अपनी जन्म-भूमि मानते हैं एवं उसके लिए मर-मिटने को अपना कर्तव्य समझते हैं।[19] प्रमाण ढूँढ़ा जाए तो अख्तर शीरानी और सीमाब की भी कविताओं में राष्ट्रीयता के निश्छल भाव सुस्पष्ट हैं।[20] वे भी हिन्दुस्तान को गुलामी से रिहा कराने के लिए अपना मस्तक कटाने को तैयार हैं।

मुस्लिम कवियों की नवीनतम पीढ़ी ऐसी आई है जिस पर मार्क्स का अधिक प्रभाव है, जो अर्थशास्त्र को कला की दृष्टि से देखना चाहती है, जिसका एकता का समाधान बिलकुल वही है, जो जोश का समाधान था।[21] ये कवि गाय, बाजा, धर्म, ईमान इनमें से किसी की भी चर्चा नहीं करते अथवा करते भी हैं तो मनुष्यों की मध्यकालीन आदतों का मजाक उड़ाने के लिए। इनका मानसिक क्षितिज खूब विस्तीर्ण एवं हृदय बड़ा ही उदार है।

सन्दर्भ

1. लॉर्ड एलेनबरी द्वारा प्रेषित डिस्पैच में से, देखिए परुलेकार-लिखित 'द फ्यूचर ऑफ इस्लाम इन इंडिया', जिल्द 1, पृ. 874।
2. एलफिंस्टन की मिनट ता. 14-5-1859 ई.।
3. 'लाइफ़ एंड वर्क ऑफ सर सैयद अहमद खाँ'।
4. 'इंडिया इट्स, एडमिनिस्ट्रेशन एंड प्रोग्रेस'।
5. कहते हैं, वायसराय की प्रेरणा से ही यह संस्था कायम हुई थी। (देखिए, 'मॉडर्न इस्लाम इन इंडिया।')
6. 'मॉडर्न इस्लाम इन इंडिया'।
7. वही।
8. सन् 1937 ई. के साधारण चुनाव में 73,11,445 मुस्लिम वोट गिराए गए थे जिनमें से मुस्लिम लीग को केवल 3,21,772 वोट मिले थे, जो कुल वोट का केवल 4.4 प्रतिशत था।
9. मुस्लिम पॉलिटिक्स।
10. एक समय जिन्ना भारत से निराश होकर बैरिस्टरी करने को इंग्लैंड जा बसे थे।

11. *तेरे झूठे कुफ़्रो-ईमाँ को मिटा डालूँगा मैं,*
हड्डियाँ इस कुफ़्रो-ईमाँ की चबा डालूँगा मैं।
डाल दूँगा, तर्जे-नौ अजमेर और प्रयाग में,
झोंक दूँगा कुफ़्रो-ईमाँ को दहकती आग में। *(हुब्बे-वतन और मुसलमान।)*

12. *तेरे लब पर हैं इराको-सामो-मिस्रो-रूमो-चीं,*
लेकिन, अपने ही वतन के नाम से वाक़िफ़ नहीं।
सबसे पहले मर्द बन हिन्दोस्ताँ के वास्ते,
हिन्द जाग उठे तो फिर सारे जहाँ के वास्ते। *(बेटे के नाम ख़त।)*

13. *इस तरह इन्सान और शिद्दत करे इन्सान पर,*
तुफ़ है तेरे दीन पर, लानत तेरे ईमान पर *(मक़तले-कानपुर।)*

14. अब उनके पाकिस्तान जा बसने से इस वाक्य का अर्थ आसानी से समझने योग्य नहीं रहा।

15. *बाजिछे दामामा, बाँध रे अमामा, सिर ऊँच करि मुसलमान।*
दावत एसेछे नया जमानार भाँगा केल्लाय उड़े निशान। *(नजरुल)*
(दमामा बज रहा है। ओ मुसलमानो! मस्तक ऊँचा करके अमामा बाँधो। नए जमाने का निमन्त्रण आ चुका है। तुम्हें अपने टूटे किले पर पताका फहरानी है।)

16. *मा भैः! मा भैः। एतो दिने बूझि जागिली भारते प्राण,*
सजीव होइया उठियाछे आज श्मशान-गोरस्थान।
खालेद आवार धरियाछे असि, अर्जुन छोड़े बाण,
जेगेछे भारत, धरियाछे लाठी हिन्दू-मुसलमान।
उठिवे अमृत, देरी नाई आर, उठियाछे हलाहल। *(नज़रुल-कृत संचिता से)*
(डरो मत! डरो मत! बहुत दिनों के बाद भारत में प्राण आया है। श्मशान और कब्र-स्थान, दोनों सजीव हो उठे हैं। खालिद ने फिर तलवार पकड़ी है, अर्जुन फिर बाण छोड़ रहा है। भारत जग उठा है और हिन्दू तथा मुसलमान लाठी लेकर खड़े हैं।...अमृत भी आएगा। अब विलम्ब नहीं है। हलाहल तो ऊपर आ चुका है।)

17. *बिरादराने नौजवाँ, बढ़े चलो, बढ़े चलो।*
झुके न हिन्द का निशाँ, बढ़े चलो, बढ़े चलो।
जो अक्ल राह रोक दे तो दामन उसका छोड़ दो।
जो मज़हब आके टोक दे तो उसकी क़ैद तोड़ दो।
जवाँ हो दरसे-जंग लो, सलामी-मौजे-गंग लो,
नज़र फिरा तो तूर से, बुला रही हैं दूर से,
हिमालया की चोटियाँ, बढ़े चलो, बढ़े चलो। *(जमील मजहरी)*

18. *कीजै न जमील उर्दू का सिंगार, अब ईरानी तलमीहों से,*
पहनेगी बिदेशी गहने क्यों यह बेटी भारतमाता की? *(जमील मजहरी)*

19. *तेरी हस्ती हिमालय की चोटी बनी, माहों-खुर्शीद की उस पै बिन्दी लगी,*
रौशनी शर्क़ से ग़र्ब तक हो गई, सिजदे में झुक गई अज़मते-ज़िन्दगी।
अज़मते-ज़िन्दगी की क़सम है हमें, तेरी इज़्ज़त पै सर तक कटा देंगे हम।
आँख उठाके जो देखा किसी ने तुझे, छावनी अपनी लाशों से छा देंगे हम।
(साग़र निज़ामी)

20. *वतन और क़ौम की सौ जान से ख़िदमत करेगा यह,*
खुदा की और ख़ुदा के हुक्म की इज़्ज़त करेगा यह।

वतन की जंगे-आज़ादी में जिसने सर कटाया है,
ये उस शैदाये-मिल्लत बाप का पुरजोश बेटा है।
वतन के नाम पर इक रोज़ यह तलवार उठाएगा,
वतन के दुश्मनों को कुंजे-तुरबत में सुलाएगा।

(मेरा नन्हाँ जवाँ होगा; अख्तर शीरानी।)

वतन में मुझको जीना है, वतन में मुझको मरना है,
वतन पर ज़िन्दगी को एक दिन कुरबान करना है। *(सीमाब अकबराबादी)*

21. *कलेजा फुँक रहा है और ज़ुबाँ कहने से आरी है,*
बताऊँ क्या तुम्हें, क्या चीज़ यह सरमायादारी है?
यह अपने हाथ में तहज़ीब का फ़ानूस लेती है,
मगर, मज़दूर के तन से लहू तक चूस लेती है। *(मजाज़)*
एक शहन्शाह ने दौलत का सहारा लेकर
हम ग़रीबों की मुहब्बत का उड़ाया है मज़ाक। *(ताजमहल; साहिर लुधियानवी)*

उपसंहार

भारत के मूल-निवासी कौन हैं, यह बड़ा ही पेचीदा सवाल है। पश्चिम के बहुतेरे विद्वान् यह मानकर चले हैं कि आदि-मानव का जन्म भारत में नहीं हुआ और इस देश में जो भी लोग बसे, वे बाहर से आकर बसे। उनसे मतानुसार, नीग्रिटो, औष्ट्रिक, द्राविड़ और आर्य, सभी वंशों के लोग यहाँ बाहर से ही आए थे। हमारी स्थापना यह है कि जैसे साधारणतः यह माना जाता है कि आदि-मानव अफ्रीका, मध्य-एशिया अथवा चीन में उत्पन्न हुआ होगा, उसी प्रकार, यह मानने का भी उचित आधार है कि आदि-मानव की उत्पत्ति दक्षिण भारत में अथवा शिवालिक पर्वत के पास हुई होगी। नीग्रिटो और औष्ट्रिक लोग बाहर से यहाँ आए थे अथवा इसी देश से निकलकर वे बाहर गए, यह सन्दिग्ध विषय है। उसी प्रकार, यह बात भी निश्चयपूर्वक नहीं कही जा सकती कि द्रविड़ों के आदिपूर्वज बाहर से ही आए थे। बहुत अधिक सम्भावना यह है कि द्रविड़ इस देश के मूल-निवासी हैं और जिसे हम भारत का सनातन धर्म कहते हैं, उसका मूल द्रविड़ों के गहनतम प्राचीन इतिहास में है। जब आर्य आए, उन्होंने यहाँ की संस्कृति में अपने उद्दाम आशावाद का पुट डाला। किन्तु उपनिषदों का काल आते-आते आर्य स्वयं ही इस देश की सनातन परम्परा में डूब गए और उनके प्रवृत्ति-मार्गी विचारों पर भारत की सनातन निवृत्तिवादी भावना का पूरा रंग चढ़ गया।

ऋग्वेद के आशावाद और जैन तथा बौद्ध मतों की निवृत्ति-भावना में स्पष्ट विरोध है। इस दृष्टि से देखने पर जैन एवं बौद्ध साधनाएँ आर्यों के भारतीयकरण की प्रक्रिया दिखाई देती हैं। भारत की सनातन परम्परा लोक को निस्सार और परलोक को सत्य मानने की परम्परा थी। ऋग्वेदकालीन आर्यों की दृष्टि में लोक सत्य था। आर्य जीवन के प्रति उत्साहशील थे। इसीलिए, उनका प्रेम यज्ञ पर था। यज्ञ में हिंसा होती थी, इसलिए बुद्ध ने यज्ञ और वैदिक धर्म का विरोध किया, यह मान्यता सत्य होने पर भी स्थूल समझी जानी चाहिए। बौद्ध मत के उत्थान का सूक्ष्म कारण यह था कि भारत की निवृत्ति-मार्गी भावना वैदिक मत के आशावाद को दबाकर ऊपर आना चाहती थी और, अन्त तक, वह ऊपर आ भी गई।

जैन मत बौद्ध मत की अपेक्षा कहीं प्राचीन है। बुद्ध ने अपने लिए जो मार्ग चुना, वह बिलकुल नवीन मार्ग नहीं था। वह जैन साधना में से निकला था। और योग, कृच्छ्राचार एवं तपस्या की परम्परा भी जैन साधना से ही निकली। इस प्रकार, जैन साधना जहाँ एक ओर बौद्ध साधना का उद्गम है, वहीं दूसरी ओर वह शैव मार्ग का भी आदि स्रोत है। ऋषभदेव और शिव के व्यक्तित्व में जो समानता है, वह भी यही इंगित करती है कि जैन और शैव साधनाएँ किसी समय एक ही उत्स से फूटी होंगी।

लेकिन बुद्ध का चलाया हुआ आन्दोलन क्रान्तिकारी सिद्ध हुआ। जैन साधना का झुकाव

धर्म और अध्यात्म की ओर अधिक, सामाजिक परिवर्तनों की ओर बहुत कम था। इसीलिए जैन सम्प्रदाय कभी अलग सम्प्रदाय नहीं बना। वह सदैव हिन्दुत्व के भीतर समाया रहा और सभी जैन हिन्दू ही रहे। किन्तु बौद्ध मत वर्णाश्रम-धर्म और जाति-प्रथा को बराबर झकझोरता रहा। इसी झकझोर के कारण ब्राह्मण बौद्धों के शत्रु बन गए और बदले में बौद्ध धर्म ने बहुत-से हिन्दुओं के मन में वैदिक धर्म और वर्णाश्रम-पद्धति के प्रति वितृष्णा उत्पन्न कर दी। वेद, ब्राह्मण और जाति-प्रथा से चिढ़े हुए ये लोग ही भारत में इस्लाम के आगमन के बाद आसानी से मुसलमान बनाए जा सके, क्योंकि कट्टर हिन्दुत्व के केन्द्र से वे पहले ही दूर चले गए थे।

हिन्दुत्व पर इस्लाम के प्रभाव की कहानी **डॉक्टर ताराचन्द** और प्रोफेसर **हुमायूँ कबीर** ने बहुत बढ़ा-चढ़ाकर लिखी है। किन्तु यह ठीक नहीं है। कबीर से पहले भारत के धर्म अथवा साहित्य पर इस्लाम का कोई प्रभाव पड़ा था, यह बात किसी भी तर्क अथवा प्रमाण से सिद्ध नहीं की जा सकती। हिन्दुत्व पर इस्लाम का यत्किंचित् प्रभाव कबीर के बाद से पड़ने लगा। लेकिन, हिन्दुत्व पर इस्लाम ने जो प्रभाव डाला, उससे अधिक प्रभाव उसने हिन्दुत्व से स्वयं ग्रहण किया है।

संसार के इतिहास में इस बात के बहुत अधिक प्रमाण मिलते हैं कि किसी सुसंस्कृत देश को जीतकर जब कोई विजेता जाति वहाँ बस जाती है, तब वह वहाँ की संस्कृति को ही अपनी संस्कृति बना लेती है। मुसलमान इस नियम के अपवाद नहीं थे। पठानों के समय एक ओर जहाँ हिन्दुओं के दलन के उदाहरण मिलते हैं, वहाँ दूसरी ओर हम यह भी देखते हैं कि मुस्लिम कवि और लेखक भारतीय भाषाओं में अपना साहित्य तैयार कर रहे हैं। अमीर खुसरो, कबीरदास, मलिक मुहम्मद जायसी, कुतबन, मंझन ये सभी कवि मुसलमान थे। किन्तु उन्होंने अपने उद्‍गार भारतीय भाषाओं में लिखे। हाँ, खुसरो ने अपना मुख्य साहित्य फारसी में लिखा। लेकिन भारतीय मुसलमानों को खुसरो के ही उदाहरण से यह ज्ञात हुआ कि मुस्लिम-साहित्य की भाषा भारतीय भाषा भी हो सकती है। यह परम्परा मुगलों के समय में भी खूब बढ़ी। रहीम, रसखान, रसनिधि, रसलीन, शेख, मुबारक और ताज हिन्दी के ये सभी रससिद्ध कवि मुसलमान थे। स्वयं अकबर और शाहजहाँ भी हिन्दी में काव्य रचते थे। यही नहीं, भारतीय शब्दों पर भक्ति औरंगजेब की भी थी। उसके बेटे ने उनके पास जब दो आम भेजे और अनुरोध किया कि इनके नाम रख दीजिए, तब औरंगजेब ने उनमें से एक का नाम 'सुधारस' और दूसरे का नाम 'रसना-विलास' रखा था। शाही खानदान के युवराजों के कभी-कभी दो नाम रखे जाते थे। शाहजहाँ ने औरंगजेब के दो नाम रखे थे। मुसलमानों के लिए वह औरंगजेब था, किन्तु हिन्दुओं में उसका नाम नवरंगबिहारी भी चलता था। भूषण ने अनेक स्थलों पर औरंगजेब को नवरंग कहा है।

हिन्दू-मुस्लिम एकता की इस धारा को सबसे अधिक शक्ति सम्राट् अकबर से प्राप्त हुई। किन्तु अकबर के धार्मिक और सामाजिक सुधारों से मुसलमान नाराज हो गए। उन्होंने समझा, अकबर इस्लाम की धारा को हिन्दुत्व के महासमुद्र में विलीन कर रहा है। मुसलमानों के इस रोष का प्रतिनिधि शेख अहमद सरहिन्दी हुआ जिसने अकबर को काफिर बताया और मुसलमानों को यह उपदेश दिया कि हिन्दुत्व के जो भी प्रभाव तुम पर पड़े हों, उन्हें

पोंछकर फेंक दो। पृथकता की जिस भावना की बाढ़ ने सन् 1947 ई. में आकर भारत के दो टुकड़े बना दिए, उस भावना का जोरदार प्रचार शेख अहमद सरहिन्दी ने आरम्भ किया था। बदकिस्मती की बड़ी बात यह हुई कि औरंगजेब का गुरु शेख सैफुद्दीन इसी शेख अहमद सरहिन्दी का पौत्र था। अतएव, शेख सरहिन्दी के दर्शन को कार्य का रूप देने का बीड़ा औरंगजेब ने उठाया और प्रेम के बदले घृणा का प्रचार करके उसने मुगल-राज्य की नींव ही उखाड़ दी।

हिन्दुत्व और इस्लाम ने एक-दूसरे को प्रभावित तो किया, किन्तु यह प्रभाव सतह के नीचे नहीं पहुँच सका। औसत हिन्दू का लक्षण यह है कि मानसिक धरातल पर वह अत्यन्त उदार होता है, किन्तु आचरण के स्तर पर उसकी संकीर्णता भी भयानक होती है। इसके प्रतिकूल, सामाजिक आचारों में मुसलमानों की उदारता उदाहरणीय है; किन्तु मानसिक धरातल पर मुसलमान कट्टर होते हैं। अन्य धर्मों को अपने ही धर्म के समान पवित्र मानने में हिन्दुओं को कठिनाई नहीं होती। किन्तु औसत मुसलमान यह सोच ही नहीं सकता कि अन्य धर्म भी इस्लाम के ही समान पवित्र हैं। दुर्भाग्य की बात यह हुई कि हिन्दुओं ने सामाजिक आचरण में मुसलमानों की उदारता का अनुकरण नहीं किया, न मुसलमानों ने हिन्दुओं से यह सीखने का प्रयास किया कि हमें दूसरे धर्मों का भी उतना ही सम्मान करना चाहिए, जितना सम्मान हम अपने धर्म का करते हैं। यदि मुसलमानों ने यह शिक्षा ली होती तो अकबर का वे विरोध नहीं करते, न औरंगजेब के समय में फिर से मन्दिरों का नाश हुआ होता।

भारत में जब यूरोप का आगमन हुआ, तब ईसाइयत, बुद्धिवाद और विज्ञान से सामना हिन्दुत्व का भी पड़ा और इस्लाम का भी। इस टक्कर में आक्रान्ता एक था, किन्तु आक्रान्त दो थे। फिर भी, हिन्दुओं और मुसलमानों ने यूरोप का सांस्कृतिक मुकाबला एक होकर नहीं किया। ईसाइयत और बुद्धिवाद से लड़ने के क्रम में हिन्दू वेदों और उपनिषदों की ओर भागे तथा मुसलमान कुरान और हदीस की ओर। नतीजा यह हुआ कि दोनों धर्मों की वे बातें बहुत प्रमुख हो गईं, जो उन्हें अलग करनेवाली थीं, और वे लक्षण उपेक्षित हो गए, जो उन्हें परस्पर समीप ला रहे थे। उन्नीसवीं सदी के नवजागरण से प्रेरित होकर हिन्दू और मुसलमान जागे तो सही, लेकिन, अलग-अलग शिविरों में। नवजागरण ने उन्हें एक करने के बदले परस्पर कुछ और दूर कर दिया। नवजागरण के आरम्भिक हिन्दू लेखक और कवि इस बात से खुश थे कि आखिर को मुसलमानी राज्य भी समाप्त हो गया। और नवजागरण के मुस्लिम लेखक और कवि इस बात का रोना रो रहे थे कि भारत में इस्लाम के पतन का कारण यह है कि उसने इस देश में आकर हिन्दुत्व से प्रभाव ग्रहण किया है।

स्वतन्त्रता-संघर्ष के क्रम में भारत के भीतर सामाजिक और राजनैतिक तनाव इस कदर बढ़ गया कि उसके कारण भारत का विभाजन करना पड़ा। किन्तु विभाजन के बाद भी हिन्दू-मुस्लिम समस्या मौजूद है। इस समस्या का समाधान कैसे निकलेगा, यह बताना आसान नहीं है। कबीर, अकबर और गांधीजी का हाल हम देख चुके हैं। आज इस समस्या पर सबसे अधिक ध्यान पंडित जवाहरलाल नेहरू का है। अकबर ने मुस्लिम-आतंक से पीड़ित हिन्दुओं का पक्ष जिस वीरता से लिया था, जवाहरलाल जी उसी वीरता के साथ मुसलमानों का पक्ष ले रहे हैं। किन्तु अकबर की उदारता से जैसे मुसलमान चिढ़ उठे थे, वैसे ही पंडितजी की

उदारता बहुत-से हिन्दुओं की दृष्टि में गलत समझी जा रही है। इतिहास से शिक्षा लेने को न तो हिन्दू तैयार हैं, न मुसलमान। दोनों के दोनों भली-भाँति जानते हैं कि भारत छोड़कर उनकी और कोई गति नहीं है। दोनों के दोनों यह भी जानते हैं कि एकता को सुदृढ़ किए बिना वे शान्ति और निश्चिन्तता की जिन्दगी नहीं बिता सकते। फिर भी एकता की कीमत चुकाने को कोई भी तैयार नहीं है।

सरकारों का मुख्य काम वर्तमान को सँभालना है। उनकी पहली जिम्मेदारी अमन और शान्ति की है। और समाज में शान्ति रखने का काम वे कर भी रही हैं। किन्तु हिन्दू-मुस्लिम समस्या का समाधान केवल शान्ति की व्यवस्था से पाया नहीं जा सकता। असल में, नाव जहाँ जाकर अटक गई है, सरकारों की बाँहें वहाँ तक पहुँच नहीं सकतीं। वहाँ केवल वे लोग जा सकते हैं, जो सन्त और सुधी हैं, विचारक और कलाकार हैं। जो लोग जनता की भावनाओं को मोड़ने का काम करते हैं, जो लोग जनता में नया विश्वास और नई प्रेरणाएँ जगा सकते हैं, वे यदि इस महान् कार्य में हाथ लगाएँ तो कई पीढ़ियों तक काम करने के बाद वह चट्टान तोड़ी जा सकती है, जो एकता की धारा को आज रोके हुए है।

वह चट्टान क्या है? जैसा कि ऊपर बताया जा चुका है, मानसिक धरातल पर औसत हिन्दू उदार होता है। प्रत्येक धर्म को अपने ही धर्म के समान उदार समझने में उसे कोई कठिनाई नहीं होती। किन्तु सामाजिक आचार उसके सदोष हैं। मानसिक धरातल पर हिन्दू यह विश्वास करता है कि सारी सृष्टि एक ब्रह्म का स्वरूप है। किन्तु आचार के धरातल पर वह मनुष्य-मनुष्य में भयानक भेद मानता है। वह समझता है कि कुछ मनुष्य ऐसे हैं, जिनके साथ बैठकर खाने-पीने से धर्म भ्रष्ट नहीं होता; किन्तु बहुत-से लोग ऐसे भी हैं, जिनके साथ खाने-पीने से धर्म नष्ट होता है और जात चली जाती है। यही नहीं, सवर्ण हिन्दू बहुत-से हिन्दुओं को भी अछूत मानता है और यह विश्वास करता है कि अछूत में से कुछ के छूने से कच्ची रसोई अखाद्य हो जाती है और कुछ के छूने से पक्की रसोई भी दूषित हो जाती है; कुछ के स्पर्श से चमड़ी दूषित होती है और कुछ के छूने से हड्डी तक अपवित्र हो जाती है।

हिन्दुओं ने मुसलमानों को अछूत समझा और मुसलमान अपने पड़ोसी के इस अत्याचार को इस भाव से सहते रहे कि यही हिन्दुओं का धर्म है। हिन्दू किसी मुस्लिम मित्र को अपने चौके में ले जाए, यह बात आज भी अपार साहस की बात समझी जाती है। हिन्दुओं के यहाँ मुसलमान जिन बरतनों में खाते थे, हिन्दू अपने मुसलमान अतिथि के सामने ही उन बरतनों की शुद्धि करवाते थे अथवा उन्हें तोड़ डालते थे। और मुसलमान इन अत्याचारों को केवल इसलिए सहते रहे कि उनमें सामाजिक शील का प्राचुर्य होता है, वे सामाजिक मिलन-जुलन में अपने मित्र का दिल दुखाना नहीं चाहते हैं। लेकिन बाहर से सह लेने पर भी मुसलमानों का अन्तर्मन हिन्दुओं के ऐसे दुःशील व्यवहारों से कितना मर्माहत होता होगा, इसकी केवल कल्पना की जा सकती है।

यदि हिन्दुओं ने मुसलमानों को अछूत नहीं समझा होता, यदि हिन्दुओं ने मुसलमानों के साथ वही समानता बरती होती, जिसे वे अपने सवर्ण धर्म-बन्धुओं के साथ बरता करते हैं, तो इसमें कोई सन्देह नहीं कि आज हिन्दू-मुस्लिम समस्या का रूप कुछ और होता और

दोनों जातियों के लोग धर्म के धरातल पर अलग रहते हुए भी समाज और संस्कृति के धरातल पर एक हो गए होते। इसलिए, हमारा विचार है कि जब तक हिन्दू छुआछूत की प्रथा में विश्वास करता रहेगा, तब तक उसे यह नैतिक साहस ही नहीं होगा कि वह अपने मुस्लिम या ईसाई दोस्त को अपने घर ले जा सके और उसके साथ इज्जत का व्यवहार कर सके। और इसीलिए, जब तक हिन्दू नहीं सुधरता, किसी दूसरे के सुधर जाने से हिन्दू-मुस्लिम एकता नहीं बढ़ेगी। यह देश हिन्दुओं का है। हिन्दू यहाँ बहुत बड़ी बहुसंख्या में बसते हैं। अतएव वे यदि दुःशील व्यवहार को धर्म समझते रहे, तो इसकी प्रतिक्रिया अल्पसंख्यकों में जगेगी ही और वे एकता की ओर बढ़ने में त्रास, आशंका, अपमान और सन्देह से बाधित होते रहेंगे। इसलिए हिन्दू-मुस्लिम एकता की पहली शर्त यह है कि हिन्दू छुआछूत की भावना का सर्वथा त्याग कर दें।

हिन्दुओं का सामाजिक चरित्र जितना कट्टर है, उतना ही कठोर मुसलमानों का मानसिक विश्वास है। कट्टरता मुसलमानों के आचार में नहीं, उसके धार्मिक विश्वास में होती है। शताब्दियों से मुसलमान अपने धर्मगुरुओं से यह सुनता आया है कि जो देश इस्लामी कानूनों के अनुसार नहीं चलता हो, उसे दारुल-हरब समझो, शत्रुओं का देश समझो और ऐसे देश में प्रच्छन्न विद्रोही बनकर निवास करो। आज भारत में ऐसे मुसलमान हैं या नहीं, जो इस देश को दारुल-हरब समझते हैं, यह बताना आसान नहीं है। शायद, थोड़ी-बहुत संख्या में वे आज भी होंगे। किन्तु उन्नीसवीं सदी में अंग्रेजी शासन के खिलाफ यह नारा भारत में भी लगाया गया था। उदारता और बुद्धिवाद ने जैसे हिन्दुओं की छुआछूतवाली भावना को काफी कमजोर कर दिया है, वैसे ही उसका प्रभाव मुसलमानों के भी मन पर पड़ा है और वे भी दारुल-हरबवाले सिद्धान्त के खोखलेपन को थोड़ा-बहुत समझ रहे हैं। किन्तु धर्म और स्वदेश-प्रेम के बीच एकता बिठाने में मुसलमानों को कठिनाई केवल भरतवर्ष में ही नहीं, कुछ अन्य देशों में भी हुई है और उस कठिनाई के निशान अभी भी बहुत-कुछ शेष हैं। अतएव हिन्दू-मुस्लिम एकता की दूसरी शर्त यह है कि भारत के मुसलमान अपनी धर्म-भक्ति और स्वदेश-प्रेम के बीच सामंजस्य बिठाएँ और इस आशंका को निर्मूल कर दें कि उनकी स्वदेश-भक्ति और धर्म-भक्ति के बीच पूरी एकता नहीं है। अमीर खुसरो ने कहा था कि खुद नबी की आज्ञा है कि तुम्हारा स्वदेश-प्रेम तुम्हारी धर्म-भक्ति में शामिल रहेगा। खुसरो की इस उक्ति की सचाई कई देशों में मुसलमानों में प्रत्यक्ष देखी गई है। भारत के मुसलमान के आगे भी वही राह है।

किन्तु हिन्दू-मुस्लिम समस्या से भी बड़ी एक और समस्या है, जो पिछले पाँच-सात वर्षों से दिखाई देने लगी है। गोल-मटोल ढंग पर इस समस्या का रूप यह है कि क्या भारत एक रह पाएगा? यह प्रश्न इसलिए पूछा जा रहा है कि भारत में उच्छेदकारी शक्तियाँ सिर उठा रही हैं और लोग अपने छोटे स्वार्थों के सामने बड़े स्वार्थों की कीमत घटाने की तैयारी में लग गए हैं।

भाषा को लेकर देश के भीतर व्यापक द्वन्द्व है। प्रान्तीय धरातल पर इस द्वन्द्व के प्रमाण असम और पंजाब में देखे गए हैं। किन्तु राष्ट्रीय धरातल पर यह द्वन्द्व हिन्दी और अंग्रेजी के बीच है।

इसी प्रकार प्रान्तीयता, जात-पाँत, गोत्रवाद, दलबन्दी और केन्द्रीय नियन्त्रण के विरुद्ध बेचैनी और मन्द विद्रोह के भाव सारे देश में दिखाई दे रहे हैं। इन विच्छेदकारी शक्तियों पर ध्यान कुछ विदेशियों का भी गया है। मिस्टर एस.एस. हरीसन नामक अमेरिकी लेखक ने अपनी सनसनीखेज पुस्तक 'इंडिया, द मोस्ट डैंजरस डिकेड' में इन सारी शक्तियों पर बड़ी ही योग्यता से विचार किया है और कहा है कि "सारी प्रवृत्तियाँ यही बतलाती हैं कि स्वाधीनता का बचना मुहाल है और इस भयानक दशक में सबसे अहम सवाल यह हो उठा है कि भारतीय राज्य नामक कोई चीज आखिर बचेगी भी या नहीं।" हरीसन का यह भी विचार है कि यदि भारतीय राज्य विघटित हो गया, तो सारा देश क्षेत्रीय राज्यों में बँट जाएगा और तब इस सारे उप-महादेश का नियन्त्रण साम्यवादी करेंगे। एक अन्य लेखक ('सोल ऑफ इंडिया' के लेखक रीनकोर्ट) ने यह कल्पना लड़ाई है कि यदि किसी प्रश्न पर भारत की एकता टूट गई तो उत्तर भारत में पूँजीवाद और दक्षिण भारत में साम्यवाद का बोलबाला होगा, जैसे कोरिया में हुआ है।

ये प्रश्न बड़े भयानक हैं और कोई भी भारतीय इन सवालों को सुनकर विचलित हुए बिना नहीं रह सकता। शायद इन प्रश्नों पर तटस्थापूर्वक विचार भी विदेशी लोग ही कर सकते हैं। हम भारतीयों में से हर एक भारत को एक रखना चाहता है। गलत काम हम जरूर करते हैं, लेकिन, गलतियाँ करने के बाद हमें शर्म भी होती है। हम पश्चात्ताप भी करते हैं। पता नहीं, आगे चलकर विजय पश्चात्ताप की होगी अथवा उन संकीर्ण भावनाओं की, जो हमसे देश का अहित करवाती हैं। किन्तु अभी तो यह ठीक है कि सारे भारत की जनता एक रहना चाहती है। तब भी, हम भारतवासी, सचमुच ही बड़े संकट में गिरफ्तार हैं। पिछले सौ वर्षों से हम यह सोचते आ रहे थे कि जब भारत स्वाधीन होगा, हम भारत की ही किसी भाषा को अपनी अन्तर्प्रान्तीय भाषा बनाएँगे। वह भाषा भारत की एकता को पुष्ट बनाएगी; क्योंकि अंग्रेजी सीखने की अपेक्षा किसी भारतीय भाषा का सीखना अधिक सुगम कार्य होगा। हर प्रान्त अपनी भाषा में चलेगा और सभी प्रान्तों के आपसी व्यवहार की भाषा हिन्दी होगी। इसी हिन्दी के जरिए हम अखिल भारतीय नेता तैयार करेंगे और इसी हिन्दी के जरिए हमारा राष्ट्रीय मंच भी विस्तृत होगा। किन्तु अब सन् 1962 ई. में आकर देश अलसा रहा है और लोग यह सोचने लगे हैं कि अंग्रेजी ही भली है, क्योंकि वह तटस्थ भाषा है।

तटस्थ होने पर भी अंग्रेजी भली नहीं हो सकती। मुख्य कारण यह है कि हिन्दी सिखाने की कोशिश बहुत कम की गई और अब देश को आलस्य पकड़ रहा है। आलस्य पहले आया और देश ने अंग्रेजी की तटस्थता का बहाना बाद को पकड़ा है। किन्तु यह तो है कि हिन्दी को राष्ट्रभाषा के रूप में प्रचलित नहीं करके हम संसार के सामने यह बात स्वीकार कर रहे हैं कि हमारा राष्ट्रीय जोश ठंडा हो रहा है। और राष्ट्रीयता की गरमी घटी तो राष्ट्रीय एकता की शक्ति आपसे-आप क्षीण होगी। हिन्दी वह बैरोमीटर है जिसमें हम अपनी राष्ट्रीय भावना का उतार और चढ़ाव प्रत्यक्ष देख सकते हैं।

भारत की एकता और भारत की स्वतन्त्रता एक ही तस्वीर के दो पहलू हैं। अगर एकता खिड़की होकर चली गई, तो स्वतन्त्रता सदर दरवाजा खोलकर भाग जाएगी। इसलिए सभी भारतवासियों का पहला कर्तव्य यह है कि वे प्राणपण से अपनी राष्ट्रीय एकता की रक्षा करें।

हिन्दुस्तान हिन्दी से कहीं महान् है। वह अपनी समस्त भाषाओं से भी बड़ा और विशाल है। एकता की रक्षा के लिए यदि हमें अपमान सहना पड़े, तो उसे सह लेना चाहिए। एकता की रक्षा के लिए यदि हमें अन्याय सहना पड़े, तो हम अन्याय को भी सहेंगे। यह सब इसलिए सहना है कि भारत की एकता जब पुष्ट और बलवती हो जाएगी, तब हमारा अपमान कोई नहीं करेगा, तब देश का एक भाग किसी दूसरे भाग के साथ अन्याय करना भी भूल जाएगा। हमें यह याद रखना है कि हम गरीब हैं और गरीबों के पारिवारिक झगड़े कुरूप हुआ करते हैं। जब हमारी गरीबी दूर हो जाएगी, हमारे झगड़े भी खत्म हो जाएँगे अथवा वे अगर बने रहे, तब भी उनमें आज की-सी कटुता नहीं रहेगी।

एकता की रक्षा के साथ-साथ हमारा दूसरा प्रधान कर्तव्य यह है कि हम भारत के उस रूप को उभारने की कोशिश करें, जिसे प्रत्यक्ष करने को वह स्वाधीन हुआ है। स्वाधीनता केवल रोटी का पर्याय नहीं है। स्वाधीनता केवल कल-कारखाने स्थापित करने की योग्यता नहीं है। स्वाधीनता का वास्तविक अर्थ आत्मा की वह स्वतन्त्रता, मानस की वह निर्बन्धता है, जिसके कारण राष्ट्र अपने व्यक्तित्व को पूर्ण रूप से अभिव्यक्त करता है। जिसके सामने रोटी नहीं है, उस व्यक्ति या समाज के आगे दर्शन परोसना निर्दयता का काम है। भारत कंगाल है। भारत अभावों से ग्रस्त होकर आज भी तड़प रहा है। उसके शिक्षित नवयुवकों को रोजगार नहीं मिलते। उसके गाँव पशुओं की जिन्दगी बिता रहे हैं। और सबसे भयानक बात तो यह है कि भारत में जनसंख्या बेतहाशा बढ़ती जा रही है। ये सारे रोग तभी घटेंगे जब देश का आधिभौतिक विकास होगा। इसलिए कल-कारखानों की महिमा पूरी तरह से गाई नहीं जा सकती। बहुत बड़ी अमीरी का स्वप्न भारत नहीं देखता। किन्तु जो न्यूनतम आवश्यकताएँ हैं, उनकी पूर्ति रातोंरात हो जाए, यह सबकी अभिलाषा है।

किन्तु आधिभौतिक आवश्यकताओं की पूर्तिमात्र से भारत का आन्तरिक व्यक्तित्व नहीं उभरता और आधिभौतिक आवश्यकताओं की पूर्ति के हित में यदि भारत के आन्तरिक व्यक्तित्व का दलन आवश्यक समझा गया, तो वैसी योजना का भारतीय जनता साथ नहीं देगी। भारत वह देश नहीं है जो समृद्धि के लोभ में अपने व्यक्तित्व का त्याग करे। भारत वह देश नहीं है जो वैज्ञानिक सभ्यता की दीक्षा लेने के बदले अपना इतिहास नीलाम करने को तैयार हो।

भारत कोई नया देश नहीं है। जिस भाषा में उसकी संस्कृति का विकास हुआ, वह संसार की सबसे प्राचीन भाषा है। जो ग्रन्थ भारतीय सभ्यता का आदि-ग्रन्थ समझा जाता है, वही समग्र मानवता का भी प्राचीनतम ग्रन्थ है। विदेशियों के द्वारा बार-बार पद-दलित होने पर भी भारत अपनी संस्कृति से मुँह मोड़ने को तैयार नहीं हुआ। अब जो वैज्ञानिक और औद्योगिक सभ्यता आ रही है, वह भी भारत से उसके अतीत का प्रेम नहीं छीन सकेगी। सत्य केवल वही नहीं है, जो पिछले दो सौ वर्षों में विकसित हुआ है। उस ज्ञान का भी बहुत-सा अंश सत्य है, जिसका विकास पिछले छह हजार वर्षों में हुआ है। भारत को वह नवीन सत्य भी चाहिए, जो शारीरिक समृद्धि को सम्भव बनाता है, और प्राचीन काल का वह सत्य भी जो शारीरिक समृद्धि के लिए आत्मा के हनन को पाप समझता है।

ये बातें अनेक देशों में बोली जा रही हैं, किन्तु उन देशों की जनता उन्हें कहाँ तक यथार्थ समझती है, यह आसानी से समझा नहीं जा सकता। किन्तु भारतीय जनता के समक्ष

ये ही बातें यथार्थ हैं। इस देश की जनता को आज भी जितनी तड़प स्वच्छ, शुद्ध और न्यायप्रिय शासन के लिए है, उतनी तड़प सुख और समृद्धि के लिए नहीं है। स्वराज्य के बाद से भी भारतीय जनता ने जितनी दिलचस्पी सांस्कृतिक कार्यों में ली है, उतनी वह विविध योजनाओं में नहीं ले सकी। भारत के प्रधानमन्त्री ने बार-बार कहा कि जहाँ भी कोई कारखाना खुलता हो, वह स्थान हमारे लिए तीर्थ है। किन्तु जनता तीर्थ आज भी काशी, द्वारका, रामेश्वरम् और जगन्नाथपुरी को ही समझती है। और जनता को यह जानने की भी इच्छा बहुत कम है कि जवाहरलाल देश की दरिद्रता को दूर करने के लिए क्या कर रहे हैं। इससे अधिक जनता यह जानना चाहती है कि पंडितजी आस्तिक हैं या नास्तिक तथा परलोक के बारे में उनकी मान्यता क्या है।

जब से विज्ञान का उदय हुआ, संसार के अधिकांश देशों में अतीत और वर्तमान के बीच संग्राम-सा छिड़ गया और अधिकांश देशों में आज अतीत पराजित और वर्तमान सत्तासीन है। केवल भारत ही एक देश है जहाँ अतीत आज भी युद्ध कर रहा है। यह संग्राम भारत में पिछले डेढ़ सौ वर्षों से चल रहा है। लेकिन भारत का अतीत आज भी न तो दुर्बल है, न क्लान्त। भारत का अतीत हमेशा वर्तमान को अपनी बाँहों में समेटकर भविष्य की ओर बढ़ने का आदी रहा है। आज भी वह अपने सनातन धर्म की राह पर है। रामकृष्ण और विवेकानन्द, तिलक और अरविन्द, ये सभी महापुरुष अतीत के पक्षधर थे, जो वर्तमान को समेटकर भविष्य की ओर बढ़ने की शिक्षा दे गए हैं। महात्मा गांधी सबसे पहले अतीत की आवाज थे। आचार्य विनोबा भावे अतीत की ऐनक से वर्तमान और भविष्य को देख रहे हैं। स्वयं रवीन्द्रनाथ नवीन होते हुए भी प्राचीनता के सबसे बड़े प्रतीक थे। अपनी पहली अमेरिकी यात्रा में उन्होंने अपने आतिथेयों से कहा था, "अफसोस की बात यह है कि तुम यह भी नहीं जानते कि तुम दुःखी हो।" और अपनी एक अन्य अमेरिकी यात्रा में उन्होंने यह भी कहा था कि "पश्चिमी सभ्यता की आत्मा मशीन से बनी है। यह मशीन बराबर चलती रहती है और बराबर अपनी गति को कायम रखने के लिए वह मनुष्यों का उपयोग ईंधन के रूप में करती है।"[1]

भारत के मन को नवीन बनाने की दिशा में सबसे अधिक काम पंडित जवाहरलाल नेहरू ने किया है। जब उनकी राजनैतिक सफलताओं की कहानी धुँधली पड़ जाएगी, तब भी आगे का इतिहासकार यह बराबर लिखेगा कि भारत के मन को झकझोरकर उसे नवीन बनाने की जितनी तड़प जवाहरलाल में थी, उतनी किसी और नेता में नहीं थी। किन्तु, सुस्थिर क्षणों में अतीत की महिमा का ध्यान जवाहरलाल जी को भी होता है और वे भी यह महसूस करते हैं कि भारत का अतीत यदि नष्ट हो गया, तो भारत का कोई भी गुण शेष नहीं रहेगा। "मैं अकसर यह सोचकर हैरान रह जाता हूँ कि हमारी जाति कहीं बुद्ध, महाभारत, रामायण, गीता और उपनिषदों को भूल जाए तो इसका क्या हश्र होगा? हमारी जड़ें उखड़ जाएँगी, हम अपनी उन सारी बुनियादी खूबियों को खो देंगे, जो युगों से हमारे साथ चली आ रही हैं और जिनके कारण दुनिया में हमारी हैसियत बनी हुई है। तब भारत भारत न रह सकेगा।"[2]

राममोहन राय से लेकर विवेकानन्द, गांधी, विनोबा, राधाकृष्णन और जवाहरलाल तक हमारे सभी नेता और चिन्तक जिस एक बात पर जोर देते आए हैं, वह यह है कि भारत

की सफलता इस बात में है कि वह पुरातन और नवीन के बीच समन्वय का सन्धान करे। पश्चिमी ज्ञान का जो श्रेष्ठ अंश है, उसका सामंजस्य हम अपने प्राचीन ज्ञान से बिठाना चाहते हैं। एक हाथ में धर्म का कमल और दूसरे में विज्ञान की मशाल, यही वह कल्पना है जिसे चरितार्थ करके भारत अपने ध्येय में सफल हो सकता है। और यही वह कल्पना है जिसके लिए सारा संसार किसी रहस्यात्मक आशा से भारत की ओर देख रहा है। पश्चिम ने विज्ञान को पाकर जिस चीज को खो दिया, भारत अगर विज्ञान के साथ उस वस्तु को भी कायम रख सके, तो इससे कल्याण केवल भारत का ही नहीं, सारे संसार का हो सकता है। संसार आज भी भारत के अतीत का प्रेमी है, उनके वर्तमान का नहीं। संसार आज भी जनक, बुद्ध, अशोक और गांधी की वन्दना करता है। जवाहरलाल संसार को इसलिए प्यारे नहीं हैं कि वे दरिद्र, अशिक्षित, आलसी और असमर्थ देश के नेता हैं, बल्कि इसलिए कि वे बुद्ध, अशोक और गांधी के उत्तराधिकारी बनकर खड़े हुए हैं। भारत की वैदेशिक नीति वही हो सकती थी, जिसकी परिभाषा जवाहरलाल ने तैयार की है। युद्ध और शान्ति के प्रश्नों पर भारत का इतिहास वही कुछ बोल सकता था, जो जवाहरलाल के मुख से सुनाई दे रहा है। तो भारत अपने ध्येय को किस मार्ग से प्राप्त कर सकता है? मार्ग एक नहीं, अनेक हैं। असल में मार्ग उतने ही हैं जितने भारतवर्ष में मनुष्य बसते हैं। गांधी-मार्ग कहने को ही एक सुनिश्चित मार्ग है। अन्यथा जब तक भारत का प्रत्येक व्यक्ति यह नहीं समझता कि उसके अपने वैयक्तिक चरित्र से ही सारे राष्ट्र का चरित्र बनता या उन्नत होता है, तब तक भारत उस ध्येय को प्राप्त नहीं कर सकता, जिसे प्राप्त करने को वह स्वाधीन हुआ है। हर आदमी अगर अपने घर के पास की जमीन को बुहार दे, तो सारा गाँव स्वच्छ हो जाएगा। हर हिन्दुस्तानी यदि अपने चरित्र को ऊँचा उठा दे तो सारे भारत का चरित्र उन्नत हो जाएगा। भारत की उन्नति का वही मार्ग है, जिसे गांधीजी बता गए हैं।

लेकिन, गांधीजी यह भी बता गए हैं कि भारत अपनी बात तब तक नहीं बोल सकेगा, जब तक वह अंग्रेजी में शिक्षा ग्रहण करता और अंग्रेजी में ही काम करता है। सन् 1920 ई. में जब गांधीजी की प्रेरणा से राष्ट्रीय विद्यालयों की स्थापना हुई, उस समय कई विषयों के पाठ्यग्रन्थ हिन्दी में उपलब्ध नहीं थे। गांधीजी ने कहा, ''शिक्षक बिना ग्रन्थ के पढ़ाएँ।'' जब तब अंग्रेजी की नाव हमारे घाट पर बँधी है, हम अपनी भाषाओं की उपेक्षा करते ही जाएँगे। भारत के आध्यात्मिक उद्धार का रास्ता यह है कि अंग्रेजी का अवलम्ब छोड़कर हम अपनी भाषाओं में कूद पड़ें।

अंग्रेजी यदि भारत की शिक्षा और शासन का माध्यम बनी रही, तो इसमें कोई सन्देह नहीं कि भारत, भारत नहीं होकर इंग्लैंड और अमेरिका का सांस्कृतिक उपनिवेश बना रहेगा। भारत भारत बने, इसकी पहली शर्त यह है कि वह स्कूलों, कॉलेजों और शासन के दफ्तरों से अंग्रेजी को एकबारगी विदा कर दे। यदि यह काम देश के लिए कठिन है तो फिर यह भी कठिन होगा कि भारत अपनी उन अनुभूतियों को अभिव्यक्त कर सके, जिन्हें उसने पिछले छह हजार वर्षों में अर्जित किया है अथवा संसार के समक्ष वह अपने उन गुणों का प्रकाश करे, जो उसके व्यक्तित्व की विशेषताएँ हैं।

ज्ञान की भाषा के रूप में अंग्रेजी इस देश में हमेशा रखी जा सकती है, क्योंकि बाह्य

विश्व की ओर वह हमारे वातायन का काम देती है; नली बनकर वह विश्वज्ञान को हमारी भाषाओं के जलाशयों में पहुँचाती है और सभ्यता की धारा के साथ हमें मिलाए रहती है। किन्तु शिक्षा और शासन के माध्यम-पद पर से उसे हटाए बिना हम अपने आध्यात्मिक व्यक्तित्व का विकास नहीं कर सकेंगे। इस महत् कार्य में जो भी विलम्ब होता है, वह इस देश के आध्यात्मिक उद्धार के कार्य में विलम्ब है। यदि अंग्रेजी इस देश की राजभाषा बनी रही, तो भारत अपने मूल से छिन्न होकर नकली इंगलिस्तान बन जाएगा। अपने प्राचीन सत्य से दूर चला जाएगा और उसके पास वे साधन नहीं रहेंगे, जिनसे प्राचीन और नवीन सत्यों के बीच समन्वय कर सकें।

संसार भारत से जिस चीज की आशा लगाए हुए है, राममोहन से लेकर गांधी और जवाहरलाल तक सभी नेता जिस कल्पना का पोषण करते आए हैं, और भारत का निकटवर्ती तथा दूरवर्ती इतिहास जिस लक्ष्य की ओर बढ़ता आया है, उसकी सिद्धि और प्राप्ति का केवल एक मार्ग है कि भारत तुरन्त अंग्रेजी को छोड़कर अपनी भाषाओं में आ जाए।

कुछ भारत-हितैषी अंग्रेज और अमेरिकी विद्वान् भारतवासियों को यह सलाह दे रहे हैं कि तुम्हारा कल्याण इसमें है कि तुम अंग्रेजी में बने रहो नहीं तो तुम्हारी एकता टूट जाएगी। ऐसे परामर्श शायद इसलिए दिए जाते हैं कि उनसे भारत की ऊपरी एकता भी बचती है और इंग्लैंड तथा अमेरिका के लोग भारत के मन और भावना का नियन्त्रण भी कर सकते हैं। किन्तु जिस बात पर से अंग्रेजी के भक्तों का ध्यान हट गया है, वह यह है कि भारत में सब कुछ खत्म नहीं हुआ है। अभी बहुत-सी बातें उभरने के क्रम में हैं। देह के धरातल की क्रान्ति शायद खत्म हो गई, किन्तु मन, विचार और भावना के धरातल पर अभी कितनी ही चीजें धुँधुआ रही हैं। असली क्रान्ति भारत में तो बस अब शुरू हुई है। सन् 1947 ई. में अंग्रेज जब भारत से जाने लगे, तब सत्ता और अधिकार उन्होंने उन हिन्दुस्तानियों को सौंपा जो अंग्रेजी जानते थे। अंग्रेज अभी भी भारत में काफी व्यापार कर रहे हैं और अंग्रेजी जाननेवाले भूरे साहबों से उनकी साँठ-गाँठ भी खूब है। किन्तु इस वर्ग के खिलाफ जनता में भारी असन्तोष है। जनता और कुछ पाने के पहले अपनी भाषाएँ पाना चाहती है। कल्याण का मार्ग यह है कि अंग्रेजी में शासन चलानेवाले लोग यह मान लें कि देश मुख्यतः उस जनता का है, जिसके बच्चे अच्छी अंग्रेजी नहीं सीख सकने के कारण सत्ता, अधिकार और अच्छे पदों पर नहीं जा सकते। यदि स्वेच्छया उन्होंने जनता के साथ न्याय नहीं किया तो एक दिन वह भी आनेवाला है जब जनता अंग्रेजी और अंग्रेजियत में फैले साहबों की गद्दी छीन लेगी।

प्रत्येक सभ्यता, प्रत्येक संस्कृति, अपने-आपमें पूर्ण होती है। उसके सभी अंश, उसके सभी पहलू एक-दूसरे पर अवलम्बित और सबके सब किसी एक केन्द्र से संलग्न होते हैं। संस्कृतियाँ जब बदलती हैं, तब खान-पान, रहन-सहन, पोशाक और परिच्छद भले ही बदल जाएँ, किन्तु मन उनका नहीं बदलता, सोचने की पद्धति उनकी नहीं बदलती और जीवन को देखनेवाला दृष्टिकोण उनका एक ही रहता है। विशेषतः, भारत-जैसे प्राचीन देश को यदि कोई दबाकर उसे अमेरिका या यूरोप बनाना चाहेगा तो इस दबाव का परिणाम अच्छा नहीं निकलेगा। कल्याण इसमें है कि शासक उस दिशा को पहचान लें, जिस दिशा का संकेत

भारत के दूर और सन्निकट इतिहास से मिलता है। राममोहन, विवेकानन्द, दयानन्द, तिलक, रवीन्द्र और गांधी को उस दिशा का पूरा ज्ञान था। इसीलिए जनता ने उन्हें अपना उद्धारक समझा; इसीलिए भारत के इतिहास ने उनका साथ दिया। भारत ने अपनी स्वतन्त्रता की लड़ाई उसी दिशा की ओर मुँह करके लड़ी थी। इसीलिए उसकी विजय हुई। अब यदि हम उस दिशा की ओर से मुँह फेरकर केवल सुविधा के लिए अपनी भाषाओं को छोड़ देंगे, केवल समृद्धि के लोभ में आकर अमेरिका और इंग्लैंड की नकल करेंगे, तो निश्चय ही भारत का रहा-सहा व्यक्तित्व भी विनष्ट हो जाएगा, जो नाना संघर्षों में भी अब तक शेष रहा है।

यदि जनसंख्या की वृद्धि रोकी जा सकी और कल-कारखानों की योजनाएँ सफल होती रहीं तो रोटी भारत को भी मिल जाएगी, इसमें सन्देह की गुंजाइश हमें नहीं दीखती। किन्तु, यदि भारत का इतिहास सत्य है तो गरीबी पर लगाम लगते ही इस देश में एक विचारधारा प्रकट होनेवाली है, जो यह बताएगी कि मनुष्य का कल्याण इसमें नहीं है कि उसकी आवश्यकताएँ अनन्त हों, बल्कि इसमें कि उसकी जरूरतें थोड़ी हों; सर्वोत्तम समाज वह नहीं जिसका लक्ष्य समुचित समृद्धि की उपलब्धि है, बल्कि वह जो वाजिब गरीबी को अपना ध्येय मानती है। जरूरत की सारी चीजें मनुष्य को तुरन्त चाहिए, लेकिन फालतू जरूरत या जरूरत से फाजिल चीजें उसे एकदम नहीं चाहिए। भारत के प्राचीन ज्ञान और पश्चिम की नवीन संस्कृति के समन्वय की कीमत वही समाज दे सकता है, जो विलास से बचने के लिए स्वेच्छया अमीरी का त्याग कर सकता हो। व्यापार पर पहरा देने के लिए सारी रात टेलीफोन सुननेवाला सेठ, धन-संचय की चिन्ता में खाद्य-सामग्रियों और दवाइयों में मिलावट करनेवाला सौदागर, अनावश्यक चिन्ताओं और व्यर्थ की दौड़-धूप से थके शरीर को शराब से सींचनेवाला अमीर और हर औरत से मुहब्बत बढ़ाने की लालसा से पागल बूढ़ा या नौजवान ये सबके सब उस सभ्यता के स्वाभाविक परिणाम हैं, जो विज्ञान की सहायता से उत्पन्न हुई है। विज्ञान को अंगीकार करके भी भारत अगर इन दोषों से बचना चाहता है तो उसका सबसे बड़ा उपाय यह है कि वह अपना ध्यान उचित प्रकार की निर्धनता पर केन्द्रित करे। सन्तोषी नौकरों को मालिक की बहुत खुशामद नहीं करनी पड़ती। विज्ञान भी हमारे वश में तभी रहेगा जब हम यह मानकर चलें कि विज्ञान से हमें अपनी वाजिब जरूरतों की पूर्ति में सहायता लेनी है। जो जरूरतें टाली जा सकती है उन्हें टाल देना ही श्रेष्ठ है बनिस्बत इसके कि उन नकली जरूरतों को पूरा करने के लिए हम विज्ञान की खुशामद करें अथवा उसकी दासता स्वीकार कर लें।

सन्दर्भ

1. टैगोर एंड अमेरिका; लेखक–जे.एल. डीस।
2. भारत आज और कल; लेखक–जवाहरलाल नेहरू।

अनुक्रमणिका

●●●